Edinger/Jauch/Schoor

Fallsammlung Einkommensteuer

AF876925

Zusätzliche digitale Inhalte für Sie!

Dieses Buch bietet Ihnen mehr als nur eine gedruckte Version! Nutzen Sie die folgenden Möglichkeiten, die Ihnen für dieses Produkt in der NWB Datenbank zur Verfügung stehen.

@ Online-Version

Sie haben das gedruckte Exemplar Ihres Buches nicht zur Hand oder möchten etwas schnell recherchieren? Dann nutzen Sie die Online-Version Ihres Buches. Diese steht Ihnen nach Eingabe des folgenden Freischaltcodes direkt zur Verfügung.

Schalten Sie sich das Buch inklusive Mehrwert direkt frei.

Scannen Sie den QR-Code **oder** rufen Sie die Seite www.nwb.de auf.
Geben Sie den Freischaltcode ein und folgen Sie dem Anmeldedialog. Fertig!

Ihr Freischaltcode

PQTZ-RRZS-GMHI-YRHQ-OTDH-U

www.nwb.de

Steuerfachkurs · Training

Fallsammlung Einkommensteuer

Von
Dipl.-Finw. Manuel Edinger
Dipl.-Finw. David Jauch
Steuerberater Dipl.-Finw. Hans Walter Schoor

27., überarbeitete und erweiterte Auflage

nwb AUSBILDUNG

Bildnachweis des Buchumschlags: © George Doyle/Stockbyte via Getty Images

Bearbeitervermerk

Edinger: Kapitel 5 (Fälle 47–58), 10 (Fälle 161–178, 242–246, 256–267), 12+13

Jauch: Kapitel 5 (Fälle 41–46, 59–87), 6+7, 11

Schoor: Kapitel 1–4, 8–10 (Fälle 179–241A, 247–255, 268–301)

ISBN 978-3-482-**67347**-4 – 27., überarbeitete und erweiterte Auflage 2025

NWB Verlag GmbH & Co. KG
Eschstr. 22
44629 Herne
service@nwb.de

Satz: PMGi Agentur für intelligente Medien GmbH, Hamm
Druck: Stückle Druck und Verlag, Ettenheim

Um eine gute Lesbarkeit zu gewährleisten, verwenden wir in Fachtexten in der Regel geschlechtsspezifische Personenbezeichnungen. Selbstverständlich sind damit alle Menschen gleichermaßen gemeint.

VORWORT

In diesem Übungsbuch wird die Anwendung des Einkommensteuerrechts anhand von über 360 praxisnahen Fällen dargestellt und systematisch erläutert. Das Bilanzsteuerrecht ist dabei zwar ein wichtiger Bestandteil des EStG, jedoch wurde in diesem Buch auf seine Darstellung verzichtet, da dem Bilanzsteuerrecht aufgrund seines großen Umfangs eine ganz eigene Fallsammlung gewidmet ist.

Bereits seit 26 Vorauflagen in der gehobenen steuerlichen Ausbildung erprobt und etabliert, haben die Fälle zur Einkommensteuer große Zustimmung gefunden. Dennoch sind die Autoren und der Verlag stets um Optimierung bemüht. Sie als angehender Steuerberater oder Steuerinspektor/Diplom-Finanzwirt finden hier alle wichtigen Fragen praxisnah behandelt und didaktisch gut aufbereitet vor. Das Werk soll Ihnen eine optimale Unterstützung beim Vertiefen und Trainieren der prüfungsrelevanten Lerninhalte bieten.

Die 27. Auflage wurde gründlich überarbeitet und um aktuelle Fälle erweitert. Die neue Rechtsprechung, zahlreiche Verwaltungsanweisungen und Gesetzesänderungen bis einschließlich September 2024 wurden eingearbeitet – Rechtsstand ist somit der 1.10.2024. Gleichwohl wurde einigen Fällen, in denen es den Autoren und dem Verlag sinnvoll erschien, auch eine frühere Rechtslage – sofern diese noch prüfungsrelevant ist – zugrunde gelegt.

Hinweis: Mitunter wurde in einigen Fällen auf konkrete Jahresangaben verzichtet. In diesen Fällen bezeichnen die Angaben „01“, „02“ usw. fiktive Jahre. Hier ist, sofern in der Aufgabenstellung nichts anderes gefordert wird, der aktuelle Rechtsstand anzuwenden.

Wir wünschen allen Lesern gute Lernerfolge!

Enkenbach-Alsenborn,	*Manuel Edinger,*
Maikammer,	*David Jauch,*
Kemmenau,	*Hans Walter Schoor*

im Januar 2025.

INHALTSVERZEICHNIS

Seite

Vorwort V

Literaturhinweise XXIII

Abkürzungsverzeichnis XXV

Kapitel 1: Steuerpflicht 1

Fall 1: Beibehaltung des Hauptwohnsitzes im Ausland 2
Fall 2: Wohnsitz eines Kindes während des Auslandsstudiums 4
Fall 3: Gewöhnlicher Aufenthalt im Inland 5
Fall 4: Ende der persönlichen Steuerpflicht im Todesfall 7

Kapitel 2: Einkommensteuerliche Grundbegriffe 9

Fall 5: Einkünfte und Gesamtbetrag der Einkünfte 9
Fall 6: Verlustausgleich bei Ermittlung des Gesamtbetrags der Einkünfte 12
Fall 7: Ermittlung des zu versteuernden Einkommens und der festzusetzenden Einkommensteuer, des Solidaritätszuschlags und der Kirchensteuer 12

Vereinnahmung und Verausgabung (§ 11 EStG) 14

Fall 8: Zufluss- und Abflusszeitpunkt 14
Fall 9: Zufluss bei Annahme eines Wechsels 16
Fall 10: Zufluss von Forderungen eines beherrschenden Gesellschafters einer GmbH 16
Fall 11: Zufluss bei Abtretung von Forderungen 17
Fall 12: Zufluss bei Erlass einer Schuld 18
Fall 13: Zufluss bei Novation 19
Fall 14: Zufluss von Arbeitslohn 21
Fall 15: Größerer Erhaltungsaufwand bei Wohngebäuden 22
Fall 16: Abfluss und Zufluss bei Zahlung durch Banküberweisung 23
Fall 17: Zahlung durch Scheckhingabe 25
Fall 18: Vorauszahlung von Sonderausgaben und Werbungskosten 26
Fall 19: Zahlung eines Disagios 27
Fall 20: Zahlung von Beiträgen zur Erhaltungsrücklage bei einer Wohnungseigentümergemeinschaft 29
Fall 20A: Überweisung von Reparaturkosten auf ein falsches Konto 30

Seite

Fall 21: Abflusszeitpunkt von kreditfinanzierten außergewöhnlichen Belastungen 31

Fall 22: Regelmäßig wiederkehrende Einnahmen 32

Fall 23: Regelmäßig wiederkehrende Ausgaben 34

Fall 23A: Umsatzsteuer-Vorauszahlung als regelmäßig wiederkehrende Ausgabe 36

Fall 23B: Zeitlicher Ansatz eines Veräußerungserlöses bei der Gewinnermittlung durch EÜR 38

Fall 24: Abzug von Vorauszahlungen bei langfristiger Nutzungsüberlassung 39

Kapitel 3: Allgemeine Fragen der Veranlagung 41

Fall 25: Form und Inhalt der Einkommensteuererklärung 41

Fall 26: Abgabe einer Einkommensteuererklärung per Telefax 42

Fall 27: Steuererklärungspflicht und abgekürzter Ermittlungszeitraum im Todesfall 44

Fall 28: Veranlagung bei Bezug von Einkünften aus nichtselbständiger Arbeit 46

Fall 28A: Zusammenveranlagung mit Ehegatten im Pflegeheim 48

Kapitel 4: Nicht abzugsfähige Ausgaben (§ 12 EStG) 51

Fall 29: Kosten der Lebensführung 51

Fall 30: Studienreise ins Ausland 54

Fall 31: Ermittlung des Kfz-Privatnutzungsanteils bei Führung eines Fahrtenbuchs 55

Fall 32: Ermittlung des Kfz-Privatnutzungsanteils nach der 1 %-Regelung 56

Fall 33: Ermittlung des Kfz-Privatnutzungsanteils nach der 1 %-Regelung und Fahrten zwischen Wohnung und Betriebsstätte 57

Fall 34: Kostendeckelung 58

Fall 34A: Kostendeckelung bei Leasing-Sonderzahlung und EÜR 60

Fall 35: Unfallkosten bei Anwendung der 1 %-Regelung 61

Fall 36: Freiwillige Zuwendungen – Zuwendungen aufgrund einer freiwillig begründeten Rechtspflicht – Zuwendungen an unterhaltsberechtigte Personen 62

Fall 37: Abzug von Steuern und Nebenleistungen 64

Fall 38: Abzug von Geldstrafen, Geldbußen, Anwalts- und Gerichtskosten 66

Fall 39: Erstattung von Strafprozesskosten an einen Arbeitnehmer 67

Fall 40: Übernahme von Bußgeldern für Arbeitnehmer 68

Seite

Kapitel 5: Sonderausgaben 71

Fall 41: Unterhaltsleistungen an den geschiedenen Ehegatten 71
Fall 42: Erweiterung des Antrags nach Bestandskraft 74
Fall 43: Zeitliche Bindung an die Zustimmung 75
Fall 44: Unterhaltsleistungen bei beschränkter Steuerpflicht 75
Fall 45: Erfüllung von Unterhaltsverpflichtungen durch Überlassung einer Wohnung 77
Fall 46: Unterhaltsleistungen an den geschiedenen Ehegatten des Erblassers 77
Fall 47: Vermögensübertragung unter Vorbehaltsnießbrauch gegen dauernde Last 78
Fall 48: Übertragung eines Mietwohngrundstücks im Wege der vorweggenommenen Erbfolge 79
Fall 49: Betriebsübertragung gegen Versorgungsrente 81
Fall 50: Mitunternehmeranteil und Sonderbetriebsvermögen 82
Fall 51: Übertragung von Kapitalgesellschaftsanteilen 84
Fall 52: Entgeltliche Vermögensübertragung von GmbH-Anteilen 86
Fall 53: Übertragung von GmbH-Anteilen bei Betriebsaufspaltung 89
Fall 54: Ermittlung der Erträge anhand einer Prognose 90
Fall 55: Umschichtung von ertraglosem Vermögen 91
Fall 56: Nachträgliche Umschichtung des übertragenen Vermögens 93
Fall 57: Wegzug des Versorgungsberechtigten 94
Fall 58: Schuldrechtlicher Versorgungsausgleich 96
Fall 59: Grundsätze des Sonderausgabenabzugs 99
Fall 60: Abzug von Kranken- und Pflegeversicherungsbeiträgen 104
Fall 61: Beitragsrückerstattungen bei privater Krankenversicherung 108
Fall 62: Höchstbetragsberechnung und Günstigerprüfung 109
Fall 63: Vorauszahlungen von Basiskrankenversicherungsbeiträgen 114
Fall 64: Steuerersparnis durch Vorauszahlungen von Krankenversicherungsbeiträgen 116
Fall 65: Vorauszahlungen und regelmäßig wiederkehrende Zahlungen 117
Fall 66: Erstattung von Sonderausgaben ab dem Veranlagungszeitraum 2012 118
Fall 67: Erstattungsüberhang durch steuerfreie Zuschüsse 119
Fall 68: Einzelveranlagung und Vorsorgeaufwendungen 120
Fall 69: Kinderbetreuungskosten 122
Fall 70: Kinderbetreuungskosten bei Einzelveranlagung 125

Seite

Fall 71: Günstigerprüfung bei der zusätzlichen Altersvorsorge gem. § 10a EStG 127

Fall 72: Sonderausgabenabzug gem. § 10a EStG bei Ehegatten 129

Fall 73: Zurechnung der Steuerermäßigung bei mittelbar zulageberechtigten Personen 131

Fall 74: Spenden 133

Fall 75: Spendenabzug für Zuwendungen an Stiftungen 135

Fall 76: Buchwertprivileg beim Spendenabzug 137

Fall 77: Wertansatz von privaten Sachspenden 138

Fall 78: Abzug von Auslandsspenden 139

Fall 79: Feststellung des Verlustvortrags 141

Fall 80: Fehlerhafter Feststellungsbescheid über den verbleibenden Verlustvortrag 142

Fall 81: Wirkung des Verzichts auf den Verlustrücktrag 142

Fall 82: Wirkungsweise des Verlustvortrags 143

Fall 83: Verlustvortrag bei Wechsel zwischen Zusammen- und Einzelveranlagung 145

Fall 84: Zusammentreffen von Verlustrücktrag und Verlustvortrag in einem Veranlagungszeitraum 146

Fall 85: Verlustrücktrag und Thesaurierungsbegünstigung i. S. des § 34a EStG 147

Fall 86: Verluste im Erbfall 149

Fall 87: Mindestbesteuerung im Erbfall 150

Kapitel 6: Familienleistungsausgleich, Entlastungsbetrag für Alleinerziehende (§§ 24b, 31, 32 und 62–78 EStG) 153

Fall 88: Freistellung des Existenzminimums 153

Fall 89: Grundsätze der Berücksichtigung von Kindern 158

Fall 90: Berücksichtigung von volljährigen Kindern 159

Fall 91: Altersgrenze bei behinderten Kindern 166

Fall 92: Ermittlung der wesentlichen Unterhaltsverpflichtung 168

Fall 93: Anspruch für unverheiratete Tochter mit eigenem Kind 168

Fall 94: Übertragung von Freibeträgen des § 32 Abs. 6 EStG 169

Fall 95: Zweifelsfragen zum Entlastungsbetrag für Alleinerziehende 173

Seite

Kapitel 7: Außergewöhnliche Belastungen 177

Fall 96: Außergewöhnliche Belastungen gem. § 33 EStG 178
Fall 97: Außergewöhnliche Belastung/Beerdigungskosten 180
Fall 98: Außergewöhnliche Belastungen gem. § 33a EStG 181
Fall 99: Außergewöhnliche Belastung/Einfamilienhaus 183
Fall 100: Unterhaltsleistungen 184
Fall 101: Außergewöhnliche Belastung/Unterstützung und Opfergrenze 185
Fall 102: Ausbildungsfreibetrag gem. § 33a Abs. 2 EStG 188
Fall 103: § 33a und § 33b EStG 189
Fall 104: Außergewöhnliche Belastungen 191
Fall 105: Unterstützungsleistungen ins Ausland unter Beachtung der Opfergrenze 193

Kapitel 8: Gewinnermittlung 195

8.1 Gewinnermittlung durch Betriebsvermögensvergleich 195
8.2 Gewinnermittlung durch EÜR 196
Fall 106: Totalschaden eines privaten Pkws bei einer betrieblich veranlassten Fahrt 197
Fall 107: Überführung eines Wirtschaftsgutes aus dem gewerblichen in das landwirtschaftliche Betriebsvermögen 199
Fall 107A: Übertragung von Wirtschaftsgütern zwischen beteiligungsidentischen Personengesellschaften 199
Fall 108: Einlagefähigkeit von Nutzungen 200
Fall 109: Bauten auf einem Ehegattengrundstück 202
Fall 110: Erwerb einer freiberuflichen Praxis auf Rentenbasis 205
Fall 110A: Vererbung eines Mitunternehmeranteils bei qualifizierter Nachfolgeklausel 209
Fall 110B: Unentgeltliche Übertragung eines Betriebsgrundstücks unter Nießbrauchsvorbehalt 211
Fall 111: Besteuerung des laufenden Gewinns einer Erbengemeinschaft 214
Fall 112: Besonderheiten bei der Gewinnermittlung durch EÜR gem. § 4 Abs. 3 EStG 215
Fall 113: Schätzung bei Gewinnermittlung gem. § 4 Abs. 3 EStG 220
Fall 113A: Nachholung eines unterlassenen Betriebsausgabenabzugs bei Gewinnermittlung gem. § 4 Abs. 3 EStG 222

Seite

Fall 114: Betriebsausgabenabzug von Aufwendungen für Geschenke 224

Fall 114A: Werbegeschenke mit Firmenlogo 225

Fall 115: Betriebsausgabenabzug von Bewirtungskosten 226

Fall 116: Nicht zeitnahe Verbuchung von Bewirtungskosten 227

Fall 117: Abzug von Bewirtungskosten in Bagatellfällen 228

Fall 118: Korrektur von Fehlbuchungen auf dem Bewirtungskostenkonto 229

Fall 118A: Nachweis von Bewirtungskosten durch eine handgeschriebene Gaststättenrechnung 230

Fall 119: Betriebsausgabenabzug für ein häusliches Arbeitszimmer 231

Fall 120: Begriff des häuslichen Arbeitszimmers 234

Fall 121: Häusliches Arbeitszimmer eines als Schriftsteller tätigen Beamten 235

Fall 122: Nutzung eines häuslichen Arbeitszimmers durch mehrere Steuerpflichtige 237

Fall 122A: Berechnung des Entnahmegewinns bei einem zum Betriebsvermögen gehörenden Arbeitszimmer 238

Fall 123: Anschaffungskosten bei einem Anschaffungsgeschäft in Fremdwährung 240

Fall 124: Unentgeltlicher Erwerb eines Wirtschaftsguts aus betrieblichen Gründen 240

Fall 125: Ausweis von Pensionsrückstellungen in der Steuerbilanz 241

Fall 126: Pensionszusagen an Gesellschafter-Geschäftsführer von Personengesellschaften 243

Fall 127: Pensionszusage an Arbeitnehmer-Ehegatten 245

Fall 128: Ausscheiden eines Wirtschaftsguts aus dem Betriebsvermögen infolge höherer Gewalt bei Gewinnermittlung gem. § 4 Abs. 3 EStG 246

Fall 129: Gewinnabzug gem. § 6b EStG von den Anschaffungskosten eines Gästehauses 248

Fall 130: Übertragung einer Rücklage gem. § 6b EStG auf ein in das Betriebsvermögen eingelegtes Wirtschaftsgut 250

Fall 130A: Reinvestitionsfrist gem. § 6b EStG bei unentgeltlicher Betriebsübertragung 251

Fall 130B: Vorbesitzzeit gem. § 6b EStG bei Mitunternehmerschaften 253

Fall 131: Übertragung eines Veräußerungsgewinns auf ein im Vorjahr angeschafftes bzw. hergestelltes Wirtschaftsgut gem. § 6b EStG 254

Fall 131A: Veräußerung eines Wirtschaftsguts aus dem Gesellschaftsvermögen an einen Gesellschafter 256

Fall 131B: Veräußerung eines Wirtschaftsguts zwischen Schwesterpersonengesellschaften 257

Seite

Fall 131C: Bildung einer § 6b EStG-Rücklage bei einer Grundstücksenteignung 258
Fall 132: Übertragung stiller Reserven bei der Veräußerung von Anteilen an einer Kapitalgesellschaft 259
Fall 132A: Erwerb eines Reinvestitionsobjekts in einem EU-Mitgliedstaat 260
Fall 133: Betriebserwerb gegen Leibrente mit Wertsicherungsklausel 262
Fall 134: Betriebserwerb gegen Kaufpreisraten mit Wertsicherungsklausel 265
Fall 135: Übergang von der EÜR zum Betriebsvermögensvergleich 267
Fall 136: Steuerliche Behandlung eines Übergangsverlusts 275
Fall 137: Übergang vom Betriebsvermögensvergleich zur EÜR 276

Kapitel 9: AfA 279

Fall 138: Abschreibungsbeginn 279
Fall 139: AfA-Fähigkeit von Kunstgegenständen und antiken Möbeln 280
Fall 140: Abschreibung kurzlebiger Wirtschaftsgüter 281
Fall 140A: Abschreibung eines PCs 282
Fall 141: Willkürlich unterlassene AfA 284
Fall 142: Versehentlich unterlassene AfA bei beweglichen Wirtschaftsgütern 286
Fall 142A: Versehentlich unterlassene AfA bei Gebäuden 287
Fall 142B: Längerer AfA-Zeitraum als von § 7 Abs. 4 EStG vorgesehen 287
Fall 143: AfA bei unterlassener Bilanzierung eines Wirtschaftsguts 289
Fall 144: Abschreibung des Sammelpostens gem. § 6 Abs. 2a EStG 291
Fall 145: Unterschreitung der GWG-Grenze durch Bildung und Auflösung eines Investitionsabzugsbetrags 293
Fall 146: Ermittlung der AfA-Bemessungsgrundlage und der linearen Gebäude-AfA bei Erwerb eines Wohngebäudes 294
Fall 147: Gebäude-AfA bei nachträglichen Herstellungskosten 297
Fall 147A: Gebäude-AfA nach Einlage in ein Betriebsvermögen 298
Fall 147B: Gebäude-AfA bei Erwerb eines Mietwohngebäudes gegen lebenslange Versorgungsleistungen 300
Fall 148: Investitionsabzugsbetrag zur Förderung kleiner und mittlerer Betriebe 302
Fall 149: Investitionsabzugsbetrag bei Investition in geringwertige Wirtschaftsgüter 307
Fall 150: Investitionsabzugsbetrag vor Betriebseröffnung 308
Fall 151: Rückgängigmachung eines Investitionsabzugsbetrags bei fehlender Hinzurechnung 309

Seite

Fall 152: Rückgängigmachung des Investitionsabzugsbetrags bei Gewinnerhöhung durch eine Außenprüfung 310

Fall 153: Bildung und Auflösung eines Investitionsabzugsbetrags 311

Fall 153A: Investitionsabzugsbeträge bei Personengesellschaften 314

Fall 154: Sonderabschreibung für kleine und mittlere Betriebe 315

Fall 154A: Abschreibung nach Ablauf des Begünstigungszeitraums 317

Fall 154B: Sonderabschreibung im Jahr der Betriebseröffnung 318

Fall 155: AfA bei Erwerb eines Wohnhauses unter Rückbehalt eines Wohnrechts durch den Übergeber 319

Fall 156: Abschreibung anschaffungsnaher Herstellungskosten 320

Fall 157: AfA-Bemessungsgrundlage bei steuerbefreiter Überführung eines Betriebsgrundstücks in das Privatvermögen 323

Fall 158: AfA bei mittelbarer Grundstücksschenkung 325

Fall 159: AfA für ein im Preisausschreiben gewonnenes Fertighaus 326

Fall 160: AfA für den schon fertig gestellten Gebäudeteil bei abschnittsweiser Fertigstellung eines gemischt genutzten Gebäudes 328

Kapitel 10: Die Einkunftsarten 331

10.1 Einkünfte aus Land- und Forstwirtschaft (§§ 13 ff. EStG) 331

Fall 161: Abgrenzung zum Gewerbebetrieb 332

Fall 162: Gewinnermittlung gem. § 13a EStG/Abgrenzung zum Gewerbebetrieb 334

Fall 163: Gewinnermittlung gem. § 4 Abs. 3 EStG/Abgrenzung 336

Fall 164: Gewinnermittlung nach Durchschnittssätzen 339

10.2 Einkünfte aus Gewerbebetrieb (§§ 15 und 15a EStG) 341

Fall 165: Abgrenzung und Gewinnermittlung 343

Fall 166: Gewinnermittlung gem. § 4 Abs. 3 EStG 345

Fall 167: Mitunternehmerschaft 349

Fall 168: Unterbeteiligung 350

Fall 169: Tätigkeitsvergütungen 352

Fall 170: Mitunternehmerschaft/Sondervergütung 353

Fall 171: Familienpersonengesellschaft 355

Fall 172: GmbH & Co. KG 358

Fall 173: GmbH & Co. KG/Sonderbetriebsvermögen 359

Fall 174: Gewinnermittlung einer GmbH & Co. KG 361

Fall 175: Betriebsaufspaltung 364

Seite

Fall 176: Verluste bei beschränkter Haftung (§ 15a EStG) 367

Fall 177: Einlageminderung 371

Fall 178: Haftungsminderung 373

Fall 179: Gewerblicher Grundstückshandel oder private Vermögensverwaltung 374

Fall 179A: Fünfjahreszeitraum und Drei-Objekt-Grenze 376

Fall 180: An- und Verkauf von nur zwei Grundstücken 377

Fall 181: Veräußerung von Anteilen an einer Grundstückshandelsgesellschaft 379

10.3 Einkünfte aus selbständiger Arbeit (§ 18 EStG) 380

Fall 182: Zusammenschluss von Freiberuflern mit berufsfremden Personen 380

Fall 183: Einkünfte einer Freiberufler-GmbH & Co. KG 380

Fall 184: Abfärbewirkung gewerblicher Leistungen bei einer Freiberufler-GbR 381

Fall 184A: Abfärbewirkung bei Beteiligungseinkünften einer Personengesellschaft 383

Fall 184B: Abfärbewirkung bei Betriebsaufspaltung 385

Fall 185: Fortführung einer Arztpraxis durch die Erben mithilfe eines Arztvertreters 386

Fall 186: Abschreibung des Praxiswerts bei Aufnahme eines Sozius 386

Fall 187: Abschreibung des Praxiswerts bei Gründung einer Freiberufler-GmbH 388

Fall 188: Vergütungen einer Personengesellschaft an einen an ihr beteiligten Freiberufler 389

Fall 188A: Mietzahlungen einer Personengesellschaft an einen an ihr beteiligten Freiberufler für ein Grundstück von untergeordnetem Wert 390

Fall 189: Gründung einer Freiberuflersozietät durch Einbringung einer Einzelpraxis 392

10.4 Besteuerung der Veräußerungsgewinne i. S. des § 16 und § 18 Abs. 3 EStG 394

Fall 190: Betriebsveräußerung gegen Leibrente mit Wertsicherungsklausel 399

Fall 191: Betriebsveräußerung gegen Einmalbetrag und Leibrente 403

Fall 192: Betriebsveräußerung gegen Zeitrente 405

Fall 193: Veräußerung einer zum Betriebsvermögen gehörenden 100 %igen Beteiligung an einer Kapitalgesellschaft 407

Fall 194: Die Aufgabe einer zum Betriebsvermögen gehörenden 100 %igen Beteiligung an einer Kapitalgesellschaft 409

Fall 195: Realteilung einer OHG 410

Fall 196: Realteilung einer GbR bei Fortführung der Mitunternehmerschaft 412

Fall 197: Realteilung einer KG unter Anwendung der Kapitalkontenanpassungsmethode 414

Seite

Fall 198: Realteilung einer OHG unter Zuteilung von in das Privatvermögen überführten Einzelwirtschaftsgütern 415

Fall 199: Realteilung mit Spitzenausgleich 416

Fall 200: Gewinnermittlung bei einer Realteilung ohne Spitzenausgleich bei Buchwertfortführung 418

Fall 201: Betriebsübertragung im Wege der vorweggenommenen Erbfolge bei negativem Kapitalkonto 419

Fall 202: Veräußerung eines Erbteils an einer gewerblich tätigen Personengesellschaft 421

Fall 203: Abfindung eines weichenden Miterben mit einem zum geerbten Betrieb gehörenden Wirtschaftsgut (Sachwertabfindung) 422

Fall 204: Vererbung eines Mitunternehmeranteils bei einfacher Nachfolgeklausel 424

Fall 205: Vererbung eines Mitunternehmeranteils bei qualifizierter Nachfolgeklausel 425

Fall 206: Veräußerung einer freiberuflichen Praxis 427

Fall 207: Die Aufgabe einer freiberuflichen Praxis 429

Fall 208: Teilpraxisveräußerung 430

Fall 209: Teilentgeltliche Betriebsveräußerung 432

Fall 210: Entgeltliche Veräußerung eines Mitunternehmeranteils 433

Fall 211: Veräußerung einer Kommanditbeteiligung bei abweichendem Wirtschaftsjahr 434

Fall 212: Gesellschafterwechsel bei einer Personengesellschaft: Kaufpreis unter Buchwert 435

Fall 213: Veräußerung eines Teils eines Mitunternehmeranteils 437

Fall 213A: Veräußerung eines Teils eines sukzessive zu verschiedenen Zeitpunkten und unterschiedlichen Anschaffungskosten erworbenen Mitunternehmeranteils 437

Fall 214: Ausscheiden eines unbeschränkt haftenden Gesellschafters mit negativem Kapitalkonto aus einer Personengesellschaft ohne Abfindung 439

Fall 215: Ausscheiden eines unbeschränkt haftenden Gesellschafters mit negativem Kapitalkonto aus einer Personengesellschaft gegen Abfindung 440

Fall 216: Ausscheiden eines lästigen Gesellschafters aus einer Personengesellschaft 441

Fall 217: Veräußerung eines ganzen Gesellschaftsanteils unter Zurückbehaltung des Sonderbetriebsvermögens 442

Seite

Fall 218: Unentgeltliche Übertragung eines ganzen Gesellschaftsanteils unter Zurückbehaltung von Sonderbetriebsvermögen 443

Fall 219: Unentgeltliche Übertragung eines Mitunternehmeranteils bei gleichzeitiger erfolgsneutraler Ausgliederung von Sonderbetriebsvermögen 445

Fall 219A: Unentgeltliche Übertragung eines Gesellschaftsanteils bei vorgelagerter Veräußerung von Sonderbetriebsvermögen 446

Fall 220: Unentgeltliche Übertragung eines Teils eines Mitunternehmeranteils und quotale Übertragung des Sonderbetriebsvermögens 447

Fall 220A: Unentgeltliche Übertragung eines Teils eines Mitunternehmeranteils und unterquotale Übertragung des Sonderbetriebsvermögens 448

Fall 220B: Unentgeltliche Übertragung eines Teils eines Mitunternehmeranteils und überquotale Übertragung des Sonderbetriebsvermögens 449

Fall 221: Ermittlung des begünstigten Gewinns bei Einbringung eines Einzelunternehmens in eine Personengesellschaft zum gemeinen Wert 450

Fall 222: Auflösung von steuerfreien Rücklagen anlässlich einer Betriebsveräußerung 452

Fall 223: Bildung einer Rücklage gem. § 6b EStG anlässlich einer Betriebsveräußerung 452

Fall 224: Veräußerung eines Teilbetriebs unter Zurückbehaltung des Betriebsgrundstücks 453

Fall 225: Verkauf eines gewerblichen Einzelunternehmens an eine GmbH 454

Fall 226: Behandlung des Firmenwerts bei Aufgabe eines verpachteten Betriebs 455

Fall 226A: Verpächterwahlrecht bei einem Gebäudegrundstück im Sonderbetriebsvermögen 456

Fall 226B: Verpächterwahlrecht bei Beendigung einer Betriebsaufspaltung 457

Fall 227: Umgestaltung der Betriebsräume bei Betriebsverpachtung 459

Fall 228: Verpächterwahlrecht bei teilentgeltlicher Betriebsübertragung 463

Fall 228A: Abgabe einer Betriebsaufgabeerklärung durch die Erben 464

Fall 229: Freibetrag bei einer sich über zwei Veranlagungszeiträume erstreckenden Betriebsaufgabe 466

Fall 230: Einmalige Gewährung des Freibetrags 467

Fall 230A: Geänderte Ausübung des Wahlrechts auf Gewährung des Freibetrags 468

Fall 231: Veräußerung eines Einzelunternehmens mitsamt GmbH-Beteiligung bei Betriebsaufspaltung 470

Fall 232: Freibetrag bei Veräußerung des ganzen Gewerbebetriebs einer Personengesellschaft 471

Seite

Fall 233: Freibetrag bei dauernder Berufsunfähigkeit 472

Fall 234: Ausfall der aufgrund einer Betriebsveräußerung entstandenen Kaufpreisforderung 473

10.5 Veräußerung von Anteilen an Kapitalgesellschaften (§ 17 EStG) 475

Fall 235: Veräußerung einer GmbH-Beteiligung nach unentgeltlichem Erwerb 475

Fall 236: Relevante Beteiligung bei eigenen Anteilen der Kapitalgesellschaft 476

Fall 237: Zeitpunkt der Entstehung eines Veräußerungsgewinns gem. § 17 EStG 477

Fall 238: Kauf und Verkauf einer GmbH-Beteiligung in Fremdwährung 478

Fall 238A: Veräußerung eines Teils von zu verschiedenen Preisen erworbenen GmbH-Anteilen 480

Fall 239: Höhe des Freibetrags bei Gewinnen aus der Veräußerung von Anteilen an Kapitalgesellschaften 481

Fall 240: Verdeckte Einlage einer GmbH-Beteiligung in eine Kapitalgesellschaft 484

Fall 241: Unmittelbare und mittelbare Beteiligung an einer Kapitalgesellschaft 485

Fall 241A: Veräußerung von GmbH-Anteilen an die „eigene" GmbH 485

10.6 Einkünfte aus nichtselbständiger Arbeit (§ 19 EStG) 487

Fall 242: Leistungen des Arbeitgebers 489

Fall 243: Werbungskosten/Einkunftsermittlung 490

Fall 244: Einkünfte/Werbungskosten (insbesondere Reisekosten) 491

Fall 245: Einkünfte/Sachbezug/Arbeitszimmer 494

Fall 246: Doppelte Haushaltsführung 496

10.7 Einkünfte aus Kapitalvermögen (§ 20 EStG) 497

Fall 247: Besteuerung von Dividenden 497

Fall 248: Option zur tarifären Besteuerung bei Beteiligung an einer Kapitalgesellschaft 499

Fall 249: Gewinn- und Verlustbeteiligung eines stillen Gesellschafters 501

Fall 250: Verdeckte Gewinnausschüttung wegen Vorteilsgewährung an nahe stehende Person 503

Fall 251: Gewährung eines zinslosen Darlehens durch eine GmbH als verdeckte Gewinnausschüttung 505

Fall 252: Behandlung von Schuldzinsen bei kreditfinanziertem Wertpapierkauf 506

Fall 252A: Insolvenzbedingter Ausfall einer privaten Darlehensforderung 507

Fall 253: Verkauf von nach dem 31.12.2008 erworbenen Aktien 509

Fall 254: Steuerliche Behandlung einer Depotwechselprämie 510

Fall 255: Zinsanteil in Veräußerungszeitrente bei teilentgeltlicher Grundstücksveräußerung 511

Seite

10.8 Einkünfte aus Vermietung und Verpachtung (§ 21 EStG) 513

Fall 256: Veräußerung von Miet- und Pachtzinsforderungen 513

Fall 257: Herstellungskosten 514

Fall 258: Einkünfteermittlung 516

Fall 259: Einkunftsermittlung/Unentgeltlicher Erwerb/Werbungskosten 518

Fall 260: Einkunftsermittlung/Werbungskosten 520

Fall 261: Zuwendungsnießbrauch/Werbungskosten 523

Fall 262: Entgeltlicher Erwerb/Vorbehaltswohnrecht 527

Fall 263: Nießbrauch 529

Fall 264: Vorbehaltsnießbrauch 532

Fall 265: Obligatorische Nutzungsrechte 534

Fall 266: Erbauseinandersetzung 536

Fall 267: Vorweggenommene Erbfolge 538

10.9 Sonstige Einkünfte (§ 22 EStG) 540

Fall 268: Veräußerung eines Wohnhauses gegen Leibrente 540

Fall 269: Veräußerung eines Mietwohngrundstücks gegen Leibrente mit Wertsicherungsklausel 542

Fall 270: Veräußerung eines Mietwohngrundstücks gegen dauernde Last 544

Fall 271: Betriebsübertragung gegen private Versorgungsleibrente 546

Fall 272: Kauf eines teils selbst genutzten und teils zum Vermieten bestimmten Hauses auf Rentenbasis 548

Fall 273: Veräußerungsleibrente bei mehreren Rentenberechtigten 551

Fall 274: Herabsetzung einer gemeinsamen Rente nach dem Tod eines Berechtigten 552

Fall 275: Ertragsanteil einer Ehegatten nacheinander zustehenden Rente 553

Fall 276: Ertragsanteil einer abgekürzten Leibrente 554

Fall 277: Ertragsanteil einer verlängerten Leibrente 554

Fall 278: Besteuerung einer Mehrbedarfsrente 556

Fall 279: Besteuerung von Schadensersatzrenten 557

Fall 280: Besteuerung einer Altersrente aus der gesetzlichen Rentenversicherung mit Rentenbeginn vor dem Jahr 2005 559

Fall 281: Besteuerung einer Altersrente aus der gesetzlichen Rentenversicherung mit Rentenbeginn ab dem Jahr 2005 561

Fall 282: Besteuerung einer Witwenrente aus der gesetzlichen Rentenversicherung mit Rentenbeginn ab dem Jahr 2005 561

Fall 283: Besteuerung einer Witwenrente nach vorhergehender Versichertenrente 562

Seite

Fall 284: Rente aus einer berufsständischen Versorgungseinrichtung 563

Fall 284A: Sterbegeld aus einem berufsständischen Versorgungswerk 565

Fall 285: Veräußerung eines geschenkten Grundstücks innerhalb von zehn Jahren seit der Anschaffung 566

Fall 286: Privates Veräußerungsgeschäft bei einem Grundstück, wenn dieses zwischenzeitlich im Betriebsvermögen gehalten wird 567

Fall 287: Einkünfte aus privaten Veräußerungsgeschäften bei Herstellung eines Gebäudes 568

Fall 287A: Zeitpunkt der Berücksichtigung von Veräußerungskosten bei einem privaten Veräußerungsgeschäft 569

Fall 288: Anschaffungsfiktion bei Überführung eines Wirtschaftsguts aus dem Betriebsvermögen in das Privatvermögen 570

Fall 289: Gewinn aus der Veräußerung einer zu eigenen Wohnzwecken genutzten Zweitimmobilie 571

Fall 289A: Veräußerung eines Gebäudegrundstücks bei nur zeitweiser Nutzung zu eigenen Wohnzwecken im zweiten vorangegangenen Jahr 572

Fall 289B: Verkauf einer Immobilie nach einer mehrjährigen Eigennutzung zu Wohnzwecken und kurzfristiger Fremdvermietung im Veräußerungsjahr 573

Fall 289C: Enteignung als privates Veräußerungsgeschäft 574

Fall 290: Ermittlung und Besteuerungszeitpunkt eines Gewinns aus privaten Veräußerungsgeschäften 576

Fall 290A: Veräußerungsgewinn bei zeitlich gestreckter Ratenzahlung über mehrere Veranlagungszeiträume 577

Fall 290B: Veräußerungsverlust bei zeitlich gestreckter Ratenzahlung über mehrere Veranlagungszeiträume 579

Fall 290C: Verkauf einer Immobilie gegen Veräußerungsleibrente innerhalb von zehn Jahren nach Anschaffung 580

Fall 290D: Erwerb einer Beteiligung an einer grundstücksbesitzenden Personengesellschaft und Veräußerung eines Grundstücks innerhalb der Veräußerungsfrist 581

Fall 290E: Erwerb des Anteils an einer Erbengemeinschaft und nachfolgende Veräußerung eines Grundstücks 583

Fall 290F: Ermittlung des Gewinns aus einem privaten Veräußerungsgeschäft bei Verkauf eines zuvor aus dem Betriebsvermögen fälschlicherweise nur zum Buchwert entnommenen Grundstücks 585

Fall 291: Freigrenze bei Gewinnen aus privaten Veräußerungsgeschäften 587

Fall 292: Ausgleich von Verlusten aus privaten Veräußerungsgeschäften 588

Fall 293: Berechnung der Spekulationsfrist 589

Seite

10.10 Entschädigungen, nachträgliche Einkünfte, Nutzungsvergütungen (§ 24 EStG) 590

Fall 294: Entschädigung für die vorzeitige Auflösung eines Mietverhältnisses 590

Fall 295: Entschädigung für die Aufgabe einer Tätigkeit 592

Fall 296: Ausgleichszahlung an einen Versicherungsvertreter gem. § 89b HGB 592

Fall 297: Nachträgliche Einkünfte als Rechtsnachfolger 594

Fall 298: Gewinnermittlungsart bei nachträglichen Einkünften 595

Fall 299: Nachträgliche Schuldzinsen bei den Einkünften aus Vermietung und Verpachtung 596

10.11 Altersentlastungsbetrag (§ 24a EStG) 598

Fall 300: Altersentlastungsbetrag im Fall der Zusammenveranlagung von Ehegatten 598

Fall 301: Altersentlastungsbetrag bei Einzelveranlagung 601

Kapitel 11: Veranlagung von Ehegatten 603

Fall 302: Voraussetzungen der Ehegattenveranlagung 604

Fall 303: Veranlagungsarten bei Ehegatten 605

Fall 304: Zusammenveranlagung 606

Fall 305: Einzelveranlagung gem. § 26a EStG 608

Fall 306: Einzelveranlagung für Ehegatten 609

Fall 307: Zurechnung der Einkünfte von Ehegatten 612

Fall 308: Zurechnung der Einkünfte aus Land- und Forstwirtschaft bei Ehegatten 615

Fall 309: Zurechnung der Einkünfte aus Gewerbebetrieb 616

Fall 310: Zurechnung bei Baubetrieb 616

Fall 311: Zurechnung der Einkünfte von Eltern und Kindern 617

Kapitel 12: Steuertarif 619

12.1 Außerordentliche Einkünfte (§ 34 EStG) 619

Fall 312: Veräußerungsgewinn 619

Fall 313: Versteuerung einer Abfindung 621

12.2 Steuerermäßigung bei ausländischen Einkünften 622

Fall 314: Beschränkte Anrechenbarkeit ausländischer Steuern 623

Fall 315: Anrechenbarkeit bei ausländischen Einkünften aus mehreren Staaten 624

Fall 316: Auslandstätigkeitserlass 626

Seite

12.3 Steuerermäßigung bei Einkünften aus Gewerbebetrieb 627

Fall 317: Ermäßigung bei einem Einzelunternehmen 627

Fall 318: Ermäßigung bei negativen gewerblichen Einkünften 628

Fall 319: Ermäßigung bei Personengesellschaften 629

Kapitel 13: Besteuerung beschränkt Steuerpflichtiger 631

Fall 320: Einkünfte aus inländischem Gewerbebetrieb und aus Vermietung und Verpachtung 631

Fall 321: Erweiterte beschränkte Steuerpflicht (§§ 2 und 6 AStG) 632

Stichwortverzeichnis 635

LITERATURHINWEISE

Lehrbücher:

Bilke/Heining/Mann, Lehrbuch Buchführung und Bilanzsteuerrecht, 13. Auflage, Herne 2021

Maier/Kremer, Lehrbuch Einkommensteuer, 30. Auflage, Herne 2024

Wilke, Lehrbuch Internationales Steuerrecht, 17. Auflage, Herne 2024

Fallsammlungen:

Koltermann, Fallsammlung Bilanzsteuerrecht, 20. Auflage, Herne 2022

Wilke (Hrsg.)/Karl/Niklaus/Weber, Fallsammlung Internationales Steuerrecht, 15. Auflage, Herne 2023

Kommentare:

Blümich, Einkommensteuergesetz, Loseblatt, München

Frotscher/Geurts, Kommentar zum Einkommensteuergesetz (EStG), Loseblatt, Freiburg i. Br.

Herrmann/Heuer/Raupach, Einkommensteuer- und Körperschaftsteuergesetz: EStG KStG Kommentar, Loseblatt, Köln

Kanzler (Hrsg.)/Kraft/Bäuml/Marx/Hechtner/Geserich, Einkommensteuergesetz Kommentar online, Herne

Kirchhof/Söhn/Mellinghoff (Hrsg.), Einkommensteuergesetz Kommentar, Loseblatt, Köln

Korn, Einkommensteuergesetz Kommentar, Loseblatt, Bonn

Lademann, Kommentar zum Einkommensteuergesetz, Loseblatt, Stuttgart

Schmidt, Einkommensteuergesetz: EStG, 43. Auflage, München 2024

Textausgaben:

Walkenhorst, Wichtige Steuerrichtlinien, 41. Auflage, Herne 2024

ABKÜRZUNGSVERZEICHNIS

A

a. A.	anderer Ansicht
a. a. O.	am angegebenen Ort
Abs.	Absatz
abzgl.	abzüglich
a. E.	am Ende
a. F.	alte(r) Fassung
AfA	Absetzung für Abnutzung
AfaA	Absetzung für außergewöhnliche Abnutzung
AfS	Absetzung für Substanzverringerung
AG	Aktiengesellschaft
AO	Abgabenordnung
Art.	Artikel
AStG	Außensteuergesetz
Aufl.	Auflage
Az.	Aktenzeichen

B

BayLfSt	Bayerisches Landesamt für Steuern
BB	Betriebs-Berater (Zeitschrift)
BBK	NWB Rechnungswesen (Zeitschrift)
BewG	Bewertungsgesetz
Bf	Buchführung
BFH	Bundesfinanzhof
BFH/NV	Sammlung amtlich nicht veröffentlichter Entscheidungen des BFH
BFH/PR	Entscheidungen des Bundesfinanzhofs für die Praxis der Steuerberatung (Zeitschrift)
BGB	Bürgerliches Gesetzbuch
BGBl	Bundesgesetzblatt
BGH	Bundesgerichtshof
BGHZ	Entscheidungen des Bundesgerichtshofs in Zivilsachen
BiRiLiG	Bilanzrichtlinien-Gesetz
BMF	Bundesministerium der Finanzen
bspw.	beispielsweise
BStBl	Bundessteuerblatt
Buchst.	Buchstabe
BV	Betriebsvermögensvergleich
BVerfG	Bundesverfassungsgericht
BZSt	Bundeszentralamt für Steuern
bzgl.	bezüglich

D

DA-KG	Dienstanweisung zum Kindergeld
DB	Der Betrieb (Zeitschrift)
DBA	Doppelbesteuerungsabkommen
dgl.	dergleichen
d. h.	das heißt
DM	Deutsche Mark
DStRK	Deutsches Steuerrecht kurzgefasst (Zeitschrift)
DStZ	Deutsche Steuer-Zeitung

E

EFG	Entscheidungen der Finanzgerichte (Zeitschrift)
Erg.-Lfg.	Ergänzungslieferung
EStDV	Einkommensteuer-Durchführungsverordnung
EStG	Einkommensteuergesetz
EStH	Einkommensteuer-Hinweise
EStR	Einkommensteuer-Richtlinien
EU	Europäische Union
EÜR	Einnahmenüberschussrechnung
EuGH	Europäischer Gerichtshof
evtl.	eventuell
EWR	Europäischer Wirtschaftsraum

F

f., ff.	folgend(e), fortfolgend(e)
FG	Finanzgericht
FinBeh	Finanzbehörde
FinMin	Finanzministerium
FR	FinanzRundschau (Zeitschrift)

G

GbR	Gesellschaft bürgerlichen Rechts
gem.	gemäß
GG	Grundgesetz
ggf.	gegebenenfalls
GmbH	Gesellschaft mit beschränkter Haftung
GOÄ	Gebührenordnung für Ärzte
grds.	grundsätzlich
GrS	Großer Senat

H

H	Hinweis
ha	Hektar
HFR	Höchstrichterliche Finanzrechtsprechung (Zeitschrift)
HGB	Handelsgesetzbuch
h. M.	herrschende Meinung

I

i. d. F.	in der Fassung
i. d. R.	in der Regel
i. H.	in Höhe
i. S.	im Sinne
i.V.	in Verbindung

J

jurisPR-ArbR	juris PraxisReport Arbeitsrecht (Zeitschrift)
JStG	Jahressteuergesetz

K

Kfz	Kraftfahrzeug
KG	Kommanditgesellschaft
KGaA	Kommanditgesellschaft auf Aktien
Kj.	Kalenderjahr
KÖSDI	Kölner Steuerdialog (Zeitschrift)
KStG	Körperschaftsteuergesetz

L

LfSt	Landesamt für Steuern
LPartG	Lebenspartnerschaftsgesetz
LStDV	Lohnsteuer-Durchführungsverordnung
LStH	Lohnsteuer-Hinweise
LStR	Lohnsteuer-Richtlinien
lt.	laut
LuF	Land- und Forstwirtschaft

M

m. E.	meines Erachtens
m. w. N.	mit weiteren Nachweisen
Mio.	Million

N

Nr.	Nummer
NV	nicht veröffentlicht
NWB	Neue Wirtschafts-Briefe (Zeitschrift)

O

o. a.	oben angegeben
o. ä.	oder ähnlich
OFD	Oberfinanzdirektion
o. g.	oben genannt
OHG	Offene Handelsgesellschaft
OWiG	Gesetz über Ordnungswidrigkeiten

P

p. a.	per annum (jährlich)
PartG	Parteiengesetz
Pkw	Personenkraftwagen

R

R	Richtlinie (Zitierweise der EStR ab dem Jahr 1993)
rkr.	rechtskräftig
RWP	Rechts- und Wirtschaftspraxis (Zeitschrift)
Rz.	Randziffer(n)

S

S.	Seite
s. o.	siehe oben
sog.	so genannte(r)
Stbg	Die Steuerberatung (Zeitschrift)
StBp	Die steuerliche Betriebsprüfung (Zeitschrift)
StBVV	Steuerberatervergütungsverordnung
StED	Steuer-Eildienst (Zeitschrift)
StEK	Steuererlasse in Karteiform (Zeitschrift)
s. u.	siehe unten

U

u. a.	unter anderem
UmwStG	Umwandlungssteuergesetz
u. U.	unter Umständen

V

VE	Vieheinheiten
Vfg.	Verfügung
vgl.	vergleiche

W

WEG	Wohnungseigentumsgesetz
WPg	Die Wirtschaftsprüfung (Zeitschrift)

Z

z. B.	zum Beispiel
ZEV	Zeitschrift für Erbrecht und Vermögensnachfolge
ZFK	Zeitschrift für Kommunalfinanzen
ZPO	Zivilprozessordnung
zzgl.	zuzüglich

Kapitel 1: Steuerpflicht

Vorbemerkungen

Die Einkommensteuer ist eine reine Personensteuer und findet nur auf natürliche Personen Anwendung. Das EStG unterscheidet zwischen persönlicher Steuerpflicht (§ 1 EStG) natürlicher Personen und sachlicher Steuerpflicht (§ 2 EStG). Die persönliche Steuerpflicht betrifft die Frage, welcher Personenkreis unter das EStG fällt, also der deutschen Einkommensbesteuerung als Steuerschuldner unterliegt. Die sachliche Steuerpflicht betrifft die Frage, ob ein Tatbestand verwirklicht ist, der eine Einkommensteuerschuld entstehen lässt. Die Prüfung der persönlichen Steuerpflicht hat Vorrang vor der Prüfung der sachlichen Steuerpflicht.

Der persönlichen Steuerpflicht unterliegen nur natürliche Personen (§ 1 BGB), unabhängig von Staatsangehörigkeit, Alter und ähnlichen Merkmalen. § 1 EStG enthält also die Aussage, wer Einkommensteuersubjekt sein kann. Jede natürliche Person ist einzeln persönlich steuerpflichtig, auch Kinder und zusammenveranlagte Ehegatten. Auf die Staatsangehörigkeit kommt es grds. nicht an. Dadurch, dass positiv nur natürliche Personen als Einkommensteuersubjekte genannt werden, wird gleichzeitig negativ geregelt, dass alle anderen Personen (juristische Personen) und insbesondere Personengesellschaften nicht Einkommensteuersubjekt sein können. Letztere unterliegen nicht selbständig der Einkommensteuer. Juristische Personen unterliegen der Körperschaftsteuer (§§ 1 und 2 KStG). Personengesellschaften (OHG, KG, GbR) unterliegen als solche zwar der Gewerbesteuer und Umsatzsteuer, nicht aber der Einkommensteuer oder Körperschaftsteuer. Steuerpflichtig sind gem. § 1 EStG die als Gesellschafter beteiligten natürlichen Personen.

§ 1 EStG unterscheidet zwischen der unbeschränkten und der beschränkten Einkommensteuerpflicht. Ohne Bedeutung für die Steuerpflicht ist grds. die bürgerlich-rechtliche Geschäftsfähigkeit oder Volljährigkeit.

§ 1 EStG differenziert wie folgt (K/K/B, Blusz, § 1 EStG Rz. 2):

- Unbeschränkte Steuerpflicht von natürlichen Personen mit Wohnsitz und gewöhnlichem Aufenthalt im Inland (§ 1 Abs. 1 EStG);
- erweiterte unbeschränkte Steuerpflicht von deutschen Staatsangehörigen in besonderen Fällen (§ 1 Abs. 2 EStG);
- fiktive unbeschränkte Steuerpflicht auf Antrag (§ 1 Abs. 3 EStG);
- beschränkte Steuerpflicht von natürlichen Personen ohne Wohnsitz und gewöhnlichen Aufenthalt im Inland bei Erzielung von inländischen Einkünften (§ 1 Abs. 4 EStG).

Die unbeschränkte Einkommensteuerpflicht gem. § 1 Abs. 1 Satz 1 EStG setzt einen Wohnsitz i. S. des § 8 AO oder einen gewöhnlichen Aufenthalt i. S. des § 9 AO im Inland voraus. Die Tatsache, dass ein Steuerpflichtiger neben einem inländischen Wohnsitz auch einen solchen im Ausland hat, schließt die unbeschränkte Steuerpflicht auch dann nicht aus, wenn der ausländische Wohnsitz den Lebensmittelpunkt des Steuerpflichtigen begründet (BFH, Urteil v. 23.10.2018 - I R 74/16, BFH/NV 2019 S. 388, JAAAH-10189). Ist eine natürliche Person unbeschränkt einkommensteuerpflichtig, erstreckt sich die Steuerpflicht im Prinzip auf sämtliche Einkünfte i. S. des § 2 Abs. 1 EStG, die im Inland und Ausland erzielt werden (sog. „Welteinkommen"), soweit nicht für bestimmte Einkünfte abweichende Regelungen bestehen, z. B. in DBA.

Die unbeschränkte Steuerpflicht erfährt durch § 1 Abs. 2 EStG eine personelle Erweiterung. Danach erstreckt sich die unbeschränkte Einkommensteuerpflicht unter bestimmten Voraussetzungen auch auf deutsche Staatsangehörige, die zwar keinen Wohnsitz oder gewöhnlichen Aufenthalt im Inland haben, die jedoch zu einer inländischen juristischen Person des öffentlichen Rechts in einem Dienstverhältnis stehen und dafür Arbeitslohn aus einer inländischen öffentlichen Kasse beziehen, z. B. deutsche Diplomaten im Ausland (BFH, Urteil v. 4.12.1991 - I R 38/91, BStBl 1992 II S. 548).

Gemäß § 1 Abs. 3 EStG werden auf Antrag natürliche Personen als unbeschränkt einkommensteuerpflichtig behandelt, die im Inland weder einen Wohnsitz noch ihren gewöhnlichen Aufenthalt haben, soweit sie inländische Einkünfte i. S. des § 49 EStG haben. Dies gilt nur, wenn ihre Einkünfte im Kalenderjahr entweder zu mindestens 90 % der deutschen Einkommensteuer unterliegen oder die nicht der deutschen Einkommensteuer unterliegenden Einkünfte gering sind (BFH, Urteil v. 12.8.2015 - I R 18/14, BStBl 2016 II S. 201, Rz. 14).

Gemäß § 1 Abs. 4 EStG sind natürliche Personen, die im Inland weder einen Wohnsitz noch ihren gewöhnlichen Aufenthalt haben, vorbehaltlich des § 1 Abs. 2 und 3 EStG und des § 1a EStG beschränkt einkommensteuerpflichtig, wenn sie inländische Einkünfte i. S. des § 49 EStG haben. Voraussetzung ist des Weiteren, dass das Besteuerungsrecht für die inländischen Einkünfte i. S. des § 49 EStG der Bundesrepublik Deutschland zusteht (BFH, Urteil v. 20.4.1988 - I R 219/82, BStBl 1990 II S. 701). Die beschränkte Steuerpflicht erstreckt sich nur auf die inländischen Einkünfte i. S. des § 49 EStG. Beschränkt Steuerpflichtige, also Personen, die keinen Wohnsitz oder gewöhnlichen Aufenthalt im Inland haben, aber inländische Einkünfte i. S. des § 49 EStG beziehen, können allerdings unter den Voraussetzungen des § 1 Abs. 3 EStG die Behandlung als unbeschränkt Steuerpflichtiger beantragen.

Die beschränkte Steuerpflicht erfährt durch § 2 Abs. 1 Satz 1 AStG eine sachliche Erweiterung. Danach unterliegt eine natürliche Person, die unbeschränkt einkommensteuerpflichtig war und in ein Niedrigsteuerland – eine „Steueroase" – verzogen ist (Wohnsitzwechsel in das Niedrigsteuerland), unter bestimmten Voraussetzungen der sog. „erweiterten beschränkten Steuerpflicht".

FALL 1

Beibehaltung des Hauptwohnsitzes im Ausland

Sachverhalt: A ist in Aachen als selbständiger Zahnarzt tätig. Er bewohnt dort in gehobener Wohnlage ein ihm gehörendes Einfamilienhaus. Anlässlich eines Urlaubs lernt er die in den Niederlanden wohnende und dort ebenfalls eine Zahnarztpraxis betreibende B kennen. A und B beschließen zu heiraten. Die Heirat findet am 1.9.01 in Aachen statt. Ab diesem Zeitpunkt wohnen die Eheleute zusammen in dem A gehörenden Einfamilienhaus. B behält ihren Hauptwohnsitz in den Niederlanden zunächst bei. In dem Einfamilienhaus in Aachen hält sie sich regelmäßig an den Wochenenden, zuweilen auch während der Woche auf.

AUFGABE

Ab welchem Zeitpunkt ist B unbeschränkt einkommensteuerpflichtig?

LÖSUNG

Natürliche Personen sind unbeschränkt einkommensteuerpflichtig, wenn sie im Inland ihren Wohnsitz oder gewöhnlichen Aufenthalt haben (§ 1 Abs. 1 Satz 1 EStG). Was „Wohnsitz" i. S. dieser Regelung ist, bestimmt sich i. S. des § 8 AO (BFH, Urteil v. 19.3.2002 - I R 15/01, BFH/NV 2002 S. 1411, BAAAA-68107). Hiernach hat jemand einen Wohnsitz dort, wo er eine Wohnung u. U. innehat, die darauf schließen lassen, dass er die Wohnung beibehalten und benutzen wird (§ 8 AO). Ein Wohnsitz i. S. des § 8 AO setzt neben zum dauerhaften Wohnen geeigneten Räumen das Innehaben der Wohnung in dem Sinn voraus, dass der Steuerpflichtige tatsächlich jederzeit (wann immer er es wünscht) über sie verfügen kann und sie als Bleibe entweder ständig benutzt oder sie mit einer gewissen Regelmäßigkeit – wenn auch in größeren Zeitabständen – aufsucht. Hiernach setzt ein Wohnsitz eine Wohnung, d. h. eine stationäre Räumlichkeit voraus, die auf Dauer zum Bewohnen geeignet ist (BFH, Urteil v. 12.11.2020 - III R 6/20, BFH/NV 2021 S. 646, Rz. 16, YAAAH-76693).

Neben dem Innehaben einer Wohnung, also der Möglichkeit, über sie tatsächlich verfügen zu können, ist also zusätzlich erforderlich, dass sie dadurch als Bleibe dient, dass sie ständig oder doch mit einer gewissen Regelmäßigkeit und Gewohnheit genutzt wird (BFH, Urteil v. 26.1.2001 - VI R 89/00, BFH/NV 2001 S. 1018, NAAAA-67319). Schließlich muss das Innehaben der Wohnung u. U. erfolgen, die darauf schließen lassen, dass die Person die Wohnung beibehalten wird. Hierin kommt u. a. ein Zeitmoment zum Ausdruck. Dabei kann im Rahmen des § 8 AO zur Bestimmung des Zeitmoments als Anhaltspunkt auf die in § 9 Satz 2 AO normierte Sechsmonatsfrist zurückgegriffen werden (BFH, Urteil v. 8.5.2014 - III R 21/12, BStBl 2015 II S. 135, Rz. 15).

Ehegatten, die nicht dauernd getrennt leben, können verschiedene Wohnungen und damit verschiedene Wohnsitze haben. Die Eheschließung allein führt also nicht ohne Weiteres dazu, dass die Wohnung des einen Ehegatten auch dem anderen Ehegatten als Wohnung zuzurechnen ist. Im vorliegenden Fall haben A und B jedoch eine gemeinsame Familienwohnung begründet; diese befindet sich in Aachen. B hat somit ab dem 1.9.01 „eine" Wohnung im Inland inne.

Dem Wortlaut des § 1 EStG ist nicht zu entnehmen, dass nur derjenige Wohnsitz zur unbeschränkten Steuerpflicht führt, der zugleich den Mittelpunkt der Lebensinteressen der Person darstellt. Die Vorschrift geht gegenteilig, indem sie ohne weitere Unterscheidung nur das Vorliegen „eines" Wohnsitzes verlangt, erkennbar von der Gleichwertigkeit aller Wohnsitze einer bestimmten Person aus. Insbesondere enthält sie keinen Anknüpfungspunkt für eine Differenzierung zwischen „Hauptwohnsitz" und „Nebenwohnsitz". Dasselbe gilt im Hinblick auf § 8 AO, der keine Unterscheidung zwischen Haupt- und Nebenwohnsitz (Erst- und Zweitwohnsitz) vorsieht; alle Einrichtungen, die die einschlägigen Voraussetzungen erfüllen, sind daher gleichwertige Wohnsitze. Der Wohnsitzbegriff setzt weder voraus, dass die Wohnung im Inland den Mittelpunkt der Lebensinteressen bildet noch einen Aufenthalt während einer Mindestzeit; erforderlich ist aber eine Nutzung, die über bloße Besuche, kurzfristige Ferienaufenthalte und das Aufsuchen der Wohnung zu Verwaltungszwecken hinausgeht (BFH, Urteil v. 12.11.2020 - III R 6/20, BFH/NV 2021 S. 646, Rz. 16, YAAAH-76693).

Vor diesem Hintergrund verbietet sich die Annahme, dass nur ein – in welcher Weise auch immer – „qualifizierter" Wohnsitz zur unbeschränkten Einkommensteuerpflicht führt. In welchem zeitlichen Umfang B das Einfamilienhaus in Aachen im Jahr 01 genutzt hat, ist unerheblich.

Durch die Rechtsprechung ist geklärt, dass auch unregelmäßige Aufenthalte in einer Wohnung zur Aufrechterhaltung des dortigen Wohnsitzes führen können (BFH, Beschluss v. 27.9.1999 - I B 83/98, BFH/NV 2000 S. 673, DAAAA-65335).

B ist daher ab dem 1.9.01 unbeschränkt einkommensteuerpflichtig. Dass sie ihre bisherige Wohnung in den Niederlanden beibehält, ist für diese Beurteilung ohne Bedeutung. Ein inländischer Wohnsitz führt auch dann zur unbeschränkten Einkommensteuerpflicht, wenn der Mittelpunkt der Lebensinteressen sich im Ausland befindet. § 1 EStG setzt für die unbeschränkte Steuerpflicht das Bestehen „eines" Wohnsitzes im Inland voraus. Hieraus folgt, dass es ausreicht, wenn eine natürliche Person mehrere Wohnsitze hat und sich nur ein einziger von ihnen im Inland befindet (BFH, Urteile v. 28.1.2004 - I R 56/02, BFH/NV 2004 S. 917, GAAAB-21049, und v. 24.7.2018 - I R 58/16, BFH/NV 2019 S. 104, Rz. 20, RAAAH-04000). Ein Wohnsitz i. S. des § 8 AO setzt nicht voraus, dass der Steuerpflichtige sich während einer Mindestzahl von Tagen oder Wochen im Jahr tatsächlich in der Wohnung aufhält. Auch unregelmäßige Aufenthalte in einer Wohnung können zur Aufrechterhaltung eines dortigen Wohnsitzes führen (BFH, Urteil v. 24.7.2018 - I R 58/16, BFH/NV 2019 S. 104, Rz. 19, RAAAH-04000).

FALL 2

Wohnsitz eines Kindes während des Auslandsstudiums

Sachverhalt: Die Eheleute A betreiben in München eine ärztliche Gemeinschaftspraxis. Ihr lediger (volljähriger) Sohn B ist am Wohnsitz seiner Eltern – in München – bei der zuständigen Meldebehörde gemeldet. B steht im Haus der Eltern ein Zimmer zur Verfügung. Er studiert an der Universität Innsbruck in Österreich Medizin. Dort bewohnt er ein möbliertes Zimmer. B hat die Universitätsstadt als Zweitwohnsitz gemeldet. Die Wochenenden verbringt er – soweit möglich – ebenso wie die Semesterferien in München, im Jahr ca. fünf Monate. Die Studienkosten bestreitet B zum einen aus regelmäßigen monatlichen Barzuwendungen seiner Eltern, zum anderen aus Einnahmen aus Aushilfstätigkeiten, die er in den Semesterferien im Inland ausübt.

AUFGABE

Ist B unbeschränkt einkommensteuerpflichtig?

LÖSUNG

Ein (minderjähriges) Kind teilt nicht automatisch den Wohnsitz seiner Eltern (BFH, Urteil v. 7.4.2011 - III R 77/09, BFH/NV 2011 S. 1351, LAAAD-86467; BFH, Beschluss v. 23.5.2012 - III B 209/11, BFH/NV 2012 S. 1477, XAAAE-12963; FG München, Urteil v. 11.10.2022 - 12 K 2061/21, Rz. 26, PAAAJ-36763). Begibt sich ein Kind zum Zwecke des Studiums für mehrere Jahre ins Ausland, behält es seinen Wohnsitz in der Wohnung der Eltern im Inland nur dann bei, wenn es diese Wohnung zumindest überwiegend (nicht „weit überwiegend"), d. h. zu mehr als der Hälfte, in den ausbildungsfreien Zeiten zum zwischenzeitlichen Wohnen nutzt (BFH, Urteile v. 25.9.2014 - III R 10/14, BStBl 2015 II S. 655, und v. 23.6.2015 - III R 38/14, BStBl 2016 II S. 102; BFH, Beschluss v. 17.5.2017 - III B 92/16, BFH/NV 2017 S. 1179, Rz. 2, XAAAG-51390; BFH, Urteile

v. 28.4.2022 - III R 12/20, BStBl 2022 II S. 681, und v. 21.6.2023 - III R 11/21, BStBl 2023 II S. 970). Bei Kindern, die zum Zwecke der Schul-, Hochschul- oder Berufsausbildung auswärtig untergebracht sind, reicht es für einen Inlandswohnsitz daher nicht aus, wenn die elterliche Wohnung dem Kind weiterhin zur Verfügung steht (BFH, Urteil v. 25.9.2014 - III R 10/14, BStBl 2015 II S. 655).

Für die Frage, ob das Kind seinen Wohnsitz im Inland beibehalten hat, kommt es maßgeblich auf die Dauer des Auslandsaufenthalts sowie bei lang andauernden Auslandsaufenthalten darauf an, für welche Zeiträume sich die Kinder jeweils im Jahr im Inland aufhalten. Ein Inlandsbesuch bei den Eltern darf nicht lediglich Besuchscharakter haben. Ein nur gelegentliches Verweilen während unregelmäßig aufeinander folgender kurzer Zeiträume zu Erholungs- bzw. Besuchszwecken reicht nicht aus. Auch bei lang andauernden Auslandsaufenthalten kann ein Wohnsitz des Kindes im Inland aber weiter bestehen, wenn sich das Kind – wie vorliegend B – ca. fünf Monate bei den Eltern im Inland aufhält; wobei anzumerken ist, dass ein Aufenthalt von fünf Monaten im Jahr in der Wohnung der Eltern nicht stets erforderlich ist (BFH, Urteile v. 23.11.2000 - VI R 165/99, BStBl 2001 II S. 279, v. 23.11.2000 - VI R 107/99, BStBl 2001 II S. 294, v. 28.4.2010 - III R 52/09, BStBl 2010 II S. 1013, und v. 17.12.2015 - V R 13/15, BFH/NV 2016 S. 534, Rz. 23, HAAAF-66762; BFH, Beschluss v. 12.6.2017 - III B 157/16, BFH/NV 2017 S. 1318, DAAAG-53332). B ist danach unbeschränkt einkommensteuerpflichtig.

Hinzuweisen ist darauf, dass für den Wohnsitz des Kindes im Inland z. B. die Eltern die Feststellungslast tragen, wenn sie für das Kind Kindergeld oder den Kinderfreibetrag erhalten wollen (vgl. die Urteilsanmerkung von Pust, HFR 2001 S. 464).

FALL 3

Gewöhnlicher Aufenthalt im Inland

Sachverhalt: Anlässlich eines Besuchs einer in Freiburg wohnenden Freundin hat die Französin Nicole Roussel (R) den Bankkaufmann Anton Aumann (A) kennengelernt. Nach mehreren gegenseitigen Besuchen beschließen R und A zu heiraten. Die Heirat findet am 12.10.01 in Freiburg statt.

Bis Anfang Oktober 01 hat R in Paris gewohnt und dort als Sekretärin gearbeitet. Seit dem 5.10.01 befindet sie sich in Deutschland. Nach ihrer Hochzeit arbeitet sie als Schreibkraft im elterlichen Betrieb ihrer Freundin, bei der sie auch übernachtet, weil die Wohnung ihres Ehemannes bzw. ihrer Schwiegereltern wegen der geringen Größe die Unterbringung einer weiteren Person nicht zulässt.

A und R beginnen noch im Oktober 01 mit dem Bau eines Einfamilienhauses, das Anfang April 02 fertiggestellt wird. Die Eheleute ziehen am 10.4.02 in ihr neues Haus ein und begründen dort eine gemeinsame Familienwohnung. R überrascht ihren Ehemann beim Einzug mit einem Perserteppich, den sie von ihren Eltern geschenkt erhielt, als sie diese zu Weihnachten besucht hat, und zwar in der Zeit vom 20.12.01 bis zum 30.12.01.

AUFGABE

Ist R im Veranlagungszeitraum 01 unbeschränkt einkommensteuerpflichtig?

LÖSUNG

R unterliegt vom 1.1.01 bis zum 4.10.01 nicht der deutschen Einkommensbesteuerung. Sie hat während dieser Zeit weder ihren Wohnsitz oder gewöhnlichen Aufenthalt im Inland noch bezieht sie inländische Einkünfte i. S. des § 49 EStG.

Ab dem 5.10.01 ist sie unbeschränkt einkommensteuerpflichtig, so dass sie für das Jahr 01 mit ihrem Ehemann zusammenveranlagt werden kann (§ 26 Abs. 1 EStG). R begründet im Jahr 01 im Inland zwar keinen Wohnsitz, denn die Übernachtungsmöglichkeit bei ihrer Freundin stellt keine Wohnung i. S. des § 8 AO dar. Es liegt jedoch ein die unbeschränkte Steuerpflicht begründender gewöhnlicher Aufenthalt i. S. des § 9 AO vor. Den gewöhnlichen Aufenthalt hat jemand dort, wo er sich u. U. aufhält, die erkennen lassen, dass er an diesem Ort bzw. in diesem Gebiet nicht nur vorübergehend verweilt (§ 9 Satz 1 AO). Ein zeitlich zusammenhängender Aufenthalt im Inland von mehr als sechs Monaten ist unwiderlegbar als gewöhnlicher Aufenthalt anzusehen (§ 9 Satz 2 AO), wenn es sich nicht um einen Aufenthalt für private Zwecke handelt (§ 9 Satz 3 AO).

Die Frist ist unabhängig vom Veranlagungszeitraum zu berechnen; es ist also nicht Voraussetzung, dass sie in einem Veranlagungszeitraum vorgelegen hat (BFH, Urteile v. 19.8.1981 - I R 51/78, BStBl 1982 II S. 452, und v. 22.6.2011 - I R 26/10, BFH/NV 2011 S. 2001, NAAAD-93376). Entscheidend ist der zusammenhängende Zeitraum von mehr als sechs Monaten. Die Sechsmonatsfrist beginnt nach dem Tag der Einreise in das Inland, hier also am 6.10.01 (§ 187 Abs. 1 BGB i. V. mit § 108 AO). Kurzfristige Unterbrechungen bleiben unberücksichtigt (§ 9 Satz 2 Halbsatz 2 AO), d. h., sie werden bei der Berechnung der Frist mitgerechnet (BFH, Urteil v. 22.6.2011 - I R 26/10, BFH/NV 2011 S. 2001, NAAAD-93376). Durch den vorübergehenden Auslandsaufenthalt von R zu Weihnachten 01 wird also die Sechsmonatsfrist nicht gehemmt. Die Frist endet mit dem Ablauf des Tages des sechsten Monats, der durch seine Zahl dem Tag der Aufenthaltsbegründung entspricht (§ 188 Abs. 2 BGB).

Beträgt der gewöhnliche Aufenthalt – wie hier – mehr als sechs Monate, erstreckt sich die Steuerpflicht auch auf die ersten sechs Monate. R ist daher bereits seit Begründung des gewöhnlichen Aufenthalts im Jahr 01 unbeschränkt einkommensteuerpflichtig.

HINWEIS

Soweit in tatsächlicher Hinsicht Zweifel am Vorliegen bestimmter, einen gewöhnlichen Aufenthalt begründender Umstände bestehen, trifft die objektive Feststellungslast denjenigen, der sich auf das Vorhandensein eines gewöhnlichen Aufenthalts beruft (Buciek in Beermann/Gosch, AO/FGO, § 9 AO Rz. 8, m. w. N.).

FALL 4

Ende der persönlichen Steuerpflicht im Todesfall

Sachverhalt: S ist Alleinerbe seines am 30.9.02 verstorbenen Vaters V. Der Vater hat in Mainz ein Reisebüro betrieben, das S, der ebenfalls in Mainz wohnt, ab dem Todestag fortführt.

Der Gewinn wird nach einem abweichenden Wirtschaftsjahr ermittelt, das jeweils vom 1.3. bis zum 28.2. bzw. 29.2. des folgenden Jahres läuft. Der Gewinn

- für das Wirtschaftsjahr vom 1.3.01 bis zum 28.2.02 beläuft sich auf 90.000 € und
- der des Wirtschaftsjahres vom 1.3.02 bis zum 28.2.03 auf 120.000 €.

Eine Zwischenbilanz ist zum Todestag nicht erstellt worden. S hat im Jahr 02 keine (weiteren) Einkünfte bezogen.

AUFGABEN

1. Wann endet die persönliche Steuerpflicht des Erblassers V?
2. In welcher Höhe ist der Gewinn bei der Veranlagung 02 dem Erblasser V zuzurechnen?
3. Ist S im Veranlagungszeitraum 02 unbeschränkt steuerpflichtig?

LÖSUNG

Zu 1

Der unbeschränkten Einkommensteuerpflicht unterliegen nur natürliche Personen (§ 1 Abs. 1 Satz 1 EStG). Die Rechtsfähigkeit natürlicher Personen und damit deren persönliche Steuerpflicht beginnt mit Vollendung der Geburt und endet mit dem Tod (vgl. § 1 BGB). Erblasser V ist folglich bis zu seinem Todestag unbeschränkt einkommensteuerpflichtig, mit seinem Tode endet die persönliche Steuerpflicht (BFH, Urteil v. 28.3.1973 - I R 100/71, BStBl 1973 II S. 544).

Zu 2

Im Todesjahr erfolgt noch eine letztmalige Veranlagung bzgl. der von dem verstorbenen Steuerpflichtigen bis zu seinem Todeszeitpunkt erzielten Einkünfte. Dabei werden alle erzielten Einkünfte aus den unterschiedlichen Einkunftsarten des Erblassers zusammengerechnet. Da die persönliche Steuerpflicht von V am 30.9.02 endet, muss er mit den bis zum Todeszeitpunkt angefallenen Einkünften aus Gewerbebetrieb zur Einkommensteuer veranlagt werden (BFH, Urteil v. 28.3.1973 - I R 100/71, BStBl 1973 II S. 544). Hat die Steuerpflicht nicht während des vollen Veranlagungszeitraums bestanden, wird nur das während der Steuerpflicht bezogene Einkommen zugrunde gelegt (abgekürzter Ermittlungszeitraum). Der Erblasser V hat demnach im Veranlagungszeitraum 02 außer dem Gewinn des Wirtschaftsjahres 01/02 i. H. von 90.000 € auch den vom Beginn des Wirtschaftsjahres 02/03 (1.3.02) bis zum 30.9.02 angefallenen Gewinn zu versteuern.

Da zum Todestag keine Zwischenbilanz aufgestellt worden ist, muss der Gewinn des Wirtschaftsjahres 02/03 im Schätzungswege auf V und S aufgeteilt werden. Eine zeitanteilige Aufteilung ist zulässig und in der Praxis üblich. Auf V entfällt danach ein Gewinn i. H. von ($^7/_{12}$ von 120.000 € =) 70.000 €. Bei der Einkommensteuerveranlagung von V für das Jahr 02 sind daher die Einkünfte aus Gewerbebetrieb mit (90.000 € + 70.000 € =) 160.000 € anzusetzen. Eine Umrechnung dieser während der persönlichen Steuerpflicht bezogenen Einkünfte auf einen Jahresbetrag findet nicht statt.

HINWEIS

Tritt aufgrund des Todes eines Steuerpflichtigen Gesamtrechtsnachfolge ein, gehen gem. § 45 Abs. 1 Satz 1 AO die Forderungen und Schulden aus dem Steuerschuldverhältnis auf den Rechtsnachfolger (Erben) über. S schuldet als Erbe die angefallene Einkommensteuer (§ 1967 BGB und § 45 AO). Der Einkommensteuerbescheid ist an den Erben als Rechtsnachfolger zu adressieren und ihm bekannt zu geben. Mehrere Erben haben gem. § 45 Abs. 2 Satz 1 AO für die in der Person des Erblassers entstandene Steuerschuld wie für Nachlassverbindlichkeiten nach bürgerlichem Recht, d. h. als Gesamtschuldner (§§ 1967 und 2058 BGB), einzustehen. Jeder Erbe schuldet die ganze Leistung; dem Finanzamt steht es im Rahmen pflichtgemäßen Ermessens frei, an welche Gesamtschuldner es sich halten will (BFH, Urteil v. 29.8.2017 - VIII R 32/15, BStBl 2018 II S. 223, Rz. 23).

Eine Verrechnung der Einkünfte, die der Erblasser vor seinem Tod erzielte, mit den Einkünften des Erben ist nicht zulässig. Somit ist es dem Erben bei seiner Veranlagung auch nicht möglich, nicht genutzte Verluste des Erblassers steuerlich geltend zu machen (BFH, Beschluss v. 17.12.2007 - GrS 2/04, BStBl 2008 II S. 608).

Zu 3

Da S seinen Wohnsitz in Mainz, also im Inland hat, ist er im Veranlagungszeitraum 02 unbeschränkt einkommensteuerpflichtig (§ 1 Abs. 1 Satz 1 EStG). Er hat zwar im Veranlagungszeitraum 02 keine Einkünfte erzielt, denn der auf ihn entfallende Gewinn des Wirtschaftsjahres 02/03 i. H. von $^5/_{12}$ von 120.000 € = 50.000 € (zeitanteiliger Gewinn vom 1.10.02 bis zum 28.2.03) gilt erst in dem Kalenderjahr als bezogen, in dem das Wirtschaftsjahr endet, also im Jahr 03 (§ 4a Abs. 2 Nr. 2 EStG). Dass S im Jahr 02 keine Einkünfte bezogen hat, spielt für die Frage, ob er unbeschränkt einkommensteuerpflichtig ist, keine Rolle. Die unbeschränkte Einkommensteuerpflicht setzt nämlich nicht das Vorliegen von Einkünften voraus. Dies ist bereits eine Frage der sachlichen Steuerpflicht.

Kapitel 2: Einkommensteuerliche Grundbegriffe

FALL 5

Einkünfte und Gesamtbetrag der Einkünfte

Sachverhalt: Die Eheleute Max Moritz (MM) und Rita Moritz (RM), geb. May, sind seit vielen Jahren verheiratet. Sie wohnen im eigenen Einfamilienhaus in Bremen. Beide sind nichtselbständig tätig: MM als städtischer Beamter, RM als Lehrerin. MM hat im Jahr 2023 einen Bruttoarbeitslohn i. H. von 45.000 € und RM einen i. H. von 30.000 € bezogen.

Aus den ihrem Steuerberater anlässlich der Erstellung der Einkommensteuererklärung 2023 gemachten Angaben ergibt sich Folgendes:

1. MM hat Anfang Januar 2023 von seiner Mutter ein Mietwohngrundstück geerbt, das einen Verkehrswert i. H. von 350.000 € hat. Die Mieteinnahmen belaufen sich auf 24.000 €; die mit dem Grundstück zusammenhängenden Kosten (einschließlich AfA) betragen 14.000 €.
2. MM hat im Jahr 2023 auf einer Privatfahrt mit seinem Pkw einen Unfall verursacht. Der Pkw wurde total beschädigt. Die Vollkaskoversicherung hat eine Entschädigung i. H. von 30.000 € geleistet.
3. MM sind im Jahr 2023 Dividenden aus Aktienanlagen i. H. von 2.800 € brutto zugeflossen.
4. MM hat im April 2023 einen vor elf Jahren für 40.000 € erworbenen Bauplatz für 60.000 € verkauft.
5. MM ist Briefmarkensammler. Im Jahr 2023 hat er Briefmarken für 800 € gekauft und für 300 € verkauft.
6. RM hat im Juni 2023 250.000 € im Lotto gewonnen. Von dem Gewinn hat sie einen Teilbetrag i. H. von 200.000 € auf ein Festgeldkonto eingezahlt. Die Bank hat ihr dafür am Jahresende 2023 Zinsen i. H. von 2.000 € gutgeschrieben.
7. Weitere 30.000 € ihres Lottogewinns hat RM im Jahr 2023 in Aktienkäufe investiert. Der Kurswert der im März 2023 erworbenen Aktien ist bis zum 31.12.2023 auf 35.000 € gestiegen.
8. Den Restbetrag ihres Lottogewinns i. H. von 20.000 € hat RM ihrem Bruder am 1.7.2023 als Darlehen gewährt. Im Hinblick auf das Verwandtschaftsverhältnis verzichtete RM auf Zinsen. Bei einer Bank hätte der Bruder 4 % Zinsen zahlen müssen.

AUFGABE

Wie hoch sind die Einkünfte und der Gesamtbetrag der Einkünfte für das Jahr 2023?

LÖSUNG

Der Einkommensteuer unterliegen nur die in § 2 Abs. 1 Satz 1 Nr. 1–7 EStG aufgeführten Einkünfte aus den sieben Einkunftsarten. Diese Aufzählung ist abschließend. Die Zuordnung von Einkünften zu einer der sieben Einkunftsarten begründet die Steuerbarkeit dieser Einkünfte. Einkünfte, die sich keiner der aufgezählten Einkunftsarten zuordnen lassen, sind nicht steuerbar. Ergebnisse aus einkommensteuerlich unbeachtlichen Tätigkeiten (fehlende Einkünfteerzielungsabsicht bzw. Liebhaberei) bleiben unberücksichtigt. Die positiven und negativen Ergebnisse der einzelnen Einkunftsarten des § 2 Abs. 1 EStG werden gem. den Grundsätzen des § 2 Abs. 2 EStG der Höhe nach ermittelt.

Die Summe der Einkünfte i. S. des § 2 Abs. 3 EStG ist die Summe der steuerbaren Einkünfte des betreffenden Kalenderjahres. Der Gesamtbetrag der Einkünfte i. S. des § 2 Abs. 3 und 4 EStG ist die Summe der steuerbaren Einkünfte, vermindert um den Altersentlastungsbetrag (§ 24a EStG), den Entlastungsbetrag für Alleinerziehende (§ 24b EStG) und den Freibetrag für Land- und Forstwirte (§ 13 Abs. 3 EStG). Beide Tatbestände, d. h. die Summe der Einkünfte und der Gesamtbetrag der Einkünfte, sind Entstehungselemente des zu versteuernden Einkommens.

Prüfung der Steuerbarkeit

Zu 1

Die Vermögensmehrung i. H. von 350.000 € infolge des Erbfalls stellt keine Einnahme aus einer der sieben Einkunftsarten dar.

Die Einkünfte von MM aus der Vermietung des Mietwohngrundstücks fallen unter die Einkunftsart „Vermietung und Verpachtung" (§ 21 EStG); die Nutzung des eigenen Einfamilienhauses hingegen nicht.

Zu 2

Der Ersatz für den durch den Unfall eingetretenen Vermögensschaden steht in keinem Zusammenhang mit einkommensteuerrechtlich relevanten Einkünften und unterliegt daher nicht der Einkommensteuer.

Zu 3

Die Dividenden aus den Aktienanlagen i. H. von 2.800 € (MM) gehören zu den Einnahmen aus Kapitalvermögen (§ 20 EStG).

Zu 4

Die Veräußerung des zum Privatvermögen gehörenden Grundstücks unterliegt nicht der Einkommensteuer. Es liegt kein privates Veräußerungsgeschäft i. S. des § 22 Nr. 2 i.V. mit § 23 Abs. 1 Satz 1 Nr. 1 EStG vor, da der Zeitraum zwischen Anschaffung und Veräußerung mehr als zehn Jahre beträgt.

Zu 5

Die Tätigkeit von MM als Briefmarkensammler ist als sog. „Liebhabereitätigkeit" anzusehen, d. h., sie ist steuerlich ohne Bedeutung.

Zu 6

Der Lottogewinn von RM fällt unter keine Einkunftsart. Die gutgeschriebenen Zinsen i. H. von 2.000 € gehören dagegen zu den Einnahmen aus Kapitalvermögen (§ 20 EStG).

Zu 7

Der nicht realisierte Kursgewinn ist nicht steuerbar.

Zu 8

Das dem Bruder von RM gewährte Darlehen ist unverzinslich. Der Zinsverzicht ist privat veranlasst; einkommensteuerrechtlich kann er nicht als fiktive Einnahme besteuert werden.

Anmerkung: Unverzinsliche Darlehensgewährungen können jedoch bei Fehlen einer sonstigen Gegenleistung i. H. des Zinsverzichts Schenkungen (freigebige Zuwendungen i. S. des § 7 Abs. 1 Nr. 1 ErbStG) sein (BFH, Beschluss v. 20.9.2010 - II B 7/10, BFH/NV 2010 S. 2280, MAAAD-54310; BFH, Urteile v. 27.11.2013 - II R 25/12, BFH/NV 2014 S. 537, ZAAAE-55558, und v. 4.3.2015 - II R 19/13, BFH/NV 2015 S. 993, TAAAE-91550). Gegenstand der Zuwendung bei einer zinslosen Darlehensgewährung ist der kapitalisierte Nutzungsvorteil.

Ermittlung der Summe und des Gesamtbetrags der Einkünfte:

	MM	**RM**	
Einkünfte aus nichtselbständiger Arbeit:			
Bruttoarbeitslohn	45.000 €	30.000 €	
abzgl. Arbeitnehmer-Pauschbetrag (§ 9a Satz 1 Nr. 1 Buchst. a EStG)	- 1.230 €	- 1.230 €	
	43.770 €	28.770 €	72.540 €
Einkünfte aus Kapitalvermögen:			
Einnahmen	2.800 €	2.000 €	
Mit der Einführung der Abgeltungsteuer ab dem Jahr 2009 gibt es den früheren Vorrang des Veranlagungsverfahrens vor dem Abzugsverfahren nicht mehr. Der Steueranspruch bei den Einkünften aus Kapitalvermögen wird jetzt grds. durch die Erhebung der Abgeltungsteuer „abgegolten“. Für Einkünfte aus Kapitalvermögen wurde ein gesonderter Steuertarif i. H. von 25 % eingeführt (§ 32d Abs. 1 Satz 1 EStG). Die so versteuerten Kapitalerträge werden prinzipiell nicht mehr in der jährlichen Einkommensteuererklärung erfasst. Die Steuerpflichtigen können aber die Einbeziehung ihrer gesamten Kapitalerträge in die Einkommensteuerveranlagung beantragen (Günstigerprüfung gem. § 32d Abs. 6 EStG). Dies kann z. B. einen Sinn haben, wenn der Steuersatz für die übrigen Einkünfte unter 25 % liegt.			
Einkünfte aus Vermietung und Verpachtung:			
Einnahmen	24.000 €		
abzgl. Werbungskosten	- 14.000 €		+ 10.000 €
Summe der Einkünfte = Gesamtbetrag der Einkünfte			82.540 €

FALL 6

Verlustausgleich bei Ermittlung des Gesamtbetrags der Einkünfte

Sachverhalt: Der ledige Steuerpflichtige A erzielte im Jahr 2023 folgende Einkünfte:

Einkünfte aus Gewerbebetrieb	- 150.000 €
Einkünfte aus selbständiger Arbeit	200.000 €
Einkünfte aus Vermietung und Verpachtung	- 20.000 €
Verlust aus einem privaten Veräußerungsgeschäft (Verkauf eines Grundstücks)	- 5.000 €

AUFGABE

Wie hoch ist der Gesamtbetrag der Einkünfte für das Jahr 2023?

LÖSUNG

Der Gesamtbetrag der Einkünfte ist die Summe der Einkünfte vermindert um den Altersentlastungsbetrag, den Entlastungsbetrag für Alleinerziehende und den Abzug gem. § 13 Abs. 3 EStG (§ 2 Abs. 3 Satz 1 EStG). Verluste aus privaten Veräußerungsgeschäften dürfen nur bis zur Höhe des Gewinns, den der Steuerpflichtige im gleichen Kalenderjahr aus privaten Veräußerungsgeschäften erzielt hat, ausgeglichen werden (§ 23 Abs. 3 Satz 7 EStG). Der Gesamtbetrag der Einkünfte von A für das Jahr 2023 beträgt somit (- 150.000 € + 200.000 € - 20.000 € =) 30.000 €.

FALL 7

Ermittlung des zu versteuernden Einkommens und der festzusetzenden Einkommensteuer, des Solidaritätszuschlags und der Kirchensteuer

Sachverhalt: Der freiberuflich tätige Rechtsanwalt Dr. Heinz Recht (HR), geb. am 25.4.1967, und seine Ehefrau Lisa Recht (LR), geb. am 20.9.1967, wohnen seit Jahren in Koblenz. Die Eheleute sind seit dem Jahr 2000 verheiratet und wählen für das Jahr 2023 die Zusammenveranlagung (§ 26 Abs. 2 Satz 2 i.V. mit § 26b EStG). Sie sind beide kirchensteuerpflichtig (katholisch).

Die Eheleute Recht haben dem Finanzamt im Rahmen ihrer per ELSTER übersandten Einkommensteuererklärung 2023 folgende Angaben gemacht:

► Anlage G: Einkünfte aus Gewerbebetrieb LR:

– Gewinnanteil LR an der X-OHG		105.000 €
anteiliger Gewerbesteuermessbetrag	1.000 €	
tatsächlich zu zahlende Gewerbesteuer, die auf diesen Messbetrag entfällt	4.000 €	
– Verlustanteil LR an der Y-KG		- 20.000 €

- Anlage S: Einkünfte aus selbständiger Arbeit HR:

  Gewinn HR aus freiberuflicher Tätigkeit 220.000 €

- Anlage V: Einkünfte aus Vermietung und Verpachtung LR:

  Überschuss aus der Vermietung einer Eigentumswohnung LR 7.000 €

  Verlust aus der Vermietung einer Eigentumswohnung LR - 6.000 €

- Anlage Vorsorgeaufwand:
  - Vorsorgeaufwendungen: private Basiskrankenversicherungsbeiträge und private Pflegepflichtversicherungsbeiträge:
    Ehemann 7.500 € + Ehefrau 7.500 € = 15.000 €
  - Unfall-, Haftpflicht- und Risikolebensversicherungen Ehemann 1.000 €
  - Sonderausgaben, die keine Vorsorgeaufwendungen sind:

    Kirchensteuer (beide Eheleute) 2.000 €

    Spenden an DRK (Ehemann) 1.200 €

AUFGABE

Wie hoch ist das zu versteuernde Einkommen der Eheleute HR und LR für das Jahr 2023 sowie die festzusetzende Einkommensteuer, der Solidaritätszuschlag und die Kirchensteuer?

LÖSUNG

Der Gesamtbetrag der Einkünfte ist die Summe der Einkünfte vermindert um den Altersentlastungsbetrag, den Entlastungsbetrag für Alleinerziehende und den Abzug gem. § 13 Abs. 3 EStG (§ 2 Abs. 3 Satz 1 EStG). Bei Ehegatten, die i. S. der §§ 26 und 26b EStG zusammenveranlagt werden, werden die Einkünfte der einzelnen Einkunftsarten jeweils getrennt ermittelt und dann zusammengerechnet.

Es ist wie folgt zu rechnen:

	Ehemann (€)	Ehefrau (€)	Insgesamt (€)
Einkünfte aus Gewerbebetrieb:			
Gewinnanteil X-OHG 105.000 € - Verlustanteil Y-KG 20.000 € =		85.000	85.000
Einkünfte aus selbständiger Arbeit	220.000		+ 220.000
Einkünfte aus Vermietung und Verpachtung:			
7.000 € - 6.000 € =		1.000	+ 1.000
Summe der Einkünfte = Gesamtbetrag der Einkünfte			306.000
abzgl. abziehbare Sonderausgaben (Versicherungsbeiträge):			
Private Basiskranken- und Pflegeversicherungen	15.000		
davon entfallen auf den Ehemann 7.500 €			
davon entfallen auf die Ehefrau 7.500 €			
zzgl. Unfall-, Haftpflicht- und Risikolebensversicherungsbeiträge HR	+ 1.000		
Gesamte sonstige Vorsorgeaufwendungen	16.000		

Begrenzung der Aufwendungen auf den Höchstbetrag i. H. von	5.600	
mindestens abzugsfähig: Basiskrankenversicherung und Pflegeversicherung		- 15.000
abzgl. unbeschränkt abziehbare Sonderausgaben:		
Gezahlte Kirchensteuer	2.000	
Spenden DRK	+ 1.200	- 3.200
Einkommen = zu versteuerndes Einkommen (§ 2 Abs. 4 und 5 EStG)		287.800
festzusetzende Einkommensteuer nach dem Splitting-Verfahren (§ 32a Abs. 1 und 5 EStG)		100.930
abzgl. Steuerermäßigung gem. § 35 EStG:		
Das Vierfache des festgesetzten anteiligen Gewerbesteuermessbetrags		- 4.000
Festzusetzende Einkommensteuer		96.930
Festzusetzender Solidaritätszuschlag:		
Bemessungsgrundlage ist die festzusetzende Einkommensteuer:		
5,5 % von 96.930 € =		5.331,15
Festzusetzende Kirchensteuer (Kirchensteuersatz Rheinland-Pfalz: 9 %):		
Bemessungsgrundlage ist die festzusetzende Einkommensteuer ohne die Steuerermäßigung gem. § 35 EStG i. H. von 4.000 €		100.930
hiervon 9 %		9.083,70

Vereinnahmung und Verausgabung (§ 11 EStG)

FALL 8

Zufluss- und Abflusszeitpunkt

Sachverhalte: Dr. Wächter (W) ist als Facharzt für Allgemeinmedizin in Wiesbaden selbständig tätig. Er ermittelt seinen Gewinn durch EÜR (§ 4 Abs. 3 EStG).

1. W ist einer privatärztlichen Verrechnungsstelle (PVS) angeschlossen, die die Privatliquidation, d. h. die Abrechnung privatärztlicher Leistungen i. S. der GOÄ, gegen Entgelt für ihn vornimmt. A hat der PVS seine Honorarforderungen, die nicht über die Kassenärztliche Vereinigung abgerechnet werden müssen, abgetreten. Die Auszahlung erfolgt einen Monat nach Erstellung der Rechnungen. Mitte Januar 02 erhält W von der PVS eine Zahlung i. H. von 15.000 €, denen die im Dezember 01 an die Patienten übersandten Rechnungen zugrunde liegen. Die Rechnungen wurden von den Patienten nur zum Teil im Dezember 01 an die PVS bezahlt.

2. W hat im Jahr 01 ein Ultraschallgerät für 20.000 € angeschafft, das er mit einem Kredit seiner Hausbank finanziert hat. Die für das Jahr 01 angefallenen Zinsen i. H. von 1.200 € sind lt. Kontoauszug v. 2.2.02 dem laufenden Konto von W (mit Wertstellung zum 30.12.01) belastet worden. Vor dieser Belastung wies das laufende Konto von W ein Guthaben i. H. von 500 € auf. Die Bank hat W auf dem Kontokorrentkonto einen Kreditrahmen i. H. von 40.000 € eingeräumt.

AUFGABEN

1. Welchem Jahr sind die Zahlungen der privatärztlichen Verrechnungsstelle zuzurechnen?
2. Welchem Jahr ist die Zinszahlung i. H. von 1.200 € zuzuordnen?

LÖSUNG

Die Einkommensteuer ist eine Jahressteuer. Ihre Bemessungsgrundlagen müssen für diesen Zeitraum ermittelt und gegenüber anderen Jahren abgegrenzt werden. Das EStG enthält daher Regelungen über die zeitliche Zuordnung der Besteuerungsgrundlagen. § 11 EStG, der unter der Überschrift „Vereinnahmung und Verausgabung" steht, sieht vor, dass sich die zeitliche Zuordnung der Besteuerungsgrundlagen nach dem tatsächlichen Zufluss oder Abfluss richtet. Die Vorschrift gilt in erster Linie

- für die Gewinneinkünfte i. S. des § 2 Abs. 2 Satz 1 Nr. 1 EStG, wenn der Gewinn durch EÜR ermittelt wird,
- für die Überschusseinkünfte i. S. des § 2 Abs. 2 Satz 1 Nr. 2 EStG,
- für die Sonderausgaben i. S. der §§ 10 und 10b EStG,
- für die außergewöhnlichen Belastungen i. S. des § 33 EStG und
- für die Steuerermäßigung i. S. des § 35a EStG.

Zu 1

Privatärztliche Verrechnungsstellen werden als Einziehungsbevollmächtigte der Ärzte tätig. Sie nehmen die Honorarzahlungen der Privatpatienten im Auftrag der Ärzte in Empfang. Werden von einem Dritten als Bevollmächtigten des Steuerpflichtigen Zahlungen entgegengenommen, tritt damit grds. ein Zufluss beim Vollmachtgeber ein (BFH, Urteil v. 10.12.1985 - VIII R 15/83, BStBl 1986 II S. 342 f.; R 11 EStR 2012).

Sind die Arztforderungen aber – wie hier – an die PVS abgetreten worden (zum Forderungsmanagement durch ärztliche Verrechnungsstellen vgl. auch FG Düsseldorf, Urteil v. 26.4.2021 - 5 K 382/19 U, EFG 2021 S. 1763, DAAAH-86287), so ist ein Zufluss beim Arzt erst anzunehmen, wenn die PVS ihm die Beträge für die abgetretenen/angekauften Forderungen auf sein Konto überwiesen hat (§ 11 Abs. 1 Satz 1 EStG). Das ist vorliegend der Monat Januar 02. Der von der PVS überwiesene Betrag i. H. von 15.000 € ist eine Betriebseinnahme des Jahres 02. Auf den Zeitpunkt des Eingangs der Patientenzahlungen bei der PVS kommt es dann nicht an.

Zu 2

Der Begriff der Leistung in § 11 Abs. 2 EStG korrespondiert mit dem des Zufließens in § 11 Abs. 1 EStG. Entscheidend dafür, in welchem Veranlagungszeitraum Ausgaben abzusetzen sind, ist demnach der Verlust der wirtschaftlichen Verfügungsmacht über ein Wirtschaftsgut. Im Zusammenhang mit Überweisungen vom laufenden Konto des Steuerpflichtigen wird die Leistung spätestens mit der Lastschrift erbracht. Weist das Konto die nötige Deckung auf, genügt sogar die Erteilung des Überweisungsauftrags. Als Deckung gilt nicht nur ein ausreichendes Guthaben, sondern auch ein entsprechender Kreditrahmen. Ein am 30.12.01 von der Bank dem Konto des Steuerpflichtigen belasteter, wirtschaftlich zum Jahr 01 gehörender Zinsbetrag für ein Darlehen ist im Jahr 01 gezahlt (BFH, Urteil v. 6.3.1997 - IV R 47/95, BStBl 1997 II S. 509). W kann daher die Zinsen i. H. von 1.200 € im Jahr 01 als Betriebsausgaben absetzen.

FALL 9

Zufluss bei Annahme eines Wechsels

Sachverhalt: Architekt A ermittelt seinen Gewinn durch EÜR (§ 4 Abs. 3 EStG). Zu seinem Betriebsvermögen gehört ein voll abgeschriebener VW Golf. A verkauft den Pkw im November 01 an B. Als Kaufpreis wird ein Betrag i. H. von 10.000 € vereinbart. B stellt über diesen Betrag einen Wechsel aus, der im Februar 02 fällig wird. A übergibt den Wechsel im November 01 seiner Bank zur Diskontierung. B löst den Wechsel bei Fälligkeit ein.

AUFGABE

Wann muss A den Verkaufserlös i. H. von 10.000 € als Betriebseinnahme erfassen?

LÖSUNG

Wird ein Wechsel zahlungshalber – was die Regel ist – hingegeben und angenommen, so ist die Wechselsumme dem Empfänger zugeflossen, wenn er den Wechsel selbst am Fälligkeitstag vorlegt und die Zahlung erhält oder wenn er sich den Betrag durch Diskontierung des Wechsels beschafft (BFH, Urteil v. 5.5.1971 - I R 166/69, BStBl 1971 III S. 624, unter Nr. 3).

Der von A angenommene Wechsel ist zwar erst im Jahr 02 fällig. Die Fälligkeit des Wechsels ist aber unbeachtlich, wenn dieser diskontiert wird. Im Falle der Wechseldiskontierung führt die Zahlung der diskontierenden Bank zu einem Zufluss der Leistung aus dem Grundgeschäft. A muss den Verkaufserlös i. H. von 10.000 € daher bereits im Jahr 01 als Betriebseinnahme erfassen.

FALL 10

Zufluss von Forderungen eines beherrschenden Gesellschafters einer GmbH

Sachverhalt: Klaus Kiefer (K) ist Alleingesellschafter der X-GmbH, die in Karlsruhe ein zahntechnisches Labor betreibt. K hat der X-GmbH ein Darlehen i. H. von 100.000 € gewährt, das nach dem zugrundeliegenden Darlehensvertrag mit 4 % jährlich zu verzinsen ist. Die X-GmbH schreibt die am 31.12.01 fälligen Darlehenszinsen für das Jahr 01 i. H. von 4.000 € am Fälligkeitstag dem Verrechnungskonto von K gut (Buchungssatz: Schuldzinsen 4.000 € an Verrechnungskonto K 4.000 €). Die Auszahlung der Zinsen erfolgt im Februar 02.

AUFGABE

Wann sind die Zinsen K zugeflossen?

LÖSUNG

Gemäß § 11 Abs. 1 Satz 1 EStG gelten Einnahmen als zugeflossen, wenn der Empfänger über die ihm zustehenden Beträge wirtschaftlich verfügen kann. Zufluss liegt demnach z. B. vor, wenn der Auszahlungsbetrag auf einem Bankkonto des Steuerpflichtigen gutgeschrieben wird. Auch in der Gutschrift durch den Zahlungsschuldner kann im Einzelfall ein Zufluss gesehen werden. Ob die Schuld fällig ist, spielt für die Frage des Zuflusses im Allgemeinen keine Rolle. Dennoch ist die Fälligkeit der Schuld als Beweisanzeichen für den Übergang der wirtschaftlichen Verfügungsmacht von Bedeutung. Dem beherrschenden Gesellschafter oder Alleingesellschafter einer Kapitalgesellschaft fließen Beträge, die ihm die Gesellschaft schuldet, i. d. R. bereits zum Zeitpunkt der Fälligkeit zu (BFH, Urteil v. 14.2.1984 - VIII R 221/80, BStBl 1984 II S. 480; BFH, Beschluss v. 22.3.2007 - XI B 78/06, BFH/NV 2007 S. 1305, IAAAC-45144; BFH, Urteile v. 2.12.2014 - VIII R 2/12, BStBl 2015 II S. 333, und v. 12.7.2021 - VI R 3/19, BFH/NV 2022 S. 9, Rz. 11, TAAAH-95452). Diese Zuflussregel gilt jedenfalls dann, wenn der Anspruch eindeutig, unbestritten und fällig ist und sich gegen eine zahlungsfähige Gesellschaft richtet. Beherrschende Gesellschafter oder Alleingesellschafter haben es nämlich in der Hand, sich die Beträge von der Gesellschaft auszahlen oder in deren Betrieb stehen zu lassen.

K ist Alleingesellschafter der X-GmbH. Wendet man die vorstehenden Grundsätze hier an, ist davon auszugehen, dass die Zinsen i. H. von 4.000 € K mit der Gutschrift, d. h. am 31.12.01, zugeflossen sind. Der gesonderte Steuertarif findet für diese Einkünfte aus Kapitalvermögen keine Anwendung (§ 32d Abs. 2 Nr. 1 Buchst. b EStG).

FALL 11

Zufluss bei Abtretung von Forderungen

Sachverhalte: Darlehensgeber A hat

1. gegen Darlehensnehmer B eine private Zinsforderung i. H. von 2.000 €, die am 1.12.01 fällig ist. Da sich B vorübergehend in einer angespannten finanziellen Lage befindet, tritt er zahlungshalber seine Forderung an X i. H. von 2.000 € an A ab. Die Forderung von B gegenüber X ist erst am 1.2.02 fällig; der Betrag i. H. von 2.000 € wird dem Konto von A am 4.2.02 gutgeschrieben;

2. gegen Darlehensnehmer C eine private Zinsforderung i. H. von 3.000 €, die am 1.12.01 fällig ist. Da C zahlungsunfähig ist, tritt er seine Forderung i. H. von 3.000 €, die er gegenüber Y hat, an A ab, und zwar an Zahlungs statt. Die Forderung von C an Y wird erst am 1.2.02 fällig; der Betrag i. H. von 3.000 € geht am 4.2.02 auf dem Konto von A ein.

AUFGABE

Wann sind die Darlehenszinsen i. H. von 2.000 € bzw. 3.000 € A zugeflossen?

LÖSUNG

Bei der Abtretung von Forderungen ist zu unterscheiden zwischen der Leistung erfüllungshalber und an Erfüllungs statt.

Zu 1

In der Regel werden Forderungen – wie hier – nicht an Zahlungs statt, sondern nur zahlungshalber abgetreten. Dann empfängt der Abtretungsempfänger Zahlungen, die ihm aufgrund der abgetretenen Forderung zufließen, für Rechnung des Abtretenden. Ein Zufluss i. S. des § 11 Abs. 1 EStG liegt beim Abtretungsempfänger nicht bereits zum Zeitpunkt der Forderungsabtretung vor, sondern erst dann, wenn die Einnahme aus der neuen Forderung tatsächlich bei ihm eingeht (BFH, Urteil v. 30.10.1980 - IV R 97/78, BStBl 1981 II S. 305 f.). Da hier die Abtretung zahlungshalber erfolgt und das Geld A erst am 4.2.02 zugeflossen ist, ist dieser Zeitpunkt auch steuerrechtlich maßgebend. A muss die Darlehenszinsen i. H. von 2.000 € daher erst im Jahr 02 bei seinen Einnahmen aus Kapitalvermögen erfassen.

Zu 2

Bei der Abtretung einer Forderung an Zahlungs statt übernimmt der Abtretungsempfänger das Gläubigerrisiko und gibt seine Ansprüche gegen den Abtretenden auf. Eine derartige Abtretung kommt daher nur ausnahmsweise in Betracht, z. B. wenn der Schuldner – wie hier – zahlungsunfähig ist. Bei der Abtretung der Forderung schuldet C die 3.000 € A nicht mehr; er hat die Schuld durch Hingabe seiner Forderung an Y getilgt. Damit ist das Geld A bereits zu diesem Zeitpunkt (1.12.01) zugeflossen (BFH, Urteil v. 22.4.1966 - VI 137/65, BStBl 1966 III S. 394). A hat die 3.000 € bereits im Jahr 01 bei seinen Einnahmen aus Kapitalvermögen zu erfassen.

FALL 12

Zufluss bei Erlass einer Schuld

Sachverhalte: Steuerberater A, der seinen Gewinn durch EÜR (§ 4 Abs. 3 EStG) ermittelt, hat

1. dem langjährigen Mieter einer ihm gehörenden Eigentumswohnung die Miete für den Monat Dezember 01 i. H. von 800 € erlassen. In einem Schreiben an den Mieter begründet A seinen Mietverzicht damit, dass der Mieter seit zehn Jahren die Wohnung bewohne und es während dieser langen Zeit keinen Anlass zu Beanstandungen gegeben habe;

2. seiner Schwester und deren Ehemann für die Erstellung der Einkommensteuererklärung 01 am 15.5.02 gem. der StBVV 714 € einschließlich 114 € Umsatzsteuer berechnet. Der Schwager von A wird im Juni 02 überraschend arbeitslos. A verzichtet daraufhin im Hinblick auf die familiären Beziehungen auf die Geltendmachung seines Honoraranspruchs;

3. einer angestellten Mitarbeiterin am 30.7.01 einen gebrauchten – voll abgeschriebenen – PC für 357 € einschließlich 57 € Umsatzsteuer verkauft. Um die Angestellte an seinen Betrieb zu binden, verzichtet A nachträglich auf die Geltendmachung der Kaufpreisforderung.

AUFGABE

Stellt der Verzicht auf die Geltendmachung der Forderungen einen Zuflusstatbestand dar?

LÖSUNG

Zu 1

Verzichtet ein Gläubiger auf die Geltendmachung einer Forderung, die mit dem Tatbestand der Einkünfteerzielung zusammenhängt, dann stellt der Verzicht keinen Einnahmetatbestand dar; denn niemand ist verpflichtet, seine Einnahmemöglichkeiten voll auszuschöpfen. Der freiwillige Verzicht von A auf die Mietforderung führt daher nicht zu einem Zufluss, so dass A die Miete für den Monat Dezember 01 i. H. von 800 € nicht zu versteuern braucht.

Zu 2

Hier gilt etwas anderes. A erlässt aus privaten Gründen die Honorarforderung i. H. von 714 €. Erlässt ein Steuerpflichtiger, der seinen Gewinn gem. § 4 Abs. 3 EStG ermittelt, einem Schuldner aus privaten Gründen eine Honorarforderung, sind dem Steuerpflichtigen zwar keine Betriebseinnahmen zugeflossen. Gleichwohl ist der Gewinn des Steuerpflichtigen um den Wert der aus privaten Gründen erlassenen Honorarforderung zu erhöhen, weil der Vorgang als Entnahme der Forderung anzusehen ist und bei der Gewinnermittlung durch EÜR Entnahmen – jedenfalls soweit diese nicht in Geld bestehen – hinzuzurechnen sind (BFH, Urteil v. 16.1.1975 - IV R 180/71, BStBl 1975 II S. 526). Die mit der erlassenen Forderung zusammenhängende Umsatzsteuer i. H. von 114 € ist zum Zeitpunkt ihrer Bezahlung als Betriebsausgabe abzugsfähig. Im Ergebnis erhöht sich also der Gewinn von A um 600 €.

Zu 3

A verzichtet aus betrieblichen Gründen auf die Geltendmachung seiner Kaufpreisforderung. Bei einem Erlass aus betrieblichen Gründen sind dem Steuerpflichtigen ebenso wie bei einem Erlass aus privaten Gründen keine Betriebseinnahmen zugeflossen. Eine Gewinnerhöhung kommt bei einem Erlass aus betrieblichen Gründen allerdings nicht in Betracht. Da A die angefallene Umsatzsteuer i. H. von (19 % von 300 € =) 57 € zum Zeitpunkt ihrer Bezahlung als Betriebsausgabe abziehen kann, ergibt sich eine Gewinnminderung i. H. von 57 €. Auf der Seite der Arbeitnehmerin stellt der Erlass der gegen sie gerichteten Kaufpreisforderung einen Zuflusstatbestand dar. In dem Verzicht von A auf die Geltendmachung der Geldforderung aus dem Kaufvertrag liegt nämlich ein geldwerter Vorteil, der der Lohnbesteuerung unterliegt (BFH, Urteil v. 25.1.1985 - VI R 173/80, BStBl 1985 II S. 437). Die Angestellte von A muss den erlassenen Betrag i. H. von 357 € als Arbeitslohn versteuern, und zwar zu dem Zeitpunkt, zu dem A die Forderung erlassen hat.

FALL 13

Zufluss bei Novation

Sachverhalt: A ist am Stammkapital der X-GmbH i. H. von 60.000 € zu einem Drittel beteiligt. Sein Stimmrecht entspricht seiner Kapitalbeteiligung. A hat der X-GmbH Anfang 01 ein zu seinem Privatvermögen gehörendes Darlehen i. H. von 100.000 € gewährt, das mit 4 % jährlich verzinst wird.

A erklärt sich gegenüber der X-GmbH bereit, dieser den geschuldeten und am 31.12.01 fälligen Zinsbetrag i. H. von 4.000 € als verzinsliches Darlehen zur Verfügung zu stellen. Die X-GmbH schreibt daher die Zinsen i. H. von 4.000 € dem Darlehen i. H. von 100.000 € zu, so dass das Darlehen am Bilanzstichtag (31.12.01) einen Betrag i. H. von 104.000 € ausweist.

Die Schuldumwandlung erfolgt im Interesse von A, weil dieser eine Anlage im Betrieb sucht, um mehr Einfluss auf das Unternehmen zu gewinnen. Aufgrund ihrer guten wirtschaftlichen Verhältnisse wäre die X-GmbH ohne Weiteres in der Lage gewesen, die Zinsen am Fälligkeitstag auszuzahlen.

AUFGABE

Sind die Zinsen i. H. von 4.000 € A im Jahr 01 zugeflossen?

LÖSUNG

Die dem Darlehen zugeschriebenen Zinsen sind A im Jahr 01 zugeflossen. Sie wurden ihm zwar nicht ausgezahlt. Ein Zufluss ist aber bei den Überschusseinkünften i. S. des § 2 Abs. 2 Satz 1 Nr. 2 EStG gegeben, wenn der Steuerpflichtige in der Weise über eine Forderung auf eine Leistung verfügt, dass sie erlischt und eine andere Forderung an ihre Stelle tritt (Schuldumwandlung = Novation), sofern die Novation in seinem Interesse und nicht in dem des Schuldners vereinbart wird (BFH, Urteile v. 21.7.1987 - VIII R 211/82, BFH/NV 1988 S. 224, DAAAB-30229, und v. 30.10.2001 - VIII R 15/01, BStBl 2002 II S. 138). In dieser Schuldumwandlung kann eine Verfügung des Gläubigers liegen, die einkommensteuerlich so zu werten ist, als ob der Schuldner die Altschuld durch tatsächliche Zahlung beglichen hätte (= Zufluss beim Gläubiger) und der Gläubiger den vereinnahmten Betrag infolge des neu geschaffenen Verpflichtungsgrunds dem Schuldner sofort wieder zur Verfügung gestellt hätte (Wiederabfluss des Geldbetrags beim Gläubiger). Der beschriebene lange Leistungsweg wird durch die Novationsvereinbarung lediglich verkürzt, indem auf den überflüssigen Umweg der Aus- und Rückzahlung des Geldbetrags verzichtet wird.

Im vorliegenden Fall erfolgt die Zuschreibung und Wiederanlage der Zinsen ausschließlich im Interesse von A. Anhaltspunkte dafür, dass A das Geld im Interesse der X-GmbH stehen ließ, etwa, weil diese nicht in der Lage gewesen wäre, es ihm auszuzahlen, liegen nicht vor. Liegt die Novation im alleinigen oder überwiegenden Interesse des Gläubigers, indiziert dies dessen Verfügungsmacht über den Gegenstand der Altforderung (BFH, Urteile v. 22.7.1997 - VIII R 57/95, BStBl 1997 II S. 755, und v. 30.10.2001 - VIII R 15/01, BStBl 2002 II S. 138 und 141). Bei der Verfügung von A über die Zinsforderung handelt es sich um einen der Zahlung vergleichbaren Vorgang; sie muss daher als Zufluss gewertet werden. A muss die Zinsen i. H. von 4.000 € noch im Jahr 01 bei seinen Einnahmen aus Kapitalvermögen erfassen.

FALL 14

Zufluss von Arbeitslohn

Sachverhalt: A ist Minderheitsgesellschafter und zugleich Geschäftsführer der X-GmbH, die ein Straßenbauunternehmen betreibt. Nach dem Arbeitsvertrag hat A Anspruch auf eine monatliche Gehaltszahlung. Der Arbeitslohn für den Monat Dezember 01 i. H. von 6.000 € wird aufgrund einer Erkrankung des Lohnbuchhalters erst am 7.1.02 von der X-GmbH auf das Bankkonto von A überwiesen; dort geht er am 12.1.02 ein.

Über sein monatliches Bruttogehalt hinaus steht A eine gewinnabhängige Tantieme zu. Die Tantieme für das Jahr 01 i. H. von 20.000 € wird A im März 02 ausgezahlt.

AUFGABE

Wann sind A das Gehalt für den Monat Dezember 01 und die Tantieme für das Jahr 01 steuerlich zugeflossen?

LÖSUNG

Für Zwecke des Lohnsteuerabzugs vom Arbeitslohn bestimmt § 38a Abs. 1 Satz 2 i.V. mit § 11 Abs. 1 Satz 4 EStG, dass laufender Arbeitslohn in dem Kalenderjahr als bezogen gilt, in dem der Lohnzahlungszeitraum endet (R 38.2 Abs. 2 LStR). Laufender Arbeitslohn ist der Arbeitslohn, der dem Arbeitnehmer regelmäßig fortlaufend zufließt, wie z. B. das Monatsgehalt, der Wochen- oder der Tagelohn (R 39b.2 Abs. 1 LStR).

Um ein Auseinanderfallen der Zuflussbesteuerung aus der Sicht des Arbeitgebers für Zwecke des Lohnsteuerabzugs und beim Arbeitnehmer für Zwecke der Einkommensbesteuerung zu verhindern, nimmt § 11 Abs. 1 Satz 4 EStG auf diese Regelung Bezug, d. h., die Zuflussfiktion des § 38a Abs. 1 Satz 2 EStG gilt auch für den Zufluss beim Arbeitnehmer. Das bedeutet, dass der Arbeitslohn für den Monat Dezember 01, der am 12.1.02 auf dem Bankkonto von A eingegangen ist, noch im Jahr 01 als bezogen gilt und demgemäß in diesem Jahr zu versteuern ist. Eine andere Beurteilung ergibt sich für sonstige Bezüge (= Arbeitslohn, der nicht als laufender Arbeitslohn gezahlt wird). Sonstige Bezüge – dazu rechnen auch Tantiemen, die nicht fortlaufend gezahlt werden (R 39b.2 Abs. 2 LStR) – werden in dem Kalenderjahr bezogen, in dem sie dem Arbeitnehmer zufließen (§ 38a Abs. 1 Satz 3 und § 11 Abs. 1 Satz 4 EStG). Die Tantieme i. H. von 20.000 € ist von A daher erst im Jahr 02 zu versteuern.

HINWEIS

Beherrschenden Gesellschaftern einer Kapitalgesellschaft fließt Arbeitslohn nicht wie sonstigen Arbeitnehmern erst mit der Erfüllung des Arbeitslohnanspruchs zu, sondern bereits bei Fälligkeit des Anspruchs, sofern die Gesellschaft zahlungsfähig und der Anspruch unbestritten ist (BFH, Urteil v. 12.7.2021 - VI R 3/19, BFH/NV 2022 S. 9, Rz. 11, TAAAH-95452).

FALL 15

Größerer Erhaltungsaufwand bei Wohngebäuden

Sachverhalt: Die Eheleute A und B sind Eigentümer eines vermieteten Wohnhauses. Im Jahr 2022 wurden sie zusammen zur Einkommensteuer veranlagt. Ihr zu versteuerndes Einkommen 2022 beträgt 2.000 €, die Steuerschuld 0 €. In der Anlage V 2022 haben sie die gesamten Aufwendungen für die Dachreparatur des vermieteten Wohnhauses i. H. von 30.000 € als Werbungskosten bei ihren Einkünften aus Vermietung und Verpachtung geltend gemacht. Eine Verteilung der Aufwendungen auf zwei bis fünf Jahre gem. § 82b Abs. 1 EStDV wurde nicht beantragt. Der Einkommensteuerbescheid 2022 ist bestandskräftig.

Für die Erstellung der Einkommensteuererklärung 2023 beauftragen die Eheleute einen Steuerberater. Dieser stellt fest, dass eine Verteilung der Dachreparaturkosten auf zwei Jahre steuerlich günstiger gewesen wäre. Wenn die Eheleute eine Verteilung der Erhaltungsaufwendungen auf zwei Jahre vorgenommen hätten, hätte die Steuerschuld 2022 dennoch nur 0 € betragen. Von den Erhaltungsaufwendungen hätten dann noch 15.000 € im Jahr 2023 als Werbungskosten abgesetzt werden können. Der Steuerberater beantragt, die Hälfte des Erhaltungsaufwands i. H. von 15.000 € im Jahr 2023 als Werbungskosten abzuziehen.

AUFGABEN

1. Kann die Hälfte der im Jahr 2022 entstandenen Werbungskosten i. H. von 30.000 € im Jahr 2023 als Werbungskosten bei den Einkünften aus Vermietung und Verpachtung abgezogen werden?
2. Können A und B die im Jahr 2022 entstandenen Erhaltungsaufwendungen nachträglich auf die Folgejahre 2023–2026 verteilen, wenn sie die Aufwendungen in ihrer Einkommensteuererklärung 2022 versehentlich oder rechtsirrtümlich nicht als Werbungskosten geltend gemacht haben?

LÖSUNG

Zu 1

Erhaltungsaufwendungen für vermietete Immobilien sind prinzipiell im Jahr der Zahlung als Werbungskosten bei den Einkünften aus Vermietung und Verpachtung abziehbar (§ 11 Abs. 2 Satz 1 EStG). Oft ist eine Verteilung des Erhaltungsaufwands auf mehrere Jahre steuerlich günstiger als die vollständige Absetzung im Jahr der Bezahlung (§ 11 Abs. 2 Satz 1 EStG), weil die Steuererstattungen der einzelnen Jahre insgesamt höher sind als die einmalige Erstattung für den Gesamtbetrag. Daher gibt es eine spezielle steuergesetzliche Regelung, die eine Verteilung ermöglicht. Gemäß § 82b EStDV ist bei Häusern, die zum Privatvermögen gehören und überwiegend zu Wohnzwecken vermietet werden, eine gleichmäßige Verteilung von größerem Erhaltungsaufwand auf zwei bis fünf Jahre zulässig.

Hat der Steuerpflichtige die Erhaltungsaufwendungen im Jahr des Entstehens der Aufwendungen in vollem Umfang geltend gemacht und den betreffenden Steuerbescheid bestandskräftig werden lassen, hat er sein Wahlrecht ausgeübt. Das Wahlrecht kann nicht mehr ausgeübt werden, wenn die Erhaltungsaufwendungen im Jahr ihrer Entstehung bestandskräftig und in vollem Umfang nach der Grundregel des § 11 Abs. 2 Satz 1 EStG abgezogen worden sind (BFH, Beschluss v. 7.12.2006 - IX B 50/06, BFH/NV 2007 S. 1135, NAAAC-41535). Da die Eheleute A und B sich für einen Vollabzug der Aufwendungen im Jahr 2022 entschieden haben und die Steuerfestsetzung für das Jahr 2022 bestandskräftig geworden ist, kommt eine Verteilung der im Jahr 2022 angefallenen Erhaltungsaufwendungen nicht mehr in Betracht.

Zu 2

Anders ist die Rechtslage gem. der Rechtsprechung des BFH, wenn der Steuerpflichtige größere Erhaltungsaufwendungen im Jahr ihrer Entstehung nicht als Werbungskosten abgezogen und auch keine anderweitige Verteilung gem. § 82b EStDV gewählt hat, den betreffenden Einkommensteuerbescheid aber bestandskräftig hat werden lassen (BFH, Urteile v. 27.10.1992 - IX R 152/89, BStBl 1993 II S. 589, v. 27.10.1992 - IX R 66/91, BStBl 1993 II S. 591, und v. 24.11.1992 - IX R 99/89, BStBl 1993 II S. 593). In diesem Fall kann der Steuerpflichtige die Aufwendungen – unter Ausschluss des auf das Entstehungsjahr entfallenden Anteils – anteilig gleichmäßig auf die folgenden Jahre des Verteilungszeitraums verteilen. A und B können daher von dem im Jahr 2022 entstandenen Erhaltungsaufwand i. H. von 30.000 € einen Teilbetrag i. H. von 24.000 € gleichmäßig auf die Jahre 2023 bis einschließlich 2026 verteilen. In den Jahren 2023–2026 sind dann jährlich 24.000 € / 4 = 6.000 € Erhaltungsaufwand als Werbungskosten bei den Einkünften aus Vermietung und Verpachtung abziehbar. Der auf das Jahr 2022 entfallende Teilbetrag i. H. von 6.000 € ist steuerlich verloren.

FALL 16

Abfluss und Zufluss bei Zahlung durch Banküberweisung

Sachverhalte:

1. Am 30.12.01 – kurz vor Schalterschluss – geht bei der Deutschen Bank AG auf dem banküblichen Formular der Auftrag von A vom selben Tag ein, 5.000 € an den Handwerksmeister B zu überweisen, der am vermieteten Wohnhaus von A eine Reparatur durchgeführt hat. Als Zahlungsweg wurde das Konto des Handwerksmeisters B bei der Commerzbank AG angegeben. Die Reparaturrechnung datiert v. 15.12.01.

   Die Deutsche Bank AG hat A ein Kreditlimit i. H. von 15.000 € eingeräumt. A hat sein Konto am 30.12.01 mit 8.000 € überzogen. Laut Kontoauszug der Bank v. 3.1.02 wurde das Konto von A am 2.1.02 mit den 5.000 € belastet.

2. Am 31.12.01 überweist A an den Handwerker C einen Betrag i. H. von 200 € für die Reparatur seiner privaten Waschmaschine mittels Online-Banking von seinem Konto bei der Sparkasse X. Es handelt sich um reine Arbeitskosten. Die Rechnung datiert v. 27.12.01.

   Der Betrag wird dem Konto von A am 2.1.02 belastet (Wertstellung also: 2.1.02).

AUFGABEN

1. Wann ist der Rechnungsbetrag bei A abgeflossen und bei Handwerksmeister B zugeflossen?
2. In welchem Jahr kann A die Rechnung für die Reparatur der Waschmaschine gem. § 35a EStG steuerlich geltend machen?

LÖSUNG

Zu 1

Eine Ausgabe, die mittels Überweisungsauftrags von einem Bankkonto geleistet wird, ist bei dem Kontoinhaber zu dem Zeitpunkt abgeflossen, zu dem der Überweisungsauftrag der Bank zugegangen ist (BFH, Urteil v. 24.8.2004 - IX R 28/02, BFH/NV 2005 S. 49, EAAAB-32832) und der Steuerpflichtige im Übrigen alles in seiner Macht Stehende getan hat, um eine unverzügliche Ausführung zu gewährleisten. Hierzu gehört insbesondere, dass der Steuerpflichtige zum Zeitpunkt der Erteilung des Überweisungsauftrags für eine genügende Deckung auf seinem Girokonto gesorgt hat (BFH, Urteile v. 6.3.1997 - IV R 47/95, BStBl 1997 II S. 509, und v. 14.1.1986 - IX R 51/80, BStBl 1986 II S. 453). Dabei kann die Deckung darin bestehen, dass der Kontoinhaber bei der Überweisungsbank ein Guthaben unterhält oder dass ihm ein entsprechender Kreditrahmen zur Verfügung steht.

Da der Überweisungsauftrag von A noch im Jahr 01 bei der Bank eingegangen ist und A zum Zeitpunkt der Erteilung des Überweisungsauftrags für eine genügende Deckung auf seinem Girokonto gesorgt hat, ist die Reparaturrechnung v. 15.12.01 bereits im Jahr 01 und nicht erst zum Zeitpunkt der Belastungsbuchung durch die Bank am 2.1.02 i. S. des § 11 Abs. 2 Satz 1 EStG geleistet worden. A kann den bezahlten Betrag im Jahr 01 als Werbungskosten bei seinen Einkünften aus Vermietung und Verpachtung abziehen. Zugeflossen ist der Betrag bei Handwerksmeister B allerdings erst im Jahr 02 mit Gutschrift auf dessen Konto (BFH, Urteil v. 24.8.2004 - IX R 28/02, BFH/NV 2005 S. 49, EAAAB-32832).

Zu 2

Gemäß § 35a Abs. 3 EStG ermäßigt sich die tarifliche Einkommensteuer, vermindert um die sonstigen Steuerermäßigungen, für die Inanspruchnahme von Handwerkerleistungen für Renovierungs-, Erhaltungs- und Modernisierungsmaßnahmen auf Antrag um 20 %, höchstens 1.200 €, der Aufwendungen des Steuerpflichtigen. Die begünstigten Kosten betragen daher maximal 6.000 €. Steuerbegünstigt sind nur die Arbeitskosten einschließlich der Mehrwertsteuer, nicht die Materialkosten (§ 35a Abs. 5 Satz 2 EStG). Weitere Voraussetzung für die Inanspruchnahme der Steuerermäßigung ist, dass der Steuerpflichtige für die Aufwendungen eine Rechnung erhalten hat und die Zahlung auf das Konto des Erbringers der Leistung erfolgt ist (§ 35a Abs. 5 Satz 3 EStG). Barzahlungen werden nicht anerkannt.

Die Steuerermäßigung kann im Veranlagungszeitraum der Zahlung (§ 11 Abs. 2 EStG) in Anspruch genommen werden (BMF, Schreiben v. 9.11.2016, BStBl 2016 I S. 1213, Rz. 44). Beträge, die im Wege des Online-Bankings überwiesen wurden (wie hier die Rechnung v. 27.12.01), können i.V. mit dem Kontoauszug, der die Abbuchung ausweist, anerkannt werden (BMF, Schreiben

v. 9.11.2016, BStBl 2016 I S. 1213, Rz. 50). Bei einem Überweisungsauftrag, der am 31.12.01 per Online-Banking erteilt wurde, ist m. E. Abflusszeitpunkt der 31.12.01, auch wenn die Belastung des Kontos erst mit der Wertstellung v. 2.1.02 vorgenommen wird (so auch Schiffers in Korn, EStG, 150. Erg.-Lfg., Januar 2024, § 11 Rz. 47, unter „Gutschrift auf Girokonto"; ebenso Schmidt/Krüger, EStG Kommentar, 43. Aufl. 2024, § 11 Rz. 50, unter „Überweisungen"). Voraussetzung ist, dass das Konto genügend Deckung hatte und die Überweisung auch tatsächlich durchgeführt wurde. A kann die Steuerermäßigung gem. § 35a Abs. 3 EStG i. H. von 20 % von 200 € = 40 € bereits im Jahr 01 geltend machen.

HINWEIS

Bei einer Zahlung mittels Kreditkarte soll bereits die Unterschrift auf dem Belastungsbeleg zu einem Abfluss i. S. des § 11 Abs. 2 EStG führen (FG Rheinland-Pfalz, Urteil v. 18.3.2013 - 5 K 1875/10, EFG 2013 S. 1029, BAAAE-35912).

Eine Steuerermäßigung gem. § 35a Abs. 3 EStG ist nicht zu gewähren, wenn die Handwerkerrechnung durch Buchung auf dem Gesellschafterverrechnungskonto bei der leistungserbringenden GmbH beglichen wird. Die Zahlung ist dann nicht i. S. des § 35a Abs. 5 Satz 3 EStG auf das Konto des Erbringers der Leistung erfolgt (BFH, Beschluss v. 9.6.2022 - VI R 23/20, BStBl 2022 II S. 666).

FALL 17

Zahlung durch Scheckhingabe

Sachverhalt: A bezieht als Vermieter eines Einfamilienhauses Einkünfte aus Vermietung und Verpachtung. Im November und Dezember 01 lässt er die Fassade seines Hauses durch den Maler M anstreichen. Der Rechnungsbetrag beläuft sich auf 9.000 €. A stellt einen Verrechnungsscheck über 9.000 € aus und gibt diesen am 31.12.01 per Einschreiben zur Post. Der Scheck geht am 2.1.02 bei M ein, der diesen am selben Tag seiner Bank zur Gutschrift vorlegt. Das Konto von A wird am 5.1.02 mit den 9.000 € belastet.

AUFGABE

In welchem Jahr kann A die Instandhaltungsaufwendungen i. H. von 9.000 € bei seinen Einkünften aus Vermietung und Verpachtung als Werbungskosten abziehen?

LÖSUNG

Für den Zeitpunkt der Leistung bei Zahlung mittels eines Schecks kommt es in Übereinstimmung mit den zum bürgerlichen Recht entwickelten Grundsätzen zur Frage der Rechtzeitigkeit der Leistung auf die Leistungshandlung an. Dementsprechend ist mit der Hingabe eines Schecks die Leistung erbracht, vorausgesetzt, der Scheck wird später eingelöst und nicht mangels ausreichender Deckung von der Bank zurückgewiesen (BFH, Urteil v. 20.3.2001 - IX R 97/97, BStBl 2001 II S. 482).

Wird der Scheck – wie hier – übermittelt, so ist die Leistungshandlung dann bewirkt, wenn sich der Übermittelnde seiner uneingeschränkten Verfügungsgewalt über die Scheckurkunde begeben hat. Das ist im vorliegenden Fall durch die Übergabe der Urkunde an die Post zur Übermittlung an den Gläubiger geschehen (BFH, Urteil v. 24.9.1985 - IX R 2/80, BStBl 1986 II S. 284 f.). A kann daher die Instandhaltungsaufwendungen i. H. von 9.000 € bereits im Jahr 01 als Werbungskosten bei seinen Einkünften aus Vermietung und Verpachtung abziehen.

HINWEIS

§ 224 Abs. 2 Nr. 1 AO sieht vor, dass bei Hingabe/Übersendung von Schecks an das Finanzamt die Zahlung erst drei Tage nach Eingang als entrichtet gilt. Wird dem Finanzamt z. B. für eine am 10.1.02 fällige Umsatzsteuer-Vorauszahlung am 8.1.02 ein Scheck übergeben, der auf dem Konto des Finanzamts am 10.1.02 – also am Fälligkeitstag gutgeschrieben wird –, soll dennoch ein Säumniszuschlag erhoben werden können (BFH, Urteil v. 28.8.2012 - VII R 71/11, BStBl 2013 II S. 103). Begründung des BFH: Eine durch Scheckeinreichung bewirkte Zahlung gelte erst am dritten Tag nach der Einreichung als entrichtet, und zwar auch, wenn die tatsächliche Buchung früher erfolgt sei. Ein merkwürdiges und unbefriedigendes Ergebnis.

FALL 18

Vorauszahlung von Sonderausgaben und Werbungskosten

Sachverhalt: A ist als Rechtsanwalt tätig. Neben seinen Einkünften aus selbständiger Arbeit bezieht er aufgrund der Vermietung von mehreren Mietwohngrundstücken Einkünfte aus Vermietung und Verpachtung.

A leistet am 18.12.01 folgende Zahlungen:

1. Kirchensteuer-Vorauszahlungen für das Jahr 02 i. H. von 5.000 €, obwohl das Finanzamt keine Vorauszahlungen festgesetzt hat. Die für das Jahr 02 zu entrichtende Kirchensteuer beläuft sich bei vernünftiger Schätzung auf 2.000 €. Im Rahmen der Veranlagung für das Jahr 02 wird die Kirchensteuer auf 1.800 € festgesetzt.
2. Vorauszahlung an den Dachdeckermeister D i. H. von 3.000 € für im Januar 02 an einem vermieteten Wohnhaus durchgeführte Dachrenovierungsarbeiten.

AUFGABE

Kann A die beiden Zahlungen im Jahr 01 als Sonderausgaben bzw. Werbungskosten abziehen?

LÖSUNG

Aufgrund der Zuordnung von Ausgaben zum Kalenderjahr der Leistung in § 11 Abs. 2 Satz 1 EStG sind Ausgaben grds. zum Zeitpunkt des Abflusses als Sonderausgaben bzw. Werbungskosten abziehbar, auch wenn sie wirtschaftlich ein anderes Kalenderjahr betreffen (BFH, Urteile v. 24.9.1985 - IX R 2/80, BStBl 1986 II S. 284 f., und v. 18.12.1987 - VI R 108/85, BFH/NV 1988

S. 499 f., AAAAB-30457). Durch diese Regelung hat der Steuerpflichtige es oftmals in der Hand, Sonderausgaben oder Werbungskosten je nach Zeitpunkt, in dem er sie leistet, in das Jahr zu verlagern, das für ihn steuerlich günstiger ist. Die Gestaltungsfreiheit des Steuerpflichtigen bei der Wahl der Verausgabung findet aber ihre Grenze in § 42 AO. Danach kann das Steuergesetz nicht durch Missbrauch von Gestaltungsmöglichkeiten umgangen werden.

Zu 1

Grundsätzlich ist für den Sonderausgabenabzug von Kirchensteuerzahlungen gem. § 11 Abs. 2 Satz 1 EStG nur die Tatsache der Zahlung im Veranlagungszeitraum maßgebend. Etwas anderes soll jedoch für den Fall gelten, dass es sich um willkürliche, die voraussichtliche Steuerschuld weit übersteigende Zahlungen handelt. Derartige, ohne rechtliche Verpflichtung und ohne vernünftigen Grund geleistete Zahlungen sind vom Sonderausgabenabzug ausgeschlossen (BFH, Urteile v. 25.1.1963 - VI 69/61 U, BStBl 1963 III S. 141, und v. 7.11.2001 - XI R 24/01, BStBl 2002 II S. 351). Soweit die Kirchensteuer-Vorauszahlung von A das voraussichtliche Kirchensteuersoll 02 übersteigt, kommt daher ein Sonderausgabenabzug nicht in Betracht. A kann im Jahr 01 von der Kirchensteuer-Vorauszahlung i. H. von 5.000 € nur 2.000 € als Sonderausgaben geltend machen.

Zu 2

In welcher Steuererklärung Werbungskosten bei den Einkünften aus Vermietung und Verpachtung abgesetzt werden dürfen, wird bestimmt durch den Zeitpunkt, zu dem der Steuerpflichtige sie bezahlt. Wann die Werbungskosten entstanden sind, welchen Zeitraum sie betreffen oder wann der Steuerpflichtige die Rechnung erhält, spielt keine Rolle. Grundsätzlich gilt für Vorauszahlungen keine Sonderregelung, jedoch kann in extremen Fällen ein Gestaltungsmissbrauch i. S. des § 42 AO vorliegen. Prinzipiell maßgebend ist allein der Zahlungszeitpunkt. Die Vorauszahlung i. H. von 3.000 € zählt daher zu den Werbungskosten des Jahres 01.

FALL 19

Zahlung eines Disagios

Sachverhalt: Die Eheleute A und B errichteten im Jahr 2024 ein zur Vermietung bestimmtes Mehrfamilienhaus. Die Herstellungskosten wurden u. a. mit einem Darlehen i. H. von 200.000 € mit einer zehnjährigen Zinsfestschreibung finanziert. Es wurde ein Disagio i. H. von 5 % vereinbart. Das Disagio i. H. von 10.000 € wurde am 29.12.2023 belastet. Das Darlehen wurde

- Ende Januar 2024 ausgezahlt (Fall 1),
- im Juni 2024 ausgezahlt (Fall 2).

AUFGABE

In welchem Veranlagungszeitraum ist das Disagio als Werbungskosten bei den Einkünften aus Vermietung und Verpachtung abziehbar?

LÖSUNG

Wer bei einer Bank, Sparkasse, Bausparkasse oder Versicherungsgesellschaft ein Darlehen aufnimmt, z. B. für den Bau oder Kauf einer Immobilie, erhält die Darlehenssumme oft nicht zu 100 %, sondern z. B. nur zu 95 % ausgezahlt. Ein Teil des Darlehens wird von der Bank von vornherein einbehalten; der Darlehensnehmer kann nur über den verringerten Betrag verfügen. Im Gegenzug werden Schuldzinsen vereinbart, die hinter den marktüblichen Zinsen zurückbleiben. Einen solchen Abzugsbetrag bezeichnet man als Damnum oder Disagio (Abgeld). Er gehört zu den Finanzierungskosten. Je höher das Disagio ist, desto niedriger ist der Nominalzins und umgekehrt. Die Voraussetzungen, unter denen ein Disagio als Werbungskosten abgezogen werden darf, hat die Finanzverwaltung im „Bauherrenerlass" für Darlehensverträge, die ab dem 1.1.2004 geschlossen wurden, geregelt (BMF, Schreiben v. 20.10.2003, BStBl 2003 I S. 546). Danach gilt Folgendes:

- Das Disagio ist im Jahr der Darlehensauszahlung als Werbungskosten abziehbar, wenn es marktüblich ist. Der über die marktüblichen Beträge hinausgehende Teil ist auf den Zinsfestschreibungszeitraum oder bei dessen Fehlen auf die Laufzeit des Darlehens zu verteilen. Als marktüblich gelten 5 % der Darlehenssumme, wenn der Zinssatz für mindestens fünf Jahre festgeschrieben ist.
- Wird das Darlehen erst im nächsten Jahr für eine vermietete Immobilie eingesetzt, kann das im Voraus gezahlte Disagio nur als Werbungskosten abgezogen werden, wenn innerhalb von drei Monaten nachdem das Disagio entrichtet worden ist, mindestens 30 % des Darlehens ausgezahlt werden. In den 30 % ist das Disagio enthalten. Das bedeutet, dass es bei einem Disagio i. H. von 5 % für den Werbungskostenabzug ausreicht, wenn 25 % der Darlehenssumme ausgezahlt werden.
- Vorauszahlungen für einen Nutzungszeitraum von mehr als fünf Jahren sind über den gesamten Zeitraum, für den sie geleistet werden, gleichmäßig zu verteilen (§ 11 Abs. 2 Satz 3 EStG). § 11 Abs. 2 Satz 3 EStG ist jedoch auf ein Damnum oder Disagio nicht anzuwenden, soweit dieses marktüblich ist (§ 11 Abs. 2 Satz 4 EStG).

Zu Fall 1

Da das Darlehen bereits Ende Januar 2024 ausgezahlt worden ist, kann das marktübliche Disagio im Jahr 2023 in voller Höhe als Werbungskosten bei den Einkünften aus Vermietung und Verpachtung abgesetzt werden.

Zu Fall 2

Bei der Zahlung eines Disagios vor der Auszahlung des Darlehenskapitals liegt nach Auffassung der Finanzverwaltung eine rechtsmissbräuchliche Gestaltung i. S. des § 42 AO bereits dann vor, wenn die Auszahlung des Darlehens später als drei Monate nach Zahlung (= Belastung auf dem Konto des Steuerpflichtigen) des Disagios erfolgt und für die Bezahlung des Disagios lange vor der Darlehensauszahlung oder einer ins Gewicht fallenden Teilauszahlung des Darlehens (mindestens 30 % der Darlehensvaluta einschließlich Disagio) keine wirtschaftlich vernünftigen Gründe vorliegen (BMF, Schreiben v. 20.10.2003, BStBl 2003 I S. 546 und 548, unter Hinweis auf BFH, Urteil v. 3.2.1987 - IX R 85/85, BStBl 1987 II S. 492).

Diese Beurteilung hat hier zur Folge, dass es hinsichtlich des im Jahr 2023 ohne wirtschaftlich vernünftigen Grund vorausgezahlten Disagios zum Zahlungszeitpunkt steuerrechtlich an einem Abfluss des Betrags i. S. des § 11 Abs. 2 Satz 1 EStG fehlt. A und B können die 10.000 € daher im Jahr 2023 nicht als Werbungskosten abziehen.

Das bedeutet aber nicht, dass die Zahlung steuerlich unberücksichtigt bleibt. Sie ist vielmehr im Jahr 2024, d. h. im Jahr der Darlehensauszahlung, abzugsfähig. Der Gestaltungsmissbrauch nimmt den Aufwendungen nicht den Werbungskostencharakter (vgl. Drenseck, FR 1987 S. 119).

HINWEIS

Ein Disagio ist nur dann nicht sofort als Werbungskosten abziehbar, wenn es sich nicht im Rahmen des am aktuellen Kreditmarkt Üblichen hält. Wann dies der Fall ist, ist eine Frage der tatrichterlichen Würdigung. Wird eine Disagiovereinbarung mit einer Geschäftsbank wie unter fremden Dritten geschlossen, indiziert dies nach neuerer Rechtsprechung des BFH die Marktüblichkeit (BFH, Urteil v. 8.3.2016 - IX R 38/14, BStBl 2016 II S. 646). Eine fremdübliche Disagiovereinbarung mit einer Geschäftsbank ist regelmäßig marktüblich, es sei denn, besondere Umstände des Einzelfalls widerlegen dies. Nach dieser Rechtsprechung können in Zukunft Disagios, die im normalen Geschäftsverkehr vorkommen, grds. in voller Höhe sofort abgezogen werden. Das gilt sicher für ein Disagio i. H. von bis zu 10 % der Darlehenssumme, aber grds. auch für Disagios, die darüber hinausgehen, sofern sie marktüblich sind (so jedenfalls Ratschow, BFH/PR 2016 S. 270).

FALL 20

Zahlung von Beiträgen zur Erhaltungsrücklage bei einer Wohnungseigentümergemeinschaft

Sachverhalt: A ist Eigentümer einer von ihm vermieteten Eigentumswohnung. Er entrichtet im Jahr 2023 im Rahmen seiner Wohngeldzahlung an den Verwalter des gemeinschaftlichen Eigentums einen nach seinem Anteil bemessenen Betrag i. H. von 2.000 € für die Ansammlung einer angemessenen Erhaltungsrücklage i. S. des § 19 Abs. 2 Nr. 4 WEG n. F. Der Verwalter verausgabt die Zahlung von A sowie der übrigen der Wohnungseigentümergemeinschaft angehörenden Personen im Jahr 2024 für eine Dachreparatur.

AUFGABE

Führt die Zahlung an den Verwalter im Jahr 2023 zu einer Ausgabe i. S. des § 11 Abs. 2 EStG mit der Folge, dass bereits im Jahr 2023 ein Werbungskostenabzug in Betracht kommt?

LÖSUNG

Der Wortlaut des Gesetzes über das Wohnungseigentum und das Dauerwohnrecht (Wohnungseigentumsgesetz – WEG) in der seit dem 1.12.2020 geltenden Fassung wurde am 12.1.2021 (BGBl 2021 I S. 34) bekannt gemacht. Die bisher in § 21 Abs. 5 Nr. 4 WEG a. F. erwähnte Instandhaltungsrückstellung ist jetzt in § 19 Abs. 2 Nr. 4 WEG n. F. geregelt. Die Bezeichnung wurde geändert. Die „Instandhaltungsrückstellung" heißt neuerdings „Erhaltungsrücklage".

Die Zahlung an den Verwalter bewirkt lediglich, dass das Alleineigentum von A an dem überwiesenen Geldbetrag sich in einen Miteigentumsanteil an dem durch die Überweisung entstandenen Verwaltungsvermögen umwandelt. Dieser Anteil ist ein Wirtschaftsgut, das A genauso zugerechnet werden muss wie zuvor das Bargeld. Im Jahr 2023 fehlt es daher an einer Ausgabe i. S. des § 11 Abs. 2 EStG. Der Abfluss tritt erst im Jahr 2024 ein, in dem der Verwalter das Verwaltungsvermögen für die Dachreparatur verwendet. A kann die Zahlung der 2.000 € daher erst im Jahr 2024 als Werbungskosten bei seinen Einkünften aus Vermietung und Verpachtung abziehen (so jedenfalls nach der Rechtsprechung zur bisherigen Instandhaltungsrücklage: BFH, Urteil v. 26.1.1988 - IX R 119/83, BStBl 1988 II S. 577; BFH, Beschlüsse v. 9.12.2008 - IX B 124/08, BFH/NV 2009 S. 571, AAAAD-08079, und v. 8.10.2012 - IX B 131/12, BFH/NV 2013 S. 32, CAAAE-22638; ablehnend Sauren, DStR 2006 S. 2161).

Ob an dieser Rechtsprechung festzuhalten ist, ist unklar. In der Literatur wird die Auffassung vertreten, dass der BFH bald die Gelegenheit erhalten dürfte, über Einstellungen in die Erhaltungsrücklage zu urteilen (Hefner/Ostermann, DStR 2021 S. 2052).

HINWEIS

Die Veruntreuung von Instandhaltungsrücklagen a. F. durch den Hausverwalter stellen in dem Jahr Werbungskosten bei den Einkünften aus Vermietung und Verpachtung dar, in dem der Wohnungseigentümer erstmals von der Entreicherung Kenntnis erlangt (FG Rheinland-Pfalz, Urteil v. 24.1.2013 - 6 K 1973/10, EFG 2013 S. 609, UAAAE-30839).

FALL 20A

Überweisung von Reparaturkosten auf ein falsches Konto

Sachverhalt: A ist Eigentümer eines von ihm vermieteten Einfamilienhauses. Er überweist am 30.12.2024 per Online-Banking 10.000 € auf das in der Rechnung genannte Konto des Dachdeckers, der Reparaturarbeiten am Dach des vermieteten Gebäudes durchgeführt hatte. Am 3.1.2025 wird der Betrag dem Konto von A wieder gutgeschrieben, mit dem Vermerk „Konto des Empfängers existiert nicht mehr".

A führt nach Rücksprache mit dem Handwerker am 10.1.2025 eine erneute Überweisung auf dessen geändertes Bankkonto aus.

AUFGABE

Führt die Zahlung zu einer Ausgabe i. S. des § 11 Abs. 2 EStG mit der Folge, dass bereits im Jahr 2024 ein Werbungskostenabzug der 10.000 € in Betracht kommt?

LÖSUNG

Der Abfluss i. S. des § 11 Abs. 2 Satz 1 EStG ist bei einer Banküberweisung dann anzunehmen, wenn der Auftrag an das Kreditinstitut gegeben wird, vorausgesetzt das Konto weist ausreichende Deckung auf bzw. die Bank gewährt Kredit und der Auftrag wird später auch tatsächlich ausgeführt (BFH, Urteile v. 14.1.1986 - IX R 51/80, BStBl 1986 II S. 453, und v. 6.3.1997 - IV R 47/95, BStBl 1997 II S. 509). Das gilt auch für das Online-Banking.

Ein Abfluss wird nach der in der Literatur vertretenen Auffassung auch angenommen, wenn eine Überweisung zunächst auf ein falsches Konto erfolgt und damit dem Empfänger nicht oder erst später zufließt. Dies dürfte allerdings nur dann gelten, wenn die Fehlleitung auf einem Versehen des Zahlenden oder z. B. der Angabe einer falschen Bankverbindung des Zahlungsempfängers beruht, da in anderen Fällen wohl nicht davon ausgegangen werden kann, dass der Zahlende alles getan hat, um den Leistungserfolg herbeizuführen (Korn u. a. in Korn, EStG, 150. Erg.-Lfg., Januar 2024, § 11 Rz. 47, unter „Gutschrift auf Girokonto"). Da vorliegend der Handwerker die Ursache für die „Fehlüberweisung" gesetzt hat, indem er seine geänderte Bankverbindung auf seinem Rechnungsformular nicht mitgeteilt hat, kann A den im Jahr 2023 angewiesenen Betrag im Jahr 2023 als Werbungskosten abziehen.

FALL 21

Abflusszeitpunkt von kreditfinanzierten außergewöhnlichen Belastungen

Sachverhalt: A und seine Ehefrau B sind in der gesetzlichen Krankenversicherung versichert. Anlässlich eines längeren Krankenhausaufenthalts ist B in einem Einbettzimmer untergebracht. Der Zuschlag für das Einbettzimmer beträgt 6.000 €. A nimmt zur Bezahlung des Zuschlags bei seiner Bank im Oktober 01 ein Darlehen i. H. von 6.000 € auf und bezahlt damit die Zuzahlung für das Krankenhaus. Das Darlehen wird von A ab Januar 02 in zwölf monatlichen Raten zu je 500 € zzgl. anteiliger Zinsen i. H. von 15 € monatlich zurückgezahlt.

AUFGABE

Kann A die Zuzahlung für das Krankenhaus i. H. von 6.000 € im Jahr 01 oder im Jahr 02 als außergewöhnliche Belastung abziehen?

LÖSUNG

Die Vorschrift des § 11 Abs. 2 EStG gilt auch für die Bestimmung des Abflusszeitpunkts von außergewöhnlichen Belastungen, und zwar unabhängig davon, ob sie aus eigenen oder fremden Mitteln geleistet worden sind. Das bedeutet, dass für die steuerliche Berücksichtigung von kreditfinanzierten Aufwendungen auf den Zeitpunkt abzustellen ist, zu dem die Aufwendungen durch Verwendung der Darlehensmittel tatsächlich geleistet worden sind (BFH, Urteile v. 10.6.1988 - III R 248/83, BStBl 1988 II S. 814, und v. 7.2.2008 - VI R 41/05, BFH/NV 2008 S. 1136, EAAAC-78851; BFH, Beschluss v. 12.7.2017 - VI R 36/15, BStBl II 2017 S. 979, Rz. 20). A kann daher die Krankenhauskosten bereits im Jahr ihrer Verausgabung (d. h. im Jahr 01) und nicht erst zum Zeitpunkt der Schuldentilgung im Jahr 02 als außergewöhnliche Belastung abziehen.

HINWEIS

Die Schuldzinsen für ein Darlehen, das ein Steuerpflichtiger zur Bestreitung außergewöhnlicher Belastungen i. S. des § 33 EStG aufgenommen hat, sind nach dieser Vorschrift steuerermäßigend zu berücksichtigen, wenn bzw. soweit die Darlehensaufnahme selbst zwangsläufig erfolgt ist (BFH, Urteil v. 6.4.1990 - III R 60/88, BStBl 1990 II S. 958, Rz. 20). Die im Jahr 02 bezahlten Schuldzinsen sind daher als außergewöhnliche Belastung in diesem Jahr berücksichtigungsfähig. Ob sie sich im Jahr 02 – ggf. zusammen mit anderen außergewöhnlichen Belastungen – steuerlich auswirken, ist eine andere Frage.

FALL 22

Regelmäßig wiederkehrende Einnahmen

Sachverhalt: Dr. Klaus Meier (M) betreibt in Düsseldorf als Orthopäde eine eigene Praxis. Er ermittelt seinen Gewinn durch EÜR (§ 4 Abs. 3 EStG). Auf seinem Bankkonto gehen folgende Zahlungen ein:

1. Am 8.1.02 die Abschlagszahlung der Kassenärztlichen Vereinigung für den Monat Dezember 01 i. H. von 15.000 €. Die monatlichen Abschlagszahlungen der Kassenärztlichen Vereinigung sind nach dem Honorarverteilungsmaßstab in den ersten zehn Tagen nach Ablauf des jeweiligen Monats zahlbar.
2. Am 15.1.02 das Honorar i. H. von 500 € für den Dezember-Beitrag in einer ärztlichen Fachzeitschrift. M erhält für seine regelmäßig wiederkehrenden Beiträge in der Monatszeitschrift sein Honorar regelmäßig am 15. des darauffolgenden Monats.
3. Am 28.12.01 ein Honorarvorschuss i. H. von 3.000 € für einen Vortrag, den M am 10.1.02 anlässlich eines Ärztekongresses hält.

AUFGABE

Welchem Jahr sind die Einnahmen zuzurechnen?

LÖSUNG

Für regelmäßig wiederkehrende Einnahmen enthält § 11 Abs. 1 Satz 2 EStG eine Spezialvorschrift für eine periodengerechte Berücksichtigung. Danach gelten regelmäßig wiederkehrende Einnahmen, die dem Steuerpflichtigen kurze Zeit vor oder kurze Zeit nach Beendigung des Kalenderjahres zugeflossen sind, als in dem Kalenderjahr bezogen, zu dem sie wirtschaftlich gehören. Als „kurze Zeit" i. S. des § 11 Abs. 1 Satz 2 EStG ist nach ständiger Rechtsprechung ein Zeitraum von bis zu zehn Tagen anzusehen (BFH, Urteile v. 10.12.1985 - VIII R 15/83, BStBl 1986 II

S. 342, und v. 11.11.2014 - VIII R 34/12, BStBl 2015 II S. 285). Der in § 11 Abs. 1 Satz 2 EStG verwendete Begriff „kurze Zeit" ist in der Variante „vor Beginn des Kalenderjahres" ebenso auszulegen wie in der Variante „nach Beendigung des Kalenderjahres" (BFH, Beschluss v. 6.11.2002 - X B 30/02, BFH/NV 2003 S. 169, TAAAA-67839).

Regelmäßig wiederkehrende Einnahmen und Ausgaben setzen nach einer neuen Entscheidung des BFH voraus, dass sie kurze Zeit vor Beginn bzw. kurze Zeit nach Beendigung des Kalenderjahres der wirtschaftlichen Zugehörigkeit nicht nur gezahlt, sondern auch fällig geworden sind (BFH, Urteil v. 16.2.2022 - X R 2/21, BStBl 2022 II S. 448). Die umstrittene Frage ist damit höchstrichterlich geklärt. Der Wortlaut des § 11 Abs. 1 Satz 2 und Abs. 2 Satz 2 EStG verhält sich zum Erfordernis einer Fälligkeit der in Rede stehenden Einnahme bzw. Ausgabe innerhalb des dort genannten Zeitraums nicht. Er setzt die Fälligkeit weder voraus noch hält er sie ausdrücklich für verzichtbar. Der Gesetzeszweck zwingt nach Auffassung des Senats zu der Folgerung, dass nicht nur die Zahlung innerhalb des Zehn-Tages-Zeitraums erfolgen muss, sondern diese auch innerhalb desselben Zeitraums zahlbar, d. h. fällig ist. Würde man auf das Fälligkeitskriterium verzichten, führten Zahlungen für längst fällig gewordene Verpflichtungen zu einem vom Zeitpunkt der Verausgabung unabhängigen Betriebsausgabenabzug, sofern die Zahlung nur innerhalb von bis zu zehn Tagen des nachfolgenden Kalenderjahres geleistet würde. Diese Handhabung entspräche insofern bereits den Grundsätzen des Betriebsvermögensvergleichs.

HINWEIS

Der BFH hat entschieden, dass eine Verlängerung des Zehn-Tage-Zeitraums auch bei Vorliegen besonderer Verhältnisse im Einzelfall nicht in Betracht kommt und die Vorschrift des § 193 BGB, wonach sich bei einem Fristende an einem Sonntag, Feiertag oder Sonnabend die Frist auf den nächsten Werktag verlängert, nicht für § 11 Abs. 1 Satz 2 und Abs. 2 Satz 2 EStG gilt (BFH, Urteil v. 11.11.2014 - VIII R 34/12, BStBl 2015 II S. 285). Eine Umsatzsteuer-Vorauszahlung, die innerhalb von zehn Tagen nach Ablauf des Kalenderjahres gezahlt wird, ist aber auch dann im Jahr ihrer wirtschaftlichen Zugehörigkeit abziehbar, wenn der 10.1. des Folgejahres auf einen Sonnabend, Sonntag oder gesetzlichen Feiertag fällt (BFH, Urteil v. 27.6.2018 - X R 44/16, BStBl 2018 II S. 781). Der Entscheidung ist zuzustimmen, denn es wäre nicht verständlich, wenn § 11 Abs. 2 Satz 2 i.V. mit Abs. 1 Satz 2 EStG trotz rechtzeitiger Zahlung innerhalb des Zehn-Tage-Zeitraums allein deswegen nicht angewendet werden könnte, weil das Fristende des § 18 Abs. 1 Satz 4 UStG nicht auf einen Werktag, sondern auf einen Sonnabend oder Sonntag fällt.

Zu 1

Die monatlichen Abschlagszahlungen der Kassenärztlichen Vereinigung sind – ebenso wie die vierteljährlichen Quartalsabschlusszahlungen – regelmäßig wiederkehrende Betriebseinnahmen, weil es sich um in bestimmten Zeitabständen zahlbare Leistungen handelt. Da die Zahlung für den Monat Dezember 01 innerhalb kurzer Zeit nach dem Jahreswechsel fällig und zugeflossen ist, muss sie gem. § 11 Abs. 1 Satz 2 EStG als Betriebseinnahme des Jahres 01 behandelt werden (BFH, Urteile v. 24.7.1986 - IV R 309/84, BStBl 1987 II S. 16, und v. 6.7.1995 - IV R 63/94, BStBl 1996 II S. 266).

Zu 2

Die monatlichen Honorarzahlungen sind zwar ebenfalls regelmäßig wiederkehrende Einnahmen. Das Honorar für den Dezember-Beitrag fällt jedoch nicht unter die Regelung des § 11 Abs. 1 Satz 2 EStG, da es nicht innerhalb kurzer Zeit nach dem Jahreswechsel zugeflossen ist. Die Zahlung ist daher im Jahr des tatsächlichen Zuflusses, also im Jahr 02, zu berücksichtigen.

Zu 3

Regelmäßig wiederkehrende Einnahmen sind nur solche Zahlungen, die aufgrund des ihnen zugrunde liegenden Rechtsverhältnisses wiederkehren, d. h. nach bestimmten Zeitabschnitten und in bestimmten Zeitabständen zu zahlen sind. Bei dem Honorarvorschuss handelt es sich um eine einmalige Zahlung und damit um keine regelmäßig wiederkehrende Einnahme. Der Betrag i. H. von 3.000 € ist im Jahr 01 zu erfassen.

FALL 23

Regelmäßig wiederkehrende Ausgaben

Sachverhalt: A betreibt als selbständiger Versicherungsvermittler eine Versicherungsagentur. Seinen Gewinn ermittelt er gem. § 4 Abs. 3 EStG. A zahlt

1. seine Büromiete für den Monat Dezember 01, die am 1.12.01 fällig ist,
   a) am 5.1.02,
   b) am 15.1.02;
2. die am 1.1.02 fällige Kfz-Versicherung für das Jahr 02 am 22.12.01;
3. seinen am 1.1.02 fälligen Krankenversicherungsbeitrag für den Monat Januar 02
   a) am 28.12.01,
   b) am 20.12.01;
4. am 8.1.02 die Lohnsteuer, den Solidaritätszuschlag und die Kirchensteuer seiner Arbeitnehmer für den Monat Dezember 01;
5. die am 10.1.02 (Freitag) fällige Umsatzsteuer-Vorauszahlung für den Monat Dezember 01 wird aufgrund der Erteilung einer Einzugsermächtigung am 14.1.02 vom Konto des A abgebucht.

AUFGABE

Welchem Jahr sind die Ausgaben zuzuordnen?

LÖSUNG

Für regelmäßig wiederkehrende Ausgaben gilt § 11 Abs. 1 Satz 2 EStG entsprechend (§ 11 Abs. 2 Satz 2 EStG). Das bedeutet, dass regelmäßig wiederkehrende Ausgaben, die dem Steuerpflichtigen kurze Zeit (zehn Tage) vor Beginn oder kurze Zeit (zehn Tage) nach Beendigung des Kalenderjahrs, zu dem sie wirtschaftlich gehören, abgeflossen sind, diesem Kalenderjahr zugerechnet werden müssen.

Zu 1

Im Fall a) ist die Miete dem tatsächlichen Zahlungsjahr 02, nicht dem Kalenderjahr der wirtschaftlichen Zugehörigkeit, also dem Jahr 01, zuzurechnen.

HINWEIS

Gemäß einer neueren Entscheidung des BFH setzen sog. „regelmäßig wiederkehrende Einnahmen und Ausgaben" gem. § 11 Abs. 1 Satz 2 und Abs. 2 Satz 2 EStG voraus, dass sie kurze Zeit vor Beginn bzw. kurze Zeit nach Ende des Kalenderjahrs ihrer wirtschaftlichen Zugehörigkeit nicht nur gezahlt, sondern auch fällig geworden sind (BFH, Urteil v. 16.2.2022 - X R 2/21, BStBl 2022 II S. 448). Auch wenn es sich um eine regelmäßig wiederkehrende Ausgabe handelt, muss für die Anwendung der genannten Vorschrift hinzukommen, dass die jeweilige Ausgabe auch kurze Zeit vor bzw. nach Ende des Jahres der wirtschaftlichen Zugehörigkeit fällig geworden sei. Dies folge aus dem Zweck des § 11 Abs. 1 Satz 2 und Abs. 2 Satz 2 EStG, der eine Ausnahme des ansonsten für die EÜR geltenden Zu- bzw. Abflussprinzips darstelle. Durch die Regelung sollten steuerliche Zufälligkeiten vermieden werden, die dann entstünden, würde man die Zahlung – je nach Zahlungszeitpunkt – mal in dem einen oder mal in dem anderen Jahr berücksichtigen. Deswegen sei es notwendig, dass die Zahlung auch innerhalb des mit zehn Tagen festgelegten kurzen Zeitraums rund um den Jahreswechsel zahlbar – d. h. fällig – geworden sei. Andernfalls könnten Nachzahlungen für bereits längst fällig gewordene Verpflichtungen zu einem vom Zeitpunkt der Zahlung unabhängigen Betriebsausgabenabzug führen. Eine solche Handhabung widerspräche dem grds. für die EÜR geltenden Prinzips der Kassenrechnung (BFH, Pressemitteilung Nr. 21 v. 27.5.2022).

Im Fall b) ist die Zahlung nicht kurze Zeit (zehn Tage) nach Ende des Kalenderjahrs 01 erfolgt. Die Ausnahmeregelung des § 11 Abs. 2 Satz 2 EStG ist daher nicht anwendbar. Die Mietzahlung ist eine Betriebsausgabe des Jahres 02.

Zu 2

Die Kfz-Versicherung für das Jahr 02 war am 1.1.02, also kurz nach dem Jahreswechsel, fällig. Bezahlt wurde sie bereits am 22.12.01 (also innerhalb des Zehn-Tage-Zeitraums). Somit ist sie im Jahr der wirtschaftlichen Zugehörigkeit (Jahr 02) zu erfassen.

Zu 3

Der Krankenversicherungsbeitrag für Januar 02 war am 1.1.02, also kurz nach dem Jahreswechsel, fällig. Bezahlt wurde er im Fall a) bereits am 28.12.01 (also innerhalb des Zehn-Tage-Zeitraums). Somit ist er im Jahr der wirtschaftlichen Zugehörigkeit (Jahr 02) zu erfassen.

Im Fall b) ist die Zahlung des Krankenversicherungsbeitrags für Januar 02 außerhalb des Zehn-Tage-Zeitraums erfolgt, so dass er im Jahr der tatsächlichen Zahlung, also im Jahr 01, berücksichtigt werden muss.

Zu 4

Anmerkung: Die Zahlungen müssen zum Jahreswechsel bzw. kurz vorher oder nachher (innerhalb des Zehn-Tage-Zeitraums) fällig sein. Die wirtschaftliche Zugehörigkeit richtet sich danach, für welchen Zeitraum die Einnahme erzielt wird. Auf die Fälligkeit kommt es insoweit nicht an (Schmidt/Wacker, EStG Kommentar, 43. Aufl. 2024, § 11 Rz. 27).

Der BFH hat entschieden, dass eine für das vorangegangene Kalenderjahr geschuldete und zu Beginn des Folgejahres entrichtete Umsatzsteuer-Vorauszahlung als regelmäßig wiederkehrende Ausgabe i. S. des § 11 Abs. 2 Satz 2 EStG im vorangegangenen Veranlagungszeitraum abziehbar ist (BFH, Urteil v. 1.8.2007 - XI R 48/05, BStBl 2008 II S. 282).

Entsprechendes muss für die Lohnsteuer-Vorauszahlungen usw. gelten (BayLfSt, Vfg. v. 10.3.2017 - S 2226.2.1-5/11 St32, WAAAH-29228, Rz. 7.). Auch sie sind in dem Kalenderjahr als Betriebsausgaben zu erfassen, in dem sie entstanden sind, sofern sie innerhalb von zehn Tagen nach Beendigung des betreffenden Kalenderjahrs geleistet werden. Die am 8.1.02 geleisteten Vorauszahlungen für Dezember 01 sind daher im Jahr 01 als Betriebsausgabe zu erfassen.

Zu 5

Ist vom Steuerpflichtigen eine Lastschrifteinzugsermächtigung erteilt und wird die Umsatzsteuer-Voranmeldung fristgerecht eingereicht, gilt die Zahlung i. S. des § 11 Abs. 2 Satz 1 bzw. 2 EStG als bereits am Fälligkeitstag abgeflossen. Voraussetzung ist jedoch, dass das Konto eine entsprechende Deckung aufweist. Eine tatsächlich spätere Abbuchung vom Konto ist ebenso unbeachtlich wie die Möglichkeit des Steuerpflichtigen, den Lastschrifteinzug zu widerrufen (BFH, Beschluss v. 8.3.2016 - VIII B 58/15, BFH/NV 2016 S. 1008, QAAAF-73083, und FG Köln, Urteil v. 9.11.2017 - 11 K 188/17, EFG 2018 S. 547, WAAAG-79348).

HINWEIS

Ist eine Umsatzsteuer-Vorauszahlung an einem Samstag, Sonntag oder Feiertag fällig, verschiebt sich die Fälligkeit gem. § 108 Abs. 3 AO auf den nächsten Werktag. Wird in einem solchen Fall die Zahlung erst am Fälligkeitstag (also außerhalb des Zehn-Tage-Zeitraums) geleistet, kann sie erst im Veranlagungszeitraum der tatsächlichen Zahlung als Betriebsausgabe erfasst werden, da sie ja nicht mehr innerhalb des Zehn-Tage-Zeitraums erfolgt ist. Eine Verlängerung des Zehn-Tage-Zeitraums kommt im Hinblick auf die gem. § 108 Abs. 3 AO hinausgeschobene Fälligkeit von Umsatzsteuer-Vorauszahlungen nicht in Betracht (BFH, Urteil v. 11.11.2014 - VIII R 34/12, BStBl 2015 II S. 285). Im Erstattungsfall kommt es dennoch erst zum Zeitpunkt der Gutschrift beim Steuerpflichtigen zu einem Zufluss, da er erst zu diesem Zeitpunkt wirtschaftlich über den Geldbetrag verfügen kann (BayLfSt, Vfg. v. 10.3.2017 - S 2226.2.1-5/11 St32, WAAAH-29228, Rz. 3). Eine Umsatzsteuer-Vorauszahlung, die innerhalb von zehn Tagen nach Ablauf des Kalenderjahrs gezahlt wird, ist aber auch dann im Jahr ihrer wirtschaftlichen Zugehörigkeit abziehbar, wenn der 10.1. des Folgejahres auf einen Sonnabend, Sonntag oder gesetzlichen Feiertag fällt (BFH, Urteil v. 27.6.2018 - X R 44/16, BStBl 2018 II S. 781).

FALL 23A

Umsatzsteuer-Vorauszahlung als regelmäßig wiederkehrende Ausgabe

Sachverhalt: Frau S ist als Steuerberaterin freiberuflich tätig. Sie ermittelt ihren Gewinn 04 durch EÜR (§ 4 Abs. 3 EStG). Für die Übermittlung der Umsatzsteuer-Voranmeldungen sowie für die Entrichtung der Vorauszahlungen ist ihr vom Finanzamt eine Fristverlängerung gem. § 46

UStDV um einen Monat eingeräumt worden. Die Umsatzsteuer-Voranmeldung für November 04 reichte sie am 6.1.05 ein. Den sich daraus ergebenden Betrag i. H. von 6.000 € hat die Steuerpflichtige am 9.1.05 zur Zahlung angewiesen. Der 10.1.05 fällt auf einen Samstag.

AUFGABE

In welchem Jahr ist die Umsatzsteuer-Vorauszahlung November 04 als Betriebsausgabe zu berücksichtigen?

LÖSUNG

Bei der Gewinnermittlung durch EÜR gem. § 4 Abs. 3 EStG sind vereinnahmte und verausgabte Umsatzsteuerbeträge keine durchlaufenden Posten i. S. des § 4 Abs. 3 Satz 2 EStG, sondern in die Gewinnermittlung einzubeziehende Betriebseinnahmen und Betriebsausgaben (BFH, Urteil v. 19.2.1975 - I R 154/73, BStBl 1975 II S. 441, Rz. 8; BFH, Beschlüsse v. 29.5.2006 - IV S 6/06 (PKH), BFH/NV 2006 S. 1827, Rz. 15, AAAAB-91843, und v. 29.10.2020 - VIII B 54/20, BFH/NV 2021 S. 310, CAAAH-68518). Umsatzsteuer-Vorauszahlungen sind darüber hinaus regelmäßig wiederkehrende Ausgaben i. S. des § 11 Abs. 2 Satz 2 EStG (BFH, Urteile v. 11.11.2014 - VIII R 34/12, BStBl 2015 II S. 285, und v. 27.6.2018 - X R 44/16, BStBl 2018 II S. 781). Regelmäßig wiederkehrende Ausgaben, die dem Steuerpflichtigen kurze Zeit vor Beginn oder kurze Zeit nach Beendigung des Kalenderjahrs, zu dem sie wirtschaftlich gehören, abgeflossen sind, müssen diesem Kalenderjahr zugerechnet werden. Als „kurze Zeit" i. S. der Regelung gilt ein Zeitraum von bis zu zehn Tagen (so z. B. BFH, Urteile v. 11.11.2014 - VIII R 34/12, BStBl 2015 II S. 285, und v. 27.6.2018 - X R 44/16, BStBl 2018 II S. 781).

Frau S hat die Umsatzsteuer-Vorauszahlung für November 04 am 9.1.05 zur Zahlung angewiesen und damit i. S. des § 11 Abs. 2 Satz 2 i.V. mit Abs. 1 Satz 2 EStG innerhalb kurzer Zeit nach Beendigung des Kalenderjahrs gezahlt. Unbare Zahlungen, die im Wege der Überweisung von einem Bankkonto bewirkt werden, sind grds. zum Zeitpunkt des Überweisungsauftrags abgeflossen (BFH, Urteil v. 11.8.1987 - IX R 163/83, BStBl 1989 II S. 702). Diese Zahlung gilt gem. § 11 Abs. 2 Satz 2 i.V. mit Abs. 1 Satz 2 EStG als im Jahr 04 abgeflossen, auch wenn der gesetzliche Fälligkeitstermin der Umsatzsteuer-Vorauszahlung für November 04 gem. § 18 Abs. 1 Satz 1 UStG und § 46 Abs. 1 Satz 1 UStDV auf den 10.1.05 und damit auf einen Samstag fiel. Eine Umsatzsteuer-Vorauszahlung, die innerhalb von zehn Tagen nach Ablauf des Kalenderjahrs gezahlt wird, kann auch dann im Jahr ihrer wirtschaftlichen Zugehörigkeit als Betriebsausgabe abgezogen werden, wenn der 10.1. auf einen Sonnabend, Sonntag oder gesetzlichen Feiertag fällt (BFH, Urteile v. 27.6.2018 - X R 44/16, BStBl 2018 II S. 781, und v. 3.12.2019 - VIII R 23/17, BFH/NV 2020 S. 613, JAAAH-47677).

FALL 23B

Zeitlicher Ansatz eines Veräußerungserlöses bei der Gewinnermittlung durch EÜR

Sachverhalt: Freiberufler A ermittelt seinen Gewinn durch EÜR. Im Dezember 01 veräußert er seinen zum Betriebsvermögen gehörenden Pkw für 80.000 € zzgl. 19 % von 80.000 € = 15.200 € Umsatzsteuer. Der noch nicht abgesetzte Teil der Anschaffungskosten, d. h. der „Restbuchwert" des Pkws, beträgt zum Zeitpunkt der Veräußerung 100.000 €. Der Veräußerungserlös i. H. von 95.200 € geht Anfang Januar 02 auf dem Bankkonto von A ein.

AUFGABE

Sind der Abzug des „Restbuchwerts" i. H. von 100.000 € und die Vereinnahmung des Veräußerungserlöses i. H. von 95.200 € im selben Kalenderjahr als Betriebsausgabe bzw. Betriebseinnahme zu erfassen?

LÖSUNG

Gemäß § 4 Abs. 3 Satz 3 EStG sind bei der Gewinnermittlung durch EÜR u. a. die Vorschriften für die AfA zu befolgen, Das bedeutet, dass die Anschaffungskosten eines abnutzbaren Anlageguts wie bei einem bilanzierenden Steuerpflichtigen nur im Wege der AfA als Betriebsausgabe abgesetzt werden können. Wird das Wirtschaftsgut veräußert oder entnommen, ist der „Restbuchwert" zum Zeitpunkt der Veräußerung oder Entnahme als Betriebsausgabe abzuziehen.

Steuerpflichtige mit EÜR, die am Jahresende ein Wirtschaftsgut ihres Anlagevermögens veräußern, haben – anders als bilanzierende Steuerpflichtige – ein interessantes Gestaltungsmittel, um auf den Gewinn des ablaufenden Jahres Einfluss nehmen zu können. Gemäß der Rechtsprechung des BFH gilt Folgendes (BFH, Urteil v. 16.2.1995 - IV R 29/94, BStBl 1995 II S. 635): Veräußert ein Steuerpflichtige, der seinen Gewinn gem. § 4 Abs. 3 EStG durch EÜR ermittelt, ein Wirtschaftsgut seines Anlagevermögens, so sind die Anschaffungs- oder Herstellungskosten, soweit sie noch nicht im Wege der AfA gewinnmindernd berücksichtigt worden sind, bei der Veräußerung als Betriebsausgabe abzusetzen. Als Zeitpunkt der Veräußerung ist nicht der Abschluss des schuldrechtlichen Kaufvertrags, sondern der Übergang des rechtlichen oder wirtschaftlichen Eigentums anzusehen (BFH, Urteil v. 16.2.1995 - IV R 29/94, BStBl 1995 II S. 635, Rz. 6). Wird ein Wirtschaftsgut des Anlagevermögens noch im alten Jahr veräußert, ist sein **„Restbuchwert"**, also die Anschaffungs- oder Herstellungskosten abzgl. der bereits gewinnmindernd berücksichtigten AfA, im **alten Jahr als Betriebsausgabe abzusetzen**.

Dagegen ist der **Veräußerungserlös** nicht bereits im Jahr der Veräußerung, hier also im alten Jahr 01, sondern erst **im Jahr des Zuflusses des Kaufpreises als Betriebseinnahme zu erfassen**. Der „Restbuchwert" i. H. von 100.000 € ist vorliegend im Jahr 01 als Betriebsausgabe abzugsfähig (BFH, Urteile v. 16.2.1995 - IV R 29/94, BStBl 1995 II S. 635, Rz. 6, und v. 16.6.2020 - VIII R 9/18, BStBl 2020 II S. 845, Rz. 24). Der Erlös i. H. von 95.200 € ist dagegen erst im Jahr 02 als

Betriebseinnahme zu erfassen. Die Umsatzsteuer i. H. von 15.200 € ist zum Zeitpunkt der Zahlung an das Finanzamt als Betriebsausgabe zu berücksichtigen.

FALL 24

Abzug von Vorauszahlungen bei langfristiger Nutzungsüberlassung

Sachverhalt: Rechtsanwalt R ermittelt seinen Gewinn durch EÜR (§ 4 Abs. 3 EStG). Er hat seine Praxisräume ab dem 1.1.2023 für die Dauer von zehn Jahren von V gemietet, der aus der Vermietung des Grundstücks Einkünfte aus Vermietung und Verpachtung erzielt. Der Mietzins beträgt monatlich 750 € = jährlich 9.000 €, der Mietzins für die gesamte Mietdauer also 10 x 9.000 € = 90.000 €. Der Mietzins entspricht der ortsüblichen Miete für vergleichbare Räume. R und V vereinbaren, dass R die Miete für den gesamten Zeitraum i. H. von 90.000 € im Voraus entrichtet. Er erhält dafür einen Mietnachlass i. H. von 20 % = 18.000 €. R hat Anfang 2023 einen Betrag i. H. von 72.000 € an V überwiesen.

AUFGABEN

1. Kann R die Miete i. H. von 72.000 € im Jahr 2023 in voller Höhe als Betriebsausgabe abziehen?
2. Muss V die Miete i. H. von 72.000 € im Jahr 2023 als Einnahme bei seinen Einkünften aus Vermietung und Verpachtung versteuern?

LÖSUNG

Zu 1

Der Gesetzgeber hat in § 11 EStG für Einnahmenüberschussrechner prinzipiell das Zu- und Abflussprinzip normiert. Durch die Zuordnung von Ausgaben zum Kalenderjahr der Leistung in § 11 Abs. 2 Satz 1 EStG sind Ausgaben grds. zum Zeitpunkt des Abflusses als Betriebsausgaben abziehbar, auch wenn sie wirtschaftlich ein anderes Kalenderjahr betreffen (BFH, Urteil v. 24.9.1985 - IX R 2/80, BStBl 1986 II S. 284). Diese Abweichung gegenüber der Behandlung von Betriebsausgaben bei bilanzierenden Gewerbetreibenden ist durch die Systematik des EStG begründet. Dementsprechend hat der BFH entschieden, dass Erbbauzinsen auch dann als Werbungskosten bei den Einkünften aus Vermietung und Verpachtung im Kalenderjahr ihrer Leistung sofort abziehbar sind, wenn sie in einem Einmalbetrag vorausgezahlt werden (BFH, Urteil v. 23.9.2003 - IX R 65/02, BStBl 2005 II S. 159).

Das zuletzt genannte Urteil hat der Gesetzgeber zum Anlass genommen, § 11 EStG zu ändern. Durch das Richtlinien-Umsetzungsgesetz v. 9.12.2004 (BGBl 2004 I S. 3310) sind in § 11 Abs. 2 EStG einst u. a. folgende Sätze 3 und 5 eingefügt worden: „Werden Ausgaben für eine Nutzungsüberlassung von mehr als fünf Jahren im Voraus geleistet, sind sie insgesamt auf den Zeitraum gleichmäßig zu verteilen, für den die Vorauszahlung geleistet wird. § 42 der Abgabenordnung bleibt unberührt." Diese Vorschrift bedeutet für den vorliegenden Fall, dass R seine Mietvorauszahlung für zehn Jahre i. H. von 72.000 € nicht im Jahr 2023 in voller Höhe als Betriebsausgabe abziehen kann, sondern nur i. H. von $^{1}/_{10}$ von 72.000 € = 7.200 €. Ebenso kann er in den

Jahren 2024 bis einschließlich 2032 je 7.200 € als Betriebsausgaben abziehen. R wird also hinsichtlich seiner Mietvorauszahlung steuerlich wie ein Bilanzierender behandelt, der dafür einen aktiven Rechnungsabgrenzungsposten bilden müsste.

Gemäß der Gesetzesbegründung sind von dieser Regelung Nutzungsüberlassungen bis zu fünf Jahren aus Vereinfachungsgründen nicht betroffen, wenn wirtschaftlich vernünftige Gründe für eine Vorausleistung/Einmalzahlung sprechen (§ 42 AO). Ein Mietnachlass i. H. von 20 % ist zwar ein wirtschaftlich vernünftiger Grund, die Laufzeit des Mietvertrags beträgt hier aber mehr als fünf Jahre.

Zu 2

Vorauszahlungen sind prinzipiell in voller Höhe im Jahr des Zuflusses zu versteuern (§ 11 Abs. 1 Satz 1 EStG; BFH, Urteil v. 13.10.1989 - III R 30/85 31/85, BStBl 1990 II S. 287; FG München, Urteil v. 12.12.1991 - 15 K 1141/91, EFG 1992 S. 344). § 11 Abs. 1 Satz 3 EStG sieht jedoch Folgendes vor: „Der Steuerpflichtige kann Einnahmen, die auf einer Nutzungsüberlassung i. S. des Abs. 2 Satz 3 beruhen, insgesamt auf den Zeitraum gleichmäßig verteilen, für den die Vorauszahlung geleistet wird."

Überlässt ein Steuerpflichtige – wie hier V – ein Grundstück gegen ein vorausgezahltes Entgelt zur Nutzung, „kann" er das Entgelt gem. § 11 Abs. 1 Satz 3 i. V. mit Abs. 2 Satz 3 EStG auf den Vorauszahlungszeitraum verteilen, wenn der Nutzungsüberlassungs- und der Vorauszahlungszeitraum mehr als fünf Jahre betragen (BFH, Urteil v. 4.6.2019 - VI R 34/17, BStBl 2021 II S. 5). V wird mit der genannten Vorschrift ein Wahlrecht eingeräumt, die entsprechenden Einnahmen i. H. von 72.000 € sofort bei Zufluss oder gleichmäßig verteilt auf den Zeitraum, für den die Vorauszahlung vereinbart ist, zu versteuern. Er muss also die vereinnahmte Miete i. H. von 72.000 € im Jahr 2023 nicht in voller Höhe als Einnahme aus Vermietung und Verpachtung versteuern, sondern nur i. H. von 7.200 €.

HINWEIS

Erforderlich, aber auch ausreichend ist, dass der Vorauszahlungszeitraum anhand objektiver Umstände – und sei es auch im Wege sachgerechter Schätzung – feststellbar (bestimmbar) ist und einen Nutzungsüberlassungszeitraum von mehr als fünf Jahren entgilt (BFH, Urteil v. 4.6.2019 - VI R 34/17, BStBl 2021 II S. 5). Daher können z. B. auch Einmalzahlungen für auf Lebenszeit abgeschlossene Verträge auf den Vorauszahlungszeitraum verteilt werden, sofern sie für einen Zeitraum von mehr als fünf Jahren geleistet werden und die mutmaßliche Lebenserwartung nach der jeweils aktuellen Sterbetafel des Statistischen Bundesamts fünf Jahre übersteigt (Geserich, BFH/PR 2019 S. 283).

Kapitel 3: Allgemeine Fragen der Veranlagung

FALL 25

Form und Inhalt der Einkommensteuererklärung

Sachverhalt: Zahnarzt A hat einen achtjährigen Sohn, der von seinem am 20.1.01 verstorbenen Großvater ein Mietwohnhaus geerbt hat. Das für die Einkommensbesteuerung des Kindes zuständige Wohnsitzfinanzamt hat von der Erbschaft aufgrund einer Kontrollmitteilung der Erbschaftsteuerstelle erfahren und im Jahr 02 zur Abgabe einer Einkommensteuererklärung für das Jahr 01 aufgefordert.

A teilt dem zuständigen Sachbearbeiter des Finanzamts zunächst fernmündlich und anschließend in einem Schreiben mit, sein Sohn habe im Jahr 01 einen Überschuss der Mieteinnahmen über die Werbungskosten i. H. von 7.000 € erzielt.

AUFGABE

Stellt die fernmündliche Mitteilung eine Erfüllung der Steuererklärungspflicht dar?

LÖSUNG

Das gesetzliche Merkmal der „Einkommensteuererklärung" ist durch die Rechtsprechung des BFH geklärt. Danach ist die Steuererklärung eine formalisierte, innerhalb einer bestimmten Frist abzugebende Auskunft des Steuerpflichtigen oder seines Vertreters, die dem Finanzamt die Festsetzung der Steuer oder die Feststellung von Besteuerungsgrundlagen ermöglicht und i. d. R. zum Erlass eines Steuerbescheids führt (BFH, Urteile v. 2.7.1986 - I R 70/83, BFH/NV 1987 S. 704, YAAAB-28752, und v. 14.5.2019 - VIII R 20/16, BStBl 2019 II S. 586, Rz. 24). Welche Anforderungen an die Form und den Inhalt einer Einkommensteuererklärung zu stellen sind, ist gesetzlich geregelt. § 150 Abs. 1 Satz 1 und 2 AO regelt, in welcher Form und auf welchem Weg Steuererklärungen abzugeben sind oder abgegeben werden können. Eine Steuererklärung ist nach amtlich vorgeschriebenem Vordruck abzugeben, wenn

1. keine elektronische Steuererklärung vorgeschrieben ist,
2. eine gesetzlich oder amtlich zugelassene elektronische Steuererklärung nicht freiwillig abgegeben wird,
3. keine mündliche oder konkludente Steuererklärung zugelassen ist und
4. eine Aufnahme der Steuererklärung an Amtsstelle gem. § 151 AO nicht in Betracht kommt.

Der amtlich vorgeschriebene Vordruck als Papierform der Steuererklärung in § 150 Abs. 1 Satz 1 AO hat nur noch eine Auffangfunktion. Dies verdeutlicht die Absicht des Gesetzgebers, durch elektronische Datenfernübertragung möglichst umfassend zu einer automationsgestützten Steuerveranlagung zu kommen. Die Einkommensteuererklärung ist ab dem Veranlagungszeitraum 2011 prinzipiell nach amtlich vorgeschriebenem Datensatz durch Datenfernübertragung zu übermitteln, wenn Einkünfte i. S. des § 2 Abs. 1 Satz 1 Nr. 1–3 EStG erzielt werden und es sich nicht um Veranlagungsfälle gem. § 46 Abs. 2 Nr. 2–8 EStG handelt (§ 25 Abs. 4 Satz 1 und § 52 Abs. 39 EStG).

Darüber hinaus muss die Steuererklärung von der steuerpflichtigen Person eigenhändig unterschrieben werden (§ 25 Abs. 3 Satz 1 EStG). Für minderjährige Kinder und andere nicht geschäftsfähige Personen handeln bei der Abgabe der Erklärung ihre gesetzlichen Vertreter, d. h., der oder die gesetzlichen Vertreter haben die Steuererklärung eigenhändig zu unterschreiben. Eine gemeinsame Steuererklärung ist von beiden Ehegatten eigenhändig zu unterschreiben (§ 25 Abs. 3 Satz 2 EStG).

Telefonische Angaben sind keine „Steuererklärung“ i. S. der §§ 149–152 AO, obwohl sie im Übrigen durchaus rechtliche Bedeutung haben können (so Schick, StuW 1988 S. 301 und 317). Die fernmündliche Mitteilung seitens A stellt also – mangels der Einhaltung der gesetzlich vorgeschriebenen Form – keine Erfüllung der Steuererklärungspflicht dar (BFH, Urteil v. 30.11.1994 - V B 64/94, BFH/NV 1995 S. 651, SAAAB-34978). Ebenso wenig kann das von A beim Finanzamt eingegangene Schreiben als wirksame Einkommensteuererklärung angesehen werden; nicht amtliche Schriftstücke werden nämlich – auch wenn sie alle für die Besteuerung erforderlichen Angaben enthalten – nur als Steuererklärung anerkannt, wenn sie dem amtlichen Muster bzw. Datensatz in allen Einzelheiten entsprechen, was hier aber nicht der Fall ist (FG Nürnberg, Urteil v. 31.1.1990 - V 67/89, EFG 1990 S. 339; BFH, Urteil v. 15.10.1998 - IV R 18/98, BStBl 1999 II S. 286).

HINWEIS

Steuererklärungen, die schriftlich abzugeben sind, können bei der zuständigen Finanzbehörde zur Niederschrift erklärt werden, wenn die Schriftform dem Steuerpflichtigen nach seinen persönlichen Verhältnissen nicht zugemutet werden kann, insbesondere, wenn er nicht in der Lage ist, eine gesetzlich vorgeschriebene Selbstberechnung der Steuer vorzunehmen oder durch einen Dritten vornehmen zu lassen (§ 151 AO).

Ab dem Veranlagungszeitraum 2011 sind Steuererklärungen und Gewinnermittlungen, wenn Gewinneinkünfte erzielt werden, prinzipiell durch Datenfernübertragung zu übermitteln (§ 25 Abs. 4 und § 5b EStG sowie § 60 EStDV i.V. mit § 150 Abs. 7 AO). Dazu kann das kostenlose ELSTER-Steuerprogramm der Finanzverwaltung oder aber jedes andere Softwareprodukt verwendet werden, in das die ELSTER-Software integriert ist.

FALL 26

Abgabe einer Einkommensteuererklärung per Telefax

Sachverhalt: A erzielt Einkünfte aus nichtselbständiger Arbeit. Zur Anrechnung der Lohnsteuer gibt er für das Jahr 2019 eine Einkommensteuererklärung ab (Antragsveranlagung gem. § 46 Abs. 2 Nr. 8 EStG). Die Erklärung wurde dem Finanzamt am 30.12.2023 elektronisch mittels eines Softwareprodukts ohne Zertifizierung übermittelt. Am selben Tag hat A dem Finanzamt die sog. „komprimierte Steuererklärung“ per Telefax übersandt. Das Finanzamt teilt A mit, dass eine Veranlagung zur Einkommensteuer für das Jahr 2019 nicht mehr erfolgen könne. Die Festsetzungsfrist sei am 31.12.2023 abgelaufen. Zwar sei der Antrag auf Durchführung der Veranlagung in Gestalt der komprimierten Steuererklärung am 30.12.2023 beim Finanzamt eingegangen, jedoch trage der Antrag nicht die erforderliche eigenhändige Unterschrift von A. Die telekopierte Unterschrift sei nicht ausreichend.

AUFGABE

Ist die Einkommensteuererklärung 2019 fristgerecht abgegeben worden, so dass eine Antragsveranlagung durchgeführt werden kann?

LÖSUNG

Viele Steuerpflichtige sind verpflichtet, eine Einkommensteuererklärung abzugeben. Es kommt dann zu einer „Pflicht- oder Amtsveranlagung". Andere Steuerpflichtige müssen keine Einkommensteuererklärung abgeben, dürfen dies aber freiwillig tun (sog. „Antragsveranlagung"), z. B. Arbeitnehmer mit Einkünften aus nichtselbständiger Arbeit zur Anrechnung der Lohnsteuer auf die Einkommensteuer. Der Antrag ist gem. § 46 Abs. 2 Nr. 8 EStG durch die Abgabe einer Einkommensteuererklärung zu stellen. Der Antrag auf Durchführung der Veranlagung ist nur dann wirksam gestellt, wenn eine wirksame Steuererklärung vorliegt. Die Frist für die Antragsveranlagung beträgt vier Jahre. Das entspricht der Festsetzungsfrist für die Einkommensteuer, die gem. § 169 Abs. 2 Satz 1 Nr. 2 AO vier Jahre beträgt. Sie beginnt mit Ablauf des Kalenderjahrs, in dem die Steuer entstanden ist (§ 170 Abs. 1 AO).

Der durch die Abgabe einer Einkommensteuererklärung zu stellende Veranlagungsantrag muss den für die Einkommensteuererklärung maßgeblichen Formvorschriften des § 150 AO und des § 25 Abs. 3 EStG genügen; ansonsten ist der Antrag nicht wirksam gestellt. Verwaltungsseitig wurde früher die Auffassung vertreten, dass bspw. Einkommensteuererklärungen nicht per Telefax übermittelt werden können (BMF, Schreiben v. 20.1.2003, BStBl 2003 I S. 74).

Der BFH hat entschieden, dass sowohl die Steuererklärung als auch die Unterschrift des Steuerpflichtigen per Fax an das Finanzamt übermittelt oder in Faxkopie beim Finanzamt vorgelegt werden können (BFH, Urteil v. 8.10.2014 - VI R 82/13, BStBl 2015 II S. 359). Darüber hinaus sei nicht erforderlich, dass der Steuerpflichtige den Inhalt der Einkommensteuererklärung tatsächlich in vollem Umfang zur Kenntnis genommen habe. Gemäß § 25 Abs. 3 EStG habe der Steuerpflichtige die Einkommensteuererklärung zwar eigenhändig zu unterschreiben. Das sei aber hier der Fall. Es liege eine Unterschrift „von der Hand" des A vor. Dem stehe nicht entgegen, dass das unterschriebene Deckblatt der Erklärung, auf dem sich die Unterschrift befindet, beim Finanzamt als Faxkopie eingereicht wurde. Der BFH begründet seine Entscheidung im Wesentlichen damit, dass eine eigenhändige Unterschrift bereits dann vorliegt, wenn die Unterschrift „von der Hand des Steuerpflichtigen" stammt; nicht erforderlich ist dagegen eine Vorlage der Unterschrift „im Original". Der Übermittlungsart kommt keine eigenständige Bedeutung zu, denn die Zwecke der Schriftlichkeit werden auch bei einer Übermittlung der Erklärung per Fax gewahrt (Riehl, HFR 2015 S. 99).

Es sei bereits höchstrichterlich entschieden, dass die Übermittlung fristwahrender Schriftsätze per Telefax in allen Gerichtszweigen uneingeschränkt zulässig ist. Aufgrund von § 25 Abs. 3

EStG soll sichergestellt werden, dass Person und Inhalt der Erklärung eindeutig festgestellt werden können. Dieser Zweck werde aber auch dann erfüllt, wenn der Steuerpflichtige die Einkommensteuererklärung unterschreibt und sie per Telefax an das Finanzamt sendet. Nach alledem ist die Frist für die Antragsveranlagung 2019 gewahrt. Die dem entgegenstehende Verwaltungsanweisung wurde aufgehoben (BMF, Schreiben v. 16.4.2015, BStBl 2015 I S. 438). Alle Steuererklärungen, für die das Gesetz die eigenhändige Unterschrift vorsieht, können durch Telefax wirksam an das Finanzamt übermittelt werden (LfSt Rheinland-Pfalz, Vfg. v. 24.9.2015, AO-Kartei RP § 150 AO Karte 1).

HINWEIS

Für den Zugang des Antrags gem. § 46 Abs. 2 Nr. 8 Satz 2 EStG gelten die bürgerlich-rechtlichen Regelungen (§ 130 Abs. 1 Satz 1 und Abs. 3 BGB) über den Zugang empfangsbedürftiger Willenserklärungen entsprechend. Erforderlich ist danach, dass der Antrag in den Machtbereich des zuständigen Finanzamts gelangt. Für den Zugang ist es ausreichend, dass der Antrag – hier die Steuererklärung – am letzten Tag der Frist bis 24:00 Uhr in den dafür vorgesehenen Briefkasten des zuständigen Finanzamts gelangt (BFH, Urteil v. 13.2.2020 - VI R 37/17, BStBl 2021 II S. 856, Rz. 17).

FALL 27

Steuererklärungspflicht und abgekürzter Ermittlungszeitraum im Todesfall

Sachverhalt: Der verwitwete V war Inhaber eines Gewerbebetriebs, den er am 30.6.2023 aus Krankheitsgründen verkauft hat. V ist am 15.9.2023 verstorben. Zuletzt war er wohnhaft in Mainz. Alleinerbe ist sein Sohn S, der in Koblenz wohnt.

AUFGABEN

1. Muss S für V eine Einkommensteuererklärung für das Jahr 2023 abgeben?
2. Für welchen Zeitraum müssen die von V erzielten Einkünfte bei der Veranlagung erfasst werden?
3. Welches Finanzamt ist für die Einkommensteuerveranlagung des Erblassers V zuständig?

LÖSUNG

Zu 1

Bei der Gesamtrechtsnachfolge gehen die Forderungen und Schulden aus dem Steuerschuldverhältnis auf den Rechtsnachfolger (Erben) über (§ 45 Abs. 1 Satz 1 AO). Der Gesamtrechtsnachfolger wird durch den Übergang von Forderungen und Schulden des Rechtsvorgängers selbst Steuerpflichtiger i. S. des § 33 AO. Ihn treffen deshalb ohne Weiteres (originär) die aus dieser Stellung resultierenden Erklärungs- und Mitwirkungspflichten. Stirbt ein Steuerpflichtiger, sind also die

Erben für dessen steuerliche Pflichten verantwortlich, auch für die Abgabe einer Steuererklärung für den Verstorbenen. S muss für V eine Einkommensteuererklärung für das Jahr 2023 abgeben.

Zu 2

Die Einkommensteuer ist eine Jahressteuer (EStG), die gem. § 36 Abs. 1 EStG mit Ablauf des Veranlagungszeitraums entsteht. Sie wird nach Ablauf des Kalenderjahres (Veranlagungszeitraum) nach dem Einkommen veranlagt, dass der Steuerpflichtige in diesem Veranlagungszeitraum bezogen hat, soweit nicht gem. § 43 Abs. 5 und § 46 EStG eine Veranlagung unterbleibt (§ 25 Abs. 1 EStG).

Die persönliche Steuerpflicht erstreckt sich auf die Lebenszeit einer Person; sie endet mit ihrem Tod. In diesem Fall ist die Veranlagung auf das bis zum Tod erzielte Einkommen zu beschränken. Erblasser und Erbe sind verschiedene Rechtssubjekte, die jeweils für sich zur Einkommensteuer herangezogen werden und deren Einkünfte getrennt ermittelt und dem jeweiligen Einkommensteuerrechtssubjekt zugerechnet werden (BFH, Beschluss v. 17.12.2007 - GrS 2/04, BStBl 2008 II S. 608, Rz. 65).

Stirbt also der Steuerpflichtige – wie hier V – vor Ablauf des Kalenderjahres und endet damit seine persönliche Steuerpflicht, ist für die Zeit bis zum Eintritt der Rechtsnachfolge eine eigenständige Veranlagung für V durchzuführen, in der nur die von ihm als Erblasser verwirklichten Besteuerungsmerkmale berücksichtigt werden. Die Veranlagung ist auf das bis zum Tod von V erzielte Einkommen zu beschränken. Der Veranlagung für das Todesjahr (Kalenderjahr) wird somit ein abgekürzter Ermittlungszeitraum zugrunde gelegt. Der Veranlagung 2023 von V ist das von ihm in der Zeit vom 1.1.2023 bis zum Todestag am 15.9.2023 erzielte Einkommen zugrunde zu legen.

Der Adressat des Einkommensteuerbescheids ist allerdings S als Erbe von V. S ist auch Steuerschuldner der auf ihn gem. § 45 AO übergegangenen Steuerschulden des Erblassers V (BFH, Urteil v. 28.6.1984 - IV R 205/82, BStBl 1984 II S. 784).

HINWEIS

Unter Änderung seiner bisherigen Rechtsprechung hat der BFH entschieden, dass die vom Erblasser herrührenden Steuerschulden für das Todesjahr als Nachlassverbindlichkeiten i. S. des § 10 Abs. 5 Nr. 1 ErbStG den Erwerb des Erben mindern (BFH, Urteile v. 4.7.2012 - II R 15/11, BStBl 2012 II S. 790, v. 28.10.2015 - II R 46/13, BStBl 2016 II S. 477, und v. 11.7.2019 - II R 36/16, BStBl 2020 II S. 391).

Zu 3

§ 19 AO bestimmt die Zuständigkeit für die Einkommensbesteuerung natürlicher Personen. Grundsätzlich ist für unbeschränkt Steuerpflichtige gem. § 19 Abs. 1 Satz 1 AO das sog. „Wohnsitzfinanzamt" zuständig, d. h. das Finanzamt, in dessen Bezirk der Steuerpflichtige seinen Wohnsitz hat. Maßgebend sind prinzipiell die Verhältnisse zum Zeitpunkt der Veranlagung, nicht der Veranlagungszeitraum.

Geht die örtliche Zuständigkeit durch eine Veränderung der sie begründenden Umstände von einer Finanzbehörde auf eine andere Finanzbehörde über, so tritt der Wechsel der Zuständigkeit zu dem Zeitpunkt ein, zu dem eine der beiden Finanzbehörden hiervon erfährt (§ 26 Satz 1 AO). Durch den Tod des Erblassers V tritt mangels einer Veränderung der die örtliche Zuständigkeit begründenden Umstände kein Zuständigkeitswechsel ein. Aktenabgabe- und Übernahmeverfahren mit dem Finanzamt des Gesamtrechtsnachfolgers S sind daher nicht durchzuführen (LfSt Bayern, Vfg. v. 21.5.2013 - S 0127.1.1-13/2 St42, BeckVerw 272154). Für die Einkommensteuerveranlagung 2023 von V ist das Finanzamt Mainz zuständig, obwohl der Erbe S vom Finanzamt Koblenz veranlagt wird.

FALL 28

Veranlagung bei Bezug von Einkünften aus nichtselbständiger Arbeit

Sachverhalt: B bezieht als Beamter Einkünfte aus nichtselbständiger Tätigkeit (§ 19 EStG). Außerdem bezieht er Einkünfte aus der Vermietung eines Geschäftshauses (§ 21 EStG). Im Jahr 2023 hat er außerdem einen Verlust aus einem privaten Veräußerungsgeschäft, dem Verkauf einer Eigentumswohnung, erlitten (§ 22 Nr. 2 und § 23 EStG). In seiner Einkommensteuererklärung 2023 hat er u. a. folgende Angaben gemacht:

Einkünfte aus nichtselbständiger Arbeit:	
Bruttoarbeitslohn	50.000 €
Einkünfte aus Vermietung und Verpachtung	1.000 €
Sonstige Einkünfte:	
Einkünfte aus privaten Veräußerungsgeschäften	- 3.000 €

Der Steuerbescheid 2023 führt zu einer Steuernachzahlung. Innerhalb der Einspruchsfrist legt B Einspruch ein, mit der Begründung, er nehme seinen gem. § 46 Abs. 2 Nr. 8 EStG gestellten Antrag auf Veranlagung zurück.

AUFGABE

Muss das Finanzamt für das Jahr 2023 eine sog. „Amtsveranlagung" durchführen oder führt der Einspruch von B zum Erfolg?

LÖSUNG

Besteht das Einkommen ganz oder teilweise aus Einkünften aus nichtselbständiger Arbeit, von denen ein Steuerabzug vorgenommen worden ist, wird eine Veranlagung nur unter den in § 46 Abs. 2 Nr. 1–8 EStG genannten Voraussetzungen durchgeführt. Die Veranlagungen gem. § 46 Abs. 2 Nr. 1–7 EStG sind von Amts wegen durchzuführen. Eine Veranlagung gem. § 46 Abs. 2 Nr. 8 EStG, die insbesondere zur Anrechnung der Lohnsteuer auf die Einkommensteuer durchgeführt wird, wird dagegen nur auf Antrag durchgeführt.

In der Praxis kommt es vor, dass ein Steuerpflichtiger eine Veranlagung gem. § 46 Abs. 2 Nr. 8 EStG durch die freiwillige Abgabe einer Einkommensteuerklärung beantragt hat. Ergibt sich wider Erwarten eine Steuernachzahlung, kann der Steuerpflichtige gegen den entsprechenden

Steuerbescheid innerhalb eines Monats Einspruch einlegen und seine freiwillige Erklärung wieder zurücknehmen. Die Veranlagung gilt dann als nicht beantragt und das Finanzamt kann prinzipiell keine Steuernachzahlung verlangen. Eine Ausnahme gilt, wenn der Arbeitgeber zu wenig Lohnsteuer abgezogen hat (§ 39 Abs. 5 EStG).

Besteht das Einkommen ganz oder teilweise aus Einkünften aus nichtselbständiger Arbeit, von denen ein Steuerabzug vorgenommen worden ist, wird eine Veranlagung gem. § 46 Abs. 2 Nr. 1 EStG nur durchgeführt, wenn die positive Summe der einkommensteuerpflichtigen Einkünfte, die nicht dem Steuerabzug vom Arbeitslohn zu unterwerfen waren, mehr als 410 € beträgt. Hierbei handelt es sich um eine Freigrenze, nicht um einen Freibetrag. Voraussetzung für diese Amtsveranlagung ist, dass es sich um „Nebeneinkünfte" handelt, von denen steuerrechtlich kein Lohnsteuerabzug vorzunehmen war.

Werden neben dem Arbeitslohn ausschließlich negative Einkünfte erzielt, kommt prinzipiell keine Amtsveranlagung, sondern nur eine Antragsveranlagung gem. § 46 Abs. 2 Nr. 8 EStG in Betracht. Ergibt sich teils ein Verlust und teils ein Gewinn oder Überschuss, ist eine Saldierung von positiven und negativen Einkünften vorzunehmen. Beträgt der positive Saldo mehr als 410 €, ist eine Amtsveranlagung zwingend.

Ob bei der Saldierung der positiven und negativen Einkünfte auch ein Verlust aus einem privaten Veräußerungsgeschäft i. S. des § 22 Nr. 2 i.V. mit § 23 EStG einzubeziehen ist, war nicht eindeutig. Der BFH hat klargestellt, dass für die Ermittlung der 410 €-Grenze prinzipiell die Einkünfte i. S. des § 2 Abs. 1 EStG zu berücksichtigen sind, die nicht dem Lohnsteuerabzug zu unterwerfen waren (BFH, Beschluss v. 26.3.2013 - VI R 22/11, BStBl 2013 II S. 631). Dazu zählen auch Einkünfte aus privaten Veräußerungsgeschäften i. S. des § 23 EStG (§ 2 Abs. 1 Satz 1 Nr. 7 i.V. mit § 22 Nr. 2 EStG).

Für Gewinne und Verluste aus privaten Veräußerungsgeschäften ist jedoch die steuergesetzliche Spezialregelung des § 23 Abs. 3 Satz 7 EStG zu beachten. Danach sind Gewinne und Verluste aus allen privaten Veräußerungsgeschäften i. S. des § 23 Abs. 1 Satz 1 Nr. 1 und 2 EStG untereinander auszugleichen. Ein Verlustausgleich mit anderen sonstigen Einkünften sowie mit den anderen Einkunftsarten i. S. des § 2 Abs. 1 Satz 1 Nr. 1–6 EStG findet nicht statt. Ein Veräußerungsverlust kann daher auch nicht in die Berechnung der Summe der Einkünfte einbezogen werden.

Unter der „Summe der Einkünfte" i. S. des § 46 Abs. 2 Nr. 1 EStG und des § 2 Abs. 3 EStG ist derjenige Saldo zu verstehen, der nach horizontaler und vertikaler Verrechnung der Einkünfte verbleibt. Der rechtstechnische Begriff der Summe der Einkünfte i. S. des § 46 Abs. 2 Nr. 1 EStG ist also wie der in § 2 Abs. 3 EStG auszulegen. Versagt das Gesetz – wie hier in § 23 Abs. 3 Satz 7 EStG – die Verrechnung eines Verlusts aus einer Einkunftsart mit Gewinnen bzw. Überschüssen aus anderen Einkunftsarten, fließt nach Meinung des BFH dieser Verlust nicht in die „Summe der Einkünfte" ein. Dies geschieht erst, wenn und soweit in folgenden Veranlagungszeiträumen eine Verrechnung mit positiven Einkünften zulässig ist. Das bedeutet: Das Finanzamt muss für das Jahr 2023 eine Amtsveranlagung durchführen, da die 410 €-Grenze überschritten ist. Der Einspruch von B bleibt erfolglos.

HINWEIS

Bei der Prüfung der Voraussetzungen für eine Pflichtveranlagung gem. § 46 Abs. 2 Nr. 1 EStG sind die positiven Einkünfte aus privaten Veräußerungsgeschäften des Streitjahres auf Einkunftsebene um die auf den 31.12. des Vorjahres festgestellten negativen Einkünfte aus dieser Einkunftsart zu mindern (FG Köln, Urteil v. 24.3.2015 - 12 K 1964/12, EFG 2015 S. 1373, PAAAE-94340).

FALL 28A

Zusammenveranlagung mit Ehegatten im Pflegeheim

Sachverhalt: A und B sind Eheleute. Die Ehefrau B erkrankte im Jahr 2019 an Demenz. Sie wurde zunächst von A und den beiden Töchtern zuhause gepflegt. Nachdem sich die Krankheit verschlimmerte und eine angemessene Pflege zuhause nicht mehr möglich war, wurde die Ehefrau auf Anraten der Diakonie im September 2023 in ein Pflegeheim verlegt. B war zu 100 % schwerbehindert. Sie war nicht mehr in der Lage, ihre Umwelt wahrzunehmen und konnte keine Gespräche mehr führen oder verfolgen.

A besuchte seine Ehefrau jeden Samstag für einige Stunden und beteiligte sich während der Besuche aktiv an der Pflege, z. B. durch das Anreichen von Mahlzeiten. Nach dem Essen schob er seine Frau im Rollstuhl spazieren. A lebte ab Ende des Jahres 2022 mit einer Frau W in seinem Einfamilienhaus zusammen. Das Finanzamt vertritt die Auffassung, dass A mit Frau W eine neue Lebens- und Wirtschaftsgemeinschaft führen würde. Spätestens seit dem Einzug der Frau W in die Wohnung von A würde dieser von seiner Ehefrau B dauernd getrennt leben.

AUFGABE

Können A und B für das Jahr 2023 zusammen zur Einkommensteuer veranlagt werden?

LÖSUNG

Ehegatten können unter bestimmten Voraussetzungen zwischen der Einzelveranlagung gem. § 26a EStG und der Zusammenveranlagung gem. § 26b EStG wählen. Voraussetzung für die i. d. R. günstigere Zusammenveranlagung ist, dass die Eheleute im Veranlagungsjahr miteinander verheiratet sind, beide unbeschränkt einkommensteuerpflichtig sind und nicht das ganze Jahr über „dauernd getrennt" leben (§ 26 Abs. 1 Satz 1 EStG). Sind die Voraussetzungen des § 26 Abs. 1 Satz 1 EStG gegeben, werden die Ehegatten zusammen veranlagt, wenn sie in der Einkommensteuererklärung die Zusammenveranlagung wählen (§ 26 Abs. 2 Satz 2 und 3 EStG). Wird das Wahlrecht nicht ausgeübt, wird gem. § 26 Abs. 3 EStG eine Zusammenveranlagung durchgeführt.

Ehegatten leben dann nicht dauernd getrennt, wenn zwischen ihnen eine eheliche Lebensgemeinschaft (§ 1353 Abs. 1 Satz 2 BGB) besteht. Ein dauerndes Getrenntleben i. S. des § 26 Abs. 1 Satz 1 EStG ist nach ständiger Rechtsprechung des BFH gegeben, wenn die zum Wesen der Ehe gehörende Lebens- und Wirtschaftsgemeinschaft nach dem Gesamtbild der Verhältnisse nicht mehr besteht, wobei einer auf Dauer herbeigeführten räumlichen Trennung bei Abwägung der für und gegen die Annahme eines dauernden Getrenntlebens sprechenden Merkmale eine besondere Bedeutung zukommt. Ehegatten leben dauernd getrennt, wenn die zum Wesen der Ehe gehörende Lebens- und Wirtschaftsgemeinschaft nach dem Gesamtbild der Verhältnisse nicht mehr besteht (BFH, Urteile v. 13.12.1985 - VI R 190/82, BStBl 1986 II S. 486, und v. 28.4.2010 - III R 71/07, BFH/NV 2010 S. 2042, Rz. 10, UAAAD-52038).

Wenn die Eheleute oder Lebenspartner eine vorübergehende räumliche Trennung aus z. B. beruflichen Gründen oder aufgrund anderer äußerer Umstände vornehmen bzw. vornehmen müssen, so liegt i. d. R. kein dauerndes Getrenntleben vor. Ein Beispiel dafür ist ein vorübergehender Krankenhaus- oder sonstiger Aufenthalt in einer Heilanstalt. In diesen und ähnlichen Fällen ist die Beibehaltung der ehelichen Lebens- und Wirtschaftsgemeinschaft i. S. des § 26 Abs. 1 Satz 1 EStG zu bejahen.

Ob dies auch gilt, wenn – wie hier – einer der beiden Eheleute in einem Pflegeheim und der andere Ehegatte mit einer dritten Person in einer nichtehelichen Lebens- und Wirtschaftsgemeinschaft lebt, ist unklar. Das Niedersächsische FG hat jedenfalls entschieden, dass die Zusammenveranlagung mit einem in einem Pflegeheim lebenden Ehegatten bei Vorliegen einer krankheitsbedingt eingeschränkten Lebens- und Wirtschaftsgemeinschaft auch dann möglich ist, wenn der Steuerpflichtige mit einer neuen Lebensgefährtin zusammenlebt (Niedersächsisches FG, Urteil v. 23.6.2015 - 13 K 225/14, EFG 2015 S. 1945, rkr., GAAAF-06412, nach Rücknahme der Revision). Das Gericht ist der Auffassung, dass A und B vorliegend zwar getrennt voneinander leben, da die Ehefrau in einem Pflegeheim untergebracht ist, diese räumliche Trennung aber auf zwingenden äußeren Umständen beruhte. A hat die eheliche Lebensgemeinschaft in dem noch möglichen Rahmen aufrechterhalten.

Das Niedersächsische FG lehnt die Auffassung ab, dass eine neue Lebens- und Wirtschaftsgemeinschaft eine fortbestehende Lebensgemeinschaft mit einem in einem Pflegeheim lebenden Ehegatten ausschließe. Besteht die eheliche Lebens- und Wirtschaftsgemeinschaft zwischen den Ehegatten noch, kann eine zweite Lebens- und Wirtschaftsgemeinschaft zwischen einem Ehegatten und einer dritten Person die fortbestehende eheliche Lebens- und Wirtschaftsgemeinschaft nicht überlagern. Danach können A und B für das Jahr 2023 zusammen zur Einkommensteuer veranlagt werden.

Anmerkung: Ist – zumindest – nach der Geburt des gemeinsamen Kindes von einer mit der – die ehelichen Kinder betreuenden – Haushälterin bestehenden Lebens- und Wirtschaftsgemeinschaft auszugehen, scheidet eine Zusammenveranlagung mit der seit Jahren im Wachkoma liegenden vollstationär betreuten Ehefrau aus (so FG Köln, Urteil v. 16.6.2011 - 10 K 4736/07, EFG 2011 S. 1786, OAAAD-88796).

Kapitel 4: Nicht abzugsfähige Ausgaben (§ 12 EStG)

FALL 29

Kosten der Lebensführung

Sachverhalt: Bei der Außenprüfung des Rechtsanwalts und Fachanwalts für Steuerrecht A stellt der Außenprüfer fest, dass folgende Aufwendungen als Betriebsausgaben abgesetzt worden sind:

1. Aufwendungen für die Ablegung der Jägerprüfung. A begründet den Abzug damit, dass die Jägerprüfung seine Kenntnisse im Jagdrecht erweitert habe;
2. Bezugskosten für die „Frankfurter Allgemeine Zeitung" (FAZ). A erklärt hierzu, dass diese überregionale Zeitung in den Praxisräumen verbleibe, wo sie auch vom Personal und gelegentlich von Mandanten gelesen werde. Zu Hause halte er sich eine regionale Tageszeitung;
3. Bezugskosten der Wirtschaftszeitung „Handelsblatt". A gibt hierzu an, dass seine Tätigkeit auch die steuerliche und wirtschaftliche Beratung von Mandanten umfasse;
4. Kosten für die Bewirtung von Anwaltskollegen und deren Ehefrauen in seinem Hause anlässlich seines Geburtstags. A macht hierzu geltend, dass die Bewirtung ausschließlich durch betriebliche Gründe veranlasst sei. Ein privater Anlass, die Berufskollegen zu bewirten, habe nicht bestanden;
5. Kosten für die Anschaffung von drei dunklen Anzügen. A behauptet, er trage die Anzüge ausschließlich bei beruflichen Anlässen. Im Übrigen unterliege seine Kleidung – bedingt durch die Art der Tätigkeit – einer erhöhten Abnutzung;
6. Mitgliedsbeiträge für den Tennisklub. A weist dem Betriebsprüfer nach, dass durch die Mitgliedschaft im Tennisklub seine beruflichen Interessen gefördert werden.

AUFGABE

Sind die genannten Aufwendungen als Betriebsausgaben abzugsfähig?

LÖSUNG

§ 12 Nr. 1 Satz 2 EStG enthält ein Abzugsverbot. Danach dürfen Aufwendungen für die Lebensführung, die die wirtschaftliche oder gesellschaftliche Stellung des Steuerpflichtigen mit sich bringt, auch dann nicht abgezogen werden, wenn sie zur Förderung des Berufs oder der Tätigkeit des Steuerpflichtigen erfolgen.

Dieses Verbot des Abzugs gemischter Aufwendungen ist durch die Rechtsprechung für zwei Fälle eingeschränkt worden (vgl. BFH, Urteil v. 14.4.1988 - IV R 205/85, BStBl 1988 II S. 771). Gemischte Aufwendungen sind zum einen dann in vollem Umfang als Betriebsausgaben abziehbar, wenn der private Anlass unbedeutend ist und nicht ins Gewicht fällt. Zum anderen soll eine Aufteilung der gemischten Aufwendungen möglich sein, wenn zwar der private Anlass nicht unbedeutend ist, die Aufteilung sich aber leicht und einwandfrei nach einem objektiv nachprüfbaren Maßstab durchführen lässt.

Der Große Senat des BFH hat mit Beschluss v. 21.9.2009 (GrS 1/06, BStBl 2010 II S. 672) seine jahrzehntelange Rechtsprechung über das angeblich aus § 12 Nr. 1 Satz 2 EStG herzuleitende allgemeine Aufteilungs- und Abzugsverbot aufgegeben. Die Finanzverwaltung hat sich zur Anwendung der neuen Rechtsprechung in einem Schreiben (BMF, Schreiben v. 6.7.2010, BStBl 2010 I S. 614) geäußert. Gemischte Aufwendungen eines Steuerpflichtigen können danach grds. in als Betriebsausgaben oder Werbungskosten abziehbare sowie in privat veranlasste und damit nicht abziehbare Teile aufgeteilt werden, soweit nicht gesetzlich etwas anderes geregelt ist oder es sich um Aufwandspositionen handelt, die durch das steuerliche Existenzminimum abgegolten oder als Sonderausgaben oder als außergewöhnliche Belastungen abziehbar sind.

Wendet man diese Auslegungsgrundsätze hier an, so ergibt sich Folgendes:

Zu 1

Aufwendungen im Zusammenhang mit dem Erwerb von Kenntnissen und Fähigkeiten können nur dann zu Betriebsausgaben führen, wenn sie dazu dienen, eine Erwerbsgrundlage zu schaffen bzw. zu erhalten. Dienen Aufwendungen nicht dazu, später Erwerbseinnahmen zu erzielen, wird vielmehr – wie vorliegend – primär ein privater Zweck, bspw. die Ausübung eines Hobbys, damit verfolgt, so kommt ein Abzug nicht in Betracht. Vorliegend ist davon auszugehen, dass A mit der Ablegung der Jägerprüfung nicht auf die Schaffung einer stetigen Erwerbsquelle, sondern auf die Befriedigung privater Interessen abgezielt hat. Bei den Kosten der Jägerprüfung handelt es sich nicht um Betriebsausgaben, sondern um nicht abziehbare Aufwendungen für die Lebensführung (BFH, Beschluss v. 10.1.2012 - VI B 92/11, BFH/NV 2012 S. 783, ZAAAE-03552; FG Münster, Urteil v. 20.12.2018 - 5 K 2031/18 E, EFG 2019 S. 338, AAAAH-07727). Dienen Aufwendungen – wie hier – nicht dazu, später Erwerbseinnahmen zu erzielen, sondern wird vielmehr ein privater Zweck – beispielsweise die Ausübung eines Hobbys – damit verfolgt, kommt ein Betriebsausgaben- oder Werbungskostenabzug nicht in Betracht.

Zu 2

Die Haltung einer großen Tageszeitung wie der FAZ, die einen politischen, wirtschaftlichen und kulturellen Teil enthält, gehört schon aufgrund ihres gemischten Inhalts zur Lebenshaltung gem. § 12 Nr. 1 Satz 2 EStG; ihre Kosten können daher keine Betriebsausgaben sein (BFH, Urteile v. 30.6.1983 - IV R 2/81, BStBl 1983 II S. 715, und v. 27.4.1990 - VI R 35/86, BFH/NV 1990 S. 701, QAAAA-97188; FG Düsseldorf, Urteil v. 2.2.2021 - 10 K 3253/17 E, EFG 2021 S. 743, Rz. 37, XAAAH-73818; BMF, Schreiben v. 6.7.2010, BStBl 2010 I S. 614, Rz. 4).

Zu 3

Das „Handelsblatt" soll nach der Rechtsprechung inhaltlich mit einer typischen Tageszeitung nicht vergleichbar sein, da es sich ganz überwiegend mit Wirtschaftsfragen befasst. Der BFH hat diese Zeitung grds. eher wie eine Fachzeitschrift beurteilt und die Bezugskosten zum Betriebsausgabenabzug zugelassen (BFH, Urteil v. 12.11.1982 - VI R 193/79, DB 1983 S. 372). Die neuere Rechtsprechung des FG geht jedoch von der zutreffenden Auffassung aus, dass das „Handelsblatt" aufgrund seines Inhalts nicht als Fachzeitschrift, sondern als allgemeine Tageszeitung zu behandeln ist (so z. B. FG Berlin-Brandenburg, Urteil v. 29.4.2008 - 6 K 1567/04, DStRE

2008 S. 1371, KAAAC-85108). Konsequenz: Die Bezugskosten sind gem. § 12 Nr. 1 Satz 2 EStG nicht als Betriebsausgaben abzugsfähig (BMF, Schreiben v. 6.7.2010, BStBl 2010 I S. 614, Rz. 4).

Zu 4

Die Aufwendungen für die Bewirtung der Berufskollegen anlässlich des Geburtstags sind keine Betriebsausgaben, unabhängig davon, ob der unmittelbare Anlass für die Aufwendungen in der beruflichen oder der privaten Sphäre liegt (BFH, Urteil v. 12.12.1991 - IV R 58/88, BStBl 1992 II S. 524; BFH, Beschluss v. 29.3.1999 - V B 25/98, BFH/NV 1999 S. 1254, OAAAA-63506; BMF, Schreiben v. 6.7.2010, BStBl 2010 I S. 614, Rz. 5: Geburtstagsfeier ist ein bedeutendes Indiz für die Annahme nicht abziehbarer Repräsentationsaufwendungen).

HINWEIS

Der BFH hat in seiner jüngeren Rechtsprechung die Auffassung vertreten, dass die Aufwendungen eines Steuerpflichtigen für eine Feier anlässlich eines runden Geburtstags und der Bestellung zum Steuerberater teilweise als Werbungskosten bei den Einkünften aus nichtselbständiger Arbeit abziehbar sein können (BFH, Urteil v. 8.7.2015 - VI R 46/14, BStBl 2015 II S. 1013). Im Anschluss daran hat der BFH entschieden, dass die Aufwendungen für eine Feier anlässlich eines Geburtstags i. d. R. auch durch die gesellschaftliche Stellung des Arbeitnehmers veranlasst und im Allgemeinen nicht als Werbungskosten anzuerkennen sind. Trotz des aus den übrigen Umständen des einzelnen Falls herausgehobenen persönlichen Ereignisses kann es sich allerdings nach der Auffassung des BFH ergeben, dass die Kosten für eine solche Feier ausnahmsweise ganz oder teilweise beruflich veranlasst sind (BFH, Urteil v. 10.11.2016 - VI R 7/16, BStBl 2017 II S. 409). Dies ist insbesondere möglich, wenn die Feier nicht in erster Linie der Ehrung des Jubilars und damit nicht der repräsentativen Erfüllung gesellschaftlicher Konventionen, sondern dem kollegialen Miteinander und der Pflege des Betriebsklimas dient und der Jubilar mit seiner Einladung der Belegschaft (den Kolleginnen und Kollegen) Dank und Anerkennung zollt oder gefestigten betrieblichen Gepflogenheiten Rechnung trägt. Die Abzugsbeschränkung gem. § 9 Abs. 5 i.V. mit § 4 Abs. 5 Satz 1 Nr. 2 Satz 1 EStG kommt nicht zur Anwendung, wenn ein Arbeitnehmer allein aus beruflichem Anlass Aufwendungen für die Bewirtung von Arbeitskollegen trägt.

Zu 5

Aufwendungen für Bekleidung sind i. d. R. typische unter § 12 Nr. 1 EStG zu subsumierende Lebensführungskosten. Das gilt auch dann, wenn die Kleidung nahezu ausschließlich im Beruf getragen wird. Eine Ausnahme gilt lediglich für die sog. „typische Berufskleidung“, deren Kosten vollumfänglich abziehbar sind. Da es sich bei den Anzügen um keine ihrer Beschaffenheit nach objektiv nahezu ausschließlich für die berufliche Verwendung bestimmte Berufskleidung, sondern um sog. „bürgerliche Kleidung“ handelt, deren Kosten vollumfänglich nicht abziehbar sind, ist somit auch ein Betriebsausgabenabzug ausgeschlossen (BFH, Urteil v. 18.4.1991 - IV R 13/90, BStBl 1991 II S. 751; BFH, Beschluss v. 16.8.1994 - I B 5/94, BFH/NV 1995 S. 207, JAAAB-34566; BMF, Schreiben v. 6.7.2010, BStBl 2010 I S. 614, Rz. 4). Auch Aufwendungen für die bürgerliche Kleidung eines selbständig tätigen Trauerredners sind nicht als Betriebsausgaben abzugsfähig, da es sich nicht um typische Berufskleidung handelt (BFH, Urteil v. 16.3.2022 - VIII R 33/18, BStBl 2022 II S. 614). Vorsteuerbeträge aus den Eingangsrechnungen die Anschaffung, Änderung, Reparatur und Reinigung von Kleidung betreffend sind dann ebenfalls nicht abziehbar (BFH, Urteil v. 24.8.2022 - XI R 3/22, BStBl 2023 II S. 936).

Zu 6

Beiträge an Sportvereine unterliegen regelmäßig dem Aufteilungs- und Abzugsverbot des § 12 Nr. 1 Satz 2 EStG. Die Vermutung der privaten Mitveranlassung kann auch nicht durch den Nachweis widerlegt werden, dass die Mitgliedschaft die beruflichen Interessen fördert. A kann daher den Mitgliedsbeitrag an den Tennisklub nicht als Betriebsausgaben abziehen (FG München, Urteil v. 9.4.1997 - 1 K 1742/97, EFG 1997 S. 1105; FG Hamburg, Urteil v. 6.12.2001 - VI 155/99, EFG 2002 S. 708, SAAAB-08053, für Golfclubbeiträge).

FALL 30

Studienreise ins Ausland

Sachverhalt: Gesellschafter der X-OHG, die einen Großhandel mit Tabakwaren betreibt, sind die Eheleute A und B. Im Jahr 01 nahmen die Gesellschafter an einer Reise nach Brasilien teil. Die Reiseteilnehmer waren ausschließlich Tabakwarenhändler. Organisiert wurde die Reise von einer Zigarrenfabrik. Die X-OHG ist deren Kundin.

Das Reiseprogramm sah einige Fachbesichtigungen (Fabrikation etc.) vor, die von ihrem zeitlichen Umfang nachweislich rund 20 % der gesamten Besichtigungen ausmachten. Die Reise war im Übrigen durch Stadtrundfahrten, Ausflüge, Flussschifffahrten, Strandbesuche, Folkloreveranstaltungen und andere touristische Attraktionen geprägt.

Die Aufwendungen für die Hin- und Rückreise der beiden Gesellschafter betrugen insgesamt 4.000 € und wurden von der X-OHG als Betriebsausgaben geltend gemacht.

AUFGABE

Sind die von der X-OHG getragenen Reisekosten der Gesellschafter – ggf. in welcher Höhe – als Betriebsausgaben abzugsfähig?

LÖSUNG

Bei der Brasilienreise der Eheleute A und B handelt es sich um eine sog. „Studienreise“. Die Frage der betrieblichen Veranlassung von Studienreisen muss nach objektiven Kriterien, also nach Zweck und Gestaltung der Reise, geprüft werden. Studienreisen, mit denen auch ein allgemeintouristisches Interesse befriedigt wird, sind nach ständiger Rechtsprechung nicht als betrieblich veranlasst anzusehen, soweit sich nicht ein durch den Betrieb veranlasster Teil nach objektiven Maßstäben sicher und leicht abgrenzen lässt (BFH, Beschluss v. 27.11.1978 - GrS 8/77, BStBl 1979 II S. 213; BFH, Urteile v. 20.4.1989 - IV R 106/87, BStBl 1989 II S. 641, und v. 6.4.2005 - I R 86/04, BStBl 2005 II S. 666).

In einer neueren Entscheidung vertritt der GrS des BFH jedoch die Ansicht, dass die Aufwendungen für die Hin- und Rückreise einer teils beruflich und teils privat veranlassten Reise in abziehbare Werbungskosten oder Betriebsausgaben und in nicht abziehbare private Kosten nach der

Maßgabe der beruflichen und privaten Zeitanteile der Reise aufgeteilt werden können. Voraussetzung ist, dass die beruflich veranlassten Zeitanteile feststehen und nicht von untergeordneter Bedeutung sind (BFH, Beschluss v. 21.9.2009 - GrS 1/06, BStBl 2010 II S. 672). Der BFH weist darauf hin, dass „§ 12 Nr. 1 Satz 2 EStG kein allgemeines Aufteilungs- und Abzugsverbot normiert" (Rechtsprechungsänderung). Fehlen objektivierbare Kriterien für eine Trennung der beruflichen und privaten Veranlassungsbeiträge, dann scheidet – wie nach bisheriger Rechtsprechung – ein Abzug der Aufwendungen insgesamt aus.

Wendet man die neuen Grundsätze hier an, sind die Reisekosten i. H. von 20 % von 4.000 € = 800 € Betriebsausgaben und i. H. des Restbetrags von 3.200 € nicht abziehbare Kosten der Lebenshaltung (§ 12 Nr. 1 EStG).

FALL 31

Ermittlung des Kfz-Privatnutzungsanteils bei Führung eines Fahrtenbuchs

Sachverhalt: A bezieht als Handelsvertreter gewerbliche Einkünfte. Zu seinem Betriebsvermögen gehört ein Pkw der Marke „Mercedes-Benz" (Benziner), der Anfang des Jahres 2023 angeschafft worden ist. Die Anschaffungskosten des Pkws betragen 36.000 €. A führt ein ordnungsgemäßes Fahrtenbuch: Danach benutzte er den Pkw zu 90 % für betriebliche und zu 10 % für private Zwecke. Die Kfz-Kosten des Wirtschaftsjahres 2023 betrugen:

Laufende Kfz-Kosten	5.800 €
Kfz-Steuer	+ 250 €
Kfz-Versicherung	+ 750 €
Lineare AfA gem. § 7 Abs. 1 EStG: 36.000 € / 6 =	+ 6.000 €
Sonderabschreibung gem. § 7g Abs. 5 EStG: 20 % von 36.000 € =	+ 7.200 €
	20.000 €

AUFGABE

In welcher Höhe ist der Kfz-Privatnutzungsanteil für das Jahr 2023 anzusetzen?

LÖSUNG

Kfz-Kosten für einen zum Betriebsvermögen gehörenden Pkw, der sowohl für betriebliche als auch private Zwecke genutzt wird, können im Verhältnis der betrieblichen zur privaten Nutzung aufgeteilt werden, wenn der Steuerpflichtige die für das Kraftfahrzeug insgesamt entstehenden Aufwendungen durch Belege und das Verhältnis der privaten zu den übrigen Fahrten durch ein ordnungsgemäßes Fahrtenbuch nachweist (§ 6 Abs. 1 Nr. 4 Satz 4 EStG). In die Aufteilung sind sowohl die laufenden Kosten (Benzin, Öl und Reparaturen) als auch die sog. „festen Kosten" (Steuer, Versicherung und AfA) mit einzubeziehen. Sonderabschreibungen bleiben jedoch für die Ermittlung des Privatanteils außer Betracht (BFH, Urteile v. 12.5.1955 - IV 19/55 U, BStBl 1955 III S. 205, und v. 25.3.1988 - III R 96/85, BStBl 1988 II S. 655; BMF, Schreiben v. 18.11.2009,

BStBl 2009 I S. 1326, Rz. 32). Der Privatanteil ist also nur auf der Grundlage der Normalabschreibung gem. § 7 EStG zu ermitteln, d. h., der privatanteilige AfA-Betrag ist so zu berechnen, als ob die Sonderabschreibung nicht vorgenommen worden wäre.

Die privatanteiligen Kfz-Kosten des Wirtschaftsjahres 2023 errechnen sich demnach wie folgt:

Kfz-Kosten insgesamt	20.000 €
- Sonderabschreibung gem. § 7g Abs. 5 EStG	7.200 €
= maßgebliche Kfz-Kosten	12.800 €
hiervon 10 %	1.280 €

HINWEIS

Durch das Wachstumschancengesetz v. 27.3.2024 (BGBl 2024 I Nr. 108) wurde die Sonderabschreibung gem. § 7g Abs. 5 EStG für nach dem 31.12.2023 angeschaffte oder hergestellte Wirtschaftsgüter von 20 % auf 40 % erhöht.

FALL 32

Ermittlung des Kfz-Privatnutzungsanteils nach der 1 %-Regelung

Sachverhalt: Zum notwendigen Betriebsvermögen des vorsteuerabzugsberechtigten Handwerksmeisters A gehört ein im Januar 2023 angeschaffter Pkw (Benziner) mit Anschaffungskosten i. H. von 48.000 €. Der Listenpreis des Pkws betrug zum Zeitpunkt der Erstzulassung (Januar 2023) 50.000 €. A sind im Jahr 2023 folgende Kfz-Kosten entstanden:

Laufende Kfz-Kosten	4.800 €
Kfz-Steuer	+ 250 €
Kfz-Versicherung	+ 550 €
Lineare AfA gem. § 7 Abs. 1 EStG: 48.000 € / 6 =	+ 8.000 €
	13.600 €

Handwerksmeister A hat für das Jahr 2023 kein Fahrtenbuch geführt.

AUFGABE

Wie hoch ist der für das Jahr 2023 anzusetzende Kfz-Privatnutzungsanteil?

LÖSUNG

Da Handwerksmeister A kein Fahrtenbuch geführt hat, muss der Kfz-Privatnutzungsanteil nach der sog. „1 %-Regelung" ermittelt werden (§ 6 Abs. 1 Nr. 4 Satz 2 EStG). Danach ist der Kfz-Privatnutzungsanteil für jeden Kalendermonat mit 1 % des inländischen Listenpreises zum Zeitpunkt der Erstzulassung zzgl. der Kosten für die Sonderausstattung einschließlich der Umsatzsteuer anzusetzen. Der Listenpreis ist auf volle 100 € abzurunden (BMF, Schreiben v. 18.11.2009, BStBl 2009 I S. 1326, Rz. 10). Es ist wie folgt zu rechnen:

Kfz-Privatnutzungsanteil 2023: 1 % von 50.000 € = 500 €; 500 € x 12 = 6.000 €.

FALL 33

Ermittlung des Kfz-Privatnutzungsanteils nach der 1 %-Regelung und Fahrten zwischen Wohnung und Betriebsstätte

Sachverhalt: Zum Betriebsvermögen des Handelsvertreters A gehörte ein Pkw (Benziner), den A sowohl für betriebliche als auch private Fahrten nutzt. A fuhr mit diesem Betriebs-Pkw (Listenpreis: 60.000 €) im Jahr 2023 an 115 Tagen von seiner Wohnung in das 20 km entfernte Büro 1 und an 115 Tagen in das 10 km entfernte Büro 2. Ein Fahrtenbuch führte A nicht.

AUFGABEN

1. Kann A den Privatanteil nach der 1 %-Regelung ermitteln?
2. Wie hoch sind die Aufwendungen, die A für seine Fahrten zwischen Wohnung und Betrieb im Jahr 2023 als Betriebsausgaben absetzen darf?

LÖSUNG

Zu 1

Der Pkw-Privatanteil kann nur nach der Pauschalregelung mit monatlich 1 % des Bruttolistenpreises einschließlich der Sonderausstattung ermittelt werden, wenn der Pkw zu mehr als 50 % betrieblich oder beruflich genutzt wird (§ 6 Abs. 1 Nr. 4 Satz 2 EStG), also zum notwendigen Betriebsvermögen gehört. Damit fallen Pkw des sog. „gewillkürten Betriebsvermögens" (betriebliche Nutzung mindestens 10–50 %) aus dem Anwendungsbereich der 1 %-Regelung heraus. Der Nachweis der überwiegend betrieblichen oder beruflichen Nutzung muss nicht über ein ordnungsgemäßes Fahrtenbuch geführt werden (BMF, Schreiben v. 7.7.2006, BStBl 2006 I S. 446). Es genügen u. U. formlose Aufzeichnungen über die betrieblichen Fahrten für einen zusammenhängenden repräsentativen Zeitraum i. H. von drei Monaten.

Für Berufsgruppen mit typischer Reisetätigkeit, z. B. Taxiunternehmer, Handelsvertreter, Handwerker der Bau- und Baunebengewerbe sowie Landtierärzte, kann nach Meinung des BMF auf einen besonderen Nachweis verzichtet werden, wenn nach Art und Umfang der Tätigkeit eine Überschreitung der 50 %-Grenze offenkundig ist.

Selbständige Handelsvertreter mit hoher Fahrtätigkeit fallen also unter den Personenkreis, der von der lästigen Glaubhaftmachung i. d. R. befreit ist. A kann daher seinen Pkw-Privatnutzungsanteil für das Jahr 2023 nach der 1 %-Regelung ermitteln: Privatanteil 12 % von 60.000 € = 7.200 €.

Zu 2

Da ein Unternehmer bei den Fahrten zwischen Wohnung und Arbeitsstätte nicht bessergestellt werden soll als ein Arbeitnehmer, darf er für seine Fahrten zwischen Wohnung und Betrieb nur die steuerlich abziehbare Entfernungspauschale des § 9 Abs. 1 Satz 3 Nr. 4 EStG als Betriebsausgabe geltend machen (§ 4 Abs. 5 Satz 1 Nr. 6 EStG). Bei der 1 %-Methode macht der Steuerpflichtige i. d. R. keine Aufzeichnungen über gefahrene Kilometer, deshalb sind die tatsächlichen Kosten, die auf die Fahrten zwischen Wohnung und Betrieb entfallen, nicht bekannt. Der Fiskus schätzt daher die monatlichen Kosten, indem er 0,03 % des Listenpreises mit den Entfernungskilometern multipliziert.

Bei der Nutzung eines Pkws sind die nicht als Betriebsausgaben abziehbaren Aufwendungen für die Fahrten zwischen Wohnung und Betriebsstätte mit 0,03 % des inländischen Listenpreises des Pkws zum Zeitpunkt der Erstzulassung je Kalendermonat für jeden Entfernungskilometer zu ermitteln (§ 4 Abs. 5 Satz 1 Nr. 6 EStG). Ab dem ersten Entfernungskilometer wird gem. § 9 Abs. 1 Satz 3 Nr. 4 Satz 2 und 8 EStG für jeden Arbeitstag eine Entfernungspauschale i. H. von 0,30 € für jeden vollen Entfernungskilometer abgezogen. Zur Ermittlung des Gewinnzuschlags für das Jahr 2023 ist wie folgt zu rechnen:

Geschätzte tatsächliche Kosten (Jahreswert):	
Listenpreis x 0,03 % x Entfernungskilometer =	
► 60.000 € x 0,03 % x 20 km x 6 Monate =	2.160 €
► 60.000 € x 0,03 % x 10 km x 6 Monate =	+ 1.080 €
	3.240 €
Wie Betriebsausgaben abziehbar:	
► 0,30 € x 20 km x 115 Tage =	- 690 €
► 0,30 € x 10 km x 115 Tage =	- 345 €
Dem Gewinn hinzuzurechnen	2.205 €

FALL 34

Kostendeckelung

Sachverhalt: Zum notwendigen Betriebsvermögen des Rechtsanwalts A gehört ein vor sechs Jahren angeschaffter und bereits abgeschriebener Pkw (Benziner) mit einem Listenpreis i. H. von 50.000 €, den A auch privat nutzt. Da A in dem Gebäude, in dem er seine Praxis betreibt, auch wohnt, fallen keine Fahrten zwischen der Wohnung und dem Betrieb an. Die nachgewiesenen tatsächlichen Gesamtkosten für das Fahrzeug belaufen sich im Jahr 2023 auf 5.000 €. A führt kein Fahrtenbuch.

AUFGABE

Gibt es eine Obergrenze für den Privatanteil?

LÖSUNG

Die 1 %-Methode ist ein pauschales Verfahren. Deshalb ist es im Einzelfall möglich, dass der pauschal ermittelte Nutzungswert für die private Nutzung des Betriebs-Pkws höher ist als die tatsächlichen Gesamtkosten des Pkws. Mit diesem Ergebnis muss man vor allem rechnen, wenn es sich um einen bereits abgeschriebenen Pkw mit einem hohen Listenpreis handelt. In diesem Fall kommt es zur Anwendung der sog. „Kostendeckelung" der Finanzverwaltung, die eine Höchstgrenze für den Privatanteil festlegt (BMF, Schreiben v. 18.11.2009, BStBl 2009 I S. 1326, Rz. 18 ff.).

Die Kostendeckelung sieht vor, dass zur Vermeidung bzw. Verminderung einer Überbesteuerung aus Billigkeitsgründen der private Nutzungsanteil höchstens mit dem Betrag der Gesamtkosten des Kraftfahrzeugs anzusetzen ist. Der Privatanteil wird dann auf die tatsächlich angefallenen Gesamtkosten begrenzt. Der Steuerpflichtige hat einen Rechtsanspruch auf die Anwendung der Deckelungsregelung (BFH, Urteil v. 14.3.2007 - XI R 59/04, BFH/NV 2007 S. 1838, DAAAC-52560).

Die Kostendeckelung führt dazu, dass evtl. 100 % der durch den Betriebs-Pkw verursachten Kosten als privater Nutzungsanteil behandelt werden. Im Ergebnis werden also überhaupt keine Kfz-Kosten als Betriebsausgaben berücksichtigt.

Vorliegend ist für die Besteuerung der privaten Nutzung zwingend die 1 %-Methode anzuwenden. A müsste danach eigentlich einen Privatanteil i. H. von 6.000 € (= 12 % von 50.000 €) versteuern. Wenn er die Kostendeckelung geltend macht, versteuert er „nur" einen Betrag i. H. von 5.000 € (tatsächliche Kosten als Höchstgrenze für den Privatanteil).

HINWEIS

Zum Teil wird in der Literatur die Kostendeckelung mit einem Privatanteil i. H. von faktisch 100 % als nicht akzeptabel und als Verstoß gegen das Verbot der Übermaßbesteuerung angesehen (Urban, FR 2010 S. 510). Bei einem zum notwendigen Betriebsvermögen gehörenden Pkw wird bei der Anwendung der 1 %-Methode eine Kostendeckelung auf 50 % (anstatt 100 %) für angebracht gehalten. Denn höher als 50 % kann die private Nutzung bei einem zum notwendigen Betriebsvermögen gehörenden Pkw ja nicht sein, sonst wäre der Pkw kein notwendiges Betriebsvermögen. Der BFH hat demgegenüber entschieden, dass es verfassungsrechtlich nicht geboten ist, die nach der 1 %-Regelung ermittelte Nutzungsentnahme auf 50 % der Gesamtaufwendungen für das Kfz zu begrenzen, auch wenn die Anwendung der 1 %-Regelung voraussetzt, dass das Kfz zu mehr als 50 % betrieblich genutzt wird (BFH, Urteil v. 15.5.2018 - X R 28/15, BStBl 2018 II S. 712).

Kritik im Schrifttum: Mit Recht wird diese Rechtsauffassung im Fachschrifttum kritisiert und abgelehnt. Die Begründung des X. Senats wird für angreifbar und verfassungswidrig gehalten (Knaus/Reisch, DStRE 2019 S. 1222 in einer Anmerkung). Wenn ein Kfz zu mehr als 50 % betrieblich genutzt wird (Voraussetzung für die Anwendung der 1 %-Regelung), betrage denklogisch der maximal mögliche private Nutzungsvorteil 50 % des gesamten Kfz-Aufwands abzgl. 1 Cent.

Verfassungsbeschwerde anhängig: Gegen das Urteil ist Verfassungsbeschwerde erhoben worden, die aber leider nicht zur Entscheidung angenommen worden ist (BVerfG, Beschluss v. 21.3.2023 - 2 BvR 2129/18, SAAAH-03969).

FALL 34A

Kostendeckelung bei Leasing-Sonderzahlung und EÜR

Sachverhalt: A ist als Steuerberater freiberuflich tätig. Anfang des Jahres 2022 leaste er für den Leasingzeitraum 1.1.2022–31.12.2024 im Rahmen seines freiberuflichen Einzelunternehmens einen Pkw mit einem Bruttolistenpreis i. H. von 60.000 € mit einer Vertragslaufzeit i. H. von 36 Monaten. Neben einer im Jahr 2022 geleisteten Leasing-Sonderzahlung i. H. von 13.500 € netto zzgl. Umsatzsteuer sind monatliche Leasingraten i. H. von 250 € zzgl. Umsatzsteuer zu erbringen.

A machte in seiner EÜR gem. § 4 Abs. 3 EStG für das Jahr 2022 Pkw-Kosten i. H. von 21.500 € als Betriebsausgaben geltend, in denen Leasingkosten i. H. von 16.500 € (= Leasingraten 3.000 € netto + Leasing-Sonderzahlung 13.500 €) enthalten waren. Das Finanzamt hat den Kfz-Privatnutzungsanteil für das Jahr 2022 mit 7.200 € (= 12 % von 60.000 €) angesetzt. Ein Fahrtenbuch führt A für den Pkw nicht.

In seiner EÜR 2023 hat A Kfz-Kosten i. H. von 5.000 € (= Leasing-Raten 3.000 €, Kfz-Versicherung und -Steuer 600 € sowie laufende Pkw-Betriebskosten 1.400 €) als Betriebsausgaben geltend gemacht. Den Pkw-Privatnutzungsanteil setzt er im Wege der sog. „Kostendeckelung" mit den im Jahr 2023 verausgabten Pkw-Kosten i. H. von 5.000 € an. Das Finanzamt erhöht im Rahmen der Veranlagung 2023 den Kfz-Privatnutzungsanteil auf 7.200 € (= 12 % von 60.000 €). **Begründung:** Bei der Berechnung, ob der Ansatz der Entnahme nach der 1 %-Methode die tatsächlichen Aufwendungen der Kfz-Nutzung übersteige, sei eine fiktive Verteilung der im Jahr 2022 geleisteten Leasing-Sonderzahlung i. H. von 13.500 € mit je 4.500 € jährlich auf den gesamten Leasingzeitraum vorzunehmen. Die maßgeblichen Gesamtaufwendungen für den Pkw würden sich im Jahr 2023 auf 9.500 € (= bezahlte Pkw-Kosten 5.000 € + fiktive auf das Jahr 2023 entfallende Leasingrate i. H. von 4.500 €) belaufen.

AUFGABE

Ist der Kfz-Privatnutzungsanteil 2023 mit 5.000 € oder 7.200 € anzusetzen?

LÖSUNG

Für die private Nutzung eines betrieblichen Kraftfahrzeugs, das zu mehr als 50 % betrieblich genutzt wird, erfolgt die Entnahmebesteuerung des privaten Kfz-Nutzungsanteils nach der sog. „Listenpreisregelung" des § 6 Abs. 1 Nr. 4 Satz 2 EStG, wenn kein ordnungsgemäßes Fahrtenbuch geführt wird. § 6 Abs. 1 Nr. 4 Satz 2 EStG ist eine spezialgesetzliche Bewertungsregel, die gem. § 6 Abs. 7 Nr. 2 EStG auch bei der EÜR anzuwenden ist.

Für die Sachbezugsbewertung für die private Autonutzung eines Arbeitnehmers nach der Fahrtenbuchmethode sind nach der Rechtsprechung des BFH Leasing-Sonderzahlungen des Arbeitgebers jedenfalls dann periodengerecht zu verteilen, wenn der bilanzierende Arbeitgeber bei seiner Gewinnermittlung den Aufwand durch einen aktiven Rechnungsabgrenzungsposten verteilen muss (BFH, Urteil v. 3.9.2015 - VI R 27/14, BStBl 2016 II S. 174).

Für die Anwendung der Kostendeckelungsregelung sind nach Auffassung der Finanzverwaltung auch bei der Gewinnermittlung gem. § 4 Abs. 3 EStG alle Gesamtkosten eines Kfz für einen Nutzungszeitraum zu ermitteln. Aufwendungen, die für mehrere Jahre im Voraus geleistet wurden, sind dabei zu berücksichtigen, indem sie periodengerecht auf die jeweiligen Nutzungszeiträume verteilt werden. Hierzu soll auch die für mehrere Jahre im Voraus geleistete Leasing-Sonderzahlung gehören. Dem Steuersparmodell, durch eine hohe einmalige Zahlung im Erstjahr den Privatentnahmewert der Folgejahre zu senken, werde so entgegengewirkt (FinBeh Hamburg, Fachinformation v. 8.11.2018, DStR 2019 S. 1407 nach Abstimmung auf Bund-Länder-Ebene).

Nach Ansicht des FG Rheinland-Pfalz ist es nicht zu beanstanden, wenn das Finanzamt mangels Fahrtenbuchs den Entnahmewert für die private Nutzung eines betrieblichen Pkws nach der sog. „1 %-Methode" ermittelt und dabei keine Begrenzung auf die mit dem Pkw zusammenhängenden, tatsächlich im Veranlagungszeitraum abgeflossenen Betriebsausgaben vornimmt. Eine im Vorjahr geleistete Leasing-Sonderzahlung ist auch bei der EÜR zeitanteilig in die Gesamtkosten einzubeziehen (FG Rheinland-Pfalz, Urteil v. 10.12.2019 - 3 K 1681/19, EFG 2020 S. 519, AAAAH-43380). Der BFH hat dies im Revisionsverfahren nicht beanstandet (BFH, Urteil v. 17.5.2022 - VIII R 11/20, BFH/NV 2022 S. 1047, HAAAJ-20206). Dies hat zur Folge, dass sich hier für das Jahr 2023 für Zwecke der Kostendeckelung ein zusätzlicher gedachter Aufwand i. H. von 4.500 € (= 1/3 von 13.500 €) ergibt, so dass der Kfz-Privatnutzungsanteil auch für dieses Jahr mit 7.200 € anzusetzen ist. Dieser Betrag ist nicht höher als die Gesamtkosten einschließlich der verteilten Leasing-Sonderzahlung i. H. von 9.500 € (= bezahlte Pkw-Kosten 5.000 € + fiktive auf das Jahr 2023 entfallende Leasingrate i. H. von 4.500 €). Eine Kostendeckelung auf 5.000 € kommt nach diesem Urteil für das Jahr 2023 nicht in Betracht.

FALL 35

Unfallkosten bei Anwendung der 1 %-Regelung

Sachverhalt: A ist gewerblicher Einzelunternehmer. Zu seinem notwendigen Betriebsvermögen gehörte im Jahr 2023 ein Anfang des Jahres 2020 angeschaffter Pkw. Diesen Pkw nutzte A im Oktober 2023 auf einer Privatfahrt. Dabei wurde der Pkw durch einen Unfall erheblich beschädigt. Die Reparaturkosten belaufen sich auf 15.000 € netto zzgl. 19 % abzugsfähige Umsatzsteuer. Eine Vollkaskoversicherung hat A nicht abgeschlossen. Der Bruttolistenpreis des Pkws zum Zeitpunkt der Erstzulassung betrug 60.000 €.

Der für das Jahr 2023 nach der 1 %-Regelung anzusetzende Kfz-Privatnutzungsanteil beträgt 12 % von 60.000 € = 7.200 €.

AUFGABE

Wie sind die Unfallkosten einkommensteuerlich zu behandeln?

LÖSUNG

Ermittelt der Unternehmer den privaten Kfz-Nutzungsanteil gem. der 1 %-Regelung, ist nicht eindeutig, ob durch den pauschalen Nutzungswert auch privat verursachte Kfz-Kosten, z. B. Unfallkosten im Zusammenhang mit einer Privatfahrt oder einem durch private Gründe verursachten Unfall, abgegolten sind. Solche Unfallkosten sind nach der bis zum Jahr 1995 geltenden Rechtslage neben dem „normalen" Kfz-Privatnutzungsanteil als Kosten der Lebensführung zu behandeln (BFH, Urteil v. 24.5.1989 - I R 213/85, BStBl 1990 II S. 8). Zum Teil wird die Meinung vertreten, dass durch die Anwendung der 1 %-Regelung auch außergewöhnliche Kosten, wie z. B. Unfallkosten, abgegolten sind (Dötsch, LSW 2001, Gruppe 5 S. 528; ders., HFR 2001 S. 662). Ob dem gefolgt werden kann, hat der BFH in seinem Vorlagebeschluss offen gelassen (BFH, Beschluss v. 23.1.2001 - VIII R 48/98, BStBl 2001 II S. 395).

Verwaltungsseitig wird die Auffassung vertreten, dass außergewöhnliche Kfz-Kosten vorab der beruflichen oder privaten Nutzung zuzurechnen sind. Aufwendungen, die ausschließlich der privaten Nutzung zuzurechnen sind, sind vorab als Entnahme zu behandeln (BMF, Schreiben v. 18.11.2009, BStBl 2009 I S. 1326, Rz. 32). Danach wäre ein Unfall auf einer Privatfahrt überhaupt nicht als Betriebsausgabe abziehbar, ein Unfall auf einer betrieblichen Fahrt dagegen in voller Höhe. Für den geldwerten Vorteil des Arbeitnehmers gem. § 8 Abs. 2 i.V. mit § 6 Abs. 1 Nr. 4 Satz 2 EStG hat der BFH entschieden, dass der Verzicht auf Schadensersatz gegenüber dem Arbeitnehmer, dessen Dienstwagen auf einer Dienstfahrt in alkoholisiertem Zustand des Fahrers zu Schaden kam, nicht durch die 1 %-Regelung abgegolten ist (BFH, Urteil v. 24.5.2007 - VI R 73/05, BStBl 2007 II S. 766). Zu den durch die 1 %-Regelung abgegoltenen Kosten zählen danach nur solche Kosten, die unmittelbar mit dem Halten und dem Betrieb des Fahrzeugs im Zusammenhang stehen und im Rahmen seiner Nutzung typischerweise anfallen. Folgt man der Verwaltungsauffassung, sind die Unfallkosten i. H. von 15.000 € nicht mit der 1 %-Regelung abgegolten. Sie sind als zusätzliche Entnahme zu behandeln.

FALL 36

Freiwillige Zuwendungen – Zuwendungen aufgrund einer freiwillig begründeten Rechtspflicht – Zuwendungen an unterhaltsberechtigte Personen

Sachverhalt: B ist die Tochter des verstorbenen Fabrikanten A. Sie bezieht als testamentarische Alleinerbin von A aus der Weiterführung des Fabrikationsbetriebs und aus Unternehmensbeteiligungen gewerbliche Einkünfte.

Im Rahmen der Erstellung ihrer Einkommensteuererklärung stellt der Steuerberater fest, dass B im Jahr 01 folgende Zahlungen geleistet hat:

1. Freiwillige Zahlung an ihren Neffen i. H. von monatlich 500 €. B hat sich entschlossen, ihn bis zum Abschluss seines Studiums mit monatlich 500 € zu unterstützen. Der Neffe hat im Jahr 01 während der Semesterferien einen Bruttoarbeitslohn i. H. von 7.000 € und darüber hinaus Vermietungseinkünfte i. H. von 8.000 € erzielt.

2. Zahlungen an ihre Nichte i. H. von monatlich 500 €. Den Zahlungen liegt ein notarieller Vertrag zugrunde, in dem sich B verpflichtet hat, die Zahlungen für die Dauer des Studiums der Nichte, längstens aber für die Dauer von zehn Jahren zu erbringen. Die Nichte bezieht aus der Vermietung eines Mietwohngrundstücks Einkünfte aus Vermietung und Verpachtung i. H. von jährlich rund 25.000 €.
3. Zahlungen an ihre Schwiegertochter i. H. von monatlich 2.000 €. Die monatlichen Zahlungen werden aufgrund eines notariellen Vertrags für die Dauer von zehn Jahren erbracht. Die Schwiegertochter hat hierfür keine Gegenleistung zu erbringen. Ihr Ehemann – der Sohn von B – bezieht als Geschäftsführer Einkünfte aus nichtselbständiger Arbeit i. H. von 100.000 € jährlich.

AUFGABE

Wie sind die vorstehenden Zahlungen steuerlich zu behandeln?

LÖSUNG

Zu 1

Die Zahlungen von B an ihren Neffen erfolgen freiwillig, da sie geleistet werden, ohne dass eine Rechtspflicht besteht. Freiwillige Zuwendungen sind vom Abzug ausgeschlossen, es sei denn, dass in § 10 Abs. 1 Nr. 1, 2–5, 7 und 9 sowie den §§ 10a und 10b oder den §§ 33–33b EStG etwas anderes bestimmt ist (§ 12 Nr. 2 EStG). Da diese Voraussetzungen hier aber nicht vorliegen, bleiben die Zahlungen von B steuerlich unberücksichtigt.

Zu 2

Bei den Zahlungen an die Nichte handelt es sich um Zuwendungen, die auf einer freiwillig eingegangenen Verpflichtung beruhen. Derartige – auf einer freiwillig begründeten Rechtspflicht beruhende – Zuwendungen fallen ebenfalls unter das Abzugsverbot des § 12 Nr. 2 EStG. Sie können weder bei den einzelnen Einkunftsarten noch vom Gesamtbetrag der Einkünfte abgezogen werden, soweit in § 10 Abs. 1 Nr. 2–5, 7 und 9 sowie Abs. 1a Nr. 1, den §§ 10a und 10b und den §§ 33–33b EStG nichts anderes bestimmt ist (BFH, Urteil v. 29.9.2021 - IX R 11/19, BStBl 2022 II S. 228, Rz. 19).

Zu 3

§ 12 Nr. 2 EStG schließt einen Abzug von Zuwendungen auch dann aus, wenn diese an gesetzlich unterhaltsberechtigte Personen oder deren Ehegatten geleistet werden, selbst dann, wenn sie auf einer besonderen Vereinbarung (z. B. einem notariellen Vertrag) beruhen. Ein Abzug der an die Schwiegertochter geleisteten Zahlungen kommt daher nicht in Betracht.

FALL 37

Abzug von Steuern und Nebenleistungen

Sachverhalt: Freiberufler A, der seinen Gewinn durch EÜR ermittelt, erbrachte im Jahr 2023 folgende Steuerzahlungen und Nebenleistungen:

1. Einkommensteuernachforderung 2021 und Einkommensteuer-Vorauszahlungen 2023 i. H. von insgesamt 100.000 €.
2. Schenkungsteuer i. H. von 2.000 €.
3. Hundesteuer i. H. von 100 € für den Hund seiner Tochter.
4. Kirchensteuernachforderung 2021 und Kirchensteuer-Vorauszahlungen 2023 i. H. von insgesamt 5.000 €.
5. Grundsteuer i. H. von
   - 400 € für das eigengenutzte Einfamilienhaus,
   - 800 € für ein fremd vermietetes Zweifamilienhaus.
6. Umsatzsteuer 2023 i. H. von 15.000 €.
7. Kfz-Steuer i. H. von 300 € für den zum Betriebsvermögen gehörenden Kraftwagen, der lt. Fahrtenbuch zu 70 % für betriebliche und zu 30 % für private Zwecke benutzt wird.
8. Säumniszuschläge (§ 240 AO) i. H. von 200 € aufgrund der verspäteten Zahlung von Einkommensteuer; Verspätungszuschlag (§ 152 AO) i. H. von 300 € aufgrund der verspäteten Abgabe der Einkommensteuererklärung 2018; Zwangsgeld (§ 329 AO) i. H. von 50 € aufgrund der Nichtabgabe der Einkommensteuererklärung 2020.
9. Stundungszinsen (§ 234 AO) i. H. von 350 € im Zusammenhang mit der Stundung der Einkommensteuer 2020.
10. Aussetzungszinsen (§ 237 AO) i. H. von 60 € im Zusammenhang mit einem Rechtsbehelf aufgrund der Erhebung von Schenkungsteuer.
11. Hinterziehungszinsen (§ 235 AO) im Zusammenhang mit der Hinterziehung von Einkommen- und Umsatzsteuer 2016.
12. Zinsen i. H. von 1.500 € für die Aufnahme eines Kredits zur Bezahlung der Einkommensteuernachforderung 2021.

AUFGABE

Wie sind die von A erbrachten Steuerzahlungen und Nebenleistungen einkommensteuerrechtlich zu behandeln?

LÖSUNG

Zu 1

Die Einkommensteuer ist als Personensteuer nicht abzugsfähig (§ 12 Nr. 3 EStG).

Zu 2

Die Schenkungsteuer ist eine sonstige Personensteuer i. S. des § 12 Nr. 3 EStG und daher nicht abzugsfähig (BFH, Urteil v. 27.7.2000 - X R 42/97, BFH/NV 2001 S. 307, OAAAA-97060; FG Baden-Württemberg, Urteil v. 27.11.2013 - 1 K 1147/13, EFG 2014 S. 751, XAAAE-57679).

Zu 3

Die Hundesteuer ist eine sog. „örtliche Aufwandsteuer“ i. S. des Art. 105 Abs. 2a GG, da das Halten eines Hundes über die Befriedigung des allgemeinen Lebensbedarfs hinausgeht und einen – wenn auch u. U. nicht sehr erheblichen – zusätzlichen Vermögensaufwand erfordert; Aufwandsteuern beziehen sich nicht notwendigerweise auf „Luxusgegenstände“ (BVerwG, Beschluss v. 28.11.1997 - 8 B 224.97, ZKF 1998 S. 179). Die Hundesteuer zählt als Steuer des persönlichen Aufwands zu den sonstigen Personensteuern; ein Abzug kommt daher gem. § 12 Nr. 3 EStG nicht in Betracht.

In seltenen Ausnahmefällen kann etwas anderes gelten, z. B., wenn ein Jagdhund bei einem Revierförster zu den Arbeitsmitteln i. S. des § 9 Abs. 1 Satz 3 Nr. 6 EStG zu rechnen ist – in diesem Fall kann ein Werbungskostenabzug in Betracht kommen (BFH, Urteile v. 29.1.1960 - VI 9/59 U, BStBl 1960 III S. 163, und v. 10.9.1990 - VI R 101/86, BFH/NV 1991 S. 234, KAAAB-31965). Ebenso sind die Aufwendungen eines Diensthundeführers für den ihm anvertrauten Diensthund keine nicht abziehbaren Aufwendungen der privaten Lebensführung, sondern in vollem Umfang Werbungskosten (BFH, Beschluss v. 30.6.2010 - VI R 45/09, BStBl 2011 II S. 45). Aufwendungen für einen sog. „Schulhund“ können bis zu 50 % als Werbungskosten bei den Einkünften aus nichtselbständiger Arbeit einer Lehrerin abgezogen werden (BFH, Urteil v. 14.1.2021 - VI R 15/19, BStBl 2021 II S. 453). Ob Aufwendungen für einen Blindenführhund, der einer als Rechtsanwältin in der Kanzlei des Ehemannes tätigen Steuerpflichtigen auch die Teilnahme an Gerichtsverhandlungen und Mandantenbesprechungen für die Kanzlei ermöglicht, Betriebsausgaben der Kanzlei sind, hängt von den Umständen des Einzelfalls ab (BFH, Beschluss v. 8.4.2021 - VIII B 86/20, BFH/NV 2021 S. 1068, AAAAH-83067).

Zu 4

Obgleich die Kirchensteuer eine Personensteuer ist, hat sie der Gesetzgeber prinzipiell in vollem Umfang zum Abzug als Sonderausgaben zugelassen (§ 10 Abs. 1 Nr. 4 EStG). Im Jahr 2023 sind 5.000 € abzugsfähig.

Zu 5

Die Grundsteuer für das selbstgenutzte Einfamilienhaus bleibt steuerlich unberücksichtigt, da sie mit einem privaten, steuerlich nicht relevanten Wirtschaftsgut, nämlich der eigenen Wohnung, zusammenhängt.

Die Grundsteuer für das Zweifamilienhaus ist als Werbungskosten bei den Einkünften aus Vermietung und Verpachtung abzugsfähig.

Zu 6

Die Umsatzsteuer ist bei der EÜR, soweit sie Betriebsausgabencharakter hat, prinzipiell als Betriebsausgabe abzugsfähig (BFH, Beschluss v. 29.10.2020 - VIII B 54/20, BFH/NV 2021 S. 310, CAAAH-68518). Die Umsatzsteuer, die der Unternehmer auf Umsätze zu zahlen hat, die Entnahmen sind, sowie die Vorsteuer für Aufwendungen, die unter das Abzugsverbot des § 12 Nr. 1 oder § 4 Abs. 5 Satz 1 Nr. 1–5 und 7 oder Abs. 7 EStG fallen, sind gem. § 12 Nr. 3 EStG ausdrücklich nicht abzugsfähig.

Zu 7

Die Kfz-Steuer ist i. H. von (70 % von 300 € =) 210 € als Betriebsausgabe abzugsfähig; im Übrigen ist ein Abzug nicht möglich.

Zu 8

Säumniszuschläge, Verspätungszuschläge und Zwangsgelder teilen das rechtliche Schicksal der Steuer, zu der sie gehören (H 12.4 Nebenleistungen EStH 2023). Da sie im vorliegenden Fall auf eine Personensteuer entfallen, sind sie ebenso wenig abziehbar wie die genannte Steuer selbst (§ 12 Nr. 3 Halbsatz 2 EStG).

Zu 9

Stundungszinsen auf Personensteuern teilen das rechtliche Schicksal der Personensteuern (§ 12 Nr. 3 EStG), d. h., sie sind nicht abzugsfähig.

Zu 10

Auch Aussetzungszinsen auf Personensteuern teilen das rechtliche Schicksal der Personensteuern (§ 12 Nr. 3 EStG), d. h., sie sind ebenfalls nicht abzugsfähig.

Zu 11

Hinterziehungszinsen i. S. des § 235 AO auf Betriebs- und Personensteuern dürfen nicht abgezogen werden (§ 4 Abs. 5 Satz 1 Nr. 8a und § 12 Nr. 3 EStG).

Zu 12

Das Abzugsverbot des § 12 Nr. 3 EStG gilt auch für Aufwendungen, die mit den in dieser Vorschrift für nicht abzugsfähig erklärten Steuern in Zusammenhang stehen. Die Zinsen, die für die Aufnahme des Kredits zum Zwecke der Bezahlung der Einkommensteuer 2021 angefallen sind, sind daher nicht abzugsfähig (Hessisches FG, Urteil v. 18.3.1981 - I 333/76, EFG 1981 S. 624).

FALL 38

Abzug von Geldstrafen, Geldbußen, Anwalts- und Gerichtskosten

Sachverhalte: A ist Gewerbetreibender.

1. Im Jahr 01 wird er aufgrund der Vorenthaltung von für die AOK bestimmten Sozialversicherungsbeiträgen in einem Strafverfahren zu einer Geldstrafe i. H. von 5.000 € verurteilt. Die Aufwendungen für den Strafverteidiger belaufen sich auf 1.500 € und die Gerichtskosten des Strafverfahrens auf 1.000 €.
2. Ebenfalls im Jahr 01 wird A auf einer Fahrt von seiner Wohnung zu seinem Büro in einen Verkehrsunfall verwickelt. Da A den Unfall verschuldet hat, wird gegen ihn eine Geldbuße i. H. von 1.000 € festgesetzt. Die Rechtsanwaltskosten und die Kosten des Verfahrens betragen 400 €.

AUFGABE

Wie sind die vorgenannten Aufwendungen einkommensteuerrechtlich zu behandeln?

LÖSUNG

Zu 1

Gemäß § 12 Nr. 4 EStG dürfen in einem Strafverfahren festgesetzte Geldstrafen weder bei den einzelnen Einkunftsarten noch vom Gesamtbetrag der Einkünfte abgezogen werden (BFH, Urteil v. 31.7.1991 - VIII R 89/86, BStBl 1992 II S. 85). A kann daher die Geldstrafe i. H. von 5.000 € nicht abziehen.

Die Kosten des Strafverfahrens, d. h. die Anwalts- und Gerichtskosten, sind in das Abzugsverbot des § 12 Nr. 4 EStG nicht einbezogen worden. Aufwendungen für die Strafverteidigung und die Kosten des Strafverfahrens sind als Betriebsausgaben abzugsfähig, wenn die dem Strafverfahren zugrunde liegende Tat – wie hier – in Ausübung der betrieblichen Tätigkeit begangen worden ist (BFH, Urteil v. 22.7.1986 - VIII R 93/85, BStBl 1986 II S. 845; BFH, Beschluss v. 30.6.2004 - VIII B 265/03, BFH/NV 2004 S. 1639, XAAAB-27656; H 12.3 Kosten des Strafverfahrens/der Strafverteidigung EStH 2023). A kann daher die Aufwendungen für den Strafverteidiger und die Gerichtskosten i. H. von insgesamt 2.500 € als Betriebsausgaben abziehen.

Zu 2

Die Geldbuße ist zwar betrieblich veranlasst, da der Unfall auf einer betrieblichen Fahrt geschah. Ein Abzug kommt jedoch nicht in Betracht, da das Abzugsverbot des § 4 Abs. 5 Satz 1 Nr. 8 EStG eingreift. Danach sind betrieblich veranlasste Geldbußen nicht abzugsfähig.

Die Anwalts- und Verfahrenskosten fallen aber nicht unter das Abzugsverbot. Diese sind – wie im Fall eines betrieblich veranlassten Strafverfahrens – als Betriebsausgaben abzugsfähig (BFH, Urteil v. 19.2.1982 - VI R 31/78, BStBl 1982 II S. 467; H 4.13 Verfahrenskosten EStH 2023).

FALL 39

Erstattung von Strafprozesskosten an einen Arbeitnehmer

Sachverhalt: A betreibt ein Hoch- und Tiefbauunternehmen. Seine Arbeitnehmer befördert er mit eigenen Kraftwagen zu den jeweiligen Baustellen. Auf einer solchen Fahrt verschuldete der den Kraftwagen führende Arbeitnehmer B einen Verkehrsunfall, bei dem ein Radfahrer verletzt wurde. Gegen B wurde ein Strafverfahren eingeleitet. A ersetzte B die gegen diesen festgesetzte Geldstrafe i. H. von 2.000 € sowie die Kosten des Strafverfahrens (Anwalts- und Gerichtskosten) i. H. von 1.000 €.

AUFGABEN

1. Ist A berechtigt, die Geldstrafe und die Strafprozesskosten i. H. von insgesamt 3.000 € als Betriebsausgaben abzuziehen?
2. Sind die Geldstrafe und die Strafprozesskosten bei B steuerlich berücksichtigungsfähig?

LÖSUNG

Zu 1

Für die Abzugsfähigkeit der Kosten eines Strafprozesses, die ein Unternehmer seinem Arbeitnehmer erstattet, gelten andere Grundsätze als für den Abzug von Strafprozesskosten, die bei dem Unternehmer selbst als Angeklagten anfallen. Die vom Arbeitgeber dem Arbeitnehmer u. a. erstatteten Strafprozesskosten sind grds. steuerpflichtiger Arbeitslohn des Arbeitnehmers, da sie durch das Arbeitsverhältnis veranlasst sind, ungeachtet der Tatsache, dass der Arbeitnehmer die Tat in Ausübung seiner Tätigkeit für seinen Arbeitgeber begangen hat (BFH, Urteil v. 22.7.2008 - VI R 47/06, BStBl 2009 II S. 151). Die Behandlung als Arbeitslohn beim Arbeitnehmer führt zwangsläufig zur Abzugsfähigkeit beim Arbeitgeber als Betriebsausgabe (BFH, Urteil v. 5.11.1964 - IV 199/62, HFR 1965 S. 161). A ist daher berechtigt, die seinem Arbeitnehmer B erstatteten Aufwendungen i. H. von 3.000 € als Betriebsausgaben abzusetzen.

Zu 2

Bei B gehören die erstatteten Beträge zum Arbeitslohn. Er kann zwar die Anwalts- und Gerichtskosten, nicht aber die Geldstrafe als Werbungskosten bei seinen Einkünften aus nichtselbständiger Arbeit abziehen (BFH, Beschluss v. 30.6.2004 - VIII B 265/03, BFH/NV 2004 S. 1639, XAAAB-27656); der Abzug der Geldstrafe ist durch § 12 Nr. 4 EStG ausgeschlossen.

FALL 40

Übernahme von Bußgeldern für Arbeitnehmer

Sachverhalt: Die X-KG betreibt eine Spedition. Sie hat Bußgelder i. H. von 1.000 €, die gegen ihren Fahrer F aufgrund der Überschreitung von Lenkzeiten und der Nichteinhaltung von Ruhezeiten festgesetzt worden waren, für F bezahlt, ohne dafür Lohnsteuer einzubehalten.

AUFGABEN

1. Ist die X-KG berechtigt, die Geldbußen i. H. von 1.000 € als Betriebsausgaben abzuziehen?
2. Sind die vom Arbeitgeber übernommenen Geldbußen bei F steuerlich als Arbeitslohn i. S. des § 19 Abs. 1 Satz 1 Nr. 1 EStG zu erfassen?

LÖSUNG

Zu 1

Bei den von der X-KG bezahlten Geldbußen handelt es sich um Betriebsausgaben i. S. des § 4 Abs. 4 EStG. Die X-KG kann daher die Zahlungen gewinnmindernd berücksichtigen.

Zu 2

In einer älteren – umstrittenen – Entscheidung hat der BFH folgende Auffassung vertreten: Übernimmt der Arbeitgeber, der einen Paketzustelldienst betreibt, aus ganz überwiegend eigenbetrieblichem Interesse die Zahlung von Verwarnungsgeldern, die gegen die bei ihm angestellten Fahrer wegen der Verletzung des Halteverbots verhängt worden sind, so handelt es sich hierbei nicht um Arbeitslohn (BFH, Urteil v. 7.7.2004 - VI R 29/00, BStBl 2005 II S. 367). Diese Auffassung hat der BFH später revidiert. Er hat entschieden, dass die Übernahme von Bußgeldzahlungen durch den Arbeitgeber nicht in dessen ganz überwiegend eigenbetrieblichem Interesse liegt und daher zu einer Lohnzuwendung beim Arbeitnehmer führt (BFH, Urteil v. 14.11.2013 - VI R 36/12, BStBl 2014 II S. 278). An seiner älteren Entscheidung hält der BFH nicht mehr fest. Die Geldbußen unterliegen bei F dem Abzugsverbot des § 4 Abs. 5 Satz 1 Nr. 8 i.V. mit § 9 Abs. 5 EStG (BFH, Urteil v. 22.7.2008 - VI R 47/06, BStBl 2009 II S. 151).

HINWEIS

Der BFH hat sich erneut mit der Frage befasst, ob die Übernahme von Verwarnungsgeldern durch den Arbeitgeber zugunsten des Arbeitnehmers als Arbeitslohn zu erfassen ist (BFH, Urteil v. 13.8.2020 - VI R 1/17, BStBl 2021 II S. 103). Im Urteilsfall sind die Verwarnungsgelder – anders als in den bislang vom BFH entschiedenen Fällen – nicht gegen die Arbeitnehmer, sondern gegenüber dem Arbeitgeber festgesetzt worden. Der BFH hat entschieden, dass der Arbeitgeber in diesem Fall als Halter eines Kfz die Zahlung des Verwarnungsgeldes aufgrund einer ihm gem. § 56 Abs. 1 Satz 1 OWiG erteilten Verwarnung auf eine eigene Schuld leistet. Die Zahlung führt danach daher nicht zu Arbeitslohn des die Ordnungswidrigkeit begehenden Arbeitnehmers. Der BFH macht aber eine Einschränkung: Auch der Erlass einer Forderung (§ 397 Abs. 1 BGB), die dem Arbeitgeber gegen den Arbeitnehmer zusteht, kann Arbeitslohn i. S. des § 19 Abs. 1 Satz 1 EStG darstellen. Als mögliche Anspruchsgrundlage weist der BFH auf einen Anspruch aus Geschäftsführung ohne Auftrag (§ 683 Satz 1 und § 670 BGB) hin. Diese Hinweise sind nach der in der Literatur vertretenen Auffassung so deutlich, dass der BFH wohl vom Bestehen eines solchen Anspruchs ausgeht und im Ergebnis daher der Verzicht auf den Regressanspruch als Arbeitslohn zu erfassen sein wird (Weber-Grellet, jurisPR-ArbR 49/2020 Anm. 1). Der BFH hat die Sache an das FG zurückverwiesen. Das FG Düsseldorf hat im zweiten Rechtsgang entschieden, dass im Urteilsfall das Bestehen eines vertraglichen oder gesetzlichen Rückgriffs- oder Schadensersatzanspruchs gegen die Fahrer aufgrund der Zahlung der Verwarngelder zu verneinen und kein Arbeitslohn anzunehmen sei (FG Düsseldorf, Urteil v. 12.11.2021 - 1 K 2470/14 L, FAAAI-02407).

Dass Geldbußen, Ordnungsgelder und Verwarnungsgelder gem. § 4 Abs. 5 Satz 1 Nr. 8 EStG als Betriebsausgaben nicht den Gewinn mindern dürfen, was gem. § 9 Abs. 5 EStG sinngemäß auch für Werbungskosten gilt, hat im Übrigen keine Bedeutung für die Beurteilung, ob entsprechende Zahlungen Arbeitslohn darstellen, da § 4 Abs. 5 Satz 1 Nr. 8 EStG dazu keine Aussage enthält (BFH, Urteil v. 7.7.2004 - VI R 29/00, BStBl 2005 II S. 367, Rz. 20 ff.).

Kapitel 5: Sonderausgaben

FALL 41

Unterhaltsleistungen an den geschiedenen Ehegatten

Sachverhalt: A ist schon seit Jahren von seiner Ehefrau B geschieden; beide sind unbeschränkt einkommensteuerpflichtig. A hat sich im Jahr 03 verpflichtet,

a) 9.600 € Unterhalt jährlich zu zahlen.

b) 18.000 € Unterhalt jährlich zu zahlen. B hat in beiden Fällen ihre Zustimmung zum Sonderausgabenabzug beim Geber erteilt.

c) wie bei Buchst. a). B beschränkt ihre Zustimmung im Einvernehmen mit A jedoch auf einen Betrag i. H. von 7.200 €.

d) wie bei Buchst. a). B gibt ihre Zustimmung nicht. Der Bruttoarbeitslohn von B beträgt 4.000 €.

e) wie bei Buchst. a). B hat ihre Zustimmung im Jahr 01 gegeben.

f) wie bei Buchst. e), mit dem Unterschied, dass A in seiner Steuererklärung 03 nur 7.000 € Unterhaltsleistungen als Sonderausgaben geltend macht, obwohl er 9.600 € tatsächlich bezahlt hatte.

g) wie bei Buchst. b), allerdings zahlt A an die geschiedene Ehefrau B zusätzlich zu den Unterhaltsleistungen als Versicherungsnehmer auch die Basiskranken- und Pflegeversicherungsleistungen für sie i. H. von 200 € monatlich.

h) wie bei Buchst. g). B gibt ihre Zustimmung zum Realsplitting nicht.

AUFGABE

Wie sind die gezahlten Unterhaltsleistungen jeweils zu behandeln?

HINWEIS

Gemäß § 10 Abs. 1a Nr. 1 Satz 7 EStG ist die Voraussetzung für den Abzug der Aufwendungen die Angabe der erteilten Identifikationsnummer (§ 139b AO) der unterhaltenen Person in der Steuererklärung des Unterhaltsleistenden, wenn die unterhaltene Person der unbeschränkten oder beschränkten Steuerpflicht unterliegt. Die unterhaltene Person ist für diese Zwecke verpflichtet, dem Unterhaltsleistenden ihre erteilte Identifikationsnummer mitzuteilen. Kommt die unterhaltene Person dieser Verpflichtung nicht nach, ist der Unterhaltsleistende berechtigt, bei der für ihn zuständigen Finanzbehörde die Identifikationsnummer der unterhaltenen Person zu erfragen. Diese durch das Steueränderungsgesetz 2015 v. 2.11.2015 (BGBl 2015 I S. 1834) eingeführte Regelung ist ab dem Veranlagungszeitraum 2016 anzuwenden.

LÖSUNG

Zu a)

Der Sonderausgabenabzug beim Leistenden hängt zwingend von der Zustimmung des Empfängers ab.

A kann gem. § 10 Abs. 1a Nr. 1 EStG auf Antrag die gezahlten 9.600 € Unterhaltsleistungen als Sonderausgaben geltend machen. B hat Einkünfte i. S. des § 22 Nr. 1a EStG i. H. von 9.498 € zu versteuern (nach Abzug des Pauschbetrags gem. § 9a Satz 1 Nr. 3 EStG).

Zu b)

A kann einen Betrag i. H. von 13.805 € geltend machen. B hat in dieser Höhe (abzgl. 102 € Werbungskosten) Einkünfte i. S. des § 22 Nr. 1a EStG zu versteuern. Der über den Betrag i. H. von 13.805 € hinausgehende Betrag i. H. von 4.195 € kann nicht als außergewöhnliche Belastung abgezogen werden (BFH, Urteil v. 7.11.2000 - III R 23/98, BStBl 2001 II S. 338; BMF, Schreiben v. 6.4.2022, BStBl 2022 I S. 617, Rz. 2; H 33a.1 Geschiedene oder dauernd getrennt lebende Ehegatten EStH 2023 sowie H 10.2 Allgemeines EStH 2023).

Zu c)

Die Zustimmung kann auf einen Teilbetrag beschränkt werden. Dabei werden aber die gesamten Unterhaltsleistungen zu Sonderausgaben umqualifiziert. Zu beachten ist, dass die Zustimmung des Unterhaltsempfängers zwar dem Grunde nach auf Dauer bindet, Änderungen der Höhe nach sind aber jährlich ohne Widerruf möglich. Der BFH hat mit Urteil v. 14.4.2005 (XI R 33/03, BStBl 2005 II S. 825) entschieden, dass eine bis zu einem bestimmten Betrag erteilte Zustimmung keine für die Folgejahre der Höhe nach unbeschränkte Zustimmung beinhaltet. Sie gilt auch für die Zukunft nur in der beschränkten Höhe, es sei denn, Unterhaltsleistender und Unterhaltsempfänger einigen sich einvernehmlich auf einen anderen Wert.

A kann also 7.200 € als Sonderausgaben abziehen. B hat aufgrund des Korrespondenzprinzips auch nur diesen Betrag zu versteuern. Der übersteigende Betrag i. H. von 2.400 € kann bei A nicht i. S. des § 33a Abs. 1 EStG berücksichtigt werden.

Zu d)

Da die Zustimmungserklärung von B nicht vorliegt, können die Unterhaltszahlungen nicht als Sonderausgaben berücksichtigt werden. Eine Steuerermäßigung kann nur i. S. des § 33a Abs. 1 EStG erreicht werden. Der abziehbare Betrag wird wie folgt ermittelt:

Höchstbetrag 2024 (§ 32a Abs. 1 Satz 1 Nr. 1 EStG)			**11.604 €**
Eigene Einkünfte (4.000 € - 1.230 € =)		2.770 €	
-	unschädlicher Betrag	- 624 €	
=	schädliche Einkünfte	2.146 €	- 2.146 €
			9.458 €

Die geleisteten Aufwendungen i. H. von 9.600 € sind daher mit maximal 9.458 € abziehbar. Allerdings ist der Empfänger zivilrechtlich verpflichtet (§ 242 BGB), die Zustimmung zu erteilen, sofern er keinen finanziellen Nachteil hat. Der leistende Ehegatte ist daher u. U. darauf angewiesen, die Zustimmung auf zivilprozessualem Wege einzuklagen.

Zu e)

Die Zustimmung des Empfängers bindet dem Grunde nach auf Dauer. Sie kann jedoch **vor Beginn des Kalenderjahres**, für das sie erstmals nicht gelten soll, gegenüber dem Finanzamt widerrufen werden. A kann also die im Jahr 03 geleisteten Unterhaltsleistungen i. H. von 9.600 € gem. § 10 Abs. 1a Nr. 1 EStG abziehen. B hat Einkünfte i. H. von 9.498 € zu versteuern.

Zu f)

Der Unterhaltsgeber kann für jedes Kalenderjahr entscheiden, ob er die Unterhaltszahlungen als Sonderausgabe abziehen möchte und wenn ja, in welcher Höhe er dies tun möchte. Ein derartiger Antrag bewirkt die korrespondierende Steuerpflicht der Unterhaltsleistungen beim Empfänger.

Entsprechend zum Sonderausgabenabzug bei A mit 7.000 €, hat B Einkünfte i. S. des § 22 Nr. 1a EStG in der gleichen Höhe zu versteuern. Der BFH hat mit Urteil v. 9.12.2009 (X R 49/07, BFH/NV 2010 S. 1790, JAAAD-49270) entschieden, dass die Unterhaltsleistungen bei B selbst dann zu versteuern sind, wenn sie sich bei A überhaupt nicht steuermindernd auswirken. Der Geber hat in diesen Fällen zu beachten, dass er keinen oder lediglich einen reduzierten Antrag zum Sonderausgabenabzug stellen darf.

Zu g)

Ab dem Jahr 2010 wurde der Höchstbetrag für den Abzug von Unterhaltsleistungen um den Betrag angehoben, der vom Unterhaltsverpflichteten für eine Basisabsicherung des geschiedenen Ehegatten in der Krankenversicherung und der gesetzlichen Pflegeversicherung aufgewendet wird. Die Zustimmung zum Abzug von Unterhaltsleistungen als Sonderausgaben dem Grunde nach wirkt auch für die Erhöhung des Höchstbetrags gem. § 10 Abs. 1a Nr. 1 Satz 2 EStG (R 10.2 Abs. 2 Satz 2 EStR). Insgesamt können damit im Rahmen des Realsplitting 16.205 € (= 13.805 € + 2.400 €) berücksichtigt werden.

Die als Sonderausgaben berücksichtigten Unterhaltsleistungen unterliegen bei B als sonstige Einkünfte i. S. des § 22 Nr. 1a EStG der Besteuerung. Dies gilt auch für den Erhöhungsbetrag. Anderseits können die Beiträge zur Basisabsicherung bei den Vorsorgeaufwendungen als eigene Beiträge des Unterhaltsempfängers angesetzt werden (§ 10 Abs. 1 Nr. 3 Satz 3 EStG).

Zu h)

Die Vorschrift des § 10 Abs. 1 Nr. 3 Satz 3 EStG gilt nur für Fälle des Realsplitting. Bei den Versicherungsbeiträgen handelt es sich um eigene Beiträge von A, die er als Sonderausgaben gem. § 10 Abs. 1 Nr. 3 EStG abziehen kann, nicht aber die Ehefrau B (Schmidt/Heinicke, EStG, § 10 Rz. 99).

Die Unterhaltszahlungen sind dem Grunde nach als außergewöhnliche Belastung gem. § 33a Abs. 1 EStG zu berücksichtigen. Auch dort erhöht sich der Höchstbetrag um für den Ehegatten aufgewendete Basiskranken- und Pflegeversicherungsbeiträge. Die Erhöhung tritt aber gem. § 33a Abs. 1 Satz 2 EStG nicht ein, wenn die Beiträge bereits gem. § 10 Abs. 1 Nr. 3 EStG beim Steuerpflichtigen selbst anzusetzen sind.

FALL 42

Erweiterung des Antrags nach Bestandskraft

Sachverhalt: Der Steuerpflichtige A leistete im Jahr 02 an seine geschiedene Ehefrau B erstmals Unterhaltsleistungen i. H. von 13.805 €.

a) A hatte in seiner Steuererklärung 02 keinen Antrag gestellt. Nach Bestandskraft des Bescheids 02 reicht er eine von B unterschriebene Anlage U ein und beantragt, die Unterhaltsleistungen als Sonderausgaben zu berücksichtigen.

b) B hatte ab dem Jahr 01 eine Zustimmungserklärung i. H. von 8.000 € erteilt. A beantragte daher in der Erklärung 02, einen Teilbetrag der Unterhaltsleistungen i. H. von 8.000 € als Sonderausgaben anzusetzen. Nach Bestandskraft des Bescheids 02 reicht A eine geänderte, von B unterschriebene Anlage U mit 13.805 € ein und beantragt, den Sonderausgabenabzug auf diesen Betrag zu erhöhen.

AUFGABE

Kann den Anträgen jeweils stattgegeben werden?

LÖSUNG

Zu a)

Gemäß der Rechtsprechung des BFH (BFH, Urteil v. 12.7.1989 - X R 8/84, BStBl 1989 II S. 957) ist ein erstmaliger Antrag nebst Zustimmungserklärung nach Bestandskraft des Steuerbescheids als rückwirkendes Ereignis zu qualifizieren, so dass der Bescheid gem. § 175 Abs. 1 Satz 1 Nr. 2 AO zu ändern ist.

Bei A können also nachträglich noch 13.805 € Sonderausgaben berücksichtigt werden. Ein erst nach Bestandskraft des Steuerbescheids gestellter Antrag auf Abzug von Unterhaltsleistungen im Wege des Realsplittings ist kein rückwirkendes Ereignis, wenn die Zustimmungserklärung des Unterhaltsempfängers dem Geber bereits vor Eintritt der Bestandskraft vorlag (BFH, Urteil v. 20.8.2014 - X R 33/12, BStBl 2015 II S. 138; Abgrenzung zu BFH, Urteil v. 12.7.1989 - X R 8/84, BStBl 1989 II S. 957).

Zu b)

Während die nachträgliche Einschränkung eines bereits vorliegenden Antrags zum Realsplitting nicht möglich ist, ist nach der Rechtsprechung des BFH (BFH, Urteil v. 28.6.2006 - XI R 32/05, BStBl 2007 II S. 5) die betragsmäßige Erweiterung des Realsplittings zulässig. Der BFH hat entschieden, dass zwar bereits durch den ersten Antrag die gesamten Unterhaltszahlungen zu Sonderausgaben umqualifiziert werden, durch die Beschränkung des Antrags sind sie allerdings nur teilweise abzugsfähig und beim Empfänger nur teilweise steuerpflichtig. Auch ein Antrag auf Erweiterung des Betrags kann wie ein erstmaliger Antrag noch nach Bestandskraft des Steuerbescheids gestellt werden und ist als rückwirkendes Ereignis zu werten.

Der bereits bestandskräftige Bescheid ist mit der Folge zu ändern, dass bei A ein Sonderausgabenabzug i. H. von 13.805 € zu berücksichtigen ist.

FALL 43

Zeitliche Bindung an die Zustimmung

Sachverhalt: Der Steuerpflichtige A reicht im Mai 03 seine Einkommensteuererklärung für das Jahr 01 mit der im April 03 erstmals von seiner geschiedenen Ehefrau B erteilten Zustimmung ein.

AUFGABE

Für welchen Veranlagungszeitraum kann die Zustimmung frühestens widerrufen werden?

LÖSUNG

Die Bindungswirkung tritt mit Eingang der Zustimmungserklärung beim Finanzamt ein. Die Zustimmung gilt für die Veranlagungszeiträume 01, 02 und 03. Der Unterhaltsempfänger ist an seine Zustimmung insoweit gebunden, da ein Widerruf für die Veranlagungszeiträume 02 und 03 nicht möglich ist. B kann gem. § 10 Abs. 1a Nr. 1 Satz 5 EStG die Zustimmung erst mit Wirkung für den Veranlagungszeitraum 04 gegenüber dem Wohnsitz-Finanzamt des Unterhaltsleistenden oder des Unterhaltsempfängers widerrufen

FALL 44

Unterhaltsleistungen bei beschränkter Steuerpflicht

Sachverhalte:

a) Rechtsanwalt A zahlt seiner geschiedenen Ehefrau B monatlich 500 € Unterhalt. Am 30.6. wandert A nach Monaco aus. Er hat anschließend keine inländischen Einkünfte mehr. Die Ehefrau B hat dem Sonderausgabenabzug zugestimmt.

b) Wie bei Buchst. a), aber nicht A, sondern B wandert am 31.3. in die Schweiz aus.

c) Wie bei Buchst. b), aber B wandert nach Wien aus.

d) A zahlt an seine geschiedene Ehefrau B monatlich 500 € Unterhalt. B hat ihre Zustimmung zum Realsplitting erteilt; sie wohnt in der Türkei.

AUFGABE

Wie sind die geleisteten Unterhaltszahlungen bei A steuerlich zu behandeln?

LÖSUNG

Zu a)

A kann nur die während seiner unbeschränkten Steuerpflicht geleisteten 3.000 € als Sonderausgaben gem. § 10 Abs. 1a Nr. 1 EStG geltend machen. Die nach dem Eintritt der beschränkten Steuerpflicht erbrachten Leistungen werden weder als Sonderausgaben noch als außergewöhnliche Belastung berücksichtigt (§ 50 Abs. 1 Satz 3 EStG). Bei B sind die Unterhaltszahlungen ab dem 1.7. nicht steuerbar (BFH, Urteil v. 31.3.2004 - X R 18/03, BStBl 2004 II S. 1047; H 22.1 Wiederkehrende Bezüge sind nicht: EStH 2023).

Zu b)

Die Unterhaltsleistungen sind grds. nur während des Bestehens der unbeschränkten Steuerpflicht der Ehefrau B als Sonderausgaben abzugsfähig. In einer Verständigungsvereinbarung mit der Schweiz v. 5.11.1998 (BStBl 1998 I S. 1392) ist jedoch geregelt, dass dieselben steuerlichen Abzüge zu gewähren sind, die der Leistende erhielte, wenn der Empfänger in Deutschland ansässig wäre. Unter der Voraussetzung, dass B mit den Zahlungen in der Schweiz der Besteuerung unterliegt und dies durch eine Bescheinigung der kantonalen Steuerbehörde nachweist, kann A den Betrag i. H. von 6.000 € abziehen. Gemäß H 10.2 Nicht unbeschränkt steuerpflichtiger Empfänger EStH 2023 kann ein Abzug von Unterhaltsleistungen an einen nicht unbeschränkt steuerpflichtigen Empfänger auch bei Vorliegen der Voraussetzungen des § 1a Abs. 1 Nr. 1 EStG oder aufgrund eines DBA in Betracht kommen (z. B. DBA mit Dänemark, Kanada, den USA und der Schweiz). Als Folge auf das EuGH-Urteil v. 28.2.2013 in der Rechtssache C-425/11 „Ettwein" (BStBl 2013 II S. 896) hat die Finanzverwaltung mit dem BMF-Schreiben v. 16.9.2013 (BStBl 2013 I S. 1325) darüber hinaus nun klargestellt, dass § 1a Abs. 1 EStG auch anwendbar ist, wenn der Empfänger der Leistungen seinen Wohnsitz oder gewöhnlichen Aufenthalt in der Schweiz hat.

Zu c)

Gemäß § 1a Abs. 1 Nr. 1 EStG ist der Sonderausgabenabzug gegeben, wenn der Empfänger seinen Wohnsitz in einem EU-/EWR-Mitgliedstaat hat und die Besteuerung der Leistungen beim Empfänger durch eine Bescheinigung der zuständigen ausländischen Behörde nachgewiesen wird (§ 1a Abs. 1 Nr. 1 Satz 2 Buchst. a und b EStG). Da das österreichische Einkommensteuerrecht die Besteuerung von Unterhaltszahlungen jedoch nicht vorsieht, scheidet der Sonderausgabenabzug ab dem 1.4. aus. Dies hat der BFH mit Urteil v. 13.12.2005 (XI R 5/02, BFH/NV 2006 S. 1069, BAAAB-81712) bestätigt.

A kann also lediglich 1.500 € als Sonderausgaben abziehen. Für den Zeitraum ab dem 1.4. kommt höchstens ein Abzug gem. § 33a Abs. 1 EStG in Betracht.

Zu d)

Die Voraussetzungen des § 1a Abs. 1 Nr. 1 Satz 2 Buchst. a EStG liegen nicht vor, da B nicht in einem Mitgliedstaat der Europäischen Union wohnt. In solchen Fällen kann der Sonderausgabenabzug nur dann in Betracht kommen, wenn das jeweilige DBA das Besteuerungsrecht der erhaltenen Unterhaltszahlungen dem Wohnsitzstaat des Empfängers zuweist. Sofern diesbezüglich keine Regelung im DBA getroffen ist, kann der Sonderausgabenabzug nicht gewährt werden. Unter den weiteren Voraussetzungen ist allenfalls ein Abzug als außergewöhnliche Belastungen möglich.

FALL 45

Erfüllung von Unterhaltsverpflichtungen durch Überlassung einer Wohnung

Sachverhalt: Der geschiedene, unterhaltsverpflichtete Ehemann A erfüllt seine Unterhaltspflicht, indem er das in seinem Alleineigentum stehende Einfamilienhaus der Ehefrau zur alleinigen Nutzung überlässt. Der Nutzungswert beträgt 800 € monatlich.

AUFGABE

Kann der Nutzungswert als Sonderausgaben abgesetzt werden?

LÖSUNG

Unterhaltsleistungen an den geschiedenen oder dauernd getrennt lebenden Ehegatten können auch in der Überlassung einer Wohnung bestehen. A erzielt dann mangels Mietvertrags keine Einkünfte i. S. des § 21 Abs. 1 EStG. Die Überlassung des Einfamilienhauses stellt eine Naturalunterhaltsleistung dar, die mit dem üblichen Mittelpreis des Verbrauchsorts anzusetzen ist.

Der Überlassende A kann den Mietwert i. H. von 12 x 800 € = 9.600 € als Sonderausgaben abziehen (BFH, Urteil v. 12.4.2000 - XI R 127/96, BStBl 2002 II S. 130; H 10.2 Wohnungsüberlassung EStH 2023). Die Ehefrau hat den Wert der Sachleistung als sonstige Einkünfte zu versteuern.

Als Alternative zur unentgeltlichen Überlassung könnte auch eine Vermietung erfolgen. Die Verrechnung der Miete mit dem geschuldeten Barunterhalt stellt keinen Missbrauch von Gestaltungsmöglichkeiten dar (BFH, Urteil v. 16.1.1996 - IX R 13/92, BStBl 1996 II S. 214; H 21.4 Vermietung an Unterhaltsberechtigte EStH 2023).

FALL 46

Unterhaltsleistungen an den geschiedenen Ehegatten des Erblassers

Sachverhalt: A ist die Alleinerbin ihres im Jahr 01 verstorbenen Ehemannes B. Dessen Verpflichtung zur Unterhaltszahlung von monatlich 1.000 € an seine frühere Ehefrau C war nach dem Tod von B auf A übergegangen. A macht mit Zustimmung von C den im Jahr 02 geleisteten Betrag i. H. von 12.000 € gem. § 10 Abs. 1a Nr. 1 EStG als Sonderausgabe geltend.

AUFGABE

Kann der Sonderausgabenabzug anerkannt werden?

LÖSUNG

Mit Urteil v. 12.11.1997 (X R 83/94, BStBl 1998 II S. 148) hat der BFH entschieden, dass die zivilrechtlich übergegangene Unterhaltsverpflichtung keine Auswirkung auf das Einkommensteuerrecht hat. Da der Sonderausgabenabzug des § 10 Abs. 1a Nr. 1 EStG personenbezogen ist, kommt ein Abzug beim Erben nicht in Betracht. Da A die Unterhaltsleistungen nicht abziehen kann, sind sie bei C keine steuerbaren Einnahmen (H 10.2 Erbe EStH 2023).

Vorbemerkungen zur Vermögensübergabe gegen Versorgungsleistungen

Durch das Jahressteuergesetz 2008 (JStG 2008) v. 20.12.2007 (BGBl 2007 I S. 3150) hat der Gesetzgeber den Anwendungsbereich des Sondersteuerrechts bei der Vermögensübertragung gegen Versorgungsleistungen erheblich eingeschränkt. Vermögensübertragungen gegen lebenslange und wiederkehrende Versorgungsleistungen können – unter Berücksichtigung weiterer Tatbestandsvoraussetzungen – nur noch dann als Sonderausgaben i. S. des § 10 Abs. 1a Nr. 2 EStG abgezogen werden, wenn diese im Zusammenhang mit der Übertragung

- eines Anteils an einer Mitunternehmerschaft, die eine Tätigkeit i. S. des § 13, § 15 Abs. 1 Satz 1 Nr. 1 und § 18 Abs. 1 EStG ausübt,
- eines Betriebs oder Teilbetriebs sowie
- eines mindestens 50 % betragenden Anteils an einer GmbH, wenn der Übergeber als Geschäftsführer tätig war und der Übernehmer diese Tätigkeit nach der Übertragung übernimmt,

gezahlt werden.

Gleichzeitig sind durch das JStG 2008 v. 20.12.2007 (a. a. O.) sowie durch das Gesetz zur Anpassung der Abgabenordnung an den Zollkodex der Union und zur Änderung weiterer steuerlicher Vorschriften v. 22.12.2014 (BGBl 2014 I S. 2417) in § 22 Nr. 1a EStG die Einkünfte aus Versorgungsleistungen als eigener Tatbestand normiert worden.

FALL 47

Vermögensübertragung unter Vorbehaltsnießbrauch gegen dauernde Last

Sachverhalt: Tochter A erhält von ihrer Mutter eine an Dritte vermietete Eigentumswohnung unter Vorbehalt eines lebenslänglichen Nießbrauchs. Da die Mutter keine ausreichende Altersversorgung hat, verpflichtet sich A im Übergabevertrag, monatlich 600 € zu bezahlen. Die Zahlungsverpflichtung soll gem. § 323 ZPO abänderbar sein. Der Wert der Eigentumswohnung beträgt 300.000 € und der Barwert der Zahlungsverpflichtung 103.000 €.

AUFGABE

Sind die monatlichen Zahlungen als Sonderausgaben gem. § 10 Abs. 1a Nr. 2 EStG abziehbar?

LÖSUNG

Die vermietete Eigentumswohnung stellt schon als solche kein begünstigtes Vermögen i. S. des § 10 Abs. 1a Nr. 2 EStG dar. Aber auch unabhängig davon führt die Einräumung eines Nießbrauchrechts zugunsten der Mutter zur Versagung des Sonderausgabenabzugs der Zahlungen (BMF, Schreiben v. 11.3.2010, BStBl 2010 I S. 227, Rz. 21). Abzugsfähige Vorsorgeleistungen setzen insoweit voraus, dass der Übernehmer des Vermögens Erträge erwirtschaftet und an den Übergeber weiterleitet. Bei einem Vorbehaltsnießbrauch ist eine Erzielung von Erträgen durch den Vermögensübernehmer jedoch von vornherein unmöglich, da sich der Übergeber den gesamten Ertrag des Vermögens zurückbehält und ihm ohnehin die Einkünfte aus der Nutzung dieses Vermögens zugerechnet werden. Die wiederkehrenden Zahlungen des Übernehmers lassen sich deshalb nicht als vorbehaltene Vermögenserträge, sondern nur als Unterhaltsleistungen qualifizieren, so dass ein Sonderausgabenabzug ausscheidet.

FALL 48

Übertragung eines Mietwohngrundstücks im Wege der vorweggenommenen Erbfolge

Sachverhalte:

a) A übertrug am 1.7.2007 im Wege der vorweggenommenen Erbfolge sein lastenfreies Mietwohngrundstück auf seinen Sohn B. Der gemeine Wert des Grundstücks hatte zu diesem Zeitpunkt 250.000 € betragen (jährlicher Ertrag 24.000 €). In dem Übergabevertrag wurde der Sohn verpflichtet, vom 1.7.2007 an eine monatliche Leibrente i. H. von 1.000 € an A zu zahlen. A hat am 1.5.2007 das 65. Lebensjahr vollendet und bezieht nur eine geringe Altersrente. Der Kapitalwert der Leibrente beträgt rund 108.000 €. Die Beteiligten hatten vereinbart, dass die Zahlungen jederzeit an veränderte wirtschaftliche Verhältnisse des Berechtigten oder des Verpflichteten angepasst werden können.

b) Wie bei Buchst. a), aber in den Übergabevertrag wurde ausdrücklich aufgenommen, dass die monatliche Rente i. H. von 1.000 € nicht nach den wirtschaftlichen Verhältnissen der Beteiligten abgeändert werden kann.

c) Wie bei Buchst. a), jedoch beträgt die monatlich zu zahlende Rente 2.500 €.

AUFGABE

Wie sind die von B gezahlten Beträge steuerlich zu behandeln?

LÖSUNG

Zu a)

Für wiederkehrende Leistungen im Zusammenhang mit einer Vermögensübertragung, die auf einem vor dem 1.1.2008 geschlossenen Übertragungsvertrag beruhen, bleiben grds. § 10 Abs. 1

Nr. 1a EStG in der vor dem 1.1.2008 geltenden Fassung und das BMF-Schreiben v. 16.9.2004 (BStBl 2004 I S. 922) weiter anwendbar (BMF, Schreiben v. 11.3.2010, BStBl 2010 I S. 227, Rz. 81).

Es handelte sich bei der Übertragung im Jahr 2007 um eine existenzsichernde und ausreichend Ertrag bringende Wirtschaftseinheit. Die Versorgungsleistungen sind in vollem Umfang als Sonderausgaben abziehbare dauernde Lasten (BMF, Schreiben v. 16.9.2004, BStBl 2004 I S. 922, Rz. 47), da die Vertragsparteien die Abänderbarkeit nicht ausdrücklich ausgeschlossen haben. B kann also den gezahlten Jahresbetrag i. H. von 12.000 € als Sonderausgaben gem. § 10 Abs. 1 Nr. 1a EStG a. F. abziehen. Von A ist die dauernde Last in voller Höhe als Einnahme zu § 22 Nr. 1b EStG a. F. zu versteuern.

Zu b)

Sofern die Abänderbarkeit der Rentenzahlungen ausdrücklich ausgeschlossen war, handelt es sich um eine nur mit dem Ertragsanteil steuerpflichtige und als Sonderausgabe abziehbare Leibrente (BMF, Schreiben v. 16.9.2004, BStBl 2004 I S. 922, Rz. 48). B kann daher lediglich 18 % von 12.000 € = 2.160 € als Sonderausgabe abziehen. Das Korrespondenzprinzip hat zur Folge, dass die Leibrente bei A auch nur mit dem Ertragsanteil als Einnahme zu § 22 Nr. 1b EStG a. F. zu versteuern ist.

Zu c)

Eine Vermögensübergabe gegen Versorgungsleistungen ist nur gegeben, wenn eine existenzsichernde Wirtschaftseinheit übertragen wird, deren Erträge ausreichen, um die wiederkehrenden Leistungen zu erbringen (BMF, Schreiben v. 16.9.2004, BStBl 2004 I S. 922, Rz. 7, und BStBl 2010 I S. 227, Rz. 26).

Falls – wie vorliegend – die laufenden Nettoerträge des übergebenen Vermögens (24.000 € jährlich) die vereinbarten wiederkehrenden Leistungen (30.000 € jährlich) nicht abdecken, gelten die Grundsätze über die einkommensteuerrechtliche Behandlung wiederkehrender Leistungen im Austausch mit einer Gegenleistung.

Der Kapitalwert der dauernden Last war wie folgt zu ermitteln:

Jahreswert 30.000 € x Vervielfältiger 10,947 = 328.410 €

(Vervielfältiger nach dem Lebensalter von A, vgl. BMF, Schreiben v. 17.3.2009, BStBl 2009 I S. 474, für Stichtage ab dem 1.1.2007).

Die von B zu erbringende Verpflichtung ist demnach lediglich i. H. von 76,1 % (= 250.000 € / 328.410 € x 100) angemessen.

Bei A ist zu prüfen, ob der sich aus der angemessenen Zahlungsverpflichtung ergebende Tilgungsanteil im Rahmen eines privaten Veräußerungsgeschäfts zu erfassen ist. Für B liegen originäre Anschaffungskosten i. H. des angemessenen Kaufpreises von 250.000 € vor. Die übersteigenden 78.410 € sind bei B als Zuwendung i. S. des § 12 Nr. 2 EStG zu behandeln; für A stellen diese eine nicht steuerbare Vermögensmehrung dar.

Die dauernde Last beinhaltet zudem einen Zinsanteil, der in entsprechender Anwendung der Ertragsanteilstabelle des § 22 Nr. 1 Satz 3 Buchst. a) Doppelbuchst. bb) EStG zu ermitteln und ebenfalls in einen angemessenen und einen unangemessenen Anteil zu zerlegen ist (BMF, Schreiben v. 11.3.2010, BStBl 2010 I S. 227, Rz. 71 und 75): 18 % x angemessene Rente (76,1 % von 30.000 €) = 4.109 €.

Nur der angemessene Zinsanteil entfaltet wiederum eine einkommensteuerliche Wirkung bei A und B. B kann diesen Zinsanteil i. H. von 4.109 € als Werbungskosten bei den Einkünften aus Vermietung und Verpachtung ansetzen (BMF, Schreiben v. 11.3.2010, BStBl 2010 I S. 227, Rz. 71 und 72). A hat den Zinsanteil i. H. von 4.109 € als Einnahme bei den Einkünften aus Kapitalvermögen i. S. des § 20 Abs. 1 Nr. 7 EStG zu versteuern.

FALL 49

Betriebsübertragung gegen Versorgungsrente

Sachverhalt: Der 65 Jahre alte V überträgt sein gewerbliches Einzelunternehmen mit einem Verkehrswert i. H. von 600.000 € auf seinen Sohn S gegen eine auf Lebenszeit von V zu erbringende monatliche Rente i. H. von 2.000 €. S führt den Betrieb fort. Alle Personen sind unbeschränkt einkommensteuerpflichtig.

AUFGABE

Welche Auswirkungen ergeben sich bei S und V?

LÖSUNG

Da der Gewerbebetrieb unter nahen Angehörigen übertragen wird, ist zu prüfen, ob diese Übertragung gegen Entgelt erfolgt oder ob es sich um eine begünstigte Versorgungsleistung i. S. des § 10 Abs. 1a Nr. 2 EStG handelt. Die Leibrente stellt eine lebenslange, wiederkehrende Leistung gem. § 10 Abs. 1a Nr. 2 Satz 1 EStG dar (BMF, Schreiben v. 11.3.2010, BStBl 2010 I S. 227, Rz. 2 und 56). Gegenstand der Vermögensübertragung ist ein Betrieb und somit eine begünstigte Wirtschaftseinheit gem. § 10 Abs. 1a Nr. 2 Satz 2 Buchst. b EStG (BMF, Schreiben v. 11.3.2010, BStBl 2010 I S. 227, Rz. 2 und 7). S ist begünstigter Empfänger des Vermögens, da er ein Abkömmling von V ist; V als Übergeber des Vermögens ist begünstigter Empfänger der Versorgungsleistung (BMF, Schreiben v. 11.3.2010, BStBl 2010 I S. 227, Rz. 4 und 50). Da auch keine Anhaltspunkte gegen eine Wirksamkeit des Übergabevertrags ersichtlich sind, liegt eine einzelvertragliche Regelung mit Rücksicht auf die künftige Erbfolge vor (BMF, Schreiben v. 11.3.2010, BStBl 2010 I S. 227, Rz. 2 und 59 ff.). Bei einer Vermögensübertragung auf Angehörige spricht eine widerlegbare Vermutung dafür, dass die wiederkehrenden Leistungen unabhängig vom Wert des übertragenen Vermögens nach dem Versorgungsbedürfnis des Berechtigten und nach der wirtschaftlichen Leistungsfähigkeit des Verpflichteten bemessen worden sind (BMF, Schreiben v. 11.3.2010, BStBl 2010 I S. 227, Rz. 1 und 5); aus dem Sachverhalt ergeben sich keine Erkenntnisse, die gegen diese Vermutung sprechen. Da S den Betrieb fortführt, besteht die Vermutung, dass der Betrieb ausreichend Ertrag bringt, um die wiederkehrenden Leistungen zu erbringen (BMF, Schreiben v. 11.3.2010, BStBl 2010 I S. 227, Rz. 3, 26, 27 und 29); eine Ertragsermittlung ist insoweit nicht durchzuführen. V ist unbeschränkt einkommensteuerpflichtig, so dass von veranlagungspflichtigen Einkünften ausgegangen werden kann.

Somit liegen alle Voraussetzungen für begünstigte Versorgungsleistungen i. S. des § 10 Abs. 1a Nr. 2 EStG vor, so dass der Betrieb voll unentgeltlich übertragen wurde (BMF, Schreiben

v. 13.1.1993, BStBl 1993 I S. 80, Rz. 4 und 24). Da die Betriebsübertragung als unentgeltlich i. S. des § 6 Abs. 3 EStG zu qualifizieren ist, muss S die Buchwerte von V fortführen. Pro Jahr kann er die Rentenzahlungen i. H. von 24.000 € als Sonderausgaben abziehen.

Korrespondierend dazu hat V wiederkehrende Leistungen gem. § 22 Nr. 1a EStG mit 24.000 € (abzgl. Werbungskosten-Pauschbetrag i. H. von 102 €, § 9a Satz 1 Nr. 3 EStG) jährlich zu versteuern. Das hier geltende Korrespondenzprinzip ist vom BFH bestätigt worden (BFH, Urteil v. 19.1.2010 - X R 32/09, BStBl 2011 II S. 162).

FALL 50

Mitunternehmeranteil und Sonderbetriebsvermögen

Sachverhalte:

a) Der Vermögensübergeber A ist zu 50 % an der X-OHG beteiligt. Er überlässt der X-OHG ein lastenfreies Grundstück, das in seinem Alleineigentum steht, zur Nutzung (Sonderbetriebsvermögen). A beabsichtigt, seinem Sohn B einen Mitunternehmeranteil i. H. von 10 % an der X-OHG zu übertragen. Gleichzeitig erhält B auch einen Anteil i. H. von 20 % am Grundstück. B soll eine monatliche Leibrente i. H. von 1.000 € an A zahlen. B nimmt seine Gesellschafterstellung fortan wahr; alle Personen sind unbeschränkt einkommensteuerpflichtig.

b) Wie bei Buchst. a), allerdings beabsichtigt A seinen Mitunternehmeranteil jeweils zur Hälfte an seinen Sohn B und an seine Tochter T gegen lebenslängliche Leibrenten zu übertragen. Das Grundstück soll im Zusammenhang damit jedoch allein auf B übertragen werden. Deshalb soll B dem A eine monatliche Leibrente i. H. von 4.000 € zahlen, während T lediglich 2.500 € monatlich erbringen soll. B und T nehmen ihre Gesellschafterstellungen fortan wahr; alle Personen sind unbeschränkt einkommensteuerpflichtig.

AUFGABE

Liegen begünstigte Vermögensübertragungen i. S. des § 10 Abs. 1a Nr. 2 EStG vor?

LÖSUNG

Zu a)

Da der anteilige Mitunternehmeranteil (inklusive des anteiligen Sonderbetriebsvermögens) unter nahen Angehörigen übertragen wird, ist zu prüfen, ob diese Übertragung gegen Entgelt erfolgt oder ob es sich um eine begünstigte Versorgungsleistung i. S. des § 10 Abs. 1a Nr. 2 EStG handelt. Die Leibrente stellt eine lebenslange, wiederkehrende Leistung gem. § 10 Abs. 1a Nr. 2 Satz 1 EStG dar (BMF, Schreiben v. 11.3.2010, BStBl 2010 I S. 227, Rz. 2 und 56). Gegenstand der Vermögensübertragung ist ein anteiliger Mitunternehmeranteil (inklusive anteiligem Sonderbetriebsvermögen); fraglich ist, ob es sich insoweit um eine begünstigte Wirtschaftseinheit handelt. Der Gesetzeswortlaut spricht in § 10 Abs. 1a Nr. 2 Satz 2 Buchst. a EStG zwar nur vom Mitunternehmeranteil, nach Auffassung der Finanzverwaltung ist jedoch auch die Übertragung eines Teilmitunternehmeranteils begünstigt, sofern die wesentlichen Betriebsgrundlagen des

Sonderbetriebsvermögens quotal mit übertragen werden (BMF, Schreiben v. 11.3.2010, BStBl 2010 I S. 227, Rz. 8). Da vorliegend 1/5 des Mitunternehmeranteils und 1/5 des Sonderbetriebsvermögens übertragen werden, ist hier eine begünstigte Vermögensübertragung gegeben. B ist begünstigter Empfänger des Vermögens, da er ein Abkömmling von A ist; A als Übergeber des Vermögens ist begünstigter Empfänger der Versorgungsleistung (BMF, Schreiben v. 11.3.2010, BStBl 2010 I S. 227, Rz. 4 und 50). Da auch keine Anhaltspunkte gegen eine Wirksamkeit des Übergabevertrags ersichtlich sind, liegt eine einzelvertragliche Regelung mit Rücksicht auf die künftige Erbfolge vor (BMF, Schreiben v. 11.3.2010, BStBl 2010 I S. 227, Rz. 2 und 59 ff.). Bei einer Vermögensübertragung auf Angehörige spricht eine widerlegbare Vermutung dafür, dass die wiederkehrenden Leistungen unabhängig vom Wert des übertragenen Vermögens nach dem Versorgungsbedürfnis des Berechtigten und nach der wirtschaftlichen Leistungsfähigkeit des Verpflichteten bemessen worden sind (BMF, Schreiben v. 11.3.2010, BStBl 2010 I S. 227, Rz. 1 und 5); aus dem Sachverhalt ergeben sich keine Erkenntnisse, die gegen diese Vermutung sprechen. Da B in die Mitunternehmerstellung eintritt, besteht die Vermutung, dass diese ausreichend Ertrag bringt, um die wiederkehrenden Leistungen zu erbringen (BMF, Schreiben v. 11.3.2010, BStBl 2010 I S. 227, Rz. 3, 26, 27 und 29); eine Ertragsermittlung ist insoweit nicht durchzuführen. A ist unbeschränkt einkommensteuerpflichtig, so dass von veranlagungspflichtigen Einkünften ausgegangen werden kann.

Somit liegen begünstigte Versorgungsleistungen vor, so dass B die Rentenzahlungen über jährlich 12.000 € als Sonderausgaben i. S. des § 10 Abs. 1a Nr. 2 EStG abziehen kann; A hat diese als sonstige Einkünfte gem. § 22 Nr. 1a EStG (unter Abzug des Werbungskosten-Pauschbetrags i. H. von 102 €, § 9a Satz 1 Nr. 3 EStG) zu versteuern.

Zu b)

Beim Übergabevertrag mit B liegt eine begünstigte Vermögensübertragung vor (siehe insoweit die Ausführungen zu Buchst. a); kritisch Geck, DStR 2011 S. 1303). Der Mitunternehmeranteil geht gem. § 6 Abs. 3 Satz 1 EStG zu Buchwerten von A auf B über; auch hinsichtlich des überschießenden Anteils am Grundstück erwirbt B unentgeltlich, so dass auch insoweit der Buchwert im Sonderbetriebsvermögen von B anzusetzen ist (§ 6 Abs. 5 Satz 3 Nr. 3 EStG). Fraglich bleibt allerdings, ob bei einer überquotalen Übertragung des Sonderbetriebsvermögens sämtliche Versorgungsleistungen abziehbar sind oder nur der Teil, der auf die quotale Übertragung entfällt (vgl. Wissborn, FR 2010 S. 322; von Oertzen/Stein, DStR 2009 S. 1117).

Wird bei der Übertragung eines Teilanteils wesentliches Sonderbetriebsvermögen nicht oder lediglich unterquotal übertragen, führt dies unter den Voraussetzungen des § 6 Abs. 3 Satz 2 EStG ebenfalls zur Buchwertfortführung. Eine Begünstigung i. S. des § 10 Abs. 1a Nr. 2 EStG ist gem. der Verwaltungsauffassung in diesen Fällen aber ausgeschlossen (BMF, Schreiben v. 11.3.2010, BStBl 2010 I S. 227, Rz. 8). Damit liegt hinsichtlich des Übergabevertrags mit T keine begünstigte Vermögensübertragung vor, sondern ein gemischt entgeltliches Rechtsgeschäft (a. A. von Oertzen/Stein, DStR 2009 S. 1117; Seitz, DStR 2010 S. 629).

FALL 51

Übertragung von Kapitalgesellschaftsanteilen

Sachverhalte:

a) Vater V ist Geschäftsführer und hält eine 100 %-Beteiligung an der X-GmbH im Privatvermögen. Hiervon überträgt er im Jahr 01 40 % auf seine Tochter T und 50 % auf seinen Sohn S. Im Zusammenhang mit der Anteilsübertragung zahlt T dem V eine monatliche Leibrente i. H. von 800 €; die monatliche Leibrentenzahlung von S an V beträgt 1.000 €. S und T nehmen ihre Gesellschafterstellung fortan wahr. V gibt seine Geschäftsführertätigkeit auf, die T übernimmt. Alle Personen sind unbeschränkt einkommensteuerpflichtig.

b) Wie bei Buchst. a). Im Jahr 03 überträgt V die restlichen 10 % ebenfalls auf T.

c) Wie bei Buchst. a), allerdings überträgt V im Jahr 01 auf T und S jeweils einen Anteil i. H. von 50 %. T zahlt ebenfalls eine monatliche Leibrente i. H. von 1.000 € an V.

d) Wie bei Buchst. a), allerdings überträgt V im Jahr 01 auf T und S jeweils nur einen Anteil i. H. von 20 %. T und S leisten jeweils eine monatliche Leibrente i. H. von 400 € an V. Im Jahr 03 überträgt V weitere 50 % auf T und behält einen Anteil i. H. von 10 % zurück. T zahlt ab dem Jahr 03 weitere 1.000 € monatlich, insgesamt von nun an also eine monatliche Leibrente i. H. von 1.400 € an V.

e) Wie bei Buchst. a), allerdings überträgt V im Jahr 01 sowohl auf T als auch auf S einen Anteil i. H. von 50 %. T wird kaufmännische Geschäftsführerin und S technischer Geschäftsführer. T und S zahlen jeweils eine monatliche Leibrente i. H. von 1.000 € an V.

AUFGABE

Liegen begünstigte Vermögensübertragungen i. S. des § 10 Abs. 1a Nr. 2 EStG vor?

LÖSUNG

Auch bei der Übertragung von GmbH-Anteilen unter nahen Angehörigen ist zu prüfen, ob diese Übertragung gegen Entgelt erfolgt oder ob es sich um eine begünstigte Versorgungsleistung i. S. des § 10 Abs. 1a Nr. 2 EStG handelt. Die Leibrente stellt in allen Sachverhalten eine lebenslange, wiederkehrende Leistung gem. § 10 Abs. 1a Nr. 2 Satz 1 EStG dar (BMF, Schreiben v. 11.3.2010, BStBl 2010 I S. 227, Rz. 2 und 56). In allen Fallvarianten sind S und T begünstigte Empfänger des Vermögens, da sie Abkömmlinge von V sind; V als Übergeber des Vermögens ist begünstigter Empfänger der Versorgungsleistungen (BMF, Schreiben v. 11.3.2010, BStBl 2010 I S. 227, Rz. 4 und 50). Da auch keine Anhaltspunkte gegen eine Wirksamkeit des Übergabevertrags ersichtlich sind, liegt jeweils eine einzelvertragliche Regelung mit Rücksicht auf die künftige Erbfolge vor (BMF, Schreiben v. 11.3.2010, BStBl 2010 I S. 227, Rz. 2 und 59 ff.). Bei einer Vermögensübertragung auf Angehörige spricht eine widerlegbare Vermutung dafür, dass die wiederkehrenden Leistungen unabhängig vom Wert des übertragenen Vermögens nach dem Versorgungsbedürfnis des Berechtigten und nach der wirtschaftlichen Leistungsfähigkeit des Verpflichteten bemessen worden sind (BMF, Schreiben v. 11.3.2010, BStBl 2010 I S. 227, Rz. 1 und 5); aus dem Sachverhalt ergeben sich keine Erkenntnisse, die gegen diese Vermutung sprechen. Da S und T in die Gesellschafterstellungen eintreten, besteht die Vermutung, dass diese ausreichend Ertrag bringen, um die wiederkehrenden Leistungen zu erbringen (BMF, Schreiben v. 11.3.2010, BStBl 2010 I S. 227, Rz. 3, 26, 27 und 29); eine Ertragsermittlung ist insoweit nicht durchzuführen. V ist unbeschränkt einkommensteuerpflichtig, so dass von veranlagungspflichtigen Einkünften ausgegangen werden kann. Zentrale Frage in den jeweiligen Fallvarianten ist allerdings, ob begünstigtes Vermögen i. S. des § 10 Abs. 1a Nr. 2 Satz 2 Buchst. c EStG vorliegt. Dieses ist nur bei einer Übertragung eines mindestens 50 %igen Anteils an einer Gesellschaft mit beschränkter Haftung gegeben, wenn der Übergeber als Geschäftsführer tätig war und der Übernehmer diese Tätigkeit nach der Übertragung übernimmt. Begünstigt ist also nur die Übertragung von Anteilen einer GmbH, nicht hingegen die Vermögensübertragung von Anteilen an anderen Kapitalgesellschaften (BMF, Schreiben v. 11.3.2010, BStBl 2010 I S. 227, Rz. 15). Von § 10 Abs. 1a Nr. 2 Satz 2 Buchst. c EStG gedeckt ist allerdings die Übertragung von Anteilen an einer der GmbH vergleichbaren Gesellschaftsform eines anderen Mitgliedstaats der EU oder eines Staates, auf den das Abkommen über den Europäischen Wirtschaftsraum anwendbar ist (BMF, Schreiben v. 11.3.2010, BStBl 2010 I S. 227, Rz. 15).

Zu a)

Die Vermögensübertragungen an T und S fallen nicht unter § 10 Abs. 1a Nr. 2 EStG, da in beiden Fällen kein begünstigtes Vermögen i. S. des § 10 Abs. 1a Nr. 2 Satz 2 Buchst. c EStG vorliegt. Der auf T übertragene GmbH-Anteil beträgt nicht mindestens 50 % und auch für S sind die Voraussetzungen nicht erfüllt, da dieser mit der Übertragung kein Geschäftsführer der X-GmbH wird. Somit können T und S die jeweiligen monatlichen Zahlungen an V nicht als Sonderausgaben geltend machen; V hat folglich die Versorgungsleistungen auch nicht gem. § 22 Nr. 1a EStG zu versteuern.

Zu b)

Da jeder Teilvorgang isoliert zu betrachten ist und der im Jahr 03 übertragene GmbH-Anteil nicht mindestens 50 % beträgt, scheidet eine begünstigte Versorgungsleistung i. S. des § 10 Abs. 1a Nr. 2 Satz 2 Buchst. c EStG aus (BMF, Schreiben v. 11.3.2010, BStBl 2010 I S. 227, Rz. 16).

Zu c)

Überträgt der Vermögensübergeber seine GmbH-Beteiligung auf mehrere Vermögensübernehmer, liegt eine begünstigte Vermögensübertragung i. S. des § 10 Abs. 1a Nr. 2 Satz 2 Buchst. c EStG nur in Bezug auf den Vermögensübernehmer vor, der mindestens einen Anteil i. H. von 50 % erhalten und die Geschäftsführertätigkeit übernommen hat (BMF, Schreiben v. 11.3.2010, BStBl 2010 I S. 227, Rz. 19). Daher ist nur bei der Vermögensübertragung von V auf T eine begünstigte Übertragung gegeben; hinsichtlich S gelten die Ausführungen zu Buchst. a).

T kann die an V geleisteten Zahlungen i. H. von 12.000 € jährlich als Sonderausgaben geltend machen. V muss die Zahlungen als Versorgungsleistungen i. S. des § 22 Nr. 1a EStG (unter Abzug des Werbungskosten-Pauschbetrags i. H. von 102 €, § 9a Satz 1 Nr. 3 EStG) versteuern.

Zu d)

Die wiederkehrenden Leistungen, die im Zusammenhang mit der Teilübertragung im Jahr 01 an V zu leisten sind, stellen keine Leistungen im Zusammenhang mit einer begünstigten Vermögensübertragung dar, weil die übertragenen Anteile nicht mindestens 50 % betragen haben (§ 10 Abs. 1a Nr. 2 Satz 2 Buchst. c EStG). Im Übrigen hat S die Geschäftsführertätigkeit nicht übertragen bekommen.

Dass T ab dem Jahr 03 einen Anteil i. H. von über 50 % hält, wirkt sich nicht begünstigend auf die erste Anteilsübertragung aus; nur die Vermögensübertragung im Jahr 03 selbst führt zu begünstigten Versorgungsleistungen i. S. des § 10 Abs. 1a Nr. 2 Satz 2 Buchst. c EStG (BMF, Schreiben v. 11.3.2010, BStBl 2010 I S. 227, Rz. 16). Es ist unschädlich, dass T bereits vor dieser Übertragung Geschäftsführerin der Gesellschaft war; Voraussetzung ist vielmehr, dass T auch weiterhin Geschäftsführerin bleibt. Somit kann T ab dem Jahr 03 jährlich 12.000 € als Sonderausgaben geltend machen. V muss von den monatlichen Leistungen seiner Kinder i. H. von insgesamt 1.800 € einen Jahresbetrag i. H. von 12.000 € gem. § 22 Nr. 1a EStG (unter Abzug des Werbungskosten-Pauschbetrags i. H. von 102 €, § 9a Satz 1 Nr. 3 EStG) versteuern.

Zu e)

Bei beiden Vermögensübertragungen liegt eine begünstigte Versorgungsleistung i. S. des § 10 Abs. 1a Nr. 2 Satz 2 Buchst. c EStG vor. So wird jeweils ein mindestens 50 %iger GmbH-Anteil übertragen und beide Übernehmer werden auch Geschäftsführer (BMF, Schreiben v. 11.3.2010, BStBl 2010 I S. 227, Rz. 19). Sowohl T als auch S können die Zahlungen an V i. H. von jeweils 12.000 € jährlich als Sonderausgaben geltend machen. V muss die Zahlungen i. H. von 24.000 € jährlich gem. § 22 Nr. 1a EStG (unter Abzug des Werbungskosten-Pauschbetrags i. H. von 102 €, § 9a Satz 1 Nr. 3 EStG) versteuern.

FALL 52

Entgeltliche Vermögensübertragung von GmbH-Anteilen

Sachverhalt: Vater V (70 Jahre) ist mit einer Quote i. H. von 10 % Anteilseigner an der X-GmbH. V überträgt mit Wirkung zum 1.7.2024 im Wege der vorweggenommenen Erbfolge seine Anteile, die sich im Privatvermögen befinden, auf seinen Sohn S. Der Verkehrswert der übertragenen Anteile beträgt 220.000 €; die Anschaffungskosten beliefen sich zum Zeitpunkt der Anschaffung im Jahr 2012 auf 100.000 €. S zahlt an V ab dem 1.7.2024 eine lebenslängliche monatliche Rente i. H. von 1.500 €. Die Notarkosten der Übertragung werden von S übernommen. Gleichzeitig mit der Übertragung übernimmt S die Geschäftsführung von V, mit der er auch einen maßgeblichen unternehmerischen Einfluss auf die wirtschaftliche Tätigkeit der X-GmbH nehmen kann.

AUFGABE

Welche Auswirkungen ergeben sich durch diesen Sachverhalt?

LÖSUNG

Da im vorliegenden Fall eine Vermögensübertragung unter nahen Angehörigen stattfindet, ist zu prüfen, ob diese Übertragung gegen Entgelt erfolgt oder ob es sich um eine begünstigte Versorgungsleistung i. S. des § 10 Abs. 1a Nr. 2 EStG handelt. Die Leibrente stellt eine lebenslange, wiederkehrende Leistung gem. § 10 Abs. 1a Nr. 2 Satz 1 EStG dar (BMF, Schreiben v. 11.3.2010, BStBl 2010 I S. 227, Rz. 2 und 56). Allerdings liegt kein begünstigtes Vermögen i. S. des § 10 Abs. 1a Nr. 2 Satz 2 Buchst. c EStG vor, da lediglich ein 10 %iger GmbH-Anteil übertragen wird. Es handelt sich folglich um wiederkehrende Leistungen im Austausch mit einer Gegenleistung, so dass die entgeltliche Übertragung der Anteile dem Grunde nach als Veräußerung gem. § 17 Abs. 1 Satz 1 und 3 EStG zu qualifizieren ist (insbesondere ist die diesbezügliche Mindestbeteiligungshöhe von 1 % zu irgendeinem Zeitpunkt innerhalb der letzten fünf Jahre noch im Übertragungszeitpunkt gegeben und es handelt sich um einen Anteil an einer Kapitalgesellschaft).

Auswirkung bei V

Der Barwert der Leistung bildet die Anschaffungskosten von S und den Veräußerungspreis von V. Der Vervielfältiger beträgt 9,924 (BMF, Schreiben v. 1.12.2023, BStBl 2023 I S. 2044; § 14 Abs. 1 Satz 2 BewG).

Vervielfältiger 9,924 x Jahreswert 18.000 € = 178.632 €.

Da sich der Verkehrswert der übertragenen Anteile auf 220.000 € beläuft, handelt es sich um eine teilentgeltliche Übertragung i. H. von 81,19 % (gerundet).

Bei einer teilentgeltlichen Übertragung von Privatvermögen ist der Vorgang bei V in den steuerbaren entgeltlichen und den nicht steuerbaren unentgeltlichen Teil aufzuteilen (BMF, Schreiben v. 13.1.1993, BStBl 1993 I S. 80, Rz. 14; vgl. auch BMF, Schreiben v. 26.2.2007, BStBl 2007 I S. 269).

Veräußerungserlös	178.632 €
abzgl. Veräußerungskosten	- 0 €
abzgl. Anschaffungskosten: 81,19 % von 100.000 € =	- 81.190 €
Veräußerungsgewinn gem. § 17 Abs. 2 Satz 1 und Abs. 2a Satz 1 EStG	97.442 €
Gemäß dem Teileinkünfteverfahren sind 60 % steuerpflichtig – aus Vereinfachung zugunsten des Steuerpflichtigen gerundet – (§ 3 Nr. 40 Satz 1 Buchst. c und § 3c Abs. 2 Satz 1 EStG)	58.465 €

Der auf den entgeltlichen Vorgang entfallende Freibetrag gem. § 17 Abs. 3 EStG ist aufgrund der Höhe des Veräußerungsgewinns nicht zu gewähren.

Der in den zugeflossenen Rentenzahlungen enthaltene Zinsanteil ist nach der Ertragsanteilstabelle des § 22 Nr. 1 Satz 3 Buchst. a Doppelbuchst. bb EStG zu ermitteln und stellt ab der ersten Zahlung sonstige Einkünfte dar. Im vorliegenden Fall sind insoweit im Jahr 2024 1.350 € (= 15 % von 9.000 €) und ab dem Jahr 2025 2.700 € (= 15 % von 18.000 €), jeweils abzgl. des Werbungskosten-Pauschbetrags gem. § 9a Satz 1 Nr. 3 EStG i. H. von 102 €, zu versteuern.

Alternativ dazu kann V gem. R 17 Abs. 7 Satz 2 EStR die Zuflussbesteuerung wählen. In diesem Fall bleibt die Besteuerung der Zinsanteile unverändert; allerdings sind die Tilgungsanteile in den wiederkehrenden Leistungen erst dann der Besteuerung zu unterwerfen, wenn sie in der

Summe erstmals die maßgeblichen Anschaffungskosten von V übersteigen. Der jährliche Tilgungsanteil ermittelt sich dabei aus der Differenz zwischen den zugeflossenen Rentenzahlungen und den vorgenannten Zinsanteilen. Ab dem Moment, in dem die Tilgungsanteile die Anschaffungskosten übersteigen, sind die Tilgungsanteile als nachträgliche Einkünfte aus Gewerbebetrieb zu versteuern (§ 24 Nr. 2 i.V. mit § 15 Abs. 1 Satz 1 Nr. 1 i.V. mit § 17 EStG). Sowohl beim Tilgungsanteil, als auch bei den Anschaffungskosten ist auch bei der Zuflussbesteuerung stets das Teileinkünfteverfahren gem. § 3 Nr. 40 Satz 1 Buchst. c i.V. mit § 3c Abs. 2 Satz 1 EStG zu beachten.

	2024	**ab 2025**
Wiederkehrende Leistungen	9.000 €	18.000 €
Zinsanteil	- 1.350 €	- 2.700 €
Tilgungsanteil	7.650 €	15.300 €
Tilgungsanteil nach dem Teileinkünfteverfahren	4.590 €	9.180 €

Veranlagungszeitraum	**Tilgungsanteil zu verrechnen**	**Nachträgliche Einkünfte aus Gewerbebetrieb**
2024	4.590 €	0 €
2025	9.180 €	0 €
2026	9.180 €	0 €
2027	9.180 €	0 €
2028	9.180 €	0 €
2029	7.404 €	1.776 €
ab 2030	0 €	9.180 €
	48.714 €	

Auswirkung bei S

S kann die monatlichen Rentenzahlungen nicht als Sonderausgaben gem. § 10 Abs. 1a Nr. 2 Satz 2 Buchst. c EStG in Abzug bringen.

Allenfalls die in den Rentenzahlungen enthaltenen Zinsanteile (2024 1.350 €, s. o.) könnte S dem Grunde nach als Werbungskosten bei den Einkünften aus Kapitalvermögen abziehen (§ 9 Abs. 1 Satz 3 Nr. 1 Satz 2 EStG). Voraussetzung dafür ist aber, dass er einen Antrag gem. § 32d Abs. 2 Nr. 3 Satz 1 Buchst. b EStG stellt, an den er dann für insgesamt fünf Jahre gebunden ist. Die Voraussetzungen hierfür sind gegeben, da S zu mindestens 1 % an der X-GmbH beteiligt ist und für diese in Gestalt der Geschäftsführertätigkeit auch beruflich tätig wird und darüber einen maßgeblichen unternehmerischen Einfluss auf deren wirtschaftliche Tätigkeit nehmen kann.

Die Gewinnausschüttungen sind in diesem Fall unter Anwendung des Teileinkünfteverfahrens dem persönlichen Steuersatz zu unterwerfen. Der Werbungskostenabzug ist der Höhe nach damit ebenfalls nur anteilig i. H. von 60 % möglich.

FALL 53

Übertragung von GmbH-Anteilen bei Betriebsaufspaltung

Sachverhalt: Vater V verpachtete im Rahmen einer Betriebsaufspaltung das ihm gehörende Betriebsgebäude an eine GmbH, an der er zu 100 % beteiligt war. Geschäftsführer der GmbH sind bisher V für den technischen und sein Sohn S für den kaufmännischen Bereich gewesen. V überträgt 70 % seines GmbH-Anteils auf S gegen eine Leibrente i. H. von 3.000 € monatlich. Die Rentenzahlungen können von den ausschüttbaren Erträgen des GmbH-Anteils erbracht werden. Gleichzeitig zieht sich V aus der Geschäftsführertätigkeit vollständig zurück. Alle Personen sind unbeschränkt einkommensteuerpflichtig.

AUFGABE

Welche steuerlichen Konsequenzen ergeben sich aus diesem Sachverhalt?

LÖSUNG

Da im vorliegenden Fall eine Vermögensübertragung unter nahen Angehörigen stattfindet, ist zu prüfen, ob diese Übertragung gegen Entgelt erfolgt oder ob es sich um eine begünstigte Versorgungsleistung i. S. des § 10 Abs. 1a Nr. 2 EStG handelt. Die Leibrente stellt eine lebenslange, wiederkehrende Leistung gem. § 10 Abs. 1a Nr. 2 Satz 1 EStG dar (BMF, Schreiben v. 11.3.2010, BStBl 2010 I S. 227, Rz. 2 und 56). Die Übertragung des GmbH-Anteils ist eine begünstigte Vermögensübertragung i. S. des § 10 Abs. 1a Nr. 2 Satz 2 Buchst. c EStG, da mindestens 50 % übertragen werden und es unschädlich ist, dass der Übernehmer bereits vor der Übertragung Geschäftsführer der GmbH war (BMF, Schreiben v. 11.3.2010, BStBl 2010 I S. 227, Rz. 18). Die zusätzliche Voraussetzung, dass der Übergeber seine Geschäftsführertätigkeit aufgibt, ist ebenfalls erfüllt. S ist auch begünstigter Empfänger des Vermögens, da er ein Abkömmling von V ist; V als Übergeber des Vermögens ist begünstigter Empfänger der Versorgungsleistungen (BMF, Schreiben v. 11.3.2010, BStBl 2010 I S. 227, Rz. 4 und 50). Da auch keine Anhaltspunkte gegen eine Wirksamkeit des Übergabevertrags ersichtlich sind, liegt eine einzelvertragliche Regelung mit Rücksicht auf die künftige Erbfolge vor (BMF, Schreiben v. 11.3.2010, BStBl 2010 I S. 227, Rz. 2 und 59 ff.). Bei einer Vermögensübertragung auf Angehörige spricht eine widerlegbare Vermutung dafür, dass die wiederkehrenden Leistungen unabhängig vom Wert des übertragenen Vermögens nach dem Versorgungsbedürfnis des Berechtigten und nach der wirtschaftlichen Leistungsfähigkeit des Verpflichteten bemessen worden sind (BMF, Schreiben v. 11.3.2010, BStBl 2010 I S. 227, Rz. 1 und 5); aus dem Sachverhalt ergeben sich keine Erkenntnisse, die gegen diese Vermutung sprechen. Laut Sachverhalt können die Rentenzahlungen von den ausschüttbaren Erträgen des GmbH-Anteils erbracht werden (BMF, Schreiben v. 11.3.2010, BStBl 2010 I S. 227, Rz. 3, 26 und 27). V ist unbeschränkt einkommensteuerpflichtig, so dass von veranlagungspflichtigen Einkünften ausgegangen werden kann. Somit liegen begünstigte Versorgungsleistungen vor und S kann die Rentenzahlungen i. H. von 36.000 € jährlich als Sonderausgaben abziehen; V hat diese entsprechend gem. § 22 Nr. 1a EStG (unter Abzug des Werbungskosten-Pauschbetrags i. H. von 102 €, § 9a Satz 1 Nr. 3 EStG) zu versteuern.

Die unentgeltliche Übertragung des GmbH-Anteils hat bei V jedoch – neben der steuerpflichtigen Entnahme der Beteiligung aus dem Betriebsvermögen – eine weitere Konsequenz. Aufgrund der entfallenden personellen Verflechtung sind die Voraussetzungen einer Betriebsaufspaltung nicht mehr gegeben. V muss auch die im Verpachtungsunternehmen enthaltenen weiteren stillen Reserven versteuern. Er hat aus der Verpachtung fortan Vermietungseinkünfte i. S. des § 21 EStG.

FALL 54

Ermittlung der Erträge anhand einer Prognose

Sachverhalt: Im Jahr 2024 überträgt die verwitwete Mutter M ihr Einzelunternehmen sowie ein Mietwohngrundstück auf ihre Tochter T. Im Übergabevertrag verpflichtet sich T zu einer Leibrente an M i. H. von 6.000 € monatlich, von denen 4.000 € für das Einzelunternehmen gezahlt werden. Die steuerpflichtigen Gewinne des Betriebs beliefen sich in den Jahren 2022 und 2023 auf jeweils 60.000 €, im Jahr 2024 hat sich ein Verlust i. H. von 20.000 € ergeben. In den jeweiligen Ergebnissen sind jährliche Absetzungen für Abnutzung i. H. von 10.000 € und im Jahr 2024 außerordentliche Aufwendungen, die als Betriebsausgaben abzugsfähig waren, i. H. von 50.000 € enthalten. Alle Personen sind unbeschränkt einkommensteuerpflichtig.

AUFGABE

Können die wiederkehrenden Rentenzahlungen für den Sonderausgabenabzug berücksichtigt werden?

LÖSUNG

Da im vorliegenden Fall Vermögensübertragungen unter nahen Angehörigen stattfinden, ist zu prüfen, ob diese Übertragungen gegen Entgelt erfolgen oder ob es sich um begünstigte Versorgungsleistungen i. S. des § 10 Abs. 1a Nr. 2 EStG handelt. Die Leibrente stellt eine lebenslange, wiederkehrende Leistung gem. § 10 Abs. 1a Nr. 2 Satz 1 EStG dar (BMF, Schreiben v. 11.3.2010, BStBl 2010 I S. 227, Rz. 2 und 56). Die Übertragung des Einzelunternehmens ist eine begünstigte Vermögensübertragung i. S. des § 10 Abs. 1a Nr. 2 Satz 2 Buchst. b EStG; bei dem Mietwohngrundstück handelt es sich hingegen nicht um begünstigtes Vermögen i. S. des § 10 Abs. 1a Nr. 2 Satz 2 EStG. T ist auch begünstigte Empfängerin des Vermögens, da sie ein Abkömmling von M ist; M als Übergeberin des Vermögens ist begünstigte Empfängerin der Versorgungsleistungen (BMF, Schreiben v. 11.3.2010, BStBl 2010 I S. 227, Rz. 4 und 50). Da auch keine Anhaltspunkte gegen eine Wirksamkeit des Übergabevertrags ersichtlich sind, liegt eine einzelvertragliche Regelung mit Rücksicht auf die künftige Erbfolge vor (BMF, Schreiben v. 11.3.2010, BStBl 2010 I S. 227, Rz. 2 und 59 ff.). Bei einer Vermögensübertragung auf Angehörige spricht eine widerlegbare Vermutung dafür, dass die wiederkehrenden Leistungen unabhängig vom Wert des übertragenen Vermögens nach dem Versorgungsbedürfnis des Berechtigten und nach der wirtschaftlichen Leistungsfähigkeit des Verpflichteten bemessen worden sind (BMF, Schreiben v. 11.3.2010, BStBl 2010 I S. 227, Rz. 1 und 5); aus dem Sachverhalt ergeben sich keine Erkenntnisse, die gegen diese Vermutung sprechen. Die Erträge des Einzelunternehmens müssen zudem zur Deckung der Rentenzahlungen ausreichen. Danach sollen nach überschlägiger Berechnung die wiederkehrenden Leistungen nicht höher sein als der langfristig erzielbare Ertrag des übergehenden Vermögens. Wird ein Betrieb oder Teilbetrieb übertragen und führt der Übernehmer den Betrieb oder Teilbetrieb fort, besteht eine nur in Ausnahmefällen widerlegbare Vermutung dafür, dass die Erträge ausreichen, um die wiederkehrenden Leistungen in der vereinbarten Höhe zu erbringen (BMF, Schreiben v. 11.3.2010, BStBl 2010 I S. 227, Rz. 29). Diese Beweiserleichterung greift jedoch nicht, wenn im Rahmen einer einheitlichen Vermögensübertragung – wie im vorliegenden Fall – neben begünstigtem Vermögen weiteres nicht begünstigtes Vermögen übertragen wird (BMF, Schreiben v. 11.3.2010, BStBl 2010 I S. 227, Rz. 30).

Der maßgebliche durchschnittliche Ertrag ist anhand einer Prognose aus der Sicht des Zeitpunkts der Vermögensübergabe zu ermitteln. Aus Vereinfachungsgründen ist es jedoch nicht zu beanstanden, wenn die Einkünfte des Jahres der Vermögensübergabe und der beiden vorangegangenen Jahre herangezogen werden (BMF, Schreiben v. 11.3.2010, BStBl 2010 I S. 227, Rz. 34).

Ermittlung des durchschnittlichen Ertrags (Absetzungen für Abnutzung, erhöhte Absetzungen und Sonderabschreibungen sowie außerordentliche Aufwendungen, z. B. größere Erhaltungsaufwendungen, die üblicherweise nicht jährlich anfallen, sind dabei den Erträgen hinzuzurechnen; BMF, Schreiben v. 11.3.2010, BStBl 2010 I S. 227, Rz. 32):

Zeitraum	Jahresergebnis	AfA	Aufwand	Ertrag
2022	60.000 €	10.000 €	–	70.000 €
2023	60.000 €	10.000 €	–	70.000 €
2024	- 20.000 €	10.000 €	50.000 €	40.000 €
				180.000 €

Der durchschnittliche Ertrag aus dem Einzelunternehmen beläuft sich damit auf 60.000 €. Die Erträge reichen aus, um die auf die Übertragung des Einzelunternehmens entfallenden Rentenzahlungen i. H. von jährlich 48.000 € zu erbringen.

M ist unbeschränkt einkommensteuerpflichtig, so dass von veranlagungspflichtigen Einkünften ausgegangen werden kann. Somit liegen insoweit begünstigte Versorgungsleistungen vor und T kann die anteiligen Rentenzahlungen i. H. von 48.000 € jährlich als Sonderausgaben abziehen; M hat diese entsprechend gem. § 22 Nr. 1a EStG (unter Abzug des Werbungskosten-Pauschbetrags i. H. von 102 €, § 9a Satz 1 Nr. 3 EStG) zu versteuern.

Die darüber hinausgehenden, auf das Mietwohngrundstück entfallenden Rentenzahlungen kann T nicht als Sonderausgaben gem. § 10 Abs. 1a Nr. 2 EStG in Abzug bringen.

FALL 55

Umschichtung von ertraglosem Vermögen

Sachverhalte:

a) V übertrug seinem Sohn S am 1.7.2006 im Rahmen der vorweggenommenen Erbfolge einen Bauplatz mit einem Verkehrswert i. H. von 300.000 €. S verpflichtete sich im Übergabevertrag das Grundstück zu veräußern, dafür eine Eigentumswohnung zu Vermietungszwecken zu erwerben und aus den Mieterträgen der Wohnung eine dauernde Last an V i. H. von 500 € monatlich zu zahlen. S konnte das Grundstück bereits am 1.9.2006 veräußern. Am 1.2.2007 erwarb er eine Eigentumswohnung, aus der er Mieterträge i. H. von 900 € monatlich erzielte. Ab Februar 2007 zahlte S die dauernde Last an V.

b) Wie bei Buchst. a). S gelang es jedoch erst am 1.10.2008 eine entsprechende Eigentumswohnung zu erwerben.

AUFGABE

Welche steuerlichen Auswirkungen ergeben sich für S?

LÖSUNG

Zu a)

Auch bei der Übertragung von ertraglosem Vermögen konnte nach alter Rechtslage eine Vermögensübergabe gegen Versorgungsleistungen vorliegen, wenn sich der Übernehmer im Übergabevertrag verpflichtete, dieses in eine ihrer Art nach bestimmte ausreichend Ertrag bringende Vermögensanlage umzuschichten.

Da S die vertragliche Verpflichtung erfüllt hat, das ertraglose unbebaute Grundstück in eine ausreichend Ertrag bringende Wohnung umzuschichten, lag damals eine begünstigte Vermögensübergabe vor. Damit gilt § 10 Abs. 1 Nr. 1a EStG in der vor dem 1.1.2008 geltenden Fassung weiter (analog dem BMF, Schreiben v. 11.3.2010, BStBl 2010 I S. 227, Rz. 87).

Die wiederkehrenden Leistungen sind bei S weiterhin in voller Höhe als Sonderausgaben abzugsfähig. V hat sie dem Grunde nach entsprechend als Einnahmen zu den Einkünften i. S. des § 22 Nr. 1b EStG a. F. zu versteuern.

Zu b)

Hier gewährt die Finanzverwaltung keinen Vertrauensschutz. Wurde zwar vor dem 1.1.2008 ein Übergabevertrag abgeschlossen, der die Verpflichtung des Vermögensübernehmers vorsieht, ertragloses oder nicht ausreichend Ertrag bringendes Vermögen in eine ihrer Art nach bestimmte ausreichend Ertrag bringende Vermögensanlage umzuschichten, erfolgte die Umschichtung aber erst nach dem 31.12.2007, ist die Umschichtung nur begünstigt, wenn in begünstigtes Vermögen i. S. des § 10 Abs. 1a Nr. 2 Satz 2 EStG reinvestiert wird (BMF, Schreiben v. 11.3.2010, BStBl 2010 I S. 227, Rz. 87). Da mit der Eigentumswohnung kein begünstigtes Vermögen in diesem Sinne vorliegt, kann S die Zahlungen der dauernden Last nicht als Sonderausgaben in Abzug bringen. Vielmehr handelt es sich um eine entgeltliche Vermögensübertragung gegen wiederkehrende Leistungen.

FALL 56

Nachträgliche Umschichtung des übertragenen Vermögens

Sachverhalte:

a) V übertrug am 1.1.2004 ein von ihm im Jahr 1985 erworbenes Mietwohngrundstück (Verkehrswert 480.000 €) auf seine Tochter T gegen eine Leibrente i. H. von 2.000 € monatlich. Die monatlichen Mieterträge des Grundstücks betrugen 4.000 €. T veräußerte das Mietwohngrundstück am 1.7.2008 für 600.000 € und verwendete den Veräußerungserlös zum Erwerb eines Vierfamilienhauses. Die monatlichen Erträge aus der Vermietung dieses Hauses belaufen sich auf 5.000 €. Der Kapitalwert der von T weiterhin zu erbringenden Leibrente betrug noch 320.000 €.

b) Der 60-jährige Vater V übergab seinen bislang als Einzelunternehmen geführten Betrieb im Jahr 2018 an seinen Sohn S gegen eine Leibrente i. H. von 4.000 € monatlich. Im Jahr 2024 überträgt S den Betrieb an seinen Sohn, den Enkel E von V. S erhält hierfür von dem weiteren Vermögensübernehmer E eine Leibrente i. H. von 6.000 € monatlich. S bleibt weiterhin verpflichtet, die Leibrente an seinen Vater zu erbringen.

AUFGABE

Welche Auswirkungen ergeben sich durch die Umschichtung des übertragenen Vermögens auf die unstreitig vorliegenden Versorgungsleistungen?

LÖSUNG

Zu a)

Überträgt der Vermögensübernehmer aus eigenem Entschluss das übergebene existenzsichernde Vermögen auf einen Dritten, so können von da an die vereinbarten wiederkehrenden Leistungen grds. nicht mehr als Sonderausgaben abgezogen werden. Die Umschichtung ist allerdings dann unschädlich, wenn mit dem Erlös zeitnah eine existenzsichernde und ausreichend Ertrag bringende Wirtschaftseinheit erworben oder hergestellt wird (BMF, Schreiben v. 16.9.2004, BStBl 2004 I S. 922, Rz. 31, bestätigt durch BFH, Urteil v. 17.3.2010 - X R 38/06, BStBl 2011 II S. 622). Sofern die ursprüngliche Übertragung des Vermögens vor dem 1.1.2008 stattgefunden hat und die unschädliche Umschichtung nach Inkrafttreten des neuen Rechts erfolgt, folgt die von Anfang an begünstigte Vermögensübertragung weiterhin den Regelungen des alten Rechts (BMF, Schreiben v. 11.3.2010, BStBl 2010 I S. 227, Rz. 88).

Bei T liegen somit auch im Anschluss an die Veräußerung des Mietwohngrundstücks dem Grunde nach als Sonderausgaben abzugsfähige Versorgungsleistungen vor. V muss die Rentenzahlungen weiterhin dem Grunde nach gem. § 22 Nr. 1b EStG a. F. versteuern. Die Veräußerung des Mietwohngrundstücks durch T führt nicht zu einem privaten Veräußerungsgeschäft.

Folglich kann die Umschichtung von früher begünstigtem Vermögen in nicht mehr begünstigtes Vermögen bei Altverträgen auch nach dem 1.1.2008 noch möglich sein.

Allerdings darf die Umschichtung nicht zum Anlass genommen werden, die Versorgungsleistungen neu auszurichten (BFH, Urteil v. 18.8.2010 - X R 55/09, BStBl 2011 II S. 633).

Zu b)

Bei der Abzugsfähigkeit der Versorgungsleistungen als Sonderausgaben bleibt es, wenn der Vermögensübernehmer (S) seinerseits das übernommene Vermögen im Rahmen der vorweggenommenen Erbfolge weitergibt und er seine Versorgungsverpflichtung (gegenüber V) aus ihm im Rahmen der weiteren Vermögensübertragung eingeräumten Versorgungsleistungen (von E) bewirken kann (BMF, Schreiben v. 11.3.2010, BStBl 2010 I S. 227, Rz. 38). Die von S zu erbringenden Zahlungen an V bleiben demnach auch im Jahr 2024 und in den folgenden Jahren Versorgungsleistungen i. S. des § 10 Abs. 1a Nr. 2 Satz 2 Buchst. b EStG und können von S als Sonderausgaben abgezogen werden. Korrespondierend muss V die von S erhaltenen wiederkehrenden Leistungen als sonstige Einkünfte i. S. des § 22 Nr. 1a EStG (unter Abzug des Werbungskosten-Pauschbetrags i. H. von 102 €, § 9a Satz 1 Nr. 3 EStG) versteuern. Hinsichtlich der Zahlungen von E an S ergeben sich die gleichen Rechtsfolgen für die Beteiligten (E: Sonderausgabenabzug, § 10 Abs. 1a Nr. 2 Satz 2 Buchst. b EStG; S: sonstige Einkünfte i. S. des § 22 Nr. 1a EStG).

FALL 57

Wegzug des Versorgungsberechtigten

Sachverhalt: Im Jahr 01 überträgt der Vater V sein Einzelunternehmen auf seinen Sohn S. Im Übergabevertrag verpflichtet sich S zu einer Leibrente an V i. H. von 6.000 € monatlich. S führt das Einzelunternehmen fort. Im Jahr 03 gibt V seinen Wohnsitz in Deutschland auf und zieht dauerhaft

a) nach Florida;

b) nach Spanien.

Abwandlung: V überträgt im Jahr 03 sein in Lindau gelegenes Einzelunternehmen auf seinen Sohn S, der in Österreich lebt und in Deutschland nicht unbeschränkt steuerpflichtig ist. S hat sich zu einer Leibrente i. H. von 6.000 € monatlich an V verpflichtet und führt den Betrieb fort.

AUFGABE

Wie sind die Leibrenten ab dem Jahr 03 zu behandeln?

LÖSUNG

Für die Fallvarianten a) und b) gilt: Da der Gewerbebetrieb unter nahen Angehörigen übertragen wird, ist zu prüfen, ob diese Übertragung gegen Entgelt erfolgt oder ob es sich um eine begünstigte Versorgungsleistung i. S. des § 10 Abs. 1a Nr. 2 EStG handelt. Die Leibrente stellt eine lebenslange, wiederkehrende Leistung gem. § 10 Abs. 1a Nr. 2 Satz 1 EStG dar (BMF, Schreiben v. 11.3.2010, BStBl 2010 I S. 227, Rz. 2 und 56). Gegenstand der Vermögensübertragung ist ein Betrieb und somit eine begünstigte Wirtschaftseinheit i. S. des § 10 Abs. 1a Nr. 2 Satz 2 Buchst. b EStG (BMF, Schreiben v. 11.3.2010, BStBl 2010 I S. 227, Rz. 2 und 7). S ist begünstigter Empfänger des Vermögens, da er ein Abkömmling von V ist; V als Übergeber des Vermögens ist begünstigter Empfänger der Versorgungsleistung (BMF, Schreiben v. 11.3.2010, BStBl 2010 I S. 227, Rz. 4 und 50). Da auch keine Anhaltspunkte gegen eine Wirksamkeit des Übergabevertrags ersichtlich sind, liegt eine einzelvertragliche Regelung mit Rücksicht auf die künftige Erbfolge vor (BMF, Schreiben v. 11.3.2010, BStBl 2010 I S. 227, Rz. 2 und 59 ff.). Bei einer Vermögensübertragung auf Angehörige spricht eine widerlegbare Vermutung dafür, dass die wiederkehrenden Leistungen unabhängig vom Wert des übertragenen Vermögens nach dem Versorgungsbedürfnis des Berechtigten und nach der wirtschaftlichen Leistungsfähigkeit des Verpflichteten bemessen worden sind (BMF, Schreiben v. 11.3.2010, BStBl 2010 I S. 227, Rz. 1 und 5); aus dem Sachverhalt ergeben sich keine Erkenntnisse, die gegen diese Vermutung sprechen. Da S den Betrieb fortführt, besteht die Vermutung, dass der Betrieb ausreichend Ertrag bringt, um die wiederkehrenden Leistungen zu erbringen (BMF, Schreiben v. 11.3.2010, BStBl 2010 I S. 227, Rz. 3, 26, 27 und 29); eine Ertragsermittlung ist insoweit nicht durchzuführen. Da V in den Fallvarianten a) und b) im Jahr 01 unbeschränkt einkommensteuerpflichtig ist, liegen zunächst begünstigte Versorgungsleistungen vor. Ob dies jeweils auch im Jahr 03 noch gegeben ist, hängt nach dem Korrespondenzprinzip davon ab, ob V mit den Rentenzahlungen noch veranlagungspflichtige Einkünfte erzielt.

Zu a)

Der Wegzug von V nach Florida führt dazu, dass S die weiterhin zu leistenden Zahlungen ab dem Jahr 03 nicht mehr als Sonderausgaben abziehen kann, da V weder unbeschränkt einkommensteuerpflichtig gem. § 1 Abs. 1 Satz 1 EStG ist noch ein entsprechender Ersatztatbestand greift. Vielmehr sind die Zahlungen bei S als Unterhaltsleistungen i. S. des § 12 Nr. 2 EStG zu qualifizieren; V hat die Rentenleistungen folglich auch nicht zu versteuern.

Zu b)

Der Gesetzgeber hat in § 1a Abs. 1 Nr. 1 Satz 2 Buchst. a und b EStG den Sonderausgabenabzug trotz fehlender unbeschränkter Steuerpflicht i. S. des § 1 Abs. 1 Satz 1 EStG zugelassen, wenn der Versorgungsempfänger (V) seinen Wohnsitz innerhalb eines EU-/EWR-Mitgliedstaates hat und durch eine Bescheinigung der zuständigen ausländischen Steuerbehörde die Besteuerung der Versorgungsleistungen nachweist (BMF, Schreiben v. 11.3.2010, BStBl 2010 I S. 227, Rz. 53).

Bei Vorliegen des entsprechenden Nachweises kann S die Rentenzahlungen auch weiterhin als Sonderausgaben abziehen.

Verzieht der Versorgungsberechtigte (V) später in ein Drittland, liegen ab diesem Zeitpunkt nicht abziehbare Unterhaltsleistungen vor.

Zur Abwandlung

Diese Fallgestaltung weist eine interessante Rechtsgeschichte auf:

War der Vermögensübernehmer (S) in Deutschland nicht unbeschränkt steuerpflichtig, konnte er die Rentenzahlungen auch nicht als Sonderausgaben i. S. des § 10 Abs. 1a Nr. 2 EStG abziehen (§ 50 Abs. 1 Satz 3 EStG a. F.). In diesem Fall hatte der Empfänger der Versorgungsleistungen (V) die wiederkehrenden Leistungen auch nicht zu versteuern (BMF, Schreiben v. 11.3.2010, BStBl 2010 I S. 227, Rz. 55). Bereits mit Urteil v. 31.3.2011 (C-450/09, BFH/NV 2011 S. 1096, VAAAD-80843) hat der EuGH zur Übertragung von Grundstücken gegen Gewährung von Versorgungsleistungen entschieden, dass es gegen die Kapitalverkehrsfreiheit i. S. des Art. 63 AEUV verstößt, wenn private Versorgungsleistungen gebietsfremder Steuerpflichtiger nicht in Abzug gebracht werden können, während entsprechende Zahlungen bei unbeschränkter Steuerpflicht des Zahlenden abzugsfähig sind. Allerdings wurde bezweifelt, ob damit die streitige Rechtsfrage abschließend beantwortet ist. Daher hat der BFH mit Beschluss v. 14.5.2013 (I R 49/12, BStBl 2014 II S. 22) dem EuGH die Frage erneut vorgelegt, ob das Abzugsverbot gem. § 50 Abs. 1 Satz 3 EStG a. F. gegen Art. 63 AEUV verstößt.

Gemäß dem EuGH-Urteil v. 24.2.2015 (C-559/13 „Josef Grünewald", BStBl 2015 II S. 1071) hat die Regelung des § 50 Abs. 1 Satz 3 EStG a. F. gegen Europarecht verstoßen, soweit sie einem gebietsfremden Steuerpflichtigen mit inländischen gewerblichen Einkünften verwehrte, von diesen Einkünften die Versorgungsleistungen abzuziehen, die er als Gegenleistung für die Übertragung der entsprechenden Einnahmequelle gezahlt hat.

Unter Verweis auf das EuGH-Urteil v. 24.2.2015 (C-559/13, BStBl 2015 II S. 1071) und im Hinblick auf eine gesetzliche Neuregelung des § 50 Abs. 1 EStG für den Abzug von Versorgungsleistungen als Sonderausgaben bei beschränkt Steuerpflichtigen sowie für die Besteuerung der Versorgungsleistungen beim Empfänger, wurde gem. dem BMF-Schreiben (koordinierter Ländererlass) v. 18.12.2015 (BStBl 2015 I S. 1088) Folgendes festgelegt:

Der Sonderausgabenabzug für Versorgungsleistungen i. S. des § 10 Abs. 1a Nr. 2 EStG war im Vorgriff auf eine gesetzliche Regelung auch beschränkt Steuerpflichtigen zu gewähren (auch wenn diese in einem Drittstaat ansässig sind). Dies galt in allen noch offenen Fällen, wenn die Voraussetzungen des § 10 Abs. 1a Nr. 2 EStG ansonsten erfüllt waren.

Die Versorgungsleistung war beim unbeschränkt steuerpflichtigen Empfänger in den Fällen, in denen sich der Sonderausgabenabzug entgegen § 50 Abs. 1 EStG ausschließlich aufgrund dieses Schreibens ergab, nicht steuerpflichtig.

HINWEIS

Durch das Gesetz zur Umsetzung der Änderungen der EU-Amtshilferichtlinie und von weiteren Maßnahmen gegen Gewinnkürzungen und -verlagerungen v. 20.12.2016 (BGBl 2016 I S. 3000) wurde § 50 EStG ab dem 1.1.2017 insoweit vollständig an die EuGH-Rechtsprechung angepasst (vgl. § 50 Abs. 1 Satz 4 EStG im Umkehrschluss).

FALL 58

Schuldrechtlicher Versorgungsausgleich

Sachverhalt: A erhält eine Leibrente i. H. von 18.000 € jährlich, die gem. § 22 Nr. 1 Satz 3 Buchst. a Doppelbuchst. bb EStG mit einem Ertragsanteil i. H. von 20 % besteuert wird. A zahlt im Rahmen eines schuldrechtlichen Versorgungsausgleichs an seine geschiedene Ehegattin B eine Ausgleichsrente i. H. von 50 % seiner Leibrente. A und B sind jeweils unbeschränkt steuerpflichtig.

Abwandlung 1: Bei den Altersbezügen von A handelt es sich um eine im Jahr 2024 gezahlte Betriebsrente (Versorgungsbeginn: 1.1.2023), die gem. § 19 EStG besteuert wird.

Abwandlung 2: A bezieht seit dem Jahr 2021 eine Leibrente aus der gesetzlichen Rentenversicherung. Laut Rentenbezugsmitteilung für das Jahr 2024 beträgt der Leistungsbetrag 18.000 € und der darin enthaltene Anpassungsbetrag 1.000 €.

Abwandlung 3: B hat ihren Wohnsitz in Frankreich.

AUFGABE

Wie wirkt sich die gezahlte Ausgleichsrente bei A aus?

LÖSUNG

Im Zuge der Scheidung von Ehegatten kommt es im Regelfall zur Durchführung eines Versorgungsausgleichs. Hierbei werden die in der Ehezeit erworbenen Anrechte geteilt (§ 1 Abs. 1 VersAusglG). Diese Anrechte werden grds. intern (also innerhalb des jeweiligen Versorgungssystems) oder ausnahmsweise extern geteilt (§§ 10–19 VersAusglG). Anrechte, die am Ende der Ehezeit noch nicht ausgleichsreif sind (z. B., weil ein Anrecht i. S. des Betriebsrentengesetzes noch verfallbar ist oder weil das Anrecht bei einem ausländischen, zwischenstaatlichen oder überstaatlichen Versorgungsträger besteht; § 19 Abs. 2 VersAusglG), sind von der internen und externen Teilung ausgeschlossen. Insoweit kommen gem. § 19 Abs. 4 VersAusglG Ausgleichsansprüche nach der Scheidung in Betracht. Entsprechendes gilt, wenn die Ehegatten gem. § 6 Abs. 1 Satz 2 Nr. 3 VersAusglG den Versorgungsausgleich ganz oder teilweise Ausgleichsansprüchen nach der Scheidung vorbehalten haben (§§ 20–24 VersAusglG). Zu den Besonderheiten beim Versorgungsausgleich siehe die BMF-Schreiben v. 21.12.2017 (BStBl 2018 I S. 93, Rz. 308 ff.) sowie v. 19.8.2013 (BStBl 2013 I S. 1087, Rz. 270 ff.).

Ab dem Veranlagungszeitraum 2008 gibt es mit § 10 Abs. 1 Nr. 1b EStG a. F. einen eigenständigen Abzugstatbestand für den schuldrechtlichen Versorgungsausgleich i. S. der §§ 20–22 und § 26 VersAusglG. Diese Leistungen sind abzugsfähig, soweit die ihnen zugrunde liegenden Einnahmen beim Ausgleichsverpflichteten der Steuer unterliegen. In gleicher Höhe muss der Leistungsempfänger sonstige Einkünfte i. S. des § 22 Nr. 1c EStG a. F. versteuern. Zur einkommensteuerrechtlichen Behandlung von Ausgleichszahlungen im Rahmen des Versorgungsausgleichs gem. § 10 Abs. 1 Nr. 1b EStG a. F. und § 22 Nr. 1c EStG a. F. siehe das BMF-Schreiben v. 9.4.2010 (BStBl 2010 I S. 323).

Durch das Gesetz zur Anpassung der Abgabenordnung an den Zollkodex der Union und zur Änderung weiterer steuerlicher Vorschriften v. 22.12.2014 (BGBl 2014 I S. 2417) wurde u. a. § 10 EStG neu gefasst. In § 10 Abs. 1a EStG werden die Sonderausgabentatbestände zusammengefasst, bei denen der Abzugstatbestand des Leistenden mit einer Besteuerung beim Leistungsempfänger korrespondiert. Die bisher in § 10 Abs. 1 Nr. 1b EStG a. F. enthaltene Regelung zur Berücksichtigung von Ausgleichszahlungen im Rahmen des Versorgungsausgleichs wird ab dem 1.1.2015 unverändert in § 10 Abs. 1a Nr. 4 EStG übernommen. Ferner wird mit § 10 Abs. 1a Nr. 3 EStG ein neuer Abzugstatbestand für Ausgleichszahlungen zur Vermeidung des Versorgungsausgleichs nach einer Ehescheidung bzw. der Auflösung einer Lebenspartnerschaft (§ 6 Abs. 1 Satz 2 Nr. 2 VersAusglG) eingeführt. Damit wird in diesem Bereich ein bestehendes Regelungsdefizit beseitigt.

Die mit der Neuregelung in § 10 Abs. 1a Nr. 3 EStG geschaffene Abzugsmöglichkeit der Aufwendungen zur Vermeidung des Versorgungsausgleichs bezieht sich auf Zahlungen i. S. des § 6 Abs. 1 Satz 2 Nr. 2 VersAusglG sowie § 1408 Abs. 2 und § 1587 BGB. Nach dieser Regelung hat die ausgleichspflichtige Person die Möglichkeit, zur Vermeidung der Durchführung eines Versorgungsausgleichs, Ausgleichszahlungen an den Versorgungsberechtigten zu leisten bzw. zu vereinbaren. Die entsprechenden Zahlungen können nunmehr steuerlich als Sonderausgaben geltend gemacht werden. Die Berücksichtigung erfolgt auf Antrag des Ausgleichsverpflichteten mit Zustimmung des Ausgleichsberechtigten. Dies ermöglicht den Verfahrensbeteiligten genau zu bestimmen, in welchem Umfang ein Abzug und die damit einhergehende Besteuerung erfolgen soll. Eine steuerliche Berücksichtigung des nicht von der Zustimmung umfassten Teils der Ausgleichszahlungen in einem vom Leistungsjahr abweichenden Veranlagungszeitraum ist nicht möglich.

§ 22 Nr. 1a EStG regelt ab dem 1.1.2015 einheitlich die steuerliche Behandlung des in § 10 Abs. 1a EStG genannten Einkünftetransfers beim Empfänger.

Befindet sich das Anrecht bereits in der Leistungsphase und wird eine Ausgleichsrente an den Ausgleichsberechtigten gezahlt (§ 20 VersAusglG), kann der Ausgleichsverpflichtete die Zahlungen gem. § 10 Abs. 1a Nr. 4 EStG abziehen, soweit die ihnen zugrunde liegenden Einnahmen bei ihm der Besteuerung unterliegen. Der Ausgleichsberechtigte hat die entsprechenden Leistungen gem. § 22 Nr. 1a EStG zu versteuern (BMF, Schreiben v. 9.4.2010, BStBl 2010 I S. 323, Rz. 9).

A muss die Leibrente i. H. von 18.000 € entsprechend dem Ertragsanteil i. H. von 20 % zunächst i. H. von 3.600 € als Einnahme versteuern. Da er 50 % der Leibrente als Ausgleichsrente an B zahlt, kann er einen Betrag i. H. von 1.800 € als Sonderausgaben i. S. des § 10 Abs. 1a Nr. 4 EStG geltend machen. Korrespondierend hierzu muss B gem. § 22 Nr. 1a EStG den Betrag i. H. von 1.800 € (abzgl. dem Werbungskosten-Pauschbetrag i. H. von 102 €, § 9a Satz 1 Nr. 3 EStG) versteuern (BMF, Schreiben v. 9.4.2010, BStBl 2010 I S. 323, Rz. 13).

Abwandlung 1: Nach Abzug der maximalen Freibeträge für Versorgungsbezüge i. S. des § 19 Abs. 2 EStG i. H. von 1.365 € (= 1.050 € + 315 €) wird ein Betrag i. H. von 16.635 € bei A der Besteuerung zugrunde gelegt. A kann somit 8.318 € (= 50 % von 16.635 €) als Sonderausgaben geltend machen. B hat einen Betrag i. H. von 8.216 € (= 8.318 € abzgl. 102 €, § 9a Satz 1 Nr. 3 EStG) gem. § 22 Nr. 1a EStG zu versteuern (BMF, Schreiben v. 9.4.2010, BStBl 2010 I S. 323, Rz. 12).

Abwandlung 2: Die Leibrente unterliegt bei A gem. § 22 Nr. 1 Satz 3 Buchst. a Doppelbuchst. aa EStG i. H. von 14.770 € (= 81 % von 17.000 € = 13.770 € zzgl. Anpassungsbetrag i. H. von 1.000 €) der Besteuerung. Gemäß § 10 Abs. 1a Nr. 4 EStG kann A von den an B geleisteten 9.000 € einen Betrag i. H. von 7.385 € (= 50 % von 14.770 €) als Sonderausgaben geltend machen. B muss korrespondierend hierzu 7.283 € (= 7.385 € abzgl. 102 €, § 9a Satz 1 Nr. 3 EStG) gem. § 22 Nr. 1a EStG versteuern (BMF, Schreiben v. 9.4.2010, BStBl 2010 I S. 323, Rz. 10 und 11).

Abwandlung 3: Gemäß § 1a Abs. 1 Nr. 1 Satz 2 Buchst. a und b EStG ist der Sonderausgabenabzug beim Ausgleichsverpflichteten auch möglich, wenn der Empfänger nicht unbeschränkt steuerpflichtig ist, seinen Wohnsitz oder gewöhnlichen Aufenthalt aber in einem EU-/EWR-Staat hat und er die Besteuerung der Ausgleichzahlungen durch eine Bescheinigung der zuständigen ausländischen Steuerbehörde nachweist.

Sofern B einen entsprechenden Nachweis vorlegt, kann A den Betrag i. H. von 1.800 € als Sonderausgaben ansetzen.

FALL 59

Grundsätze des Sonderausgabenabzugs

Sachverhalt: Unternehmer A, verheiratet, zwei Kinder, hat die nachfolgenden Versicherungen abgeschlossen. Ehefrau B ist nicht berufstätig.

1. Für die Kfz-Haftpflichtversicherung des dem Sohn gehörenden Pkws zahlt A Beiträge i. H. von 400 €. Das Fahrzeug wird ausschließlich vom Sohn genutzt, der auch alle Unterhaltskosten bestreitet. Um einen Schadenfreiheitsrabatt auszunutzen, wurde der Pkw auf den Namen des Vaters versichert. Der Sohn überweist die Haftpflichtversicherungsbeiträge direkt an die Versicherung bzw. erstattet dem Vater die überwiesenen Beiträge.
2. Beiträge für eine bei der Allianz Lebensversicherungs-AG im Jahr 1997 abgeschlossene Kapitallebensversicherung gegen laufende Beitragsleistung mit Sparanteil (Laufzeit 24 Jahre) i. H. von 6.000 €. Der Mindesttodesfallschutz beträgt 60 %.
3. A hat eine Risikolebensversicherung abgeschlossen, die nur für den Todesfall eine Leistung vorsieht. Die Prämie beläuft sich auf 600 € im Jahr.
4. A ist privat krankenversichert. Für das Ehepaar A und B ist für die Kranken- und Pflegeversicherung ein Monatsbeitrag i. H. von 600 € fällig. Die Versicherung schlüsselt die Beträge wie folgt auf: Gesamtbeitrag Krankenversicherung 6.800 €, davon Basis-Beitrag gem. § 10 Abs. 1 Nr. 3 EStG 6.000 € sowie Gesamtbeitrag und gleichzeitig Basis-Beitrag gem. § 10 Abs. 1 Nr. 3 EStG zur Pflegeversicherung 400 €. Für die zwei kindergeldberechtigten Kinder sind Basis-Krankenversicherungsbeiträge mit 1.800 € und Pflegeversicherungsbeiträge mit 120 € pro Jahr zu bezahlen.
5. Haftpflichtversicherung:

a)	Privathaftpflicht	120 €
b)	Berufshaftpflicht	400 €
c)	Hundehaftpflicht	180 €
d)	Kfz-Haftpflicht für ein privates Kfz	350 €
e)	Vollkasko des Kfzs	500 €

6. Kirchensteuer:

a)	Vorauszahlung für laufendes Jahr	2.000 €
b)	Nachzahlung für Vorjahr	500 €
c)	Erstattung für vorvergangenes Jahr	950 €

7. Ehefrau B hatte keine Berufsausbildung absolviert. Für ein erstmaliges Hochschulstudium muss sie gestundete Studiengebühren i. H. von 7.000 € nachzahlen.
8. Die siebenjährige Tochter besucht eine Freie Waldorfschule, wobei Kosten i. H. von 5.000 € entstehen. Von dem insgesamt geleisteten Entgelt entfallen 3.000 € auf die Beherbergung, Betreuung und Verpflegung.

AUFGABE

Sind die Beträge grds. als Sonderausgabe abzugsfähig und welcher Betrag ist maximal zu berücksichtigen, wenn die Vergleichsberechnung gem. § 10 Abs. 4a EStG unberücksichtigt bleibt?

LÖSUNG

a) Allgemeine Hinweise

Zu 1

Die Versicherungsbeiträge können grds. bei der Veranlagung des wirtschaftlich belasteten Versicherungsnehmers (Beitragsschuldner) als Sonderausgaben berücksichtigt werden (siehe auch BMF, Schreiben v. 24.5.2017, BStBl 2017 I S. 820, Rz. 81). Zu den Ausnahmen siehe § 10 Abs. 1 Nr. 3 Satz 2 und 3 EStG. Bei Ehegatten, die gem. § 26b EStG zusammen zur Einkommensteuer veranlagt werden, ist es gleichgültig, wer von beiden die als Sonderausgaben abziehbaren Aufwendungen geleistet hat (R 10.1 EStR), denn zusammenveranlagte Ehegatten werden ab dem Gesamtbetrag der Einkünfte (§ 2 Abs. 4 EStG) gemeinsam als Steuerpflichtige behandelt. Wählen Ehegatten dagegen die Einzelveranlagung gem. § 26a EStG, werden gem. § 26a Abs. 2 Satz 1 EStG Sonderausgaben demjenigen Ehegatten zugerechnet, der die Aufwendungen wirtschaftlich getragen hat. Auf übereinstimmenden Antrag der Ehegatten werden sie jeweils zur Hälfte abgezogen (§ 26a Abs. 2 Satz 2 EStG; siehe auch BMF, Schreiben v. 24.5.2017, BStBl 2017 I S. 820, Rz. 131 ff. und dort die Beispiele 1 und 2).

Nach der bisherigen Verwaltungsauffassung (BMF, Schreiben v. 19.8.2013, BStBl 2013 I S. 1087, Rz. 68) konnten nur Aufwendungen abgezogen werden, die auf einer eigenen Verpflichtung des Steuerpflichtigen beruhen. Beiträge des Steuerpflichtigen für einen Dritten bzw. Beiträge von einem Dritten für den Steuerpflichtigen – Drittaufwand im Zusammenhang mit einem abgekürzten Zahlungs- und/oder Vertragsweg – waren somit grds. nicht als Sonderausgaben des Steuerpflichtigen zu berücksichtigen.

Die bis zum Veranlagungszeitraum 2009 vertretene Verwaltungsmeinung ist durch die Drittaufwand-Rechtsprechung des BFH obsolet. Mit Urteil v. 15.11.2005 (IX R 25/03, BStBl 2006 II S. 623) hat der BFH u. a. entschieden, dass die Mittelherkunft für den Ausgabenabzug nicht bedeutsam ist: „So kann der Steuerpflichtige Aufwendungen selbst dann abziehen, wenn ein Dritter ihm den entsprechenden Betrag zuvor geschenkt hat, oder – statt ihm den Geldbetrag unmittelbar zu geben – in seinem Einvernehmen seine Schuld tilgt (vgl. § 267 Abs. 1 BGB)."

Gemäß der BFH-Rechtsprechung sind die Aufwendungen aber nicht nur im Fall der Abkürzung des Zahlungswegs dem Steuerpflichtigen zurechenbar, sondern ebenso, wenn der Dritte im eigenen Namen für den Steuerpflichtigen einen Vertrag abschließt und aufgrund dessen auch selbst die geschuldete Zahlung leistet (abgekürzter Vertragsweg). Nach dem mittlerweile aufgehobenen BMF-Schreiben v. 9.8.2006 (BStBl 2006 I S. 492) waren die Grundsätze des BFH-Urteils v. 15.11.2005 (a. a. O.) nicht anzuwenden.

Mit Urteil v. 15.1.2008 (IX R 45/07, BStBl 2008 II S. 572) bestätigt der BFH seine Rechtsprechung. Gemäß dem BMF-Schreiben v. 7.7.2008 (BStBl 2008 I S. 717) wendet nun auch die Verwaltung die BFH-Rechtsprechung an und hebt den Nichtanwendungserlass v. 9.8.2006 (BStBl 2006 I S. 492) auf. Einschränkend legt die Verwaltung fest, dass bei Dauerschuldverhältnissen eine Berücksichtigung der Zahlung unter dem Gesichtspunkt der Abkürzung des Vertragswegs weiterhin nicht in Betracht kommt. „Gleiches gilt für Aufwendungen, die Sonderausgaben oder außergewöhnliche Belastungen darstellen." Ab dem Veranlagungszeitraum 2008 verweist die Verwaltung in H 10.1 Abkürzung des Zahlungsweges EStH auf das BMF-Schreiben v. 7.7.2008 (BStBl 2008 I S. 717) und verneint – entgegen der Bedeutung des Verweisstichworts – lediglich beim abgekürzten Vertragsweg den Sonderausgabenabzug. Wie bereits oben erwähnt, verzichtet die Verwaltung ab dem Veranlagungszeitraum 2010 in H 10.1 EStH auf das Verweisstichwort „Abzugsberechtigte Person", da das Abzugsverbot für den Drittaufwand im Rahmen eines abgekürzten Vertragswegs im BMF-Schreiben v. 7.7.2008 (BStBl 2008 I S. 717) und in H 10.1 Abkürzung des Zahlungsweges EStH geregelt ist. Konkrete Aussagen zur Berücksichtigung bzw. Nichtberücksichtigung der Aufwendungen im Rahmen des abgekürzten Zahlungsweges trifft die Verwaltung in ihren Hinweisen nicht.

Die BFH-Rechtsprechung zum Drittaufwand ist zum Werbungskosten- bzw. Betriebsausgabenabzug ergangen und kann m. E. aber auch auf den Sonderausgabenabzug übertragen werden. Der BFH (Urteil v. 30.1.1995 - GrS 4/92, BStBl 1995 II S. 281) definiert „Drittaufwand" als Aufwendungen eines Dritten, die durch die Einkünfteerzielung des Steuerpflichtigen veranlasst sind. Diesen Drittaufwand kann der Steuerpflichtige dann als Werbungskosten (Sonderausgaben) ansetzen, wenn ihm die Aufwendungen als eigene zugerechnet werden können. Davon ist nach der Rechtsprechung des BFH dann auszugehen, wenn sich die Aufwendungen des Dritten als Abkürzung des Zahlungsweges darstellen.

Aufwendungen können vom Steuerpflichtigen demzufolge dann als Werbungskosten (Sonderausgaben) abgezogen werden, wenn ein Dritter ihm einen Geldbetrag zuwenden will und der Dritte zur Abkürzung des Zahlungsweges Verbindlichkeiten des Steuerpflichtigen, die diesem aus aufwandsverursachenden Vorgängen entstanden sind, begleicht (BFH, Urteil v. 12.12.2000 - VIII R 22/92, BStBl 2001 II S. 385).

Der Sohn wendet dem Vater entweder

- unmittelbar einen Geldbetrag zu, damit dieser die Versicherungszahlung selbst vornehmen kann (siehe auch Schmidt/Heinicke, EStG, 35. Aufl. 2016, § 10 Rz. 22) oder
- er tilgt im Einvernehmen mit dem Vater dessen Schuld (§ 267 Abs. 1 BGB).

Aus der Sicht des Vaters handelt es sich um einen „abgekürzten Zahlungsweg". Dem Vater sind die Kosten als eigener Aufwand zuzurechnen, die ein Dritter (der Sohn) in seinem Interesse (des Vaters) trägt. Die Aufwendungen sind als Sonderausgaben des Vaters zu berücksichtigen, da der Vater als Beitragsschuldner der wirtschaftlich belastete Versicherungsnehmer ist (BMF, Schreiben v. 24.5.2017, BStBl 2017 I S. 820, Rz. 81).

Zu 2

Lebensversicherungen sind gem. § 10 Abs. 1 Nr. 3a EStG begünstigt, wenn die Laufzeit dieser Versicherungen vor dem 1.1.2005 begonnen hat und mindestens ein Versicherungsbeitrag bis zum 31.12.2004 entrichtet wurde (BMF, Schreiben v. 24.5.2017, BStBl 2017 I S. 820, Rz. 122).

Beiträge zu Rentenversicherungen ohne Kapitalwahlrecht bzw. mit Kapitalwahlrecht gegen laufende Beitragsleistungen, wenn das Kapitalwahlrecht nicht vor Ablauf von zwölf Jahren seit Vertragsabschluss ausgeübt werden kann, die vor dem 1.1.2005 abgeschlossen worden sind, sind nur i. H. von 88 % als Sonderausgaben anzusetzen. Damit können (88 % von 6.000 € =) 5.280 € berücksichtigt werden.

Für die Berücksichtigung von diesen Beiträgen gelten die bisherigen Regelungen des § 10 Abs. 1 Nr. 2 Satz 2–6 und Abs. 2 Satz 2 EStG 2004.

Zu 3

Eine reine Risikolebensversicherung ist ohne weitere Voraussetzungen im Rahmen der Höchstbetragsberechnung gem. § 10 Abs. 1 Nr. 3a EStG zu berücksichtigen (BMF, Schreiben v. 24.5.2017, BStBl 2017 I S. 820, Rz. 121).

Der BFH hat entschieden, dass Beiträge für Risikolebensversicherungen, die der Absicherung von Darlehen dienen, die zur Finanzierung der Anschaffungskosten eines der Einkünfteerzielung dienenden Immobilienobjekts aufgenommen werden, auch dann nicht als Werbungskosten bei den Einkünften aus Vermietung und Verpachtung zu berücksichtigen sind, wenn der Versicherungsvertragsabschluss durch das finanzierende Kreditinstitut vorgegeben war (BFH, Urteil v. 13.10.2015 - IX R 35/14, BStBl 2016 II S. 210).

Zu 4

Sofern Kranken- und Pflegeversicherungen eine existenznotwendige Grundversorgung abdecken, sind die Beiträge der Höhe nach unbegrenzt abziehbar (§ 10 Abs. 1 Nr. 3 i.V. mit Abs. 4 EStG). Darüber hinausgehende Beitragsteile sind im Rahmen der Höchstbeträge des § 10 Abs. 4 und 4a EStG abziehbar. Bei Kindern, für die Kindergeld bzw. der Kinderfreibetrag gewährt wird, sind Beiträge zur Basiskranken- bzw. Pflegeversicherung selbst dann abziehbar, wenn die Kinder Versicherungsnehmer sind und eigene Beiträge leisten (§ 10 Abs. 1 Nr. 3 Satz 2 EStG). Da diese Beiträge nicht doppelt berücksichtigt werden dürfen, wird in R 10.4 Satz 4 EStR geregelt, dass die Berücksichtigung alternativ bei den Eltern oder beim Kind erfolgen kann.

Voll abziehbar damit:	
Krankenversicherung (§ 10 Abs. 1 Nr. 3 Satz 1 Buchst. a EStG)	7.800 €
Pflegeversicherung (§ 10 Abs. 1 Nr. 3 Satz 1 Buchst. b EStG)	+ 520 €
	8.320 €
Gemäß § 10 Abs. 1 Nr. 3a EStG zu berücksichtigen:	
Krankenversicherung	800 €

Zu 5

Die Beiträge zur Berufshaftpflichtversicherung sind Betriebsausgaben (§ 4 Abs. 4 EStG). Privat-, Kfz- und Tierhaftpflichtversicherungen können als Sonderausgaben anerkannt werden, nicht jedoch die Beiträge zu sog. „Sachversicherungen" (hier Kaskoversicherung). Daher sind 650 € gem. § 10 Abs. 1 Nr. 3a EStG zu berücksichtigen.

Zu 6

Als Sonderausgabe ist die im jeweiligen Veranlagungszeitraum gezahlte Kirchensteuer zu berücksichtigen. Es kommt dabei nicht darauf an, für welches Jahr die Kirchensteuer geleistet wird. Etwaige Erstattungen kürzen die Zahlungen. Damit können 1.550 € gem. § 10 Abs. 1 Nr. 4 EStG anerkannt werden.

Zu 7

Aufwendungen für die erstmalige Berufsausbildung können gem. § 10 Abs. 1 Nr. 7 EStG bis zu maximal 6.000 € im Kalenderjahr als Sonderausgaben abgezogen werden. Das gilt i. S. der R 10.9 Abs. 2 EStR auch für gestundete Studiengebühren, die erst nach Abschluss des Studiums gezahlt werden.

Zu 8

Gemäß § 10 Abs. 1 Nr. 9 EStG sind 30 % des Entgelts für den Besuch einer Schule in freier Trägerschaft oder einer überwiegend privat finanzierten Schule als Sonderausgaben abzugsfähig. Nicht zu dem i. H. von 30 % abzugsfähigen Entgelt gehört aber das Entgelt, das für die Beherbergung, Betreuung und Verpflegung zu entrichten ist. Anzusetzen sind somit 30 % von 2.000 € = 600 €.

b) Zusammenstellung mit Höchstbetragsberechnung

Sonderausgaben sind in unbeschränkt abzugsfähige und beschränkt abzugsfähige Sonderausgaben zu unterscheiden.

Unbeschränkt abzugsfähig sind:	
Basiskrankenversicherung	7.800 €
Pflegeversicherung	+ 520 €
Kirchensteuer	+ 1.550 €
Berufsausbildungskosten	+ 6.000 €
Schulgeld	+ 600 €
	16.470 €
Beschränkt abzugsfähig sind:	
Kapitalversicherung	5.280 €
Risikolebensversicherung	+ 600 €
Übrige Krankenversicherung	+ 800 €
Haftpflichtversicherungen	+ 650 €
	7.330 €

Die beschränkt abzugsfähigen Versicherungsbeiträge könnten zusammen mit den Basiskranken- und Pflegeversicherungsbeiträgen gem. § 10 Abs. 4 Satz 1 und 3 EStG lediglich bis zum Höchstbetrag i. H. von (2 x 2.800 € =) 5.600 € abgezogen werden. Da bereits die Basisversicherungen i. H. von 8.320 € diesen Betrag überschreiten, greift die Regelung des § 10 Abs. 4 Satz 4 EStG.

Damit können Sonderausgaben i. H. von 16.470 € berücksichtigt werden. Die beschränkt abzugsfähigen Vorsorgeaufwendungen wirken sich steuerlich nicht mehr aus.

FALL 60

Abzug von Kranken- und Pflegeversicherungsbeiträgen

Sachverhalte:

a) Die ledige A ist selbständig und privat krankenversichert. Ihr Krankenversicherungsbeitrag beträgt 2.500 €, von dem 10 % der Finanzierung von Komfortleistungen dienen. Für eine Pflegepflichtversicherung hat sie 200 € gezahlt und andere sonstige Vorsorgeaufwendungen i. H. von 100 € getätigt.

b) Wie bei Buchst. a), jedoch zahlt Frau A 5.000 € für ihre Krankenversicherung.

c) Der ledige Arbeitnehmer B hat Beiträge zur gesetzlichen Krankenversicherung i. H. von 3.000 € und zur gesetzlichen Pflegeversicherung i. H. von 400 € geleistet. Aufgrund der Krankenversicherung besteht auch ein Anspruch auf Krankengeld. Weiter erbringt er Beiträge zur Arbeitslosenversicherung mit 800 €.

d) Arbeitnehmer C ist von der Versicherungspflicht in der gesetzlichen Krankenversicherung befreit. Der Gesamtbeitrag zu seiner privaten Krankenversicherung beläuft sich auf 6.000 €, der zu 10 % auf Komfortleistungen entfällt. Seine Pflegeversicherung beläuft sich auf 800 €. Der steuerfreie Arbeitgeberzuschuss beträgt jeweils 50 %.

e) D ist alleinerziehender Vater zweier Kinder. Er ist selbständiger Gewerbetreibender. Er hat sich und seine beiden Kinder in einer privaten Krankenversicherung abgesichert. Hierfür zahlt er einen Jahresbeitrag i. H. von 9.000 € (davon entfallen 4.800 € auf seine und jeweils 2.100 € auf die Krankenversicherung der beiden Kinder). In seiner Krankenversicherung sind Komfortleistungen i. H. von 10 %, bei seinen Kindern jeweils i. H. von 8 % abgesichert. Für eine private Pflegepflichtversicherung hat er 480 € gezahlt und außerdem weitere sonstige Vorsorgeaufwendungen i. H. von 600 € geleistet.

f) Wie bei Buchst. e). Zusätzlich wendet D 10.000 € jährlich für eine begünstigte Rürup-Rentenversicherung auf.

AUFGABE

Welche Beträge können jeweils als Vorsorgeaufwendungen im Veranlagungszeitraum 2024 berücksichtigt werden?

LÖSUNG

Durch das Gesetz zur verbesserten steuerlichen Berücksichtigung von Vorsorgeaufwendungen v. 16.7.2009 (BGBl 2009 I S. 1959) ist sichergestellt, dass ab dem 1.1.2010 die für eine Basiskranken- und Pflegeversicherung gezahlten Beiträge voll abziehbar sind.

Durch das Gesetz zur Anpassung der Abgabenordnung an den Zollkodex der Union und zur Änderung weiterer steuerlicher Vorschriften v. 22.12.2014 (BGBl 2014 I S. 2417) wurde u. a. § 10 EStG neu gefasst. In § 10 Abs. 3 Satz 1 EStG wird das Abzugsvolumen für Beiträge zugunsten einer Basisvorsorge im Alter dynamisch an den Höchstbetrag zur knappschaftlichen Rentenversicherung (West) gekoppelt. Dieser ergibt sich aus der von der Bundesregierung zu erlassenen Verordnung über maßgebende Rechengrößen der Sozialversicherung

- für das Jahr 2020: Sozialversicherungs-Rechengrößenverordnung 2020 v. 17.12.2019 (BGBl 2019 I S. 2848) 101.400 €
- für das Jahr 2021: Sozialversicherungs-Rechengrößenverordnung 2021 v. 30.11.2020 (BGBl 2020 I S. 2612) 104.400 €
- für das Jahr 2022: Sozialversicherungs-Rechengrößenverordnung 2022 v. 30.11.2021 (BGBl 2021 I S. 5044) 103.800 €
- für das Jahr 2023: Sozialversicherungs-Rechengrößenverordnung 2023 v. 28.11.2022 (BGBl 2022 I S. 2128) 107.400 €
- für das Jahr 2024: Sozialversicherungs-Rechengrößenverordnung 2024 v. 24.11.2023 (BGBl 2023 I Nr. 322) 111.600 €

und der Verordnung zur Bestimmung der Beitragssätze in der gesetzlichen Rentenversicherung

- für das Jahr 2020: Bekanntmachung der Beitragssätze in der allgemeinen Rentenversicherung und der knappschaftlichen Rentenversicherung für das Jahr 2020 v. 28.11.2019 (BGBl 2019 I S. 1999) 24,7 %
- für das Jahr 2021: Bekanntmachung der Beitragssätze in der allgemeinen Rentenversicherung und der knappschaftlichen Rentenversicherung für das Jahr 2021 v. 9.12.2020 (BGBl 2020 I S. 2764) 24,7 %
- für das Jahr 2022: Bekanntmachung der Beitragssätze in der allgemeinen Rentenversicherung und der knappschaftlichen Rentenversicherung für das Jahr 2022 v. 25.11.2021 (BGBl 2021 I S. 4975) 24,7 %
- für das Jahr 2023: Bekanntmachung der Beitragssätze in der allgemeinen Rentenversicherung und der knappschaftlichen Rentenversicherung für das Jahr 2023 v. 15.11.2022 (BGBl 2022 I S. 2058) 24,7 %
- für das Jahr 2024: Bekanntmachung der Beitragssätze in der allgemeinen Rentenversicherung und der knappschaftlichen Rentenversicherung für das Jahr 2024 v. 14.11.2023 (BGBl 2023 I Nr. 312) 24,7 %

unter Anwendung des jeweiligen Beitragssatzes auf die Beitragsbemessungsgrenze der knappschaftlichen Rentenversicherung (West). Für das Jahr 2020 ergibt sich ein Wert i. H. von 25.046 € (= 101.400 € x 24,7 %), für das Jahr 2021 ein Wert i. H. von 25.787 € (= 104.400 € x 24,7 %), für das Jahr 2022 ein Wert i. H. von 25.639 € (= 103.800 € x 24,7 %) und für das Jahr 2023 ein Wert i. H. von 26.528 € (= 107.400 € x 24,7 %).

Für das Jahr 2024 ergibt dies einen Wert i. H. von 27.565 € (= 111.600 € x 24,7 %).

Zu a)

Beiträge zur Kranken- und Pflegeversicherung können – auch soweit die Beiträge über eine Basisversicherung hinausgehen – zusammen mit anderen Vorsorgeaufwendungen bis zum Höchstbetrag i. H. von 2.800 € berücksichtigt werden (§ 10 Abs. 4 Satz 1 EStG).

Beiträge zur Krankenversicherung	2.500 €	
Beiträge zur Pflegepflichtversicherung	+ 200 €	
Sonstige Vorsorgeaufwendungen	+ 100 €	
	2.800 €	
Höchstbetrag gem. § 10 Abs. 4 Satz 1 EStG		2.800 €
Mindestens jedoch:		
Basiskrankenversicherung	2.250 €	
Pflegepflichtversicherung	+ 200 €	
	2.450 €	
Anzusetzen ist der höhere Betrag, somit		2.800 €

Zu b)

Beiträge zur Krankenversicherung	5.000 €	
Beiträge zur Pflegepflichtversicherung	+ 200 €	
Sonstige Vorsorgeaufwendungen	+ 100 €	
	5.300 €	
Höchstbetrag gem. § 10 Abs. 4 Satz 1 EStG		2.800 €
Mindestens jedoch:		
Basiskrankenversicherung	4.500 €	
Pflegepflichtversicherung	+ 200 €	
	4.700 €	
Anzusetzen ist der höhere Betrag, somit		4.700 €

Zu c)

Versicherte in der gesetzlichen Krankenversicherung können ihre Beiträge mit Ausnahme der Beitragsanteile, die auf einen Krankengeldanspruch entfallen, in voller Höhe absetzen.

Die Eliminierung des Krankengeldanteils erfolgt bei der gesetzlichen Krankenversicherung gem. § 10 Abs. 1 Nr. 3 Satz 1 Buchst. a Satz 4 EStG pauschal mit 4 %.

Beiträge zur Krankenversicherung	3.000 €	
Beiträge zur Pflegepflichtversicherung	+ 400 €	
Beiträge zur Arbeitslosenversicherung	+ 800 €	
	4.200 €	
Höchstbetrag gem. § 10 Abs. 4 Satz 2 EStG		1.900 €

Mindestens jedoch:		
Beiträge zur Krankenversicherung	3.000 €	
Kürzung um 4 %	- 120 €	
	2.880 €	
Beiträge zur Pflegepflichtversicherung	+ 400 €	
	3.280 €	
Anzusetzen ist der höhere Betrag, somit		3.280 €

Zu d)

Gesamtbeitrag private Krankenversicherung	6.000 €
davon Komfortleistungen	- 600 €
Basisabsicherung Krankenversicherung	5.400 €
abzgl. steuerfreier Arbeitgeberanteil	- 3.000 €
	2.400 €
Pflegepflichtversicherung Arbeitnehmeranteil	+ 400 €
Anzusetzen als Sonderausgaben	2.800 €

Der Arbeitgeberzuschuss mindert in vollem Umfang den Beitrag zur Basisabsicherung (BMF, Schreiben v. 24.5.2017, BStBl 2017 I S. 820, Rz. 115).

Zu e)

Krankenversicherung	9.000 €	
Pflegepflichtversicherung	+ 480 €	
Sonstige Vorsorgeaufwendungen	+ 600 €	
	10.080 €	
Höchstbetrag gem. § 10 Abs. 4 Satz 1 EStG		2.800 €
Mindestens jedoch:		
Krankenversicherung für D	4.800 €	
Kürzung um Komfortleistungen (10 %)	- 480 €	
Krankenversicherung für Kinder	+ 4.200 €	
Kürzung um Komfortleistungen (8 %)	- 336 €	
Pflegepflichtversicherung	+ 480 €	
	8.664 €	
Abzugsbetrag gem. § 10 Abs. 4 Satz 4 EStG		8.664 €

Als Vorsorgeaufwendungen sind 8.664 € abzuziehen.

Zu f)

Basisversorgung gem. § 10 Abs. 1 Nr. 2 EStG	10.000 €
Höchstbetrag 2024 (§ 10 Abs. 3 Satz 1 EStG)	27.565 €

100 % des geringeren Betrags (§ 10 Abs. 3 Satz 4 und 6 Halbsatz 2 EStG)	10.000 €	
Abzugsbetrag gem. § 10 Abs. 3 EStG		10.000 €
Abzugsbetrag gem. § 10 Abs. 4 EStG wie unter Buchst. e)		+ 8.664 €
Summe Abzugsbetrag		18.664 €

Die Günstigerprüfung gem. § 10 Abs. 4a EStG galt bis zum Veranlagungszeitraum 2019 und entfällt für Veranlagungszeiträume ab 2020. Damit ist ein Betrag i. H. von 18.664 € abzugsfähig.

FALL 61

Beitragsrückerstattungen bei privater Krankenversicherung

Sachverhalt: Der alleinstehende A, privat krankenversichert, hat im Jahr 01 einen Gesamtbetrag der Einkünfte i. H. von 80.000 € erzielt. Sein Grenzsteuersatz soll in den Jahren 01 und 02 40 % betragen. Im Jahr 01 sind ihm 1.000 € Arztkosten entstanden. Nach den Vertragsbedingungen seiner Krankenversicherung ergeben sich folgende Alternativen:

a) Bei Einreichung der Arztrechnungen werden die Aufwendungen zu 100 % erstattet. Eine Selbstbeteiligung hat A nicht vereinbart.

b) Falls A im Jahr 01 keine Leistungen der Krankenkasse in Anspruch nimmt, wird ihm im Jahr 02 eine Beitragsrückerstattung i. H. von 1.200 € gezahlt, die sich in voller Höhe auf die Basisabsicherung bezieht.

AUFGABE

Welche Alternative ist für A günstiger?

LÖSUNG

Da sich Krankenversicherungsbeiträge in der Vergangenheit i. d. R. nicht in voller Höhe steuermindernd ausgewirkt haben, wurden Beitragserstattungen keine allzu große Bedeutung beigemessen. Ab dem Jahr 2010 steigt die praktische Relevanz der Erstattungen jedoch erheblich an, da die Beiträge zu einer Basiskrankenversicherung unbegrenzt angesetzt werden können. Werden gezahlte Beiträge in einem späteren Veranlagungszeitraum erstattet, mindern diese die im Jahr der Erstattung anzusetzenden Beträge (§ 10 Abs. 4b Satz 2 und 3 EStG).

Während es im vorliegenden Fall bis zum Jahr 2009 grds. günstiger war, die Beitragsrückerstattung in Anspruch zu nehmen, ist ab dem Jahr 2010 zu berücksichtigen, dass im Erstattungsjahr die steuerwirksamen Sonderausgaben um 1.200 € zu reduzieren sind. Damit ergibt sich eine um 480 € höhere Steuerbelastung. Andererseits wirken sich aufgrund der zumutbaren Eigenbelastung aber die Arztkosten nicht steuermindernd aus.

a)	Entstandene Arztkosten	1.000 €
	Erstattung durch Krankenkasse	- 1.000 €
	Wirtschaftliche Belastung	**0 €**

b)	Entstandene Arztkosten		- 1.000 €
	Beitragsrückerstattung	+ 1.200 €	
	Steuerbelastung hierauf	- 480 €	
		720 €	+ 720 €
	Wirtschaftliche Belastung		**280 €**

Eine Steuerentlastung durch die Berücksichtigung als außergewöhnliche Belastung ergibt sich nicht.

Es ist daher vorteilhafter, die Arztrechnungen bei der Krankenkasse einzureichen. Etwas anderes kann jedoch gelten, wenn die berücksichtigungsfähigen Kranken- und Pflegeversicherungsbeiträge nach Abzug der Beitragsrückerstattung die Höchstgrenzen der sonstigen Vorsorgeaufwendungen (1.900 € bzw. 2.800 €) unterschreiten; in diesem Fall ergibt sich ein größerer Spielraum für die Berücksichtigung von weiteren sonstigen Vorsorgeaufwendungen.

Bei einer Kontrollrechnung zur Prüfung der Inanspruchnahme von Beitragsrückerstattungen ist ferner zu beachten, dass die Finanzverwaltung Arztkosten auch bei Überschreiten der zumutbaren Belastung mangels Zwangsläufigkeit nicht als außergewöhnliche Belastungen gem. § 33 Abs. 1 EStG anerkennen möchte, falls die Versicherungsmöglichkeit nicht wahrgenommen wird (R 33.2 EStR).

FALL 62

Höchstbetragsberechnung und Günstigerprüfung

HINWEIS

Der bisher erst für das Jahr 2025 vorgesehene vollständige Sonderausgabenabzug für Altersvorsorgeaufwendungen wird, wie im Koalitionsvertrag vorgesehen, bereits auf das Jahr 2023 vorgezogen. Die vollständige Abzugsfähigkeit ab dem Jahr 2023 hat zur Folge, dass sich die als Sonderausgaben abzugsfähigen Altersvorsorgeaufwendungen im Vergleich zur bisherigen Rechtslage im Jahr 2023 um vier Prozentpunkte und im Jahr 2024 um zwei Prozentpunkte erhöhen. Dies soll neben steuermindernden Auswirkungen zugleich langfristig dazu beitragen, eine „doppelte Besteuerung" von Renten aus der Basisversorgung zu vermeiden.

Sachverhalte:

1. **Lediger Arbeitnehmer, pflichtversichert**

   Der ledige, kinderlose Arbeitnehmer A erzielt einen Bruttoarbeitslohn i. H. von 40.000 €. Seine jährlichen Beiträge zur gesetzlichen Rentenversicherung betragen 3.720 €, zur gesetzlichen Krankenversicherung (einschließlich Anspruch auf Krankengeldzahlung) 3.320 € und zur gesetzlichen Pflegeversicherung 510 € (kinderlos). Der Arbeitnehmeranteil für die Arbeitslosenversicherung beläuft sich auf 600 €. Für eine Haftpflichtversicherung sind 500 € angefallen.

2. **Lediger Arbeitnehmer mit Basisrentenvertrag**

   Arbeitnehmer A in Nr. 1 hat zusätzlich noch einen Basisrentenvertrag i. S. des § 10 Abs. 1 Nr. 2 Buchst. b EStG abgeschlossen und dort Beiträge i. H. von 4.000 € eingezahlt.

3. **Lediger Beamter**

   Ein lediger Beamter zahlt 4.000 € in einen begünstigten Basisrentenvertrag i. S. des § 10 Abs. 1 Nr. 2 Buchst. b EStG ein, um zusätzlich zu seinem Pensionsanspruch eine Altersversorgung zu erwerben. Seine Einnahmen aus dem Beamtenverhältnis betragen 52.910 €. Für eine Haftpflicht- und Unfallversicherung zahlt er insgesamt 800 €. Für die private Basiskranken- und Pflegeversicherung wendet der Beamte lt. Mitteilung der Versicherung insgesamt 3.000 € und für Zusatzleistungen insgesamt 600 € auf.

4. **Arbeitnehmer, verheiratet, ein Kind, pflichtversichert**

   Die Eheleute B und C haben ein Kind. Herr B erzielt einen Bruttoarbeitslohn i. H. von 44.000 €. Er ist in der gesetzlichen Kranken- und Rentenversicherung pflichtversichert, seine Familie ist in der gesetzlichen Krankenversicherung beitragsfrei mitversichert. Der Tarif sieht auch eine Krankengeldzahlung vor. Die jährlichen Beiträge zur gesetzlichen Krankenversicherung betragen 3.652 € und zur gesetzlichen Pflegeversicherung 561 €. Die Eheleute haben außerdem weitere Vorsorgeaufwendungen (Arbeitslosen-, Haftpflicht- und Unfallversicherung) i. H. von 1.200 € geleistet.

5. **Selbständiger, alleinerziehend, zwei Kinder**

   D ist alleinerziehender Vater zweier Kinder. Er ist selbständiger Gewerbetreibender. Er hat sich und seine beiden Kinder in einer privaten Krankenversicherung abgesichert. Hierfür zahlt er einen Jahresbeitrag i. H. von 9.000 € (davon entfallen 4.800 € auf seine und jeweils 2.100 € auf die Krankenversicherung der beiden Kinder). In seiner Krankenversicherung sind Komfortleistungen i. H. von 10 %, bei seinen Kindern jeweils i. H. von 8 % abgesichert. Für seine private Pflegepflichtversicherung hat er 480 € gezahlt und außerdem weitere sonstige Vorsorgeaufwendungen i. H. von 600 € geleistet.

6. **Selbständiger, alleinstehend, Basisversorgung**

   E ist selbständiger Gewerbetreibender und erzielt hieraus einen Gewinn i. H. von 50.000 €. Er ist ledig und kinderlos. Weitere Einkünfte hat er nicht. E hat sich in einer privaten Krankenversicherung versichert, für die er einen Jahresbeitrag i. H. von 5.000 € zahlt. In seiner Krankenversicherung sind Komfortleistungen i. H. von 20 % abgesichert. Für die private Pflegepflichtversicherung hat er 520 € gezahlt. Außerdem hat er Beiträge für eine vor dem 1.1.2005 abgeschlossene Kapitallebensversicherung i. H. von 4.800 € geleistet. Zusätzlich wendet er 6.000 € für eine begünstigte Rürup-Rentenversicherung auf.

AUFGABE

Welche Beträge können jeweils bei der Veranlagung 2024 als Vorsorgeaufwendungen berücksichtigt werden? Bei der Berechnung soll ein Beitragssatz zur allgemeinen Rentenversicherung i. H. von 18,6 % herangezogen werden. Die Beitragsbemessungsgrenzen in der gesetzlichen Rentenversicherung betragen im Kalenderjahr 2024 90.600 € (West) und 89.400 € (Ost). Die Beitragsbemessungsgrenze in der knappschaftlichen Rentenversicherung beträgt 111.600 € und der Beitragssatz dafür 24,7 %.

LÖSUNG

Zu 1: Lediger Arbeitnehmer, pflichtversichert

Basisversorgung:		
Arbeitnehmeranteil Rentenversicherung (18,6 % von 40.000 € = 7.440 € / 2 =)	3.720 €	
Arbeitgeberanteil Rentenversicherung	+ 3.720 €	
Vorsorgeaufwendungen	7.440 €	
davon 100 % (maximal aus 27.565 €) gem. § 10 Abs. 3 Satz 4 und 6 EStG	7.440 €	
abzgl. steuerfreier Arbeitgeberanteil (§ 10 Abs. 3 Satz 5 EStG)	- 3.720 €	
Abzugsfähig gem. § 10 Abs. 3 EStG	3.720 €	3.720 €
Sonstige Vorsorgeaufwendungen:		
Krankenversicherung	3.320 €	
Pflegeversicherung	+ 510 €	
Arbeitslosenversicherung	+ 600 €	
Haftpflichtversicherung	+ 500 €	
	4.930 €	
Höchstbetrag gem. § 10 Abs. 4 Satz 2 EStG	1.900 €	
Mindestens jedoch:		
Krankenversicherung	3.320 €	
abzgl. 4 % (Krankengeld)	- 132 €	
Pflegeversicherung	+ 510 €	
Summe Basisabsicherung	3.698 €	
Abzugsfähig gem. § 10 Abs. 4 Satz 4 EStG		+ 3.698 €
Summe Abzugsbetrag gem. § 10 Abs. 3 und 4 EStG		7.418 €

Arbeitnehmer A kann insgesamt also Vorsorgeaufwendungen i. H. von 7.418 € geltend machen.

Zu 2: Lediger Arbeitnehmer mit Basisrentenvertrag

Basisversorgung:		
Arbeitnehmeranteil Rentenversicherung	3.720 €	
Arbeitgeberanteil Rentenversicherung	+ 3.720 €	
Basisrentenvertrag	+ 4.000 €	
Vorsorgeaufwendungen	11.440 €	

davon 100 % (maximal aus 27.565 €)	11.440 €	
abzgl. steuerfreier Arbeitgeberanteil	- 3.720 €	
Abzugsfähig gem. § 10 Abs. 3 EStG	7.720 €	7.720 €

Arbeitnehmer A kann Vorsorgeaufwendungen i. H. von 7.720 € geltend machen.

Zu 3: Lediger Beamter

Basisrentenvertrag	4.000 €	
Höchstbetrag	27.565 €	
Kürzung gem. § 10 Abs. 3 Satz 3 EStG (18,6 % von 52.910 €*) =)	- 9.841 €	
Gekürzter Höchstbetrag	17.724 €	
100 % des geringeren Betrags		4.000 €
Basisvorsorgeaufwendungen lt. Versicherung	3.000 €	
Sonstige Vorsorgeaufwendungen (Haftpflicht- und Unfallversicherung sowie Zusatzleistungen)	1.400 €	
Höchstbetrag gem. § 10 Abs. 4 Satz 2 EStG	1.900 €	
Abzugsfähig gem. § 10 Abs. 4 EStG		3.000 €

*) Die Kürzung des Höchstbetrags ist höchstens bis zum Betrag in der Beitragsbemessungsgrenze (Ost) in der allgemeinen Rentenversicherung vorzunehmen (BMF, Schreiben v. 24.5.2017, BStBl 2017 I S. 820, Rz. 61–64).

Der Beamte kann daher insgesamt einen Betrag i. H. von 7.000 € geltend machen.

Zu 4: Arbeitnehmer, verheiratet, ein Kind, pflichtversichert

Basisversorgung:		
Arbeitnehmeranteil Rentenversicherung (18,6 % von 44.000 € = 8.184 € / 2 =)	4.092 €	
Arbeitgeberanteil Rentenversicherung	+ 4.092 €	
	8.184 €	
davon 100 % (maximal aus 55.130 €) gem. § 10 Abs. 3 Satz 1 und 2 EStG	8.184 €	
abzgl. steuerfreier Arbeitgeberanteil	- 4.092 €	
Abzugsfähig gem. § 10 Abs. 3 EStG	4.092 €	4.092 €
Sonstige Vorsorgeaufwendungen:		
Krankenversicherung	3.652 €	
Pflegeversicherung	+ 561 €	
Arbeitslosen- und Haftpflichtversicherung lt. Sachverhalt	+ 1.200 €	
	5.413 €	
Höchstbetrag gem. § 10 Abs. 4 Satz 2 EStG (1.900 € x 2 =)	3.800 €	

Mindestens jedoch:			
Krankenversicherung		3.652 €	
abzgl. 4 % (Krankengeld)		- 146 €	
Pflegeversicherung		+ 561 €	
Summe Basisabsicherung		4.067 €	
Abzugsfähig gem. § 10 Abs. 4 Satz 4 EStG			+ 4.067 €
Summe Abzugsbetrag gem. § 10 Abs. 3 und 4 EStG			8.159 €

Die Eheleute können Vorsorgeaufwendungen i. H. von 8.159 € abziehen.

Zu 5: Selbständiger, alleinerziehend, zwei Kinder

Krankenversicherung		9.000 €	
Pflegepflichtversicherung		+ 480 €	
Sonstige Vorsorgeaufwendungen		+ 600 €	
		10.080 €	
Höchstbetrag gem. § 10 Abs. 4 Satz 1 EStG		2.800 €	
Mindestens jedoch:			
Krankenversicherung für D	4.800 €		
Kürzung Komfortleistungen (10 %)	- 480 €	4.320 €	
Krankenversicherung für Kinder	4.200 €		
Kürzung Komfortleistungen (8 %)	- 336 €	+ 3.864 €	
Pflegepflichtversicherung		+ 480 €	
		8.664 €	
Abzugsbetrag gem. § 10 Abs. 4 Satz 4 EStG			8.664 €

Als Vorsorgeaufwendungen sind 8.664 € abzuziehen.

Zu 6: Selbständiger, alleinstehend, Basisversorgung

Basisversorgung		
Basisrentenvertrag (§ 10 Abs. 1 Nr. 2 Buchst. b Doppelbuchst. aa EStG)	6.000 €	
Höchstbetrag 2024	27.565 €	
zu berücksichtigen sind 100 % des geringeren Betrags	6.000 €	
Abzugsfähig gem. § 10 Abs. 3 EStG		6.000 €
Sonstige Vorsorgeaufwendungen:		
Krankenversicherung	5.000 €	
Pflegepflichtversicherung	+ 520 €	
Kapitallebensversicherung (88 %)	+ 4.224 €	
Summe	9.744 €	

Höchstbetrag gem. § 10 Abs. 4 Satz 1 EStG	2.800 €	
Mindestens jedoch:		
Krankenversicherung	5.000 €	
Kürzung Komfortleistungen (20 %)	- 1.000 €	
Pflegepflichtversicherung	+ 520 €	
	4.520 €	
Abzugsbetrag gem. § 10 Abs. 4 Satz 4 EStG		+ 4.520 €
Summe Abzugsbetrag gem. § 10 Abs. 3 und 4 EStG		10.520 €

Damit kann E Vorsorgeaufwendungen i. H. von 10.520 € abziehen.

FALL 63

Vorauszahlungen von Basiskrankenversicherungsbeiträgen

Sachverhalte:

a) Der Basiskrankenversicherungsschutz von A beträgt jährlich 6.000 €. Im Jahr 01 zahlt A neben dem laufenden Jahresbeitrag nochmals 30.000 € an seine Versicherungsgesellschaft, um einen Versicherungsschutz für die nächsten fünf Jahre zu erhalten.

b) B bekommt von seiner Versicherungsgesellschaft das Angebot, dass gegen Zahlung i. H. von 20.000 € die Krankenversicherung ab dem 65. Lebensjahr um monatlich 300 € gesenkt wird. B zahlt daher im Jahr 01 20.000 € in einem Betrag.

AUFGABE

Wie sind die Vorauszahlungen zu behandeln?

LÖSUNG

Zu a)

Beiträge sind grds. in dem Veranlagungszeitraum zu berücksichtigen, in dem sie geleistet werden. Gemäß der Sonderregelung des § 10 Abs. 1 Nr. 3 Satz 4 EStG sind die für zukünftige Beitragsjahre geleisteten Beiträge jedoch in dem Veranlagungszeitraum zu berücksichtigen, für den sie geleistet wurden, sofern sie das Zweieinhalbfache eines Jahresbeitrags überschreiten. Dabei ist das Vorauszahlungsvolumen jenen Veranlagungszeiträumen zuzuordnen, die zeitlich am nächsten am Kalenderjahr der Zahlung liegen.

Das zulässige Vorauszahlungsvolumen ist mit 2,5 x 6.000 € = 15.000 € zu bemessen. Zur Ermittlung des zulässigen Vorauszahlungsvolumens siehe das BMF-Schreiben v. 24.5.2017 (BStBl 2017 I S. 820, Rz. 134 ff.).

<table>
<tr><td>Zulässiges Vorauszahlungsvolumen 01:
Für den Veranlagungszeitraum vertraglich geschuldete Beiträge (nicht tatsächlich gezahlte Beiträge), jeweils gesondert für Basiskranken- und -Pflegeversicherung: 6.000 €</td><td>Summe der geleisteten Beitragsvorauszahlungen:
Sämtliche im Veranlagungszeitraum abgeflossenen Basiskranken- bzw. gesetzlichen Pflegeversicherungsbeiträge – jeweils gesondert –, die für nach dem Veranlagungszeitraum beginnende Beitragsjahre geleistet werden.
Nicht in die Summe der geleisteten Beitragsvorauszahlungen einzubeziehen sind jedoch jene im Veranlagungszeitraum abgeflossenen Beiträge, die aufgrund von § 11 Abs. 2 Satz 2 EStG erst im folgenden Veranlagungszeitraum anzusetzen sind. Diese sind in keinem Veranlagungszeitraum Beitragsvorauszahlungen.</td></tr>
<tr><td>6.000 € x 2,5 = 15.000 € = Zulässiges Vorauszahlungsvolumen</td><td>30.000 €. Vergleich mit dem zulässigen Vorauszahlungsvolumen</td></tr>
<tr><td colspan="2">Summe der geleisteten Vorauszahlungen 30.000 € > zulässiges Vorauszahlungsvolumen i. H. von 15.000 €
§ 10 Abs. 1 Nr. 3 Satz 4 EStG ist anzuwenden (BMF, Schreiben v. 24.5.2017, BStBl 2017 I S. 820, Rz. 134 ff.):</td></tr>
<tr><td>Der das zulässige Vorauszahlungsvolumen nicht übersteigende Teil der Beitragsvorauszahlungen ist im Veranlagungszeitraum des Abflusses abziehbar (§ 11 Abs. 2 Satz 1 EStG); § 11 Abs. 2 Satz 2 EStG bleibt unberührt.</td><td>Der verbleibende, das zulässige Vorauszahlungsvolumen übersteigende Teil der Summe der im Veranlagungszeitraum geleisteten Beitragsvorauszahlungen ist den Zeiträumen, für die die Beitragsvorauszahlungen geleistet wurden, gem. ihrer zeitlichen Abfolge zuzuordnen und in dem betreffenden Veranlagungszeitraum anzusetzen.</td></tr>
</table>

Kj. 01	Kj. 02	Kj. 03	Kj. 04	Kj. 05	Kj. 06
Laufende Beiträge: 6.000 €					
Geleistete Vorauszahlungen: 30.000 €					
Zulässiges Vorauszahlungsvolumen: - 15.000 € 15.000 €					
Der im Jahr 01 absetzbare Teil der Vorauszahlungen i. H. von 15.000 € ist den Kalenderjahren 02 und 03 und zur Hälfte dem Kalenderjahr 04 zuzuordnen.	6.000 €	6.000 €	3.000 €		
Im Kalenderjahr 01 zu berücksichtigen: 21.000 €					
Übersteigender Teil: 15.000 €					

Kj. 01	Kj. 02	Kj. 03	Kj. 04	Kj. 05	Kj. 06
Der verbleibende Betrag i. H. von 15.000 € ist mit 3.000 € im Kalenderjahr 04 und mit jeweils 6.000 € in den Kalenderjahren 05 und 06 anzusetzen.			3.000 €	6.000 €	6.000 €

Zu b)

Die Sonderregelung gilt nicht für Beiträge, soweit sie der unbefristeten Beitragsminderung nach Vollendung des 62. Lebensjahrs dienen. B kann die vollen 20.000 € als Sonderausgaben im Jahr 01 geltend machen (BMF, Schreiben v. 24.5.2017, BStBl 2017 I S. 820, Rz. 135).

FALL 64

Steuerersparnis durch Vorauszahlungen von Krankenversicherungsbeiträgen

Sachverhalt: Die verheirateten Steuerpflichtigen A und B sind beide als Freiberufler tätig. Ihre jährlichen Aufwendungen zur Basiskranken- und Pflegeversicherung belaufen sich auf 5.400 €. Die Aufwendungen für weitere Versicherungen i. S. des § 10 Abs. 1 Nr. 3a EStG betragen bei den Eheleuten 7.000 € im Jahr.

AUFGABE

Welche Steuerersparnis ergibt sich bei einem Steuersatz i. H. von 40 %, wenn im Jahr 20 das maximale Vorauszahlungsvolumen geleistet wird?

LÖSUNG

Ohne die Berücksichtigung von Vorauszahlungen betragen die abzugsfähigen sonstigen Vorsorgeaufwendungen gem. § 10 Abs. 4 EStG (2 x 2.800 € =) 5.600 € jährlich. Das maximale Vorauszahlungsvolumen für die Basisversicherungen beläuft sich auf (5.400 € x 2,5 =) 13.500 €, so dass unter der Berücksichtigung von Vorauszahlungen im Jahr 20 ein Betrag i. H. von 18.900 € (= Basisversicherung im Jahr 20 5.400 € zzgl. Vorauszahlungen 13.500 €) berücksichtigt werden kann.

Die Besonderheit ist dadurch begründet, dass der Höchstbetrag des § 10 Abs. 4 EStG nun für die übrigen Versicherungen zur Verfügung steht.

Kalenderjahr	ohne Vorauszahlungen	mit Vorauszahlungen
20	5.600 €	18.900 €
21	5.600 €	5.600 €
22	5.600 €	5.600 €
23	5.600 €	5.600 €
Summe	22.400 €	35.700 €

Damit beträgt die Steuerersparnis 40 % des Unterschiedsbetrags i. H. von 13.300 €, somit also 5.320 €.

FALL 65

Vorauszahlungen und regelmäßig wiederkehrende Zahlungen

Sachverhalte:

a) X leistet am 29.12.17 die Beiträge zu seiner Basiskranken- und Pflegeversicherung für die Jahre 18–21 in einer Summe. Der regelmäßig zum Jahresende des Vorjahres geleistete Jahresbeitrag i. H. von 4.000 € ist für das Jahr 18 am 1.1.18 fällig.

b) X zahlt regelmäßig zum Monatsende den für den Folgemonat geschuldeten Beitrag i. H. von 300 €. Der Beitrag ist jeweils am ersten Tag des Monats fällig. Am 29.12.17 leistet er die Beiträge für die Jahre 18–21 im Voraus.

AUFGABE

In welchen Jahren können die geleisteten Beiträge jeweils angesetzt werden?

LÖSUNG

Zu a)

Bei der Planung möglicher Vorauszahlungen ist zu beachten, dass die Regelung des § 10 Abs. 1 Nr. 3 Satz 4 EStG keine Auswirkung auf die Anwendung des § 11 Abs. 2 Satz 2 i.V. mit Abs. 1 Satz 2 EStG hat (BMF, Schreiben v. 24.5.2017, BStBl 2017 I S. 820, Rz. 153 ff.). Die kurze Zeit vor Beginn des Kalenderjahres geleisteten Beiträge für das Jahr 18 sind keine Beitragsvorauszahlungen, da sie im Veranlagungszeitraum 18 zu berücksichtigen sind. Die Summe der Beitragsvorauszahlungen ist vielmehr aus den Beiträgen für die Jahre 19–21 zu bilden und beläuft sich auf 12.000 €. Ein Teilbetrag i. H. von 10.000 € (= 2,5 x 4.000 €) ist im Jahr 17 anzusetzen. Der das zulässige Vorauszahlungsvolumen überschreitende Betrag i. H. von 2.000 € ist im Veranlagungszeitraum 21 zu berücksichtigen.

Zu b)

Der Beitrag für Januar 18 ist gem. der Regelung in § 11 Abs. 2 Satz 2 i.V. mit Abs. 1 Satz 2 EStG abweichend vom Zahlungsjahr 17 im Jahr 18 zu berücksichtigen. Die Summe der geleisteten Beitragsvorauszahlungen (Februar–Dezember 18 3.300 € und für die Jahre 19–21 jeweils 3.600 €) beträgt 14.100 € und überschreitet damit das zulässige Vorauszahlungsvolumen i. H. von 9.000 € um 5.100 €. Die Beiträge für Februar 18–Juli 20 können daher als Sonderausgaben im Jahr 17 angesetzt werden. Der das Vorauszahlungsvolumen übersteigende Betrag ist mit 1.500 € im Jahr 20 und mit 3.600 € im Jahr 21 als Sonderausgaben zu berücksichtigen (siehe auch das Beispiel 4 in Rz. 158 des BMF-Schreibens v. 24.5.2017, BStBl 2017 I S. 820).

FALL 66

Erstattung von Sonderausgaben ab dem Veranlagungszeitraum 2012

Sachverhalte:

a) Der Steuerpflichtige Z zahlt für eine Haftpflichtversicherung 300 € und erhält eine Erstattung i. H. von 400 €. Außerdem zahlt er für eine Unfallversicherung 200 €.

b) Der Steuerpflichtige Z zahlt für eine Haftpflichtversicherung 350 € und erhält eine Erstattung i. H. von 600 €. Außerdem zahlt er eine Unfallversicherung i. H. von 150 €.

c) Der Steuerpflichtige Z zahlt Krankenversicherungsbeiträge gem. § 10 Abs. 1 Nr. 3 Satz 1 Buchst. a EStG (1.000 €), Pflegeversicherungsbeiträge gem. § 10 Abs. 1 Nr. 3 Satz 1 Buchst. b EStG (400 €) und Kirchensteuer i. H. von 2.000 €. Gleichzeitig erhält er Erstattungszahlungen für Aufwendungen des Vorjahres:

– Krankenversicherung	800 €
– Pflegeversicherung	600 €
– Kirchensteuer	7.000 €

AUFGABE

Wie sind die Erstattungsleistungen zu behandeln?

LÖSUNG

Mit Wirkung ab dem Jahr 2012 ist § 10 Abs. 4b EStG in das Gesetz eingefügt worden. Danach sind bei Sonderausgaben gem. § 10 Abs. 1 Nr. 2–3a EStG Erstattungen, die die im jeweiligen Veranlagungszeitraum geleisteten Aufwendungen übersteigen, mit anderen im Rahmen der jeweiligen Nummer anzusetzenden Aufwendungen zu verrechnen. Ein Erstattungsüberhang in den Fällen des § 10 Abs. 1 Nr. 3 und 4 EStG ist dem Gesamtbetrag der Einkünfte hinzuzurechnen.

Zu a)

Beide Versicherungen fallen unter § 10 Abs. 1 Nr. 3a EStG. Der Erstattungsüberhang bei der Haftpflichtversicherung mit 100 € ist daher mit den Aufwendungen für die Unfallversicherung zu verrechnen. Damit ergeben sich Sonderausgaben i. H. von 100 €.

Zu b)

Beide Versicherungen fallen unter § 10 Abs. 1 Nr. 3a EStG. Der Erstattungsüberhang bei der Haftpflichtversicherung mit 250 € ist daher mit den Aufwendungen für die Unfallversicherung zu verrechnen. Damit ergibt sich insgesamt ein Erstattungsüberhang i. H. von 100 €. Dieser ist mit den Aufwendungen in dem Jahr zu verrechnen, in dem die Aufwendungen ursprünglich geltend gemacht wurden (BMF, Schreiben v. 24.5.2017, BStBl 2017 I S. 820, Rz. 203 und 204).

Zu c)

Der Erstattungsbetrag der Krankenversicherung ist mit den geleisteten Krankenversicherungsbeiträgen zu verrechnen. Bei der Pflegeversicherung ergibt sich ein Erstattungsüberhang i. H. von 200 €. Dieser ist mit Aufwendungen der gleichen Nummer zu verrechnen, so dass sich bei § 10 Abs. 1 Nr. 3 EStG ein Saldo i. H. von Null ergibt. Der Erstattungsüberhang bei der Kirchensteuer i. H. von 5.000 € ist gem. § 10 Abs. 4b Satz 3 EStG dem Gesamtbetrag der Einkünfte des laufenden Veranlagungszeitraums hinzuzurechnen. Eine Änderung gem. § 175 Abs. 1 Satz 1 Nr. 2 AO mit dem Ziel, den Sonderausgabenabzug im Zahlungsjahr um den Erstattungsüberhang zu mindern, ist in diesen Fällen nicht mehr möglich (Beispiel in Rz. 204 des BMF-Schreibens v. 24.5.2017, BStBl 2017 I S. 820).

HINWEIS

Mit Urteil v. 22.3.2023 - X R 27/21, BFH/NV 2023 S. 1105, QAAAJ-44533, nimmt der BFH Stellung zur Verrechnung und Hinzurechnung (§ 10 Abs. 4b Satz 2 und 3 EStG) einer Erstattung von Beiträgen zur Kranken- und Pflegeversicherung für mehrere Jahre:

Beiträge zur Kranken- und Pflegeversicherung, die dem Steuerpflichtigen erstattet worden sind, sind auch dann gem. § 10 Abs. 4b Satz 2 EStG mit den dort genannten Aufwendungen zu verrechnen und gem. § 10 Abs. 4b Satz 3 EStG dem Gesamtbetrag der Einkünfte hinzuzurechnen, wenn die Erstattung darauf beruht, dass ein Sozialversicherungsverhältnis rückabgewickelt oder rückwirkend umgestellt worden ist. Die Verrechnung und die Hinzurechnung gem. § 10 Abs. 4b Satz 2 und 3 EStG sind unabhängig davon vorzunehmen, ob im Erstattungsjahr noch eine Änderung der Bescheide der Zahlungsjahre i. S. der §§ 173 ff. AO möglich ist. Die Regelungen über die Verrechnung und Hinzurechnung erstatteter Sonderausgaben in § 10 Abs. 4b Satz 2 und 3 EStG verstoßen nicht gegen das verfassungsrechtliche Rückwirkungsverbot oder den Grundsatz des Vertrauensschutzes.

FALL 67

Erstattungsüberhang durch steuerfreie Zuschüsse

Sachverhalt: Der privat krankenversicherte Arbeitnehmer A entrichtete im Veranlagungszeitraum 18 Krankenversicherungsbeiträge für das Jahr 18 i. H. von 5.000 € sowie Beiträge zur Pflegeversicherung i. H. von 500 €. Am 2.12.18 zahlte A die gesamten Beiträge für das Jahr 19 ebenfalls i. H. von 5.500 € im Voraus. In den Jahresbeträgen zur Krankenversicherung ist jeweils ein Betrag i. H. von 600 € für Wahlleistungen enthalten. A erhielt in den Jahren 18 und 19 einen steuerfreien Arbeitgeberzuschuss zur Krankenversicherung i. H. von jeweils 2.500 €.

AUFGABE

In welcher Höhe sind die Beiträge zur Basiskranken- und Pflegeversicherung in den Jahren 18 und 19 steuerlich zu berücksichtigen?

LÖSUNG

Neben den Beiträgen zur Basiskrankenversicherung 18 i. H. von 4.400 € und zur Pflegeversicherung 18 i. H. von 500 € kann A auch die Beitragsvorauszahlungen für das Jahr 19 im Zahlungsjahr steuermindernd geltend machen. Allerdings sind die im Veranlagungszeitraum 18 geleisteten Aufwendungen i. H. von 8.800 € und 1.000 € um den steuerfreien Arbeitgeberzuschuss zur Krankenversicherung im Betrag i. H. von 2.500 € zu kürzen (BMF, Schreiben v. 24.5.2017, BStBl 2017 I S. 820, Rz. 115).

Der steuerfreie Arbeitgeberzuschuss im Veranlagungszeitraum 19 führt mangels dort geleisteter Beiträge zur Basis- und Pflegeversicherung zu einem Erstattungsüberhang bei den Vorsorgeaufwendungen i. S. des § 10 Abs. 1 Nr. 3 EStG i. H. von 2.500 €. Dieser Erstattungsüberhang ist gem. § 10 Abs. 4b Satz 3 EStG dem Gesamtbetrag der Einkünfte 19 hinzuzurechnen.

FALL 68

Einzelveranlagung und Vorsorgeaufwendungen

Sachverhalte:

a) A und B sind miteinander verheiratet. Ehefrau B ist die leibliche Mutter des Kindes K. K ist selbst Versicherungsnehmer seiner Kranken- und Pflegeversicherung mit Beitrag i. H. von 800 €. Im Rahmen der Unterhaltspflicht werden die Beiträge von B i. H. von 80 % und vom Kindsvater C zu 20 % wirtschaftlich getragen.

b) Ehemann A ist selbständig tätig und privat versichert. Er leistet für seine Basiskrankenversicherung einen Jahresbeitrag i. H. von 4.000 €. Seine Ehefrau B ist Beamtin und ebenfalls privat versichert. Der von B zu leistende Jahresbeitrag zur Basiskrankenversicherung beträgt 1.200 €.

AUFGABE

Welche abzugsfähigen Beträge ergeben sich, wenn A und B jeweils die Einzelveranlagung beantragen, wobei § 26a Abs. 2 Satz 2 EStG Anwendung finden soll?

LÖSUNG

Zu a)

Gemäß der Vorschrift des § 10 Abs. 1 Nr. 3 Satz 2 EStG werden bei B 80 % und bei C 20 % der für K getragenen Beiträge wie eigene Beiträge behandelt. Nach der Verteilungsregelung des § 26a Abs. 2 Satz 2 EStG werden bei A und B sämtliche Sonderausgaben jeweils hälftig abgezogen. Dass bei A keine Unterhaltsverpflichtung gegenüber K besteht, ist für die Verteilung durch § 26a Abs. 2 Satz 2 EStG ohne Belang. Damit kann bei A und B jeweils ein Betrag i. H. von 320 € angesetzt werden. C kann Aufwendungen im Betrag i. H. von 160 € geltend machen.

HINWEIS

Mit Urteil v. 13.3.2018 - X R 25/15, BStBl 2019 II S. 191, schränkt der BFH die bisher großzügige Verwaltungsregelung dahingehend ein, indem er festlegt, dass die alleinige Leistung von Naturalunterhalt für die Berücksichtigung der Versicherungsleistungen des Kindes bei den Eltern nicht ausreicht.

Im Fall, mit dem sich der BFH auseinandersetzen musste, wohnte ein Auszubildender während seiner Ausbildung noch bei seinen Eltern. Im Rahmen seines Ausbildungsdienstverhältnisses behielt sein Arbeitgeber von der Ausbildungsvergütung die Krankenversicherungs- und Pflegeversicherungsbeiträge ein. Die Eltern verlangten die Berücksichtigung der Versicherungsbeiträge im Rahmen ihrer Einkommensteuererklärung als eigene Beiträge, mithin als Sonderausgaben.

Entscheidungsgründe:

Der BFH hat in seinem Urteil v. 13.3.2018 - X R 25/15, BStBl 2019 II S. 191, die Übertragung der Kranken- und Pflegeversicherungsbeiträge des Kindes auf die Eltern konkretisiert. Gemäß der BFH-Rechtsprechung müssen für die Übertragung auf die Eltern folgende Voraussetzungen erfüllt sein:

1. Das Kind muss selbst kranken- und pflegeversichert sein (BFH, Urteil v. 13.3.2018 - X R 25/15, BStBl 2019 II S. 191, Rz. 14). Dies kann auf einer eigenen Mitgliedschaft in einer gesetzlichen Kranken- bzw. Pflegeversicherung oder auf einem entsprechenden eigenen Versicherungsvertrag mit einem Privatversicherer beruhen. Von dieser Vorschrift nicht erfasst sind dagegen die Fälle, bei denen der Steuerpflichtige für sein unterhaltsberechtigtes Kind aufgrund einer eigenen vertraglichen Verpflichtung an eine (seine) private Krankenversicherung Beiträge zahlt.

2. Gegenüber dem Kind muss eine Unterhaltsverpflichtung bestehen. Ohne diese Unterhaltsverpflichtung scheidet eine Berücksichtigung dieser Beiträge des Kindes schon vom Wortlaut des § 10 Abs. 1 Nr. 3 Satz 2 EStG her aus (BFH, Urteil v. 13.3.2018 - X R 25/15, BStBl 2019 II S. 191, Rz. 15 und 16).

   Gemäß der §§ 1601 ff. BGB ist zu überprüfen, ob die Eltern zivilrechtlich zum Unterhalt verpflichtet sind. Der Unterhaltsanspruch gem. § 1610 Abs. 2 i.V. mit § 1601 BGB umfasst den gesamten Lebensbedarf des Kindes, der sich i. d. R. nach der Düsseldorfer Tabelle bestimmt. Hinzu kommen Aufwendungen für eine angemessene Kranken- wie eine Pflegeversicherung. Bei den Beiträgen zur Kranken- und Pflegeversicherung handelt es sich um einen gegenwärtigen Bedarf, da die Versicherungen ein jederzeit bestehendes Risiko absichern. Allerdings müssen die Versicherungsbeiträge tatsächlich auch angefallen sein. So führt etwa eine Familienmitversicherung gem. § 10 SGB V nicht zu einem höheren Unterhaltsbedarf.

   Auf den Unterhaltsbedarf des Kindes sind dessen eigene Einkünfte – z. B. die Ausbildungsvergütung – bedarfsmindernd anzurechnen. Reichen die eigenen Einkünfte des Kindes aus, um den gesamten Lebensbedarf einschließlich der Versicherungsbeiträge abzudecken, sind die Eltern nicht unterhaltsverpflichtet, so dass § 10 Abs. 1 Nr. 3 Satz 2 EStG nicht in Betracht kommt (BFH, Urteil v. 13.3.2018 - X R 25/15, BStBl 2019 II S. 191, Rz. 20 und 21).

3. Die Beiträge des Kindes i. S. des § 10 Abs. 1 Nr. 3 Satz 2 EStG werden nur dann von den Eltern getragen, wenn sie von diesen für das Kind auch tatsächlich im Veranlagungszeitraum gezahlt oder dem Kind erstattet worden sind. Es reicht nicht aus, dass Naturalunterhalt geleistet wurde (BFH, Urteil v. 13.3.2018 - X R 25/15, BStBl 2019 II S. 191, Rz. 22). Wenn gem. § 10 Abs. 1 Nr. 3 Satz 2 EStG Sonderausgaben abziehbar sind, die der Steuerpflichtige rechtlich nicht schuldet und damit ausnahmsweise Drittaufwand im Rahmen des Sonderausgabenabzugs berücksichtigt werden kann, muss sichergestellt sein, dass der Steuerpflichtige hierdurch wirklich belastet ist.

Das BMF hat sein Schreiben zum Sonderausgabenabzug (BMF, Schreiben v. 24.5.2017, BStBl 2017 I S. 820) für im Rahmen einer Unterhaltsverpflichtung getragene Basiskranken- und Pflegeversicherungsbeiträge eines Kindes bei den Eltern gem. § 10 Abs. 1 Nr. 3 Satz 2 EStG an das BFH-Urteil v. 13.3.2018 - X R 25/15, BStBl 2019 II S. 191, angepasst.

Mit Schreiben v. 3.4.2019 (BStBl 2019 I S. 254) führt das BMF u. a. aus, dass die Rz. 81 des BMF-Schreibens v. 24.5.2017 (BStBl 2017 I S. 820) sowie R 10.4 EStR von der BFH-Entscheidung v. 13.3.2018 - X R 25/15, BStBl 2019 II S. 191, unberührt bleiben.

Zu b)

Der Höchstbetrag für Vorsorgeaufwendungen beträgt gem. § 10 Abs. 4 Satz 1 EStG für A 2.800 € und gem. § 10 Abs. 4 Satz 2 EStG für B 1.900 €. Bei isolierter Betrachtung käme es bei A zum Mindestansatz seiner Krankenversicherungsbeiträge i. H. von 4.000 €, während B noch weitere Versicherungsbeiträge i. S. des § 10 Abs. 1 Nr. 3a EStG berücksichtigen könnte.

Bei Anwendung des § 26a Abs. 2 Satz 2 EStG kommt man zu einem völlig anderen Ergebnis, da hier die Aufwendungen jeweils zur Hälfte abgezogen werden. Die Möglichkeit der freien steueroptimalen Zuordnung von Sonderausgaben ist ab dem Veranlagungszeitraum 2013 entfallen. Bei A und B sind demnach jeweils Beiträge i. H. von 2.600 € zu berücksichtigen. Jetzt hätte A noch Potenzial für den Abzug weiterer sonstiger Vorsorgeaufwendungen i. H. von 200 € (= 2.800 € abzgl. 2.600 €).

FALL 69

Kinderbetreuungskosten

Sachverhalte:

a) M und F sind verheiratet. M ist berufstätig, während F sich noch in Ausbildung befindet. Die Ehegatten haben einen zweijährigen Sohn und eine 13-jährige Tochter. Der Kindergartenbeitrag für den Sohn beträgt jährlich 1.200 €. Zusätzlich fallen pro Kind 1.800 € jährlich an Betreuungskosten an.

b) M und F sind verheiratet und beide berufstätig. Die Ehegatten haben einen dreijährigen Sohn. Der Kindergartenbeitrag beläuft sich auf 1.800 € jährlich. Zusätzlich fallen 1.440 € jährlich für einen Babysitter an, die bar bezahlt werden.

c) M und F sind verheiratet und Eltern einer Tochter T, die im Januar ihr sechstes Lebensjahr vollendet. T besuchte bis August den Kindergarten und geht ab September in die Grundschule. Für den Kindergarten bezahlen die Eltern monatlich 120 €. Von den Eltern ist nur M berufstätig, während F sich um die Erziehung der Tochter kümmert.

d) Die Ehegatten M und F sind beide berufstätig. Das gemeinsame Kind vollendet am 10.9.24 das 14. Lebensjahr. Die Ehegatten beschäftigen zur Betreuung des Kindes eine Hausangestellte, für die Kosten i. H. von 600 € monatlich entstehen.

e) M ist nichtselbständig tätig und in der gesetzlichen Krankenversicherung versichert. Ehefrau F übt eine geringfügige Beschäftigung aus. Das Arbeitsentgelt beträgt 450 € monatlich. Zusätzlich erzielt F Einkünfte aus Gewerbebetrieb i. H. von 2.000 €. Für das gemeinsame fünfjährige Kind fallen Kinderbetreuungskosten i. H. von 6.000 € jährlich an, die von M und F je hälftig getragen werden.

AUFGABE

Wie können die Aufwendungen berücksichtigt werden?

LÖSUNG

Die Abzugsfähigkeit von Kinderbetreuungskosten ist im Steuervereinfachungsgesetz 2011 v. 1.11.2011 (BGBl 2011 I S. 2131) mit Wirkung ab dem Veranlagungszeitraum 2012 einheitlich in § 10 Abs. 1 Nr. 5 EStG geregelt. Das Anwendungsschreiben des BMF v. 14.3.2012 (BStBl 2012 I S. 307) regelt die steuerliche Berücksichtigung von Kinderbetreuungskosten ab dem Jahr 2012.

Zusätzlich enthält § 2 Abs. 5a Satz 2 EStG die folgende Regelung: In Fällen, in denen außersteuerliche Rechtsnormen an die Begriffe „Einkünfte", „Summe der Einkünfte" oder „Gesamtbetrag der Einkünfte" anknüpfen, mindern sich diese Beträge insoweit um die als Sonderausgaben berücksichtigungsfähigen Kinderbetreuungskosten.

Zu a)

Kinderbetreuungskosten für den Sohn: $^2/_3$ von 3.000 € =	2.000 €
Kinderbetreuungskosten für die Tochter: $^2/_3$ von 1.800 € =	1.200 €

Zu b)

Der Kindergartenbeitrag kann berücksichtigt werden. Die bar bezahlten Kosten sind gem. § 10 Abs. 1 Nr. 5 Satz 4 EStG mangels Rechnung und Kontonachweis nicht abzugsfähig.

$^2/_3$ von 1.800 € =	1.200 €

Zu c)

Abzugsfähig sind $^2/_3$ von 960 € =	640 €

Zu d)

Die Voraussetzungen für den Abzug von Kinderbetreuungskosten sind nur bis einschließlich September 24 erfüllt.

9 x 600 € = 5.400 €, davon $^2/_3$ =	3.600 €

Der Höchstbetrag i. H. von 4.000 € ist ein Jahresbetrag, er ist nicht zeitanteilig zu kürzen.

In der Zeit von Oktober–Dezember 24 sind die Voraussetzungen des § 10 Abs. 1 Nr. 5 EStG nicht erfüllt. Die für diesen Zeitraum entstandenen Aufwendungen fallen vielmehr unter § 35a Abs. 2 EStG.

3 x 600 € =	1.800 €

Gemäß § 35a Abs. 2 EStG ermäßigt sich auf Antrag die Steuerschuld um 20 % der Aufwendungen, höchstens aber um 4.000 €. Der Ermäßigungsbetrag beläuft sich auf 360 €.

Zu e)

Abzugsfähige Betreuungskosten: $^2/_3$ von 6.000 € =	4.000 €

Zum Abzug von Kinderbetreuungskosten ist grds. der Elternteil berechtigt, der die Aufwendungen getragen hat (BMF, Schreiben v. 14.3.2012, BStBl 2012 I S. 307, Rz. 14). Für den Abzug von Kinderbetreuungskosten als Sonderausgaben kommt es bei verheirateten Eltern, die gem. § 26b EStG zusammen zur Einkommensteuer veranlagt werden, nicht darauf an, welcher Elternteil die Aufwendungen geleistet hat oder ob sie von beiden getragen wurden (BMF, Schreiben v. 14.3.2012, BStBl 2012 I S. 307, Rz. 25).

Die Höhe des Gesamteinkommens der F ist maßgeblich für die Bestimmung, ob ein Krankenversicherungsmitglied familienversichert sein darf oder nicht. Die maßgebliche Grenze bestimmt § 18 SGB IV. Danach darf das Gesamteinkommen regelmäßig im Monat $^1/_7$ der monatlichen Bezugsgröße gem. § 18 SGB IV nicht überschreiten, damit die Eingliederung in die Familienversicherung begründet bleibt. Im Jahr 2024 liegt diese Einkommensgrenze bei monatlich 505 € (jährlich 6.060 €; $^1/_7$ der Bezugsgröße i. H. von 42.420 €). Bei geringfügig Beschäftigten beträgt das zulässige Gesamteinkommen pauschal 538 € monatlich (jährlich 6.456 €; § 10 Abs. 1 Satz 1 Nr. 5 SGB V).

Das Arbeitsentgelt der F beträgt monatlich 450 € und liegt somit bei jährlich 5.400 €. Nebenbei erzielt sie Einkünfte aus Gewerbebetrieb i. H. von 2.000 €; das Gesamteinkommen überschreitet mit 7.400 € die Einkommensgrenze der Familienversicherung. F wäre nicht mehr familienversichert.

Die abzugsfähigen anteiligen Kinderbetreuungskosten i. H. von 2.000 € mindern gem. § 2 Abs. 5a Satz 2 EStG das Gesamteinkommen, so dass lediglich die 450 € monatlich (jährlich 5.400 €) aus geringfügiger Beschäftigung verbleiben. Die Ehefrau F erfüllt somit die Voraussetzungen für die Familienversicherung.

HINWEIS

Mit Urteil v. 14.4.2021 - III R 30/20, BStBl 2021 II S. 772, nimmt der BFH Stellung zum Abzug von Kinderbetreuungskosten i. H. steuerfrei gezahlter Arbeitgeberzuschüsse:

- Als Sonderausgaben abziehbare Kinderbetreuungskosten sind um steuerfreie Arbeitgeberzuschüsse zu kürzen.
- Der Abzug von Sonderausgaben setzt Aufwendungen voraus, durch die der Steuerpflichtige tatsächlich und endgültig wirtschaftlich belastet wird.

- Der Steuerpflichtige wird durch Beiträge in dem Umfang nicht belastet, die der Arbeitgeber hierfür durch einen zweckgebundenen Zuschuss gewährt.
- Die Anrechnung der steuerfreien Leistungen i. S. des § 3 Nr. 33 EStG auf die Sonderausgaben gem. § 10 Abs. 1 Nr. 5 EStG steht im Einklang mit dem Gesetzeszweck.

Streitig war, ob als Sonderausgaben abziehbare Kinderbetreuungskosten um steuerfreie Arbeitgeberzuschüsse zu kürzen sind. Die Kläger waren der Ansicht, dass es an einer gesetzlichen Regelung für die Kürzung der Sonderausgaben fehle.

FALL 70

Kinderbetreuungskosten bei Einzelveranlagung

Sachverhalte:

a) Die Ehegatten M und F zahlen für ihre drei Jahre alte Tochter Kinderbetreuungskosten i. H. von 600 € monatlich. Die Aufwendungen werden von M und F im Verhältnis 60:40 getragen. Die Ehegatten beantragen die Einzelveranlagung.

b) X und Y sind zusammenlebende, nicht verheiratete Eltern eines vier Jahre alten Kindes, für das Gebühren für eine Kindertagesstätte i. H. von 6.600 € entrichtet werden. Die Aufwendungen werden von X und Y gemeinsam getragen.

c) Wie bei Buchst. b), allerdings wurde der Kinderbetreuungsvertrag nur vom Elternteil Y abgeschlossen, der das gesamte Entgelt von seinem Konto zahlt.

AUFGABE

Bei wem können die Kinderbetreuungskosten berücksichtigt werden?

LÖSUNG

Zu a)

Gemäß § 26a Abs. 2 Satz 1 EStG sind Sonderausgaben demjenigen Ehegatten zuzurechnen, der die Aufwendungen wirtschaftlich getragen hat. Trifft dies auf beide Ehegatten zu, kann grds. jeder seine tatsächlichen Aufwendungen bis zur Höhe des hälftigen Abzugshöchstbetrags geltend machen. Etwas anderes gilt nur dann, wenn die Ehegatten einvernehmlich gegenüber dem Finanzamt eine anderweitige Aufteilung des Abzugshöchstbetrags geltend machen (BMF, Schreiben v. 14.3.2012, BStBl 2012 I S. 307, Rz. 27). Abweichend davon können die Kinderbetreuungskosten gem. § 26a Abs. 2 Satz 2 EStG auf übereinstimmenden Antrag der Ehegatten von diesen jeweils zur Hälfte abgezogen werden.

Gemäß § 10 Abs. 1 Nr. 5 EStG können $^2/_3$ von 7.200 €, höchstens 4.000 €, als Sonderausgaben abgezogen werden. Für die Zuordnung auf die Ehegatten M und F im Rahmen der Einzelveranlagung sind folgende Varianten möglich:

1. Da beide Ehegatten Aufwendungen getragen haben, kann jeder seine tatsächlichen Aufwendungen grds. bis zur Höhe des hälftigen Abzugshöchstbetrags geltend machen:

- M: 60 % von 7.200 € = 4.320 €, höchstens aber 2.000 €.
- F: 40 % von 7.200 € = 2.880 €, höchstens aber 2.000 €.

Das gesamte Abzugsvolumen beläuft sich damit auf 4.000 €.

2. Die Ehegatten können den Abzugshöchstbetrag auf übereinstimmenden Antrag auch anderweitig aufteilen. Eine mögliche Variante wäre dabei folgende Aufteilung:
   - M: 60 % von 4.000 € = 2.400 €.
   - F: 40 % von 4.000 € = 1.600 €.

   Ebenso wäre es möglich, wie folgt aufzuteilen:
   - M: Aufwendungen 60 % von 7.200 € = 4.320 €, davon $^2/_3$ = 2.880 €.
   - Für F verbleibt in diesem Fall ein Betrag i. H. von 1.120 €.
3. Die Ehegatten können die Aufwendungen auf gemeinsamen Antrag auch jeweils zur Hälfte abziehen. Damit ist der Abzug bei jedem auf den hälftigen Abzugshöchstbetrag begrenzt. Bei M und F werden also jeweils 2.000 € berücksichtigt.

Zu b)

Grundsätzlich ist derjenige Elternteil zum Abzug von Kinderbetreuungskosten berechtigt, der die Aufwendungen getragen hat und zu dessen Haushalt das Kind gehört. Trifft dies auf beide Elternteile zu, kann jeder seine Aufwendungen nur bis zur Höhe des hälftigen Abzugshöchstbetrags geltend machen. Die Eltern können einvernehmlich eine abweichende Aufteilung des Abzugshöchstbetrags wählen.

Gemäß § 10 Abs. 1 Nr. 5 EStG können $^2/_3$ von 6.600 €, höchstens 4.000 €, als Sonderausgaben abgezogen werden. Für die Zurechnung auf X und Y sind folgende Varianten möglich:

1. Bei X und Y kann jeweils ein Betrag i. H. von 2.000 € berücksichtigt werden.
2. Beide beantragen übereinstimmend eine andere Aufteilung des Höchstbetrags. Dabei wäre es z. B. möglich, dass ein Elternteil den maximalen Betrag seiner getragenen Aufwendungen berücksichtigt:
   - X: $^2/_3$ von 3.300 € = 2.200 €.
   - Für Y verbleibt dann noch ein Betrag i. H. von 1.800 €.

Zu c)

Sofern nur ein Elternteil den Kinderbetreuungsvertrag abgeschlossen hat und das Entgelt von seinem Konto bezahlt wurde, können die Aufwendungen weder vollständig noch anteilig dem anderen Elternteil als von ihm getragener Aufwand zugerechnet werden (BMF, Schreiben v. 14.3.2012, BStBl 2012 I S. 307, Rz. 29).

Lediglich von Y können Sonderausgaben berücksichtigt werden: $^2/_3$ von 6.600 € = 4.400 €, höchstens aber 4.000 €.

FALL 71

Günstigerprüfung bei der zusätzlichen Altersvorsorge gem. § 10a EStG

Sachverhalte:

a) Der ledige A (30 Jahre alt) gehört zum begünstigten Personenkreis des § 10a Abs. 1 EStG. Er hat im Kalenderjahr 2024 wie in den Vorjahren 1.900 € auf einen Altersvorsorgevertrag eingezahlt. Sein Bruttogehalt des Vorjahres belief sich auf 50.000 €.

b) Die ledige B gehört zum begünstigten Personenkreis des § 10a Abs. 1 EStG und hat zwei vor 2008 geborene minderjährige Kinder. Sie hat 700 € auf einen Altersvorsorgevertrag eingezahlt. Ihr Bruttogehalt des Vorjahres betrug 30.000 €.

c) Wie bei Buchst. b), mit dem Unterschied, dass B lediglich 600 € auf ihren Altersvorsorgevertrag einzahlt.

AUFGABE

Kann der Sonderausgabenabzug gem. § 10a EStG infrage kommen, wenn aus Vereinfachungsgründen von einem Steuersatz i. H. von 30 % ausgegangen wird?

LÖSUNG

Ein Sonderausgabenabzug für Altersvorsorgebeiträge wird nur gewährt, wenn dieser günstiger ist als die Zulage (§ 10a Abs. 2 EStG). Ist dagegen die Zulage höher als der sich durch den Sonderausgabenabzug ergebende Steuervorteil, verbleibt es bei der Zulage. Die Günstigerprüfung wird von Amts wegen vorgenommen.

Zu a)

Mindesteigenbeitrag (§ 86 Abs. 1 Satz 2 EStG):

4 % von 50.000 €, maximal 2.100 € =	2.000 €
abzgl. Grundzulage (§ 84 EStG ab 1.1.2018)	- 175 €
Maßgeblicher Mindesteigenbeitrag	1.825 €
Sockelbetrag (§ 86 Abs. 1 Satz 4 EStG)	60 €

A muss also mindestens 1.825 € einzahlen, um die volle Zulage i. H. von 175 € zu erhalten. Zur Ermittlung des Mindesteigenbeitrags siehe BMF, Schreiben v. 21.12.2017 (BStBl 2018 I S. 93, Rz. 63 ff.).

Für den Sonderausgabenabzug sind zu berücksichtigen:

Altersvorsorgebeiträge	1.900 €
zzgl. Zulage	+ 175 €
Abziehbare Sonderausgaben	2.075 €

Steuerermäßigung hierauf (Steuersatz 30 %)	622 €
abzgl. Zulage	- 175 €
Zusätzlicher Steuervorteil durch den Sonderausgabenabzug	447 €

A kann Sonderausgaben gem. § 10a EStG i. H. von 2.075 € ansetzen. Die gesamte steuerliche Förderung beträgt damit (Zulage 175 € und Steuervorteil 447 €) 622 €. Bei der Einkommensteuerveranlagung erhöht sich die tarifliche Einkommensteuer um den Anspruch auf die Zulage.

Zu b)

Mindesteigenbeitrag:

4 % von 30.000 €, maximal 2.100 € =	1.200 €
abzgl. Zulagen (175 € + 2 x 185 € =)	- 545 €
Maßgeblicher Mindesteigenbeitrag	655 €
Sockelbetrag (§ 86 Abs. 1 Satz 4 EStG)	60 €

Für den Sonderausgabenabzug sind zu berücksichtigen:

Altersvorsorgebeiträge	700 €
zzgl. Zulagen	+ 545 €
Abziehbare Sonderausgaben	1.245 €
Steuerermäßigung hierauf	373 €

Da der Anspruch auf die Zulage höher ist als der durch den Sonderausgabenabzug erzielte Steuervorteil, ist die steuerliche Förderung mit der Zulage i. H. von 545 € abgegolten.

Zu c)

Auch hier ist die Zulage höher als der Steuervorteil. Allerdings wird die Altersvorsorgezulage gem. § 86 Abs. 1 Satz 1 EStG gekürzt, da jetzt nicht der Mindesteigenbeitrag geleistet worden ist. Die Kürzung der Zulage ermittelt sich nach dem Verhältnis der geleisteten Altersvorsorgebeiträge zum erforderlichen Mindesteigenbeitrag (§ 86 Abs. 1 Satz 6 EStG; BMF, Schreiben v. 21.12.2017, BStBl 2018 I S. 93, Rz. 90). Der Kürzungsfaktor wird hierbei auf neun Nachkommastellen gerundet und einzeln auf jede maximale Teilzulage angewendet. Das Produkt wird auf zwei Nachkommastellen gerundet:

Maßgeblicher Mindesteigenbeitrag (vgl. unter Buchst. b)	655 €
Geleisteter Beitrag	600 €
Dies entspricht	91,603053435 %
Zulage 91,603053435 % von 545 € =	499,24 €

Für den Sonderausgabenabzug sind zu berücksichtigen:

Altersvorsorgebeiträge	600 €
zzgl. Zulagen	+ 499 €
Abziehbare Sonderausgaben	1.099 €
Steuerermäßigung hierauf	329 €

FALL 72

Sonderausgabenabzug gem. § 10a EStG bei Ehegatten

Sachverhalt: Die Ehegatten A und B, die beide zum Personenkreis gem. § 10a Abs. 1 EStG gehören, haben zwei Kinder (sieben und neun Jahre alt; beide nach dem 31.12.2007 geboren). Die Einnahmen aus nichtselbständiger Arbeit belaufen sich im Jahr 2024 wie auch im Vorjahr auf 40.000 € bei A und 30.000 € (im Jahr 2023 ebenfalls 30.000 €) bei B. Ehemann A hat auf seinen Altersvorsorgevertrag im Veranlagungszeitraum 2024 2.000 € und B 700 € eingezahlt. Das Kindergeld wird an die Mutter ausgezahlt.

AUFGABE

Prüfen Sie, ob im Veranlagungszeitraum 2024 der Sonderausgabenabzug gem. § 10a EStG zur Anwendung kommt. Dabei soll unterstellt werden, dass abzugsfähige Sonderausgaben mit insgesamt 5.000 € vorliegen.

Bei der Veranlagung sollen die Freibeträge i. S. des § 32 Abs. 6 EStG und das entsprechende Kindergeld außer Betracht bleiben. Eine Günstigerrechnung i. S. des § 31 EStG ist nicht durchzuführen.

LÖSUNG

A und B haben beide Anspruch auf eine Altersvorsorgezulage. Die Kinderzulage wird grds. der Mutter zugeordnet (§ 85 Abs. 2 Satz 1 EStG). Siehe auch das Beispiel in Rz. 110 des BMF-Schreibens v. 21.12.2017 (BStBl 2018 I S. 93).

	A	B
Grundzulage (§ 84 EStG)	175 €	175 €
Kinderzulage gem. § 85 Abs. 1 EStG (2 x 300 € =)		+ 600 €
Insgesamt	175 €	775 €
Mindesteigenbeitrag gem. § 86 Abs. 1 EStG (4 % von 40.000 € bzw. 30.000 € =)	1.600 €	1.200 €
abzgl. Zulage	- 175 €	- 775 €
Maßgeblicher Mindesteigenbeitrag	1.425 €	425 €
Sockelbetrag gem. § 86 Abs. 1 Satz 4 EStG	60 €	60 €
Geleisteter Eigenbeitrag	2.000 €	700 €

Der Zulageanspruch besteht daher in ungekürzter Höhe.

Vom Eigenbeitrag sind gefördert:

Höchstens 2.100 € gem. § 10a Abs. 1 Satz 1 EStG. In diesem Höchstbetrag enthalten ist die zustehende Zulage i. H. von 175 €. Geförderter Mindesteigenbeitrag somit (2.100 € abzgl. 175 € =)	1.925 €	1.925 €
Gefördert somit	1.925 €	700 €

Als Sonderausgabe abziehbar:

Höchstbetrag A gem. § 10a Abs. 1 Satz 1 EStG (1.925 € + 175 €), maximal	2.100 €	
Höchstbetrag B (700 € + 775 € =)		1.475 €

Günstigerprüfung gem. § 10a Abs. 2 EStG:

Einkünfte i. S. des § 19 EStG bei A (abzgl. Arbeitnehmer-Pauschbetrag gem. § 9a Satz 1 Nr. 1 Buchst. a i. H. von 1.230 € =)	38.770 €	
Einkünfte i. S. des § 19 EStG bei B (abzgl. Arbeitnehmer-Pauschbetrag gem. § 9a Satz 1 Nr. 1 Buchst. a i. H. von 1.230 € =)	+ 28.770 €	
	67.540 €	
Sonderausgaben	- 5.000 €	
Einkommen/zu versteuerndes Einkommen	62.540 €	
Einkommensteuer hierauf (Splittingtarif 2024)		9.626 €
Abzugsbeträge gem. § 10a EStG (2.100 € + 1.475 € =)	- 3.575 €	
Zu versteuerndes Einkommen für die Günstigerprüfung	58.965 €	
Einkommensteuer hierauf (Splittingtarif 2024)		- 8.596 €
Unterschiedsbetrag = Steuerermäßigung durch den Sonderausgabenabzug		1.030 €
abzgl. Altersvorsorgezulage		- 950 €
Zusätzliche steuerliche Auswirkung des Sonderausgabenabzugs		80 €

Dieser Betrag ist gem. § 10a Abs. 4 Satz 3 EStG gesondert festzustellen. Die Zurechnung bei Ehegatten erfolgt im Verhältnis der zu berücksichtigenden Eigenbeiträge (BMF, Schreiben v. 21.12.2017, BStBl 2018 I S. 93, Rz. 110 und 117):

Davon A (1.925 € / 2.625 € x 100 = 73,33 %)	59 €
Davon B (700 € / 2.625 € x 100 = 26,67 %)	21 €

Das Finanzamt wird die Einkommensteuer letztendlich i. H. von (8.596 € zzgl. Zulage 950 € =) 9.546 € festsetzen. Die Einkommensteuer ohne Berücksichtigung der Zulage würde 9.626 € betragen. Der Differenzbetrag i. H. von 80 € stellt die Steuervergünstigung dar.

FALL 73

Zurechnung der Steuerermäßigung bei mittelbar zulageberechtigten Personen

Sachverhalt: Die kinderlosen Ehegatten A und B haben im Jahr 2024 ohne Berücksichtigung eines Sonderausgabenabzugs gem. § 10a EStG ein zu versteuerndes Einkommen i. H. von 80.000 €. A ist unmittelbar, B mittelbar zulageberechtigt. A hat Beiträge i. H. von 1.900 €, B i. H. von 500 € in ihren Altersvorsorgevertrag gezahlt. Der Mindesteigenbeitrag von A ist damit erbracht.

Abwandlung: Gleicher Sachverhalt, nur dass die gezahlten Beiträge von A 1.600 € betragen.

AUFGABE

Wie errechnet sich die Steuerermäßigung, wenn einer der Partner mittelbar zulageberechtigt ist?

LÖSUNG

Ist nur ein Ehegatte unmittelbar förderberechtigt, steht dem nicht originär begünstigten Ehegatten zwar ein abgeleiteter Zulageanspruch zu, ihm wird jedoch kein gesonderter Sonderausgabenabzugsbetrag eingeräumt. Eigene Altersvorsorgebeiträge des mittelbar zulageberechtigten Ehegatten (§ 79 Satz 2 EStG) können nur im Rahmen des dem unmittelbar begünstigten Ehegatten zustehenden Abzugsvolumen berücksichtigt werden (BMF, Schreiben v. 21.12.2017, BStBl 2018 I S. 93, Rz. 107 und Beispiel in Rz. 111).

Beide Ehegatten haben einen Zulageanspruch i. H. von jeweils 175 €.

Berechnung des Abzugsvolumens des unmittelbar Zulagenberechtigten:

Eigenbeitrag A	1.900 €
Zulageanspruch A	+ 175 €
Zulageanspruch B (§ 10a Abs. 3 Satz 2 EStG)	+ 175 €
Summe Eigenbeitrag A zzgl. Zulageansprüche beider Ehegatten	2.250 €

Laut Sachverhalt ist damit der Mindesteigenbeitrag gem. § 86 Abs. 1 Satz 2 EStG geleistet.

Höchstbetrag A	2.100 €
Mindesteigenbeitrag B (§ 79 Satz 2 Nr. 4 EStG)	+ 60 €
Abziehbare Sonderausgaben (§ 10a Abs. 3 Satz 3 EStG)	2.160 €

Dabei sind die von dem unmittelbar begünstigten Ehegatten geleisteten Beiträge gem. § 10a Abs. 3 Satz 4 EStG vorrangig zu berücksichtigen, jedoch mindestens 60 € der von dem anderen Ehegatten geleisteten Altersvorsorgebeiträge.

Das Abzugsvolumen wird auf 2.160 € erhöht (§ 10a Abs. 3 Satz 3 EStG).

Steuerermäßigung:		
Zu versteuerndes Einkommen	80.000 €	
Einkommensteuer hierauf (Splittingtarif 2024)		14.990 €
Abzugsbeträge gem. § 10a EStG	- 2.160 €	
Zu versteuerndes Einkommen (neu)	77.840 €	
Einkommensteuer hierauf		- 14.296 €
Unterschiedsbetrag		694 €
abzgl. Altersvorsorgezulage		- 350 €
Zusätzliche steuerliche Auswirkung		344 €

Die zusätzliche Steuerermäßigung ist den Ehegatten getrennt zuzurechnen. Die Zurechnung erfolgt im Verhältnis der berücksichtigten Eigenbeiträge.

Eigenbeiträge:		
Beiträge A (2.100 € - 175 € - 175 € =)	1.750 €	
Beiträge B	+ 60 €	
Angesetzte Eigenbeiträge	1.810 €	
Steuerermäßigung:		
Zurechnung A (1.750 € / 1.810 € x 100 =) 96,69 %		332 €
Zurechnung B (60 € / 1.810 € x 100 =) 3,31 %		+ 12 €
Steuerermäßigung insgesamt		344 €

Abwandlung:

Eigenbeitrag A	1.600 €
Zulageanspruch A	+ 175 €
Zulageanspruch B (§ 10a Abs. 3 Satz 2 EStG)	+ 175 €
Summe Eigenbeitrag A zzgl. Zulageansprüche beider Ehegatten	1.950 €

Damit ist die Höchstförderung von 2.100 € i. H. von 150 € nicht ausgeschöpft.

Nicht ausgeschöpfter Betrag		150 €
Erhöhung um den Mindestbeitrag B		+ 60 €
Abzugsvolumen für Beiträge B		210 €
Abziehbare Sonderausgaben damit		2.160 €
Eigenbeiträge:		
Beiträge A	1.600 €	
Beiträge B	+ 210 €	
Angesetzte Eigenbeiträge	1.810 €	

Wie im Grundfall beträgt die zusätzliche Steuerermäßigung insgesamt 344 €, die den Ehegatten getrennt zuzurechnen ist. Aufteilungsmaßstab ist das Verhältnis der Eigenbeiträge von A zu den wegen der Nichtausschöpfung des Höchstbetrags berücksichtigten Eigenbeiträgen von B.

Zurechnung der Steuerermäßigung	344 €
A: (1.600 € / 1.810 € x 100 =) 88,40 %	304 €
B: (210 € / 1.810 € x 100 =) 11,60 %	+ 40 €
Steuerermäßigung insgesamt	344 €

FALL 74

Spenden

Sachverhalt: Der selbständige Kaufmann A, verheiratet, beantragt, folgende Beträge als Spenden zu berücksichtigen:

1.	Mitgliedsbeitrag an den örtlichen Sportverein	50 €
	Spende an den Verein	1.500 €
2.	Mitgliedsbeitrag an das Deutsche Rote Kreuz	80 €
3.	Für seine Tätigkeit beim Tennisverein setzt A einen geschätzten Betrag an. Eine besondere Regelung wurde nicht getroffen.	500 €
4.	Vom Gericht auferlegte Geldbuße, die an den Tierschutzverein zu zahlen ist	2.000 €
5.	Zuwendung an die Universität München für wissenschaftliche Zwecke	2.000 €
6.	Mitgliedsbeitrag an eine politische Partei	800 €
	Zuwendung an die Partei	6.000 €

Der Gesamtbetrag der Einkünfte beträgt 30.000 € und die Summe der gesamten Umsätze und der im Kalenderjahr aufgewendeten Löhne und Gehälter beläuft sich auf 1,4 Mio. €.

AUFGABE

Welcher Betrag kann bei A als Spendenabzug gem. § 10b EStG berücksichtigt werden, wenn unterstellt wird, dass jeweils ordnungsgemäße Zuwendungsbestätigungen vorliegen?

LÖSUNG

a) Allgemeine Hinweise

Zu 1

Der Mitgliedsbeitrag ist gem. § 10b Abs. 1 Satz 8 Nr. 1 EStG nicht abzugsfähig. Die Spende dient steuerbegünstigten Zwecken i. S. des § 52 Abs. 2 Satz 1 Nr. 21 AO.

Zu 2

Die Zuwendung dient steuerbegünstigten Zwecken i. S. des § 52 Abs. 2 Satz 1 Nr. 9 AO.

Zu 3

Die Abzugsfähigkeit von Aufwandsspenden ist nur unter ganz bestimmten Voraussetzungen möglich (vgl. BMF, Schreiben v. 7.6.1999, BStBl 1999 I S. 591). Die unentgeltliche Bereitstellung der Arbeitskraft ist keine Spende (BFH, Urteil v. 28.4.1978 - VI R 147/75, BStBl 1979 II S. 297). Für Aufwandsspenden, die ab dem 1.1.2015 geleistet werden, ist das BMF-Schreiben v. 25.11.2014 (BStBl 2014 I S. 1584) anzuwenden. Im BMF-Schreiben v. 24.8.2016 (BStBl 2016 I S. 994) werden die Voraussetzungen für die Anerkennung des steuerlichen Abzugs von Aufwand aus „regelmäßigen Tätigkeiten" klargestellt. Das BMF-Schreiben v. 24.8.2016 (BStBl 2016 I S. 994) ändert die Rz. 3 des BMF-Schreibens v. 25.11.2014 (BStBl 2014 I S. 1584) und ist für alle offenen Fälle anzuwenden.

Aufwendungsersatzansprüche i. S. des § 670 BGB können Gegenstand sog. „Aufwandsspenden" gem. § 10b Abs. 3 Satz 5 und 6 EStG sein. Zunächst spricht aber die Vermutung dafür, dass Leistungen ehrenamtlich tätiger Mitglieder und Förderer des Vereins unentgeltlich und ohne Aufwendungsersatzanspruch erbracht werden. Der Gegenbeweis kann durch eine schriftliche Vereinbarung geführt werden, die vor der zum Aufwand führenden Tätigkeit getroffen sein muss.

Zu 4

Spenden sind freiwillige Leistungen – keine Spenden sind daher die durch die Gerichte auferlegten Bußgelder (BFH, Urteil v. 19.12.1990 - X R 40/86, BStBl 1991 II S. 234, H 10b.1 Auflagen EStH 2023).

Zu 5

Die Zuwendung an die Universität München dient steuerbegünstigten Zwecken i. S. des § 52 Abs. 2 Satz 1 Nr. 1 AO.

Zu 6

Spenden an politische Parteien können nur insoweit als Sonderausgaben abgezogen werden, als für sie nicht eine Steuerermäßigung gem. § 34g EStG gewährt wird. Danach sind 1.650 € auf die tarifliche Einkommensteuer anzurechnen. Somit sind für die Ermäßigung gem. § 34g EStG 3.300 € „verbraucht". Der Restbetrag i. H. von (6.800 € - 3.300 € =) 3.500 € ist gem. § 10b Abs. 2 EStG bis maximal 3.300 € als Sonderausgaben abzugsfähig. Der verbleibende Betrag i. H. von 200 € wirkt sich steuerlich nicht aus.

Durch das Gesetz zum Ausschluss verfassungsfeindlicher Parteien von der Parteienfinanzierung v. 18.7.2017 (BGBl 2017 I S. 2730) wird u. a. in § 10b Abs. 2 Satz 1 EStG und in § 34g Satz 1 Nr. 1 EStG der Zusatz „sofern die jeweilige Partei nicht gem. § 18 Abs. 7 des Parteiengesetzes von der staatlichen Teilfinanzierung ausgeschlossen ist" eingefügt.

Durch den Verweis auf § 18 Abs. 7 PartG sind Zuwendungen an Parteien, die nach ihren Zielen oder dem Verhalten ihrer Anhänger darauf ausgerichtet sind, die freiheitliche demokratische Grundordnung zu beeinträchtigen oder zu beseitigen oder den Bestand der Bundesrepublik Deutschland zu gefährden, ab dem Zeitpunkt der dies feststellenden Entscheidung des BVerfG gem. Art. 21 Abs. 4 GG nicht mehr steuerlich abzugsfähig.

b) Höchstbetragsberechnung

Als Spenden sind zu berücksichtigen:

Sportverein	1.500 €
Mitgliedsbeitrag Deutsches Rotes Kreuz	+ 80 €
Universität München	+ 2.000 €
Politische Partei	+ 3.300 €
	6.880 €

Die Abzugsfähigkeit der Zuwendungen gem. § 10b Abs. 1 EStG wird wie folgt ermittelt:

Zuwendungen i. S. des § 10b Abs. 1 EStG (ohne die Zuwendungen an politische Parteien)	3.580 €
Abzugsfähig sind 20 % des Gesamtbetrags der Einkünfte von 30.000 € = 6.000 € (oder 4 ‰ der Umsätze und der Löhne und Gehälter), maximal	3.580 €
zzgl. gem. § 10b Abs. 2 EStG	+ 3.300 €
Als Sonderausgaben insgesamt abzugsfähig	6.880 €

Die abzugsfähigen Spenden betragen insgesamt 6.880 €. Gemäß § 34g EStG sind auf die tarifliche Einkommensteuer 1.650 € anzurechnen.

HINWEIS

Das FG Berlin-Brandenburg hat mit Urteil v. 28.11.2018 (7 K 7258/16, XAAAH-22703) entschieden, dass der Verzicht auf Reisekostenerstattungen nicht als Parteispende geltend gemacht werden kann, wenn sowohl in der Reisekostenordnung der Partei als auch in den Reisekostenformularen den Parteimitgliedern sehr deutlich nahegelegt wird, Aufwendungsersatzansprüche möglichst nicht geltend zu machen, und daher eine generelle Bereitschaft des Vorstands, Reisekosten zu erstatten, nicht angenommen werden kann. Kosten für Fahrten mit dem eigenen Pkw können nur insoweit als Spende abgezogen werden, als sie beim Empfänger selbst angefallen wären, wenn ihm der Steuerpflichtige das Fahrzeug zur Nutzung überlassen hätte. Das sind nur die Aufwendungen für Benzin.

FALL 75

Spendenabzug für Zuwendungen an Stiftungen

Sachverhalte:

a) Der ledige Steuerpflichtige A (Gesamtbetrag der Einkünfte 100.000 €) hat im Veranlagungszeitraum 2024 folgende Zuwendungen getätigt:

- 3.000 € an einen Fußballverein,
- 6.000 € an einen Verein, der mildtätige Zwecke fördert, sowie

– 25.000 € in das zu erhaltende Vermögen einer gemeinnützigen Stiftung zur Förderung des Naturschutzes.

b) Der ledige Steuerpflichtige B hat im Jahr 2021 eine Zuwendung i. H. von 300.000 € in den Vermögensstock einer neu gegründeten Stiftung geleistet. Diese wurde antragsgemäß mit je 100.000 € im Veranlagungszeitraum 2021 und 2022 abgezogen. Im Jahr 2023 leistet B eine weitere Vermögensstockspende i. H. von 1.200.000 € und beantragt davon 900.000 € im Rahmen des § 10b Abs. 1a EStG zu berücksichtigen. Im Veranlagungszeitraum 2023 beantragt er einen Abzugsbetrag i. H. von insgesamt 800.000 € (= 100.000 € aus dem Jahr 2021 und 700.000 € aus dem Jahr 2023). Die verbleibenden 200.000 € sollen im Rahmen des § 10b Abs. 1a EStG in einem späteren Veranlagungszeitraum abgezogen werden.

c) A und B sind verheiratet und wählen die Zusammenveranlagung. A spendet 1.500.000 € an die Stiftung X und erklärt, dass die Spende für das zu erhaltende Vermögen der Stiftung verwendet werden muss.

d) Wie bei Buchst. c), mit dem Unterschied, dass A an die Verbrauchsstiftung Z spendet.

AUFGABE

Welche Auswirkungen ergeben sich auf die Spendenabzugsfähigkeit?

LÖSUNG

Zu a)

Zuwendungen:

Fußballverein	3.000 €
Verein, der mildtätige Zwecke fördert	+ 6.000 €
Gemeinnützige Stiftung	+ 25.000 €
Summe	34.000 €
Abzugsfähig sind 20 % des Gesamtbetrags der Einkünfte i. H. von 100.000 € (§ 10b Abs. 1 EStG)	20.000 €

Damit würde der übersteigende Betrag i. H. von 14.000 € in den zeitlich unbefristeten Spendenvortrag eingehen.

Allerdings kann A den Sonderausgabenabzug gem. § 10b Abs. 1a EStG beantragen. Danach kann zusätzlich zu den Beträgen i. S. des § 10b Abs. 1 EStG die Vermögensstockspende innerhalb eines Zehnjahreszeitraums abgezogen werden. Der Betrag i. H. von 25.000 € kann dann je nach Antrag innerhalb des Zehnjahreszeitraums beliebig verteilt werden. A kann damit einen Sonderausgabenabzug im Jahr 2024 i. H. von 34.000 € erreichen.

Zu b)

Bei Vermögensstockspenden kann der Steuerpflichtige erstens beantragen, in welcher Höhe überhaupt eine Berücksichtigung gem. § 10b Abs. 1a EStG stattfinden soll, und zweitens, in welcher Höhe er im entsprechenden Veranlagungszeitraum eine Berücksichtigung wünscht.

Da B für die Vermögensstockspende des Jahres 2023 den Antrag auf 900.000 € begrenzt hat, fallen die übrigen 300.000 € unter die allgemeinen Regelungen gem. § 10b Abs. 1 EStG.

Der erste zehnjährige Abzugszeitraum läuft von 2021–2030. Durch die Inanspruchnahme der 800.000 € im Veranlagungszeitraum 2023 ist der Höchstbetrag i. H. von 1.000.000 € für diesen Zeitraum ausgeschöpft. Der zweite Abzugszeitraum beginnt im Jahr 2023 und endet im Jahr 2032. Die verbleibende Vermögensstockspende i. H. von 200.000 € kann von B dann in voller Höhe im Jahr 2031, in voller Höhe im Jahr 2032 oder beliebig verteilt auf die beiden Jahre abgezogen werden.

Sofern überhaupt kein Antrag gestellt wird, geht der Betrag zum 31.12.2032 in den allgemeinen unbefristeten Spendenvortrag gem. § 10b Abs. 1 Satz 9 EStG ein.

Zu c)

Ab dem Veranlagungszeitraum 2013 ist § 10b Abs. 1a Satz 1 EStG dahingehend ergänzt worden, dass der Höchstbetrag bei Ehegatten, die i. S. der §§ 26 und 26b EStG zusammenveranlagt werden, nun 2 Mio. € beträgt. Der bisherige Nachweis, dass die Spenden von beiden Ehegatten geleistet wurden und nicht nur von einem, entfällt damit.

Die Ehegatten können einen Antrag gem. § 10b Abs. 1a EStG stellen. Die Vermögensstockspende kann dann innerhalb des Zehnjahreszeitraums beliebig verteilt werden.

Zu d)

Gemäß § 10b Abs. 1a Satz 2 EStG sind Spenden in das verbrauchbare Vermögen einer Stiftung nicht i. S. des § 10b Abs. 1a EStG begünstigt. Nach Auffassung der Finanzverwaltung handelt es dabei lediglich um eine gesetzliche Klarstellung.

Die Spende ist lediglich gem. § 10b Abs. 1 EStG im Rahmen der Höchstbetragsberechnung zu berücksichtigen.

FALL 76

Buchwertprivileg beim Spendenabzug

Sachverhalte:

a) Der ledige Architekt A möchte im Veranlagungszeitraum 2024 der Kirche ein in seinem Betriebsvermögen befindliches Grundstück für kirchliche Zwecke spenden. Der Buchwert des Grundstücks beträgt 30.000 € und der Teilwert 100.000 €. Der Gesamtbetrag der Einkünfte vor Berücksichtigung der Entnahme beläuft sich auf 150.000 €.

b) Einzelunternehmer B überträgt Aktien der X-AG aus seinem Betriebsvermögen an einen gemeinnützigen Sportverein. Die Aktien haben einen Buchwert i. H. von 100.000 € und einen Börsenwert i. H. von 300.000 €. Der Sportverein verkauft die Aktien anschließend und verwendet den Veräußerungserlös für die Neuanlage eines Sportplatzes.

AUFGABE

Mit welchem Wert ist die jeweilige Spende anzusetzen?

LÖSUNG

Zu a)

Wird ein Wirtschaftsgut unmittelbar nach seiner Entnahme einer gem. § 5 Abs. 1 Nr. 9 KStG steuerbegünstigten Körperschaft oder einer juristischen Person des öffentlichen Rechts zur Verwendung für steuerbegünstigte Zwecke i. S. des § 10b Abs. 1 Satz 1 EStG unentgeltlich überlassen, so besteht gem. § 6 Abs. 1 Nr. 4 Satz 4 EStG ein Wahlrecht, die Entnahme anstatt mit dem Teilwert mit dem Buchwert anzusetzen. Dies gilt **nicht** für die Entnahme von Nutzungen und Leistungen. Die Zuwendungshöhe bemisst sich gem. § 10b Abs. 3 Satz 2 EStG nach dem Wert, der bei der Entnahme angesetzt wurde und nach der Umsatzsteuer, die auf die Entnahme entfällt.

Ansatz mit dem Buchwert

Durch die Entnahme des Grundstücks tritt keine Gewinnrealisierung ein. Die Sachspende i. H. von 30.000 € (= 20 % von 150.000 €) kann ungekürzt als Sonderausgabe berücksichtigt werden. Die Einkommensteuerschuld (Grundtabelle 2024) beträgt 39.797 € (zu versteuerndes Einkommen i. H. von 120.000 €).

Ansatz mit dem Teilwert

Durch die Entnahme des Grundstücks erhöht sich der Gesamtbetrag der Einkünfte auf 220.000 € (= wie bisher 150.000 € zzgl. Entnahmewert 100.000 € abzgl. Buchwert 30.000 €). Die Sachspende i. H. von 100.000 € kann mit einem Teilbetrag i. H. von 44.000 € (= 20 % von 220.000 €) berücksichtigt werden. Der verbleibende Betrag mit 56.000 € geht in den Spendenvortrag ein. Die Einkommensteuerschuld (Grundtabelle 2024) beläuft sich jetzt auf 63.317 € (zu versteuerndes Einkommen i. H. von 176.000 €). Um die Steuermehrbelastung zu vermeiden, kann A anstatt des Teilwerts den Buchwert ansetzen.

Zu b)

B kann die Entnahme der Aktien mit dem Buchwert ansetzen und so eine Gewinnrealisierung vermeiden. In diesem Fall erhält er eine Zuwendungsbestätigung über 100.000 €.

Abweichend davon kann B die Entnahme der Aktien mit dem Teilwert ansetzen und realisiert dann einen Gewinn i. H. von 200.000 €. Diesen Gewinn hat B unter Berücksichtigung des § 3 Nr. 40 EStG mit 120.000 € zu versteuern. Trotzdem steht ihm eine Zuwendungsbestätigung über 300.000 € zu. Gemäß R 6.12 Abs. 3 EStR ist das Buchwertprivileg auch dann zulässig, wenn der Spendenempfänger das überlassene Wirtschaftsgut zeitnah weiterveräußert.

FALL 77

Wertansatz von privaten Sachspenden

Sachverhalte:

1. A spendet an eine steuerbegünstigte Einrichtung ein bebautes Grundstück. Das Grundstück war bisher Privatvermögen von A.

Der gemeine Wert des Grundstücks beträgt jeweils 500.000 € und die Anschaffungskosten bzw. fortgeführten Anschaffungskosten 250.000 €.

2. B spendet seine private 10 %ige Kapitalbeteiligung an eine steuerbegünstigte Einrichtung. Der gemeine Wert der Beteiligung beträgt 100.000 € und die Anschaffungskosten 40.000 €.
3. Wie bei Nr. 2, mit der Besonderheit, dass es sich um eine Kapitalbeteiligung i. H. von 0,5 % handelt.

AUFGABE

In welcher Höhe kann ein Spendenabzug erfolgen?

LÖSUNG

Zu 1

Gemäß § 10b Abs. 3 Satz 3 EStG wird der Ansatz von Sachspenden aus dem Privatvermögen mit dem gemeinen Wert auf solche Fälle beschränkt, in denen eine Veräußerung des zugewendeten Wirtschaftsguts zum Zeitpunkt der Zuwendung keinen Besteuerungstatbestand erfüllen würde. In allen übrigen Fällen dürfen gem. § 10b Abs. 3 Satz 4 EStG die fortgeführten Anschaffungs- und Herstellungskosten nur überschritten werden, soweit eine Gewinnrealisierung stattgefunden hat.

Hier ist wie folgt zu unterscheiden:

- Ist die Zehnjahresfrist des § 23 Abs. 1 Satz 1 Nr. 1 EStG bereits abgelaufen, kann ein Spendenabzug mit 500.000 € erfolgen.
- Ist die Frist noch nicht abgelaufen, kann die Spende nur mit den Anschaffungskosten bzw. fortgeführten Anschaffungskosten angesetzt werden.

Zu 2

Die unentgeltliche Anteilsübertragung löst keinen Veräußerungstatbestand gem. § 17 EStG aus. Da eine Veräußerung aber einen Besteuerungstatbestand erfüllen würde, scheidet der Ansatz mit dem gemeinen Wert aus. Die Spende ist mit 40.000 € anzusetzen.

Zu 3

Bei Anschaffungen nach dem 31.12.2008 kommt es auf die Jahresfrist des § 23 Abs. 2 EStG nicht mehr an; es liegt im Falle der Veräußerung immer ein Besteuerungstatbestand gem. § 20 Abs. 2 Satz 1 Nr. 1 EStG vor. Die Spende ist mit den Anschaffungskosten i. H. von 40.000 € anzusetzen.

FALL 78

Abzug von Auslandsspenden

Sachverhalt: Der Steuerpflichtige X leistet Spenden an

a) eine inländische gemeinnützige Organisation, die Katastrophenopfern im Ausland hilft;

b) an eine gemeinnützige Organisation in Portugal. Die Voraussetzungen des § 51 Abs. 2 AO können nicht nachgewiesen werden;

c) an eine gemeinnützige Organisation in der Schweiz.

AUFGABE

Können die Spenden bei X berücksichtigt werden?

LÖSUNG

Zu a)

Spenden an eine gemeinnützige Organisation im Inland mit Zweckverwirklichung im Ausland können steuerlich regelmäßig berücksichtigt werden.

Zu b)

Gemäß dem EuGH-Urteil v. 27.1.2009 - C-318/07, BStBl 2010 II S. 440, steht die Kapitalverkehrsfreiheit einer nationalen Regelung eines Mitgliedstaates entgegen, wonach eine steuerliche Abziehbarkeit nur für Zuwendungen an im Inland ansässige Einrichtungen gegeben ist. Nach einer gesetzgeberischen Ausweitung des Spendenabzugs in § 10b Abs. 1 Satz 2 Nr. 3 EStG hat die Finanzverwaltung zur Anwendung des Urteils Stellung bezogen (BMF, Schreiben v. 16.5.2011, BStBl 2011 I S. 559).

Grundsätzlich können danach Zuwendungen an gemeinnützige Organisationen in einem anderen EU-/EWR-Staat steuerlich geltend gemacht werden. Dazu ist aber nachzuweisen, dass die ausländische Organisation den strengen deutschen gemeinnützigkeitsrechtlichen Anforderungen entspricht (BFH, Urteil v. 17.9.2013 - I R 16/12, BStBl 2014 II S. 440).

Ein Spendenabzug kommt hier nicht in Betracht.

Zu c)

Ein Spendenabzug gem. § 10b Abs. 1 Satz 2 EStG kommt von Gesetzes wegen nicht in Betracht.

HINWEIS

Infolge der Corona-Pandemie erfolgte eine zeitweise Änderung des § 10d EStG. Zuletzt wurde mit dem Dritten Corona-Steuerhilfegesetz v. 10.3.2021 (BGBl 2021 I S. 330) der steuerliche Verlustrücktrag für die Jahre 2020 und 2021 nochmals erweitert und auf 10 Mio. € bzw. 20 Mio. € (bei Zusammenveranlagung) angehoben. Dies gilt auch für die Betragsgrenzen beim vorläufigen Verlustrücktrag für das Jahr 2020 (§§ 10d, 110 und 111 EStG).

Durch das Vierte Corona-Steuerhilfegesetz v. 19.6.2022 (BGBl 2022 I S. 911) wird der mit dem Dritten Corona-Steuerhilfegesetz v. 10.3.2021 (BGBl 2021 I S. 330) für Verluste aus den Jahren 2020 und 2021 erhöhte Maximalbetrag für den Verlustrücktrag i. H. von 10 Mio. € (bzw. 20 Mio. € bei Zusammenveranlagung) auch für Verluste aus den Veranlagungszeiträumen 2022 und 2023 beibehalten. Ab dem Veranlagungszeitraum 2024 gelten dann wieder die „Vor-Corona"-Höchstbeträge i. H. von 1 Mio. € (bzw. 2 Mio. €).

Im Rahmen des Wachstumschancengesetzes v. 27.3.2024 (BGBl 2024 I Nr. 108) wird § 10d EStG wie folgt angepasst: Der Verlustvortrag ist bis zu einem Sockelbetrag i. H. von 1 Mio. € (bzw. 2 Mio. € für zusammenveranlagte Paare) im Verlustvortragsjahr unbeschränkt möglich. Für den Teil, der den Betrag überschreitet, war der Verlustvortrag bisher auf 60 % des Gesamtbetrags der Einkünfte (GdE) des Verlustvortragsjahres beschränkt. Für die Veranlagungszeiträume 2024–2027 wurde der Teil des Verlustvortrags nun auf 70 % des GdE des Verlustvortragsjahres erhöht.

FALL 79

Feststellung des Verlustvortrags

Sachverhalt: Der ledige Steuerpflichtige A hatte im Jahr 08 (entspricht dem Kalenderjahr 2021 in der Tabelle des § 24a EStG) sein 64. Lebensjahr vollendet. Er erzielt im Jahr 09 folgende Einkünfte:

► Einkünfte aus § 13 EStG	12.000 €
► Einkünfte aus § 15 EStG	- 1.200.000 €
► Einkünfte aus § 19 Abs. 1 Satz 1 Nr. 1 EStG	20.000 €

Der Gesamtbetrag der Einkünfte des Jahres 08 belief sich auf 1.100.000 €.

AUFGABE

Wie ist der verbleibende Verlustvortrag zum 31.12.09 unter Berücksichtigung des höchstmöglichen Verlustrücktrags festzustellen?

LÖSUNG

Der Gesamtbetrag der Einkünfte im Jahr 09 ist wie folgt zu ermitteln:

Summe der Einkünfte	- 1.168.000 €
Altersentlastungsbetrag (15,2 % des Arbeitslohns i. H. von 20.000 €, höchstens 722 €)	- 722 €
Freibetrag gem. § 13 Abs. 3 EStG	- 900 €
Gesamtbetrag der Einkünfte	- 1.169.622 €

Gemäß § 10d Abs. 1 Satz 1 EStG ist ein Verlustrücktrag bis zu einem Betrag i. H. von maximal 1 Mio. € möglich. Der Altersentlastungsbetrag und der Freibetrag für Land- und Forstwirte werden bei der Ermittlung des Verlustabzugs nicht berücksichtigt (R 10d Abs. 1 EStR). Von der negativen Summe der Einkünfte mit 1.168.000 € kann ein Betrag i. H. von 1 Mio. € auf das Jahr 08 zurückgetragen werden.

Damit ist zum 31.12.09 ein Verlustvortrag über 168.000 € gesondert festzustellen (§ 10d Abs. 4 Satz 1 EStG).

FALL 80

Fehlerhafter Feststellungsbescheid über den verbleibenden Verlustvortrag

Sachverhalt: Der Steuerpflichtige A erzielte im Jahr 03 einen Verlust aus Gewerbebetrieb i. H. von 300.000 €. Das Jahr 02 ist bestandskräftig veranlagt, dort hatte A einen Gesamtbetrag der Einkünfte i. H. von 80.000 €. Tatsächlich hat das Finanzamt bei der Veranlagung 03 lediglich einen Verlust i. H. von 100.000 € anerkannt. Dementsprechend erlässt es einen Bescheid über die gesonderte Feststellung des verbleibenden Verlustvortrags zum 31.12.03 über 20.000 €.

a) A legt gegen den Feststellungsbescheid über den verbleibenden Verlustvortrag Einspruch ein. Der Einkommensteuerbescheid 03 wird bestandskräftig.

b) A legt gegen den Einkommensteuerbescheid 03 Einspruch ein.

AUFGABE

Welche Auswirkungen hat der Einspruch?

LÖSUNG

Zu a)

Der Einspruch gegen den Verlustfeststellungsbescheid mit dem Ziel, einen Verlustvortrag i. H. von 220.000 € festzustellen, ist gem. § 351 Abs. 2 AO i.V. mit § 10d Abs. 4 Satz 4 EStG unzulässig.

Zu b)

Aufgrund der Regelung in § 10d Abs. 4 EStG kommt dem fehlerhaften Einkommensteuerbescheid, sofern er nicht geändert wird, Bindungswirkung zu. Folglich muss A gegen den Einkommensteuerbescheid 03 Einspruch einlegen und beantragen, den zu berücksichtigenden Verlust mit 300.000 € anzusetzen. Ein Einspruch ist selbst dann erforderlich, wenn die Steuerfestsetzung bereits auf 0 € lautet. In Bezug auf die angefochtene Steuerfestsetzung liegt zwar keine Beschwer i. S. des § 350 AO vor, aber § 10d Abs. 4 Satz 5 EStG eröffnet die betragsmäßige Verlustübernahme in den Verlustfeststellungsbescheid.

FALL 81

Wirkung des Verzichts auf den Verlustrücktrag

Sachverhalt: Bei der Veranlagung 2024 des geschiedenen Steuerpflichtigen A haben sich folgende Zahlen ergeben:

Summe der Einkünfte	25.000 €
Entlastungsbetrag für Alleinerziehende gem. § 24b Abs. 2 EStG	- 4.260 €
Sonderausgaben	- 4.000 €
Zu versteuerndes Einkommen	16.740 €

Im Jahr 2025 hat A eine negative Summe der Einkünfte i. H. von 30.000 €.

AUFGABE

Welcher Antrag ist hier zu stellen?

LÖSUNG

Gemäß § 10d Abs. 1 Satz 1 EStG ist zunächst grds. der Verlustrücktrag durchzuführen. Der Abzug vom Gesamtbetrag der Einkünfte des vorangegangenen Veranlagungszeitraums hat vorrangig vor Sonderausgaben, außergewöhnlichen Belastungen und sonstigen Abzugsbeträgen zu erfolgen. Da gem. § 2 Abs. 3 EStG zur Ermittlung des Gesamtbetrags der Einkünfte der Entlastungsbetrag für Alleinerziehende abzuziehen ist, würde ohne besonderen Antrag ein Teilbetrag i. H. von 20.740 € des Verlustrücktrags verbraucht werden; lediglich der Restbetrag i. H. von 9.260 € würde dann für den Verlustvortrag zur Verfügung stehen. Da bis zur Höhe des Grundfreibetrags im Kalenderjahr 2024 mit 11.604 € die tarifliche Einkommensteuer aber ohnehin 0 € beträgt, sollte der Verlustrücktrag gem. § 10d Abs. 1 Satz 5 und 6 EStG auf 5.190 € beschränkt werden. Damit verbleibt für den Verlustvortrag ein Betrag i. H. von 24.810 €.

Für den Veranlagungszeitraum 2024 ergibt sich damit folgende geänderte Veranlagung:

Summe der Einkünfte	25.000 €
Entlastungsbetrag für Alleinerziehende	- 4.260 €
Verlustrücktrag	- 5.190 €
Sonderausgaben	- 4.000 €
Zu versteuerndes Einkommen	11.550 €
Tarifliche Einkommensteuer	0 €

Ohne besonderen Antrag wird der Verlustrücktrag von Amts wegen immer im höchstmöglichen Umfang vorgenommen. Das Ziel von A muss aber sein, nicht einen Gesamtbetrag der Einkünfte i. H. von Null, sondern eine Steuerbelastung i. H. von Null zu erreichen.

FALL 82

Wirkungsweise des Verlustvortrags

Sachverhalte:

a) Der ledige A hat im Jahr 02 aus seinem neu gegründeten Gewerbebetrieb einen Verlust i. H. von 4 Mio. € erzielt. Im Jahr 03 hat er einen Gewinn i. H. von 2 Mio. € erwirtschaftet. Weitere Einkünfte liegen jeweils nicht vor. Die berücksichtigungsfähigen Sonderausgaben belaufen sich im Jahr 03 auf 8.000 €.

b) Bei dem ledigen Steuerpflichtigen B wird zum 31.12.01 ein Verlustvortrag mit 35.000 € festgestellt. Im Jahr 02 hat er positive Einkünfte i. H. von 40.000 € und Sonderausgaben i. H. von 6.000 €.

AUFGABEN

Zu a)

Wie ist der verbleibende Verlustvortrag zum 31.12.03 festzustellen, wenn ein Verlustrücktrag nach dem Jahr 01 nicht möglich ist, und welchen Betrag hat A im Veranlagungszeitraum 03 zu versteuern?

Zu b)

Wie errechnet sich das zu versteuernde Einkommen im Veranlagungszeitraum 02? Verwenden Sie die Rechtslage 2024.

LÖSUNG

Gemäß § 10d Abs. 2 EStG sind im Rahmen des Verlustvortrags nicht ausgeglichene negative Einkünfte bis zu einem Gesamtbetrag der Einkünfte i. H. von 1 Mio. € unbeschränkt, darüber hinaus bis zu 70 % des 1 Mio. € übersteigenden Gesamtbetrags der Einkünfte abzuziehen.

Zu a)

Positive Einkünfte im Jahr 03	2.000.000 €
Sockelbetrag ausgleichsfähig	- 1.000.000 €
verbleiben	1.000.000 €
davon 70 % ausgleichsfähig	- 700.000 €
	300.000 €
Sonderausgaben	- 8.000 €
Zu versteuerndes Einkommen im Jahr 03	292.000 €

Der verbleibende Verlustvortrag beträgt zum 31.12.03 **2.300.000 €.**

Zu b)

Gemäß § 10d Abs. 2 Satz 1 EStG ist der Verlustvortrag vorrangig vor Sonderausgaben, außergewöhnlichen Belastungen und sonstigen Abzugsbeträgen abzuziehen.

Gesamtbetrag der Einkünfte im Jahr 02	40.000 €
Verlustvortrag	- 35.000 €
verbleiben	5.000 €
Sonderausgaben maximal	- 5.000 €
Zu versteuerndes Einkommen	0 €

Während es beim Verlustrücktrag mittels Antrags möglich ist, sich in bestimmten Fällen den Abzug von Sonderausgaben zu erhalten, gibt es diese Möglichkeit beim Verlustvortrag nicht. Die Sonderausgaben gehen steuerlich in voller Höhe ins Leere. Der BFH hatte mit Beschluss

v. 9.4.2010 - IX B 191/09, BFH/NV 2010 S. 1270, NAAAD-43392, hinsichtlich der gegenüber Sonderausgaben und außergewöhnlichen Belastungen vorrangigen Berücksichtigung des Verlustabzugs gem. § 10d Abs. 2 EStG keine verfassungsrechtlichen Bedenken geäußert. Die Verfassungsbeschwerde gegen das BFH-Urteil wurde mit Beschluss v. 13.4.2012 - 2 BvR 1175/10, ZAAAI-45411, vom BVerfG nicht zur Entscheidung angenommen.

FALL 83

Verlustvortrag bei Wechsel zwischen Zusammen- und Einzelveranlagung

Sachverhalte:

a) M und F werden ab dem Verlustentstehungsjahr 02 einzeln veranlagt. Bei M ist ein Verlust i. H. von 1 Mio. € und bei F ein Verlust i. H. von 3 Mio. € entstanden. Beide Verluste werden zunächst zurückgetragen. Im Jahr 01 werden die Ehegatten zusammen veranlagt.

b) Im Jahr 02 werden M und F einzeln und im Jahr 01 zusammen veranlagt. Sie haben folgende Einkünfte erzielt:

	01	02
M	100.000 €	300.000 €
F	150.000 €	- 350.000 €

AUFGABE

Welche vortragsfähigen Verluste ergeben sich bei M und bei F unter der Annahme, dass der Verlustrücktrag in maximaler Höhe i. S. des § 10d Abs. 1 Satz 1 EStG vorzunehmen ist?

LÖSUNG

Zu a)

Die Verluste können im Jahr 01 gem. § 10d Abs. 1 EStG bis zum Höchstbetrag i. H. von 2 Mio. € abgezogen werden. Damit verbleiben Verluste i. H. von insgesamt 2 Mio. € für den Vortrag. Die nach Durchführung des Verlustrücktrags verbleibenden Verluste sind gem. § 62d Abs. 2 Satz 2 EStDV auf die Ehegatten in dem Verhältnis aufzuteilen, in dem die Verluste der einzelnen Ehegatten im Verlustentstehungsjahr zueinander stehen. Auf M entfällt damit ein Betrag i. H. von 500.000 € und auf F ein Betrag i. H. von 1.500.000 €.

Zu b)

Gemäß § 10d Abs. 1 EStG sind die negativen Einkünfte i. H. von 350.000 € in den Veranlagungszeitraum 01 zurückzutragen.

Da die Eheleute im Jahr 01 zusammen veranlagt werden, ist der Rücktrag bis zum Höchstbetrag i. H. von maximal 2.000.000 € möglich. Die Veranlagung 01 ist wie folgt zu ändern:

Einkünfte M	100.000 €
Einkünfte F	+ 150.000 €
Gesamtbetrag der Einkünfte	250.000 €
Verlustrücktrag aus dem Jahr 02	- 250.000 €
	0 €

Der am Schluss des Veranlagungszeitraums 02 verbleibende Verlust ist i. H. von 100.000 € festzustellen und entfällt in voller Höhe auf F.

FALL 84

Zusammentreffen von Verlustrücktrag und Verlustvortrag in einem Veranlagungszeitraum

Sachverhalt: A, ledig, hat zum 31.12.2024 einen Verlustvortrag i. H. von 5 Mio. €. Sein Gesamtbetrag der Einkünfte im Jahr 2025 beträgt 2 Mio. €. Aus dem Jahr 2026 hat A einen Verlustrücktrag i. H. von 400.000 €.

AUFGABE

Wie ist der verbleibende Verlustvortrag zum 31.12.2026 festzustellen und welchen Betrag hat A im Jahr 2025 zu versteuern?

LÖSUNG

Das Gesetz enthält keine Regelung, wie eine Verlustverrechnung in den Jahren zu erfolgen hat, in denen ein Verlustrücktrag und ein Verlustvortrag zusammentreffen. Die Reihenfolge hat Bedeutung, da ein Verlustrücktrag bis zum Höchstbetrag in voller Höhe den Gesamtbetrag der Einkünfte mindert, wohingegen der Verlustvortrag nach Abzug des Sockelbetrags nur noch zu 70 % verrechnet wird.

Lösungsvorschlag 1 (Verlustrücktrag reduziert nicht die Bezugsgröße für den Verlustvortrag):

Gesamtbetrag der Einkünfte 2025	2.000.000 €
Sockelbetrag ausgleichsfähig	- 1.000.000 €
verbleiben	1.000.000 €
davon 70 % ausgleichsfähig	- 700.000 €
verbleiben	300.000 €
Verlustrücktrag aus dem Jahr 2026	- 300.000 €
Zu versteuerndes Einkommen 2025	0 €

Der Verlustvortrag in das Jahr 2027 beträgt somit noch 3.300.000 €.

Lösungsvorschlag 2 (Verlustrücktrag reduziert die Bezugsgröße für den Verlustvortrag):

Gesamtbetrag der Einkünfte 2025	2.000.000 €
Verlustrücktrag aus dem Jahr 2026	- 400.000 €
verbleiben	1.600.000 €
Sockelbetrag ausgleichsfähig	- 1.000.000 €
verbleiben	600.000 €
davon 70 % ausgleichsfähig	- 420.000 €
Zu versteuerndes Einkommen 2025	180.000 €

Der Verlustvortrag in das Jahr 2027 würde hier 3.580.000 € betragen.

Der Wortlaut des Gesetzes spricht für eine Auslegung, nach der innerhalb des Verlustabzugs der Verlustvortrag Vorrang vor dem Verlustrücktrag hat (Nolte, NWB 26/2004 Fach 3 S. 12907; Hallerbach in Herrmann/Heuer/Raupach, EStG, § 10d Anmerkung 51; gleicher Ansicht mit anderer Begründung Dötsch/Pung, DB 2004 S. 151; Hill/Kavazidis, DB 2003 S. 2028; Gassen in Littmann/Bitz/Pust, EStG, § 10d Rz. 41 ff.). Damit ist der Lösungsvorschlag 1 zutreffend, der zu einem höheren Abzugsbetrag führt.

FALL 85

Verlustrücktrag und Thesaurierungsbegünstigung i. S. des § 34a EStG

Sachverhalt: Der Steuerbilanzgewinn des ledigen Freiberuflers A beträgt im Jahr 2019 330.000 €. Hierin sind steuerfreie Gewinnanteile i. H. von 30.000 € enthalten. A hat 70.000 € entnommen, Einlagen sind nicht erfolgt. Sonderausgaben sind i. H. von 20.000 € zu berücksichtigen. A hat für das Jahr 2019 die Thesaurierungsbegünstigung für den gesamten nicht entnommenen Gewinn gestellt.

AUFGABE

Welche Auswirkungen ergeben sich, wenn A den im Jahr 2020 erlittenen Verlust mit 60.000 € in maximaler Höhe auf das Jahr 2019 zurücktragen möchte?

LÖSUNG

Bei der Ermittlung des nicht entnommenen Gewinns gelten steuerfreie Gewinnanteile als vorrangig entnommen. Der nicht entnommene Gewinn des Jahres 2019 beträgt gem. § 34a Abs. 2 EStG 260.000 € (= 330.000 € abzgl. 70.000 € Entnahmen). Der steuerpflichtige Gewinn beläuft sich auf 300.000 €. Daher kann A einen Antrag gem. § 34a EStG für einen Gewinn i. H. von maximal 260.000 € stellen.

Für das Jahr 2019 ergibt sich folgende Veranlagung, wobei der Solidaritätszuschlag aus Vereinfachungsgründen unberücksichtigt bleibt:

Steuerpflichtiger Gewinn (entspricht dem Gesamtbetrag der Einkünfte)	300.000 €
Sonderausgaben	- 20.000 €
Zu versteuerndes Einkommen	280.000 €

Die tarifliche Einkommensteuer 2019 würde ohne Antrag i. S. des § 34a EStG 109.259 € betragen.

Nicht entnommener Gewinn	260.000 €
Restliches zu versteuerndes Einkommen	20.000 €
Steuer lt. Grundtabelle 2019	2.414 €
Steuer für nicht entnommenen Gewinn: 28,25 % von 260.000 € =	+ 73.450 €
Steuerbelastung mit Antrag i. S. des § 34a EStG	75.864 €

Bei einem Verlustrücktrag sorgt § 10d Abs. 1 Satz 2 EStG dafür, dass der im Vorjahr begünstigte nicht entnommene Gewinn nicht mit dem zurückgetragenen Verlust verrechnet werden kann.

Gesamtbetrag der Einkünfte 2019	300.000 €
Begünstigungsbetrag gem. § 34a Abs. 3 Satz 1 EStG	- 260.000 €
Maximaler Verlustrücktrag	40.000 €

Damit ergibt sich im Jahr 2019 folgende Berechnung:

Gesamtbetrag der Einkünfte	300.000 €
Verlustrücktrag	- 40.000 €
Sonderausgaben	- 20.000 €
Zu versteuerndes Einkommen	240.000 €
Der nicht entnommene Gewinn mit 260.000 € bleibt außer Ansatz, maximal aber	- 240.000 €
Restliches zu versteuerndes Einkommen	0 €
Steuerbelastung: 28,25 % von 240.000 € =	67.800 €

Damit gehen 20.000 € in den Verlustvortrag ein.

Gemäß § 34a Abs. 1 Satz 4 EStG kann ein gestellter Antrag für die Thesaurierungsbegünstigung bis zur Unanfechtbarkeit des Einkommensteuerbescheids für den nächsten Veranlagungszeitraum ganz oder teilweise zurückgenommen werden. Sofern A den gesamten Verlust 2020 zurücktragen möchte, muss er seinen Antrag i. S. des § 34a EStG auf (höchstens) 240.000 € begrenzen.

Gesamtbetrag der Einkünfte 2019	300.000 €
Verlustrücktrag	- 60.000 €
Sonderausgaben	- 20.000 €
Zu versteuerndes Einkommen	220.000 €

Laut Antrag bleibt ein nicht entnommener Gewinn mit 240.000 € außer Ansatz, maximal	- 220.000 €
Restliches zu versteuerndes Einkommen	0 €
Steuerbelastung: 28,25 % von 220.000 € =	62.150 €

Der Verlust des Jahres 2020 kann jetzt in voller Höhe zurückgetragen werden, ein Verlustvortrag besteht nicht. Da allerdings mangels verbleibendem zu versteuernden Einkommen der Grundfreibetrag ins Leere geht, die Gesamtsteuerbelastung unter Berücksichtigung einer drohenden Nachbelastung bei den ermäßigt besteuerten Gewinnanteilen andererseits auf rund 48 % ansteigt, ist in praktischen Fällen unter Berücksichtigung der individuellen Besonderheiten zu prüfen, ob die Rücknahme des Antrags gem. § 34a Abs. 1 Satz 4 EStG auf einen höheren Betrag auszuweiten ist oder ob auf den Verlustrücktrag ganz oder teilweise verzichtet werden soll.

FALL 86

Verluste im Erbfall

Sachverhalte:

a) Der im Jahr 02 verstorbene Steuerpflichtige A hat im Jahr 02 einen negativen Gesamtbetrag der Einkünfte i. H. von 200.000 € (Vorjahr + 50.000 €). Da Sohn B als Alleinerbe wirtschaftlich mit dem Verlust belastet ist, möchte er ihn in seiner Steuererklärung berücksichtigen.

b) Tochter T beerbt ihre im Jahr 02 verstorbene Mutter M. Für M war zum 31.12.01 ein Verlustvortrag gem. § 10d EStG i. H. von 80.000 € festgestellt. M war an der X-GmbH & Co. KG als Mitunternehmerin beteiligt; ihr Kapitalkonto betrug am Todestag - 20.000 €. Der Gesamtbetrag der Einkünfte von T beläuft sich im Jahr 02 auf 45.000 €.

c) Die Ehegatten M und F wählen – wie im Jahr 01 auch – im Jahr 02 die Zusammenveranlagung. M ist am 1.2.02 verstorben; bis zum Todestag sind bei ihm Verluste i. H. von 10.000 € entstanden. Zum 31.12.01 ist bei M ein Verlustvortrag gem. § 10d EStG i. H. von 20.000 € festgestellt worden. Während F im Jahr 01 nicht berufstätig war, erzielt sie im Jahr 02 Einkünfte i. H. von 80.000 €.

AUFGABE

Welche Konsequenzen ergeben sich aus den geschilderten Sachverhalten?

LÖSUNG

Zu a)

Unstrittig können im Wege des Verlustrücktrags beim Erblasser 50.000 € im Jahr 01 abgezogen werden. Zum Verlustübergang hat der Große Senat des BFH mit Beschluss v. 17.12.2007 - GrS 2/04, BStBl 2008 II S. 608, allerdings entschieden, dass der Erbe einen vom Erblasser nicht ausgenutzten Verlustabzug gem. § 10d EStG nicht bei seiner eigenen Veranlagung geltend machen kann. Die Finanzverwaltung wendet diese Entscheidung auf alle Erbfälle an, die nach Ablauf des 18.8.2008 eingetreten sind (BMF, Schreiben v. 24.7.2008, BStBl 2008 I S. 809). B kann den verbleibenden Verlust i. H. von 150.000 € nicht berücksichtigen (R 10d Abs. 9 Satz 2 EStR).

Zu b)

Gemäß R 10d Abs. 9 Satz 2 EStR kann der Verlustabzug gem. § 10d EStG nicht auf T übergehen, so dass es beim Gesamtbetrag der Einkünfte i. H. von 45.000 € bleibt. Von dieser Regelung sind allerdings einkunftsquellenbezogene Verluste wie z. B. gem. § 15a EStG ausgenommen. In R 10d Abs. 9 Satz 12 EStR wird ausdrücklich geregelt, dass Verluste i. S. der §§ 15a und 15b EStG im Erbfall übertragbar sind. Das negative Kapitalkonto von M geht auf T über und steht zur Verrechnung mit zukünftigen Erträgen aus dem Mitunternehmeranteil zur Verfügung.

Zu c)

Unstreitig kann der Ehegatte des Erblassers bei Zusammenveranlagung im Todesjahr Verluste des Erblassers mit bis zum Jahresende erzielten eigenen positiven Einkünften ausgleichen. In R 10d Abs. 9 Satz 3 EStR ist darüber hinaus geregelt, dass auch Verlustvorträge des verstorbenen Ehegatten aus dem Vorjahr abgezogen werden können. F kann somit im Jahr 02 neben dem Verlust i. H. von 10.000 € auch den Verlustvortrag aus dem Jahr 01 i. H. von 20.000 € im Rahmen der Zusammenveranlagung berücksichtigen.

FALL 87

Mindestbesteuerung im Erbfall

Sachverhalt: Der Erblasser A erzielte im Jahr 02 einen negativen Gesamtbetrag der Einkünfte i. H. von 4 Mio. €. Ein Verlustrücktrag schied aus, da der Gesamtbetrag der Einkünfte im Jahr 01 0 € betrug. Bis zu seinem Tod im August 03 erzielte A einen Gewinn i. H. von 5 Mio. €.

AUFGABE

Wie wirkt sich der geschilderte Sachverhalt aus? Es ist die Rechtslage 2024 anzuwenden.

LÖSUNG

Der Verlustvortrag errechnet sich wie folgt:

Gesamtbetrag der Einkünfte im Jahr 03	5.000.000 €
Sockelbetrag ausgleichsfähig	- 1.000.000 €
verbleiben	4.000.000 €
davon 70 % ausgleichfähig	- 2.800.000 €
Einkommen im Jahr 03	1.200.000 €

Damit können lediglich 3.800.000 € des Verlustvortrags im Jahr 03 verwertet werden. Die verbleibenden 200.000 € können nicht auf die Erben übergehen.

Mit Urteil v. 22.8.2012 - I R 9/11, BStBl 2013 II S. 512, hat der BFH hierzu entschieden, es bestünden keine Bedenken gegen die Grundkonzeption der Verlustdeckelung des § 10d Abs. 2 EStG. Gegen dieses Urteil ist eine Verfassungsbeschwerde unter Az. 2 BvR 2998/12 anhängig. Allerdings musste der BFH nicht zu der Frage Stellung beziehen, ob die Mindestbesteuerung auch in den Fällen noch verfassungsgemäß ist, in denen eine Verlustverrechnung in späteren Veranlagungszeiträumen aus tatsächlichen oder rechtlichen Gründen endgültig ausgeschlossen ist. Im vorläufigen Verfahren sieht der BFH hier durchaus verfassungsrechtliche Bedenken (Beschluss v. 26.8.2010 - I B 49/10, BStBl 2011 II S. 826).

Mit BMF-Schreiben v. 19.10.2011 (BStBl 2011 I S. 974) gewährt die Finanzverwaltung in bestimmten Fällen der Definitivbelastung die Aussetzung der Vollziehung. Zu diesen gehört auch die Beendigung der persönlichen Steuerpflicht (Tod einer natürlichen Person) bei fehlender Möglichkeit der Verlustvererbung.

Kapitel 6: Familienleistungsausgleich, Entlastungsbetrag für Alleinerziehende (§§ 24b, 31, 32 und 62–78 EStG)

Vorbemerkungen

Einem Elternteil steht gem. § 32 Abs. 6 EStG für jedes zu berücksichtigende Kind ein Freibetrag

- für das sächliche Existenzminimum ab dem Veranlagungszeitraum 2024 i. H. von 3.192 € (Kinderfreibetrag) und
- für den üblicherweise anfallenden Betreuungs- und Erziehungs- oder Ausbildungsbedarf i. H. von 1.464 € (Betreuungsfreibetrag) im Kalenderjahr zu.

Ab dem Veranlagungszeitraum 2023 beträgt das Kindergeld monatlich für jedes Kind (einheitlich) jeweils 250 €.

Die steuerliche Freistellung erfolgt gem. § 31 Satz 1 EStG durch die Freibeträge i. S. des § 32 Abs. 6 EStG oder durch das Kindergeld. Die Eltern werden im laufenden Kalenderjahr durch die monatliche Zahlung von Kindergeld entlastet. Im Rahmen der Einkommensteuerveranlagung wird dann von Amts wegen geprüft, welche Regelung günstiger ist. Sind die Freibeträge günstiger, werden diese vom Einkommen abgezogen; zum Ausgleich ist die tarifliche Einkommensteuer um den Anspruch auf das Kindergeld zu erhöhen. Die Frage, wie zu verfahren ist, wenn überhaupt kein Kindergeld bezogen wurde, hat der BFH mit den Urteilen v. 13.9.2012 - V R 59/10, BStBl 2013 II S. 228, und v. 20.12.2012 - III R 29/12, BFH/NV 2013 S. 723, TAAAE-31697, dahingehend beantwortet, dass es allein entscheidend sei, ob ein Anspruch auf Kindergeld besteht. Ob Kindergeld tatsächlich gezahlt wurde, ist unerheblich.

Die Dienstanweisung zum Kindergeld nach dem EStG Stand 2024 (DA-KG 2024, BZSt-Schreiben v. 30.4.2024, BStBl 2024 I S. 736) regelt die Anwendung der seit dem 1.1.2024 geltenden und für die Durchführung des Familienleistungsausgleichs nach dem X. Abschnitt des EStG relevanten Vorschriften.

FALL 88

Freistellung des Existenzminimums

Sachverhalte:

a) Die Steuererklärung der Eheleute A und B weist ein Einkommen i. S. des § 2 Abs. 5 EStG i. H. von 90.000 € aus. A und B werden zusammen zur Einkommensteuer veranlagt und sind Eltern eines minderjährigen Kindes.

b) Wie bei Buchst. a), mit dem Unterschied, dass das Einkommen 50.000 € beträgt.

c) Das Einkommen der Eheleute A und B beträgt 88.000 €. A und B werden zusammen zur Einkommensteuer veranlagt und sind Eltern eines 16-jährigen Sohnes und einer 12-jährigen Tochter.

d) Die geschiedenen Eltern haben einen gemeinsamen minderjährigen Sohn S. S lebt im Haushalt der Mutter, bei der er mit Wohnsitz gemeldet ist. Der Vater kommt seiner Barunterhaltsverpflichtung nach. Das Kindergeld wird an die Mutter ausbezahlt. Das Einkommen des Vaters beträgt 75.000 € und das der Mutter 28.500 €.

e) Wie bei Buchst. d), mit dem Unterschied, dass die Mutter die Übertragung des Freibetrags für den Betreuungs- und Erziehungs- oder Ausbildungsbedarf beantragt hat.

f) Wie bei Buchst. d), mit dem Unterschied, dass der Vater seiner Barunterhaltsverpflichtung nicht nachkommt. Daher hat die Mutter beantragt, sowohl den Kinderfreibetrag als auch den Freibetrag für den Betreuungs- und Erziehungs- oder Ausbildungsbedarf des Vaters auf sich zu übertragen.

AUFGABE

Es ist zu prüfen, ob bei der Veranlagung für das Jahr 2024 das Kindergeld oder die steuerliche Entlastung durch die Freibeträge gem. § 32 Abs. 6 EStG günstiger ist.

LÖSUNG

Zu a)

Einkommen ohne Freibeträge	90.000 €	
Einkommensteuer hierauf (Splittingtarif 2024)		18.310 €
abzgl. Kinderfreibetrag	- 6.384 €	
abzgl. Betreuungsfreibetrag	- 2.928 €	
Zu versteuerndes Einkommen unter Berücksichtigung der Freibeträge	80.688 €	
Einkommensteuer hierauf (Splittingtarif 2024)		- 15.212 €
Differenz		3.098 €

Das jährliche Kindergeld für das Kind beträgt im Veranlagungszeitraum 2024: 12 x 250 € = 3.000 €. Für A und B ergibt sich somit bei der Einkommensteuerveranlagung ein zusätzlicher Entlastungsbetrag i. H. von 98 €. Zur Vermeidung einer Doppelbegünstigung wird daher der tariflichen Einkommensteuer i. H. von 15.212 € der Anspruch auf das Kindergeld hinzugerechnet, so dass die Einkommensteuer mit 18.212 € festgesetzt wird.

Zu b)

Einkommen ohne Freibeträge	50.000 €	
Einkommensteuer hierauf (Splittingtarif 2024)		6.114 €
abzgl. Kinderfreibetrag	- 6.384 €	
abzgl. Betreuungsfreibetrag	- 2.928 €	
Zu versteuerndes Einkommen unter Berücksichtigung der Freibeträge	40.688 €	
Einkommensteuer hierauf		- 3.690 €
Differenz		2.424 €

Die steuerliche Freistellung des Existenzminimums wird in vollem Umfang durch das Kindergeld (3.000 €) erreicht. Die Freibeträge gem. § 32 Abs. 6 EStG werden nicht gewährt. Die tarifliche Einkommensteuer beträgt 6.114 €.

Zu c)

Die von Amts wegen vorzunehmende Vergleichsrechnung ist für jedes Kind einzeln durchzuführen, und zwar beginnend mit dem ältesten Kind (H 31 Prüfung der Steuerfreistellung EStH 2023). Diese vorzunehmende Einzelbetrachtung ist vom BFH mit den Urteilen v. 28.4.2010 - III R 86/07, BStBl 2011 II S. 259, und v. 19.4.2012 - III R 50/08, BFH/NV 2012 S. 1429, RAAAE-12965, bestätigt worden.

Vergleichsrechnung für den Sohn:

Einkommen ohne Freibeträge	88.000 €	
Einkommensteuer hierauf (Splittingtarif 2024)		17.632 €
abzgl. Kinderfreibetrag	- 6.384 €	
abzgl. Betreuungsfreibetrag	- 2.928 €	
Zu versteuerndes Einkommen unter Berücksichtigung der Freibeträge	78.688 €	
Einkommensteuer hierauf (Splittingtarif 2024)		- 14.568 €
Differenz		3.064 €

Das jährliche Kindergeld für den Sohn beträgt 3.000 €. Für A und B ergibt sich bei der Einkommensteuerveranlagung ein zusätzlicher Entlastungsbetrag i. H. von 64 €. Der Abzug der Freibeträge ist also günstiger.

Vergleichsrechnung für die Tochter:

Einkommen ohne Freibeträge der Tochter	78.688 €	
Einkommensteuer hierauf (Splittingtarif 2024)		14.568 €
abzgl. Kinderfreibetrag	- 6.384 €	
abzgl. Betreuungsfreibetrag	- 2.928 €	
Zu versteuerndes Einkommen unter Berücksichtigung der Freibeträge	69.376 €	
Einkommensteuer hierauf		- 11.660 €
Differenz		2.908 €

Das jährliche Kindergeld für die Tochter beträgt 3.000 €. Die steuerliche Freistellung wird hier in vollem Umfang durch das Kindergeld erreicht, da das Kindergeld um 92 € günstiger ist. Für die Tochter werden daher keine Freibeträge abgezogen.

Wegen der Einzelbetrachtungsweise bei der Günstigerprüfung kann es also vorkommen, dass bei Eltern mit mehreren Kindern für ein oder mehrere Kinder der Abzug der Freibeträge gem. § 32 Abs. 6 EStG und für andere Kinder der Anspruch auf das Kindergeld günstiger ist.

Zu d)

Sofern die Voraussetzungen für eine Zusammenveranlagung nicht vorliegen, ist die Vergleichsberechnung für jeden Elternteil getrennt durchzuführen. Es ist dabei möglich, dass ein Elternteil Kindergeld erhält, der andere aber einen Kinderfreibetrag in Anspruch nehmen kann.

Veranlagung des Vaters:

Einkommen ohne Freibeträge	75.000 €	
Einkommensteuer hierauf (Grundtarif 2024)		20.897 €
abzgl. Freibeträge gem. § 32 Abs. 6 EStG (9.312 € / 2 =)	- 4.656 €	
Zu versteuerndes Einkommen unter Berücksichtigung der Freibeträge	70.344 €	
Einkommensteuer hierauf (Grundtarif 2024)		- 18.942 €
Differenz		1.955 €

Der Abzug der Freibeträge bewirkt eine Einkommensteuerersparnis i. H. von 1.955 €, die höher ist als der anteilige Anspruch auf das Kindergeld i. H. von 1.500 € (= 1/2 von 3.000 €). Damit sind beim Vater die Freibeträge abzuziehen.

Veranlagung der Mutter:

Einkommen ohne Freibeträge	28.500 €	
Einkommensteuer hierauf (Grundtarif 2024)		4.020 €
abzgl. Freibeträge gem. § 32 Abs. 6 EStG	- 4.656 €	
Zu versteuerndes Einkommen unter Berücksichtigung der Freibeträge	23.844 €	
Einkommensteuer hierauf		- 2.749 €
Differenz		1.271 €

Die Einkommensteuerersparnis ist niedriger als der Anspruch auf das hälftige Kindergeld i. H. von 1.500 €. Damit erfolgt bei der Mutter kein Abzug der Freibeträge.

Zu e)

Wird für ein Kind lediglich der Freibetrag für den Betreuungs- und Erziehungs- oder Ausbildungsbedarf übertragen (§ 32 Abs. 6 Satz 8 EStG), bleibt die Zurechnung des Anspruchs auf Kindergeld hiervon unberührt (R 31 Abs. 3 Satz 4 EStR). Unter den Voraussetzungen des § 32 Abs. 6 Satz 9 EStG könnte der Vater der Übertragung widersprechen (siehe auch BMF, Schreiben v. 28.6.2013, BStBl 2013 I S. 845, Rz. 6 ff.).

HINWEIS

Der Übertragung des Freibetrags für den Betreuungs- und Erziehungs- oder Ausbildungsbedarf gem. § 32 Abs. 6 Satz 8 EStG auf den anderen Elternteil kann gem. § 32 Abs. 6 Satz 9 Alternative 2 EStG der Elternteil, bei dem das minderjährige Kind nicht gemeldet ist, regelmäßig erfolgreich widersprechen, wenn er das Kind nach einem – üblicherweise für einen längeren Zeitraum im Voraus festgelegten – weitgehend gleichmäßigen Betreuungsrhythmus tatsächlich in der vereinbarten Abfolge mit einem zeitlichen Betreuungsanteil i. H. von jährlich durchschnittlich 10 % betreut (BFH, Urteil v. 8.11.2017 - III R 2/16, BStBl 2018 II S. 266).

Veranlagung des Vaters:		
Einkommen ohne Freibeträge	75.000 €	
Einkommensteuer hierauf (Grundtarif 2024)		20.897 €
abzgl. Kinderfreibetrag	- 3.192 €	
Zu versteuerndes Einkommen unter Berücksichtigung des Freibetrags	71.808 €	
Einkommensteuer hierauf (Grundtarif 2024)		- 19.557 €
Differenz		1.340 €
Veranlagung der Mutter:		
Einkommen ohne Freibeträge	28.500 €	
Einkommensteuer hierauf (Grundtarif 2024)		4.020 €
abzgl. Kinderfreibetrag	- 3.192 €	
abzgl. Betreuungsfreibetrag	- 2.928 €	
Zu versteuerndes Einkommen unter Berücksichtigung der Freibeträge	22.380 €	
Einkommensteuer hierauf (Grundtarif 2024)		- 2.366 €
Differenz		1.654 €

Sowohl beim Vater als auch bei der Mutter ist der Anspruch auf das halbe Kindergeld i. H. von 1.500 € in die Günstigerprüfung einzubeziehen. Damit sind Freibeträge einkommensteuermindernd nur bei der Mutter abzuziehen, nicht jedoch beim Vater.

Zu f)

Erhält ein Steuerpflichtiger sämtliche Freibeträge des § 32 Abs. 6 EStG des anderen Elternteils übertragen, so ist die Vergleichsberechnung lediglich für diesen Elternteil vorzunehmen. In diesem Fall sind die verdoppelten Freibeträge mit dem gesamten Kindergeld zu vergleichen. Die Übertragung des Kinderfreibetrags führt stets auch zur Übertragung des Freibetrags für den Betreuungs- und Erziehungs- oder Ausbildungsbedarf (BMF, Schreiben v. 28.6.2013, BStBl 2013 I S. 845, Rz. 5).

Veranlagung der Mutter:		
Einkommen ohne Freibeträge	28.500 €	
Einkommensteuer hierauf (Grundtarif 2024)		4.020 €
abzgl. Freibeträge gem. § 32 Abs. 6 EStG	- 9.312 €	
Zu versteuerndes Einkommen unter Berücksichtigung der Freibeträge	19.188 €	
Einkommensteuer hierauf (Grundtarif 2024)		- 1.557 €
Differenz		2.463 €

Die Einkommensteuerersparnis ist mit dem vollen Kindergeld i. H. von 3.000 € zu vergleichen. Es verbleibt damit beim Kindergeld.

FALL 89

Grundsätze der Berücksichtigung von Kindern

Sachverhalt: Die Ehegatten A und B sind unbeschränkt steuerpflichtige und zusammenveranlagende Ehegatten. Das Kind C

a) vollendet mit Ablauf des 1.9.2024 sein 18. Lebensjahr. Das Kind D ist am 31.5.2024 geboren.

b) ist am 1.7.1999 geboren und studiert Medizin.

c) ist am 1.1.2006 geboren.

d) ist am 2.1.2006 geboren.

e) ist am 31.12.1998 geboren und befindet sich in Berufsausbildung.

f) ist am 1.7.2002 geboren und hat im Juli 2024 seine erstmalige Berufsausbildung abgeschlossen. Im Dezember 2024 beginnt C eine zweite Ausbildung. Die Ehegatten adoptieren im November 2024 das minderjährige Kind D.

AUFGABE

Stehen den Ehegatten bei ihrer Veranlagung 2024 noch kindbedingte Steuervergünstigungen zu?

LÖSUNG

Zu a)

Sowohl bei den Freibeträgen gem. § 32 Abs. 6 EStG als auch bei den Kindergeldvorschriften gilt das Monatsprinzip. Für Kind C kann ohne weitere Voraussetzungen eine Zurechnung für neun Monate erfolgen (§ 32 Abs. 3 EStG). Die Eltern haben für Kind D Anspruch auf eine Berücksichtigung ab dem Monat Mai 2024 und damit für acht Monate.

Zu b)

Kind C vollendet mit Ablauf des 30.6.2024 das 25. Lebensjahr. Eine Zurechnung als Kind kann daher bis Juni 2024 erfolgen (§ 32 Abs. 4 Satz 1 Nr. 2 Buchst. a EStG).

Zu c)

Kind C hat mit Ablauf des 31.12.2023 das 18. Lebensjahr vollendet. Das Kind ist gem. § 32 Abs. 3 EStG nicht mehr zu berücksichtigen.

Zu d)

Kind C hat mit Ablauf des 1.1.2024 sein 18. Lebensjahr vollendet und kann daher für den Monat Januar 2024 noch berücksichtigt werden.

Sowohl im Fall c) als auch im Fall d) wird das Kind erstmalig im Januar 2006 berücksichtigt. Obwohl Kind C im Fall d) nur einen Tag später geboren ist, wird das Kind C einen Monat länger berücksichtigt.

Zu e)

Kind C vollendet mit Ablauf des 30.12.2023 das 25. Lebensjahr. Gemäß § 32 Abs. 4 Satz 1 Nr. 2 Buchst. a EStG besteht für ein noch nicht 25 Jahre altes Kind Anspruch auf Kindergeld, wenn es für einen Beruf ausgebildet wird. Mit Vollendung des 25. Lebensjahres entfällt der Kindergeldanspruch.

Zu f)

Befindet sich ein Kind in einer Übergangszeit i. H. von höchstens vier Monaten zwischen zwei Ausbildungsabschnitten, kann es ununterbrochen berücksichtigt werden. Dabei reicht es aus, wenn der nächste Ausbildungsabschnitt im fünften Kalendermonat nach Ablauf des Kalendermonats, in dem sich das Kind vorher in Ausbildung befunden hat, beginnt (H 32.6 Übergangszeit EStH 2023). Kind C wird somit im Jahr 2024 ganzjährig berücksichtigt.

Ein über 18 Jahre altes Kind, das eine erstmalige Berufsausbildung oder ein Erststudium abgeschlossen hat und

- weiterhin für einen Beruf ausgebildet wird (§ 32 Abs. 4 Satz 1 Nr. 2 Buchst. a EStG),
- sich in einer Übergangszeit befindet (§ 32 Abs. 4 Satz 1 Nr. 2 Buchst. b EStG),
- seine Berufsausbildung mangels Ausbildungsplatz nicht beginnen oder fortsetzen kann (§ 32 Abs. 4 Satz 1 Nr. 2 Buchst. c EStG) oder
- einen Freiwilligendienst leistet (§ 32 Abs. 4 Satz 1 Nr. 2 Buchst. d EStG),

wird gem. § 32 Abs. 4 Satz 2 EStG nur berücksichtigt, wenn es keiner anspruchsschädlichen Erwerbstätigkeit i. S. des § 32 Abs. 4 Satz 3 EStG nachgeht (H 32.10 Ausschluss von Kindern auf Grund einer Erwerbstätigkeit EStH 2023).

Fraglich ist, ob für Kind D im November 2024 eine Doppelberücksichtigung bei den Adoptiveltern und den leiblichen Eltern erfolgen kann. Diesen Konflikt entscheidet § 32 Abs. 2 EStG zugunsten der Adoptiveltern. Kind D kann daher für zwei Monate bei den Adoptiveltern berücksichtigt werden (siehe auch H 32.1 Annahme als Kind EStH 2023).

FALL 90

Berücksichtigung von volljährigen Kindern

Sachverhalte:

1. Nach dem Abitur im Sommer 02 studiert der 20-jährige Sohn A an der Fernuniversität Hagen. Um sich das Studium zu finanzieren, arbeitet er 35 Stunden in der Woche im Büro seiner Tante.
2. Die 22-jährige Tochter B hat im Juni 02 ihre Ausbildung zur Steuerfachangestellten abgeschlossen. Um das Abitur nachzuholen, besucht B seit Juli 02 die Abendschule. Tagsüber arbeitet B in Vollzeit bei einem Steuerberater.

3. Wie Nr. 2, allerdings arbeitet B nur 18 Stunden in der Woche.

4. Der 22 Jahre alte Sohn C hat im Juli 01 seine Ausbildung zum Einzelhandelskaufmann abgeschlossen. Zum 1.9.01 beginnt C eine neue Ausbildung zum Rechtsanwaltsfachangestellten.

5. Wie Nr. 4, allerdings studiert C ab dem 1.9.01 Marketing. Ab dem 1.2.02 ist er mit einer wöchentlichen Arbeitszeit i. H. von zehn Stunden als Einzelhandelskaufmann beschäftigt. Daneben jobbt er im Rahmen einer Aushilfsbeschäftigung am Samstagabend in einer Gaststätte (wöchentliche Arbeitszeit sechs Stunden).

6. Tochter D schließt nach dem Abitur eine Lehre ab und studiert ab Oktober 01. Seit dem 1.4.02 ist D als Bürokraft für 20 Stunden wöchentlich beschäftigt. In den Semesterferien arbeitet D vom 1.8.02 bis zum 30.9.02 in Vollzeit mit 40 Stunden wöchentlich. Danach wird ihr gekündigt. Ab dem 1.11.02 ist D dann als Verkäuferin mit einer wöchentlichen Arbeitszeit i. H. von 15 Stunden tätig.

7. Wie Nr. 6, allerdings ist das Kind vom 16.7.02 bis zum 25.9.02 in Vollzeit mit 40 Stunden beschäftigt.

8. Das Kind E schließt nach dem Abitur eine Lehre ab und studiert ab Oktober 01. Im Jahr 02 übt E ganzjährig eine Beschäftigung mit einer Arbeitszeit i. H. von 20 Stunden wöchentlich aus. In den Semesterferien von August–September 02 weitet E seine wöchentliche Arbeitszeit vorübergehend auf 40 Stunden aus.

9. Das Kind F schließt nach dem Abitur eine Berufsausbildung mit der Gesellenprüfung ab und studiert ab dem Jahr 01. Ab dem 20.7.02 nimmt es unbefristet eine Teilzeitbeschäftigung mit 30 Stunden pro Woche auf.

10. Das Kind G befindet sich bis einschließlich Februar 02 in beruflicher Ausbildung zum Elektroniker für Betriebstechnik. Nach erfolgreichem Abschluss bewirbt sich G im selben Monat für einen Platz an einer Technikerschule sowie einer Fachoberschule für Technik. Bereits zu diesem Zeitpunkt strebt G diese Weiterbildungsmaßnahmen mit dem Fernziel der Erlangung des Abschlusses eines Elektrotechnikers oder Elektroingenieurs an.

    Am 28.2.02 unterschreibt G einen auf zwei Jahre befristeten Arbeitsvertrag in üblich bezahlter Vollzeitbeschäftigung, aufgrund dessen er von März–Juli 02 in seinem erlernten Beruf arbeitet. Nachdem er eine Zusage der Fachoberschule für Technik erhält, beendet er das Arbeitsverhältnis vorzeitig, um ab Mitte August 02 diese Bildungseinrichtung besuchen zu können. Der einjährige Vollzeitunterricht erfolgt zur Vorbereitung des Studiums an einer Fachhochschule und ist für G Voraussetzung, ein solches aufnehmen zu können.

11. Wie Nr. 10, allerdings meldet sich das Kind erst im September 02 an der weiterbildenden Schule an und erhält daher erst für das Schuljahr 03/04 die Zusage. Am 20.8.03 beginnt G die Ausbildung an der Fachoberschule.

AUFGABE

Kann im Jahr 02 ein Kinderfreibetrag berücksichtigt werden?

LÖSUNG

Zur steuerlichen Berücksichtigung volljähriger Kinder gem. § 32 Abs. 4 Satz 2 und 3 EStG nimmt das BMF (koordinierter Ländererlass) mit Schreiben v. 8.2.2016 (BStBl 2016 I S. 226) Stellung.

Zu 1

A hat das 25. Lebensjahr noch nicht vollendet und wird gem. § 32 Abs. 4 Satz 1 Nr. 2 Buchst. a EStG für einen Beruf ausgebildet. Studien können auch als Fernstudien durchgeführt werden (BMF, Schreiben v. 8.2.2016, a. a. O., Rz. 8). Es handelt sich um ein Erststudium, da auch kein anderes durch einen berufsqualifizierenden Abschluss beendetes Studium bzw. keine andere abgeschlossene nichtakademische Berufsausbildung vorangegangen ist (BMF, Schreiben v. 8.2.2016, a. a. O., Rz. 9). Er hat seine erstmalige Berufsausbildung nicht abgeschlossen, so dass § 32 Abs. 4 Satz 2 EStG nicht greift. Ein Studium wird – sofern zwischen Prüfung und Bekanntgabe des Prüfungsergebnisses noch keine Vollzeiterwerbstätigkeit im angestrebten Beruf ausgeübt wird – regelmäßig erst mit der Bekanntgabe des Prüfungsergebnisses abgeschlossen. Damit ist die Erwerbstätigkeit für die Gewährung des Kinderfreibetrags ohne Bedeutung.

Zu 2

Bis einschließlich Juni 02 ist der Kinderfreibetrag zu berücksichtigen.

B hat das 25. Lebensjahr noch nicht vollendet und wird gem. § 32 Abs. 4 Satz 1 Nr. 2 Buchst. a EStG für einen Beruf ausgebildet (Abendschule). B hat jedoch ihre erstmalige Berufsausbildung abgeschlossen. Eine erstmalige Berufsausbildung ist grds. abgeschlossen, wenn sie das Kind zur Aufnahme eines Berufs befähigt (BMF, Schreiben v. 8.2.2016, a. a. O., Rz. 12a). Da sie einer Erwerbstätigkeit in Vollzeit nachgeht, kann sie gem. § 32 Abs. 4 Satz 2 EStG nicht mehr berücksichtigt werden. Ein Kinderfreibetrag kommt ab Juli 02 nicht in Betracht.

Eine Berufsausbildung i. S. des § 32 Abs. 4 Satz 2 EStG liegt vor, wenn das Kind durch eine berufliche Ausbildungsmaßnahme die notwendigen fachlichen Fertigkeiten und Kenntnisse erwirbt, die zur Aufnahme eines Berufs befähigen. Voraussetzung ist, dass der Beruf durch eine Ausbildung in einem öffentlich-rechtlich geordneten Ausbildungsgang erlernt wird und der Ausbildungsgang durch eine Prüfung abgeschlossen wird. Das Tatbestandsmerkmal „Berufsausbildung" gem. § 32 Abs. 4 Satz 2 EStG ist enger gefasst als das Tatbestandsmerkmal „für einen Beruf ausgebildet werden" gem. § 32 Abs. 4 Satz 1 Nr. 2 Buchst. a EStG (siehe auch Abschnitt A 20.2.1 Abs. 1 DA-KG 2024).

Zu 3

Bei dem Besuch der Abendschule handelt es sich um eine Berufsausbildung i. S. des § 32 Abs. 4 Satz 2 EStG. Gemäß § 32 Abs. 4 Satz 3 EStG ist eine Erwerbstätigkeit mit bis zu 20 Stunden in der Woche unschädlich. Ein Kinderfreibetrag kann gewährt werden.

Zu 4

C hat das 25. Lebensjahr noch nicht vollendet und wird gem. § 32 Abs. 4 Satz 1 Nr. 2 Buchst. a EStG für einen Beruf ausgebildet. C hat zwar seine erstmalige Berufsausbildung zum Einzelhandelskaufmann abgeschlossen, die zweite Berufsausbildung ist gem. § 32 Abs. 4 Satz 3 EStG aber keine schädliche Erwerbstätigkeit (siehe auch Abschnitt A 20.3.2 Abs. 1 DA-KG 2024). Unschädlich für den Kindergeldanspruch ist eine Erwerbstätigkeit, wenn die regelmäßige wöchentliche Arbeitszeit insgesamt nicht mehr als 20 Stunden beträgt. Die Erwerbstätigkeit im Rahmen eines Ausbildungsdienstverhältnisses ist stets anspruchsunschädlich. Ein Kinderfreibetrag kann gewährt werden.

Zu 5

Das Studium wird nach einer erstmaligen Berufsausbildung durchgeführt. Ein alleiniges geringfügiges Beschäftigungsverhältnis ist unabhängig vom zeitlichen Umfang unschädlich (§ 32 Abs. 4 Satz 3 EStG). Wird ein Mini-Job neben einer regulären Erwerbstätigkeit ausgeübt, darf die 20-Stunden-Grenze unter Einbeziehung des Mini-Jobs nicht überschritten werden (siehe auch Abschnitte A 20.3.1 Abs. 4 und A 20.3.3 DA-KG 2024). Ein Kinderfreibetrag kommt damit zum Ansatz.

Zu 6

Da D eine erstmalige Berufsausbildung abgeschlossen hat, kommt es auf die regelmäßige wöchentliche Arbeitszeit an. Eine höchstens zwei Monate andauernde Ausweitung der Beschäftigung auf mehr als 20 Stunden ist unbeachtlich, wenn die durchschnittliche wöchentliche Arbeitszeit nicht mehr als 20 Stunden beträgt (Abschnitt A 20.3.1 Abs. 2 DA-KG 2024).

Hier ergeben sich folgende Arbeitszeiten pro volle Woche:

- Vom 1.4.02 bis zum 31.7.02 (17 Wochen) — 20 Stunden pro Woche;
- vom 1.8.02 bis zum 30.9.02 (8 Wochen) — 40 Stunden pro Woche;
- vom 1.11.02 bis zum 31.12.02 (8 Wochen) — 15 Stunden pro Woche.

Damit beträgt die durchschnittliche wöchentliche Arbeitszeit während des Kalenderjahrs 02 15 Stunden (= 780 Stunden / 52 Wochen) und D ist gem. § 32 Abs. 4 Satz 2 i. V. mit Satz 1 Nr. 2 Buchst. a EStG ganzjährig zu berücksichtigen.

Berechnung:

[(17 Wochen x 20 Stunden) + (8 Wochen x 40 Stunden) + (8 Wochen x 15 Stunden)] / 52 Wochen = 15 Stunden.

Zu 7

Die Ausweitung der Erwerbstätigkeit ist nicht nur vorübergehend (über zwei Monate). Diese Erwerbstätigkeit ist daher als anspruchsschädlich einzustufen. Dies gilt unabhängig davon, dass auch hier die durchschnittliche wöchentliche Arbeitszeit i. H. von 20 Stunden nicht überschritten würde. Das Kind könnte demnach für den Monat August 02 nicht berücksichtigt werden. Für die Monate Juli und September 02 kann das Kind berücksichtigt werden, da es wenigstens an einem Tag die Anspruchsvoraussetzungen – keine anspruchsschädliche Erwerbstätigkeit – erfüllt (siehe auch Abschnitt A 20.3.1 DA-KG 2024).

Zu 8

Durch die vorübergehende Ausweitung der Arbeitszeit erhöht sich die durchschnittliche wöchentliche Arbeitszeit des Kindes auf über 20 Stunden. Aus diesem Grund ist der Zeitraum der Ausweitung, nicht der gesamte Zeitraum der Erwerbstätigkeit, als schädlich anzusehen. Für die Monate August und September 02 besteht daher kein Anspruch auf den Kinderfreibetrag (siehe auch Abschnitt A 20.3.1 Abs. 3 DA-KG 2024).

Zu 9

Aufgrund des Studiums ist F gem. § 32 Abs. 4 Satz 1 Nr. 2 Buchst. a EStG zu berücksichtigen. Das Studium wird jedoch nach Abschluss einer erstmaligen Berufsausbildung durchgeführt, so dass das Kind gem. § 32 Abs. 4 Satz 2 EStG nur berücksichtigt werden kann, wenn es keiner Erwerbstätigkeit nachgeht. Die Erwerbstätigkeit ist gem. § 32 Abs. 4 Satz 2 EStG grds. als schädlich einzustufen. Das Kind kann aber für jeden Kalendermonat berücksichtigt werden, in dem wenigstens an einem Tage die Anspruchsvoraussetzungen – hier „keiner Erwerbstätigkeit nachgeht" – vorgelegen haben. Damit kann für die Monate Januar–Juli 02 ein Kinderfreibetrag anerkannt werden, nicht jedoch für die Monate August–Dezember 02 (BMF, Schreiben v. 8.2.2016, a. a. O., Rz. 28).

Zu 10

Gemäß § 63 Abs. 1 Satz 2 i. V. mit § 32 Abs. 4 Satz 1 Nr. 2 Buchst. c EStG besteht für G im Kalenderjahr 02 ein Anspruch auf Kindergeld bzw. den Kinderfreibetrag, da G die Berufsausbildung mangels Ausbildungsplatzes nicht fortsetzen kann. Das ist u. a. dann der Fall, wenn dem Kind bereits ein Ausbildungsplatz zugesagt wurde, es diesen aber aus schul-, studien- oder betriebsorganisatorischen Gründen erst zu einem späteren Zeitpunkt antreten kann. Gemäß der Rechtsprechung des BFH ist der Berücksichtigungstatbestand des § 32 Abs. 4 Satz 1 Nr. 2 Buchst. c EStG nicht deshalb ausgeschlossen, weil G im Kalenderjahr 02 einer Vollzeiterwerbstätigkeit nachging (vgl. BFH, Urteil v. 17.6.2010 - III R 34/09, BStBl 2010 II S. 982, Rz. 11).

Der Anspruch auf Kindergeld ist wegen der Erwerbstätigkeit von G im Kalenderjahr 02 nicht ausgeschlossen. Er hatte in diesem Zeitraum noch keine erstmalige Berufsausbildung i. S. des § 32 Abs. 4 Satz 2 EStG abgeschlossen.

Gemäß § 63 Abs. 1 Satz 2 i. V. mit § 32 Abs. 4 Satz 2 EStG wird ein Kind nach Abschluss einer erstmaligen Berufsausbildung oder eines Erststudiums in den Fällen des § 32 Abs. 4 Satz 1 Nr. 2 EStG nur berücksichtigt, wenn es keiner Erwerbstätigkeit nachgeht.

Die Voraussetzung „Abschluss einer erstmaligen Berufsausbildung" i. S. der Vorschrift liegt erst dann vor, wenn das Kind befähigt ist, einen von ihm angestrebten Beruf auszuüben. Dies hat zur Folge, dass auch erst dann der Verbrauch der Erstausbildung i. S. des § 32 Abs. 4 Satz 2 EStG eintreten kann.

Mehraktige Ausbildungsmaßnahmen sind dann als Teil einer einheitlichen Erstausbildung zu qualifizieren, wenn sie zeitlich und inhaltlich so aufeinander abgestimmt sind, dass die Ausbildung nach Erreichen des ersten Abschlusses fortgesetzt werden soll und das – von den Eltern und dem Kind – bestimmte Berufsziel erst über den weiterführenden Abschluss erreicht werden kann. Ist aufgrund von objektiven Beweisanzeichen erkennbar, dass das Kind die für sein angestrebtes Berufsziel erforderliche Ausbildung nicht bereits mit dem ersten erlangten Abschluss beendet hat, kann auch eine weiterführende Ausbildung noch als Teil der Erstausbildung zu qualifizieren sein.

Der enge zeitliche Zusammenhang erfordert, dass das Kind nach Abschluss eines ersten – objektiv berufsqualifizierenden – Abschlusses den weiteren Ausbildungsabschnitt mit der gebotenen Zielstrebigkeit aufnimmt. Nur wenn im Anschluss an einen solchen Abschluss der weitere Ausbildungsabschnitt nicht aufgenommen wird, obwohl damit begonnen werden könnte, und der Entschluss zur Fortsetzung auch sonst nicht erkennbar wird, so wird der Zusammenhang und damit die Einheitlichkeit des Ausbildungsganges aufgehoben. Danach war der enge zeitliche Zusammenhang gegeben, denn nach der Beendigung der Ausbildung im Februar 02 hat G die Ausbildung an der Fachoberschule ohne beachtliche Unterbrechung fortgeführt. Zwar ist er zunächst einer Vollzeiterwerbstätigkeit nachgegangen, dies ist aber schon deshalb unbeachtlich, weil er mit der Fortsetzung der Ausbildung aus schulorganisatorischen Gründen erst ab August 02 beginnen konnte.

Mangels Abschlusses einer erstmaligen Berufsausbildung i. S. des § 32 Abs. 4 Satz 2 EStG kommt es auf die Erwerbstätigkeit von G im Kalenderjahr 02 nicht an. Damit entfällt eine Prüfung des § 32 Abs. 4 Satz 3 EStG (siehe BFH, Urteil v. 15.4.2015 - V R 27/14, BStBl 2016 II S. 163).

Zu 11

G erfüllt nur ab dem Zeitraum September 02 die Voraussetzungen eines kindergeldrechtlichen Berücksichtigungstatbestands gem. § 32 Abs. 4 Satz 1 EStG. G konnte eine Berufsausbildung im Zeitraum September 02–August 03 mangels Ausbildungsplatzes nicht beginnen (§ 32 Abs. 4 Satz 1 Nr. 2 Buchst. c EStG) und befand sich von August 03 an in Berufsausbildung (§ 32 Abs. 4 Satz 1 Nr. 2 Buchst. a EStG).

Eine kindergeldrechtliche Berücksichtigung im Zeitraum März 02–August 03 aufgrund einer Übergangszeit i. S. des § 32 Abs. 4 Satz 1 Nr. 2 Buchst. b EStG scheidet aus. Zwar handelt es sich insoweit um einen Zeitraum, der zwischen zwei Ausbildungsabschnitten liegt, da die Ausbildung zum Elektroniker für Betriebstechnik im Februar 02 endete und die Ausbildung an der Fachoberschule im August 03 begann. Jedoch überschreitet dieser Zeitraum die in § 32 Abs. 4 Satz 1 Nr. 2 Buchst. b EStG genannte Höchstdauer i. H. von vier Monaten. Nach dem klaren Wortlaut der Vorschrift kommt bei einem Überschreiten der Übergangszeit eine Begünstigung auch nicht für die ersten vier Monate in Betracht (BFH, Urteil v. 22.12.2011 - III R 41/07, BStBl 2012 II S. 681).

Für den Zeitraum März 02–August 03 liegen die Voraussetzungen des § 32 Abs. 4 Satz 1 Nr. 2 Buchst. c EStG nicht vor, denn für diesen Zeitraum fanden keine Bemühungen von G um einen Ausbildungsplatz statt.

Da im September 02 die Anmeldung bei der Fachoberschule erfolgte, erfüllt G von September 02–August 03 die Voraussetzungen des § 32 Abs. 4 Satz 1 Nr. 2 Buchst. c EStG (BFH, Urteil v. 28.5.2013 - XI R 38/11, BFH/NV 2013 S. 1774, Rz. 20 ff., RAAAE-44189).

Die grds. kindergeldrechtliche Berücksichtigungsfähigkeit von G entfällt aber dadurch, dass er bereits eine erstmalige Berufsausbildung abgeschlossen hatte und während der Zeiträume, in denen er auf den Antritt der Ausbildung bei der Fachschule gewartet und in denen er die Ausbildung an der Fachschule durchgeführt hat, einer schädlichen Erwerbstätigkeit i. S. des § 32 Abs. 4 Satz 2 EStG nachgegangen ist.

Die Ausbildung von G zum Elektroniker für Betriebstechnik stellt bereits eine abgeschlossene erstmalige Ausbildung i. S. des § 32 Abs. 4 Satz 2 EStG dar.

Gemäß der Rechtsprechung des BFH kommt es für die Frage, ob bereits der erste (objektiv) berufsqualifizierende Abschluss in einem öffentlich-rechtlich geordneten Ausbildungsgang zum Verbrauch der Erstausbildung führt oder ob bei einer mehraktigen Ausbildung auch ein nachfolgender Abschluss in einem öffentlich-rechtlich geordneten Ausbildungsgang Teil der Erstausbildung sein kann, darauf an, ob sich der erste Abschluss als integrativer Bestandteil eines einheitlichen Ausbildungsgangs darstellt (BFH, Urteile v. 4.2.2016 - III R 14/15, BStBl 2016 II S. 615, Rz. 12, v. 3.7.2014 - III R 52/13, BStBl 2015 II S. 152, Rz. 25, und v. 15.4.2015 - V R 27/14, BStBl 2016 II S. 163, Rz. 20; s. o. Sachverhalt Nr. 10). Insoweit ist vor allem darauf abzustellen, ob die Ausbildungsabschnitte in einem engen sachlichen Zusammenhang (z. B. dieselbe Berufssparte, derselbe fachliche Bereich) zueinanderstehen und in engem zeitlichen Zusammenhang durchgeführt werden. Hierfür ist auch erforderlich, dass aufgrund objektiver Beweisanzeichen erkennbar wird, dass das Kind die für sein angestrebtes Berufsziel erforderliche Ausbildung nicht bereits mit dem ersten erlangten Abschluss beendet hat.

Am erforderlichen zeitlichen Zusammenhang fehlt es u. a. dann, wenn das Kind nach Erlangung eines ersten – objektiv berufsqualifizierenden – Abschlusses den weiteren Ausbildungsabschnitt nicht mit der gebotenen Zielstrebigkeit aufnimmt, obwohl es diesen früher hätte beginnen können (BFH, Urteil v. 15.4.2015 - V R 27/14, BStBl 2016 II S. 163, Rz. 26). Unschädlich sind lediglich Erwerbstätigkeiten, die der zeitlichen Überbrückung bis zum nächstmöglichen Ausbildungsbeginn dienen (BFH, Urteil v. 4.2.2016 - III R 14/15, BStBl 2016 II S. 615, Rz. 15).

G hat im Beispielsfall weder im Anschluss an die Beendigung der Ausbildung zum Elektroniker für Betriebstechnik mit der Ausbildung an der Fachoberschule begonnen noch hat er sich für eine bereits im Jahr 02 beginnende Ausbildung beworben. Schulorganisatorische oder andere objektive Gründe, die einer Aufnahme der Ausbildung im August 02 anstatt erst im August 03 entgegengestanden hätten, waren nicht ersichtlich.

Vielmehr hat G seinen ersten (objektiv) berufsqualifizierenden Abschluss genutzt, um mit diesem im Rahmen einer regulären Erwerbstätigkeit ohne Ausbildungscharakter Einkünfte zu erzielen. Diese Erwerbstätigkeit erfolgte auch nicht nur in einem Überbrückungszeitraum zwischen dem Ende der Ausbildung zum Elektroniker für Betriebstechnik und dem nächstmöglichen Beginn der Fachschulausbildung und bildete somit eine zeitliche Zäsur zwischen zwei hierdurch verselbständigten Ausbildungen.

Die zeitliche Zäsur wird nicht durch die im Anschluss an die Beendigung der Ausbildung zum Elektroniker für Betriebstechnik erfolgte Anmeldung bei der Fachoberschule beseitigt. Denn der enge zeitliche Zusammenhang muss i. S. der Rechtsprechung des BFH zwischen den beiden Ausbildungsabschnitten bestehen (BFH, Urteil v. 3.7.2014 - III R 52/13, BStBl 2015 II S. 152, Rz. 30). Ein enger zeitlicher Zusammenhang zwischen dem Ende einer Ausbildung oder eines Ausbildungsabschnitts und den Bemühungen um eine weitere Ausbildung oder einen weiteren Ausbildungsabschnitt genügt nicht.

HINWEIS

Setzt ein Kind nach Beendigung der Ausbildung zur Steuerfachangestellten seine Berufsausbildung mit den weiterführenden Berufszielen „Staatlich geprüfter Betriebswirt" und „Steuerfachwirt" nicht zum nächstmöglichen Zeitpunkt fort, handelt es sich bei der nachfolgenden Fachschulausbildung um eine Zweitausbildung i. S. des § 32 Abs. 4 Satz 2 EStG. In diesem Fall schließt eine mehr als 20 Wochenstunden umfassende Erwerbstätigkeit während der Zeit des Wartens auf den Antritt der Fachschulausbildung und während deren Durchführung einen Kindergeldanspruch gem. § 32 Abs. 4 Satz 2 und 3 EStG aus (BFH, Urteil v. 11.4.2018 - III R 18/17, BStBl 2018 II S. 548).

Die Ausbildung zum Diplom-Finanzwirt und ein nachfolgender Studiengang sind keine einheitliche erstmalige Berufsausbildung. Ob mehrere Ausbildungen zu einer einheitlichen Erstausbildung zusammengefasst werden können oder ob es sich um eine Erst- und eine Zweitausbildung handelt, hänge von mehreren Faktoren ab. Zunächst setze eine einheitliche Erstausbildung einen engen zeitlichen und sachlichen Zusammenhang zwischen den Ausbildungsabschnitten voraus. Dieser ist im Hinblick auf den kurzen zeitlichen Abstand und die inhaltliche Nähe der beiden Studiengänge zu Recht zu bejahen. Zudem müsse die Ausbildung im zweiten Abschnitt noch die Haupttätigkeit des Kindes darstellen und nicht hinter die Erwerbstätigkeit zurücktreten. Insofern sei eine Gesamtbetrachtung durchzuführen. Da das Finanzgericht festgestellt hat, dass das Kind bereits ein längerfristiges Beschäftigungsverhältnis aufgenommen hatte, für das der Ausbildungsberuf „Diplom-Finanzwirtin" Voraussetzung war, allenfalls gleichviel Zeit in die Ausbildung und in die Erwerbstätigkeit investierte und sich die Ausbildungszeiten nach der „Freizeit" richteten, sprach die Gesamtbetrachtung für eine berufsbegleitend durchgeführte Zweitausbildung. Somit ist die schädliche Erwerbstätigkeit zu prüfen, die über 20 Stunden in der Woche lag; vgl. BFH, Urteil v. 7.4.2022 - III R 22/21, BStBl 2022 II S. 678.

FALL 91

Altersgrenze bei behinderten Kindern

Sachverhalte:

1. Das am 1.10.1993 geborene Kind B ist seit dem 1.3.2018 behindert und außerstande sich selbst zu unterhalten.
2. Wie Nr. 1, mit dem Unterschied, dass das Kind B am 1.10.1992 geboren ist.
3. Wie Nr. 1, mit dem Unterschied, dass Kind B durch eine eingeschränkte Erwerbstätigkeit in der Lage ist, sich selbst zu unterhalten.

AUFGABE

Ist das Kind B im Rahmen des Familienleistungsausgleichs noch zu berücksichtigen?

LÖSUNG

Zu 1

Gemäß § 32 Abs. 4 Satz 1 Nr. 3 EStG wird ein Kind ohne Altersbegrenzung berücksichtigt, wenn es aufgrund einer Behinderung außerstande ist, sich selbst zu unterhalten und die Behinderung vor Vollendung des 25. Lebensjahres eingetreten ist. Damit kann eine Berücksichtigung des Kindes B über das 25. Lebensjahr hinaus erfolgen.

Zu 2

Da die Behinderung des Kindes nach Vollendung seines 25. Lebensjahres eingetreten ist, kann es nicht mehr berücksichtigt werden.

Zu 3

Mit Wirkung ab dem 1.1.2012 ist die Einkünfte- und Bezügegrenze für volljährige Kinder entfallen. Die Prüfung der Frage, ob die Einkünfte- und Bezügegrenze überschritten ist, hat jedoch noch Bedeutung für behinderte Kinder. Hier ist zu prüfen, ob das Kind außerstande ist, sich selbst zu unterhalten. Dies geschieht dadurch, dass in einer Vergleichsrechnung der notwendige Lebensbedarf des Kindes (2024: 11.604 €) und der behinderungsbedingte Mehrbedarf seinen finanziellen Mitteln gegenübergestellt wird (vgl. H 32.9 Außerstande sein, sich selbst zu unterhalten EStH 2023 und Abschnitt A 19.4 DA-KG 2024).

Da die Voraussetzungen des § 32 Abs. 4 Satz 1 Nr. 3 EStG nicht erfüllt sind, kann Kind B nicht berücksichtigt werden.

Vorbemerkungen zum Vorliegen der wesentlichen Unterhaltsverpflichtung

Maßgebend ist nicht der abstrakte Unterhaltsbedarf des Kindes, sondern die konkrete Höhe der Unterhaltsverpflichtung der Eltern, die sich in erster Linie aus gerichtlichen Titeln oder sonstigen Vereinbarungen ergibt und im Übrigen i. S. des § 1603 BGB zu ermitteln ist (R 32.13 Abs. 1 EStR). Auch die Düsseldorfer Tabelle kann einen Anhaltspunkt über die Höhe der Barunterhaltsverpflichtung geben. Kommt ein Elternteil seiner Unterhaltsverpflichtung nach Maßgabe seiner Leistungsfähigkeit nach, so darf der ihm zustehende Kinderfreibetrag auch dann nicht auf den anderen Elternteil übertragen werden, wenn sein Beitrag zum Unterhaltsbedarf des Kindes verhältnismäßig geringfügig ist (BFH, Urteile v. 12.4.2000 - VI R 148/97, BFH/NV 2000 S. 1194, NAAAA-65913, und v. 25.7.1997 - VI R 113/95, BStBl 1998 II S. 433; H 32.13 Konkrete Unterhaltsverpflichtung EStH 2023).

Bei der Beurteilung der Frage, ob ein Elternteil seiner Unterhaltsverpflichtung gegenüber einem Kind nachgekommen ist, ist nicht auf den Zeitpunkt abzustellen, in dem der Unterhalt gezahlt worden ist, sondern auf den Zeitraum, für den der Unterhalt bestimmt ist (BFH, Urteil v. 11.12.1992 - III R 7/90, BStBl 1993 II S. 397; H 32.13 Beurteilungszeitraum EStH 2023).

Hat aus Gründen, die in der Person des Kindes liegen, oder aufgrund des Tods des Elternteils die Unterhaltsverpflichtung nicht während des ganzen Kalenderjahrs bestanden, ist für die Frage, inwieweit sie erfüllt worden ist, nur auf den Verpflichtungszeitraum abzustellen. Wird ein Elternteil erst im Laufe des Kalenderjahrs zur Unterhaltszahlung verpflichtet, ist für die Prüfung, ob er seiner Barunterhaltsverpflichtung gegenüber dem Kind zu mindestens 75 % nachgekommen ist, nur der Zeitraum zugrunde zu legen, für den der Elternteil zur Unterhaltsleistung verpflichtet wurde (R 32.13 Abs. 3 EStR).

FALL 92

Ermittlung der wesentlichen Unterhaltsverpflichtung

Sachverhalte:

1. Das Kind K beendet im Juni seine Berufsausbildung und steht ab September in einem Arbeitsverhältnis. Seitdem kann es sich selbst unterhalten. Der zum Barunterhalt verpflichtete Elternteil ist seiner Verpflichtung nur für die Zeit bis einschließlich Juni nachgekommen.
2. Der Elternteil, der bisher seiner Unterhaltsverpflichtung durch Pflege und Erziehung des Kindes voll nachgekommen ist, verzieht im August ins Ausland und leistet von da an keinen Unterhalt mehr.

AUFGABE

Wurde die Unterhaltsverpflichtung zu jeweils 75 % erfüllt?

LÖSUNG

Zu 1

Der zum Barunterhalt verpflichtete Elternteil hat seine für acht Monate bestehende Unterhaltsverpflichtung für sechs Monate, also zu 75 % erfüllt.

Zu 2

Der zum Unterhalt verpflichtete Elternteil hat seine Unterhaltsverpflichtung, bezogen auf das Kalenderjahr, nicht zu mindestens 75 % erfüllt.

FALL 93

Anspruch für unverheiratete Tochter mit eigenem Kind

Sachverhalt: T ist die Mutter eines im Oktober 03 geborenen Kindes. T ist im Kalenderjahr 05 21 Jahre alt und befindet sich in einer Berufsausbildung. Die Familienkasse hob die Festsetzung des Kindergeldes für T auf, da nicht mehr die Eltern gegenüber T unterhaltsverpflichtet seien, sondern der Kindsvater gem. § 1615l BGB.

AUFGABE

Wurde das Kindergeld zu Recht aufgehoben?

LÖSUNG

Den Eltern steht gem. dem Wortlaut der §§ 32 und 62 ff. EStG Kindergeld für die Tochter T zu, da sie sich in Berufsausbildung befindet und noch keine erstmalige Berufsausbildung oder ein Erststudium abgeschlossen hat (§ 32 Abs. 4 Satz 2 EStG).

Die Höhe der Einkünfte und Bezüge des Kindes ist nach dem Gesetzeswortlaut ohne Bedeutung. Der BFH hat in seinem Urteil v. 17.10.2013 - III R 22/13, BStBl 2014 II S. 257, entschieden, dass die Verheiratung eines Kindes seiner kindergeldrechtlichen Berücksichtigung gem. § 32 Abs. 4 Satz 1 Nr. 1 und 2 EStG nicht entgegensteht, da hierfür keine typische Unterhaltssituation vorausgesetzt wird. Der Unterhaltsanspruch eines verheirateten Kindes gegenüber seinem Ehegatten ist für den Anspruch auf Kindergeld ohne Belang. Entsprechendes gilt für den Unterhaltsanspruch einer nicht verheirateten Tochter, für die Kindergeld begehrt wird, gegen den Vater ihres Kindes gem. § 1615l BGB. Die Bezüge, die aufgrund eines derartigen Anspruchs einer nicht behinderten Tochter zufließen, bleiben nach der ab dem Jahr 2012 geltenden Rechtslage außer Betracht (BFH, Urteil v. 3.7.2014 - III R 37/13, BStBl 2015 II S. 151).

FALL 94

Übertragung von Freibeträgen des § 32 Abs. 6 EStG

Sachverhalte:

1. V und M haben ein gemeinsames minderjähriges Kind K. Die Eltern leben seit Jahren in unterschiedlichen Wohnungen. K ist bei der Mutter M gemeldet, die auch das Kindergeld erhält. V kommt seiner Unterhaltspflicht nach.
2. Wie Nr. 1, mit dem Unterschied, dass V seiner Unterhaltsverpflichtung im Wesentlichen nicht nachkommt.
3. Wie Nr. 2, mit dem Unterschied, dass K jetzt in den Wohnungen beider Elternteile gemeldet ist.
4. Wie Nr. 1, mit dem Unterschied, dass V mangels Leistungsfähigkeit dem Kind gegenüber nicht unterhaltspflichtig ist und das Kind tatsächlich auch nicht betreut. Leistungen nach dem Unterhaltsvorschussgesetz werden nicht gewährt.
5. Wie Nr. 1, mit dem Unterschied, dass V ab dem 1.9. arbeitslos ist und daher seiner Unterhaltspflicht nicht mehr nachkommen kann.
6. Die Eltern A und B sind selbst noch in Ausbildung und gegenüber ihrem in ihrem Haushalt lebenden Kind C mangels Leistungsfähigkeit nicht unterhaltspflichtig. Der Großelternteil D ist gegenüber seinem Enkel unterhaltspflichtig.
7. Die minderjährigen Kinder T und E leben im Haushalt der Mutter M und sind auch dort gemeldet. Der von M geschiedene Vater V betreut die Kinder – entsprechend einer Regelung mit der Mutter – jedes zweite Wochenende von Freitagnachmittag bis Sonntagabend und auch die Hälfte aller Schulferien. Im Kalenderjahr sind dies etwa 107 Betreuungstage. Der Kindsvater trägt auch nicht nur unbedeutende Kinderbetreuungskosten in Form von Mehr-

kosten (z. B. Verpflegungskosten und Fahrtkosten) für die regelmäßige Unterbringung an den Wochenenden sowie entsprechende Aufwendungen für gemeinsame Urlaube.

Vater V kommt seiner Barunterhaltsverpflichtung den Kindern gegenüber in vollem Umfang nach.

Die Mutter M beantragt in ihrer abgegebenen Einkommensteuererklärung für T und E jeweils den Abzug des doppelten Freibetrags für den Betreuungs- und Erziehungs- oder Ausbildungsbedarf.

AUFGABE

Wem kann der Kinder- bzw. der Betreuungsfreibetrag jeweils zugeordnet werden?

LÖSUNG

Zu 1

Beide Elternteile erfüllen ihre Unterhaltsverpflichtung. Damit liegen die Voraussetzungen für eine Übertragung des Kinderfreibetrags nicht vor. V und M erhalten jeweils den Kinderfreibetrag i. H. von 3.192 €. Eine andere Aufteilung ist nicht möglich. M kann jedoch beantragen, den dem V zustehenden Freibetrag für den Betreuungs- und Erziehungs- oder Ausbildungsbedarf auf sich zu übertragen, da es sich bei der Übertragung des Betreuungsfreibetrags um ein eigenständiges, von der Übertragung des Kinderfreibetrags unabhängiges Verfahren handelt. Allerdings scheidet eine Übertragung aus, wenn der Übertragung widersprochen wird, weil der Elternteil, bei dem das Kind nicht gemeldet ist, Kinderbetreuungskosten trägt oder das Kind regelmäßig in einem nicht unwesentlichen Umfang betreut (§ 32 Abs. 6 Satz 9 EStG; BMF, Schreiben v. 28.6.2013, BStBl 2013 I S. 845, Rz. 7–9).

Zu 2

Ein Elternteil kommt seiner Barunterhaltsverpflichtung gegenüber dem Kind im Wesentlichen nach, wenn er sie mindestens zu 75 % erfüllt (BMF, Schreiben v. 28.6.2013, BStBl 2013 I S. 845, Rz. 2). Auf Antrag von M ist sowohl der allgemeine Kinderfreibetrag von V als auch der Betreuungsfreibetrag zu übertragen. Die Übertragung des Kinderfreibetrags soll dabei stets auch zur Übertragung des Betreuungsfreibetrags führen (BMF, Schreiben v. 28.6.2013, BStBl 2013 I S. 845, Rz. 5). M erhält dann beide Freibeträge in verdoppelter Höhe.

Zu 3

Wie bei Sachverhalt Nr. 2 kann auf Antrag von M der Kinderfreibetrag von V übertragen werden. Die Übertragung des Betreuungsfreibetrags beschränkt sich gem. § 32 Abs. 6 Satz 8 EStG auf minderjährige Kinder, die nur bei einem Elternteil gemeldet sind und ist hier daher nicht möglich.

Zu 4

Gemäß der Rechtslage bis zum Veranlagungszeitraum 2011 war eine Übertragung des Kinderfreibetrags nicht möglich, wenn der andere Elternteil mangels Leistungsfähigkeit nicht unterhaltspflichtig ist. Damit der Elternteil, der allein für den Unterhalt des Kindes aufkommt, auch die steuerliche Entlastung erfahren kann, kann der Kinderfreibetrag ab dem Jahr 2012 auf Antrag von M übertragen werden (§ 32 Abs. 6 Satz 6 EStG). Die Übertragung des Kinderfreibetrags führt auch stets zur Übertragung des Betreuungsfreibetrags (BMF, Schreiben v. 28.6.2013, BStBl 2013 I S. 845, Rz. 5).

Zu 5

R 32.13 Abs. 4 Satz 4 EStR sieht vor, dass die Voraussetzungen für eine Übertragung monatsweise zu prüfen sind. Damit kann sowohl der Kinderfreibetrag als auch der Freibetrag für den Betreuungs- und Erziehungs- oder Ausbildungsbedarf für vier Monate übertragen werden. Bei M werden dann im Veranlagungszeitraum 2024 Freibeträge i. H. von insgesamt 6.208 € und bei V i. H. von insgesamt 3.104 € berücksichtigt.

Berechnung der Freibeträge:

Kinderfreibetrag: 3.192 € / 12 Monate = 266 €/Monat.

(12 x 266 €) + (4 x 266 €) = 4.256 €.

Betreuungs- und Erziehungs- und Ausbildungsbedarf: 1.464 € / 12 Monate = 122 €/Monat.

(12 x 122 €) + (4 x 122 €) = 1.952 €.

Der Betreuungsfreibetrag kann – wie in der Lösung zu Sachverhalt Nr. 1 erläutert – nur dann auch für die ersten acht Monate des Jahres auf M übertragen werden, wenn V der Übertragung nicht widerspricht (BMF, Schreiben v. 28.6.2013, BStBl 2013 I S. 845, Rz. 7 ff.).

Zu 6

Die Übertragung des Freibetrags auf einen Großelternteil kommt gem. § 32 Abs. 6 Satz 10 EStG nicht nur bei Haushaltsaufnahme, sondern auch bei Bestehen einer Unterhaltspflicht in Betracht. Großelternteil D kann also die Übertragung der doppelten Freibeträge des § 32 Abs. 6 Satz 1 EStG auf sich verlangen (BMF, Schreiben v. 28.6.2013, BStBl 2013 I S. 845, Rz. 13 und 14).

Zu 7

Der Übertragung des Freibetrags für den Betreuungs- und Erziehungs- oder Ausbildungsbedarf gem. § 32 Abs. 6 Satz 8 EStG auf den anderen Elternteil kann gem. § 32 Abs. 6 Satz 9 Alternative 2 EStG der Elternteil, bei dem das minderjährige Kind nicht gemeldet ist, regelmäßig erfolgreich widersprechen, wenn er das Kind nach einem – üblicherweise für einen längeren Zeitraum im Voraus festgelegten – weitgehend gleichmäßigen Betreuungsrhythmus tatsächlich in der vereinbarten Abfolge mit einem zeitlichen Betreuungsanteil i. H. von jährlich durchschnittlich 10 % betreut (BFH, Urteil v. 8.11.2017 - III R 2/16, BStBl 2018 II S. 558).

Das Merkmal der regelmäßigen Betreuung in einem nicht unwesentlichen Umfang i. S. des § 32 Abs. 6 Satz 9 Alternative 2 EStG ist im Gesetz nicht näher erläutert. Nach der Auffassung der Finanzverwaltung ist ein nicht nur gelegentlicher Umgang mit dem Kind maßgebend, der erkennen lasse, dass der Elternteil die Betreuung mit einer gewissen Nachhaltigkeit wahrnehme, d. h., dass er fortdauernd und immer wieder in Kontakt zu dem Kind stehe. Bei nur kurzzeitigem, anlassbezogenem Kontakt (z. B. zum Geburtstag, zu Weihnachten und zu Ostern) liege eine Betreuung in unwesentlichem Umfang vor. Von einem nicht unwesentlichen Umfang der Betreuung eines Kindes sei typischerweise auszugehen, wenn eine gerichtliche oder außergerichtliche

Vereinbarung über einen regelmäßigen Umgang an Wochenenden und in den Ferien vorgelegt werde (vgl. BMF, Schreiben v. 28.6.2013, BStBl 2013 I S. 845, Rz. 9).

Vorbemerkungen zum Entlastungsbetrag für Alleinerziehende gem. § 24b EStG

Ab dem Jahr 2004 erhalten Alleinerziehende einen Entlastungsbetrag i. H. von 1.308 € jährlich, wenn

- der Steuerpflichtige alleinstehend ist und
- zu seinem Haushalt mindestens ein Kind gehört, für das ihm ein Freibetrag für Kinder (§ 32 Abs. 6 EStG) oder Kindergeld zusteht.

Siehe auch das Anwendungsschreiben v. 29.10.2004 (BStBl 2004 I S. 1042).

Durch das Gesetz zur Anhebung des Grundfreibetrags, des Kinderfreibetrags, des Kindergeldes und des Kinderzuschlags v. 16.7.2015 (BGBl 2015 I S. 1202) wird ab dem Veranlagungszeitraum 2015 u. a. § 24b EStG geändert. Das BMF-Schreiben v. 23.10.2017 (BStBl 2017 I S. 1432) ersetzt ab dem Veranlagungszeitraum 2015 das BMF-Schreiben v. 29.10.2004 (BStBl 2004 I S. 1042). Mit Schreiben v. 23.11.2022 (BStBl 2022 I S. 1634) überarbeitet das BMF das Schreiben v. 23.10.2017 (BStBl 2017 I S. 1432).

Gemäß § 24b Abs. 2 EStG wird ab dem Veranlagungszeitraum 2015 der seit dem Jahr 2004 bestehende Entlastungsbetrag für Alleinerziehende von 1.308 € auf 1.908 € angehoben. Der Entlastungsbetrag i. H. von 1.908 € wird gewährt, wenn zum Haushalt des alleinstehenden Steuerpflichtigen ein Kind, für das ein Freibetrag gem. § 32 Abs. 6 EStG oder Kindergeld gewährt wird, gehört. Für jedes weitere Kind erhöht sich der Betrag von 1.908 € um 240 € je weiterem Kind. Voraussetzung für die Berücksichtigung ist die Identifizierung des Kindes durch die an dieses Kind vergebene Identifikationsnummer (§ 139b AO). Ist das Kind nicht nach einem Steuergesetz steuerpflichtig (§ 139a Abs. 2 AO), ist es in anderer geeigneter Weise zu identifizieren. Die nachträgliche Vergabe der Identifikationsnummer wirkt auf die Monate zurück, in denen die Voraussetzungen des § 24b Abs. 1 Satz 1–3 EStG vorliegen.

Der Entlastungsbetrag für Alleinerziehende wird für die Jahre 2020 und 2021 deutlich angehoben. Er mindert die Grundlage für die Steuerberechnung. Das heißt, der Betroffene muss weniger von seinem Einkommen versteuern. Er wurde von bislang 1.908 € auf 4.008 € mehr als verdoppelt. Somit wird dem höheren Betreuungsaufwand gerade für Alleinerziehende in Zeiten von Corona Rechnung getragen.

Mit dem Jahressteuergesetz 2020 v. 21.12.2020 (BGBl 2020 I S. 3096) ist der Entlastungsbetrag unbefristet auf 4.008 € angehoben worden.

Im Rahmen des Jahressteuergesetzes 2022 v. 16.12.2022 (BGBl 2022 I S. 2294) erfolgt eine erneute Anhebung des Entlastungsbetrags für Alleinerziehende um 252 € auf 4.260 €. Die Änderung findet Anwendung ab dem 1.1.2023.

HINWEIS

Steuerpflichtige, die als Ehegatten i. S. der §§ 26 und 26a EStG einzeln zur Einkommensteuer veranlagt werden, können den Entlastungsbetrag für Alleinerziehende im Jahr der Trennung zeitanteilig in Anspruch nehmen, sofern sie die übrigen Voraussetzungen des § 24b EStG erfüllen, insbesondere nicht in einer Haushaltsgemeinschaft mit einer anderen volljährigen, in § 24b Abs. 3 Satz 1 Halbsatz 2 EStG nicht genannten Person leben (BFH, Urteil v. 28.10.2021 - III R 17/20, BStBl 2022 II S. 797).

FALL 95

Zweifelsfragen zum Entlastungsbetrag für Alleinerziehende

Sachverhalte:

1. Die Steuerpflichtige A ist seit Mai 22 verwitwet. Ihre zwei minderjährigen Kinder sind in ihrer Wohnung mit Hauptwohnsitz gemeldet. Eine Haushaltsgemeinschaft mit einer anderen Person besteht nicht.

2. Die berufstätige Mutter M lebt mit ihrem nichtehelichen Lebenspartner, der in der gemeinsamen Wohnung mit Hauptwohnsitz gemeldet ist, zusammen. Zum Haushalt gehört auch ihre minderjährige Tochter aus einer geschiedenen Ehe.

3. Die nicht verheirateten Eltern M und V haben eine gemeinsame Tochter T und leben in getrennten Wohnungen. T ist bei M mit Haupt- und bei V mit Nebenwohnsitz gemeldet, hält sich jedoch überwiegend im Haushalt von M auf. Das Kindergeld wird an M ausbezahlt.

4. Die Mutter M lebt als Alleinerziehende zusammen mit ihren zwei Kindern in einer Haushaltsgemeinschaft. Die 12-jährige Tochter geht noch zur Schule, während der 20-jährige Sohn nach Beendigung seiner erstmaligen Berufsausbildung eine Beschäftigung zum 20.7.22 aufnimmt.

5. A lebt mit ihrer minderjährigen Tochter zusammen. Eine Haushaltsgemeinschaft mit einer weiteren Person besteht zunächst nicht. Am 20.8.22 nimmt A einen neuen Lebenspartner in den gemeinsamen Haushalt auf, der dort mit Hauptwohnsitz gemeldet ist.

6. B lebt mit ihrem 20-jährigen Sohn C zusammen. Da sich C noch in Ausbildung befindet, bezieht B das ganze Jahr über Kindergeld.

7. Die allein mit ihrem minderjährigen Kind in einem Haushalt lebende Mutter M heiratet im Oktober. Erst im Dezember zieht sie mit ihrem Kind zu ihrem Ehemann in eine gemeinsame Wohnung.

8. Der seit Februar 2018 verwitwete Vater K bezieht im Kalenderjahr 2024 für seine im Januar 2003 geborene Tochter T Kindergeld. T wohnt in einer eigenen Wohnung und nicht in der Wohnung von K. T ist jedoch in der Wohnung von K mit Wohnsitz gemeldet. K ist alleinstehend i. S. des § 24b Abs. 3 Satz 1 EStG.

AUFGABE

Sind die Voraussetzungen für die Gewährung des Entlastungsbetrags gem. § 24b EStG erfüllt? In welcher Höhe kann er ggf. berücksichtigt werden? Es ist die Rechtslage 2024 anzuwenden.

LÖSUNG

Zu 1

Verwitweten Alleinerziehenden wird der Entlastungsbetrag für Alleinerziehende gem. § 24b Abs. 3 Satz 1 EStG auch dann gewährt, wenn sie im Veranlagungszeitraum des Todes und im folgenden Veranlagungszeitraum noch die Voraussetzungen für die Anwendung des Splittingverfahrens erfüllen. Der Entlastungsbetrag wird zeitanteilig erstmals für den Monat des Todes des Ehegatten gewährt. Dem Grunde nach steht A i. S. des § 24b Abs. 2 EStG ein Entlastungsbetrag i. H. von 4.260 € zzgl. 240 € für das zweite Kind, insgesamt somit ein Betrag i. H. von 4.500 €, zu. Im Jahr 22 ist der Entlastungsbetrag gem. § 24b Abs. 4 EStG zeitanteilig zu berücksichtigen. Im Jahr 22 kann daher der Betrag i. H. von 3.000 € und ab dem Jahr 23 bei weiterer Erfüllung der übrigen Voraussetzungen der Betrag i. H. von 4.500 € von der Summe der Einkünfte abgezogen werden (siehe BMF, Schreiben v. 23.11.2022, BStBl 2022 I S. 1634, Rz. 25).

Zu 2

Der Entlastungsbetrag kann nicht gewährt werden, da zur Haushaltsgemeinschaft von M auch deren Lebenspartner gehört und es sich deshalb bei M nicht um eine alleinstehende Person handelt (§ 24b Abs. 3 Satz 1 EStG). Eine Haushaltsgemeinschaft liegt vor, wenn der Steuerpflichtige und die andere Person in der gemeinsamen Wohnung – i. S. des § 8 AO – gemeinsam wirtschaften („Wirtschaften aus einem Topf"). Die Annahme einer Haushaltsgemeinschaft setzt hingegen nicht die Meldung der anderen Person in der Wohnung des Steuerpflichtigen voraus (siehe BMF, Schreiben v. 23.11.2022, BStBl 2022 I S. 1634, Rz. 7 ff.).

Zu 3

Das Erfordernis der Haushaltszugehörigkeit des § 24b Abs. 1 Satz 1 EStG wird als erfüllt angesehen, wenn das Kind in der Wohnung des Alleinstehenden gemeldet ist. Ist ein Kind bei mehreren Steuerpflichtigen gemeldet, steht der Entlastungsbetrag gem. § 24b Abs. 1 Satz 3 EStG demjenigen zu, der die Voraussetzungen auf Auszahlung des Kindergeldes erfüllt.

Damit kann bei M der Entlastungsbetrag mit 4.260 € berücksichtigt werden.

Hält sich ein Kind in annähernd gleichem zeitlichen Umfang sowohl im Haushalt seiner Mutter als auch in dem seines Vaters auf, können die Eltern untereinander bestimmen, wer von ihnen den Entlastungsbetrag erhalten soll, unabhängig davon, an welchen Berechtigten das Kindergeld ausgezahlt wird (BFH, Urteil v. 28.4.2010 - III R 79/08, BStBl 2011 II S. 30; BMF, Schreiben v. 23.11.2022, BStBl 2022 I S. 1634, Rz. 19).

Zu 4

Der Entlastungsbetrag ermäßigt sich für jeden vollen Kalendermonat, in dem die Voraussetzungen nicht vorliegen, um $^{1}/_{12}$. Gemäß § 24b Abs. 3 Satz 1 EStG schadet es nicht, wenn zum gemeinschaftlichen Haushalt noch eine weitere Person gehört, sofern für diese ein Freibetrag gem. § 32 Abs. 6 EStG oder Kindergeld gewährt wird. Da der Sohn auch nach Abschluss der Ausbildung zur Haushaltsgemeinschaft gehört, liegen ab dem 20.7.22 die Voraussetzungen für die Berücksichtigung des Entlastungsbetrags nicht mehr vor (BFH, Urteil v. 28.6.2012 - III R 26/10, BStBl 2012 II S. 815). M erhält daher im Jahr 23 eine steuerliche Entlastung i. H. von lediglich (4.260 € / 12 x 7 =) 2.485 € (BMF, Schreiben v. 23.11.2022, BStBl 2022 I S. 1634, Rz. 7).

An einer Haushaltsgemeinschaft mit einer in derselben Wohnung lebenden volljährigen Person fehlt es grds. nur dann, wenn diese einen vollständig getrennten Haushalt führt oder wenn – z. B. beim Zusammenleben mit einkommenslosen pflegebedürftigen Angehörigen – jedwede Unterstützungsleistungen durch den Dritten ausgeschlossen erscheinen (siehe BMF, Schreiben v. 23.11.2022, BStBl 2022 I S. 1634, Rz. 13).

Zu 5

Da A ab dem 20.8.22 eine Haushaltsgemeinschaft mit einer weiteren Person begründet, hat sie ab September 22 keinen Anspruch mehr auf den Entlastungsbetrag. Sie erhält für das Jahr 22 noch eine steuerliche Entlastung i. H. von 2.840 €.

Zu 6

Den Entlastungsbetrag können auch alleinstehende Steuerpflichtige erhalten, die nur mit einem volljährigen Kind zusammenleben, für das ihnen ein Freibetrag für Kinder oder Kindergeld zusteht. Bei B kann also der Entlastungsbetrag i. H. von 4.260 € abgezogen werden.

Zu 7

Alleinstehend i. S. des § 24b Abs. 3 Satz 1 EStG sind Steuerpflichtige, die nicht die Voraussetzungen des Splittingverfahrens erfüllen und nicht mit einem Partner zusammenleben. Ab Oktober erfüllt M die Voraussetzungen für das Splittingverfahren.

Aufgrund des systematischen Zusammenhangs des § 24b Abs. 3 Satz 1 EStG soll in diesen Fällen eine Zwölftelung nicht möglich sein, der Entlastungsbetrag wäre also insgesamt ausgeschlossen (BMF, Schreiben v. 23.11.2022, BStBl 2022 I S. 1634, Rz. 25).

Der Entlastungsbetrag für Alleinerziehende gem. § 24b EStG kann Steuerpflichtigen, die die besondere Veranlagung für den Veranlagungszeitraum der Eheschließung (§ 26c EStG a. F.) gewählt haben, anteilig für die Monate des Alleinstehens gewährt werden (BFH, Urteil v. 5.11.2015 - III R 17/14, BFH/NV 2016 S. 548, EAAAF-66173). Nach dem Erlass des FinMin Schleswig-Holstein v. 8.7.2016 - VI 303 - S 2265a - 011, DStR 2016 S. 2226, ist das Urteil des BFH v. 5.11.2015 - III R 17/14, BFH/NV 2016 S. 548, EAAAF-66173, in allen offenen Fällen anzuwenden. Zu beachten ist jedoch, dass dieses Urteil nur in den Fällen der Wahl der besonderen Veranlagung im Jahr der Eheschließung gem. § 26c EStG a. F. Anwendung findet. Auf Fälle der getrennten Veranlagung bzw. der Einzelveranlagung kann das Urteil nicht übertragen werden.

Zu 8

Alleinstehende Steuerpflichtige können gem. § 24b Abs. 1 Satz 1 EStG einen Entlastungsbetrag i. H. von 4.260 € im Kalenderjahr von der Summe der Einkünfte abziehen, wenn zu ihrem Haushalt mindestens ein Kind gehört, für das ihnen ein Freibetrag gem. § 32 Abs. 6 EStG oder Kindergeld zusteht. Die Zugehörigkeit zum Haushalt ist gem. § 24b Abs. 1 Satz 2 EStG anzunehmen, wenn das Kind in der Wohnung des alleinstehenden Steuerpflichtigen gemeldet ist.

Ein Kind, das zwar in der Wohnung des alleinstehenden Steuerpflichtigen gemeldet ist, aber tatsächlich in einer eigenen Wohnung lebt, gehört i. S. des § 24b Abs. 1 Satz 1 EStG zum Haushalt des Steuerpflichtigen. Die Meldung gem. § 24b Abs. 1 Satz 2 EStG begründet eine unwiderlegbare Vermutung der Haushaltszugehörigkeit. Der Wortlaut des § 24b Abs. 1 Satz 2 EStG deutet erkennbar darauf hin, dass es sich um eine unwiderlegbare Vermutung handelt. Er enthält keine Anhaltspunkte dafür, dass die vom Gesetz unterstellte Haushaltszugehörigkeit bei Vorliegen einer Meldung widerlegt werden kann (BFH, Urteil v. 5.2.2015 - III R 9/13, BStBl 2015 II S. 929; BMF, Schreiben v. 23.11.2022, BStBl 2022 I S. 1634, Rz. 18).

Kapitel 7: Außergewöhnliche Belastungen

Vorbemerkungen

Die Einkommensteuer berücksichtigt als Personensteuer die steuerliche Leistungsfähigkeit des Einzelnen. Um steuerliche Gleichmäßigkeit und soziale Gerechtigkeit zu erreichen, müssen Härten durch außergewöhnliche Umstände im Bereich der privaten Lebensführung ausgeglichen werden.

Bei der außergewöhnlichen Belastung handelt es sich regelmäßig um Aufwendungen der privaten Lebensführung gem. § 12 EStG. Sie werden ebenso wie die Sonderausgaben vom Gesamtbetrag der Einkünfte abgezogen.

Die außergewöhnlichen Belastungen lassen sich wie folgt aufgliedern:

§ 33 EStG:

- Grundsätzliche Regelung der außergewöhnlichen Belastungen;
- keine abschließende Aufzählung von Einzelfällen;
- keine Begrenzung durch Höchstbeträge;
- Aufwendungen sind um Ersatzleistungen zu kürzen, auch wenn sie erst in einem späteren Jahr gezahlt werden;
- Kürzung um die zumutbare Eigenbelastung gem. § 33 Abs. 3 EStG.

§ 33a EStG:

- Abschließende Regelung besonderer Fälle;
- Begrenzung durch Höchstbeträge;
- für die hier genannten Fälle ist kein § 33 EStG möglich;
- liegen die Voraussetzungen nicht während des ganzen Jahres vor, sind die Beträge zu zwölfteln (§ 33a Abs. 3 EStG);
- § 33a Abs. 1 EStG: Unterhalt und Berufsausbildung von Personen, für die der Steuerpflichtige keinen Kinderfreibetrag erhält (Unterhaltshöchstbetrag 2020 = 9.408 €, 2021 = 9.744 €, 2022 = 9.984 €, 2023 = 10.908 € und 2024 = 11.604 €);
- § 33a Abs. 2 EStG: Ausbildungsfreibetrag i. H. von 924 € nur für Kinder über 18 Jahre mit auswärtiger Unterbringung.

Das BMF hat seine allgemeinen Hinweise zur Berücksichtigung von Unterhaltsaufwendungen gem. § 33a Abs. 1 EStG als außergewöhnliche Belastungen aktualisiert; BMF, Schreiben v. 6.4.2022 (BStBl 2022 I S. 617). Die Grundsätze des Schreibens sind ab sofort auf alle offenen Fälle anzuwenden. Das BMF-Schreiben v. 7.6.2010 (BStBl 2010 I S. 582) wird durch das neue Schreiben ersetzt.

§ 33b EStG:

- Pauschbetrag für Körperbehinderte;
- Wahlrecht, ob tatsächliche Aufwendungen gem. § 33 EStG geltend gemacht werden oder die Pauschbeträge;
- Nachweis durch Bescheinigungen des Versorgungsamtes und dgl., aber nicht für Alterserscheinungen;

- Übertragung des Pauschbetrags von Kindern auf Eltern möglich (§ 33b Abs. 5 EStG);
- § 33b Abs. 4 EStG: Hinterbliebenen-Pauschbetrag i. H. von 370 € bei Gewährung von Hinterbliebenenbezügen;
- § 33b Abs. 6 EStG: Pflege-Pauschbetrag i. H. von 924 € (Veranlagungszeitraum 2020); ab Veranlagungszeitraum 2021 erfolgt eine Staffelung des Pflege-Pauschbetrags. Als Pflege-Pauschbetrag wird bei Pflegegrad 2 600 €, bei Pflegegrad 3 1.100 €, bei Pflegegrad 4 oder 5 1.800 € gewährt.

FALL 96

Außergewöhnliche Belastungen gem. § 33 EStG

Sachverhalt: Der ledige Steuerpflichtige A mit einem Gesamtbetrag der Einkünfte i. H. von 40.000 € erwirbt im Jahr 01 einen Pkw für private Zwecke, Anschaffungskosten = 45.000 € brutto. Auf einer Ausflugsfahrt im August 01 verursacht er mit dem neuen Wagen einen Totalschaden. Der Schrottwert beträgt nur noch 5.000 €. Deshalb muss A sich einen neuen Pkw kaufen, Anschaffungskosten = 20.000 €. Bei dem Unfall wurde A erheblich verletzt. Die dadurch entstandenen Krankheitskosten belaufen sich auf 15.000 €; von der Krankenkasse bekam er im Januar 02 5.000 € erstattet. Die Kosten finanzierte A mit einem Darlehen i. H. von 30.000 €. Dafür zahlte er im Jahr 01 15.000 € an Tilgungsbeträgen und 1.300 € an Zinsen. Im Jahr 02 tilgte er den Restbetrag.

Abwandlung: Der Steuerpflichtige A ist nicht krankenversichert.

AUFGABE

A möchte für die Jahre 01 und 02 sämtliche Beträge als außergewöhnliche Belastung geltend machen. Nehmen Sie dazu Stellung.

LÖSUNG

A kann lediglich außergewöhnliche Belastungen gem. § 33 EStG geltend machen. Die Anschaffungskosten für den Kauf des Pkws und den Kauf des neuen Pkws nach dem Unfall sind nicht abzugsfähig, da die Aufwendungen keinen existentiell notwendigen Gegenstand betreffen (R 33.2 Nr. 1 EStR). Bei dem Totalschaden des Pkws handelt es sich außerdem um einen Vermögensverlust. Derartige Vorgänge können nicht berücksichtigt werden, da sie das Einkommen nicht belasten (R 33.2 EStR, H 33.1–33.4 Vermögensebene EStH 2023).

Bei den Krankheitskosten handelt es sich allerdings um eine außergewöhnliche Belastung (R 33.4 Abs. 1 EStR). Der Nachweis von Krankheitskosten ist gem. § 64 EStDV zu führen. Die Ersatzleistungen der Krankenversicherung sind dabei zu kürzen, da insoweit keine Belastung des Steuerpflichtigen gegeben ist. Dabei sind die 5.000 €, unabhängig vom Zeitpunkt der Zahlung durch die Krankenkasse, abzurechnen (H 33.1–33.4 Ersatz von dritter Seite EStH 2023). Die Kosten i. H. von 10.000 € sind zum Zeitpunkt der Zahlung im Jahr 01 zu berücksichtigen

(H 33.1–33.4 Verausgabung EStH 2023). Diese Kosten wurden aber mit Darlehensmitteln gezahlt.

Mit Urteil v. 12.7.2017 - VI R 36/15, BStBl 2017 II S. 979, Rz. 20, bestätigt der BFH die Anwendbarkeit des § 11 Abs. 2 EStG auch auf außergewöhnliche Belastungen. Aufwendungen i. S. des § 33 Abs. 1 EStG sind danach grds. in dem Veranlagungszeitraum zu berücksichtigen, in dem der Steuerpflichtige sie geleistet hat. Dies gilt unabhängig davon, ob sie aus eigenen oder fremden Mitteln bestritten werden. Auch fremdfinanzierte Aufwendungen, die als außergewöhnliche Belastungen anzuerkennen sind, können nur im Jahr des tatsächlichen Abflusses, also im Jahr der Verwendung der Darlehensmittel, berücksichtigt werden (H 33.1–33.4 Darlehen EStH 2023). Im Jahr 01 sind demnach gem. § 33 EStG 10.000 € als außergewöhnliche Belastung zu berücksichtigen. Dazu gehören auch die Zinsen, da die Schuldaufnahme zwangsläufig erfolgte. Da das Darlehen aber nur zu $^1/_3$ auf die Krankheitskosten entfällt, sind die Zinsen auch nur insoweit abzugsfähig ($^1/_3$ von 1.300 € = 434 €).

Kosten insgesamt		10.434 €
Die zumutbare Belastung ist im Beispielsfall nach zwei Stufen zu ermitteln:		
Stufe 1: 15.340 € x 5 % =	767 €	
Stufe 2: 40.000 € - 15.340 € = 24.660 € x 6 % =	+ 1.479 €	
Zumutbare Belastung insgesamt	2.246 €	- 2.246 €
Überbelastungsbetrag bzw. zu berücksichtigende außergewöhnliche Belastung		8.188 €

Der BFH hat mit Urteil v. 2.9.2015 - VI R 32/13, BStBl 2016 II S. 151, entschieden, dass es von Verfassungs wegen nicht geboten ist, bei der einkommensteuerrechtlichen Berücksichtigung von Krankheitskosten als außergewöhnliche Belastungen gem. § 33 EStG auf den Ansatz einer zumutbaren Belastung zu verzichten (bestätigt durch BFH, Beschluss v. 21.2.2018 - VI R 11/16, BStBl 2018 II S. 469).

Abwandlung: Der BFH geht in ständiger Rechtsprechung davon aus, dass Krankheitskosten – ohne Rücksicht auf die Art und die Ursache der Erkrankung – dem Steuerpflichtigen aus tatsächlichen Gründen zwangsläufig erwachsen (BFH, Beschluss v. 9.11.2010 - VI B 101/10, BFH/NV 2011 S. 588, BAAAD-61754). Allerdings werden nur solche Aufwendungen als Krankheitskosten berücksichtigt, die zum Zweck der Heilung einer Krankheit oder mit dem Ziel geleistet werden, die Krankheit erträglich zu machen. Aufwendungen für die eigentliche Heilbehandlung werden als außergewöhnliche Belastung berücksichtigt, ohne dass es im Einzelfall der gem. § 33 Abs. 2 Satz 1 EStG an sich gebotenen Prüfung der Zwangsläufigkeit des Grundes und der Höhe nach bedarf (BFH, Urteile v. 1.2.2001 - III R 22/00, BStBl 2001 II S. 543, und v. 3.12.1998 - III R 5/98, BStBl 1999 II S. 227). Eine derart typisierende Behandlung der Krankheitskosten ist zur Vermeidung eines unzumutbaren Eindringens in die Privatsphäre geboten.

Obwohl die Mehrzahl der Steuerpflichtigen entweder pflichtversichert sind oder freiwillig eine Krankenversicherung abgeschlossen haben und die Prämien als Sonderausgaben abziehbar sind (§ 10 Abs. 1 Nr. 3 Satz 1 Buchst. a EStG), werden Krankheitskosten auch dann als zwangsläufig beurteilt, wenn der Betroffene nicht krankenversichert ist. Denn auch insoweit wäre ein unangemessenes Eindringen in die Privatsphäre des Einzelnen erforderlich, z. B. zur Prüfung, ob eine Versicherung im Hinblick auf besondere Risiken abgelehnt oder nur mit unzumutbar hohen Prämien erreicht werden könnte.

Mit Urteil v. 11.11.2010 - VI R 17/09, BStBl 2011 II S. 969, hat der BFH entschieden, dass der Verzicht auf die Inanspruchnahme von Sozialleistungen dem Abzug von Krankheitskosten als außergewöhnliche Belastung gem. § 33 EStG nicht entgegensteht. Allerdings sind Krankheitskosten dann nicht steuerlich abzugsfähig, wenn und soweit der Steuerpflichtige auf ihre Geltendmachung bei der Krankenkasse verzichtet, um sich den Beitragsrückerstattungsanspruch zu sichern (FG Rheinland-Pfalz, Beschluss v. 31.1.2012 - 2 V 1883/11, DStRE 2013 S. 467, rkr, OAAAE-02656). Verzichtet ein Steuerpflichtiger auf die Erstattung seiner Krankheitskosten, um von seiner privaten Krankenversicherung eine Beitragserstattung zu erhalten, können diese Kosten nicht von den erstatteten Beiträgen abgezogen werden, die ihrerseits die Höhe der abziehbaren Krankenversicherungsbeiträge gem. § 10 Abs. 1 Nr. 3 Satz 1 Buchst. a Satz 3 EStG reduzieren (BFH, Urteil v. 29.11.2017 - X R 3/16, BStBl 2018 II S. 384).

FALL 97

Außergewöhnliche Belastung/Beerdigungskosten

Sachverhalt: Dem Steuerpflichtigen S entstehen für die Beerdigung eines nahen Angehörigen Aufwendungen i. H. von 5.000 €. Diese bestehen zu 4.000 € aus unmittelbaren und zu 1.000 € aus mittelbaren Beerdigungskosten. Der Angehörige hinterlässt keinen Nachlass. Der Steuerpflichtige erhält aus einer Sterbegeldversicherung, die der nahe Angehörige auf ihn abgeschlossen hat, eine Versicherungsleistung i. H. von 3.500 €.

AUFGABE

Ermitteln Sie die Höhe der als außergewöhnliche Belastung zu berücksichtigenden Beerdigungskosten.

LÖSUNG

Trägt der Steuerpflichtige die Beerdigungskosten eines nahen Angehörigen kann aus Vereinfachungsgründen davon ausgegangen werden, dass i. d. R. eine Zwangsläufigkeit aus sittlichen Gründen vorliegt.

Als außergewöhnliche Belastung können Bestattungskosten abgezogen werden, soweit die Aufwendungen notwendig sind (§ 33 Abs. 2 Satz 1 EStG). Hierbei ist dem Steuerpflichtigen ein größerer Spielraum zu gewähren als in sonstigen Fällen. Denn die Gestaltung eines Begräbnisses gehört zu den höchstpersönlichen Angelegenheiten des Kostenträgers. Allerdings sind nur die Kosten der eigentlichen Bestattung, die mit der Beerdigung unmittelbar verbunden sind, als notwendig anzusehen. Die nur mittelbar durch die Beerdigung veranlassten Aufwendungen und Folgekosten der Beerdigung sind dagegen nicht als außergewöhnliche Belastung abziehbar.

Zu den abzugsfähigen unmittelbaren Beerdigungskosten zählen insbesondere die Aufwendungen für die Trauerfeier, Trauerredner, Bestatterleistungen, Überführung, Sarg, Blumenschmuck, öffentliche Gebühren, erstmalige Herrichten des Grabes einschließlich eines angemessenen Grabmals etc.

Zu den nicht begünstigten mittelbaren Kosten einer Beerdigung zählen z. B. Aufwendungen für die Bewirtung von Trauergästen, Aufwendungen für die Trauerkleidung, Reisekosten für die Teilnahme an einer Bestattung, Kosten der Grabpflege/-bepflanzung, Aufwendungen für eine aufwendige Grabstätte oder Anschaffungskosten für ein aufwendiges Grabmal.

Sind die Bestattungskosten dem Grunde nach zwangsläufig, so kommt ein Abzug als außergewöhnliche Belastung nur insoweit in Betracht, als sie einen angemessenen Betrag nicht übersteigen (§ 33 Abs. 2 Satz 1 EStG). Von einer Angemessenheit kann allgemein ausgegangen werden, wenn die unmittelbaren Beerdigungskosten, soweit sie den Wert des Nachlasses übersteigen, nicht mehr als 7.500 € betragen (vgl. FG Köln, Urteil v. 29.9.2010 - 12 K 784/09, EFG 2011 S. 242, NAAAD-56187). Dieser Betrag ist um Versicherungs- und sonstige Drittleistungen zu kürzen.

Als außergewöhnliche Belastung sind dem Grunde nach nur die unmittelbaren Beerdigungskosten i. H. von 4.000 € abzugsfähig. Diese sind um die Leistung der Sterbegeldversicherung zu kürzen. Beerdigungskosten können als außergewöhnliche Belastung nur abgezogen werden, soweit sie nicht aus dem Nachlass oder durch sonstige im Zusammenhang mit dem Tod zugeflossene Geldleistungen gedeckt sind (vgl. BFH, Beschluss v. 21.2.2018 - VI R 11/16, BStBl 2018 II S. 469). Die Versicherungsleistung i. H. von 3.500 € entfällt im vorliegenden Fall – entsprechend dem Anteil der unmittelbaren Beerdigungskosten an den gesamten Beerdigungskosten – zu $^4/_5$ auf die unmittelbaren Beerdigungskosten.

Daher sind die unmittelbaren Beerdigungskosten i. H. von 4.000 € um 2.800 € (= $^4/_5$ von 3.500 €) zu kürzen. Es ergibt sich eine außergewöhnliche Belastung i. H. von 1.200 €.

Zur Kürzung der außergewöhnlichen Belastung aufgrund einer steuerpflichtigen Ersatzleistung entschied der BFH mit Beschluss v. 15.6.2023 - VI R 33/20, BStBl 2023 II S. 1031, wie folgt: Einkommensteuerpflichtige Ersatzleistungen führen nicht zu einer Kürzung der gem. § 33 EStG abzugsfähigen Aufwendungen. Werden außergewöhnliche Belastungen – wie vorliegend – aus zu versteuerndem Einkommen geleistet, sind die entsprechenden Aufwendungen ohne Anrechnung der zu versteuernden Beträge i. S. des § 33 EStG abziehbar. Denn eine (auch nur teilweise) Anrechnung der zu versteuernden Leistung auf die gem. § 33 EStG abziehbare außergewöhnliche Belastung hätte in einem solchen Fall eine unzulässige doppelte steuerliche Belastung des Steuerpflichtigen zur Folge. Im zu entscheidenden Fall erhielt die Klägerin im Streitjahr (2017) aufgrund des Ablebens ihrer Mutter – auch ohne ihre Erbin geworden zu sein – ein Sterbegeld i. H. von 6.550,20 € brutto gem. § 23 Abs. 3 des Tarifvertrags für den öffentlichen Dienst der Länder. In ihrer Einkommensteuererklärung 2017 erklärte die Klägerin das erhaltene Sterbegeld nicht, machte jedoch die Beerdigungskosten als außergewöhnliche Belastung geltend.

FALL 98

Außergewöhnliche Belastungen gem. § 33a EStG

Sachverhalt: A zahlt seiner vermögenslosen Oma O für das Jahr 2024 3.500 € für deren Unterhalt. O ist im Rahmen der Krankenversicherung der Rentner krankenversichert. Als pflichtversicherter Rentnerin wurden O insgesamt 200 € für die Basiskranken- und -pflegeversicherung von ihrer Rente einbehalten.

O hat folgende eigene Einkünfte und Bezüge:

Witwen-Pension (Versorgungsbeginn im Kalenderjahr 2010) insgesamt	3.000 €
Wohngeld	360 €
Rente seit dem 65. Lebensjahr (Beginn im Kalenderjahr 2010) aus der gesetzlichen Rentenversicherung	1.800 €
Zinsen des Sparbuchs	800 €

AUFGABE

Wie hoch sind die abzugsfähigen Beträge für A im Kalenderjahr 2024?

LÖSUNG

Die Aufwendungen für den Unterhalt von O sind berücksichtigungsfähig, da gesetzliche Unterhaltspflicht (§ 1601 BGB) besteht.

Die typischen Unterhaltsaufwendungen sind gem. § 33a Abs. 1 EStG nur bis höchstens 11.604 € für das Jahr 2024 abzugsfähig. Der Höchstbetrag erhöht sich gem. § 33a Abs. 1 Satz 2 EStG um den Betrag der im jeweiligen Veranlagungszeitraum gem. § 10 Abs. 1 Nr. 3 EStG für die Absicherung der unterhaltsberechtigten Person aufgewandten Beiträge zur Basiskranken- und -pflegeversicherung i. S. des § 10 Abs. 1 Nr. 3 EStG, wenn für diese beim Unterhaltsleistenden kein Sonderausgabenabzug möglich ist. Dabei ist es nicht notwendig, dass die Beiträge tatsächlich von dem Unterhaltsverpflichteten gezahlt oder erstattet wurden. Für diese Erhöhung des Höchstbetrags genügt es, wenn der Unterhaltsverpflichtete seiner Unterhaltsverpflichtung nachkommt. Die Gewährung von Sachunterhalt (z. B. Unterkunft und Verpflegung) ist ausreichend (R 33a.1 Abs. 5 EStR).

Auf diesen Höchstbetrag sind die eigenen Einkünfte und Bezüge der unterstützten Person anzurechnen, soweit sie 624 € übersteigen.

Der Versorgungsfreibetrag gem. § 19 Abs. 2 EStG ist ein Bezug gem. § 33a Abs. 1 Satz 5 EStG (siehe auch R 33a.1 Abs. 3 Satz 3 EStR). Die mit dem Steuerabzug abgegoltenen Kapitaleinkünfte sind gem. § 2 Abs. 5b EStG nicht bei der Berechnung der Einkünfte zu berücksichtigen. Kapitalerträge i. S. des § 32d Abs. 1 EStG sind – ohne Abzug des Sparer-Pauschbetrags i. S. des § 20 Abs. 9 EStG – als Bezüge anzusetzen (R 33a.1 Abs. 3 Satz 4 Nr. 1 EStR). Bei der gesetzlichen Rente gehört der über den Besteuerungsanteil hinausgehende Rentenbetrag zu den Bezügen (siehe R 33a.1 Abs. 3 Satz 4 Nr. 2 EStR).

Berechnung der Einkünfte und Bezüge:

	Einkünfte	Bezüge
§ 19 Abs. 1 Satz 1 Nr. 2 EStG, Versorgungsbezüge	3.000 €	
abzgl. § 19 Abs. 2 EStG, Freibetrag Festschreibung gem. § 19 Abs. 2 Satz 8 EStG, Versorgungsbeginn 2010:		
32,0 % = 960 €, maximal 2.400 €, + Zuschlag 720 € = 1.680 €	- 1.680 €	+ 1.680 €

abzgl. § 9a Satz 1 Nr. 1 Buchst. b EStG, Pauschbetrag	- 102 €	
Einkünfte	1.218 €	
Wohngeld (§ 3 Nr. 58 EStG) steuerfrei (siehe auch Abschnitt A 19.5.2 Abs. 1 Satz 1 Nr. 9 DA-KG 2024)		+ 360 €
Rente (§ 22 Nr. 1 Satz 3 Buchst. a Doppelbuchst. aa EStG) = 1.800 €		
davon Ertragsanteil bei Rentenbeginn 2010 – 60 % steuerpflichtig	1.080 €	
Der steuerfreie Teil der Rente ist ein Bezug (R 33a.1 Abs. 3 Satz 4 Nr. 2 EStR)		+ 720 €
abzgl. § 9a Satz 1 Nr. 3 EStG, Pauschbetrag	- 102 €	
Einkünfte	978 €	
Zinsen (§ 20 Abs. 1 Nr. 7 EStG; R 33a.1 Abs. 3 Satz 4 Nr. 1 EStR)		+ 800 €
Summe der Bezüge		3.560 €
abzgl. Kostenpauschale (R 33a.1 Abs. 3 Satz 5 EStR)		- 180 €
Summe	2.196 €	3.380 €
Einkünfte und Bezüge		5.576 €
abzgl. unschädliche Einkünfte und Bezüge		- 624 €
Schädlicher Betrag		4.952 €
Höchstbetrag (§ 33a Abs. 1 EStG)		11.604 €
zzgl. Basisversicherungsbeiträge		+ 200 €
Erhöhter Höchstbetrag		11.804 €
abzgl. schädliche Einkünfte/Bezüge		- 4.952 €
verbleiben		6.852 €
Maximal sind die tatsächlichen Aufwendungen i. H. von 3.500 € abzugsfähig		3.500 €

Voraussetzung für den Abzug der Aufwendungen ist die Angabe der erteilten Identifikationsnummer (§ 139b AO) der unterhaltenen Person in der Steuererklärung des Unterhaltsleistenden, wenn die unterhaltene Person der unbeschränkten oder beschränkten Steuerpflicht unterliegt. Die unterhaltene Person ist für diese Zwecke verpflichtet, dem Unterhaltsleistenden ihre erteilte Identifikationsnummer (§ 139b AO) mitzuteilen. Kommt die unterhaltene Person dieser Verpflichtung nicht nach, ist der Unterhaltsleistende berechtigt, bei der für ihn zuständigen Finanzbehörde die Identifikationsnummer der unterhaltenen Person zu erfragen (§ 33a Abs. 1 Satz 9–11 EStG).

FALL 99

Außergewöhnliche Belastung/Einfamilienhaus

Sachverhalt: Wie Fall 98, aber die Oma O besitzt noch ein Einfamilienhaus, das sie selbst bewohnt. Hierbei soll es sich um ein angemessenes Hausgrundstück i. S. des § 90 Abs. 2 Nr. 8 SGB XII handeln.

AUFGABE

Ermitteln Sie die Höhe der außergewöhnlichen Belastung. Gehen Sie davon aus, dass Unterhaltszahlungen i. H. von 3.500 € in der Zeit vom 1.7.2024 bis zum 31.12.2024 geleistet wurden.

LÖSUNG

O hat nun eigenes Vermögen. Dieses Vermögen ist aber gem. § 33a Abs. 1 Satz 4 EStG (R 33a.1 Abs. 2 Satz 4 Nr. 2 EStR und H 33a.1 Geringes Vermögen EStH 2023) außer Betracht zu lassen. Einkünfte aus dem Einfamilienhaus fallen ebenfalls nicht an, da keine Nutzungswertbesteuerung erfolgt.

Gemäß § 33a Abs. 3 EStG erfolgt nun eine anteilige Berechnung. Die Aufteilung der Einkünfte aus nichtselbständiger Arbeit, der sonstigen Einkünfte sowie der Bezüge erfolgt nach dem Verhältnis der in den jeweiligen Zeiträumen zugeflossenen Einnahmen (R 33a.3 Abs. 2 Satz 1 Nr. 1 EStR). Die Pauschbeträge gem. § 9a EStG und die Kostenpauschale i. H. von 180 € sind hierbei zeitanteilig anzusetzen. Wenn die betreffenden Einnahmen monatlich gleich sind, können die Einkünfte und Bezüge auch auf jeden Monat des Kalenderjahrs mit einem Zwölftel angesetzt werden.

Einkünfte und Bezüge für sechs Monate – s. o. –: 5.576 € / 2 =	2.788 €
Unschädlich	- 312 €
Schädliche Einkünfte/Bezüge	2.476 €
Erhöhter Höchstbetrag: $^{6}/_{12}$ =	5.902 €
abzgl. Kürzungsbetrag	- 2.476 €
verbleiben	3.426 €

Die Aufwendungen i. H. von 3.500 € sind höher. Es sind deshalb maximal 3.426 € abzugsfähig.

FALL 100

Unterhaltsleistungen

Sachverhalt: Der Steuerpflichtige Albert unterstützt seinen Vater Otto und dessen Ehefrau Ottilie mit monatlich 300 €. Otto ist seit dem Jahr 2006 Rentner und erhält insgesamt 9.400 € Rente. Otto wurden insgesamt 900 € für die Basiskranken- und -pflegeversicherung von der Rente einbehalten.

Zum Unterhalt trug der Bruder von Albert ebenfalls mit monatlich 100 € bei.

AUFGABE

Ermitteln Sie die Höhe der abzugsfähigen außergewöhnlichen Belastungen von Albert.

LÖSUNG

Die Unterhaltszahlungen an Otto und Ottilie sind gem. § 33a Abs. 1 EStG zu berücksichtigen. Es handelt sich um Aufwendungen an gesetzlich unterhaltsberechtigte Personen. Da auch der Bruder regelmäßige Unterhaltszahlungen erbringt, ist § 33a Abs. 1 Satz 7 EStG zu beachten.

Unterhaltshöchstbetrag maximal 2 x 11.604 € =	23.208 €	
zzgl. Basisversicherungsbeiträge	+ 900 €	
Erhöhter Höchstbetrag	24.108 €	
Aufwendungen 300 € monatlich x 12 =		3.600 €
Einkünfte und Bezüge des Vaters:		
Einnahmen (§ 22 Nr. 1 Satz 3 Buchst. a Doppelbuchst. aa EStG)		9.400 €
Der Ertragsanteil stellt Einkünfte und der Tilgungsanteil stellt Bezüge des Vaters dar. Eine Aufteilung ist deshalb aus Vereinfachungsgründen nicht notwendig, es ist aber zu beachten, dass alle Pauschbeträge gewährt werden.		
abzgl. § 9a Satz 1 Nr. 3 EStG		- 102 €
abzgl. Kostenpauschale		- 180 €
Einkünfte und Bezüge		9.118 €
Unschädlich 2 x 624 € =		- 1.248 €
Schädliche Einkünfte und Bezüge	- 7.870 €	7.870 €
Verbleibender Freibetrag	16.238 €	
Tatsächliche Gesamtzahlungen		4.800 €
► von Albert		3.600 €
Entspricht einem Anteil am Gesamtbetrag i. H. von		$^{3}/_{4}$
► vom Bruder		1.200 €
Entspricht einem Anteil am Gesamtbetrag i. H. von		$^{1}/_{4}$

Albert erhält demnach maximal $^{3}/_{4}$ von 16.238 € = 12.178 €, maximal die tatsächlichen Aufwendungen i. H. von 3.600 €. Abzugsfähig sind daher 3.600 €.

FALL 101

Außergewöhnliche Belastung/Unterstützung und Opfergrenze

Sachverhalt: Die Eheleute Anton und Doris sind seit Jahren in Neustadt verheiratet. Sie haben keine Kinder. Doris unterstützt ihre Eltern Franz und Anne Mauser (beide über 70 Jahre alt). Doris ist deren einzige Tochter. Franz Mauser erhält seit seinem 50. Lebensjahr eine Wehrdienstbeschädigtenrente i. H. von 450 € monatlich, Anne hat keine eigenen Einkünfte. Beide sind vermögenslos und deshalb auf die monatliche Unterstützung i. H. von 600 € angewiesen. Im Jahr 2024 musste Doris zusätzlich 2.700 € an Operationskosten für ihre Mutter aufwenden, da ihre Eltern nicht ausreichend krankenversichert sind. Die Basisversicherungsbeiträge für die Eheleute i. H. von 300 € im Kalenderjahr 2024 zahlt Doris. Doris hat einen Kranken- und Pflegeversicherungsvertrag abgeschlossen, wonach die Eltern als begünstigte Personen abgesichert sind.

Doris hat Einnahmen (Bruttoarbeitslohn, Steuererstattungen und Kindergeld) i. H. von 27.998 €. Die Abzüge von Lohn- und Kirchensteuer und Solidaritätszuschlag betragen 4.196 €. Die Arbeitnehmerbeiträge zur Sozialversicherung belaufen sich auf 5.852 €. An Werbungskosten sind ihr

4.250 € entstanden. Der Ehemann Anton hat im Durchschnitt der letzten drei Jahre einen Gewinn aus Gewerbebetrieb i. H. von 28.252 €. Als Abzugsbeträge sind insgesamt 7.000 € zu berücksichtigen.

AUFGABE

Wie hoch sind die abzugsfähigen außergewöhnlichen Belastungen im Veranlagungszeitraum 2024, wenn der Gesamtbetrag der Einkünfte der Eheleute Anton und Doris 45.000 € beträgt?

LÖSUNG

Die Unterstützung der Eltern Mauser stellt für Doris eine außergewöhnliche Belastung gem. § 33a Abs. 1 EStG dar, weil den Eltern gegenüber eine gesetzliche Unterhaltsverpflichtung besteht. Außerdem haben die Eltern kein Vermögen, das sie zu ihrem Unterhalt einsetzen könnten.

Der Höchstbetrag beträgt je unterstützter Person gem. § 33a Abs. 1 EStG 11.604 € x 2 = 23.208 €.

Der Höchstbetrag erhöht sich gem. § 33a Abs. 1 Satz 2 EStG um den Betrag der im jeweiligen Veranlagungszeitraum für die Absicherung der unterhaltsberechtigten Person aufgewandten Beiträge zur Basiskranken- und -pflegeversicherung i. S. des § 10 Abs. 1 Nr. 3 EStG, wenn für diese beim Unterhaltsleistenden kein Sonderausgabenabzug möglich ist. Dabei ist es nicht notwendig, dass die Beiträge tatsächlich von dem Unterhaltsverpflichteten gezahlt oder erstattet wurden. Für diese Erhöhung des Höchstbetrags genügt es, wenn der Unterhaltsverpflichtete seiner Unterhaltsverpflichtung nachkommt. Die Gewährung von Sachunterhalt (z. B. Unterkunft und Verpflegung) ist ausreichend (R 33a.1 Abs. 5 EStR).

Da Doris die Basisversicherungsaufwendungen aufgrund eigener Verpflichtung als Versicherungsnehmerin leistet, stellen die Versicherungsbeiträge, die ihre Eltern begünstigen, Sonderausgaben dar, die Doris als eigene Beträge gem. § 10 Abs. 1 Nr. 3 Satz 1 EStG geltend machen kann. Aus diesem Grund ist der Höchstbetrag des § 33a Abs. 1 Satz 1 EStG nicht zu erhöhen.

Die eigenen Einkünfte sind aber, soweit sie die Grenze i. H. von 624 € übersteigen, auf diesen Höchstbetrag anzurechnen.

Berechnung:

Höchstbetrag		23.208 €
Einnahmen Vater Franz:		
450 € x 12 =	5.400 €	
Da die Rente gem. § 3 Nr. 6 EStG steuerfrei ist, handelt es sich um Bezüge (R 33a.1 Abs. 3 Satz 4 Nr. 4 EStR).		
abzgl. Kostenpauschale (R 33a.1 Abs. 3 Satz 5 EStR)	- 180 €	
Zu berücksichtigende Bezüge	5.220 €	

Unschädlicher Betrag: 2 x 624 € =	- 1.248 €	
Schädlicher Betrag	3.972 €	- 3.972 €
Verbleibender Höchstbetrag		19.236 €
Die tatsächlichen Aufwendungen betragen aber nur 600 € x 12 = 7.200 € und sind damit in voller Höhe zu berücksichtigen.		7.200 €

Die Basisversicherungsbeiträge für die Eltern können nicht zusätzlich zu den 7.200 € als außergewöhnliche Belastung gem. § 33a Abs. 1 EStG berücksichtigt werden, da Aufwendungen, die zu den Sonderausgaben gehören, gem. § 33 Abs. 2 Satz 2 EStG als außergewöhnliche Belastung außer Betracht bleiben.

Gemäß R 33a.1 Abs. 4 EStR, H 33a.1 Opfergrenze EStH 2023 und dem BMF-Schreiben v. 6.4.2022 (BStBl 2022 I S. 617, Rz. 16–23) dürfen die gem. § 33a Abs. 1 EStG ermittelten Unterhaltsaufwendungen die Opfergrenze nicht übersteigen.

Die Opfergrenzenregelung gilt nicht

- bei Aufwendungen für den Unterhalt an den (ggf. auch geschiedenen) Ehegatten (BMF, Schreiben v. 6.4.2022, BStBl 2022 I S. 617, Rz. 22) sowie
- bei einer bestehenden Haushaltsgemeinschaft mit der unterhaltenen Person (BFH, Urteil v. 29.5.2008 - III R 23/07, BStBl 2009 II S. 363; BMF, Schreiben v. 6.4.2022, BStBl 2022 I S. 617, Rz. 24).

Aufwendungen für den Unterhalt sind im Allgemeinen höchstens insoweit als außergewöhnliche Belastung anzuerkennen, als sie einen bestimmten Prozentsatz des Nettoeinkommens nicht übersteigen (sog. „Opfergrenze“; BMF, Schreiben v. 6.4.2022, BStBl 2022 I S. 617, Rz. 16–28). Zur Ermittlung des verfügbaren Nettoeinkommens siehe BMF, Schreiben v. 6.4.2022, BStBl 2022 I S. 617, Rz. 17. Bei zusammenveranlagten Eheleuten ist ein gemeinsames Nettoeinkommen zu berechnen (BFH, Urteil v. 23.9.1986 - III R 246/83, BStBl 1987 II S. 130). Der Prozentsatz beträgt 1 % je volle 500 € des verfügbaren Nettoeinkommens, höchstens 50 %, und ist um je 5 % für den (ggf. auch geschiedenen) Ehegatten und für jedes Kind, für das der Steuerpflichtige Anspruch auf Freibeträge für Kinder gem. § 32 Abs. 6 EStG, Kindergeld oder eine andere Leistung für Kinder (§ 65 EStG) hat, zu kürzen, höchstens um 25 %.

Berechnung des Nettoeinkommens:

Verfügbare Einnahmen Doris (Bruttoarbeitslohn, Steuererstattungen und Kindergeld)		27.998 €
Abzüge für Lohn- und Kirchensteuer und Solidaritätszuschlag		- 4.196 €
Arbeitnehmerbeiträge zur Sozialversicherung		- 5.852 €
Werbungskosten		- 4.250 €
Verfügbares Nettoeinkommen für die Ermittlung der Opfergrenze		13.700 €
Gewinn Anton	28.252 €	
Abzugsbeträge	- 7.000 €	
Verfügbares Nettoeinkommen für die Ermittlung der Opfergrenze	21.252 €	+ 21.252 €
Gemeinsame Opfergrenze		34.952 €

Berechnung der Opfergrenze:

1 % je volle 500 € des Nettoeinkommens (34.952 € / 500 € = 69,90) abgerundet 69 %, höchstens	50 %
abzgl. je 5 %-Punkte für Ehefrau/Ehemann	- 5 %
Maßgebender Prozentsatz für die Berechnung der Opfergrenze	45 %
Die Opfergrenze liegt somit bei (45 % von 34.952 € =)	15.728 €
Höchstbetrag gem. § 33a Abs. 1 EStG	19.236 €
Tatsächliche Aufwendungen	7.200 €

Die tatsächlichen Aufwendungen sind gem. § 33a Abs. 1 EStG abzugsfähig.

Die Krankheitskosten sind gem. § 33 EStG abzugsfähig. Die Aufwendungen sind zwangsläufig i. S. des § 33 Abs. 2 EStG. Die Eheleute sind belastet und können sich den Aufwendungen aus tatsächlichen Gründen nicht entziehen (H 33a.1 Abgrenzung EStH 2023).

Aufwendungen		2.700 €
Zumutbare Belastung:		
Stufe 1: 15.340 € x 4 % =	613 €	
Stufe 2: 45.000 € - 15.340 € = 29.660 € x 5 % =	+ 1.483 €	
Zumutbare Belastung insgesamt	2.096 €	- 2.096 €
Abzugsfähiger Betrag		604 €

FALL 102

Ausbildungsfreibetrag gem. § 33a Abs. 2 EStG

Sachverhalt: Dem Steuerpflichtigen entstehen für sein Kind Aufwendungen zur Berufsausbildung. Das Kind ist Auszubildender und besucht das Abendgymnasium. Das Kind vollendet sein 18. Lebensjahr am 10.5.03. Von Januar–Oktober 03 ist es auswärtig untergebracht. Am 20.11.03 endet die Berufsausbildung. Ab Dezember 03 ist es als Angestellter beschäftigt.

Einkünfte und Bezüge:

- Januar–November 03 monatlich 150 € Bruttolohn als Auszubildender,
- ab Dezember 03 monatlich 1.000 € brutto als Angestellter,
- von Januar–November 03 Zuschüsse aus öffentlichen Mitteln als Ausbildungshilfe i. H. von 30 € monatlich.

AUFGABE

Wie hoch ist der Ausbildungsfreibetrag?

LÖSUNG

Die Aufwendungen des Steuerpflichtigen für die Berufsausbildung seines Kindes werden durch die Ausbildungsfreibeträge berücksichtigt. Hierbei handelt es sich um einen Freibetrag, für den die Höhe der Aufwendungen ohne Bedeutung ist.

Januar–April 03: § 33a Abs. 2 EStG kein Freibetrag, da nicht volljährig.

Mai–Oktober 03: § 33a Abs. 2 i. V. mit Abs. 3 EStG: $^{6}/_{12}$ von 1.200 € = 600 €

Für November 03 kein Freibetrag, da nicht auswärtig untergebracht.

Summe für das Jahr 03: 600 €

FALL 103

§ 33a und § 33b EStG

Sachverhalt: Der Steuerpflichtige A ist seit Jahren verwitwet. Er hat eine leibliche Tochter Lydia (L), geb. am 15.4.1999, die bereits einen Sohn, Egon (E), geb. am 10.3.2017, hat. Die Kosten des Unterhalts für o. g. Personen hat A allein zu tragen. Sie betragen monatlich 300 €.

L ist ebenfalls verwitwet und hat ihre Berufsausbildung beendet. Vom 1.4.2023 bis zum 30.3.2024 leistete sie ein freiwilliges soziales Jahr ab. Sie erhält in dieser Zeit einen als Arbeitslohn steuerpflichtigen Betrag i. H. von 400 € monatlich. Ab April 2024 ist L nicht mehr erwerbstätig. Seit dem 1.1.2023 bezieht L Hinterbliebenenbezüge aus der gesetzlichen Unfallversicherung i. H. von monatlich 325 € einschließlich Kinderzulage, da ihr Ehemann bei einem Berufsunfall ums Leben kam. E erhält eine Waisenrente i. H. von 60 € monatlich, die an seine Mutter ausgezahlt wird. L hat einen eigenen Hausstand. Als Versicherungsnehmerin zahlt sie die Basiskranken- und -pflegeversicherungsbeiträge i. H. von 300 € jährlich.

AUFGABE

Beurteilen Sie die steuerlichen Folgen für den Veranlagungszeitraum 2024.

LÖSUNG

L ist ein Kind i. S. des § 32 Abs. 1 Nr. 1 EStG und hat das 18., aber noch nicht das 25. Lebensjahr vollendet. L vollendet mit Ablauf des 14.4.2024 das 25. Lebensjahr. Sie kann als Kind bis März 2024 gem. § 32 Abs. 4 Satz 1 Nr. 2 Buchst. d EStG berücksichtigt werden, da sie ein freiwilliges soziales Jahr ableistet.

Für L erhält A von Januar–März 2024 Kindergeld i. H. von 250 € monatlich gem. § 66 Abs. 1 EStG.

Bei der Veranlagung von A können gem. §§ 31 und 32 Abs. 6 Satz 1 und 3 Nr. 1 EStG, im Rahmen der Günstigerrechnung, ein Kinderfreibetrag i. H. von 3.192 € x 2 = 6.384 €, davon $^{3}/_{12}$ = 1.596 €, und ein Betreuungsfreibetrag i. H. von 1.464 € x 2 = 2.928 €, davon $^{3}/_{12}$ = 732 €, vom Einkommen abgezogen werden (§ 31 EStG, Familienleistungsausgleich).

E vollendet mit Ablauf des 9.3.2024 das 7. Lebensjahr. E kann bei A nicht berücksichtigt werden, da dieser zu A in keinem Kindschaftsverhältnis steht. Auch ein Pflegekindschaftsverhältnis kommt nicht in Betracht, da das natürliche Obhuts- und Pflegeverhältnis zu seiner leiblichen Mutter noch besteht (§ 32 Abs. 1 Nr. 2 EStG). E kann nur bei L gem. § 32 Abs. 3 EStG berücksichtigt werden. Sie erhält für ihn Kindergeld. Kindergeld kommt für A ebenfalls nicht in Betracht, da E bei L im eigenen Haushalt lebt (§ 63 Abs. 1 Satz 1 Nr. 3 EStG).

Unterhaltsleistungen gem. § 33a Abs. 1 EStG

Für L und E erwachsen A Unterhaltsaufwendungen, da es sich um gesetzlich unterhaltsberechtigte Personen handelt. Aufgrund der Betreuung von E kann bei L der Einsatz der eigenen Arbeitskraft nicht verlangt werden (R 33a.1 Abs. 2 EStR). Gemäß R 33a.1 Abs. 1 Satz 4 EStR wird die Bedürftigkeit der unterstützten Person typisierend unterstellt (siehe auch H 33a.1 Unterhaltsberechtigung EStH 2023).

Da aber sowohl für L als auch für E ein Anspruch auf den Freibetrag oder Kindergeld besteht (§ 33a Abs. 1 Satz 4 EStG), sind die Aufwendungen für den Unterhalt bis März 2024 abgegolten und nicht mehr i. S. des § 33a Abs. 1 EStG zu berücksichtigen.

Ab April 2024 besteht für L kein Anspruch mehr auf den Freibetrag gem. § 32 Abs. 6 EStG oder Kindergeld, so dass ab April 2024 die Unterhalsaufwendungen von A dem Grunde nach als außergewöhnliche Belastung gem. § 33a Abs. 1 EStG berücksichtigt werden können. A unterstützt seine Tochter und seinen Enkel E monatlich mit insgesamt 300 €.

Unterhält der Steuerpflichtige mehrere Personen, die einen gemeinsamen Haushalt führen, so ist der gem. § 33a Abs. 1 EStG abziehbare Betrag grds. für jede unterhaltsberechtigte oder gleichgestellte Person getrennt zu ermitteln. Der insgesamt nachgewiesene Zahlungsbetrag ist unterschiedslos nach Köpfen aufzuteilen (H 33a.1 Unterhalt für mehrere Personen EStH 2023).

Unterhaltshöchstbetrag gem. § 33a Abs. 1 Satz 1 EStG	11.604 €	
zzgl. der Basisversicherungsbeiträge gem. § 33a Abs. 1 Satz 2 EStG	+ 300 €	
Erhöhter Höchstbetrag	11.904 €	
Zeitanteilig gem. § 33a Abs. 3 Satz 1 EStG ($^{9}/_{12}$)		8.928 €
Einkünfte und Bezüge von L:		
Hinterbliebenenrente aus der Unfallversicherung (steuerfrei gem. § 3 Nr. 1 Buchst. a EStG): 12 x 325 € =	3.900 €	
Genäß § 33a Abs. 3 Satz 2 EStG ist der Jahresbetrag der Bezüge nach dem Verhältnis der in den jeweiligen Zeiträumen zugeflossenen Einnahmen auf die Zeiten innerhalb und außerhalb des Unterhaltszeitraums aufzuteilen (R 33a.3 Abs. 2 Satz 1 Nr. 1 EStR). Die Kostenpauschale ist zeitanteilig anzusetzen.		
Auf den Unterhaltszeitraum entfallen: 9 x 325 € =	2.925 €	
Kostenpauschale gem. R 33a.1 Abs. 3 Satz 5 EStR: 180 € / 12 x 9 =	- 135 €	
Anzusetzende Bezüge von L	2.790 €	
Unschädlicher zeitanteiliger Betrag: 624 € x $^{9}/_{12}$ =	- 468 €	
Schädlicher Betrag	2.322 €	- 2.322 €
Verbleibender Höchstbetrag		6.606 €

Der Zahlbetrag von A i. H. von insgesamt 300 € monatlich entfällt zur Hälfte auf L. Der Betrag i. H. von 150 € für den Enkel können nicht gem. § 33a Abs. 1 EStG berücksichtigt werden, da für den Enkel ein Anspruch auf den Freibetrag oder Kindergeld besteht.

Auf L entfallen: 150 € x 9 Monate = 1.350 €

A kann diesen Betrag als Unterhaltsleistungen gem. § 33a Abs. 1 EStG berücksichtigen.

Ausbildungsfreibetrag gem. § 33a Abs. 2 EStG

Da im Jahr 2024 keine Berufsausbildung mehr vorliegt, kommt der Ausbildungsfreibetrag nicht in Betracht.

Hinterbliebenen-Pauschbetrag gem. § 33b EStG

L und E haben Anspruch auf den Hinterbliebenen-Pauschbetrag gem. § 33b Abs. 4 EStG, da ihnen laufende Hinterbliebenenbezüge aus der gesetzlichen Unfallversicherung bewilligt wurden. Beide können den Hinterbliebenen-Pauschbetrag aufgrund fehlender bzw. zu geringer steuerpflichtiger Einkünfte nicht selbst in Anspruch nehmen. Gemäß § 33b Abs. 5 EStG kann der Hinterbliebenen-Pauschbetrag von L auf A übertragen werden = 370 €. Der Hinterbliebenen-Pauschbetrag von E kann auf L übertragen werden, da E bei seiner Mutter berücksichtigt wird. Eine Weiterübertragung auf A ist aber nicht möglich, da der Großvater keinen Kinderfreibetrag erhält.

FALL 104

Außergewöhnliche Belastungen

Sachverhalt: Anton, 65 Jahre alt, lebt seit Jahren mit seiner Freundin, der verwitweten Berta, 55 Jahre alt, in eheähnlicher Gemeinschaft in Neustadt.

Anton ist körperbehindert mit einem Grad der Behinderung i. H. von 70. In seinem Schwerbeschädigtenausweis ist das Merkzeichen „G" eingetragen.

Anton beschäftigt eine Haushaltshilfe für monatlich 150 €. Er ist Gesellschafter und Geschäftsführer einer GmbH und hat einen Pkw, den er u. a. für Privatfahrten (3.000 km) benutzt.

Berta erhält lediglich Hinterbliebenenbezüge nach beamtenrechtlichen Vorschriften i. H. von 12.000 € brutto.

Berta hat ein eheliches Kind, Dora, 24 Jahre alt, wohnhaft in Münster. Infolge von Kinderlähmung ist Dora körperbehindert mit einem Grad der Behinderung i. H. von 30. Die Nachweise der Behinderung i. S. des § 65 Abs. 1 Nr. 2 EStDV liegen dem Finanzamt vor. Sie studierte bis August 2024 in Münster (Erststudium). Für ihren Lebensunterhalt überweist Berta ihr monatlich 200 € bis zum Ende des Studiums im August 2024. Dora erhält bis August 2024 Waisengeld nach beamtenrechtlichen Vorschriften i. H. von 275 € und als Ausbildungshilfe einen Zuschuss aus öffentlichen Mitteln i. H. von 40 € monatlich. Ab dem 1.9.2024 ist sie arbeitslos und übernimmt Gelegenheitsarbeiten, für die sie im Dezember 2024 einmalig 1.000 € erhalten hat.

Gudrun, 19 Jahre alt, ist ein gemeinsames Kind von Anton und Berta. Sie besucht das Gymnasium in Neustadt und lebt im Haushalt ihrer Eltern. Aufgrund starker Beschwerden, verursacht durch eine Pollenallergie, war Gudrun während der Sommerferien zusammen mit ihren Eltern an der Nordseeküste. Der Amtsarzt hatte vor Antritt der Reise diese Klimakur für erforderlich gehalten. Die Kosten für Gudrun betrugen insgesamt 3.000 € und wurden von Anton getragen. Davon entfallen 2.000 € auf ärztliche Leistungen und ärztlich verordnete Anwendungen.

AUFGABE

Ermitteln Sie die abzugsfähigen Beträge i. S. der §§ 33 ff. EStG für den Veranlagungszeitraum 2024. Der Gesamtbetrag der Einkünfte von Anton beträgt 60.000 € und von Berta 8.780 €.

LÖSUNG

Anton und Berta sind gem. § 25 EStG einzeln zu veranlagen, da sie nicht die Voraussetzungen des § 26 Abs. 1 EStG erfüllen.

Dora ist ein leibliches Kind und mit Berta im ersten Grad verwandt (§ 32 Abs. 1 Nr. 1 EStG). Sie wird bei Berta gem. § 32 Abs. 4 Satz 1 Nr. 2 Buchst. a EStG berücksichtigt, da sie im Veranlagungszeitraum 2024, allerdings nur bis August 2024, für einen Beruf ausgebildet wird (Erststudium). Zunächst erhält Berta Kindergeld bis August 2024 (monatlich 250 €, bei der Veranlagung alternativ einen Kinderfreibetrag i. H. von (6.384 € x $^{8}/_{12}$ =) 4.256 € und einen Betreuungsfreibetrag i. H. von (2.928 € x $^{8}/_{12}$ =) 1.952 € (§ 32 Abs. 6 Satz 1 und § 31 EStG) gem. § 32 Abs. 6 Satz 3 Nr. 1 EStG, da der andere Elternteil verstorben ist (§ 32 Abs. 6 Satz 3 Nr. 1 EStG).

Gudrun ist als leibliches Kind mit Anton und Berta im ersten Grad verwandt (§ 32 Abs. 1 Nr. 1 EStG) und gem. § 32 Abs. 4 Satz 1 Nr. 2 Buchst. a EStG zu berücksichtigen. Es ist monatliches Kindergeld i. H. von 250 € gem. § 66 Abs. 1 EStG, alternativ der Kinderfreibetrag i. H. von jeweils 3.192 € und der Betreuungsfreibetrag i. H. von 1.464 € zu gewähren.

Für die Kinder, für die der alleinstehende Steuerpflichtige einen Kinderfreibetrag bzw. Kindergeld erhält, ist § 24b EStG zu prüfen. Gemäß § 24b Abs. 3 EStG bilden Anton und Berta aber eine Haushaltsgemeinschaft und sind damit nicht alleinstehend.

Außergewöhnliche Belastungen bei der Veranlagung von Berta

Berta steht der Ausbildungsfreibetrag gem. § 33a Abs. 2 EStG zu. Dora ist auswärtig untergebracht und hat das 18. Lebensjahr vollendet.

Höchstbetrag = 1.200 €, davon anteilig $^{8}/_{12}$ gem. § 33a Abs. 3 EStG = 800 €

Der Körperbehinderten-Pauschbetrag gem. § 33b Abs. 3 EStG mit einem Grad der Behinderung i. H. von 30 = 620 € für Dora kann gem. § 33b Abs. 5 EStG auf Berta übertragen werden, da ihn Dora aufgrund der geringen eigenen Einkünfte nicht ausnutzen kann.

Das Gleiche gilt für den Hinterbliebenen-Pauschbetrag gem. § 33b Abs. 4 EStG i. H. von 370 €. Dora bezieht Hinterbliebenenbezüge nach beamtenrechtlichen Vorschriften. Gemäß § 33b Abs. 5 EStG kann der Hinterbliebenen-Pauschbetrag auf Berta übertragen werden.

Außerdem steht Berta der Hinterbliebenen-Pauschbetrag gem. § 33b Abs. 4 EStG i. H. von 370 € selbst zu.

Außergewöhnliche Belastungen bei der Veranlagung von Anton

Die Kurkosten für Gudrun sind gem. § 33 EStG zu berücksichtigen. Voraussetzung dafür ist, dass die Kur gem. § 64 Abs. 1 Nr. 2 Satz 1 Buchst. a EStDV nachgewiesen ist. Der Nachweis muss vor Beginn der Kur ausgestellt worden sein (§ 64 Abs. 1 Nr. 2 Satz 2 EStDV). Berücksichtigungsfähig sind die Kosten für ärztliche Leistungen und Anwendungen i. H. von 2.000 €.

Gemäß § 33 Abs. 2a EStG sind auch die Pkw-Kosten für Privatfahrten zu berücksichtigen, da Anton zu 70 % körperbehindert und außerdem gehbehindert ist (Merkzeichen „G").

Kurkosten		2.000 €
Fahrtkostenpauschale gem. § 33 Abs. 2a Satz 3 EStG		+ 900 €
Summe der außergewöhnlichen Belastungen gem. § 33 EStG		2.900 €
Zumutbare Belastung:		
Stufe 1: 15.340 € x 2 % =	306 €	
Stufe 2: 51.130 € - 15.340 € = 35.790 € x 3 % =	+ 1.074 €	
Stufe 3: 60.000 € - 51.130 € = 8.870 € x 4 % =	+ 354 €	
Zumutbare Belastung insgesamt	1.734 €	- 1.734 €
Verbleiben gem. § 33 EStG		1.166 €
Anton erhält gem. § 33b EStG einen Körperbehinderten-Pauschbetrag für 70 % Erwerbsminderung.		1.780 €

Anton kann für die haushaltsnahen Dienstleistungen die Steuerermäßigung gem. § 35a Abs. 1 EStG i. H. von 20 % von 1.800 € = 360 € in Anspruch nehmen, falls eine geringfügige Beschäftigung i. S. des § 8a SGB IV vorliegt. Wenn Anton nicht am Haushaltsscheckverfahren teilnimmt (siehe BMF, Schreiben v. 9.11.2016, BStBl 2016 I S. 1213, Rz. 6), können die Aufwendungen für die Haushaltshilfe gem. § 35a Abs. 2 EStG berücksichtigt werden.

FALL 105

Unterstützungsleistungen ins Ausland unter Beachtung der Opfergrenze

Sachverhalt: Ein unbeschränkt einkommensteuerpflichtiger ausländischer Arbeitnehmer unterstützt seine im Heimatland Türkei (Ländergruppe 3, BMF, Schreiben v. 18.12.2023, BStBl 2023 I S. 2236) in einem gemeinsamen Haushalt lebenden Angehörigen, und zwar seine Ehefrau, sein minderjähriges Kind (Kindergeld wird gewährt) und seine Schwiegereltern. Der Steuerpflichtige selbst bildet keine Haushaltsgemeinschaft mit den unterhaltenen Personen. Er hatte im Kalenderjahr 2024 Aufwendungen für den Unterhalt i. H. von 8.400 €. Die Unterhaltsbedürftigkeit der Ehefrau und der Schwiegereltern ist nachgewiesen. Alle Personen haben keine Bezüge. Der Steuerpflichtige hat Einnahmen (Bruttoarbeitslohn, Steuererstattungen und Kindergeld) i. H. von 27.998 €. Die Abzüge von Lohn- und Kirchensteuer betragen 4.196 €. Die Arbeitnehmerbeiträge zur Sozialversicherung belaufen sich auf 5.852 €. An Werbungskosten sind ihm 4.250 € entstanden.

AUFGABE

Ermitteln Sie die Höhe der abzugsfähigen Beträge im Veranlagungszeitraum 2024.

LÖSUNG

1. Die Aufwendungen für den Unterhalt sind nach Köpfen auf alle unterstützten Personen aufzuteilen (BMF, Schreiben v. 6.4.2022, BStBl 2022 I S. 617, Rz. 22). Hiernach entfallen auf jede unterstützte Person 2.100 € (= 8.400 € / 4).
2. Das minderjährige Kind, für das Kindergeld gewährt wird, gehört nicht zu den begünstigten Unterhaltsempfängern (BMF, Schreiben v. 6.4.2022, BStBl 2022 I S. 617, Rz. 2, und § 33a Abs. 1 Satz 4 EStG). Insoweit kommt ein Abzug nicht in Betracht.
3. Für die Unterhaltsleistungen an die Ehefrau (2.100 €) gilt die Opfergrenzenregelung nicht.
4. Für die Unterhaltsleistungen an die Schwiegereltern (4.200 €) kann eine Begrenzung durch die Opfergrenze in Betracht kommen, da zwischen dem Steuerpflichtigen und den unterhaltenen Personen keine Haushaltsgemeinschaft besteht.

4.1	**Berechnung des Nettoeinkommens:** Verfügbare Einnahmen	
	(Bruttoarbeitslohn, Steuererstattungen und Kindergeld)	27.998 €
	Abzüge für Lohn- und Kirchensteuer	- 4.196 €
	Arbeitnehmerbeiträge zur Sozialversicherung	- 5.852 €
	Werbungskosten	- 4.250 €
	Verfügbares Nettoeinkommen für die Ermittlung der Opfergrenze	13.700 €
4.2	**Berechnung der Opfergrenze:**	
	1 % je volle 500 € des Nettoeinkommens (13.700 € / 500 € = 27,4) abgerundet	27 %
	abzgl. je 5 %-Punkte für Ehefrau und Kind	- 10 %
	Maßgebender Prozentsatz für die Berechnung der Opfergrenze	17 %
	Die Opfergrenze liegt somit bei 17 % von 13.700 € =	2.329 €
5.	**Berechnung der Abzugsbeträge**	
5.1	Aufwendungen für den Unterhalt an die Ehefrau:	
	Nachgewiesene Zahlungen (Nr. 3)	2.100 €
5.2	Aufwendungen für den Unterhalt an die Schwiegereltern:	
	Nachgewiesene Zahlungen (Nr. 4): 4.200 €, davon höchstens zu berücksichtigen (Opfergrenze, Nr. 4.2)	+ 2.329 €
	Summe der zu berücksichtigenden Unterhaltsaufwendungen	4.429 €
6.	Unterhaltshöchstbetrag gem. § 33a Abs. 1 EStG unter Berücksichtigung der Ländergruppeneinteilung (§ 33a Abs. 1 Satz 6 EStG; BMF, Schreiben v. 18.12.2023, BStBl 2023 I S. 2236):	
	11.604 € x $^1/_2$ (Türkei = Ländergruppe 3) =	5.802 €
7.	Die abzugsfähigen Unterhaltsaufwendungen betragen	4.429 €

Kapitel 8: Gewinnermittlung

Vorbemerkungen

Bei den Gewinneinkünften des § 2 Abs. 1 Satz 1 Nr. 1–3 EStG gibt es fünf Gewinnermittlungsarten:

- Die Gewinnermittlung durch Betriebsvermögensvergleich (Bestandsvergleich) gem. § 4 Abs. 1 EStG,
- die Gewinnermittlung durch Betriebsvermögensvergleich (Bestandsvergleich) gem. § 5 EStG,
- die Gewinnermittlung durch EÜR gem. § 4 Abs. 3 EStG und
- die pauschalierende Gewinnermittlung nach Durchschnittssätzen gem. § 13a EStG, die ausschließlich von Land- und Forstwirten unter bestimmten Voraussetzungen in Anspruch genommen werden kann;
- außerdem gibt es für deutsche Reeder eine weitere pauschalierte Form der Gewinnermittlung (Gewinnermittlung bei Handelsschiffen im internationalen Verkehr gem. § 5a EStG; sog. „Tonnagebesteuerung").

Die gem. § 162 AO mögliche Schätzung des Gewinns ist keine besondere Gewinnermittlungsart.

Die Änderung der Gewinnermittlungsart kann freiwillig erfolgen oder aufgrund einer rechtlichen Verpflichtung geboten sein, z. B., wenn ein Einnahmenüberschussrechner buchführungspflichtig wird.

8.1 Gewinnermittlung durch Betriebsvermögensvergleich

Die Gewinnermittlung durch Betriebsvermögensvergleich ist vorgesehen für buchführungspflichtige Land- und Forstwirte und Gewerbetreibende sowie für alle Bezieher von Gewinneinkünften, die freiwillig Bücher führen und regelmäßig Abschlüsse machen.

„Gewinn" ist hierbei der Unterschiedsbetrag zwischen dem Betriebsvermögen am Schluss des Wirtschaftsjahres und dem Betriebsvermögen am Schluss des vorangegangenen Wirtschaftsjahres, vermehrt um den Wert der Entnahmen und vermindert um den Wert der Einlagen (§ 4 Abs. 1 Satz 1 EStG). Das Endvermögen (Betriebsvermögen am Schluss des Wirtschaftsjahres) kann dadurch beeinflusst sein, dass der Steuerpflichtige dem Betrieb Vermögen entzogen oder ihm solches Vermögen zugeführt hat. Da eine derartige Vermögensänderung nicht durch den Betrieb verursacht ist, muss sie durch Hinzurechnung einer Entnahme oder den Abzug einer Einlage ausgeglichen werden. Der durch Betriebsvermögensvergleich zu ermittelnde Gewinn lässt sich demnach aus folgender Formel herleiten:

	Betriebsvermögen am Schluss des Wirtschaftsjahres
-	Betriebsvermögen am Schluss des vorangegangenen Wirtschaftsjahres
=	Betriebsvermögensmehrung bzw. -minderung
+	Entnahmen
-	Einlagen
=	Gewinn bzw. Verlust

8.2 Gewinnermittlung durch EÜR

Besteht keine Buchführungspflicht, kann der Gewinn durch EÜR, d. h. durch Gegenüberstellung der Betriebseinnahmen und Betriebsausgaben ermittelt werden (§ 4 Abs. 3 EStG).

Diese Gewinnermittlungsart kommt

- vor allem für die (generell nicht buchführungspflichtigen) Selbständigen i. S. des § 18 EStG, wenn sie nicht freiwillig Bücher führen, sowie
- für Land- und Forstwirte und Gewerbetreibende, wenn sie nicht zur Buchführung verpflichtet sind und dies auch nicht freiwillig tun,

in Betracht.

Die EÜR gem. § 4 Abs. 3 EStG ist im Grundsatz eine reine Geldrechnung, eine buchungstechnisch einfache Ist-Rechnung gem. dem Zu- und Abflussprinzip des § 11 EStG. Es sind jedoch viele Ausnahmen zu beachten. So sind z. B. die Vorschriften über die Bewertungsfreiheit für geringwertige Wirtschaftsgüter (§ 6 Abs. 2 EStG), die Bildung eines Sammelpostens (§ 6 Abs. 2a EStG) und über die AfA oder AfS zu befolgen (§ 4 Abs. 3 Satz 3 EStG). Die Anschaffungs- oder Herstellungskosten für nicht abnutzbare Wirtschaftsgüter des Anlagevermögens, für Anteile an Kapitalgesellschaften, für Wertpapiere und vergleichbare nicht verbriefte Forderungen und Rechte, für Grund und Boden sowie Gebäude des Umlaufvermögens sind erst zum Zeitpunkt des Zuflusses des Veräußerungserlöses oder bei Entnahme zum Zeitpunkt der Entnahme als Betriebsausgaben zu berücksichtigen (§ 4 Abs. 3 Satz 4 EStG).

Der durch eine EÜR zu ermittelnde Gewinn kann nach folgender Formel errechnet werden:

	Betriebseinnahmen
-	Betriebsausgaben
=	Gewinn bzw. Verlust

Der Begriff der Betriebseinnahmen ist gesetzlich nicht definiert. Die Rechtsprechung hat sich deshalb an die Begriffsbestimmung des § 8 Abs. 1 EStG angelehnt, der seinem Wortlaut nach lediglich für die Einkunftsarten des § 2 Abs. 1 Satz 1 Nr. 4–7 EStG von Bedeutung ist; sie hat als Betriebseinnahmen alle Zugänge in Geld oder Geldeswert bezeichnet, die durch den Betrieb veranlasst sind (BFH, Urteile v. 16.12.2014 - X R 29/13, BFH/NV 2015 S. 790, RAAAE-88364, v. 27.5.1998 - X R 92/95, BFH/NV 1998 S. 1476, RAAAA-97393, und v. 29.9.2020 - VIII R 14/17, BStBl 2021 II S. 431, Rz. 21). Diese Begriffsbestimmung ist auch im Rahmen der Gewinnermittlung durch Betriebsvermögensvergleich von Bedeutung (BFH, Urteil v. 13.12.1973 - I R 136/72, BStBl 1974 II S. 210). Unter Betriebsausgaben sind die Ausgaben zu verstehen, die durch den Betrieb veranlasst sind (§ 4 Abs. 4 EStG).

Die Gewinnermittlung gem. § 4 Abs. 3 EStG soll im Ganzen und auf Dauer gesehen denselben Gesamtgewinn wie der Betriebsvermögensvergleich ergeben, d. h., der Totalgewinn (das ist der in der Zeit von Betriebseröffnung bis zur Betriebsveräußerung bzw. Betriebsaufgabe erzielte Gewinn) muss bei beiden Gewinnermittlungsarten übereinstimmen (BFH, Urteil v. 2.9.1971 - IV 342/65, BStBl 1972 II S. 334). Im Verhältnis zur Gewinnermittlung gem. § 4 Abs. 1 EStG führt die EÜR zu periodischen Verschiebungen. Sie zielt aber darauf ab, den gleichen Gesamtgewinn (Gewinn von der Eröffnung bis zur Veräußerung oder Aufgabe des Betriebs) zu erfassen wie die Gewinnermittlung durch Bestandsvergleich gem. § 4 Abs. 1 EStG (Grundsatz der „Gesamtgewinngleichheit“).

Der Steuerpflichtige kann von der Gewinnermittlung gem. § 4 Abs. 3 EStG zur Gewinnermittlung durch Betriebsvermögensvergleich übergehen. Ein solcher Übergang erfordert bestimmte Gewinnkorrekturen, damit im Ganzen und auf Dauer gesehen die EÜR den gleichen Gesamtgewinn wie der Betriebsvermögensvergleich ergibt (BFH, Urteil v. 22.6.2010 - VIII R 3/08, BStBl 2010 II S. 1035, Rz. 24; R 4.6 Abs. 1 EStR). Ein Übergang zur Gewinnermittlung durch Bestandsvergleich ist zwingend erforderlich bei einer Betriebsveräußerung oder Betriebsaufgabe (BFH, Beschluss v. 23.8.1991 - IV B 69/90, BFH/NV 1992 S. 512, XAAAB-32321; R 4.5 Abs. 6 EStR). Bei Veräußerung oder Aufgabe eines Betriebs sind die Gewinnkorrekturen, da sie die Ermittlung des Betriebsergebnisses während des Bestehens des Betriebs betreffen, beim laufenden Gewinn und nicht beim Veräußerungsgewinn zu berücksichtigen (BFH, Urteil v. 23.11.1961 - IV 98/60 S, BStBl 1962 III S. 199).

Wird der Gewinn gem. § 4 Abs. 3 EStG ermittelt, ist die EÜR nach amtlich vorgeschriebenem Datensatz durch Datenfernübertragung zu ermitteln (§ 60 Abs. 4 Satz 1 EStDV). Auf Antrag kann die Finanzbehörde zur Vermeidung unbilliger Härten auf eine elektronische Gewinnermittlung verzichten; in diesem Fall ist der Steuererklärung eine Gewinnermittlung nach amtlich vorgeschriebenem Vordruck beizufügen (§ 60 Abs. 4 Satz 2 EStDV). § 60 Abs. 4 EStDV stellt eine wirksame Rechtsgrundlage für die Pflicht zur Abgabe der Anlage EÜR dar (BFH, Urteil v. 16.11.2011 - X R 18/09, BStBl 2012 II S. 129).

Die Gewinnermittlungsmethoden gem. § 4 Abs. 1 EStG ggf. i. V. mit § 5 und § 4 Abs. 3 EStG sind zwar gleichwertig, dies jedoch mit der Maßgabe, dass der Bestandsvergleich gem. § 4 Abs. 1 EStG die „Grundform“ der Gewinnermittlung ist (BFH, Urteile v. 19.3.2009 - IV R 57/07, BStBl 2009 II S. 659, und v. 20.12.2012 - III R 33/12, BStBl 2013 II S. 1035).

FALL 106

Totalschaden eines privaten Pkws bei einer betrieblich veranlassten Fahrt

Sachverhalt: A ist als Zahnarzt selbständig tätig. Ende Juni 2023 erlitt er auf einer beruflich veranlassten Fahrt mit seinem „Zweitwagen“ einen selbst verschuldeten Verkehrsunfall, der zur Totalbeschädigung des verwendeten Pkws führte. Der Wagen gehört zum Privatvermögen von A, wird jedoch auch gelegentlich für betriebliche Fahrten genutzt. A hat den Pkw Anfang Juli 2018 als fabrikneues Fahrzeug für 32.000 € angeschafft. Der Wiederbeschaffungswert des Fahrzeugs vor dem Unfall beträgt 14.000 €, der Schrottwert nach dem Unfall 500 €. Der Pkw weist eine Laufleistung zwischen 8.000 km und 10.000 km im Jahr auf.

AUFGABE

Kann A – ggf. in welchem Umfang – die durch die Totalbeschädigung des privaten Pkws eingetretene Vermögenseinbuße als Betriebsausgabe abziehen?

LÖSUNG

Wird ein im Privatvermögen gehaltenes Kfz eines selbständig Tätigen bei einer beruflich veranlassten Fahrt infolge eines Unfalls beschädigt und nicht repariert, so ist die Vermögenseinbuße im Wege der AfaA gem. § 7 Abs. 1 Satz 7 EStG gewinnmindernd zu berücksichtigen. Die Höhe der AfaA richtet sich nach Ansicht des BFH nicht nach der Differenz der Zeitwerte vor und nach dem Unfall, sondern nach den Anschaffungskosten abzgl. der normalen AfA, die der Steuerpflichtige hätte in Anspruch nehmen können, wenn er das Kfz im Betriebsvermögen gehalten hätte (BFH, Urteile v. 24.11.1994 - IV R 25/94, BStBl 1995 II S. 318, und v. 21.8.2012 - VIII R 33/09, BStBl 2013 II S. 171). Für ein bereits gem. § 7 Abs. 1 Satz 1 EStG abgeschriebenes Kfz kommt danach eine AfaA nicht mehr in Betracht (BFH, Urteil v. 21.8.2012 - VIII R 33/09, BStBl 2013 II S. 171). Zu beachten ist, dass der BFH zur Berechnung der normalen AfA als Nutzungsdauer bei einem Pkw mit einer Jahresfahrleistung i. H. von bis zu 15.000 km einen Zeitraum von acht Jahren zugrunde legt (BFH, Urteile v. 26.7.1991 - VI R 82/89, BStBl 1992 II S. 1000, und v. 11.12.1992 - VI R 12/92, BFH/NV 1993 S. 362, MAAAB-33421; BFH, Beschluss v. 2.10.2001 - VI B 111/01, BFH/NV 2002 S. 190, MAAAA-67208). Dies bedeutet: Erst wenn der Unfallwagen bei einer solchen Jahresfahrleistung älter ist als acht Jahre, ist der Abzug einer AfaA nicht mehr möglich. Wendet man diese Rechtsgrundsätze hier an, so errechnet sich die als Betriebsausgabe abzuziehende AfA bzw. AfaA wie folgt:

Anschaffungskosten Pkw	32.000 €
Normale AfA bei einer Nutzungsdauer i. H. von acht Jahren:	
$^{1}/_{8}$ von 32.000 € = 4.000 €	
Im Jahr 2018: Hiervon $^{1}/_{2}$ für die Monate Juli–Dezember 2018	- 2.000 €
In den Jahren 2019–2022: 4 x ($^{1}/_{8}$ von 32.000 € =) 4.000 € =	- 16.000 €
Im Jahr 2023: $^{1}/_{8}$ von 32.000 € = 4.000 €	
hiervon $^{1}/_{2}$ für die Monate Januar–Juni 2023	- 2.000 €
Fiktiver Restbuchwert vor dem Unfall	12.000 €
Zeitwert (Schrotterlös) nach dem Unfall	- 500 €
AfaA	11.500 €

HINWEIS

Erleidet ein nichtselbständig tätiger Steuerpflichtiger mit seinem privaten Pkw auf einer Fahrt zwischen Wohnung und Arbeitsstätte einen Unfall und veräußert er das Unfallfahrzeug in nicht repariertem Zustand, bemisst sich der als Werbungskosten abziehbare Betrag nach der Differenz zwischen dem rechnerisch ermittelten fiktiven Buchwert vor dem Unfall und dem Veräußerungserlös (BFH, Urteil v. 21.8.2012 - VIII R 33/09, BStBl 2013 II S. 171).

FALL 107

Überführung eines Wirtschaftsgutes aus dem gewerblichen in das landwirtschaftliche Betriebsvermögen

Sachverhalt: A bezieht als Inhaber einer Gärtnerei gewerbliche Einkünfte, die durch Betriebsvermögensvergleich ermittelt werden. Zugleich ist A Inhaber eines buchführenden land- und forstwirtschaftlichen Betriebs.

Zum 30.6.01 überführt A eine Lagerhalle mit dem dazugehörenden Grund und Boden aus seinem gewerblichen Betriebsvermögen in das Betriebsvermögen seines landwirtschaftlichen Betriebs. Der Buchwert der Wirtschaftsgüter (Grund und Boden und Gebäude) beträgt zum Zeitpunkt der Überführung in das Betriebsvermögen des land- und forstwirtschaftlichen Betriebs 40.000 € und ihr Teilwert 100.000 €. Die Bilanzierung beim landwirtschaftlichen Betrieb erfolgt zum Buchwert.

AUFGABE

Bewirkt die Überführung der Wirtschaftsgüter aus dem gewerblichen in das landwirtschaftliche Betriebsvermögen eine Gewinnrealisierung?

LÖSUNG

Der Gesetzgeber hat in § 6 Abs. 5 Satz 1 EStG angeordnet, dass bei der Überführung eines einzelnen Wirtschaftsguts von einem Betriebsvermögen in ein anderes Betriebsvermögen desselben Steuerpflichtigen der Buchwert anzusetzen ist, es sei denn, die Besteuerung der stillen Reserven ist z. B. aufgrund der Überführung des Wirtschaftsguts in eine ausländische Betriebsstätte nicht gesichert. Diese Voraussetzung (Sicherung der stillen Reserven) ist jedoch erfüllt, wenn ein Wirtschaftsgut aus einem gewerblichen in ein landwirtschaftliches Betriebsvermögen übertragen wird. Dass die stillen Reserven nicht mehr der Gewerbesteuer unterliegen, spielt für diese Betrachtung keine Rolle. Die Buchwertübertragung ist zulässig und zwingend, zu einer Gewinnrealisierung kommt es nicht.

FALL 107A

Übertragung von Wirtschaftsgütern zwischen beteiligungsidentischen Personengesellschaften

Sachverhalt: Einziger Kommanditist sowohl der X-GmbH & Co. KG (KG 1) als auch der Y-GmbH & Co. KG (KG 2) ist A. Zum Gesellschaftsvermögen (= steuerliches Gesamthandsvermögen) der KG 1 gehört seit zehn Jahren ein unbebautes Grundstück, das einen Buchwert i. H. von 100.000 € und einen Teilwert i. H. von 120.000 € hat. Die KG 1 will im Jahr 2024 das Grundstück erfolgsneutral zum Buchwert in das steuerliche Gesamthandsvermögen der KG 2 übertragen.

AUFGABE

Ist die Buchwertübertragung zulässig?

LÖSUNG

Ob eine steuerneutrale Übertragung von Wirtschaftsgütern gem. § 6 Abs. 5 Satz 3 EStG auf beteiligungsidentische Personengesellschaften (Schwesterpersonengesellschaften) zulässig ist, war lange umstritten. Der I. Senat des BFH hat – im Jahr 2013 – eine Entscheidung des BVerfG darüber eingeholt, ob § 6 Abs. 5 Satz 3 EStG insoweit gegen den allgemeinen Gleichheitssatz des Art. 3 Abs. 1 GG verstößt, als hiernach eine Übertragung von Wirtschaftsgütern zwischen beteiligungsidentischen Personengesellschaften nicht zum Buchwert möglich ist (BFH, Beschluss v. 10.4.2013 - I R 80/12, BStBl 2013 II S. 1004).

Das BVerfG teilt die Ansicht des I. BFH-Senats und hat entschieden, dass § 6 Abs. 5 Satz 3 EStG gegen den allgemeinen Gleichheitssatz verstößt, weil danach Wirtschaftsgüter zwischen **beteiligungsidentischen** Personengesellschaften nicht zum Buchwert übertragen werden können (BVerfG, Beschluss v. 28.11.2023 - 2 BvL 8/13, HFR 2024 S. 261, SAAAJ-56714). Der Gesetzgeber muss nun rückwirkend für Übertragungsvorgänge ab dem Jahr 2001 nachbessern. Die bisherige Regelung des § 6 Abs. 5 Satz 3 EStG bleibt bis zum Inkrafttreten einer Neuregelung mit der Maßgabe anwendbar, dass § 6 Abs. 5 Satz 3 EStG mit Wirkung für Übertragungsvorgänge nach dem 31.12.2000 auch gilt, soweit ein Wirtschaftsgut unentgeltlich aus dem steuerlichen Gesamthandsvermögen einer Mitunternehmerschaft in das steuerliche Gesamthandsvermögen einer beteiligungsidentischen Personengesellschaft übertragen wird. Die KG 1 kann das Grundstück somit im Jahr 2024 zum Buchwert auf die KG 2 übertragen.

HINWEIS

Weiterhin offen ist der Fall, dass in den beiden vom Transfer betroffenen Personengesellschaften keine Beteiligungsidentität besteht und damit bei Zulassung eines Buchwerttransfers partiell stille Reserven von einem Teil der Gesellschafter auf einen anderen Teil der Gesellschafter überspringen würden. Es bleibt abzuwarten, wann der Gesetzgeber auch diesen Fall in die gebotene Neuregelung aufnimmt.

FALL 108

Einlagefähigkeit von Nutzungen

Sachverhalt: A betreibt eine Steuerberaterpraxis. Er ermittelt seinen Gewinn durch Betriebsvermögensvergleich. Für das Jahr 01 beträgt der so ermittelte Gewinn 100.000 €.

Anlässlich einer Betriebsprüfung stellt der Betriebsprüfer folgende im Rahmen der Gewinnermittlung noch nicht berücksichtigte Geschäftsvorfälle fest:

1. Frau A hat ihrem Ehemann ein zinsloses Darlehen i. H. von 100.000 € zur Finanzierung der Praxisausstattung gewährt. Bei einer Bank hätte A für das Darlehen im Jahr 01 (4 % von 100.000 € =) 4.000 € Zinsen zahlen müssen.
2. Außerdem hat Frau A ihrem Ehemann einen Pkw unentgeltlich zu betrieblichen Zwecken überlassen. A hätte bei einem Autovermieter für die Anmietung des Kraftwagens im Jahr 01 einen Betrag i. H. von 2.500 € aufwenden müssen.
3. Darüber hinaus hat Frau A ihrem Ehemann zur betrieblichen Nutzung eine Garage zu einem Mietzins i. H. von 300 € jährlich vermietet; der gezahlte Mietzins liegt 25 % unter der erzielbaren Miete.
4. A nutzt einen Raum seines Einfamilienhauses als Lagerraum zur Aufbewahrung von Akten. Die mit dem Raum zusammenhängenden Aufwendungen belaufen sich im Jahr 01 auf 1.000 €. Der Raum wurde aufgrund untergeordneter Bedeutung nicht dem gewillkürten Betriebsvermögen von A zugeordnet (§ 8 EStDV).

AUFGABE

Wie wirken sich die vorstehenden Geschäftsvorfälle im Rahmen der Gewinnermittlung von A aus?

LÖSUNG

Zu 1

Betriebsvermögensmehrungen, die nicht durch den Betrieb veranlasst sind, dürfen den steuerpflichtigen Gewinn nicht erhöhen; sie müssen deshalb als Einlage bei der Gewinnermittlung wieder abgezogen werden. Der Vorteil, den A aus der Nutzung des Geldes gezogen hat, stellt keine Einlage in diesem Sinne dar. Nach dem Beschluss des Großen Senats des BFH (GrS 2/86, BStBl 1988 II S. 348) können grds. nur Wirtschaftsgüter, die in eine Bilanz aufgenommen werden können, Gegenstand einer Einlage sein. Unentgeltliche oder verbilligte Dienstleistungen, Nutzungs- oder Gebrauchsüberlassungen oder entsprechende (Nutzungs-)Rechte sind deshalb keine verdeckten Einlagen. Nutzungsvorteile sind keine selbständigen Wirtschaftsgüter; sie dürfen daher bei der Gewinnermittlung nicht erfasst werden. Ein Abzug des Zinsvorteils (als Einlage) im Rahmen der Gewinnermittlung von A kommt daher nicht in Betracht.

Zu 2

Auch im Falle der unentgeltlichen Pkw-Überlassung kann A kein fiktives Entgelt als Einlage abziehen.

Anmerkung: Der Nichteigentümer-Ehegatte Herr A kann den Betriebsausgabenabzug erlangen, wenn er mit dem Eigentümer-Ehegatten Frau A in fremdüblicher Weise einen Mietvertrag schließt (BFH, Urteil v. 15.7.2014 - X R 24/12, BStBl 2015 II S. 132, Rz. 15).

Zu 3

Dieselbe Beurteilung gilt für die teilweise entgeltlich überlassene Garage. Auch hier kommt es nicht zum Abzug einer Einlage i. H. der ersparten Mietzinsen.

Zu 4

Aufwendungen für einen Grundstücksteil, der eigenbetrieblich genutzt wird, sind einschließlich anteiliger AfA – vorbehaltlich des § 4 Abs. 5 Satz 1 Nr. 6b EStG – auch dann als Betriebsausgaben abzugsfähig, wenn der Grundstücksteil aufgrund seines untergeordneten Werts nicht als Betriebsvermögen behandelt wird (R 4.7 Abs. 2 Satz 4 EStR). Nutzt ein Steuerpflichtiger eigene, nicht zum Betriebs- sondern zum Privatvermögen gehörende Wirtschaftsgüter für betriebliche Zwecke, so mindern die mit der betrieblichen Nutzung zusammenhängenden Aufwendungen den Gewinn. Es handelt sich nämlich um Betriebsausgaben i. S. des § 4 Abs. 4 EStG. Die Abziehbarkeit dieser Aufwendungen ergibt sich also nicht erst aus der Einlageregelung des § 4 Abs. 1 EStG, sondern aus der Regelung über den Betriebsausgabenabzug in § 4 Abs. 4 EStG. A kann daher die anteiligen Kosten für den Lagerraum i. H. von 1.000 € als Betriebsausgaben abziehen (Buchungssatz: Aufwand 1.000 € an Einlagen 1.000 €).

FALL 109

Bauten auf einem Ehegattengrundstück

Sachverhalt: Der voll vorsteuerabzugsberechtigte A betreibt einen Möbeleinzelhandel. Seinen Gewinn ermittelt er aufgrund eines Jahresabschlusses. Er und seine Ehefrau B haben Anfang des Jahres 2020 je zur ideellen Hälfte – jeder mit eigenen Mitteln – ein unbebautes Grundstück für 100.000 € erworben. Auf diesem Grundstück errichtete A im Jahr 2023 auf eigene Rechnung und Gefahr mit Einverständnis seiner Ehefrau B eine Lagerhalle für 150.000 € zzgl. 19 % Umsatzsteuer für betriebliche Zwecke, die Anfang des Jahres 2024 fertiggestellt worden ist. Der Bauantrag und die Baugenehmigung lauten auf A. Auch alle anderen Verträge einschließlich des zur Finanzierung erforderlichen Darlehensvertrags hat A abgeschlossen. Zwischen den Ehegatten besteht Einverständnis darüber, dass A das Gebäude unentgeltlich nutzen darf und dass in der Übernahme der Baukosten, soweit sie den Miteigentumsanteil von B betreffen, keine Schenkung von A an B zu sehen ist.

AUFGABEN

1. Wie sind die von A aufgewendeten Herstellungskosten für die Lagerhalle bei diesem bilanzsteuerrechtlich zu behandeln und wie hoch ist die als Betriebsausgabe abzugsfähige AfA?
2. Mit welchem Wert ist der Grund und Boden aktivierungspflichtig?
3. Welche Steuerfolgen ergeben sich, wenn die betriebliche Nutzung der Lagerhalle beendet wird, z. B. durch Betriebsaufgabe?

LÖSUNG

Zu 1

Der GrS des BFH hat aus dem objektiven Nettoprinzip abgeleitet, dass derjenige, der ein Gebäude errichtet, um es zur Erzielung von Einkünften zu nutzen, die entstandenen Aufwendungen einkünftemindernd abziehen können muss (BFH, Urteil v. 30.1.1995 - GrS 4/92, BStBl 1995 II

S. 281). Nach einem weiteren Beschluss des GrS steht dem Abzug auch nicht entgegen, dass das Gebäude auf einem Grundstück des Ehegatten errichtet wird, selbst wenn sich die Schaffung von Eigentum für den Ehegatten mangels eines Ersatzanspruchs als Zuwendung qualifizieren lassen könnte (BFH, Beschluss v. 23.8.1999 - GrS 1/97, BStBl 1999 II S. 778). In weiteren Entscheidungen hat der BFH klargestellt, dass die Aufwendungen, unabhängig davon, ob der Steuerpflichtige (wirtschaftlicher oder rechtlicher) Eigentümer des Wirtschaftsguts ist, für das er Aufwendungen getragen hat, bei ihm steuerlich zu berücksichtigen sind, wenn dies im betrieblichen Interesse erfolgt ist (BFH, Urteile v. 25.2.2010 - IV R 2/07, BStBl 2010 II S. 670, v. 19.12.2012 - IV R 29/09, BStBl 2013 II S. 38, und v. 9.3.2016 - X R 46/14, BStBl 2016 II S. 976). Der BFH weist darauf hin, dass es ohne Bedeutung ist, ob derjenige, der das Gebäude errichtet, das betreffende fremde Grundstück entgeltlich oder unentgeltlich nutzt und ob er zivilrechtliche Ersatzansprüche gegenüber dem Grundstückseigentümer hat.

Steuerbilanziell muss A die Herstellungskosten, soweit sie auf seinen hälftigen Miteigentumsanteil entfallen (75.000 €), als „Gebäude" aktivieren und nach den für Gebäude maßgeblichen AfA-Regeln abschreiben (BFH, Urteil v. 10.10.2017 - X R 1/16, BStBl 2018 II S. 181, Rz. 41). Bei der Lagerhalle handelt es sich um ein sog. „Wirtschaftsgebäude", der AfA-Satz beträgt folglich 3 % (§ 7 Abs. 4 Satz 1 Nr. 1 EStG). A kann daher ab dem Jahr der Fertigstellung, d. h. ab dem Jahr 2024 insoweit eine AfA i. H. von 3 % von 75.000 € = 2.250 € jährlich als Betriebsausgaben im Rahmen seiner Gewinnermittlungen abziehen.

Soweit die vom Unternehmer-Ehegatten A getragenen Herstellungskosten auf den im zivilrechtlichen Eigentum der Ehefrau B stehenden hälftigen Gebäudeteil entfallen (75.000 €), erwirbt er insoweit **kein Wirtschaftsgut**, weil er weder rechtliches noch wirtschaftliches Eigentum erlangt. Der Unternehmer-Ehegatte A schafft mangels hinreichend gesicherten Nutzungsrechts auch kein immaterielles Wirtschaftsgut (Nutzungsrecht) an. Der Aufwand für die Baumaßnahme ist insoweit jedoch ebenfalls als Betriebsausgabe absetzbar und durch einen sog. **„Aufwandsverteilungsposten"** in der Bilanz von A abzubilden (BFH, Urteil v. 9.3.2016 - X R 46/14, BStBl 2016 II S. 976; BMF, Schreiben v. 16.12.2016, BStBl 2016 I S. 1431, Rz. 3 und 10). Die Typisierung der Aufwandsverteilung bewirkt wie erwähnt nicht, dass der Aufwandsverteilungsposten im Übrigen einem Wirtschaftsgut gleichgestellt wird; der Aufwandsverteilungsposten ist kein Wirtschaftsgut. Vorschriften, die nur für Betriebsvermögen gelten (z. B. § 6b EStG), sind deswegen nicht anwendbar. Der Aufwandsverteilungsposten ist in Anlehnung an die gesetzliche Nutzungsdauer für Gebäude des Privatvermögens gem. § 7 Abs. 4 Satz 1 Nr. 2 Buchst. a EStG mit einem AfA-Satz i. H. von 3 % abzuschreiben, was aber ebenfalls zu einer jährlichen AfA i. H. von 2.250 € führt (Fertigstellung des Gebäudes nach dem 31.12.2022).

Zu 2

Aus der Tatsache, dass A die Herstellungskosten der Lagerhalle zu 100 % zu bilanzieren hat, kann m. E. nicht hergeleitet werden, dass er auch den Grund und Boden zu 100 % zu aktivieren hat. Zweifelsfrei gehört der Grund und Boden, soweit er A gehört (d. h. in seinem zivilrechtlichen Eigentum steht) und von ihm betrieblich genutzt wird, also i. H. von 50 %, zum notwendigen Betriebsvermögen. Insoweit ist er mit den anteiligen Anschaffungskosten i. H. von 50 % von 100.000 € = 50.000 € zu aktivieren (§ 6 Abs. 1 Nr. 5 EStG). Anders verhält es sich dagegen mit dem Grund und Boden, soweit er im Miteigentum von B steht. Insoweit handelt es sich um Privatvermögen von B, das in der Bilanz von A nicht ausgewiesen werden darf (BFH, Urteil v. 10.10.2017 - X R 1/16, BStBl 2018 II S. 181, Rz. 41).

Zu 3

Problematisch ist, ob dem Unternehmer-Ehegatten, wenn wie hier kein wirtschaftliches Eigentum vorliegt, stille Reserven an dem betrieblich genutzten Gebäude zugerechnet werden können (bejahend noch BMF, Schreiben v. 5.11.1996, BStBl 1996 I S. 1257, Rz. 2; Kulosa, HFR 2003 S. 1040 und 1042; Dötsch, INF 2003 S. 802 und 803) oder ob insoweit eine Entnahme zum Buchwert in Betracht kommt. In dem Fall, in dem ein Ehegatte einen Kellerraum des im Miteigentum der Eheleute stehenden Einfamilienhauses als Lagerraum für seine Arztpraxis nutzt, vertritt der VIII. Senat des BFH die Ansicht, dass die anteilig auf diesen Raum entfallenden stillen Reserven bei der Veräußerung der Praxis den Veräußerungsgewinn nur zur Hälfte erhöhen. Das gilt auch, wenn der nutzende Ehegatte alle Kosten für diesen Raum als Betriebsausgaben abgezogen hat (BFH, Urteil v. 29.4.2008 - VIII R 98/04, BStBl 2008 II S. 749). Dieser Rechtsprechung des VIII. Senats haben sich der IV. und X. Senat des BFH angeschlossen (BFH, Urteile v. 19.12.2012 - IV R 29/09, BStBl 2013 II S. 387, und v. 9.3.2016 - X R 46/14, BStBl 2016 II S. 976). Die Aufwandsverteilung bewirkt danach nicht, dass der Aufwandsposten im Übrigen einem Wirtschaftsgut gleichgestellt wird.

Damit ist jetzt klargestellt, dass der Aufwandsverteilungsposten, der nicht einem Wirtschaftsgut gleichzustellen ist, bei Beendigung der Nutzung steuerneutral wegfällt. In diesem Posten können sich keine stillen Reserven oder Lasten verbergen, denn diese können nur einem wirtschaftlichen Eigentümer zustehen. Die vom Unternehmer-Ehegatten für die typisierte Verteilung seines eigenen Aufwands gebildete Bilanzposition kann nicht Sitz stiller Reserven sein (BFH, Urteil v. 9.3.2016 - X R 46/14, BStBl 2016 II S. 976). Vorliegend hat also der Unternehmer-Ehegatte A die in dem Gebäude ruhenden stillen Reserven nicht zu versteuern (so bereits Kanzler, FR 2010 S. 662).

Endet die Nutzung des dem Nichtunternehmer-Ehegatten gehörenden Gebäudes, entfällt der weitere Abzug des Nutzungsaufwands. Der verbleibende Aufwandsverteilungsposten ist nicht gewinnmindernd abzuschreiben, sondern erfolgsneutral auszubuchen. Da der Aufwandsverteilungsposten nicht Träger stiller Reserven sein kann, sind etwaige Wertsteigerungen nicht zu erfassen und zu besteuern (BFH, Urteile v. 19.12.2012 - IV R 29/09, BStBl 2013 II S. 387, und v. 9.3.2016 - X R 46/14, BStBl 2016 II S. 976; ebenso BMF, Schreiben v. 16.12.2016, BStBl 2016 I S. 1431, Rz. 7). Der noch vorhandene Aufwandsverteilungsposten ist dem Eigentümer-Ehegatten B nach den Regeln des Drittaufwands zuzurechnen. Damit ist sichergestellt, dass der verbleibende Betrag nicht verfällt, sondern weiterhin steuerlich nutzbar ist, wenn B mit dem Wirtschaftsgut künftig selbst Einkünfte erzielt (Wendt, BFH-PR 2013 S. 234).

HINWEIS

Auf den Aufwandsverteilungsposten können keine stillen Reserven i. S. des § 6b EStG übertragen werden. Auch die Inanspruchnahme aller anderen Steuersubventionen, die der Gesetzgeber nur für Wirtschaftsgüter des Betriebsvermögens, nicht aber für Wirtschaftsgüter des Privatvermögens vorgesehen hat, ist ausgeschlossen. Dies betrifft zum einen die meisten Sonderabschreibungen, die i. d. R. nur für Wirtschaftsgüter des Betriebsvermögens gewährt werden, und zum anderen einen Teil der Vorschriften über erhöhte Absetzungen (im früheren Recht z. B. § 7d EStG a. F.), aber auch die erhöhten Sätze der linearen AfA für Gebäude des Betriebsvermögens gem. § 7 Abs. 4 Satz 1 Nr. 1 EStG i. H. von 3 % (BFH, Urteil v. 9.3.2016 - X R 46/14, BStBl

2016 II S. 976). Letzteres ist aber obsolet, nachdem der AfA-Satz auch für Gebäude des Privatvermögens, die nach dem 31.12.2022 fertiggestellt worden sind, auf 3 % erhöht worden ist (§ 7 Abs. 4 Satz 1 Nr. 2 Buchst. a EStG).

FALL 110

Erwerb einer freiberuflichen Praxis auf Rentenbasis

Sachverhalt: A ist Steuerberater. Am 1.1.01 erwirbt er die Praxis seines Berufskollegen B. Übertragen werden folgende Wirtschaftsgüter:

Kaufpreis = Teilwert	
Praxisausstattung	200.000 €
Praxiswert	+ 200.000 €
	400.000 €

A verpflichtet sich zu folgender Gegenleistung: Zahlung einer monatlichen Rente i. H. von 4.000 €, zahlbar auf die Lebenszeit des Veräußerers.

Die Rente ist durch die Anknüpfung an den Lebenshaltungsindex gesichert. Der nach versicherungsmathematischen Grundsätzen ermittelte Rentenbarwert beträgt am

- 1.1.01 400.000 €
- 31.12.01 384.000 €
- 30.6.02 375.000 €

Die Rente erhöht sich aufgrund der Wertsicherungsklausel ab dem 1.1.02 auf monatlich 4.200 €. Der Erhöhungsbetrag der Rente hat am 1.1.02 einen Barwert i. H. von 20.000 € und am 30.6.02 i. H. von 19.600 €.

Der Veräußerer B stirbt am 30.6.02. Die Rente wurde letztmalig im Juni 02 bezahlt.

AUFGABEN

1. Wie sind die Rentenzahlungen i. H. von monatlich 4.000 € bei A steuerlich zu behandeln, wenn er seinen Gewinn
   a) durch Betriebsvermögensvergleich (§ 4 Abs. 1 EStG),
   b) durch EÜR (§ 4 Abs. 3 EStG) ermittelt?
2. Welche Steuerfolgen ergeben sich für A infolge des Eintritts der Wertsicherungsklausel, wenn er seinen Gewinn
   a) durch Betriebsvermögensvergleich (§ 4 Abs. 1 EStG),
   b) durch EÜR (§ 4 Abs. 3 EStG) ermittelt?
3. Welche Steuerfolgen hat der Wegfall der Rentenverpflichtung für A, wenn er seinen Gewinn
   a) durch Betriebsvermögensvergleich (§ 4 Abs. 1 EStG),
   b) durch EÜR ermittelt?

LÖSUNG

Zu 1

Zu a)

Erwirbt ein Steuerpflichtiger – wie vorliegend A – eine freiberufliche Praxis gegen eine Veräußerungsleibrente, ist als Anschaffungskosten für die erworbenen Wirtschaftsgüter der Betrag anzusetzen, der dem kapitalisierten Barwert der Rente entspricht. Zugleich ist der Barwert der Rentenverpflichtung zu passivieren. Da sich die Verpflichtung in der Folgezeit durch die geringer werdende Laufzeit vermindert, ist ihr Barwert zu den einzelnen Bilanzstichtagen neu zu ermitteln und jeweils mit dem geänderten Wert als Schuldposten auszuweisen. Als Betriebsausgaben abziehbare Zinszahlungen liegen nur insoweit vor, als die jährlichen Rentenzahlungen die jährliche Barwertminderung übersteigen. Nur in dieser Höhe wird der Gewinn tatsächlich gemindert. Die in den monatlichen Rentenzahlungen von A i. H. von 4.000 € enthaltenen Zinsanteile, die als Betriebsausgaben abzugsfähig sind, sind wie folgt zu ermitteln:

Ursprüngliche Rente:

Rentenbarwert zum 1.1.01	400.000 €
Rentenbarwert zum 31.12.01	- 384.000 €
Differenz = Ertrag	16.000 €
Rentenzahlungen im Jahr 01 = Aufwand: 12 x 4.000 € =	- 48.000 €
Zinsanteil im Jahr 01	- 32.000 €
Rentenbarwert zum 31.12.01	384.000 €
Rentenbarwert zum 30.6.02	- 375.000 €
Differenz = Ertrag	9.000 €
Rentenzahlungen im Jahr 02 = Aufwand: 6 x 4.000 € =	- 24.000 €
Zinsanteil im Jahr 02	- 15.000 €

Zu b)

Ein Steuerpflichtiger, der seinen Gewinn durch EÜR (§ 4 Abs. 3 EStG) ermittelt, muss seine Einnahmen und Ausgaben innerhalb desjenigen Kalenderjahrs berücksichtigen, in dem sie ihm zu- bzw. abgeflossen sind (§ 11 EStG). Der Wert des Betriebsvermögens bleibt unberücksichtigt.

Allerdings bestimmt § 4 Abs. 3 Satz 3 EStG, dass die Vorschriften über die Bewertungsfreiheit für geringwertige Wirtschaftsgüter (§ 6 Abs. 2 EStG), die Bildung eines Sammelpostens (§ 6 Abs. 2a EStG) und über die AfA oder AfS zu befolgen sind. Daraus folgt, dass auch ein Steuerpflichtiger mit Gewinnermittlung gem. § 4 Abs. 3 EStG, der – wie hier – abnutzbare Wirtschaftsgüter des Anlagevermögens (oder des Umlaufvermögens i. S. des § 4 Abs. 3 Satz 4 EStG) erwirbt, im Jahr der Anschaffung die Anschaffungskosten mit dem versicherungsmathematischen Rentenbarwert „aktivieren" muss (R 4.5 Abs. 4 Satz 1 EStR). Von den aktivierten Anschaffungskosten kann er dann die AfA vornehmen. Um zu verhindern, dass der in den Rentenzahlungen enthaltene Kaufpreis, d. h. der Tilgungsanteil der Rente, zweifach steuermindernd berücksichtigt wird, darf der Steuerpflichtige die Rentenzahlungen insoweit nicht als Betriebsausgaben absetzen. Vielmehr darf nur der in den Rentenzahlungen enthaltene Zinsanteil den Gewinn mindern.

Der Zinsanteil errechnet sich – wie bei einem bilanzierenden Steuerpflichtigen – aus der Differenz zwischen den jährlichen Rentenzahlungen und den jeweiligen Barwertminderungen.

Technisch geschieht das in der Weise, dass in einer Art „Schattenbilanz" zum Ende eines jeden Veranlagungszeitraums der jeweils neue Rentenbarwert ermittelt wird. Die durch das Älterwerden des Rentenberechtigten bedingten Minderungen des Rentenbarwerts werden als Betriebseinnahmen erfasst, die Rentenzahlungen selbst werden als Betriebsausgaben behandelt. Der Saldo beider Beträge entspricht dem Zinsanteil der Rente. Das bedeutet, dass A auch im Falle einer EÜR folgende – in der ursprünglichen Rente enthaltene – Zinsanteile als Betriebsausgaben absetzen kann:

Jahr 01: Zinsanteil ursprüngliche Rente =	32.000 €
Jahr 02: Zinsanteil ursprüngliche Rente =	15.000 €

Aus Vereinfachungsgründen lässt die Finanzverwaltung (R 4.5 Abs. 4 Satz 4 EStR) auch zu, dass die einzelnen mit der Anschaffung von abnutzbaren Anlagegütern zusammenhängenden Rentenzahlungen zunächst mit dem anteiligen (ursprünglichen) Rentenbarwert verrechnet, also erfolgsneutral behandelt und nach Erreichen dieses Barwerts in vollem Umfang als Betriebsausgaben abgesetzt werden (sog. „buchhalterische Methode"). Wenn A von dieser Möglichkeit Gebrauch macht, kann er in den Jahren 01 und 02 keine Zinsanteile als Betriebsausgaben absetzen.

Zu 2

Zu a)

Kommt es aufgrund einer Wertsicherungsklausel zu einer Erhöhung der Rentenzahlungen, so führt dies zu einer Erhöhung sowohl des Zinsanteils als auch des Stammrechtsanteils der Rente. Der Kapitalwert der Rente muss dann neu berechnet werden, wobei der Erhöhungsbetrag zweckmäßigerweise als selbständige Rente behandelt wird. Bei einem bilanzierenden Steuerpflichtigen hat die aus einer Wertsicherungsklausel resultierende Erhöhung der Rentenverpflichtung zur Folge, dass der Betrag, um den sich der Barwert der Rentenverpflichtung erhöht, im Jahr der Erhöhung gewinnmindernd passiviert wird (BFH, Urteile v. 29.11.1983 - VIII R 231/80, BStBl 1984 II S. 109, und v. 24.10.1990 - X R 64/89, BStBl 1991 II S. 358). Der Kapitalwert des Erhöhungsbetrags am 1.1.02 i. H. von 20.000 € wirkt sich demnach im Jahr 02 in vollem Umfang gewinnmindernd aus.

Mit dieser steuerlichen Behandlung wird dem Umstand Rechnung getragen, dass die Erhöhung der Rentenverpflichtung nicht zu einer Erhöhung der Anschaffungskosten und damit zu einer Erhöhung der AfA führt. Die in den erhöhten Rentenzahlungen enthaltenen Zinsanteile sind ebenfalls als Betriebsausgaben abzugsfähig. Sie errechnen sich aus der Differenz zwischen den jährlichen Barwertminderungen des Erhöhungsbetrags und dem jährlichen Erhöhungsbetrag.

Erhöhungsbetrag:

Rentenbarwert zum 1.1.02	20.000 €
Rentenbarwert zum 30.6.02	- 19.600 €
Differenz = Ertrag	400 €
Rentenzahlungen im Jahr 02 = Aufwand: 6 x 200 € =	- 1.200 €
Zinsanteil im Jahr 02	- 800 €

Zu b)

Bei einem Steuerpflichtigen mit EÜR sind Betriebsausgaben gem. § 11 Abs. 2 EStG grds. im Jahr der Zahlung zu berücksichtigen, wohingegen Veränderungen des Betriebsvermögens außer Betracht bleiben. Demzufolge ist es nach der BFH-Rechtsprechung gerechtfertigt, den Fall der Erhöhung der Rentenverpflichtung infolge einer Wertsicherungsklausel hier anders zu behandeln als bei einem Steuerpflichtigen, der seinen Gewinn durch Betriebsvermögensvergleich ermittelt (BFH, Urteil v. 23.5.1991 - IV R 48/90, BStBl 1991 II S. 796). Bei einem Steuerpflichtigen mit EÜR soll danach eine gewinnmindernde Berücksichtigung des Stammrechtsanteils des Erhöhungsbetrags zum Zeitpunkt des Eintritts der Wertsicherungsklausel unterbleiben: Die infolge der Wertsicherungsklausel erhöhten Rentenzahlungen sollen vielmehr zum Zeitpunkt der Zahlung in voller Höhe abgesetzt werden. Diese Betrachtung hat zur Folge, dass A die erhöhten Rentenzahlungen i. H. von 6 x 200 € = 1.200 € im Jahr 02 als Betriebsausgaben abziehen kann.

Zu 3

Zu a)

Infolge des Todes des Rentenberechtigten B fällt die Rentenverpflichtung weg. Der Wegfall der Verpflichtung ist ein betrieblicher Vorgang. Die Auflösung des verbliebenen Passivpostens, d. h. des am 30.6.02 verbliebenen Rentenbarwerts, und zwar sowohl des Rentenbarwerts der ursprünglich vereinbarten Rente als auch des Rentenbarwerts des Erhöhungsbetrags, stellt für A einen Ertrag dar (BFH, Urteile v. 24.10.1990 - X R 64/89, BStBl 1991 II S. 358, und v. 26.6.1996 - XI R 41/95, BStBl 1996 II S. 601). Der Gewinn des Jahres 02 ist demgemäß um folgenden Betrag zu erhöhen:

Rentenbarwert ursprüngliche Rente am 30.6.02	375.000 €
Rentenbarwert Erhöhungsbetrag am 30.6.02	+ 19.600 €
Mehrgewinn im Jahr 02	394.600 €

Zu b)

Der Wegfall einer betrieblichen Rentenverpflichtung durch Tod des Berechtigten ist auch bei der Gewinnermittlung gem. § 4 Abs. 3 EStG ein betrieblicher Vorgang und wirkt sich dementsprechend gewinnerhöhend aus. Daraus folgt, dass ein Steuerpflichtiger mit EÜR – ebenso wie der mit Betriebsvermögensvergleich – i. H. des aktuellen Rentenbarwerts, d. h. des zum Todeszeitpunkt verbliebenen Rentenbarwerts, eine Betriebseinnahme ausweisen muss (BFH, Urteil v. 31.8.1972 - IV R 93/67, BStBl 1973 II S. 51). Allerdings ist bei Wegfall der Rentenverpflichtung lediglich der (verbliebene) Rentenbarwert als Betriebseinnahme zu erfassen, der sich auf der Grundlage der ursprünglichen Rente errechnet (BFH, Urteil v. 23.5.1991 - IV R 48/90, BStBl 1991 II S. 796). Dies beruht darauf, dass bei einem Steuerpflichtigen mit EÜR im Falle des Wirksamwerdens einer Wertsicherungsklausel eine gewinnmindernde Berücksichtigung des Stammrechtsanteils der Rente zu unterbleiben hat. Der Wegfall der Rentenverpflichtung führt also nur zu einer Erhöhung des Gewinns des Jahres 02 i. H. des Rentenbarwerts der ursprünglichen Rente am 30.6.02 i. H. von 375.000 €.

A kann aber auch zunächst die (ursprünglichen) tatsächlichen Rentenzahlungen i. H. von 4.000 € monatlich gegen den Rentenbarwert i. H. von 400.000 € verrechnen (R 4.5 Abs. 4 Satz 4 EStR). Wenn er von dieser Möglichkeit Gebrauch macht, ist der am 30.6.02 vorhandene Rentenbarwert der ursprünglichen Rente, d. h. der noch nicht verrechnete Teil, gewinnerhöhend zu erfassen (R 4.5 Abs. 4 Satz 5 EStR):

Rentenbarwert ursprüngliche Rente	400.000 €
Rentenzahlungen im Jahr 01: 12 x 4.000 € =	- 48.000 €
Rentenzahlungen im Jahr 02: 6 x 4.000 € =	- 24.000 €
Gewinnerhöhung aufgrund des Wegfalls der Rentenverpflichtung	328.000 €

FALL 110A

Vererbung eines Mitunternehmeranteils bei qualifizierter Nachfolgeklausel

Sachverhalt: A ist an der X-OHG zu 60 % als Gesellschafter beteiligt. Zu seinem Sonderbetriebsvermögen gehört ein bebautes Grundstück, das einen Buchwert i. H. von 50.000 € und einen Teilwert i. H. von 100.000 € hat.

A verstirbt. Seine Erben werden seine Tochter B und sein Sohn C zu je $^{1}/_{2}$. Der Gesellschaftsvertrag der X-OHG enthält eine qualifizierte Nachfolgeklausel, wonach beim Tod von A nur C als Gesellschafter in die X-OHG eintreten kann. Der Gesellschaftsanteil von A hat einen Buchwert i. H. von 200.000 € und einen Verkehrswert i. H. von 1 Mio. €.

C findet B ab. Die Abfindung finanziert er durch ein Darlehen.

AUFGABEN

1. Muss C den Buchwert des Gesellschaftsanteils i. H. von 200.000 € fortführen?
2. Mit welchem Wert muss C das zum Sonderbetriebsvermögen von A gehörende Grundstück fortführen?
3. Welche Steuerfolgen ergeben sich für A?
4. Wie ist die Abfindung steuerlich zu behandeln?

LÖSUNG

Zu 1

Der Gesellschaftsvertrag einer OHG kann vorsehen, dass nur einer oder einige der Miterben in die Gesellschafterstellung des Erblassers nachfolgen sollen. In diesem Fall spricht man von einer qualifizierten Nachfolgeklausel. Die qualifizierte Nachfolgeklausel ist in der Praxis von Bedeutung, da sie von vornherein auch mit Bindung unter den Gesellschaftern festlegt, wer Nachfolger des durch Tod ausgeschiedenen Gesellschafters wird. Bei einer qualifizierten Nachfolgeklausel geht der gesamte Gesellschaftsanteil mit dem Erbfall automatisch im Wege der Sonderrechtsnachfolge auf den bevorzugten (qualifizierten) Miterben bzw. aufgeteilt auf einige von mehreren Miterben über (BGH, Urteil v. 10.2.1977 - II ZR 120/75, BGHZ 68 S. 225; ebenso BFH, Urteil v. 29.10.1991 - VIII R 51/84, BStBl 1992 II S. 512 und 514).

Die nicht zu Nachfolgern berufenen Erben werden nicht Gesellschafter. Sie erlangen auch keinen Abfindungsanspruch gegen die Gesellschaft selbst, sondern werden auf einen auf Erbrecht beruhenden Wertausgleichsanspruch gegen den oder die qualifizierten Gesellschafter-Nachfolger mit der Begründung verwiesen, dass zwar die Mitgliedschaft unmittelbar und in vollem Umfang auf den Gesellschafter-Nachfolger übergegangen sei, der Wert des Gesellschaftsanteils dagegen zum Nachlass gehöre. Sollte der Wert des erlangten Gesellschaftsanteils den Wert des Nachlassanteils übersteigen, der dem qualifizierten Miterben zusteht, ist der Nachfolger-Erbe den anderen Miterben gegenüber zum Ausgleich verpflichtet.

Einkommensteuerlich rückt allein der durch die Klausel begünstigte Miterbe C in die Mitunternehmerstellung des Erblassers ein. Er wird unmittelbar im Wege der Sonderrechtsnachfolge in dem Umfang Gesellschafter der X-OHG, wie es sein Vater war, also zu 60 %, obwohl er nur zu 50 % Miterbe ist. Dem steht nicht entgegen, dass der Begriff des Mitunternehmeranteils grds. vorhandenes Sonderbetriebsvermögen umfasst und dieses nur zu einem Bruchteil auf den qualifizierten Miterben übergeht (Schmidt/Wacker, EStG, 43. Aufl. 2024, § 16 Rz. 674). Die nichtqualifizierte Miterbin B wird keine Gesellschafterin und dementsprechend keine Mitunternehmerin. Der Nachfolger-Erbe C muss daher das Kapitalkonto des Erblassers A i. H. von 200.000 € hinsichtlich des Gesellschaftsanteils unverändert fortführen (§ 6 Abs. 3 Satz 1 EStG). Weder beim Erblasser A noch bei der nicht zur Gesellschafterin berufenen Miterbin B entsteht ein Gewinn. Die Anteile am laufenden Gewinn stehen dem qualifizierten Miterben C ab dem Erbfall zu.

Zu 2

Bei qualifizierter Nachfolgeklausel fällt das Sonderbetriebsvermögen des Erblassers in das ungeteilte Nachlassvermögen kraft Gesamtrechtsnachfolge (§§ 1922 und 2032 BGB). Das zum Sonderbetriebsvermögen gehörende Grundstück des Erblassers A wird zivilrechtlich Gesamthandsvermögen der Erbengemeinschaft B/C und fällt damit in das ungeteilte Nachlassvermögen. Einkommensteuerlich hat das zur Folge, dass der qualifizierte Gesellschafter-Nachfolger C den seiner Erbquote entsprechenden Anteil am Sonderbetriebsvermögen zum Buchwert i. H. von $^1/_2$ von 50.000 € = 25.000 € fortführen muss (§ 6 Abs. 3 Satz 1 EStG).

Das Sonderbetriebsvermögen geht somit nur zur Hälfte auf den qualifizierten Gesellschafter-Nachfolger C über. Dieser muss den seiner Erbquote entsprechenden Anteil an dem Sonderbetriebsvermögen als nunmehr sein eigenes Sonderbetriebsvermögen zum Buchwert gem. § 6 Abs. 3 Satz 1 EStG fortführen. In Höhe der Erbquote des weichenden Miterben B wird das Sonderbetriebsvermögen notwendiges Privatvermögen der ungeteilten Erbengemeinschaft (BMF, Schreiben v. 14.3.2006, BStBl 2006 I S. 253, Rz. 73). Das bisherige Sonderbetriebsvermögen hat nach der Rechtsprechung des BFH im Hinblick auf die qualifizierte Nachfolgeklausel seine Betriebsvermögenseigenschaft anteilig noch in der Person des Erblassers, gedanklich also vor Eintritt des Erbfalls, verloren (BFH, Urteil v. 29.10.1991 - VIII R 51/84, BStBl 1992 II S. 512; BFH, Beschluss v. 28.1.1998 - VIII B 9/97, BFH/NV 1998 S. 959, Rz. 11, CAAAB-39888). Zum Zeitpunkt des Erbfalls besteht der Mitunternehmeranteil von A nur noch aus seinem Gesellschaftsanteil (Anteil am steuerlichen Gesamthandsvermögen) und dem anteiligen Sonderbetriebsvermögen. Damit geht der Mitunternehmeranteil von A komplett einschließlich des Sonderbetriebsvermögens unentgeltlich auf C über, was zur Buchwertfortführung sowohl des Gesellschaftsanteils als auch des anteiligen Sonderbetriebsvermögens zwingt (Sorg, DStR 2002 S. 1384).

Zu 3

Wie erwähnt entsteht durch die Entnahme des hälftigen Sonderbetriebsvermögens einkommensteuerlich ein nicht begünstigter Entnahmegewinn, der nach der Rechtsprechung dem Erblasser A zuzurechnen ist, da er es war, der mit der gesellschaftsvertraglichen Regelung der qualifizierten Nachfolgeklausel den teilweisen Übergang des Sonderbetriebsvermögens in das Privatvermögen ausgelöst hat (BFH, Urteil v. 29.10.1991 - VIII R 51/84, BStBl 1992 II S. 512; BMF, Schreiben v. 14.3.2006, BStBl 2006 I S. 253, Rz. 74).

Dieser Entnahmegewinn unterliegt jedoch nicht der Gewerbesteuer (BFH, Urteil v. 15.3.2000 - VIII R 51/98, BStBl 2000 II S. 316). Nach Ansicht des BFH ist gewerbesteuerrechtlich das durch den Tod bedingte Ausscheiden eines Gesellschafters aus einer KG und des Sonderbetriebsvermögens aus dem Mitunternehmeranteil kein Geschäftsvorfall im Gewerbebetrieb der Personengesellschaft und gehört demzufolge nicht zu deren Gewerbeertrag. Stirbt also – wie vorliegend – ein Mitunternehmer einer OHG, der Sonderbetriebsvermögen hatte, und wird aufgrund einer qualifizierten Nachfolgeklausel das Sonderbetriebsvermögen zum Todeszeitpunkt entnommen, soweit die Erben nicht Mitunternehmer geworden sind, entsteht zwar einkommensteuerrechtlich ein laufender, nicht i. S. der §§ 16 und 34 EStG begünstigter Gewinn. Dieser Entnahmegewinn unterliegt aber nicht als Teil des Gewerbeertrags der Gewerbesteuer. Es handelt sich um einen partiellen Unternehmerwechsel, der gem. § 2 Abs. 5 GewStG wie ein vollständiger Unternehmerwechsel zu behandeln ist und damit eine Beendigung der sachlichen Gewerbesteuerpflicht des Mitunternehmers A zur Folge hat.

Zu 4

Die Wertausgleichsschuld des Nachfolger-Miterben C führt weder bei diesem noch beim Erblasser A zu Anschaffungskosten bzw. zu einem Veräußerungserlös bei der Miterbin B. Die Ausgleichsschuld ist auch keine Betriebsschuld, sondern eine Privatschuld. Sie gehört also nicht zum negativen Sonderbetriebsvermögen. Daraus folgt, dass die für die Ausgleichsschuld entstehenden Stundungs- oder Refinanzierungszinsen keine Sonderbetriebsausgaben von C sind (BFH, Urteil v. 27.7.1993 - VIII R 72/90, BStBl 1994 II S. 625).

FALL 110B

Unentgeltliche Übertragung eines Betriebsgrundstücks unter Nießbrauchsvorbehalt

Sachverhalt: Der 55 Jahre alte V ist Inhaber eines Bauunternehmens. In der Bilanz zum 31.12.01 ist ein Betriebsgrundstück ausgewiesen, das V bisher ausschließlich für eigenbetriebliche Zwecke genutzt hat. Der Buchwert des Grund und Bodens beträgt 80.000 € und der Buchwert des Gebäudes 240.000 €. Das Grundstück enthält stille Reserven i. H. von insgesamt 100.000 € (Grund und Boden: 20.000 €, Gebäude: 80.000 €).

Durch den notariellen Vertrag v. 2.1.02 überträgt V das Betriebsgrundstück unentgeltlich auf seinen Sohn S. Dabei wird zugunsten von V und dessen Ehefrau ein lebenslanger Nießbrauch bestellt und im Februar 02 in das Grundbuch eingetragen. Das Grundstück wird von V und seiner Ehefrau ab Anfang des Jahres 02 zu eigenen Wohnzwecken genutzt.

AUFGABEN

1. Welche Steuerfolgen löst die Schenkung des Betriebsgrundstücks unter Nießbrauchsvorbehalt bei V aus?
2. Kann die eingetretene Gewinnrealisierung durch sofortige Vertragsaufhebung, Rückübertragung des Grundstücks und Löschung des Vorbehaltsnießbrauchs rückgängig gemacht werden, wenn V und S die Steuerfolgen der mit der Grundstücksübertragung vorgenommenen gewinnrealisierenden Entnahme im Juni 02 erkennen?
3. Welche Steuerfolgen ergeben sich für V, wenn er das Betriebsgrundstück unverändert für eigenbetriebliche Zwecke nutzt?

LÖSUNG

Zu 1

Ein Nießbrauch (§§ 1030 ff. BGB) wird häufig im Zusammenhang mit Regelungen zur vorweggenommenen Erbfolge vereinbart. „Nießbrauch" bedeutet, dass die Vermögenssubstanz beim Eigentümer liegt, während der Nießbraucher die Nutzungen der Sache zieht. An der tatsächlichen Sachherrschaft ändert sich durch die Vereinbarung des Nießbrauchs nichts, der bisherige Eigentümer war Besitzer und er bleibt auch als Nießbraucher Besitzer (§§ 854 und 1036 BGB).

Überträgt ein Einzelunternehmer ein zu seinem Betriebsvermögen gehörendes Grundstück in Vorwegnahme der Erbfolge unentgeltlich unter Vorbehalt des Nießbrauchs seinem Kind, führt dies zur Entnahme des Grundstücks als Ganzes (§ 4 Abs. 1 und § 6 Abs. 1 Nr. 4 EStG). Der Entnahmewert entspricht dem Teilwert des (noch) nicht mit dem Nießbrauchsrecht belasteten Grundstücks (BFH, Urteile v. 28.2.1974 - IV R 60/69, BStBl 1974 II S. 481, v. 2.8.1983 - VIII R 170/78, BStBl 1983 II S. 735, v. 16.12.1988 - III R 113/85, BStBl 1989 II S. 763, und v. 17.9.1992 - IV R 39/90, BStBl 1993 II S. 218). Es kommt also zu einer Entnahme des Grundstücks als Ganzes mit seinem vollen Teilwert, sog. „Großer Entnahmegewinn" (vgl. die Urteilsanmerkung in HFR 1989 S. 536).

Der Nießbrauch ist – wie erwähnt – erst nach der Grundstücksentnahme mit der Bestellung und damit im privaten Vermögensbereich neu entstanden, daher kann er den Entnahmewert des Grundstücks nicht mindern (BFH, Urteile v. 2.8.1983 - VIII R 170/78, BStBl 1983 II S. 735, und v. 25.1.2017 - X R 59/14, BStBl 2019 II S. 730, Rz. 68). Das Eigentum und der Nießbrauch sind auch nicht teilweise identisch. Da der Eigentümer V mangels eindeutiger Abmachungen auch nicht wirtschaftlicher Eigentümer des Grundstücks bleibt (BFH, Urteil v. 8.12.1983 - IV R 20/82, BStBl 1984 II S. 202), kommt es bei ihm zu folgender Gewinnrealisierung:

	Grund und Boden	Gebäude
Buchwert Anfang des Jahres 02	80.000 €	240.000 €
Teilwert Anfang des Jahres 02	100.000 €	320.000 €
Stille Reserven = Entnahmegewinn	20.000 €	80.000 €

Eine Entnahme wäre vorliegend nur zu verneinen, wenn der Vorbehaltsnießbraucher V ausnahmsweise wirtschaftlicher Eigentümer des Grundstücks geblieben wäre (BFH, Urteil v. 21.6.1977 - VIII R 18/75, BStBl 1978 II S. 303). Dafür, dass sich die Stellung von V von der eines normalen Nießbrauchers unterscheidet, gibt es vorliegend aber keine Anhaltspunkte. V muss also einen Entnahmegewinn i. H. von 100.000 € versteuern.

Zu 2

Wird die mit der Grundstücksübertragung unter Nießbrauchsvorbehalt vorgenommene Schenkung kurze Zeit später erkannt, kann die eingetretene Gewinnrealisierung durch sofortige Vertragsaufhebung, Rückübertragung des Grundstücks und Löschung des Vorbehaltsnießbrauchs mit steuerrechtlicher Wirkung nicht rückgängig gemacht werden. Das gilt auch dann, wenn der Steuerpflichtige die Folgen seiner Handlungsweise nicht überblicken konnte, diese Folgen ungewöhnlich hart sind und er schließlich spätestens bei der Erstellung der nächsten Bilanz den früheren Zustand wieder hergestellt hat (BFH, Urteil v. 2.8.1983 - VIII R 15/80, BStBl 1983 II S. 736). Auch durch die Anfechtung des Übertragungsvertrags wegen Erklärungsirrtums (§ 119 Abs. 1 BGB) können die steuerlichen Folgen der Entnahme nicht rückgängig gemacht werden (BFH, Urteil v. 20.9.1989 - X R 140/87, BStBl 1990 II S. 368).

Zu 3

Schwierigkeiten bereitet die Frage, wie das Nießbrauchsrecht bei der Ermittlung der Einkünfte aus Gewerbebetrieb des Vorbehaltsnießbrauchers zu berücksichtigen ist, wenn dieser das Grundstück weiterhin unverändert für seinen Betrieb nutzt. Diese Frage hat der BFH wie folgt entschieden: Nutzt der bisherige Eigentümer und jetzige Nießbraucher das Grundstück aufgrund des vorbehaltenen Nutzungsrechts unverändert für seine betrieblichen Zwecke, kann er das Nießbrauchsrecht zwar nicht mit dem Teilwert in sein Betriebsvermögen einlegen, er kann jedoch AfA auf die von ihm als Grundstückseigentümer getragenen Anschaffungs- oder Herstellungskosten durch Absetzung einer entsprechenden Aufwandseinlage gewinnmindernd berücksichtigen (BFH, Urteil v. 16.12.1988 - III R 113/85, BStBl 1989 II S. 763; vgl. Urbach, KÖSDI 2014 S. 18972, Rz. 27).

Als Bemessungsgrundlage für die AfA des Vorbehaltsnießbrauchers kommen die von ihm als Eigentümer aufgewendeten Anschaffungs- oder Herstellungskosten für das Gebäude oder der Gebäude-Entnahmewert in Betracht. Der BFH hat sich für den Entnahmewert, d. h. den Gebäude-Teilwert, entschieden. Die eigenen Herstellungskosten von V sind also im Hinblick auf die erfolgswirksame Entnahme des gesamten Grundstücks i. H. des Gebäude-Entnahmewerts anzusetzen. Der Gebäude-Entnahmewert ist zugleich auch die Bemessungsgrundlage für die künftige AfA (BFH, Urteil v. 20.9.1989 - X R 140/87, BStBl 1990 II S. 368).

FALL 111

Besteuerung des laufenden Gewinns einer Erbengemeinschaft

Sachverhalt: Der Nachlass des am 30.6.01 verstorbenen V besteht aus einem gewerblichen Einzelunternehmen. Das Kapitalkonto von V beträgt 100.000 €. Die Erben von V sind seine Ehefrau A und seine Tochter B zu je $^1/_2$. Der ererbte Gewerbebetrieb wird von den Erben fortgeführt. Der Gewinn des Jahres 01 beläuft sich auf 140.000 €.

AUFGABE

Führt der Übergang des Einzelunternehmens auf die Erbengemeinschaft zu einer Gewinnrealisierung und wem ist der Gewinn des Jahres 01 zuzurechnen?

LÖSUNG

Die ertragsteuerliche Behandlung des Erbfalls und der Erbauseinandersetzung hat durch den Beschluss des Großen Senats des BFH v. 5.7.1990 (GrS 2/89, BStBl 1990 II S. 837) schwerwiegende Änderungen erfahren. Nach dieser Rechtsprechung werden alle Miterben mit dem Erbfall automatisch Mitunternehmer – sog. „geborene" Mitunternehmer – eines ererbten Gewerbebetriebs (§ 15 Abs. 1 Satz 1 Nr. 2 EStG). Der Übergang des Betriebs auf die Erbengemeinschaft ist weder eine Betriebsveräußerung (§ 16 Abs. 1 EStG) noch eine Betriebsaufgabe (§ 16 Abs. 3 EStG) durch den Erblasser. Die Erbengemeinschaft A/B muss daher die Buchwerte des Erblassers gem. § 6 Abs. 3 EStG fortführen (Kapitalkonto A: 50.000 €, Kapitalkonto B: 50.000 €). V ist der bis zu seinem Todestag entstandene Gewinn zuzurechnen. Wird auf den Todestag keine Zwischenbilanz erstellt, kann dieser Gewinn zeitanteilig geschätzt werden: $^6/_{12}$ von 140.000 € = 70.000 € (BFH, Urteil v. 28.3.1973 - I R 100/71, BStBl 1973 II S. 544). Der restliche Gewinn i. H. von 70.000 € ist je zur Hälfte der Ehefrau und der Tochter von V im Rahmen einer gesonderten und einheitlichen Gewinnfeststellung (§§ 179 und 180 AO) zuzurechnen.

HINWEIS

Bei einer Erbengemeinschaft beschränkt sich die gewerbliche Betätigung der Miterben auf den zum Nachlass gehörenden Betrieb. Wenn zu einem Nachlass sowohl Betriebs- als auch Privatvermögen gehören, können diese Vermögensarten in einer Erbengemeinschaft ungeachtet der Vorschrift des § 15 Abs. 3 Nr. 1 EStG nebeneinander bestehen Es handelt sich nicht um eine Personengesellschaft i. S. des § 15 Abs. 3 Nr. 1 EStG, so dass die Abfärberegelung nicht zur Anwendung kommt. Eine Erbengemeinschaft kann demgemäß nebeneinander Gewinn- und Überschusseinkünfte erzielen (BFH, Urteil v. 19.1.2023 - IV R 5/19, BStBl 2023 II S. 649).

FALL 112

Besonderheiten bei der Gewinnermittlung durch EÜR gem. § 4 Abs. 3 EStG

Sachverhalt: Dr. Thomas Müller (M) betreibt als Zahnarzt eine freiberufliche Praxis. Er ermittelt seinen Gewinn durch EÜR gem. § 4 Abs. 3 EStG. Bei seiner i. S. des § 164 Abs. 1 AO unter dem Vorbehalt der Nachprüfung ergangenen Einkommensteuerveranlagung für das Jahr 2023 ist der von ihm erklärte Gewinn i. H. von 120.000 € zugrunde gelegt worden.

Bei einer Außenprüfung stellt der Prüfer Folgendes fest:

1. M hat im Jahr 2023 einen Betrag i. H. von 5.000 € für die Wertminderung seines auf Vorrat gehaltenen Zahngolds als Betriebsausgabe abgesetzt.
2. M hat seine freiberufliche Tätigkeit bis zum 30.6.2023 in einer eigenen zum Betriebsvermögen gehörenden Eigentumswohnung ausgeübt. Die Eigentumswohnung (einschließlich des Grund und Bodens) hatte zum 30.6.2023 einen Buchwert i. H. von 200.000 € und einen Teilwert i. H. von 250.000 €.

   Am 1.7.2023 hat M seine Praxis in einen Neubau verlegt. Die Eigentumswohnung hat er ab diesem Zeitpunkt an einen Rechtsanwalt vermietet; die Mieteinnahmen i. H. von 6.000 € für die Zeit vom 1.7.2023 bis zum 31.12.2023 sind als Betriebseinnahmen erfasst worden.
3. Im Dezember 2023 hat M einen PC für 1.800 € angeschafft. Die Rechnung wurde am 23.1.2024 bezahlt. M hat für den PC im Jahr 2023 folgende lineare AfA gem. § 7 Abs. 1 EStG vorgenommen: 1.800 €.
4. M hat seinen zum Betriebsvermögen gehörenden Pkw der Marke „Mercedes-Benz“ am 27.12.2023 für 15.000 € verkauft. Der Restbuchwert des Pkws betrug zum Zeitpunkt der Veräußerung 5.000 €. Der Veräußerungserlös i. H. von 15.000 € ging am 8.1.2024 bei M ein. M hat aus diesem Grund den Geschäftsvorfall im Rahmen der Gewinnermittlung 2023 unberücksichtigt gelassen.
5. Den Kaufpreis eines im November 2023 für 350 € angeschafften Diktiergeräts hat M im Januar 2024 bezahlt und zum Zeitpunkt der Bezahlung als Betriebsausgabe abgesetzt.
6. M hat im Dezember 2022 einen Sessel für die Praxis bestellt und den Kaufpreis i. H. von 240 € am 28.12.2022 vorausbezahlt und im Jahr 2022 als Betriebsausgabe abgesetzt. Der Sessel wurde am 3.1.2023 geliefert.
7. M hat am 22.12.2023 einen Ledersessel für sein Wartezimmer angeschafft. Die Anschaffungskosten i. H. von 600 € wurden am gleichen Tag bezahlt. A hat das Wirtschaftsgut in den Sammelposten gem. § 6 Abs. 2a EStG aufgenommen, so dass sich 20 % von 600 € = 120 € als Betriebsausgabe ausgewirkt haben.
8. Im Zusammenhang mit der Praxisverlegung hat M einen vor Jahren für 20.000 € erworbenen Parkplatz für die Patienten am 1.8.2023 für 30.000 € verkauft. Der Vorgang wurde bei der Gewinnermittlung für das Jahr 2023 nicht berücksichtigt.
9. Am 20.12.2023 hat M von einer Zahnfabrik Materialien zur Herstellung von Zahnersatz für 25.000 € erworben. Der Kaufpreis wurde noch im Jahr 2023 bezahlt. Die Materialien sind

am 31.12.2023 noch in vollem Umfang vorhanden. M hat die Zahlung i. H. von 25.000 € im Jahr 2023 als Betriebsausgabe abgesetzt.

10. Zu Weihnachten 2023 hat M seiner Tochter einen Pkw geschenkt, der bisher von einem bei M angestellten Zahnarzt genutzt wurde. Der zum Betriebsvermögen gehörende Pkw hatte zum Zeitpunkt der Schenkung einen „Buchwert" i. H. von 10.000 € und einen Teilwert i. H. von 12.000 €. Der Geschäftsvorfall wurde in der Gewinnermittlung 2023 nicht erfasst.

11. M hat das Wartezimmer im Januar 2023 mit einer vor vier Jahren angeschafften und bisher privat genutzten Sitzgarnitur ausgestattet, deren Teilwert 4.000 € beträgt. Die Restnutzungsdauer beläuft sich auf zwei Jahre. M hat den Wert der Sitzgarnitur i. H. von 4.000 € im Jahr 2023 als Betriebsausgabe abgezogen.

12. Im April 2023 hat M das Wartezimmer mit einer vor vier Jahren angeschafften und bisher privat genutzten Stereoanlage ausgestattet. Der Teilwert der Stereoanlage betrug 250 €. Der Geschäftsvorfall wurde im Rahmen der EÜR 2023 nicht erfasst.

13. Im Zusammenhang mit dem Praxisneubau hat M am 1.7.2023 ein bisher zu seinem Privatvermögen gehörendes unbebautes Grundstück als Parkplatz für die Patienten herrichten lassen. Der Teilwert des vor zwölf Jahren angeschafften Grundstücks betrug am 1.7.2023 20.000 €. Anfang des Jahres 2024 hat M das Grundstück unentgeltlich auf seine Ehefrau übertragen. Der Teilwert betrug zum Zeitpunkt der Schenkung 22.000 €.

14. Bei einem Einbruch in die Praxisräume im November 2023 wurde das sich im Schreibtisch von M befindliche Geld i. H. von 3.000 €, das aus einer Honorarzahlung eines Patienten stammte, gestohlen. M zeichnet seine Bareinnahmen und Barausgaben auf. Seine Kassenführung ist so wie bei einem Bilanzierenden mit ordnungsmäßiger Buchführung ausgestattet. Den Geldverlust i. H. von 3.000 € hat M im Jahr 2023 als Betriebsausgabe abgesetzt.

15. M hat eine Zahnmedizinische Fachangestellte beauftragt, die Honorarzahlungen von Patienten in den Praxisräumen entgegenzunehmen. Die Zahnmedizinische Fachangestellte hat im Jahr 2023 einen Betrag i. H. von 20.000 € in bar vereinnahmt, hiervon aber 5.000 € für sich behalten. Die Unterschlagung ist im Jahr 2024 vom Steuerberater festgestellt worden. Daraufhin hat M der Zahnmedizinischen Fachangestellte gegenüber einen Regressanspruch i. H. von 5.000 € geltend gemacht. Die Zahnmedizinische Fachangestellte hat M den entwendeten Betrag im Jahr 2024 ersetzt. Als Betriebseinnahmen des Jahres 2023 sind (20.000 € - 5.000 € =) 15.000 € berücksichtigt worden.

16. M lieferte das bei der Zahnbehandlung in Form von Brücken, Kronen und Zahnfüllungen angefallene Altgold, das ihm von seinen Patienten unentgeltlich überlassen wurde, an eine Scheideanstalt. Diese lieferte ihm dafür im Jahr 2023 Feingold in Form von Barren im Wert von 5.000 €.

AUFGABE

Welche Gewinnkorrekturen ergeben sich aufgrund der Feststellungen des Betriebsprüfers?

LÖSUNG

Zu 1

Eine Teilwertabschreibung ist nur möglich bei der Gewinnermittlung durch Betriebsvermögensvergleich. Bei der Gewinnermittlung gem. § 4 Abs. 3 EStG bleibt der Wert des Betriebsvermögens unberücksichtigt, so dass auch die Bewertungsvorschriften des § 6 EStG nicht anwendbar sind (BFH, Urteile v. 21.6.2006 - XI R 49/05, BStBl 2006 II S. 712, und v. 5.11.2015 - III R 12/13, BStBl 2016 II S. 420, Rz. 28). Die von M vorgenommene Teilwertabschreibung ist daher unzulässig; der erklärte Gewinn ist um 5.000 € zu erhöhen.

Zu 2

Die beruflich genutzte Eigentumswohnung gehörte bis zum 30.6.2023 zum notwendigen Betriebsvermögen von M. Infolge der Nutzungsänderung hat die Eigentumswohnung die Eigenschaft als notwendiges Betriebsvermögen verloren. Auch bei der Gewinnermittlung gem. § 4 Abs. 3 EStG gibt es nach der geänderten Rechtsprechung des BFH gewillkürtes Betriebsvermögen (BFH, Urteil v. 2.10.2003 - IV R 13/03, BStBl 2004 II S. 985). Es bestand also für M ein Wahlrecht, die Eigentumswohnung weiterhin als Betriebsvermögen zu behandeln oder zu entnehmen. Da M die Eigentumswohnung weiterhin als Betriebsvermögen behandelt hat, ist eine Gewinnkorrektur nicht erforderlich; die Mieteinnahmen sind zutreffend als Betriebseinnahmen erfasst worden.

Zu 3

Wirtschaftsgüter des Anlagevermögens werden bei der Gewinnermittlung durch EÜR – mit Ausnahme von Teilwertabschreibungen – genauso behandelt wie bei der Gewinnermittlung durch Vermögensvergleich, da auch bei der EÜR gem. § 4 Abs. 3 Satz 3 EStG die Vorschriften über die AfA zu befolgen sind. Für den Beginn der AfA ist entscheidend, dass die Wirtschaftsgüter angeschafft oder hergestellt worden sind; es ist nicht erforderlich, dass die Bezahlung bereits erfolgt ist. M kann den PC daher bereits im Jahr 2023 abschreiben.

Für die gem. § 7 Abs. 1 EStG anzusetzende Nutzungsdauer von „Computerhardware" und „Betriebs- und Anwendersoftware" **kann** eine betriebsgewöhnliche Nutzungsdauer i. H. von einem Jahr zugrunde gelegt werden. Diese Regelung findet erstmals Anwendung in Gewinnermittlungen für Wirtschaftsjahre, die nach dem 31.12.2020 enden. In Gewinnermittlungen nach dem 31.12.2020 können die Grundsätze dieser Regelung auch auf entsprechende Wirtschaftsgüter angewandt werden, die in früheren Wirtschaftsjahren angeschafft oder hergestellt wurden und bei denen eine andere als die einjährige Nutzungsdauer zugrunde gelegt wurde (BMF, Schreiben v. 22.2.2022, BStBl 2022 I S. 187, Rz. 1 und 6). Es wird nicht beanstandet, wenn abweichend zu § 7 Abs. 1 Satz 4 EStG die Abschreibung im Jahr der Anschaffung oder Herstellung in voller Höhe vorgenommen wird (Rz. 1.4 des genannten BMF-Schreibens). Die Anschaffungskosten des PCs i. H. von 1.800 € können daher im Wege der AfA im Jahr der Anschaffung (2023) in voller Höhe als Betriebsausgabe abgesetzt werden. Einer Korrektur bedarf es nicht.

Zu 4

Scheidet ein Anlagegut aus dem Betriebsvermögen aus, ist der noch nicht abgesetzte Teil der Anschaffungskosten unter dem Gesichtspunkt einer AfaA i. S. des § 7 Abs. 1 Satz 7 EStG abzuziehen; der bei der Veräußerung des Anlageguts erzielte Erlös gehört zu den Betriebseinnahmen (BFH, Urteile v. 22.9.1960 - IV 335/58 U, BStBl 1961 III S. 499, v. 7.10.1971 - IV R 181/66, BStBl 1972 II S. 271, und v. 26.1.1994 - X R 1/92, BStBl 1994 II S. 353). Der Restbuchwert des verkauften Pkws i. H. von 5.000 € muss daher im Jahr 2023 als Betriebsausgabe behandelt werden. Der Verkaufserlös i. H. von 15.000 € ist erst im Jahr des Zuflusses des Veräußerungserlöses – also im Jahr 2024 – als Betriebseinnahme anzusetzen (BFH, Urteil v. 16.2.1995 - IV R 29/94, BStBl 1995 II S. 635).

Zu 5

Die Anschaffungskosten für geringwertige Wirtschaftsgüter des Anlagevermögens i. S. des § 6 Abs. 2 EStG können bei der Gewinnermittlung gem. § 4 Abs. 3 EStG – ebenso wie bei der Gewinnermittlung durch Betriebsvermögensvergleich – im Jahr der Anschaffung in voller Höhe als Betriebsausgaben abgesetzt werden; auf den Zeitpunkt der Bezahlung kommt es nicht an. § 11 EStG ist gegenüber § 6 Abs. 2 EStG subsidiär. M kann daher die Anschaffungskosten für das Diktiergerät i. H. von 350 € bereits im Jahr 2023 als Betriebsausgabe abziehen.

Zu 6

Anschaffungskosten für geringwertige Wirtschaftsgüter sind grds. im Jahr der Anschaffung als Betriebsausgaben abzugsfähig. Die Finanzverwaltung lässt jedoch aus Vereinfachungsgründen zu, dass Vorauszahlungen oder Anzahlungen auf geringwertige Wirtschaftsgüter bereits im Jahr der Zahlung als Betriebsausgaben abgesetzt werden (OFD Frankfurt, WPg 1980 S. 81). Die Vorauszahlung auf den Sessel i. H. von 240 € kann daher bereits im Jahr 2022 als Betriebsausgabe abgezogen werden.

Zu 7

Wirtschaftsgüter des abnutzbaren Anlagevermögens, für die ein Sammelposten i. S. des § 6 Abs. 2a EStG gebildet werden kann, werden bei der Gewinnermittlung durch EÜR genauso behandelt wie bei der Gewinnermittlung durch Vermögensvergleich, da auch bei der EÜR gem. § 4 Abs. 3 Satz 3 EStG die Vorschrift über die Bildung eines Sammelpostens (§ 6 Abs. 2a EStG) zu befolgen ist. Die Aufnahme des Ledersessels i. H. von 600 € in den Sammelposten gem. § 6 Abs. 2a EStG ist zulässig. Eine Gewinnkorrektur ist nicht erforderlich.

Zu 8

Die Anschaffungs- oder Herstellungskosten von nicht abnutzbaren Anlagegütern sind nicht zum Zeitpunkt der Zahlung, sondern erst dann als Betriebsausgaben abzuziehen, wenn die betreffenden Wirtschaftsgüter veräußert oder entnommen werden (§ 4 Abs. 3 Satz 4 EStG). Der Erlös aus dem Verkauf des Parkplatzes i. H. von 30.000 € ist im Jahr 2023 als Betriebseinnahme anzusetzen; andererseits sind die Anschaffungskosten des Parkplatzes i. H. von 20.000 € im Jahr 2023 als Betriebsausgaben abzuziehen. Der Gewinn 2023 ist daher um 10.000 € zu erhöhen.

Zu 9

Bei der Gewinnermittlung gem. § 4 Abs. 3 EStG wirkt sich die Anschaffung von Umlaufvermögen prinzipiell zu dem Zeitpunkt als Betriebsausgabe aus, zu dem das erworbene Umlaufvermögen bezahlt wird. Etwas anderes gilt u. a. für Grund und Boden sowie Gebäude des Umlaufvermögens (§ 4 Abs. 3 Satz 4 EStG). Da M die Anschaffungskosten der erworbenen Materialien im Jahr 2023 gewinnmindernd berücksichtigt hat, ist eine Gewinnkorrektur nicht erforderlich.

Zu 10

Die in § 4 Abs. 1 Satz 2 und 3 EStG enthaltenen Bestimmungen über die Entnahmen und die Einlagen sind auch im Bereich der EÜR anzuwenden. Sie gelten bei der EÜR als reiner Geldrechnung jedoch nur für Sachentnahmen und Sacheinlagen. Barentnahmen und Bareinlagen dürfen nicht als Betriebseinnahmen und Betriebsausgaben berücksichtigt werden. Das bedeutet, dass der Restbuchwert des an die Tochter geschenkten Pkws i. H. von 10.000 € im Jahr 2023 als Betriebsausgabe behandelt werden muss; andererseits ist der Teilwert des Pkws i. H. von 12.000 € im Jahr 2023 als fiktive Betriebseinnahme zu behandeln, so dass sich eine Gewinnerhöhung i. H. von 2.000 € ergibt.

Zu 11

Da auch bei der Gewinnermittlung durch EÜR die Bestimmungen über die AfA zu beachten sind (§ 4 Abs. 3 Satz 3 EStG), kann der Einlagewert i. H. von 4.000 € nicht sofort als Betriebsausgabe abgesetzt werden. Er bildet vielmehr die Bemessungsgrundlage für die AfA gem. § 7 EStG. Bei einer Restnutzungsdauer i. H. von zwei Jahren ergibt sich für die Jahre 2023 und 2024 eine abzugsfähige AfA i. H. von jeweils (4.000 € / 2 =) 2.000 €. Der erklärte Gewinn des Jahres 2023 ist daher um 2.000 € zu erhöhen.

Zu 12

Bei der Einlage von geringwertigen Wirtschaftsgütern aus dem Privatvermögen in das Betriebsvermögen kann die Bewertungsfreiheit im Wirtschaftsjahr der Einlage in Anspruch genommen werden (§ 6 Abs. 2 Satz 1 EStG). Der Teilwert der Stereoanlage i. H. von 250 € kann daher im Jahr 2023 als Betriebsausgabe abgezogen werden.

Zu 13

Aufgrund der dauerhaften betrieblichen Nutzung als Parkplatz wird das unbebaute Grundstück am 1.7.2023 notwendiges Betriebsvermögen. Einlagen von nicht abnutzbarem Anlagevermögen haben grds. mit dem Teilwert zu erfolgen (§ 6 Abs. 1 Nr. 5 EStG). Aufgrund der Vorschrift des § 4 Abs. 3 Satz 4 EStG ist der Teilwert des Grund und Bodens zum 1.7.2023 i. H. von 20.000 € erst zum Zeitpunkt der Entnahme, d. h. im Jahr 2024, als Betriebsausgabe zu berücksichtigen. Infolge der Schenkung an die Ehefrau ist im Jahr 2024 eine fiktive Betriebseinnahme i. H. von 22.000 € anzusetzen, so dass sich der Gewinn des Jahres 2024 um 2.000 € erhöht. Einer Gewinnkorrektur für das Jahr 2023 bedarf es nicht.

Zu 14

Geldverluste durch Diebstahl können bei Steuerpflichtigen mit Gewinnermittlung durch EÜR nur dann als Betriebsausgaben abgesetzt werden, wenn die Zugehörigkeit des entwendeten Geldes zum Betriebsvermögen in eindeutiger Weise durch eine den Grundsätzen ordnungsmäßiger Buchführung entsprechenden Buchhaltung klargestellt ist (BFH, Urteil v. 22.2.1973 - IV R 69/69, BStBl 1973 II S. 480) oder wenn der betriebliche Zusammenhang anhand konkreter und objektiv greifbarer Anhaltspunkte festgestellt ist (BFH, Urteil v. 28.11.1991 - XI R 35/89, BStBl 1992 II S. 343). Da im vorliegenden Fall die Zugehörigkeit des Geldes zum Betriebsvermögen durch eine einwandfreie Kassenführung nachgewiesen ist, kann M den durch den Einbruchdiebstahl eingetretenen Geldverlust i. H. von 3.000 € im Jahr 2023 als Betriebsausgabe absetzen.

Zu 15

Nehmen fremde Angestellte in den Geschäftsräumen auftragsgemäß im Namen des Steuerpflichtigen Gelder in Empfang und unterschlagen diese dann, kommt es nicht darauf an, ob die entwendeten Gelder zum Betriebsvermögen oder zum Privatvermögen gehört haben oder ob sie innerhalb einer geschlossenen Kassenführung erfasst wurden. Entscheidend ist, dass der Verlust des Geldes, das mit der Zahlung an die Angestellten als vereinnahmt anzusehen ist, durch den Betrieb veranlasst ist (BFH, Urteil v. 6.5.1976 - IV R 79/73, BStBl 1976 II S. 560). Das von der Zahnmedizinischen Fachangestellten unterschlagene Honorar i. H. von 5.000 € ist – als vom Zahnarzt vereinnahmt – im Jahr 2023 als Betriebseinnahme zu erfassen. Gleichzeitig ist der M durch die Unterschlagung entstandene Verlust i. H. von 5.000 € im Jahr 2023 als Betriebsausgabe zu berücksichtigen. Eine Korrektur des erklärten Gewinns 2023 ist somit nicht erforderlich. Die Schadensersatzleistung der Zahnmedizinischen Fachangestellten ist im Jahr 2024 als Betriebseinnahme zu erfassen.

Zu 16

Das von den Patienten überlassene Altgold ist für M ein zusätzliches Entgelt, also eine Betriebseinnahme. Dieses Entgelt in Form eines Sachwerts ist so zu behandeln, als ob zunächst Geld bezahlt und damit der Sachwert (d. h. das Altgold) als Umlaufvermögen angeschafft worden wäre. Die Fiktion der Anschaffung des Sachwerts zwingt zur Berücksichtigung einer Betriebsausgabe. Der Ansatz einer Betriebseinnahme und die gleichzeitige Berücksichtigung einer Betriebsausgabe in derselben Höhe können unterbleiben, da das Betriebsergebnis dadurch nicht beeinflusst wird.

Die Lieferung der Goldabfälle im Tausch gegen Feingold führt jedoch wiederum zu einer Betriebseinnahme, da M dadurch ein geldwerter Vorteil entsteht. Da das Feingold nicht für betriebliche, sondern für private Zwecke erworben wurde, kann hierfür allerdings keine Betriebsausgabe abgesetzt werden. Der Gewinn des Jahres 2023 ist daher um den Wert des erhaltenen Feingolds i. H. von 5.000 € zu erhöhen (BFH, Urteile v. 17.4.1986 - IV R 115/84, BStBl 1986 II S. 607, und IV R 18/85, BFH/NV 1987 S. 760, CAAAB-28810).

FALL 113

Schätzung bei Gewinnermittlung gem. § 4 Abs. 3 EStG

Sachverhalt: A betreibt eine Gaststätte. Er ermittelt seinen Gewinn durch EÜR gem. § 4 Abs. 3 EStG. Der Gewinnermittlung für die Jahre 01–03 liegen formell ordnungsmäßig aufgezeichnete Betriebseinnahmen und -ausgaben zugrunde.

Im Juli 04 findet eine Außenprüfung statt. Die Außenprüferin führt eine Nachkalkulation durch und stellt folgende Umsatzdifferenzen fest:

- Jahr 01 = 12.000 € (Erhöhung gegenüber dem erklärten Umsatz = 6 %),
- Jahr 02 = 15.000 € (Erhöhung gegenüber dem erklärten Umsatz = 7 %),
- Jahr 03 = 2.000 € (Erhöhung gegenüber dem erklärten Umsatz = 1 %).

Nach einer eingehenden Erörterung mit der Außenprüferin erklärt sich A für die Jahre 01 und 02 mit einer Zuschätzung i. H. von 12.000 € bzw. 15.000 € einverstanden. Für das Jahr 03 hält A eine Zuschätzung im Hinblick auf die geringfügige Abweichung nicht für zulässig. Im Übrigen beantragt er, die aufgrund der Außenprüfung nachzuzahlende Gewerbesteuer in dem jeweiligen Jahr des Prüfungszeitraums gewinnmindernd zu berücksichtigen.

AUFGABEN

1. Ist eine Schätzung für alle Jahre des Prüfungszeitraums gerechtfertigt?
2. Sind die Gewerbesteuernachforderungen im jeweiligen Jahr des Prüfungszeitraums gewinnmindernd zu berücksichtigen?

LÖSUNG

Allgemeines: Die Schätzung ist nicht etwa eine eigene Gewinnermittlungsart. Sie hat vielmehr ihre Grundlage in § 162 AO, der für alle Steuern gilt. § 162 Abs. 2 Satz 2 AO sieht eine Gewinnschätzung in folgenden Fällen vor:

- Der Steuerpflichtige kann Bücher oder Aufzeichnungen, die er nach den Steuergesetzen zu führen hat, nicht vorlegen.
- Die Buchführung oder die Aufzeichnungen können gem. § 158 AO der Besteuerung nicht zugrunde gelegt werden, da der Anlass besteht, dass an deren sachlicher Richtigkeit zu zweifeln ist.

Zu 1

Häufiger ist in der Praxis der zweite Fall, in dem – wie hier – aufgrund einer Verprobung das Ergebnis der Aufzeichnungen widerlegt wird. An die Stelle eines formell ordnungsmäßig ermittelten Gewinns kann ein geschätzter Gewinn aber nur dann treten, wenn die Schätzungsmethode hohen Anforderungen genügt, d. h. in sich schlüssig und beweiskräftig ist (BFH, Urteil v. 18.12.1984 - VIII R 195/82, BStBl 1986 II S. 226). Diesen Anforderungen genügen eine Nachkalkulation, eine Geldverkehrsrechnung oder eine Vermögenszuwachsrechnung.

Im vorliegenden Fall hat die Außenprüferin anhand von Kalkulationsgrundlagen nachvollzogen, welche Umsätze erzielt worden sind. Diese Nachkalkulation ermöglicht einen Rückschluss auf Rohgewinn und Gewinn. Da der erklärte Umsatz der Jahre 01 und 02 wesentlich vom kalkulierten Umsatz abweicht, ist die Annahme der Außenprüferin gerechtfertigt, dass die Umsatzdifferenzen nicht erklärte Betriebseinnahmen darstellen.

Für das Jahr 03 gilt diese Beurteilung aber nicht. Da für dieses Jahr die Abweichung vom erklärten Umsatz nur 1 % beträgt und sich demnach im Unschärfebereich einer Nachkalkulation hält, muss eine Schätzung unterbleiben. Gemäß der Rechtsprechung können Abweichungen bis zu 3 % geringfügig sein (BFH, Urteil v. 26.4.1983 - VIII R 38/82, BStBl 1983 II S. 618, Rz. 24).

Zu 2

Da A seinen Gewinn gem. § 4 Abs. 3 EStG ermittelt hat, ist der Gewinn in Anlehnung an § 4 Abs. 3 EStG zu schätzen, d. h. für eine gewinnmindernde Berücksichtigung der Gewerbesteuernachforderung für die Jahre 01 und 02 ist kein Raum (BFH, Urteil v. 2.3.1982 - VIII R 225/80, BStBl 1984 II S. 504). Zu beachten ist, dass die Gewerbesteuer und die darauf entfallenden Nebenleistungen für Erhebungszeiträume ab dem Jahr 2008 ohnehin keine Betriebsausgabe mehr sind (§ 4 Abs. 5b EStG). Die Finanzverwaltung behandelt die Gewerbesteuer für Erhebungszeiträume ab dem Jahr 2008 als nichtabzugsfähige Betriebsausgabe.

Da der Gewinn in Anlehnung an § 4 Abs. 3 EStG zu schätzen ist, kommt für das erste Schätzungsjahr eine Gewinnkorrektur aufgrund des Wechsels der Gewinnermittlungsart nicht in Betracht. Aufgrund der Betriebsprüfung ergibt sich somit eine Gewinnerhöhung für das Jahr 01 i. H. von 12.000 € (zzgl. Umsatzsteuer) und für das Jahr 02 i. H. von 15.000 € (zzgl. Umsatzsteuer). Die nachzuzahlende Umsatzsteuer ist im Jahr ihrer Bezahlung als Betriebsausgabe abzugsfähig.

FALL 113A

Nachholung eines unterlassenen Betriebsausgabenabzugs bei Gewinnermittlung gem. § 4 Abs. 3 EStG

Sachverhalt: Zahnarzt A ermittelt seinen Gewinn durch EÜR gem. § 4 Abs. 3 EStG. A erwarb im Dezember 01 Zahngold auf Vorrat für 20.000 €, das er in den Jahren 02 (8.000 €) und 03 (12.000 €) verarbeitete. Die Bezahlung des Zahngolds erfolgte noch im Dezember 01.

Die Erlöse aus der entsprechenden zahnärztlichen Tätigkeit, d. h. der Verarbeitung des Dentalgolds, sind A in den Jahren 02 und 03 zugeflossen. A hat die Anschaffungskosten für das Dentalgold im Jahr 01 rechtsirrig nicht als Betriebsausgabe abgezogen. Die Veranlagungen bis einschließlich des Jahres 01 sind bestandskräftig und gem. den Vorschriften der AO nicht mehr änderbar. Im Jahr 03 stellte der (neue) Steuerberater von A die unzutreffende steuerliche Behandlung fest und macht die Anschaffungskosten für das Zahngold i. H. von insgesamt 20.000 € in der EÜR 02 als Betriebsausgabe geltend.

AUFGABE

Kann A den Betriebsausgabenabzug für den im Jahr 01 erfolgten Dentalgolderwerb in seiner EÜR 02 nachholen?

LÖSUNG

Auch für Angehörige freier Berufe gilt, dass es der Entscheidung des Steuerpflichtigen prinzipiell überlassen ist, über den Zeitpunkt und Umfang der Vorratsbeschaffung zu befinden. Bei Zahnärzten gehört das zur betrieblichen Verwendung angeschaffte Zahngold zum notwendigen Betriebsvermögen (Umlaufvermögen), unabhängig davon, ob es nur von Fall zu Fall oder – bei Ausnutzung einer vermeintlich oder wirklich günstigen Marktsituation – zur Vorratsbildung oder zur Beistellung an fremde Labors erworben wird. Ausgaben für die Beschaffung von Zahngold eines Zahnarztes mit Gewinnermittlung gem. § 4 Abs. 3 EStG bilden demzufolge auch dann Betriebsausgaben, wenn der angeschaffte Goldvorrat den Verbrauch für einige Jahre deckt.

Dies setzt jedoch voraus, dass der Goldvorrat während einer übersehbaren Zeit verbraucht werden kann und später auch tatsächlich verbraucht wird (BFH, Urteil v. 12.7.1990 - IV R 137-138/89, BStBl 1991 II S. 13). Wird der von einem Zahnarzt angeschaffte Zahngoldvorrat nicht innerhalb eines Zeitraums von maximal sieben Jahren verbraucht, kann dies ein Indiz dafür sein, dass er zur privaten Vermögensbildung angeschafft worden ist (BFH, Urteil v. 26.5.1994 - IV R 101/93, BStBl 1994 II S. 750). Da A das Zahngold vorliegend in den Jahren 02 und 03 verbraucht hat, ist die Anschaffung betrieblich veranlasst, so dass die Ausgaben i. H. von 20.000 € gem. § 11 Abs. 2 EStG im Jahr 01 als Betriebsausgabe hätten abgezogen werden müssen.

Ermittelt der Steuerpflichtige seine Einkünfte wie im Streitfall gem. § 4 Abs. 3 EStG, so werden die Ausgaben, die mit dem Erwerb von **Umlaufvermögen** verbunden sind, grds. im Jahr der Verausgabung gewinnwirksam (BFH, Urteil v. 12.12.2017 - VIII R 9/14, BStBl 2018 II S. 387, Rz. 13) Wie im Rahmen der Gewinnermittlung gem. § 4 Abs. 3 EStG zu verfahren ist, wenn die Anschaffungskosten eines Wirtschaftsguts des Umlaufvermögens im Jahr der Anschaffung in Verkennung der Rechtslage nicht als Betriebsausgabe abgezogen wurden, oder wenn ein Wirtschaftsgut zum Zeitpunkt des Erwerbs zunächst dem Anlagevermögen zugerechnet wurde, sich diese Zweckbestimmung jedoch später in der Weise ändert, dass das Wirtschaftsgut zum Umlaufvermögen gehört, ist nicht eindeutig. Dass die Anschaffungskosten für das Zahngold hier steuerlich nicht deswegen „verloren gehen", weil sie im – bestandskräftig veranlagten – Jahr 01, also im Jahr der Anschaffung als Betriebsausgabe hätten abgezogen werden müssen, ist einsichtig. Diese Behandlung würde dem Grundsatz der Gesamtgewinngleichheit widersprechen, da bei der Gewinnermittlung durch Bestandsvergleich das Zahngold grds. erst zum Zeitpunkt des Verbrauchs als Aufwand in Erscheinung treten würde.

Der BFH hat daher in einem Verfahren über die Aussetzung der Vollziehung des angefochtenen Steuerbescheids die Auffassung vertreten, bei der Gewinnermittlung durch EÜR gebe es zwei Korrekturmöglichkeiten (BFH, Beschluss v. 22.4.2004 - IV S 20/03, BFH/NV 2004 S. 1256, WAAAB-23164):

- Entweder seien die Anschaffungskosten erst im Jahr der Veräußerung mit dem Verkaufserlös zu verrechnen oder
- bereits in einem Jahr davor als Betriebsausgaben abzuziehen, weil die Unrichtigkeit der bisherigen Behandlung zutage tritt oder weil sich die Zweckbestimmung ändert.

Im Hauptsacheverfahren hat der BFH diese steuerlich interessante Frage dahingehend entschieden, dass bei der Gewinnermittlung gem. § 4 Abs. 3 EStG die Anschaffungskosten für ein zum Umlaufvermögen gehörendes Wirtschaftsgut, die im Jahr der Zahlung nicht geltend gemacht worden sind und infolge der Bestandskraft der entsprechenden Veranlagung auch in diesem Jahr nicht mehr geltend gemacht werden können, nicht im Jahr der ersten „offenen" Veranlagung abgezogen werden können, sondern einen später anfallenden Gewinn aus der Veräußerung oder der Entnahme des Wirtschaftsguts mindern (BFH, Urteil v. 30.6.2005 - IV R 20/04, BStBl 2005 II S. 758). Das ergibt sich aus der Notwendigkeit der Angleichung der Gewinnermittlung gem. § 4 Abs. 3 EStG an die Gewinnermittlung durch Betriebsvermögensvergleich, die dadurch begründet ist, dass der Erlös aus der Veräußerung eines solchen Gegenstands nur dann in voller Höhe als Betriebseinnahme angesetzt werden kann, wenn die Kosten der Anschaffung des Gegenstands vorher in voller Höhe Betriebsausgaben waren. Diese Beurteilung hat zur Folge, dass A den Betriebsausgabenabzug i. H. eines Teilbetrags von 8.000 € im Jahr 02 und i. H. des Restbetrags von 12.000 € im Jahr 03 nachholen kann.

Anmerkung: Die einem Steuerpflichtigen mit Gewinnermittlung gem. § 4 Abs. 3 EStG im Zusammenhang mit dem Erwerb von Umlaufvermögen (oder abnutzbarem Anlagevermögen) erwachsenden Aufwendungen sind, wenn sie nicht im Abflussjahr (oder im Jahr der AfA) als Betriebsausgaben geltend gemacht wurden, grds. nicht endgültig verloren, sondern können im Jahr der Veräußerung des betreffenden Wirtschaftsguts abgezogen werden. Eine Ausnahme gilt nur dann, wenn der frühere Betriebsausgabenabzug „willkürlich", d. h. bewusst und aus manipulativen Gründen, unterlassen wurde. Hier steht der Nachholung des Abzugs der Grundsatz von Treu und Glauben entgegen.

FALL 114

Betriebsausgabenabzug von Aufwendungen für Geschenke

Sachverhalt: Der bilanzierende Einzelkaufmann E lässt zu Weihnachten 2023

- seinem Kunden A ein Sachgeschenk zukommen, das er im Dezember 2023 für 100 € zzgl. 19 % (19 €) Vorsteuer angeschafft hat,
- seinem Kunden B ein Sachgeschenk zukommen, das er im November 2023 für 10 € zzgl. 19 % (1,90 €) Vorsteuer angeschafft hat.

A hat die Anschaffungskosten der Geschenke einzeln und getrennt von den sonstigen Betriebsausgaben aufgezeichnet (§ 4 Abs. 7 EStG) und als Betriebsausgabe gebucht.

AUFGABEN

1. Kann A die Anschaffungskosten für die beiden Geschenke als Betriebsausgabe abziehen?
2. In welcher Höhe kann A die ihm beim Kauf der Geschenke in Rechnung gestellte Vorsteuer abziehen?

LÖSUNG

Zu 1

Aufwendungen für Geschenke an Personen, die nicht Arbeitnehmer des Steuerpflichtigen sind, dürfen den Gewinn nicht mindern. Dies gilt jedoch nicht, wenn die Anschaffungs- oder Herstellungskosten der dem Empfänger im Wirtschaftsjahr zugewendeten Gegenstände insgesamt 35 € **(ab dem Jahr 2024: 50 €)** nicht übersteigen (§ 4 Abs. 5 Satz 1 Nr. 1 EStG). Die Obergrenze i. H. von 35 €/50 € ist kein Freibetrag, sondern eine Freigrenze. Übersteigt die Summe der Geschenkaufwendungen je Empfänger den Betrag i. H. von 35 €/50 € im Wirtschaftsjahr, entfällt jeglicher Abzug. Ob die Freigrenze durch ein Geschenk oder mehrere Geschenke überschritten wird, ist ohne Belang. Da im Fall des Kunden A die für das Jahr 2023 geltende Freigrenze i. H. von 35 € überschritten ist, können die Anschaffungskosten für das Geschenk i. H. von 100 € nicht als Betriebsausgabe abgezogen werden. Es handelt sich um nichtabziehbare Betriebsausgaben, die außerhalb der Bilanz dem Gewinn wieder hinzuzurechnen sind.

Im Fall des Kunden B betragen die Geschenkaufwendungen 10 €, so dass die Freigrenze i. H. von 35 € nicht überschritten ist. Die Geschenkaufwendungen sind folglich als Betriebsausgabe abzugsfähig.

Zu 2

Im Fall des Kunden A ist die in Rechnung gestellte Vorsteuer nicht abzugsfähig, da die beim Erwerb eines Geschenks über 35 €/50 € (= Nettobetrag ohne Umsatzsteuer) i. S. des § 4 Abs. 5 Satz 1 Nr. 1 EStG anfallende Umsatzsteuer vom Vorsteuerabzug ausgeschlossen ist (§ 15 Abs. 1a UStG). Die nichtabzugsfähige Vorsteuer i. H. von 19 € darf den Gewinn von E nicht mindern (§ 12 Nr. 3 EStG). Im Fall des Kunden B ist die Vorsteuer dagegen voll abzugsfähig.

FALL 114A

Werbegeschenke mit Firmenlogo

Sachverhalt: Die vorsteuerabzugsberechtigte X-KG ließ zum Jahresende 2023 1.000 Wandkalender herstellen. Am rechten Rand ist jeweils das Unternehmenslogo der X-KG abgebildet. Die Herstellungskosten der Kalender betragen 10.000 € (zzgl. Umsatzsteuer). Die Kalender werden an (potenzielle) Kunden verteilt, d. h. ausgehändigt oder ohne individuelles Begleitschreiben versandt. Die X-KG buchte die Aufwendungen i. H. von 10.000 € auf ihrem Konto „Werbekosten", auf dem auch die Aufwendungen für Postwurfsendungen sowie Anzeigen in Zeitungen und Zeitschriften gebucht worden sind. Sie geht davon aus, dass es sich nicht um Geschenkaufwendungen, sondern um Werbeaufwendungen gehandelt habe.

AUFGABE

Kann die X-KG die Anschaffungskosten für die Werbegeschenke als Betriebsausgaben abziehen?

LÖSUNG

Werbung trägt oft maßgeblich zum Erfolg eines Unternehmens bei. Gleichgültig, ob es sich um kleine oder große Betriebe handelt: Das Werbegeschenk ist ein Werbemittel, das besonders zu bestimmten Anlässen, z. B. Weihnachten, einen guten Eindruck bei Stammkunden, potenziellen Neukunden und Mitarbeitern hinterlässt. Die beliebtesten Werbeartikel sind meist praktische Werbegeschenke, die einen konkreten Nutzen haben wie bspw. Kugelschreiber, Kalender oder Schlüsselanhänger. Werbegeschenke sind i. d. R. mit einem Firmennamen versehen, der in der Folge bei Kunden oder Mitarbeitern langfristig in Erinnerung bleibt.

Das Finanzamt soll betrieblich veranlasste Aufwendungen für Geschenke, vor allem bei Betriebsprüfungen, leicht überprüfen können. Deshalb müssen Aufwendungen für Geschenke an Personen, die nicht Arbeitnehmer des Steuerpflichtigen sind, einzeln und getrennt von den sonstigen Betriebsausgaben aufgezeichnet werden (§ 4 Abs. 7 Satz 1 EStG). Die besondere Aufzeichnung ist eine materiell-rechtliche Tatbestandsvoraussetzung für den Betriebsausgabenabzug. Eine Verletzung der besonderen Aufzeichnungspflicht führt dazu, dass die nicht gesondert aufgezeichneten Geschenkaufwendungen überhaupt nicht abzugsfähig sind, und zwar auch, wenn sie je Empfänger und Wirtschaftsjahr den Betrag i. H. von 35 € (ab dem Jahr 2024: 50 €) nicht übersteigen.

Werbeträger, die Unternehmen an Kunden oder Interessenten verschenken, sind zwar nach alltäglichem Verständnis keine „klassischen" Geschenke. Nach einer Entscheidung des FG Baden-Württemberg sind die Kalender dennoch Geschenke i. S. des § 4 Abs. 5 Satz 1 Nr. 1 EStG (FG Baden-Württemberg, Urteil v. 12.4.2016 - 6 K 2005/11, EFG 2016 S. 1197, CAAAF-76355). Nach Auffassung des Gerichts werden auch Werbeträger, also Gegenstände, auf denen der Name oder die Firmenbezeichnung des Schenkers oder ein sonstiger Werbehinweis angebracht ist, – jedenfalls soweit diese an individualisierbare Empfänger verteilt werden – vom Anwendungsbereich des § 4 Abs. 5 Satz 1 Nr. 1 EStG erfasst. Die Vorschrift ist danach auch nicht verfassungskonform dahingehend auszulegen, dass Werbegeschenke, die selbst Werbeträger darstellen, vom Anwendungsbereich der Vorschrift auszunehmen sind. Das FG Baden-Württemberg hält die Aufwendungen mangels Verbuchung auf einem speziellen Buchhaltungskonto gem. § 4 Abs. 7 EStG für nicht als Betriebsausgabe absetzbar.

Die Revision, die gegen das Urteil des FG Baden-Württemberg eingelegt worden war, ist zurückgenommen worden. Das Verfahren ist erledigt (BFH, Einstellungsbeschluss v. 22.1.2019 - XI R 31/16, PAAAG-70406). Damit ist über die praxisrelevante Frage höchstrichterlich leider nicht entschieden worden.

HINWEIS

Selbst bei derart relativ aufwändigen Wandkalendern kann man nach einer in der Literatur – zu Recht – vertretenen Auffassung durchaus bezweifeln, ob diese unter den Geschenkbegriff des § 4 Abs. 5 Satz 1 Nr. 1 EStG fallen. Die Empfänger dürften darin hauptsächlich eine Werbemaßnahme sehen, was sie auch sind (so kk, KÖSDI 2018 S. 19943, Rz. 424). Wer sich nicht sicher ist, ob seine Werbegeschenke, die unter der 35 €-Grenze (ab dem Jahr 2024: 50 €-Grenze) liegen, als Werbeaufwendungen vom Finanzamt akzeptiert werden, sondern als „Geschenke" i. S. des § 4 Abs. 5 Satz 1 Nr. 1 EStG eingestuft werden könnten, sollte Vorsicht walten lassen. Ratsam ist, die Aufwendungen – gem. dem Urteil des FG Baden-Württemberg – auf den gesonderten Buchführungskonten für Geschenke zu buchen.

FALL 115

Betriebsausgabenabzug von Bewirtungskosten

Sachverhalt: Dem vorsteuerabzugsberechtigten Kaufmann A, dessen Wirtschaftsjahr mit dem Kalenderjahr übereinstimmt, sind im Dezember 2023 im Rahmen einer geschäftlich veranlassten Bewirtung in einer Gaststätte Aufwendungen i. H. von 500 € zzgl. 19 % (95 €) Vorsteuer entstanden. An dem Bewirtungsvorgang haben neben A und einem seiner Arbeitnehmer acht Geschäftsfreunde teilgenommen. Auf A sowie seinen an der Bewirtung teilnehmenden Arbeitnehmer entfallen anteilige Kosten i. H. von jeweils 50 € zzgl. 19 % (9,50 €) Vorsteuer.

Die betriebliche Veranlassung ist durch schriftliche Angaben über Anlass und Teilnehmer der Bewirtung nachgewiesen. Die spezifizierte Gaststättenrechnung liegt vor. Die Aufwendungen für die Bewirtung sind einzeln und gesondert von den sonstigen Betriebsausgaben aufgezeichnet (§ 4 Abs. 7 EStG).

AUFGABEN

1. In welcher Höhe sind die Bewirtungskosten von 500 € als Betriebsausgaben abzugsfähig?
2. In welcher Höhe ist die in Rechnung gestellte Vorsteuer von 95 € abzugsfähig?

LÖSUNG

Zu 1

Der Abzug von geschäftlich veranlassten Aufwendungen für die Bewirtung von Geschäftsfreunden ist bei der steuerlichen Gewinnermittlung auf 70 % der angemessenen und nachgewiesenen Aufwendungen begrenzt (§ 4 Abs. 5 Satz 1 Nr. 2 EStG). Die prozentuale Abzugsbeschränkung gilt auch für solche Aufwendungen, die auf den Steuerpflichtigen sowie seine an einer solchen Bewirtung teilnehmenden Arbeitnehmer entfallen (R 4.10 Abs. 6 Satz 7 EStR).

Wendet man diese Grundsätze hier an, sind 70 % der Bewirtungsaufwendungen i. H. von 500 € = 350 € als Betriebsausgaben abzugsfähig. Der Restbetrag i. H. von 30 % von 500 € = 150 € ist dem Gewinn als nichtabziehbare Betriebsausgabe außerhalb der Bilanz hinzuzurechnen.

Zu 2

Nicht abziehbar sind Vorsteuerbeträge, die auf Aufwendungen, für die das Abzugsverbot des § 4 Abs. 5 Satz 1 Nr. 1–4 und 7 oder des § 12 Nr. 1 EStG gilt, entfallen (§ 15 Abs. 1a Satz 1 UStG). Dies gilt nicht für Bewirtungsaufwendungen, soweit § 4 Abs. 5 Satz 1 Nr. 2 EStG einen Abzug angemessener und nachgewiesener Aufwendungen ausschließt (§ 15 Abs. 1a Satz 2 UStG).

Die auf die angemessenen Bewirtungskosten i. H. von 500 € entfallende Vorsteuer i. H. von 95 € kann also zu 100 % abgezogen werden, obwohl die Bewirtungskosten selbst einkommensteuerrechtlich nur zu 70 % abziehbar sind.

Das Vorsteuerabzugsverbot für Bewirtungsaufwendungen, die nur deshalb gem. § 4 Abs. 7 EStG einkommensteuerrechtlich nicht abzugsfähig sind, weil gegen Formvorschriften verstoßen worden ist, gibt es ebenfalls nicht mehr.

Der Vorsteuerabzug ist jedoch weiterhin zu versagen, soweit es sich nach der Verkehrsauffassung nicht um angemessene Aufwendungen oder Vorsteuern aus nichtabsetzbaren Aufwendungen i. S. des § 12 Nr. 1 EStG handelt.

FALL 116

Nicht zeitnahe Verbuchung von Bewirtungskosten

Sachverhalt: A ist selbständiger Handelsvertreter. Er ermittelt seinen Gewinn aus Gewerbebetrieb durch Bestandsvergleich (§ 5 EStG). Die bei Geschäftsreisen in der Zeit von April–Dezember 2023 angefallenen Bewirtungsrechnungen über 2.000 € zzgl. 19 % Vorsteuer (380 €) wurden im Laufe des Jahres zusammen mit anderen Reisekostenbelegen in einem Ordner gesammelt. Nach Ablauf des Jahres – im August 2024 – zeichnet der Steuerberater von A die Bewirtungskosten einzeln und getrennt von den sonstigen Betriebsausgaben auf einem gesonderten

Konto innerhalb der Buchführung auf. Er zieht 70 % der Bewirtungskosten (1.400 €) als Betriebsausgabe ab. Die Vorsteuer i. H. von 380 € zieht er voll ab.

AUFGABEN

1. Sind die geltend gemachten Bewirtungskosten i. H. von 1.400 € als Betriebsausgabe abzugsfähig?
2. Ist die geltend gemachte Vorsteuer i. H. von 380 € voll bei der Umsatzsteuer abzugsfähig?

LÖSUNG

Zu 1

Bewirtungskosten können nur dann gewinnmindernd berücksichtigt werden, wenn sie – bei Gewinnermittlung durch Bestandsvergleich – innerhalb der Buchführung einzeln und getrennt von den sonstigen Betriebsausgaben aufgezeichnet worden sind (§ 4 Abs. 7 EStG). Diese Buchung muss nach dem auch für Aufwendungen i. S. des § 4 Abs. 5 EStG geltenden § 146 Abs. 1 Satz 1 AO fortlaufend und damit zeitnah erfolgen. Eine Verbuchung, die erst nach Ablauf des Geschäftsjahres erfolgt, genügt diesen Anforderungen nicht (BFH, Urteile v. 22.1.1988 - III R 171/82, BStBl 1988 II S. 535, v. 26.2.1988 - III R 20/85, BStBl 1988 II S. 613, und v. 25.3.1988 - III R 96/85, BStBl 1988 II S. 655). Die Bewirtungskosten i. H. von 1.400 € sind daher wegen Verstoßes gegen § 4 Abs. 7 EStG nicht abziehbar und demgemäß dem Gewinn außerhalb der Bilanz hinzuzurechnen.

Zu 2

Der volle Vorsteuerabzug ist zu gewähren, auch wenn die Bewirtungskosten selbst einkommensteuerrechtlich aufgrund der nicht eingehaltenen Formvorschriften des § 4 Abs. 7 EStG nicht abziehbar sind (BMF, Schreiben v. 23.6.2005, BStBl 2005 I S. 816). Die geltend gemachte Vorsteuer i. H. von 380 € ist bei der Umsatzsteuer abziehbar (vgl. auch den vorhergehenden Fall).

FALL 117

Abzug von Bewirtungskosten in Bagatellfällen

Sachverhalt: A ist Arzt. Zum Vorsteuerabzug ist er nicht berechtigt. Er ermittelt seinen Gewinn durch EÜR (§ 4 Abs. 3 EStG). Bei einer Außenprüfung für das Jahr 01 erkennt das Finanzamt die von A als Betriebsausgaben geltend gemachten Bewirtungskosten i. H. von 406 € (= 70 % von 580 €) nicht an, weil die Aufwendungen nicht einzeln und getrennt von den sonstigen Betriebsausgaben aufgezeichnet worden sind (§ 4 Abs. 7 EStG), sondern zusammen mit anderen Betriebsausgaben auf dem Konto „Sonstige Betriebsausgaben" verbucht wurden.

A ist mit dieser Kürzung nicht einverstanden. Er trägt dem Außenprüfer vor, im Jahr 01 seien nur drei Bewirtungsvorgänge mit Rechnungen i. H. von 150 €, 180 € und 250 €, jeweils einschließlich 19 % Vorsteuer, also i. H. von insgesamt 580 € brutto, angefallen. In Bagatellfällen dieser Art stelle im Hinblick auf das mit § 4 Abs. 7 EStG verfolgte Gesetzesziel das Beharren auf die Aufzeichnungspflicht einen Formalismus dar; eine leichte und sichere Prüfung sei bei den wenigen Belegen ohnehin gewährleistet.

AUFGABE

Sind die Bewirtungskosten als Betriebsausgaben abzugsfähig?

LÖSUNG

Auch bei zahlenmäßig geringen Bewirtungsvorgängen müssen die Aufwendungen hierfür einzeln und getrennt von den sonstigen Betriebsausgaben aufgezeichnet werden. Die vom Gesetzgeber in § 4 Abs. 7 EStG getroffene strikte formale Lösung lässt nicht zu, von der besonderen Aufzeichnungspflicht in sog. „Bagatellfällen" abzuweichen (BFH, Urteile v. 14.9.1989 - IV R 122/88, BFH/NV 1990 S. 495, VAAAB-30946, v. 26.2.2004 - IV R 50/01, BStBl 2004 II S. 502, und v. 12.8.2004 - V R 49/02, BStBl 2004 II S. 1090). A kann daher die Bewirtungskosten i. H. von 406 € nicht als Betriebsausgaben abziehen.

FALL 118

Korrektur von Fehlbuchungen auf dem Bewirtungskostenkonto

Sachverhalt: Die X-OHG betreibt ein Bauunternehmen. Sie ermittelt ihren Gewinn durch Bestandsvergleich. In ihrer Buchführung für das Jahr 01 sind u. a. Konten für Bewirtungskosten (SKR 4650) und für Rechts- und Beratungskosten (SKR 4950) eingerichtet worden. Das Konto für Bewirtungskosten, auf dem 30 Buchungen erfolgten, schloss mit einem Saldo i. H. von 5.000 € ab. Drei Buchungen über insgesamt 2.000 € betreffen die Kosten der Buchführung. Umbuchungen bei den Jahresabschlussarbeiten nahm die X-OHG nicht vor. Bei der Gewinnermittlung zog sie demgemäß Bewirtungskosten i. H. von 70 % der auf dem Konto 4650 gebuchten Aufwendungen, d. h. 3.500 €, als Betriebsausgaben ab.

Bei einer im Jahr 02 durchgeführten Außenprüfung vertritt das Finanzamt die Auffassung, dass die auf dem Konto für Bewirtungskosten gebuchten Aufwendungen nicht berücksichtigt werden dürften, da sie nicht getrennt von den sonstigen Betriebsausgaben aufgezeichnet worden seien (§ 4 Abs. 7 EStG). Die X-OHG bucht daraufhin die Steuerberatungskosten auf das Konto für Rechts- und Beratungskosten um.

AUFGABE

In welcher Höhe sind die auf dem Konto 4650 gebuchten Aufwendungen als Betriebsausgaben abzugsfähig?

LÖSUNG

Hat der Steuerpflichtige auf dem von ihm eingerichteten Bewirtungskostenkonto eine oder mehrere einzelne Fehlbuchungen vorgenommen, die auf Schreibfehlern o. ä. offenbaren Unrichtigkeiten oder auf verständlichen Abgrenzungsschwierigkeiten beruhen, können die Fehlbuchungen berichtigt werden (BFH, Urteil v. 19.8.1999 - IV R 20/99, BStBl 2000 II S. 203; vgl. auch die Urteilsanmerkung von Gosch, StBp 2000 S. 123). Da sich vorliegend die Nr. des Bewirtungskostenkontos von der Nr. des Kontos für Rechts- und Beratungskosten nur bzgl. einer Ziffer unterscheidet, ist anzunehmen, dass lediglich die fragliche Ziffer verwechselt wurde und nicht die Widmung des Kontos geändert werden sollte. Die X-OHG kann daher 70 % der „berichtigten" Bewirtungskosten i. H. von (5.000 € - 2.000 € =) 3.000 €, davon 70 %, also 2.100 €, als Betriebsausgaben abziehen. Die auf die Bewirtungskosten i. H. von 3.000 € entfallende Vorsteuer i. H. von 570 € (= 19 % von 3.000 €) ist bei der Umsatzsteuer abzugsfähig.

Die Buchführungskosten i. H. von 2.000 € sind dagegen zu 100 % abziehbar. Gleiches gilt für die auf die Buchführungskosten entfallenden Vorsteuern.

FALL 118A

Nachweis von Bewirtungskosten durch eine handgeschriebene Gaststättenrechnung

Sachverhalt: A ist einziger Kommanditist der X-GmbH & Co. KG. Nach einem erfolgreichen Geschäftsabschluss bewirtet er seinen Kunden B in einem Ausflugslokal. Die Bewirtungskosten belaufen sich auf 150 € zzgl. 19 % Umsatzsteuer. Nach einer Außenprüfung will das Finanzamt die Bewirtungskosten steuerlich nicht anerkennen, da die Rechnung der Gaststätte handgeschrieben sei. Voraussetzung für die steuerliche Anerkennung sei eine maschinengeschriebene Gaststättenrechnung.

AUFGABE

Kann die X-GmbH & Co. KG die Bewirtungskosten gem. § 4 Abs. 5 Satz 1 Nr. 2 EStG i. H. von 70 % von 150 € = 105 € als Betriebsausgabe abziehen?

LÖSUNG

Aufwendungen des Steuerpflichtigen für die Bewirtung von Geschäftsfreunden, Kunden, Lieferanten, vom Steuerberater usw. aus geschäftlichem Anlass sind dem Grunde nach Betriebsausgaben. Der Höhe nach wird der Abzug durch § 4 Abs. 5 Satz 1 Nr. 2 Satz 1 EStG auf 70 % der angemessenen Aufwendungen beschränkt. Zum Nachweis der Höhe und der betrieblichen Veranlassung der Aufwendungen hat der Steuerpflichtige schriftlich die folgenden Angaben zu machen: Ort, Tag, Teilnehmer und Anlass der Bewirtung sowie Höhe der Aufwendungen (§ 4 Abs. 5 Satz 1 Nr. 2 Satz 2 EStG). Hat die Bewirtung in einer Gaststätte stattgefunden, so genügen Angaben zu dem Anlass und den Teilnehmern der Bewirtung; die Rechnung über die Bewirtung ist beizufügen (§ 4 Abs. 5 Satz 1 Nr. 2 Satz 3 EStG).

Die bei einer Bewirtung in einer Gaststätte zum Nachweis erforderliche Rechnung muss grds. i. S. der R 4.10 Abs. 8 Satz 8 EStR den Anforderungen des § 14 UStG genügen. Sie muss nach Ansicht der Finanzverwaltung maschinell erstellt und elektronisch aufgezeichnet sein. Bei Rechnungen mit einem Gesamtbetrag bis zu 250 € (Kleinbetragsrechnungen) müssen mindestens die Anforderungen des § 33 UStDV erfüllt sein (BMF, Schreiben v. 30.6.2021, BStBl 2021 I S. 908, Rz. 1). Unabhängig davon, ob die Gaststätte über eine Registrierkasse verfügt, genügen (für den Wirt risikolose) handschriftliche Rechnungen nicht, sondern nur nachprüfbare maschinelle Belege (Loschelder in Schmidt, 43. Aufl. 2024, § 4 Rz. 555, unter Hinweis auf § 146a Abs. 1 AO und BMF, Schreiben v. 30.6.2021, BStBl 2021 I S. 908, Rz. 1 und 10).

Das FG Berlin-Brandenburg hat entschieden, dass entgegen der Auffassung des Finanzamts Bewirtungsaufwendungen nicht deswegen abzuerkennen sind, weil die Gaststättenrechnung handgeschrieben und nicht maschinengedruckt ist. Für diese vom Finanzamt angenommene Anforderung findet sich keine Rechtsgrundlage (FG Berlin-Brandenburg, Urteil v. 8.11.2021 - 16 K 11381/18, EFG 2022 S. 575, Rz. 34 und 35, SAAAI-57929; die Nichtzulassungsbeschwerde des Finanzamts wurde als unzulässig verworfen). Aus dem Gesetzeswortlaut von § 4 Abs. 5 Satz 1 Nr. 2 Satz 3 EStG ergibt sich diese Anforderung nicht. Es ist dort nur von der „Rechnung über die Bewirtung" die Rede. Diese muss wohl die umsatzsteuerlichen Voraussetzungen erfüllen. Aus § 14 UStG ergibt sich jedoch nicht, dass handgeschriebene Rechnungen nicht anzuerkennen wären; im Umsatzsteuerrecht sind handgeschriebene Rechnungen gerade möglich.

Soweit die Finanzverwaltung allein aus dem Sinn und Zweck der Regelung – aufgrund der sonst angeblich fehlenden Nachweisbarkeit und dem sonst angeblich fehlenden Risiko für den Gastwirt – die Notwendigkeit einer maschinellen Rechnung herleiten will, interpretiert sie nach Auffassung des FG Berlin-Brandenburg in das Gesetz einen Zweck hinein, den das Gesetz nach seiner Entstehungsgeschichte nie hatte. Der Anforderung einer maschinellen Rechnung der Gaststätte für die Abziehbarkeit von Bewirtungsaufwendungen fehlt danach jede Rechtsgrundlage. In § 4 Abs. 5 Satz 1 Nr. 2 Satz 3 EStG wird nur eine „Rechnung" verlangt. Die handgeschriebene Rechnung ist eine Rechnung und daher nicht zu beanstanden. Folgt man dieser Rechtsprechung, kann A die Bewirtungskosten i. H. von 105 € (= 70 % von 150 €) als Betriebsausgabe abziehen.

FALL 119

Betriebsausgabenabzug für ein häusliches Arbeitszimmer

Sachverhalt: A ist Eigentümer eines Einfamilienhauses. In diesem Haus befindet sich seine Wohnung. In einem anderen Gebäude betreibt A eine Arztpraxis. Seine Ehefrau ist bei ihm mit wöchentlich 30 Stunden als Medizinische Fachangestellte beschäftigt. Rund 20 Stunden verbringt die Ehefrau in der Praxis, im Übrigen (rund 10 Stunden) führt sie für ihren Ehemann Verwaltungsarbeiten in einem Raum des Einfamilienhauses aus.

A macht für das Jahr 2023 als Betriebsausgaben einen Betrag i. H. von 2.000 € als „Aufwendungen für ein Arbeitszimmer im eigenen Haus" geltend. Das Finanzamt lässt diese Aufwendungen nicht zum Abzug zu. Dagegen macht A geltend, dass das Zimmer nicht der Abzugsbeschränkung des § 4 Abs. 5 Satz 1 Nr. 6b EStG unterfalle. Ein häusliches Arbeitszimmer setze begrifflich die Ausübung einer häuslichen Tätigkeit durch den Steuerpflichtigen selbst voraus. Das Zimmer werde aber nicht durch ihn selbst, sondern ausschließlich durch die in seiner Praxis angestellte Ehefrau genutzt. Sie erledige dort Büroarbeiten, die allerdings auch in den Praxisräumen erledigt werden könnten. Außerdem diene das Zimmer der Unterbringung von Praxisakten.

Der gemeine Wert des Arbeitszimmers beträgt 25.000 € (anteiliger Wert des Grund und Bodens: 5.000 €; anteiliger Wert des Raums: 20.000 €).

AUFGABEN

1. Sind die Arbeitszimmerkosten – ggf. in welcher Höhe – als Betriebsausgaben abziehbar?
2. Gehört das Arbeitszimmer zum notwendigen Betriebsvermögen von A?

LÖSUNG

Zu 1

Nutzt ein Steuerpflichtiger einen Raum seines Hauses oder seiner Wohnung (nahezu) ausschließlich für seine betrieblichen oder beruflichen Zwecke, sind die entsprechenden Aufwendungen prinzipiell als Betriebsausgaben abzugsfähig. Handelt es sich allerdings um Aufwendungen für ein „häusliches Arbeitszimmer", unterliegen die Aufwendungen einer Abzugsbeschränkung (§ 4 Abs. 5 Satz 1 Nr. 6b EStG). Betroffen sind auch nichtselbständig Tätige. Für sie gelten die Abzugsrestriktionen des § 4 Abs. 5 Satz 1 Nr. 6b EStG sinngemäß (§ 9 Abs. 5 Satz 1 EStG).

§ 4 Abs. 5 Satz 1 Nr. 6b Satz 1 EStG i. d. F. des JStG 2022 v. 16.12.2022 (BGBl 2022 I S. 2294) sieht vor, dass die Aufwendungen für ein häusliches Arbeitszimmer sowie die Kosten der Ausstattung als Betriebsausgaben den Gewinn nicht mindern dürfen. Dies gilt gem. § 4 Abs. 5 Satz 1 Nr. 6b Satz 2 EStG nicht, wenn das Arbeitszimmer den Mittelpunkt der gesamten betrieblichen und beruflichen Betätigung bildet. In diesem Fall kann der Steuerpflichtige

- gem. § 4 Abs. 5 Satz 1 Nr. 6b Satz 2 EStG **entweder die tatsächlichen Kosten** oder aber
- gem. § 4 Abs. 5 Satz 1 Nr. 6b Satz 3 **ohne Kostennachweis pauschal einen Betrag i. H. von 1.260 € (Jahrespauschale)** für das Wirtschafts- oder Kalenderjahr abziehen.

Die **Jahrespauschale** ermäßigt sich gem. § 4 Abs. 5 Satz 1 Nr. 6b Satz 4 EStG ggf. für jeden vollen Kalendermonat, in dem das Arbeitszimmer kein Mittelpunkt der gesamten betrieblichen und beruflichen Tätigkeit ist, um $^1/_{12}$.

Die Vorschrift des § 4 Abs. 5 Satz 1 Nr. 6b EStG wird ergänzt durch § 4 Abs. 7 EStG. Danach sind u. a. Aufwendungen für ein häusliches Arbeitszimmer einzeln und getrennt von den sonstigen Betriebsausgaben aufzuzeichnen. Soweit diese Aufwendungen nicht bereits gem. § 4 Abs. 5 Satz 1 Nr. 6b EStG vom Abzug ausgeschlossen sind, dürfen sie bei der Gewinnermittlung nur berücksichtigt werden, wenn sie besonders aufgezeichnet sind.

Der BFH hat in Aussetzungsverfahren entschieden, dass es sich in den Fällen, in denen ein in die Wohnung integrierter Raum von einem zusammen mit dem Steuerpflichtigen im Haushalt lebenden Angehörigen genutzt wird, der in dessen Unternehmen beschäftigt ist, um ein häusliches Arbeitszimmer i. S. des § 4 Abs. 5 Satz 1 Nr. 6b EStG handeln kann (BFH, Beschlüsse

v. 12.7.2002 - IV B 36/01, BFH/NV 2002 S. 1570, DAAAA-68342, und v. 29.4.2010 - VI B 153/09, BFH/NV 2010 S. 1442, YAAAD-45769). Die Abzugsbegrenzung für das häusliche Arbeitszimmer gilt auch in Fällen, in denen nicht der den Abzug begehrende Arbeitnehmer selbst, sondern sein bei ihm angestellter Ehegatte das Arbeitszimmer im gemeinsamen Haus beruflich nutzt. **Konsequenz:** Die Arbeitszimmerkosten sind gem. § 4 Abs. 5 Satz 1 Nr. 6b Satz 1 EStG nicht als Betriebsausgaben abziehbar, da das Arbeitszimmer nicht den Mittelpunkt der gesamten und beruflichen Tätigkeit bildet.

Zu 2

Grundstücke und Gebäudeteile gehören zum notwendigen Betriebsvermögen, wenn sie dazu bestimmt sind, dem Betrieb zu dienen oder ihn zu fördern. Notwendiges Betriebsvermögen muss in der Bilanz bzw. – bei EÜR – im Bestandsverzeichnis ausgewiesen werden. Von diesem grundsätzlichen Ausweis von notwendigem Betriebsvermögen in der Bilanz bzw. Bestandsverzeichnis gibt es eine Ausnahme. Eigenbetrieblich genutzte Grundstücksteile, also prinzipiell Wirtschaftsgüter des notwendigen Betriebsvermögens, brauchen nicht als Betriebsvermögen behandelt zu werden, wenn ihr Wert nicht mehr als $^{1}/_{5}$ des gemeinen Werts des gesamten Grundstücks und nicht mehr als 20.500 € beträgt (§ 8 EStDV). Sind die genannten Grenzen nicht überschritten, steht die Bilanzierung (als gewillkürtes Betriebsvermögen) im Ermessen des Steuerpflichtigen (BFH, Urteil v. 15.2.2001 - III R 20/99, BStBl 2003 II S. 635, Rz. 32).

Vorliegend hat A kein Wahlrecht, ob er das Arbeitszimmer als Betriebsvermögen ausweist oder nicht. Das Arbeitszimmer gehört aufgrund der Überschreitung der genannten Wertgrenze zwingend zum notwendigen Betriebsvermögen. Dass die Arbeitszimmerkosten aufgrund des Abzugsverbots gem. § 4 Abs. 5 Satz 1 Nr. 6b EStG vom Betriebsausgabenabzug ausgeschlossen sind, ändert daran nichts. Das bedeutet: Das beruflich genutzte, steuerlich unter das Abzugsverbot des § 4 Abs. 5 Satz 1 Nr. 6b EStG fallende Arbeitszimmer ist steuerverstricktes Betriebsvermögen von A mit der Folge, dass es bei einem Verkauf des Hauses oder einer Entnahme des beruflich genutzten Gebäudeteils zu einer Gewinnrealisierung kommt. Ein unbefriedigendes Ergebnis (so zu Recht kk, KÖSDI 2002 S. 13125, Nr. 1).

Der BFH hat daran festgehalten, dass sich der nach Abzug der AfA i. S. des § 6 Abs. 1 Nr. 1 Satz 1 EStG ergebende Buchwert des häuslichen Arbeitszimmers auch dann für die Berechnung des Gewinns aus der Entnahme eines häuslichen Arbeitszimmers maßgeblich ist, wenn die Abziehbarkeit der Aufwendungen für das häusliche Arbeitszimmer während der Ausübung der betrieblichen Tätigkeit gem. § 4 Abs. 5 Satz 1 Nr. 6b EStG nicht möglich bzw. der Höhe nach beschränkt war. Eine Gewinnkorrektur im Hinblick auf die nicht abzugsfähige AfA kommt nicht in Betracht (BFH, Urteil v. 16.6.2020 - VIII R 15/17, BStBl 2020 II S. 841).

HINWEIS

Durch das Jahressteuergesetz 2022 (JStG 2022) v. 16.12.2022 (BGBl 2022 I S. 2294, BStBl 2023 I S. 7) ist mit Wirkung ab dem Veranlagungszeitraum 2023 (§ 52 Abs. 6 Satz 12 EStG) die Vorschrift des § 4 Abs. 5 Satz 1 Nr. 6b EStG durch § 4 Abs. 5 Satz 1 Nr. 6b und 6c ersetzt worden. Die Änderung der bisherigen Nr. 6b regelt, dass Aufwendungen für ein häusliches Arbeitszimmer, das den Mittelpunkt der gesamten betrieblichen und beruflichen Betätigung bildet, sowie die Kosten der Ausstattung auch dann abziehbar sind, wenn für die betriebliche oder berufliche Tätigkeit ein anderer Arbeitsplatz zur Verfügung steht (§ 4 Abs. 5 Satz 1 Nr. 6b Satz 2 EStG). Anstelle der tatsächlichen Aufwendungen kann dann pauschal ein Betrag i. H. von 1.260 € (Jahrespauschale) für das Wirtschafts- oder Kalenderjahr abgezogen werden (§ 4 Abs. 5 Satz 1 Nr. 6b Satz 3 EStG). Für jeden vollen Kalendermonat, in dem die Voraussetzungen gem. § 4 Abs. 5 Satz 1 Nr. 6b Satz 2 EStG nicht vorliegen, ermäßigt sich der Betrag i. H. von 1.260 € um $^1/_{12}$. In § 6 Abs. 5 Satz 1 Nr. 6c EStG (bisher: § 6 Abs. 5 Satz 1 Nr. 6b Satz 4 EStG) ist die „Homeoffice-Pauschale" ebenfalls mit Wirkung ab dem Veranlagungszeitraum 2023 neu geregelt worden. Sie gilt jetzt unbefristet und ist auf 6 € pro Tag (Tagespauschale), höchstens 1.260 € im Wirtschafts- und Kalenderjahr erhöht worden.

FALL 120

Begriff des häuslichen Arbeitszimmers

Sachverhalt: A ist als selbständiger Versicherungsvertreter überwiegend im Außendienst tätig und wohnt in seinem eigenen Einfamilienhaus. Die Gesamtfläche des Objekts beträgt 180 qm. A ermittelt seinen Gewinn durch EÜR (§ 4 Abs. 3 EStG). In seiner Gewinnermittlung 2023 macht er Arbeitszimmerkosten (Heizung, Strom usw.) i. H. von $^1/_2$ von 2.400 € = 1.200 € für einen jeweils hälftig als Bügelzimmer und zur Erledigung seiner Büroarbeiten genutzten Raum als Betriebsausgaben geltend. A hat dem Finanzamt Fotos vorgelegt, aus denen sich ergibt, dass dieser Raum mit einem Schreibtisch, einem Büroschrank, Regalen sowie diversen Leitz-Ordnern, einem Couchtisch, einem Bügeltisch und drei Stühlen ausgestattet ist. Im Arbeits-/Bügelzimmer steht außerdem ein Computer.

AUFGABE

Handelt es sich bei dem Raum um ein „häusliches Arbeitszimmer"?

LÖSUNG

Grundvoraussetzung für den Abzug von Arbeitszimmerkosten ist seit jeher, dass das Arbeitszimmer nahezu ausschließlich für berufliche Zwecke genutzt wird. Aufwendungen für die eigene Wohnung können danach bei der Einkommensteuer grds. nicht abgezogen werden, da es sich bei diesen Aufwendungen regelmäßig um solche der privaten Lebensführung handelt, die i. S. des § 12 Nr. 1 EStG nicht abziehbar sind. Nur eine untergeordnete private Mitbenutzung des Arbeitszimmers i. H. von weniger als 10 % ist nach der Auffassung der Finanzverwaltung unschädlich (BMF, Schreiben v. 6.10.2017, BStBl 2017 I S. 1320, Rz. 3).

In der Literatur und in der FG-Rechtsprechung sind an dieser Auffassung Zweifel geäußert worden. Der IX. Senat des BFH hat daher dem Großen Senat die Frage vorgelegt, ob der Begriff des häuslichen Arbeitszimmers voraussetzt, dass der jeweilige Raum (nahezu) ausschließlich für betriebliche/berufliche Zwecke genutzt wird. Außerdem möchte er wissen, ob die Arbeitszimmerkosten entsprechend den Grundsätzen des Beschlusses des Großen Senats zur Aufteilung von gemischt veranlassten Reisekosten (BFH, Beschluss v. 21.9.2009 - GrS 1/06, BStBl 2010 II S. 672) aufteilbar sind (BFH, Beschluss v. 21.11.2013 - IX R 23/12, BStBl 2014 II S. 312). Der IX. Senat geht davon aus, dass § 4 Abs. 5 Satz 1 Nr. 6b EStG kein spezialgesetzliches Aufteilungs- und Abzugsverbot enthält, und positioniert sich sehr eindeutig zugunsten der Aufteilung und Abziehbarkeit der anteiligen Aufwendungen.

Der Große Senat hat die Auffassung des vorlegenden IX. Senats abgelehnt und hält an der überkommenden Rechtsprechung fest, dass der Begriff des häuslichen Arbeitszimmers voraussetzt, dass der jeweilige Raum ausschließlich oder nahezu ausschließlich für betriebliche/berufliche Zwecke genutzt wird (BFH, Beschluss v. 27.7.2015 - GrS 1/14, BStBl 2016 II S. 265). Unter einem „häuslichen Arbeitszimmer" ist nur ein Raum zu verstehen, in dem Tätigkeiten zur Erzielung von Einnahmen ausgeübt werden. Ein Zimmer, das zwar büromäßig eingerichtet ist, das aber in nennenswertem Umfang neben der Verrichtung von (Büro-)Arbeiten auch anderen Zwecken dient, etwa als Spiel-, Gäste- oder Bügelzimmer, ist bereits nach dem allgemeinen Wortverständnis kein Arbeitszimmer.

Der Umfang der jeweiligen Nutzung lässt sich objektiv nicht überprüfen. Die Behauptungen des Steuerpflichtigen, zu welcher Zeit er auf welche Weise ein in die häusliche Sphäre eingebundenes Zimmer nutzt, sind nach Meinung des Großen Senats regelmäßig nicht verifizierbar. Eine sachgerechte Abgrenzung des betrieblichen/beruflichen Bereichs vom privaten Bereich ist bei einer Aufteilung der Aufwendungen für ein gemischt genutztes Arbeitszimmer demnach nicht gewährleistet. Nach alledem ist das Zimmer kein „häusliches Arbeitszimmer" und die Kosten sind insgesamt nicht abziehbar. Der BFH hat bestätigt, dass Aufwendungen für einen in die häusliche Sphäre eingebundenen Raum, der sowohl zur Erzielung von Einnahmen als auch zu privaten Wohnzwecken eingerichtet ist und entsprechend genutzt wird, weder insgesamt noch anteilig als Betriebsausgaben berücksichtigt werden können (BFH, Urteil v. 8.9.2016 - III R 62/11, BStBl 2017 II S. 163).

Der Beschluss des Großen Senats, wonach die Aufwendungen für die Hin- und Rückreise bei gemischt veranlassten Reisen grds. nach Maßgabe der beruflich und privat veranlassten Zeitanteile der Reise aufgeteilt werden können, wenn die beruflich veranlassten Zeitanteile feststehen und nicht von untergeordneter Bedeutung sind, steht dem nicht entgegen. Bei § 4 Abs. 5 Satz 1 Nr. 6b Satz 1 EStG handelt es sich nämlich um eine den allgemeinen Grundsätzen vorgehende Spezialregelung, die abschließend bestimmt, unter welchen Voraussetzungen und in welcher Höhe Aufwendungen für ein häusliches Arbeitszimmer abziehbar sind. Diese Spezialregelung schließt den Abzug aus.

FALL 121

Häusliches Arbeitszimmer eines als Schriftsteller tätigen Beamten

Sachverhalt: A war bis zum 31.12.2022 als Beamter bei einem Finanzamt tätig. Ab dem 1.1.2023 bezieht er als Ruhestandsbeamter Versorgungsbezüge i. S. des § 19 Abs. 2 Satz 2 Nr. 1 Buchst. a EStG i. H. von 60.000 € brutto. Außerdem übt er eine freiberufliche Tätigkeit als Schriftsteller aus. Der Umsatz beträgt im Jahr 2023 10.000 €. Die schriftstellerische Tätigkeit wird in einem im Einfamilienhaus von A gelegenen häuslichen Arbeitszimmer ausgeübt. Von den für das Haus insgesamt entstehenden (nachgewiesenen) Aufwendungen im Jahr 2023 entfällt ein Betrag i. H. von 2.400 € auf das Arbeitszimmer, den A in seiner Einkommensteuererklärung 2023 als Betriebsausgabe bei seinen Einkünften aus freiberuflicher Tätigkeit geltend macht.

AUFGABE

Sind die auf das Arbeitszimmer entfallenden Aufwendungen als Betriebsausgabe abzugsfähig?

LÖSUNG

Gemäß § 4 Abs. 5 Satz 1 Nr. 6b Satz 1 EStG sind Aufwendungen für ein häusliches Arbeitszimmer und seine Ausstattung grds. nicht als Betriebsausgaben abziehbar. Das gilt nicht, wenn das Arbeitszimmer den Mittelpunkt der gesamten betrieblichen und beruflichen Betätigung bildet. Dann sind

- gem. § 4 Abs. 5 Satz 1 Nr. 6b Satz 2 EStG entweder die tatsächlichen Kosten oder aber
- pauschal ein Betrag i. H. von 1.260 € (Jahrespauschale) für das Wirtschafts- oder Kalenderjahr abziehbar, wobei sich die Jahrespauschale gem. § 4 Abs. 5 Satz 1 Nr. 6b Satz 3 EStG für jeden vollen Kalendermonat, in dem das Arbeitszimmer kein Tätigkeitsmittelpunkt ist, um $^{1}/_{12}$ ermäßigt (§ 4 Abs. 5 Satz 1 Nr. 6b Satz 4 EStG).

A kann daher die nachgewiesenen Arbeitszimmerkosten i. H. von 2.400 € gem. § 4 Abs. 5 Satz 1 Nr. 6b Satz 2 EStG nur dann als Betriebsausgabe abziehen, wenn das Arbeitszimmer den Mittelpunkt der gesamten betrieblichen und beruflichen Betätigung bildet. Zur Bestimmung des Mittelpunkts der gesamten betrieblichen und beruflichen Betätigung führt die Finanzverwaltung Folgendes aus (BMF, Schreiben v. 15.8.2023, BStBl 2023 I S. 1551, Rz. 12):

„Ein häusliches Arbeitszimmer bildet den Mittelpunkt der gesamten betrieblichen und beruflichen Betätigung des Steuerpflichtigen, wenn nach Würdigung des Gesamtbilds der Verhältnisse und der Tätigkeitsmerkmale dort diejenigen Handlungen vorgenommen und Leistungen erbracht werden, die für die konkret ausgeübte betriebliche oder berufliche Tätigkeit wesentlich und prägend sind. Bei der Gesamtbetrachtung zur Beurteilung des Mittelpunkts der gesamten betrieblichen und beruflichen Betätigung sind nur solche Einkünfte zu berücksichtigen, die grds. ein Tätigwerden des Steuerpflichtigen im jeweiligen Veranlagungszeitraum erfordern; Versorgungsbezüge bleiben bei dieser Betrachtung daher außen vor (BFH, Urteil v. 11.11.2014 - VIII R 3/12, BStBl 2015 II S. 382)."

Nach dem genannten BFH-Urteil sind Einkünfte aus früheren Dienstleistungen i. S. des § 19 Abs. 1 Satz 1 Nr. 2 EStG, die nach Erreichen einer Altersgrenze allein aufgrund einer früheren, im maßgebenden Veranlagungszeitraum nicht mehr ausgeübten Tätigkeit gezahlt werden, in die Gesamtbetrachtung zur Beurteilung des Mittelpunkts der gesamten betrieblichen und beruflichen Betätigung **nicht** mit einzubeziehen.

Diese Pensionseinkünfte werden nämlich nicht durch eine im Veranlagungszeitraum des Zuflusses ausgeübte aktive Tätigkeit des Steuerpflichtigen erzielt. Versorgungsbezüge, die für eine frühere Tätigkeit gezahlt werden und kein Tätigwerden des Steuerpflichtigen im Arbeitszimmer erforderlich machen, bleiben im Rahmen der Gesamtbetrachtung unberücksichtigt. Im Rahmen der Gesamtbetrachtung und Gewichtung der einzelnen Tätigkeiten für die Bestimmung des

Mittelpunkts der gesamten Tätigkeit sind nur solche Einkünfte zu berücksichtigen, die grds. ein aktives Tätigwerden des Steuerpflichtigen im jeweiligen Veranlagungszeitraum erfordern. A kann daher seine nachgewiesenen und besonders aufgezeichneten Arbeitszimmerkosten i. H. von 2.400 € als Betriebsausgabe abziehen. Zu beachten ist, dass Aufwendungen für ein häusliches Arbeitszimmer bei der Gewinnermittlung gem. § 4 Abs. 7 EStG nur berücksichtigt werden dürfen, wenn sie besonders aufgezeichnet werden (BMF, Schreiben v. 15.8.2023, BStBl 2023 I S. 1551, Rz. 25).

FALL 122

Nutzung eines häuslichen Arbeitszimmers durch mehrere Steuerpflichtige

Sachverhalt: Die Eheleute A und B sind beide Lehrer. Sie bewohnen ein Einfamilienhaus, das ihnen je zur Hälfte gehört. In der gemeinsamen Wohnung nutzen sie im Jahr 2023 auch ein Arbeitszimmer gemeinsam zu je $^{1}/_{2}$, dessen nachgewiesene Kosten i. H. von 3.000 € sie ebenfalls zu je $^{1}/_{2}$ getragen haben.

AUFGABE

Können A und B die von ihnen getragenen Arbeitszimmerkosten i. H. von jeweils 1.500 € als Werbungskosten bei ihren Einkünften aus nichtselbständiger Arbeit geltend machen?

LÖSUNG

Nutzen mehrere Personen, wie z. B. Ehegatten, ein häusliches Arbeitszimmer gemeinsam, sind die Voraussetzungen des § 4 Abs. 5 Satz 1 Nr. 6b Satz 2 EStG bezogen auf die einzelne steuerpflichtige Person zu prüfen (BFH, Urteile v. 15.12.2016 - VI R 53/12, BStBl 2017 II S. 938, und VI R 86/13, BStBl 2017 II S. 941). Liegen diese Voraussetzungen jeweils vor, kann jeder das häusliche Arbeitszimmer Nutzende die Aufwendungen abziehen, die dieser getragen hat oder die ihm im Wege des abgekürzten Zahlungswegs zuzurechnen sind, weil ein Dritter die Schuld des Nutzenden erfüllt.

Voraussetzung für diesen Abzug ist, dass das Arbeitszimmer den Mittelpunkt der gesamten betrieblichen und beruflichen Betätigung bildet (§ 4 Abs. 5 Satz 1 Nr. 6b Satz 2 EStG). Bei Lehrern befindet sich der Mittelpunkt der beruflichen Betätigung regelmäßig nicht im häuslichen Arbeitszimmer, weil die berufsprägenden Merkmale eines Lehrers im Unterrichten bestehen und diese Leistungen in der Schule erbracht werden (BFH, Urteil v. 26.2.2003 - VI R 125/01, BStBl 2004 II S. 72). Deshalb sind die Aufwendungen für das häusliche Arbeitszimmer oder die Jahrespauschale gem. § 4 Abs. 5 Satz 1 Nr. 6b und § 9 Abs. 5 Satz 1 EStG auch dann nicht abziehbar, wenn die überwiegende Arbeitszeit auf die Vor- und Nachbereitung des Unterrichts verwendet und diese Tätigkeit im häuslichen Arbeitszimmer ausgeübt wird (BMF, Schreiben v. 15.8.2023, BStBl 2023 I S. 1551, Rz. 16). Weder A noch B können die Arbeitszimmerkosten als Werbungskosten bei ihren jeweiligen Einkünften aus nichtselbständiger Arbeit abziehen.

FALL 122A

Berechnung des Entnahmegewinns bei einem zum Betriebsvermögen gehörenden Arbeitszimmer

Sachverhalt: An der X-GbR sind A und B zu je 50 % beteiligt. Zum notwendigen Sonderbetriebsvermögen von A gehört ein betrieblich genutztes Arbeitszimmer, dessen Buchwert sich seit Anschaffung wie folgt entwickelt hat:

	Grund und Boden	Gebäude
Anschaffungskosten Anfang des Jahres 2018	10.000 €	50.000 €
AfA 2018–2023: 3 % von 50.000 € x 6 =		- 9.000 €
Buchwert zum 31.12.2023	10.000 €	41.000 €

Die AfA wurde bei den Gewinnfeststellungen 2018–2023 gem. § 4 Abs. 5 Nr. 6b Satz 1 EStG nicht als Sonderbetriebsausgabe anerkannt, da das Arbeitszimmer nicht den Mittelpunkt der gesamten betrieblichen und beruflichen Betätigung bildet.

Ab Anfang des Jahres 2024 wird das Arbeitszimmer nicht mehr betrieblich, sondern ausschließlich und auf Dauer für eigene Wohnzwecke (als Kinderzimmer) genutzt. Der Teilwert des Arbeitszimmers beträgt zu diesem Zeitpunkt 60.000 € (Grund und Boden 10.000 € und Gebäude 50.000 €).

AUFGABE

Wie hoch ist der Gewinn aus der Entnahme des Arbeitszimmers?

LÖSUNG

Steht ein häusliches Arbeitszimmer im Eigentum des Steuerpflichtigen und nutzt er dies zur Erzielung betrieblicher Einkünfte, gehört das Arbeitszimmer zu seinem notwendigen Betriebsvermögen, wenn die Grenzen des § 8 EStDV überschritten sind. Entsprechendes gilt für ein Arbeitszimmer, das im Eigentum eines Mitunternehmers steht. Gibt der Steuerpflichtige seinen Betrieb auf oder ändert er die Nutzung des Arbeitszimmers in der Weise, dass es notwendiges Privatvermögen wird, kann es zu einem Entnahmegewinn kommen. Der BFH geht davon aus, dass bei der Berechnung eines Veräußerungs- bzw. Entnahmegewinns der um die AfA geminderte Buchwert anzusetzen ist, auch wenn die AfA sich bisher bei der Gewinnermittlung aufgrund des Abzugsverbots gem. § 4 Abs. 5 Satz 1 EStG nicht ausgewirkt hat (BFH, Urteile v. 12.12.1973 - VIII R 40/69, BStBl 1974 II S. 207, und v. 25.3.2015 - X R 14/12, BFH/NV 2015 S. 973, SAAAE-91546). Nach Ansicht des BFH genügt es, dass Wirtschaftsgüter dieser Art zum notwendigen oder gewillkürten Betriebsvermögen gehören. Gehören sie aber zum Betriebsvermögen, so ist nach Ansicht des BFH die Anwendung der einkommensteuerrechtlichen Bewertungsvorschriften und damit auch die Vornahme von AfA zwingend geboten. Eine Minderung des Veräußerungsgewinns durch Erhöhung des Buchwerts um den bislang nicht abzugsfähigen Teil der AfA, mit der Folge einer geringeren Differenz zwischen Veräußerungspreis und Buchwert, hält der BFH für nicht gerechtfertigt.

Der BFH hat in einer späteren Entscheidung an seiner Rechtsprechung festgehalten und die Entscheidung der Vorinstanz bestätigt (BFH, Urteil v. 16.6.2020 - VIII R 15/17, BStBl 2020 II S. 841). Die dagegen eingelegte Verfassungsbeschwerde wurde nicht zur Entscheidung angenommen (BVerfG, Beschluss v. 11.11.2021 - 2 BvR 2069/20).

Die Nutzungsänderung führt hier zu einer Entnahme des Arbeitszimmers, die mit dem Teilwert zu bewerten ist (§ 6 Abs. 1 Nr. 4 EStG). Für die Berechnung des Gewinns aus der Entnahme eines häuslichen Arbeitszimmers ist der sich nach Abzug der AfA gem. § 6 Abs. 1 Nr. 1 Satz 1 EStG ergebende Buchwert des häuslichen Arbeitszimmers auch dann maßgeblich, wenn die Abziehbarkeit der Aufwendungen für das häusliche Arbeitszimmer während der Ausübung der betrieblichen Tätigkeit gem. § 4 Abs. 5 Satz 1 Nr. 6b EStG nicht möglich bzw. der Höhe nach beschränkt war. Eine Gewinnkorrektur im Hinblick auf die nicht abzugsfähige AfA kommt also nicht in Betracht.

Die Nichtabzugsfähigkeit bzw. teilweise beschränkte Abziehbarkeit der Aufwendungen für das Arbeitszimmer einschließlich der AfA schließt weder die Zugehörigkeit des Arbeitszimmers zum Betriebsvermögen aus noch beeinflusst sie den gem. § 6 Abs. 1 Nr. 1 Satz 1 EStG für das Arbeitszimmer zu ermittelnden Buchwert. Bei der Berechnung des Gewinns aus der Veräußerung oder Entnahme eines vom Abzugsverbot des § 4 Abs. 5 Satz 1 EStG betroffenen Wirtschaftsguts ist der Buchwert zugrunde zu legen, der sich unter Berücksichtigung der nicht abziehbaren AfA ergibt.

Wird bei der Ermittlung des Entnahmegewinns nur der Buchwert des vom Abzugsverbot betroffenen Wirtschaftsguts berücksichtigt, wird der Steuerpflichtige auch nicht „doppelt bestraft". Das Abzugsverbot des § 4 Abs. 5 Satz 1 EStG wird lediglich einmal, bei der Ermittlung des laufenden Gewinns, angewandt. Im Rahmen der Ermittlung des Entnahmegewinns greift es nicht erneut, sondern es wird lediglich nicht rückgängig gemacht. Hierdurch kommt es nach Ansicht des BFH auch nicht zur Besteuerung eines „Scheingewinns", denn dem Steuerpflichtigen wird im Rahmen der Entnahme kein Entnahmewert zugerechnet, den er tatsächlich nicht erlangt hat. Es wird lediglich der Betriebsausgabenabzug im Rahmen der Ermittlung des laufenden Gewinns durch eine typisierende Höchstgrenze mit Wirkung für den Totalgewinn beschränkt. Die Streitfrage ist damit endgültig geklärt.

HINWEIS

Geklärt ist mit diesem Urteil auch, dass ein zum Betriebsvermögen gehörendes häusliches Arbeitszimmer Wirtschaftsgutqualität besitzt, also ein eigenständiges Wirtschaftsgut ist. Dass ein häusliches Arbeitszimmer nicht selbständig veräußerbar ist, ändert daran nichts.

Praxishinweis: Übt der Steuerpflichtigen das ihm i. S. des § 8 EStDV eingeräumte Wahlrecht aus, das häusliche Arbeitszimmer aufgrund seines untergeordneten Werts nicht als Betriebsvermögen zu behandeln, ist das Arbeitszimmer dem Privatvermögen zuzuordnen. Die auf das Arbeitszimmer bezogenen Aufwendungen sind im Rahmen des § 4 Abs. 5 Satz 1 Nr. 6b EStG dennoch weiterhin abziehbar, weil die Finanzverwaltung die betriebliche Veranlassung dieser Kosten anerkennt (R 4.7 Abs. 2 Satz 4 EStR). In vergleichbaren Fällen sollte also auf die Bilanzierung verzichtet werden. Eine Zuordnung des Arbeitszimmers zum notwendigen Betriebsvermögen und somit eine Anwendung des § 4 Abs. 5 Satz 1 Nr. 6b Satz 1 EStG lässt sich von vornherein auch durch eine privat mitveranlasste Nutzung (Gästezimmer) oder Ausstattung (Fernsehgerät oder Klavier) vermeiden.

FALL 123

Anschaffungskosten bei einem Anschaffungsgeschäft in Fremdwährung

Sachverhalt: A betreibt eine Fabrikation. Am 10.1.01 bestellt er bei einem amerikanischen Lieferanten eine Maschine. Als Kaufpreis werden 100.000 $ vereinbart. A leistet noch im Januar 01 eine Vorauszahlung i. H. des Kaufpreises. 1 € kostet zum Zeitpunkt der Vorauszahlung 1,22 $ oder anders ausgedrückt: 1 $ kostet 0,8196721 €, so dass A als Vorauszahlung 81.967,21 € bucht (Buchungssatz: Vorauszahlung 81.967,21 € an Bank 81.967,21 €). Die Maschine wird im März 01 geliefert. 1 € kostet zum Zeitpunkt der Lieferung 1,29 $ oder anders ausgedrückt: 1 $ kostet jetzt nur noch 0,7751938 €. Der US-Dollar hat also im Vergleich zum Euro an Wert verloren und der Euro an Wert gewonnen.

AUFGABE

Wie hoch sind die Anschaffungskosten der Maschine?

LÖSUNG

Anschaffungskosten entstehen grds. an dem Tag, an dem der Steuerpflichtige die wirtschaftliche Verfügungsmacht an dem angeschafften Wirtschaftsgut erlangt, regelmäßig also am Tag der Lieferung. Ist der Kaufpreis für ein Wirtschaftsgut in ausländischer Währung zu erbringen, ist er für die Ermittlung der Anschaffungskosten zum Kurs zum Anschaffungszeitpunkt in Euro umzurechnen (BFH, Urteile v. 16.12.1977 - III R 92/75, BStBl 1978 II S. 233, und v. 6.11.1997 - III R 190/94, BStBl 1998 II S. 123). Das bedeutet, dass sich die Anschaffungskosten der Maschine auf (100.000 x 0,7751938 € =) 77.519,38 € belaufen. A ist also aufgrund der Vorauszahlung und des Umrechnungsverhältnisses ein Kursverlust i. H. von (0,8196721 - 0,7751938 =) 0,0444783 x 100.000 € = 4.447,83 € entstanden, der im Jahr 01 sofort als Betriebsausgabe abziehbar ist (Buchungssatz: Anschaffungskosten Maschine 77.519,38 € und Kursverlust 4.447,83 € an Vorauszahlungen 81.967,21 €).

FALL 124

Unentgeltlicher Erwerb eines Wirtschaftsguts aus betrieblichen Gründen

Sachverhalt: Frau A ist Inhaberin eines Juweliergeschäfts. Ihren Gewinn ermittelt sie durch Bestandsvergleich. Anlässlich ihres 25-jährigen Geschäftsjubiläums am 1.7.01 erhält sie von einem Schmuckgroßhändler, der sie seit Jahren beliefert, ein Perlenarmband geschenkt. Im Falle eines

Erwerbs hätte Frau A für das Armband 1.000 € zzgl. 19 % Umsatzsteuer aufwenden müssen. Frau A schenkt das Armband ihrer Tochter zu deren Geburtstag am 10.7.01.

AUFGABE

Welche einkommensteuerlichen Auswirkungen hat der Geschäftsvorfall?

LÖSUNG

Es handelt sich um einen unentgeltlichen Erwerb, da Frau A keine Anschaffungskosten entstanden sind. Für die steuerliche Beurteilung ist davon auszugehen, dass ihr das Armband aus betrieblichen Gründen zugewendet worden ist. Der Schmuckgroßhändler will mit dem Geschenk nämlich offensichtlich die langjährigen Geschäftsbeziehungen honorieren. Beim unentgeltlichen Erwerb eines einzelnen Wirtschaftsguts aus betrieblichen Gründen gilt für den Empfänger der gemeine Wert des Wirtschaftsguts als Anschaffungskosten (§ 6 Abs. 4 EStG). Der gemeine Wert entspricht den Anschaffungskosten, die Frau A zum Zeitpunkt des Erwerbs hätte aufwenden müssen (BFH, Urteil v. 13.12.1973 - I R 136/72, BStBl 1974 II S. 210, für ein Sachgeschenk, das ein bedeutender Bierabnehmer von seiner Brauerei erhielt). Als gemeiner Wert sind also die – fiktiven – üblichen Anschaffungskosten i. H. von 1.000 € anzusetzen. Durch diese Bewertung des unentgeltlichen Erwerbs ergibt sich für Frau A ein Gewinn i. H. von 1.000 €, der auch steuerpflichtig ist (Buchungssatz: Wareneinkauf 1.000 € an Sonstige betriebliche Erträge 1.000 €).

Die Voraussetzungen für einen Vorsteuerabzug gem. § 15 UStG liegen nicht vor.

Die Schenkung des Armbands an die Tochter stellt eine Entnahme dar, die mit dem Teilwert i. H. von 1.000 € zu bewerten ist (§ 6 Abs. 1 Nr. 4 EStG). Die Entnahme eines Gegenstands durch einen Unternehmer aus seinem Unternehmen für Zwecke, die außerhalb des Unternehmens liegen, wird zwar umsatzsteuerlich prinzipiell einer Lieferung gegen Entgelt gleichgestellt (§ 3 Abs. 1b Satz 1 Nr. 1 UStG). Voraussetzung dafür ist jedoch, dass der Gegenstand zum vollen oder teilweisen Vorsteuerabzug berechtigt hat (§ 3 Abs. 1b Satz 2 UStG). Da es hieran fehlt, löst die Schenkung des Armbands keine Umsatzsteuer aus. Die Entnahme selbst führt zu keiner Gewinnrealisierung, da der Entnahmewert den – fiktiven – Anschaffungskosten entspricht (Buchungssatz: Entnahme 1.000 € an Wareneinkauf 1.000 €). Da Frau A den erlangten Sachwert für private Zwecke eingesetzt hat, bleibt es bei der Erfassung der Sacheinnahme, also beim Ansatz der Betriebseinnahme zu dem Zeitpunkt, zu dem sie den Sachwert erhalten hat (BFH, Urteil v. 17.4.1986 - IV R 115/84, BStBl 1986 II S. 607). Dementsprechend erhöht sich der Gewinn des Jahres 01 (einmalig) um 1.000 €.

FALL 125

Ausweis von Pensionsrückstellungen in der Steuerbilanz

Sachverhalt: A betreibt ein gewerbliches Einzelunternehmen. Zwischen ihm und B besteht ein Arbeitsverhältnis. A hat B eine unmittelbare Pensionszusage erteilt: In einem Einzelvertrag hat er sich verpflichtet, die Pensionsleistungen bei Eintritt des Versorgungsfalls selbst (unmittelbar) zu erbringen.

Der Teilwert der Pensionszusage beträgt

- am 31.12.2022 30.000 €
- am 31.12.2023 36.000 €

Die Voraussetzungen des § 6a Abs. 1 und 2 EStG für die Bildung einer Pensionsrückstellung sind gegeben.

AUFGABEN

1. Es handelt sich um eine Pensionszusage, die nach dem 31.12.1986 gemacht worden ist (sog. „Neuzusage").
2. Es handelt sich um eine Pensionszusage, die vor dem 1.1.1987 gemacht worden ist (sog. „Altzusage"). A hat die Pensionsverpflichtung in seiner Handelsbilanz nicht ausgewiesen.

Muss in der Steuerbilanz von A eine gewinnmindernde Rückstellung aufgrund der Pensionszusage gebildet werden?

LÖSUNG

Zu 1

Vor Inkrafttreten des Bilanzrichtlinien-Gesetzes (BiRiLiG) v. 19.12.1985 (BGBl 1985 I S. 2355) bestand bzgl. der Passivierung von Pensionsverpflichtungen ein Passivierungswahlrecht. Das handelsrechtliche Passivierungswahlrecht hätte steuerrechtlich an sich ein Passivierungsverbot zur Folge gehabt. Aufgrund der speziellen Vorschrift des § 6a EStG fand dieser allgemeine Bilanzgrundsatz jedoch keine Anwendung: § 6a EStG gewährt auch steuerrechtlich ein Passivierungswahlrecht.

Mit dem Inkrafttreten des BiRiLiG ist eine veränderte Rechtslage eingetreten: § 249 Abs. 1 HGB sieht nämlich eine Passivierungspflicht für ungewisse Verbindlichkeiten vor.

Pensionsverpflichtungen gehören zu den ungewissen Verbindlichkeiten, die von der Rückstellungspflicht des § 249 Abs. 1 HGB erfasst werden. Die Passivierungspflicht erstreckt sich aber aufgrund einer Ausnahme- und Übergangsregelung nur auf sog. „Neuzusagen", d. h. auf Pensionszusagen, auf die der Pensionsberechtigte seinen Rechtsanspruch nach dem 31.12.1986 erworben hat (Art. 28 Abs. 1 Satz 1 EGHGB). A muss für die Pensionsverpflichtung (Neuzusage) daher in seiner Handelsbilanz und aufgrund des Maßgeblichkeitsgrundsatzes auch in seiner Steuerbilanz dem Grunde, aber nicht der Höhe nach eine gewinnmindernde Rückstellung bilden (R 6a Abs. 1 Satz 2 EStR; H 6a Abs. 1 EStH 2023; BMF, Schreiben v. 13.3.1987, BStBl 1987 I S. 365). Die Pensionsverpflichtung muss somit in der Steuerbilanz zum 31.12.2022 mit ihrem Teilwert gem. § 6a Abs. 3 EStG i. H. von 30.000 € und in der Steuerbilanz zum 31.12.2023 mit ihrem Teilwert i. H. von 36.000 € passiviert werden.

Zu 2

Für eine unmittelbare Pensionszusage aus einer sog. „Altzusage", d. h. für eine vor dem 1.1.1987 rechtsverbindlich erteilte Pensionszusage, braucht keine Rückstellung gebildet zu werden (Art. 28 Abs. 1 Satz 1 EGHGB). Bei Altzusagen besteht also ein Passivierungswahlrecht. Da A in seiner Handelsbilanz für die Altzusage keine Rückstellung gebildet hat, kann die Bildung einer solchen auch in der Steuerbilanz unterbleiben.

Hätte A die Altzusage in seiner Handelsbilanz passiviert, so hätte diese aufgrund des Maßgeblichkeitsprinzips dem Grunde nach auch in der Steuerbilanz ausgewiesen werden müssen.

FALL 126

Pensionszusagen an Gesellschafter-Geschäftsführer von Personengesellschaften

Sachverhalt: An der X-OHG sind Frau A und ihr Sohn B zu je 50 % beteiligt. Geschäftsführer der Gesellschaft ist B. Anfang des Jahres 01 hat die X-OHG dem B sowie dem bei ihm angestellten C Pensionszusagen erteilt, deren Teilwerte sich auf folgende Beträge belaufen:

	31.12.01	**31.12.02**
Teilwert Pensionszusage B	10.000 €	18.000 €
Teilwert Pensionszusage C	8.000 €	14.000 €

Die X-OHG bildet für die Verpflichtungen aus den Pensionszusagen in ihren Handels- und Steuerbilanzen zum 31.12.01 und 31.12.02 Rückstellungen zulasten ihres Gewinns i. H. der Teilwerte.

C tritt am 31.12.02 als weiterer (geschäftsführender) Gesellschafter in die X-OHG ein.

AUFGABEN

1. Wie ist die B erteilte Pensionszusage einkommensteuerrechtlich zu behandeln?
2. Wie ist die C erteilte Pensionszusage einkommensteuerrechtlich zu behandeln?

LÖSUNG

Zu 1

Nach der früheren Rechtsprechung wurde eine Pensionszusage an den Gesellschafter-Geschäftsführer einer Personengesellschaft im Steuerrecht als Gewinnverteilungsabrede zwischen den Gesellschaftern angesehen, die den Gewinn der Gesellschaft nicht beeinflussen durfte und dementsprechend auch nicht zur Rückstellungsbildung für die zukünftigen Pensionsleistungen berechtigte (BFH, Urteil v. 8.1.1975 - I R 142/72, BStBl 1975 II S. 437). Zu Unrecht gebildete Rückstellungen waren aufzulösen. Grund hierfür war, dass auch Pensionszusagen zu den Vergütungen gehören, die der Gesellschafter für seine Tätigkeit im Dienst der Gesellschaft bezieht, und die daher gem. § 15 Abs. 1 Satz 1 Nr. 2 EStG bei der Ermittlung des Steuerbilanzgewinns nicht abgezogen werden dürfen.

Diese Rechtsprechung war jedoch nicht mehr haltbar, nachdem die neuere Rechtsprechung des BFH (BFH, Urteile v. 10.11.1980 - GrS 1/79, BStBl 1981 II S. 164, und v. 25.2.1991 - GrS 7/89, BStBl 1991 II S. 691) den Gesamtgewinn einer Mitunternehmerschaft in Gestalt einer Gesamtbilanz ermittelt. Die daraus resultierende stufenweise Ermittlung des Gesamtgewinns der Mitunternehmerschaft muss zwangsläufig zur Berücksichtigung von Pensionsrückstellungen als Aufwand in der Steuerbilanz der Personengesellschaft (1. Stufe) führen. Die Neutralisierung dieses Aufwands im Rahmen der Gesamtbilanz geschieht in der Weise, dass die in der Steuerbilanz der Gesellschaft passivierte Pensionszusage durch einen gleich hohen Aktivposten in der Sonderbilanz der begünstigten Gesellschafter ausgeglichen wird. Es handelt sich hierbei um den sog. „Grundsatz der korrespondierenden Bilanzierung". Diese steuerliche Behandlung hält der BFH in einer älteren, jedoch mit erheblicher Verzögerung amtlich veröffentlichten Entscheidung für zulässig (BFH, Urteil v. 2.12.1997 - VIII R 15/96, BStBl 2008 II S. 174).

Dabei ließ er allerdings offen, ob der die Rückstellung in der Steuerbilanz der Gesellschaft neutralisierende Aktivposten anteilig in den Sonderbilanzen für alle Gesellschafter oder nur in der Sonderbilanz des durch die Pensionszusage begünstigten Gesellschafters anzusetzen ist. Der BFH hat die seit Langem offene Streitfrage, wem der korrespondierende Anspruch aus der Passivierung der Pensionsrückstellung zuzurechnen ist, in der Weise gelöst, dass die Zuführungen zur Pensionsrückstellung bei der Mitunternehmerschaft als Aufwand und bei dem begünstigten Mitunternehmer korrespondierend als Ertrag erfasst werden (BFH, Urteile v. 30.3.2006 - IV R 25/04, BStBl 2008 II S. 171, und v. 14.2.2006 - VIII R 40/03, BStBl 2008 II S. 182). Er hat im Urteil mit dem Az. IV R 25/04 außerdem entschieden, dass nach den Grundsätzen des Bilanzenzusammenhangs die in der Sonderbilanz bisher unterlassene Aktivierung gewinnerhöhend im ersten Jahr nachzuholen ist, wobei der Bescheid verfahrensrechtlich noch geändert werden kann.

Der korrespondierende Anspruch ist also in der Sonderbilanz des betroffenen Gesellschafters mit der Folge zu aktivieren, dass der Gewinn von B um folgende Beträge zu erhöhen ist:

	01	02
Mehrgewinn = Zuführung zur Pensionsrückstellung	10.000 €	18.000 €

Zu 2

Wird ein Arbeitnehmer einer Personengesellschaft zum Gesellschafter (Mitunternehmer) der Gesellschaft und war ihm zuvor eine Pensionszusage erteilt worden, ist die bis zu seinem Eintritt zulässigerweise gebildete Pensionsrückstellung nicht gewinnerhöhend aufzulösen (BFH, Urteile v. 22.6.1977 - I R 8/75, BStBl 1977 II S. 798, und v. 22.1.1981 - IV B 41/80, BStBl 1981 II S. 424). Für die Zeit ab dem Gesellschaftseintritt dürfen Rückstellungen mit steuerlicher Wirkung jedoch nicht mehr gebildet werden. Allerdings darf die Rückstellung jährlich mit steuerlicher Wirksamkeit um die Aufzinsung bis zum Eintritt des Versorgungsfalls fortentwickelt werden. Die Zuführungen zur Rückstellung aufgrund der Fortentwicklung des Anwartschaftsbarwerts sind als Nachwirkung der früheren Arbeitnehmereigenschaft nicht gem. § 15 Abs. 1 Satz 1 Nr. 2 EStG dem Gewinn der Gesellschaft zuzurechnen. Nach alledem kommt hier eine gewinnerhöhende Auflösung der für C gebildeten Pensionsrückstellung am 31.12.01 bzw. 31.12.02 nicht in Betracht.

FALL 127

Pensionszusage an Arbeitnehmer-Ehegatten

Sachverhalt: Zwischen dem Unternehmen von Frau B und ihrem Ehemann A besteht ein steuerlich anzuerkennendes Arbeitsverhältnis. A erhält – ebenso wie ein vergleichbarer familienfremder Arbeitnehmer – eine Pensionszusage. Die erteilte Pensionszusage schließt auch die Witwenversorgung ein. Aufgrund der Pensionszusage zugunsten von A ist zum Bilanzstichtag am 31.12.01 eine gewinnmindernde Rückstellung gebildet worden; dabei wurde auch die zugesagte Witwenversorgung zugunsten von B berücksichtigt:

Zuführung zur Rückstellung	10.000 €
davon entfallen auf die Anwartschaft auf Witwenversorgung von B	4.000 €

AUFGABEN

1. Bei dem Unternehmen der Frau B handelt es sich um ein Einzelunternehmen.
2. Bei dem Unternehmen der Frau B handelt es sich um eine Einmann-GmbH & Co. KG, d. h. Frau B ist alleinige Kommanditistin der KG und zugleich alleinige Gesellschafterin der Komplementär-GmbH.

Ist die Bildung der Pensionsrückstellung steuerlich anzuerkennen?

LÖSUNG

Zu 1

Pensionszusagen zwischen Ehegatten, die im Rahmen von steuerlich anzuerkennenden Arbeitsverhältnissen erteilt werden, sind auch steuerlich grds. zu beachten und berechtigen zur Bildung von Pensionsrückstellungen. Voraussetzung ist, dass die Pensionszusage betrieblich veranlasst ist und der Arbeitgeber auch tatsächlich mit der Inanspruchnahme aus der gegebenen Pensionszusage rechnen muss (BFH, Urteile v. 27.10.1993 - XI R 2/93, BStBl 1994 II S. 111, und v. 18.12.2001 - VIII R 69/98, BStBl 2002 II S. 353; FG München, Urteil v. 31.3.2010 - 10 K 2049/08, EFG 2010 S. 1191, NAAAD-44484). Für die Frage der betrieblichen Veranlassung ist in erster Linie ein Fremdvergleich von Bedeutung. Betrieblich veranlasst ist eine Pensionszusage im Rahmen eines Ehegatten-Arbeitsverhältnisses nur dann, wenn und soweit mit hoher Wahrscheinlichkeit eine vergleichbare Zusage auch einem familienfremden Arbeitnehmer im Betrieb erteilt worden wäre, wobei die entsprechende Prüfung vorrangig nach dem Inhalt der Vereinbarungen vorzunehmen ist (BFH, Urteile v. 29.5.1984 - VIII R 177/78, BStBl 1984 II S. 661, v. 19.9.1995 - IX R 37/93, BStBl 1996 II S. 131, und v. 15.4.2015 - VIII R 49/12, StuB 2015 S. 604).

Eine Zusage auf Witwen- oder Witwerversorgung im Rahmen von Ehegatten-Pensionszusagen in Einzelunternehmen ist jedoch nach Auffassung der Finanzverwaltung nicht rückstellungsfähig, da hier bei Eintritt des Versorgungsfalls Anspruch und Verpflichtung in einer Person zusammenfallen, der Unternehmer im Versorgungsfalle also die Leistungen selbst erhält (H 6a

Abs. 9 Witwen-/Witwerversorgung EStH 2023). Ob dem zu folgen ist, ist höchstrichterlich bislang nicht entschieden (BFH, Urteil v. 29.1.1976 - IV R 42/73, BStBl 1976 II S. 372); der BFH hat die Frage ausdrücklich offengelassen (BFH, Urteile v. 21.4.1988 - IV R 80/86, BStBl 1988 II S. 883, und v. 27.10.1993 - XI R 2/93, BStBl 1994 II S. 111). Folgt man der Auffassung der Finanzverwaltung, ist die Zuführung zur Rückstellung, soweit sie auf den Witwenanteil in der Pensionszusage entfällt (= 4.000 €), nicht als Betriebsausgabe abzugsfähig.

Zu 2

Die Einmann-GmbH & Co. KG ist zivil- und steuerrechtlich grds. eine Personengesellschaft und kein Einzelunternehmen. Die Mitunternehmerschaft besteht aus der GmbH und dem einzigen Kommanditisten. Der Eigenständigkeit der Einmann-GmbH & Co. KG muss auch bei der Bewertung der Pensionsrückstellung Rechnung getragen werden. Das bedeutet, dass die Mitunternehmerschaft auch nicht partiell, nämlich in Bezug auf den Witwenanteil in der Pensionszusage, einem Einzelunternehmen gleichgestellt werden darf. Bei Eintritt des Versorgungsfalls erfüllt die KG auch mit dem Witwenanteil der Pensionszusage nicht eine Verpflichtung der Witwe gegenüber sich selbst, sondern eine eigene Verbindlichkeit. Ein Durchgriff auf die hinter der GmbH stehende natürliche Person ist nicht zulässig. Die von der Einmann-GmbH & Co. KG erteilte Zusage auf Witwenversorgung ist in die Bildung der Rückstellung für die Pensionsverbindlichkeit miteinzubeziehen, da hier bei Eintritt des Versorgungsfalls Anspruch und Verpflichtung nicht in einer Person zusammenfallen (BFH, Urteil v. 21.4.1988 - IV R 80/86, BStBl 1988 II S. 883; vgl. auch die Urteilsanmerkung von Bordewin, RWP 1988, SG 1.3 S. 2741, sowie Bordewin, NWB 1988 Fach 3 S. 6940). Die Zuführung zur Rückstellung i. H. von 10.000 € ist daher nicht zu beanstanden.

HINWEIS

Zu Unrecht gebildete Rückstellungen für die Pensionszusage des Arbeitnehmer-Ehegatten sind nach den Grundsätzen des formellen Bilanzenzusammenhangs in der ersten noch offenen Schlussbilanz aufzulösen (BFH, Urteil v. 15.4.2015 - VIII R 49/12, StuB 2015 S. 604). Das gilt auch, wenn die Pensionsrückstellung in den Lohnsteuer-Außenprüfungen der Vorjahre unbeanstandet geblieben ist, denn Lohnsteuer-Außenprüfungen beziehen sich immer nur auf die Beurteilung der dort geprüften Sachverhalte und entfalten keine Bindungswirkung für ein nachfolgendes Veranlagungsverfahren. Der Steuerpflichtige kann sich nicht auf ein schutzwürdiges Vertrauen berufen.

FALL 128

Ausscheiden eines Wirtschaftsguts aus dem Betriebsvermögen infolge höherer Gewalt bei Gewinnermittlung gem. § 4 Abs. 3 EStG

Sachverhalt: Frau A ist selbständige Krankengymnastin. Sie ermittelt ihren Gewinn durch EÜR gem. § 4 Abs. 3 EStG. Ihre Praxis betreibt sie in einem eigenen Gebäude. Im Dezember 01 brennt das Betriebsgebäude ab. Der Restbuchwert des Gebäudes betrug zum Zeitpunkt des Schadenseintritts 200.000 €. Die Brandversicherung leistet im Jahr 02 eine Entschädigungsleistung i. H. von 250.000 €. Frau A beginnt im Jahr 02 mit der Errichtung eines neuen Betriebsgebäudes. Das neue Gebäude wird im Jahr 03 fertiggestellt; die Herstellungskosten belaufen sich auf 300.000 €.

AUFGABE

Kann Frau A den Schadenseintritt und die Entschädigungszahlung als Geschäftsvorfälle des Jahres 03 behandeln?

LÖSUNG

Scheidet ein Wirtschaftsgut infolge höherer Gewalt (z. B. Brand) aus dem Betriebsvermögen aus, sind Entschädigungsleistungen, die im Zusammenhang hiermit geleistet werden, grds. Betriebseinnahmen des Jahres, in dem sie zufließen. Ist die Entschädigungsleistung höher als der zum Zeitpunkt des Ausscheidens des Wirtschaftsguts noch vorhandene Restbuchwert – dieser ist erfolgswirksam auszubuchen –, kann der Differenzbetrag im Wirtschaftsjahr der Ersatzbeschaffung von den Anschaffungs- oder Herstellungskosten des Ersatzwirtschaftsguts abgesetzt werden.

Früher war die Voraussetzung für diese Behandlung, dass die Anschaffung oder Herstellung des Ersatzwirtschaftsguts am Schluss des Wirtschaftsjahres, in dem der Schadensfall eingetreten ist, ernstlich geplant war; außerdem musste das Ersatzwirtschaftsgut bei beweglichen Gegenständen tatsächlich bis zum Schluss des ersten und bei Gebäuden bis zum Schluss des zweiten Wirtschaftsjahres, das auf das Wirtschaftsjahr des Eintritts des Schadensfalls folgt, angeschafft oder hergestellt oder bestellt worden sein.

Der BFH hat dagegen entschieden, dass in Anlehnung an § 6b EStG die Reinvestitionsfrist generell vier Jahre beträgt und bei der beabsichtigten Herstellung eines neuen funktionsgleichen Gebäudes sechs Jahre (BFH, Urteil v. 12.1.2012 - IV R 4/09, BStBl 2014 II S. 443). Dem ist die Finanzverwaltung in R 6.6 Abs. 4 Satz 4 EStR prinzipiell gefolgt. Sie akzeptiert diese Fristen jedoch nur für eine Rücklage für Ersatzbeschaffung, die aufgrund des Ausscheidens eines Wirtschaftsguts i. S. des § 6b Abs. 1 Satz 1 EStG gebildet wurde.

HINWEIS

In anderen Fällen gilt die Frist von einem Jahr weiter, soll aber im Einzelfall angemessen auf bis zu vier Jahre verlängert werden können, wenn der Steuerpflichtige glaubhaft macht, dass die Ersatzbeschaffung noch ernstlich geplant und zu erwarten ist, aber aus besonderen Gründen noch nicht vorgenommen werden konnte (R 6.6 Abs. 4 Satz 5 EStR). Eine Verlängerung auf bis zu sechs Jahre ist möglich, wenn die Ersatzbeschaffung im Zusammenhang mit der Neuherstellung eines Gebäudes erfolgt (R 6.6 Abs. 4 Satz 6 EStR). Anders als bei § 6b EStG wird aber nicht gefordert, dass mit der Herstellung des neuen Gebäudes vor dem Schluss des vierten auf die Bildung der Rücklage folgenden Wirtschaftsjahres begonnen worden ist (R 6.6 Abs. 5 Satz 5 EStR).

Mit dem Vierten Corona-Steuerhilfegesetz v. 19.6.2022 (BGBl 2022 I S. 911) sind die in § 6b Abs. 3 Satz 2, 3 und 5, Abs. 8 Satz 1 Nr. 1 und Abs. 10 Satz 1 und 8 EStG genannten Fristen verlängert worden (vgl. Schmidt/Loschelder, EStG, 43. Aufl. 2024, § 6b Rz. 5), und zwar für Rücklagen, die am Schluss eines

- nach dem 29.2.2020 und vor dem 1.1.2021 endenden Wirtschaftsjahres aufzulösen gewesen wären, um drei Jahre (§ 52 Abs. 14 Satz 4 EStG),
- nach dem 31.12.2020 und vor dem 1.1.2022 endenden Wirtschaftsjahres aufzulösen gewesen wären, um zwei Jahre (§ 52 Abs. 14 Satz 5 EStG), und
- nach dem 31.12.2021 und vor dem 1.1.2023 endenden Wirtschaftsjahres aufzulösen gewesen wären, um ein Jahr (§ 52 Abs. 14 Satz 6 EStG).

Fallen der Schadenseintritt, die Zahlung der Entschädigung und die Beseitigung des Schadens – wie hier – jeweils in verschiedene Wirtschaftsjahre, so kann (nicht muss) der Steuerpflichtige aus Billigkeitsgründen den Schadenseintritt und die Zahlung der Entschädigung als Geschäftsvorfälle des Jahres behandeln, in dem der Schaden beseitigt wird (R 6.6 Abs. 5 Satz 4 EStR). Frau A kann daher von der Ausbuchung des Restbuchwerts im Jahr 01 und der Erfassung der Entschädigungsleistung als Betriebseinnahme des Jahres 02 absehen und beide Geschäftsvorfälle im Jahr 03 berücksichtigen. In diesem Fall werden im Jahr 03 der Restbuchwert i. H. von 200.000 € und die den Restbuchwert übersteigende Entschädigungsleistung i. H. von (250.000 € - 200.000 € =) 50.000 € als Betriebsausgabe erfasst; zugleich wird die Entschädigungsleistung i. H. von 250.000 € im Jahr 03 als Betriebseinnahme berücksichtigt.

Andererseits darf die AfA für das neue Gebäude nur von folgender Bemessungsgrundlage vorgenommen werden:

Herstellungskosten des Neubaus	300.000 €
abzgl. abgezogene Entschädigungsleistung	- 50.000 €
Bemessungsgrundlage für die AfA	250.000 €

FALL 129

Gewinnabzug gem. § 6b EStG von den Anschaffungskosten eines Gästehauses

Sachverhalt: A betreibt in Mainz ein Hoch- und Tiefbauunternehmen. In Rottach-Egern unterhält er ein Gästehaus, das er seinen Geschäftsfreunden unentgeltlich zur Verfügung stellt.

Das Gästehaus wurde Anfang des Jahres 01 für 125.000 € erworben. In seiner Bilanz zum 31.12.13 hat A das Gästehaus mit folgenden Werten aktiviert:

a)	Grund und Boden:	
	Buchwert 31.12.01–31.12.13	25.000 €
b)	Gebäude:	
	Anschaffungskosten	100.000 €
	abzgl. AfA der Jahre 01–13: 13 x (2 % von 100.000 € =) 2.000 € =	- 26.000 €
	Buchwert zum 31.12.13	74.000 €

Anfang Januar 14 verkauft A das Gästehaus für 199.000 €. In diesem Zusammenhang hat er folgenden Veräußerungsgewinn ermittelt:

	Grund und Boden	Gebäude
Restbuchwert zum Zeitpunkt des Verkaufs	25.000 €	74.000 €
Verkaufserlös	45.000 €	154.000 €
Veräußerungsgewinn	20.000 €	80.000 €

Noch im selben Jahr, nämlich am 20.2.14, erwirbt A ein im Schwarzwald gelegenes Gästehaus für 300.000 € (Grund und Boden 60.000 € und Gebäude 240.000 €). Das erworbene Grundstück wird – ebenso wie das veräußerte Gästehaus – Geschäftspartnern unentgeltlich zur Verfügung gestellt. A überträgt die durch die Veräußerung aufgedeckten stillen Reserven gem. § 6b EStG auf das erworbene Grundstück:

	Grund und Boden	Gebäude
Anschaffungskosten	60.000 €	240.000 €
abzgl. übertragene stille Reserven	- 20.000 €	- 80.000 €
Um den Abzugsbetrag geminderte Anschaffungskosten	40.000 €	160.000 €

AUFGABEN

1. Ist die AfA für das Gästehaus für die Jahre 01–13 als Betriebsausgabe abzugsfähig?
2. Welche einkommensteuerlichen Folgen hat die Übertragung der stillen Reserven auf die Anschaffungskosten des neuen Gästehauses im Jahr 14?

LÖSUNG

Zu 1

Aufwendungen für eigene, nicht am Ort des Betriebs gelegene Gästehäuser, die Geschäftsfreunden unentgeltlich zur Verfügung gestellt werden, gehören zu den nicht abziehbaren Betriebsausgaben des § 4 Abs. 5 Satz 1 Nr. 3 EStG. Das Abzugsverbot des § 4 Abs. 5 Satz 1 Nr. 3 EStG greift also nicht ein, wenn sich das Gästehaus am Ort eines Betriebs des Steuerpflichtigen befindet (BFH, Urteil v. 24.5.2023 - XI R 37/20, BStBl 2024 II S. 223). Das ist hier nicht der Fall, so dass das Abzugsverbot von Aufwendungen für Gästehäuser Anwendung findet. Zu den nicht abzugsfähigen Aufwendungen i. S. dieser Vorschrift zählt auch die AfA. Die Gewinnkorrektur wird hier dadurch erreicht, dass die AfA i. H. von jährlich 2.000 € dem Gewinn außerhalb der Bilanz hinzugerechnet wird.

Zu 2

Die Veräußerung des Gästehauses Anfang des Jahres 14 führt nach dem Regelungsinhalt des § 4 Abs. 5 Satz 1 Nr. 3 EStG zu einem voll zu versteuernden Veräußerungsgewinn. Zur Berechnung des Veräußerungsgewinns ist daher – wie geschehen – dem Veräußerungserlös ein um die nicht abziehbare AfA geminderter Bilanzwert gegenüberzustellen (BFH, Urteile v. 12.12.1973

- VIII R 40/69, BStBl 1974 II S. 207, v. 23.4.1985 - VIII R 300/81, BFH/NV 1986 S. 18, CAAAB-28353, und v. 25.3.2015 - X R 14/12, HFR 2015 S. 722). A ist auch berechtigt, den Veräußerungsgewinn i. H. von (20.000 € + 80.000 € =) 100.000 € in voller Höhe auf das erworbene Grundstück zu übertragen (§ 6b Abs. 1 EStG). Der nach Abzug der übertragenen stillen Reserven verbleibende Restbetrag gilt als Anschaffungskosten des neuen Grundstücks (§ 6b Abs. 6 EStG); soweit er auf das Gebäude entfällt (= 160.000 €), stellt er die Bemessungsgrundlage für die AfA dar.

Zu beachten ist aber, dass sich der Abzug gem. § 6b Abs. 1 EStG i. H. von 80.000 € von den Anschaffungskosten des neuen Gebäudes in gleicher Weise auswirkt wie eine Abschreibung. Durch den Abzug werden nämlich Abschreibungen vorweggenommen, die sonst erst in späteren Jahren hätten vorgenommen werden können. Abschreibungen auf Gästehäuser gehören aber zu den nicht abzugsfähigen Aufwendungen i. S. des § 4 Abs. 5 Satz 1 Nr. 3 EStG (R 4.10 Abs. 11 Satz 1 EStR). Das bedeutet, dass der wie eine vorweggenommene Abschreibung wirkende Abzug gem. § 6b Abs. 1 EStG i. H. von 80.000 € im Jahr 14 als nicht abzugsfähige Betriebsausgabe dem Gewinn außerhalb der Bilanz hinzuzurechnen ist.

FALL 130

Übertragung einer Rücklage gem. § 6b EStG auf ein in das Betriebsvermögen eingelegtes Wirtschaftsgut

Sachverhalt: A betreibt ein Bauunternehmen. Zu seinem Betriebsvermögen gehörte ein vor 20 Jahren erworbenes, unbebautes Grundstück, das dem Bauunternehmen als Lagerplatz diente. A verkaufte den Lagerplatz am 31.12.01. Der Buchwert betrug zum Zeitpunkt der Veräußerung umgerechnet 50.000 € und der Verkaufserlös 150.000 €. Da die Veräußerungskosten vom Erwerber getragen wurden, entstand A ein Veräußerungsgewinn i. H. von (150.000 € - 50.000 € =) 100.000 €.

A hat in seiner Bilanz zum 31.12.01 eine den steuerlichen Gewinn mindernde Rücklage gem. § 6b EStG i. H. von 100.000 € ausgewiesen. In den Bilanzen bis zum 31.12.04 wurde die Rücklage i. H. von 100.000 € fortgeführt.

Im Jahr 05 legt der Steuerpflichtige ein bis dahin zu seinem Privatvermögen gehörendes unbebautes Grundstück mit einem Teilwert i. H. von 120.000 € in das Unternehmen ein. Das Grundstück wird ebenfalls als Lagerplatz des Bauunternehmens genutzt. Die Rücklage gem. § 6b EStG i. H. von 100.000 € wird auf den Einlagewert des Grundstücks übertragen:

Einlagewert	120.000 €
abzgl. übertragene stille Reserven	- 100.000 €
Buchwert des Lagerplatzes zum 31.12.05	20.000 €

AUFGABE

Kann die Rücklage gem. § 6b EStG i. H. von 100.000 € vom Teilwert des eingelegten Grundstücks abgezogen werden?

LÖSUNG

Die Bildung der Rücklage gem. § 6b EStG in der Bilanz zum 31.12.01 ist zulässig. Eine Übertragung der Rücklage auf den Teilwert des im Jahr 05 eingelegten Grundstücks ist jedoch unzulässig. § 6b EStG begünstigt nämlich nur die Anschaffung oder Herstellung eines in dieser Vorschrift benannten Wirtschaftsguts. Die Einlage des Grundstücks in das Betriebsvermögen ist aber nach der Rechtsprechung keine Anschaffung i. S. des § 6b EStG (BFH, Urteil v. 11.12.1984 - IX R 27/82, BStBl 1985 II S. 250). Das bedeutet, dass die Rücklage i. H. von 100.000 € zum 31.12.05 – zu diesem Zeitpunkt läuft die Reinvestitionsfrist i. H. von vier Jahren ab (§ 6b Abs. 3 Satz 5 EStG) – gewinnerhöhend aufgelöst werden muss. Der eingelegte Lagerplatz ist mit 120.000 € zu bilanzieren.

Infolge der zwangsweisen Auflösung der Rücklage ist für jedes volle Wirtschaftsjahr, in dem die Rücklage bestanden hat, der aufzulösende Rücklagebetrag um 6 % zu erhöhen (§ 6b Abs. 7 EStG). Dieser Erhöhungsbetrag ist dem laufenden Gewinn des Jahres 05 außerhalb der Bilanz zuzuschlagen, da es sich hierbei um einen Gewinnzuschlag und nicht um einen Geschäftsvorfall des Betriebs handelt.

Gewinnzuschlag somit: 4 x (6 % von 100.000 € =) 6.000 € =	24.000 €

HINWEIS

Sofern eine Reinvestitionsrücklage am Schluss des nach dem 29.2.2020 und vor dem 1.1.2023 endenden Wirtschaftsjahres noch vorhanden ist und in diesem Zeitraum gem. § 6b Abs. 3 Satz 5 und Abs. 8 Satz 1 Nr. 1 i.V. mit Abs. 3 Satz 5 oder Abs. 10 Satz 8 EStG aufzulösen wäre, endet die Reinvestitionsfrist erst am Schluss des nach dem 31.12.2022 und vor dem 1.1.2024 endenden Wirtschaftsjahres (Viertes Corona-Steuerhilfegesetz v. 19.6.2022, BStBl 2022 I S. 911).

FALL 130A

Reinvestitionsfrist gem. § 6b EStG bei unentgeltlicher Betriebsübertragung

Sachverhalt: Einzelgewerbetreibender V hat im Jahr 01 einen Gewinn aus der Veräußerung eines unbebauten Grundstücks i. H. von 100.000 € erzielt. Er hat dafür in seiner Bilanz zum 31.12.01 gewinnmindernd eine Rücklage gem. § 6b Abs. 3 Satz 1 EStG i. H. von 100.000 € gebildet. Am 1.4.05 hat V seinen Betrieb unentgeltlich an seinen Sohn S übertragen, der die Buchwerte seines Vaters fortführt (§ 6 Abs. 3 EStG). V hat bis zum 1.4.05 keine begünstigte Reinvestition getätigt.

AUFGABE

Bei wem – V oder S – muss die Rücklage gewinnerhöhend aufgelöst werden, wenn innerhalb der in § 6b Abs. 3 Satz 2 EStG genannten Reinvestitionsfrist keine begünstigte Reinvestition getätigt worden ist?

LÖSUNG

Für die Übertragung einer Rücklage gem. § 6b Abs. 3 Satz 1 EStG stehen dem Steuerpflichtigen im Regelfall die vier Wirtschaftsjahre zur Verfügung, die auf das Wirtschaftsjahr der Veräußerung folgen (§ 6b Abs. 3 Satz 2 EStG). Fraglich ist, ob ein Rumpfwirtschaftsjahr ein Wirtschaftsjahr i. S. des § 6b Abs. 3 EStG ist, und wenn ja, ob dies auch gilt, wenn die Bildung eines Rumpfwirtschaftsjahrs im Zusammenhang mit einer unentgeltlichen Betriebsübertragung i. S. des § 6 Abs. 3 EStG steht.

Werden innerhalb der genannten Reinvestitionsfrist keine begünstigten Reinvestitionen vorgenommen, kommt es zur Zwangsauflösung der Rücklage, es sei denn, die Reinvestitionsfrist verlängert sich aufgrund der Herstellung eines Gebäudes gem. § 6b Abs. 3 Satz 3 EStG auf sechs Jahre. Für diesen Fall, dass die Reinvestitionsfrist abläuft, ohne dass eine begünstigte Übertragung erfolgt ist, enthält § 6b Abs. 7 EStG eine Verzinsungsregelung, wonach der Gewinn des Auflösungsjahrs für jedes volle Jahr des Bestehens der Rücklage fiktiv um 6 % des Auflösungsbetrags erhöht wird. Im Normalfall wird der Steuerpflichtige sorgfältig prüfen, ob es für ihn günstiger ist, den Veräußerungsgewinn im Veräußerungsjahr zu versteuern oder im „Zwangsauflösungsjahr" unter Inkaufnahme des beachtlichen Gewinnzuschlags gem. § 6b Abs. 7 EStG. Lässt sich diese Frage nicht sicher beantworten, wird in der Praxis ein begünstigter Veräußerungsgewinn oft – wie auch vorliegend – durch die Bildung einer Rücklage gem. § 6b Abs. 3 Satz 1 EStG zunächst einmal neutralisiert.

Das Wirtschaftsjahr umfasst regelmäßig einen Zeitraum i. H. von zwölf Monaten (§ 8b Satz 1 EStDV). Gemäß § 8b Satz 2 EStDV kann das Wirtschaftsjahr jedoch auch einen Zeitraum i. H. von weniger als zwölf Monaten umfassen (sog. „Rumpfwirtschaftsjahr"). Aber auch in diesem Fall liegt grds. ein Wirtschaftsjahr i. S. des § 6b Abs. 3 EStG vor. Der Gewinnzuschlag gem. § 6b Abs. 7 EStG fällt auch für ein Rumpfwirtschaftsjahr an, und zwar in der vollen Höhe von 6 % (FG Hamburg, Urteil v. 24.10.1991 - I 73/89, EFG 1992 S. 319; FG Münster, Urteil v. 17.11.2000 - 2 K 7511/97 E, EFG 2001 S. 350, UAAAB-10951; BFH, Urteil v. 23.4.2009 - IV R 9/06, BStBl 2010 II S. 664).

Von dem Grundsatz, dass ein Rumpfwirtschaftsjahr ein Wirtschaftsjahr i. S. des § 6b Abs. 3 EStG ist, gibt es eine Ausnahme. Das ist der Fall, wenn die Bildung eines Rumpfwirtschaftsjahrs im Zusammenhang mit einer unentgeltlichen Betriebsübergabe gem. § 6 Abs. 3 EStG steht, weil der Betriebsübernehmer (Rechtsnachfolger) in die Rechtsposition des Betriebsübergebers (Rechtsvorgänger) eintritt. Dies gilt auch hinsichtlich der Rücklage gem. § 6b Abs. 3 Satz 1 EStG. Die unentgeltliche Übertragung eines Betriebs im Wege der vorweggenommenen Erbfolge hat demgemäß zur Folge, dass der Übernehmer des Betriebs eine vom Betriebsübergeber gebildete Rücklage gem. § 6b EStG übernimmt und fortführt.

In diesem Fall gebieten Sinn und Zweck der Regelung, den Reinvestitionszeitraum i. H. von vier bzw. sechs Jahren nicht durch die Entstehung eines Rumpfwirtschaftsjahrs in der Person des Betriebsübergebers abzukürzen. Vielmehr ist im Fall der unentgeltlichen Betriebsübernahme während des laufenden Wirtschaftsjahrs das insoweit zwingend gem. § 8b Satz 2 Nr. 1 EStDV entstehende Rumpfwirtschaftsjahr beim Betriebsübergeber mit dem entstehenden Rumpfwirtschaftsjahr beim Betriebsübernehmer zu verklammern und lediglich als ein Wirtschaftsjahr i. S. des § 6b Abs. 3 EStG zu werten. Durch diese Verklammerung wird sichergestellt, dass die Reinvestitionsfrist auch im Fall der unentgeltlichen Betriebsübergabe einen Zeitraum i. H. von 48 Monaten (ggf. 60 Monaten) umfassen kann (BFH, Urteil v. 22.11.2018 - VI R 50/16, BStBl 2019 II S. 313, Rz. 33).

Der Betriebsübergeber V kann nicht gezwungen sein, die Rücklage bei der Betriebsübertragung (1.4.05) gewinnerhöhend aufzulösen. Deshalb geht die Rücklage mit der Hypothek der späteren Nachversteuerung auf den unentgeltlichen Erwerber S über. Die Rücklage ist beim Betriebsübernehmer S am 31.12.05 gewinnerhöhend aufzulösen, da er bis dahin nicht mit der Herstellung eines neuen Gebäudes begonnen hat. S kann die Zwangsauflösung der auf ihn übergegangenen Rücklage und den Gewinnzuschlag vermeiden, wenn er bis zum Ablauf der vierjährigen Reinvestitionsfrist, d. h. bis zum 31.12.05, ein begünstigtes Wirtschaftsgut anschafft oder herstellt, auf dessen Anschaffungs- oder Herstellungskosten dann die Rücklage übertragen werden kann.

FALL 130B

Vorbesitzzeit gem. § 6b EStG bei Mitunternehmerschaften

Sachverhalt: An der X-GmbH & Co. KG sind V und seine Tochter T zu je $^{1}/_{2}$ als Kommanditisten beteiligt. T veräußert im Jahr 2023 ein zu ihrem Sonderbetriebsvermögen gehörendes Grundstück und erzielt dabei einen Veräußerungsgewinn i. H. von 100.000 €. Das Grundstück gehörte ursprünglich zum Sonderbetriebsvermögen von V. Dieser hat das Grundstück im Jahr 2015 angeschafft und im Jahr 2023 zum Buchwert gem. § 6 Abs. 5 Satz 3 Nr. 3 EStG in das Sonderbetriebsvermögen seiner Tochter T übertragen.

AUFGABE

Kann T für den Veräußerungsgewinn in ihrer Sonderbilanz eine gewinnmindernde Rücklage gem. § 6b Abs. 3 EStG bilden?

LÖSUNG

§ 6b EStG ist auch anzuwenden, wenn der Gesellschafter einer Personengesellschaft Wirtschaftsgüter veräußert, die zu seinem Sonderbetriebsvermögen gehören. Die Anwendung der Vorschrift setzt u. a. voraus, dass die veräußerten Wirtschaftsgüter zum Zeitpunkt der Veräußerung mindestens sechs Jahre lang ununterbrochen zum Anlagevermögen einer inländischen Betriebsstätte des veräußernden Steuerpflichtigen gehört haben (§ 6b Abs. 4 Satz 1 Nr. 2 EStG).

§ 6b EStG ist keine gesellschafts- und/oder betriebsbezogene, sondern eine personenbezogene Steuervergünstigung. Dementsprechend ist auch die in § 6b Abs. 4 Satz 1 Nr. 2 EStG geregelte Sechsjahresfrist personenbezogen zu verstehen. Die Auslegung des § 6b EStG als personenbezogene Steuervergünstigung ermöglicht es, dass stille Reserven, die im Gesellschaftsvermögen aufgedeckt werden, auf ein Wirtschaftsgut übertragen werden können, das zum Sonderbetriebsvermögen oder einem anderen Betriebsvermögen eines Gesellschafters gehört. Auch die Übertragung von stillen Reserven, die im Sonderbetriebsvermögen oder einem anderen Betriebsvermögen eines Gesellschafters aufgedeckt werden, auf im Gesellschaftsvermögen angeschaffte oder hergestellte Wirtschaftsgüter, ist nur aufgrund der personenbezogenen Auslegung des § 6b EStG möglich.

Was die Sechsjahresfrist betrifft, so finden im Regelfall keine Besitzzeitanrechnungen statt. Entgeltliche Veräußerungen – auch innerhalb einer Mitunternehmerschaft – schließen prinzipiell den Übergang der Rechte aus § 6b EStG, vor allem auch die Besitzzeitanrechnung, aus. Bei Personengesellschaften muss prinzipiell auf die Besitzzeit der einzelnen Gesellschafter abgestellt werden, denen der Gewinn aus der Aufdeckung der stillen Reserven zur Versteuerung zugerechnet wird.

Fraglich ist, wie die Sechsjahresfrist bei der Veräußerung von zum Sonderbetriebsvermögen gehörenden Wirtschaftsgütern zu berechnen ist, die dem veräußernden Mitunternehmer von einem Mitgesellschafter zum Buchwert übertragen worden sind. Hat ein Kommanditist – wie hier T – ein im Sonderbetriebsvermögen gehaltenes Grundstück von einem anderen Kommanditisten (hier V) durch Schenkung erhalten und mit dem Buchwert gem. § 6 Abs. 5 Satz 3 Nr. 3 EStG fortgeführt, ist im Veräußerungsfall auf die Sechsjahresfrist des § 6b Abs. 4 Satz 1 Nr. 2 EStG auch die Besitzzeit des Rechtsvorgängers anzurechnen (BFH, Urteil v. 24.3.1992 - VIII R 48/90, BStBl 1993 II S. 93). Die Buchwertfortführung erfasst auch alle mit der späteren Gewinnrealisierung zusammenhängenden bilanzrechtlichen Folgewirkungen; insbesondere tritt der Rechtsnachfolger auch hinsichtlich der den steuerrechtlichen Gewinn mindernden Rücklagen und ihrer Voraussetzungen in die Rechtsstellung des Rechtsvorgängers ein. Das gilt sowohl für die Gesamtrechtsnachfolge als auch für die Einzelrechtsnachfolge. Der von T erzielte Veräußerungsgewinn ist i. S. des § 6b EStG begünstigt. T kann in ihrer Sonderbilanz eine gewinnmindernde Rücklage gem. § 6b Abs. 3 EStG i. H. von 100.000 € bilden.

FALL 131

Übertragung eines Veräußerungsgewinns auf ein im Vorjahr angeschafftes bzw. hergestelltes Wirtschaftsgut gem. § 6b EStG

Sachverhalt: A betreibt in einem Vorort von Koblenz eine Fabrikation. Mit notariellem Vertrag v. 5.1.01 erwirbt er im Koblenzer Industriegebiet ein unbebautes Grundstück; die Anschaffungskosten betragen 200.000 €. A errichtet auf dem Grundstück ein Betriebsgebäude, das Anfang November 01 fertiggestellt wird. Die Herstellungskosten belaufen sich auf 800.000 €; für das Gebäude wird die lineare AfA gem. § 7 Abs. 4 Satz 1 Nr. 1 EStG in Anspruch genommen (jährlicher AfA-Satz: 3 %). A verlegt noch im Jahr 01 seine Fabrikation in das neue Betriebsgebäude.

Das bisherige Betriebsgrundstück, das A seit 15 Jahren gehörte, wird im Februar 02 für insgesamt 1,1 Mio. € veräußert; vom Veräußerungspreis entfallen 380.000 € auf den Grund und Boden und 720.000 € auf das Gebäude. Zum Veräußerungszeitpunkt hatte das bisherige Betriebsgrundstück einen Buchwert i. H. von 400.000 € (Grund und Boden 80.000 € und Gebäude 320.000 €), so dass A im Jahr 02 folgender Veräußerungsgewinn entsteht:

	Grund und Boden	Gebäude
Veräußerungspreis	380.000 €	720.000 €
Buchwert	80.000 €	320.000 €
Veräußerungsgewinn	300.000 €	400.000 €

AUFGABE

Kann A den bei der Veräußerung des bisherigen Betriebsgrundstücks im Jahr 02 erzielten Veräußerungsgewinn i. H. von insgesamt 700.000 € auf die Anschaffungskosten des im Jahr 01 angeschafften Grund und Bodens bzw. die Herstellungskosten des im Jahr 01 fertiggestellten Betriebsgebäudes übertragen?

LÖSUNG

Gemäß § 6b Abs. 1 EStG können Gewinne aus der Veräußerung von bestimmten Wirtschaftsgütern des Betriebsvermögens zur Vermeidung der sofortigen Besteuerung auch auf Reinvestitionsgüter übertragen werden, die im Wirtschaftsjahr **vor** der Veräußerung angeschafft oder hergestellt worden sind. Der Veräußerungsgewinn ist in diesem Fall anstelle von den Anschaffungs- oder Herstellungskosten vom Buchwert des betreffenden Wirtschaftsguts am Schluss des Wirtschaftsjahres (des Vorjahres) abzuziehen (§ 6b Abs. 5 EStG).

Der Abzug des Veräußerungsgewinns ist hier zulässig

- beim Buchwert des Grund und Bodens, soweit der Gewinn bei der Veräußerung von Grund und Boden entstanden ist, und
- beim Buchwert des Gebäudes, soweit der Gewinn bei der Veräußerung von Grund und Boden und dem Gebäude entstanden ist.

Der bei der Veräußerung des Grund und Bodens entstandene Gewinn i. H. von 300.000 € kann daher im Jahr 02 i. H. von 199.999 € auf den Buchwert des im Jahr 01 erworbenen Grund und Bodens übertragen werden. Der Restbetrag i. H. von 100.001 € sowie der bei der Veräußerung des Gebäudes entstandene Gewinn i. H. von 400.000 € (insgesamt also 500.001 €) sind auf den Buchwert des im Jahr 01 hergestellten Gebäudes übertragbar.

Es ergibt sich danach folgende Wertentwicklung:

a) Grund und Boden:

Buchwert zum 31.12.01	200.000 €
abzgl. übertragene stille Reserven des Grund und Bodens	- 199.999 €
Buchwert zum 31.12.02	1 €

b) Gebäude:

Herstellungskosten im Jahr 01		800.000 €
abzgl. AfA gem. § 7 Abs. 4 Satz 1 Nr. 1 EStG: 3 % von 800.000 € = 24.000 €, für die Zeit vom 1.11.01 bis zum 31.12.01: $^2/_{12}$ von 24.000 € =		- 4.000 €
Buchwert zum 31.12.01		796.000 €
abzgl. verbliebene stille Reserven des Grund und Bodens	- 100.001 €	
abzgl. übertragene stille Reserven des Gebäudes	- 400.000 €	- 500.001 €
Verbleibender Betrag		295.999 €

Als AfA-Bemessungsgrundlage sind für das Gebäude ab dem Jahr 02 die um den Abzugsbetrag i. H. von 500.001 € geminderten Herstellungskosten anzusetzen (§ 6b Abs. 6 Satz 2 EStG). Die für das Gebäude ab dem Jahr 02 maßgebende AfA-Bemessungsgrundlage beträgt somit (800.000 € - 500.001 € =) 299.999 €.

FALL 131A

Veräußerung eines Wirtschaftsguts aus dem Gesellschaftsvermögen an einen Gesellschafter

Sachverhalt: A ist einziger Kommanditist der X-GmbH & Co. KG. Die KG veräußerte im Jahr 2023 ein seit 15 Jahren zu ihrem Betriebsvermögen gehörendes unbebautes Grundstück zu fremdüblichen Bedingungen an A und erzielt dabei einen Gewinn i. H. von 100.000 €. Das Grundstück wird bei A Privatvermögen. Er errichtet darauf ein zur Vermietung bestimmtes Wohnhaus.

AUFGABEN

1. Ist das Veräußerungsgeschäft zwischen der KG und A steuerlich anzuerkennen?
2. Handelt es sich um einen i. S. des § 6b EStG begünstigten Gewinn?

LÖSUNG

Zu 1

§ 15 Abs. 1 Satz 1 Nr. 2 Halbsatz 2 EStG regelt nur Fälle, in denen der Gesellschafter der Gesellschaft Kapital oder Wirtschaftsgüter „zur Nutzung" überlässt. Daher fallen Veräußerungsvorgänge nicht unter diese Vorschrift. Veräußert der Gesellschafter an die Gesellschaft Wirtschaftsgüter unter gleichen Bedingungen, wie sie unter Fremden vereinbart worden wären, so gelten die allgemeinen Vorschriften über die steuerrechtliche Behandlung von Veräußerungsgeschäften. Das Gleiche gilt entsprechend umgekehrt – wie hier – für Veräußerungen von Wirtschaftsgütern durch die Gesellschaft an den Gesellschafter. Veräußerungsgeschäfte zwischen einer Personengesellschaft und ihrem Gesellschafter, die zu Konditionen wie zwischen fremden Dritten abgeschlossen werden, werden in vollem Umfang wie Geschäfte zwischen zwei Rechtssubjekten behandelt.

Dies ist auch insoweit anerkannt, als die Veräußerungsvorgänge sich nicht von Betriebsvermögen zu Betriebsvermögen abspielen, sondern der Gesellschafter ein Wirtschaftsgut aus seinem Privatvermögen veräußert oder das von der Gesellschaft veräußerte Wirtschaftsgut in das Privatvermögen des Gesellschafters gelangt. Das Veräußerungsgeschäft zwischen der KG und A ist steuerlich anzuerkennen.

Zu 2

Veräußert eine Personengesellschaft ein Wirtschaftsgut aus dem Gesellschaftsvermögen an einen Gesellschafter zu Bedingungen, die bei entgeltlichen Veräußerungen zwischen Fremden üblich sind und wird das Wirtschaftsgut bei dem Erwerber Privatvermögen, so ist der dabei realisierte Gewinn regelmäßig insgesamt ein begünstigungsfähiger Veräußerungsgewinn i. S. des § 6b EStG. Er ist, soweit der Erwerber als Gesellschafter am Vermögen der veräußernden Personengesellschaft beteiligt ist, nicht etwa ein nicht begünstigungsfähiger Entnahmegewinn (so bereits BFH, Urteil v. 10.7.1980 - IV R 136/77, BStBl 1981 II S. 84). Bei dem Veräußerungsgewinn i. H. von 100.000 € handelt es sich um einen gem. § 6b EStG begünstigten Gewinn.

FALL 131B

Veräußerung eines Wirtschaftsguts zwischen Schwesterpersonengesellschaften

Sachverhalt: A ist einziger Kommanditist der X-GmbH & Co. KG (KG 1). Komplementärin und Geschäftsführerin der KG 1 ist eine kapitalmäßig an ihr nicht beteiligte GmbH. Zum steuerlichen Gesamthandsvermögen der KG 1 gehört ein unbebautes Grundstück, dass im Jahr 2014 erworben wurde und mit seinen Anschaffungskosten i. H. von 100.000 € bilanziert ist.

A ist zugleich einziger Kommanditist der Y-GmbH & Co. KG (KG 2). Die Komplementär-GmbH ist nicht am Gesellschaftskapital der KG 2 beteiligt.

Die KG 1 hat am 1.7.2023 das Grundstück zu fremdüblichen Bedingungen unter Beachtung eines Wertgutachtens für 150.000 € an die KG 2 veräußert.

AUFGABE

Kann der von der KG 1 erzielte Veräußerungsgewinn **gem. § 6b EStG** auf das von der KG 2 angeschaffte Grundstück übertragen werden?

LÖSUNG

Aufgrund der gesellschafterbezogenen Betrachtungsweise dieser Steuervergünstigung erlaubt § 6b EStG die Übertragung eines dem Gesellschafter (hier A) zuzurechnenden Veräußerungsgewinns nicht nur betriebsbezogen, sondern auch auf Wirtschaftsgüter eines Einzel- oder Sonderbetriebsvermögens des Gesellschafters sowie i. H. des auf den Gesellschafter entfallenden ideellen Anteils auf Wirtschaftsgüter des steuerlichen Gesamthandsvermögens einer anderen Personengesellschaft, an der der Gesellschafter ebenfalls als Mitunternehmer beteiligt ist (BFH, Urteil v. 9.11.2017 - IV R 19/14, BStBl 2018 II S. 575, Rz. 21).

Der Gewinn aus der Veräußerung des gem. § 6b EStG qualifizierten Grund und Bodens kann von der KG 1 nicht nur auf Reinvestitionsgüter in ihrem eigenen steuerlichen Gesamthandsvermögen, sondern auch auf die Reinvestitionsgüter übertragen werden, die A als Sonderbetriebsvermögen zuzurechnen sind. Eine Übertragung ist sogar bei Reinvestitionen in dem steuerlichen Gesamthandsvermögen einer anderen Personengesellschaft (hier KG 2) möglich, soweit dieses dem Doppelgesellschafter A zugeordnet wird und soweit der übertragbare Gewinn auf diesen Doppelgesellschafter entfällt (hier 100 %). Bei der Veräußerung zwischen Schwesterpersonengesellschaften kann es sich bei dem veräußerten Wirtschaftsgut und dem Reinvestitionsgut auch um dasselbe Wirtschaftsgut handeln, wie der BFH in seinem genannten Urteil ausdrücklich bestätigt (ebenso BMF, Schreiben v. 8.12.2011, BStBl 2011 I S. 1279, Rz. 20).

Die KG 1 kann für den Gewinn aus der Veräußerung des Grundstücks i. H. von 50.000 € eine § 6b EStG-Rücklage bilden (§ 6b Abs. 3 Satz 1 EStG). Der Veräußerungsgewinn wird auf diese Weise komplett neutralisiert (Buchungssatz: Sonstiger betrieblicher Ertrag 50.000 € an § 6b EStG-Rücklage 50.000 €). Die § 6b EStG-Rücklage wird anschließend auf die KG 2 übertragen (Buchungssatz bei der KG 1: § 6b EStG-Rücklage 50.000 € an Kapitalkonto 50.000 €). Im Ergebnis erhöht sich das Kapital bei der veräußernden KG 1 erfolgsneutral um 50.000 € (Fischer/Petersen, DStR 2019 S. 2169 und 2172).

Die KG 2 muss in ihrer Steuerbilanz zunächst die § 6b EStG-Rücklage passivieren (Buchungssatz: Kapital 50.000 € an § 6b EStG-Rücklage 50.000 €). Anschließend wird die § 6b EStG-Rücklage von den Anschaffungskosten des Grundstücks abgesetzt (Buchungssatz: § 6b EStG-Rücklage 50.000 € an Grund und Boden 50.000 €). Das Grundstück ist nun in der Steuerbilanz der KG 2 i. H. von 100.000 € aktiviert. Im Ergebnis mindert sich bei der erwerbenden KG 2 das Kapital um 50.000 €.

FALL 131C

Bildung einer § 6b EStG-Rücklage bei einer Grundstücksenteignung

Sachverhalt: Zum Gesamthandsvermögen der X-GmbH & Co. KG gehörte seit 20 Jahren ein unbebautes Grundstück, das bislang zu Lagerzwecken genutzt wurde. Im Jahr 2023 erfolgte eine Enteignung, da das Grundstück für den Bau von Verkehrswegen benötigt wurde. Die X-GmbH & Co. KG erhielt von der Stadt X eine Entschädigung i. H. von 600.000 €, die zu einem Gewinn i. H. von 400.000 € führte. In ihrer Bilanz zum 31.12.2023 hat die X-GmbH & Co. KG gewinnmindernd eine Reinvestitionsrücklage i. H. von 400.000 € gebildet.

AUFGABE

Kann die § 6b EStG-Rücklage steuerlich anerkannt werden?

LÖSUNG

Der BFH stellt sich in einer neueren Entscheidung auf den Standpunkt, dass eine Veräußerung i. S. des § 23 EStG nicht vorliegt und folglich nicht zu einem privaten Veräußerungsgeschäft führt, wenn der Steuerpflichtige enteignet wird (BFH, Urteil v. 23.7.2019 - IX R 28/18, BStBl 2019 II S. 701). Die Veräußerung müsse wesentlich vom Willen des Steuerpflichtigen abhängen und mithin Ausdruck einer „wirtschaftlichen Betätigung" sein. Daran fehle es, wenn – wie im Falle einer Enteignung oder Umlegung – der Verlust des Eigentums am Grundstück „ohne maßgeblichen Einfluss des Steuerpflichtigen stattfinde". In gleicher Weise könne es am willentlichen Erwerb bei Rechtsgeschäften zur Vermeidung einer Enteignung oder Umlegung fehlen.

Im Bereich der steuerlichen Erfassung betrieblicher Einkünfte kann die Übertragung oder Belastung des Eigentums von Wirtschaftsgütern des Betriebsvermögens aufgrund behördlichen oder gesetzlichen Zwangs – etwa durch Enteignung – jedoch zur Annahme einer Veräußerung und mithin zur steuerlichen Berücksichtigung einer Enteignungsentschädigung als Betriebseinnahme führen. Nach bisheriger Rechtsprechung des BFH kann der Steuerpflichtige in diesem Fall von § 6b EStG profitieren, d. h. er kann die Grundstückswertentschädigung in eine Rücklage gem. § 6b EStG einstellen (bestätigt durch BFH, Urteil v. 23.7.2019 - IX R 28/18, BStBl 2019 II S. 701, Rz. 28). In den Anwendungsbereich des § 6b EStG fallen auch Enteignungen oder enteignungsgleiche Eingriffe, denn in diesen Fällen liegt eine Veräußerung i. S. des § 6b Abs. 1 Satz 1 EStG vor, so dass die Bildung der § 6b EStG-Rücklage i. H. von 400.000 € zulässig ist.

FALL 132

Übertragung stiller Reserven bei der Veräußerung von Anteilen an einer Kapitalgesellschaft

Sachverhalt: Einzelgewerbetreibender A veräußerte im Jahr 2023 die seit 20 Jahren zu seinem Anlagevermögen gehörende GmbH-Beteiligung I, deren Anschaffungskosten 50.000 € betragen haben, für 550.000 €, so dass ein Veräußerungsgewinn i. H. von 500.000 € entstand. Dieser Gewinn ist zu 40 % steuerfrei (§ 3 Nr. 40 Satz 1 Buchst. a und § 3c Abs. 2 EStG). A erwarb im Jahr 2023 – im Anschluss an den Verkauf der GmbH-Beteiligung I – die GmbH-Beteiligung II. Deren Anschaffungskosten betragen 600.000 €.

AUFGABE

Kann A den Veräußerungsgewinn auf die Anschaffungskosten der GmbH-Beteiligung II übertragen?

LÖSUNG

Steuerpflichtige, die keine Körperschaften, Personenvereinigungen oder Vermögensmassen sind, können Gewinne aus der Veräußerung von Anteilen an Kapitalgesellschaften bis zu einem Betrag i. H. von 500.000 € auf die im Wirtschaftsjahr der Veräußerung oder in den folgenden zwei bzw. vier Wirtschaftsjahren angeschafften oder hergestellten begünstigten Reinvestitionsobjekte übertragen (§ 6b Abs. 10 Satz 1 EStG). Allerdings ist nicht jede Veräußerung von Anteilen an Kapitalgesellschaften durch Personenunternehmen begünstigt; auch hier gilt, dass die veräußerten Anteile an der Kapitalgesellschaft mindestens sechs Jahre zum Anlagevermögen einer inländischen Betriebsstätte gehört haben müssen (§ 6b Abs. 10 Satz 4 i.V. mit Abs. 4 Satz 1 Nr. 2 EStG).

Die von Personenunternehmen erzielten Gewinne aus der Veräußerung von Anteilen an Kapitalgesellschaften sind nach den Regelungen des Teileinkünfteverfahrens zu 40 % steuerbefreit (§ 3 Nr. 40 Satz 1 Buchst. a und b sowie § 3c Abs. 2 EStG). Daher wird bei der Übertragung des Gewinns auf Gebäude und abnutzbare bewegliche Wirtschaftsgüter nur ein Betrag bis zur Höhe des nicht steuerbefreiten Betrags, höchstens also 60 % von 500.000 € = 300.000 € im Wirtschaftsjahr der Veräußerung, zum Abzug zugelassen (§ 6b Abs. 10 Satz 2 EStG). Bei der Übertragung auf Anteile an Kapitalgesellschaften darf dagegen der gesamte Gewinn einschließlich des steuerbefreiten Betrags übertragen werden (§ 6b Abs. 10 Satz 3 EStG). Das beruht darauf, dass eine spätere Veräußerung dieser Anteile wiederum dem Teileinkünfteverfahren unterliegt (BFH, Beschluss v. 10.5.2022 - IV B 47/21, BFH/NV 2022 S. 807, RAAAJ-15730).

Vorliegend sind also die Anschaffungskosten der GmbH-Beteiligung II um den steuerpflichtigen Veräußerungsgewinn i. H. von 300.000 € und den steuerfreien Veräußerungsgewinn i. H. von 200.000 € zu mindern. Dadurch wird sichergestellt, dass bei einer späteren Veräußerung der Beteiligung an der GmbH II auch der bei der ersten begünstigten Veräußerung steuerfrei gestellte Gewinn erfasst wird. Wird die GmbH-Beteiligung II z. B. für 600.000 € weiterveräußert, entsteht ein Veräußerungsgewinn i. H. von 600.000 € - 100.000 € = 500.000 €, der i. H. von 60 % von 500.000 € = 300.000 € steuerpflichtig ist.

HINWEIS

Bei Mitunternehmerschaften ist für die Berechnung des Höchstbetrags gem. § 6b Abs. 10 Satz 1 EStG jeder Mitunternehmer als Steuerpflichtiger mit der Folge anzusehen, dass der Höchstbetrag i. H. von 500.000 € für jeden Mitunternehmer zur Anwendung kommt – sog. „gesellschafterbezogene Betrachtungsweise" (R 6b.2 Abs. 12 EStR). Bei Veräußerungen aus dem steuerlichen Gesamthandsvermögen einer Personengesellschaft wird der Höchstbetrag nach der Anzahl der Gesellschafter vervielfacht. Jedem der Mitunternehmer steht die Möglichkeit zu, einen anteiligen Betrag bis zu 500.000 € aus der Veräußerung von begünstigten Anteilen zu übertragen.

FALL 132A

Erwerb eines Reinvestitionsobjekts in einem EU-Mitgliedstaat

Sachverhalt: Einzelgewerbetreibender A, der in Aachen ein Großhandelsunternehmen betreibt, erzielte im März 2023 bei der Veräußerung eines seit zehn Jahren zu seinem Anlagevermögen gehörenden Lagergrundstücks einen Gewinn i. H. von 500.000 €.

Das Unternehmen von A verfügt in den Niederlanden über eine Betriebsstätte. Dort erwarb A noch im Jahr 2023 ein Lagergebäude als Reinvestitionsobjekt.

AUFGABEN

1. Kann die Steuer, die auf den Veräußerungsgewinn entfällt, auf Antrag gestundet werden?
2. Kann von dem Stundungsantrag abgesehen und stattdessen eine Rücklage gem. § 6b Abs. 3 EStG i. H. von 500.000 € gebildet werden?

LÖSUNG

Zu 1

Gemäß § 6b Abs. 4 Satz 1 Nr. 3 EStG ist Voraussetzung für die Anwendung der Reinvestitionsvergünstigung, dass die Reinvestitionsobjekte zum Anlagevermögen einer inländischen Betriebsstätte gehören. Damit ist die Europäische Kommission nicht einverstanden. Sie hat Deutschland bereits am 29.9.2011 förmlich aufgefordert, seine Steuervorschriften für stille Reserven dahingehend zu ändern, dass bestimmte grenzüberschreitende Transaktionen nicht länger benachteiligt sind. Durch § 6b Abs. 4 Satz 1 Nr. 3 EStG würden Steuerpflichtige, die Wirtschaftsgüter ihres Anlagevermögens veräußern möchten, um sich in einem anderen EU-Mitgliedstaat, in Island, Liechtenstein oder Norwegen niederzulassen oder dort ihre wirtschaftlichen Aktivitäten auszubauen, eindeutig benachteiligt.

Der EuGH hat – nachfolgend auf ein gegen Deutschland eingeleitetes Vertragsverletzungsverfahren – die Beschränkung der deutschen „Reinvestitionsrücklagenklausel" des § 6b Abs. 4 Satz 1 Nr. 3 EStG auf inländische Betriebsstätten für unionsrechtswidrig erklärt (EuGH, Urteil v. 16.4.2015 - C-591/13, DStR 2015 S. 870). Er zeigt in seinem Urteil eine – im Vergleich zu einer Reinvestition im Inland – andere Umsetzungsmöglichkeit auf, die in der Anwendung einer Stundungsregelung bei Besteuerung der stillen Reserven aus dem Verkauf des inländischen Wirtschaftsguts liegen könnte. Jedenfalls muss nach der Ansicht des EuGH ein Steueraufschub gem. § 6b EStG auch bei einer Reinvestition in eine ausländische Betriebsstätte gewährt werden.

Der Gesetzgeber hat im Rahmen des Steueränderungsgesetzes 2015 v. 2.11.2015 (BGBl 2015 I S. 1834) auf diese Rechtsentwicklung reagiert. Er hat durch die Einfügung eines § 6b Abs. 2a EStG die Rechtsprechung des EuGH berücksichtigt, um § 6b EStG in einen EU-rechtskonformen Zustand zu versetzen. § 6 Abs. 2a Satz 1 EStG behandelt die Fälle, in denen innerhalb der vier- bzw. sechsjährigen Reinvestitionsfrist oder in dem der Veräußerung vorangegangenen Wirtschaftsjahr begünstigte Reinvestitionsgüter angeschafft oder hergestellt worden sind, die einem Betriebsvermögen des Steuerpflichtigen in einem anderen Mitgliedstaat der EU oder des Europäischen Wirtschaftsraums zuzuordnen sind. Begünstigt sind allerdings nur Reinvestitionsgüter i. S. des § 6b Abs. 1 Satz 2 EStG; der Begünstigungstatbestand des § 6b Abs. 10 EStG wird nicht erfasst (z. B. Kanzler, NWB 2019 S. 546, und Kahle/Kopp, DStR 2019 S. 159 und 1577; ablehnend Loschelder, DStR 2016 S. 19 unter Rz. 3.1.2, sowie Schmidt/Loschelder, EStG, 43. Aufl. 2024, § 6b Rz. 52). Nach der Rechtsprechung des BFH (BFH, Urteil v. 22.6.2017 - VI R 84/14, BStBl 2018 II S. 171) bestehen gegen die Regelung des § 6b Abs. 2a EStG keine unionsrechtlichen Bedenken. In diesem Fall kann auf Antrag des Steuerpflichtigen die festgesetzte Steuer, die auf den Veräußerungsgewinn entfällt, in fünf gleichen Jahresraten entrichtet werden. Der Antrag kann nur im Wirtschaftsjahr der Veräußerung der begünstigten Wirtschaftsgüter gestellt werden (§ 6b Abs. 2a Satz 2 EStG). Ausreichend soll es sein, wenn der Antrag des Steuerpflichtigen zusammen mit der Steuererklärung für das Veräußerungsjahr gestellt wird.

HINWEIS

Der Antrag gem. § 6b Abs. 2a Satz 2 EStG kann in allen Fällen berücksichtigt werden, in denen die materielle Bestandskraft des betroffenen Steuerbescheids noch nicht eingetreten ist; bei vom Kalenderjahr abweichendem Wirtschaftsjahr von Land- und Forstwirten ist der noch nicht bestandskräftig veranlagte Steuerbescheid maßgebend, in dem der anteilige Gewinn i. S. des § 6b Abs. 2 EStG aus der Veräußerung des begünstigten Wirtschaftsguts erfasst ist (BMF, Schreiben v. 7.3.2018, BStBl 2018 I S. 309, Rz. 2).

Gemäß § 6 Abs. 2a Satz 3 EStG ist § 36 Abs. 5 Satz 2–5 EStG sinngemäß anzuwenden. Gemäß § 6b Abs. 2a Satz 3 i.V. mit § 36 Abs. 5 Satz 2 EStG ist die erste Jahresrate innerhalb eines Monats nach Bekanntgabe des Steuerbescheids zu entrichten; die übrigen Jahresraten sind jeweils am 31.5. der Folgejahre fällig. Die Jahresraten sind nicht zu verzinsen (§ 36 Abs. 5 Satz 3 EStG).

Für nach dem 31.12.2017 entstandene Gewinne gilt § 234 AO entsprechend, falls es nicht oder nur partiell zu einer Reinvestition des Veräußerungsgewinns kommt (§ 6b Abs. 2a Satz 4 EStG). Für diesen Fall haben § 6b Abs. 2a Satz 4–6 EStG als speziellere Bestimmungen Vorrang vor § 6b Abs. 2a Satz 3 i.V. mit § 36 Abs. 5 Satz 3 EStG (Schmidt/Loschelder, EStG, 43. Aufl. 2024, § 6b Rz. 54).

Zu 2

Wird das begünstigte Ersatzwirtschaftsgut im Wirtschaftsjahr der Veräußerung oder im vorangegangenen Wirtschaftsjahr in einer inländischen Betriebsstätte angeschafft oder hergestellt, kann A gem. § 6b Abs. 1 Satz 2 EStG den Gewinn von den Anschaffungs- oder Herstellungskosten des Ersatzwirtschaftsguts abziehen. Die Möglichkeit der Übertragung stiller Reserven gem. § 6b Abs. 1 EStG ist ein eigenständiges steuerliches Wahlrecht (BMF, Schreiben v. 12.3.2010, BStBl 2010 I S. 239, Rz. 14). Die Abweichung von der Handelsbilanz ist i. S. des § 5 Abs. 1 Satz 2 und 3 EStG zu dokumentieren.

Erwirbt A zunächst in seiner inländischen Betriebsstätte kein Ersatzwirtschaftsgut oder sieht er von einer Gewinnübertragung in einer inländischen Betriebsstätte ab, kann er den Veräußerungsgewinn gem. § 6b Abs. 3 EStG in eine steuerfreie Rücklage einstellen. Das gilt auch, wenn er in einer ausländischen Betriebsstätte ein Ersatzwirtschaftsgut angeschafft oder hergestellt hat.

Wird in diesem Fall bis zum Ende der Reinvestitionsfrist in einer inländischen Betriebsstätte kein begünstigtes Ersatzwirtschaftsgut angeschafft oder hergestellt, ist die Rücklage gem. § 6b Abs. 3 Satz 5 EStG gewinnerhöhend aufzulösen. Die Verzinsungsregelung des § 6b Abs. 7 EStG findet Anwendung. Danach ist der Gewinn des Auflösungsjahrs für jedes volle Wirtschaftsjahr, in dem die Rücklage bestanden hat, um 6 % des aufzulösenden Rücklagenbetrags zu erhöhen.

FALL 133

Betriebserwerb gegen Leibrente mit Wertsicherungsklausel

Sachverhalt: A veräußert mit Ablauf des 31.12.01 seinen Gewerbebetrieb an B gegen Zahlung einer lebenslänglichen Rente (mit Wertsicherungsklausel) i. H. von zunächst 3.000 € monatlich (beginnend ab dem 1.1.02).

Der Übertragung liegen folgende Wirtschaftsgüter zugrunde:

	Buchwert in der Schlussbilanz zum 31.12.01 von A	Teilwert zum 31.12.01
Grund und Boden	50.000 €	80.000 €
Gebäude	150.000 €	200.000 €
Maschinen	40.000 €	50.000 €
Einrichtung	20.000 €	30.000 €
Waren	90.000 €	90.000 €
Firmenwert	0 €	100.000 €
	350.000 €	550.000 €

Der versicherungsmathematische Rentenbarwert der monatlichen Rente i. H. von 3.000 € beträgt

- am 1.1.02 550.000 €
- am 31.12.02 524.000 €
- am 31.12.03 497.000 €

Aufgrund einer Wertsicherungsklausel erhöhen sich die Rentenzahlungen ab dem 1.7.03 auf 3.300 € monatlich. Der versicherungsmathematische Barwert des Erhöhungsbetrags beläuft sich

- am 1.7.03 auf 51.000 €
- am 31.12.03 auf 49.700 €

AUFGABEN

1. Welches Aussehen hat die Eröffnungsbilanz von B zum 1.1.02?
2. Welche Gewinnauswirkung ergibt sich im Zusammenhang mit den Rentenzahlungen der Jahre 02 und 03 i. H. von 3.000 € monatlich?
3. Welche einkommensteuerlichen Folgen löst die Rentenerhöhung ab dem 1.7.03 aus?

LÖSUNG

Zu 1

Beim Erwerb eines Betriebs gegen eine Leibrente bildet der Barwert der Rentenverpflichtung zum Zeitpunkt des Erwerbs die Anschaffungskosten für die übernommenen Wirtschaftsgüter einschließlich eines etwaigen Firmenwerts. Der Rentenbarwert ist grds. nach versicherungsmathematischen Grundsätzen zu ermitteln (BFH, Urteile v. 5.2.1969 - I R 21/66, BStBl 1969 II S. 334, v. 31.1.1980 - IV R 126/76, BStBl 1980 II S. 491, und v. 27.1.1998 - VIII R 64/96, BStBl 1998 II S. 537). Die Finanzverwaltung lässt allerdings auch zu, dass der Erwerber den Rentenbarwert nach den Vorschriften des BewG ermitteln kann (R 6.2 Satz 1 EStR). Die erworbenen Wirtschaftsgüter sind mit ihrem Teilwert, höchstens mit den Anschaffungskosten zu aktivieren (§ 6 Abs. 1 Nr. 7 EStG); der darüberhinausgehende Betrag ist als Firmenwert auszuweisen. Die Eröffnungsbilanz von B hat danach folgendes Aussehen:

Aktiva	**Eröffnungsbilanz zum 1.1.02**		**Passiva**
Grund und Boden	80.000 €	Kapital	0 €
Gebäude	200.000 €	Rentenverpflichtung	550.000 €
Maschinen	50.000 €		
Einrichtung	30.000 €		
Waren	90.000 €		
Firmenwert	100.000 €		
	550.000 €		550.000 €

Zu 2

Die Rentenzahlungen der Jahre 02 und 03 i. H. von monatlich 3.000 € sind als Betriebsausgaben zu behandeln (Buchungssatz: Rentenaufwand 3.000 € an Geldkonto 3.000 €). Zu den Bilanzstichtagen am 31.12.02 und am 31.12.03 ist die Rentenverpflichtung mit ihrem versicherungsmathematischen Barwert zu passivieren. Die Minderung des Rentenbarwerts ist gewinnerhöhend zu berücksichtigen (Buchungssatz: Rentenverpflichtung 36.000 € an Rentenaufwand 36.000 €). Im Ergebnis wirkt sich also nur der Zinsanteil der Rente gewinnmindernd aus:

Jährliche Rentenzahlungen:		**02**	**03**
Aufwand		36.000 €	36.000 €
abzgl. Barwertminderung			
a) Barwert zum 1.1.02	550.000 €		
Barwert zum 31.12.02	- 524.000 €	- 26.000 €	- 0 €
b) Barwert zum 31.12.02	524.000 €		
Barwert zum 31.12.03	- 497.000 €	- 0 €	- 27.000 €
Gewinnminderung		10.000 €	9.000 €

Zu 3

Die Erhöhung der Rentenzahlungen ab dem 1.7.03 hat auf die Anschaffungskosten der erworbenen Wirtschaftsgüter keinen Einfluss; es tritt also keine nachträgliche Erhöhung der Anschaffungskosten ein (BFH, Urteile v. 11.8.1967 - VI R 80/66, BStBl 1967 III S. 699, und v. 27.1.1998 - VIII R 64/96, BStBl 1998 II S. 537). Der Erhöhungsbetrag der Rente ist vielmehr zum Zeitpunkt der Rentenanpassung als Aufwand zu behandeln, und zwar mit seinem versicherungsmathematischen Barwert. Es empfiehlt sich, den Erhöhungsbetrag als gesonderte Rente zu behandeln. Für B ergibt sich aufgrund der Rentenanpassung im Jahr 03 folgende Gewinnauswirkung:

a) Rentenbarwert des Erhöhungsbetrags am 1.7.03 (= Aufwand): Buchungssatz:

Rentenaufwand 51.000 €	an	Rentenverbindlichkeit (Erhöhungsbetrag) 51.000 €	51.000 €

b) Rentenzahlungen (Erhöhungsbetrag) im Jahr 03:

6 x 300 € =		1.800 €	
abzgl. Barwertminderung:			
Barwert zum 1.7.03	51.000 €		
Barwert zum 31.12.03	- 49.700 €	- 1.300 €	+ 500 €
Gewinnminderung im Jahr 03			51.500 €

FALL 134

Betriebserwerb gegen Kaufpreisraten mit Wertsicherungsklausel

Sachverhalt: A betreibt einen Schuheinzelhandel. Mit Ablauf des 31.12.00 veräußert er seinen Gewerbebetrieb an B. Verkäufer und Käufer vereinbaren, dass der Kaufpreis i. H. von 500.000 € in zehn Halbjahresraten zu je 50.000 € entrichtet werden kann. Die Raten sind jeweils am 20.3. und 20.9. eines Jahres fällig; die erste Rate am 20.3.01 und die letzte Rate am 20.9.05. Auf eine Verzinsung der Raten wurde verzichtet. Da die Raten der Versorgung von A dienen sollen, wurde jedoch eine Wertsicherungsklausel – Bindung an den Lebenshaltungskostenindex – vereinbart.

Aufgrund der Wertsicherungsklausel muss B ab dem 1.1.05 anstatt 50.000 € nunmehr 55.000 € halbjährlich zahlen.

Die übertragenen Wirtschaftsgüter haben folgenden Teilwert:

Grund und Boden	40.000 €
Gebäude	+ 140.000 €
Betriebsausstattung	+ 20.000 €
Waren	+ 60.000 €
	260.000 €

A und B sind sich darüber einig, dass ein Mehrbetrag des Kaufpreises auf den Firmenwert entfällt.

AUFGABEN

1. Welches Aussehen hat die Eröffnungsbilanz von B zum 1.1.01?
2. Wie sind die Kaufpreisraten i. H. von (10 x 50.000 € =) 500.000 € bei B einkommensteuerlich zu behandeln?
3. Wie sind die Mehrbeträge, die aufgrund der Wertsicherungsklausel ab dem 1.1.05 zu entrichten sind, einkommensteuerlich zu behandeln?

LÖSUNG

Zu 1

Beim Erwerb eines Betriebs gegen unverzinsliche Raten bestehen die Anschaffungskosten – anders als bei angemessen verzinslichen Raten – nicht in der Summe der Raten, sondern in dem nach den Vorschriften des BewG ermittelten gemeinen Wert der Kaufpreisschuld (R 6.2 Satz 2 EStR). Der Barwert der Kaufpreisschuld stellt also die in der Eröffnungsbilanz zu aktivierenden Anschaffungskosten dar (§ 6 Abs. 1 Nr. 7 EStG); zugleich ist er in der Eröffnungsbilanz zu passivieren.

Sofern die Parteien – wie hier – keine Zinsvereinbarung getroffen haben, ist bei der Abzinsung grds. von einem Rechnungszinsfuß i. H. von 5,5 % auszugehen (BFH, Urteile v. 29.10.1974 - VIII R 131/70, BStBl 1975 II S. 173, v. 19.5.1992 - VIII R 37/90, BFH/NV 1993 S. 87, NAAAB-33318, und v. 26.6.1996 - VIII R 67/95, BFH/NV 1997 S. 175, DAAAA-97337). Zur Berechnung des Barwerts ist die Tabelle 2 zu § 12 Abs. 1 BewG anzuwenden, der ein Rechnungszinsfuß i. H. von 5,5 % zugrunde liegt (Gleich lautender Ländererlass v. 7.12.2001, BStBl 2001 I S. 1041 und 1053). Anhand einer Berechnung i. S. der Tabelle 2 zu § 12 Abs. 1 BewG beträgt der Barwert der Kaufpreisraten zum 1.1.01 (100.000 € x 4,388 =) 438.800 €. Die Eröffnungsbilanz von A zum 1.1.01 hat danach folgendes Aussehen:

Aktiva	**Eröffnungsbilanz zum 1.1.01**		**Passiva**
Grund und Boden	40.000 €	Kapital A	0 €
Gebäude	140.000 €	Kaufpreisschuld	438.800 €
Betriebsausstattung	20.000 €		
Waren	60.000 €		
Firmenwert	178.800 €		
	438.800 €		438.800 €

Zu 2

Die in den jährlichen Ratenzahlungen i. H. von 100.000 € enthaltenen Zinsanteile kann B im Jahr der Zahlung als Betriebsausgaben abziehen. Die abzugsfähigen Zinsanteile werden errechnet, indem von den jährlichen Ratenzahlungen die jährliche Barminderung abgezogen wird (BFH, Urteil v. 25.6.1974 - VIII R 163/71, BStBl 1975 II S. 431). Die jährlichen Zinsanteile errechnen sich anhand der Tabelle zu § 12 Abs. 1 BewG wie folgt (Gleich lautender Ländererlass v. 7.12.2001, BStBl 2001 I S. 1041 und 1053):

	Barwert in €	**Ratenzahlung in €**	**Barwertminderung = Tilgungsanteil in €**	**Zinsanteil = Betriebsausgabe in €**
1.1.01	438.800	–	–	–
01	–	100.000	78.600	21.400
1.1.02	360.200	–	–	–
02	–	100.000	83.000	17.000
1.1.03	277.200	–	–	–

	Barwert in €	Ratenzahlung in €	Barwertminderung = Tilgungsanteil in €	Zinsanteil = Betriebsausgabe in €
03	–	100.000	87.500	12.500
1.1.04	189.700	–	–	–
04	–	100.000	92.300	7.700
1.1.05	97.400	–	–	–
05	–	100.000	97.400	2.600
1.1.06	–	–	–	–
		500.000	438.800	61.200

Zu 3

Die aufgrund der Wertsicherungsklausel ab dem 1.1.05 zu leistenden Mehrbeträge i. H. von jährlich 2 x 5.000 € = 10.000 € führen zu keiner Erhöhung der Anschaffungskosten für die erworbenen Wirtschaftsgüter; denn Erhöhungen aufgrund einer Wertsicherungsklausel sollen vor der Verschlechterung des Geldwerts schützen, sie erhöhen aber nicht den Wert der erworbenen Wirtschaftsgüter. Die Anschaffungskosten i. H. des Barwerts der Kaufpreisraten zum Zeitpunkt der Anschaffung i. H. von 438.800 € ändern sich also nicht, so dass auch die AfA unverändert bleibt.

Die Mehrbeträge i. H. von 10.000 € sind zum Zeitpunkt der Zahlung, d. h. im Jahr 05, in vollem Umfang als Betriebsausgaben abzugsfähig (BFH, Urteile v. 29.11.1983 - VIII R 231/80, BStBl 1984 II S. 109, und v. 10.7.1990 - IX R 138/86, BFH/NV 1991 S. 227, NAAAB-31695).

FALL 135

Übergang von der EÜR zum Betriebsvermögensvergleich

Sachverhalt: Der Steuerpflichtige A hat am 1.1.2020 einen Gewerbebetrieb eröffnet und seinen Gewinn zunächst gem. § 4 Abs. 3 EStG ermittelt. Am 1.1.2023 ist er zur Gewinnermittlung durch Bestandsvergleich übergegangen (§ 5 EStG), da er buchführungspflichtig geworden ist (§ 141 Abs. 2 Satz 1 AO). A stellt folgende Anfangsbilanz (Übergangsbilanz) auf:

Aktiva	**Anfangsbilanz**		**Passiva**
Grund und Boden	50.000 €	Kapital	100.000 €
Gebäude	230.000 €	Gewerbesteuerrückstellung	6.000 €
Maschinen	25.000 €	Umsatzsteuer	4.150 €
Genossenschaftsanteil	5.000 €	Darlehen	253.300 €
Warenbestand	30.000 €	Verbindlichkeiten	5.950 €
Forderungen	23.800 €	Sonstige Verbindlichkeiten	4.000 €
Kasse und Bankguthaben	5.200 €	Delkredere	200 €
Disagio	2.000 €	Passive Rechnungsabgrenzung	400 €
Aktive Rechnungsabgrenzung	3.000 €		
	374.000 €		374.000 €

Erläuterungen zu den einzelnen Bilanzposten:

- **Grund und Boden:**

  Den betrieblich genutzten Grund und Boden hat der Steuerpflichtige im Jahr 2020 für 50.000 € erworben und mit den Anschaffungskosten in das gem. § 4 Abs. 3 Satz 5 EStG zu führende Verzeichnis aufgenommen. Der Teilwert beträgt am 1.1.2023 60.000 €.

- **Gebäude:**

  Der Bilanzwert des Gebäudes ergibt sich aus der Differenz zwischen den Herstellungskosten und der bisherigen AfA.

- **Maschine:**

  Die Maschine hat nach dem Anlagenverzeichnis am 1.1.2023 einen Buchwert i. H. von 40.000 €. Infolge von Preissenkungen beträgt der Teilwert am 1.1.2023 nur 25.000 € (dauernde Wertminderung).

- **Genossenschaftsanteil:**

  Bei dem Genossenschaftsanteil handelt es sich um einen Anteil an einer Einkaufsgenossenschaft, der mit seinen Anschaffungskosten i. H. von 5.000 € bilanziert ist.

- **Waren:**

  Die Anschaffungskosten des Warenbestands belaufen sich auf 30.000 € zzgl. 19 % Umsatzsteuer. Der Warenbestand war am Stichtag der Anfangsbilanz zu 100 % bezahlt. Die mit der Anschaffung der Waren zusammenhängende Vorsteuer wurde A bis Ende des Jahres 2022 vom Finanzamt vollständig erstattet.

- **Forderungen:**

  Die Forderungen aus Lieferungen und Leistungen betragen 20.000 € netto zzgl. 19 % Umsatzsteuer.

- **Kasse und Bank:**

  Das vorhandene Bargeld beträgt 1.200 € und das Bankguthaben 4.000 €.

- **Disagio:**

  Das Disagio i. H. von 2.000 € hängt mit dem passivierten Darlehen zusammen, das A im Jahr 2020 aufgenommen hat. Es wurde nur noch mit dem Betrag aktiviert, der auf die Restlaufzeit entfällt. Das Darlehen hat eine Laufzeit i. H. von fünf Jahren.

- **Aktive Rechnungsabgrenzungsposten:**

  Der aktive Rechnungsabgrenzungsposten i. H. von 3.000 € betrifft die am 27.12.2022 für das Jahr 2023 vorausbezahlte Prämie für die Betriebshaftpflichtversicherung. Die Prämie war am 1.1.2023 fällig.

- **Gewerbesteuer:**

  Die Gewerbesteuerrückstellung i. H. von 6.000 € betrifft die voraussichtliche Nachforderung für das Jahr 2022.

- **Umsatzsteuer:**

  Die passivierte Umsatzsteuer für den Monat Dezember 2022 i. H. von 4.150 € errechnet sich wie folgt:

Umsatzsteuer aus Kundenforderungen zum 1.1.2023	3.800 €	
Umsatzsteuer aus im Dezember 2022 bar vereinnahmten Erlösen:		
19 % von 10.000 € =	+ 1.900 €	5.700 €
abzgl. abziehbare Vorsteuer:		
► aus Verbindlichkeiten zum 1.1.2023: Reparaturrechnung	950 €	
► aus im Dezember 2022 bar bezahlten Rechnungen	+ 600 €	- 1.550 €
		4.150 €

Die Umsatzsteuer für den Monat Dezember 2022 wurde am 16.1.2023 bezahlt.

- **Darlehen:**

  Das Darlehen i. H. von 253.300 € hängt mit den Anschaffungskosten des Grund und Bodens und den Herstellungskosten des Gebäudes zusammen.

- **Verbindlichkeiten:**

  Bei den passivierten Verbindlichkeiten handelt es sich um eine Handwerkerrechnung im Zusammenhang mit der Reparatur des Betriebsgebäudes: Nettorechnungsbetrag 5.000 € zzgl. 19 % = 950 € Vorsteuer.

- **Sonstige Verbindlichkeiten:**

  Diese setzen sich wie folgt zusammen: Lohnsteuer usw. (4.000 €) für den Monat Dezember 2022. Der Betrag wurde am 16.1.2023 entrichtet. Die Sozialversicherungsbeiträge für den Monat Dezember 2022 wurden noch im Dezember 2022 bezahlt.

- **Delkredere:**

  Bei dem Passivposten „Delkredere“ handelt es sich um eine pauschale Wertberichtigung i. H. von 1 % der Nettoforderungen i. H. von 20.000 € = 200 €.

- **Passive Rechnungsabgrenzungsposten:**

  Der passive Rechnungsabgrenzungsposten betrifft eine Mietvorauszahlung für das Jahr 2023 i. H. von 600 €, die A vom Mieter B am 16.12.2022 erhalten hat. A hat B einen Teil seines betrieblichen Grundstücks als Pkw-Stellplatz für jährlich 600 € vermietet. Die Miete ist jeweils am Anfang des Jahres im Voraus fällig.

  Anmerkung: Gemäß § 5 Abs. 5 Satz 2 EStG besteht für Wirtschaftsjahre, die nach dem 31.12.2021 enden (§ 52 Abs. 9 Satz 1 EStG), ein Wahlrecht: Danach kann der Ansatz eines Rechnungsabgrenzungspostens unterbleiben, wenn die jeweilige Ausgabe oder Einnahme i. S. des § 5 Abs. 5 Satz 1 EStG den Betrag des § 6 Abs. 2 Satz 1 EStG nicht übersteigt; das Wahlrecht ist einheitlich für alle Ausgaben und Einnahmen i. S. des § 5 Abs. 5 Satz 1 EStG auszuüben.

AUFGABE

Wie hoch ist der Übergangsgewinn?

LÖSUNG

Gehen z. B. Freiberufler oder Gewerbetreibende von der Gewinnermittlung durch EÜR zur Gewinnermittlung durch Bestandsvergleich gem. § 4 Abs. 1 oder § 5 EStG über, sind Zu- und Abrechnungen vorzunehmen. Diese Korrekturen tragen der abweichenden Technik der Gewinnermittlung Rechnung und stellen sicher, dass sich Geschäftsvorfälle nicht doppelt oder überhaupt nicht auswirken. Ein sog. „Übergangsgewinn", der nach Saldierung dieser Zu- und Abrechnungen entsteht, kann auf Antrag auf zwei oder drei Jahre verteilt versteuert werden (R 4.6 Abs. 1 Satz 4 EStR). Die beim Übergang von der EÜR gem. § 4 Abs. 3 EStG zum Bestandsvergleich gem. § 4 Abs. 1 und § 5 EStG gebotenen Gewinnkorrekturen sind nicht ausdrücklich gesetzlich geregelt (BFH, Urteil v. 28.5.1968 - IV R 202/67, BStBl 1968 II S. 650). Der BFH hat sie jedoch als rechtens anerkannt, da sie sich aus der Systematik des Gesetzes ergeben (BFH, Urteil v. 1.7.1981 - I R 134/78, BStBl 1981 II S. 780).

Anmerkungen zu den Gewinnkorrekturen im Einzelnen:

- **Grund und Boden:**

  A hat den nicht abnutzbaren Grund und Boden zutreffend mit seinen Anschaffungskosten bilanziert. Die Anschaffungskosten ergeben sich aus dem gem. § 4 Abs. 3 Satz 5 EStG zu führenden Verzeichnis (R 4.6 Satz 6 EStR). Die Anschaffung des Grund und Bodens hat sich in der Zeit der EÜR nicht als Betriebsausgabe ausgewirkt, da die Anschaffungs- oder Herstellungskosten nicht abnutzbarer Wirtschaftsgüter des Anlagevermögens bei der EÜR erst zum Zeitpunkt des Zuflusses des Veräußerungserlöses oder bei Entnahme zum Zeitpunkt der Entnahme dieser Wirtschaftsgüter als Betriebsausgaben berücksichtigt werden dürfen (§ 4 Abs. 3 Satz 4 EStG). Eine Gewinnkorrektur ist daher nicht erforderlich.

- **Gebäude:**

  Das Gebäude gehört zum abnutzbaren Anlagevermögen. Wirtschaftsgüter des abnutzbaren Anlagevermögens werden bei der Gewinnermittlung durch EÜR – mit Ausnahme von Teilwertabschreibungen – genauso behandelt wie bei der Gewinnermittlung durch Bestandsvergleich, da auch bei der EÜR die Vorschriften über die AfA zu befolgen sind (§ 4 Abs. 3 Satz 3 EStG). Die Anschaffungs- oder Herstellungskosten von abnutzbaren Anlagegütern wirken sich demzufolge bei der EÜR nicht zum Zeitpunkt der Verausgabung, sondern wie beim Bestandsvergleich nur über die AfA aus. Einer Gewinnkorrektur bedarf es nicht.

- **Maschine:**

  Die Maschine ist zutreffend (wahlweise) mit ihrem niedrigeren Teilwert in der Anfangsbilanz aktiviert worden (§ 6 Abs. 1 Nr. 1 Satz 2 EStG). Die Teilwertabschreibung i. H. von 15.000 € (Differenz zwischen dem Buchwert und Teilwert der Maschine) hat sich bei der EÜR nicht gewinnmindernd ausgewirkt, da Teilwertabschreibungen nur bei einer Gewinnermittlung zulässig sind, die vom Wert des Betriebsvermögens ausgeht (§ 4 Abs. 1 und § 5 EStG; BFH, Urteile v. 21.6.2006 - XI R 49/05, BStBl 2006 II S. 712, und v. 5.11.2015 - III R 12/13, BStBl 2016 II S. 420, Rz. 28). Da die Teilwertabschreibung sich bei der EÜR nicht gewinnmindernd ausgewirkt hat und im Rahmen der neuen Gewinnermittlungsart sich nicht mehr gewinnmindernd auswirken wird, muss beim Übergang zum Bestandsvergleich ein Abschlag i. H. von 15.000 € vorgenommen werden.

► **Genossenschaftsanteil:**

Hier gilt das für den Grund und Boden Gesagte entsprechend. Der Genossenschaftsanteil ist ein nicht abnutzbares Wirtschaftsgut des Anlagevermögens, dessen Anschaffung und Bezahlung sich bei der EÜR nicht ausgewirkt hat (§ 4 Abs. 3 Satz 4 EStG). Diese Behandlung entspricht den Gewinnermittlungsgrundsätzen des Bestandsvergleichs. Ein Zu- oder Abschlag ist daher nicht erforderlich.

► **Warenbestand:**

Beim Kauf von Waren können sich bei der EÜR zeitliche Gewinndifferenzen gegenüber der Gewinnermittlung durch Bestandsvergleich ergeben. Bei der EÜR wirkt sich die Anschaffung von Waren zum Zeitpunkt der Bezahlung als Betriebsausgabe aus. Beim Bestandsvergleich kommt es dagegen erst über den Wareneinsatz zu Betriebsausgaben.

A hat den vorhandenen Warenbestand zutreffend mit seinen Anschaffungskosten i. H. von 30.000 € bilanziert. Diese Anschaffungskosten sind in der Zeit der EÜR – bei Bezahlung – als Betriebsausgaben abgezogen worden. Infolge des Übergangs zur Gewinnermittlung durch Bestandsvergleich wirkt sich der Warenbestand durch Erhöhung des Wareneinsatzes noch einmal gewinnmindernd aus. Daraus folgt, dass der Warenbestand i. H. von 30.000 € zu einem Zuschlag führt.

Eines Zuschlags der mit dem Warenbestand zusammenhängenden Vorsteuer i. H. von 4.800 € bedarf es nicht, da diese Vorsteuer von A zum Zeitpunkt der Bezahlung als Betriebsausgabe abgesetzt wurde. In gleicher Höhe hat A Vorsteuer gegenüber dem Finanzamt geltend gemacht, was zu einer Betriebseinnahme geführt hat. Im Ergebnis hat sich also die mit dem Warenbestand zusammenhängende Vorsteuer zutreffend erfolgsneutral ausgewirkt.

► **Forderungen aus Lieferungen und Leistungen:**

Dieser Posten hat in der Zeit der EÜR keine Gewinnauswirkung gehabt, denn erst der Geldeingang wäre als Betriebseinnahme angesetzt worden. Auch im Rahmen des Bestandsvergleichs ergibt sich keine Gewinnauswirkung, sondern nur eine Vermögensumschichtung. Die Warenforderungen müssen aber einmal als Ertrag behandelt werden. Deshalb muss ein Zuschlag i. H. der Nettoforderungen i. H. von 20.000 € gemacht werden (aufgrund des Problems der in den Forderungen enthaltenen Umsatzsteuer vgl. unter „Umsatzsteuer").

► **Kasse und Bank:**

Bei diesen beiden Posten ist keine Doppel- oder Nichterfassung zu erwarten. Sie werden bei beiden Gewinnermittlungsarten gleichbehandelt. Eine Korrektur ist somit nicht erforderlich.

► **Disagio:**

Ein Disagio, das in der Zeit der Gewinnermittlung durch EÜR geleistet wird, stellt in voller Höhe eine Betriebsausgabe dar, soweit es marktüblich ist (BFH, Urteil v. 6.12.1965 - GrS 2/64 S, BStBl 1966 III S. 144; § 11 Abs. 2 Satz 4 EStG). Beim Bestandsvergleich ist ein Disagio zu aktivieren und innerhalb der Laufzeit des Darlehens abzuschreiben (BFH, Urteil v. 19.1.1978 - IV R 153/72, BStBl 1978 II S. 262). Um die zweifache gewinnmindernde Berücksichtigung des in der Anfangsbilanz ausgewiesenen Betrags zu vermeiden, ist ein Zuschlag i. H. von 2.000 € geboten.

- **Aktive Rechnungsabgrenzungsposten:**

  Die Prämienvorauszahlung i. H. von 3.000 € ist im Rahmen der EÜR 2022 nicht als Betriebsausgabe abzugsfähig. Es handelt sich um eine regelmäßig wiederkehrende Ausgabe i. S. des § 11 Abs. 2 Satz 2 EStG, die A kurze Zeit vor Beginn des Kalenderjahres 2023, zu dem sie wirtschaftlich gehört, abgeflossen ist und die demzufolge – bei unterstellter Fortführung der EÜR – erst im Jahr 2023 als Betriebsausgabe abzugsfähig wäre (BFH, Urteil v. 23.9.1999 - IV R 1/99, BStBl 2000 II S. 121). Infolge der Aktivierung als Rechnungsabgrenzungsposten in der Anfangsbilanz und gewinnmindernder Auflösung dieses Postens im Jahr 2023 wird die zutreffende Gewinnauswirkung erreicht. Einer Gewinnkorrektur bedarf es nicht.

- **Gewerbesteuerrückstellung:**

  Die Gewerbesteuernachforderung 2022 hat sich bei der EÜR mangels Zahlung nicht gewinnmindernd auswirken können. Bei Zahlung im Rahmen des Bestandsvergleichs tritt eine erfolgsneutrale Vermögensumschichtung ein. Einer Gewinnkorrektur bedarf es nicht, da die Gewerbesteuer und die darauf entfallenden Nebenleistungen keine Betriebsausgaben mehr sind (§ 4 Abs. 5b EStG).

- **Umsatzsteuer:**

  Für die Zwecke der Gewinnkorrektur empfiehlt es sich, die Umsatzsteuer und Vorsteuer getrennt zu behandeln.

  - **Umsatzsteuer:**

    Bei der Umsatzsteuer i. H. von 5.700 € handelt es sich i. H. eines Teilbetrags von 3.800 € um die in den Forderungen enthaltene Umsatzsteuer. Diese Umsatzsteuer hätte sich, wenn der Gewinn von Anfang an durch Bestandsvergleich ermittelt worden wäre, nicht auf den Gewinn ausgewirkt. Bei der EÜR sind Umsatzsteuerbeträge, die ein Unternehmer seinen Kunden in Rechnung stellt, zum Zeitpunkt der Vereinnahmung als Betriebseinnahme zu erfassen (BFH, Urteil v. 19.2.1975 - I R 154/73, BStBl 1975 II S. 441; BFH, Beschlüsse v. 19.4.1991 - X B 12/91, BFH/NV 1991 S. 614, CAAAB-32675, v. 29.5.2006 - IV S 6/06 (PKH), BFH/NV 2006 S. 1827, AAAAB-91843, v. 26.9.2017 - XI B 65/17, BFH/NV 2018 S. 240, Rz. 21, YAAAG-64218, und v. 29.10.2020 - VIII B 54/20, BFH/NV 2021 S. 310, CAAAH-68518). Andererseits ist die an das Finanzamt abgeführte Umsatzsteuer prinzipiell zum Zeitpunkt der Bezahlung als Betriebsausgabe abziehbar. Da die in den Forderungen zum 1.1.2023 enthaltene Umsatzsteuer mangels Vereinnahmung bei der EÜR nicht gewinnerhöhend erfasst worden ist und sich in der Zeit des Bestandsvergleichs erfolgsneutral auswirkt, kommt eine Korrektur nicht in Betracht.

    Bei dem Teilbetrag i. H. von 1.900 € handelt es sich um Umsatzsteuer, die in den im Dezember 2022 zugeflossenen Erlösen enthalten und demzufolge im Rahmen der EÜR 2022 als Betriebseinnahme zu erfassen ist. Bei der Bezahlung an das Finanzamt im Jahr 2023 wirkt sich diese Position im Rahmen des Bestandsvergleichs gewinnneutral aus. Da sich die Umsatzsteuer insgesamt nicht auf den Gewinn auswirken darf, ist ein Abschlag i. H. von 1.900 € geboten.

HINWEIS

Der BFH hat entschieden, dass eine für das vorangegangene Kalenderjahr geschuldete und zu Beginn des Folgejahrs entrichtete Umsatzsteuer-Vorauszahlung als regelmäßig wiederkehrende Ausgabe i. S. des § 11 Abs. 2 Satz 2 EStG im vorangegangenen Veranlagungszeitraum abziehbar ist (BFH, Urteil v. 1.8.2007 - XI R 48/05, BStBl 2008 II S. 282). Vorliegend ist die Umsatzsteuer-Vorauszahlung jedoch außerhalb des Zehn-Tage-Zeitraums entrichtet worden, so dass keine regelmäßig wiederkehrende Ausgabe vorliegt. Eine Verlängerung des Zehn-Tage-Zeitraums kommt auch im Hinblick auf die gem. § 108 Abs. 3 AO hinausgeschobene Fälligkeit von Umsatzsteuer-Vorauszahlungen nicht in Betracht (BFH, Urteile v. 11.11.2014 - VIII R 34/12, BStBl 2015 II S. 285, und v. 27.6.2018 - X R 44/16, BStBl 2018 II S. 781).

– **Vorsteuer:**

Die mit der Reparaturrechnung zusammenhängende Vorsteuer i. H. von 950 € hätte sich bei A, wenn er seinen Gewinn von Anfang an durch Bestandsvergleich ermittelt hätte, erfolgsneutral ausgewirkt. Bei der EÜR ist die von Dritten in Rechnung gestellte Vorsteuer zum Zeitpunkt ihrer Verausgabung als Betriebsausgabe abzugsfähig, vorausgesetzt, dass die Vorsteuer gem. § 9b Abs. 1 EStG nicht zu den Anschaffungs- oder Herstellungskosten des zugehörigen Wirtschaftsguts gehört. Andererseits stellt die vom Finanzamt erstattete Umsatzsteuer eine Betriebseinnahme dar. Die am 1.1.2023 noch nicht bezahlte Vorsteuer hat sich in der Zeit der EÜR noch nicht auf den Gewinn ausgewirkt. Auch bei der neuen Gewinnermittlungsart wird sie sich nicht auf den Gewinn auswirken, ein Zu- oder Abschlag ist somit nicht gerechtfertigt.

Anders verhält es sich hinsichtlich der Vorsteuer i. H. von 600 €, die in den im Dezember 2022 bezahlten Rechnungen enthalten und bisher gegenüber dem Finanzamt noch nicht geltend gemacht worden ist. Diese Vorsteuer ist im Rahmen der EÜR im Jahr 2022 als Betriebsausgabe abzuziehen, da sie im Jahr 2022 bezahlt worden ist. Im Rahmen des Bestandsvergleichs wirkt sich dann die vom Finanzamt zu erstattende Vorsteuer erfolgsneutral aus. Da die Vorsteuer sich aber insgesamt erfolgsneutral auswirken muss, ist ein Zuschlag i. H. von 600 € geboten.

Anzumerken ist, dass man im Beispielsfall in Bezug auf die Umsatz- und Vorsteuer zum selben Ergebnis (Gewinnabschlag i. H. von - 1.900 € + 600 € = - 1.300 €) kommt, wenn man die Forderungen mit ihrem Bruttobetrag i. H. von 23.800 € (anstatt 20.000 €) zurechnet und die Verbindlichkeiten mit ihrem Bruttobetrag i. H. von 5.950 € (anstatt 5.000 €) sowie die Umsatzsteuer i. H. von 4.150 € abrechnet: 3.800 € - 950 € - 4.150 € = - 1.300 €.

► **Darlehen:**

Als Darlehen empfangenes Geld darf bei der EÜR nicht als Betriebseinnahme und die Rückzahlung des Darlehens nicht als Betriebsausgabe berücksichtigt werden (BFH, Urteil v. 28.7.1999 - X R 63/95, BFH/NV 2000 S. 40, HAAAA-97019), da die Hingabe des Darlehens nicht den Begriff einer Betriebsausgabe (§ 4 Abs. 4 EStG) und umgekehrt der Empfang eines Darlehens nicht den Begriff einer Betriebseinnahme erfüllt. Im Rahmen des Bestandsvergleichs hat die weitere Darlehenstilgung gleichfalls keinen Einfluss auf den Gewinn, sondern bewirkt eine reine Vermögensumschichtung. Ein Zu- oder Abschlag ist deshalb nicht erforderlich.

- **Verbindlichkeiten:**

  Die Reparaturrechnung hat sich bei der EÜR mangels Zahlung noch nicht gewinnmindernd ausgewirkt. Die Bezahlung der Rechnung im Rahmen des Bestandsvergleichs ist gewinnneutral. Der Wechsel der Gewinnermittlungsart führt dazu, dass die Reparaturkosten i. H. von 5.000 € nicht als Betriebsausgaben erfasst würden (zur Behandlung der in Rechnung gestellten Vorsteuer i. H. von 19 % von 5.000 € = 950 € vgl. unter „Umsatzsteuer"). Deshalb muss ein Abschlag i. H. von 5.000 € vorgenommen werden.

- **Sonstige Verbindlichkeiten:**

  Die Lohnsteuer usw. für den Monat Dezember 2022, die am 16.1.2023 entrichtet wurde, hat sich in der Zeit der EÜR noch nicht gewinnmindernd ausgewirkt. Im Rahmen des Bestandsvergleichs kommt es zu einer erfolgsneutralen Vermögensumschichtung (Buchung: Sonstige Verbindlichkeit 4.000 € an Geldkonto 4.000 €). Da die Lohnsteuer usw. sich einmal als Aufwand auswirken müssen, ist ein Abschlag i. H. von 4.000 € geboten. Es handelt sich nicht um regelmäßig wiederkehrende Ausgaben, da die Zahlungen außerhalb des Zehn-Tage-Zeitraums erfolgt sind.

- **Delkredere:**

  Die durch das Delkredere gedeckten Forderungsausfälle haben sich in der Zeit der EÜR nicht gewinnmindernd ausgewirkt. In der Zeit des Bestandsvergleichs wirken sie sich erfolgsneutral aus. Da die durch das Delkredere gedeckten Forderungsausfälle demnach nie Aufwand würden, obwohl sie nach den Gewinnermittlungsgrundsätzen des Bestandsvergleichs einmal Aufwand werden müssen, bedarf es eines Abschlags i. H. von 200 €.

- **Passive Rechnungsabgrenzung:**

  Die Mietvorauszahlung ist in der EÜR 2022 als Betriebseinnahme zu erfassen. Es handelt sich nicht um eine regelmäßig wiederkehrende Einnahme i. S. des § 11 Abs. 1 Satz 2 EStG, die bei unterstellter Fortführung der EÜR erst im Jahr 2023 als Betriebseinnahme zu erfassen wäre. Sie ist nämlich nicht innerhalb kurzer Zeit, d. h. innerhalb von zehn Tagen vor dem Jahreswechsel, zugeflossen (BFH, Urteil v. 24.7.1986 - IV R 309/84, BStBl 1987 II S. 16). Aufgrund der gewinnerhöhenden Auflösung des passiven Rechnungsabgrenzungspostens im Jahr 2023 wird die Miete noch einmal als Betriebseinnahme erfasst. Zum Ausgleich muss ein Abschlag i. H. von 600 € erfolgen.

Nach den Grundsätzen über den Ansatz von Korrekturposten beim Wechsel der Gewinnermittlungsart sind im vorliegenden Fall folgende Gewinnkorrekturen vorzunehmen:

	Zuschlag	Abschlag
Maschine	–	- 15.000 €
Warenbestand	+ 30.000 €	–
Forderungen	+ 20.000 €	–
Disagio	+ 2.000 €	–
Umsatzsteuer	–	- 1.900 €

	Zuschlag	Abschlag
Vorsteuer	+ 600 €	–
Verbindlichkeiten	–	- 5.000 €
Sonstige Verbindlichkeiten	–	- 4.000 €
Delkredere	–	- 200 €
Passiver Rechnungsabgrenzungsposten	–	- 600 €
	+ 52.600 €	- 26.700 €

Die im Zusammenhang mit der Änderung der Gewinnermittlungsart erforderlichen Gewinnkorrekturen sind außerhalb der Bilanz im ersten Buchführungsjahr (Übergangsjahr) vorzunehmen. Fällt der Wechsel mit dem Wechsel des Wirtschaftsjahrs zusammen, so ist ein Übergangsgewinn, der auch ein Übergangsverlust sein kann, in dem neuen Wirtschaftsjahr zu erfassen (BFH, Urteil v. 1.10.2015 - X R 32/13, BStBl 2016 II S. 139).

Per Saldo ergibt sich vorliegend ein Zuschlag i. H. von 52.600 € - 26.700 € = 25.900 €, der dem Gewinn des Jahres 2023 hinzuzurechnen ist, sofern der Steuerpflichtige nicht die gleichmäßige Billigkeitsverteilung auf die Jahre 2023 und 2024 i. H. von je $^1/_2$ von 25.900 € = 12.950 € bzw. auf die Jahre 2023–2025 i. H. von je $^1/_3$ von 25.900 € = abgerundet 8.633 € beantragt (R 4.6 Abs. 1 Satz 2 EStR).

FALL 136

Steuerliche Behandlung eines Übergangsverlusts

Sachverhalt: A erzielt Einkünfte aus Gewerbebetrieb. Das Finanzamt forderte ihn gem. § 141 Abs. 2 AO auf, für seinen Betrieb ab dem 1.1.2023 von der Gewinnermittlung durch EÜR gem. § 4 Abs. 3 EStG zur Gewinnermittlung durch Bestandsvergleich gem. § 4 Abs. 1 und § 5 Abs. 1 EStG überzugehen. Aufgrund dieses Wechsels ergibt sich ein Übergangsverlust i. H. von 105.000 €.

A beantragt, den auf dem Wechsel der Gewinnermittlungsart beruhenden Verlust auf das Jahr 2023 und die beiden Folgejahre i. H. von jährlich 35.000 € zu verteilen. Das Finanzamt verrechnet jedoch den Verlust mit dem laufenden Gewinn des Jahres 2023 i. H. von 100.000 € und setzte bei der Veranlagung für das Jahr 2023 negative Einkünfte aus Gewerbebetrieb i. H. von 5.000 € an.

AUFGABE

Ist eine Verteilung des Übergangsverlusts auf die Jahre 2023–2025 zulässig?

LÖSUNG

Gemäß R 4.6 Abs. 1 Satz 2 EStR kann bei einem Übergang von der Gewinnermittlung durch EÜR zur Gewinnermittlung durch Bestandsvergleich zur Vermeidung von Härten auf Antrag des Steuerpflichtigen der Übergangsgewinn (Saldo aus Zu- und Abrechnungen) gleichmäßig entweder auf das Jahr des Übergangs und das folgende Jahr oder auf das Jahr des Übergangs und die beiden folgenden Jahre verteilt werden. Ein Antrag auf Verteilung des Übergangsgewinns bei Änderung der Gewinnermittlungsart auf drei Jahre stellt einen Antrag auf abweichende Steuerfestsetzung gem. § 163 Satz 2 AO dar. Die Finanzverwaltung gewährt diese Billigkeitsregelung nicht nur, wenn der Wechsel der Gewinnermittlungsart zwingend, d. h. aufgrund gesetzlicher Vorschriften, wie etwa des Eintritts in die Buchführungspflicht, vorzunehmen ist, sondern auch für den Fall eines freiwilligen Übergangs zum Bestandsvergleich.

Eine ausdrückliche Regelung, wie ein Übergangsverlust zu behandeln ist, enthält die Verwaltungsanweisung nicht. Der BFH hat entschieden, dass es aus sachlichen Billigkeitsgründen nicht geboten ist, einen Übergangsverlust, der bei dem Wechsel von der EÜR zur Gewinnermittlung durch Bestandsvergleich entsteht, auf das Jahr des Übergangs und die beiden Folgejahre zu verteilen (BFH, Urteile v. 23.7.2013 - VIII R 17/10, BStBl 2013 II S. 820, und v. 1.10.2015 - X R 32/13, BStBl 2016 II S. 139, Rz. 25).

Eine Verteilung des Übergangsverlusts kommt vorliegend schon deshalb nicht in Betracht, weil eine sachliche Härte, die eine Billigkeitsmaßnahme rechtfertigt, nicht vorliegt. Die Verrechnung des Übergangsverlusts mit dem laufenden Gewinn des Jahres 2023 führt zu einer Steuerersparnis. Der nicht durch die Verrechnung mit dem laufenden Gewinn verbrauchte Übergangsverlust kann gem. § 10d EStG interperiodisch verrechnet werden. Über den Rahmen des § 10d EStG hinaus hat der Gesetzgeber eine Durchbrechung der Abschnittsbesteuerung zur Berücksichtigung von Verlusten nicht zugelassen und damit auch Härten, die sich daraus ergeben, bewusst in Kauf genommen. Eine weitere Entlastung in dem Sinne, dass der Steuerpflichtige durch einen auf drei Jahre verteilten Verlustvortrag die progressive Steuerbelastung in den Folgejahren mindern kann, ist nach Meinung des BFH aus Billigkeitsgründen nicht geboten.

FALL 137

Übergang vom Betriebsvermögensvergleich zur EÜR

Sachverhalt: Ein Zahnarzt, der bislang bilanzierte, also seinen Gewinn durch Bestandsvergleich gem. § 4 Abs. 1 EStG ermittelte, ging am 1.1.2023 zur EÜR gem. § 4 Abs. 3 EStG über. Die Schlussbilanz zum 31.12.2022 weist folgende Positionen aus:

- Unbebautes Grundstück, das mit seinen Anschaffungskosten i. H. von 30.000 € aktiviert ist und zum gewillkürten Betriebsvermögen gehört;
- Kundenforderungen i. H. von 25.000 €;
- zum Umlaufvermögen gehörender Materialbestand i. H. von 10.000 €, der in voller Höhe im Jahr 2022 bezahlt worden ist;
- Rückstellung für Jahresabschlusskosten 2022 i. H. von 3.000 €;
- Verbindlichkeiten i. H. von 2.000 €, die mit einem Materialeinkauf zusammenhängen; das Material wurde im Jahr 2022 verbraucht und ist also am 31.12.2022 nicht mehr vorhanden;
- passiver Rechnungsabgrenzungsposten i. H. von 1.200 € für die im Jahr 2022 – im Voraus für das Jahr 2023 – vereinnahmte Miete für das zum gewillkürten Betriebsvermögen gehörende, unbebaute Grundstück.

AUFGABE

Wie hoch ist der Übergangsgewinn?

LÖSUNG

Auch bei einem Übergang vom Bestandsvergleich zur EÜR gilt Folgendes: Vorgänge, die sich in der Zeit des Bestandsvergleichs bereits auf den Gewinn ausgewirkt haben und bei der neuen Gewinnermittlungsart erneut den Gewinn beeinflussen, zwingen ebenso zu Gewinnkorrekturen wie solche Vorgänge, die sich bisher noch nicht ausgewirkt haben und infolge des Übergangs zur EÜR nicht mehr auswirken können. Sämtliche Posten der letzten Bilanz müssen also darauf untersucht werden, ob sie sich schon gewinnmäßig ausgewirkt haben und wie sie sich bei der späteren EÜR auswirken würden, d. h. ob sie sich als Betriebseinnahmen oder Betriebsausgaben darstellen oder überhaupt nicht mehr auswirken würden.

Es ergeben sich folgende Gewinnkorrekturen:

- **Grund und Boden:**

  Das unbebaute Grundstück scheidet nach dem Wechsel zur EÜR nicht zwangsläufig aus dem Betriebsvermögen aus. Nach der geänderten Rechtsprechung des BFH kann auch ein Steuerpflichtiger mit EÜR gewillkürtes Betriebsvermögen bilden (BFH, Urteil v. 2.10.2003 - IV R 13/03, BStBl 2004 II S. 985). Da das Grundstück mithin auch bei der EÜR Betriebsvermögen bleibt, ist die spätere Erfassung der in ihm enthaltenen stillen Reserven sichergestellt. Die Anschaffungskosten des Grundstücks haben sich bisher nicht als Aufwand ausgewirkt. Sie sind zum Zeitpunkt des Zuflusses des Veräußerungserlöses oder bei Entnahme zum Zeitpunkt der Entnahme als Betriebsausgaben zu berücksichtigen (§ 4 Abs. 3 Satz 4 EStG). Deshalb ist das Grundstück mit seinem Buchwert aus der Schlussbilanz in das gem. § 4 Abs. 3 Satz 5 EStG zu führende besondere Verzeichnis aufzunehmen. Zu einer Gewinnkorrektur kommt es nicht.

- **Kundenforderungen:**

  Bei Entstehen der Forderungen wurden 25.000 € über das Ertragskonto gebucht. Sie haben sich somit gewinnerhöhend ausgewirkt. Die Zahlungseingänge würden sich beim Bestandsvergleich erfolgsneutral auswirken durch die Buchung: Geldkonto an Forderungen.

  Bei der EÜR führt der Eingang der Forderungen zu einer erneuten Betriebseinnahme. Aufgrund des Wechsels der Gewinnermittlungsart würde dieser Betrag zweimal besteuert. Deshalb muss zum Ausgleich ein Abschlag als fiktive Betriebsausgabe i. H. von 25.000 € gebildet werden.

- **Materialbestand:**

  Die Anschaffungskosten des am 31.12.2022 vorhandenen Materialbestands haben sich in der Zeit des Bestandsvergleichs nicht gewinnmindernd ausgewirkt. Auch in der Zeit der EÜR würden sie sich nicht mehr gewinnmindernd auswirken, da sie bereits im Jahr 2022 bezahlt worden sind. Deshalb ist ein Gewinnabschlag i. H. von 10.000 € geboten.

► **Rückstellung für Jahresabschlusskosten:**

Der Rückstellungsbetrag i. H. von 3.000 € hat durch die Buchung: Aufwand 3.000 € an Rückstellungskonto 3.000 € den Gewinn gemindert. Bei Zahlung im Jahr 2023 würde infolge des Abflussprinzips, von dem die EÜR beherrscht wird, der Betrag erneut als Betriebsausgabe in Erscheinung treten. Derselbe Betrag würde also zweimal aufwandswirksam sein. Deshalb muss ein Gewinnzuschlag i. H. von 3.000 € vorgenommen werden.

► **Verbindlichkeiten:**

Es handelt sich um eine Verbindlichkeit aus einer Lieferung von Material, das noch im Jahr 2022 verarbeitet worden ist. Da sich die Anschaffungskosten während der Zeit des Bestandsvergleichs durch Erhöhung des Materialeinsatzes gewinnmindernd ausgewirkt haben und bei der EÜR infolge der Bezahlung noch einmal gewinnmindernd auswirken würden, ist ein Zuschlag i. H. von 2.000 € vorzunehmen.

► **Passiver Rechnungsabgrenzungsposten:**

Der Steuerpflichtige hat im Jahr 2022 Miete für das Jahr 2023 im Voraus vereinnahmt und deshalb i. H. von 1.200 € einen passiven Rechnungsabgrenzungsposten in die Schlussbilanz zum 31.12.2022 eingestellt. Das hat sich erfolgsneutral ausgewirkt. Im Jahr 2023 wäre mangels tatsächlichen Zuflusses insoweit keine Betriebseinnahme und damit keine Gewinnerhöhung zu verzeichnen. Deshalb ist ein Zuschlag i. H. von 1.200 € als fiktive Betriebseinnahme erforderlich.

Nach alledem ergeben sich Zuschläge i. H. von 6.200 € und Abschläge i. H. von 35.000 €. Der Saldo i. H. von - 28.800 € ist im ersten Jahr nach dem Übergang, also im Jahr 2023, vom Ergebnis dieses Jahres abzuziehen.

Ist der Saldo positiv, übersteigen also die Zuschläge die Abschläge, ist eine Verteilung des Übergangsgewinns auf zwei oder drei Jahre, wie sie für den Übergang von der EÜR zum Bestandsvergleich möglich ist, im Allgemeinen nicht zulässig (BFH, Urteil v. 3.10.1961 - I 236/60 U, BStBl 1961 III S. 565). Der Übergang zur Gewinnermittlung gem. § 4 Abs. 3 EStG steht im Belieben des Steuerpflichtigen, so dass man ihm zumuten kann, auch außergewöhnlich hohe Zurechnungen im Übergangsjahr in Kauf zu nehmen. Bei der Verteilung handelt es sich um eine – in ständiger Rechtsprechung anerkannte – abweichende Steuerfestsetzung aus Billigkeitsgründen gem. § 163 Abs. 1 Satz 2 AO (BFH, Urteile v. 9.11.2000 - IV R 18/00, BStBl 2001 II S. 102, und v. 1.10.2015 - X R 32/13, BStBl 2016 II S. 139), die auf den Übergang vom Bestandsvergleich zur EÜR nicht anzuwenden ist.

Kapitel 9: AfA

FALL 138

Abschreibungsbeginn

Sachverhalt: A betreibt eine Drogerie. Im September 2023 hat er bei einem Kfz-Händler einen Pkw bestellt, der am 28.12.2023 ausgeliefert wurde. Die Anschaffungskosten des Pkws betrugen 30.000 €. A bezahlte die auf den 28.12.2023 datierte Rechnung noch im Dezember 2023 per Scheck, durch den sein Konto am 4.1.2024 belastet wurde. Der Pkw, der fortan zum Betriebsvermögen gehört, wurde am 4.1.2024 auf A zugelassen und soll erst ab dem Jahr 2024 abgeschrieben werden (§ 7 Abs. 1 EStG).

AUFGABE

Darf A den Pkw erst ab dem Jahr 2024 abschreiben?

LÖSUNG

Die planmäßige Abschreibung bzw. AfA (§ 253 Abs. 3 HGB und § 7 Abs. 1 EStG) beginnt grds. mit der Anschaffung des betreffenden Wirtschaftsguts. Das Jahr der Anschaffung ist das Jahr der Lieferung (§ 9a EStDV). Die Ingebrauchnahme des Wirtschaftsguts ist nicht Voraussetzung für die Inanspruchnahme der AfA, da auch ein nicht in Gebrauch stehendes Wirtschaftsgut, wenn schon keiner technischen, so immerhin bereits einer wirtschaftlichen Abnutzung fähig ist (BFH, Urteil v. 25.3.1977 - V R 113/74, BStBl 1977 II S. 708). Auf den zeitlichen Beginn der effektiven Nutzung kommt es somit nicht an. Ebenso ist es für den Beginn der AfA unerheblich, ob das Anlagegut bereits bezahlt ist oder nicht. Entscheidend ist allein, dass das Anlagegut angeschafft, d. h. geliefert ist. A muss daher die AfA für den Pkw bereits ab dem Jahr 2023 vornehmen:

Lineare AfA (§ 7 Abs. 1 EStG): 30.000 € / 6 =	5.000 €
hiervon $^{1}/_{12}$ (§ 7 Abs. 1 Satz 4 EStG) =	417 €

Auch die EStR sehen vor, dass die AfA vorzunehmen „ist", sobald ein Wirtschaftsgut angeschafft oder hergestellt ist (R 7.4 Abs. 1 Satz 1 EStR).

HINWEIS

Wird ein Rohbau vermietet, kann die AfA bereits ab dem Zeitpunkt der Vermietung vorgenommen werden (Saarländisches FG, Urteil v. 9.5.2012 - 2 K 1073/10, EFG 2012 S. 1630, GAAAE-18118). Mit dem Einsatz zur Einkünfteerzielung beginnt dann die „Abnutzung".

FALL 139

AfA-Fähigkeit von Kunstgegenständen und antiken Möbeln

Sachverhalt: Der größere Firmen und anspruchsvolle Mandanten beratende Rechtsanwalt A betreibt in Köln eine Anwaltspraxis. Im Januar 01 erwarb er

- anlässlich einer Ausstellung ein Gemälde eines mehrfach preisgekrönten Malers für 15.000 €, das er in der Kanzlei aufhängt;
- einen in den Praxisräumen stehenden Schreibtisch nebst Sessel zu einem Kaufpreis i. H. von 7.000 € bzw. 4.000 €. Beide Möbelstücke sind über 100 Jahre alt.

In seiner EÜR (§ 4 Abs. 3 EStG) für das Jahr 01 macht A folgende AfA als Betriebsausgaben geltend:

AfA Bild: $^1/_{20}$ von 15.000 € =	750 €
AfA Möbel: $^1/_{20}$ von 11.000 € =	+ 550 €
	1.300 €

AUFGABE

Kann für das Gemälde bzw. die antiken Möbel die AfA in Anspruch genommen werden?

LÖSUNG

Die AfA ist bei körperlichen Gegenständen nur möglich, wenn diese abnutzbar sind. Dabei wird zwischen einer wirtschaftlichen und einer technischen Abnutzung unterschieden.

Die wirtschaftliche oder technische Abnutzung ist dabei jeweils für sich zu beurteilen und berechtigt jeweils für sich gesehen zur AfA (BFH, Urteil v. 9.8.1989 - X R 131-133/87, BStBl 1990 II S. 50).

Die AfA bemisst sich nach der betriebsgewöhnlichen Nutzungsdauer des Wirtschaftsguts (§ 7 Abs. 1 Satz 2 EStG). Unter „Nutzungsdauer eines Wirtschaftsguts" ist der Zeitraum zu verstehen, in dem das Wirtschaftsgut erfahrungsgemäß verwendet oder genutzt werden kann. „Betriebsgewöhnliche Nutzungsdauer" bedeutet, dass die besonderen betrieblichen Verhältnisse zu beachten sind, unter denen das Wirtschaftsgut eingesetzt wird. Eine durch die betriebliche Nutzung eintretende besondere Beanspruchung, die die gewöhnliche Nutzungsdauer verkürzt, ist zu berücksichtigen. Dagegen kommt es nicht darauf an, wie lange der Steuerpflichtige das Wirtschaftsgut tatsächlich in seinem Betrieb verwendet oder voraussichtlich verwenden wird, denn die betriebsgewöhnliche Nutzungsdauer wird nicht dadurch vermindert, dass der Steuerpflichtige das Wirtschaftsgut vor Beendigung seines technischen oder wirtschaftlichen Werteverzehrs veräußert.

Wirtschaftsgüter nutzen sich wirtschaftlich ab, wenn sie – unabhängig von ihrem materiellen Verschleiß – zur Erzielung von Einkünften erfahrungsgemäß nur zeitlich beschränkt wirtschaftlich verwendbar sind. Eine wirtschaftliche Abnutzung setzt voraus, dass das Wirtschaftsgut nicht nur aufgrund des technischen Verschleißes, sondern auch aus anderen Gründen erheblich an Wert verliert. Eine mit wirtschaftlicher Abnutzung begründete kürzere Nutzungsdauer kann der AfA nur zugrunde gelegt werden, wenn das Wirtschaftsgut vor Ablauf der technischen Nutzbarkeit objektiv wirtschaftlich verbraucht ist. Ein wirtschaftlicher Verbrauch ist nur anzunehmen, wenn die Möglichkeit einer wirtschaftlich sinnvollen (anderweitigen) Nutzung oder Verwertung endgültig entfallen ist. Ist ein Wirtschaftsgut im Betrieb zwar nicht mehr entsprechend der ursprünglichen Zweckbestimmung rentabel nutzbar, lassen sich aber durch die Veräußerung erhebliche Erlöse erzielen, ist es auch für den Unternehmer wirtschaftlich noch nicht verbraucht (BFH, Urteil v. 19.11.1997 - X R 78/94, BStBl 1998 II S. 59).

Gemäß der BFH-Rechtsprechung kann für Werke anerkannter Meister eine steuermindernde Abschreibung nicht in Anspruch genommen werden, da ein Werteverzehr wirtschaftlich nicht eintritt. Zwar kann für derartige Kunstgegenstände eine technische Abnutzung nicht generell verneint werden, jedoch vollzieht sich diese in so großen Zeitabständen und ist dementsprechend im jeweiligen Veranlagungszeitraum so geringfügig, dass sie nach der Auffassung des BFH vernachlässigt werden kann. Für Bilder anerkannter Meister ist daher – anders als bei Stücken einer sog. „Gebrauchskunst" – eine Abschreibung aufgrund von wirtschaftlicher oder technischer Abnutzung nicht zulässig (BFH, Urteile v. 23.4.1965 - VI 327/64 U, BStBl 1965 III S. 382, und v. 2.12.1977 - III R 58/75, BStBl 1978 II S. 164; BFH, Beschluss v. 2.9.1988 - III B 31/88, BFH/NV 1989 S. 129, IAAAB-29404). A kann daher für das Bild des preisgekrönten Malers keine AfA in Anspruch nehmen.

Eine technische Abnutzung ist jedoch nur dann zu vernachlässigen, wenn sie – wie bei Bildern anerkannter Meister in den Praxisräumen eines Rechtsanwalts – praktisch nicht eintritt, weil das Anlagegut nicht oder kaum benutzt wird. Etwas anderes gilt jedoch für im Gebrauch befindliche Möbelstücke. In diesem Fall ist – auch bei pfleglicher Behandlung – ihre technische Abnutzung nicht infrage zu stellen. Das heißt, es kommt insoweit die AfA für eine technische Abnutzung in Betracht (BFH, Urteile v. 31.1.1986 - VI R 78/82, BStBl 1986 II S. 355, v. 27.10.1993 - XI R 5/93, BFH/NV 1994 S. 472, MAAAB-34377, und v. 26.1.2001 - VI R 26/98, BStBl 2001 II S. 194). Der Ansatz einer AfA für die beiden Möbelstücke ist daher gerechtfertigt.

FALL 140

Abschreibung kurzlebiger Wirtschaftsgüter

Sachverhalt: Der Einzelgewerbetreibende A, dessen Wirtschaftsjahr mit dem Kalenderjahr übereinstimmt, erwirbt Anfang Juli 01 ein Anlagegut (Werkzeug), das eine betriebsgewöhnliche Nutzungsdauer i. H. von zwölf Monaten hat, für 3.000 €.

AUFGABE

Kann A im Anschaffungsjahr 01 die vollen Anschaffungskosten i. H. von 3.000 € als Betriebsausgabe abziehen oder hat eine Verteilung der Anschaffungskosten auf die Jahre 01 und 02 mit jeweils $^1/_2$ von 3.000 € = 1.500 € zu erfolgen?

LÖSUNG

Anschaffungs- oder Herstellungskosten eines Wirtschaftsguts sind im Wege der AfA (§ 7 EStG) zu verteilen, wenn die gesamte Nutzungsdauer einen Jahreszeitraum i. S. eines Zeitraums i. H. von mehr als 365 Tagen übersteigt. Das bedeutet, dass es bei sog. „kurzlebigen Wirtschaftsgütern" nicht zu einer genau periodengerechten Aufwandsverteilung über den gesamten Nutzungszeitraum kommt: A kann seine Anschaffungskosten i. H. von 3.000 € im Jahr 01 voll als Betriebsausgabe abziehen (BFH, Urteil v. 26.8.1993 - IV R 127/91, BStBl 1994 II S. 232). Kurzlebige Wirtschaftsgüter sind nicht zu bilanzieren, selbst wenn sie in der zweiten Hälfte eines Wirtschaftsjahres angeschafft oder hergestellt worden sind und ihre Nutzungsdauer über den Bilanzstichtag hinausgeht. Sie sind auch bei der Bildung von Festwerten nicht zu berücksichtigen.

FALL 140A

Abschreibung eines PCs

Sachverhalt: Der Einzelgewerbetreibende A, der ein Hotel und ein Restaurant betreibt, erwarb am 15.4.2023 einen PC für 1.500 € netto zzgl. 19 % Umsatzsteuer, der ausschließlich für betriebliche Zwecke genutzt wird.

AUFGABE

Auf welche Weise kann A die Anschaffungskosten des PCs als Betriebsausgabe absetzen?

LÖSUNG

Gemäß § 7 Abs. 1 EStG ist bei Wirtschaftsgütern, deren Verwendung oder Nutzung durch den Steuerpflichtigen sich zur Erzielung von Einkünften erfahrungsgemäß auf einen Zeitraum von mehr als einem Jahr erstreckt, jeweils der Teil der Anschaffungs- oder Herstellungskosten für ein Jahr abzusetzen, der bei einer auf die Gesamtdauer der Verwendung oder Nutzung gleichmäßigen Verteilung dieser Kosten auf ein Jahr entfällt (AfA in gleichen Jahresbeträgen).

Bei beweglichen Wirtschaftsgütern des Anlagevermögens, die nach dem 31.12.2019 und vor dem 1.1.2023 angeschafft oder hergestellt worden sind, kann der Steuerpflichtige anstatt der AfA in gleichen Jahresbeträgen (lineare AfA) die AfA in fallenden Jahresbeträgen (degressive AfA) bemessen. Der anzuwendende Prozentsatz darf für Anschaffungen/Herstellungen in den Jahren 2020–2022 höchstens das Zweieinhalbfache des bei der linearen AfA in Betracht kommenden Prozentsatzes betragen und 25 % nicht übersteigen.

Durch das Wachstumschancengesetz v. 27.3.2024 (BGBl 2024 I Nr. 108) wurde die ab dem 1.1.2023 nicht mehr zulässige degressive AfA wieder „reaktiviert". Die degressive AfA darf für bewegliche Wirtschaftsgüter des Anlagevermögens, die nach dem 31.3.2024 und vor dem 1.1.2025 angeschafft oder hergestellt werden, das Zweifache des bei der linearen AfA in Betracht kommenden Prozentsatzes betragen und 20 % nicht übersteigen.

Bei der Erstanschaffung eines PCs werden alle Computerbestandteile zusammengefasst und einheitlich abgeschrieben, d. h. mit den gesamten Anschaffungskosten aktiviert, wenn die Anschaffungskosten über 1.000 € netto liegen. Bei Anschaffungskosten bis 800 € netto kann ein PC als geringwertiges Wirtschaftsgut abgeschrieben werden (§ 6 Abs. 2 Satz 1 EStG). Bei Anschaffungskosten über 250 €–1.000 € kann (einheitlich für alle in Betracht kommenden Wirtschaftsgüter) ein Sammelposten gem. § 6 Abs. 2a EStG gebildet oder das Wirtschaftsgut über die betriebsgewöhnliche Nutzungsdauer abgeschrieben werden, die bei einem PC nach der amtlichen AfA-Tabelle für die allgemein verwendbaren Anlagegüter drei Jahre beträgt (BMF, Schreiben v. 15.12.2000, BStBl 2000 I S. 1532, unter 6.14.3.2).

Mit einem neueren BMF-Schreiben hat die Finanzverwaltung ihre Auffassung zur Nutzungsdauer von Computern und Software geändert (BMF, Schreiben v. 26.1.2021, BStBl 2021 I S. 298). Dieses BMF-Schreiben wurde „nachgebessert", da es in der Praxis zu Missverständnissen gekommen ist (BMF, Schreiben v. 22.2.2022, BStBl 2022 I S. 187). Die bisher in der AfA-Tabelle für die allgemein verwendbaren Anlagegüter enthaltene Nutzungsdauer für Computer wurde im Billigkeitsweg „untergesetzlich" von drei Jahren auf ein Jahr herabgesetzt. Für die gem. § 7 Abs. 1 EStG anzusetzende Nutzungsdauer von Computerhardware sowie Betriebs- und Anwendersoftware „kann" danach eine betriebsgewöhnliche Nutzungsdauer i. H. von einem Jahr zugrunde gelegt werden (BMF, Schreiben v. 22.2.2022, BStBl 2022 I S. 187, Rz. 1). Die Regelungen unter 6.14.3.2 des BMF-Schreibens v. 15.12.2000, BStBl 2000 I S. 1532 (AfA-Tabelle für die allgemein verwendbaren Anlagegüter = dreijährige betriebsgewöhnliche Nutzungsdauer) ist letztmals für Wirtschaftsjahre anzuwenden, die vor dem 1.1.2021 enden (BMF, Schreiben v. 22.2.2022, BStBl 2022 I S. 187, Rz. 8). In dem neuerlichen BMF-Schreiben wird zunächst klargestellt, dass für die in der Verwaltungsanweisung aufgeführten materiellen Wirtschaftsgüter „Computerhardware" sowie die näher bezeichneten immateriellen Wirtschaftsgüter „Betriebs- und Anwendersoftware" eine betriebsgewöhnliche Nutzungsdauer i. H. von einem Jahr zugrunde gelegt werden kann.

Des Weiteren wird darauf hingewiesen, dass die betroffenen Wirtschaftsgüter auch weiterhin § 7 Abs. 1 EStG unterliegen. Die Möglichkeit, eine kürzere betriebsgewöhnliche Nutzungsdauer zugrunde zu legen, stellt

- keine besondere Form der Abschreibung,
- keine neue Abschreibungsmethode und
- keine Sofortabschreibung

dar.

Die Anwendung der kürzeren Nutzungsdauer (von einem Jahr) stellt zudem kein Wahlrecht i. S. des § 5 Abs. 1 EStG dar (BMF, Schreiben v. 22.2.2022, BStBl 2022 I S. 187, Rz. 1.1).

Auch bei einer grds. anzunehmenden Nutzungsdauer i. H. von einem Jahr gilt, dass

- die Abschreibung zum Zeitpunkt der Anschaffung oder Herstellung, mithin bei Fertigstellung, beginnt,
- die Wirtschaftsgüter in das i. S. der R 5.4 EStR zu führende Bestandsverzeichnis aufzunehmen sind,
- der Steuerpflichtige von dieser Annahme auch abweichen kann und
- die Anwendung anderer Abschreibungsmethoden grds. möglich ist (BMF, Schreiben v. 22.2.2022, BStBl 2022 I S. 187, Rz. 1.2).

Verwaltungsseitig wird es nicht beanstandet, wenn abweichend zu § 7 Abs. 1 Satz 4 EStG die Abschreibung im Jahr der Anschaffung oder Herstellung in voller Höhe vorgenommen wird (BMF, Schreiben v. 22.2.2022, BStBl 2022 I S. 187, Rz. 1.4).

A kann daher bei der Anwendung der Billigkeitsregelung die Anschaffungskosten des PCs i. H. von 1.500 € im Jahr 2023 in voller Höhe als Betriebsausgabe abziehen.

Da der Steuerpflichtige auch bei einer grds. anzunehmenden Nutzungsdauer i. H. von einem Jahr von dieser Nutzungsdauer abweichen kann, kann er den PC auch innerhalb einer längeren betriebsgewöhnlichen Nutzungsdauer i. H. von z. B. drei Jahren mit jährlich 500 € (für das Jahr 2023 entweder zeitanteilig gem. § 7 Abs. 1 Satz 4 EStG mit $^{9}/_{12}$ von 500 € oder auch mit $^{12}/_{12}$ von 500 €) linear abschreiben. Ein PC ist ein selbständig nutzungsfähiges Wirtschaftsgut des Anlagevermögens (BMF, Schreiben v. 30.9.2010, BStBl 2010 I S. 755, Rz. 11).

Anmerkung: In der Literatur wird das BMF-Schreiben kritisiert und als rechtswidrig bezeichnet (Rätke/Theile, BBK 2022 S. 319). Es wird zutreffend darauf hingewiesen, dass die Anwendung von § 7 Abs. 1 EStG mit der Rechtsfolge der Inanspruchnahme der linearen AfA auf der Tatbestandsebene voraussetzt, dass sich die Nutzung der Wirtschaftsgüter „auf einen Zeitraum von mehr als einem Jahr erstreckt". Sofern das auf der Sachverhaltsebene aber so sei, könne auf der Rechtsfolgenebene keine Nutzungsdauer i. H. von einem Jahr angenommen werden.

FALL 141

Willkürlich unterlassene AfA

Sachverhalt: A ist Inhaber eines gewerblichen Einzelunternehmens. Er wird mit seiner Ehefrau zusammenveranlagt. Das zu versteuernde Einkommen der Eheleute für das Jahr 01 beläuft sich nach einer vorläufigen Berechnung des Steuerberaters auf 5.000 €. A bittet seinen Steuerberater daraufhin, von einer Geltendmachung der AfA für einen Anfang Januar 01 für 36.000 € angeschafften – zum Betriebsvermögen gehörenden – Pkw abzusehen. Dadurch erhöht sich zwar das zu versteuernde Einkommen um die AfA i. H. von $^{1}/_{6}$ von 36.000 € = 6.000 € auf 16.000 €, jedoch fällt aber gem. der Einkommensteuer-Splittingtabelle bei diesem Betrag noch keine Einkommensteuer an.

Der Pkw wird in den Bilanzen der Jahre 02–04 wie folgt abgeschrieben:

Anschaffungskosten (= Buchwert zum 31.12.01)	36.000 €
abzgl. AfA der Jahre 02–04: ($^{1}/_{6}$ von 36.000 € =) 6.000 € x 3 =	- 18.000 €
Buchwert zum 31.12.04	18.000 €

Anfang des Jahres 05 verkauft A den Pkw für 25.000 €. Der Veräußerungsgewinn i. H. von (25.000 € - 18.000 € =) 7.000 € ist im erklärten Gewinn für das Jahr 05 enthalten.

Die Veranlagungen bis einschließlich des Jahres 01 sind bestandskräftig und nach den Vorschriften der AO nicht berichtigungsfähig. Die Veranlagungen der Jahre 02–05 sind unter dem Vorbehalt der Nachprüfung ergangen (§ 164 Abs. 1 AO).

AUFGABE

Darf die von A im Jahr 01 unterlassene AfA den im Zusammenhang mit dem Pkw-Verkauf im Jahr 05 erzielten Veräußerungsgewinn mindern?

LÖSUNG

Ein Kaufmann hat kein Wahlrecht, ob er Abschreibungen vornehmen will oder nicht, da gem. dem Gesetzeswortlaut sowohl handels- als auch steuerrechtlich eine Pflicht zur Abschreibung besteht (§ 253 Abs. 3 HGB und § 7 EStG; BFH, Urteile v. 8.4.2008 - VIII R 64/06, BFH/NV 2008 S. 1660, WAAAC-87366, und v. 22.6.2010 - VIII R 3/08, BStBl 2010 II S. 1035). Unterlässt es der Steuerpflichtige – entgegen dieser zwingenden Anordnung – Abschreibungen überhaupt oder in der gebotenen Höhe vorzunehmen, stellt sich die Frage, ob eine Nachholung der zu Unrecht unterlassenen AfA zulässig ist.

Steuerrechtlich ist hier zu unterscheiden,

- ob die AfA pflichtwidrig bewusst unterlassen wurde, um infolge der Verlagerung auf spätere Veranlagungszeiträume zu einer unberechtigten Steuerersparnis zu kommen, oder
- ob die gebotene AfA versehentlich unterlassen wurde.

Im ersten Fall, in dem der Steuerpflichtige – wie hier – von der Vornahme einer AfA bewusst abgesehen hat, ist eine Nachholung der nach den Grundsätzen von Treu und Glauben unterlassenen AfA unzulässig (BFH, Urteile v. 7.10.1971 - IV R 181/66, BStBl 1972 II S. 271, v. 27.1.1994 - IV R 101/92, BStBl 1994 II S. 638, v. 16.2.1995 - IV R 29/94, BStBl 1995 II S. 635, und v. 8.4.2008 - VIII R 64/06, BFH/NV 2008 S. 1660, WAAAC-87366). Da die Voraussetzungen für eine Änderung des Einkommensteuerbescheids für das Jahr 01 nicht vorliegen und daher eine Bilanzberichtigung (§ 4 Abs. 2 EStG) im Hinblick auf die unterlassene AfA nicht möglich ist, muss sich A so behandeln lassen, als ob er die AfA im Jahr 01 zutreffend vorgenommen hätte. Die bewusst unterlassene AfA für das Jahr 01 i. H. von 6.000 € fällt damit endgültig aus (BFH, Urteil v. 3.7.1980 - IV R 31/77, BStBl 1981 II S. 255 f.). Buchungstechnisch wird unter Durchbrechung des Bilanzenzusammenhangs der Buchwert des Pkws in der Anfangsbilanz des Wirtschaftsjahres 02 erfolgsneutral durch einen entsprechend niedrigeren Ansatz berichtigt. Der Pkw wird also in der Steuerbilanz der Jahre 02–05 mit dem Wert angesetzt, der sich bei Vornahme einer AfA für das Jahr 01 ergeben hätte:

Anschaffungskosten im Jahr 01	36.000 €
abzgl. AfA des Jahres 01: $^1/_6$ von 36.000 € =	- 6.000 €
Berichtigter Buchwert zum 1.1.02	30.000 €
abzgl. AfA der Jahre 02–04: 3 x 6.000 € =	- 18.000 €
Buchwert zum 31.12.04	12.000 €

Aus dieser Behandlung folgt zwangsläufig, dass aufgrund des Pkw-Verkaufs im Jahr 05 folgender Veräußerungsgewinn entsteht:

Veräußerungserlös	25.000 €
abzgl. Buchwert zum Zeitpunkt der Veräußerung	- 12.000 €
Veräußerungsgewinn des Jahres 05	13.000 €

FALL 142

Versehentlich unterlassene AfA bei beweglichen Wirtschaftsgütern

Sachverhalt: A betreibt einen Fabrikationsbetrieb. Im Juli des Wirtschaftsjahres 01 hat er eine Maschine angeschafft, deren betriebsgewöhnliche Nutzungsdauer fünf Jahre beträgt. Die Anschaffungskosten der Maschine belaufen sich auf 100.000 €.

Im Jahr 01 hat A für die Maschine zulässigerweise die halbe Jahres-AfA i. H. von 10.000 € in Anspruch genommen. In den Jahren 02 und 03 hat er diese AfA-Höhe versehentlich beibehalten, so dass die Maschine zum 31.12.03 mit einem Buchwert i. H. von 70.000 € bilanziert ist. Die Veranlagungen der Jahre 01–03 sind bestandskräftig und nach den Vorschriften der AO nicht mehr berichtigungsfähig.

Die Maschine hat am 31.12.03 eine Restnutzungsdauer i. H. von 2,5 Jahren.

AUFGABE

Ist die AfA – und wenn ja auf welche Weise – nachholfähig?

LÖSUNG

Ist die gebotene AfA versehentlich unterlassen worden und sind die Voraussetzungen einer Bilanzberichtigung (§ 4 Abs. 2 EStG) – wie vorliegend – nicht gegeben, ist nach der bisherigen Rechtsprechung eine Nachholung der unterlassenen AfA möglich. Die unterlassene AfA darf aber nicht etwa in der Weise nachgeholt werden, dass sie in einer Summe gewinnmindernd berücksichtigt wird. Es erfolgt vielmehr eine Verteilung des Restbuchwerts auf die Restnutzungsdauer, und zwar entsprechend der schon bisher angewendeten AfA-Methode in gleichbleibenden oder fallenden Jahresbeträgen (BFH, Urteile v. 21.2.1967 - VI R 295/66, BStBl 1967 III S. 386, und v. 3.7.1980 - IV R 31/77, BStBl 1981 II S. 255). Die Restnutzungsdauer ist ggf. neu zu schätzen. Diese Beurteilung hat zur Folge, dass A in den Jahren 04–06 folgende AfA vornehmen kann:

Restbuchwert zum 31.12.03	70.000 €
abzgl. AfA des Jahres 04: 70.000 € / 2,5 =	- 28.000 €
Restbuchwert zum 31.12.04	42.000 €
abzgl. AfA des Jahres 05	- 28.000 €
Restbuchwert zum 31.12.05	14.000 €
abzgl. AfA des Jahres 06	- 13.999 €
Restbuchwert zum 31.12.06	1 €

FALL 142A

Versehentlich unterlassene AfA bei Gebäuden

Sachverhalt: Für ein im Januar 2018 angeschafftes sog. „Wirtschaftsgebäude" i. S. des § 7 Abs. 4 Satz 1 Nr. 1 EStG, dessen Anschaffungskosten 500.000 € betragen haben, ist in den Jahren 2018–2022 versehentlich nur eine jährliche AfA i. H. von 2 % von 500.000 € = 10.000 € abgesetzt worden, so dass sich der Restbuchwert am 31.12.2022/1.1.2023 auf 450.000 € beläuft:

Anschaffungskosten	500.000 €
AfA der Jahre 2018–2022: 5 x 10.000 € =	- 50.000 €
Restbuchwert zum 31.12.2022/1.1.2023	450.000 €

AUFGABE

Wie hoch ist die Gebäude-AfA ab dem Jahr 2023?

LÖSUNG

Ab dem Jahr 2023 muss die AfA mit dem gesetzlich vorgeschriebenen Prozentsatz des § 7 Abs. 4 Satz 1 Nr. 1 EStG i. H. von 3 % jährlich verrechnet werden, der einem Abschreibungszeitraum i. H. von 33,33 Jahren entspricht:

Überhöhter Buchwert zum 1.1.2023	450.000 €
abzgl. AfA der Jahre 2023–2052: 30 x 15.000 € =	- 450.000 €
Restbuchwert zum 31.12.2052	0 €

Zur vollen Absetzung des überhöhten Restbuchwerts wird daher noch ein Abschreibungszeitraum i. H. von 30 Jahren benötigt. Dass sich dadurch der gesamte Abschreibungszeitraum abweichend von 33,33 Jahren auf 35 Jahre verlängert, ist ohne Bedeutung. Die unterlassene AfA ist damit nicht endgültig verloren.

FALL 142B

Längerer AfA-Zeitraum als von § 7 Abs. 4 EStG vorgesehen

Sachverhalt: Die X-GmbH errichtete im Jahr 2020 eine Lagerhalle. Die Fertigstellung erfolgte Anfang des Jahres 2021. Die X-GmbH berücksichtigte in ihren Gewinnermittlungen der Jahre 2021–2023 eine Gebäude-AfA mit jährlich 1,25 % der Herstellungskosten i. H. von 1 Mio. €, was einer betriebsgewöhnlichen Nutzungsdauer i. H. von 80 Jahren entsprach. Die Veranlagungen der Jahre 2021–2023 erfolgten erklärungsgemäß, allerdings unter dem Vorbehalt der Nachprüfung (§ 164 Abs. 1 AO). Das Finanzamt will nach einer Außenprüfung für die Jahre 2021–2023 einen AfA-Satz i. H. von jährlich 3 % zugrunde legen (§ 7 Abs. 4 Satz 1 Nr. 1 EStG).

AUFGABE

Wie hoch ist die Gebäude-AfA für die Jahre 2021–2023?

LÖSUNG

Bei Gebäuden, soweit sie zu einem Betriebsvermögen gehören und nicht Wohnzwecken dienen und für die der Bauantrag nach dem 31.3.1985 gestellt worden ist, sind als AfA gem. § 7 Abs. 4 Satz 1 Nr. 1 EStG jährlich 3 % bis zur vollen Absetzung abzuziehen. Beträgt die tatsächliche Nutzungsdauer eines Gebäudes in den Fällen des § 7 Abs. 4 Satz 1 Nr. 1 EStG **weniger** als 33 Jahre, so können gem. § 7 Abs. 4 Satz 2 EStG anstelle der Absetzungen i. S. des § 7 Abs. 4 Satz 1 Nr. 1 EStG die der tatsächlichen Nutzungsdauer entsprechenden höheren Absetzungen vorgenommen werden.

Ungeklärt war, ob in den Fällen, in denen die tatsächliche Nutzungsdauer **mehr** als 33,3 Jahre beträgt, die der tatsächlichen Nutzungsdauer entsprechenden niedrigeren Absetzungen vorgenommen werden dürfen. Der BFH hat dies verneint und entschieden, dass § 7 Abs. 4 Satz 2 EStG auf die Fälle, in denen die tatsächliche Nutzungsdauer eines Gebäudes die gesetzliche Nutzungsdauer gem. § 7 Abs. 4 Satz 1 Nr. 1 EStG i. H. von 33 Jahren übersteigt, nicht analog anzuwenden ist (BFH, Beschlüsse v. 28.5.2019 - XI B 2/19, BFH/NV 2020 S. 561, UAAAH-45284, und v. 9.1.2020 - XI B 117/19, BFH/NV 2020 S. 609, KAAAH-45283). Die fiktiven Sätze zur AfA dienen nach der Auffassung des BFH u. a. der Gesetzesvereinfachung. Jene Vereinfachung wird dadurch erreicht, dass der gesetzlich festgelegte AfA-Satz eine einfachere Handhabung ermöglicht. Und die i. d. R. zur Realität niedrigere gesetzliche Nutzungsdauer führt zu einer Verbesserung der Absetzungsmöglichkeiten. Nur für den Fall, dass die tatsächliche Nutzungsdauer **unterhalb der fiktiven Nutzungsdauer** des § 7 Abs. 4 Satz 1 EStG liegt, kommt gem. § 7 Abs. 4 Satz 2 EStG eine Überschreitung der AfA-Sätze in Betracht. Diese Rechtslage sei auch nicht verfassungswidrig.

Da die Veranlagungen 2021–2023 unter dem Vorbehalt der Nachprüfung stehen, kann die AfA für diese Jahre ausgehend von einem AfA-Satz i. H. von 3 % korrigiert werden.

Wenn die Steuerfestsetzungen für die Jahre, in denen in den Fällen des § 7 Abs. 4 Satz 1 EStG (nicht willkürlich) eine zu geringe Gebäude-AfA berücksichtigt wurde, bestandskräftig und nicht mehr änderbar sind, erfolgt die Nachholung – bei unveränderter tatsächlicher Nutzungsdauer – in der Weise, dass weiterhin die gesetzlich vorgeschriebenen Prozentsätze angesetzt werden, auch wenn sich hierdurch der gesetzliche Abschreibungszeitraum verlängert.

HINWEIS

Das Gesetz geht typisierend davon aus, dass die in den Abschreibungssätzen unterstellte Nutzungsdauer von Gebäuden mit jedem Eigentümerwechsel neu beginnt. Da die Nutzungsdauer auf den jeweiligen Eigentümer zu beziehen ist, kann sich ein über der typisierten Nutzungsdauer liegender Zeitraum der Gesamtabsetzung ergeben (BFH, Urteile v. 28.9.1971 - VIII R 73/68, BStBl 1972 II S. 176, Rz. 9, und v. 18.9.2003 - X R 54/01, BFH/NV 2004 S. 474, Rz. 22, EAAAB-16055).

FALL 143

AfA bei unterlassener Bilanzierung eines Wirtschaftsguts

Sachverhalt: A ist Inhaber einer Zimmerei. Er ermittelt den Gewinn durch Betriebsvermögensvergleich (§ 5 EStG). Anfang des Jahres 01 hat er eine Lagerhalle für umgerechnet 100.000 € angeschafft, die er ab diesem Zeitpunkt zu 100 % für eigenbetriebliche Zwecke nutzt. Von den Anschaffungskosten entfallen 20.000 € auf den Grund und Boden und 80.000 € auf das Gebäude. Bei der Lagerhalle handelt es sich um ein sog. „Wirtschaftsgebäude", das mit einem linearen AfA-Satz i. H. von 3 % abzuschreiben ist (§ 7 Abs. 4 Satz 1 Nr. 1 EStG). In den Bilanzen für die Jahre 01–05 wurde die Lagerhalle nebst Grund und Boden versehentlich nicht aktiviert. Die Veranlagungen der Jahre 01–05 sind gem. den Vorschriften der AO nicht mehr änderbar.

Erstmals in der Bilanz für das Jahr 06 aktivierte A den Grund und Boden mit seinen Anschaffungskosten i. H. von 20.000 € und die Lagerhalle mit ihren Anschaffungskosten i. H. von 80.000 € und zog eine AfA i. H. von 3 % von 80.000 € = 2.400 € als Betriebsausgabe ab. In der Bilanz zum 31.12.06 ergab sich folgender Buchwert für das Gebäude:

Anschaffungskosten	80.000 €
abzgl. AfA des Jahres 06: 3 % von 80.000 € =	- 2.400 €
Buchwert zum 31.12.06	77.600 €

AUFGABE

Kann A die in den Jahren 01 bis einschließlich 05 unterlassene AfA i. H. von 3 % von 80.000 € = 2.400 € jährlich steuerlich nachholen?

LÖSUNG

Die Lagerhalle gehört seit der Anschaffung zum notwendigen Betriebsvermögen des von A unterhaltenen Gewerbebetriebs. Dies hat zur Folge, dass er das Wirtschaftsgut auf der Aktivseite seiner Bilanz ausweisen muss (§ 2 Abs. 2 Satz 1 Nr. 1 i.V. mit § 4 Abs. 1 Satz 1 und § 5 Abs. 1 EStG). War ein Wirtschaftsgut des notwendigen Betriebsvermögens – wie vorliegend – bislang in der Bilanz nicht aktiviert worden, hat dies keinen Einfluss auf die rechtliche Beurteilung (BFH, Urteile v. 12.10.1977 - I R 248/74, BStBl 1978 II S. 191, und v. 19.2.1991 - VIII R 84/88, BFH/NV 1992 S. 161 f., DAAAB-32520). Die nachträgliche Aufnahme eines solchen Wirtschaftsguts in die Bilanz ist eine berichtigende Einbuchung. Sie ist – mangels tatsächlicher Zuführung zum Betriebsvermögen – ebenso wenig eine Einlage i. S. des § 4 Abs. 1 Satz 1 und 5 i.V. mit § 6 Abs. 1 Nr. 5 EStG wie – mangels Änderung der tatsächlichen Verwendung – die bilanzberichtigende Ausbuchung eine Entnahme i. S. des § 4 Abs. 1 Satz 1–4 i.V. mit § 6 Abs. 1 Nr. 4 EStG ist (BFH, Urteil v. 12.10.1977 - I R 248/74, BStBl 1978 II S. 191). Demgemäß bestimmt sich der Bilanzansatz für eine fehlerberichtigende Einbuchung bei unterlassener Aktivierung eines Wirtschaftsguts nach dem Wert, mit dem das bisher zu Unrecht nicht bilanzierte Wirtschaftsgut bei von Anfang an richtiger Bilanzierung zu Buche stehen würde (BFH, Urteile v. 30.10.1997 - IV R 76/96,

BFH/NV 1998 S. 578, TAAAB-39035, v. 22.6.2010 - VIII R 3/08, BStBl 2010 II S. 1035, und v. 29.7.2015 - X R 37/13, BFH/NV 2016 S. 536, Rz. 40, ZAAAF-67271). Das erfordert für die Ermittlung des Einbuchungswerts eine „Schattenrechnung", d. h. die Absetzung der bisher unberücksichtigt gebliebenen AfA-Beträge von den Anschaffungskosten, denn gem. § 6 Abs. 1 Nr. 1 Satz 1 EStG sind Wirtschaftsgüter des Anlagevermögens, die der Abnutzung unterliegen, mit den Anschaffungskosten, vermindert um die AfA (§ 7 EStG), anzusetzen.

Die Sachbehandlung von A führt im Ergebnis zu einer Nachholung der bisher nicht vorgenommenen AfA. Gemäß einer Grundsatzentscheidung des BFH (Urteil v. 24.10.2001 - X R 153/97, BStBl 2002 II S. 75) findet sich für die von A vorgenommene „Nachholung der AfA" keine Stütze im Gesetz. Vor allem widerspräche sie dem Prinzip, dass die Einkommensteuer – dem Grunde wie der Höhe nach – als Jahressteuer (§ 2 Abs. 7 EStG) kraft Gesetzes jeweils mit Ablauf eines jeden Veranlagungszeitraums entsteht. Dieses Prinzip der Abschnittsbesteuerung betrifft auch den einkünftebezogenen Aufwand, der daher, wenn er – wie hier – nur im Wege der AfA abgezogen werden darf (§ 4 Abs. 1 Satz 6 i.V. mit § 7 EStG), zeitanteilig den Veranlagungszeiträumen zwischen Anschaffung/Herstellung und dem Ende der betriebsgewöhnlichen Nutzungsdauer zuzuordnen ist. Diese Aufteilung ist zwingend. Gegenüber diesem Prinzip der abschnittsweisen Erfassung des Werteverzehrs von der Abnutzung unterliegenden Wirtschaftsgütern des Anlagevermögens tritt der Gedanke der richtigen Erfassung des Totalgewinns zurück.

In Übereinstimmung mit diesen materiell-rechtlichen Grundsätzen und ebenfalls unabhängig von der buchmäßigen Behandlung gehört der nach den Vorschriften des EStG ermittelte anteilige AfA-Jahresbetrag von Gesetzes wegen (§ 85 Abs. 1 Satz 1 AO) zu den Besteuerungsgrundlagen der jeweiligen Jahressteuerbescheide (§ 155 Abs. 1 Satz 1 i.V. mit § 157 Abs. 1 Satz 2 und Abs. 2 AO). Die von A erstrebte „Nachholung" kommt daher nicht in Betracht.

Inwieweit sich aus den Grundsätzen des formellen Bilanzenzusammenhangs etwas anderes ergibt (BFH, Urteil v. 28.1.1992 - VIII R 28/90, BStBl 1992 II S. 881; BFH, Beschluss v. 23.6.2000 - VIII B 52/99, BFH/NV 2000 S. 1487, SAAAA-66179), kann nach Ansicht des BFH hier auf sich beruhen, weil diese Grundsätze jedenfalls dann nicht gelten, wenn ein Bilanzansatz, der fortgeführt werden könnte, fehlt. Der Bilanzansatz „Lagerhalle" ist in der Bilanz zum 31.12.06 wie folgt zu berichtigen (§ 4 Abs. 2 EStG):

Buchwert der Lagerhalle:

Anschaffungskosten im Jahr 01	80.000 €
abzgl. verbrauchte AfA der Jahre 01–05: 5 x (3 % von 80.000 € =) 2.400 € =	- 12.000 €
abzgl. AfA des Jahres 06: 3 % von 80.000 € =	- 2.400 €
Buchwert zum 31.12.06	65.600 €

HINWEIS

Auch im Rahmen der Gewinnermittlung gem. § 4 Abs. 3 EStG darf die versäumte AfA auf ein zunächst nicht als Betriebsvermögen ausgewiesenes Wirtschaftsgut nicht nachgeholt werden (BFH, Urteil v. 22.6.2010 - VIII R 3/08, BStBl 2010 II S. 1035).

FALL 144

Abschreibung des Sammelpostens gem. § 6 Abs. 2a EStG

Sachverhalt: Der bilanzierende und vorsteuerabzugsberechtigte Einzelgewerbetreibende A erwarb im Jahr 2023 folgende Wirtschaftsgüter:

► Am 7.1.2023 einen neuen PC für	999 €
► Am 10.3.2023 ein gebrauchtes Aktenregal mit einer Restnutzungsdauer i. H. von zwei Jahren für	+ 300 €
► Am 2.8.2023 einen gebrauchten Werkzeugschrank mit einer Restnutzungsdauer i. H. von sechs Jahren für	+ 600 €
► Am 10.12.2023 eine gebrauchte Bohrmaschine mit einer Restnutzungsdauer i. H. von einem Jahr für	+ 260 €
Summe der Anschaffungskosten	2.159 €

A will die genannten Wirtschaftsgüter gem. § 6 Abs. 2a EStG abschreiben.

AUFGABEN

1. Wie hoch ist der Sammelposten gem. § 6 Abs. 2a EStG des Jahres 2023 und wie hoch ist der Betrag, der von diesem Sammelposten in den Jahren 2023–2027 gewinnmindernd abzusetzen ist?
2. Welcher Betrag ist vom Sammelposten der Jahre 2023 ff. gewinnmindernd abzusetzen, wenn die im Sammelposten des Jahres 2023 erfassten Wirtschaftsgüter im Jahr 2024 durch einen Brand zerstört werden?

LÖSUNG

Zu 1

Handelt es sich bei dem von einem Unternehmer angeschafften Gegenstand um ein sog. „geringwertiges Wirtschaftsgut" (GWG), gelten für die Abschreibung besondere Vorschriften. Ein GWG liegt vor, wenn das Wirtschaftsgut zum Anlagevermögen zählt, abnutzbar, beweglich sowie selbständig nutzbar ist und der Wert eine bestimmte Höhe nicht überschreitet. Die GWG-Vorschriften sind zum 1.1.2018 erneut geändert worden. Die neuen Vorschriften sind dadurch noch komplizierter geworden. Das BMF sah sich deswegen veranlasst, in einem umfangreichen Schreiben zu den komplizierten Neuregelungen Stellung zu nehmen (BMF, Schreiben v. 30.9.2010, BStBl 2010 I S. 755).

Bei GWG, die ab dem 1.1.2018 gekauft werden, ist zwischen drei Gruppen von GWG zu unterscheiden:

- **GWG mit Anschaffungskosten bis 250 €:**

  Bei diesen GWG hat der Unternehmer ein Wahlrecht zwischen der Sofortabschreibung oder der Abschreibung über die betriebsgewöhnliche Nutzungsdauer (§ 6 Abs. 2 EStG). Das Wahlrecht kann für jedes Wirtschaftsgut individuell in Anspruch genommen werden (wirtschaftsgutbezogenes Wahlrecht). Bei der GWG-Grenze i. H. von 250 € handelt es sich um einen Nettobetrag, gleichgültig, ob der Unternehmer die in Rechnung gestellte Vorsteuer abziehen kann oder nicht.

- **GWG mit Anschaffungskosten über 250 € bis zu 800 €:**

  Bei GWG mit Anschaffungskosten über 250 € bis zu 800 € netto kann der Unternehmer wählen zwischen

  - der Abschreibung innerhalb der betriebsgewöhnlichen Nutzungsdauer,
  - der Sofortabschreibung oder
  - der sog. „Poolabschreibung" gem. § 6 Abs. 2a EStG.

§ 6 Abs. 2a EStG sieht vor, dass für abnutzbare bewegliche Wirtschaftsgüter des Anlagevermögens, die einer selbständigen Nutzung fähig sind, im Wirtschaftsjahr der Anschaffung ein Sammelposten gebildet werden kann, wenn die Anschaffungskosten (vermindert um die abziehbare Vorsteuer i. S. des § 9b Abs. 1 EStG) für das „einzelne" Wirtschaftsgut 250 €, aber nicht 1.000 € übersteigen (§ 6 Abs. 2a Satz 1 EStG). Diese Regelung findet sowohl bei der Gewinnermittlung durch Betriebsvermögensvergleich (§ 4 Abs. 1 und § 5 EStG) als auch bei der EÜR Anwendung (§ 4 Abs. 3 EStG).

Wer sich für die Poolabschreibung entscheidet, muss die GWG mit Anschaffungskosten über 250 € bis zu 1.000 € in den Sammelposten einstellen, der dann über fünf Jahre mit jährlich 20 % abzuschreiben ist (§ 6 Abs. 2a Satz 2 EStG). Die Poolabschreibung kann nur einheitlich für alle Wirtschaftsgüter des Wirtschaftsjahres mit Aufwendungen i. H. von mehr als 250 € und nicht mehr als 1.000 € in Anspruch genommen werden. Entscheidet sich der Unternehmer für diese Alternative, dann steht ihm auch für die GWG mit Anschaffungskosten über 250 € bis zu 800 € nicht die Sofortabschreibung zu, sondern nur die Poolabschreibung.

Der Sammelposten ist zwingend im Wirtschaftsjahr der Bildung und in den folgenden vier Wirtschaftsjahren mit jeweils $^1/_5$ gewinnmindernd aufzulösen (§ 6 Abs. 2a Satz 2 EStG). Die Nutzungsdauer der in den Sammelposten aufgenommenen Wirtschaftsgüter ist steuerlich nicht relevant. § 6 Abs. 2a EStG lässt nicht zu, dass Wirtschaftsgüter mit geringer Nutzungsdauer individuell, also kürzer abgeschrieben werden können.

Sogenannte „kurzlebige" Wirtschaftsgüter, d. h. solche, deren betriebsgewöhnliche (Rest-)Nutzungsdauer nicht mehr als ein Jahr beträgt, sind nicht in den Sammelposten einzubeziehen. Gemäß der Rechtsprechung des BFH sind kurzlebige Wirtschaftsgüter sofort absetzbar, da sie nicht den Abschreibungsvorschriften unterliegen. Anschaffungskosten eines Wirtschaftsguts sind danach nur dann i. S. des § 7 EStG zu verteilen, wenn die gesamte Nutzungsdauer des Wirtschaftsguts einen Jahreszeitraum i. S. eines Zeitraums i. H. von mehr als 365 Tagen überschreitet (BFH, Urteil v. 26.8.1993 - IV R 127/91, BStBl 1994 II S. 232). Da § 6 Abs. 2a EStG – ebenso wie § 6 Abs. 2

EStG (BFH, Urteil v. 19.1.1984 - IV R 224/80, BStBl 1984 II S. 312) – rechtssystematisch betrachtet nicht die Vorschriften des § 6 Abs. 1 EStG, sondern des § 7 EStG ergänzt, kommt eine Einbeziehung von kurzlebigen Wirtschaftsgütern in den Sammelposten nicht in Betracht. Die Anschaffungskosten für die gebrauchte Bohrmaschine i. H. von 260 € sind daher im Jahr 2023 sofort in voller Höhe absetzbar.

Die Anschaffungskosten der in den Sammelposten aufzunehmenden Wirtschaftsgüter betragen daher 2.159 € - 260 € = 1.899 €. Der von dem Sammelposten in den Jahren 2023 bis einschließlich 2027 gewinnmindernd abzusetzende Betrag beläuft sich auf jährlich 20 % von 1.899 € = 379,80 €. Dass die betriebsindividuelle Nutzungsdauer des PCs und des Aktenregals niedriger ist als fünf Jahre, spielt keine Rolle.

Zu 2

Scheidet ein in den Sammelposten aufgenommenes Wirtschaftsgut aus dem Betriebsvermögen (z. B. durch höhere Gewalt oder Verkauf) aus, wird der Sammelposten nicht vermindert (§ 6 Abs. 2a Satz 3 EStG). Gemäß der Gesetzesbegründung bedingt die Einbeziehung der Wirtschaftsgüter in einem Sammelposten eine zusammenfassende Behandlung der einzelnen Wirtschaftsgüter. Vorgänge, die sich auf das einzelne Wirtschaftsgut beziehen, wirken sich danach nicht aus. Aufgrund von Veräußerungen oder Entnahmen wird der Wert des Sammelpostens nicht gemindert. Das bedeutet, dass der Sammelposten in den Jahren 2023 bis einschließlich 2027 weiterhin mit je 379,80 € abzuschreiben ist, obwohl sämtliche Wirtschaftsgüter im Jahr 2024 aus dem Betriebsvermögen ausgeschieden sind.

HINWEIS

Bei dem Sammelposten i. S. des § 6 Abs. 2a EStG handelt es sich nicht um ein abnutzbares, bewegliches Wirtschaftsgut des Anlagevermögens, sondern um einen Posten eigener Art bzw. eine Rechengröße innerhalb des Anlagevermögens, der bzw. die die Zusammenfassung vieler gleicher oder unterschiedlicher Wirtschaftsgüter enthält. Bei dem Sammelposten ist neben der Poolabschreibung keine Sonderabschreibung gem. § 7g Abs. 5 EStG zulässig. § 6 Abs. 2a EStG ist lex specialis zu den Abschreibungen i. S. der §§ 7 ff. EStG (FG München, Urteil v. 19.12.2013 - 10 K 1076/12, EFG 2014 S. 522, XAAAE-56402).

FALL 145

Unterschreitung der GWG-Grenze durch Bildung und Auflösung eines Investitionsabzugsbetrags

Sachverhalt: Steuerberater A macht in seiner EÜR 2023 zulässigerweise einen Investitionsabzugsbetrag gem. § 7g Abs. 1 EStG i. H. von 10.000 € für die künftige Anschaffung oder Herstellung von abnutzbaren beweglichen Wirtschaftsgütern des Anlagevermögens gewinnmindernd geltend. Im Jahr 2024 kauft er einen Büroschrank für 1.500 € netto. In seiner EÜR 2024 rechnet A den Investitionsabzugsbetrag i. H. von 50 % von 1.500 € = 750 € gewinnerhöhend hinzu (§ 7g Abs. 2 Satz 1 EStG). Gleichzeitig nimmt er sein Wahlrecht gem. § 7g Abs. 2 Satz 3 EStG in Anspruch und kürzt gewinnmindernd die Netto-Anschaffungskosten des Büroschranks um 750 €

(= 50 % von 1.500 €). Dadurch ergeben sich für die AfA des Büroschranks maßgebliche Anschaffungskosten i. H. von 750 € (= 1.500 € - 750 €).

AUFGABE

Kann A die Anschaffungskosten des Büroschranks im Jahr 2024 sofort in voller Höhe als Betriebsausgabe absetzen?

LÖSUNG

Die Anschaffungs- oder Herstellungskosten oder der an deren Stelle tretende Wert von abnutzbaren, beweglichen Wirtschaftsgütern des Anlagevermögens, die einer selbständigen Nutzung fähig sind, können im Wirtschaftsjahr der Anschaffung, Herstellung oder Einlage des Wirtschaftsguts oder der Eröffnung des Betriebs in voller Höhe als Betriebsausgabe abgezogen werden, wenn die Anschaffungs- oder Herstellungskosten, vermindert um einen darin enthaltenen Vorsteuerbetrag (§ 9b Abs. 1 EStG), oder der an deren Stelle tretende Wert für das einzelne Wirtschaftsgut 800 € nicht übersteigen (§ 6 Abs. 2 Satz 1 EStG). Maßgeblich für die 800 €-Grenze sind stets die Netto-Anschaffungs- oder Herstellungskosten, und zwar unabhängig davon, ob der Steuerpflichtige die Vorsteuer abziehen kann oder nicht (BFH, Urteil v. 1.12.1970 - VI R 47/70, BStBl 1971 II S. 318).

Die Übertragung von Investitionsabzugsbeträgen gem. § 7g Abs. 2 Satz 3 EStG auf die Anschaffungskosten des Wirtschaftsguts bewirkt, dass die Wirtschaftsgüter unter § 6 Abs. 2 EStG fallen, wenn durch die Herabsetzung der Anschaffungskosten die Betragsgrenze i. H. von 800 € eingehalten wird (§ 7g Abs. 2 Satz 3 EStG; vgl. auch R 6.13 Abs. 2 Nr. 2 EStR).

Unternehmer, die – wie hier A – die Voraussetzungen für die Inanspruchnahme eines Investitionsabzugsbetrags gem. § 7g Abs. 1 EStG erfüllen, können dadurch die GWG-Grenze optimieren. Vorliegend ergeben sich für die AfA des Büroschranks maßgebliche Anschaffungskosten i. H. von 750 € (= 1.500 € - 750 €). Diese liegen unter der GWG-Grenze i. H. von 800 €. A kann daher für den Büroschrank die GWG-Sofortabschreibung gem. § 6 Abs. 2 Satz 1 EStG in Anspruch nehmen. Normalerweise hätte er den Büroschrank innerhalb von 13 Jahren (betriebsgewöhnliche Nutzungsdauer für Büromöbel lt. „amtlicher AfA-Tabelle“) abschreiben müssen.

FALL 146

Ermittlung der AfA-Bemessungsgrundlage und der linearen Gebäude-AfA bei Erwerb eines Wohngebäudes

Sachverhalt: A erwarb Anfang Juli 2023 von Eheleuten, die in Scheidung leben, sehr günstig ein im Jahr 1983 fertig gestelltes Zweifamilienhaus für 250.000 € mit zwei gleich großen Wohnungen, von denen eine vermietet und die andere von A selbst genutzt wird. Das Finanzamt ermittelt den Verkehrswert des Grund und Bodens mit 75.000 € und setzt nach der sog. „Restwertmethode“ als Bemessungsgrundlage für die Gebäude-AfA 250.000 € - 75.000 € = 175.000 € an. Der Verkehrswert des Grund und Bodens beträgt 75.000 € und der Verkehrswert des Gebäudes 225.000 €.

AUFGABEN

1. Wie hoch ist die AfA-Bemessungsgrundlage für die vermietete Wohnung?
2. Wie hoch ist die als Werbungskosten bei den Einkünften aus Vermietung und Verpachtung von A abziehbare lineare Gebäude-AfA für das Jahr 2023?

LÖSUNG

Sogenannte „sonstige selbständige Gebäudeteile" liegen vor, wenn ein Gebäude teils eigenbetrieblich, teils fremdbetrieblich, teils zu eigenen Wohnzwecken und teils zu fremden Wohnzwecken genutzt wird. Jeder der vier unterschiedlich genutzten Gebäudeteile ist dann ein besonderes Wirtschaftsgut (R 4.2 Abs. 4 EStR). Gemischt genutzte Gebäude sind also nach Maßgabe der unterschiedlichen Nutzungsarten im Hinblick auf die unterschiedlichen Nutzungs- und Funktionszusammenhänge in mehrere (maximal vier) selbständige Gebäudeteile zu zerlegen (BFH, Beschluss v. 26.11.1973 - GrS 5/71, BStBl 1974 II S. 132; BFH, Urteil v. 30.1.1995 - GrS 4/92, BStBl 1995 II S. 281):

Sonstige selbständige Gebäudeteile

↓	↓	↓	↓
Eigenbetrieblich genutzter Gebäudeteil	Fremdbetrieblich genutzter Gebäudeteil	Zu fremden Wohnzwecken genutzter Gebäudeteil	Zu eigenen Wohnzwecken genutzter Gebäudeteil

Die genannten sonstigen selbständigen Gebäudeteile sind unbewegliche Wirtschaftsgüter i. S. des § 7 Abs. 5a EStG. Jeder selbständige Gebäudeteil ist mit Ausnahme des eigenen Wohnzwecken dienenden Gebäudeteils nach Maßgabe der AfA-Vorschriften des § 7 Abs. 4 und 5 EStG abzuschreiben.

Zu 1

Bemessungsgrundlage für die Gebäude-AfA sind grds. die Anschaffungs- oder Herstellungskosten. Wird ein bebautes Grundstück erworben, muss der Gesamtkaufpreis auf den Grund und Boden einerseits und auf das Gebäude andererseits aufgeteilt werden, da der Grund und Boden und das Gebäude verschiedene Wirtschaftsgüter bilden. Nur auf das Gebäude ist die AfA möglich. Die Aufteilung des einheitlichen Gesamtkaufpreises hat bei Immobilien im Privatvermögen nach dem Verhältnis der Verkehrswerte zu erfolgen (BFH, Urteile v. 12.6.1978 - GrS 1/77, BStBl 1978 II S. 620 und 625, v. 15.2.1989 - X R 97/87, BStBl 1989 II S. 604, und v. 9.5.1995 - IX R 63/94, BFH/NV 1996 S. 116, MAAAA-97308).

In der Praxis kommt es vor, dass Finanzämter bei der Kaufpreisaufteilung wie folgt vorgehen: Sie ermitteln den Verkehrswert für den Grund und Boden und behandeln die Differenz zum Kaufpreis als Anschaffungskosten für das Gebäude (sog. „Differenz- oder Restwertmethode"). Die „Restwertmethode" führt zu einem für den Steuerpflichtigen ungünstigen Ergebnis, wenn er das Haus zu einem sehr günstigen Preis erworben hat, etwa bei einem Kauf von Verwandten, Bekannten oder anlässlich einer Zwangsversteigerung oder von Eheleuten, die in Scheidung leben. In Fällen, in denen der vom Finanzamt auf diese Weise ermittelte Gebäudewert nicht der

Realität entspricht, kann die Wertermittlung des Finanzamts nicht akzeptiert werden. Gemäß der genannten Rechtsprechung des BFH muss das Finanzamt den Kaufpreis (genau: die Anschaffungskosten) eines bebauten Betriebsgrundstücks nach dem Verhältnis der Verkehrswerte auf den Grund und Boden, das Gebäude und die Außenanlagen aufteilen.

Es sind also nach dem Grundsatz der Einzelbewertung – unabhängig vom gezahlten Kaufpreis – Verkehrswerte für den Grund und Boden einerseits und das Gebäude andererseits zu ermitteln. Dann werden die Anschaffungskosten nach dem Verhältnis dieser fiktiven Werte zueinander in Anschaffungskosten für den Grund und Boden- und den Gebäudeanteil aufgeteilt. Beträgt also – wie hier – der Verkehrswert für den Grund und Boden 75.000 € und für das Gebäude 225.000 €, weil das Gebäude sehr günstig gekauft worden ist, entfallen 1/4 des Kaufpreises (= 62.500 €) auf den Grund und Boden und 3/4 des Kaufpreises (= 187.500 €) auf das Gebäude.

Da vorliegend nur die vermietete Wohnung der Einkünfteerzielung dient, sind die Gebäude-Anschaffungskosten auf die beiden Wohnungen aufzuteilen. Aufteilungsmaßstab ist grds. das Verhältnis der Nutzflächen, die in sinngemäßer Anwendung der Wohnflächenverordnung zu ermitteln sind (R 4.2 Abs. 6 Satz 4 EStR; BFH, Urteil v. 15.2.2001 - III R 20/99, BStBl 2003 II S. 635), es sei denn, die Aufteilung nach den Nutzflächen führt zu einem unangemessenen Ergebnis (R 4.2 Abs. 6 Satz 2 EStR). Bei einer Aufteilung nach der Nutzfläche ergibt sich für die vermietete Wohnung eine Bemessungsgrundlage für die Abschreibung i. H. von 1/2 von 187.500 € = 93.750 €.

Zu 2

Wird ein Gebäude im Laufe des Jahres angeschafft, kann die AfA nur zeitanteilig gewährt werden. Die lineare AfA des Jahres 2023 für die vermietete Wohnung beträgt somit:

Jahres-AfA gem. § 7 Abs. 4 Satz 1 Nr. 2 Buchst. b EStG:	2 % von 93.750 € =	1.875 €
Anteilige AfA für die Zeit vom 1.7.2023 bis zum 31.12.2023:	1/2 von 1.875 € = aufgerundet	938 €

HINWEIS

Eine vertragliche Kaufpreisaufteilung auf das Grundstück und das Gebäude ist der Berechnung der Gebäude-AfA zugrunde zu legen, sofern sie zum einen nicht nur zum Schein getroffen wurde und zum anderen keinen Gestaltungsmissbrauch darstellt. Etwas anderes gilt, wenn die vertragliche Kaufpreisaufteilung die realen Wertverhältnisse in grds. Weise verfehlt und wirtschaftlich nicht haltbar erscheint (BFH, Urteil v. 16.9.2015 - IX R 12/14, BStBl 2016 II S. 397).

Die obersten Finanzbehörden von Bund und Ländern stellen auf der Homepage des BMF eine Arbeitshilfe als xls-Datei zur Verfügung, die es unter Berücksichtigung der höchstrichterlichen Rechtsprechung ermöglicht, in einem typisierten Verfahren entweder eine Kaufpreisaufteilung selbst vorzunehmen oder die Plausibilität einer vorliegenden Kaufpreisaufteilung zu prüfen (BMF: Arbeitshilfe zur Aufteilung eines Gesamtkaufpreises für ein bebautes Grundstück (Kaufpreisaufteilung) – *Arbeitshilfe und Anleitung mit Stand vom März 2024*).

Der BFH hat entschieden, dass die Arbeitshilfe die von der Rechtsprechung geforderte Aufteilung nach den realen Verkehrswerten von Grund und Boden und Gebäude im Hinblick auf die Verengung der zur Verfügung stehenden Bewertungsverfahren auf das (vereinfachte) Sachwertverfahren und die Nichtberücksichtigung eines sog. „Orts- oder Regionalisierungsfaktors“ bei der Ermittlung des Gebäudewerts nicht gewährleistet (BFH, Urteile v. 21.7.2020 - IX R 26/19, BStBl 2021 II S. 372, und v. 20.9.2022 - IX R 12/21, BStBl 2024 II S. 61, Rz. 47).

FALL 147

Gebäude-AfA bei nachträglichen Herstellungskosten

Sachverhalt: A hat im Jahr 01 ein Zehnfamilienhaus errichtet. Die Herstellungskosten des fremden Wohnzwecken dienenden Gebäudes haben 500.000 € betragen. Die tatsächliche Nutzungsdauer des Gebäudes beträgt mehr als 50 Jahre. Im Jahr 11 fallen nachträgliche Herstellungskosten i. H. von 100.000 € an.

AUFGABE

Wie hoch sind die jährlichen Abschreibungen, wenn A die degressive Gebäude-AfA gem. § 7 Abs. 5 Satz 1 Nr. 3 Buchst. c EStG in Anspruch nimmt?

LÖSUNG

Fallen bei der degressiven AfA gem. § 7 Abs. 5 EStG nachträgliche Anschaffungs- oder Herstellungskosten an, ohne dass hierdurch ein anderes Gebäude entsteht, gelten die gleichen Grundsätze wie bei der linearen Gebäude-AfA. Die nachträglichen Anschaffungs- oder Herstellungskosten sind der ursprünglichen Bemessungsgrundlage hinzuzurechnen; auf die Summe ist der gerade maßgebliche Staffelsatz anzuwenden. Bei der Bemessung der AfA für das Jahr des Entstehens der nachträglichen Anschaffungs- oder Herstellungskosten sind diese so zu berücksichtigen, als wären sie zu Beginn des Jahres aufgewendet worden (R 7.4 Abs. 9 Satz 3 EStR). Ein nach Ablauf des gesetzlichen Abschreibungszeitraums gem. § 7 Abs. 5 EStG i. H. von 50 Jahren verbliebener Restwert ist – ausgehend von der bisherigen Bemessungsgrundlage – linear i. S. des § 7 Abs. 4 Satz 1 EStG abzuschreiben (BFH, Urteil v. 20.1.1987 - IX R 103/83, BStBl 1987 II S. 491; vgl. hierzu auch die Urteilsanmerkungen in HFR 1987 S. 513 und von Drenseck, FR 1987 S. 381).

Bei der degressiven AfA gem. § 7 Abs. 5 Satz 1 Nr. 3 Buchst. c EStG ergeben sich folgende Abschreibungsbeträge:

Jahre 01–10:	4 % von 500.000 € = 20.000 € x 10 =	200.000 €
Jahre 11–18:	2,5 % von 600.000 € = 15.000 € x 8 =	+ 120.000 €
Jahre 19–50:	1,25 % von 600.000 € = 7.500 € x 32 =	+ 240.000 €
Gesamte AfA nach Ablauf der gesetzlichen Nutzungsdauer i. H. von 50 Jahren		560.000 €

Der Restwert zum 31.12.50 beträgt somit 600.000 € - 560.000 € = 40.000 €. Ab dem Jahr 51 bemisst sich die AfA gem. § 7 Abs. 4 Satz 1 Nr. 2 Buchst. b EStG. Es ergibt sich folgende lineare AfA:

Jahre 51–53:	2 % von 600.000 € = 12.000 € x 3 =	36.000 €
Jahr 54:	2 % von 600.000 € = 12.000 €, höchstens	4.000 €

FALL 147A

Gebäude-AfA nach Einlage in ein Betriebsvermögen

Sachverhalt: Der Einzelgewerbetreibende A ist seit dem Jahr 1998 Eigentümer eines Geschäftshauses, das seit der Anschaffung Anfang 1998 bis Ende des Jahres 2022 fremd vermietet worden ist. Errichtet wurde das Gebäude im Jahr 1992 (Bauantrag nach dem 31.12.1985). Ab Anfang 2023 nutzt A das Gebäude für eigenbetriebliche Zwecke. Er hat das Gebäudegrundstück mit seinem Teilwert (Grund und Boden 200.000 € und Gebäude 800.000 €) in sein Betriebsvermögen eingelegt.

Die Anschaffungskosten des Gebäudes haben 500.000 € betragen. Die von A in den Jahren 1998 bis einschließlich 2022 vorgenommene und bei den Einkünften aus Vermietung und Verpachtung abgezogene Gebäude-AfA beträgt 2 % von 500.000 € = 10.000 € jährlich, in den Jahren 1998–2022 also 25 x 10.000 € = 250.000 €.

AUFGABE

Wie hoch ist die Gebäude-AfA ab dem Kalenderjahr 2023?

LÖSUNG

Überführt ein Steuerpflichtiger ein Wirtschaftsgut aus dem Privatvermögen in das Betriebsvermögen seines einzelkaufmännischen Unternehmens oder in sein Sonderbetriebsvermögen bei einer Personengesellschaft, ist das eingelegte Wirtschaftsgut prinzipiell mit dem Teilwert zu bewerten. Das gilt unabhängig davon, ob der Teilwert höher oder niedriger ist als die Anschaffungs- oder Herstellungskosten (§ 6 Abs. 1 Nr. 5 Satz 1 Halbsatz 1 EStG). Der Teilwert ist der Betrag, den ein Erwerber des ganzen Betriebs im Rahmen des Gesamtkaufpreises für das einzelne Wirtschaftsgut ansetzen würde (§ 6 Abs. 1 Nr. 1 Satz 3 EStG). Eine Ausnahme gilt bei Einlagen innerhalb von drei Jahren nach der Anschaffung/Herstellung des Wirtschaftsguts. Derartige Einlagen sind höchstens mit den Anschaffungs- bzw. Herstellungskosten abzgl. der bis zur Einlage vorgenommenen AfA anzusetzen (§ 6 Abs. 1 Nr. 5 Satz 1 Buchst. a und Satz 2 EStG).

Durch die Bewertung der Einlagen, die außerhalb des Drei-Jahres-Zeitraums vorgenommen werden, mit dem Teilwert zum Zeitpunkt der Zuführung soll verhindert werden, dass stille Reserven, die sich seit der Anschaffung im privaten Bereich angesammelt haben, im betrieblichen Bereich, z. B. anlässlich der Veräußerung oder Entnahme des Wirtschaftsguts, realisiert und versteuert werden. Aufgrund der Bewertung mit dem Teilwert werden steuerlich also nur solche Wertveränderungen berücksichtigt, die sich während der Zeit der Zugehörigkeit zum Betriebsvermögen ergeben. Die zuvor im privaten Bereich eingetretenen Werterhöhungen oder Wertminderungen bleiben steuerlich unberücksichtigt.

Für abnutzbare Wirtschaftsgüter, die nach einer Verwendung zur Erzielung von Einkünften i. S. des § 2 Abs. 1 Satz 1 Nr. 4–7 EStG in ein Betriebsvermögen eingelegt werden, bestimmt § 7 Abs. 1 Satz 5 EStG, dass sich die Anschaffungs- oder Herstellungskosten um bereits einkünftewirksam, z. B. bei den Einkünften aus Vermietung und Verpachtung, vorgenommene Abschreibungen bis zum Einlagezeitpunkt mindern. Diese Regelung betrifft allein die AfA-Bemessungsgrundlage im Betriebsvermögen nach der Einlage, hat aber keinen Einfluss auf die Bewertung mit dem Teilwert gem. § 6 Abs. 1 Nr. 5 Satz 1 Halbsatz 1 EStG.

Gemäß § 6 Abs. 1 Nr. 1 Satz 1 EStG sind Wirtschaftsgüter des abnutzbaren Anlagevermögens mit den Anschaffungs- oder Herstellungskosten oder dem an deren Stelle tretenden Wert abzgl. der AfA sowie weiterer Abschreibungen und Abzüge anzusetzen. Im Falle der Einlage in ein Betriebsvermögen tritt der Einlagewert an die Stelle der historischen Anschaffungs- oder Herstellungskosten. Ist die Einlage – wie hier – mit dem Teilwert zu bewerten, ergibt sich aus diesem der an die Stelle der Anschaffungs- oder Herstellungskosten tretende Betrag (BFH, Urteile v. 18.8.2009 - X R 40/06, BStBl 2010 II S. 961, v. 28.10.2009 - VIII R 46/07, BStBl 2010 II S. 964, und v. 25.10.2018 - IV R 35/16, BStBl 2022 II S. 412, Rz. 36). Bei zum Teilwert eingelegten Wirtschaftsgütern ist mit „Anschaffungs- oder Herstellungskosten“ der Einlagewert gemeint. Von diesem Wert wird prinzipiell die AfA vorgenommen.

Lediglich bei Wirtschaftsgütern, die nach einer Verwendung zur Erzielung von Einkünften i. S. des § 2 Abs. 1 Satz 1 Nr. 4–7 EStG in ein Betriebsvermögen eingelegt worden sind, kommt es unter den Voraussetzungen des § 7 Abs. 1 Satz 5 EStG zu einer Verminderung der AfA-Bemessungsgrundlage (BFH, Urteile v. 25.10.2018 - IV R 41/16, BFH/NV 2019 S. 268, Rz. 35, WAAAH-07348, und v. 25.10.2018 - IV R 35/16, BStBl 2022 II S. 412, Rz. 37). § 7 Abs. 1 Satz 5 EStG lässt die Bewertung der Einlage gem. § 6 Abs. 1 Nr. 5 EStG mit dem Teilwert unberührt und ordnet lediglich an, dass die Bemessungsgrundlage der AfA um die in der Zeit vor der Einlage in Anspruch genommenen Abschreibungen zu kürzen ist und somit den Einlagewert über- oder unterschreiten kann (BFH, Urteile v. 20.4.2005 - X R 53/04, BStBl 2005 II S. 698, und v. 18.8.2009 - X R 40/06, BStBl 2010 II S. 961).

Regelungsziel der Vorschrift ist nach der Gesetzesbegründung nur, die AfA nach der Einlage zu begrenzen, um zu verhindern, dass nach der Einlage im Anschluss an eine Abschreibung im Bereich der Überschusseinkunftsarten wiederum voll und damit „doppelt“ abgeschrieben werden kann. Verwaltungsseitig wurden die steuerlichen Folgen für verschiedene Fallgruppen von zuvor zur Erzielung von Überschusseinkünften genutzten Wirtschaftsgütern in einem BMF-Schreiben erörtert (BMF, Schreiben v. 27.10.2010, BStBl 2010 I S. 1204).

Nach alledem ist die AfA-Bemessungsgrundlage ab dem Jahr 2023 der Gebäude-Einlagewert (800.000 €) abzgl. der bei den Einkünften aus Vermietung und Verpachtung bisher vorgenommenen AfA (250.000 €), also 550.000 €. Die jährliche AfA beträgt ab dem Jahr 2023 gem. § 7 Abs. 4 Satz 1 Nr. 1 EStG 3 % von 550.000 € = 16.500 €. Gemäß § 7 Abs. 4 Satz 1 Nr. 1 EStG ist von der i. S. des § 7 Abs. 1 Satz 5 EStG ermittelten AfA-Bemessungsgrundlage des Gebäudes (550.000 €) nach der Einlage jährlich ein Betrag i. H. von 16.500 € (= 3 % von 550.000 €) abzusetzen. Auf den nach Ablauf von 33,33 Jahren verbleibenden Restbuchwert i. H. von 250.000 € darf keine AfA vorgenommen werden (BMF, Schreiben v. 27.10.2010, BStBl 2010 I S. 1204, Rz. 3, B.2). Der Einlagewert wird also so lange abgeschrieben, bis der nicht weiter abschreibbare Restbuchwert i. H. der vor der Einlage in Anspruch genommenen AfA (hier 250.000 €) erreicht ist. Mit diesem Restbuchwert bleibt das Gebäude bis zum Abgang aus dem Betriebsvermögen in der Bilanz von A stehen. Bei einer Veräußerung oder Entnahme des Gebäudes ist dieser Restbuchwert jedoch gewinnmindernd zu berücksichtigen, d. h. zur Ermittlung des Veräußerungs- bzw. Entnahmegewinns vom Veräußerungserlös bzw. Entnahmewert abzuziehen.

FALL 147B

Gebäude-AfA bei Erwerb eines Mietwohngebäudes gegen lebenslange Versorgungsleistungen

Sachverhalt: Der 70-jährige V hat Ende des Jahres 2022 ein vermietetes Mehrfamilienhaus, das er vor 20 Jahren angeschafft hat, auf seinen Sohn S im Wege der vorweggenommenen Erbfolge übertragen. Die Immobilie hat einen Verkehrswert i. H. von 1 Mio. €, davon entfallen 250.000 € (25 %) auf den Grund und Boden und 750.000 € (75 %) auf das Gebäude. V hat für das Gebäude eine AfA i. H. von jährlich 2 % der von ihm aufgewendeten Anschaffungskosten i. H. von 500.000 € = 10.000 € vorgenommen (§ 7 Abs. 4 Satz 1 Nr. 2 Buchst. b EStG).

Im Gegenzug verpflichtete sich S, an seinen Vater (aus den Vermietungserträgen) lebenslänglich 3.000 € monatlich zu zahlen, zahlbar ab dem 1.1.2023. Besitz, Nutzungen und Lasten des Grundstücks gingen am 1.1.2023 auf S über. Die Erträge aus dem Objekt reichen bei weitem aus, um die Versorgungsleistungen zu erbringen.

AUFGABE

Wie hoch ist die Gebäude-AfA ab dem Kalenderjahr 2023?

LÖSUNG

Die Übertragung von Immobilien gegen wiederkehrende Leistungen im Rahmen der vorweggenommenen Erbfolge ist ein steuerlich fehlerbehaftetes Thema. Seit dem JStG 2008 v. 20.12.2007 (BGBl 2007 I S. 3150) sind die Gegenstände, deren Übertragung gegen wiederkehrende Leistungen den Weg in das „Sonderrecht“ (Sonderausgabenabzug gem. § 10 Abs. 1a Nr. 2 EStG bzw. korrespondierende Besteuerung als wiederkehrende Bezüge gem. § 22 Nr. 1a EStG) eröffnen, in § 10 Abs. 1a Nr. 2 Satz 2 Buchst. a–c EStG nunmehr abschließend geregelt. Das Sonderrecht ist nur noch anwendbar, wenn es sich bei den gegen Versorgungsleistungen übertragenen Vermögensgegenständen um Betriebe, Teilbetriebe, Mitunternehmeranteile an betrieblich tätigen Mitunternehmerschaften oder (eingeschränkt) GmbH-Anteile handelt. Klar ist, dass das Sonderrecht nicht anwendbar ist, wenn nicht begünstigtes Vermögen – wie hier ein Mietwohngebäude – übertragen wird. Wie die Leistungen dann aber steuerlich zu behandeln sind, war lange ungeklärt und umstritten.

In einer neueren Entscheidung vertritt der BFH die Auffassung, dass die hier von S erbrachten Leistungen keine nicht abziehbaren Unterhaltsleistungen i. S. des § 12 Nr. 2 EStG darstellen (BFH, Urteil v. 29.9.2021 - IX R 11/19, BStBl 2022 II S. 228). Vom Abzugsverbot des § 12 Nr. 2 EStG sind als „freiwillige Zuwendungen und Zuwendungen aufgrund einer freiwillig begründeten Rechtspflicht“ zwar auch Renten und dauernde Lasten erfasst, aber nur dann, wenn sie außerhalb einer Vermögensübergabe gegen Versorgungsleistungen als bloße Unterhaltszahlung geleistet werden, was aber hier nicht der Fall ist.

Bei der vorliegenden vertraglichen Vereinbarung handelt es sich zivilrechtlich um eine Schenkung unter Auflage, denn bei den von S zu erbringenden „Gegenleistungen" handelt es sich bürgerlich-rechtlich um Schenkungsauflagen i. S. des § 525 Abs. 1 BGB. Zivilrechtlich wird die Schenkung unter Auflage als Vollschenkung betrachtet. Einkommensteuerrechtlich kann die Unentgeltlichkeit einer Vermögensübertragung unter Vereinbarung einer Leistungsauflage gem. der Auffassung des BFH aber nicht allein mit dem Verweis darauf begründet werden, dass es sich um eine – bürgerlich-rechtlich als vollunentgeltlich geltende – Auflagenschenkung handelt. Bei der Übertragung von Vermögen von Eltern auf Kinder gegen eine – nicht nach kaufmännischen Grundsätzen abgewogene – Gegenleistung handelt es sich steuerlich grds. nicht um einen unentgeltlichen Vorgang, sondern um ein teilentgeltliches Geschäft, soweit die Summe der vom Vermögensübernehmer zu erbringenden Versorgungsleistungen den Verkehrswert des übertragenen Vermögens nicht überschreitet.

Abweichend davon wird jedoch die – dem Grunde nach teilentgeltliche – Vermögensübergabe gegen Versorgungsleistungen im Anwendungsbereich des Sonderrechts des § 10 Abs. 1a Nr. 2 EStG für Zwecke der Einkommensteuer im Regelfall als unentgeltlicher Vorgang fingiert; dabei handelt es sich um eine gewollte einkommensteuerrechtliche Privilegierung derartiger Vermögensübergabevorgänge, um den Sonderausgabenabzug der Versorgungsleistungen zu ermöglichen. Wird gem. § 10 Abs. 1a Nr. 2 Satz 2 Buchst. a–c EStG nicht begünstigtes Vermögen übertragen, liegt in einem solchen Fall ertragsteuerrechtlich – abhängig vom Barwert der wiederkehrenden Leistungen – eine vollentgeltliche oder **teilentgeltliche Vermögensübertragung** vor.

Nutzt der Übernehmer (wie hier S) das übertragene Vermögen zur Erzielung von Einkünften aus Vermietung und Verpachtung und erfüllt die Vermögensübertragung nicht die Voraussetzungen des § 10 Abs. 1 Nr. 2 EStG, führen vom Übernehmer geschuldete und an den Übergeber entrichtete wiederkehrende Leistungen i. H. ihres Barwerts zu Anschaffungskosten und mithin zu – durch die Einkünfteerzielung veranlassten – Werbungskosten, die im Wege der **AfA** gem. § 9 Abs. 1 Satz 3 Nr. 7 EStG abziehbar sind, soweit die Anschaffungskosten auf das Gebäude entfallen. Es handelt sich insoweit um „verrentete" Anschaffungskosten. Der **Zinsanteil (Ertragsanteil)** der wiederkehrenden Leistungen ist gem. § 9 Abs. 1 Satz 3 Nr. 1 Satz 1 und 2 EStG als sofort abziehbare Werbungskosten zu berücksichtigen (BFH, Urteil v. 29.9.2021 - IX R 11/19, BStBl 2022 II S. 228, Rz. 30 und 37).

Der Barwert der Versorgungsleistungen errechnet sich gem. den Vorschriften des BewG wie folgt:

Jahresbetrag der Rente:	3.000 € x 12 =	36.000 €
Vervielfältiger nach dem Lebensalter von V lt. Tabelle 9 zu § 14 Abs. 1 BewG (BMF, Schreiben v. 14.11.2022, BStBl 2022 I S. 1629):	10,008	
Barwert somit:	36.000 € x 10,008 =	360.288 €
Anschaffungskosten Grund und Boden:	25 % von 360.288 € =	90.072 €
Anschaffungskosten Gebäude:	75 % von 360.288 € =	270.216 €

Anschaffungskosten Gebäude = AfA-Bemessungsgrundlage		270.216 €
AfA für den teilentgeltlich erworbenen Teil (§ 7 Abs. 4 Satz 1 Nr. 2 Buchst. b EStG):	2 % von 270.216 € = (aufgerundet)	5.405 €

Die Gebäude-Anschaffungskosten i. H. von 270.216 € betragen 36,0288 % des Verkehrswerts des Gebäudes i. H. von 750.000 €. S hat das Gebäude also zu 36,0288 % entgeltlich und zu 63,9712 % unentgeltlich erworben. Soweit S das Gebäudegrundstück unentgeltlich erworben hat, hat er keine eigenen Anschaffungskosten getragen; seine AfA bemisst sich insoweit gem. § 11d Abs. 1 Satz 1 und 2 EStDV nach den (anteiligen) Anschaffungs- und Herstellungskosten des Rechtsvorgängers V und nach dem Prozentsatz, der für den Rechtsvorgänger maßgebend sein würde, wenn er noch Eigentümer des Wirtschaftsguts wäre, und zwar bis zur Höhe des vom Rechtsvorgänger V noch nicht ausgeschöpften AfA-Volumens (BFH, Urteil v. 29.9.2021 - IX R 11/19, BStBl 2022 II S. 228, Rz. 39). Die auf den unentgeltlich erworbenen Teil entfallenden anteiligen Anschaffungskosten des Gebäudes betragen 319.856 € (= 63,9712 % von 500.000 €).

Im Falle der Teilentgeltlichkeit ergeben sich zwei Abschreibungsreihen, nämlich eine AfA aus den Anschaffungskosten und eine Fortführung der AfA, die der Rechtsvorgänger noch vornehmen konnte. Die AfA für das Jahr 2023 beträgt:

AfA entgeltlich erworbener Teil:	2 % von 270.216 € =	5.405 €
AfA unentgeltlich erworbener Teil:	2 % von 319.856 € =	+ 6.398 €
AfA insgesamt		11.803 €

Anmerkung: Die Annahme eines teil- bzw. vollentgeltlichen Vorgangs kann dazu führen, dass die Übertragung innerhalb von zehn Jahren nach der Anschaffung einer Immobilie beim Übertragenden und beim Empfänger der wiederkehrenden Leistungen zur Annahme eines privaten Veräußerungsgeschäfts führt (BMF, Schreiben v. 11.3.2010, BStBl 2010 I S. 227, Rz. 74 und 76).

FALL 148

Investitionsabzugsbetrag zur Förderung kleiner und mittlerer Betriebe

Sachverhalt: Bauunternehmer A ermittelt seinen Gewinn durch Bestandsvergleich (§ 5 EStG). Sein Gewinn des Jahres 2023 beträgt ohne Berücksichtigung der Investitionsabzugsbeträge gem. § 7g Abs. 1 EStG und der Hinzurechnungen gem. § 7g Abs. 2 EStG 150.000 €. Er übermittelt dem Finanzamt im Jahr 2024 einen Investitionsabzugsbetrag für das Jahr 2023 i. H. von 50 % von 100.000 € = 50.000 € nach amtlich vorgeschriebenen Datensätzen durch Datenfernübertragung. Im Juli 2024 erwirbt er einen gebrauchten Bagger für 110.000 €.

AUFGABEN

1. Kann der von A für das Jahr 2023 geltend gemachte Investitionsabzugsbetrag gem. § 7g Abs. 1 EStG i. H. von 50.000 € gewinnmindernd abgezogen werden?

2. Kann der Investitionsabzugsbetrag im Jahr 2024 gewinnerhöhend hinzugerechnet werden und – wenn ja – wie hoch ist dann die AfA-Bemessungsgrundlage für den Bagger?
3. Welche Steuerfolgen ergeben sich, wenn die Anschaffungskosten des Baggers im Jahr 2024 nur 90.000 € betragen und außer dem Bagger keine weiteren Wirtschaftsgüter im Jahr 2024 angeschafft wurden?
4. Welche Steuerfolgen ergeben sich, wenn A den Bagger mit Anschaffungskosten i. H. von 110.000 € (siehe unter Aufgabe Nr. 1) bereits im Jahr 2024 wieder veräußert?
5. Welche Steuerfolgen ergeben sich, wenn die Anschaffung eines begünstigten Wirtschaftsguts bis zum 31.12.2026 unterbleibt?

LÖSUNG

Zu 1

Steuerpflichtige können gem. § 7g Abs. 1 Satz 1 EStG für die künftige Anschaffung oder Herstellung von abnutzbaren beweglichen Wirtschaftsgütern des Anlagevermögens, die mindestens bis zum Ende des dem Wirtschaftsjahr der Anschaffung oder Herstellung folgenden Wirtschaftsjahres vermietet oder in einer inländischen Betriebsstätte des Betriebes ausschließlich oder fast ausschließlich betrieblich genutzt werden, bis zu 50 % der voraussichtlichen Anschaffungs- oder Herstellungskosten gewinnmindernd abziehen (Investitionsabzugsbeträge).

Für die Bildung eines Investitionsabzugsbetrags ist eine konkrete Investitionsabsicht, eine konkrete Benennung der Funktion sowie der voraussichtlichen Anschaffungs- oder Herstellungskosten von Wirtschaftsgütern, für die der Investitionsabzugsbetrag gebildet werden soll, nicht (mehr) erforderlich. Investitionsabzugsbeträge können ohne weitere Angaben entweder im Rahmen der Steuererklärung oder – bei Vorliegen der verfahrensrechtlichen Voraussetzungen – nach der erstmaligen Steuerfestsetzung bzw. gesonderten Feststellung (z. B. im Rechtsbehelfsverfahren oder durch Änderungsantrag gem. § 172 Abs. 1 Satz 1 Nr. 2 Buchst. a AO) geltend gemacht werden. Der Nachweis oder die Glaubhaftmachung von Investitionsabsichten ist nicht erforderlich (BMF, Schreiben v. 15.6.2022, BStBl 2022 I S. 945, Rz. 17).

Investitionsabzugsbeträge können nur in Anspruch genommen werden, wenn der Steuerpflichtige die Summen der Abzugsbeträge und der gem. § 7g Abs. 2–4 EStG hinzuzurechnenden oder rückgängig zu machenden Beträge nach amtlich vorgeschriebenen Datensätzen durch Datenfernübertragung übermittelt. Auf Antrag kann die Finanzbehörde zur Vermeidung unbilliger Härten auf eine elektronische Übermittlung verzichten (§ 7g Abs. 1 Satz 2 Nr. 2 Satz 1 und 2 EStG).

Mit dem Investitionsabzugsbetrag gibt der Steuerpflichtige dem Fiskus das Versprechen, später zu investieren. Hält er sein Versprechen und investiert er später tatsächlich, „kann" er im Jahr der Investition den Investitionsabzugsbetrag außerbilanziell gewinnerhöhend hinzurechnen. Andererseits „kann" er die Anschaffungs- oder Herstellungskosten des begünstigten Wirtschaftsguts im Jahr der Anschaffung oder Herstellung um bis zu 50 % herabsetzen (§ 7g Abs. 2 Satz 1 f. EStG).

Der Investitionsabzugsbetrag muss nicht gesondert gebucht werden, sondern ist außerbilanziell gewinnmindernd abzuziehen. Durch den außerbilanziellen Abzug werden nach der Gesetzesbegründung bilanztechnische Probleme, wie z. B. Bilanzberichtigungen und die Maßgeblichkeit der Handelsbilanz für die steuerliche Gewinnermittlung, vermieden.

Ein Investitionsabzugsbetrag ist möglich bei Einkünften aus Gewerbebetrieb, selbständiger Arbeit oder aus Land- und Forstwirtschaft. Ob die betriebliche Tätigkeit als Einzelunternehmen oder in der Rechtsform einer Personen- oder Kapitalgesellschaft ausgeübt wird, ist ohne Belang. Auf die Rechtsform des Unternehmens kommt es nicht an. Der Investitionsabzugsbetrag ist sowohl bei i. S. des § 4 Abs. 1 oder § 5 EStG bilanzierenden Unternehmern, unabhängig davon, ob sie zur Bilanzierung verpflichtet sind oder freiwillig bilanzieren, als auch bei der EÜR möglich (§ 7g Abs. 1 Satz 2 Nr. 1 Buchst. a EStG).

Der Investitionsabzugsbetrag gem. § 7g Abs. 1 Satz 1 EStG soll den finanziellen Spielraum kleiner und mittlerer Betriebe stärken. Durch den Investitionsabzugsbetrag sollen nur kleine und mittlere Betriebe begünstigt werden. Gemäß § 7g Abs. 1 Satz 2 Nr. 1 Buchst. b EStG können Investitionsabzugsbeträge nur in Anspruch genommen werden, wenn der Gewinn im Wirtschaftsjahr, in dem die Abzüge vorgenommen werden sollen, ohne Berücksichtigung der Investitionsabzugsbeträge gem. § 7g Satz 1 EStG und der Hinzurechnungen gem. § 7g Abs. 2 EStG, 200.000 € nicht überschreitet. Diese von der Einkunftsart unabhängige Gewinngrenze gilt für Wirtschaftsjahre, die nach dem 31.12.2019 enden (§ 52 Abs. 16 Satz 1 EStG). Sie ersetzt für Investitionsabzugsbeträge ab diesem Zeitpunkt die früher geltenden Größenmerkmale. Das begünstigte Wirtschaftsgut muss mindestens bis zum Ende des dem Wirtschaftsjahr der Anschaffung oder Herstellung folgenden Wirtschaftsjahres vermietet oder in einer inländischen Betriebsstätte des Betriebs ausschließlich oder fast ausschließlich betrieblich genutzt werden (§ 7g Abs. 1 Satz 1 EStG). Eine ausschließliche oder fast ausschließliche betriebliche Nutzung liegt vor, wenn das Wirtschaftsgut zu mindestens 90 % betrieblich genutzt oder – anders ausgedrückt – zu nicht mehr als 10 % privat genutzt wird (BMF, Schreiben v. 15.6.2022, BStBl 2022 I S. 945, Rz. 42). Die Voraussetzung der ausschließlich betrieblichen Nutzung ist bei einem Bagger zweifellos erfüllt.

Die Summe der Beträge, die im Wirtschaftsjahr des Abzugs und in den drei vorangegangenen Wirtschaftsjahren abgezogen und nicht gem. § 7g Abs. 2 EStG hinzugerechnet oder gem. § 7g Abs. 3 oder 4 EStG rückgängig gemacht wurden, darf je Betrieb 200.000 € nicht übersteigen (§ 7g Abs. 1 Satz 4 EStG).

Vorliegend sind sämtliche Voraussetzungen für den Abzug eines Investitionsabzugsbetrags erfüllt. A kann maximal 50 % von 100.000 € = 50.000 € im Jahr 2023 außerhalb der Bilanz gewinnmindernd abziehen.

Zu 2

Die prognostizierten Anschaffungskosten stimmen in der Praxis nur in Ausnahmefällen mit den tatsächlichen Anschaffungskosten überein. Sind die tatsächlichen Anschaffungskosten – wie vorliegend – höher als die prognostizierten, kann der Investitionsabzugsbetrag im Jahr der Anschaffung des begünstigten Wirtschaftsguts i. H. von 50 % der Anschaffungskosten, maximal i. H. des in Anspruch genommenen Investitionsabzugsbetrags, gewinnerhöhend hinzugerechnet werden (§ 7g Abs. 2 Satz 1 EStG). Die Hinzurechnung ist nicht zwingend vorgeschrieben, sondern als Wahlrecht ausgestaltet.

Der im Jahr 2023 in Anspruch genommene Investitionsabzugsbetrag i. H. von 50.000 € ist niedriger als 50 % der Anschaffungskosten (= 55.000 €). Dem Gewinn des Jahres 2024 kann daher außerbilanziell nur der im Jahr 2023 in Anspruch genommene Investitionsabzugsbetrag i. H. von 50.000 € hinzugerechnet werden (§ 7g Abs. 2 Satz 1 EStG).

Andererseits können im Jahr 2024 die Anschaffungskosten i. H. von 110.000 € um bis zu 50 %, maximal i. H. des im Jahr 2023 in Anspruch genommenen Abzugsbetrags i. H. von 50.000 €, gewinnmindernd herabgesetzt werden (§ 7g Abs. 2 Satz 3 EStG); die Bemessungsgrundlage für die AfA beträgt dann 110.000 € - 50.000 € = 60.000 €.

A kann die Reduzierung der Anschaffungskosten aber auch auf jeden Betrag zwischen 1 € und 50.000 € begrenzen. Begrenzt er die gewinnmindernde Herabsetzung der Anschaffungskosten z. B. auf 10.000 €, dann beträgt die AfA-Bemessungsgrundlage für den Bagger 110.000 € - 10.000 € = 100.000 €.

A kann aber auch von der gewinnmindernden Herabsetzung der Anschaffungskosten ganz absehen. Dann bleiben die Anschaffungskosten und die AfA-Bemessungsgrundlage für den Bagger unverändert, d. h. sie betragen 110.000 €. Es besteht keine Pflicht, die Anschaffungskosten gewinnmindernd herabzusetzen. Nimmt A dann bis zum Ende des Wirtschaftsjahrs 2026, d. h. bis zum 31.12.2026, keine weitere begünstigte Investition vor, muss der im Wirtschaftsjahr 2023 gebildete Investitionsabzugsbetrag gem. § 7g Abs. 3 Satz 1 EStG rückgängig gemacht werden – zzgl. einer Verzinsung der Steuernachforderung gem. § 233a AO. Ein bereits für das Jahr 2023 ergangener Einkommensteuerbescheid ist gem. § 7g Abs. 3 Satz 2 EStG zu ändern.

Zu 3

Die voraussichtlichen Anschaffungskosten müssen i. d. R. geschätzt werden. Dementsprechend kommt es auch vor, dass sie zu hoch geschätzt worden sind. Sind die tatsächlichen Anschaffungskosten niedriger als die prognostizierten, wird ein „überhöhter" Investitionsabzugsbetrag gebildet, wenn wie hier der maximal zulässige Betrag in Anspruch genommen wird.

Im Wirtschaftsjahr der Anschaffung des begünstigten Wirtschaftsguts ist dann der in Anspruch genommene („überhöhte") Investitionsabzugsbetrag nur i. H. von 50 % der tatsächlichen Anschaffungs- oder Herstellungskosten außerbilanziell gewinnerhöhend hinzuzurechnen (§ 7g Abs. 2 Satz 1 EStG). Da der Investitionsabzugsbetrag in diesem Fall höher ist als 50 % der Anschaffungs- oder Herstellungskosten, verbleibt noch ein Restbetrag.

Vorliegend kann im Jahr 2024 der Investitionsabzugsbetrag i. H. von 50 % der tatsächlichen Anschaffungskosten i. H. von 90.000 € = 45.000 € außerbilanziell gewinnerhöhend hinzugerechnet werden (§ 7g Abs. 2 Satz 1 EStG).

Andererseits können im Jahr 2024 die Anschaffungskosten i. H. von 90.000 € um bis zu 50 % = 45.000 € gewinnmindernd herabgesetzt werden (§ 7g Abs. 2 Satz 3 EStG). Die AfA-Bemessungsgrundlage beträgt dann 90.000 € - 45.000 € = 45.000 €.

50 % der Anschaffungskosten = 45.000 € sind niedriger als der im Jahr 2023 in Anspruch genommene Investitionsabzugsbetrag i. H. von 50.000 €. Es verbleibt also ein Restbetrag i. H. von 5.000 €. Dieser Restbetrag i. H. von 5.000 € ist spätestens nach Ablauf der Investitionsfrist gem. § 7g Abs. 3 Satz 1 EStG rückwirkend gewinnerhöhend zu erfassen. Diese rückwirkende Hinzurechnung entfällt nur dann, wenn innerhalb des verbleibenden Investitionszeitraums bis zum 31.12.2026 nachträgliche Anschaffungs- oder Herstellungskosten i. S. des § 255 Abs. 1 HGB für das begünstigte Wirtschaftsgut i. H. von mindestens 5.000 € anfallen.

Zu 4

Das begünstigte Wirtschaftsgut muss bis mindestens zum Ende des dem Wirtschaftsjahr der Anschaffung oder Herstellung folgenden Wirtschaftsjahres in einer inländischen Betriebsstätte des Betriebs ausschließlich oder fast ausschließlich, d. h. zu mindestens 90 %, betrieblich genutzt werden (§ 7g Abs. 1 Satz 1 EStG).

Die Nutzungs- und Verbleibensvoraussetzung ist nicht erfüllt, wenn das begünstigte Anlagegut bis zum Ende des dem Wirtschaftsjahr der Anschaffung oder Herstellung folgenden Wirtschaftsjahres verkauft wird (BMF, Schreiben v. 15.6.2022, BStBl 2022 I S. 945, Rz. 37).

Wird in Fällen der Anschaffung oder Herstellung des begünstigten Wirtschaftsguts dieses nicht bis zum Ende des dem Wirtschaftsjahr der Anschaffung oder Herstellung folgenden Wirtschaftsjahres vermietet oder in einer inländischen Betriebsstätte des Betriebs ausschließlich oder fast ausschließlich betrieblich (mindestens 90 %) genutzt, sind der Abzug sowie die Herabsetzung der Anschaffungs- oder Herstellungskosten, die Verringerung der Bemessungsgrundlage und die Hinzurechnung des Abzugsbetrags gem. § 7g Abs. 2 Satz 1 EStG rückgängig zu machen (§ 7g Abs. 4 Satz 1 EStG).

Wurden die Gewinne der maßgebenden Wirtschaftsjahre bereits Steuerfestsetzungen oder gesonderten Feststellungen zugrunde gelegt, sind die entsprechenden Steuer- oder Feststellungsbescheide insoweit zu ändern (§ 7g Abs. 4 Satz 2 EStG). Das gilt auch, wenn sie bereits bestandskräftig sind; die Festsetzungsfristen enden insoweit nicht bevor die Festsetzungsfrist für den Veranlagungszeitraum abgelaufen ist, in dem die Verbleibens- und Nutzungsvoraussetzungen des § 7g Abs. 1 Satz 1 EStG erstmals nicht mehr vorliegen (§ 7g Abs. 4 Satz 3 EStG). Die Verzinsungsregelung des § 233a Abs. 2a AO ist nicht anzuwenden (§ 7g Abs. 4 Satz 4 EStG).

Konsequenzen: Der außerbilanzielle Abzug im Jahr 2023 i. H. von 50.000 €, die außerbilanzielle Hinzurechnung im Anschaffungsjahr 2024 i. H. von 50.000 € und die Herabsetzung der Anschaffungskosten im Jahr 2024 i. H. von 50.000 € sind rückgängig zu machen. § 233a Abs. 2a AO ist nicht anzuwenden. Sind die Steuerbescheide der Jahre 2023 und 2024 bereits ergangen, sind sie insoweit zu ändern, auch wenn sie bestandskräftig sind (§ 7g Abs. 4 EStG).

Zu 5

Drei Jahre, nachdem der Investitionsabzugsbetrag geltend gemacht wurde, endet der Investitionszeitraum. Ist es bis dahin nicht zu der geplanten Investition gekommen, ist also der Investitionsabzugsbetrag – wie vorliegend – nicht bis zum Ende des dritten auf das Wirtschaftsjahr des Abzugs folgenden Wirtschaftsjahres gem. § 7g Abs. 2 Satz 1 EStG hinzugerechnet worden, ist der Abzug rückgängig zu machen (§ 7g Abs. 3 Satz 1 EStG).

Wurde der Gewinn des maßgebenden Wirtschaftsjahres bereits einer Steuerfestsetzung oder einer gesonderten Feststellung zugrunde gelegt, ist der entsprechende Steuer- oder Feststellungsbescheid insoweit zu ändern (§ 7g Abs. 3 Satz 2 EStG). Das gilt auch dann, wenn der Steuer- oder Feststellungsbescheid bestandskräftig geworden ist; die Festsetzungsfrist endet insoweit nicht bevor die Festsetzungsfrist für den Veranlagungszeitraum abgelaufen ist, in dem das dritte auf das Wirtschaftsjahr des Abzugs folgende Wirtschaftsjahr endet (§ 7g Abs. 3 Satz 3 EStG).

Das bedeutet: Der außerbilanzielle Abzug im Jahr 2023 i. H. von 50.000 € ist rückgängig zu machen. Ist der Steuerbescheid des Jahres 2023 bereits ergangen, ist er insoweit zu ändern, auch wenn er bestandskräftig ist (§ 7g Abs. 4 EStG). Als Folge dieser Änderung kann sich eine Verzinsung der daraus resultierenden Steuernachforderung gem. § 233a AO ergeben.

FALL 149

Investitionsabzugsbetrag bei Investition in geringwertige Wirtschaftsgüter

Sachverhalt: Der Einzelgewerbetreibende A bildet zum Bilanzstichtag am 31.12.2023 für die geplante Anschaffung von zahlreichen geringwertigen Wirtschaftsgütern i. S. des § 6 Abs. 2 EStG mit Anschaffungskosten i. H. von jeweils bis zu 250 € und von Wirtschaftsgütern, die in den Sammelposten gem. § 6 Abs. 2a EStG aufgenommen werden können, mit Anschaffungskosten i. H. von jeweils mehr als 250 € bis zu 1.000 €, gewinnmindernd Investitionsabzugsbeträge i. H. von 50 % der geplanten Anschaffungskosten:

Geringwertige Wirtschaftsgüter: 50 % von 5.000 € =	2.500 €
Sammelposten-Wirtschaftsgüter: 50 % von 10.000 € =	+ 5.000 €
	7.500 €

Die Wirtschaftsgüter hat er in seinen Bilanzerläuterungen nicht im Einzelnen genannt. A hat dem Finanzamt im Jahr 2024 einen Investitionsabzugsbetrag i. H. von 7.500 € nach amtlich vorgeschriebenen Datensätzen durch Datenfernübertragung übermittelt. Die geringwertigen und die in den Sammelposten aufzunehmenden Wirtschaftsgüter werden im Jahr 2024 für 5.000 € (geringwertige Wirtschaftsgüter) bzw. 11.000 € (Sammelposten) angeschafft.

AUFGABE

Ist die Bildung eines Investitionsabzugsbetrags für geringwertige Wirtschaftsgüter i. S. des § 6 Abs. 2 EStG und solche, die in den Sammelposten gem. § 6 Abs. 2a EStG aufzunehmen sind, zulässig?

LÖSUNG

Geringwertige Wirtschaftsgüter i. S. des § 6 Abs. 2 Satz 1 EStG sind abnutzbare bewegliche Wirtschaftsgüter des Anlagevermögens, die der selbständigen Nutzung fähig sind und deren Anschaffungs- oder Herstellungskosten oder deren Einlagewert (Sacheinlage) für das einzelne Wirtschaftsgut bei Anschaffung ab dem 1.1.2018 800 € netto nicht übersteigen. Auch für die geplante Anschaffung von geringwertigen Wirtschaftsgütern i. S. des § 6 Abs. 2 Satz 1 EStG und solchen Wirtschaftsgütern, für die ein Sammelposten gem. § 6 Abs. 2a EStG gebildet werden kann (abnutzbare bewegliche Wirtschaftsgüter des Anlagevermögens mit Anschaffungskosten i. H. von mehr als 250 € bis zu 1.000 € netto), dürfen Investitionsabzugsbeträge gebildet werden (BMF, Schreiben v. 15.6.2022, BStBl 2022 I S. 945, Rz. 7). Die Bildung der Investitionsabzugsbeträge zum 31.12.2023 i. H. von 2.500 € bzw. 5.000 € ist daher zulässig.

Im Jahr 2024 kann der Investitionsabzugsbetrag i. H. von 2.500 € gewinnerhöhend hinzugerechnet werden. Die Anschaffungskosten der geringwertigen Wirtschaftsgüter i. S. des § 6 Abs. 2 Satz 1 EStG können gewinnmindernd auf 5.000 € - 2.500 € = 2.500 € herabgesetzt werden. Der danach verbleibende Betrag i. H. von 2.500 € kann im Jahr 2024 als Betriebsausgabe abgezogen werden (Gewinnminderung im Jahr 2024 per Saldo somit = 2.500 €).

Der für die Sammelposten-Wirtschaftsgüter gebildete Investitionsabzugsbetrag i. H. von 5.000 € kann im Jahr 2024 gewinnerhöhend hinzugerechnet werden. Andererseits können die Anschaffungskosten für die Sammelposten-Wirtschaftsgüter gewinnmindernd um 5.000 € herabgesetzt werden. Die danach verbleibenden Anschaffungskosten der Sammelposten-Wirtschaftsgüter i. H. von 11.000 € - 5.000 € = 6.000 € können in den Jahren 2024 bis einschließlich 2028 mit jährlich 20 % = 1.200 € als Betriebsausgabe abgezogen werden.

Anmerkung: Der Steuerpflichtige kann einen Investitionsabzugsbetrag „auf Vorrat" halten. Erwirbt er Investitionsgüter mit Anschaffungs- oder Herstellungskosten bis zu 1.600 €, kann er grds. durch außerbilanzielle Hinzurechnung und anschließenden Abzug von Investitionsabzugsteilbeträgen die Anschaffungs- oder Herstellungskosten der Investitionsgüter auf die Wertgrenze für geringwertige Wirtschaftsgüter i. H. von 800 € senken. Dadurch kann die Begünstigung im Bereich der Sofortabschreibung ausgeweitet werden auf Wirtschaftsgüter mit Anschaffungs- oder Herstellungskosten i. H. von bis zu 1.600 € (Scholz/Spohn, DStR 2023 S. 550, Abschnitt VIII).

FALL 150

Investitionsabzugsbetrag vor Betriebseröffnung

Sachverhalt: Handwerksmeister A erzielte bis zum 31.12.2023 Einkünfte aus nichtselbständiger Arbeit. Am 1.1.2024 eröffnete er seinen Gewerbebetrieb. Seinen Gewinn ermittelt er ab dem 1.1.2024 durch Bestandsvergleich (§ 5 EStG). A macht in seiner Einkommensteuererklärung 2023 einen Verlust aus Gewerbebetrieb i. H. von 12.000 € geltend. Dieser beruht auf einem Investitionsabzugsbetrag gem. § 7g Abs. 1 EStG i. H. von 50 % von 24.000 € = 12.000 € für den beabsichtigten Kauf eines abnutzbaren beweglichen Wirtschaftsguts. Noch im alten Jahr 2023 wurden mit dem Lieferanten des Wirtschaftsguts konkrete Kaufverhandlungen geführt, die im Jahr 2024 in eine verbindliche Bestellung mündeten. A hat dem Finanzamt im Jahr 2024 den Investitionsabzugsbetrag des Jahres 2023 i. H. von 12.000 € nach amtlich vorgeschriebenen Datensätzen durch Datenfernübertragung übermittelt.

AUFGABE

Ist die Bildung eines Investitionsabzugsbetrags für das Jahr 2023 zulässig?

LÖSUNG

Der Investitionsabzugsbetrag gem. § 7g Abs. 1 EStG kann für die Anschaffung eines neuen oder gebrauchten abnutzbaren beweglichen Wirtschaftsguts des Anlagevermögens gebildet werden. Das Wirtschaftsgut muss bis zum Ende des auf die Anschaffung folgenden Wirtschaftsjahres zu mindestens 90 % in einer inländischen Betriebsstätte des Steuerpflichtigen betrieblich genutzt werden.

Die Geltendmachung eines Investitionsabzugsbetrags setzt nicht mehr voraus, dass der Steuerpflichtige beabsichtigt, das begünstigte Wirtschaftsgut voraussichtlich in den dem Wirtschaftsjahr des Abzugs folgenden drei Wirtschaftsjahren anzuschaffen oder herzustellen (Investitionszeitraum). Auf das Erfordernis einer konkreten Investitionsabsicht wird für nach dem 31.12.2015 endende Wirtschaftsjahre verzichtet. Schon vor Eröffnung eines Betriebs können Kosten anfallen, die in engem Zusammenhang mit der späteren selbständigen Tätigkeit stehen. Solche Aufwendungen sind als vorweggenommene Betriebsausgaben steuerlich absetzbar. Voraussetzung ist, dass ein klar erkennbarer wirtschaftlicher Zusammenhang zwischen den Aufwendungen und der Einkunftsart besteht (BFH, Urteil v. 18.4.1990 - III R 5/88, BFH/NV 1991 S. 25, LAAAB-31499).

Der BFH hat entschieden, dass der Nachweis der Investitionsabsicht auch bei noch in Gründung befindlichen Betrieben nicht zwingend eine noch im Wirtschaftsjahr der Geltendmachung des Investitionsabzugsbetrags verbindliche Bestellung des anzuschaffenden Wirtschaftsguts voraussetzt (BFH, Urteil v. 20.6.2012 - X R 42/11, BStBl 2013 II S. 719). Liest man das Urteil genauer, zeigt sich, dass der BFH daran festhält, dass bei der Prüfung der Investitionsabsicht in den Jahren vor Abschluss der Betriebseröffnung strenge Maßstäbe anzulegen sind (so auch BFH, Beschluss v. 2.9.2024 - X B 10/14, BFH/NV 2015 S. 190, SAAAE-81142). Auch ein Betriebsgründer kann bereits vor der Aufnahme der aktiven betrieblichen Tätigkeit einen Investitionsabzugsbetrag bilden, ohne dass er den Nachweis konkreter Bestellabsichten führen muss. A kann im Jahr 2023 einen Investitionsabzugsbetrag i. H. von 12.000 € bilden, weil seine Investitionsabsicht im Jahr 2023 aufgrund der Kaufverhandlungen, die einen tatsächlichen Erwerb des Wirtschaftsguts zur Folge hatten, zu bejahen ist.

HINWEIS

Bei noch nicht eröffneten Betrieben hat der Steuerpflichtige „in Zweifelsfällen“ nach Auffassung der Finanzverwaltung die Betriebseröffnungsabsicht glaubhaft darzulegen. Indizien für eine Betriebseröffnung sind bspw. eine Gewerbeanmeldung, beantragte Kredite oder Unterlagen, aus denen sich die geplante Anschaffung oder Herstellung der wesentlichen Betriebsgrundlagen ergibt (z. B. Kostenvoranschläge, Informationsmaterial, konkrete Verhandlungen oder Bestellungen). Für eine beabsichtigte Betriebseröffnung spricht außerdem, dass der Steuerpflichtige bereits selbst und endgültig mit Aufwendungen belastet ist oder dass die einzelnen zum Zwecke der Betriebseröffnung bereits unternommenen Schritte sich als sinnvolle, zeitlich zusammenhängende Abfolge mit dem Ziel des endgültigen Abschlusses der Betriebseröffnung darstellen (BMF, Schreiben v. 15.6.2022, BStBl 2022 I S. 945, Rz. 3).

FALL 151

Rückgängigmachung eines Investitionsabzugsbetrags bei fehlender Hinzurechnung

Sachverhalt: Der Einzelgewerbetreibende A bildete im Jahr 01 gem. § 7g Abs. 1 Satz 1 EStG einen Investitionsabzugsbetrag i. H. von 50.000 € (= 50 % von 100.000 €). Im Jahr 04 erwarb er ein abnutzbares Anlagegut für 100.000 €. Die Anschaffungskosten des Wirtschaftsguts setzte er im

Investitionsjahr 04 um 50 % (= 50.000 €) gewinnmindernd herab. Eine gewinnerhöhende Hinzurechnung des Abzugsbetrags wurde jedoch nicht vorgenommen. Das Finanzamt veranlagte das Jahr 04 erklärungsgemäß. Die Veranlagung ist bestandskräftig. Nachdem das Finanzamt die steuerliche Fehlbehandlung des Jahres 04 bemerkt hat, ändert es die Einkommensteuerfestsetzung für das Jahr 01 gem. § 7g Abs. 3 EStG. Es erhöhte den Gewinn um den zunächst gewährten Investitionsabzug im Hinblick auf die im Anschaffungsjahr nicht vorgenommene Hinzurechnung.

AUFGABE

Ist der Investitionsabzugsbetrag des Jahres 01 rückwirkend aufzulösen, obwohl A fristgerecht ein begünstigtes Wirtschaftsgut erworben, im Investitionsjahr allerdings den Abzugsbetrag nicht (gewinnerhöhend) hinzugerechnet hat?

LÖSUNG

Der Vorschrift des § 7g Abs. 3 Satz 1 EStG ist eindeutig zu entnehmen, dass ein Investitionsabzugsbetrag rückgängig zu machen ist, soweit dieser nicht bis zum Ende des dritten auf das Wirtschaftsjahr des Abzugs folgenden Wirtschaftsjahres gem. § 7g Abs. 2 Satz 1 EStG hinzugerechnet wurde. Dem Finanzamt steht mit § 7g Abs. 3 Satz 2 EStG hierfür eine eigenständige Korrekturnorm zur Seite.

Die Änderungsvoraussetzungen des § 7g Abs. 3 Satz 1 EStG liegen hier prinzipiell vor: A hatte für das Jahr 01 einen Investitionsabzugsbetrag in Anspruch genommen, den er nicht bis zum Ende des Jahres 04 (dem dritten auf das Wirtschaftsjahr des Abzugs folgenden Wirtschaftsjahr) wieder hinzugerechnet hat. Weitere Tatbestandserfordernisse sieht das Gesetz nicht vor. Rechnet der Steuerpflichtige trotz Anschaffung nicht hinzu, ist der Steuerbescheid des Abzugsjahrs nach Ablauf der gesetzlichen Dreijahresfrist gewinnerhöhend gem. § 7g Abs. 3 Satz 1 Halbsatz 1 EStG zu ändern und die Steuernachforderung zu verzinsen (BFH, Urteil v. 3.12.2019 - X R 11/19, BStBl 2020 II S. 276).

FALL 152

Rückgängigmachung des Investitionsabzugsbetrags bei Gewinnerhöhung durch eine Außenprüfung

Sachverhalt: Ein Einzelgewerbetreibender hat für das Jahr 2023 einen Gewinn i. H. von 190.000 € erklärt. Außerhalb seiner Bilanz hat er davon einen Investitionsabzugsbetrag i. H. von 50.000 € abgesetzt und damit Einkünfte aus Gewerbebetrieb i. H. von 140.000 € versteuert.

Nach einer Außenprüfung erhöht das Finanzamt den Gewinn des Jahres 2023 aufgrund der Aktivierung von teilfertigen Arbeiten von 190.000 € auf 230.000 €.

AUFGABE

Ist der Investitionsabzugsbetrag des Jahres 2023 nachträglich rückgängig zu machen?

LÖSUNG

Investitionsabzugsbeträge können nur in Anspruch genommen werden, wenn der Gewinn im Wirtschaftsjahr, in dem die Abzüge vorgenommen werden sollen, ohne Berücksichtigung der Investitionsabzugsbeträge gem. § 7g Abs. 1 Satz 1 EStG und der Hinzurechnungen gem. § 7g Abs. 2 EStG, 200.000 € nicht überschreitet (§ 7g Abs. 1 Satz 2 Nr. 1 Buchst. b EStG).

Stellt das Finanzamt im Rahmen einer Außenprüfung fest, dass der maßgebliche Gewinn die Grenze i. H. von 200.000 € überschritten hat, ist ein aufgrund des Überschreitens der Gewinngrenze zu Unrecht gebildeter Investitionsabzugsbetrag nachträglich im Jahr der Bildung rückgängig zu machen (Niedersächsisches FG, Urteil v. 24.6.2020 - 9 K 253/18, DStRE 2021 S. 262, HAAAH-59398).

Hinsichtlich des Überschreitens des Gewinns kommt es auf den Schluss des Wirtschaftsjahres an, in dem der Abzug vorgenommen wird. Wird durch eine spätere Außenprüfung der Gewinn – wie hier – für das Abzugsjahr über den Grenzbetrag hinaus erhöht, z. B. durch Aktivierung von teilfertigen Arbeiten, entfällt nachträglich auch der Investitionsabzugsbetrag.

FALL 153

Bildung und Auflösung eines Investitionsabzugsbetrags

Sachverhalt: Der Einzelgewerbetreibende A betreibt ein Bauunternehmen. Er ermittelt seinen Gewinn durch Betriebsvermögensvergleich (§ 5 EStG). Das Wirtschaftsjahr stimmt mit dem Kalenderjahr überein. A reichte seinen Jahresabschluss zum 31.12.2023 im Mai 2024 beim Finanzamt ein. Der Gewinn des Jahres 2023 beträgt 150.000 €.

Außerbilanziell macht A einen Investitionsabzugsbetrag gem. § 7g Abs. 1 Satz 1 EStG i. H. von 50 % von 80.000 € = 40.000 € für die künftige Anschaffung eines – nicht näher bezeichneten – beweglichen Wirtschaftsguts des Anlagevermögens geltend. Er übermittelt dem Finanzamt den Investitionsabzugsbetrag nach amtlich vorgeschriebenem Datensatz durch Datenfernübertragung.

Im Jahr 2024 erwirbt A einen Baukran für 200.000 €.

AUFGABEN

1. Muss das Finanzamt den zum 31.12.2023 gebildeten Investitionsabzugsbetrag anerkennen, obwohl das Investitionsgut seiner Funktion nach nicht benannt worden ist?

2. Muss A den im Jahr 2023 gebildeten Investitionsabzugsbetrag i. H. von 40.000 € im Jahr 2024, d. h. im Wirtschaftsjahr der Anschaffung des Baukrans, gewinnerhöhend hinzurechnen?
3. Kann A den Investitionsabzugsbetrag über das Wirtschaftsjahr 2024 hinaus fortführen und auf einen oder zwei im Jahr 2025 für 100.000 € bzw. 80.000 € angeschafften Lkw übertragen?
4. Kann A den Investitionsabzugsbetrag über das Wirtschaftsjahr 2024 hinaus fortführen, obwohl er keine weiteren Investitionen plant?
5. Kann A den zum 31.12.2023 gebildeten Investitionsabzugsbetrag vorzeitig vor Ablauf der Investitionsfrist freiwillig auflösen?

LÖSUNG

Zu 1

Auf das Erfordernis einer konkreten Investitionsabsicht, der konkreten Benennung der Funktion sowie der voraussichtlichen Anschaffungs- oder Herstellungskosten von Wirtschaftsgütern, für die der Investitionsabzugsbetrag gebildet werden soll (§ 7g Abs. 1 Satz 2 Nr. 2 und 3 EStG a. F.), wird für nach dem 31.12.2015 endende Wirtschaftsjahre verzichtet. Ein begünstigtes Unternehmen kann ohne weitere Angaben Abzugsbeträge für begünstigte künftige Investitionen im beweglichen Anlagevermögen, d. h. einen beliebig hohen Investitionsabzugsbetrag bis zum Höchstbetrag des § 7g Abs. 1 Satz 4 EStG i. H. von 200.000 €, bilden. Das Finanzamt muss daher den Investitionsabzugsbetrag i. H. von 40.000 € anerkennen, obwohl das Investitionsgut nicht näher beschrieben wurde.

Zu 2

Gemäß der früheren Rechtslage war die zwingende gewinnerhöhende Hinzurechnung eines Abzugsbetrags bei gleichzeitiger freiwilliger gewinnmindernder Herabsetzung der Anschaffungs- oder Herstellungskosten nur möglich, wenn das Wirtschaftsgut angeschafft oder hergestellt wurde, für das ein Investitionsabzugsbetrag beansprucht wurde. Nunmehr ist eine „Verwendung" des Investitionsabzugsbetrags für ein beliebiges angeschafftes oder hergestelltes begünstigtes Wirtschaftsgut möglich.

§ 7g Abs. 2 EStG n. F. regelt die Rechtsfolgen bei getätigten Investitionen. Die Hinzurechnung ist nicht mehr zwingend vorgeschrieben, sondern als Wahlrecht ausgestaltet: Im Wirtschaftsjahr der Anschaffung oder Herstellung eines begünstigten Wirtschaftsguts „können bis zu" 50 % der Anschaffungs- oder Herstellungskosten, maximal der hier im Wirtschaftsjahr 2023 in Anspruch genommene Investitionsabzugsbetrag, außerbilanziell gewinnerhöhend hinzugerechnet werden (§ 7g Abs. 2 Satz 1 EStG).

Macht A von seinem Wahlrecht Gebrauch und rechnet den in Anspruch genommenen Investitionsabzugsbetrag im Jahr 2024 in voller Höhe von 40.000 € gewinnerhöhend hinzu (§ 7g Abs. 2 Satz 1 EStG), „kann" er die Anschaffungskosten des Baukrans i. H. von 200.000 € um bis zu 40.000 € gewinnmindernd herabsetzen (§ 7g Abs. 2 Satz 3 Halbsatz 1 EStG). Die Bemessungsgrundlage für die AfA, die erhöhten Absetzungen und die Sonderabschreibungen sowie die Anschaffungs- oder Herstellungskosten i. S. des § 6 Abs. 2 und 2a EStG verringern sich in diesem

Fall entsprechend (§ 7g Abs. 2 Satz 3 Halbsatz 1 EStG). Die AfA-Bemessungsgrundlage für den Baukran beträgt dann 200.000 € - 40.000 € = 160.000 €.

A kann aber auch von der gewinnmindernden Herabsetzung der Anschaffungskosten absehen. Dann bleiben die Anschaffungskosten und die AfA-Bemessungsgrundlage für den Baukran unverändert, d. h. sie betragen 200.000 €.

Zu 3

Die Anschaffung oder Herstellung eines anderen als des ursprünglich bei der Inanspruchnahme des Investitionsabzugsbetrags ins Auge gefassten Wirtschaftsguts war schon nach der bisherigen Rechtslage zulässig, sofern die ursprünglich benannte „Funktion" gewahrt blieb. Die steuerliche Förderung ist nach neuerer Rechtslage nicht mehr streng wirtschaftsgutbezogen ausgestaltet. Aufgrund des Wegfalls der Erfordernisse der konkreten Investitionsabsicht sowie der Funktionsbezeichnung muss keine Identität zwischen der angestrebten Investition und dem gebildeten Investitionsabzugsbetrag bestehen.

Hieraus folgt, dass A den Investitionsabzugsbetrag des Wirtschaftsjahrs 2023 auch erst im Wirtschaftsjahr 2025 infolge der Anschaffung weiterer begünstigter Wirtschaftsgüter gem. § 7g Abs. 2 Satz 1 EStG ganz oder teilweise hinzurechnen kann. Rechnet er den Betrag i. H. von 40.000 € im Wirtschaftsjahr 2025 gewinnerhöhend zu, kann er wählen, ob er kompensierend die Anschaffungskosten des Lkw mit Anschaffungskosten i. H. von 100.000 € um maximal 40.000 € herabsetzt. Er kann m. E. auch den herabzusetzenden Betrag auf beide Lkw verteilen oder von einer Herabsetzung ganz absehen.

Zu 4

Nimmt A bis zum Ende des Wirtschaftsjahres 2026 keine weitere begünstigte Investition vor, muss der im Wirtschaftsjahr 2023 gebildete Investitionsabzugsbetrag gem. § 7g Abs. 3 Satz 1 EStG rückgängig gemacht werden – zzgl. einer Verzinsung der Steuernachforderung i. S. des § 233a AO. Ein bereits für das Jahr 2023 ergangener Einkommensteuerbescheid ist gem. § 7g Abs. 3 Satz 2 EStG zu ändern.

Zu 5

§ 7g Abs. 3 Satz 1 Halbsatz 2 EStG ordnet ausdrücklich an, dass die vorzeitige Rückgängigmachung von Investitionsabzugsbeträgen vor Ablauf der Investitionsfrist zulässig ist. Progressionsaspekte (z. B. ein Verlustrücktrag in das Abzugsjahr) können für den Steuerpflichtigen hierbei ebenso eine Rolle spielen wie die Vermeidung höherer Zinsen gem. § 233a AO aufgrund einer späteren Änderung der Steuerfestsetzung des Abzugsjahrs. Auf Antrag des Steuerpflichtigen können nach Meinung der Finanzverwaltung Investitionsabzugsbeträge auch vorzeitig ganz oder teilweise freiwillig rückgängig gemacht werden (BMF, Schreiben v. 15.6.2022, BStBl 2022 I S. 945, Rz. 29 unter Hinweis auf § 7g Abs. 3 Satz 1 letzter Teilsatz EStG). Für die freiwillige Rückgängigmachung des Investitionsabzugsbetrags ist es nicht erforderlich, dass die Steuerfestsetzung des Abzugsjahres unter dem Vorbehalt der Nachprüfung gem. § 164 Abs. 1 AO steht. Verfahrensrechtliche Grundlage für eine entsprechende Änderung ist § 7g Abs. 3 Satz 3 EStG auch in den Fällen der freiwilligen Rückgängigmachung (Reddig, NWB 48/2015 S. 3574, YAAAF-08091). Durch einen entsprechenden Antrag von A kann also der Investitionsabzugsbetrag in vollem Umfang vorzeitig aufgelöst werden.

FALL 153A

Investitionsabzugsbeträge bei Personengesellschaften

Sachverhalt: Die X-KG ermittelt ihren Gewinn durch Betriebsvermögensvergleich (§ 5 EStG). Die Gesellschafter der X-KG sind die Eheleute A und B zu je $^1/_2$. Der Gesamtgewinn (inklusive des Gewinns aus dem Sonderbetriebsvermögen) des Jahres 2023 der X-KG betrug 160.000 €. Für das kalenderjahrgleiche Wirtschaftsjahr 2023 bildete die X-KG aufgrund von geplanten Anschaffungen Investitionsabzugsbeträge und minderte außerbilanziell den steuerlichen Gesamthandsgewinn der Personengesellschaft um 40.000 € (= 50 % von 80.000 €).

Im Dezember 2024 schaffte der Gesellschafter A die Wirtschaftsgüter aus eigenen Mitteln an. Er aktivierte sie in seiner Sonderbilanz für das Wirtschaftsjahr 2024 und rechnete die von der X-KG im Wirtschaftsjahr 2023 geltend gemachten Investitionsabzugsbeträge i. H. von 40.000 € seinem Sonderbetriebsgewinn 2024 außerbilanziell hinzu. Die Anschaffungskosten der Wirtschaftsgüter wurden im Wirtschaftsjahr der Anschaffung um bis zu 50 %, maximal um den Investitionsabzugsbetrag i. H. von 40.000 €, gemindert.

AUFGABE

Können die vom steuerlichen Gesamthandsgewinn 2023 abgezogenen Investitionsabzugsbeträge i. H. von 40.000 € bei den vom Gesellschafter A im Jahr 2024 getätigten Investitionen gewinnerhöhend hinzugerechnet und dessen Anschaffungskosten im Sonderbetriebsvermögen entsprechend herabgesetzt werden?

LÖSUNG

Bei Personengesellschaften ist § 7g Abs. 1–6 EStG mit der Maßgabe anzuwenden, dass an die Stelle des Steuerpflichtigen die Gesellschaft tritt (§ 7g Abs. 7 Satz 1 EStG). Für die Gewinngrenze i. S. des § 7g Abs. 1 Satz 2 Nr. 1 Buchst. b EStG sind bei Mitunternehmerschaften die Gewinne aus dem Gesamthands-, Ergänzungs- und Sonderbereich zusammenzurechnen, und zwar auch, wenn der Investitionsabzugsbetrag im Sonderbetriebsvermögen vorgenommen werden soll (BMF, Schreiben v. 15.6.2022, BStBl 2022 I S. 945, Rz. 4 und 15; BFH, Urteil v. 2.8.2012 - IV R 41/11, BStBl 2019 II S. 715). Da der „Gesamtgewinn" der X-KG 200.000 € nicht überstiegen hat, hat die X-KG die Investitionsabzugsbeträge im Wirtschaftsjahr 2023 zu Recht in Anspruch genommen, d. h. sie hat ihren steuerlichen Gesamthandsgewinn zutreffend außerbilanziell um 40.000 € gemindert.

Durch das JStG 2020 v. 21.12.2020 (BGBl 2020 I S. 3096) wurde § 7g Abs. 7 EStG um einen Satz 2 und 3 erweitert. Danach können – abweichend von der BFH-Rechtsprechung (BFH, Beschluss v. 15.11.2017 - VI R 44/16, BStBl 2019 II S. 466; zur Anwendung dieses Urteils vgl. BMF, Schreiben v. 26.8.2019, BStBl 2019 I S. 870) – vom Gewinn der Gesamthand oder Gemeinschaft abgezogene Investitionsabzugsbeträge ausschließlich bei Investitionen der Personengesellschaft oder Gemeinschaft gem. § 7g Abs. 2 Satz 1 EStG gewinnerhöhend hinzugerechnet werden. Entsprechendes gilt für vom Sonderbetriebsgewinn eines Mitunternehmers abgezogene Investitionsabzugsbeträge bei Investitionen dieses Mitunternehmers oder seines Rechtsnachfolgers in seinem Sonderbetriebsvermögen. Das führt dazu, dass die Hinzurechnung von Investitionsabzugsbeträgen nur in dem Vermögensbereich (steuerlicher Gesamthands- oder Sonderbereich des Gesellschafters) zulässig ist, in dem der Abzug erfolgt ist. Dadurch soll aus Sicht des Gesetzgebers sichergestellt werden, dass die Steuererleichterung des § 7g EStG nur demjenigen gewährt wird, der auch tatsächlich Investitionen tätigt. § 7g Abs. 7 Satz 2 und 3 EStG ist erstmals für Investitionsabzugsbeträge anzuwenden, die in nach dem 31.12.2020 endenden Wirtschaftsjahren in Anspruch genommen werden (§ 52 Abs. 16 Satz 2 EStG).

Daraus folgt, dass die im Gesamthandsvermögen der X-KG im Jahr 2023 gebildeten Investitionsabzugsbeträge i. H. von 40.000 € im Jahr 2024 nicht im Rahmen der Investitionen im Sonderbetriebsvermögensbereich von A berücksichtigt werden können. Die gewinnerhöhende Hinzurechnung der Investitionsabzugsbeträge i. H. von 40.000 € sowie die gewinnmindernde Herabsetzung der Anschaffungskosten der von A getätigten Anschaffungen ist unzulässig.

HINWEIS

Aufgrund der außerbilanziellen Abzüge und Hinzurechnungen von Investitionsabzugsbeträgen gem. § 7g EStG bleibt das steuerbilanzielle Kapitalkonto von Kommanditisten i. S. des § 15a EStG unberührt. Infolgedessen sind die Berechnungen gem. § 15a EStG insgesamt, ohne die Berücksichtigung von Investitionsabzugsbeträgen, durchzuführen (BMF, Schreiben v. 15.6.2022, BStBl 2022 I S. 945, Rz. 57).

FALL 154

Sonderabschreibung für kleine und mittlere Betriebe

Sachverhalt: Handelsvertreter A ermittelt seinen Gewinn durch Bestandsvergleich (§ 5 EStG). Der Gewinn von A beträgt für das Jahr 2022 90.000 €.

A erwarb im Jahr 2023 folgende Wirtschaftsgüter:

- Am 10.2.2023 eine neue Büroeinrichtung mit einer Nutzungsdauer i. H. von 13 Jahren für 10.000 € und
- am 15.12.2023 einen gebrauchten Betriebs-Pkw mit einer Restnutzungsdauer i. H. von drei Jahren für 30.000 €.

A führt für den zum notwendigen Betriebsvermögen gehörenden Betriebs-Pkw, den er auch privat nutzt, in den Jahren 2023 und 2024 ein Fahrtenbuch. Danach beträgt der Kfz-Privatnutzungsanteil im Jahr 2023 5 % und im Jahr 2024 10 %. Ab dem Jahr 2025 ermittelt A den Privatanteil i. S. der 1 %-Regelung.

AUFGABEN

1. Steht A im Jahr 2023 die Sonderabschreibung gem. § 7g Abs. 5 EStG für die Büroeinrichtung zu?

2. Steht A im Jahr 2023 die Sonderabschreibung gem. § 7g Abs. 5 EStG für den Betriebs-Pkw zu?

LÖSUNG

Zu 1

Die Sonderabschreibung gem. § 7g Abs. 5 EStG gibt es nur für kleine und mittlere Betriebe. Der Betrieb darf im Wirtschaftsjahr, das der Anschaffung oder Herstellung vorangeht, die Gewinngrenze des § 7g Abs. 1 Satz 2 Nr. 1 Buchst. b EStG i. H. von 200.000 € nicht überschreiten. Diese Voraussetzung ist hier erfüllt, da der Gewinn von A für das Jahr 2022 90.000 € beträgt.

Die Sonderabschreibung gem. § 7g Abs. 5 EStG gibt es auch für gebrauchte Wirtschaftsgüter. Die Sonderabschreibung beträgt maximal 20 % der Anschaffungskosten von 10.000 € = 2.000 €. Die Abschreibungsmöglichkeiten gem. § 7 Abs. 1 oder ggf. Abs. 2 EStG bleiben hiervon unberührt.

In welchem Monat des Jahres ein Wirtschaftsgut angeschafft oder hergestellt wurde, ist für die Sonderabschreibung ohne Bedeutung. Die Sonderabschreibung wird nie zeitanteilig gekürzt. Sie beträgt stets bis zu 20 % der Anschaffungs- oder Herstellungskosten. A steht für das Jahr 2023 die Sonderabschreibung gem. § 7g Abs. 5 EStG i. H. von 2.000 € zu. Die normale AfA gibt es zusätzlich.

Anmerkung: Durch das Wachstumschancengesetz (v. 27.3.2024, BGBl 2024 I Nr. 108) wurde die maximale Sonderabschreibung von 20 % **auf 40 % erhöht**. Die Neuregelung ist erstmals für abnutzbare bewegliche Wirtschaftsgüter des Anlagevermögens anzuwenden, die **nach dem 31.12.2023 angeschafft** oder hergestellt werden (§ 52 Abs. 16 Satz 6 EStG).

Zu 2

Im Jahr der Anschaffung und im darauffolgenden Wirtschaftsjahr muss der Steuerpflichtige das Wirtschaftsgut ausschließlich oder fast ausschließlich betrieblich nutzen (§ 7g Abs. 6 Nr. 2 EStG). Ein Wirtschaftsgut wird ausschließlich oder fast ausschließlich betrieblich genutzt, wenn es der Steuerpflichtige zu nicht mehr als 10 % privat nutzt (BMF, Schreiben v. 15.6.2022, BStBl 2022 I S. 945, Rz. 41). Bei Maschinen oder der Büroausstattung ist dieses Kriterium regelmäßig erfüllt. Probleme gibt es aber bei Wirtschaftsgütern, die auch privat genutzt werden, wie z. B. bei einem Betriebs-Pkw.

Wird bei einem auch privat genutzten Betriebs-Pkw kein Fahrtenbuch geführt, unterstellt die Finanzverwaltung i. d. R., dass die 10 %-Grenze überschritten ist. Bei der Anwendung der sog. „1 %-Regelung" (§ 6 Abs. 1 Nr. 4 Satz 2 EStG) ist ohne die Vorlage ergänzender Belege, die eine ausschließliche oder fast ausschließliche betriebliche Nutzung des Kraftfahrzeugs zweifelsfrei dokumentieren, von einem schädlichen Nutzungsumfang auszugehen (BMF, Schreiben v. 15.6.2022, BStBl 2022 I S. 945, Rz. 43). Die Sonderabschreibung wird dann regelmäßig nicht anerkannt.

Der BFH hat entschieden, dass ein Steuerpflichtiger die Anteile der betrieblichen und der außerbetrieblichen Nutzung eines Pkws, für den er den Investitionsabzugsbetrag und die Sonderabschreibung gem. § 7g EStG in Anspruch genommen hat, nicht nur durch ein ordnungsgemäßes Fahrtenbuch, sondern auch durch andere Beweismittel nachweisen kann (BFH, Urteil

v. 15.7.2020 - III R 62/19, BStBl 2022 II S. 435). Auch ein Fahrtenbuch, das aufgrund von einzelnen Mängeln zwar nicht geeignet ist, die Anwendung der Fahrtenbuchmethode i. S. des § 6 Abs. 1 Nr. 4 Satz 3 EStG für Zwecke des Kfz-Privatnutzungsanteils auszulösen, allerdings zumindest ein in sich nachvollziehbares und glaubhaftes Bild über den betrieblichen Nutzungsumfang vermittelt, kann für den Nachweis i. S. des § 7g Abs. 6 Nr. 2 EStG berücksichtigt werden.

A führt vorliegend für die Jahre 2023 und 2024 ein Fahrtenbuch, aus dem ersichtlich ist, dass der Pkw fast ausschließlich betrieblich (d. h. zu nicht mehr als 10 % privat) genutzt wurde. A steht daher für das Jahr 2023 die Sonderabschreibung gem. § 7g EStG i. H. von 20 % von 30.000 € = 6.000 € zu.

HINWEIS

Die außerbetriebliche Nutzung eines Wirtschaftsguts ist zeitraumbezogen und nicht wirtschaftsjahrbezogen zu prüfen. Eine schädliche Verwendung liegt nicht vor, wenn das Wirtschaftsgut im Wirtschaftsjahr der Anschaffung oder Herstellung zwar mehr als 10 % privat genutzt wird, die außerbetriebliche Nutzung aber bezogen auf den gesamten Nutzungszeitraum (von der Anschaffung oder Herstellung bis zum Ende des der Anschaffung oder Herstellung folgenden Wirtschaftsjahres) die 10 %-Grenze nicht übersteigt (BMF, Schreiben v. 15.6.2022, BStBl 2022 I S. 945, Rz. 42).

Neuregelung durch das Wachstumschancengesetz v. 27.3.2024 (BGBl 2024 I Nr. 108)

Die Sonderabschreibung gem. § 7g Abs. 5 EStG für kleine und mittlere Unternehmen erhöht sich wie erwähnt für nach dem 31.12.2023 angeschaffte oder hergestellte Wirtschaftsgüter von 20 % auf 40 %. Die Sonderabschreibung gem. § 7g EStG kann im Jahr der Anschaffung oder Herstellung sowie den vier folgenden Jahren i. H. von bis zu insgesamt 40 % der Anschaffungs- oder Herstellungskosten in Anspruch genommen werden (§ 7g Abs. 5 EStG), nicht etwa bis zu 40 % in jedem Jahr des Begünstigungszeitraums. Die Sonderabschreibung ist auf 40 % der Anschaffungs- oder Herstellungskosten begrenzt, unabhängig von der Verteilung der Abschreibungsbeträge im fünfjährigen Begünstigungszeitraum (§ 7g Abs. 5 i. d. F. des Wachstumschancengesetzes v. 27.3.2024, BGBl 2024 I Nr. 108).

FALL 154A

Abschreibung nach Ablauf des Begünstigungszeitraums

Sachverhalt: Der Einzelgewerbetreibende A hat Anfang des Jahres 2019 eine Büroeinrichtung für 13.000 € angeschafft, deren betriebsgewöhnliche Nutzungsdauer 13 Jahre beträgt. In den Jahren 2019 bis einschließlich 2023 hat er die normale lineare AfA gem. § 7 Abs. 1 EStG i. H. von jährlich 1.000 € vorgenommen. Außerdem beansprucht er im Jahr 2023 die Sonderabschreibung gem. § 7g Abs. 5 EStG i. H. von 2.600 € (= 20 % von 13.000 €). Die Voraussetzungen dafür sind erfüllt.

AUFGABE

Wie hoch ist die AfA, die A ab dem Jahr 2024 in Anspruch nehmen kann?

LÖSUNG

Sind bei einem Wirtschaftsgut die Voraussetzungen für die Sonderabschreibung erfüllt, hat der Steuerpflichtige fünf Jahre Zeit, diese geltend zu machen. Der fünfjährige Begünstigungszeitraum umfasst das Jahr der Anschaffung sowie die vier Jahre, die auf das Anschaffungsjahr folgen (§ 7g Abs. 5 EStG). Der Steuerpflichtige kann daher die Sonderabschreibung – wie hier A – auch erst im fünften Jahr vornehmen. Es ist ebenfalls möglich, die Sonderabschreibung auf verschiedene Jahre des Fünfjahreszeitraums zu verteilen (z. B. im ersten Jahr 10 %, im zweiten und dritten Jahr je 5 %).

Nach Ablauf des fünfjährigen Begünstigungszeitraums ist der jährliche Abschreibungsbetrag neu zu ermitteln, und zwar indem der noch vorhandene Restwert des Wirtschaftsguts auf die Restnutzungsdauer verteilt wird (§ 7a Abs. 9 EStG). Die Restnutzungsdauer ist neu zu schätzen (R 7a Abs. 10 Satz 1 EStR). Die Finanzverwaltung beanstandet es nicht, wenn der Steuerpflichtige für die Restwert-AfA von der ursprünglichen Nutzungsdauer des Wirtschaftsguts, vermindert um den Begünstigungszeitraum, ausgeht (R 7a Abs. 10 Satz 2 EStR).

Die Büroeinrichtung hat am 31.12.2023 einen Restwert i. H. von 5.400 € (= Anschaffungskosten 13.000 € abzgl. der normalen AfA in den Jahren 2019–2023 i. H. von 5.000 € abzgl. 2.600 € Sonderabschreibung im Jahr 2023). Bei der Verteilung des Restwerts i. H. von 5.400 € auf die angenommene Restnutzungsdauer i. H. von acht Jahren ergibt sich ein jährlicher Abschreibungsbetrag i. H. von 675 € (= 5.400 € / 8).

FALL 154B

Sonderabschreibung im Jahr der Betriebseröffnung

Sachverhalt: Der Zahnarzt A hat am 1.1.2024 eine Zahnarztpraxis übernommen. Er ermittelt seinen Gewinn gem. § 4 Abs. 3 EStG. Im Dezember 2024 hat er ein neues Röntgengerät für 40.000 € angeschafft. A hat im Jahr 2024 (vor der Inanspruchnahme von Sonderabschreibungen gem. § 7g Abs. 5 EStG) einen Gewinn i. H. von 241.000 € erzielt.

AUFGABE

Kann A für das Röntgengerät im Jahr 2024 die Sonderabschreibung gem. § 7g Abs. 5 EStG i. H. von 40 % von 40.000 € = 16.000 € in Anspruch nehmen?

LÖSUNG

Die Sonderabschreibungen gem. § 7g Abs. 5 EStG können nur in Anspruch genommen werden, wenn der Betrieb im Wirtschaftsjahr, das der Anschaffung oder Herstellung vorangeht, die Gewinngrenze des § 7g Abs. 1 Satz 2 Nr. 1 Buchst. b EStG i. H. von 200.000 € nicht überschreitet (§ 7g Abs. 6 Nr. 1 EStG). Anders als beim Investitionsabzugsbetrag gem. § 7g Abs. 1 EStG kommt es also nicht auf den Gewinn im laufenden Wirtschaftsjahr an. Bei einer Neugründung bzw. Übernahme eines Betriebs fehlt es an einem Gewinn des vorangehenden Wirtschaftsjahrs, so dass daher die Gewinngrenze nie überschritten ist (BFH, Urteile v. 21.7.1999 - I R 57/98, BFH/NV 2000 S. 273, VAAAA-97010, und v. 19.5.2010 - I R 70/09, BFH/NV 2010 S. 2072, Rz. 11, VAAAD-51313). A kann die Sonderabschreibung i. H. von 16.000 € im Jahr 2024 als Betriebsausgabe abziehen.

FALL 155

AfA bei Erwerb eines Wohnhauses unter Rückbehalt eines Wohnrechts durch den Übergeber

Sachverhalt: Der 56-jährige V ist Eigentümer eines Zweifamilienhauses mit einem Verkehrswert i. H. von 250.000 € (Grund und Boden 50.000 € und Gebäude 200.000 €). Das Haus enthält im Erd- und Obergeschoss zwei gleich große Wohnungen. V überträgt das Zweifamilienhaus auf seinen Sohn S. V behält sich das Wohnrecht im Wert von 50.000 € an der Wohnung im Erdgeschoss vor und macht es S zur Auflage, 100.000 € an seine Schwester auszuzahlen. Die Wohnung im Obergeschoss wird vermietet. V hat die vermietete Obergeschosswohnung bisher mit 2 % von 70.000 € = 1.400 € jährlich abgeschrieben (§ 7 Abs. 4 Satz 1 Nr. 2 Buchst. b EStG).

AUFGABE

Wie hoch ist die AfA-Bemessungsgrundlage, die auf die vermietete Obergeschosswohnung entfällt?

LÖSUNG

Da die Erdgeschosswohnung mit dem Wohnrecht des Vaters belastet ist, erzielt der Sohn S nur aus der vermieteten Wohnung im Obergeschoss Einkünfte aus Vermietung und Verpachtung. Die Werbungskosten einschließlich der AfA kann S nur für die vermietete Obergeschosswohnung geltend machen (BFH, Urteil v. 4.6.1996 - IX R 84/94, BFH/NV 1996 S. 808, PAAAB-38128; BMF, Schreiben v. 30.9.2013, BStBl 2013 I S. 1184, Rz. 45 und 49).

Das Zweifamilienhaus hat unter der Berücksichtigung des zurückbehaltenen Werts des Wohnrechts einen Verkehrswert i. H. von 250.000 € - 50.000 € = 200.000 €. Da S seiner Schwester 100.000 € auszuzahlen hat, hat er das Zweifamilienhaus zu 50 % entgeltlich und zu 50 % unentgeltlich erworben (BFH, Urteile v. 31.5.2000 - IX R 50, 51/97, BStBl 2001 II S. 594, und v. 26.2.2002 - X R 4/00, BFH/NV 2002 S. 1140, MAAAA-67889; BMF, Schreiben v. 30.9.2013, BStBl 2013 I

S. 1184, Rz. 50). Seine Anschaffungskosten, d. h. das Gleichstellungsgeld i. H. von 100.000 €, entfallen i. H. von

- 50 % von 50.000 € = 25.000 € auf den Grund und Boden (Wert 50.000 €),
- 50 % von 100.000 € = 50.000 € auf die vermietete Obergeschosswohnung (Wert 100.000 €) und
- 50 % von 50.000 € = 25.000 € auf die mit dem Wohnrecht belastete Erdgeschosswohnung (Wert 100.000 € - Kapitalwert Wohnrecht 50.000 € = 50.000 €).

Soweit die Obergeschosswohnung entgeltlich erworben wurde, beträgt die AfA-Bemessungsgrundlage 50.000 €. Soweit S die Obergeschosswohnung unentgeltlich erworben hat (50 %), muss er die AfA-Bemessungsgrundlage seines Vaters i. H. von 50 % von 70.000 € = 35.000 € fortführen (§ 11d Abs. 1 EStDV). Die neue AfA-Bemessungsgrundlage für die Obergeschosswohnung beträgt somit 50.000 € (entgeltlicher Erwerb) + 35.000 € (unentgeltlicher Erwerb) = 85.000 €. Die lineare AfA gem. § 7 Abs. 4 Satz 1 Nr. 2 Buchst. b EStG beträgt folglich 2 % von 85.000 € = 1.700 € pro Jahr.

FALL 156

Abschreibung anschaffungsnaher Herstellungskosten

Sachverhalt: A erwarb ein Sechsfamilienhaus zu einem auf das Gebäude entfallenden Kaufpreis i. H. von 600.000 €. Besitz, Nutzungen, Lasten und Gefahr gingen vertragsgemäß am 1.1.2021 über. Die bestehenden Mietverhältnisse übernahm A.

In der Zeit vom 1.1.2021 bis zum 31.12.2023 führte A in den vermieteten Wohnungen sowie am Gebäude selbst in größerem Umfang Umbau- und Renovierungsmaßnahmen durch:

2021:	Aufwendungen für die Erneuerung der Dacheindeckung (netto):	30.000 €
2022:	Aufwendungen für die Erneuerung der Fußbodenbeläge und Fenster (netto):	+ 28.000 €
2023:	Aufwendungen für die Instandsetzung oder Erneuerung der vorhandenen Sanitär-, Elektro- und Heizungsanlagen (netto):	+ 32.000 €
	Aufwendungen für Schönheitsreparaturen: Tapezieren und Anstreichen der Wände und Decken im Zusammenhang mit den im Jahr 2023 erfolgten Modernisierungs- und Instandsetzungsmaßnahmen	+ 10.000 €
Summe (netto)		100.000 €
Umsatzsteuer: 19 % von 100.000 € =		+ 19.000 €
Summe (brutto)		119.000 €

A hat die Aufwendungen i. H. von insgesamt 119.000 € brutto in seinen Einkommensteuererklärungen der Jahre 2021–2023 als Werbungskosten bei seinen Einkünften aus Vermietung und Verpachtung geltend gemacht:

2021:	Aufwendungen für die Erneuerung der Dacheindeckung (brutto):	35.700 €
2022:	Aufwendungen für die Erneuerung der Fußbodenbeläge und Fenster (brutto):	+ 33.320 €

2023:	Aufwendungen für die Instandsetzung oder Erneuerung der vorhandenen Sanitär-, Elektro- und Heizungsanlagen sowie Schönheitsreparaturen (brutto):	+ 49.980 €
Summe (brutto)		119.000 €

Bei der Veranlagung 2023 vertritt das Finanzamt die Auffassung, die 15 %-Grenze des § 6 Abs. 1 Nr. 1a Satz 1 EStG sei unter der Einbeziehung der Aufwendungen für die Schönheitsreparaturen überschritten. Es erkennt die geltend gemachten Werbungskosten i. H. von 119.000 € brutto nicht an und ändert die Veranlagungen 2021 und 2022 gem. § 175 Abs. 1 Satz 1 Nr. 2 AO, indem es die Aufwendungen nur im Wege der AfA zum Abzug zulässt.

AUFGABE

Handelt es sich bei den in den Jahren 2021–2023 als Werbungskosten geltend gemachten Aufwendungen um anschaffungsnahe Herstellungskosten, die nur im Wege der AfA berücksichtigt werden dürfen?

LÖSUNG

Zu den Herstellungskosten eines Gebäudes gehören gem. § 6 Abs. 1 Nr. 1a Satz 1 i.V. mit § 9 Abs. 5 Satz 2 EStG auch Aufwendungen für Instandsetzungs- und Modernisierungsmaßnahmen, die innerhalb von drei Jahren nach der Anschaffung des Gebäudes durchgeführt werden, wenn die Aufwendungen ohne die Umsatzsteuer 15 % der Anschaffungskosten des Gebäudes übersteigen (anschaffungsnahe Herstellungskosten). Diese Aufwendungen erhöhen die AfA-Bemessungsgrundlage (§ 9 Abs. 1 Satz 3 Nr. 7 EStG) und sind folglich nicht als Werbungskosten sofort abziehbar. Der Dreijahreszeitraum beginnt mit dem Erwerb des wirtschaftlichen Eigentums. Auf den Zeitpunkt des notariellen Kaufvertrags kommt es prinzipiell nicht an.

Zu den anschaffungsnahen Herstellungskosten gehören gem. § 6 Abs. 1 Nr. 1a Satz 2 EStG ausdrücklich nicht die Aufwendungen für Erweiterungen i. S. des § 255 Abs. 2 Satz 1 HGB sowie die Aufwendungen für Erhaltungsarbeiten, die üblicherweise jährlich anfallen. Zu den üblicherweise jährlich anfallenden Erhaltungsaufwendungen in diesem Sinne gehören insbesondere Aufwendungen für regelmäßige Wartungsarbeiten wie laufende Heizungs- oder Aufzugswartungen, Beseitigungen von Rohrverstopfungen und -verkalkungen oder Ablesekosten. Die Aufwendungen dafür sind abzugsfähig, auch wenn die übrigen Aufwendungen in dem betreffenden Jahr als anschaffungsnahe Aufwendungen zu qualifizieren sind.

Die 15 %-Grenze ist eine Freigrenze, so dass bereits ein geringfügiges Überschreiten zu Herstellungskosten für den gesamten Aufwand führt. Die in den Aufwendungen enthaltene Umsatzsteuer ist für die 15 %-Grenze nicht zu berücksichtigen, unabhängig davon, ob sie als Vorsteuer abzugsfähig ist oder nicht.

Strittig war, ob auch sog. „Schönheitsreparaturen" zu den anschaffungsnahen Herstellungskosten zählen, wenn sie innerhalb von drei Jahren nach der Anschaffung durchgeführt werden und die hierfür angefallenen Aufwendungen – ggf. zusammen mit weiteren Aufwendungen für bauliche Maßnahmen – ohne Umsatzsteuer 15 % der Anschaffungskosten übersteigen. Zu den Schönheitsreparaturen gehören das Tapezieren, Anstreichen oder Kalken der Wände und Decken, das Streichen der Fußböden, Heizkörper, der Innen- und Außentüren sowie der Fenster. In der Literatur wird die Einbeziehung von Schönheitsreparaturen in die 15 %-Grenze zum Teil verneint (Trossen, DStR 2012 S. 447 f.).

Der BFH hat in drei Grundsatzentscheidungen Klarheit geschaffen (BFH, Urteile v. 14.6.2016 - IX R 25/14, BStBl 2016 II S. 992, v. 14.6.2016 - IX R 15/15, BStBl 2016 II S. 996, und v. 14.6.2016 - IX R 22/15, BStBl 2016 II S. 999). Er weist zunächst darauf hin, dass der Begriff der „Instandsetzungs- und Modernisierungsmaßnahmen" i. S. des § 6 Abs. 1 Nr. 1a Satz 1 EStG gesetzlich nicht definiert ist und daher der Auslegung bedarf. Hierunter sind gem. der Meinung des BFH bauliche Maßnahmen zu verstehen, durch die Mängel oder Schäden an vorhandenen Einrichtungen eines bestehenden Gebäudes oder am Gebäude selbst beseitigt werden oder das Gebäude durch Erneuerung in einen zeitgemäßen Zustand versetzt wird. Hierzu gehören entgegen der im Schrifttum vertretenen Auffassung auch sog. „Schönheitsreparaturen", denn auch Schönheitsreparaturen in diesem Sinne sind bauliche Maßnahmen, durch die Mängel oder Schäden an vorhandenen Einrichtungen eines bestehenden Gebäudes beseitigt werden. Soweit der BFH früher noch einen engen räumlichen, zeitlichen und sachlichen Zusammenhang der Schönheitsreparaturen zu einer als einheitlich zu würdigenden Instandsetzung und Modernisierung des Gebäudes gefordert hat, hält er hieran nicht mehr fest.

Die Netto-Aufwendungen der Jahre 2021–2023 i. H. von 100.000 € übersteigen die 15 %-Grenze (15 % der Gebäude-Anschaffungskosten i. H. von 600.000 € = 90.000 €). Daher handelt es sich vorliegend um anschaffungsnahe Herstellungskosten gem. § 6 Abs. 1 Nr. 1a EStG. Die Brutto-Aufwendungen i. H. von 119.000 € sind nicht als Werbungskosten sofort abziehbar (§ 9 Abs. 1 Satz 1 EStG), sondern nur im Rahmen der AfA zu berücksichtigen (§ 9 Abs. 1 Satz 3 Nr. 7 i.V. mit § 7 EStG).

HINWEIS

Der BFH hat – wie erwähnt – entschieden, dass Aufwendungen für sog. „Schönheitsreparaturen" stets zu den anschaffungsnahen Herstellungskosten i. S. des § 6 Abs. 1 Nr. 1a EStG gehören, und zwar – insoweit entgegen der früheren Rechtsprechung (BFH, Urteil v. 25.8.2009 - IX R 20/08, BStBl 2010 II S. 125) – auch dann, wenn sie nicht in einem engen räumlichen, zeitlichen und sachlichen Zusammenhang mit Modernisierungs- und Instandsetzungsmaßnahmen angefallen sind. Darüber hinaus stellt der BFH in den genannten Entscheidungen klar, dass bei der Anwendung von § 6 Abs. 1 Nr. 1a EStG bei aus mehreren Einheiten bestehenden Gebäuden nicht auf das Gesamtgebäude abgestellt wird, sondern auf den jeweiligen selbständigen Gebäudeteil, wenn das Gesamtgebäude in unterschiedlicher Weise genutzt wird und die einzelnen Gebäudeteile ertragsteuerlich selbständige Wirtschaftsgüter sind. Die Finanzverwaltung wendet diese Rechtsprechung grds. in allen noch offenen Fällen an (BMF, Schreiben v. 20.10.2017, BStBl 2017 I S. 1447 mit Übergangsregelung).

FALL 157

AfA-Bemessungsgrundlage bei steuerbefreiter Überführung eines Betriebsgrundstücks in das Privatvermögen

Sachverhalt: Der 67-jährige A hat bis zum 31.12.2023 auf eigenem Grundstück eine Bäckerei betrieben. Ende 2023 gab er den Betrieb auf und gab dem Finanzamt eine Betriebsaufgabeerklärung ab. Das Inventar und die Maschinen wurden verkauft und das Betriebsgrundstück wurde in das Privatvermögen überführt. Das Finanzamt hat für das Jahr 2023 einen Aufgabegewinn i. H. von 45.000 € ermittelt (§ 16 Abs. 3 EStG):

	Grund und Boden	Gebäude	Inventar und Maschinen
Buchwert zum 31.12.2023	30.000 €	120.000 €	10.000 €
Gemeiner Wert zum 31.12.2023	35.000 €	160.000 €	–
Verkaufserlös	–	–	10.000 €
Stille Reserven = Aufgabegewinn	5.000 €	40.000 €	0 €

Der vom Finanzamt ermittelte Aufgabegewinn i. H. von 45.000 € wurde auf Antrag von A aufgrund des Freibetrags gem. § 16 Abs. 4 Satz 1 EStG i. H. von 45.000 € nicht zur Einkommensteuer herangezogen.

Ab Januar 2024 vermietet A das Gebäude an den Erwerber des Inventars und der Maschinen zum Betrieb einer Bäckerei.

AUFGABE

Wie hoch ist die AfA-Bemessungsgrundlage für das nach der Betriebsaufgabe ab Januar 2024 vermietete ehemalige Betriebsgebäude?

LÖSUNG

Gemäß § 16 Abs. 3 Satz 1 EStG gilt als Veräußerung auch die Aufgabe des Gewerbebetriebs. Die im Zuge einer Betriebsaufgabe oder einer Betriebsveräußerung in das Privatvermögen überführten Wirtschaftsgüter werden zur Ermittlung des Aufgabegewinns mit dem gemeinen Wert angesetzt (§ 16 Abs. 3 Satz 7 EStG). Aufgrund gesetzlicher Fiktion ist der Steuerpflichtige mithin so zu besteuern, als hätte er die in das Privatvermögen überführten Wirtschaftsgüter im Falle der Betriebsaufgabe zum gemeinen Wert (§ 16 Abs. 3 Satz 7 EStG) an sich selbst veräußert. Ohne ausdrückliche gesetzliche Regelung gilt dies auch, wenn der Steuerpflichtige bei einer Betriebsveräußerung einzelne Wirtschaftsgüter in das Privatvermögen überführt, sofern es sich dabei nicht um wesentliche Betriebsgrundlagen handelt.

Die Bewertungsvorschrift des § 16 Abs. 3 Satz 7 EStG, die zur Auflösung der stillen Reserven führt, ohne dass Einnahmen angefallen sind, bewirkt auf der anderen Seite, dass zusätzliches

AfA-Volumen ohne entsprechende Kosten entsteht. Dem Sinn und Zweck der Vorschrift über die AfA (§ 7 EStG) entspricht, die Bemessungsgrundlage für die weitere AfA eines vom Betriebsvermögen in das Privatvermögen überführten Wirtschaftsguts grds. mit dem Teilwert (§ 6 Abs. 1 Nr. 4 EStG) oder dem gemeinen Wert (§ 16 Abs. 3 Satz 7 EStG) zum Zeitpunkt der Überführung anzusetzen, mit dem das Gebäude bei der Überführung steuerlich erfasst wurde (BFH, Urteile v. 9.8.1983 - VIII R 177/80, BStBl 1983 II S. 759, v. 2.2.1990 - III R 173/86, BStBl 1990 II S. 497, und v. 29.4.1992 - XI R 5/90, BStBl 1992 II S. 969).

Von diesem Grundsatz hat die Rechtsprechung jedoch Ausnahmen gemacht. So sind bei der Überführung eines Betriebsgrundstücks in das Privatvermögen als künftige AfA-Bemessungsgrundlage weiterhin die ursprünglichen Anschaffungs- oder Herstellungskosten zugrunde zu legen, wenn die stillen Reserven nicht steuerlich erfasst worden sind, etwa wenn eine Betriebsaufgabe zunächst nicht als solche erkannt worden ist und die Veranlagung aus verfahrensrechtlichen Gründen nicht mehr geändert werden kann (BFH, Urteile v. 10.5.1995 - IX R 54/91, BFH/NV 1995 S. 1055, HAAAB-37338, und v. 10.5.1995 - IX R 68/93, BFH/NV 1995 S. 1056, CAAAB-37344) oder wenn für das Jahr der Betriebsaufgabe die Verjährung eingetreten ist (BFH, Urteile v. 15.12.1993 - X R 158/90, BFH/NV 1994 S. 476, JAAAB-34407, v. 3.5.1994 - IX R 153/88, BFH/NV 1995 S. 19, WAAAB-34874, und v. 27.6.1995 - IX R 11/93, BFH/NV 1996 S. 319, AAAAB-37323). In derartigen Fällen können anlässlich der Betriebsaufgabe die Vorschriften über die Auflösung der stillen Reserven (§ 16 Abs. 3 EStG) nicht (mehr) angewendet werden. Wenn aber die gesetzliche Fiktion eines Veräußerungsgeschäfts (§ 16 Abs. 3 Satz 1 EStG) im Einzelfall nicht tatsächlich umgesetzt werden kann, entfällt die Rechtfertigung für den Ansatz fiktiver Anschaffungskosten als künftige AfA-Bemessungsgrundlage.

Anders verhält es sich gem. der Rechtsprechung des BFH, wenn bei einer Betriebsaufgabe gem. § 16 Abs. 3 EStG unter der Auflösung der stillen Reserven ein Aufgabegewinn ermittelt wird, dieser aber aufgrund der Freibetragsregelung des § 16 Abs. 4 Satz 1 EStG im Ergebnis ganz oder teilweise steuerfrei bleibt (BFH, Urteile v. 14.12.1999 - IX R 62/96, BStBl 2000 II S. 656, und v. 10.5.2007 - IX R 6/06, HFR 2008 S. 225). In diesem Fall ist für ein ehemaliges Betriebsgebäude, das nunmehr vermietet wird, als AfA-Bemessungsgrundlage der gemeine Wert zum Zeitpunkt der Betriebsaufgabe anzusetzen. Mit diesem Wert ist das Gebäude bei der Betriebsaufgabe steuerlich erfasst, d. h. bei der Ermittlung des Aufgabegewinns gem. § 16 Abs. 3 EStG berücksichtigt worden. Dass im Ergebnis keine Steuer angefallen ist, soweit der (ggf. anteilige) Aufgabegewinn den Freibetrag gem. § 16 Abs. 4 Satz 1 EStG nicht überstiegen hat, steht dieser Beurteilung nicht entgegen. Entscheidend ist, dass die Vorschriften über die Betriebsaufgabe (§ 16 Abs. 3 EStG) im konkreten Fall angewandt und die stillen Reserven aufgelöst worden sind. Da die gesetzliche Veräußerungsfiktion des § 16 Abs. 3 Satz 1 EStG eingreift, sind im vorliegenden Fall fiktive Anschaffungskosten i. H. des gemeinen Werts anzusetzen. Die AfA-Bemessungsgrundlage für die Folge-AfA des ab dem Jahr 2024 vermieteten ehemaligen Betriebsgebäude beträgt daher 160.000 €, obwohl die für das Gebäude aufgedeckten stillen Reserven i. H. von 40.000 € aufgrund der Freibetragsregelung des § 16 Abs. 4 Satz 1 EStG nicht besteuert worden sind.

FALL 158

AfA bei mittelbarer Grundstücksschenkung

Sachverhalt: Die Tochter T hat im Jahr 2023 ein Vierfamilienhaus in Mainz erworben. Der Kaufpreis beträgt 600.000 €, davon entfallen 500.000 € auf das Gebäude und 100.000 € auf den Grund und Boden. V und M, die Eltern von T, schenkten ihrer Tochter vor dem Kauf der Immobilie Geldbeträge i. H. von je 300.000 €, insgesamt also 600.000 €, mit der Auflage, diese Geldbeträge ausschließlich zum Erwerb des Vierfamilienhauses zu verwenden.

T hat in ihrer Einkommensteuererklärung 2023 die AfA auf die von ihren Eltern getragenen Gebäude-Anschaffungskosten i. H. von 500.000 € vorgenommen. Das Finanzamt will die Gebäude-AfA bei T nicht als Werbungskosten anerkennen. Es vertritt die Auffassung, § 11d Abs. 1 EStDV sei in dem hier vorliegenden Fall einer mittelbaren Grundstücksschenkung nicht anwendbar, da V und M als Schenker zu keiner Zeit über das Grundstück hätten verfügen können. Auch wenn sie im Ergebnis die Anschaffungskosten des Gebäudes getragen hätten, habe ihnen die für einen „Rechtsvorgänger" notwendige Verfügungsgewalt über das Grundstück nie zugestanden. T habe daher keine AfA-Berechtigung.

AUFGABE

Ist T zur Vornahme der Gebäude-AfA berechtigt?

LÖSUNG

In der Praxis kommt es oft vor, dass ein Sohn oder eine Tochter ein zur Vermietung bestimmtes Gebäude bauen oder kaufen wollen. Die Eltern beteiligen sich mit einer Geldschenkung an der Finanzierung. Für das Finanzamt sollten die Eltern genau festlegen, wofür das Geld verwendet wird:

- Erhält das Kind das Geld zur freien Verfügung, ist der Geldbetrag geschenkt und wird zur Schenkungsteuer herangezogen.
- Soll das Geld nach dem ausdrücklichen Willen der Eltern zum Bau oder zum Kauf einer bestimmten Immobilie verwendet werden, gilt die Immobilie als ganz oder teilweise geschenkt. Statt des Geldbetrags wird dann der sog. „Steuerwert" der Immobilie zur Schenkungsteuer herangezogen. Man spricht von einer mittelbaren Grundstücksschenkung.

Eine mittelbare Grundstücksschenkung liegt also vor, wenn der Schenker dem Bedachten den zum Erwerb eines bestimmten Grundstücks vorgesehenen Geldbetrag zur Verfügung stellt. In diesem Fall stellt sich aus ertragsteuerlicher Sicht die Frage, ob der Beschenkte die AfA auf die vom Schenker getragenen Gebäude-Anschaffungskosten vornehmen kann, obwohl er (der Beschenkte) sie wirtschaftlich nicht getragen hat.

Der BFH kommt zu dem Ergebnis, dass die Regelung des § 11d Abs. 1 Satz 1 EStDV auch im Falle einer mittelbaren Grundstücksschenkung anzuwenden ist (BFH, Urteil v. 4.10.2016 - IX R 26/15, BStBl 2017 II S. 343; BFH, Beschluss v. 19.2.2021 - IX B 34/20, BFH/NV 2021 S. 632, Rz. 6, IAAAH-

75187). Wird dem Steuerpflichtigen eine der Erzielung von Einnahmen aus Vermietung und Verpachtung dienende Immobilie im Wege der mittelbaren Grundstücksschenkung zugewendet, kann er gem. § 11d Abs. 1 Satz 1 EStDV i.V. mit § 7 Abs. 4 EStG die AfA auf die vom Schenker getragenen Anschaffungskosten vornehmen. Nicht nur bei der unmittelbaren, sondern auch bei der mittelbaren Grundstücksschenkung trägt der Schenker die Anschaffungs- oder Herstellungskosten des Grundstücks als derjenige, für dessen Rechnung das Grundstück auf den Beschenkten übertragen wird. § 11d EStDV stellt eine Ausnahme vom Grundsatz der Nichtabziehbarkeit von Drittaufwand dar; nach dieser Vorschrift kann der Steuerpflichtige für Wirtschaftsgüter des Privatvermögens, die er unentgeltlich erworben hat, die AfA nach den Anschaffungskosten des Rechtsvorgängers bemessen. T kann also die AfA auf die vom Schenker getragenen Gebäude-Anschaffungskosten vornehmen.

HINWEIS

Der BFH hat damit die Frage der AfA-Berechtigung bei mittelbarer Schenkung einer Immobilie i. S. der herrschenden Meinung endgültig geklärt. Das Ergebnis ist sachgerecht, weil auch bei unmittelbarer Schenkung einer Immobilie die AfA-Berechtigung gem. § 11d Abs. 1 EStDV auf den Beschenkten übergeht und die mittelbare Grundstücksschenkung bei wirtschaftlicher Betrachtung mit der unmittelbaren Grundstücksschenkung vergleichbar ist. Die Entscheidung des BFH ist zu begrüßen, da sie Rechtssicherheit für die Praxis vermittelt. Mittelbare Grundstücksschenkungen können auch nach geltendem Erbschaftsteuerrecht attraktiver sein als die Schenkung entsprechender Barmittel (so kk, KÖSDI 2017 S. 20201, Rz. 148).

FALL 159

AfA für ein im Preisausschreiben gewonnenes Fertighaus

Sachverhalt: Im Jahr 2023 führten die Firmen D und P eine gemeinsame Werbeaktion durch, in deren Rahmen sie den Teilnehmern versprachen, unter ihnen Gewinne zu verlosen. A sandte eine Postkarte mit den erforderlichen persönlichen Daten (Name, Adresse, Geburtsdatum, Telefonnummer) innerhalb der gesetzten Frist ein; an weitere Bedingungen war die Teilnahme an dem „Gewinnspiel" nicht geknüpft. A gewann den Hauptpreis, ein Fertighaus im Wert von 200.000 €. Er konnte keinen Geldbetrag anstelle des Fertighauses verlangen. Noch im Jahr 2023 ließ A auf eigenem Grundstück das Fertighaus errichten. Nach Fertigstellung im Jahr 2024 vermietete er das Objekt ab dem 1.3.2024. Bei den Einkünften aus Vermietung und Verpachtung errechnet er die AfA aus dem Wert des Fertighauses i. H. von 200.000 €.

AUFGABEN

1. Kann A bei den Einkünften aus Vermietung und Verpachtung die AfA aus dem Betrag i. H. von 200.000 € geltend machen?
2. Steht A die AfA zu, wenn er das Gebäude in das Betriebsvermögen eines einzelkaufmännischen Unternehmens einlegt und aus dem Betriebsvermögen heraus vermietet?

LÖSUNG

Zu 1

Die Inanspruchnahme von AfA setzt u. a. voraus, dass der Steuerpflichtige – bei unentgeltlichem Erwerb sein Rechtsvorgänger (§ 11d Abs. 1 Satz 1 EStDV) – die Anschaffungs- oder Herstellungskosten für das Gebäude selbst aufgewendet hat. § 7 EStG dient nicht dem Ausgleich eines eingetretenen Werteverzehrs ohne Aufwand, sondern ist nach seinem Wortlaut und Zweck dazu bestimmt, die Aufwendungen des Steuerpflichtigen in Gestalt von Anschaffungs- oder Herstellungskosten für das jeweilige Wirtschaftsgut typisierend periodengerecht zu verteilen. Hier hat A für das gewonnene Fertighaus (Zeitwert 200.000 €) keine eigenen derartigen Aufwendungen getragen.

Gemäß der Auffassung des BFH kann der Wert des Fertighauses dem A nicht als eigener absetzungsfähiger (Dritt-)Aufwand zugerechnet werden (BFH, Urteil v. 26.4.2006 - IX R 24/04, BStBl 2006 II S. 754). Dass ein Dritter – wie hier die Firmen D und P – die Kosten des Fertighauses getragen hat, hindert – mangels Bedeutsamkeit der Mittelherkunft für den Ausgabenabzug – grds. zwar die Abziehbarkeit dieser Aufwendungen als Werbungskosten in der Person von A nicht, jedoch sind die Voraussetzungen für die Berücksichtigung von Aufwendungen im Wege eines abgekürzten Zahlungs- oder Vertragswegs nicht gegeben.

Zum einen haben nämlich die Firmen D und P im eigenen betrieblichen (Werbe-)Interesse und nicht gerade im Interesse von A gehandelt. Zum anderen haben die Firmen über die Fertighausfirma keine Zuwendung an A erbracht, sondern durch diese als Dritten (§ 267 Abs. 1 BGB) auf eine aus der Durchführung des Gewinnspiels resultierende eigene (wenn auch unvollkommene) Verbindlichkeit geleistet. Diese kann zwar nicht eingeklagt, aber – wie auch hier geschehen – erfüllt werden, ohne dass das Geleistete zurückgefordert werden kann (§ 762 Abs. 1 BGB). Außerdem wurde ausweislich der Teilnahmebedingungen des Gewinnspiels an A kein Geldbetrag, sondern das Fertighaus übertragen. A kann nach allem keine AfA aus dem Betrag i. H. von 200.000 € geltend machen.

HINWEIS

Die Beurteilung wäre wohl anders, wenn A als Gewinner alternativ einen Geldbetrag hätte fordern können und diesen zum Erwerb eines Fertighauses genutzt hätte (kk, KÖSDI 2006 S. 15226, Rz. 528).

Zu 2

Überführt ein Steuerpflichtiger ein Wirtschaftsgut aus dem Privatvermögen z. B. in das Betriebsvermögen seines einzelkaufmännischen Unternehmens oder in sein Sonderbetriebsvermögen bei einer Personengesellschaft, ist das eingelegte Wirtschaftsgut grds. mit dem Teilwert zu bewerten, unabhängig davon, ob der Teilwert höher oder niedriger ist als die Anschaffungs- oder Herstellungskosten (§ 6 Abs. 1 Nr. 5 Satz 1 Halbsatz 1 EStG). Der Teilwert ist der Betrag, den ein Erwerber des ganzen Betriebs im Rahmen des Gesamtkaufpreises für das einzelne Wirtschaftsgut ansetzen würde (§ 6 Abs. 1 Nr. 1 Satz 3 EStG).

Wirtschaftsgüter – mit Ausnahme von Anteilen an Kapitalgesellschaften i. S. des § 17 Abs. 1 EStG – sind höchstens mit den Anschaffungs- oder Herstellungskosten anzusetzen, wenn das zugeführte Wirtschaftsgut innerhalb der letzten drei Jahre vor dem Zeitpunkt der Einlage angeschafft oder hergestellt worden ist (§ 6 Abs. 1 Nr. 5 Satz 1 Buchst. a EStG). Maßgebend ist in diesen Fällen also stets der niedrigere der beiden Werte.

Wird ein unentgeltlich erworbenes Wirtschaftsgut eingelegt, ist zu differenzieren. Ist es im Wege der Gesamtrechtsnachfolge, d. h. durch Erbfolge gem. § 1922 BGB übergegangen, ist zur Ermittlung des Fristbeginns auf die Anschaffung oder Herstellung des Erblassers abzustellen. Nur wenn die Dreijahresfrist seit der Anschaffung durch den Erblasser abgelaufen ist, kommt eine Einlage mit dem Teilwert in Betracht. Ist das eingelegte Wirtschaftsgut dagegen durch unentgeltliche Einzelrechtsnachfolge übergegangen, ist es also dem Steuerpflichtigen geschenkt worden, ist stets der Teilwert anzusetzen, also auch, wenn der Schenkende dieses Wirtschaftsgut innerhalb der letzten drei Jahre vor dem Zeitpunkt der Einlage angeschafft, hergestellt oder aus seinem Betrieb entnommen hat (BFH, Urteile v. 14.7.1993 - X R 74-75/90, BStBl 1994 II S. 15, und v. 5.12.1996 - IV R 83/95, BStBl 1997 II S. 287).

Die Dreijahresfrist kommt hier also nicht zur Anwendung, da die unentgeltliche Einzelrechtsnachfolge kein Anschaffungsvorgang ist und die Anschaffung des Schenkenden dem Beschenkten nicht zugerechnet werden kann. Die Annahme, der unentgeltliche Erwerb durch Einzelrechtsnachfolge sei als Anschaffung i. S. des § 6 Abs. 1 Nr. 5 EStG zu verstehen, widerspricht dem Gesetzeszweck. Eine solche Auslegung hätte zur Folge, dass Anschaffungskosten i. H. von 0 € anzusetzen wären, weil der Einzelrechtsnachfolger nichts aufgewendet hat. A kann m. E. durch die Einlage des Gebäudes mit seinem Teilwert i. H. von 200.000 € in sein gewillkürtes Betriebsvermögen die AfA generieren, also von diesem Betrag die Gebäude-AfA vornehmen.

FALL 160

AfA für den schon fertig gestellten Gebäudeteil bei abschnittsweiser Fertigstellung eines gemischt genutzten Gebäudes

Sachverhalt: A ist Gewerbetreibender. Zu seinem Betriebsvermögen gehört ein unbebautes Grundstück. Hierauf errichtet A in den Jahren 2023 und 2024 ein Wohn- und Geschäftshaus. Nach der Bauplanung soll im Erdgeschoss ein Ladengeschäft für eigene betriebliche Zwecke und im Obergeschoss eine Wohnung für fremde Wohnzwecke entstehen. Bis Januar 2024 stellt A außer dem Rohbau nur den Laden fertig. Die bis Januar 2024 angefallenen Herstellungskosten für das gesamte Gebäude belaufen sich auf 400.000 €, davon entfallen auf den bereits fertig gestellten Laden 250.000 €. Bis zur Fertigstellung der Wohnung im Obergeschoss im Januar 2025 fallen weitere Herstellungskosten i. H. von 150.000 € an, so dass die gesamten Herstellungskosten 550.000 € (= Laden 250.000 € + Wohnung 300.000 €) betragen.

AUFGABE

Kann A bereits für das Jahr 2024 die AfA für den bereits fertig gestellten Laden in Anspruch nehmen?

LÖSUNG

Die AfA für Gebäude können erst nach der Fertigstellung des Gebäudes in Anspruch genommen werden. Ein betrieblich genutztes Gebäude ist fertig gestellt, wenn die wesentlichen Bauarbeiten soweit abgeschlossen sind, dass das Gebäude für den Betrieb nutzbar ist. Für Wohngebäude wird gefordert, dass das Gebäude nach Abschluss der Bauarbeiten bewohnbar ist. Problematisch ist der AfA-Beginn, wenn das geplante Gebäude aufgrund der unterschiedlichen Nutzung aus mehreren Wirtschaftsgütern besteht und nur ein Teil des Gebäudes, der einem eigenständigen Nutzungs- und Funktionszusammenhang dienen soll, abgeschlossen erstellt ist.

Nach der im Schrifttum zum Teil kritisierten Rechtsprechung des BFH setzt der Beginn der AfA bei einem gemischt genutzten Gebäude nicht voraus, das das einheitlich geplante Gebäude insgesamt fertig gestellt ist (BFH, Urteil v. 9.8.1989 - X R 77/87, BStBl 1991 II S. 132 – in diesem Urteilsfall wurden sämtliche Teile des Gebäudes nach der Fertigstellung zur Einkunftserzielung im Rahmen der gewerblichen Einkünfte und der Einkünfte aus Vermietung und Verpachtung genutzt; H 7.3 Fertigstellung von Teilen eines Gebäudes zu verschiedenen Zeitpunkten EStH 2023). Es genügt, dass ein Teil des Gebäudes, der einem eigenständigen Nutzungs- und Funktionszusammenhang dient (hier das Ladengeschäft), abgeschlossen erstellt ist. Das bedeutet, dass der AfA-Beginn das Jahr 2024 ist.

Wird ein Gebäude teils eigenbetrieblich und teils zu fremden Wohnzwecken genutzt, sind zwei Wirtschaftsgüter gegeben, gem. dem genannten BFH-Urteil aber erst ab dem Zeitpunkt, zu dem die beiden unterschiedlich genutzten Gebäudeteile insgesamt fertig gestellt sind. Ist ein derart genutztes Gebäude – wie hier – nur teilweise fertig gestellt, soll zunächst ein einheitliches Wirtschaftsgut vorliegen. Die Abschreibungsgrundlage für den bereits fertig gestellten Gebäudeteil (hier das Ladengeschäft) sollen die gesamten bis Januar 2024 bisher angefallenen Herstellungskosten des Gebäudes i. H. von 400.000 € sein. Diese Beurteilung hat ihre Tücken: Wenn das erst teilweise fertig gestellte und genutzte Gebäude als ein einheitliches Wirtschaftsgut zu beurteilen ist, so muss das Gebäude einschließlich des Grund und Bodens im Hinblick auf die eigenbetriebliche Nutzung des fertig gestellten Erdgeschosses notwendigerweise dem Betriebsvermögen zugerechnet werden (L. Schmidt, FR 1989 S. 684 in einer Urteilsanmerkung). Durch diese Rechtsauffassung würde dem Steuerpflichtigen in Bezug auf die fremd vermietete Wohnung einschließlich des dazugehörigen Grund und Bodens Betriebsvermögen aufgezwungen, was möglicherweise überhaupt nicht seinem Willen entspricht.

Die Finanzverwaltung hat die weit reichende Bedeutung, die dem Urteil zuzumessen ist, entschärft. Wird bei der Errichtung eines zur unterschiedlichen Nutzung bestimmten Gebäudes zunächst ein zum Betriebsvermögen gehörender Gebäudeteil und danach ein zum Privatvermögen gehörender Gebäudeteil fertig gestellt, hat der Steuerpflichtige ein Wahlrecht, ob er die Herstellungskosten des noch nicht fertig gestellten Gebäudeteils vorerst in die AfA-Bemessungsgrundlage des fertig gestellten Gebäudeteils einbezieht oder ob er hierauf verzichtet (R 7.3 Abs. 2 EStR).

Wenn A also nicht möchte, dass die im Jahr 2025 fertig gestellte Wohnung als (gewillkürtes) Betriebsvermögen behandelt werden soll, ist ihm zu empfehlen, nur die bis Januar 2024 angefallenen Herstellungskosten für den Laden i. H. von 250.000 € in die AfA-Bemessungsgrundlage einzubeziehen. Für die Herstellungskosten, die auf die im Januar 2025 fertig gestellte Wohnung im Obergeschoss entfallen (300.000 €), kann A dann ab dem Jahr 2025 im Rahmen seiner Einkünfte aus Vermietung und Verpachtung die AfA geltend machen. Die Obergeschosswohnung gehört dann einschließlich des zugehörigen Grund und Bodens zum Privatvermögen von A und ist nicht als Betriebsvermögen steuerverstrickt.

Anmerkung: Das Hessische FG vertritt die Auffassung, dass eine Aufteilung der Herstellungskosten auf die verschiedenen Gebäudeteile auch bereits dann und in den Zeiträumen erfolgen kann, in denen nur ein Gebäudeteil, nicht aber der andere Gebäudeteil fertig gestellt ist (Urteil v. 13.8.2021 - 8 K 343/20, DStRE 2022 S. 1223, Rz. 38; die dagegen eingelegte Nichtzulassungsbeschwerde wurde als unzulässig verworfen (BFH, Beschluss v. 15.9.2022 - IX B 69/21, BFH/NV 2022 S. 1292, EAAAJ-24478)).

Kapitel 10: Die Einkunftsarten

10.1 Einkünfte aus Land- und Forstwirtschaft (§§ 13 ff. EStG)

Vorbemerkungen

Bei den Einkünften aus Land- und Forstwirtschaft handelt es sich um eine Gewinneinkunftsart i. S. des § 2 Abs. 1 Satz 1 Nr. 1 und § 13 Abs. 1 EStG. Unter „Landwirtschaft" versteht man die planmäßige Nutzung der natürlichen Kräfte des Grund und Bodens und die Verwertung der dadurch gewonnenen Erzeugnisse einschließlich der Tierzucht und der Tierhaltung. Einzelne Betriebsarten sind in § 13 Abs. 1 EStG aufgeführt. Bedeutung hat vor allem die Abgrenzung zur steuerlich nicht relevanten Liebhaberei und zum Gewerbebetrieb. Zu den Einkünften aus Land- und Forstwirtschaft gehört der Nutzungswert der Wohnung des Land- und Forstwirtes gem. § 13 Abs. 2 Nr. 2 EStG, wenn die Wohnung die bei Betrieben gleicher Art übliche Größe nicht überschreitet und das Gebäude nach den jeweiligen landesrechtlichen Vorschriften ein Baudenkmal ist.

Bei der Gewinnermittlung für Land- und Forstwirte sind drei verschiedene Gewinnermittlungsarten denkbar:

- Gemäß § 4 Abs. 1 EStG,
- gem. § 4 Abs. 3 EStG und
- gem. § 13a Abs. 3–7 EStG (Neufassung für Wirtschaftsjahre, die nach dem 31.12.2015 enden).

Siehe hierzu die Übersicht auf der nachfolgenden Seite.

Land- und Forstwirte können von der Summe der Einkünfte (bei der Ermittlung des Gesamtbetrags der Einkünfte) einen Freibetrag gem. § 13 Abs. 3 EStG abziehen. Er beträgt 900 € und bei Ehegatten, die i. S. der §§ 26 und 26b EStG zusammenveranlagt werden, 1.800 €, maximal bis zur Höhe der positiven Einkünfte aus Land- und Forstwirtschaft. Der Freibetrag wird aber nur gewährt, wenn die Summe der Einkünfte 30.700 € und bei Zusammenveranlagung 61.400 € nicht übersteigt.

Mit dem Gesetz zur weiteren steuerlichen Förderung der Elektromobilität und zur Änderung weiterer steuerlicher Vorschriften v. 12.12.2019 (BGBl 2019 I S. 2451) wurde eine Tarifermäßigung gem. § 32c EStG auf Antrag eingeführt. Die Regelung soll eine durchschnittliche Besteuerung von Einkünften aus Land- und Forstwirtschaft für einen Zeitraum i. H. von drei Jahren ermöglichen. Die Betrachtungszeiträume umfassen die Veranlagungszeiträume 2014–2016, 2017–2019 und 2020–2022. Die Tarifermäßigung erfolgt jeweils für den letzten Veranlagungszeitraum, also im Jahr 2022 für die Jahre 2020–2022.

Die Gewinnermittlung bei Land- und Forstwirten

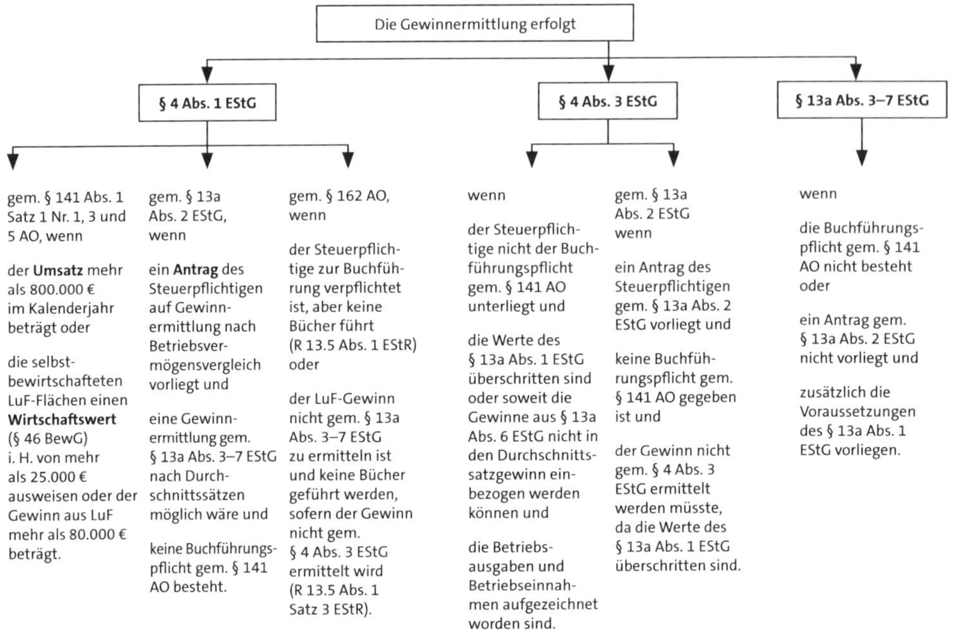

FALL 161

Abgrenzung zum Gewerbebetrieb

Sachverhalt: Der Steuerpflichtige besitzt folgende Flächen:

► Landwirtschaftliche Flächen	10,0 ha
► Weinbaufläche	0,5 ha
► Sonderkultur Hopfen	1,0 ha
► Forstwirtschaftliche Flächen	10,0 ha

Er hat 4 ha Ackerland verpachtet.

Der durchschnittliche Viehbestand beträgt seit Jahren:

- 3 Milchkühe,
- 50 Zuchtschweine,
- 100 Zuchtputen und
- 3.000 Legehennen.

AUFGABE

In welchem Umfang gehört der Viehbestand noch zur landwirtschaftlichen Tierhaltung?

LÖSUNG

Der Steuerpflichtige erzielt Einkünfte i. S. des § 2 Abs. 1 Satz 1 Nr. 1 i.V. mit § 13 Abs. 1 Nr. 1 EStG. Dazu gehören auch seine Einkünfte aus der Tierzucht, wenn die Grenzen des § 13 Abs. 1 Nr. 1 Satz 2 EStG nicht überschritten sind.

Berechnung der landwirtschaftlich genutzten Fläche (R 13.2 Abs. 3 EStR):

Eigenland	11 ha
abzgl. Verpachtung	-4 ha
	7 ha

Die landwirtschaftlichen Sonderkulturen i. S. des § 52 BewG sind einzubeziehen; dies ergibt sich aus R 13.2 Abs. 3 EStR, die eine Ausklammerung derselben nicht vorsieht. Die Weinbaufläche und die forstwirtschaftlichen Flächen sind hingegen ausdrücklich ausgeschlossen. R 13.2 Abs. 3 EStR sieht zudem nur die Berücksichtigung der selbstbewirtschafteten eigenen Flächen vor; somit sind die verpachteten Flächen vom berücksichtigten Eigenbesitz abzuziehen.

Höchstbestand an Vieheinheiten (VE) für die ersten 20 ha (§ 13 Abs. 1 Nr. 1 Satz 2 EStG):

7 ha x 10 VE = 70 VE

Tatsächlicher Viehbestand (§ 13 Abs. 1 Nr. 1 Satz 3 und 4 EStG und R 13.2 Abs. 1 und 2 EStR):

3 Milchkühe x 1,00 VE =	3,0 VE
50 Zuchtschweine x 0,33 VE =	+ 16,5 VE
100 Zuchtputen x 0,04 VE =	+ 4,0 VE
3.000 Legehennen x 0,02 VE =	+ 60,0 VE
Summe	**83,5 VE**

Da der Höchstbestand i. H. von 70 VE überschritten wird, sind die weniger flächenabhängigen Zweige eines Tierbestands der gewerblichen Tierzucht zuzurechnen. Weniger flächenabhängig ist die Haltung von Schweinen und Geflügel. Innerhalb dieser Gruppe ist zuerst der Zweig der gewerblichen Tierhaltung zuzuordnen, der die größere Zahl von VE hat; diese Zuordnung erfolgt mit dem gesamten Bestand. Im vorliegenden Fall sind demnach alle Legehennen der gewerblichen Tierhaltung zuzurechnen und daraus die Einkünfte aus Gewerbebetrieb zu ermitteln. Der restliche Tierbestand gehört zur Landwirtschaft.

FALL 162

Gewinnermittlung gem. § 13a EStG/Abgrenzung zum Gewerbebetrieb

Sachverhalt: Die Eheleute Xaver und Herta Gerstenkorn unterhalten einen land- und forstwirtschaftlichen Betrieb, für den sie zu Recht die Gewinnermittlung gem. § 13a EStG vornehmen. Sie führen keine Bücher und wurden vom Finanzamt auch nicht zur Buchführung aufgefordert. Der Einheitswert setzt sich wie folgt zusammen (die Einheitswerte werden in DM ermittelt und nach der Abrundung gem. § 30 Satz 2 BewG in € umgerechnet):

Vergleichswert landwirtschaftliche Nutzung:

► Landwirtschaft Hektarwert = 1.948 DM	6,47 ha =	12.600 DM
► Vergleichswert Weinbau	0,79 ha =	+ 4.087 DM
► Geringstland	2,00 ha =	+ 100 DM
► Wirtschaftswert		16.787 DM
► Wohnungswert		20.134 DM

Die o. g. Flächen gehören den Eheleuten Gerstenkorn gemeinsam. Der sich daraus ergebende Einheitswert wird gem. § 30 Satz 2 BewG abgerundet und in € umgerechnet.

Zugepachtete Flächen: 0,8 ha landwirtschaftliche Nutzung, Pachtzinsen = 150 €.

Verpachtete Flächen: 0,5 ha Weinbau, Pachtzinsen = 500 €.

Am 3.10.03 wurde ein Acker von 0,8 ha für 8.400 € veräußert, die Anschaffungskosten betrugen umgerechnet 1.268 €.

Der Gewinn des Wirtschaftsjahres 02/03 betrug 9.400 €.

Zum Betrieb gehörender Viehbestand:

- 15 Rindviecher unter einem Jahr,
- 20 Kühe,
- 200 Legehennen aus zugekauften Junghennen,
- 20 Mastschweine.

Die Ernte aus dem Weinbaubetrieb wird voll an die Winzergenossenschaft abgeliefert.

Die Einnahmen betragen für die

► Zeit vom 1.7.03 bis zum 31.12.03 =	4.100 €
► Zeit vom 1.1.04 bis zum 30.6.04 =	2.150 €

An Aushilfslöhnen im Weinbaubetrieb wurden 460 € gezahlt.

Das von den übrigen Gebäuden getrennt stehende Wohnhaus (Baujahr 1986, Herstellungskosten i. H. von insgesamt umgerechnet 177.000 €) enthält eine Wohnung mit 180 qm Wohn- und Nutzfläche, die von den Eheleuten und den Kindern gemeinsam bewohnt wird. Die Kinder haben keinen eigenen Hausstand.

Die Schuldzinsen belaufen sich auf 160 € monatlich.

AUFGABE

Ermitteln Sie die sich aus dem Sachverhalt ergebenden Einkünfte der Eheleute Gerstenkorn für den Veranlagungszeitraum 03 (es handelt sich um neutralisierte Jahreszahlen, anzuwenden ist die aktuelle Rechtslage).

LÖSUNG

Die Eheleute Gerstenkorn betreiben gemeinsam einen land- und forstwirtschaftlichen Betrieb und erzielen damit Einkünfte gem. § 2 Abs. 1 Satz 1 Nr. 1 i.V. mit § 13 Abs. 1 Nr. 1 EStG (H 13.4 Mitunternehmerschaft zwischen Ehegatten EStH 2023). Hierbei handelt es sich um Gewinneinkünfte i. S. des § 2 Abs. 2 Satz 1 Nr. 1 EStG. Eine einheitliche und gesonderte Feststellung der Einkünfte gem. § 179 Abs. 2 und § 180 Abs. 1 Satz 1 Nr. 2 Buchst. a AO kann unterbleiben, da nur zusammen zu veranlagende Ehegatten beteiligt sind (§ 180 Abs. 3 Satz 1 Nr. 2 AO). Das Wirtschaftsjahr erstreckt sich gem. § 4a Abs. 1 Satz 2 Nr. 1 EStG auf die Zeit vom 1.7. bis zum 30.6.

Da die zulässige Höchstgrenze i. H. von 7,27 ha (= 6,47 ha landwirtschaftliche Fläche + 0,8 ha Zupacht) x 10 VE = 72,7 VE durch den tatsächlichen Viehbestand i. H. von:

15 x 0,3 VE =	4,50 VE
20 x 1,0 VE =	+ 20,00 VE
200 x 0,0183 VE =	+ 3,66 VE
20 x 0,16 VE =	+ 3,20 VE
Summe	**31,36 VE**

nicht überschritten wird, gehört die Viehhaltung zum land- und forstwirtschaftlichen Betrieb (§ 13 Abs. 1 Nr. 1 Satz 2 EStG und R 13.2 Abs. 1 und 2 EStR).

Gewinnermittlung gem. § 13a EStG

Die Gewinnermittlung gem. § 13a Abs. 1 EStG ist zulässig, da

- keine Bücher geführt werden (§ 13a Abs. 1 Satz 1 Nr. 1 EStG),
- die am 15.5. selbst bewirtschaftete landwirtschaftliche Fläche unter 20 ha beträgt (§ 13a Abs. 1 Satz 1 Nr. 2 EStG),
- die VE unter 50 liegen (§ 13a Abs. 1 Satz 1 Nr. 3 EStG) und
- die selbst bewirtschaftete Fläche der weinbaulichen Sondernutzung 0,66 ha nicht übersteigt (§ 13a Abs. 1 Satz 1 Nr. 5 i.V. mit Anlage 1a zu § 13a EStG). Die Voraussetzungen liegen hier vor, da die selbst bewirtschaftete Fläche von 0,79 ha abzgl. der Verpachtung i. H. von 0,5 ha = 0,29 ha beträgt.

Grundbetrag landwirtschaftliche Nutzung (§ 13a Abs. 4 i.V. mit Anlage 1a zu § 13a EStG):

Fläche 6,47 ha + zugepachtete Fläche 0,8 ha = 7,27 ha (selbst bewirtschaftete Fläche am 15.5.) x 350 € =	2.544 €
zzgl. Zuschlag für Tierzucht und Tierhaltung (31,36 VE)	
abzgl. mit dem Ansatz des Grundbetrags abgegoltene 25 VE	

= maßgebender Tierbestand 6,36 VE x 300 € =	+ 1.908 €
Gewinn der landwirtschaftlichen Nutzung somit	4.452 €

Die Schuldzinsen das Wohnhaus betreffend sind mangels Einnahmen nicht abzugsfähig.

Sondernutzungen – Zuschlag zum Grundbetrag für Weinbau (§ 13a Abs. 6 i.V. mit Anlage 1a zu § 13a EStG)

Da der Grundbetrag nur die eigentliche landwirtschaftliche Nutzung erfasst, werden alle übrigen Nutzungen durch Zuschläge erfasst.

Sondernutzung Weinbau (Grenze 0,16 ha überschritten)	+ 1.000 €

Einbeziehung von Sondergewinnen (§ 13a Abs. 7 Satz 1 Nr. 1 Buchst. a EStG):

Verkauf des Ackers	8.400 €	
abzgl. Anschaffungskosten	- 1.268 €	
Überschuss	7.132 €	+ 7.132 €
Einnahmen aus der Verpachtung von unbebauten Grundstücken – Pacht des Weinbaus (§ 13a Abs. 3 Satz 1 Nr. 5 EStG)		+ 500 €
Summe (§ 13a Abs. 3–7 EStG)		**13.084 €**

Einkünfte aus Land- und Forstwirtschaft

Zeitanteilig gem. § 4a Abs. 2 Nr. 1 EStG:

Wirtschaftsjahr 02/03 = 9.400 €, davon $^1/_2$ =	4.700 €
Wirtschaftsjahr 03/04 = 13.084 €, davon $^1/_2$ =	+ 6.542 €
Einkünfte des Jahres 03 =	11.242 €

Bei der Veranlagung ist der Freibetrag gem. § 13 Abs. 3 EStG mit 1.800 € zu berücksichtigen.

FALL 163

Gewinnermittlung gem. § 4 Abs. 3 EStG/Abgrenzung

Sachverhalt: Die Eheleute Wutz betreiben gemeinsam einen Weinbaubetrieb in Neustadt-Diedesfeld. Außerdem werden zeitweise noch drei Doppelzimmer an Feriengäste vermietet. Die Eheleute Wutz führen keine Bücher für ihren Betrieb und wurden vom Finanzamt auch nicht dazu aufgefordert. Die Belege über Betriebseinnahmen und Betriebsausgaben liegen aber vor.

Der zuletzt festgestellte Einheitswert setzt sich wie folgt zusammen:

► Vergleichswert Weinbau 6,4 ha	35.596 DM
► Wirtschaftswert	35.596 DM
► Wohnungswert	+ 21.936 DM
Summe Einheitswert abgerundet	57.500 DM
umgerechnet gem. § 30 Satz 2 BewG (/ 1,95583)	29.399 €

An Weinbauflächen haben die Eheleute Wutz 1,2 ha für 750 € jährlich hinzugepachtet und 0,5 ha wurden für 300 € verpachtet. Im Weinbaubetrieb sind beide Eheleute tätig, wobei die Ehefrau den Haushalt führt. Der 20-jährige Sohn Kurt hilft unentgeltlich in den Semesterferien mit. Die Ernteerträge werden an die Winzergenossenschaft zur Weiterverarbeitung veräußert. Die dabei erzielten Einnahmen belaufen sich in der Zeit

- vom 1.7.03 bis zum 31.12.03 auf 22.300 € und
- vom 1.1.04 bis zum 30.6.04 auf 12.900 €.

Die Löhne für die Erntehelfer betragen 1.560 €.

Der Gewinn des Wirtschaftsjahres 02/03 betrug 10.900 €.

Außerdem erklären die Eheleute Wutz noch folgende Beträge:

- Vermietung des Fremdenzimmers im Wirtschaftsjahr 03/04:

Mieteinnahmen	4.100 €

- Ausgaben:

Kauf von Lebensmitteln für die Feriengäste im Wirtschaftsjahr	270 €
Kauf neuer Bettwäsche und Handtücher im Januar 04	140 €
Einrichtung des Fremdenzimmers (Anschaffung im September 01, zehn Jahre Nutzungsdauer) für umgerechnet	6.000 €

Das Wohnhaus enthält eine Wohnung und steht von den übrigen Wirtschaftsgebäuden getrennt. Die Wohnung hat eine Fläche von 130 qm und wird von der Familie Wutz genutzt (Mietwert monatlich 350 €).

Zusätzliche 70 qm betreffen die drei Doppelzimmer inklusive dem Frühstücksraum. Die Kellerräume mit einer Fläche von 50 qm werden als Lagerfläche für den Haushalt genutzt.

Das Wohngebäude war im Jahr 1996 mit einem Kostenaufwand i. H. von umgerechnet 163.134 € neu errichtet worden. Die für das Gebäude zu zahlenden Schuldzinsen belaufen sich auf 2.380 € für das Kalenderjahr 03 und auf 1.820 € für das Kalenderjahr 04.

Die sachliche Bebauungskostenpauschale soll bei Vollablieferern mit Gewinnermittlung gem. § 4 Abs. 3 EStG 3.400 € betragen.

Die AfA auf das Betriebsvermögen beträgt unstreitig 2.600 €.

AUFGABE

Ermitteln Sie die Einkünfte der Eheleute Wutz für den Veranlagungszeitraum 03.

LÖSUNG

Die Eheleute Wutz betreiben gemeinsam einen Weinbaubetrieb und erzielen damit Einkünfte gem. § 2 Abs. 1 Satz 1 Nr. 1 i.V. mit § 13 Abs. 1 Nr. 1 EStG. Hierbei handelt es sich um Gewinneinkünfte gem. § 2 Abs. 2 Satz 1 Nr. 1 EStG. Eine einheitliche und gesonderte Gewinnfeststellung gem. § 179 Abs. 2 und § 180 Abs. 1 Satz 1 Nr. 2 Buchst. a AO kann unterbleiben, da nur zusammen zu veranlagende Ehegatten beteiligt sind (§ 180 Abs. 3 Satz 1 Nr. 2 AO).

Das Wirtschaftsjahr ist gem. § 4a Abs. 1 Satz 2 Nr. 1 EStG die Zeit vom 1.7. bis zum 30.6. Der Gewinn ist nicht nach Durchschnittssätzen gem. § 13a Abs. 1 EStG zu ermitteln, da die Grenze des § 13a Abs. 1 Satz 1 Nr. 5 i. V. mit Anlage 1a zu § 13a EStG i. H. von 0,66 ha überschritten wird (Weinbau 6,4 ha + Zupachtung 1,2 ha - Verpachtung 0,5 ha = insgesamt 7,1 ha). Der Gewinn aus dem Weinbaubetrieb ist demnach gem. § 4 Abs. 3 EStG zu ermitteln. Eine Aufzeichnung der Betriebseinnahmen und Betriebsausgaben liegt vor.

Einnahmen im Wirtschaftsjahr 03/04		35.200 €
zzgl. Pachteinnahmen		+ 300 €
		35.500 €
Betriebsausgaben:		
Bebauungskostenpauschale (je nach Lage und Wirtschaftsjahr) für die bewirtschaftete Fläche	6,4 ha	
zzgl. Zupachtung	+ 1,2 ha	
abzgl. Verpachtung	- 0,5 ha	
Insgesamt	7,1 ha x 3.400 € =	- 24.140 €
abzgl. nicht durch die Pauschale abgedeckte Pachtzinsen		- 750 €
abzgl. nicht durch die Pauschale abgedeckte Aushilfslöhne		- 1.560 €
abzgl. nicht durch die Pauschale abgedeckte AfA auf das Betriebsvermögen		- 2.600 €
Überschuss		**6.450 €**

Bei dem Wohngebäude handelt es sich losgelöst vom landwirtschaftlichen Betrieb um ein Gebäude, das nur eine Wohnung enthält. Eine Nutzungswertbesteuerung gem. § 13 Abs. 2 Nr. 2 EStG kommt nicht in Betracht. Die mit diesem Gebäude zusammenhängenden Aufwendungen, hier die Schuldzinsen, können nicht als Betriebsausgabe abgezogen werden, da das Gebäude nicht zum Betriebsvermögen gehört.

Fremdenzimmer

Die Vermietung von Fremdenzimmern ist keine typische landwirtschaftliche Tätigkeit. Die daraus erzielten Einnahmen gehören aber zu den Einkünften i. S. des § 13 EStG, wenn die vermieteten Räume zum landwirtschaftlichen Betriebsvermögen gehören. Eine gewerbliche Vermietungsleistung ist nicht gegeben, da außer dem Frühstück keine sonstigen Leistungen angeboten werden. Die Anzahl der vermieteten Betten ist grds. ohne Bedeutung, lt. Finanzverwaltung ist aber keine gewerbliche Tätigkeit anzunehmen, wenn weniger als vier Zimmer und weniger als sechs Betten zur Beherbergung von Fremden bereitgehalten werden (R 15.5 Abs. 13 EStR). Die Gewinnermittlung erfolgt gem. § 4 Abs. 3 EStG.

Einnahmen im Wirtschaftsjahr 03/04	4.100 €
abzgl. anteilige AfA gem. § 7 Abs. 4 Satz 1 Nr. 2 Buchst. b EStG:	
Herstellungskosten 163.134 € (§ 255 Abs. 2 HGB), davon das Fremdenzimmer betreffend lt. Nutzflächenverhältnis:	

- Gesamt 130 qm + 70 qm + 50 qm = 250 qm
- Fremdenzimmer 70 qm → 28 %

28 % von 163.134 € = 45.678 €, davon 2 % AfA =	- 914 €
abzgl. anteilige Schuldzinsen das Wirtschaftsjahr 03/04 betreffend: ($^{1}/_{2}$ von 2.380 € =) 1.190 € + ($^{1}/_{2}$ von 1.820 € =) 910 € = gesamt 2.100 €, davon anteilig 28 % =	- 588 €
abzgl. Lebensmittel	- 270 €
abzgl. Wäsche	- 140 €
abzgl. AfA auf die Einrichtung (§ 7 Abs. 1 Satz 1 und 2 EStG): $^{1}/_{10}$ von 6.000 € (§ 255 Abs. 1 HGB) =	- 600 €
Überschuss des Fremdenzimmers	1.588 €
Gewinn aus Land- und Forstwirtschaft insgesamt: 6.450 € + 1.588 € =	8.038 €
Einkünfte aus Land- und Forstwirtschaft:	
Zeitanteilig gem. § 4a Abs. 2 Nr. 1 EStG: Wirtschaftsjahr 02/03 = 10.900 €, davon $^{1}/_{2}$ =	5.450 €
Wirtschaftsjahr 03/04 = 8.038 €, davon $^{1}/_{2}$ =	+ 4.019 €
Einkünfte des Jahres 03	9.469 €

Die Eheleute Wutz erhalten bei der Ermittlung des Gesamtbetrags der Einkünfte einen Freibetrag gem. § 13 Abs. 3 EStG i. H. von insgesamt 1.800 €.

FALL 164

Gewinnermittlung nach Durchschnittssätzen

Vorbemerkungen: Die Gewinnermittlung der Land- und Forstwirtschaft erfolgt nach Durchschnittssätzen gem. § 13a Abs. 3–7 EStG, wenn

- keine Buchführungspflicht aufgrund gesetzlicher Vorschriften des § 141 AO besteht;
- kein Antrag gem. § 13a Abs. 2 EStG auf Gewinnermittlung durch Betriebsvermögensvergleich gem. § 4 Abs. 1 EStG bzw. durch Vergleich der Betriebseinnahmen mit den Betriebsausgaben gem. § 4 Abs. 3 EStG gestellt wurde;
- die selbst bewirtschaftete Fläche der landwirtschaftlichen Nutzung zum 15.5. innerhalb des Wirtschaftsjahres 20 ha nicht übersteigt;
- keine Intensivtierhaltung mit mehr als 50 VE gegeben ist;
- die selbst bewirtschaftete Fläche der forstwirtschaftlichen Nutzung nicht mehr als 50 ha beträgt oder
- die selbst bewirtschaftete Fläche der Sondernutzungen die Grenzen in Anlage 1a zu § 13a EStG nicht übersteigt, z. B. die weinbauliche Nutzung 0,66 ha.

Sachverhalt: Der Steuerpflichtige hat einen landwirtschaftlichen Betrieb mit Ackerbau, Viehhaltung und Weinbau. Er führt keine Bücher. Der Gewinn des vorangegangenen Wirtschaftsjahres beträgt 13.100 € (Vorjahr umgerechnet = 8.900 €), seine Umsätze liegen unter 260.000 €. Der zuletzt festgestellte Einheitswert setzt sich wie folgt zusammen (die Werte im Rahmen der Einheitsbewertung lauten auf DM und werden erst nach der Abrundung gem. § 30 Satz 2 BewG in € umgerechnet):

► Vergleichswert landwirtschaftliche Nutzung 8,47 ha	16.500 DM
► Vergleichswert Weinbau	+ 19.139 DM
► Geringstland 2 ha	+ 100 DM
► Wirtschaftswert	35.739 DM
► Wohnungswert	+ 20.134 DM
Summe Einheitswert abgerundet	55.800 DM
umgerechnet gem. § 30 Satz 2 BewG (/ 1,95583)	28.530 €

Er hat noch 0,8 ha Ackerland und 1 ha weinbauliche Fläche zugepachtet und außerdem sind 0,5 ha Weinberg verpachtet. Der Hektarwert des zugepachteten Ackerlandes beträgt 1.650 DM und der Hektarwert für das zugepachtete und verpachtete Weinbergsgelände jeweils 4.800 DM.

Der durchschnittliche Viehbestand beträgt:

- 20 Kühe,
- 15 Kälber unter einem Jahr,
- 10 Mastschweine aus selbst erzeugten Ferkeln und
- 100 Legehennen.

AUFGABE

Welche Gewinnermittlungsart kommt für das Wirtschaftsjahr 2023/2024 in Betracht?

LÖSUNG

Die Gewinnermittlung nach Durchschnittssätzen gem. § 13a Abs. 3–7 EStG ist vorzunehmen, wenn die Voraussetzungen des § 13a Abs. 1 EStG vorliegen.

§ 13a Abs. 1 Satz 1 Nr. 1 EStG

Eine Buchführungspflicht gem. § 141 Abs. 1 AO besteht nicht, da die Umsätze unter 800.000 € liegen, der Wirtschaftswert der selbst bewirtschafteten land- und forstwirtschaftlichen Flächen nicht mehr als 25.000 € beträgt...

Ermittlung:

Wirtschaftswert lt. Einheitswertbescheid	35.739 DM
zzgl. Zupachtung Ackerland 0,8 ha x 1.650 DM =	+ 1.320 DM
zzgl. Zupachtung Weinberg 1 ha x 4.800 DM =	+ 4.800 DM
abzgl. Verpachtung Weinberg 0,5 ha x 4.800 DM =	- 2.400 DM
Summe Einheitswert abgerundet	**39.400 DM**
umgerechnet gem. § 30 Satz 2 BewG (/ 1,95583)	20.145 €

also unter 25.000 €

... und der Gewinn aus Land- und Forstwirtschaft des vorangegangenen Kalenderjahres nicht mehr als 80.000 € beträgt.

§ 13a Abs. 1 Satz 1 Nr. 2 EStG

Die selbst bewirtschaftete Fläche der landwirtschaftlichen Nutzung beträgt zum 15.5. des Wirtschaftsjahres nicht mehr als 20 ha.

Landwirtschaftliche Nutzung	8,47 ha
zzgl. Zupachtung Ackerland	+ 0,8 ha
Das Geringstland ist nicht einzubeziehen. Es fällt unter § 34 Abs. 2 Nr. 2 Buchst. b BewG.	
Summe	9,27 ha

§ 13a Abs. 1 Satz 1 Nr. 3 EStG

Es darf keine Intensivtierhaltung vorliegen:

20 Kühe x 1,0 VE =	20,0 VE
15 Kälber x 0,3 VE =	+ 4,5 VE
10 Mastschweine x 0,16 VE =	+ 1,6 VE
100 Legehennen x 0,02 VE =	+ 2,0 VE
Summe	**28,1 VE**

Die Vieheinheiten betragen insgesamt 28,1 VE (R 13.2 Abs. 1 EStR), das sind weniger als insgesamt 50 VE. Das heißt, der tatsächliche Viehbestand liegt unter der Höchstgrenze des § 13a Abs. 1 Satz 1 Nr. 3 EStG.

§ 13a Abs. 1 Satz 1 Nr. 5 EStG

Die selbst bewirtschaftete Fläche der Sondernutzung – Weinbau – darf die Flächengrenzen lt. Anlage 1a zu § 13a EStG i. H. von 0,66 ha bei Weinbau nicht überschreiten. Diese Grenze ist hier schon aufgrund der Zupacht i. H. von 1 ha überschritten, da die selbst bewirtschaftete Fläche – nicht die Eigentumsfläche – maßgebend ist.

Die Gewinnermittlung gem. § 13a EStG ist somit nicht zulässig. Der Steuerpflichtige hat seinen Gewinn gem. § 4 Abs. 3 EStG zu ermitteln.

10.2 Einkünfte aus Gewerbebetrieb (§§ 15 und 15a EStG)

LITERATURHINWEIS

Maier/Kremer, Lehrbuch Einkommensteuer, 30. Aufl. 2024, Kapitel 11.3.

Vorbemerkungen: Gemäß § 15 Abs. 2 EStG liegt ein Gewerbebetrieb vor bei einer selbständigen, nachhaltigen Betätigung, die mit Gewinnerzielungsabsicht unternommen wird und sich als Beteiligung am allgemeinen wirtschaftlichen Verkehr darstellt und die weder als Ausübung von Land- und Forstwirtschaft noch als Ausübung eines freien Berufs noch als eine andere selbständige Arbeit i. S. des Einkommensteuerrechts anzusehen ist und auch keine bloße Vermögensverwaltung darstellt.

Arten der Einkünfte aus Gewerbebetrieb:

- Einkünfte aus gewerblichen Einzelunternehmen (§ 15 Abs. 1 Satz 1 Nr. 1 EStG), wie z. B. Handwerksbetriebe, Einzelhandelsbetriebe, Großhandelsbetriebe, Industriebetriebe, Handelsvertreter, Handelsmakler oder Spediteure.
- Gewinnanteile der Gesellschafter einer Gesellschaft, bei der die Gesellschafter als Mitunternehmer anzusehen sind (§ 15 Abs. 1 Satz 1 Nr. 2 EStG). Hierzu gehören die Gewinnanteile sowie die Vergütungen, die der Gesellschafter von der Gesellschaft für seine Tätigkeit im Dienst der Gesellschaft oder für die Hingabe von Darlehen oder für die Überlassung von Wirtschaftsgütern bezogen hat. § 15 Abs. 1 Satz 1 Nr. 2 Satz 2 EStG bestimmt, dass ein mittelbar über eine Personengesellschaft beteiligter Gesellschafter einem unmittelbar Beteiligten gleichsteht. Es handelt sich grds. um die Gesellschafter einer OHG, einer KG, einer GbR – die gewerblich tätig ist –, einer atypischen stillen Gesellschaft oder einer atypischen Unterbeteiligung.

  Diese Gesellschaften sind selbst weder einkommen- noch körperschaftsteuerpflichtig. Die von diesen Gesellschaften erzielten Einkünfte sind den einzelnen Gesellschaftern zuzurechnen und bei diesen steuerlich zu erfassen.

  Über die Höhe der Einkünfte ist eine einheitliche und gesonderte Feststellung i. S. der §§ 179 und 180 AO vorzunehmen.

HINWEIS

Option zur Körperschaftsteuer auf Antrag gem. § 1a KStG ab dem Jahr 2022.

- Gewinnanteile des Komplementärs einer KGaA (§ 15 Abs. 1 Satz 1 Nr. 3 EStG).
- Zu den Einkünften aus Gewerbebetrieb gehören auch der Veräußerungsgewinn gem. § 16 EStG und der Gewinn aus der Veräußerung von Beteiligungen an Kapitalgesellschaften gem. § 17 EStG.

Gewinnermittlungsmethoden:

- § 4 Abs. 3 EStG durch Gegenüberstellung der Betriebseinnahmen und Betriebsausgaben: Für Gewerbetreibende, die nicht zur Buchführung verpflichtet sind und auch freiwillig keine Bücher führen.
- § 5 EStG durch Betriebsvermögensvergleich: Für Gewerbetreibende, die i. S. des Handels- oder Steuerrechts zur Buchführung verpflichtet sind (§§ 140 und 141 AO sowie §§ 1 ff. und 238 HGB) oder freiwillig Bücher führen.

Auf Antrag ist die Steuerbegünstigung für nicht entnommene Gewinne gem. § 34a EStG zu beachten.

Die Steuerermäßigung für gewerbliche Einkünfte gem. § 35 EStG ist ebenfalls zu beachten.

FALL 165

Abgrenzung und Gewinnermittlung

Sachverhalt: Ein verheirateter Steuerpflichtiger ist als selbständiger Handelsvertreter tätig. Er ist umsatzsteuerlicher Regelversteuerer und reicht dem Finanzamt im Veranlagungszeitraum 01 folgende Einnahmen-/Ausgaben-Rechnung ein:

Einnahmen:

► Provisionen	100.000 €
zzgl. 19 % Umsatzsteuer	+ 19.000 €
► Verkauf des nur betrieblich genutzten Computers (brutto)	714 €
► Verkauf Kinderfahrrad (ohne Umsatzsteuer)	100 €
► Zinsen des Geschäftskontos	350 €
► Zinsen des Sparbuchs (privat)	4.850 €
► Erbschaft eines Mietwohngrundstücks	200.000 €
Umsatzsteuerfreie Mieteinnahmen daraus	10.000 €

Ausgaben:

► Umsatzsteuerfreie Miete des häuslichen Arbeitszimmers (Mittelpunkt der gesamten betrieblichen Betätigung)	1.800 €
► Umsatzsteuerfreie Miete der Wohnung	6.000 €
► Hauskosten des Mietwohngrundstücks (brutto)	13.000 €
► Pkw-Kosten (brutto; der Pkw wird ausschließlich betrieblich genutzt)	20.400 €
► Kauf eines neuen Schreibtisches im Januar 01 (Nutzungsdauer vier Jahre; brutto)	1.428 €
► Schreibmaterial (brutto)	900 €
► Umsatzsteuerzahlung an das Finanzamt insgesamt	10.316 €
► Anschaffungskosten des Pkws der Ehefrau (brutto)	18.000 €
► Einkommensteuer-Vorauszahlungen	8.900 €

AUFGABE

Ermitteln Sie die Höhe der jeweiligen Einkünfte im Veranlagungszeitraum 01. Eine Aufforderung zur Buchführung gem. § 141 Abs. 2 AO ist bisher noch nicht ergangen.

LÖSUNG

Als selbständiger Handelsvertreter übt der Steuerpflichtige eine gewerbliche Tätigkeit i. S. des § 15 Abs. 2 EStG aus und erzielt Einkünfte gem. § 2 Abs. 1 Satz 1 Nr. 2 i. V. mit § 15 Abs. 1 Satz 1

Nr. 1 EStG. Hierbei handelt es sich um Gewinneinkünfte i. S. des § 2 Abs. 2 Satz 1 Nr. 1 EStG. Das Wirtschaftsjahr ist das Kalenderjahr gem. § 4a Abs. 1 Satz 2 Nr. 3 EStG. Die Gewinnermittlung erfolgt gem. § 4 Abs. 3 EStG; hierbei sind von den Betriebseinnahmen i. S. des § 4 Abs. 4 EStG im Umkehrschluss i. V. mit § 8 Abs. 1 EStG analog die Betriebsausgaben gem. § 4 Abs. 4 EStG abzuziehen.

Betriebseinnahmen:

Provisionen	100.000 €
Umsatzsteuer (H 9b Gewinnermittlung nach § 4 Abs. 3 EStG ... EStH 2023)	+ 19.000 €
Verkauf des Computers i. S. der Reinvermögenszuwachstheorie (H 9b Gewinnermittlung nach § 4 Abs. 3 EStG ... EStH 2023)	+ 714 €
Zinsen des Geschäftskontos i. S. des Subsidiaritätsprinzips des § 20 Abs. 8 EStG	+ 350 €
Summe	**120.064 €**

Nicht steuerbar sind der Verkauf des Kinderfahrrads und die Erbschaft; es handelt sich hier nicht um Einkünfte i. S. des EStG.

Betriebsausgaben:

Miete des häuslichen Arbeitszimmers, abzugsfähig gem. § 4 Abs. 5 Satz 1 Nr. 6b Satz 2 EStG, da dieses den Mittelpunkt der gesamten betrieblichen Tätigkeit darstellt (die Pauschale gem. § 4 Abs. 5 Satz 1 Nr. 6b Satz 3 EStG ist ungünstiger)	1.800 €
Pkw-Kosten (brutto; § 9b Abs. 1 EStG, H 9b Gewinnermittlung nach § 4 Abs. 3 EStG ... EStH 2023)	+ 20.400 €
Schreibtisch, da er eine Nutzungsdauer i. H. von mehr als einem Jahr hat, ist nur die AfA abzugsfähig. Anschaffungskosten netto (§ 9b Abs. 1 EStG) = 1.200 €, davon 1/4 (§ 7 Abs. 1 Satz 1 und 2 EStG) =	+ 300 €
Die Vorsteuer darauf ist voll abzugsfähig (H 9b Gewinnermittlung nach § 4 Abs. 3 EStG ... EStH 2023)	+ 228 €
Schreibmaterial (brutto, § 9b Abs. 1 EStG, H 9b Gewinnermittlung nach § 4 Abs. 3 EStG ... EStH 2023)	+ 900 €
Umsatzsteuer an das Finanzamt insgesamt (H 9b Gewinnermittlung nach § 4 Abs. 3 EStG ... EStH 2023)	+ 10.316 €
Summe	**33.944 €**

Die Miete für die Wohnung und die Aufwendungen für den Pkw der Ehefrau stellen Kosten der Lebensführung i. S. des § 12 Nr. 1 EStG dar; die Einkommensteuer-Vorauszahlungen sind gem. § 12 Nr. 3 EStG ebenfalls nicht abzugsfähig.

Der Gewinn aus Gewerbebetrieb beträgt (120.064 € - 33.944 € =)	**86.120 €**

Der Steuerpflichtige ist zur Buchführung aufzufordern (§ 141 Abs. 1 Satz 1 Nr. 4 AO).

Außerdem liegen noch folgende Einkunftsarten vor:

Einkünfte aus Kapitalvermögen

Zinsen gem. § 8 Abs. 1 i.V. mit § 2 Abs. 1 Satz 1 Nr. 5 i.V. mit § 20 Abs. 1 Nr. 7 EStG und § 2 Abs. 2 Satz 1 Nr. 2 EStG)	4.850 €

Seit dem Jahr 2009 unterliegen diese Einkünfte grds. der Abgeltungssteuer gem. § 43 Abs. 1 Satz 1 Nr. 7 und § 43a Abs. 1 Satz 1 Nr. 1 EStG i. H. von 25 % zzgl. Solidaritätszuschlag und zzgl. Kirchensteuer (§ 43 Abs. 5 Satz 1 EStG). Nur auf Antrag sind diese Kapitaleinkünfte in die Veranlagung einzubeziehen, z. B. gem. § 32d Abs. 4 EStG (zur Berücksichtigung des nicht oder nur unvollständig ausgeschöpften Sparer-Pauschbetrags i. S. des § 20 Abs. 9 EStG) oder gem. § 32d Abs. 6 EStG (zur sog. „Günstigerprüfung" bei einem niedrigen individuellen Steuersatz i. S. des § 32a EStG). Solche Anträge gehen aus dem Sachverhalt nicht hervor.

Einkünfte aus Vermietung und Verpachtung

Mit der Vermietung des Mietwohngrundstücks erzielt der Steuerpflichtige Einkünfte gem. § 2 Abs. 1 Satz 1 Nr. 6 i.V. mit § 21 Abs. 1 Satz 1 Nr. 1 EStG. Hierbei handelt es sich um Überschusseinkünfte i. S. des § 2 Abs. 2 Satz 1 Nr. 2 EStG, bei denen sich die Einkünfte als Differenz zwischen den Einnahmen gem. § 8 Abs. 1 EStG und den Werbungskosten gem. § 9 EStG darstellen:

Mieteinnahmen	10.000 €
Werbungskosten	- 13.000 €
Einkünfte	**- 3.000 €**

FALL 166

Gewinnermittlung gem. § 4 Abs. 3 EStG

Sachverhalt: Gustav Klingemann ist 60 Jahre alt und seit Jahren verheiratet. Er hat zwei Kinder und betreibt in Neustadt ein kleines Lebensmittel-Einzelhandelsgeschäft. Seinen Gewinn ermittelt er zulässigerweise gem. § 4 Abs. 3 EStG. Gustav Klingemann versteuert seine Umsätze nach den allgemeinen Vorschriften des UStG. Er meldet die Umsätze monatlich an. Laut der beim Finanzamt eingereichten Aufstellung betragen die Betriebseinnahmen 62.800 € und die Betriebsausgaben 47.200 € im Jahr 01.

Aus den eingereichten Unterlagen und den Erläuterungen ergibt sich Folgendes:

1. Die umsatzsteuerfreie Miete für die Räume des Ladengeschäfts i. H. von monatlich 400 € ist jeweils am Monatsende fällig. Gustav Klingemann zahlte die Mieten durch Überweisung von seinem betrieblichen Bankkonto i. d. R. einige Tage nach dem Fälligkeitstermin.

   Die Miete für Januar 01 überwies er aber bereits am 20.12.00 (die Lastschrift erfolgte am 21.12.00, die Gutschrift beim Vermieter am 22.12.00). Die Miete für Dezember 01 überwies er am 5.1.02 (Lastschrift am 6.1.02, Gutschrift am 7.1.02). Die Mieten sind in der Aufstellung für das Jahr 01 als Betriebsausgaben abgesetzt worden.

2. Um einen genügend großen Warenvorrat für das Weihnachtsgeschäft erwerben zu können, kauft Gustav Klingemann im November 01 Waren im Wert von 5.950 € einschließlich Umsatzsteuer auf Kredit, den ihm die Bank gewährt. Die Bank zahlt 5.950 € aus. Zusätzlich wird

ein marktübliches Damnum i. H. von 250 € vereinbart, was damit den Kreditbetrag erhöht. Die Tilgung wurde zum Monatsanfang mit jeweils 1.000 € vereinbart, beginnend am 1.12.01; an Zinsen – ebenfalls erst ab Dezember 01 – sind 50 € monatlich zu zahlen. Die Dezemberrate zahlt Gustav Klingemann am 15.12.01, die Januarrate am 10.1.02. Als Betriebsausgaben für diesen gesamten Geschäftsvorfall erfasst Gustav Klingemann für das Jahr 01 7.000 €, als Betriebseinnahmen 5.950 €. Soweit die Waren zum Ende des Jahres bereits verkauft wurden, sind die Bruttoerlöse in den o. a. Betriebseinnahmen enthalten.

3. Bei einem Einbruch im Juli 01 werden Zigaretten im Wert von 100 € netto, Schmuck der Ehefrau im Wert von 5.000 € und Bargeld aus den Tageseinnahmen des letzten Geschäftstags i. H. von 300 € gestohlen. Gustav Klingemann behandelt 5.419 € als Betriebsausgabe. Eine Versicherung für derartige Fälle hat er nicht abgeschlossen.

4. Anlässlich der Heirat seiner Tochter feiert Gustav Klingemann mit seiner Frau, zehn Freunden und sechs Stammkunden im Gasthaus „Zur frohen Einkehr". Die Rechnung beläuft sich auf 1.200 € zzgl. Umsatzsteuer. Die Kosten werden als Betriebsausgabe behandelt.

5. Am 20.8.01 wird Gustav Klingemann ein Pkw Kombi geliefert. Er bezahlt vereinbarungsgemäß Mitte September 01. Die Nutzungsdauer des Pkws beträgt vier Jahre. Die Kosten belaufen sich auf 16.800 € zzgl. 3.192 € Umsatzsteuer. Gustav Klingemann holt mit diesem Pkw Waren ab und liefert sie an Kunden aus; zu 40 % benutzt er den Pkw für private Zwecke (lt. Fahrtenbuch). Als Abschreibung setzt er im Jahr 01 4.998 € ab. Als Betriebsausgaben sind außerdem die sonstigen Kosten (Benzin, Reparaturen etc.) i. H. von insgesamt 3.900 € netto abgezogen. Darin enthalten sind die Versicherung und die Steuer mit 1.200 €. Weitere Konsequenzen zieht er nicht.

AUFGABE

Ermitteln Sie die Einkünfte aus Gewerbebetrieb von Gustav Klingemann für den Veranlagungszeitraum 01.

LÖSUNG

Gustav Klingemann bezieht aus dem Lebensmittelgeschäft Einkünfte aus Gewerbebetrieb gem. § 2 Abs. 1 Satz 1 Nr. 2 i.V. mit § 15 Abs. 1 Satz 1 Nr. 1 und Abs. 2 EStG. Es handelt sich hierbei um Gewinneinkünfte i. S. des § 2 Abs. 2 Satz 1 Nr. 1 EStG. Der Gewinn ist gem. § 4 Abs. 3 EStG zu ermitteln und stellt sich für das Jahr 01 vorläufig i. H. von 15.600 € (= Betriebseinnahmen gem. § 4 Abs. 4 EStG im Umkehrschluss i.V. mit § 8 Abs. 1 EStG analog i. H. von 62.800 € abzgl. der Betriebsausgaben gem. § 4 Abs. 4 EStG i. H. von 47.200 €) dar. Allerdings sind folgende Korrekturen vorzunehmen:

1. Hinsichtlich der Mieten handelt es sich um regelmäßig wiederkehrende Ausgaben i. S. des § 11 Abs. 2 Satz 2 i.V. mit Abs. 1 Satz 2 EStG. Die Januarmiete 01 i. H. von 400 € ist gem. § 11 Abs. 2 Satz 1 EStG am 20.12.00 abgeflossen (H 11 Überweisung EStH 2023); die Zahlung erfolgt somit nicht innerhalb kurzer Zeit vor Beginn des Kalenderjahres, zu dem die Miete wirtschaftlich gehört (H 11 Allgemeines EStH 2023). Die Miete ist daher bereits im Jahr 00 zu berücksichtigen.

Folge: Gewinnerhöhung +400,00 €

Die Dezembermiete 01 ist am 5.1.02 abgeflossen und somit innerhalb kurzer Zeit nach Beendigung des Kalenderjahrs, zu dem sie wirtschaftlich gehört. Sie ist gem. § 11 Abs. 2 Satz 2 EStG im Jahr 01 als Betriebsausgabe zu erfassen. Der Betriebsausgabenabzug erfolgte demnach zu Recht.

2. Der Kauf der Waren stellt zum Zeitpunkt der Zahlung Betriebsausgaben i. H. von 5.950 € dar. Die Umsatzsteuer ist ebenfalls als Betriebsausgabe zu berücksichtigen (§ 9b Abs. 1 EStG und H 9b Gewinnermittlung nach § 4 Abs. 3 EStG ... EStH 2023). Die Aufnahme und Tilgung des Darlehens berühren den Gewinn nicht (H 4.5 Abs. 2 Darlehen EStH 2023). Die Kreditkosten stellen aber Betriebsausgaben dar.

   Das Damnum i. H. von 250 € ist zum Zeitpunkt der Auszahlung des Darlehensbetrags abgeflossen (§ 11 Abs. 2 Satz 1 EStG und H 11 Damnum EStH 2023). Unabhängig von der Gültigkeit der Verteilungsregelung des § 11 Abs. 2 Satz 3 EStG gilt diese gem. § 11 Abs. 2 Satz 4 EStG nicht für ein marktübliches Damnum. Die Zinsen für Dezember 01 i. H. von 50 € sind ebenfalls Betriebsausgaben, während die Zinsen für Januar 02 erst als Betriebsausgaben im Jahr 02 zu berücksichtigen sind.

Betriebsausgaben lt. Erklärung	7.000,00 €	
Betriebsausgaben richtig (5.950 € + 50 € + 250 € =)	- 6.250,00 €	
Gewinnerhöhung	750,00 €	+ 750,00 €
Betriebseinnahmen lt. Erklärung	5.950,00 €	
Betriebseinnahmen richtig	- 0 €	
Gewinnminderung	5.950,00 €	- 5.950,00 €

3. Da sich der Einkauf der Zigaretten inklusive Umsatzsteuer i. H. von 19 % bereits als Betriebsausgabe ausgewirkt hat, ist ein nochmaliger Aufwand nicht gerechtfertigt.

   Folge: Gewinnerhöhung +119,00 €

   Bei dem Schmuck der Ehefrau handelt es sich um notwendiges Privatvermögen. Eine Gewinnauswirkung darf sich nicht ergeben (§ 12 Nr. 1 EStG). +5.000,00 €

   Das Bargeld i. H. von 300 € wurde bei der Vereinnahmung bereits als Betriebseinnahme behandelt und ist deshalb bei Diebstahl als Betriebsausgabe rückgängig zu machen. Dieser Betrag wurde richtig als Betriebsausgabe erfasst.

4. Da die Hochzeitsfeier der Tochter rein privat veranlasst ist, sind die Gesamtkosten – unabhängig vom konkreten Teilnehmerkreis – gem. § 12 Nr. 1 EStG nicht abzugsfähig.

   Folge: Gewinnerhöhung +1.428,00 €

5. Bei dem Pkw handelt es sich um ein abnutzbares Wirtschaftsgut des Anlagevermögens (R 6.1 Abs. 1 Satz 1 und 5 EStR). Da der Pkw zu mehr als 50 % betrieblich genutzt wird, stellt er notwendiges Betriebsvermögen dar (R 4.2 Abs. 1 Satz 4 EStR) und ist auch umsatzsteuerlich dem Unternehmensvermögen zuzuordnen.

Die abzugsfähige Vorsteuer aus der Anschaffung ist gem. § 9b Abs. 1 EStG zum Zeitpunkt der Zahlung als Betriebsausgabe abzugsfähig; das wäre im September 01 (H 9b Gewinnermittlung nach § 4 Abs. 3 EStG ... EStH 2023). Die vom Finanzamt im Oktober 01 zu erstattende Vorsteuer dürfte wohl in der Voranmeldung berücksichtigt sein, d. h. dieser Betrag ist unterstellt bereits in den Betriebseinnahmen bzw. als geringere Betriebsausgabe enthalten (H 9b Gewinnermittlung nach § 4 Abs. 3 EStG ... EStH 2023). - 3.192,00 €

Die Anschaffungskosten betragen damit 16.800 € netto und die AfA gem. § 7 Abs. 1 Satz 1, 2 und 4 EStG $^{5}/_{12}$ von 4.200 € = 1.750 €. Die AfA ist unabhängig von der Zahlung im Jahr der Anschaffung zu berücksichtigen (§ 9a EStDV), erklärt = 4.998 €.

Folge: Gewinnerhöhung + 3.248,00 €

Die Vorsteuer auf die sonstigen Kosten ist abzugsfähig und damit eine Betriebsausgabe. Die Erstattung durch das Finanzamt stellt eine Betriebseinnahme dar. Damit ist die Umsatzsteuer neutral (diese Behandlung durch den Steuerpflichtigen kann unterstellt werden, da der Sachverhalt insoweit keine konkreten Ausführungen beinhaltet); auch die Berücksichtigung der diesbezüglichen Nettokosten als Betriebsausgaben ist nicht zu beanstanden. Bezüglich der privaten Pkw-Nutzung liegt eine Nutzungsentnahme gem. § 4 Abs. 1 Satz 2 EStG vor.

Die Bemessungsgrundlage sind nach der hier gegebenen Fahrtenbuchmethode (§ 6 Abs. 1 Nr. 4 Satz 3 EStG) die Gesamtkosten netto, da die Vorsteuer voll abzugsfähig ist (BMF, Schreiben v. 27.8.2004, BStBl 2004 I S. 864 f.).

Bemessungsgrundlage = 2.700 € (laufende vorsteuerbelastete Pkw-Kosten) + 1.200 € (nicht mit Vorsteuer belastete Kosten) + 1.750 € (AfA) = 5.650 €; davon 40 % = 2.260 €. + 2.260,00 €

Dieser Betrag darf den Gewinn gem. § 12 Nr. 1 EStG nicht mindern.

Die private Pkw-Nutzung ist eine gleichgestellte sonstige Leistung gem. § 3 Abs. 9a Nr. 1 UStG.

Bemessungsgrundlage gem. § 10 Abs. 4 Satz 1 Nr. 2 Satz 1 UStG = 2.700 € (nur laufende vorsteuerbelastete Pkw-Kosten) + 1.750 € (AfA gem. § 10 Abs. 4 Satz 1 Nr. 2 Satz 2 und 3 i.V. mit § 15a Abs. 5 Satz 2 UStG) = 4.450 €; davon 40 % = 1.780 €.

1.780 € x 19 % = 338,20 € Umsatzsteuer (§ 12 Abs. 1 UStG).	+ 338,20 €
Dieser Betrag erhöht als fiktive Betriebseinnahme den Gewinn (§ 12 Nr. 3 EStG).	
Berichtigter Gewinn = Einkünfte aus Gewerbebetrieb im Veranlagungszeitraum 01	**20.001,20 €**

FALL 167

Mitunternehmerschaft

Sachverhalt: A ist zu 30 % an der Baufirma Stein OHG mit Sitz in Neustadt beteiligt. Nach der von der Firma erstellten Handelsbilanz beträgt der Gewinn für das Jahr 01 87.300 €. Bei der Ermittlung des Gewinns wurde ein an A gezahltes Gehalt i. H. von 42.000 € für dessen Tätigkeit im Dienste der Gesellschaft als Aufwand verbucht.

Der Gesellschafter A hat im Übrigen noch einen Zinsanspruch i. H. von 3.000 € gegen die Stein OHG aufgrund eines der Stein OHG gewährten Darlehens. Die Zinsen wurden zum Jahresende bezahlt und als Aufwand behandelt.

Bei der Gewinnermittlung wurde eine an A gezahlte Miete für das Betriebsgebäude, das A der Stein OHG aufgrund eines Mietvertrags zur Nutzung überlassen hat, i. H. von 24.000 € als Betriebsausgabe verbucht. Die von A privat getragenen Grundstückskosten i. H. von 13.000 € inklusive AfA sind nicht berücksichtigt.

AUFGABE

Ermitteln Sie die Höhe der Einkünfte von A für den Veranlagungszeitraum 01.

LÖSUNG

Die Stein OHG erzielt gewerbliche Einkünfte gem. § 15 Abs. 2 EStG; damit liegen bei A als Mitunternehmer der Stein OHG Einkünfte gem. § 2 Abs. 1 Satz 1 Nr. 2 i.V. mit § 15 Abs. 1 Satz 1 Nr. 2 EStG vor. Es handelt sich hierbei um Gewinneinkünfte i. S. des § 2 Abs. 2 Satz 1 Nr. 1 EStG. Zu diesen Einkünften gehört auch die Sondervergütung an A für Tätigkeiten im Dienste der Gesellschaft (§ 15 Abs. 1 Satz 1 Nr. 2 Satz 1 Halbsatz 2 EStG). Bei dem der Stein OHG zur Nutzung überlassenen Grundstück und dem zur Verfügung gestellten Darlehen handelt es sich um notwendiges Sonderbetriebsvermögen I von A, das in seiner Sonderbilanz zu aktivieren ist (R 4.2 Abs. 2 Satz 1 und 2 EStR). Die Zinsen und die Mieterträge stellen insoweit Sonderbetriebseinnahmen von A gem. § 4 Abs. 4 EStG im Umkehrschluss i.V. mit § 8 Abs. 1 EStG analog dar; die privat getragenen Kosten hängen mit dem Grundstück zusammen und sind als Sonderbetriebsausgaben von A gem. § 4 Abs. 4 EStG gewinnmindernd zu behandeln.

Handelsrechtlicher Gewinn = Gesamthandsgewinn der Stein OHG	87.300 €
zzgl. Tätigkeitsvergütung als Sondervergütung	+ 42.000 €
zzgl. Zinsen als Sonderbetriebseinnahmen	+ 3.000 €

zzgl. Miete als Sonderbetriebseinnahmen	+ 24.000 €
abzgl. Grundstückskosten als Sonderbetriebsausgaben	- 13.000 €
Steuerlicher Gesamtgewinn der Stein OHG	**143.300 €**
Davon entfallen auf den Gesellschafter A:	
Sondervergütung Gehalt	42.000 €
zzgl. Sonderbetriebseinnahme Zinsen	+ 3.000 €
zzgl. Sonderbetriebseinnahme Miete	+ 24.000 €
abzgl. Sonderbetriebsausgabe Grundstückskosten	- 13.000 €
30 % vom Restgewinn	+ 26.190 €
Einkünfte gem. § 15 Abs. 1 Satz 1 Nr. 2 EStG	**82.190 €**

HINWEIS

Die Tätigkeitsvergütungen der Stein OHG an A unterliegen der Umsatzsteuer (Abschnitt 2.2 Abs. 2 und Abschnitt 1.6 Abs. 3 UStAE). Die von A zu zahlende Umsatzsteuer ist grds. als Verbindlichkeit in der Sonderbilanz von A zu passivieren. Die Stein OHG kann den Betrag als Vorsteuer abziehen, wenn eine Rechnung mit gesondertem Steuerausweis ergangen ist.

FALL 168

Unterbeteiligung

Sachverhalt: A, B und C sind zu je $^1/_3$ Gesellschafter einer OHG. An dem Anteil von C ist aufgrund vertraglicher Regelungen noch D beteiligt. D ist mit einem Anteil i. H. von 10 % am Gewinn und Verlust von C beteiligt. Für das Kalenderjahr 01 beträgt der Handelsbilanzgewinn der OHG 210.000 €. Der Gewinnanteil von D wird im Jahr 02 ausgezahlt. Alle Personen sind konfessionslos.

AUFGABEN

1. Wie hoch sind die Einkünfte von C und D, wenn nur eine Gewinn- und Verlustbeteiligung vereinbart ist? Welche Einkünfte erzielen beide?
2. Welche Einkünfte erzielen C und D, wenn D noch anteilig mit 10 % an den stillen Reserven beteiligt ist?

Nehmen Sie in beiden Fällen Stellung zur Art der Beteiligung.

LÖSUNG

Die Unterbeteiligung ist eine Innengesellschaft in der Form einer BGB-Gesellschaft gem. § 705 BGB, wobei der Unterbeteiligte an einem Mitunternehmeranteil eines Gesellschafters beteiligt ist. Ziel ist die gemeinsame Berechtigung an dem Gesellschaftsanteil des Hauptbeteiligten. Die

Innengesellschaft hat kein Gesamthandsvermögen. Es handelt sich lediglich um eine schuldrechtliche Beziehung zwischen Hauptgesellschafter und Unterbeteiligtem. Die Unterbeteiligungsgesellschaft ist keine stille Gesellschaft, da der an der OHG beteiligte Hauptgesellschafter kein Handelsgewerbe betreibt. Es handelt sich um zwei Personengesellschaften, die Hauptgesellschaft OHG und die Unterbeteiligungsgesellschaft GbR C und D.

Zu 1

Da D nicht an den stillen Reserven beteiligt ist, trägt er auch kein Mitunternehmerrisiko. Es handelt sich demnach um eine typische stille Unterbeteiligung (H 15.8 Abs. 1 Mitunternehmerrisiko EStH 2023).

Unterbeteiligter D

D erzielt Einkünfte gem. § 2 Abs. 1 Satz 1 Nr. 5 i.V. mit § 20 Abs. 1 Nr. 4 EStG als Unterbeteiligter. Hierbei handelt es sich um Überschusseinkünfte i. S. des § 2 Abs. 2 Satz 1 Nr. 2 EStG, die sich grds. aus der Differenz der Einnahmen gem. § 8 Abs. 1 EStG und der Werbungskosten gem. § 9 EStG ergeben. Die Einnahmen sind bei ihrem Zufluss im Jahr 02 gem. § 11 Abs. 1 Satz 1 EStG zu versteuern. Zu diesem Zeitpunkt ist die Kapitalertragsteuer i. H. von 25 % gem. § 43 Abs. 1 Satz 1 Nr. 3 und § 43a Abs. 1 Satz 1 Nr. 1 EStG von C einzubehalten und an das Finanzamt abzuführen; diese entfaltet eine Abgeltungswirkung gem. § 43 Abs. 5 Satz 1 EStG.

Gewinnanteil C: $^1/_3$ von 210.000 € =	70.000,00 €	
davon 10 % =	7.000,00 €	brutto
davon 25 % Kapitalertragsteuer + davon 5,5 % Solidaritätszuschlag	- 1.846,25 €	
Auszahlungsbetrag an D	**5.153,75 €**	

Zur Berücksichtigung des Sparer-Pauschbetrags i. S. des § 20 Abs. 9 EStG kann D einen Antrag auf Veranlagung mit dem gesonderten Steuersatz stellen (§ 32d Abs. 4 i.V. mit Abs. 1 EStG). Auch ein Antrag gem. § 32d Abs. 6 EStG (Günstigerprüfung eines niedrigeren individuellen Steuersatzes gem. § 32a EStG) und – im Falle von nahestehenden Personen – ein Antrag gem. § 32d Abs. 2 Nr. 1 Satz 1 Buchst. a EStG (zur Berücksichtigung etwaiger tatsächlicher Werbungskosten) wären denkbar.

Für die OHG ist eine einheitliche und gesonderte Feststellung gem. § 179 Abs. 2 und § 180 Abs. 1 Satz 1 Nr. 2 Buchst. a AO durchzuführen. Für die Unterbeteiligung ist grds. keine gesonderte Gewinnfeststellung vorzunehmen. Der Anteil des Unterbeteiligten ist als Sonderbetriebsausgabe des Hauptbeteiligten C zu erfassen und im Feststellungsverfahren zu berücksichtigen. Eine Nachholung im Veranlagungsverfahren des Hauptbeteiligten ist nicht zulässig (Anwendungserlass zu § 179 AO).

Gewinnanteil von C gem. § 2 Abs. 1 Satz 1 Nr. 2 i.V. mit § 15 Abs. 1 Satz 1 Nr. 2 EStG	70.000 €
abzgl. Sonderbetriebsausgabe Anteil von D	- 7.000 €
Einkünfte von C im Jahr 01	**63.000 €**

Handelsrechtlicher Gewinn = Gesamthandsgewinn der OHG	210.000 €
abzgl. Sonderbetriebsausgabe C	- 7.000 €
Steuerlicher Gesamtgewinn der OHG im Jahr 01	**203.000 €**

Zu 2

Da D an den stillen Reserven beteiligt ist, trägt er ein Mitunternehmerrisiko. Der Unterbeteiligte kann außerdem über den Hauptbeteiligten Mitunternehmerinitiative entwickeln; das ist lt. BFH dann der Fall, wenn ihm mindestens die Kontrollrechte eines Kommanditisten zustehen. Geht man im vorliegenden Fall hiervon aus, handelt es sich demnach um eine atypische stille Unterbeteiligung. D ist analog einem atypischen stillen Gesellschafter als Mitunternehmer mit Einkünften i. S. des § 2 Abs. 1 Satz 1 Nr. 2 i.V. mit § 15 Abs. 1 Satz 1 Nr. 2 EStG zu behandeln (H 15.8 Abs. 1 Innengesellschaft EStH 2023).

Grundsätzlich ist für die atypische stille Unterbeteiligung am Anteil des Gesellschafters C eine besondere gesonderte und einheitliche Feststellung vorzunehmen. Die Berücksichtigung der Unterbeteiligung im Feststellungsverfahren für die OHG ist nur im Einverständnis aller Beteiligten zulässig (§ 179 Abs. 2 Satz 3 AO und AEAO zu § 79, Rz. 4 und 5).

D erzielt Einkünfte im Jahr 01 gem. § 15 Abs. 1 Satz 1 Nr. 2 EStG i. H. von	**7.000 €**
C erzielt Einkünfte im Jahr 01 gem. § 15 Abs. 1 Satz 1 Nr. 2 EStG i. H. von	**63.000 €**

Einheitliche und gesonderte Feststellung der OHG mit Einverständnis aller Beteiligten für das Jahr 01:

A	B	C	D
70.000 €	70.000 €	63.000 €	7.000 €

FALL 169

Tätigkeitsvergütungen

Sachverhalt: Der ledige Steuerpflichtige Anton ist seit Jahren an der Stein & Bruch KG mit 10 % als Kommanditist beteiligt. Für das Kalenderjahr 01 beträgt der Handelsbilanzgewinn der Stein & Bruch KG 200.000 €. Das Bruttogehalt von Anton beträgt 40.000 € und der Arbeitgeberanteil zur Sozialversicherung 7.400 €. Diese Beträge wurden als Betriebsausgabe behandelt. Aus beruflichen Gründen entstanden Anton Aufwendungen i. H. von 600 €, die er privat zahlte.

AUFGABE

Wie hoch sind der steuerliche Gesamtgewinn der Stein & Bruch KG und die Einkünfte von Anton im Kalenderjahr 01?

LÖSUNG

Der Gewinn der Stein & Bruch KG ist gem. § 179 Abs. 2 i.V. mit § 180 Abs. 1 Satz 1 Nr. 2 Buchst. a AO einheitlich und gesondert festzustellen. Die Tätigkeitsvergütungen stellen Sondervergütungen gem. § 15 Abs. 1 Nr. 2 Satz 1 Halbsatz 2 EStG dar und dürfen den Gewinn nicht mindern, da Anton als Mitunternehmer der Stein & Bruch KG (Kommanditist) anzusehen ist. Die Vergütung ist durch das Gesellschaftsverhältnis veranlasst. Eine gesellschaftliche Veranlassung ist auch dann gegeben, wenn die Leistungen auf besonderen schuldrechtlichen Verträgen beruhen (Arbeitsvertrag, Darlehensvertrag oder Mietvertrag).

Gewinn lt. Handelsbilanz 01 = Gesamthandsgewinn der Stein & Bruch KG	200.000 €
zzgl. Tätigkeitsvergütung Anton, da es sich hier um sog. „Sondervergütungen" handelt, die steuerlich zuzurechnen sind.	+ 40.000 €
zzgl. Arbeitgeberanteil zur Sozialversicherung, da Anton kein Arbeitnehmer i. S. des EStG ist. Er kann aber Arbeitnehmer lt. Sozialversicherungsrecht sein, da er Kommanditist und zu weniger als 50 % beteiligt ist.	+ 7.400 €
abzgl. Sonderbetriebsausgaben zur Sondervergütung	- 600 €
Steuerlicher Gesamtgewinn der Stein & Bruch KG im Kalenderjahr 01	**246.800 €**

Als Kommanditist in der gesetzestypischen Stellung lt. HGB ist Anton Mitunternehmer und erzielt Einkünfte gem. § 2 Abs. 1 Satz 1 Nr. 2 i. V. mit § 15 Abs. 1 Satz 1 Nr. 2 EStG (Gewinneinkünfte gem. § 2 Abs. 2 Satz 1 Nr. 1 EStG).

Tätigkeitsvergütung	40.000 €
zzgl. dazugehöriger „Arbeitgeberanteil"	+ 7.400 €
abzgl. Sonderbetriebsausgaben	- 600 €
zzgl. Gewinnanteil 10 %	+ 20.000 €
Einkünfte	**66.800 €**

FALL 170

Mitunternehmerschaft/Sondervergütung

Sachverhalt: An der ABC-OHG sind die Gesellschafter A, B und C mit jeweils $^1/_3$ beteiligt. Die ABC-OHG erzielt für das Jahr 01 einen Handelsbilanzgewinn i. H. von 120.000 €. Zwischen der Gesellschaft und ihren Gesellschaftern bestehen folgende besondere Vereinbarungen:

A hat der ABC-OHG ein bebautes Grundstück zur betrieblichen Nutzung überlassen. Dafür erhält er lt. vertraglicher Vereinbarung eine jährliche Pacht i. H. von 36.000 €. Die laufenden Hauskosten betragen 12.300 € und werden vereinbarungsgemäß von der ABC-OHG getragen. Die AfA für das Gebäude beträgt 4.500 € und ist ebenso wie die von A privat gezahlten Schuldzinsen i. H. von 3.500 € nicht bei der Gewinnermittlung berücksichtigt.

B betreibt neben seiner Beteiligung an der ABC-OHG ein Ingenieurbüro und einen Baustoffgroßhandel. Er erhielt von der ABC-OHG den Auftrag, die Baubetreuung für den Büroneubau zu übernehmen und die Baustoffe zu liefern. Für die Baubetreuung erhielt er ein Honorar i. H. von 40.000 € zzgl. Umsatzsteuer. Die Baustoffe lieferte er für 120.000 € zzgl. Umsatzsteuer. An eigenen Aufwendungen entstanden ihm für die Baubetreuung Personal- und Büromaterialkosten i. H. von 21.000 € netto. Die Selbstkosten der Baustoffe betrugen 85.000 € netto. Die Einnahmen und die Kosten wurden in den jeweiligen Einzelunternehmen erfasst.

C ist als Geschäftsführer tätig und erhält dafür eine jährliche Vergütung i. H. von 60.000 € zzgl. Umsatzsteuer, die als Betriebsausgabe (netto) verbucht wurde. Für die Fahrten zum Betrieb nutzt er seinen privaten Pkw. Die einfache Entfernung von seiner Wohnung bis zum Betrieb beträgt 15 km, die er an 230 Tagen im Jahr zurücklegt. Die Kosten sind nicht berücksichtigt.

AUFGABE

Ermitteln Sie den steuerlichen Gesamtgewinn der ABC-OHG und die steuerlichen Gewinnanteile der Gesellschafter für das Jahr 01. Gehen Sie von einem einheitlichen Umsatzsteuersatz i. H. von 19 % aus.

LÖSUNG

Der Gewinn der ABC-OHG ist gem. § 179 Abs. 2 und § 180 Abs. 1 Satz 1 Nr. 2 Buchst. a AO einheitlich und gesondert festzustellen. Die Gesellschafter erzielen als Mitunternehmer Einkünfte gem. § 2 Abs. 1 Satz 1 Nr. 2 i.V. mit § 15 Abs. 1 Satz 1 Nr. 2 EStG. Es handelt sich hierbei um Gewinneinkünfte gem. § 2 Abs. 2 Satz 1 Nr. 1 EStG. Dazu gehören nicht nur der Gewinnanteil, sondern auch alle Vergütungen, die die Gesellschafter für Leistungen im Dienste der Gesellschaft erhalten.

Das Grundstück ist als notwendiges Sonderbetriebsvermögen I in der Sonderbilanz von A bei der ABC-OHG zu erfassen (R 4.2 Abs. 2 Satz 1 und 2 EStR). Die Pacht, die A für die Überlassung des Grundstücks von der ABC-OHG erhält, stellt folglich eine Sonderbetriebseinnahme i. S. des § 15 Abs. 1 Satz 1 Nr. 2 Satz 1 Halbsatz 2 EStG dar; alle mit diesem Grundstück im Zusammenhang stehenden Kosten, die von A getragen werden, sind außerdem als Sonderbetriebsausgaben abzugsfähig. Auch das Darlehen zur Finanzierung des Grundstücks ist als notwendiges Sonderbetriebsvermögen I zu passivieren und die Zinsen sind als Sonderbetriebsausgaben abzugsfähig. Es handelt sich hier nicht um eine mitunternehmerische Betriebsaufspaltung. Die beschriebenen Sonderbetriebseinnahmen und Sonderbetriebsausgaben sind dem Gewinn der ABC-OHG und A vorweg bei der Gewinnverteilung zuzurechnen.

Das Honorar, das B von der ABC-OHG erhält, stellt eine Sondervergütung für Leistungen im Dienste der Gesellschaft dar und darf nicht als Betriebsausgabe abgezogen werden (§ 15 Abs. 1 Satz 1 Nr. 2 Satz 1 Halbsatz 2 EStG). Alle damit im Zusammenhang stehenden Kosten sind als Sonderbetriebsausgaben abzuziehen. Diese Beträge sind bei der Gewinnermittlung des Ingenieurbüros nicht mehr zu berücksichtigen. Sie wirken sich im Rahmen der Gewinnermittlung der ABC-OHG und bei der Vorwegzurechnung auf B mit den Nettobeträgen aus, da die Umsatzsteuer bei einem Bilanzierenden – hier in der Sonderbilanz – erfolgsneutral zu erfassen ist.

Die Lieferungen der Baustoffe an die ABC-OHG fallen nicht unter § 15 Abs. 1 Satz 1 Nr. 2 EStG, da diese Vorschrift nur von der Überlassung, aber nicht von der Veräußerung bzw. Lieferung von Wirtschaftsgütern spricht. Die Beträge sind deshalb im Baustoffgroßhandel zu erfassen.

Die Tätigkeitsvergütungen, die C von der ABC-OHG erhält, stellen ebenfalls Sondervergütungen dar, die den Gewinn der ABC-OHG nicht mindern dürfen. Die Vergütungen unterliegen der Umsatzsteuer bei C mit 60.000 € (lt. Sachverhalt netto), davon 19 % = 11.400 €. Diese Umsatzsteuerverbindlichkeit ist in der Sonderbilanz von C erfolgsneutral zu passivieren; auch die ABC-OHG konnte nur den Nettobetrag als Betriebsausgabe behandeln und hat bei der Erstellung einer ordnungsgemäßen Rechnung insoweit einen Vorsteuerabzug (Abschnitt 1.6 Abs. 3 und Abschnitt 2.2 Abs. 2 UStAE). Somit ist dem Gewinn der ABC-OHG und C vorweg lediglich der Nettobetrag zuzurechnen. Die mit der Tätigkeitsvergütung zusammenhängenden Fahrtkosten sind als Sonderbetriebsausgaben abzugsfähig. Da es sich um Fahrten zwischen der Wohnung und der Betriebsstätte handelt, ist die Begrenzung gem. § 4 Abs. 5 Satz 1 Nr. 6 Satz 1, 2 und 4 i.V. mit § 9 Abs. 1 Satz 3 Nr. 4 Satz 1, 2 und 8 EStG zu beachten. Abzugsfähig sind 230 Tage x 15 km x 0,30 € = 1.035 €.

Gewinnermittlung:

	ABC-OHG	A	B	C
Pacht	+ 36.000 €	+ 36.000 €		
AfA	- 4.500 €	- 4.500 €		
Zinsen	- 3.500 €	- 3.500 €		
Honorar	+ 40.000 €		+ 40.000 €	
Kosten	- 21.000 €		- 21.000 €	
Gehalt	+ 60.000 €			+ 60.000 €
Fahrtkosten	- 1.035 €			- 1.035 €
Gesamthandsgewinn ABC-OHG	+ 120.000 €	+ 40.000 €	+ 40.000 €	+ 40.000 €
Steuerlicher Gesamtgewinn ABC-OHG	225.965 €	68.000 €	59.000 €	98.965 €

FALL 171

Familienpersonengesellschaft

Sachverhalt: Der Vater Anton beteiligt an seinem bisher als Einzelunternehmen geführten Gewerbebetrieb seinen 12-jährigen Sohn Harald ab dem 1.1.01 als Kommanditist. Der schriftliche Gesellschaftsvertrag v. 10.11.00 wurde am 5.12.00 durch das Familiengericht genehmigt. Bei Abschluss des Vertrags war Harald durch einen Pfleger vertreten, den das Amtsgericht bestellt hatte. Der Gesellschaftsvertrag bestimmt, dass der Vater sein Einzelunternehmen mit allen Aktiven und Passiven zu Buchwerten in die neu gegründete KG einbringt. Vom Festkapital der KG i. H. von 500.000 € entfallen auf Anton 450.000 € und auf seinen Sohn 50.000 €. Harald erbringt seine Kapitaleinlage vereinbarungsgemäß dadurch, dass die Beträge vom Konto des Anton schenkungsweise umgebucht werden. Zur Geschäftsführung und Vertretung ist nur Anton berechtigt. Für seine Tätigkeit und für seine unbeschränkte Haftung erhält Anton monatlich 10.000 €. Anton und Harald sind im Verhältnis ihrer Kapitalanteile an den stillen Reserven des Unternehmens beteiligt.

Der Handelsbilanzgewinn der KG im Jahr 01 beträgt 380.000 €. Anton erhält 80 % als Gewinn- und Verlustanteil, Harald ist mit 20 % am Gewinn und Verlust beteiligt. Die steuerlichen Gewinne der letzten fünf Jahre betrugen bei dem Einzelunternehmen durchschnittlich 400.000 €. Der gemeine Wert der Beteiligung des Sohnes kann mit 100.000 € angenommen werden.

AUFGABEN

1. Kann die KG steuerlich anerkannt werden?
2. Kann die Gewinnverteilung steuerlich anerkannt werden?

LÖSUNG

Zu 1

Ein Gesellschaftsvertrag unter Familienangehörigen ist dann steuerlich anzuerkennen, wenn der Gesellschaftsvertrag zivilrechtlich wirksam ist, tatsächlich durchgeführt wurde und es sich um eine Mitunternehmerschaft handelt.

Der Gesellschaftsvertrag wurde zivilrechtlich wirksam unter der Beachtung der Formvorschriften abgeschlossen. Eine notarielle Beurkundung des Gesellschaftsvertrags ist nicht erforderlich. Erforderlich ist aber, dass der Sohn bei Abschluss des Gesellschaftsvertrags durch einen Ergänzungspfleger vertreten war (§ 1809 BGB) und die familiengerichtliche Genehmigung des Vertrags unverzüglich nach Vertragsabschluss eingeholt und erteilt wird (H 15.9 Abs. 2 Familiengerichtliche Genehmigung EStH 2023). Eine Dauerergänzungspflegschaft ist nicht erforderlich. Diese Voraussetzungen sind im vorliegenden Fall erfüllt. Die Genehmigung des Familiengerichts wirkt hier auf den Zeitpunkt des Vertragsabschlusses zurück.

Der Sohn Harald wird durch eine Schenkung des Kapitalanteils als Gesellschafter beteiligt. Grundsätzlich ist hierfür gem. § 518 Abs. 1 BGB eine notarielle Beurkundung des Schenkungsversprechens erforderlich. Diese ist im vorliegenden Fall nicht gegeben. Dieser Formmangel kann aber durch die Bewirkung der versprochenen Leistung gem. § 518 Abs. 2 BGB geheilt werden. Die Heilung erfolgt hier durch die Einrichtung eines entsprechenden Kapitalkontos zugunsten von Harald in der Bilanz.

Eine Mitunternehmerschaft kann dann bejaht werden, wenn einem minderjährigen Kind in einem ernsthaft gewollten und zivilrechtlich wirksamen Vertrag wenigstens annähernd die Rechte eines Kommanditisten i. S. der Vorschriften des HGB eingeräumt werden (H 15.9 Abs. 2 Allgemeines EStH 2023). Da keine entgegenstehenden vertraglichen Vereinbarungen bzgl. etwaiger Einschränkungen der Gesellschafterrechte bestehen, ist Harald als Mitunternehmer anzusehen. Er trägt demnach Mitunternehmerinitiative und Mitunternehmerrisiko durch die Beteiligung an den stillen Reserven.

Zu 2

Unabhängig von der steuerlichen Anerkennung der KG ist zu prüfen, ob die vereinbarte und entsprechend durchgeführte Gewinnverteilung anerkannt werden kann (R 15.9 Abs. 3 EStR). Bei der Prüfung der Angemessenheit sind Vergleiche mit Gewinnverteilungsabreden unter Fremden anzustellen. Eine derartige Möglichkeit besteht aber hier nicht, da Harald seinen Kapitalanteil geschenkt erhielt, was unter Fremden nicht üblich ist. Die Prüfung der Angemessenheit richtet sich nach den Grundsätzen des Großen Senats des BFH, Urteil v. 29.5.1972 - GrS 4/71 (BStBl 1973 II S. 5 ff.; H 15.9 Abs. 3 Allgemeines EStH 2023). Danach ist bei einem nicht mitarbeitenden Familienangehörigen, der seine Beteiligung geschenkt erhielt, ein Gewinnanteil angemessen, der eine Rendite i. H. von 15 % des tatsächlichen Wertes des Gesellschaftsanteils ergibt. Dieser Wert ist zum Zeitpunkt der Gründung zu ermitteln und beträgt lt. Sachverhalt 100.000 €.

Berechnung:

Gemeiner Wert der Beteiligung	100.000 €
davon maximal 15 % =	15.000 €
Zu erwartender jährlicher Gesamthandsgewinn der KG:	
Geschätzt auf der Grundlage des Steuergewinns des Einzelunternehmens der letzten fünf Jahre, abzgl. der künftig zu berücksichtigenden Sondervergütung des Komplementärs = 400.000 € - 120.000 € =	280.000 €

Steuerlich höchstmöglicher Gewinnanteil:

$$\text{(Rendite)} \quad \frac{15.000\,€ \times 100}{280.000\,€} = 5{,}36\,\%$$

Damit ist für Harald ein Gewinnanteil i. H. von 5,36 % angemessen. Das bedeutet, für das Jahr 01 ist ein Gewinnanteil i. H. von 5,36 % des handelsrechtlichen Gewinns und damit des Gesamthandsgewinns i. H. von 380.000 € = 20.368 € angemessen.

Gewinn lt. Handelsbilanz im Jahr 01 = Gesamthandsgewinn der KG	380.000 €
zzgl. Tätigkeitsvergütung Anton, da es sich hier um Sondervergütungen i. S. des § 15 Abs. 1 Satz 1 Nr. 2 EStG handelt, die den Handelsbilanzgewinn gemindert haben	+ 120.000 €
Steuerlicher Gesamtgewinn der KG	**500.000 €**

Vereinbarte Gewinnverteilung:

	KG	Anton	Harald
Gesamtgewinn der KG	500.000 €		
abzgl. Sondervergütung Anton	- 120.000 €	120.000 €	
Gesamthandsgewinn der KG	380.000 €		
Gewinnverteilungsschlüssel 80:20		+ 304.000 €	76.000 €
		424.000 €	76.000 €

Diese Gewinnverteilung ist aufgrund der Unangemessenheit nicht anzuerkennen. Die steuerlich anzuerkennende Gewinnverteilung sieht wie folgt aus:

	KG	Anton	Harald
Gesamtgewinn der KG	500.000 €		
abzgl. Sondervergütung Anton	- 120.000 €	120.000 €	
Gesamthandsgewinn der KG	380.000 €		

	KG	Anton	Harald
Restverteilung mit dem höchstmöglichen Gewinnanteil für Harald i. H. von 5,36 %		+ 359.632 €	20.368 €
		479.632 €	20.368 €

Die unangemessenen Gewinnanteile sind dem Mitunternehmer zuzurechnen, dem sie wirtschaftlich aufgrund des Gesellschaftsvertrags zustehen, also dem Komplementär, dem Schenker Anton. Es handelt sich hier um einkommensteuerlich unbeachtliche Zuwendungen des Vaters i. H. von 55.632 € (= 76.000 € - 20.368 €) gem. § 12 Nr. 2 EStG. Da der Kommanditist Anspruch auf den vertraglich vereinbarten Gewinnanteil hat, müssen die Beträge dem Kapitalkonto von Harald erfolgsneutral gutgeschrieben werden.

Letztlich tritt der angemessene Gewinnanteilsatz i. H. von 5,36 % an die Stelle des im Gesellschaftsvertrag vereinbarten höheren Satzes i. H. von 20 %.

FALL 172

GmbH & Co. KG

Sachverhalt: An der Globus GmbH & Co. KG sind als Geschäftsführer die Komplementär-GmbH mit 10 % und als Kommanditisten die Gesellschafter A und B mit jeweils 45 % beteiligt; die GmbH unterhält neben der Geschäftsbeziehung zu der KG keinen eigenständig erheblichen Geschäftsbetrieb. Der handelsrechtliche Gewinn der KG beträgt im Wirtschaftsjahr = Kalenderjahr 01 300.000 €. An der GmbH sind A und B zu je 50 % beteiligt. Am 20.12.01 wird auf einer Gesellschafterversammlung der GmbH eine Vorabgewinnausschüttung für das Jahr 01 beschlossen. Die beiden Gesellschafter erhalten am 10.1.02 jeweils 8.835 € auf ihr Konto überwiesen.

AUFGABE

Führen Sie für das Jahr 01 die Gewinnfeststellung der KG und die Gewinnverteilung auf die Gesellschafter der KG durch.

LÖSUNG

Die GmbH & Co. KG ist eine Personengesellschaft, deren Gewinn einheitlich und gesondert gem. § 179 Abs. 2 und § 180 Abs. 1 Satz 1 Nr. 2 Buchst. a AO festzustellen ist. Die Gesellschaft ist ein Gewerbebetrieb, wenn nicht durch gewerbliche Betätigung gem. § 15 Abs. 2 EStG, dann zumindest als gewerblich geprägte Gesellschaft gem. § 15 Abs. 3 Nr. 2 EStG.

Die Gesellschafter der KG erzielen Einkünfte aus Gewerbebetrieb i. S. des § 8 Abs. 2 KStG und § 2 Abs. 1 Satz 1 Nr. 2 i.V. mit § 15 Abs. 1 Satz 1 Nr. 2 EStG. Zum jeweiligen notwendigen Sonderbetriebsvermögen II der Gesellschafter A und B bei der KG gehört auch die jeweilige Beteiligung an der Komplementär-GmbH. Diese ist für den Betrieb der GmbH & Co. KG nicht nur förderlich, sondern für diese Rechtsform unerlässlich (R 4.2 Abs. 2 EStR und H 4.2 Abs. 2 Anteile an Kapitalgesellschaften EStH 2023). Die Gewinnausschüttungen der GmbH stellen demnach Sonderbetriebseinnahmen der Kommanditisten dar. Der Auszahlungsanspruch entsteht zum Zeitpunkt der Beschlussfassung und ist deshalb bereits im Jahr 01 zu berücksichtigen. Als Sonderbetriebseinnahmen sind auch die Kapitalertragsteuer und der Solidaritätszuschlag anzusetzen (§ 20 Abs. 8 i.V. mit Abs. 1 Nr. 1 EStG und § 12 Nr. 3 EStG). Die von der GmbH einzubehaltende Kapitalertragsteuer beträgt 25 % gem. § 43 Abs. 1 Satz 1 Nr. 1 und Satz 3 sowie Abs. 4, § 43a Abs. 1 Satz 1 Nr. 1 und § 44 Abs. 1 Satz 3 EStG zzgl. Solidaritätszuschlag. Eine Abgeltungswirkung greift bei gewerblichen Einkünften nicht (§ 43 Abs. 5 Satz 2 EStG). Für die Bruttogewinnausschüttung gilt das Teileinkünfteverfahren gem. § 3 Nr. 40 Satz 1 Buchst. d und Satz 2 EStG. Damit sind die Sonderbetriebseinnahmen in der jeweiligen Einkommensteuerveranlagung zu 60 % steuerpflichtig.

Gewinnfeststellung:

	KG	GmbH	A	B
Handelsrechtlicher Gewinn = Gesamthandsgewinn KG	300.000 €	30.000 €	135.000 €	135.000 €
zzgl. Ausschüttung netto (= 73,625 %)	+ 17.670 €		+ 8.835 €	+ 8.835 €
zzgl. Kapitalertragsteuer und Solidaritätszuschlag (26,375 % der Barausschüttung)	+ 6.330 €		+ 3.165 €	+ 3.165 €
Steuerlicher Gesamtgewinn der KG, Bruttofeststellung	324.000 €	30.000 €	147.000 €	147.000 €
davon bei der Einkommensteuerveranlagung steuerfrei 40 % gem. § 3 Nr. 40 Satz 1 Buchst. d EStG	- 9.600 €		- 4.800 €	- 4.800 €

Die Kommanditisten A und B können bei ihrer Einkommensteuerveranlagung die Kapitalertragsteuer i. H. von jeweils 3.000 € auf die Einkommensteuer anrechnen (§ 36 Abs. 2 Nr. 2 EStG). Bei der Ermittlung des Gewerbeertrags der KG ist bereits der steuerliche Gesamtgewinn i. H. von 324.000 € – als Ausgangsbetrag i. S. des § 7 Satz 1 GewStG – gem. § 7 Satz 4 GewStG um den steuerfreien Anteil der Bruttogewinnausschüttung der GmbH i. H. von 9.600 € zu kürzen (Nettomethode); der dann noch im steuerlichen Gesamtgewinn der KG enthaltene steuerpflichtige Anteil der Bruttogewinnausschüttung der GmbH i. H. von 14.400 € muss zusätzlich gem. § 9 Nr. 2a GewStG gekürzt werden.

FALL 173

GmbH & Co. KG/Sonderbetriebsvermögen

Sachverhalt: Wie Fall 172, aber an der Komplementär-GmbH sind die Gesellschafter X und B beteiligt.

AUFGABE

Welche Folgerungen ergeben sich bei der vorliegenden Fallgestaltung?

LÖSUNG

B erzielt – wie alle anderen Gesellschafter der KG auch – Einkünfte aus Gewerbebetrieb i. S. des § 2 Abs. 1 Satz 1 Nr. 2 i.V. mit § 15 Abs. 1 Satz 1 Nr. 2 EStG. Es handelt sich hierbei um Gewinneinkünfte gem. § 2 Abs. 2 Satz 1 Nr. 1 EStG. In diesem Fall sind nur die GmbH-Anteile von B notwendiges Sonderbetriebsvermögen II bei der KG. Demnach sind auch nur die Gewinnausschüttungen, soweit sie auf B entfallen, als Sonderbetriebseinnahmen zu berücksichtigen. Zum Zeitpunkt der Berücksichtigung und zum Kapitalertragsteuerabzug wird vollständig auf die diesbezüglichen Ausführungen im Fall 172 verwiesen. Die Bruttogewinnausschüttung an B unterliegt gem. § 3 Nr. 40 Satz 1 Buchst. d und Satz 2 EStG dem Teileinkünfteverfahren, so dass die Sonderbetriebseinnahmen in der Einkommensteuerveranlagung zu 40 % steuerfrei und zu 60 % steuerpflichtig sind.

Gewinnermittlung:

	KG	GmbH	A	B
Handelsrechtlicher Gewinn = Gesamthandsgewinn KG	300.000 €	30.000 €	135.000 €	135.000 €
zzgl. Ausschüttung netto (= 73,625 %)	+ 8.835 €			+ 8.835 €
zzgl. Kapitalertragsteuer und Solidaritätszuschlag (26,375 % der Barausschüttung)	+ 3.165 €			+ 3.165 €
Steuerlicher Gesamtgewinn der KG, Bruttofeststellung	312.000 €	30.000 €	135.000 €	147.000 €
davon bei der Einkommensteuerveranlagung steuerfrei 40 % gem. § 3 Nr. 40 Satz 1 Buchst. d EStG	- 4.800 €			- 4.800 €

Auch bzgl. der Anrechnung der Kapitalertragsteuer bei B und den gewerbesteuerlichen Konsequenzen für die KG gelten die Ausführungen zum Fall 172 sinngemäß.

Der Gesellschafter X erzielt Einkünfte aus Kapitalvermögen gem. § 2 Abs. 1 Satz 1 Nr. 5 i.V. mit § 20 Abs. 1 Nr. 1 EStG. Hierbei handelt es sich um Überschusseinkünfte i. S. des § 2 Abs. 2 Satz 1 Nr. 2 EStG, die sich grds. aus der Differenz der Einnahmen gem. § 8 Abs. 1 EStG und der Werbungskosten gem. § 9 EStG ergeben. Die Einnahmen sind zum Zeitpunkt des Zuflusses im Jahr 02 zu berücksichtigen (§ 11 Abs. 1 Satz 1 EStG).

Barausschüttung	8.835 €
zzgl. Kapitalertragsteuer und Solidaritätszuschlag (§ 12 Nr. 3 EStG)	+ 3.165 €
Bruttoeinnahmen	12.000 €

Die Verpflichtung zum Kapitalertragsteuerabzug durch die GmbH ergibt sich aus § 43 Abs. 1 Satz 1 Nr. 1, § 43a Abs. 1 Satz 1 Nr. 1 und § 44 Abs. 1 Satz 3 EStG. Hierdurch tritt grds. eine Abgeltungswirkung gem. § 43 Abs. 5 Satz 1 EStG ein. Da aber ein Freistellungsauftrag gegenüber einer GmbH in aller Regel nicht möglich ist (§ 44a EStG), kann X zur Berücksichtigung des Sparer-Pauschbetrags i. S. des § 20 Abs. 9 EStG einen Antrag auf Veranlagung mit dem gesonderten Steuersatz stellen (§ 32d Abs. 4 i.V. mit Abs. 1 EStG). Auch ein Antrag gem. § 32d Abs. 6 EStG (Günstigerprüfung eines niedrigeren individuellen Steuersatzes gem. § 32a EStG) und – aufgrund der Tatsache, dass X zu 50 % an der GmbH beteiligt ist – ein Antrag gem. § 32d Abs. 2 Nr. 3 EStG (zur Berücksichtigung etwaiger tatsächlicher Werbungskosten) wären denkbar.

FALL 174

Gewinnermittlung einer GmbH & Co. KG

Sachverhalt: Xaver Lustig ist Geschäftsführer der Fröhlich Verwaltungs-GmbH mit Sitz in Neustadt. Er erhält im Jahr 05 ein Bruttogehalt i. H. von 61.000 €. Das Stammkapital der Fröhlich Verwaltungs-GmbH beträgt 50.000 €. Gesellschafter der Fröhlich Verwaltungs-GmbH sind seit der Gründung Xaver Lustig zu 60 % und seine Ehefrau Antonia zu 40 %. Am 23.6.05 beschließt die Fröhlich Verwaltungs-GmbH eine Gewinnausschüttung für das Jahr 04. Die Ausschüttung wurde am 10.7.05 an die Eheleute Lustig i. H. von 36.812,50 € (netto) per Überweisung gezahlt (= Tag der Abgabe bei der Bank). Eine Steuerbescheinigung liegt vor.

Xaver Lustig erhält am 1.12.05 die vereinbarungsgemäßen jährlichen Zinsen i. H. von 12.000 € von der Fröhlich Verwaltungs-GmbH überwiesen, da er der Gesellschaft am 2.1.05 ein Darlehen i. H. von 60.000 € mit einem Zinssatz i. H. von 20 % p. a. zur Verfügung gestellt hatte. Bei einer Bank hätte die Fröhlich Verwaltungs-GmbH den Kredit allerdings für die Hälfte erhalten. Der Kredit war nicht für die Existenz der Fröhlich Verwaltungs-GmbH notwendig.

Xaver Lustig ist außerdem an der Fröhlich GmbH & Co. KG (Baufirma) als Kommanditist mit einer Kapitaleinlage i. H. von 40.000 € beteiligt. Weitere Gesellschafter sind:

- Willi Wutz, Kapitaleinlage 50.000 €, als Kommanditist und
- die Fröhlich Verwaltungs-GmbH, Kapitaleinlage 10.000 €, als Komplementärin und Geschäftsführerin der KG.

Einen sonstigen eigenen Geschäftsbetrieb von erheblicher Bedeutung hat die GmbH nicht.

Die Gesellschafter sind entsprechend ihren Einlagen am Gewinn/Verlust und an den stillen Reserven beteiligt. Vorab erhalten sie eine Verzinsung der Einlagen i. H. von 15 % und die GmbH erhält einen Auslagenersatz i. H. des Geschäftsführergehalts an Xaver Lustig. Diese Beträge wurden als Betriebsausgaben behandelt.

Der Handelsbilanzgewinn der KG im Wirtschaftsjahr = Kalenderjahr 05 beträgt 360.000 €.

AUFGABE

Ermitteln Sie den steuerlichen Gesamtgewinn der Fröhlich GmbH & Co. KG für das Jahr 05 und verteilen Sie ihn auf die Gesellschafter.

LÖSUNG

Die Fröhlich GmbH & Co. KG unterhält einen Gewerbebetrieb i. S. des § 15 Abs. 2 EStG. Es ist eine einheitliche und gesonderte Gewinnfeststellung gem. § 179 Abs. 2 i.V. mit § 180 Abs. 1 Satz 1 Nr. 2 Buchst. a AO vorzunehmen.

Als Kommanditisten der Fröhlich GmbH & Co. KG erzielen Willi Wutz und Xaver Lustig Einkünfte gem. § 2 Abs. 1 Satz 1 Nr. 2 i.V. mit § 15 Abs. 1 Satz 1 Nr. 2 EStG. Es handelt sich hierbei um Gewinneinkünfte i. S. des § 2 Abs. 2 Satz 1 Nr. 1 EStG. Sie sind Mitunternehmer der KG, da ihre Stellung der gesetzestypischen Stellung eines Kommanditisten lt. HGB entspricht. Xaver Lustig ist zu 40 % und Willi Wutz zu 50 % am Gewinn beteiligt. Auch die Komplementär-GmbH erzielt Einkünfte aus Gewerbebetrieb gem. § 8 Abs. 2 KStG.

Als Geschäftsführerin der KG erhält die GmbH eine Tätigkeitsvergütung i. H. des Auslagenersatzes. Diese Tätigkeitsvergütung stellt eine Sondervergütung i. S. des § 8 Abs. 1 KStG i.V. mit § 15 Abs. 1 Satz 1 Nr. 2 Satz 1 Halbsatz 2 EStG dar, um die der Gewinn der KG zu erhöhen ist. Gleichzeitig hat die GmbH i. H. des Geschäftsführergehalts an Xaver Lustig Sonderbetriebsausgaben, da sie ohne ihren eigenen Geschäftsführer den Betrieb der KG nicht leiten könnte. Diese Sonderbetriebsausgaben der GmbH mindern den Gewinn der KG. Die Vorgänge sind bereits bei der einheitlichen und gesonderten Gewinnfeststellung der KG zu berücksichtigen.

HINWEIS

Die Vergütungen an die GmbH unterliegen der Umsatzsteuer (siehe Abschnitt 2.2 Abs. 2 UStAE).

Xaver Lustig führt als Geschäftsführer der Fröhlich Verwaltungs-GmbH letztlich die Geschäfte der KG, da die GmbH daneben keinen eigenständigen Geschäftsbetrieb von erheblicher Bedeutung hat. Damit wird er im Dienste der KG tätig, an der er als Kommanditist beteiligt ist.

Der von der Komplementär-GmbH gezahlte Arbeitslohn stellt für Xaver Lustig in der Folge keine Einkünfte aus nichtselbständiger Arbeit dar, sondern gehört als Sondervergütung zu seinen Einkünften i. S. des § 15 Abs. 1 Satz 1 Nr. 2 Satz 1 Halbsatz 2 EStG. Beiträge zur Sozialversicherung wurden keine geleistet, da Xaver Lustig nicht sozialversicherungspflichtig i. S. des Sozialversicherungsrechts ist, denn er ist mit seiner 60 %igen Beteiligung an der Komplementär-GmbH beherrschender Gesellschafter-Geschäftsführer. Der Gewinn der KG ist demnach erneut um den Bruttolohn i. H. von 61.000 € zu erhöhen und vorweg bei der Gewinnverteilung Xaver Lustig zuzurechnen.

Die GmbH-Anteile von Xaver Lustig i. H. von 30.000 € (= 60 % von 50.000 € Stammkapital) gehören zum notwendigen Sonderbetriebsvermögen II von Xaver Lustig bei der KG, da die Beteiligung an der Komplementär-GmbH seiner Beteiligung als Kommanditist an der KG förderlich und für diese Gesellschaftsform erforderlich ist (R 4.2 Abs. 2 EStR und H 4.2 Abs. 2 Anteile an Kapitalgesellschaften EStH 2023). Das gilt nicht für die Anteile von Antonia Lustig, da sie nicht als Mitunternehmerin an der KG beteiligt ist und somit kein Sonderbetriebsvermögen haben kann. Die Anteile gehören bei ihr zum Privatvermögen.

Zu den Sonderbetriebseinnahmen von Xaver Lustig zählen demnach die Gewinnausschüttungen der Fröhlich Verwaltungs-GmbH inklusive Kapitalertragsteuer und Solidaritätszuschlag gem. § 20 Abs. 8 i.V. mit Abs. 1 Nr. 1 EStG und § 12 Nr. 3 EStG. Die Kapitalertragsteuer beträgt 25 % gem. § 43 Abs. 1 Satz 1 Nr. 1 und Satz 3 sowie Abs. 4, § 43a Abs. 1 Satz 1 Nr. 1 und § 44 Abs. 1 Satz 3 EStG zzgl. Solidaritätszuschlag. Eine Abgeltungswirkung greift bei gewerblichen Einkünften nicht (§ 43 Abs. 5 Satz 2 EStG). Für die Bruttogewinnausschüttung gilt das Teileinkünfteverfahren gem. § 3 Nr. 40 Satz 1 Buchst. d und Satz 2 EStG. Damit sind die Sonderbetriebseinnahmen in der Einkommensteuerveranlagung zu 60 % steuerpflichtig.

Hinzuzurechnen sind:

60 % (Beteiligungshöhe) von 36.812,50 € netto (= 73,625 %) =	22.087,50 €
zzgl. Kapitalertragsteuer und Solidaritätszuschlag (= 26,375 % der Barausschüttung)	+ 7.912,50 €
Bruttogewinnausschüttung für Xaver Lustig (Sonderbetriebseinnahme bei der KG, Bruttofeststellung)	30.000,00 €
davon bei der Einkommensteuerveranlagung steuerfrei 40 % gem. § 3 Nr. 40 Satz 1 Buchst. d EStG	12.000,00 €

Ebenso sind verdeckte Gewinnausschüttungen bei der einheitlichen und gesonderten Gewinnfeststellung der KG als Sonderbetriebseinnahmen zu berücksichtigen. Der Darlehensvertrag zwischen Xaver Lustig und der Fröhlich Verwaltungs-GmbH ist steuerlich anzuerkennen. Allerdings ist der Zinssatz überhöht, denn bei einem Vertrag zwischen fremden Dritten wäre lediglich ein Zinssatz i. H. von 10 % vereinbart worden. Insoweit gewährt die Fröhlich Verwaltungs-GmbH ihrem Gesellschafter Vorteile, die sie fremden Dritten nicht gewährt hätte (§ 8 Abs. 3 Satz 2 KStG und R 8.5 KStR und H 8.5 KStH 2022). In Höhe von 10 % = 6.000 € liegt demnach eine verdeckte Gewinnausschüttung an Xaver Lustig vor. Als Sonderbetriebseinnahmen sind zu erfassen:

6.000 €: Die Kapitalertragsteuer ist bei einer verdeckten Gewinnausschüttung nicht einbehalten worden, muss aber gem. § 43 Abs. 1 Satz 1 Nr. 1 EStG grds. nacherhoben werden. Hier wird davon ausgegangen, dass der Gesellschafter die von der GmbH an das Finanzamt zu zahlende Steuer der GmbH erstattet.

3.600 €: 60 % steuerpflichtig (wiederum erst bei der Einkommensteuerveranlagung zu berücksichtigen, § 3 Nr. 40 Satz 1 Buchst. d EStG; bei der Personengesellschaft gilt die Bruttofeststellung).

Die Zinsen für das Darlehen selbst sind als Einkünfte aus Kapitalvermögen zu erfassen, da das Darlehen kein notwendiges Sonderbetriebsvermögen von Xaver Lustig darstellt. Darlehen und GmbH-Anteile sind unabhängig voneinander zu beurteilen (BFH, Urteil v. 11.3.1976 - IV R 185/71, BStBl 1976 II S. 380; lt. Sachverhalt nicht notwendiges Betriebsvermögen (R 4.2 Abs. 2 EStR)).

Die Kapitalverzinsung ist lediglich eine Gewinnverteilungsabrede und darf den Gesamthandsgewinn der KG nicht mindern. Einlagen insgesamt = 100.000 €, davon 15 % = 15.000 €. Diese Beträge sind entsprechend der Höhe der Einlage auf die Gesellschafter zu verteilen.

Der Restgewinn ist ebenfalls entsprechend dem Verhältnis der Einlagen zu verteilen: 40:50:10.

Gewinnverteilung:

	KG (€)	Xaver Lustig (€)	Willi Wutz (€)	GmbH (€)
Handelsbilanzgewinn = Gesamthandsgewinn KG	360.000			
zzgl. Sondervergütung GmbH (Auslagenersatz)	+ 61.000			61.000
abzgl. Sonderbetriebsausgabe GmbH (Gehalt Xaver Lustig)	- 61.000			- 61.000
zzgl. Sondervergütung Xaver Lustig (Gehalt von GmbH)	+ 61.000	61.000		
zzgl. Sonderbetriebseinnahme (Bruttogewinnausschüttung)	+ 30.000	+ 30.000		
zzgl. Sonderbetriebseinnahme (verdeckte Gewinnausschüttung)	+ 6.000	+ 6.000		
zzgl. Kapitalverzinsung	+ 15.000	+ 6.000	7.500	+ 1.500
Restverteilung	(360.000)	+ 144.000	+ 180.000	+ 36.000
Steuerlicher Gesamtgewinn der KG, Bruttofeststellung	472.000	247.000	187.500	37.500

abzgl. steuerfreier Teil für Xaver Lustig i. H. von 40 % = 14.400 € gem. § 3 Nr. 40 Satz 1 Buchst. d EStG bei seiner Einkommensteuerveranlagung.

FALL 175

Betriebsaufspaltung

Sachverhalt: In seiner Einkommensteuererklärung 06 gibt A umsatzsteuerfreie Einnahmen aus Vermietung und Verpachtung i. H. von monatlich 6.000 € an. Die laufenden Aufwendungen hierzu betragen (unstreitig) 2.100 € brutto monatlich. Das Finanzamt ist bei der Veranlagung für die Vorjahre den Angaben des Steuerpflichtigen gefolgt. Diesen liegt folgender Sachverhalt zugrunde:

Am 1.3.00 hatte A ein altes Fabrikgrundstück (Baujahr 1930) für 320.000 € (ohne Umsatzsteuer, darin enthalten sind 60.000 € für den Grund und Boden) erworben (Einheitswert zum 1.1.01 umgerechnet 81.806 €). Das Fabrikgebäude hat er mit einem Kostenaufwand i. H. von 35.000 € netto renoviert und modernisiert (neuer Einheitswert zum 1.1.02 umgerechnet 92.032 €). Infolgedessen konnte A das Fabrikgebäude genau auf den Mieter zugeschnitten verbessern. Neuer

Mieter wurde ab Oktober 00 die „Heimat Brotfabriken GmbH", die diesen Gebäudekomplex nunmehr als alleiniges Betriebsgebäude nutzt.

Ende Mai 01 erwarb A 80 % der Anteile an der nun florierenden Heimat Brotfabriken GmbH (Stammkapital 100.000 €) zum günstigen Kaufpreis i. H. von 96.000 € von dem bisherigen Alleingesellschafter Schneider. Schneider wollte sich aus der Firma teilweise zurückziehen, da er bereits in anderen Geschäften zeitlich sehr eingespannt ist. Als neuer Geschäftsführer wurde ein Fremder eingestellt. Ende des Jahres 05 traten finanzielle Schwierigkeiten auf, die A dazu veranlassten, der Heimat Brotfabriken GmbH ab Januar 06 ein Darlehen i. H. von 200.000 € zu gewähren. A konnte dadurch erreichen, dass sich die Vermögens- und Ertragslage der Firma wieder verbesserte. A verlangte einen marktüblichen Zinssatz i. H. von 10 % p. a. Die Zinsen sind monatlich, jeweils zum Monatsende, fällig und wurden in zwei gleichen Beträgen am 30.6.06 und am 31.12.06 bezahlt.

Gewinnausschüttungen hat A aufgrund der wirtschaftlichen Situation der Heimat Brotfabriken GmbH in den Jahren 05 und 06 nicht erhalten.

AUFGABE

Ermitteln Sie die Höhe der Einkünfte von A für den Veranlagungszeitraum 06. A beantragt ggf. die Gewinnermittlung gem. § 4 Abs. 3 EStG. Der Teilwert entspricht auch im Jahr 01 den Anschaffungskosten. Nehmen Sie Stellung zu den gewerbesteuerlichen Folgen.

LÖSUNG

Bis zum Erwerb der GmbH-Anteile erzielte A aus der Vermietung des Grundstücks – wie erklärt – Einkünfte gem. § 2 Abs. 1 Satz 1 Nr. 6 i.V. mit § 21 Abs. 1 Satz 1 Nr. 1 EStG.

Aufgrund des Erwerbs von 80 % der Anteile an der Heimat Brotfabriken GmbH sind die Voraussetzungen der Betriebsaufspaltung zu prüfen. Da A die Heimat Brotfabriken GmbH durch die Mehrheit der Anteile beherrscht (abweichendes Stimmrecht liegt lt. Sachverhalt nicht vor), ist eine personelle Verflechtung zwischen ihr und A gegeben.

Zudem liegt auch eine sachliche Verflechtung vor, da das vermietete Grundstück die wesentliche Betriebsgrundlage der Heimat Brotfabriken GmbH darstellt. So wurde das Grundstück explizit an ihre Bedürfnisse angepasst, so dass es sich zumindest um eine der funktional wesentlichen Betriebsgrundlagen dieser Gesellschaft handelt.

Da eine sachliche und eine personelle Verflechtung zwischen A (Besitzgesellschaft) und der Heimat Brotfabriken GmbH (Betriebsgesellschaft) besteht, handelt es sich um eine Betriebsaufspaltung; vorliegend um eine unechte Betriebsaufspaltung, da sie nicht durch die Aufspaltung einer Gesellschaft entstanden ist (H 15.7 Abs. 5 und 6 EStH 2023). Die Vermietung und Verpachtung wird in diesem Fall nicht mehr als Vermögensverwaltung, sondern als gewerbliche Tätigkeit angesehen. A erzielt deshalb ab dem Anteilserwerb Einkünfte i. S. des § 2 Abs. 1 Satz 1 Nr. 2 i.V. mit § 15 Abs. 1 Satz 1 Nr. 1 EStG. Hierbei handelt es sich um Gewinneinkünfte i. S. des § 2 Abs. 2 Satz 1 Nr. 1 EStG.

Das Wirtschaftsjahr ist gem. § 4a Abs. 1 Satz 2 Nr. 3 EStG das Kalenderjahr. Die Gewinnermittlung erfolgt auf Antrag gem. § 4 Abs. 3 EStG durch den Überschuss der Betriebseinnahmen gem.

§ 4 Abs. 4 EStG im Umkehrschluss i.V. mit § 8 Abs. 1 EStG in analoger Anwendung über die Betriebsausgaben gem. § 4 Abs. 4 EStG.

Betriebseinnahmen: Vereinnahmte Miete = 6.000 € x 12 = 72.000 €

Betriebsausgaben: Laufende Aufwendungen brutto (§ 9b Abs. 1 EStG im Umkehrschluss) = 2.100 € x 12 = - 25.200 €

Betriebsausgabe: AfA auf das Fabrikgebäude:

Anschaffungskosten des Gebäudes im Jahr 00: 260.000 € (§ 255 Abs. 1 HGB).

Die Kosten i. H. von 35.000 € netto zzgl. der darauf entfallenden Umsatzsteuer (§ 9b Abs. 1 EStG im Umkehrschluss) waren sofort abzugsfähige Erhaltungsaufwendungen i. S. der R 21.1 Abs. 1 EStR und i. S. des H 21.1 Abgrenzung von Anschaffungs-, Herstellungskosten und Erhaltungsaufwendungen EStH 2023, da sich keine Anhaltspunkte für eine wesentliche Verbesserung i. S. des § 255 HGB ergeben (siehe auch BMF, Schreiben v. 18.7.2003, BStBl 2003 I S. 386 ff., Rz. 9–14, 25–28 und 38). Die 15 %-Grenze gem. § 6 Abs. 1 Nr. 1a EStG i. H. von 260.000 € = 39.000 € ist durch die Nettokosten nicht überstiegen.

Ende Mai 01 wird das Grundstück notwendiges Betriebsvermögen. Es handelt sich um eine Einlage gem. § 6 Abs. 1 Nr. 5 EStG. Die Einlage erfolgt mit dem Teilwert, maximal mit den Anschaffungs-/Herstellungskosten abzgl. der AfA. Ebenso werden die GmbH-Anteile notwendiges Betriebsvermögen.

AfA gem. § 7 Abs. 4 Satz 1 Nr. 2 Buchst. a EStG a. F. für die Zeit von März 00–Mai 01: 2 % von 260.000 € = 5.200 €, davon $^{15}/_{12}$ = 6.500 €.

260.000 € - 6.500 € = 253.500 €; da der Teilwert 260.000 € beträgt, erfolgt die Einlage mit den fortgeführten Anschaffungskosten (§ 7 Abs. 1 Satz 5 EStG). Neue AfA-Bemessungsgrundlage bei Einlage: 253.500 €.

AfA ab Juni 01 = 2 % (Bauantrag vor 1985) von 253.500 € = 5.070 € (R 7.3 Abs. 6 Satz 1 und R 7.4 Abs. 10 Satz 1 Nr. 1 EStR).

Für das Jahr 06 als AfA abzugsfähig - 5.070 €

Das Darlehen an die Heimat Brotfabriken GmbH gehört ebenfalls zum Betriebsvermögen des Besitzunternehmens, da das Darlehen dazu diente, die Vermögens- und Ertragslage der Heimat Brotfabriken GmbH zu verbessern und damit den Wert der GmbH-Beteiligung, die zum notwendigen Betriebsvermögen gehört, zu fördern (BFH, Urteil v. 7.3.1978 - VIII R 38/74, BStBl 1978 II S. 378 ff.). Die Zinseinnahmen daraus stellen deshalb Betriebseinnahmen dar. Zinsen lt. Zahlung am 30.6.06 und am 31.12.06 (200.000 € x 10 % =) + 20.000 €

Laufender Gewinn aus Gewerbebetrieb **61.730 €**

Gewerbesteuer

Die aus der Betriebsaufspaltung erzielten Einkünfte aus Gewerbebetrieb sind bei A der Gewerbesteuer zu unterwerfen. Der Gewerbeertrag der Besitzgesellschaft stellt sich für den Erhebungszeitraum 06 wie folgt dar:

Gewinn gem. § 15 EStG und § 7 Satz 1 GewStG	61.730 €
abzgl. § 9 Nr. 1 GewStG: Kürzung für Grundbesitz 1,2 % von (92.032 € + 40 % gem. § 121a BewG =) 128.845 € =	- 1.547 €
Maßgebender Gewerbeertrag	60.183 €
Abrundung gem. § 11 Abs. 1 Satz 3 GewStG	60.100 €
abzgl. Freibetrag gem. § 11 Abs. 1 Satz 3 Nr. 1 GewStG	- 24.500 €
Verbleibender maßgebender Gewerbeertrag	35.600 €
Gewerbesteuermessbetrag gem. § 11 Abs. 2 GewStG: 3,5 % =	1.246 €

FALL 176

Verluste bei beschränkter Haftung (§ 15a EStG)

Sachverhalt: Am 2.1.01 wird eine KG gegründet, die aus den Gesellschaftern A, B und C besteht. A ist Komplementär und hat eine Einlage i. H. von 100.000 € zu leisten. Er erhält eine monatliche Geschäftsführervergütung i. H. von 3.000 €. Die beiden Kommanditisten B und C haben eine Einlage i. H. von je 50.000 € zu leisten, die vereinbarungsgemäß mit je 25.000 € bei der Gründung der Gesellschaft erbracht wird.

B hat der KG ein Darlehen i. H. von 50.000 € zur Verfügung gestellt, für das er jährlich 5.000 € an Zinsen erhält.

C stellt der Gesellschaft ein unbebautes Grundstück gegen eine jährliche Pacht i. H. von 5.000 € zur Verfügung, das er im Jahr 00 für 50.000 € erworben hatte. Den Kaufpreis hat er durch ein Darlehen i. H. von 40.000 € bestritten, für das er jährlich Zinsen i. H. von 3.000 € zu zahlen hat. Ihm entstehen keine weiteren Grundstücksaufwendungen.

Die Handelsbilanzgewinne der KG betragen:

- Jahr 01: Verlust i. H. von 300.000 € und
- Jahr 02: Verlust i. H. von 160.000 €.

Hierin hat die KG die o. g. Zahlungen an die Gesellschafter, soweit möglich, gewinnmindernd erfasst.

Der Gewinn/Verlust ist im Verhältnis 50:25:25 zu verteilen.

Die Kommanditisten haben folgende Entnahmen aus dem Gesellschaftsvermögen getätigt:

- Jahr 01: B = 5.000 € und C = 10.000 €.
- Jahr 02: B = 0 € und C = 10.000 €.

AUFGABE

Ermitteln Sie die Einkünfte der Gesellschafter für die Jahre 01 und 02.

LÖSUNG

Die Gesellschafter erzielen als Mitunternehmer Einkünfte i. S. des § 2 Abs. 1 Satz 1 Nr. 2 i.V. mit § 15 Abs. 1 Satz 1 Nr. 2 EStG. Es handelt sich hierbei um Gewinneinkünfte gem. § 2 Abs. 2 Satz 1 Nr. 1 EStG. Die von der KG gezahlte Geschäftsführervergütung an A stellt für diesen eine Sondervergütung für eine Leistung im Dienste der KG dar (§ 15 Abs. 1 Satz 1 Nr. 2 Satz 1 Halbsatz 2 EStG). Bei dem der KG von C zur Nutzung überlassenen Grundstück und dem von B zur Verfügung gestellten Darlehen handelt es sich jeweils um notwendiges Sonderbetriebsvermögen I der Gesellschafter, das in den jeweiligen Sonderbilanzen zu aktivieren ist (R 4.2 Abs. 2 Satz 1 und 2 EStR). Die Zinsen und die Pachterträge stellen insoweit Sonderbetriebseinnahmen von B und C gem. § 4 Abs. 4 EStG im Umkehrschluss i.V. mit § 8 Abs. 1 EStG analog dar; die privat getragenen Schuldzinsen von C hängen mit dem Grundstück zusammen und sind als Sonderbetriebsausgaben von C gem. § 4 Abs. 4 EStG gewinnmindernd zu behandeln.

Der Gewinn ist im Rahmen einer einheitlichen und gesonderten Feststellung gem. § 179 Abs. 2 und § 180 Abs. 1 Satz 1 Nr. 2 Buchst. a AO zu ermitteln.

Jahr 01

Gewinnermittlung und Gewinnverteilung:

	KG	A	B	C
Ergebnis lt. Handelsbilanz = Gesamthandsergebnis der KG	- 300.000 €	- 150.000 €	- 75.000 €	- 75.000 €
zzgl. Sondervergütung A (Gehalt)	+ 36.000 €	+ 36.000 €		
zzgl. Sonderbetriebseinnahme B (Zinsen aus Darlehen)	+ 5.000 €		+ 5.000 €	
zzgl. Sonderbetriebseinnahme C (Pacht aus Grundstück)	+ 5.000 €			+ 5.000 €
abzgl. Sonderbetriebsausgabe C (Schuldzinsen zum Grundstück)	- 3.000 €			- 3.000 €
Steuerlicher Gesamtgewinn der KG	- 257.000 €	- 114.000 €	- 70.000 €	- 73.000 €

Es ist nun zu prüfen, inwieweit die festgestellten Verlustanteile (§ 179 Abs. 2 und § 180 Abs. 1 Satz 1 Nr. 2 Buchst. a AO) bei den Einkommensteuerveranlagungen der Gesellschafter berücksichtigt werden können.

Der Komplementär **A** kann seine Verlustanteile uneingeschränkt absetzen. § 15a EStG beschränkt aber die Möglichkeit, gewerbliche Verluste mit anderen positiven Einkünften für beschränkt haftende Gesellschafter wie die Kommanditisten zu verrechnen. Diese Beschränkung gilt für Verluste, die zu einem negativen Kapitalkonto führen oder ein negatives Kapitalkonto erhöhen. Diese über den Haftungsbetrag hinausgehenden Beträge belasten den Kommanditisten im Jahr der Entstehung weder rechtlich noch wirtschaftlich, sondern nur, wenn und soweit spätere Gewinne entstehen.

Kapitalkonten der Kommanditisten lt. Handelsbilanz:

	B	C
Geleistete Einlagen	25.000 €	25.000 €
abzgl. Entnahmen im Jahr 01	- 5.000 €	- 10.000 €
Kapital vor Verlust	20.000 €	15.000 €
abzgl. Verlustanteile im Jahr 01 lt. Handelsbilanz ohne Sonderbetriebsvermögen	- 75.000 €	- 75.000 €
Kapital Handelsbilanz zum 31.12.01	- 55.000 €	- 60.000 €

Da durch die Zurechnung der Verlustanteile ein negatives Kapitalkonto der Kommanditisten entsteht, ist gem. § 15a Abs. 1 EStG zu prüfen, wie hoch die im Jahr 01 ausgleichsfähigen Verluste sind. Dabei ist der Stand des Kapitalkontos lt. Handelsbilanz am Bilanzstichtag vor der Verlustberücksichtigung maßgebend. Das Kapitalkonto lt. Sonderbilanz ist nicht einzubeziehen (BMF, Schreiben v. 30.5.1997, BStBl 1997 I S. 627).

B: Das Kapitalkonto von B vor der Verlustberücksichtigung beträgt 20.000 €; gem. § 15a Abs. 1 Satz 1 EStG sind Verluste bis zu dieser Höhe ausgleichsfähig. Da B seine Einlage noch nicht voll geleistet hat, haftet er insoweit (25.000 €) unbeschränkt (erweiterte Haftung gem. § 171 Abs. 1 HGB); gem. § 15a Abs. 1 Satz 2 EStG kann B diese 25.000 € deshalb zusätzlich als ausgleichsfähig berücksichtigen. Durch die Entnahme i. H. von 5.000 € lebt die Haftung gem. § 172 Abs. 4 i.V. mit § 171 Abs. 1 HGB wieder auf, d. h. gem. § 15a Abs. 1 Satz 2 EStG sind weitere 5.000 € ausgleichsfähig. Der Restbetrag ist gem. § 15a Abs. 2 EStG mit späteren Gewinnen verrechenbar. Über die Höhe des jeweiligen verrechenbaren Verlustes ist eine gesonderte Feststellung durchzuführen (§ 15a Abs. 4 EStG).

C: C kann gem. § 15a Abs. 1 Satz 1 EStG i. H. seines positiven Kapitalkontos von 15.000 € Verluste ausgleichen. Auch bei ihm besteht eine erweiterte Haftung aufgrund der noch nicht voll eingezahlten Einlage. Er kann demnach i. H. des Haftungsbetrags von 25.000 € weitere Verluste ausgleichen (§ 15a Abs. 1 Satz 2 EStG). Durch die Entnahme i. H. von 10.000 € lebt außerdem die Haftung gem. § 172 Abs. 4 i.V. mit § 171 Abs. 1 HGB wieder auf; es sind gem. § 15a Abs. 1 Satz 2 EStG weitere 10.000 € ausgleichsfähig. Der Restbetrag ist gem. § 15a Abs. 2 EStG mit späteren Gewinnen verrechenbar. Über die Höhe des jeweiligen verrechenbaren Verlustes ist eine gesonderte Feststellung durchzuführen (§ 15a Abs. 4 EStG).

Verlustausgleich des Jahres 01 für Verluste i. H. von je 75.000 €:

	B	C
§ 15a Abs. 1 Satz 1 EStG	20.000 €	15.000 €
§ 15a Abs. 1 Satz 2 EStG	+ 25.000 €	+ 25.000 €
§ 15a Abs. 1 Satz 2 EStG aufgrund erweiterter Haftung durch Entnahme	+ 5.000 €	+ 10.000 €
Ausgleichsfähig	**50.000 €**	**50.000 €**
Rest mit späteren Gewinnen verrechenbar und gesondert festzustellen	25.000 €	25.000 €
Zu versteuern gem. § 15 Abs. 1 Satz 1 Nr. 2 EStG:		
Ausgleichsfähig	- 50.000 €	- 50.000 €
zzgl. Gewinne aus Sonderbetriebsvermögen	+ 5.000 €	+ 2.000 €
Einkünfte	**- 45.000 €**	**- 48.000 €**

Die Verluste lt. Handelsbilanz sind für die Berechnung des ausgleichsfähigen Verlustes gem. § 15a EStG nicht mit den Gewinnen aus den Sonderbereichen zu saldieren (H 15a Saldierung von Ergebnissen ... EStH 2023 und BMF, Schreiben v. 15.12.1993, BStBl 1993 I S. 976).

Verluste aus den Sonderbereichen sind uneingeschränkt abzugsfähig.

Jahr 02

Gewinnermittlung und Gewinnverteilung:

	KG	A	B	C
Ergebnis lt. Handelsbilanz = Gesamthandsergebnis der KG	- 160.000 €	- 80.000 €	- 40.000 €	- 40.000 €
zzgl. Sondervergütung A (Gehalt)	+ 36.000 €	+ 36.000 €		
zzgl. Sonderbetriebseinnahme B (Zinsen aus Darlehen)	+ 5.000 €		+ 5.000 €	
zzgl. Sonderbetriebseinnahme C (Pacht aus Grundstück)	+ 5.000 €			+ 5.000 €
abzgl. Sonderbetriebsausgabe C (Schuldzinsen zum Grundstück)	- 3.000 €			- 3.000 €
Steuerlicher Gesamtgewinn der KG	- 117.000 €	- 44.000 €	- 35.000 €	- 38.000 €

Kapitalkonten der Kommanditisten lt. Handelsbilanz:

	B	C
Kapital Handelsbilanz zum 1.1.02	- 55.000 €	- 60.000 €
abzgl. laufende Entnahmen	- 0 €	- 10.000 €
Kapital vor Verlust	- 55.000 €	- 70.000 €
abzgl. Verlustanteile im Jahr 02 lt. Handelsbilanz ohne Sonderbetriebsvermögen	- 40.000 €	- 40.000 €
Kapital Handelsbilanz zum 31.12.02	- 95.000 €	- 110.000 €

B: Da B ein negatives Kapitalkonto hat, kann er keine Verluste gem. § 15a Abs. 1 Satz 1 EStG ausgleichen. Der Haftungsbetrag i. H. von 25.000 € gem. § 15a Abs. 1 Satz 2 EStG ist ebenfalls bereits ausgeschöpft. Der Verlust aus der Handelsbilanz des Jahres 02 ist demnach gem. § 15a Abs. 2 EStG nur mit späteren Gewinnen verrechenbar und muss gem. § 15a Abs. 4 EStG in die gesonderte Feststellung einfließen.

C: Da C ein negatives Kapitalkonto hat, kann er ebenfalls keine Verluste gem. § 15a Abs. 1 Satz 1 EStG ausgleichen. Durch die Entnahme aus dem Gesellschaftsvermögen i. H. von 10.000 € lebt aber die persönliche Haftung gem. § 172 Abs. 4 i.V. mit § 171 Abs. 1 HGB wieder auf. Eine Einlageminderung gem. § 15a Abs. 3 Satz 1 EStG kommt deshalb nicht in Betracht. Das Verlustausgleichspotenzial des § 15a Abs. 1 Satz 2 EStG darf aber nur einmal in Anspruch genommen werden (R 15a Abs. 3 Satz 9 EStR). Der Restbetrag ist gem. § 15a Abs. 2 EStG mit späteren Gewinnen verrechenbar und muss gem. § 15a Abs. 4 EStG in die gesonderte Feststellung einfließen.

Verlustausgleich des Jahres 02 für Verluste i. H. von je 40.000 €:

	B	C
§ 15a Abs. 1 Satz 1 EStG	0 €	0 €
§ 15a Abs. 1 Satz 2 EStG	0 €	0 €
	0 €	**0 €**
Rest mit späteren Gewinnen verrechenbar	40.000 €	40.000 €
Gesondert festzustellen: § 15a Abs. 4 EStG (inklusive Betrag aus dem Jahr 01)	**65.000 €**	**65.000 €**
Zu versteuern gem. § 15 Abs. 1 Satz 1 Nr. 2 EStG:		
Ausgleichsfähig	0 €	0 €
zzgl. Gewinne aus Sonderbetriebsvermögen	+ 5.000 €	+ 2.000 €
Einkünfte	**+ 5.000 €**	**+ 2.000 €**

FALL 177

Einlageminderung

Sachverhalt: A ist an einer KG als Kommanditist beteiligt. Er hat seine Einlage i. H. von 100.000 € voll geleistet und folgendes Kapitalkonto:

Laut Steuerbilanz zum 1.1.01 = Kapitalkonto I	100.000 €
zzgl. zusätzliche Einlage Kapitalkonto II	+ 100.000 €
Gesamtkapital vor Verlust	200.000 €
abzgl. Verlustanteil 01	- 200.000 €
Gesamtkapital zum 31.12.01	0 €
abzgl. Entnahme im Jahr 02 (Buchung vom Kapitalkonto II)	- 100.000 €
Gesamtkapital vor Verlust	- 100.000 €
abzgl. Verlustanteil 02	- 50.000 €
Gesamtkapital zum 31.12.02	- 150.000 €

AUFGABE

Wie hoch sind die Einkünfte von A in den Jahren 01 und 02?

LÖSUNG

Im Kalenderjahr 01 ist der Verlustanteil i. H. von 200.000 € voll ausgleichsfähig, da durch die Verlustzurechnung kein negatives Kapitalkonto entsteht (§ 15a Abs. 1 Satz 1 EStG). A erzielt Einkünfte i. S. des § 2 Abs. 1 Satz 1 Nr. 2 i. V. mit § 15 Abs. 1 Satz 1 Nr. 2 EStG i. H. von - 200.000 €.

Im Kalenderjahr 02 ist der Verlustanteil i. H. von 50.000 € nicht ausgleichsfähig gem. § 15a Abs. 1 Satz 1 EStG, da sich das negative Kapitalkonto erhöht. Der Verlustanteil i. H. von 50.000 € ist gem. § 15a Abs. 2 EStG mit Gewinnen aus späteren Jahren verrechenbar. Über die Höhe des verrechenbaren Verlustes muss eine gesonderte Feststellung gem. § 15a Abs. 4 EStG ergehen.

Aufgrund der Einlage i. H. von 100.000 € im Vorjahr 01 hatte A aber 100.000 € im Jahr 01 mehr ausgleichen können. Diese Einlage wurde nach dem Bilanzstichtag wieder rückgängig gemacht.

Um Missbräuche zu verhindern, die dadurch entstehen, dass durch kurzfristige Einlagen, die später wieder abgezogen werden, die ausgleichsfähigen Verluste erhöht werden, regelt § 15a Abs. 3 Satz 1 und 2 EStG, dass, soweit ein negatives Kapitalkonto des Kommanditisten durch Entnahmen entsteht oder sich erhöht, eine fiktive Gewinnzurechnung vorzunehmen ist.

Im Ergebnis wird der Teil des Verlustes, der im vorangegangenen Jahr ausgleichsfähig war, nunmehr durch eine Gewinnzurechnung rückgängig gemacht und in einen verrechenbaren Verlust umgewandelt.

Die Gewinnzurechnung im Jahr 02 gem. § 15a Abs. 3 Satz 1 EStG beträgt 100.000 €. Laut Sachverhalt führt die Buchung vom Kapitalkonto II nicht zu einem Wiederaufleben der Haftung (sog. „negative Tilgungsbestimmung", s. u.). A entnimmt in diesem Fall die zusätzliche Einlage i. H. von 100.000 €, die er über die Hafteinlage hinaus geleistet hat. Deshalb lebt durch die Entnahme die Haftung nicht wieder auf.

A erzielt im Jahr 02 demnach Einkünfte i. S. des § 15 Abs. 1 Satz 1 Nr. 2 EStG i. H. von 100.000 €. In gleicher Höhe ist ein verrechenbarer Verlust gem. § 15a Abs. 4 EStG festzustellen.

Eine Verrechnung der 100.000 € mit dem nicht ausgleichsfähigen Verlustanteil 02 i. H. von 50.000 € ist nicht zulässig, da es sich bei der fiktiven Gewinnzurechnung nicht um Gewinne aus der Beteiligung i. S. des § 15a Abs. 2 EStG handelt.

Würde es sich bei der Entnahme aber um eine (handelsrechtlich) haftungsbegründende Rückzahlung der Haftungseinlage handeln (§ 172 Abs. 4 Satz 1 HGB), so lebt die Haftung wieder auf und damit erfolgt gem. § 15a Abs. 3 Satz 1 Halbsatz 2 EStG keine fiktive Gewinnzurechnung. A kann durch eine sog. „negative Tilgungsbestimmung" (BFH, Urteile v. 11.10.2007 - IV R 38/05, BStBl 2009 II S. 135, und v. 16.10.2008 - IV R 98/06, BStBl 2009 II S. 272; H 15a Einlagen EStH 2023) bestimmen welchem Kapitalkonto die Entnahmen zugeordnet werden. Ein zusätzliches Verlustausgleichsvolumen wird dadurch aber nicht begründet.

FALL 178

Haftungsminderung

Sachverhalt: A ist an einer KG als Kommanditist beteiligt. Er hat eine Einlage i. H. von 100.000 € gezeichnet. Tatsächlich bezahlt hat er aber lediglich 20.000 €. In den Jahren 01–04 werden ihm Verlustanteile i. H. von insgesamt 150.000 € zugerechnet. Das Kapitalkonto zum 31.12.04 beträgt demnach - 130.000 €. Ende des Jahres 05 wird der Haftungsbetrag auf 20.000 € herabgesetzt. Der Gewinnanteil des Jahres 05 beträgt 150.000 €. Entnahmen und Einlagen wurden nicht getätigt.

AUFGABE

Wie hoch sind die Einkünfte aus Gewerbebetrieb von A in den Jahren 01–05?

LÖSUNG

Das Kapitalkonto von A beträgt:

Gezahlte Einlage im Jahr 01	20.000 €
abzgl. Verlustanteile 01–04	- 150.000 €
Kapital zum 31.12.04	- 130.000 €
zzgl. Gewinnanteil 05	+ 150.000 €
Kapital zum 31.12.05	+ 20.000 €

Ausgleichsfähige Verluste der Jahre 01–04:

Gemäß § 15a Abs. 1 Satz 1 EStG waren i. H. des positiven Kapitalkontos vor der Verlustberücksichtigung abzugsfähig	20.000 €
Gemäß § 15a Abs. 1 Satz 2 EStG besteht aufgrund der noch nicht voll eingezahlten Einlage eine erweiterte Haftung gem. § 171 Abs. 1 HGB. In Höhe von 80.000 € haftet der Kommanditist wie ein unbeschränkt haftender Gesellschafter und kann deshalb die Verluste insoweit ausgleichen.	80.000 €
Ausgleichsfähige Verluste der Jahre 01–04	**100.000 €**

Restbetrag verrechenbar gem. § 15a Abs. 2 EStG und gesondert festzustellen gem. § 15a Abs. 4 EStG	**50.000 €**

Im **Jahr 05** wird der Haftungsbetrag i. H. von 100.000 € auf 20.000 € gemindert. Der in den Vorjahren aufgrund der erweiterten Haftung als Verlust i. S. des § 15a Abs. 1 Satz 2 EStG ausgleichsfähige Betrag wird nun wieder korrigiert. Im Jahr der Herabsetzung des Haftungsbetrags wird dieser Betrag als Gewinn gem. § 15a Abs. 3 Satz 3 EStG wieder hinzugerechnet. Insoweit liegt eine Rückgängigmachung vor.

Die Haftungsminderung beträgt 80.000 €.

Die Gewinnzurechnung gem. § 15a Abs. 3 Satz 3 EStG ist i. H. von 80.000 € zu berücksichtigen, da insoweit Verluste erweitert ausgleichsfähig waren. Dieser Betrag wird gleichzeitig in einen verrechenbaren Verlust umgewandelt gem. § 15a Abs. 3 Satz 4 EStG.

Fallen im Jahr der Gewinnzurechnung gem. § 15a Abs. 3 EStG gleichzeitig Gewinne aus der Beteiligung an der KG an, können diese Gewinne bereits mit dem um die Gewinnzurechnungen erhöhten verrechenbaren Verlust ausgeglichen werden; ein Ausgleich der 80.000 € Haftungsminderung ist keinesfalls möglich, da es sich hierbei um eine fiktive Gewinnzurechnung und nicht um originäre Gewinne aus der Beteiligung i. S. des § 15a Abs. 2 EStG handelt.

Gewinnanteil 05	150.000 €
Gewinnzurechnung	80.000 €
Bestand verrechenbarer Verlust bisher	50.000 €
zzgl. Gewinnzurechnung gem. § 15a Abs. 3 Satz 4 EStG	+ 80.000 €
Insgesamt verrechenbar	130.000 €
abzgl. Verrechnung im Jahr 05 mit dem Gewinn aus der Beteiligung i. H. von 150.000 €	- 130.000 €
Gesonderte Feststellung des verrechenbaren Verlustes zum 31.12.05	**0 €**
Einkünfte i. S. des § 15 Abs. 1 Satz 1 Nr. 2 EStG für das Jahr 05	150.000 €
abzgl. verrechenbarer Verlust	- 130.000 €
verbleiben	20.000 €
zzgl. Gewinnzurechnung	+ 80.000 €
Zu versteuernde Einkünfte	**100.000 €**

FALL 179

Gewerblicher Grundstückshandel oder private Vermögensverwaltung

Sachverhalt: Tochter T hat im Jahr 2019 zehn Wohnhäuser von ihrem Vater V geerbt, die sich seit über 20 Jahren im Familienbesitz befinden und seither vermietet werden. Im Jahr 2023 veräußerte T die Häuser an zehn verschiedene Erwerber für insgesamt 2 Mio. €.

AUFGABE

Liegt eine private Vermögensverwaltung oder ein sog. „gewerblicher Grundstückshandel" vor?

LÖSUNG

Ungeschriebenes Tatbestandsmerkmal eines Gewerbebetriebs (§ 15 Abs. 2 Satz 1 EStG) ist nach ständiger Rechtsprechung des BFH, dass die Betätigung den Rahmen einer privaten Vermögensverwaltung überschreitet (BFH, Urteil v. 14.7.2016 - IV R 34/13, BStBl 2017 II S. 175). Auch die Veräußerung kann zum „Bild" der Vermögensverwaltung gehören. Das hat der BFH für die Fälle des gewerblichen Grundstückshandels entschieden, wonach die Parzellierung eines unbebauten Grundstücks oder die Aufteilung eines Mietwohngrundstücks in Eigentumswohnungen und deren Veräußerung für sich allein – wenn diese Immobilien nicht in zumindest bedingter Veräußerungsabsicht erworben worden waren – unabhängig von der Zahl der Veräußerungsfälle grds. keinen gewerblichen Grundstückshandel begründen (BFH, Urteil v. 15.3.2000 - X R 130/97, BStBl 2001 II S. 530, Rz. 28). Zur privaten Vermögensverwaltung gehören nämlich auch der Erwerb und die Veräußerung von Grundstücken, wenn diese beiden Vorgänge den Beginn und das Ende einer in erster Linie auf Fruchtziehung gerichteten Tätigkeit darstellen. Der letzte Akt der privaten Vermögensverwaltung kann darin bestehen, dass der Inhaber das Vermögen – ggf. in zahlreichen Teilakten – veräußert (BFH, Urteil v. 17.6.2020 - X R 18/19, BStBl 2021 II S. 213, Rz. 35).

Bei der Abgrenzung zwischen privater Vermögensverwaltung und gewerblichem Grundstückshandel stellt der BFH in ständiger Rechtsprechung auf die sog. „Drei-Objekt-Grenze" ab, die vom VIII. Senat des BFH eingeführt und in der Folgezeit durch weitere Entscheidungen – auch anderer Senate – fortentwickelt wurde (BFH, Urteil v. 9.12.1986 - VIII R 317/82, BStBl 1988 II S. 244). Das Überschreiten der Drei-Objekt-Grenze hat Indizwirkung für die Gewerblichkeit, begründet folglich keinen Tatbestand. Diese Vermutung ist dem Grunde nach zwar widerlegbar (BFH, Beschluss v. 10.12.2001 - GrS 1/98, BStBl 2002 II S. 291), was aber in der Praxis kaum durchzusetzen ist, wenn Anschaffung und Veräußerung einerseits und die einzelnen Veräußerungen andererseits beieinander liegen.

Die Drei-Objekt-Grenze besagt, dass prinzipiell von einem gewerblichen Grundstückshandel ausgegangen werden kann, wenn innerhalb eines engen zeitlichen Zusammenhangs – i. d. R. fünf Jahre – zwischen Anschaffung bzw. Errichtung mindestens vier Objekte veräußert werden (BFH, Urteile v. 10.12.2001 - GrS 1/98, BStBl 2002 II S. 291, und v. 27.9.2012 - III R 19/11, BStBl 2013 II S. 433). Die Überführung eines Grundstücks ins Privatvermögen durch Entnahme oder Betriebsaufgabe gilt dabei nicht als Anschaffung i. S. der Grundsätze zum gewerblichen Grundstückshandel (BFH, Urteil v. 27.6.2018 - X R 26/17, BFH/NV 2018 S. 1255, LAAAG-97779). Eine private Vermögensverwaltung ist dagegen zu bejahen, solange sich die zu beurteilende Tätigkeit noch als Nutzung von Grundbesitz durch Fruchtziehung aus zu erhaltender Substanz darstellt und die Ausnutzung substanzieller Vermögenswerte durch Umschichtung nicht entscheidend in den Vordergrund tritt (BFH, Urteil v. 18.5.1999 - I R 118/97, BStBl 2000 II S. 28).

Zwar hat T eine größere Anzahl von Grundstücksgeschäften mit erheblichem Wert getätigt. Sie hat aber hierdurch lediglich eine längere Phase der Fruchtziehung und des bloßen Abwartens von Wertsteigerungen abgeschlossen. Es ist nicht erkennbar, dass T, die durch die Erbfolge in die Rechtsstellung ihres Vaters eintritt (§ 1922 BGB), durch die Verkäufe einen Gewerbebetrieb eröffnet hätte, der den An- und Verkauf von Grundstücken zum Gegenstand hätte. Unabhängig von der Anzahl und dem Wert der verkauften Grundstücke bilden die Grundstücksverkäufe den letzten Akt der privaten Grundstücksverwaltung (BFH, Urteile v. 10.8.1983 - I R 120/80, BStBl 1984 II S. 137, und v. 28.4.1988 - IV R 102/86, BFH/NV 1989 S. 101, EAAAB-29722). T hat mit den Grundstücksverkäufen keine gewerblichen Einkünfte erzielt.

HINWEIS

Die Veräußerung eines Grundstücks durch den Erben lässt nicht den Schluss auf eine bestimmte Absicht des Erblassers zu. Der Erbe kann und wird oft aufgrund einer anderen Interessenslage andere Vorstellungen über die Nutzung bzw. Verwertung des ererbten Vermögens haben. Anders ist die Rechtslage allenfalls dann, wenn bereits der Erblasser in seiner Person einen gewerblichen Grundstückshandel – u. U. durch den Handel mit weniger als vier Objekten – aufgenommen hatte und der Erbe einen unternehmerischen Gesamtplan fortführt (BFH, Urteil v. 15.3.2000 - X R 130/97, BStBl 2001 II S. 530, Rz. 46). Die Veräußerung ererbter oder geschenkter Grundstücke ist als Zählobjekt der sog. „Drei-Objekt-Grenze" zu berücksichtigen, wenn der Steuerpflichtige erhebliche Aktivitäten zur Verbesserung der Verwertungsmöglichkeiten entfaltet hat (BFH, Urteile v. 20.4.2006 - III R 1/05, BStBl 2007 II S. 375, und v. 23.8.2017 - X R 7/15, BFH/NV 2018 S. 325, DAAAG-70086).

FALL 179A

Fünfjahreszeitraum und Drei-Objekt-Grenze

Sachverhalt: Der Steuerpflichtige A veräußerte in den Jahren 04, 06, 08, 10 und 12 jeweils ein Grundstück, das er stets zwei bis drei Jahre zuvor erworben hatte. Eine besondere Branchenkunde von A ist nicht gegeben.

AUFGABE

Hat A mit dem An- und Verkauf der fünf Grundstücke einen gewerblichen Grundstückshandel ausgeübt?

LÖSUNG

Besteht zwischen der Anschaffung bzw. der Bebauung und der Veräußerung eines Grundstücks ein zeitlicher Zusammenhang und wird die dadurch begründete Vermutung des Bestehens einer bedingten Veräußerungsabsicht nicht widerlegt, so spielt die Zahl der verkauften Objekte insbesondere aufgrund der sog. „Drei-Objekt-Grenze" eine Rolle. Sie besagt, dass ein gewerblicher Grundstückshandel im Regelfall vorliegt, sofern innerhalb eines engen zeitlichen Zusammenhangs zwischen der Anschaffung bzw. der Bebauung und dem Verkauf – i. d. R. fünf Jahre – mehr als drei Objekte veräußert werden. In diesem Fall lassen die äußeren Umstände den Schluss darauf zu, dass es dem Steuerpflichtigen bereits bei der Anschaffung oder der Bebauung des Grundstücks auf die Ausnutzung substanzieller Vermögenswerte durch Umschichtung ankommt (BFH, Urteil v. 15.1.2020 - X R 18/18, X R 19/18, BStBl 2020 II S. 538, Rz. 24). Der Fünfjahreszeitraum ist nicht kalenderjahrbezogen zu ermitteln, sondern es kommt grds. auf den tatsächlichen zeitlichen Abstand zwischen den einzelnen Veräußerungstatbeständen an (Seitz, Stbg 2004 S. 255 f.).

Allerdings haben sowohl die Zahl der Objekte als auch der zeitliche Abstand zwischen der Anschaffung, der etwaigen Bebauung und dem Verkauf nur indizielle Bedeutung. Veräußert der Steuerpflichtige weniger als vier Objekte, können besondere Umstände auf eine dennoch vorliegende gewerbliche Betätigung schließen lassen. Eines Rückgriffs auf die Drei-Objekt-Grenze bedarf es nicht, wenn aufgrund objektiver Umstände feststeht, dass die Tätigkeiten mit unbedingter Veräußerungsabsicht ausgeübt worden sind (Rz. 25 des o. g. BFH-Urteils). Beim Fünfjahreszeitraum handelt es sich nicht um eine starre Grenze. Daher bleiben Objekte, die mehr als fünf Jahre nach ihrem Erwerb oder nach ihrer Errichtung veräußert werden, für die Prüfung der Drei-Objekt-Grenze im Fünfjahreszeitraum nicht generell außer Betracht. Eine geringfügige Überschreitung kann im Einzelfall unbeachtlich sein (BFH, Urteil v. 28.10.2015 - X R 22/13, BStBl 2016 II S. 65, Rz. 36).

Die Überschreitung der Drei-Objekt-Grenze (also der Verkauf von mindestens vier Objekten) innerhalb des Fünfjahreszeitraums gilt als Indiz für das Vorliegen eines gewerblichen Grundstückshandels. Die zeitlichen Voraussetzungen eines gewerblichen Grundstückshandels sind grds. dann erfüllt, wenn innerhalb von fünf Jahren mehr als drei Objekte veräußert werden, die „jeweils“ in (bedingter) Verkaufsabsicht bis zu fünf Jahre vorher erworben, bebaut, umfassend modernisiert, in Eigentumswohnungen aufgeteilt oder baureif gemacht wurden (erster Fünfjahreszeitraum). Dieser zeitliche Zusammenhang indiziert wie erwähnt die erforderliche (zumindest bedingte) Veräußerungsabsicht.

Die Annahme eines gewerblichen Grundstückshandels ist allerdings durch einen „doppelten Fünfjahreszeitraum“ geprägt, denn zwischen den einzelnen Verwertungsmaßnahmen dürfen ebenfalls nicht mehr als fünf Jahre liegen (BMF, Schreiben v. 26.3.2004, BStBl 2004 I S. 434, Rz. 2; BFH, Urteil v. 20.4.2006 - III R 1/05, BStBl 2007 II S. 375). Werden also innerhalb dieses zweiten Fünfjahreszeitraums lediglich drei oder weniger Objekte i. S. eines gewerblichen Grundstückshandels veräußert, kommt es noch nicht zur Gewerblichkeit. Die maximale zeitliche Distanz zwischen der Anschaffung/Errichtung des Erstobjekts und dem Verkauf des vierten Objekts beträgt danach zweimal fünf Jahre, also zehn Jahre (Dürr, BFH/PR 2007 S. 54).

Ein gewerblicher Grundstückhandel liegt hier nicht vor, denn innerhalb des maßgeblichen Fünfjahreszeitraums sind niemals mehr als drei Zählobjekte von A veräußert worden. Sowohl in den Jahren 04–09 und 05–10 sind lediglich drei Objekte als auch in den Jahren 06–11, 07–12 und 08–13 sind jeweils nur drei Objekte veräußert worden (Seitz, Stbg 2004 S. 255 f.).

FALL 180

An- und Verkauf von nur zwei Grundstücken

Sachverhalt: A erwarb im Jahr 2021 ein unbebautes Grundstück, das er mit einem Zweifamilienhaus bebaute und im Jahr 2023 nach Veräußerungsannoncen und Beauftragung einer Maklerfirma verkaufte. Im Juli 2022 erwarb A ein weiteres unbebautes Grundstück, das er mit einem

Vierfamilienhaus bebaute und im Jahr 2023 veräußerte, nachdem er es über Zeitungsanzeigen zum Verkauf anbot.

AUFGABE

Hat A mit dem An- und Verkauf der Grundstücke einen gewerblichen Grundstückshandel ausgeübt?

LÖSUNG

Als Objekt i. S. der Drei-Objekt-Grenze ist grds. jedes selbständig veräußerbare und nutzbare Immobilienobjekt (Grundstück, grundstücksgleiches Recht oder Recht nach dem WEG), und zwar unabhängig von seiner Größe, seinem Wert und anderen Umständen anzusehen (BFH, Urteile v. 17.12.2008 - IV R 77/06, BStBl 2009 II S. 791, Rz. 29, und v. 5.5.2011 - IV R 34/08, BStBl 2011 II S. 787, Rz. 34; FG Münster, Urteil v. 26.4.2023 - 13 K 3367/20 G, Rz. 44, TAAAJ-42643). „Objekt" i. S. der sog. „Drei-Objekt-Grenze" sind Grundstücke jeglicher Art. Auf die Größe, den Wert oder die Nutzungsart des einzelnen Objekts kommt es nicht an (BFH, Urteile v. 18.5.1999 - I R 118/97, BStBl 2000 II S. 28, und v. 15.3.2000 - X R 130/97, BStBl 2001 II S. 530; BMF, Schreiben v. 26.3.2004, BStBl 2004 I S. 434, Rz. 8). Als „Zählobjekte" i. S. der Drei-Objekt-Grenze kommen neben Grundstücken im Alleineigentum des Steuerpflichtigen auch Miteigentumsanteile oder Beteiligungen an Grundstückspersonengesellschaften in Betracht (BFH, Urteil v. 28.11.2002 - III R 1/01, BStBl 2003 II S. 250).

Auch ein Zwei- oder ein Mehrfamilienhaus – wie es A errichtet hat – zählt nur als ein Objekt. Das schließt allerdings nicht aus, dass im Falle der Errichtung und des anschließenden Verkaufs von Mehrfamilienhäusern ein gewerblicher Grundstückshandel auch bei der Veräußerung von weniger als vier Objekten vorliegen kann. Wie der Große Senat entschieden hat (BFH, Beschluss v. 10.12.2001 - GrS 1/98, BStBl 2002 II S. 291), ist die Drei-Objekt-Grenze lediglich ein Indiz für das Bestehen einer bereits bei Erwerb oder Errichtung der Objekte vorliegenden (zumindest bedingten) Veräußerungsabsicht. Ergibt sich aus anderen gewichtigen Gründen, dass der Steuerpflichtige bereits bei Erwerb oder Errichtung des Objekts „unbedingt" zur Veräußerung entschlossen war, genügt zur Überschreitung der privaten Vermögensverwaltung bereits die Veräußerung eines einzigen (Groß-)Objekts (BFH, Urteil v. 9.12.2002 - VIII R 40/01, BStBl 2003 II S. 294).

Veräußerungsannoncen wertet der BFH als Indiz für eine von Anfang an bestehende Veräußerungsabsicht. Da vorliegend eine unbedingte Veräußerungsabsicht im Hinblick auf die Beauftragung des Maklers und der selbst geschalteten Veräußerungsannoncen feststeht, liegt ein gewerblicher Grundstückshandel auch ohne Überschreitung der Drei-Objekt-Grenze vor.

HINWEIS

Die Drei-Objekt-Grenze hat die Bedeutung eines Anscheinsbeweises, der – ohne dass es dafür weiterer Indizien bedarf – den Schluss auf die innere Tatsache des Erwerbs des jeweiligen Grundstücks in bedingter Veräußerungsabsicht zulässt. Ihre Geltungskraft kann im Einzelfall durch den Nachweis eines atypischen Sachverhaltsverlaufs erschüttert werden (BFH, Urteil

v. 27.9.2012 - III R 19/11, BStBl 2013 II S. 433). Diese Betrachtung kann für Steuerpflichtige, deren Immobilieninvestition sich als Misserfolg erweist, auch vorteilhaft sein, denn dann können gewerbliche Verluste durch die Überschreitung der Drei-Objekt-Grenze generiert werden, falls die Gewinnerzielungsabsicht nicht ausnahmsweise widerlegt wird (Görge, BFH/PR 2013 S. 239).

FALL 181

Veräußerung von Anteilen an einer Grundstückshandelsgesellschaft

Sachverhalt: Der 60 Jahre alte K ist alleiniger Kommanditist der X-GmbH & Co. KG, die einen gewerblichen Grundstückshandel betreibt. Das Betriebsvermögen der KG besteht aus den zur Veräußerung bestimmten Grundstücken (Umlaufvermögen). K veräußert seinen Kommanditanteil an S und erzielt aus der Veräußerung des Mitunternehmeranteils einen Gewinn i. H. von 300.000 €.

AUFGABE

Hat K mit der Veräußerung der Kommanditbeteiligung einen laufenden oder einen i. S. der §§ 16 und 34 EStG tarifbegünstigten Veräußerungsgewinn erzielt?

LÖSUNG

Die Gewinne aus der Veräußerung einzelner Wirtschaftsgüter sind nur dann i. S. der §§ 16 und 34 EStG tarifbegünstigt, wenn sie „im Rahmen der Aufgabe des Betriebs" anfallen (§ 16 Abs. 3 Satz 6 EStG). Handelt es sich bei diesen Wirtschaftsgütern um – zum Umlaufvermögen gehörende – Grundstücke eines gewerblichen Grundstückshändlers, ist der Veräußerungsgewinn auch dann nicht tarifbegünstigt, wenn die Veräußerung mit der Betriebsaufgabe zusammenfällt (BFH, Urteile v. 23.1.2003 - IV R 75/00, BStBl 2003 II S. 467, und v. 5.7.2005 - VIII R 65/02, BStBl 2006 II S. 160).

Ein Gewinn aus der Veräußerung des Anteils an einer Personengesellschaft, zu deren Betriebsvermögen zum Zeitpunkt der Veräußerung Grundstücke gehören, die dem Umlaufvermögen des von der Gesellschaft betriebenen Unternehmens zuzurechnen sind, ist als laufender Gewinn dem Gewerbeertrag zuzurechnen. Er unterliegt somit auch der Gewerbesteuer (BFH, Urteile v. 14.12.2006 - IV R 3/05, BStBl 2007 II S. 777, und v. 28.10.2015 - X R 22/13, BStBl 2016 II S. 95). Das gilt jedenfalls dann, wenn das Betriebsvermögen der Gesellschaft – wie vorliegend – ausschließlich oder nahezu ausschließlich aus solchen Grundstücken besteht. Der Veräußerungsgewinn von K ist also nicht tarifbegünstigt zu versteuern, sondern unterliegt dem regulären Steuersatz.

HINWEIS

Bei der Beurteilung der Frage, ob ein Steuerpflichtiger als gewerblicher Grundstückshändler anzusehen ist, sind diesem ebenfalls die Grundstücksgeschäfte zuzurechnen, die von einer Personengesellschaft, an der er beteiligt ist, getätigt wurden. Auch die Einbringung von Grundstücken in diese Personengesellschaft ist als Veräußerung durch den Steuerpflichtigen anzusehen (BFH, Urteil v. 28.10.2015 - X R 22/13, BStBl 2016 II S. 95).

10.3 Einkünfte aus selbständiger Arbeit (§ 18 EStG)

FALL 182

Zusammenschluss von Freiberuflern mit berufsfremden Personen

Sachverhalt: Mit Vertrag v. 1.6.01 schließen sich A und B zum Ankauf und gemeinsamen Betrieb einer durch Tod verwaisten Steuerberaterpraxis in Form einer Gesellschaft bürgerlichen Rechts (GbR) zusammen. A ist Steuerberater. B hat diese Qualifikation noch nicht erworben; er beabsichtigt aber, später die Steuerberaterprüfung abzulegen und hat aus diesem Grund bereits an einem entsprechenden Vorbereitungslehrgang teilgenommen. Gemäß dem Gesellschaftsvertrag sind A und B an der Praxis und an deren Gewinn je zur Hälfte beteiligt.

AUFGABE

Welcher Einkunftsart sind die von A und B erzielten Einkünfte zuzuordnen?

LÖSUNG

Geht ein Angehöriger eines freien Berufes i. S. des § 18 Abs. 1 Nr. 1 EStG mit einer berufsfremden Person eine GbR ein, so erzielt die GbR für ihre Gesellschafter Einkünfte aus Gewerbebetrieb (§ 15 Abs. 3 Nr. 1 EStG). Die Tätigkeit einer Personengesellschaft kann nur dann als „freiberuflich" anerkannt werden, wenn alle Gesellschafter der Personengesellschaft die Voraussetzungen einer freiberuflichen Tätigkeit i. S. des § 18 Abs. 1 Nr. 1 EStG erfüllen. Erfüllt nur ein Gesellschafter diese Voraussetzungen nicht, erzielen alle Gesellschafter Einkünfte aus Gewerbebetrieb i. S. des § 15 Abs. 1 Satz 1 Nr. 2 EStG (BFH, Urteile v. 10.8.1994 - I R 133/93, BStBl 1995 II S. 171, und v. 19.2.1998 - IV R 11/97, BStBl 1998 II S. 603). Auch eine Aufteilung der Einkünfte als solche des Freiberuflers i. S. des § 18 EStG und solche des Berufsfremden aus Gewerbebetrieb ist nicht möglich. Sowohl A als auch B beziehen daher Einkünfte aus Gewerbebetrieb.

FALL 183

Einkünfte einer Freiberufler-GmbH & Co. KG

Sachverhalt: Kommanditisten der X-GmbH & Co. KG, zugleich geschäftsführende Gesellschafter der Komplementär-GmbH, sind die promovierten und diplomierten Ingenieure A und B. Die Gesellschaft hat die Erstellung von Gutachten für Kfz-Unfallschäden und die Bewertung von Kfz und Maschinen zum Gegenstand.

AUFGABE

Entfaltet die Personengesellschaft eine freiberufliche Tätigkeit?

LÖSUNG

Eine Personengesellschaft entfaltet nur dann eine freiberufliche Tätigkeit, wenn alle ihre Gesellschafter freiberuflich tätig sind. Sowohl die persönlich haftenden Gesellschafter als auch die Kommanditisten müssen selbst eine freiberufliche Tätigkeit ausüben. Das ist bei einer GmbH & Co. KG nicht möglich, weil die GmbH als Kapitalgesellschaft nicht die Merkmale eines freien Berufs erfüllen kann. Bei der Qualifikation der Tätigkeit einer Personengesellschaft ist eine GmbH einkommensteuerrechtlich und gewerbesteuerrechtlich als „berufsfremde Person" zu werten (BFH, Urteil v. 8.4.2008 - VIII R 73/05, BStBl 2008 II S. 681). Die Tätigkeit einer GmbH & Co. KG gilt stets als Gewerbebetrieb (§ 2 Abs. 2 GewStG). Das gilt auch dann, wenn die GmbH lediglich eine Haftungsvergütung erhält und am Vermögen und Gewinn der KG nicht teilhat. Die Ingenieure A und B beziehen daher keine freiberuflichen, sondern gewerbliche Einkünfte (BFH, Beschluss v. 9.4.1987 - VIII B 94/86, BFH/NV 1987 S. 509, ZAAAB-30200; BFH, Urteile v. 10.10.2012 - VIII R 42/10, BStBl 2013 II S. 79, und v. 5.9.2023 - VIII R 31/20, BStBl 2024 II S. 184, Rz. 35).

FALL 184

Abfärbewirkung gewerblicher Leistungen bei einer Freiberufler-GbR

Sachverhalt: Die X-GbR bezieht aus ihrer Haupttätigkeit freiberufliche Einkünfte (§ 18 Abs. 1 Nr. 1 EStG). Es handelt sich um eine künstlerische Tätigkeit. Die Einkünfte hieraus betragen – bei Nettoerlösen i. H. von 170.000 € – im Jahr 01 100.000 €.

Darüber hinaus erzielte die X-GbR im Jahr 01 aus dem Verkauf von Fanartikeln und Tonträgern (CDs) gewerbliche Einkünfte i. S. des § 15 Abs. 1 Satz 1 Nr. 1 EStG. Der Umsatzanteil aus dem Verkauf von Fanartikeln und Tonträgern beträgt 5.000 € (= 2,85 % des Netto-Gesamtumsatzes i. H. von 175.000 €); der darauf entfallende Gewinn beläuft sich auf 3.000 €.

AUFGABE

Erzielt die X-GbR aus ihrer Haupt- und Nebentätigkeit insgesamt gewerbliche Einkünfte i. S. des § 15 Abs. 3 Nr. 1 EStG oder erzielt sie neben den freiberuflichen Einkünften aus künstlerischer Tätigkeit aus dem Verkauf der Fanartikel und CDs auch solche aus Gewerbebetrieb?

LÖSUNG

Ein Einzelunternehmer kann neben Einkünften aus Gewerbebetrieb ohne weiteres auch solche aus selbständiger Arbeit i. S. des § 18 EStG, aus Vermietung und Verpachtung i. S. des § 21 EStG oder aus Land- und Forstwirtschaft i. S. des § 13 EStG erzielen. Im Gegensatz dazu ist die Tätigkeit einer Personengesellschaft aufgrund der Abfärbetheorie stets einheitlich zu beurteilen (§ 15 Abs. 3 Nr. 1 Alternative 1 EStG).

Übt eine OHG, KG oder eine andere Personengesellschaft „auch“ eine gewerbliche Tätigkeit i. S. des § 15 Abs. 1 Satz 1 Nr. 1 EStG aus, wird gem. § 15 Abs. 3 Nr. 1 Alternative 1 EStG fingiert, dass die Gesellschaft in vollem Umfang Einkünfte aus Gewerbebetrieb erzielt. Wie sich aus dem Gesetzeswortlaut des § 15 Abs. 3 Nr. 1 EStG ergibt, findet die Vorschrift dann Anwendung, wenn eine Personengesellschaft verschiedene Tätigkeiten ausübt, von denen eine gewerblich ist. Jede im Rahmen einer Personengesellschaft ausgeübte gewerbliche Tätigkeit führt zur steuerlichen Umqualifizierung der Einkünfte, die durch andere – nicht gewerbliche – Tätigkeiten erzielt werden. Eine Aufteilung der Einkünfte der Personengesellschaft in unterschiedliche Einkunftsarten ist nicht möglich. Unter § 15 Abs. 3 Nr. 1 EStG fallen die OHG, KG oder andere Personengesellschaften, z. B. die GbR (BFH, Urteil v. 13.11.1997 - IV R 67/96, BStBl 1998 II S. 254), die Partnerschaftsgesellschaft, die atypische stille Gesellschaft oder die Unterbeteiligungsgesellschaft, soweit sie neben einer mit Einkünfteerzielungsabsicht ausgeübten Tätigkeit auch einer gewerblichen Tätigkeit nachgehen.

Dies sollte nach älterer Rechtsprechung auch dann gelten, wenn „der gewerblichen Tätigkeit im Rahmen des gesamten Unternehmens nur geringfügige wirtschaftliche Bedeutung“ zukommt (BFH, Urteil v. 10.8.1994 - I R 133/93, BStBl 1995 II S. 171). Dem Umfang der gewerblichen Tätigkeit kam danach prinzipiell keine Bedeutung zu.

In einer späteren Entscheidung ist der BFH dieser Rechtsprechung zwar grds. gefolgt, er ist allerdings der Auffassung, dass nach Maßgabe des Verhältnismäßigkeitsgrundsatzes bei einem äußerst geringen Anteil der originär gewerblichen Tätigkeit die umqualifizierende Wirkung des § 15 Abs. 3 Nr. 1 Alternative 1 EStG nicht eingreift. Bei einem Umsatzanteil i. H. von 1,25 % der originär gewerblichen Tätigkeit greife die umqualifizierende Wirkung des § 15 Abs. 3 Nr. 1 EStG nicht ein. Der BFH hielt diesen Umsatzanteil i. H. von 1,25 % absolut und relativ für von untergeordneter Bedeutung (BFH, Urteil v. 11.8.1999 - XI R 12/98, BStBl 2000 II S. 229). Danach müssen Mittel und Zweck in einem angemessenen Verhältnis zueinanderstehen. Dies ist z. B. nicht gewahrt, wenn eine Tätigkeit von ganz untergeordneter Bedeutung, die kaum in Erscheinung tritt, eine wesentlich bedeutsamere Tätigkeit in eine gewerbliche i. S. des § 15 Abs. 3 Nr. 1 Alternative 1 EStG umqualifizieren würde. In diesem Fall würde die „schädliche“ Tätigkeit eine unverhältnismäßige Rechtsfolge auslösen und damit eine Bedeutung erlangen, die ihr von ihrem Gewicht her nicht zukommt (BFH, Urteil v. 16.3.2021 - X R 34/19, BStBl 2021 II S. 844, Rz. 21).

Diese Rechtsprechung hat der BFH in drei Grundsatzentscheidungen präzisiert (BFH, Urteile v. 27.8.2014 - VIII R 16/11, BStBl 2015 II S. 996, v. 27.8.2014 - VIII R 41/11, BStBl 2015 II S. 999, und v. 27.8.2014 - VIII R 6/12, BStBl 2015 II S. 1002; H 15.8 Abs. 5 Bagatellgrenze EStH 2023). Mit diesen drei Entscheidungen legte der BFH typisierend eine **Bagatellgrenze (als Freigrenze)** fest. Danach ist die gewerbliche Tätigkeit unschädlich, wenn die Nettoerlöse aus den gewerblichen Leistungen 3 % der Netto-Gesamtumsatzerlöse (jeweils ohne Umsatzsteuer) nicht übersteigen und außerdem im jeweiligen Veranlagungszeitraum 24.500 € nicht überschreiten. Die herangezogene Freigrenze i. H. von 24.500 € ist gewerbesteuerlich zwar eine Gewinngrenze, der BFH sieht jedoch darin zur Wahrung des Vereinfachungszwecks der Abfärberegelung eine Umsatzgrenze, so dass es auf die Höhe des Gewinns aus der gewerblichen Bagatelltätigkeit nicht ankommt.

Der – gewerbliche – Verkauf der Fanartikel usw. durch die X-GbR führt nicht zur Umqualifizierung ihrer im Übrigen ausgeübten freiberuflichen (künstlerischen) Tätigkeit, da die Nettoumsatzerlöse aus dem gewerblichen Verkauf 3 % der Netto-Gesamtumsatzerlöse der Gesellschaft und den Betrag i. H. von 24.500 € nicht übersteigen.

FALL 184A

Abfärbewirkung bei Beteiligungseinkünften einer Personengesellschaft

Sachverhalt: Die KG 1 hat mehrere Geschäfts- und Wohngrundstücke an fremde Dritte vermietet. Der Überschuss aus der Vermietung der Grundstücke belief sich im Jahr 2023 – bei Mieteinnahmen i. H. von 800.000 € – auf 400.000 €.

Die KG 1 ist überdies als Kommanditistin mit einer Einlage i. H. von 50.000 € an der gewerblich tätigen KG 2 beteiligt. Die Gewinnanteile daraus betragen bislang jährlich bis zu 3.000 €, im Jahr 2023 2.000 €.

AUFGABEN

1. Führt die Beteiligung der KG 1 an der gewerblichen KG 2 gem. § 15 Abs. 3 Nr. 1 Alternative 2 EStG zur Gewerblichkeit ihrer Vermietungseinkünfte?
2. Unterliegt die KG 1 der Gewerbesteuer?

LÖSUNG

Zu 1

Einkommensteuerrechtlich gelten die Einkünfte einer Personengesellschaft i. S. des § 15 Abs. 3 Nr. 1 EStG in zwei Fällen insgesamt als gewerblich. Die Abfärbewirkung greift ein, wenn zu den Einkünften einer Personengesellschaft auch Einkünfte aus originär gewerblicher Tätigkeit (§ 15 Abs. 3 Nr. 1 Alternative 1 EStG) oder aus der Beteiligung an einer anderen gewerblichen Personengesellschaft (§ 15 Abs. 3 Nr. 1 Alternative 2 EStG) gehören. Die Abfärbewirkung tritt gem. § 15 Abs. 3 Nr. 1 Alternative 2 EStG auch dann ein, wenn eine OHG, eine KG oder eine andere Personengesellschaft gewerbliche Einkünfte i. S. des § 15 Abs. 1 Satz 1 Nr. 2 EStG durch Beteiligung an einer gewerblich tätigen Gesellschaft bezieht. Unklar war, ob – wie für gewerbliche Tätigkeiten im Fall des § 15 Abs. 3 Nr. 1 Alternative 1 EStG – auch im Fall des § 15 Abs. 3 Nr. 1 Alternative 2 EStG eine Bagatellgrenze besteht.

Der BFH hat in einer Grundsatzentscheidung Klarheit geschaffen (BFH, Urteil v. 6.6.2019 - IV R 30/16, BStBl 2020 II S. 649; bestätigt durch BFH, Urteil v. 5.9.2023 - IV R 24/20, BFH/NV 2024 S. 88, WAAAJ-51860). Er hat entschieden, dass einkommensteuerrechtlich gewerbliche Beteiligungseinkünfte unabhängig von ihrem Umfang immer zur Umqualifizierung nicht gewerblicher Einkünfte führen. Bei Beteiligungseinkünften gibt es keine Bagatellgrenze. Die Abfärberegelung des § 15 Abs. 3 Nr. 1 Alternative 2 EStG kommt bei Einkünften aus einer Beteiligung an einer gewerblich tätigen Gesellschaft i. S. des § 15 Abs. 1 Satz 1 Nr. 2 EStG ohne Bagatellgrenze zur Anwendung. Es handelt sich im Fall des § 15 Abs. 3 Nr. 1 Alternative 2 EStG um eine grds. zulässige Typisierung, mit der Einkünfte einer Einkunftsart insgesamt einer anderen Einkunftsart zugeordnet werden. In einkommensteuerrechtlicher Hinsicht ist § 15 Abs. 3 Nr. 1 Alternative 2 EStG nach Ansicht des BFH selbst ohne Bagatellgrenze verfassungsgemäß. Die Beteiligung der KG 1 an der gewerblichen KG 2 führt danach einkommensteuerrechtlich zur Gewerblichkeit ihrer Vermietungseinkünfte.

Zu 2

Gemäß § 2 Abs. 1 Satz 1 GewStG unterliegt jeder stehende Gewerbebetrieb, soweit er im Inland betrieben wird, der Gewerbesteuer. Als Gewerbebetrieb definiert § 2 Abs. 1 Satz 2 GewStG ein gewerbliches Unternehmen i. S. des EStG. Diese Bestimmung ist nach der Ansicht des BFH verfassungskonform dahin auszulegen, dass ein gewerbliches Unternehmen i. S. des § 15 Abs. 3 Nr. 1 Alternative 2 EStG nicht als ein i. S. des § 2 Abs. 1 Satz 1 GewStG der Gewerbesteuer unterliegender Gewerbebetrieb gilt.

Anders als in den Fällen des § 15 Abs. 3 Nr. 1 Alternative 1 EStG geht es im Anwendungsbereich des § 15 Abs. 3 Nr. 1 Alternative 2 EStG nicht um die Einbeziehung nicht gewerblicher Einkünfte zum Schutz des Gewerbesteueraufkommens. Im Falle der Abfärbung gewerblicher Beteiligungseinkünfte kann es auf der Ebene der Obergesellschaft (hier KG 1) nicht zu einer Gefährdung des Gewerbesteueraufkommens kommen, da die gewerblichen Beteiligungseinkünfte infolge ihrer Kürzung gem. § 9 Nr. 2 GewStG auf der Ebene der Obergesellschaft schon nicht der Gewerbesteuer unterliegen.

Der BFH hat der Unverhältnismäßigkeit der Abfärbewirkung in Fällen von Beteiligungseinkünften in gewerbesteuerrechtlicher Sicht dadurch Rechnung getragen, dass er § 2 Abs. 1 Satz 2 GewStG verfassungskonform auslegt und die Abfärbewirkung von Beteiligungen an gewerblichen Mitunternehmerschaften für die Gewerbesteuer ausschließt (BFH, Urteil v. 6.6.2019 - IV R 30/16, BStBl 2020 II S. 649). Danach gilt ein gewerbliches Unternehmen i. S. des § 15 Abs. 3 Nr. 1 Alternative 2 EStG nicht als ein i. S. des § 2 Abs. 1 Satz 1 GewStG der Gewerbesteuer unterliegender Gewerbebetrieb.

Anmerkung: Gemäß dem Ergebnis einer Erörterung der obersten Finanzbehörden der Länder sind die im Urteil zum Ausdruck kommenden gewerbesteuerlichen Grundsätze nicht allgemein anzuwenden. Streitig war nach Verwaltungsansicht in dem vom BFH konkret zu entscheidenden Einzelfall in Bezug auf die gesonderte und einheitliche Feststellung der Einkünfte einer Personengesellschaft ausschließlich die Frage, ob die Beteiligung an einer gewerblichen KG i. S. des § 15 Abs. 3 Nr. 1 Alternative 2 EStG (Untergesellschaft) auch ohne die Anwendung einer Bagatellgrenze zu einer Umqualifizierung der übrigen Einkünfte der ansonsten vermögensverwaltenden KG (Obergesellschaft) führt (Gleich lautende Erlasse der obersten Finanzbehörden der Länder v. 1.10.2020, BStBl 2020 I S. 1032, TAAAH-60067). Zwischenzeitlich ist beim BFH ein weiteres Revisionsverfahren anhängig, bei dem es um die Frage geht, ob geringfügige gewerbliche Beteiligungseinkünfte einer Freiberufler-Personengesellschaft dazu führen, dass die Gesellschaft insgesamt Einkünfte aus Gewerbebetrieb erzielt und auch der Gewerbesteuer unterliegt (Az. des BFH: VIII R 1/22; Vorinstanz: FG Hamburg, Urteil v. 25.2.2021 - 3 K 139/20, EFG 2021 S. 1564, MAAAH-78693).

FALL 184B

Abfärbewirkung bei Betriebsaufspaltung

Sachverhalt: An einer Grundstücksgemeinschaft in der Rechtsform einer GbR sind die Eheleute A und B seit dem Jahr 2013 je zur Hälfte beteiligt. Die GbR vermietet seit der Fertigstellung (2013) ein zu ihrem steuerlichen Gesamthandsvermögen gehörendes bebautes Grundstück an fremde Dritte. Das Erdgeschoss (50 % der Gebäudenutzfläche) wird an den Einzelkaufmann K für dessen gewerbliche Zwecke (Einzelhandel) und das Obergeschoss (50 % der Gebäudenutzfläche) zu Wohnzwecken vermietet.

In den für die GbR abgegebenen Feststellungserklärungen wurden bis einschließlich zum Jahr 2023 Einkünfte aus Vermietung und Verpachtung erklärt. Dem folgte das Finanzamt in seinen Feststellungsbescheiden.

Nachdem K im zweiten Halbjahr 2023 seinen Betrieb aufgegeben hat, wird das Erdgeschoss ab dem 1.1.2024 an die Y-GmbH vermietet, deren Anteile A und B zu je 50 % halten.

AUFGABE

Erzielt die GbR ab dem Jahr 2024 weiterhin Einkünfte aus Vermietung und Verpachtung?

LÖSUNG

Ab dem Jahr 2024 liegen die Voraussetzungen einer Betriebsaufspaltung zwischen der GbR und der Y-GmbH vor, da das vermietete Erdgeschoss zu den wesentlichen Betriebsgrundlagen des mietenden/pachtenden Unternehmens (sog. „Betriebs-GmbH") gehört (sachliche Verflechtung) und zwischen dem verpachtenden Unternehmen (sog. „Besitz-GbR") und dem Betriebsunternehmen enge personelle Verflechtungen bestehen. Bei der Vermietung des Erdgeschosses durch die GbR an die Y-GmbH ab dem 1.1.2024 handelt es sich um eine gewerbliche Verpachtung, aus der die GbR Einkünfte aus Gewerbebetrieb (§ 15 EStG) im Rahmen einer Betriebsaufspaltung erzielt.

Die Abfärbetheorie setzt voraus, dass die Personengesellschaft eine eigenständige gewerbliche Tätigkeit und daneben zumindest noch eine weitere Tätigkeit ausübt, die isoliert betrachtet unter einer anderen Einkunftsart (Gewinn- oder Überschusseinkunftsart) zu subsumieren wäre. Bei der Tätigkeit, die die Personengesellschaft „auch" ausübt, muss es sich um eine eigenständige gewerbliche Tätigkeit handeln, die von mindestens einer weiteren Tätigkeit, auf die sich die Abfärbung auswirken soll, getrennt werden kann. Die Personengesellschaft muss demnach zumindest noch eine weitere Tätigkeit ausüben, die isoliert betrachtet zu einer anderen Einkunftsart führen würde (BFH, Urteile v. 29.11.2012 - IV R 37/10, BFH/NV 2013 S. 910, Rz. 28, UAAAE-35427, und v. 14.7.2016 - IV R 34/13, BStBl 2017 II S. 175, Rz. 55). Das ist hier der Fall. Bei der Vermietungstätigkeit der GbR handelt es sich um trennbare Tätigkeiten: Die Vermietung des Erdgeschosses an die Y-GmbH in Folge der Betriebsaufspaltung führt zu gewerblichen Einkünften, die Wohnungsvermietung im Obergeschoss an fremde Dritte führt hingegen – ohne Berücksichtigung des § 15 Abs. 3 Nr. 1 EStG – zu Einkünften aus Vermietung und Verpachtung.

Gemäß der Rechtsprechung des BFH (Urteil v. 29.11.2012 - IV R 37/10, BFH/NV 2013 S. 910, UAAAE-35427) hat dies zur Konsequenz, dass sämtliche Einkünfte der im Übrigen nicht gewerblich tätigen Besitzpersonengesellschaft als solche aus Gewerbebetrieb zu behandeln sind. Dies gilt nach Meinung des BFH auch dann, wenn eine für sich betrachtete vermögensverwaltende Tätigkeit einer Personengesellschaft erst aufgrund des Rechtsinstituts der Betriebsaufspaltung als eine originär gewerbliche Tätigkeit zu qualifizieren ist. Nach allem sind die gesamten Vermietungseinkünfte der GbR ab dem 1.1.2024 als gewerbliche Einkünfte zu qualifizieren.

FALL 185

Fortführung einer Arztpraxis durch die Erben mithilfe eines Arztvertreters

Sachverhalt: Der Ehemann von A betrieb bis zu seinem Tod am 18.10.01 eine Arztpraxis. Nach dem Tod ihres Ehemanns führt A die Arztpraxis bis zum 31.3.02 mithilfe eines Arztvertreters fort. Dann gibt sie die Arztpraxis auf. A war bei ihrem Ehemann bis zu dessen Tod als Medizinische Fachangestellte angestellt.

AUFGABE

Unter welche Einkunftsart fallen die von A in der Zeit vom 19.10.01 bis zum 31.3.02 erwirtschafteten Einkünfte?

LÖSUNG

Stirbt ein Arzt und führt ein Erbe mangels eigener beruflicher Qualifikationen die Arztpraxis auf eigene Rechnung in der Weise fort, dass er die ärztliche Tätigkeit durch eine dafür qualifizierte Person ausüben lässt, so erzielt der Erbe keine Einkünfte i. S. des § 18 Abs. 1 Nr. 1 EStG, denn ihm fehlt die berufliche Qualifikation des Erblassers und damit das Recht zur eigenverantwortlichen und selbständigen Ausübung der Arztpraxis, welches mit dem Tod des Freiberuflers erloschen ist und nicht vererbt werden kann. In einem solchen Fall stellt die Fortführung der Arztpraxis eine gewerbliche Tätigkeit dar. Die Einkünfte von A aus der Weiterführung der Arztpraxis ihres verstorbenen Ehemanns durch den Arztvertreter sind also keine Einkünfte aus selbständiger Tätigkeit, sondern solche aus Gewerbebetrieb (BFH, Urteile v. 19.5.1981 - VIII R 143/78, BStBl 1981 II S. 665, und v. 12.3.1992 - IV R 29/91, BStBl 1993 II S. 36).

FALL 186

Abschreibung des Praxiswerts bei Aufnahme eines Sozius

Sachverhalt: A bringt seine Steuerberaterpraxis am 1.1.01 unter Aufdeckung der stillen Reserven in eine zwischen ihm und B neu gegründete GbR ein, und zwar die Praxisausstattung mit 50.000 € und den Praxiswert mit 300.000 €. B erbringt eine dem tatsächlichen Wert des eingebrachten Betriebsvermögens entsprechende Bareinlage i. H. von 350.000 €. A ist weiterhin in der Steuerberaterpraxis tätig.

- **Variante a):** B ist von Beruf ebenfalls Steuerberater.
- **Variante b):** B ist eine sog. „berufsfremde Person", d. h. er hat die Steuerberaterprüfung noch nicht abgelegt.

AUFGABE

Kann der aufgedeckte Praxiswert – ggf. innerhalb welchen Zeitraums – abgeschrieben werden?

LÖSUNG

Zu Variante a)

Der beim entgeltlichen Erwerb einer Praxis miterworbene Praxiswert kann gem. der Rechtsprechung innerhalb eines Zeitraums von drei bis fünf Jahren abgeschrieben werden (BFH, Urteil v. 28.9.1993 - VIII R 67/92, BStBl 1994 II S. 449). Begründet wird diese Abschreibung damit, dass der Praxiswert auf einem besonderen Vertrauensverhältnis zum bisherigen Praxisinhaber beruhe, das zwangsläufig mit dessen Ausscheiden ende, so dass sich der Praxiswert verflüchtige.

Eine AfA hat die Rechtsprechung früher jedoch abgelehnt, wenn der Praxiswert bei der Veräußerung eines Praxisanteils im Wege der entgeltlichen Aufnahme eines Sozius oder bei Eintritt in eine Sozietät aufgedeckt wird und die bisherigen Mitglieder der Sozietät weiterhin mitarbeiten (BFH, Urteil v. 23.1.1975 - IV R 166/71, BStBl 1975 II S. 381). Hier hielt die Rechtsprechung eine AfA für unzulässig, da derjenige, der den Praxiswert geschaffen habe, weiterhin in der Praxis tätig sei; der Praxiswert wurde in diesen Fällen als nicht abnutzbares Wirtschaftsgut angesehen.

Der BFH hat jedoch unter Änderung seiner früheren Rechtsprechung entschieden, dass der anlässlich der Gründung einer Sozietät aufgedeckte Praxiswert ein abnutzbares und abschreibbares Wirtschaftsgut darstellt (BFH, Urteile v. 24.2.1994 - IV R 33/93, BStBl 1994 II S. 590, v. 22.9.1994 - IV R 38/94, BFH/NV 1995 S. 385, OAAAA-97287, v. 15.5.1997 - IV R 33/95, BFH/NV 1997 S. 751, GAAAA-96954, und v. 22.4.1998 - IV B 24/97, BFH/NV 1998 S. 1467, HAAAA-97392).

Der BFH geht aufgrund der weiteren Mitarbeit des bisherigen Praxisinhabers typisierend davon aus, dass die betriebsgewöhnliche Nutzungsdauer eines derivativ erworbenen „Sozietätspraxiswerts" doppelt so lang ist wie die Nutzungsdauer des Werts einer Einzelpraxis, also sechs bis zehn Jahre beträgt (ebenso BMF, Schreiben v. 15.1.1995, BStBl 1995 I S. 14). Der Sozietätspraxiswert i. H. von 300.000 € kann also hier innerhalb von sechs bis zehn Jahren abgeschrieben werden. Ob als Abschreibungszeitraum z. B. sechs oder zehn Jahre zugrunde zu legen sind, hängt von den Umständen des einzelnen Falls ab, d. h. die Abschreibungsdauer ist innerhalb dieses Rahmens sachgerecht zu schätzen.

HINWEIS

Bei Erwerb eines Praxiswerts im Laufe eines Jahres kann die AfA nur zeitanteilig in Anspruch genommen werden (§ 7 Abs. 1 Satz 4 EStG).

Zu Variante b)

Wird der Praxiswert auf eine Sozietät übertragen, deren Einkünfte in solche aus Gewerbebetrieb umzuqualifizieren sind, da ein Berufsfremder an der Sozietät beteiligt ist, gilt nichts anderes als im ersten Fall. Zwar wandelt sich der Praxiswert in einen Geschäftswert (BFH, Urteil v. 14.12.1993 - VIII R 13/93, BStBl 1994 II S. 922, Rz. 21), er verliert dabei aber nicht seinen aus der besonderen Personenbezogenheit folgenden Charakter. Dementsprechend kann auch im zweiten Fall die betriebsgewöhnliche Nutzungsdauer des anlässlich der Gründung der Sozietät aufgedeckten „Praxiswerts" typisierend auf sechs bis zehn Jahre geschätzt werden (BFH, Urteil v. 15.5.1997 - IV R 33/95, BFH/NV 1997 S. 751, GAAAA-96954).

FALL 187

Abschreibung des Praxiswerts bei Gründung einer Freiberufler-GmbH

Sachverhalt: Steuerberater A und Steuerberater B bringen ihre beiden Einzelpraxen zum gemeinen Wert, d. h. auch unter der Aufdeckung der Praxiswerte i. H. von je 300.000 €, in die X-GmbH ein. Beide Freiberufler sind zu je 50 % an der X-GmbH beteiligt.

AUFGABE

Innerhalb welchen Zeitraums können die Praxiswerte von der X-GmbH abgeschrieben werden?

LÖSUNG

Aus dem Gesetz ergibt sich, dass der Geschäfts- oder Firmenwert eines Gewerbebetriebs auf eine betriebsgewöhnliche Nutzungsdauer i. H. von 15 Jahren abzuschreiben ist (§ 7 Abs. 1 Satz 3 EStG). Eine geringere Nutzungsdauer kommt danach nur für den Praxiswert eines selbständig Tätigen in Betracht (BFH, Urteil v. 24.2.1994 - IV R 33/93, BStBl 1994 II S. 590). Für die betriebsgewöhnliche Nutzungsdauer des Geschäftswerts eines Gewerbebetriebs ist dementsprechend ohne Bedeutung, ob die gewerbliche Tätigkeit besonders auf die Person des Unternehmers zugeschnitten ist. Eine Ausnahme von diesem Grundsatz hat der BFH lediglich in solchen Fällen angenommen, in denen sich der Praxiswert eines Freiberuflers

- durch Übertragung auf eine der Tätigkeit nach freiberufliche, aber – wie vorliegend – kraft Rechtsform oder
- aufgrund der Wirkung des § 15 Abs. 3 Nr. 1 EStG – gewerbliche Einkünfte erzielende Gesellschaft – in einen Geschäftswert gewandelt hat (BFH, Urteile v. 30.3.1994 - I R 52/93, BStBl 1994 II S. 903, v. 15.5.1997 - IV R 33/95, BFH/NV 1997 S. 751, GAAAA-96954, und v. 22.4.1998 - IV B 24/97, BFH/NV 1998 S. 1467, HAAAA-97392).

Ein so gelagerter Ausnahmefall ist hier gegeben. Der Praxiswert ist auf eine GmbH übertragen worden, deren Einkünfte kraft Rechtsform solche aus Gewerbebetrieb sind. In diesem Fall wandelt sich der Praxiswert in einen Geschäftswert (BFH, Urteil v. 14.12.1993 - VIII R 13/93, BStBl 1994 II S. 922). Er verliert dabei aber nicht seinen aus der besonderen Personenbezogenheit folgenden Charakter, da er durch die Einbringung in eine Gesellschaft aufgedeckt wird, die nach außen in gleicher Weise auftritt wie eine freiberufliche Sozietät.

Da die bisherigen Praxisinhaber in der erwerbenden GmbH weiterhin entscheidenden Einfluss ausüben, kann dies allerdings für die Bemessung der Nutzungsdauer von Bedeutung sein. Die Finanzverwaltung und der BFH gehen in diesen Fällen davon aus, dass die betriebsgewöhnliche Nutzungsdauer – wie im Fall des „Sozietätspraxiswerts" – doppelt so lang ist wie die Nutzungsdauer des Werts einer erworbenen Einzelpraxis, also sechs bis zehn Jahre beträgt (BMF, Schreiben v. 15.1.1995, BStBl 1995 I S. 14; BFH, Urteile v. 30.3.1994 - I R 52/93, BStBl 1994 II S. 903, und v. 15.5.1997 - IV R 33/95, BFH/NV 1997 S. 751, GAAAA-96954).

FALL 188

Vergütungen einer Personengesellschaft an einen an ihr beteiligten Freiberufler

Sachverhalt: A betreibt als selbständiger Architekt ein Architekturbüro. Für das Jahr 01 hat er dem Finanzamt einen Gewinn aus selbständiger Arbeit i. H. von 200.000 € erklärt:

Betriebseinnahmen	420.000 €
abzgl. Betriebsausgaben	- 220.000 €
Gewinn	200.000 €

A ist zugleich als Kommanditist an einer GmbH & Co. KG beteiligt, die sich mit dem Bau und Verkauf von Eigentumswohnungen befasst. Gemäß dem Gesellschaftsvertrag hat er es übernommen, Architektenleistungen für die KG zu erbringen, die i. S. der Maßgabe der Gebührenordnung für Architekten vergütet werden. Die KG hat das Honorar für das Jahr 01 i. H. von 95.000 € als Betriebsausgaben abgesetzt; der auf A danach entfallende Gewinnanteil beträgt 130.000 €.

A hat die Honorarzahlungen der KG i. H. von 95.000 € im Rahmen seiner EÜR 01 als Betriebseinnahmen berücksichtigt. Die mit der Tätigkeit für die KG zusammenhängenden Aufwendungen belaufen sich auf 45.000 €; sie sind in den erklärten Betriebsausgaben i. H. von 220.000 € enthalten.

AUFGABE

Welcher Einkunftsart sind die von der KG geleisteten Architektenhonorare zuzuordnen?

LÖSUNG

Ist ein Freiberufler Gesellschafter einer gewerblich tätigen oder gewerblich geprägten Personengesellschaft und erbringt er für diese Leistungen im Rahmen seiner freiberuflichen Tätigkeit, so handelt es sich bei den dafür gezahlten Vergütungen nicht um Einkünfte aus freiberuflicher Tätigkeit, sondern um Einkünfte aus Gewerbebetrieb (§ 15 Abs. 1 Satz 1 Nr. 2 EStG). Die mit den Leistungen für die Personengesellschaft zusammenhängenden Aufwendungen stellen Sonderbetriebsausgaben des betreffenden Gesellschafters dar (BFH, Urteile v. 23.5.1979 - I R 56/77, BStBl 1979 II S. 763, und v. 23.5.1979 - I R 85/77, BStBl 1979 II S. 767). Die Vergütungen und die damit zusammenhängenden Sonderbetriebsausgaben sind in die gesonderte und einheitliche Gewinnfeststellung der Personengesellschaft einzubeziehen.

Diese Beurteilung hat für A folgende steuerliche Konsequenzen:

Korrektur der Einkünfte aus selbständiger Arbeit:

Gewinn lt. Erklärung		200.000 €
abzgl. Vergütungen der KG	- 95.000 €	
zzgl. damit zusammenhängende Betriebsausgaben	+ 45.000 €	- 50.000 €
		150.000 €

Korrektur der Einkünfte aus Gewerbebetrieb:

Gewinnanteil lt. Erklärung		130.000 €
zzgl. Vergütungen der KG	+ 95.000 €	
abzgl. damit zusammenhängende Sonderbetriebsausgaben	- 45.000 €	+ 50.000 €
		180.000 €

FALL 188A

Mietzahlungen einer Personengesellschaft an einen an ihr beteiligten Freiberufler für ein Grundstück von untergeordnetem Wert

Sachverhalt: A und B sind zu je 50 % als Gesellschafter an einer bilanzierenden Freiberufler-GbR beteiligt. Beide Gesellschafter sind zu je $^{1}/_{2}$ Miteigentümer eines bebauten Grundstücks, das zu 10 % eigenbetrieblichen Zwecken der Personengesellschaft dient. Im Übrigen wird das Grundstück zu eigenen Wohnzwecken der Gesellschafter genutzt. Grundstück und Gebäude haben einen Wert i. H. von 400.000 €.

Die GbR hat den Gesellschaftern für die Überlassung des 10 %igen Grundstücksanteils im Jahr 2023 eine angemessene Miete i. H. von insgesamt 6.000 € bezahlt. Die mit dem überlassenen Grundstücksteil zusammenhängenden Aufwendungen einschließlich der AfA belaufen sich im Jahr 2023 auf 3.000 €.

Der betrieblich genutzte Grundstücksteil wurde bisher nicht als Sonderbetriebsvermögen ausgewiesen.

AUFGABEN

1. Müssen A und B den an die GbR vermieteten Grundstücksteil als Sonderbetriebsvermögen ausweisen?
2. Mindern die Mietzahlungen den Gewinn der GbR, obwohl A und B den an die GbR vermieteten Grundstücksteil nicht als Sonderbetriebsvermögen bilanziert haben?
3. Können A und B die mit dem vermieteten Grundstücksteil zusammenhängenden Aufwendungen i. H. von 3.000 € als Sonderbetriebsausgaben abziehen?

LÖSUNG

Zu 1

Eigenbetrieblich genutzte Grundstücksteile, also prinzipiell Wirtschaftsgüter des notwendigen Betriebsvermögens, brauchen nicht als Betriebsvermögen behandelt zu werden, wenn ihr Wert nicht mehr als $^1/_5$ des gemeinen Werts des gesamten Grundstücks und nicht mehr als 20.500 € beträgt (§ 8 EStDV). Sind die genannten Voraussetzungen erfüllt, steht die Bilanzierung im Ermessen des Steuerpflichtigen.

Das Wahlrecht, betrieblich genutzte Grundstücksteile von untergeordnetem Wert als Privatvermögen oder als gewillkürtes Betriebsvermögen zu behandeln, gilt auch für zum Sonderbetriebsvermögen gehörende Grundstücksteile. Daher brauchen einer Personengesellschaft von ihren Gesellschaftern zur Nutzung überlassene Grundstücksteile, die im Verhältnis zum Wert des ganzen Grundstücks von untergeordnetem Wert sind, nicht als Sonderbetriebsvermögen behandelt zu werden.

Auf den Wert des ganzen Grundstücks ist auch abzustellen, wenn mehrere Gesellschafter Eigentümer des Grundstücks sind. In diesem Fall kann jeder Gesellschafter für seinen Eigentumsanteil das Wahlrecht ausüben. Einer einheitlichen Wahlrechtsausübung bedarf es nicht.

Da der Wert des eigenbetrieblich genutzten Grundstücks- und Gebäudeteils – bezogen auf den jeweiligen Miteigentumsanteil – der beiden Gesellschafter nur ($^1/_2$ von 10 % =) 5 % von 400.000 € = 20.000 € ausmacht, also die Wertgrenze i. H. von 20.500 € nicht übersteigt, können sowohl A als auch B wählen, ob sie ihren betreffenden Miteigentumsanteil am Grund und Boden und am Gebäude als gewillkürtes Sonderbetriebsvermögen oder als Privatvermögen behandeln.

Beide Gesellschafter haben den der KG überlassenen Grundstücksteil nicht aktiviert. Ein Zwang dazu besteht nicht, da die Grenzen des § 8 EStDV nicht überschritten sind. A und B müssen den der KG vermieteten Grundstücksteil nicht als Sonderbetriebsvermögen behandeln.

Zu 2

Problematisch ist, ob die von der GbR an A und B gezahlten Mietzinsen, die sie bei der Ermittlung ihres Gewinns abgezogen hat, dem Gewinnanteil von A und B – und damit dem Gesamtgewinn der GbR – gem. § 15 Abs. 1 Satz 1 Nr. 2 EStG wieder hinzugerechnet werden müssen, obwohl der vermietete Grundstücksteil kein Sonderbetriebsvermögen, sondern **Privatvermögen** der Gesellschafter darstellt. Diese Frage hat der BFH bejaht (BFH, Urteil v. 6.7.1978 - IV R 164/74, BStBl 1978 II S. 647). Mietzinsen, die eine Personengesellschaft einem Gesellschafter zahlt, können danach den Gewinn auch dann nicht mindern, wenn der an die Personengesellschaft vermietete und von ihr betrieblich genutzte Grundstücksteil seinem Wert nach im Verhältnis zum Wert des gesamten Grundstücks nur von untergeordneter Bedeutung ist.

Zu 3

Aufwendungen für einen Grundstücksteil, der eigenbetrieblich genutzt wird, sind einschließlich der anteiligen AfA – vorbehaltlich des § 4 Abs. 5 Satz 1 Nr. 6b EStG – auch dann als Betriebsausgaben bzw. Sonderbetriebsausgaben abzugsfähig, wenn der Grundstücksteil aufgrund seines untergeordneten Werts nicht als Betriebsvermögen oder Sonderbetriebsvermögen behandelt wird. Entsprechendes muss gelten, wenn ein Gesellschafter seiner Personengesellschaft einen Grundstücksteil vermietet hat, der im Hinblick auf § 8 EStDV aber nicht als Sonderbetriebsvermögen bilanziert worden ist. A und B können die mit dem vermieteten Grundstücksteil zusammenhängenden Kosten i. H. von 3.000 € als Sonderbetriebsausgaben abziehen.

FALL 189

Gründung einer Freiberuflersozietät durch Einbringung einer Einzelpraxis

Sachverhalt: A betreibt eine Rechtsanwaltspraxis. Zum 31.12.01 stellt er folgende vereinfacht dargestellte Schlussbilanz auf:

Aktiva	Schlussbilanz zum 31.12.01		Passiva
Praxisausstattung	40.000 €	Kapital	100.000 €
Sonstige Aktiva	60.000 €		
	100.000 €		**100.000 €**

Der Praxiswert beträgt 200.000 €; weitere stille Reserven sind im Betriebsvermögen nicht enthalten.

A bringt die Rechtsanwaltspraxis am 31.12.01 in eine zwischen ihm und dem Rechtsanwalt B neu gegründete GbR ein. B erbringt eine Bareinlage i. H. von 300.000 €, die dem wahren Wert des eingebrachten Betriebsvermögens entspricht. A und B sind an der GbR zu je 50 % beteiligt. Ihre Kapitalkonten sollen in der Eröffnungsbilanz der GbR gleich hoch sein (= je 300.000 €). A will im Rahmen der Sozietätsgründung keinen Gewinn versteuern.

AUFGABE

Welches Aussehen müssen die Eröffnungsbilanzen haben, damit der Gründungsvorgang erfolgsneutral behandelt werden kann?

LÖSUNG

Die Einbringung einer betrieblichen Sachgesamtheit (z. B. einer freiberuflichen Praxis) gegen Gewährung von Gesellschaftsrechten stellt aus der Sicht des Einbringenden einen Veräußerungsvorgang (tauschähnlichen Vorgang) dar, der ohne besondere gesetzliche Regelung in § 24 UmwStG gem. § 16 Abs. 1 Satz 1 Nr. 1 oder 2 EStG zu einer Aufdeckung von stillen Reserven führen würde (BFH, Urteil v. 7.11.2006 - VIII R 13/04, BStBl 2008 II S. 545, Rz. 28). Durch die Anwendung des § 24 UmwStG kann in diesen Fällen die sofortige Aufdeckung von stillen Reserven vermieden werden. Die Einbringung einer freiberuflichen Praxis in eine Personengesellschaft fällt unter § 24 UmwStG; der Einbringungsvorgang kann daher durch die Fortführung der Buchwerte erfolgsneutral gestaltet werden.

Die vorliegende Gründung der GbR durch die Aufnahme eines Gesellschafters in ein Einzelunternehmen gegen Geldeinlage in das steuerliche Gesamthandsvermögen der Personengesellschaft fällt in den Anwendungsbereich des § 24 UmwStG (BMF, Schreiben v. 11.11.2011, BStBl 2011 I S. 1314, Rz. 01.4). Die Personengesellschaft hat das eingebrachte Betriebsvermögen in ihrer

Bilanz einschließlich der Ergänzungsbilanzen für ihre Gesellschafter mit dem gemeinen Wert anzusetzen (§ 24 Abs. 2 Satz 1 UmwStG). Abweichend davon kann das übernommene Betriebsvermögen **auf Antrag mit dem Buchwert** angesetzt werden (§ 24 Abs. 2 Satz 2 EStG). Der Wert, mit dem das eingebrachte Betriebsvermögen in der Bilanz der Personengesellschaft einschließlich der Ergänzungsbilanzen für ihre Gesellschafter angesetzt wird, gilt für den Einbringenden als Veräußerungspreis (§ 24 Abs. 3 Satz 1 UmwStG).

Erfolgt die Einbringung zu Buchwerten, erfolgt die bilanztechnische Abbildung durch Ergänzungsbilanzen, die Korrekturposten zu den Wertansätzen in der steuerlichen Gesamthandsbilanz für steuerliche Zwecke beinhalten. Ergänzungsbilanzen sind Bestandteil der Steuerbilanz der Personengesellschaft. Sie sind erforderlich, um die steuerlichen Kapitalkonten der Gesellschafter im zutreffenden Verhältnis zueinander darstellen zu können (sog. **„Bruttomethode"**; BMF, Schreiben v. 11.11.2011, BStBl 2011 I S. 1314, Rz. 24.14). Möglich ist auch die sog. **„Nettomethode"**, bei der die Buchwerte des eingebrachten Betriebsvermögens in der steuerlichen Gesamthandsbilanz der Personengesellschaft fortgeführt werden (BMF, Schreiben v. 11.11.2011, BStBl 2011 I S. 1314, Rz. 24.14).

Da im vorliegenden Fall die Kapitalkonten von A und B in der Eröffnungsbilanz der Sozietät in gleicher Höhe ausgewiesen werden sollen, hat diese bei Anwendung der Bruttomethode, bei der die gemeinen Werte in der Gesamthandsbilanz (also unter Aufdeckung der stillen Reserven) ausgewiesen und durch eine negative Ergänzungsbilanz des Einbringenden neutralisiert werden (BFH, Urteil v. 23.3.2023 - IV R 27/19, BStBl 2023 II S. 1112; Rätke, BBK 12/2023 S. 525), folgendes Aussehen:

Aktiva	**Eröffnungsbilanz GbR**		**Passiva**
Praxisausstattung	40.000 €	Kapital A	300.000 €
Sonstige Aktiva	60.000 €	Kapital B	300.000 €
Praxiswert	200.000 €		
Bareinlage B	300.000 €		
	600.000 €		**600.000 €**

Für A entsteht bei dieser Behandlung ein Veräußerungsgewinn i. H. von (300.000 € - 100.000 € =) 200.000 €, da sich sein Kapital im Rahmen der Einbringung um 200.000 € erhöht hat. Diesen Veräußerungsgewinn kann A dadurch neutralisieren, dass er eine negative Ergänzungsbilanz mit einem Minderkapital i. H. von 200.000 € aufstellt (BMF, Schreiben v. 11.11.2011, BStBl 2011 I S. 1314, Rz. 24.14):

Aktiva	**Negative Ergänzungsbilanz A**		**Passiva**
Minderkapital	200.000 €	Praxiswert	200.000 €
	200.000 €		**200.000 €**

Das eingebrachte Betriebsvermögen ist nunmehr in der Bilanz der GbR und der Ergänzungsbilanz von A wie folgt ausgewiesen (§ 24 Abs. 1 i.V. mit Abs. 2 Satz 2 UmwStG): Mit 300.000 € in der Bilanz der GbR, abzgl. 200.000 € in der Ergänzungsbilanz von A, insgesamt also mit 100.000 €. Dieser Wert gilt für den einbringenden A als Veräußerungspreis (§ 24 Abs. 3 Satz 1 UmwStG). Da der Buchwert des eingebrachten Betriebsvermögens ebenfalls 100.000 € beträgt, entsteht kein Veräußerungsgewinn.

Die Ergänzungsbilanz ist bei der künftigen Gewinnermittlung zu berücksichtigen und weiterzuentwickeln. Die Auflösung des Praxiswerts bewirkt bei A einen jährlichen Gewinn aus der Ergänzungsbilanz i. H. von (1/10 von 200.000 € =) 20.000 €, wenn man für den „Sozietätspraxiswert" eine Nutzungsdauer i. H. von zehn Jahren zugrunde legt (BMF, Schreiben v. 15.1.1995 - BStBl 1995 I S. 14, wonach ein Sozietätspraxiswert innerhalb von sechs bis zehn Jahren abgeschrieben werden darf).

Anmerkung: Das BMF hat mit den obersten Finanzbehörden der Länder einen Entwurf eines aktualisierten BMF-Schreibens zur Anwendung des UmwStG (Umwandlungssteuererlass – UmwStE) abgestimmt. Die Aktualisierung enthält Klarstellungen und Präzisierungen gegenüber dem UmwStE v. 11.11.2011 (BStBl 2011 I S. 1314) und berücksichtigt die seit dessen Veröffentlichung ergangenen Gesetzesänderungen und höchstrichterlichen Entscheidungen zum UmwStG (Entwurf v. 11.10.2023).

10.4 Besteuerung der Veräußerungsgewinne i. S. des § 16 und § 18 Abs. 3 EStG

10.4.1 Allgemeines

Zu den Einkünften aus Gewerbebetrieb gehören auch Gewinne oder Verluste, die

- bei der Veräußerung oder Aufgabe eines ganzen Gewerbebetriebs, eines Teilbetriebs oder einer im Betriebsvermögen gehaltenen 100 %igen Beteiligung an einer Kapitalgesellschaft (§ 16 Abs. 1 Satz 1 Nr. 1 EStG) und
- bei der Veräußerung des gesamten Mitunternehmeranteils (§ 16 Abs. 1 Satz 1 Nr. 2 Satz 1 EStG)

erzielt werden.

Zu den Einkünften aus selbständiger Arbeit gehört auch der Gewinn, der bei der Veräußerung des Vermögens oder eines selbständigen Teils des Vermögens oder eines Anteils am Vermögen erzielt wird, das der selbständigen Arbeit dient (§ 18 Abs. 3 Satz 1 EStG). Veräußerungs- und Aufgabegewinne sind also einkommensteuerpflichtig und Veräußerungs- und Aufgabeverluste ausgleichs- und abzugsfähig.

10.4.2 Freibetragsregelung

Wer seinen Betrieb veräußert, erhält auf Antrag einen Freibetrag i. H. von maximal 45.000 €, wenn er zum Zeitpunkt der Betriebsveräußerung das 55. Lebensjahr vollendet hat oder im sozialversicherungsrechtlichen Sinne dauernd berufsunfähig ist (§ 16 Abs. 4 Satz 1 EStG). Der Freibetrag ist dem Steuerpflichtigen nur einmal zu gewähren (§ 16 Abs. 4 Satz 2 EStG). „Einmal" bedeutet in diesem Zusammenhang: Nur einmal im Leben, auch wenn der Steuerpflichtige mehrere Betriebe hat (OFD Saarbrücken, Vfg. v. 4.6.1997 - S 2242 - 27 - St 221, DStR 1997 S. 1165). Veräußerungs- und Aufgabefreibeträge, die für Betriebsveräußerungen oder -aufgaben vor dem 1.1.1996 in Anspruch genommen wurden, werden nicht angerechnet (§ 52 Abs. 34 Satz 5 EStG). Der Freibetrag i. H. von 45.000 € ermäßigt sich um den Betrag, um den der Veräußerungs- oder Aufgabegewinn 136.000 € übersteigt (§ 16 Abs. 4 Satz 3 EStG). Auf Kapitalgesellschaften findet die Freibetragsregelung naturgemäß keine Anwendung.

10.4.3 Progressions- bzw. Tarifvergünstigung

Auf außerordentliche Einkünfte – Betriebsveräußerungsgewinne zählen dazu – ist eine komplizierte Tarifregelung, die sog. „Fünftel-Regelung" (§ 34 Abs. 1 EStG) anzuwenden. Diese hat zum Ziel, die infolge der zusammengeballten Realisierung stiller Reserven sowie des Zusammentreffens laufender mit einmaligen Gewinnen eintretende Progressionswirkung des Tarifs durch eine rechnerische Verteilung der Einkünfte auf fünf Jahre zu mildern. Hierzu wird die Einkommensteuer für das zu versteuernde Einkommen ohne die außerordentlichen Einkünfte (sog. „verbleibendes zu versteuerndes Einkommen") der Einkommensteuer für das zu versteuernde Einkommen ohne die außerordentlichen Einkünfte zzgl. $1/5$ der außerordentlichen Einkünfte gegenübergestellt. Die Differenz wird verfünffacht und der Einkommensteuer für das verbleibende zu versteuernde Einkommen hinzugerechnet (§ 34 Abs. 1 Satz 2 EStG). Ist das verbleibende zu versteuernde Einkommen negativ und das zu versteuernde Einkommen positiv, beträgt die Einkommensteuer das Fünffache der auf $1/5$ des zu versteuernden Einkommens entfallenden Einkommensteuer (§ 34 Abs. 1 Satz 3 EStG).

Betriebsveräußerungsgewinne können bis maximal 5 Mio. € anstatt nach der Fünftel-Regelung des § 34 Abs. 1 EStG **auf Antrag** mit 56 % des durchschnittlichen Steuersatzes, mindestens jedoch einem Steuersatz i. H. von 14 %, versteuert werden, wenn der Steuerpflichtige das 55. Lebensjahr vollendet hat oder im sozialversicherungsrechtlichen Sinne dauernd berufsunfähig ist. Diese Ermäßigung kann der Steuerpflichtige nur einmal im Leben in Anspruch nehmen (§ 34 Abs. 3 EStG), gerechnet ab dem Veranlagungszeitraum 2001.

Zu beachten ist, dass § 16 Abs. 2 Satz 3 EStG vorsieht, dass Gewinne aus der Betriebsveräußerung insoweit nicht begünstigt sind – auch nicht für Zwecke des Freibetrags –, als auf der Seite des Veräußerers und des Erwerbers dieselben Personen Unternehmer oder Mitunternehmer sind. Eine entsprechende Regelung gilt für § 24 Abs. 3 Satz 3 UmwStG. Betroffen von dieser Regelung sind vor allem die Fälle, in denen ein Gesellschafter in eine bisher bestehende Personengesellschaft neu aufgenommen wird und die bisherigen Gesellschafter die Gelegenheit nutzen, um die stillen Reserven durch Ansatz des gemeinen Werts aufzudecken. Hier wird nur der Betrag als begünstigter Veräußerungsgewinn besteuert, der von den stillen Reserven auf den neu aufgenommenen Gesellschafter entfällt.

10.4.4 Begriff der Veräußerung

Der zivilrechtliche Begriff der Veräußerung erfasst sowohl die entgeltliche als auch die unentgeltliche Übertragung, während das EStG unter einer Veräußerung nur die entgeltliche bzw. teilentgeltliche Übertragung des Eigentums an einem Gegenstand versteht. Für die Annahme einer Veräußerung bedarf es einkommensteuerrechtlich nicht des Übergangs des rechtlichen Eigentums, der Übergang des wirtschaftlichen Eigentums reicht aus (BFH, Urteile v. 21.10.1976 - IV R 210/72, BStBl 1977 II S. 145, und v. 27.2.1986 - IV R 52/83, BStBl 1986 II S. 552).

Entgeltlich ist eine Veräußerung, wenn ihr ein schuldrechtliches Verpflichtungsgeschäft (z. B. ein Kauf- oder Tauschvertrag) zugrunde liegt, bei dem der Wert der Leistung und Gegenleistung nach kaufmännischen Gesichtspunkten gegeneinander abgewogen worden ist; wesentlich ist, dass die Beteiligten subjektiv von der Gleichwertigkeit von Leistung und Gegenleistung ausgegangen sind (BFH, Urteil v. 22.9.1982 - IV R 154/79, BStBl 1983 II S. 99). Auch bei teilentgeltlichen Rechtsgeschäften, d. h. bei gemischten Schenkungen, kann ein Veräußerungsgewinn i. S. des § 16 Abs. 1 Satz 1 Nr. 1 EStG entstehen (BFH, Urteile v. 10.7.1986 - IV R 12/81, BStBl 1986 II S. 811, und v. 16.12.1992 - XI R 34/92, BStBl 1993 II S. 436).

Die Einbringung eines ganzen Gewerbebetriebs oder eines Teilbetriebs in eine Kapitalgesellschaft oder eine Personengesellschaft ist an sich auch eine Veräußerung i. S. des § 16 EStG (BFH, Urteile v. 23.6.1981 - VIII R 138/80, BStBl 1982 II S. 622, und v. 24.3.1983 - IV R 138/80, BStBl 1984 II S. 233). Die Rechtsfolgen richten sich hier aber primär nach den vorrangigen §§ 20–23 bzw. 24 UmwStG.

10.4.5 Gegenstand der Veräußerung

10.4.5.1 Der ganze Betrieb

Eine Betriebsveräußerung im Ganzen i. S. des § 16 Abs. 1 Satz 1 Nr. 1 EStG liegt nur vor, wenn der Veräußerer alle wesentlichen Grundlagen des Betriebs in einem einheitlichen Vorgang entgeltlich bzw. teilentgeltlich auf einen Erwerber überträgt und damit seine bisherige gewerbliche Betätigung mit dem bisherigen Betriebsvermögen beendet (BFH, Urteile v. 16.12.1992 - X R 52/90, BStBl 1994 II S. 838, und v. 12.6.1996 - XI R 56, 57/95, BStBl 1996 II S. 527). Die Annahme einer Betriebsveräußerung wird nicht dadurch ausgeschlossen, dass der Veräußerer Wirtschaftsgüter von untergeordneter Bedeutung zurückbehält, um sie bei sich bietender Gelegenheit zu veräußern (BFH, Urteil v. 30.10.1974 - I R 40/72, BStBl 1975 II S. 232). Unerheblich ist auch, ob der Erwerber den Betrieb tatsächlich fortführt oder stilllegt (R 16 Abs. 1 Satz 2 EStR). Unschädlich ist, wenn der Veräußerer vom Erwerber als Angestellter oder freier Mitarbeiter beschäftigt wird oder sich fortan an einer GbR beteiligt, die in derselben Branche tätig ist (BFH, Urteile v. 17.7.2008 - X R 40/07, BStBl 2009 II S. 43, v. 22.10.2014 - X R 28/11, BFH/NV 2015 S. 479, OAAAE-83683, und v. 21.8.2018 - VIII R 2/15, BStBl 2019 II S. 64, Rz. 18).

Was als wesentliche Betriebsgrundlage anzusehen ist, kann nur im Einzelfall bestimmt werden. Zu den wesentlichen Betriebsgrundlagen gehören zum einen solche Wirtschaftsgüter, die bei funktionaler Betrachtungsweise zur Erreichung des Betriebszwecks erforderlich sind und ein besonderes wirtschaftliches Gewicht für die Betriebsführung besitzen (BFH, Urteil v. 30.10.1974 - I R 40/72, BStBl 1975 II S. 232). Dies sind i. d. R. Wirtschaftsgüter des Anlagevermögens, insbesondere Betriebsgrundstücke. Daneben werden aufgrund einer rein quantitativen Betrachtungsweise auch solche Wirtschaftsgüter den wesentlichen Betriebsgrundlagen zugerechnet, die erhebliche stille Reserven enthalten (BFH, Urteile v. 19.1.1983 - I R 57/79, BStBl 1983 II S. 312, und v. 13.2.1996 - VIII R 39/92, BStBl 1996 II S. 409).

10.4.5.2 Teilbetrieb

Eine Teilbetriebsveräußerung i. S. des § 16 Abs. 1 Satz 1 Nr. 1 EStG liegt vor, wenn

- ein mit einer gewissen Selbständigkeit ausgestatteter, organisch geschlossener Teil eines Gesamtbetriebs,

- der für sich allein lebensfähig ist,
- entgeltlich bzw. teilentgeltlich auf einen Erwerber übertragen wird (BFH, Urteile v. 10.10.2001 - XI R 35/00, BFH/NV 2002 S. 336, DAAAA-68008, v. 16.11.2005 - X R 17/03, BFH/NV 2006 S. 532, PAAAB-75570, und v. 26.6.2012 - VIII R 22/09, BStBl 2012 II S. 777).

Für die Frage, ob der veräußerte Betriebsteil selbständig und allein lebensfähig ist, sind die Verhältnisse beim Veräußerer zum Zeitpunkt der Veräußerung maßgebend (BFH, Urteil v. 15.3.1984 - IV R 189/81, BStBl 1984 II S. 486).

10.4.5.3 Die 100 %ige Beteiligung an einer Kapitalgesellschaft

Als Teilbetrieb gilt auch die in einem Betriebsvermögen gehaltene 100 %ige Beteiligung an einer Kapitalgesellschaft (§ 16 Abs. 1 Satz 1 Nr. 1 Satz 2 EStG), da diese wirtschaftlich betrachtet einem Teilbetrieb entspricht. Aufgrund dieser Fiktion ist die Veräußerung einer solchen Beteiligung im Rahmen des § 16 EStG einkommensteuerlich ebenso begünstigt wie die Veräußerung eines Teilbetriebs.

Gewinne aus der Veräußerung einer 100 %igen Beteiligung an einer Kapitalgesellschaft unterliegen prinzipiell dem Teileinkünfteverfahren und können daher nicht ermäßigt besteuert werden (§ 3 Nr. 40 und § 34 Abs. 2 Nr. 1 EStG). Für Veräußerungsgewinne, die dem Teileinkünfteverfahren unterliegen, wird zwar nicht die Fünftel-Regelung oder der „begünstigte Steuersatz“ gewährt, bei Vorliegen der entsprechenden Voraussetzungen kann jedoch der Freibetrag gem. § 16 Abs. 4 EStG geltend gemacht werden. Die Privilegierung der Veräußerung einer 100 %igen Beteiligung an einer Kapitalgesellschaft im Betriebsvermögen reduziert sich bei der Anwendung des Teileinkünfteverfahrens auf den Freibetrag.

Anmerkung: Der Veräußerungsgewinn aus der Veräußerung einer im Privatvermögen gehaltenen 100 %igen GmbH-Beteiligung unterfällt nicht dem Anwendungsbereich des § 16 EStG. § 16 EStG ist nicht auf im Privatvermögen gehaltene 100 %-Anteile an einer Kapitalgesellschaft anzuwenden. Gehört die Beteiligung zum Privatvermögen des Steuerpflichtigen, unterfällt der Gewinn aus der Veräußerung der Beteiligung an der Kapitalgesellschaft dem Anwendungsbereich des § 17 EStG (FG Düsseldorf, Urteil v. 26.1.2022 - 2 K 2668/19 E, EFG 2022 S. 755, Rz. 19 und 21, PAAAI-59375).

Nach bisheriger BFH-Rechtsprechung sind die einkommensteuerrechtlichen Rechtsfolgen der Übertragung von Anteilen an einer Kapitalgesellschaft bei wesentlicher Beteiligung im Wege einer gemischten Schenkung (d. h. einer teilentgeltlichen Übertragung) im Rahmen des § 17 EStG in der Weise zu bestimmen, dass die Übertragung nach dem Verhältnis der tatsächlichen Gegenleistung zum Verkehrswert der übertragenen Anteile in eine

- voll entgeltliche Anteilsübertragung (Veräußerung i. S. des § 17 Abs. 1 Satz 1 und Abs. 2 Satz 1 EStG) und eine
- voll unentgeltliche Anteilsübertragung (i. S. des § 17 Abs. 1 Satz 4 und Abs. 2 Satz 5 EStG) aufgeteilt wird, sog. „strenge Trennungsheorie“ (BFH, Urteile v. 17.7.1980 - IV R 15/76, BStBl 1981 II S. 11, und v. 12.12.2023 - IX R 15/23, DStRK 2024 S. 118, UAAAJ-64151).

Werden **im Privatvermögen** gehaltene GmbH-Anteile im Wege einer gemischten Schenkung teilentgeltlich auf den Erwerber übertragen, ist die Übertragung nach dem Verhältnis der tatsächlichen Gegenleistung zum Verkehrswert der übertragenen Anteile in eine entgeltliche Anteilsübertragung (Veräußerung i. S. des § 17 Abs. 1 Satz 1 und Abs. 2 Satz 1 EStG) und eine unentgeltliche Anteilsübertragung i. S. des § 17 Abs. 1 Satz 4 und Abs. 2 Satz 5 EStG aufzuteilen. Der Veräußerungsgewinn ermittelt sich aus der Differenz zwischen dem Veräußerungspreis und den auf den entgeltlichen Teil entfallenden Anschaffungskosten der Anteile.

10.4.6 Betriebsaufgabe

Als Veräußerung gilt auch die Aufgabe des Betriebs (§ 16 Abs. 3 Satz 1 EStG). Eine Aufgabe des ganzen Betriebs liegt vor, wenn der Inhaber des Betriebs die wesentlichen Grundlagen des Betriebs in einem einheitlichen Vorgang innerhalb kurzer Zeit an mehrere Abnehmer veräußert oder wenn er sie objektiv erkennbar in sein Privatvermögen überführt (BFH, Urteile v. 5.7.1984 - IV R 36/81, BStBl 1984 II S. 711, und v. 27.2.1985 - I R 235/80, BStBl 1985 II S. 456). In diesem Fall besteht der Betrieb als selbständiger Organismus des Wirtschaftslebens nicht mehr fort. Eine Betriebsaufgabe setzt demnach die Einstellung der werbenden Tätigkeit voraus (BFH, Urteil v. 11.12.1980 - I R 119/78, BStBl 1981 II S. 460).

Obwohl in § 16 Abs. 3 Satz 1 EStG die Aufgabe eines Teilbetriebs nicht erwähnt ist, hat die Rechtsprechung auch einen Teilbetrieb für aufgabefähig gehalten (BFH, Urteil v. 15.7.1986 - VIII R 154/85, BStBl 1986 II S. 896 f.). Ein Teilbetrieb ist danach aufgegeben, wenn alle wesentlichen Betriebsgrundlagen des Teilbetriebs in einem einheitlichen Vorgang entweder an verschiedene Erwerber veräußert oder insgesamt entnommen oder teilweise veräußert und teilweise entnommen werden.

10.4.7 Betriebsverpachtung

Bei einer Betriebsverpachtung im Ganzen hat der Verpächter ein Wahlrecht, ob er die Verpachtung als Betriebsaufgabe i. S. des § 16 Abs. 3 EStG oder ob er den Betrieb als fortbestehend behandelt sehen will (§ 16 Abs. 3b EStG).

Erklärt der Unternehmer die Betriebsaufgabe, so sind damit die Wirtschaftsgüter des Betriebsvermögens in das Privatvermögen überführt (BFH, Urteil v. 27.2.1985 - I R 235/80, BStBl 1985 II S. 456); es entsteht ein i. S. der §§ 16 und 34 EStG steuerbegünstigter Aufgabegewinn. Die künftigen Pachteinnahmen sind, soweit sie auf privatisierbare Wirtschaftsgüter entfallen, bei den Einkünften aus Vermietung und Verpachtung zu erfassen.

Gibt der Verpächter keine Aufgabeerklärung ab, bleiben die verpachteten Wirtschaftsgüter Betriebsvermögen. Der Verpächter bezieht einkommensteuerrechtlich weiterhin Einkünfte aus Gewerbebetrieb (sog. „ruhender Gewerbebetrieb"), die jedoch nicht der Gewerbesteuer unterliegen, da ein werbender Betrieb i. S. des § 1 Abs. 1 GewStDV nicht (mehr) gegeben ist.

Eine Betriebsverpachtung im vorstehenden Sinne setzt zwar nicht voraus, dass der Betrieb als geschlossener Organismus verpachtet wird, wohl aber, dass alle wesentlichen Grundlagen des ganzen Betriebs oder Teilbetriebs verpachtet werden (BFH, Urteile v. 17.4.1997 - VIII R 2/95, BStBl 1998 II S. 388, und v. 15.3.2005 - X R 2/02, BFH/NV 2005 S. 1292, GAAAB-53307).

Der Gesetzgeber hat in § 16 Abs. 3b EStG angeordnet, dass in den Fällen der Betriebsunterbrechung und Betriebsverpachtung im Ganzen ein Gewerbebetrieb nicht als aufgegeben gilt, bis

- der Steuerpflichtige die Aufgabe i. S. des § 16 Abs. 3 Satz 1 EStG dem Finanzamt gegenüber ausdrücklich erklärt oder
- dem Finanzamt Tatsachen bekannt werden, aus denen sich ergibt, dass die Voraussetzungen für eine Aufgabe i. S. des § 16 Abs. 3 Satz 1 EStG erfüllt sind.

Die Aufgabe des Gewerbebetriebs ist rückwirkend für den vom Steuerpflichtigen gewählten Zeitpunkt anzuerkennen, wenn die Aufgabeerklärung spätestens drei Monate nach diesem Zeitpunkt abgegeben wird (§ 16 Abs. 3b Satz 2 EStG). Wird die Aufgabeerklärung nicht spätestens drei Monate nach dem vom Steuerpflichtigen gewählten Zeitpunkt abgegeben, gilt der Gewerbebetrieb erst zu dem Zeitpunkt als aufgegeben, zu dem die Aufgabeerklärung beim Finanzamt eingeht (§ 16 Abs. 3b Satz 3 EStG). Durch diese Regelung wird die Notwendigkeit einer ausdrücklichen Aufgabeerklärung gegenüber dem Finanzamt in Fällen der Betriebsunterbrechung und Betriebsverpachtung als Grundfall festgeschrieben. Diese Regelung ist auf Betriebsaufgaben im Falle einer Betriebsunterbrechung oder Betriebsaufgabe im Ganzen nach dem 4.11.2011 (Tag der Verkündung des Steuervereinfachungsgesetzes 2011, BGBl 2011 I S. 2131) anzuwenden (§ 52 Abs. 34 Satz 9 EStG i. d. F. des Steuervereinfachungsgesetzes 2011). Durch § 16 Abs. 3b EStG sollen Rechtsstreitigkeiten, die aus nicht eindeutigen Aufgabeerklärungen herrühren, eingeschränkt werden.

HINWEIS

Die Finanzverwaltung hat in einem Anwendungsschreiben zu § 16 Abs. 3b EStG zu Zweifelsfragen Stellung genommen (BMF, Schreiben v. 22.11.2016, BStBl 2016 I S. 1326).

FALL 190

Betriebsveräußerung gegen Leibrente mit Wertsicherungsklausel

Sachverhalt: Der 60 Jahre alte A verkauft am 1.1.01 seinen Gewerbebetrieb an B gegen eine im Voraus – ab dem 1.1.01 – zahlbare lebenslängliche Rente (mit Wertsicherungsklausel) i. H. von 2.500 € monatlich. Das Kapitalkonto von A beträgt zum Zeitpunkt der Betriebsveräußerung 80.000 €. Die von A getragenen Veräußerungskosten belaufen sich auf 9.720 €. Am 1.1.03 tritt die Wertsicherungsklausel in Kraft; deswegen erhöht sich die Rente von bisher 2.500 € auf nunmehr 2.700 €.

AUFGABE

Welche Wahlmöglichkeiten hat A und welche Rechtsfolgen ergeben sich für ihn hinsichtlich der Versteuerung des Veräußerungsgewinns?

LÖSUNG

Bei einer Betriebsveräußerung gegen eine Leibrente hat der Veräußerer nach der Verwaltungsauffassung und der Rechtsprechung ein Wahlrecht: Er kann den Veräußerungsgewinn sofort (sog. „Sofortbesteuerung“) oder nachträglich bei Zufluss (sog. „Zuflussbesteuerung“) versteuern (BFH, Urteil v. 14.5.2002 - VIII R 8/01, BStBl 2002 II S. 532; R 16 Abs. 11 EStR). Zu einer laufenden zeitlich gestreckten Besteuerung der betrieblichen Veräußerungsrente als nachträgliche Einkünfte aus dem veräußerten Betrieb (d. h. zu einer Zuflussbesteuerung) kann es nach der Rechtsprechung nur kommen, wenn diese Art der Besteuerung ausdrücklich gewählt wird (BFH, Urteil v. 17.7.2013 - X R 40/10, BStBl 2013 II S. 883, Rz. 29). Trifft der Steuerpflichtige keine Wahl ist stets von der Sofortbesteuerung auszugehen.

a) Sofortversteuerung

Entscheidet sich der Steuerpflichtige für die Sofortversteuerung oder wählt er nicht ausdrücklich die Zuflussbesteuerung, ist der Veräußerungsgewinn der Unterschiedsbetrag zwischen dem Barwert der Rente, vermindert um etwaige Veräußerungskosten des Steuerpflichtigen, und dem Buchwert des steuerlichen Kapitalkontos zum Zeitpunkt der Veräußerung des Betriebs. Der Gewinn ist steuerbegünstigt (§§ 16 und 34 EStG).

Der Barwert der Rente wird im betrieblichen Bereich „üblicherweise“ nach versicherungsmathematischen Grundsätzen ermittelt (BFH, Urteile v. 9.2.1994 - IX R 110/90, BStBl 1995 II S. 47, und v. 16.12.1997 - VIII R 38/94, BStBl 1998 II S. 339). Die Finanzverwaltung gewährt ein Wahlrecht (R 6.2 EStR). Danach kann der Barwert entweder nach den Vorschriften des BewG oder nach versicherungsmathematischen Grundsätzen ermittelt werden.

Ermittelt man den Rentenbarwert nach den Vorschriften des BewG, ergibt sich für A folgender Veräußerungsgewinn:

Jahresbetrag der Rente: 12 x 2.500 € =	30.000 €
Vervielfältiger lt. Tabelle 9 zu § 14 Abs. 1 BewG (BMF, Schreiben v. 14.11.2022, BStBl 2022 I S. 1629, für Bewertungsstichtage ab dem 1.1.2023) bei einem Lebensalter von 60 Jahren = 12,824.	
Kapitalwert der Rente somit: 30.000 € x 12,824 =	384.720 €
abzgl. von A getragene Veräußerungskosten	- 9.720 €
	375.000 €
abzgl. Buchwert des steuerlichen Kapitalkontos	- 80.000 €
Veräußerungsgewinn	**295.000 €**

Der Veräußerungsgewinn wird entweder nach der sog. „Fünftel-Regelung“ (§ 34 Abs. 1 EStG) oder auf Antrag mit 56 % des durchschnittlichen Steuersatzes, mindestens jedoch 14 %, besteuert (§ 34 Abs. 3 EStG).

Die zufließenden Rentenzahlungen sind von A mit ihrem Ertragsanteil als sonstige Einkünfte zu versteuern (§ 22 Nr. 1 Satz 3 Buchst. a Doppelbuchst. bb EStG). Der Eintritt der Wertsicherungsklausel bewirkt keine Änderung des Veräußerungsgewinns. Eine steuerliche Auswirkung ergibt sich für A nur insoweit, als der bisherige Ertragsanteil der Rente auch auf den Erhöhungsbetrag angewendet wird.

Sonstige Einkünfte im Jahr 01

Rentenzahlungen: 12 x 2.500 € =	30.000 €	
Ertragsanteil: 22 % von 30.000 € =		6.600 €
abzgl. Werbungskosten-Pauschbetrag (§ 9a Satz 1 Nr. 3 EStG)		- 102 €
		6.498 €

Sonstige Einkünfte im Jahr 02

Rentenzahlungen: 12 x 2.500 € =	30.000 €	
Ertragsanteil: 22 % von 30.000 € =		6.600 €
abzgl. Werbungskosten-Pauschbetrag (§ 9a Satz 1 Nr. 3 EStG)		- 102 €
		6.498 €

Sonstige Einkünfte im Jahr 03

Rentenzahlungen: 12 x 2.700 € =	32.400 €	
Ertragsanteil: 22 % von 32.400 € =		7.128 €
abzgl. Werbungskosten-Pauschbetrag (§ 9a Satz 1 Nr. 3 EStG)		- 102 €
		7.026 €

HINWEIS

Die Vervielfältiger für die Ermittlung des Kapitalwerts einer Leibrente wurden in den letzten Jahren an die gestiegene Lebenserwartung angepasst:

- BMF, Schreiben v. 26.10.2012, BStBl 2012 I S. 950 – für Stichtage ab dem 1.1.2013;
- BMF, Schreiben v. 13.12.2013, BStBl 2013 I S. 1609 – Weitergeltung für Stichtage ab dem 1.1.2014;
- BMF, Schreiben v. 21.11.2014, BStBl 2014 I S. 1576 – Weitergeltung für Stichtage ab dem 1.1.2015;
- BMF, Schreiben v. 2.12.2015, BStBl 2015 I S. 954 – für Stichtage ab dem 1.1.2016;
- BMF, Schreiben v. 4.11.2016, BStBl 2016 I S. 1166 – für Stichtage ab dem 1.1.2017;
- BMF, Schreiben v. 28.11.2017, BStBl 2017 I S. 1526 – weiterhin anzuwenden auch für Bewertungsstichtage ab dem 1.1.2018;
- BMF, Schreiben v. 22.11.2018, BStBl 2018 I S. 1306 – für Stichtage ab dem 1.1.2019;
- BMF, Schreiben v. 2.12.2019, BStBl 2019 I S. 1288 – für Stichtage ab dem 1.1.2020;
- BMF, Schreiben v. 28.10.2020, BStBl 2020 I S. 1048 – für Stichtage ab dem 1.1.2021;
- BMF, Schreiben v. 4.10.2021, BStBl 2021 I S. 1821 – für Stichtage ab dem 1.1.2022;
- BMF, Schreiben v. 14.11.2022, BStBl 2022 I S. 1629 – für Stichtage ab dem 1.1.2023;
- BMF, Schreiben v. 1.12.2023, BStBl 2023 I S. 2044 – für Stichtage ab dem 1.1.2024.

b) Zuflussbesteuerung

Zur Zuflussbesteuerung kommt es nur, wenn diese Art der Besteuerung **ausdrücklich gewählt** wird. Wird das Wahlrecht überhaupt nicht oder nicht ordnungsgemäß ausgeübt, ist der Gewinn zum Zeitpunkt der Veräußerung realisiert und sofort zu versteuern (BFH, Urteil v. 20.1.1999 - XI R 31/96, BFH/NV 1999 S. 1333, KAAAA-62933). Wählt A die Zuflussbesteuerung, d. h. eine Versteuerung der laufenden Rentenzahlungen nach Maßgabe des tatsächlichen Zuflusses, ist bei Veräußerungen, die **vor dem 1.1.2004** erfolgt sind, wie folgt zu verfahren (R 16 Abs. 11 Satz 8 EStR):

Die Rentenzahlungen stellen nachträgliche Einkünfte aus Gewerbebetrieb (§§ 15 und 24 Nr. 2 EStG) dar, die erst zu versteuern sind, sobald sie das steuerliche Kapitalkonto i. H. von 80.000 € (zzgl. der von A getragenen Veräußerungskosten i. H. von 9.720 €) übersteigen. Erst dann kommt es zur Realisierung des Veräußerungsgewinns. Es handelt sich um einen laufenden Gewinn, für den weder der Freibetrag gem. § 16 Abs. 4 EStG noch die Progressionsbegünstigung (Fünftel-Regelung) i. S. des § 34 Abs. 1 EStG noch die Tarifermäßigung gem. § 34 Abs. 3 EStG in Anspruch genommen werden können (BFH, Urteil v. 21.12.1988 - III B 15/88, BStBl 1989 II S. 409). Die Rentenzahlungen der Jahre 01 und 02 werden nicht versteuert. Im Jahr 03 übersteigen die Rentenzahlungen erstmalig das Kapitalkonto (zzgl. Veräußerungskosten), so dass sie ab diesem Zeitpunkt als nachträgliche gewerbliche Einkünfte zu erfassen sind.

	01	02	03
Rentenzahlungen	30.000 €	30.000 €	32.400 €
Verrechnet mit Kapitalkonto i. H. von 80.000 € (zzgl. Veräußerungskosten i. H. von 9.720 €) = 89.720 €	- 30.000 €	- 30.000 €	- 29.720 €
Nachträgliche gewerbliche Einkünfte	0 €	0 €	2.680 €

Ist die Betriebsveräußerung **nach dem 31.12.2003** erfolgt, entsteht nach Ansicht der Finanzverwaltung bei der Wahl der Zuflussbesteuerung ein Gewinn, wenn der „Kapitalanteil" der wiederkehrenden Leistungen das steuerliche Kapitalkonto des Veräußerers zzgl. etwaiger Veräußerungskosten des Veräußerers übersteigt. Die in den wiederkehrenden Leistungen enthaltenen Zinsanteile stellen danach bereits zum Zeitpunkt des Zuflusses nachträgliche Betriebseinnahmen dar (R 16 Abs. 11 Satz 7 EStR; BMF, Schreiben v. 3.8.2004, BStBl 2004 I S. 1187). Folgt man der Auffassung der Finanzverwaltung, ergibt sich für die Jahre 01–03 folgender Zinsanteil:

01:

Barwert der Rente zum 1.1.01: 30.000 € x 12,824 =	384.720 €
Barwert der Rente zum 1.1.02: 30.000 € x 12,567 =	377.010 €
Differenz = Barwertminderung	7.710 €
Rentenzahlungen im Jahr 01	30.000 €
Differenz = Zinsanteil 01	22.290 €

02:

Barwert der Rente zum 1.1.02: 30.000 € x 12,567 =	377.010 €
Barwert der Rente zum 1.1.03: 30.000 € x 12,306 =	369.180 €

Differenz = Barwertminderung	7.830 €
Rentenzahlungen im Jahr 02	30.000 €
Differenz = Zinsanteil 02	22.170 €
03:	
Barwert der Rente zum 1.1.03: 32.400 € x 12,306 =	398.714 €
Barwert der Rente zum 1.1.04: 32.400 € x 12,042 =	390.160 €
Differenz = Barwertminderung	8.554 €
Rentenzahlungen im Jahr 03	32.400 €
Differenz = Zinsanteil 03	23.846 €

Nach Auffassung der Finanzverwaltung führen die Zinsanteile im Jahr des Zuflusses zu nachträglichen Einnahmen aus Gewerbebetrieb (§ 24 Nr. 2 i.V. mit § 15 EStG). Die in den Rentenzahlungen enthaltenen Kapitalanteile sind erst dann als nachträgliche Betriebseinnahmen zu erfassen, sobald sie das Kapitalkonto (80.000 €) zzgl. den von A getragenen Veräußerungskosten (9.720 €) i. H. von insgesamt 89.720 € übersteigen. Ab diesem Zeitpunkt ist dann die gesamte Rente (Zins- und Kapitalanteil) als nachträgliche Betriebseinnahme zu erfassen.

HINWEIS

In neueren Entscheidungen hat der BFH die Auffassung der Finanzverwaltung bestätigt, dass der Zinsanteil einer Zeitrente aus der Veräußerung eines Gewerbebetriebs im Falle der Wahl der Zuflussbesteuerung als nachträgliche Betriebseinnahme gem. § 24 Nr. 2 i.V. mit § 15 Abs. 1 Satz 1 Nr. 1 EStG zu erfassen ist (BFH, Urteil v. 5.11.2019 - X R 12/17, BStBl 2020 II S. 262, Rz. 26; bestätigt durch BFH, Urteil v. 29.6.2022 - X R 6/20, BStBl 2023 II S. 112, Rz. 38). Während die Kaufpreisforderung bei der Wahl der Sofortversteuerung Privatvermögen nach der Versteuerung des Veräußerungsgewinns sein kann, bleibt sie in dem Fall, in dem – wie hier – der Steuerpflichtige die Zuflussbesteuerung wählt, stets Teil des Restbetriebsvermögens. Daher kann der Zufluss des in den Kaufpreisanteilen enthaltenen Zinsanteils nicht zu den Einkünften aus Kapitalvermögen führen. Der BFH konnte es im Urteilsfall offenlassen, ob eine Trennung der Zahlungen in einen Zins- und Tilgungsanteil nötig ist, denn es fielen sowohl ein Tilgungs- als auch ein Zinsanteil an. Die steuerpflichtige Gesamtrate überstieg den rechnerischen Zinsanteil, so dass jedenfalls i. H. dieser Zinsen Betriebseinnahmen vorlagen. Es ist nicht einsichtig, warum eine Aufteilung mit sofortiger Versteuerung des Zinsanteils vorgenommen wird. Die Finanzverwaltung sollte wieder zu ihrer vor dem Jahr 2004 geltenden Regelung zurückkehren, wonach eine Betriebseinnahme erstmals vorliegt, sobald die zugeflossenen Raten das Kapitalkonto des Verkäufers übersteigen.

FALL 191

Betriebsveräußerung gegen Einmalbetrag und Leibrente

Sachverhalt: Der 58 Jahre alte A veräußert am 31.12.01 seinen Gewerbebetrieb gegen einen festen Kaufpreis i. H. von 160.000 € und eine ab dem 1.1.02 zahlbare monatliche Leibrente, deren

Kapitalwert zum Zeitpunkt der Veräußerung 240.000 € beträgt. Das steuerliche Kapitalkonto von A beläuft sich zum 31.12.01 auf 100.000 €.

AUFGABE

Welche Wahlmöglichkeiten hat A hinsichtlich der Versteuerung des Veräußerungsgewinns?

LÖSUNG

Bei einer Veräußerung eines Betriebs gegen einen festen Kaufpreis und eine Leibrente steht dem Veräußerer das Wahlrecht zwischen der Sofortversteuerung und der Zuflussbesteuerung nur hinsichtlich der Leibrente zu (R 16 Abs. 11 Satz 9 EStR).

a) Sofortversteuerung

Wählt A die Sofortversteuerung, so ergibt sich folgender Veräußerungsgewinn:

Fester Kaufpreis	160.000 €
zzgl. Kapitalwert der Rente	+ 240.000 €
	400.000 €
abzgl. Buchwert des steuerlichen Kapitalkontos	- 100.000 €
Veräußerungsgewinn	300.000 €

Für den Veräußerungsgewinn kann kein Freibetrag gewährt werden, da der Veräußerungsgewinn die Freibetragsgrenze i. H. von 136.000 € um mehr als 45.000 € übersteigt (§ 16 Abs. 4 Satz 3 EStG). Der Veräußerungsgewinn i. H. von 300.000 € ist jedoch entweder nach der Fünftel-Regelung oder auf Antrag mit 56 % des durchschnittlichen Steuersatzes, mindestens jedoch 14 %, zu versteuern (§ 34 Abs. 1 und 3 EStG).

Die laufenden Rentenzahlungen unterliegen bei A mit ihrem Ertragsanteil als sonstige Einkünfte der Einkommensteuer (§ 22 Nr. 1 Satz 3 Buchst. a Doppelbuchst. bb EStG).

b) Zuflussbesteuerung

Wählt A hinsichtlich der Leibrente die Zuflussbesteuerung, ist der durch den festen Kaufpreis realisierte Veräußerungsgewinn gleichwohl sofort zu versteuern; obgleich in diesem Fall nicht alle stillen Reserven realisiert werden. Anzuwenden ist die Fünftel-Regelung gem. § 34 Abs. 1 EStG oder auf Antrag der ermäßigte Steuersatz gem. § 34 Abs. 3 EStG, mindestens ein Steuersatz i. H. von 14 % (BFH, Urteil v. 28.9.1967 - IV 288/62, BStBl 1968 II S. 76). Für die Ermittlung des Freibetrags gem. § 16 Abs. 4 EStG ist der Kapitalwert der Rente jedoch auch dann mit einzubeziehen, wenn die Rente erst bei Zufluss als nachträgliche Einkünfte (§ 24 Nr. 2 EStG) versteuert wird (BFH, Urteil v. 17.8.1967 - IV R 81/67, BStBl 1968 II S. 75).

Diese Beurteilung hat hier zur Folge, dass A den durch den festen Kaufpreis realisierten Veräußerungsgewinn i. H. von (160.000 € - 100.000 € =) 60.000 € progressionsbegünstigt bzw. auf Antrag tarifermäßigt zu versteuern hat (§ 34 Abs. 1 und 3 EStG). Ein Freibetrag gem. § 16 Abs. 4 EStG kann nicht gewährt werden. Die laufenden Rentenzahlungen sind zum Zeitpunkt des Zuflusses in voller Höhe als nachträgliche, dem regulären Steuersatz unterliegende Einkünfte aus Gewerbebetrieb zu versteuern (§§ 15 und 24 Nr. 2 EStG).

HINWEIS

Das für den Fall einer Betriebsveräußerung gegen wiederkehrende Bezüge geltende Wahlrecht zwischen der sofortigen Versteuerung und der nachgelagerten Besteuerung bei Zufluss der Rentenzahlungen findet auch in den Fällen der Betriebsaufgabe Anwendung (BFH, Urteil v. 29.6.2022 - X R 6/20, BStBl 2023 II S. 112).

FALL 192

Betriebsveräußerung gegen Zeitrente

Sachverhalt: Der 65 Jahre alte A veräußert am 1.1.01 seinen Gewerbebetrieb an B. Der Erwerber verpflichtet sich, A für die Dauer von 15 Jahren – monatlich im Voraus – Rentenzahlungen i. H. von jeweils 5.000 € zu erbringen. Das steuerliche Kapitalkonto von A beträgt zum Zeitpunkt der Betriebsveräußerung 180.000 €. Der Kapitalwert der Rente i. H. von 618.840 € entspricht dem Verkehrswert des Betriebs.

- **Variante a):** Der Vertrag enthält keinen Hinweis dahingehend, dass die Rente der Versorgung von A dienen soll.
- **Variante b):** Der Vertrag enthält den Hinweis, dass die Rente der Versorgung von A dienen soll.

AUFGABE

Wie sind die A zufließenden Zahlungen einkommensteuerlich zu behandeln?

LÖSUNG

Im vorliegenden Fall handelt es sich um eine Betriebsveräußerung gegen Zeitrente. Veräußerungszeitrenten müssen von Kaufpreisraten abgegrenzt werden. Diese Unterscheidung ist nur bedeutsam für das von der Rechtsprechung und Verwaltung eingeräumte Wahlrecht zwischen Sofortversteuerung und Zuflussbesteuerung (BFH, Urteil v. 19.5.1992 - VIII R 37/90, BFH/NV 1993 S. 87, NAAAB-33318).

Bei Zeitrenten ist zu prüfen, ob die Beteiligten eine Versorgung des Veräußerers gewollt haben. Fehlt der Rente der Versorgungscharakter, sind die Zahlungen als Kaufpreisraten zu behandeln, d. h. der Gewinn gilt als zum Zeitpunkt der Veräußerung realisiert. Der Veräußerungsgewinn ist begünstigt (§§ 16 und 34 EStG). Der in den jährlichen Rentenzahlungen enthaltene Zinsanteil ist vom Veräußerer als Einnahmen aus Kapitalvermögen zu versteuern (sowohl BFH, Urteil v. 19.5.1992 - VIII R 37/90, BFH/NV 1993 S. 87, NAAAB-33318), wenn man in Übereinstimmung mit der bislang ständigen höchstrichterlichen Rechtsprechung davon ausgeht, dass die Kaufpreisforderung notwendig in das Privatvermögen des Veräußerers übergeht (so BFH, Urteil v. 16.12.1997 - VIII R 11/95, BStBl 1998 II S. 379). Die Zinsanteile sind als nachträgliche Betriebseinnahmen (§ 24 Nr. 2 EStG) zu erfassen, wenn man mit dem Vorlagebeschluss des VIII. Senats (BFH, Urteil v. 26.3.1991 - VIII R 55/86, BStBl 1992 II S. 479) davon ausgeht, dass die Kaufpreisforderung dem Betriebsvermögen zugeordnet bleibt (BFH, Urteil v. 19.5.1992 - VIII R 37/90, BFH/NV 1993 S. 87, NAAAB-33318). Der Große Senat des BFH (Beschluss v. 19.7.1993 - GrS 2/92, BStBl 1993 II S. 897) hat diese Frage offengelassen. Bei der Wahl der Sofortversteuerung werden in der Rechtsprechung und im Schrifttum in Bezug auf die Zugehörigkeit einer solchen Kaufpreisforderung zum Privat- oder Betriebsvermögen unterschiedliche Auffassungen vertreten (zum Diskussionsstand vgl. BFH, Urteil v. 5.11.2019 - X R 12/17, BStBl 2020 II S. 262, Rz. 21).

Hat die Rente Versorgungscharakter, kann für die Rentenzahlungen die Zuflussbesteuerung gewählt werden. Der Kapitalanteil, der in den Rentenzahlungen enthalten ist, ist erst ab dem Zeitpunkt als nachträgliche gewerbliche Einkünfte (§ 24 Nr. 2 EStG) zu erfassen, ab dem er das steuerliche Kapitalkonto und die vom Rentenberechtigten getragenen Veräußerungskosten übersteigt. Der in den Rentenzahlungen enthaltene Zinsanteil ist dagegen im Jahr des Zuflusses sofort als nachträgliche Betriebseinnahme zu erfassen (R 16 Abs. 11 EStR; BMF, Schreiben v. 3.8.2004, BStBl 2004 I S. 1187). Die Rechtsprechung fordert für die Annahme einer betrieblichen Veräußerungsrente, dass der Betriebserwerber die Leistungen über einen Zeitraum i. H. von **mehr als zehn Jahren** zu erbringen hat; außerdem muss in der sonstigen Ausgestaltung des Vertrags eindeutig die Absicht des Veräußerers zum Ausdruck kommen, sich eine Versorgung zu verschaffen (BFH, Urteile v. 12.6.1968 - IV 254/62, BStBl 1968 III S. 653, v. 26.7.1984 - IV R 137/82, BStBl 1984 II S. 829, v. 18.3.2009 - I R 9/08, BStBl 2010 II S. 560, Rz. 14, und v. 15.6.2010 - X R 36/08, KÖSDI 2017 S. 20161, Rz. 50, CAAAF-86318; ebenso BMF, Schreiben v. 3.8.2004, BStBl 2004 I S. 1187, Rz. 2). Die Entscheidung darüber, ob die vereinbarten Leistungen Versorgungscharakter haben, liegt weitgehend auf tatsächlichem Gebiet. Man wird deshalb dort, wo der Veräußerer zur Erlangung des Veräußerungsfreibetrags (§ 16 Abs. 4 EStG) und/oder der Fünftel-Regelung oder des ermäßigten Steuersatzes (§ 34 Abs. 1 oder 3 EStG) das Vorliegen von Kaufpreisraten behauptet, ihm folgen müssen. Für spätere Jahre ist der Veräußerer allerdings an seine Wahl gebunden (BFH, Urteil v. 9.1.1959 - III 89/58 U, BStBl 1959 III S. 152).

Steuerliche Behandlung bei der Varianten a)

Hier hat die Rente offensichtlich keinen Versorgungscharakter, so dass sie wie Kaufpreisraten zu behandeln ist. Zum Zeitpunkt der Veräußerung entsteht ein gem. § 34 Abs. 1 oder 3 EStG begünstigter Veräußerungsgewinn, der wie folgt zu ermitteln ist:

Kapitalwert der Kaufpreisraten am 1.1.01	618.840 €
abzgl. steuerliches Kapitalkonto am 1.1.01	- 180.000 €
Begünstigt zu versteuernder Veräußerungsgewinn	438.840 €

Der in den jährlichen Rentenzahlungen enthaltene Zinsanteil gehört bei A zu den Einnahmen aus Kapitalvermögen bzw. den nachträglichen Betriebseinnahmen. Dieser Zinsanteil wird errechnet, indem von der jährlichen Rentenzahlung die jährliche Barwertminderung abgezogen wird (BFH, Urteile v. 29.10.1974 - VIII R 131/70, BStBl 1975 II S. 173, v. 25.6.1974 - VIII R 163/71, BStBl 1975 II S. 431, und v. 18.5.2010 - X R 32-33/01, BStBl 2011 II S. 675). Aus Vereinfachungsgründen kann der Zinsanteil auch in Anlehnung an die Ertragsanteilstabelle des § 55 Abs. 2 EStDV bestimmt werden (BMF, Schreiben v. 3.8.2004, BStBl 2004 I S. 1187):

Rentenzahlung im Jahr 01: 5.000 € x 12 =		60.000 €
Barwert der Rente lt. Tabelle 2 zu § 12 Abs. 1 BewG (Gleich lautende Erlasse der obersten Finanzbehörden der Länder v. 7.12.2001, BStBl 2001 I S. 1041 und 1053, MAAAB-42814):		
1.1.01: 60.000 € x 10,314 =	618.840 €	
1.1.02: 60.000 € x 9,853 =	- 591.180 €	
Barwertminderung	27.660 €	- 27.660 €
Differenz = Zinsanteil 01		32.340 €

Steuerliche Behandlung bei der Varianten b)

Da die Rente Versorgungscharakter hat, kann A die Zuflussbesteuerung wählen. Dann muss er den in den Rentenzahlungen enthaltenen Kapitalanteil erst versteuern, wenn dieser sein steuerliches Kapitalkonto i. H. von 180.000 € übersteigt. Der in den Rentenzahlungen enthaltene Zinsanteil ist dagegen sofort bei Zufluss als nachträgliche Betriebseinnahme (§§ 15 und 24 Nr. 2 EStG) zu erfassen (so R 16 Abs. 11 Satz 7 EStR für Veräußerungen, die nach dem 31.12.2003 erfolgen; BFH, Urteil v. 5.11.2019 - X R 12/17, BStBl 2020 II S. 262).

FALL 193

Veräußerung einer zum Betriebsvermögen gehörenden 100 %igen Beteiligung an einer Kapitalgesellschaft

Sachverhalt: A (60 Jahre alt) und B (62 Jahre alt) sind zu je 50 % als Gesellschafter an der X-OHG und zugleich zu je 50 % an der Y-GmbH beteiligt, deren Wirtschaftsjahr mit dem Kalenderjahr übereinstimmt. Die Beteiligungen an der Y-GmbH gehören seit zehn Jahren steuerlich zum Sonderbetriebsvermögen von A und B bei der X-OHG. Am 1.7.2023 veräußerten A und B ihre GmbH-Anteile an C für je 226.000 €; der Buchwert der GmbH-Anteile beträgt zum Zeitpunkt der Veräußerung je 25.000 €. An Veräußerungskosten entstehen A und B je 1.000 €.

AUFGABE

Welche ertragsteuerlichen Folgen ergeben sich für A und B im Zusammenhang mit der Veräußerung der GmbH-Anteile?

LÖSUNG

Als Teilbetrieb „gilt" auch die im Betriebsvermögen gehaltene 100 %ige Beteiligung an einer Kapitalgesellschaft (§ 16 Abs. 1 Satz 1 Nr. 1 Satz 2 EStG), da diese – wirtschaftlich betrachtet – einem Teilbetrieb entspricht. Die Beteiligung muss insgesamt notwendiges oder gewillkürtes Betriebsvermögen sein. Keine Rolle spielt, ob sich die 100 %ige Beteiligung im Betriebsvermögen eines Einzelunternehmers oder im Gesamthandsvermögen einer Personengesellschaft befindet; es reicht auch aus, wenn die Beteiligung im Eigentum eines oder – wie hier – mehrerer Mitunternehmer derselben Personengesellschaft steht und steuerlich zum Sonderbetriebsvermögen gehört (R 16 Abs. 3 Satz 7 EStR).

Gewinne, die bei der Veräußerung einer im Betriebsvermögen gehaltenen 100 %igen Beteiligung entstehen, unterliegen im Hinblick auf das Teileinkünfte- und Teilabzugsverfahren prinzipiell nur zu 60 % der Einkommensteuer (§ 3 Nr. 40 Satz 1 Buchst. b und § 3c Abs. 2 EStG). Für Veräußerungsgewinne, die dem Teileinkünfteverfahren unterliegen, gibt es zwar den Steuerfreibetrag gem. § 16 Abs. 4 EStG, aber nicht die Tarifbegünstigung i. S. des § 34 Abs. 1 oder 3 EStG (§ 34 Abs. 2 Nr. 1 EStG). Zur Ermittlung des Veräußerungsgewinns von A und B ist wie folgt zu rechnen:

Veräußerungspreis	226.000 €	
Steuerfrei gem. § 3 Nr. 40 Satz 1 Buchst. b EStG (40 %)	- 90.400 €	
Steuerpflichtig	135.600 €	135.600 €
Veräußerungskosten	1.000 €	
Nicht abziehbar (40 %)	- 400 €	
Abziehbar gem. § 3c Abs. 2 EStG (60 %)	600 €	- 600 €
		135.000 €
Buchwert der GmbH-Beteiligung	25.000 €	
Nicht abziehbar (40 %)	- 10.000 €	
Abziehbar gem. § 3c Abs. 2 EStG (60 %)	15.000 €	- 15.000 €
Veräußerungsgewinn A bzw. B		120.000 €
Freibetrag gem. § 16 Abs. 4 EStG		- 45.000 €
Steuerpflichtiger Veräußerungsgewinn A bzw. B		75.000 €

Zu beachten ist, dass eine 100 %ige Beteiligung zwar als Teilbetrieb gilt, in Wahrheit aber kein solcher ist, so dass der Verkauf der Beteiligung nicht einer Teilbetriebsveräußerung i. S. einer teilweisen Einstellung der gewerblichen Tätigkeit gleichgestellt werden kann. Diese Beurteilung hat hier zur Folge, dass der von A und B erzielte Veräußerungsgewinn i. H. von jeweils 120.000 € bei der Einkommensteuer auf Antrag gem. § 16 Abs. 4 EStG begünstigt zu versteuern ist, zugleich aber der Gewerbesteuer unterliegt (BFH, Urteil v. 27.10.1977 - IV R 60/74, BStBl 1978 II S. 100). Die auf den Veräußerungsgewinn i. H. von 2 x 120.000 € = 240.000 € entfallende Gewerbesteuer mindert aber nicht den laufenden Gewinn des Jahres 01 der X-OHG, denn die Gewerbesteuer ist für Erhebungszeiträume ab dem Jahr 2008 keine Betriebsausgabe mehr (§ 4 Abs. 5b EStG). Gemäß der Auffassung der Finanzverwaltung ist sie eine nicht abziehbare Betriebsausgabe und daher außerhalb der Bilanz dem Gewinn wieder hinzuzurechnen.

Nicht geklärt ist, ob die anteilige auf die Veräußerung der 100 %igen Beteiligung entfallende Gewerbesteuer als Veräußerungskosten abzugsfähig ist. Wird eine Kapitalgesellschaft in eine Personengesellschaft umgewandelt und wird anschließend der übergegangene Betrieb von der Personengesellschaft veräußert, mindert gem. der Rechtsprechung des BFH (Urteil v. 16.12.2009 - IV R 22/08, BStBl 2010 II S. 736) die gem. § 18 Abs. 4 UmwStG (jetzt: § 18 Abs. 3 UmwStG) anfallende Gewerbesteuer als **Veräußerungskosten** den Veräußerungsgewinn. Gemäß dieser Rechtsprechung sind Veräußerungskosten abweichend von der früheren Betrachtung nach ihrem auslösenden Moment und damit nach dem Veranlassungszusammenhang dem Veräußerungsvorgang zuzuordnen.

Hiernach können auch an die Veräußerung anknüpfende Gewerbesteuerbelastungen, die durch den tatsächlich erzielten Veräußerungsgewinn bestimmt werden, ihr auslösendes Moment – d. h. ihren sachlichen Bezugspunkt – im Veräußerungsvorgang haben. Gemäß dieser Rechtsprechung kann zu den Veräußerungskosten i. S. des § 16 Abs. 2 Satz 1 EStG auch die Gewerbesteuer gehören, die bei der Veräußerung einer zum Betriebsvermögen rechnenden 100 %igen Beteiligung an einer Kapitalgesellschaft anfällt. Das Abzugsverbot für die Gewerbesteuer i. S. des § 4 Abs. 5b EStG schließt aber auch den Abzug als Veräußerungskosten ein. Da es sich auch bei Veräußerungskosten der Sache nach um Betriebsausgaben handelt, die nicht lediglich dem laufenden Betrieb, sondern einem Veräußerungsvorgang zuzuordnen sind, unterliegen solche Aufwendungen dann auch bei einer Zuordnung zu Veräußerungskosten i. S. des § 16 Abs. 2 EStG den für Betriebsausgaben geltenden Abzugsverboten (BFH, Urteil v. 7.3.2019 - IV R 18/17, BStBl 2019 II S. 696, Rz. 19).

Anmerkung: Das Abzugsverbot des § 4 Abs. 5b EStG kann dem Abzug von Aufwendungen nur bei demjenigen entgegenstehen, der die betreffenden Aufwendungen geltend machen kann. Geht es also um den Abzug der **Gewerbesteuer** als Betriebsausgabe, steht das Abzugsverbot des § 4 Abs. 5b EStG dem Abzug dieser Steuer als Betriebsausgabe nur bei dem Schuldner der Gewerbesteuer entgegen, denn nur bei ihm kann die Gewerbesteuer i. S. des § 4 Abs. 4 EStG betrieblich veranlasst sein. Das Abzugsverbot des § 4 Abs. 5b EStG wirkt sich also nur im Rahmen der steuerlichen Gesamthand der Personengesellschaft aus. Es steht daher der Berücksichtigung von Aufwendungen, die dem veräußernden Mitunternehmer durch eine vertragliche Verpflichtung zur Übernahme der Gewerbesteuerbelastung entstehen, als Veräußerungskosten nicht entgegen (BFH, Urteil v. 7.3.2019 - IV R 18/17, BStBl 2019 II S. 696, Rz. 19).

FALL 194

Die Aufgabe einer zum Betriebsvermögen gehörenden 100 %igen Beteiligung an einer Kapitalgesellschaft

Sachverhalt: Der 60 Jahre alte A betreibt als Einzelunternehmer einen Gewerbebetrieb. Zugleich ist er Alleingesellschafter der X-GmbH. Die GmbH-Anteile gehören zum Betriebsvermögen seines Einzelunternehmens, dessen Gewinn durch Bestandsvergleich ermittelt wird. Mit Kaufvertrag v. 20.12.2022 veräußerte A 40 % seiner GmbH-Anteile an seinen Schwiegersohn B zu fremdüblichen Bedingungen für 80.000 €; nach dem Vertrag soll das Eigentum an den GmbH-Anteilen am 1.4.2023 auf B übergehen. Ende 2023 übertrug A die ihm noch verbliebenen 60 % der GmbH-Anteile unentgeltlich auf seine Tochter C.

Aufgrund des Verkaufs der GmbH-Anteile an seinen Schwiegersohn B hat A einen Gewinn i. H. von 40.000 € (= Veräußerungspreis i. H. von 80.000 € - Buchwert des 40 %igen Anteils i. H. von 40.000 €) erzielt. Die der Tochter C übertragenen GmbH-Anteile hatten zum Zeitpunkt der Übertragung einen Buchwert i. H. von 60.000 € und einen Teilwert (= gemeiner Wert) i. H. von 120.000 €.

Das Wirtschaftsjahr des Einzelunternehmens und der X-GmbH stimmt mit dem Kalenderjahr überein.

AUFGABE

Welche einkommensteuerlichen Folgen ergeben sich für A aufgrund der Veräußerung bzw. unentgeltlichen Übertragung der GmbH-Anteile?

LÖSUNG

Die Veräußerung einer 100 %igen Beteiligung an einer Kapitalgesellschaft i. S. des § 16 Abs. 1 Satz 1 Nr. 1 Satz 2 EStG liegt nur vor, wenn die gesamte Beteiligung im Laufe eines Wirtschaftsjahres auf einen Erwerber übertragen wird. Wird die Beteiligung in einem Wirtschaftsjahr zwar insgesamt, aber an verschiedene Erwerber veräußert, handelt es sich nicht um eine begünstigte Veräußerung, aber um eine gem. § 16 Abs. 3 Satz 1 EStG ebenso begünstigte Aufgabe.

Dasselbe gilt für den Fall, dass die Beteiligung in einem Wirtschaftsjahr insgesamt in das Privatvermögen überführt oder teilweise veräußert und im Übrigen entnommen wird (BFH, Urteil v. 24.6.1982 - IV R 151/79, BStBl 1982 II S. 751).

Diese letzte Voraussetzung ist bei A erfüllt. Denn der Gewinn aus der Veräußerung einer Beteiligung entsteht bei einem bilanzierenden Steuerpflichtigen nicht schon mit Abschluss des entgeltlichen schuldrechtlichen Verpflichtungsgeschäfts, z. B. eines Kaufvertrags, sondern erst zu dem Zeitpunkt, zu dem aufgrund dieses entgeltlichen schuldrechtlichen Verpflichtungsgeschäfts das rechtliche oder wenigstens das wirtschaftliche Eigentum an den Anteilen vom Veräußerer auf den Erwerber übergeht (BFH, Urteile v. 30.6.1983 - IV R 113/81, BStBl 1983 II S. 640, und v. 10.3.1988 - IV R 226/85, BStBl 1988 II S. 832). Da A die GmbH-Anteile im Jahr 2023 teilweise veräußert und im Übrigen – aufgrund der unentgeltlichen Übertragung auf die Tochter C – entnommen hat, ist der nach dem Teileinkünfteverfahren (§ 3 Nr. 40 Satz 1 Buchst. b und § 3c Abs. 2 EStG) zu versteuernde Veräußerungs- und Entnahmegewinn i. H. von insgesamt 60 % von (40.000 € + 60.000 € =) 100.000 € = 60.000 € gem. § 16 Abs. 4 EStG begünstigt. Der Gewinn ist bei der Einkommensteuer i. H. von 45.000 € steuerfrei, da eine 100 %ige Beteiligung als Teilbetrieb gilt (§ 16 Abs. 4 EStG). Der Veräußerungs- bzw. Entnahmegewinn unterliegt der Gewerbesteuer (BFH, Urteile v. 2.2.1972 - I R 217/69, BStBl 1972 II S. 470, und v. 27.10.1977 - IV R 60/74, BStBl 1978 II S. 100; H 7.1 Abs. 3 GewStH 2016).

FALL 195

Realteilung einer OHG

Sachverhalt: Die X-OHG, an der A und B zu je 50 % als Gesellschafter beteiligt sind, besteht aus zwei Teilbetrieben:

- Dem Teilbetrieb 1 mit einem Buchwert i. H. von 250.000 € und einem Teilwert i. H. von 500.000 € und
- dem Teilbetrieb 2 mit einem Buchwert i. H. von ebenfalls 250.000 € und einem Teilwert i. H. von 500.000 €.

Die Kapitalkonten der beiden Gesellschafter belaufen sich auf je 250.000 €. Die Gesellschafter lösen im Jahr 01 die X-OHG auf und setzen sich im Wege der Realteilung in der Weise auseinander, dass A den Teilbetrieb 1 und B den Teilbetrieb 2 übernimmt.

AUFGABE

Ist die Realteilung erfolgsneutral?

LÖSUNG

Eine Personengesellschaft, z. B. OHG, KG oder GbR, mit Gewinneinkünften kann in der Weise aufgelöst werden, dass aufgrund eines entsprechenden Auflösungsbeschlusses die Wirtschaftsgüter des Gesellschaftsvermögens den einzelnen Mitunternehmern entsprechend ihrem Anteil am Gesellschaftsvermögen zugewiesen werden. Das Vermögen der Gesellschaft geht dann in das Vermögen der Gesellschafter über. Eine solche Aufteilung gemeinschaftlichen Betriebsvermögens zur Erfüllung des Auseinandersetzungsanspruchs der Mitunternehmer bezeichnet man als „Realteilung" oder „Naturalteilung" (BFH, Urteil v. 8.7.1992 - XI R 51/89, BStBl 1992 II S. 946). Handelsrechtlich ist die Realteilung eine andere Art der Auseinandersetzung des Gesellschaftsvermögens (§ 131, § 145 Abs. 1 und § 161 Abs. 2 HGB), die dazu führt, dass die Personengesellschaft kein Aktivvermögen zurückbehält und deshalb voll beendet ist. Die Grundsätze der Realteilung gelten nicht nur für gewerbliche, sondern auch für land- und forstwirtschaftliche Betriebe (BFH, Urteile v. 23.3.1995 - IV R 93/93, BStBl 1995 II S. 700, und v. 17.5.2018 - VI R 66/15, BStBl 2022 II S. 301) sowie bei Betriebsvermögen, das der selbständigen Arbeit dient (BFH, Urteile v. 18.5.1995 - IV R 20/94, BStBl 1996 II S. 70, und v. 20.10.2015 - VIII R 33/13, BStBl 2016 II S. 596).

HINWEIS

Der Begriff der „Realteilung" i. S. des § 16 Abs. 3 Satz 2 EStG ist ein steuerrechtlicher Begriff. Seine Auslegung ist daher nicht mehr – wie die frühere Rechtsprechung angenommen hat – an das Zivilrecht gebunden (BFH, Urteil v. 17.9.2015 - III R 49/13, BStBl 2017 II S. 37).

Die Realteilung ist steuergesetzlich in § 16 Abs. 3 Satz 2–4 EStG geregelt. § 16 Abs. 3 Satz 2–4 EStG sieht vor, dass bei der Realteilung einer Mitunternehmerschaft

- zwingend die Buchwerte anzusetzen sind, wenn die Wirtschaftsgüter in das jeweilige Betriebsvermögen der einzelnen Mitunternehmer übertragen werden, vorausgesetzt, die Besteuerung der stillen Reserven ist sichergestellt; das gilt unabhängig davon, ob im Zuge der Realteilung Teilbetriebe, Mitunternehmeranteile oder einzelne Wirtschaftsgüter übertragen werden (§ 16 Abs. 3 Satz 2 EStG);
- rückwirkend der gemeine Wert anzusetzen ist, soweit bei einer Realteilung, bei der einzelne Wirtschaftsgüter übertragen worden sind, zum Buchwert übertragener Grund und Boden, übertragene Gebäude oder andere übertragene wesentliche Betriebsgrundlagen innerhalb einer Sperrfrist nach der Übertragung veräußert oder entnommen werden; die Sperrfrist en-

det drei Jahre nach der Abgabe der Steuererklärung der Mitunternehmerschaft für den Veranlagungszeitraum der Realteilung (§ 16 Abs. 3 Satz 3 EStG);

- eine Buchwertfortführung bei Zuteilung von einzelnen Wirtschaftsgütern nicht zulässig ist, soweit die Wirtschaftsgüter unmittelbar oder mittelbar auf eine Körperschaft, Personenvereinigung oder Vermögensmasse übertragen werden; in diesem Fall ist bei der Übertragung der gemeine Wert anzusetzen (§ 16 Abs. 3 Satz 4 EStG).

Voraussetzung für die Buchwertfortführung ist, dass das übernommene Betriebsvermögen nach der Realteilung weiterhin Betriebsvermögen bleibt. Hierfür ist es ausreichend, wenn erst im Rahmen der Realteilung bei den Realteilern durch die Übertragung einzelner Wirtschaftsgüter ein neuer Betrieb (z. B. durch Begründung einer Betriebsaufspaltung) entsteht. Es ist demnach nicht erforderlich, dass die Realteiler bereits vor der Realteilung außerhalb der real zu teilenden Mitunternehmerschaft noch Betriebsvermögen (z. B. im Rahmen eines Einzelunternehmens) haben. Das übernommene Betriebsvermögen muss in das jeweilige Betriebsvermögen des einzelnen Realteilers übertragen werden (BMF, Schreiben v. 19.12.2018, BStBl 2019 I S. 6, Rz. 12).

Im vorliegenden idealtypischen Fall ergeben sich keine Bilanzierungsprobleme:

A und B führen die Buchwerte der Teilbetriebe 1 und 2 i. H. von je 250.000 € unter gleichzeitiger Fortführung ihrer Kapitalkonten i. H. von je 250.000 € fort.

Die Realteilung ist damit erfolgsneutral.

HINWEIS

Die Finanzverwaltung hat sich im sog. „Realteilungserlass" zur steuerlichen Realteilung ausführlich geäußert (BMF, Schreiben v. 19.12.2018, BStBl 2019 I S. 6 = EStH 2022, Anhang 24 III).

FALL 196

Realteilung einer GbR bei Fortführung der Mitunternehmerschaft

Sachverhalt: Gesellschafter der X-Steuerberatungs-GbR sind die Steuerberater A, B und C zu je 1/3. Das Gesellschaftsvermögen besteht aus zwei Teilbetrieben (Teilpraxen). Die GbR wird real geteilt. Die Realteilungsbilanz hat folgendes Aussehen:

Aktiva — **Bilanz der Realteilungs-GbR** — **Passiva**

	(Buchwert)	(Gemeiner Wert)		(Buchwert)	(Gemeiner Wert)
Teilpraxis 1	150.000 €	300.000 €	Kapital A	110.000 €	200.000 €
Teilpraxis 2	100.000 €	300.000 €	Kapital B	70.000 €	200.000 €
			Kapital C	70.000 €	200.000 €
	250.000 €	**600.000 €**		**250.000 €**	**600.000 €**

A übernimmt die Teilpraxis 1 (Buchwert 150.000 €; Gemeiner Wert 300.000 €) und führt sie als Einzelpraxis fort. B und C führen die Teilpraxis 2 (Buchwert 100.000 €; Gemeiner Wert 300.000 €) als Mitunternehmerschaft fort.

AUFGABE

Liegt eine erfolgsneutrale Realteilung mit Buchwertfortführungszwang i. S. des § 16 Abs. 3 Satz 2 EStG vor?

LÖSUNG

Der BFH unterscheidet in seiner jüngeren Rechtsprechung zwischen der

- „echten" Realteilung (zivilrechtliche Auflösung der Mitunternehmerschaft und Auskehrung des Vermögens an die Realteiler) und
- „unechten" Realteilung (Ausscheiden von Mitunternehmern aus der fortbestehenden Gesellschaft gegen Sachwertabfindung, auch in Form von einzelnen Wirtschaftsgütern).

Die „echte" Realteilung i. S. des § 16 Abs. 3 Satz 2 und 3 EStG ist durch den auf der Ebene der Mitunternehmerschaft verwirklichten Tatbestand der Betriebsaufgabe i. S. des § 16 Abs. 3 Satz 1 EStG gekennzeichnet (BFH, Urteil v. 16.3.2017 - IV R 31/14, BStBl 2019 II S. 24). Eine Betriebsaufgabe auf Ebene der Mitunternehmerschaft und damit ein Fall der „echten" Realteilung liegt auch bei Ausscheiden eines Mitunternehmers unter Übertragung eines Teilbetriebs, eines (Teil-)Mitunternehmeranteils an einer Tochter-Personengesellschaft oder von Einzelwirtschaftsgütern aus einer zweigliedrigen Mitunternehmerschaft und Fortführung des Betriebs durch den verbleibenden Mitunternehmer in Form eines Einzelunternehmens vor (BMF, Schreiben v. 19.12.2018, BStBl 2019 I S. 6, Rz. 1).

Eine „unechte" Realteilung i. S. des § 16 Abs. 3 Satz 2 und 3 EStG liegt vor, wenn ein Mitunternehmer aus einer mehrgliedrigen Mitunternehmerschaft gegen Übertragung von Wirtschaftsgütern ausscheidet, die beim ausscheidenden Mitunternehmer zumindest teilweise weiterhin Betriebsvermögen darstellen, während die verbleibenden Mitunternehmer die Mitunternehmerschaft fortführen (BFH, Urteil v. 16.3.2017 - IV R 31/14, BStBl 2019 II S. 24; BMF, Schreiben v. 19.12.2018, BStBl 2019 I S. 6, Rz. 2). Dies gilt unabhängig davon, ob der ausscheidende Mitunternehmer einen Teilbetrieb (BFH, Urteil v. 17.9.2015 - III R 49/13, BStBl 2017 II S. 37), einen Mitunternehmeranteil oder nur Einzelwirtschaftsgüter (BFH, Urteil v. 30.3.2017 - IV R 11/15, BStBl 2019 II S. 29) erhält. Entsprechendes gilt im Falle von doppelstöckigen Personengesellschaften beim Ausscheiden aus der Mutter-Personengesellschaft gegen Übertragung eines Teils eines Mitunternehmeranteils an einer Tochter-Personengesellschaft (BMF, Schreiben v. 19.12.2018, BStBl 2019 I S. 6, Rz. 2). Die unechte Realteilung stellt eine Aufgabe des Mitunternehmeranteils durch den ausscheidenden Mitunternehmer dar.

Eine steuerneutrale „echte" Realteilung i. S. des § 16 Abs. 3 Satz 2 EStG kann also auch dann angenommen werden, wenn ein Mitunternehmer – wie hier A – unter Übernahme eines Teilbetriebs aus der Mitunternehmerschaft ausscheidet und diese mit den übrigen Mitunternehmern (hier B und C) fortgesetzt wird (BFH, Urteil v. 17.9.2015 - III R 49/13, BStBl 2017 II S. 37, Rz. 28). Früher hat der BFH die zivilrechtliche Auflösung der Personengesellschaft vorausgesetzt; daran hält er nicht mehr fest (BFH, Urteil v. 17.9.2015 - III R 49/13, BStBl 2017 II S. 37, Rz. 31 und 34). Für die Anwendung der Realteilungsregeln wird also nicht mehr zwingend die Auflösung der Mitunternehmerschaft gefordert.

Nach alledem liegt hier eine steuerneutrale „echte“ Realteilung i. S. des § 16 Abs. 3 Satz 2 EStG vor. A muss die Buchwerte der übernommenen Teilpraxis 1 i. H. von 150.000 € in seinem Einzelunternehmen unverändert fortführen. Da ihm keine Wirtschaftsgüter zugewiesen worden sind, die dem Buchwert seines Kapitalkontos i. H. von 110.000 € entsprechen, muss er sein Kapitalkonto nach der sog. „Kapitalkontenanpassungsmethode“ von bislang 110.000 € erfolgsneutral auf 150.000 € in der Bilanz seiner Einzelpraxis aufstocken (BFH, Urteil v. 10.12.1991 - VIII R 69/86, BStBl 1992 II S. 385). Die Eröffnungsbilanz von A hat folgendes Aussehen:

Aktiva	**Eröffnungsbilanz A**			**Passiva**
Teilpraxis 1	150.000 €	Kapital A	110.000 €	
			+ 40.000 €	150.000 €
	150.000 €			150.000 €

Andererseits müssen B und C die Buchwerte der Teilpraxis 2 i. H. von 100.000 € übernehmen. Dadurch ergibt sich ein verändertes Kapitalkonto im Vergleich zur Bilanz der X-Steuerberatungs-GbR. B und C müssen ihr Kapitalkonto i. H. von je 70.000 € erfolgsneutral auf je 50.000 € abstocken (negativer Kapitalanpassungsposten):

Aktiva	**Bilanz GbR B und C nach Realteilung**			**Passiva**
Teilpraxis 2	100.000 €	Kapital B	70.000 €	
			- 20.000 €	50.000 €
		Kapital C	70.000 €	
			- 20.000 €	50.000 €
	100.000 €			100.000 €

Aufgrund der Anwendung der Kapitalkontenanpassungsmethode ändert sich zwar die personelle Zuordnung der stillen Reserven nach der Realteilung, sämtliche stille Reserven bleiben aber indes steuerverhaftet. Die Finanzverwaltung hat ihren Realteilungserlass neu gefasst und akzeptiert die Rechtsprechung des BFH (BMF, Schreiben v. 19.12.2018, BStBl 2019 I S. 6).

FALL 197

Realteilung einer KG unter Anwendung der Kapitalkontenanpassungsmethode

Sachverhalt: A und B sind zu je 50 % als Gesellschafter an der X-KG beteiligt. Das Gesellschaftsvermögen besteht aus den Wirtschaftsgütern 1 (Buchwert 150.000 € und Teilwert 300.000 €) und den Wirtschaftsgütern 2 (Buchwert 50.000 € und Teilwert 300.000 €). Die Kapitalkonten von A und B betragen je 100.000 €. A übernimmt bei der Realteilung die Wirtschaftsgüter 1 und B die Wirtschaftsgüter 2. Beide Gesellschafter übertragen die ihnen zugeteilten Wirtschaftsgüter in das Betriebsvermögen ihrer Einzelunternehmen.

AUFGABE

Ist die Realteilung gewinnneutral?

LÖSUNG

In den meisten Realteilungsfällen ist es nicht möglich, den einzelnen Gesellschaftern Wirtschaftsgüter mit Buchwerten zuzuteilen, die insgesamt genau dem Buchwert ihrer Kapitalkonten entsprechen. Zwangsläufig kommt es dann dazu, dass der eine Gesellschafter mehr an Buchwerten, der andere Gesellschafter weniger an Buchwerten als den Betrag seines Kapitalkontos erhält. Dieses Bilanzierungsproblem ist mittels der sog. „Kapitalkontenanpassungsmethode" zu lösen (BFH, Urteil v. 10.12.1991 - VIII R 69/86, BStBl 1992 II S. 385; BMF, Schreiben v. 19.12.2018, BStBl 2019 I S. 6, Rz. 22). Nach dieser Methode müssen die Realteiler ihr jeweiliges Kapitalkonto durch Auf- bzw. Abstocken an die Buchwerte der zugeteilten Teilbetriebe bzw. Mitunternehmeranteile anpassen. Dadurch ändert sich zwar die personelle Zuordnung der stillen Reserven nach der Realteilung, sämtliche stille Reserven bleiben aber indes steuerverhaftet.

Vorliegend ist die Realteilung gewinnneutral. A muss allerdings sein Kapitalkonto erfolgsneutral von 100.000 € auf 150.000 € aufstocken und B von 100.000 € auf 50.000 € abstocken. Danach können die Buchwerte der den beiden Gesellschaftern zugeteilten Wirtschaftsgüter von diesen in ihren eigenen Betrieben fortgeführt werden. Bei dieser Lösung wird also in Kauf genommen, dass stille Reserven von einem Realteiler auf den anderen übergehen: An den stillen Reserven i. H. von insgesamt 400.000 € waren A und B vor der Realteilung mit je 50 % = 200.000 € beteiligt. Nach der Realteilung hat A stille Reserven i. H. von 150.000 € und B i. H. von 250.000 €. Somit sind stille Reserven i. H. von 50.000 € von A auf B übergegangen.

FALL 198

Realteilung einer OHG unter Zuteilung von in das Privatvermögen überführten Einzelwirtschaftsgütern

Sachverhalt: An der X-OHG sind der 60 Jahre alte A und der 62 Jahre alte B je zur Hälfte als Gesellschafter beteiligt. Der Buchwert des Betriebsvermögens beträgt 200.000 € und der gemeine Wert (= Teilwert) 500.000 €. Das Kapitalkonto von A beläuft sich auf 50.000 € und das von B auf 150.000 €. Die Gesellschafter setzen sich im Jahr 01 im Wege der Realteilung in der Weise auseinander, dass A Einzelwirtschaftsgüter im gemeinen Wert i. H. von 200.000 € und B i. H. von 300.000 € übernimmt. Beide Realteiler überführen die zugeteilten Wirtschaftsgüter in ihr Privatvermögen.

AUFGABE

Ist die Realteilung erfolgsneutral oder entsteht – ggf. in welcher Höhe – ein Aufgabegewinn?

LÖSUNG

Werden den Realteilern Einzelwirtschaftsgüter zugeteilt, die in das Privatvermögen überführt werden, liegt eine Betriebsaufgabe (§ 16 Abs. 3 EStG) vor, mit der Folge, dass die stillen Reserven aufzudecken sind. Der Aufgabegewinn der Mitunternehmerschaft ist den Gesellschaftern A und B anteilig zuzurechnen. Die Verteilung des Aufgabegewinns der Gesellschaft auf die Gesellschafter bestimmt sich im Falle der Realteilung nach dem Wert der Wirtschaftsgüter, die auf den einzelnen Gesellschafter übertragen werden (§ 16 Abs. 3 Satz 8 EStG; BFH, Urteil v. 19.1.1982 - VIII R 21/77, BStBl 1982 II S. 456). Für jeden Beteiligten ist also der gemeine Wert der Wirtschaftsgüter anzusetzen, die er bei der Auseinandersetzung erhalten hat. Aufgabegewinnanteil des Gesellschafters ist danach der Unterschied zwischen dem gemeinen Wert der ihm zugeteilten Wirtschaftsgüter und dem Buchwert seines Kapitalkontos.

In der Praxis wird zur Ermittlung des Aufgabegewinns meist eine Aufgabebilanz aufgestellt, in der die Wirtschaftsgüter mit ihrem gemeinen Wert ausgewiesen werden. Diese Aufgabebilanz wird dann der letzten, auf den Zeitpunkt der Aufgabe fortentwickelten steuerlichen Jahresbilanz gegenübergestellt. Die steuerliche Realteilungsbilanz ist also bei der Aufdeckung der stillen Reserven mit der Aufgabebilanz identisch (BFH, Urteil v. 1.12.1992 - VIII R 57/90, BStBl 1994 II S. 607). Zur Ermittlung des jeweiligen Aufgabegewinns ist also hier für jeden Gesellschafter der gemeine Wert der Wirtschaftsgüter anzusetzen, die er bei der Auseinandersetzung erhalten hat. Dieser Wert ist dem Buchwert des Kapitalkontos gegenüberzustellen. Für A ergibt sich danach ein Aufgabegewinn i. H. von 200.000 € - 50.000 € = 150.000 € und für B i. H. von 300.000 € - 150.000 € = 150.000 €. Die Aufgabegewinne werden begünstigt besteuert (§§ 16 und 34 EStG).

A:		
Gemeiner Wert der Wirtschaftsgüter 1	200.000 €	
abzgl. Kapitalkonto	- 50.000 €	150.000 €
B:		
Gemeiner Wert der Wirtschaftsgüter 2	300.000 €	
abzgl. Kapitalkonto	- 150.000 €	+ 150.000 €
Aufgabegewinn insgesamt		300.000 €

FALL 199

Realteilung mit Spitzenausgleich

Sachverhalt: Das Betriebsvermögen der X-OHG, an der A und B zu je 50 % als Gesellschafter beteiligt sind, besteht aus den

- Wirtschaftsgütern 1: Buchwert 100.000 €; Teilwert 1.000.000 €
- Wirtschaftsgütern 2: Buchwert 80.000 €; Teilwert 800.000 €

Die Kapitalkonten von A und B betragen je 90.000 €. Bei der Realteilung erhält A die Wirtschaftsgüter 1 und B die Wirtschaftsgüter 2. Zum Wertausgleich zahlt A an B 100.000 €. Beide Gesellschafter führen die ihnen zugewiesenen Wirtschaftsgüter in ihren Einzelunternehmen fort.

AUFGABE

Welche steuerlichen Folgen ergeben sich für A und B?

LÖSUNG

In zahlreichen Realteilungsfällen ist ein vollständiger Wertausgleich durch die Zuteilung von Wirtschaftsgütern des Gesellschaftsvermögens einschließlich der Geldkonten nicht möglich. Ein Gesellschafter enthält dann – bezogen auf seinen nach Verkehrswerten ermittelten Auseinandersetzungsanspruch – mehr Vermögen, der andere Gesellschafter weniger Vermögen als ihm zusteht. Deshalb zahlt der Gesellschafter, der zu viel erhalten hat, dem Gesellschafter, der zu wenig erhalten hat, einen Ausgleich in Geld. Man spricht in diesem Zusammenhang von einer Realteilung mit Spitzenausgleich.

Der BFH hat in einer Grundsatzentscheidung (BFH, Urteil v. 1.12.1992 - VIII R 57/90, BStBl 1994 II S. 607; ebenso BFH, Urteil v. 17.2.1994 - VIII R 12/93, BFH/NV 1995 S. 98, EAAAB-35103) zur Realteilung einer Personengesellschaft – es ging um eine Realteilung mit Buchwertfortführung, bei der ein Realteiler dem anderen einen Spitzenausgleich zahlte – folgenden Standpunkt vertreten:

- Zahlt bei einer Realteilung mit Buchwertfortführung ein Realteiler dem anderen einen Spitzenausgleich, steht dies der gewinnneutralen Realteilung des Gesellschaftsvermögens (im Übrigen) nicht entgegen.
- Der Spitzenausgleich führt allerdings zur Realisierung eines nicht begünstigten Veräußerungsgewinns i. H. des Ausgleichsbetrags (ohne Gegenrechnung eines anteiligen Buchwerts).

B entsteht nach Ansicht des BFH i. H. des Spitzenausgleichs von 100.000 € ein – nicht begünstigter – laufender Veräußerungsgewinn (BFH, Urteil v. 1.12.1992 - VIII R 57/90, BStBl 1994 II S. 607), der allerdings nicht der Gewerbesteuer unterliegt (BFH, Urteil v. 17.2.1994 - VIII R 13/94, BStBl 1994 II S. 809). A und B müssen in ihren Fortführungseröffnungsbilanzen ihre Kapitalkonten erfolgsneutral an die Buchwerte der übernommenen Teilbetriebe angleichen (Kapitalkonto A nach Angleichung 100.000 € und Kapitalkonto B nach Angleichung 80.000 €). Anschließend hat der leistungsverpflichtete A die Buchwerte der von ihm übernommenen Wirtschaftsgüter um die nachträglichen Anschaffungskosten i. H. der Ausgleichszahlung von 100.000 € aufzustocken.

Die Finanzverwaltung hat das genannte BFH-Urteil zum Teil mit einem Nichtanwendungserlass belegt (BMF, Schreiben v. 11.8.1994, BStBl 1994 I S. 601). Nach ihrer Ansicht und der h. M. wird nur im Verhältnis der Ausgleichszahlung zum Wert der übernommenen Wirtschaftsgüter entgeltlich angeschafft und veräußert und nur insoweit ein Gewinn realisiert (BMF, Schreiben v. 19.12.2018, BStBl 2019 I S. 6, Rz. 17). Zur Ermittlung des Gewinns aus der Ausgleichszahlung ist danach eine anteilige Gegenrechnung der Buchwerte vorzunehmen. In Höhe des um den anteiligen Buchwert verminderten Spitzenausgleichs entsteht ein laufender, nicht begünstigter Gewinn für den veräußernden Realteiler. Der Spitzenausgleich-Gewinn unterliegt auch nicht der Gewerbesteuer (BFH, Urteil v. 17.2.1994 - VIII R 13/94, BStBl 1994 II S. 809; BMF, Schreiben v. 19.12.2018, BStBl 2019 I S. 6, Rz. 18), er rechnet also nicht zum Gewerbeertrag, da die Realteilung auch nach dem Gewerbesteuerrecht ein betriebsbeendender Vorgang (eine Betriebsaufgabe) ist. Der Gewinn aus der Aufdeckung der stillen Reserven ist aber gem. § 7 Satz 2 GewStG als Gewerbeertrag zu erfassen, soweit er nicht auf eine natürliche Person als unmittelbar beteiligter Mitunternehmer entfällt.

Nach Ansicht der Finanzverwaltung ist der Fall wie folgt zu lösen (BMF, Schreiben v. 19.12.2018, BStBl 2019 I S. 6, Rz. 20 ff.):

A steht wertmäßig am Gesellschaftsvermögen die Hälfte von 1.800.000 € = 900.000 € zu. Da er aber Wirtschaftsgüter im Wert von 1 Mio. € erhält, also 100.000 € mehr, zahlt er diese 100.000 € für 1/10 des Betriebsvermögens 1, das er mehr erhält. A erwirbt also 9/10 der Wirtschaftsgüter des Teilbetriebs 1 unentgeltlich und 1/10 entgeltlich. Auf dieses Zehntel entfällt ein Buchwert von 1/10 von 100.000 € = 10.000 €, so dass A die Aktivwerte um 100.000 € - 10.000 € = 90.000 € aufstocken muss und B einen Veräußerungsgewinn i. H. von 90.000 € erzielt. Der von B erzielte Veräußerungsgewinn ist als laufender Gewinn nicht begünstigt zu versteuern. Er unterliegt aber nicht der Gewerbesteuer. B muss die Buchwerte der von ihm übernommenen Wirtschaftsgüter i. H. von 80.000 € fortführen.

FALL 200

Gewinnermittlung bei einer Realteilung ohne Spitzenausgleich bei Buchwertfortführung

Sachverhalt: Die X-GbR, an der A und B zu je 50 % beteiligt sind, betreibt eine Steuerberatungspraxis. Sie ermittelt ihren Gewinn durch EÜR (§ 4 Abs. 3 EStG). Die Gesellschafter der X-GbR sind die Steuerberater A und B.

A kündigte den Gesellschaftsvertrag zum 31.12.01. Dadurch wurde die X-GbR aufgelöst. Jeder Realteiler erhielt den von ihm betreuten Mandantenstamm zugewiesen. Forderungen und Verbindlichkeiten wurden so aufgeteilt, dass kein Spitzenausgleich erforderlich wurde. A und B führen die von ihnen übernommenen Wirtschaftsgüter mit dem Buchwert in ihren Einzelpraxen ab dem 1.1.02 fort. Beide ermitteln ihren Gewinn ab dem Jahr 02 durch EÜR.

AUFGABE

Besteht für die X-GbR zum 31.12.01 die Verpflichtung zur Erstellung einer Realteilungsbilanz nebst sog. „Übergangsermittlung"?

LÖSUNG

Veräußert ein Steuerpflichtiger, der seinen Gewinn gem. § 4 Abs. 3 EStG ermittelt, seinen Betrieb oder gibt er ihn auf, ist er grds. so zu behandeln, als wäre er im Augenblick der Veräußerung oder Aufgabe zunächst zur Gewinnermittlung gem. § 4 Abs. 1 EStG übergegangen (BFH, Urteil v. 13.10.1989 - III R 30/85, 31/85, BStBl 1990 II S. 287). In diesen Fällen ist grds. ein Wechsel der Gewinnermittlungsart vorzunehmen und ein Übergangsgewinn oder -verlust anzusetzen. Ein sich dabei ergebender Übergangsgewinn ist ein laufender, nicht begünstigter Gewinn.

Die Realteilung ist nach herrschendem Verständnis durch den Tatbestand der Betriebsaufgabe auf der Ebene der Gesellschaft gekennzeichnet (BFH, Urteil v. 29.3.2011 - VIII R 28/08, BStBl 2014 II S. 299). Die „echte" Realteilung i. S. des § 16 Abs. 3 Satz 2 und 3 EStG ist durch den auf der Ebene der Mitunternehmerschaft verwirklichten Tatbestand der Betriebsaufgabe i. S. des § 16 Abs. 3 Satz 1 EStG gekennzeichnet (BFH, Urteil v. 16.3.2017 - IV R 31/14, BStBl 2019 II S. 24;

BMF, Schreiben v. 18.12.2018, BStBl 2019 I S. 6, Rz. 1). Jedoch ordnet § 16 Abs. 3 Satz 2 i.V. mit § 18 Abs. 3 Satz 2 EStG für den Sonderfall der Realteilung gerade nicht die Aufdeckung der stillen Reserven an, sondern zwingt trotz Betriebsaufgabe zur Fortführung der Buchwerte, da das unternehmerische Engagement fortgeführt wird.

Fraglich war daher vor diesem Hintergrund, ob bei einer Mitunternehmerschaft, die ihren Gewinn durch EÜR ermittelt, zum Zeitpunkt der Realteilung zum Bestandsvergleich gem. § 4 Abs. 1 EStG übergegangen werden muss (R 4.5 Abs. 6 EStR). Bejaht man diese Frage, käme es im Jahr 01 bei der X-GbR zu einer Übergangsbesteuerung. Der BFH (Urteil v. 11.4.2013 - III R 32/12, BStBl 2014 II S. 242) vertritt jedoch die Auffassung, dass im Falle der Realteilung einer freiberuflichen Mitunternehmerschaft ohne Spitzenausgleich keine Verpflichtung zur Erstellung einer Realteilungsbilanz nebst Übergangsgewinnermittlung besteht, wenn die Buchwerte fortgeführt werden und die Mitunternehmer unter Aufrechterhaltung der Gewinnermittlung durch EÜR ihre berufliche Tätigkeit in Einzelpraxen weiterbetreiben.

Eine Verpflichtung zur Erstellung einer Realteilungsbilanz nebst Übergangsgewinnermittlung hat ihre Rechtfertigung darin, dass gewährleistet werden soll, dass die Gewinnermittlung durch EÜR gem. § 4 Abs. 3 EStG letztlich zu dem gleichen laufenden Gesamtgewinn führt, wie er auch bei einer Gewinnermittlung durch Bestandsvergleich gem. § 4 Abs. 1 EStG angefallen wäre. Nach der Ansicht des BFH ist dem Grundsatz der Gesamtgewinngleichheit dadurch genügt, dass die Mitunternehmer der realgeteilten Mitunternehmerschaft den Gewinn in ihren Einzelpraxen weiterhin durch EÜR ermitteln.

HINWEIS

Auch verwaltungsseitig wird jetzt die Auffassung vertreten, dass bei der Einbringung eines Betriebs, Teilbetriebs oder Mitunternehmeranteils, für den die Gewinnermittlung bisher durch EÜR gem. § 4 Abs. 3 EStG vorgenommen wurde, ein Übergang zur Gewinnermittlung durch Betriebsvermögensvergleich gem. § 4 Abs. 1 EStG nicht erforderlich ist, sofern der Vermögensübergang zu Buchwerten erfolgt (OFD Frankfurt/Main, Vfg. v. 24.10.2014 - S 1978d A - 4 - St 510, DStR 2015 S. 1312; OFD NRW, Vfg. v. 9.2.2016 - S 1978 d-2015/0005-St 111, DStR 2016 S. 1031, OAAAF-74530). Es ist also keine Übergangsbesteuerung durchzuführen, wenn nach der Realteilung einer den Gewinn gem. § 4 Abs. 3 EStG ermittelnden Personengesellschaft ohne Spitzenausgleich die bisherigen Mitunternehmer die betriebliche Tätigkeit jeweils als Einzelunternehmer mit Gewinnermittlung gem. § 4 Abs. 3 EStG fortsetzen.

FALL 201

Betriebsübertragung im Wege der vorweggenommenen Erbfolge bei negativem Kapitalkonto

Sachverhalt: Der 60 Jahre alte Einzelgewerbetreibende V betreibt ein Bauunternehmen. Mit notariell beurkundetem Vertrag v. 28.12.01 überträgt er zum 31.12.01 seinen Betrieb auf seinen Sohn A. Im Gegenzug übernimmt A die betrieblichen Verbindlichkeiten und verpflichtet sich zur Zahlung eines einmaligen Geldbetrags i. H. von 100.000 € an seine Schwester B. Im Vertrag ist festgehalten, dass der Betrag i. H. von 100.000 € der Gleichstellung der B dienen soll. A finanziert die Abfindung seiner Schwester mit eigenen privaten Mitteln, d. h. einem Veräußerungserlös, den er anlässlich der Veräußerung eines privaten Bauplatzes erzielt hat.

Die von V zum 31.12.01 aufgestellte Bilanz hat folgendes Aussehen:

Aktiva	**Bilanz zum 31.12.01**		**Passiva**
Grund und Boden	60.000 €	Darlehen	400.000 €
Gebäude	300.000 €	Verbindlichkeiten	100.000 €
Betriebsausstattung	100.000 €	Rückstellungen	20.000 €
Sonstige Aktiva	40.000 €	Sonstige Passiva	30.000 €
Kapital	50.000 €		
	550.000 €		550.000 €

Im Betriebsvermögen sind stille Reserven i. H. von 500.000 € enthalten (Grund und Boden 50.000 €, Gebäude 250.000 € und Geschäftswert 200.000 €).

AUFGABE

Welche Steuerfolgen ergeben sich für V und A?

LÖSUNG

Wird ein Betrieb unentgeltlich übertragen, sind die Buchwerte vom Übernehmer zwingend fortzuführen (§ 6 Abs. 3 EStG); ein Veräußerungsgewinn fällt nicht an. Eine unentgeltliche Betriebsübertragung i. S. des § 6 Abs. 3 EStG liegt auch vor, wenn der Übernehmer die Betriebsschulden mit übernimmt. Im Übergang der betrieblichen Verbindlichkeiten ist nach dem Beschluss des Großen Senats des BFH (Beschluss v. 5.7.1990 - GrS 4-6/89, BStBl 1990 II S. 847) kein Entgelt zu sehen. Der Grundsatz, dass die Übernahme der betrieblichen Verbindlichkeiten bei der Übertragung des Betriebs kein Entgelt darstellt, findet auch Anwendung, wenn das steuerliche Kapitalkonto des Betriebsübergebers negativ ist (BFH, Urteile v. 23.4.1971 - IV 201/65, BStBl 1971 II S. 686, v. 24.8.1972 - VIII R 36/66, BStBl 1973 II S. 111, und v. 30.3.1990 - VI R 188/87, BStBl 1990 II S. 854; BFH, Beschluss v. 5.7.1990 - GrS 4-6/89, BStBl 1990 II S. 847).

Dagegen kann bei einer teilentgeltlichen Betriebsübertragung ein Veräußerungsgewinn entstehen. Eine teilentgeltliche Betriebsübertragung liegt nach dem Beschluss des Großen Senats (BFH, Beschluss v. 5.7.1990 - GrS 4-6/89, BStBl 1990 II S. 847) vor, wenn der Betriebsübernehmer seinen Geschwistern sog. „Gleichstellungsgelder" zahlt. In diesem Fall ergibt sich für den bisherigen Betriebsinhaber ein Veräußerungsvorgang und für den Betriebsübernehmer ein Anschaffungsvorgang.

Zu der Frage, wie der Veräußerungsgewinn zu ermitteln ist, wenn der Betriebsübergeber – wie vorliegend V – ein negatives Kapitalkonto hat, hat der BFH in seinem Urteil v. 16.12.1992 (XI R 34/92, BStBl 1993 II S. 436; ebenso BFH, Urteil v. 7.2.1995 - IX R 3/93, BStBl 1995 II S. 357) Stellung genommen. Der BFH betont, dass auch bei einer teilentgeltlichen Veräußerung die Ermittlung des Veräußerungsgewinns gem. § 16 Abs. 2 EStG vorzunehmen ist. Dementsprechend ist dem Veräußerungserlös der Buchwert als Resultante des i. S. des § 5 EStG ermittelten Betriebsvermögens gegenüberzustellen. Dabei ist unerheblich, ob der Buchwert (rechnerisch im Kapitalkonto erfasst) einen positiven oder negativen Wert hat. Der Veräußerungsgewinn von V errechnet sich danach wie folgt:

Veräußerungspreis (Gleichstellungsgeld)	100.000 €
Negatives Kapitalkonto zum 31.12.01	+ 50.000 €
Veräußerungsgewinn	150.000 €

Vom Veräußerungsgewinn bleiben auf Antrag 45.000 € - 14.000 € = 31.000 € steuerfrei, da der Veräußerungsgewinn die Freibetragsgrenze i. H. von 136.000 € um 14.000 € übersteigt (§ 16 Abs. 4 EStG). Der verbleibende Veräußerungsgewinn i. H. von 119.000 € kann begünstigt besteuert werden (§ 34 Abs. 1 oder 3 EStG).

Die Abfindung seiner Schwester und die Übernahme des negativen Kapitalkontos stellten für A ein Anschaffungsgeschäft dar. A muss seine Anschaffungskosten i. H. von 150.000 € (= Abfindung 100.000 € + negatives Kapitalkonto 50.000 €) anteilig bei den Wirtschaftsgütern hinzuaktivieren, die stille Reserven enthalten. Dabei ist zu beachten, dass eine Aufdeckung der im originären Geschäftswert enthaltenen stillen Reserven erst in Betracht kommt, wenn die stillen Reserven, die in den übrigen Wirtschaftsgütern enthalten sind, vollständig aufgedeckt sind (BMF, Schreiben v. 13.1.1993, BStBl 1993 I S. 80, Rz. 35). Diese Betrachtung hat zur Folge, dass nur die Buchwerte des Grund und Bodens und des Gebäudes aufzustocken sind; zu einer Aufdeckung der im Geschäftswert enthaltenen stillen Reserven kommt es nicht. Die Aufstockung hat anteilig – im Verhältnis der stillen Reserven – zu erfolgen:

Stille Reserven Grund und Boden	50.000 €
Stille Reserven Gebäude	+ 250.000 €
	300.000 €
Aufgedeckte stille Reserven (= 50 %)	150.000 €
Buchwert des Grund und Bodens bisher	60.000 €
Aufstockung: 50 % von 50.000 € =	+ 25.000 €
Buchwert des Grund und Bodens nach der Aufstockung	85.000 €
Buchwert des Gebäudes bisher	300.000 €
Aufstockung: 50 % von 250.000 € =	+ 125.000 €
Buchwert des Gebäudes nach der Aufstockung	425.000 €

FALL 202

Veräußerung eines Erbteils an einer gewerblich tätigen Personengesellschaft

Sachverhalt: Der Nachlass des Erblassers V besteht aus einem gewerblichen Einzelunternehmen. Das Kapitalkonto des Erblassers betrug 300.000 €. Die Erben sind A, B und C zu je $\frac{1}{3}$. Jeder Erbe hat somit ein Kapitalkonto i. H. von $\frac{1}{3}$ von 300.000 € = 100.000 €. Der 40 Jahre alte A veräußert seinen Erbteil und damit seinen Mitunternehmeranteil für 250.000 € an D.

AUFGABE

Wie hoch ist der von A erzielte Veräußerungsgewinn und welche Steuerfolgen ergeben sich für D?

LÖSUNG

Die Veräußerung eines Erbanteils an einer gewerblich tätigen Erbengemeinschaft hat die gleichen einkommensteuerlichen Folgen wie die Veräußerung eines Gesellschaftsanteils (§ 16 Abs. 1 Satz 1 Nr. 2 EStG) an einer gewerblich tätigen Personengesellschaft, z. B. einer OHG oder KG. Der weichende Miterbe veräußert seinen Mitunternehmeranteil und erzielt dabei einen begünstigten Veräußerungsgewinn (§§ 16 und 34 EStG); der übernehmende Miterbe hat Anschaffungskosten i. H. seiner Abfindung. Die Anschaffungskosten und der Veräußerungsgewinn errechnen sich wie bei der Übertragung eines Gesellschaftsanteils (BFH, Urteile v. 5.7.1990 - GrS 2/89, BStBl 1990 II S. 837 und 843, und v. 26.3.1991 - VIII R 172/85, BFH/NV 1991 S. 738, OAAAB-32496; BMF, Schreiben v. 14.3.2006, BStBl 2006 I S. 253, Rz. 39). Für diese Betrachtung ist es ohne Bedeutung, ob es sich bei dem Erwerber um einen Dritten oder einen Miterben handelt.

A entsteht demzufolge aus der Veräußerung seines Mitunternehmeranteils (§ 16 Abs. 1 Satz 1 Nr. 2 EStG) ein gem. § 34 Abs. 1 EStG progressionsbegünstigter bzw. auf Antrag ein gem. § 34 Abs. 3 EStG tarifbegünstigter Veräußerungsgewinn i. H. von (250.000 € - Kapitalkonto von 100.000 € =) 150.000 €. D hat Anschaffungskosten i. H. von 250.000 €, mit denen er seinen Mitunternehmeranteil bilanzieren muss. Dies geschieht in der Weise, dass in der Bilanz der Personengesellschaft, also in der Hauptbilanz, das Kapitalkonto von A i. H. von 100.000 € auf D übertragen wird, während der Mehrbetrag i. H. von 150.000 € in einer für D aufzustellenden Ergänzungsbilanz ausgewiesen wird.

FALL 203

Abfindung eines weichenden Miterben mit einem zum geerbten Betrieb gehörenden Wirtschaftsgut (Sachwertabfindung)

Sachverhalt: A und der 45 Jahre alte B sind Miterben zu je 50 %. Zum Nachlass gehört ein gewerbliches Einzelunternehmen mit einem Wert i. H. von 600.000 € (Buchwert 200.000 €). Das Kapitalkonto jedes Miterben beläuft sich demnach auf (50 % von 200.000 € =) 100.000 €. Im Betriebsvermögen sind stille Reserven i. H. von insgesamt 400.000 € enthalten, die zur Hälfte (= 200.000 €) auf ein zum gewillkürten Betriebsvermögen entfallendes Grundstück und zur anderen Hälfte (= 200.000 €) auf die sonstigen Aktiva entfallen.

B scheidet aus der Erbengemeinschaft aus und das Unternehmen wird von A allein fortgeführt. B erhält als Abfindung das zum gewillkürten Betriebsvermögen gehörende Grundstück mit einem Verkehrswert (= gemeiner Wert) i. H. von 300.000 € (Buchwert 100.000 €), das er in sein Privatvermögen überführt.

AUFGABE

Welche Steuerfolgen löst die Sachwertabfindung bei A und B aus?

LÖSUNG

Der weichende Miterbe kann auch mit einem Sachwert abgefunden werden, der zum Betriebsvermögen des geerbten Unternehmens gehört. Hinsichtlich der sich hierbei ergebenden Rechtsfolgen verweist der Große Senat (BFH, Urteil v. 5.7.1990 - GrS 2/89, BStBl 1990 II S. 837 und 843) auf die zum Ausscheiden aus einer Personengesellschaft gegen Sachwertabfindung ergangene BFH-Rechtsprechung (BFH, Urteil v. 24.5.1973 - IV R 64/70, BStBl 1973 II S. 655). Danach gehört der gemeine Wert des empfangenen Wirtschaftsguts beim weichenden Miterben zu seinem Veräußerungserlös. Bei ihm entsteht wie im Fall der Geldabfindung ein Veräußerungsgewinn. Dem aus der Erbengemeinschaft ausscheidenden B entsteht danach ein progressionsbegünstigter bzw. auf Antrag ein tarifbegünstigter Gewinn (§ 34 Abs. 1 oder 3 EStG) aus der Veräußerung seines Mitunternehmeranteils (§ 16 Abs. 1 Satz 1 Nr. 2 EStG) i. H. der Differenz zwischen dem gemeinen Wert des Abfindungsguts (= 300.000 €) und dem Buchwert seines Kapitalkontos (= 100.000 €), also i. H. von 200.000 €. Das sind $^1/_2$ der stillen Reserven des Grundstücks (= 100.000 €) und $^1/_2$ der stillen Reserven der sonstigen Aktiva (= 100.000 €). Zusätzlich führt die Sachwertabfindung bei dem verbliebenen Erben A i. H. seiner stillen Reserven an dem hingegebenen Wirtschaftsgut zur Entstehung eines Veräußerungsgewinns (BMF, Schreiben v. 14.3.2006, BStBl 2006 I S. 253, Rz. 51).

Der weitere Abfindungsvorgang ist gedanklich in zwei Phasen zu zerlegen: Zum einen stellt der Erwerb des Mitunternehmeranteils von B für den verbleibenden Miterben A ein Anschaffungsgeschäft dar. A muss deshalb die Abfindungsschuld i. H. von 300.000 € passivieren und den über das Kapitalkonto von B hinausgehenden Abfindungsbetrag i. H. von 200.000 € aktivieren, und zwar durch Teilaufstockung bei den Wirtschaftsgütern, die stille Reserven enthalten. Da die in dem Grundstück enthaltenen stillen Reserven (= 200.000 €) 50 % der insgesamt im Betriebsvermögen enthaltenen stillen Reserven (= 400.000 €) ausmachen, kommt es beim Grundstück zu einer anteiligen Teilaufstockung i. H. von (50 % von 200.000 € =) 100.000 €; neuer Buchwert somit 200.000 €. Die Teilaufstockung bei den sonstigen Aktiva beträgt ebenfalls (50 % von 200.000 € =) 100.000 €.

In einem zweiten Schritt wird die passivierte Abfindungsschuld i. H. von 300.000 € durch die Übertragung des Grundstücks auf B getilgt. Die auf A entfallenden stillen Reserven des Grundstücks i. H. von 100.000 € werden dadurch zwangsläufig realisiert. A entsteht ein laufender Gewinn i. H. von 100.000 € (BMF, Schreiben v. 14.3.2006, BStBl 2006 I S. 253, Rz. 51).

HINWEIS

Wenn B das übernommene Grundstück in ein eigenes Betriebsvermögen überführt, z. B. in sein gewerbliches Einzelunternehmen, liegt ein Fall der echten Realteilung (BMF, Schreiben v. 19.12.2018, BStBl 2019 I S. 6, Rz. 1) vor. B hat gem. § 16 Abs. 3 Satz 2 EStG den Buchwert des Grundstücks (= 100.000 €) fortzuführen. Er muss das Wirtschaftsgut in seinem eigenen Betrieb mit 100.000 € erfolgsneutral unter Erhöhung seines Kapitalkontos erfassen. Gemäß § 16 Abs. 3 Satz 3 EStG beginnt eine dreijährige Sperrfrist, da das Grundstück einzeln und nicht als Teil eines Teilbetriebs oder eines Mitunternehmeranteils übergeht. Für B entsteht (zunächst) weder ein

Entnahme- noch ein Veräußerungsgewinn. Auch für A ergeben sich keine Gewinnauswirkungen (BMF, Schreiben v. 27.12.2018, BStBl 2019 I S. 11).

FALL 204

Vererbung eines Mitunternehmeranteils bei einfacher Nachfolgeklausel

Sachverhalt: An der X-OHG sind A und B zu je 50 % als Gesellschafter beteiligt. Der Gesellschaftsvertrag enthält die Bestimmung, dass für den Fall des Todes eines Gesellschafters die Gesellschaft mit sämtlichen Erben fortzuführen ist. A stirbt am 1.7.01. Er wird von seinen beiden Söhnen C und D zu je 50 % beerbt. Das Kapitalkonto von A beträgt in der Bilanz der Personengesellschaft 120.000 €. Zum Sonderbetriebsvermögen von A gehört ein bebautes Grundstück mit einem Buchwert i. H. von 180.000 €.

AUFGABE

Welche Steuerfolgen löst die Vererbung des Mitunternehmeranteils bei C und D aus?

LÖSUNG

Der Tod eines OHG-Gesellschafters oder des Komplementärs einer KG hat das Ausscheiden aus der Gesellschaft i.V. mit der Abfindung der Erben zur Folge, wenn der Gesellschaftsvertrag keine abweichende Bestimmung enthält (§ 131 Abs. 3 Satz 1 Nr. 1 und § 161 Abs. 2 HGB a. F. i.V. mit § 738 Abs. 1 Satz 2 BGB a. F.; § 105 Abs. 3 und § 161 Abs. 2 HGB a. F.; ebenso ab dem Jahr 2024 § 130 Abs. 1 Nr. 1 und § 161 Abs. 2 HGB i. d. F. des Personengesellschaftsrechtsmodernisierungsgesetzes (MoPeG) v. 10.8.2021, BGBl 2021 I S. 3436, das im Wesentlichen am 1.1.2024 in Kraft getreten ist). Der Gesellschaftsvertrag einer Personengesellschaft kann aber vorsehen, dass die Gesellschaft nach dem Tod eines Gesellschafters mit „den Erben" fortzusetzen ist („einfache Nachfolgeklausel"). Der Erblasser entscheidet in diesem Fall mit der testamentarischen Berufung zum Erben auch über die Gesellschafter-Nachfolge. Belässt er es bei der gesetzlichen Erbfolge, nehmen die gesetzlichen Erben die Rechtsstellung des Verstorbenen ein.

Dem Prinzip der Gesamtrechtsnachfolge würde es an sich entsprechen, die Erbengemeinschaft als Gesellschafterin anzusehen. Das würde jedoch dem gesellschaftsrechtlichen Grundsatz entgegenstehen, dass eine Erbengemeinschaft nicht Gesellschafter einer werbend tätigen Personengesellschaft sein kann. Der Gesellschaftsanteil geht demnach nicht auf die Erbengemeinschaft als solche über, er wird also nicht Gesamthandsvermögen der Erbengemeinschaft, sondern jeder einzelne Miterbe wird entsprechend seiner Erbquote unmittelbar Gesellschafter. Es handelt sich um eine quotale Sonderrechtsnachfolge, d. h., der Gesellschaftsanteil geht geteilt auf die Miterben über. Ein Bestandteil des ungeteilten Nachlassvermögens werden jedoch die Wirtschaftsgüter des Sonderbetriebsvermögens. Diese werden Gesamthandsvermögen der Erbengemeinschaft (§§ 1922 und 2032 BGB).

Daraus folgt, dass C und D mit dem Erbfall automatisch Mitunternehmer der X-OHG werden: Der Gesellschaftsanteil von A geht im Wege der Sondererbfolge unmittelbar und unentgeltlich und nach der Erbquote geteilt auf C und D als Erben über (BFH, Urteil v. 29.10.1991 - VIII R 51/84, BStBl 1992 II S. 512).

Auch das gesamthänderisch gebundene Sonderbetriebsvermögen geht unentgeltlich auf die Erben über. Diese müssen den Buchwert des Kapitalkontos (= 120.000 €) und des Sonderbetriebsvermögens (= 180.000 €) je zur Hälfte fortführen (§ 6 Abs. 3 EStG).

FALL 205

Vererbung eines Mitunternehmeranteils bei qualifizierter Nachfolgeklausel

Sachverhalt: Erblasser V war Gesellschafter der X-OHG. Er wurde von seinen Kindern A und B zu je 50 % beerbt. Das Kapitalkonto von V beträgt zum Todeszeitpunkt 100.000 €. Der Gesellschaftsanteil hat einen wirklichen Wert i. H. von 200.000 €. Der Gesellschaftsvertrag der X-OHG enthält eine qualifizierte Nachfolgeklausel, wonach nur A in die Gesellschafterstellung von V nachrückt. Zum Sonderbetriebsvermögen von V gehörte ein Grundstück, das einen Teilwert i. H. von 100.000 € und einen Buchwert i. H. von 50.000 € hat.

AUFGABEN

1. Kann A den Buchwert des Kapitalkontos des Erblassers in der Gesellschaftsbilanz fortführen?
2. Welche Steuerfolgen löst der Übergang des Sonderbetriebsvermögens auf die Miterben A und B aus?

LÖSUNG

Zu 1

Ist im Gesellschaftsvertrag einer Personengesellschaft – wie vorliegend – geregelt, dass beim Tod eines Gesellschafters, der von mehreren Personen beerbt wird, die Gesellschaft nur mit einem oder einigen Miterben, z. B. dem ältesten Sohn, fortgeführt wird, spricht man von einer „qualifizierten Nachfolgeklausel". Erbrechtliche Grundsätze stehen einer solchen Gestaltung nicht entgegen. Eine qualifizierte Nachfolgeklausel führt zivilrechtlich dazu, dass der Gesellschaftsanteil des Verstorbenen nicht nur i. H. der auf den bevorzugten (qualifizierten) Miterben entfallenden Erbquote, sondern insgesamt im Wege der Sonderrechtsnachfolge auf den Nachfolger-Erben übergeht (BFH, Urteile v. 29.10.1991 - VIII R 51/84, BStBl 1992 II S. 512, und v. 4.5.2000 - IV R 10/99, BStBl 2002 II S. 850). Der gesellschaftsvertraglich allein zugelassene Miterbe erhält die Gesellschafterposition des Erblassers in vollem Umfang.

Daran hat sich auch durch das Personengesellschaftsrechtsmodernisierungsgesetzes (MoPeG) v. 10.8.2021, BGBl 2021 I S. 3436, nichts geändert: „Die von der Kautelarpraxis entwickelten Gestaltungsmöglichkeiten, den erbrechtlichen Übergang des Gesellschaftsanteils durch eine qualifizierte Nachfolgeklausel nur für bestimmte Personen als Erben zuzulassen, bleiben hiervon unberührt." (so BT-Drucks. 19/27635 S. 1 und 145 zu § 711 Abs. 2 BGB).

In den gesamthänderischen Nachlass der Erbengemeinschaft fällt der Gesellschaftsanteil nicht (BGH, Urteil v. 10.2.1977 - II ZR 120/75, BGHZ 68 S. 225 und 238; BFH, Urteile v. 29.10.1991 - VIII R 51/84, BStBl 1992 II S. 512 und 514, und v. 27.7.1993 - VIII R 72/90, BStBl 1994 II S. 625). Die nicht zu Nachfolgern berufenen Erben werden nicht Gesellschafter. Sie erlangen auch keinen Abfindungsanspruch gegen die Gesellschaft selbst, sondern werden auf einen auf dem Erbrecht beruhenden Wertausgleichsanspruch gegen den qualifizierten Gesellschafter-Nachfolger mit der Begründung verwiesen, dass zwar die Mitgliedschaft unmittelbar und in vollem Umfang auf den Gesellschafter-Nachfolger übergegangen sei, der Wert des Gesellschaftsanteils dagegen aber zum Nachlassvermögen gehöre.

Einkommensteuerlich rückt allein der durch die Klausel begünstigte Miterbe in die Mitunternehmerstellung des Erblassers ein. Die nicht qualifizierten Miterben werden keine Gesellschafter und demgemäß auch keine Mitunternehmer (BMF, Schreiben v. 14.3.2006, BStBl 2006 I S. 253, Rz. 72; BFH, Urteil v. 13.12.1990 - IV R 107/89, BStBl 1992 II S. 510). Der Nachfolger-Miterbe A muss das Kapitalkonto des Erblassers in der Gesellschaftsbilanz i. H. von 100.000 € fortführen (§ 6 Abs. 3 EStG), dem Erblasser entsteht kein Veräußerungsgewinn. Die Anteile am laufenden Gewinn der Gesellschaft stehen dem qualifizierten Miterben bereits ab dem Erbfall zu.

Zu 2

Das Sonderbetriebsvermögen des Erblassers wird – wie im Falle der einfachen Nachfolgeklausel – zivilrechtlich Gesamthandsvermögen der Erbengemeinschaft, fällt also in das ungeteilte Nachlassvermögen. Das gilt auch, wenn bei einer zeitnahen Auseinandersetzung das Sonderbetriebsvermögen auf den qualifizierten Miterben übergeht (BMF, Schreiben v. 14.3.2006, BStBl 2006 I S. 253, Rz. 73).

Da das Sonderbetriebsvermögen nur zur Hälfte auf den qualifizierten Nachfolger übergeht, ein Mitunternehmeranteil aber auch das funktional wesentliche Sonderbetriebsvermögen umfasst, wird im Schrifttum (Geck, DStR 2000 S. 2031) die Befürchtung geäußert, die Rechtsprechung des BFH (Urteile v. 12.4.2000 - XI R 35/99, BStBl 2001 II S. 26, und v. 24.8.2000 - IV R 51/98, BStBl 2005 II S. 173) zur disquotalen Übertragung von Gesellschaftsanteil und Sonderbetriebsvermögen führe auch in diesen Erbfällen zur Realisierung der stillen Reserven im Gesellschaftsanteil. Danach käme es zu einer Aufgabe des Mitunternehmeranteils, da dieser nicht vollständig übertragen wurde. Dieser Auffassung ist m. E. nicht zuzustimmen. Da das bisherige Sonderbetriebsvermögen nach der Rechtsprechung des BFH im Hinblick auf die qualifizierte Nachfolgeklausel seine Betriebsvermögenseigenschaft anteilig noch in der Person des Erblassers, gedanklich also vor Eintritt des Erbfalls, verloren hat, gehört zum Zeitpunkt des Erbfalls nur noch das verbliebene Sonderbetriebsvermögen zum Mitunternehmeranteil von V. Damit geht der Mitunternehmeranteil von V komplett einschließlich des Sonderbetriebsvermögens unentgeltlich auf A über, was nach der bisherigen Rechtsprechung des BFH zur Buchwertfortführung sowohl des Gesellschaftsanteils als auch des anteiligen Sonderbetriebsvermögens zwingt (ebenso wohl Sorg, DStR 2002 S. 1384).

Diese Betrachtung hat zur Folge, dass der qualifizierte Gesellschafter-Nachfolger A den seiner Erbquote entsprechenden Anteil am Sonderbetriebsvermögen als eigenes Sonderbetriebsvermögen zum Buchwert fortzuführen hat (§ 6 Abs. 3 EStG), während i. H. der Erbquote des nicht qualifizierten Miterben B das Sonderbetriebsvermögen Privatvermögen wird. Insoweit entsteht ein laufender, nicht begünstigter Entnahmegewinn, der dem Erblasser zuzurechnen ist (BMF, Schreiben v. 14.3.2006, BStBl 2006 I S. 253, Rz. 74), da er es war, der mit der gesellschaftsvertraglichen Regelung der qualifizierten Nachfolgeklausel den teilweisen Übergang des Sonderbetriebsvermögens in das Privatvermögen ausgelöst hat.

Wendet man diese Rechtsgrundsätze hier an, so ergibt sich Folgendes:

A muss den Buchwert des Grundstücks i. H. von ($^1/_2$ von 50.000 € =) 25.000 € in einer Sonderbilanz fortführen (§ 6 Abs. 3 EStG). Da B an der X-OHG als Gesellschafter nicht beteiligt ist, ist die Hälfte des Grundstücks mit dem Erbfall entnommen. Es entsteht ein laufender Entnahmegewinn i. H. von 25.000 € (= Differenz zwischen $^1/_2$ des Teilwertes = 50.000 € und $^1/_2$ des Buchwertes = 25.000 €), der noch dem Erblasser V zuzurechnen ist. Der bei einer Sonderrechtsnachfolge in den Mitunternehmeranteil beim Erblasser entstehende Gewinn aus der Entnahme des Sonderbetriebsvermögens unterliegt jedoch nicht der Gewerbesteuer (BFH, Urteil v. 15.3.2000 - VIII R 51/98, BStBl 2000 II S. 316).

FALL 206

Veräußerung einer freiberuflichen Praxis

Sachverhalt: Der 56 Jahre alte A ist seit Jahren in Köln als selbständiger Steuerberater tätig. Mit Vertrag v. 30.6.01 veräußert er aus gesundheitlichen Gründen seine Steuerberaterpraxis an seinen Berufskollegen B. Der Käufer übernimmt das gesamte Inventar, die EDV-Anlage und den weit überwiegenden Teil der 110 Mandate. A behält drei Mandate zurück und betreut sie seitdem von seiner ca. 2 km von der alten Praxis gelegenen Wohnung aus, in der er einen Büroraum einrichtet und diesen mit Büromaterial sowie einem PC ausstattet. Die Honorareinnahmen aus den zurückbehaltenen drei Mandaten belaufen sich in den letzten drei Jahren vor der Praxisveräußerung auf jeweils rund 15 % des früheren jährlichen Praxisumsatzes von A.

Der von A aufgrund der Praxisveräußerung erzielte Gewinn beträgt 150.000 €.

AUFGABE

Ist der von A im Zusammenhang mit der Praxisveräußerung erzielte Gewinn i. S. der §§ 16 und 34 EStG begünstigt?

LÖSUNG

Zu den Einkünften aus selbständiger Arbeit gehört auch der Gewinn, der bei der Veräußerung einer freiberuflichen Praxis erzielt wird (§ 18 Abs. 3 EStG). Der Veräußerungsgewinn wird – soweit er nicht steuerfrei bleibt (§ 16 Abs. 4 EStG) –

- entweder nach der Fünftel-Regelung (§ 34 Abs. 1 EStG) oder
- auf Antrag mit 56 % des durchschnittlichen Steuersatzes, mindestens jedoch 14 %, besteuert (§ 34 Abs. 3 EStG); die zuletzt genannte Vergünstigung setzt aber voraus, dass der Veräußerer das 55. Lebensjahr vollendet hat oder im sozialversicherungsrechtlichen Sinne dauernd berufsunfähig ist.

Eine steuerbegünstigte Praxisveräußerung liegt nur vor, wenn der freiberuflich Tätige die wesentlichen wirtschaftlichen Grundlagen seiner freiberuflichen Praxis entgeltlich auf einen anderen überträgt. Zu den wesentlichen wirtschaftlichen Grundlagen gehören insbesondere die immateriellen Wirtschaftsgüter der Praxis, wie Mandantenstamm und Praxiswert (BFH, Urteil v. 14.3.1975 - IV R 78/71, BStBl 1975 II S. 661). Nach der ständigen Rechtsprechung des BFH ist bei Praxisübertragungen eine Veräußerung dieser wesentlichen Betriebsgrundlagen nur anzunehmen, wenn der Veräußerer seine freiberufliche Tätigkeit in dem bisherigen örtlichen Wirkungskreis wenigstens für eine „gewisse" Zeit einstellt (BFH, Urteile v. 7.11.1985 - IV R 44/83, BStBl 1986 II S. 335, v. 7.11.1991 - IV R 14/90, BStBl 1992 II S. 457, und v. 21.8.2018 - VIII R 2/15, BStBl 2019 II S. 64, Rz. 15 f.; H 18.3 EStH 2023).

Unschädlich ist die Fortführung der freiberuflichen Tätigkeit, wenn diese nur noch in geringem Umfang ausgeübt wird. Von einer Veräußerung der wesentlichen Grundlagen einer freiberuflichen Praxis ist auch dann auszugehen, wenn einzelne Mandate zurückbehalten werden, auf die weniger als 10 % der durchschnittlichen Jahreseinnahmen aus den drei Veranlagungszeiträumen vor der Praxisveräußerung entfielen (BFH, Urteile v. 7.11.1991 - IV R 14/90, BStBl 1992 II S. 457, v. 29.10.1992 - IV R 16/91, BStBl 1993 II S. 182, und v. 18.5.1994 - I R 109/93, BStBl 1994 II S. 925). Wie sich diese zurückbehaltenen Mandantenbeziehungen nach der Veräußerung entwickeln und ob sie in vollem Umfang genutzt werden, ist unerheblich (BFH, Beschluss v. 6.8.2001 - XI B 5/00, BFH/NV 2001 S. 1561, XAAAA-66562).

Die zurückbehaltenen Mandantenbeziehungen zählen also nicht zu den wesentlichen Betriebsgrundlagen, wenn darauf in den letzten drei Jahren vor der Praxisveräußerung weniger als 10 % der gesamten Einnahmen entfielen. In diesem Fall kann eine begünstigte Praxisveräußerung anerkannt werden.

Ist die 10 %-Grenze jedoch – wie vorliegend – überschritten, kann die Steuerbegünstigung der §§ 16 und 34 EStG nicht in Anspruch genommen werden. Der von A erzielte Gewinn i. H. von 150.000 € ist daher kein steuerbegünstigter, sondern Teil des laufenden Gewinns von A, der dem gewöhnlichen Steuersatz unterliegt.

HINWEIS

Die Finanzverwaltung hielt die Hinzugewinnung neuer Mandanten/Patienten innerhalb der „gewissen Zeit" – eine Zeitspanne i. H. von mehr als drei Jahren ist nach ihrer Auffassung i. d. R. ausreichend – nach Praxisaufgabe in jedem Fall für schädlich, auch wenn die 10 %-Grenze nicht überschritten wird (BMF, Schreiben v. 28.7.2003, DB 2003 S. 2522, KAAAB-15204). Die Steuer- bzw. Feststellungsbescheide sollten im Falle der vermeintlich schädlichen Tätigkeitsneuaufnahme gem. § 175 Abs. 1 Satz 1 Nr. 2 AO geändert werden. Der BFH lehnt jedoch in einem Aussetzungsfall die Auffassung ab, dass die Hinzugewinnung neuer Mandanten/Patienten innerhalb der „gewissen Zeit" nach der Betriebsaufgabe auch ohne Überschreiten der 10 %-Grenze in jedem Fall – und damit ohne Berücksichtigung der Umstände des Einzelfalls – schädlich sei (BFH, Beschluss v. 11.2.2020 - VIII B 131/19, BFH/NV 2020 S. 507, Rz. 27, BAAAH-43734, u. a. unter Hinweis auf Schoor, DStZ 2007 S. 445 und 447). Wird die sog. „Geringfügigkeitsgrenze" nicht überschritten, schließt die Tatsache, dass der Steuerpflichtige im Rahmen dieser geringfügigen Tätigkeit auch neue Mandanten betreut, das Vorliegen einer begünstigten Praxisveräußerung nicht automatisch aus. Verwaltungsseitig wird die Auffassung des BFH nun akzeptiert. Nach einer Abstimmung auf Bund-Länder-Ebene ist die vom BFH in dem genannten Beschluss v. 11.2.2020 (VIII B 131/19, BFH/NV 2020 S. 507, BAAAH-43734) vertretene Rechtsauffassung in allen offenen Fällen anzuwenden (Senatsverwaltung für Finanzen Berlin, Erlass v. 11.8.2020 - III B S 2242-3/2019-1, EStG-Kartei Berlin, § 16 EStG Nr. 1001).

FALL 207

Die Aufgabe einer freiberuflichen Praxis

Sachverhalt: Der 40 Jahre alte A betreibt als selbständiger Zahnarzt in gemieteten Räumen eine eigene Praxis in Frankfurt. Da der Mietvertrag am 31.12.01 ausläuft, gibt A die Zahnarztpraxis zu diesem Zeitpunkt auf. Inventar und Geräte verkauft er teils an mehrere Berufskollegen, zum Teil überführt er das Praxisvermögen auch in eine neue Praxis, die er ab dem 1.1.02 zusammen mit einem anderen Zahnarzt in Form einer Gemeinschaftspraxis in Wiesbaden betreibt. Aus der Veräußerung des Inventars und der Geräte hat A einen Gewinn i. H. von 80.000 € erzielt.

AUFGABE

Ist der anlässlich der Praxisaufgabe erzielte Gewinn i. H. von 80.000 € gem. § 34 EStG begünstigt?

LÖSUNG

Die Aufgabe der selbständigen Tätigkeit gilt als Veräußerung (§ 18 Abs. 3 Satz 2 EStG). Daraus folgt, dass Gewinne anlässlich der Aufgabe einer freiberuflichen Tätigkeit grds. ebenso steuerbegünstigt sind wie Gewinne aus der Praxisveräußerung. Der Aufgabegewinn wird also – soweit er nicht steuerfrei bleibt (§ 16 Abs. 4 EStG) –

- entweder nach der Fünftel-Regelung (§ 34 Abs. 1 EStG) oder
- auf Antrag mit 56 % des durchschnittlichen Steuersatzes, mindestens jedoch 14 %, besteuert (§ 34 Abs. 3 EStG); der begünstigte Steuersatz wird aber nur gewährt, wenn der die Praxis aufgebende Steuerpflichtige das 55. Lebensjahr vollendet hat oder im sozialversicherungsrechtlichen Sinne dauernd berufsunfähig ist.

Nach ständiger Rechtsprechung des BFH setzt die Veräußerung/Aufgabe einer Praxis voraus, dass der Steuerpflichtige die für die Ausübung der selbständigen Tätigkeit wesentlichen vermögensmäßigen Grundlagen entgeltlich und definitiv auf einen anderen überträgt. Hierzu gehören insbesondere die immateriellen Wirtschaftsgüter der Praxis wie Mandantenstamm bzw. Praxiswert (BFH, Urteile v. 18.5.1994 - I R 109/93, BStBl 1994 II S. 925, v. 29.6.1994 - I R 105/93, BFH/NV 1995 S. 109, RAAAB-34721, und v. 10.6.1999 - IV R 11/99, BFH/NV 1999 S. 1594, JAAAA-63311).

Eine steuerbegünstigte Praxisaufgabe setzt – ebenso wie eine steuerbegünstigte Praxisveräußerung – darüber hinaus voraus, dass die selbständige Tätigkeit in dem bisherigen örtlichen Wirkungskreis zumindest für eine gewisse Zeit eingestellt wird (BFH, Urteile v. 18.5.1994 - I R 109/93, BStBl 1994 II S. 925, und v. 29.6.1994 - I R 105/93, BFH/NV 1995 S. 109, RAAAB-34721). Diese Forderung nach einer zeitweiligen Einstellung der freiberuflichen Tätigkeit beruht auf der Überlegung, dass bei fortdauernder Tätigkeit des Freiberuflers in seinem bisherigen örtlichen Wirkungskreis eine weitere Nutzung der persönlichen Beziehungen zu den früheren Mandanten auf eigene Rechnung des „Veräußerers" nahe liegt und es dadurch nicht zu einer definitiven Übertragung der wesentlichen Betriebsgrundlagen der Praxis auf den Erwerber kommt. Dabei ist zu beachten, dass an einer Fortführung der freiberuflichen Tätigkeit in unbedeutendem Umfang (10 %-Grenze) auch im Falle der Praxisaufgabe die Begünstigung des Aufgabegewinns nicht scheitert. Eine Tätigkeit von geringem Umfang ist anzunehmen, wenn die darauf entfallenden Umsätze in den letzten drei Jahren vor der Veräußerung weniger als 10 % der gesamten Einnahmen ausmachten (BFH, Beschlüsse v. 20.1.2009 - VIII B 58/08, BFH/NV 2009 S. 756, HAAAD-17970, und v. 11.2.2020 - VIII B 131/19, BFH/NV 2020 S. 507, BAAAH-43734). Dass der bisherige Praxisinhaber künftig überhaupt keine freiberufliche Tätigkeit mehr ausübt, kann also nicht verlangt werden.

A hat seine freiberufliche Tätigkeit im bisherigen örtlich begrenzten Wirkungskreis eingestellt. Es kann nicht davon ausgegangen werden, dass er seine alte Praxis in Wiesbaden fortführt, denn beide Praxen unterscheiden sich in wesentlichen Punkten: nämlich in den Praxisräumen, dem Praxisort und dem Patientenstamm. Der Gewinn i. H. von 80.000 € ist daher als i. S. des § 34 Abs. 1 oder 3 EStG begünstigter Aufgabegewinn zu behandeln. Der Umstand, dass A in Wiesbaden eine neue Praxis in Form einer Gemeinschaftspraxis eröffnet hat, steht dem nicht entgegen.

HINWEIS

Eine zunächst als „definitiv" anzusehende Übertragung der wesentlichen Praxisgrundlagen einer Steuerberaterpraxis auf den Erwerber kann sich im Nachhinein als – der Tarifbegünstigung des Gewinns aus der Praxisveräußerung entgegenstehende – bloße Unterbrechung der bisherigen freiberuflichen Tätigkeit erweisen, wenn der Steuerberater 22 Monate nach der Veräußerung in derselben Stadt unter weitgehender Mitnahme seiner zuvor eingebrachten Mandate und teilweiser (Wieder-)Einstellung des bereits vor der Praxisübertragung bei ihm beschäftigt gewesenen Personals im Rahmen einer Einzelpraxis tätig wird (BFH, Urteil v. 21.8.2018 - VIII R 2/15, BStBl 2019 II S. 64). Das gilt auch, wenn die Wiederaufnahme zum Zeitpunkt der Übertragung der Praxis nicht geplant war.

In einem Aussetzungsfall hat der BFH zudem klargestellt, dass eine starre zeitliche Grenze, nach der die Tätigkeit steuerunschädlich wieder aufgenommen werden kann, nicht besteht. Dementsprechend sei keine „Wartezeit" i. H. von mindestens drei Jahren einzuhalten. Je nach Umständen des Einzelfalls könne ein Zeitraum i. H. von etwa zwei bis drei Jahren ausreichend sein (BFH, Beschluss v. 11.2.2020 - VIII B 131/19, BFH/NV 2020 S. 507, BAAAH-43734).

FALL 208

Teilpraxisveräußerung

Sachverhalt: Der 60 Jahre alte A betreibt eine Fahrschule in zwei Orten. Er schloss im Jahr 2023 mit einem angestellten Fahrlehrer einen Veräußerungsvertrag ab, wonach dieser zum 1.7.2023 den Betriebsteil in einem Ort übernehmen sollte. Mit der Übertragung sollte der Erwerber keines der vorhandenen Schulungsfahrzeuge erhalten. A erzielt aus der Veräußerung des Mobiliars, der Unterrichtsausstattung und des Kundenstamms der veräußerten Fahrschul-Filiale einen Gewinn i. H. von 60.000 €.

AUFGABE

Ist der Veräußerungsgewinn i. S. der §§ 16 und 34 EStG steuerbegünstigt?

LÖSUNG

Die steuerbegünstigte Veräußerung einer Teilpraxis setzt eine vor der Veräußerung ausgeübte freiberufliche Tätigkeit voraus, die sich von der übrigen Tätigkeit abgrenzbar unterscheidet (BFH, Urteil v. 22.12.1993 - I R 62/93, BStBl 1994 II S. 352). Die Unterscheidung kann nach sachlichen oder nach örtlichen Gesichtspunkten vorzunehmen sein. Eine sachliche Abgrenzung besteht, wenn

- ein Freiberufler zwei der Sache nach verschiedenartige freiberufliche Tätigkeiten mit verschiedenen Mandantenkreisen ausübt und
- beide Praxisteile organisatorisch und hinsichtlich der Mandantschaft getrennt sind; z. B. ein Rechtsanwalt, der zugleich als Steuerberater tätig ist.

Handelt es sich hingegen um eine einheitliche, gleichartige, freiberufliche Tätigkeit, kann regelmäßig ausgeschlossen werden, dass Teile der Praxis eine so weitgehende organisatorische Selbständigkeit erreicht haben, dass sie Teilbetrieben im gewerblichen Bereich gleichgestellt werden können (BFH, Urteil v. 4.11.2004 - IV R 17/03, BStBl 2005 II S. 208). Bei sachlich gleichartigen Tätigkeiten kann ausnahmsweise von Teilpraxen ausgegangen werden, wenn die Tätigkeiten im Rahmen **selbständiger Büros,** die sich nicht unbedingt an verschiedenen Orten befinden müssen, mit besonderem Personal in **voneinander entfernten örtlichen Wirkungskreisen mit getrennten Mandantenkreisen** ausgeübt werden.

Unter diesem Gesichtspunkt hat der BFH Teilpraxen bei einem Fahrschulinhaber bejaht, der eine seiner beiden in verschiedenen Orten gelegenen Niederlassungen samt Mobiliar, Unterrichtsausstattung und Kundenstamm veräußerte (BFH, Urteil v. 24.8.1989 - IV R 120/88, BStBl 1990 II S. 55). Die Veräußerung einer Fahrschul-Filiale kann auch eine begünstigte Teilpraxisveräußerung i. S. des § 18 Abs. 3 EStG und i. S. der §§ 16 und 34 EStG sein, wenn kein Schulungsfahrzeug mitübertragen wird, denn das Schulungsfahrzeug gehört nach der Meinung des BFH nicht notwendigerweise zu den wesentlichen Betriebsgrundlagen einer Fahrschule. Aufgrund der raschen Abnutzung und Austauschbarkeit ist es wirtschaftlich nur von untergeordneter Bedeutung (BFH, Urteil v. 5.6.2003 - IV R 18/02, BStBl 2003 II S. 838).

Nach alledem kann vorliegend von einer steuerbegünstigten Teilpraxisveräußerung ausgegangen werden. Für den Gewinn wird auf Antrag ein Freibetrag i. H. von 45.000 € gewährt (§ 16 Abs. 4 EStG) und der steuerpflichtige Teil des Gewinns wird i. S. der Fünftel-Regelung des § 34 Abs. 1 EStG oder auf Antrag mit dem begünstigten Steuersatz des § 34 Abs. 3 EStG besteuert.

HINWEIS

Der BFH hat die Voraussetzungen, unter denen eine steuerbegünstigte Teilpraxisveräußerung angenommen werden kann, erweitert. Er hat entschieden, dass eine begünstigte Teilpraxisveräußerung auch dann vorliegen kann, wenn ein Steuerberater eine Beratungspraxis veräußert, die er – neben anderen Praxen – als selbständigen Betrieb erworben und bis zu ihrer Veräußerung im Wesentlichen unverändert fortgeführt hat. Dann kommt es nicht entscheidend darauf an, ob die Tätigkeit in voneinander getrennten örtlich abgegrenzten Bereichen ausgeübt worden ist, sofern die beim Erwerb zu bejahende Selbständigkeit der Büros beibehalten und nicht durch organisatorische (eingliedernde) Maßnahmen aufgegeben worden ist (BFH, Urteil v. 26.6.2012 - VIII R 22/09, BStBl 2012 II S. 777).

FALL 209

Teilentgeltliche Betriebsveräußerung

Sachverhalt: Der 60 Jahre alte A überträgt seinen Gewerbebetrieb im Wege einer gemischten Schenkung auf seinen Sohn B. Der Buchwert des Kapitalkontos beträgt zum Zeitpunkt der Betriebsübertragung 260.000 €. Das Betriebsvermögen enthält stille Reserven i. H. von 260.000 €. B hat als Gegenleistung für die Übertragung des Betriebs

a) 300.000 €,

b) 200.000 €

an A auszuzahlen.

AUFGABE

Welche einkommensteuerlichen Folgen ergeben sich für A und B?

LÖSUNG

Die teilentgeltliche Betriebsübertragung ist ein „Mittelding" zwischen einer voll entgeltlichen und einer unentgeltlichen Übertragung. Der Veräußerer will seinen Betrieb zwar an einen nahen Angehörigen verkaufen, gleichzeitig verlangt er aber mit Rücksicht auf die familiären Beziehungen einen Kaufpreis, zu dem er den Betrieb einem Fremden nie verkaufen würde. Bei teilentgeltlicher Veräußerung eines Betriebs ist der Veräußerungspreis also niedriger als dessen gemeiner Wert (BFH, Urteil v. 6.4.2016 - X R 52/13, BStBl 2016 II S. 710, Rz. 30).

Die teilentgeltliche Übertragung eines ganzen Gewerbebetriebs, d. h. die Übertragung im Wege einer gemischten Schenkung, ist eine Veräußerung i. S. des § 16 Abs. 1 Satz 1 Nr. 1 EStG. Dabei entsteht nach der sog. „Einheitstheorie", die die Rechtsprechung auf die teilentgeltliche Übertragung betrieblicher Einheiten anwendet, (nur) insoweit ein Veräußerungsgewinn, als die Gegenleistung des Betriebserwerbers das Kapitalkonto des Veräußerers übersteigt. Der Veräußerungsgewinn kann begünstigt besteuert werden, obwohl nicht alle stillen Reserven aufgelöst werden (BFH, Urteile v. 10.7.1986 - IV R 12/81, BStBl 1986 II S. 811, v. 16.12.1992 - XI R 34/92, BStBl 1993 II S. 436, v. 7.2.1995 - VIII R 36/93, BStBl 1995 II S. 770, v. 2.5.2001 - VIII R 64/93, BFH/NV 2002 S. 10, QAAAA-67600, und v. 6.4.2016 - X R 52/13, BStBl 2016 II S. 710, Rz. 30).

Im Fall a) entsteht A ein gem. § 16 und § 34 Abs. 1 oder 3 EStG begünstigter Veräußerungsgewinn i. H. von (300.000 € - 260.000 € =) 40.000 €. Der Veräußerungsgewinn bleibt auf Antrag in voller Höhe steuerfrei, da er nicht höher ist als der Freibetrag des § 16 Abs. 4 EStG i. H. von 45.000 € (BMF, Schreiben v. 20.12.2005, BStBl 2006 I S. 7). B hat seine Anschaffungskosten i. H.

von 300.000 €, soweit sie über das Kapitalkonto von A hinausgehen, also i. H. von 40.000 €, anteilig bei den Wirtschaftsgütern, die stille Reserven enthalten, hinzuzuaktivieren.

Erreicht das Entgelt höchstens den Buchwert des Betriebs, werden keinerlei stille Reserven aufgedeckt. Ist die Gegenleistung also – wie im Fall b) – niedriger als der Buchwert des Kapitalkontos, muss der Übernehmer die Buchwerte fortführen (§ 6 Abs. 3 EStG). Beim Betriebsübergeber entsteht somit weder ein Gewinn noch ein Verlust, wenn der Betrieb im Wege der vorweggenommenen Erbfolge übertragen und dabei ein „Veräußerungserlös" vereinbart wird, der nicht höher ist als der Buchwert des Kapitalkontos des Betriebs. In diesem Fall verbleibt es bei der Anwendung des § 6 Abs. 3 EStG und dabei, dass die stillen Reserven in vollem Umfang auf den Betriebsübernehmer übergehen (BFH, Urteile v. 22.9.1994 - IV R 61/93, BStBl 1995 II S. 367, und v. 6.4.2016 - X R 52/13, BStBl 2016 II S. 710, Rz. 30; BMF, Schreiben v. 13.1.1993, BStBl 1993 I S. 80, Rz. 38).

FALL 210

Entgeltliche Veräußerung eines Mitunternehmeranteils

Sachverhalt: An der X-OHG sind A und B je zur Hälfte als Gesellschafter beteiligt. Das Kapitalkonto des 60 Jahre alten A beläuft sich am Bilanzstichtag zum 31.12.01 auf 100.000 €. Das Betriebsvermögen der X-OHG enthält stille Reserven i. H. von 350.000 € (Grund und Boden 50.000 € und Gebäude 300.000 €) und der originäre Geschäftswert beträgt 150.000 €. Am 31.12.01 veräußert A seinen Gesellschaftsanteil an den neu in die Gesellschaft eintretenden C für 350.000 €.

AUFGABE

Welche Steuerfolgen ergeben sich für A und C?

LÖSUNG

A entsteht infolge der Veräußerung seines (ganzen) Mitunternehmeranteils i. S. des § 16 Abs. 1 Satz 1 Nr. 2 EStG ein Veräußerungsgewinn i. H. von 250.000 € (= Veräußerungserlös 350.000 € - Kapitalkonto 100.000 €), der begünstigt zu versteuern ist (§ 34 Abs. 1 oder 3 EStG).

C hat für den in der Bilanz mit 100.000 € ausgewiesenen Anteil von A am Betriebsvermögen der X-OHG 350.000 € bezahlt oder – genauer ausgedrückt – für die von ihm erworbenen Anteile an den einzelnen zum Gesellschaftsvermögen gehörenden Wirtschaftsgütern, wie sie sich im Kapitalkonto darstellen (BFH, Urteil v. 28.11.1989 - VIII R 40/84, BStBl 1990 II S. 561); denn ein Mitunternehmeranteil ist kein selbständiges Wirtschaftsgut. C darf die von ihm erworbenen Anteile an den Wirtschaftsgütern der X-OHG nicht – wie bisher A – mit 100.000 € ausweisen, sondern muss sie i. H. seiner Anschaffungskosten i. H. von 350.000 € ausweisen. Das geschieht in der Weise, dass in der Bilanz der X-OHG das Kapitalkonto von A i. H. von 100.000 € auf C übertragen wird, während der Mehrbetrag i. H. von 250.000 € in einer positiven Ergänzungsbilanz von C anteilig auf die Wirtschaftsgüter, die stille Reserven enthalten, und den Geschäftswert verteilt wird. Die Ergänzungsbilanz von C hat danach folgendes Aussehen:

Aktiva	Ergänzungsbilanz C		Passiva
Grund und Boden	25.000 €	Mehrkapital C	250.000 €
Gebäude	150.000 €		
Geschäftswert	75.000 €		
	250.000 €		**250.000 €**

Die Ergänzungsbilanz ist zu den nachfolgenden Bilanzstichtagen fortzuführen. Soweit die ausgewiesenen Mehrwerte auf abnutzbare Anlagegüter entfallen (hier Gebäude und Geschäftswert), sind sie im Wege der AfA abzusetzen. Insoweit handelt es sich um Sonderbetriebsausgaben von C, die im Rahmen der gesonderten und einheitlichen Gewinnfeststellung zu berücksichtigen sind (§§ 179 und 180 AO).

HINWEIS

In der Ergänzungsbilanz erfasste Anschaffungskosten des Anteilserwerbers sind so fortzuführen, dass der Gesellschafter soweit wie möglich einem Einzelunternehmer, dem Anschaffungskosten für entsprechende Wirtschaftsgüter entstanden sind, gleichgestellt wird. Deshalb ist die AfA auf die zum Zeitpunkt des Anteilserwerbs geltende Restnutzungsdauer eines abnutzbaren Wirtschaftsguts des Gesellschaftsvermögens vorzunehmen. Zugleich stehen dem Gesellschafter die Abschreibungswahlrechte zu, die auch ein Einzelunternehmer in Anspruch nehmen könnte, wenn er ein entsprechendes Wirtschaftsgut zum Zeitpunkt des Anteilserwerbs angeschafft hätte. Im Hinblick auf den Zweck der Ergänzungsbilanz, den Mitunternehmer möglichst einem Einzelunternehmer gleichzustellen, kann die Auflösung der in der Ergänzungsbilanz ausgewiesenen Anschaffungskosten nicht von der Handhabung in der steuerlichen Gesamthandsbilanz abhängig sein, sondern muss die steuerlichen Verhältnisse in der Person des Mitunternehmers berücksichtigen. Der BFH folgt nicht der im Schrifttum vertretenen Meinung, der Grundsatz der Einheitlichkeit der Gesellschaftsbilanz erfasse auch die Ergänzungsbilanz, mit der Folge, dass die AfA für dieselbe Restnutzungsdauer und nach derselben Methode vorzunehmen seien wie in der Gesellschaftsbilanz. Die Restnutzungsdauer der Wirtschaftsgüter, für die in der Ergänzungsbilanz Mehrwerte ausgewiesen sind, ist neu zu schätzen (BFH, Urteil v. 20.11.2014 - IV R 1/11, BStBl 2017 II S. 34).

Die Finanzverwaltung hat sich in einem BMF-Schreiben (mit Berechnungsbeispielen) zu dieser Rechtsprechung geäußert (BMF, Schreiben v. 19.12.2016, BStBl 2017 I S. 34). In der Literatur werden – m. E. berechtigte – Zweifel geäußert, ob die Finanzverwaltung das BFH-Urteil richtig ausdeutet (kk, KÖSDI 2017 S. 20118, Rz. 15).

FALL 211

Veräußerung einer Kommanditbeteiligung bei abweichendem Wirtschaftsjahr

Sachverhalt: A ist zu 50 % als Kommanditist an der X-GmbH & Co. KG beteiligt. Die KG hat als Wirtschaftsjahr den Zeitraum vom 1.4. bis zum 31.3. bestimmt.

A veräußerte seine Kommanditbeteiligung mit Wirkung vom 1.11.2023 an einen bisher zu 30 % beteiligten Mitgesellschafter und erzielte dabei einen Veräußerungsgewinn i. H. von 100.000 €.

AUFGABE

In welchem Jahr – 2023 oder 2024 – muss A seinen laufenden Gewinnanteil und den Veräußerungsgewinn versteuern?

LÖSUNG

Die Einkommensteuer bemisst sich nach dem zu versteuernden Einkommen, das der Steuerpflichtige im Kalenderjahr bezogen hat (§ 25 Abs. 1 EStG). Eine Ausnahme gilt, wenn der Steuerpflichtige als Gewerbetreibender tätig ist. Bei Gewerbetreibenden wird der Gewinn nach dem Wirtschaftsjahr ermittelt (§ 4a Abs. 1 Satz 1 EStG). Das Wirtschaftsjahr ist bei Gewerbetreibenden, deren Firma im Handelsregister eingetragen ist, der Zeitraum, für den sie regelmäßig Abschlüsse machen (§ 4a Abs. 1 Satz 2 Nr. 2 Satz 1 EStG).

Weicht das Wirtschaftsjahr vom Kalenderjahr ab, fallen der Gewinnermittlungszeitraum und der Veranlagungszeitraum auseinander. In diesem Fall gilt bei Gewerbetreibenden, die im Handelsregister eingetragen sind, der Gewinn des vom Kalenderjahr abweichenden Wirtschaftsjahrs als in dem Kalenderjahr bezogen, in dem das Wirtschaftsjahr endet (§ 4a Abs. 2 Nr. 2 EStG).

Die Finanzverwaltung vertritt die Auffassung, dass bei der Veräußerung eines Mitunternehmeranteils der Gewinn oder Verlust auch dann im Jahr der Veräußerung oder Aufgabe zu versteuern ist, wenn die Mitunternehmerschaft ein vom Kalenderjahr abweichendes Wirtschaftsjahr hat (R 4a Abs. 5 EStR). A muss danach sowohl den Anteil am laufenden Gewinn für die Zeit vom 1.4.2023 bis zum 1.11.2023 als auch den Veräußerungsgewinn bereits im Kalenderjahr 2023 versteuern.

Der BFH hat sich dieser Auffassung angeschlossen (BFH, Urteile v. 18.8.2010 - X R 8/07, BStBl 2010 II S. 1043, und v. 1.3.2018 - IV R 15/15, BStBl 2018 II S. 539, Rz. 35). Die Fiktion des § 4a Abs. 2 Nr. 2 EStG ist danach auf ausscheidende Mitunternehmer nicht anwendbar. Deren Gewinne sind im Jahr des Ausscheidens zu erfassen. Der „Gewinnermittlungszeitraum" für den einzelnen Mitunternehmer wird durch den „Einkunftserzielungszeitraum" bestimmt, der durch die Dauer der Beteiligung begrenzt ist und der für den im Lauf des Wirtschaftsjahrs ausscheidenden Mitunternehmer mit dessen Ausscheiden endet. Für ausscheidende Mitunternehmer ist § 4a Abs. 2 Nr. 2 EStG nicht anzuwenden, da diese Norm von dem Fortbestand der „Einkunftsquelle" ausgeht; der Gewinnbezug endet aber spätestens mit dem Wegfall der „Einkunftsquelle".

FALL 212

Gesellschafterwechsel bei einer Personengesellschaft: Kaufpreis unter Buchwert

Sachverhalt: Gesellschafter der X-KG sind A als Komplementär und B als Kommanditist zu je 50 %. B veräußert am 31.12.01 seinen Kommanditanteil an den an seine Stelle in die Gesellschaft eintretenden C für 100.000 €. Das Kapitalkonto von B beträgt zum Veräußerungszeitpunkt 150.000 €. Die hinter dem Buchwert zurückbleibende Abfindung beruht auf einer Überbewertung des Anlagevermögens der X-KG.

AUFGABE

Welche Steuerfolgen ergeben sich für B und C?

LÖSUNG

B entsteht aus der Veräußerung seiner Gesellschaftsbeteiligung ein Veräußerungsverlust i. H. von 50.000 € (= Veräußerungserlös 100.000 € - Kapitalkonto 150.000 €). C hat Anschaffungskosten i. H. von 100.000 €, die nach Maßgabe des § 6 EStG zu aktivieren sind. Dies geschieht in der Weise, dass in der Gesellschaftsbilanz das Kapitalkonto von B i. H. von 150.000 € auf C übertragen wird. Für den Minderbetrag i. H. von 50.000 € wird eine negative Ergänzungsbilanz aufgestellt, auf deren Passivseite die Buchwerte der überbewerteten Anlagegüter anteilig abgestockt werden. Auf der Aktivseite der Ergänzungsbilanz ist ein Minderkapital i. H. von 50.000 € auszuweisen. Die erforderliche Abstockung der Buchwerte kann nicht dadurch vermieden werden, dass der Minderbetrag als „negativer Geschäftswert" aktiviert wird, denn ein negativer Geschäftswert ist kein bilanzierungsfähiges Wirtschaftsgut (BFH, Urteile v. 25.8.1989 - III R 95/87, BStBl 1989 II S. 893, und v. 21.4.1994 - IV R 70/92, BStBl 1994 II S. 745). Die Ergänzungsbilanz hat danach folgendes Aussehen:

Aktiva	**Ergänzungsbilanz C**		**Passiva**
Minderkapital	50.000 €	Minderwert Anlagevermögen	50.000 €
	50.000 €		50.000 €

Die negative Ergänzungsbilanz ist an den nachfolgenden Bilanzstichtagen fortzuführen. Dabei ist zu prüfen, ob und ggf. inwieweit die Wirtschaftsgüter, für die ein Minderwert in der Ergänzungsbilanz ausgewiesen worden ist, noch im Betriebsvermögen enthalten sind. Haben sich die Wirtschaftsgüter durch die AfA gemindert oder sind sie ganz oder teilweise, z. B. durch Verkauf, weggefallen, so sind die Minderwerte in der Ergänzungsbilanz entsprechend zu mindern oder aufzulösen. Ein dem C durch Auflösung des Minderwerts entstehender Gewinn ist bei der gesonderten und einheitlichen Gewinnfeststellung (§§ 179 und 180 AO) seinem Anteil am Gesellschaftsgewinn hinzuzurechnen.

HINWEIS

In den Fällen, in denen auch nach der Abstockung noch eine Differenz zwischen Kapitalkonto und Anschaffungspreis verbleibt, stellt diese keinen Erwerbsgewinn dar, sondern ist als Ausgleichsposten in der Ergänzungsbilanz des Erwerbers zu passivieren. Der Ausgleichsposten ist gegen künftige Verlustanteile des Gesellschafters sowie bei gänzlicher oder teilweiser Beendigung der Beteiligung gewinnerhöhend aufzulösen (so BFH, Urteile v. 21.4.1994 - IV R 70/92, BStBl 1994 II S. 745, und v. 19.2.1998 - IV R 59/96, BStBl 1999 II S. 266; vgl. hierzu auch BFH, Urteil v. 14.6.1994 - VIII R 37/93, BStBl 1995 II S. 246, wonach ein „Merkposten" außerhalb der Bilanz genügt, der demselben Zweck dient).

FALL 213

Veräußerung eines Teils eines Mitunternehmeranteils

Sachverhalt: An der X-GbR, einer Steuerberatersozietät, sind A zu 90 % und B zu 10 % beteiligt. A veräußert im Jahr 01 40 % seines Praxisanteils an B, so dass sich das Beteiligungsverhältnis auf 50 % zu 50 % verändert. Bei der Veräußerung des 40 %igen Praxisanteils erzielt A einen Veräußerungsgewinn i. H. von 200.000 €.

AUFGABE

Ist der von A erzielte Veräußerungsgewinn begünstigt?

LÖSUNG

Durch § 16 Abs. 1 Satz 2 EStG werden Gewinne aus der entgeltlichen Veräußerung eines Teils eines Mitunternehmeranteils ausdrücklich als laufende Gewinne normiert, für die keine tarifäre Ermäßigung gem. § 34 Abs. 1 oder 3 EStG in Betracht kommt. Begünstigt sind nach der genannten Vorschrift nur Gewinne aus der Veräußerung des „gesamten" Mitunternehmeranteils. Der Veräußerungsgewinn i. H. von 200.000 € unterliegt daher dem regulären Steuersatz.

FALL 213A

Veräußerung eines Teils eines sukzessive zu verschiedenen Zeitpunkten und unterschiedlichen Anschaffungskosten erworbenen Mitunternehmeranteils

Sachverhalt: An der X-OHG sind A zu 50 %, B zu 30 % und C zu 20 % als Gesellschafter beteiligt. Im Juni 2023 erwarb A den 30 %-Anteil von B für 300.000 €, ist also danach zu 80 % an der X-OHG beteiligt. Im Dezember 2023 veräußerte A dem C einen 30 %-Anteil für 300.000 €, also zum gleichen Preis, zu dem er ein halbes Jahr zuvor die 30 % der Beteiligung an der X-OHG von B erworben hat. Veräußerungskosten sind A keine entstanden. Das Kapitalkonto von A beträgt zum Zeitpunkt der Veräußerung 400.000 €.

AUFGABE

Entsteht A aus der Veräußerung des 30 %-Anteils an C im Dezember 2023 ein Veräußerungsgewinn?

LÖSUNG

Wird ein Bruchteil, z. B. $^1/_2$ eines Mitunternehmeranteils (sog. „Mitunternehmerteilanteil"), veräußert, ist zur Ermittlung des Veräußerungsgewinns ein gleichartiger Bruchteil ($^1/_2$) des Kapitalkontos auch dann abzuziehen, wenn der Veräußerer den Mitunternehmeranteil nach und nach zu unterschiedlichen Anschaffungskosten erworben hat (BFH, Urteil v. 13.2.1997 - IV R 15/96, BStBl 1997 II S. 535). Dies beruht darauf, dass es nur einen Anteil an der Personengesellschaft für jeden Gesellschafter gibt und derart erworbene Teilanteile zusammenwachsen. Erwirbt ein an einer Personengesellschaft beteiligter Gesellschafter – wie hier A – einen weiteren Gesellschaftsanteil hinzu, vereinigen sich beide Anteile in seiner Person zu einem (BGH, Urteil v. 1.6.1987 - II ZR 259/86, BGHZ 101 S. 123 und 129). Der Gesellschafter einer OHG ist also – wie groß oder klein seine Vermögensbeteiligung sein oder werden mag – für seine Person Gesellschafter dieser Personengesellschaft. Diese Stellung verschafft ihm die Beteiligung an dem unter der Firma erworbenen gemeinschaftlichen Vermögen. Ebenso wie die Person des Gesellschafters weder teilbar noch vervielfältigungsfähig ist, steht dem Gesellschafter stets nur ein „Anteil am Gesellschaftsvermögen" zu, mit der Folge, dass eine Person nicht eine Mehrheit von Mitgliedschaftsrechten an einer Personengesellschaft haben kann (BFH, Urteile v. 21.10.1969 - II 141/65, BStBl 1970 II S. 99, und v. 14.6.1978 - II R 3/71, BStBl 1978 II S. 527).

Gegen eine Aufspaltung eines Gesellschaftsanteils an einer Personengesellschaft sprechen nach der Ansicht des BFH neben theoretischen auch praktische Erwägungen. Wird nämlich ein Bruchteil veräußert, der mit keinem der sukzessiv erworbenen Teile prozentual genau übereinstimmt, lässt sich nicht nachprüfbar feststellen, aus welchem der verschiedenen „Kapitaltöpfe" er stammt. Da ein Anteil an einer Personengesellschaft – wie erwähnt – grds. unteilbar ist, muss also der Buchwert eines veräußerten Teilgesellschaftsanteils im Wege einer sog. „Durchschnittsbewertung" ermittelt werden. Der BFH hält in einer neueren Entscheidung an den Grundsätzen der Durchschnittsbewertung fest (BFH, Beschluss v. 6.8.2019 - VIII R 12/16, BStBl 2020 II S. 378).

Mithin muss hier bei der Ermittlung des Veräußerungsgewinns vom Buchwert des gesamten Mitunternehmeranteils ausgegangen werden. Dieser Buchwert ist im Verhältnis des veräußerten Teils zum nicht veräußerten Teil aufzuteilen. Es ist wie folgt zu rechnen:

Veräußerungserlös	300.000 €
Buchwert des Mitunternehmeranteils insgesamt 400.000 €.	
Auf den an C veräußerten 30 %-Anteil entfällt ein Buchwertanteil i. H. von $^{30}/_{80}$ von 400.000 € =	- 150.000 €
Differenz = Veräußerungsgewinn	150.000 €

HINWEIS

Der BFH hat Folgendes klargestellt (BFH, Beschluss v. 6.8.2019 - VIII R 12/16, BStBl 2020 II S. 378): Die Höhe des zu berücksichtigenden anteiligen Buchwerts ist bei der Veräußerung des Bruchteils eines Mitunternehmeranteils, der zuvor sukzessiv zu verschiedenen Zeitpunkten erworben worden sei, auch für die Rechtslage nach Inkrafttreten des § 16 Abs. 1 Satz 2 EStG im Wege der sog. „Durchschnittsbewertung" zu bestimmen. Das Buchkapital entfällt somit gleichmäßig auf den gesamten Mitunternehmeranteil. Dem veräußerten Bruchteil des Anteils sei quotal ein anteiliges Buchkapital i. H. des veräußerten Bruchteils zuzuordnen. Bei der Ermittlung des Veräußerungsgewinns für einen (Teil-)Mitunternehmeranteil gem. § 16 Abs. 2 EStG sei auch das Mehrkapital aus einer positiven Ergänzungsbilanz oder -rechnung des Veräußerers zu berücksichtigen. Es bilde zusammen mit dem Kapitalanteil in der steuerlichen Gesellschaftsbilanz/Gesamthand den Buchwert des Mitunternehmeranteils.

FALL 214

Ausscheiden eines unbeschränkt haftenden Gesellschafters mit negativem Kapitalkonto aus einer Personengesellschaft ohne Abfindung

Sachverhalt: An der X-OHG sind A, B und C zu je 1/3 beteiligt. A scheidet am 31.12.2023 aus der X-OHG aus. Sein Kapitalkonto beträgt zu diesem Zeitpunkt - 20.000 €. Im Betriebsvermögen sind keine stillen Reserven enthalten.

AUFGABEN

1. Welche Steuerfolgen ergeben sich für die an der X-OHG Beteiligten?
2. Welche Steuerfolgen ergeben sich für die an der X-OHG Beteiligten, wenn A in Insolvenz geraten ist und sein negatives Kapitalkonto nicht ausgleicht?

LÖSUNG

Zu 1

Ist das Kapitalkonto des ausscheidenden unbeschränkt haftenden Gesellschafters negativ und wird das negative Kapitalkonto nicht durch den Anteil an den stillen Reserven ausgeglichen, besteht für den Ausscheidenden eine Nachschusspflicht (§ 105 Abs. 1 und § 161 HGB i. V. mit § 735 Satz 2 BGB), die insoweit als Forderung der verbleibenden Gesellschafter anzusehen ist. B und C haben daher in ihrem Sonderbetriebsvermögen eine Forderung gegenüber A i. H. von je 10.000 € auszuweisen, die dessen negatives Kapitalkonto ausgleicht. Der Vorgang hat eine Gewinnauswirkung.

Zu 2

Kann die Forderung an den ausgeschiedenen (ausgleichspflichtigen) Gesellschafter nicht realisiert werden, da das Insolvenzverfahren über sein Vermögen eröffnet worden ist, entsteht bei den verbleibenden Gesellschaftern infolge des Forderungsausfalls ein persönlicher Verlust (BFH, Urteil v. 19.1.1993 - VIII R 128/84, BStBl 1993 II S. 594 und 597). B und C entsteht daher im Sonderbetriebsvermögen ein Verlust i. H. von je 10.000 €.

Der ausgeschiedene A erzielt i. H. seines Minuskapitals von 20.000 € einen Veräußerungsgewinn i. H. von 20.000 €, obwohl der Ausgleichsanspruch der verbliebenen Gesellschafter wertlos ist (BFH, Urteil v. 15.12.1966 - IV 232/64, BStBl 1967 III S. 309).

HINWEIS

Keine Auswirkung auf den Gewinn der Personengesellschaft ergibt sich, wenn der Verzicht auf die Ausgleichsforderung durch die verbleibenden Gesellschafter auf privaten Gründen beruht (BFH, Urteile v. 24.8.1972 - VIII R 36/66, BStBl 1973 II S. 111, und v. 10.3.1998 - VIII R 76/96, BStBl 1999 II S. 269). In diesem Fall wäre das negative Kapitalkonto von A i. H. von jeweils 10.000 € erfolgsneutral auf die Kapitalkonten der verbleibenden Gesellschafter zu übertragen. Die beschriebenen Rechtsgrundsätze gelten auch, wenn das Kapitalkonto eines beschränkt haftenden Gesellschafters, z. B. Kommanditisten, durch rückzahlungspflichtige Entnahmen negativ geworden ist, da auch in diesem Fall das negative Kapitalkonto gesellschaftsrechtlich eine Ausgleichspflicht ausdrückt (Schmidt/Wacker, EStG, 43. Aufl. 2024, § 16 Rz. 485).

FALL 215

Ausscheiden eines unbeschränkt haftenden Gesellschafters mit negativem Kapitalkonto aus einer Personengesellschaft gegen Abfindung

Sachverhalt: An der X-OHG sind A, B und C zu je $^1/_3$ beteiligt. A scheidet am 31.12.2023 aus der Personengesellschaft aus. Er braucht sein negatives Kapitalkonto i. H. von 50.000 € nicht auszugleichen, sondern erhält darüber hinaus von B und C noch eine Abfindung i. H. von je 25.000 € aus deren Privatvermögen. Im Betriebsvermögen der X-OHG sind nämlich stille Reserven i. H. von 300.000 € enthalten, an denen A zu $^1/_3$ von 300.000 € = 100.000 € beteiligt ist.

AUFGABEN

1. Welche Steuerfolgen ergeben sich für A?
2. Welche Steuerfolgen ergeben sich für B und C?

LÖSUNG

Zu 1

Scheidet ein Gesellschafter – wie hier A – aus einer mehrgliedrigen Personengesellschaft aus, so endet seine Beteiligung und sein Anteil am Gesellschaftsvermögen wächst kraft Gesetzes den verbleibenden Gesellschaftern im Verhältnis ihrer Beteiligung zu (§ 738 Abs. 1 Satz 1 BGB). Die verbleibenden Gesellschafter haben dem ausscheidenden Gesellschafter für seinen Anteil am Gesellschaftsvermögen abzufinden. Die Abfindung hat dem wirklichen Wert des Unternehmens einschließlich aller stillen Reserven und des Geschäftswerts zu entsprechen, wenn gesellschaftsvertraglich nichts anderes vereinbart ist.

Ist der kraft Gesetzes oder nach dem Gesellschaftsvertrag zustehende Abfindungsanspruch höher als der Buchwert des Kapitalkontos des ausscheidenden Gesellschafters, ist der Vorgang steuerrechtlich wie die Veräußerung eines Mitunternehmeranteils zu behandeln. Auf Seiten des ausscheidenden Mitunternehmers liegt ein Veräußerungsgeschäft und auf Seiten der verbleibenden Mitunternehmer ein Anschaffungsgeschäft vor.

A erzielt i. H. von 100.000 € (= Unterschiedsbetrag zwischen der Barabfindung i. H. von 50.000 € und dem negativen Kapitalkonto i. H. von 50.000 €) einen i. S. der §§ 16 und 34 EStG steuerbegünstigten Veräußerungsgewinn.

Zu 2

Die verbleibenden Gesellschafter B und C haben den Gesellschaftsanteil von A für 100.000 € (= durch Übernahme des negativen Kapitalkontos i. H. von 50.000 € und Zahlung der Abfindung i. H. von 50.000 €) erworben. Die Anschaffungskosten sind daher in der Bilanz der Personengesellschaft anteilig bei denjenigen Wirtschaftsgütern, die stille Reserven enthalten, hinzuzuaktivieren. Das negative Kapitalkonto von A fällt weg. Die Kapitalkonten von B und C sind um je 25.000 € zu erhöhen (Buchungssatz: Verbleibendes Wirtschaftsgut mit stillen Reserven 100.000 € an Kapitalkonto A 50.000 €, an Kapitalkonto B 25.000 € und an Kapitalkonto C 25.000 €).

FALL 216

Ausscheiden eines lästigen Gesellschafters aus einer Personengesellschaft

Sachverhalt: An der X-OHG sind A, B und C zu je $^{1}/_{3}$ als Gesellschafter beteiligt. Die Kapitalkonten der Gesellschafter haben einen Buchwert i. H. von 100.000 € und im Betriebsvermögen der Personengesellschaft sind stille Reserven i. H. von 450.000 € enthalten. Der 56 Jahre alte C, der als sog. „lästiger Gesellschafter" anzusehen ist, scheidet am 31.12.01 gegen eine Abfindung i. H. von 350.000 € aus der Personengesellschaft aus. Die über das Kapitalkonto (= 100.000 €) sowie seinen Anteil an den stillen Reserven (= 150.000 €) hinausgehende Zahlung wird von A und B erbracht, um C zur vorzeitigen Vertragsauflösung und zum vorzeitigen Ausscheiden aus der Personengesellschaft zu bewegen.

AUFGABE

Welche Steuerfolgen ergeben sich für den ausscheidenden und die verbleibenden Gesellschafter?

LÖSUNG

Von einem „lästigen Gesellschafter" spricht man, wenn ein Mitunternehmer der Personengesellschaft durch in seiner Person liegende Umstände (geschäftsschädigendes Verhalten, unlautere Konkurrenz usw.) derart Schaden zufügt, dass es im betrieblichen Interesse liegt, wenn er aus der Personengesellschaft ausscheidet. Im Allgemeinen wird sich der ausscheidende Gesellschafter – wie vorliegend – nicht mit der Auszahlung des ihm zivilrechtlich zustehenden Anteils am Gesellschaftsvermögen zufriedengeben. Die übrigen Gesellschafter werden ihm eine Abfindung bezahlen müssen, die den wirklichen Wert seines Gesellschaftsanteils übersteigt, um ihn „loszuwerden" (BFH, Urteil v. 11.2.2015 - VIII R 4/12, BStBl 2015 II S. 647, Rz. 21). Problematisch ist dann die steuerliche Beurteilung dieser „Mehrzahlung", die dazu dient, den lästigen Gesellschafter zum Ausscheiden aus der Gesellschaft zu bewegen.

Anzumerken ist, dass nicht ohne Weiteres der gesamte Betrag, um den die Abfindung das steuerliche Kapitalkonto des ausscheidenden lästigen Gesellschafters übersteigt, ein Aufwand der übernehmenden Gesellschafter ist. Auch beim Ausscheiden eines lästigen Gesellschafters spricht eine tatsächliche Vermutung dafür, dass der Buchwert der bilanzierten Wirtschaftsgüter des Betriebsvermögens stille Reserven enthält und/oder den Geschäftswert abgelten soll. Eine über das Kapitalkonto des lästigen Gesellschafters hinausgehende Abfindung kann nur insoweit bei den verbleibenden Gesellschaftern als sofort abzugsfähige Betriebsausgabe behandelt werden, als der Abfindungsbetrag nicht auf stille Reserven und den Geschäftswert entfällt (BFH, Urteile v. 29.10.1991 - VIII R 148/85, BStBl 1992 II S. 647, und v. 30.3.1993 - VIII R 63/91, BStBl

1993 II S. 706 f.). A und B müssen daher die Buchwerte der Wirtschaftsgüter des Gesellschaftsvermögens um die auf C entfallenden stillen Reserven i. H. von 150.000 € aufstocken. Die Mehrzahlung i. H. von 100.000 € stellt für A und B Sonderbetriebsausgaben dar, weil es sich um Aufwand im Zusammenhang mit der Begründung bzw. Stärkung der eigenen Beteiligung handelt, der dem Bereich des Sonderbetriebsvermögens II zuzurechnen ist (BFH, Urteil v. 30.3.1993 - VIII R 63/91, BStBl 1993 II S. 706 und 708).

Beim lästigen Gesellschafter C gehört die Differenz zwischen der Abfindung und dem Buchwert seines Kapitalkontos zum i. S. der §§ 16 und 34 EStG begünstigten Veräußerungsgewinn. Dies gilt auch für den Betrag, den er über den wirklichen Wert seiner Beteiligung erhält. C entsteht demnach ein tarifbegünstigter Veräußerungsgewinn i. H. von 250.000 €.

FALL 217

Veräußerung eines ganzen Gesellschaftsanteils unter Zurückbehaltung des Sonderbetriebsvermögens

Sachverhalt: Gesellschafter der X-OHG sind A und B zu je 50 %. Zum Sonderbetriebsvermögen von A gehört ein Geschäftsgrundstück, das an die X-OHG vermietet ist und für diese eine wesentliche Betriebsgrundlage darstellt. Am 31.12.01 veräußert der 60 Jahre alte A seinen Mitunternehmeranteil an C und erzielt hierbei einen Veräußerungsgewinn i. H. von 300.000 €. Das Grundstück wird weiterhin an die X-OHG vermietet. Sein gemeiner Wert beläuft sich zum 31.12.01 auf 600.000 € und sein Buchwert auf 350.000 €.

AUFGABE

Welche einkommensteuerlichen Folgen ergeben sich für A im Zusammenhang mit der Veräußerung des Mitunternehmeranteils?

LÖSUNG

Der Begriff des Mitunternehmeranteils umfasst nicht nur den Anteil des Mitunternehmers am Vermögen der Gesellschaft, sondern auch etwaiges Sonderbetriebsvermögen (BFH, Urteile v. 19.3.1991 - VII R 76/87, BStBl 1991 II S. 635, v. 31.8.1995 - VIII B 21/93, BStBl 1995 II S. 890, und v. 12.4.2000 - XI R 35/99, BStBl 2000 II S. 26). Veräußert ein Gesellschafter (Mitunternehmer) seinen Anteil an der Gesellschaft (§ 16 Abs. 1 Satz 1 Nr. 2 EStG) und wird das zu den wesentlichen Betriebsgrundlagen gehörende Sonderbetriebsvermögen nicht mitveräußert, liegt keine begünstigte Anteilsveräußerung i. S. des § 16 Abs. 1 Satz 1 Nr. 2 EStG vor, weil nicht der „gesamte" Mitunternehmeranteil veräußert worden ist.

„Wesentliche Betriebsgrundlagen" i. S. des § 16 EStG sind zum einen Wirtschaftsgüter des Sonderbetriebsvermögens, die für die Personengesellschaft funktional wesentlich sind (BFH, Urteil v. 31.8.1995 - VIII B 21/93, BStBl 1995 II S. 890), und zum anderen solche, die erhebliche stille Reserven enthalten (BFH, Urteil v. 2.10.1997 - IV R 84/96, BStBl 1998 II S. 104).

Wird das zu den wesentlichen Betriebsgrundlagen gehörende Sonderbetriebsvermögen nicht mitveräußert, so verliert es seine Eigenschaft als Betriebsvermögen. Es geht in das Privatvermögen des Gesellschafters mit der Maßgabe über, dass es entsprechend § 16 Abs. 3 Satz 7 EStG mit seinem gemeinen Wert anzusetzen ist. Durch den Vergleich mit dem Buchwert ist der sich hieraus ergebende Gewinn zu ermitteln. Anteilsveräußerung und Auflösung des Sonderbetriebsvermögens sind als betriebsaufgabeähnlicher Vorgang anzusehen (BFH, Urteile v. 18.5.1983 - I R 5/82, BStBl 1983 II S. 771, v. 28.4.1988 - IV R 52/87, BStBl 1988 II S. 829, und v. 31.8.1995 - VIII B 21/93, BStBl 1995 II S. 890; BMF, Schreiben v. 20.11.2019, BStBl 2019 I S. 1291, Rz. 9). Die Deutung dieses Geschehens als betriebsaufgabeähnlicher Vorgang hat zur Folge, dass für den gesamten Vorgang (Anteilsveräußerung und Auflösung des Sonderbetriebsvermögens) die Steuervergünstigung des § 34 Abs. 1 oder 3 EStG eingreift. Der von A erzielte Gewinn ist daher nach der Fünftel-Regelung oder auf Antrag mit dem ermäßigten Steuersatz, mindestens mit 14 %, zu versteuern:

Gewinn aus der Anteilsveräußerung		300.000 €
Gewinn aus der Auflösung des Sonderbetriebsvermögens:		
Gemeiner Wert	600.000 €	
abzgl. Buchwert	- 350.000 €	+ 250.000 €
Gemäß § 34 Abs. 1 oder 3 EStG begünstigter Gewinn		550.000 €

HINWEIS

Wird nur das Sonderbetriebsvermögen ohne den Gesellschaftsanteil isoliert veräußert, ist dies keine Veräußerung eines Mitunternehmeranteils, weil das Sonderbetriebsvermögen für sich betrachtet, kein Mitunternehmeranteil ist (BFH, Urteil v. 11.12.1990 - VIII R 14/87, BStBl 1991 II S. 510; BMF, Schreiben v. 20.11.2019, BStBl 2019 I S. 1291, Rz. 35).

FALL 218

Unentgeltliche Übertragung eines ganzen Gesellschaftsanteils unter Zurückbehaltung von Sonderbetriebsvermögen

Sachverhalt: An der X-KG sind der 60 Jahre alte A als Komplementär und sein Sohn B als Kommanditist je zur Hälfte beteiligt. Die Personengesellschaft betreibt u. a. auf einer im Alleineigentum von A stehenden Lagerhalle, die eine wesentliche Betriebsgrundlage der X-KG darstellt, einen Großhandel mit sanitären Installationsartikeln.

Zum 1.1.01 überträgt A seine Gesellschafterstellung in der X-KG unentgeltlich auf B, der den Betrieb als Einzelunternehmen fortführt. Die Lagerhalle überführt A vom Sonderbetriebsvermögen ins Privatvermögen und vermietet sie an B. Sie hat einen Buchwert i. H. von 50.000 € und einen gemeinen Wert i. H. von 70.000 €. Das Gesellschaftsvermögen der X-KG enthält stille Reserven i. H. von 800.000 €.

AUFGABEN

1. Liegt eine unentgeltliche Anteilsübertragung i. S. des § 6 Abs. 3 EStG mit der Folge vor, dass es bei A hinsichtlich der übertragenen Gesellschaftsbeteiligung zu keiner Gewinnrealisierung kommt?
2. Welche Steuerfolgen ergeben sich, wenn es sich bei dem von A zurückbehaltenen und ins Privatvermögen überführten Grundstück um keine wesentliche Betriebsgrundlage handelt?

LÖSUNG

Zu 1

Die unentgeltliche Übertragung eines Betriebs i. S. des § 6 Abs. 3 EStG setzt voraus, dass sämtliche funktional wesentlichen Betriebsgrundlagen auf den Erwerber übergehen (BFH, Urteil v. 14.7.1993 - X R 74-75/90, BStBl 1994 II S. 15). Werden anlässlich der unentgeltlichen Übertragung eines Betriebs Wirtschaftsgüter vom Übertragenden zurückbehalten, die zu den funktional wesentlichen Betriebsgrundlagen gehören, liegt keine Betriebsübertragung im Ganzen, sondern eine Betriebsaufgabe vor (BFH, Urteil v. 1.2.1990 - IV R 8/89, BStBl 1990 II S. 428).

Auch für die unentgeltliche Übertragung eines Mitunternehmeranteils i. S. des § 6 Abs. 3 EStG ist zu fordern, dass alle diejenigen Wirtschaftsgüter des Sonderbetriebsvermögens auf den Erwerber mitübertragen werden, die für die Mitunternehmerschaft funktional wesentlich sind (BFH, Urteil v. 31.8.1995 - VIII B 21/93, BStBl 1995 II S. 890; BMF, Schreiben v. 20.11.2019, BStBl 2019 I S. 1291, Rz. 6). Der Begriff des Mitunternehmeranteils i. S. des § 16 Abs. 1 und § 6 Abs. 3 EStG umfasst nach der Rechtsprechung des BFH nicht nur den Anteil des Mitunternehmers am Vermögen der Gesellschaft, sondern auch etwaiges Sonderbetriebsvermögen (BFH, Urteil v. 19.3.1991 - VIII R 76/87, BStBl 1991 II S. 635). Daraus folgt, dass eine (gewinnrealisierende) Aufgabe eines Mitunternehmeranteils anzunehmen ist, wenn – wie vorliegend – anlässlich der unentgeltlichen Übertragung eines Gesellschaftsanteils Wirtschaftsgüter des Sonderbetriebsvermögens, die zu den wesentlichen Betriebsgrundlagen der Mitunternehmerschaft gehören, nicht auf den Erwerber des Gesellschaftsanteils übergehen, sondern vom ausscheidenden Gesellschafter in das Privatvermögen überführt werden. A entsteht somit ein Aufgabegewinn i. H. von 420.000 €:

Anteilige stille Reserven des Gesellschaftsvermögens:	
$^1/_2$ von 800.000 € =	400.000 €
Stille Reserven des Sonderbetriebsvermögens	+ 20.000 €
	420.000 €

Der Aufgabegewinn von A ist begünstigt zu versteuern (§ 34 Abs. 1 oder 3 EStG).

Beim Erwerber B liegt spiegelbildlich Anschaffungsaufwand vor, soweit die auf ihn übergegangenen Wirtschaftsgüter des Betriebsvermögens betroffen sind. Der das steuerliche Buchkapital von A übersteigende Betrag, d. h. die anteiligen stillen Reserven im Anlagevermögen i. H. von 400.000 €, sind als anschaffungsähnliche Aufwendungen (sinngemäße Anwendung des § 6 Abs. 1 Nr. 6 EStG) als Einlage in einer steuerlichen Ergänzungsbilanz von B auszuweisen. Über

Abschreibungen oder Buchwertabgänge führen sie künftig zu Gewinnminderungen, die auch die Gewerbesteuer treffen (Strahl, KÖSDI 2013 S. 18216, Rz. 5).

Zu 2

Die Aufgabe eines Mitunternehmeranteils liegt im Falle der unentgeltlichen Anteilsübertragung nicht vor, wenn der bisherige Gesellschafter aus diesem Anlass einzelne Wirtschaftsgüter, die nicht zu den wesentlichen Betriebsgrundlagen gehören, veräußert oder in sein Privatvermögen übernimmt (BFH, Urteil v. 19.2.1981 - IV R 116/77, BStBl 1981 II S. 566). Die Entnahme des Grundstücks steht also der Wertung des Vorgangs als unentgeltliche Anteilsübertragung i. S. des § 6 Abs. 3 EStG in diesem Fall nicht entgegen. Das bedeutet, dass es bei A hinsichtlich des übertragenen Gesellschaftsvermögens zu keiner Gewinnrealisierung kommt. B muss den Buchwert des Gesellschaftsanteils von A fortführen (§ 6 Abs. 3 EStG).

Durch die Entnahme des nicht zu den wesentlichen Betriebsgrundlagen gehörenden Grundstücks entsteht A indes ein Gewinn. Bei diesem Gewinn handelt es sich um einen laufenden Gewinn, für den die tarifäre Ermäßigung (§ 34 EStG) nicht gewährt werden kann (BFH, Urteil v. 17.1.1991 - IV R 12/89, BStBl 1991 II S. 566). Obwohl es sich um einen nicht begünstigten Gewinn handelt, unterliegt dieser nicht der Gewerbesteuer (BFH, Urteil v. 29.10.1987 - IV R 93/85, BStBl 1988 II S. 374).

FALL 219

Unentgeltliche Übertragung eines Mitunternehmeranteils bei gleichzeitiger erfolgsneutraler Ausgliederung von Sonderbetriebsvermögen

Sachverhalt: Vater V war Kommanditist bei der X-KG, an die er ein Grundstück (wesentliche Betriebsgrundlage) vermietet hatte. Er übertrug im Dezember 01 seinen Kommanditanteil, der stille Reserven i. H. von 200.000 € enthielt, unentgeltlich auf seinen Sohn S. Bereits im November 01 hat V das Grundstück gem. § 6 Abs. 5 Satz 3 Nr. 2 EStG zum Buchwert auf die von ihm neu gegründete gewerblich geprägte Y-GmbH & Co. KG übertragen.

AUFGABE

Muss S die Buchwerte des Kommanditanteils fortführen?

LÖSUNG

Wenn im zeitlichen Zusammenhang (auch zeitgleich) funktional wesentliche Wirtschaftsgüter des Sonderbetriebsvermögens zum Buchwert gem. § 6 Abs. 5 Satz 3 EStG übertragen oder gem. § 6 Abs. 5 Satz 1 oder 2 EStG in ein anderes Betriebsvermögen bzw. Sonderbetriebsvermögen des Steuerpflichtigen überführt werden, steht dies der Buchwertfortführung für die Übertragung des Mitunternehmeranteils nicht entgegen (Aufgabe der Gesamtplanbetrachtung im Zusammenhang mit der vorweggenommenen Erbfolge; BMF, Schreiben v. 20.11.2019, BStBl 2019 I S. 1291, teilweise ersetzt durch BMF, Schreiben v. 5.5.2021, BStBl 2021 I S. 696, Rz. 10).

Die gleichzeitige Anwendung der beiden Buchwertprivilegien gem. § 6 Abs. 5 EStG (Auslagerung von funktional wesentlichem Betriebsvermögen bzw. Sonderbetriebsvermögen) und § 6 Abs. 3

EStG ist möglich. Der Anwendung des § 6 Abs. 3 EStG steht nicht entgegen, dass zum Zeitpunkt der Übertragung i. S. des § 6 Abs. 3 EStG zum Betriebsvermögen/Sonderbetriebsvermögen der Mitunternehmerschaft gehörende Wirtschaftsgüter zeitgleich oder taggleich oder wie hier vorher i. S. des § 6 Abs. 5 EStG überführt oder übertragen werden (BFH, Urteile v. 2.8.2012 - IV R 41/11, BStBl 2019 II S. 715, und v. 12.5.2016 - IV R 12/15, BStBl 2019 II S. 726).

Die gleichzeitige Anwendung der beiden Buchwertprivilegien gem. § 6 Abs. 3 und 5 EStG darf jedoch keine Betriebszerschlagung zur Folge haben. Vielmehr muss auch nach der Auslagerung von funktional wesentlichem Betriebsvermögen/Sonderbetriebsvermögen noch weiterhin eine funktionsfähige betriebliche Einheit bestehen und die Besteuerung der stillen Reserven sichergestellt sein (BMF, Schreiben v. 20.11.2019, BStBl 2019 I S. 1291, Rz. 11 f.).

Der BFH begründet seine Ansicht u. a. damit, dass vorliegend die Grundstücksübertragung auf die Y-GmbH & Co. KG gem. § 6 Abs. 5 Satz 3 Nr. 2 EStG zwingend zum Buchwert zu erfolgen hat. Unabhängig davon muss die im zeitlichen und sachlichen Zusammenhang vorgenommene Übertragung der Kommanditbeteiligung auf S gem. § 6 Abs. 3 Satz 1 Halbsatz 1 EStG ebenfalls zum Buchwert erfolgen. Die Privilegierungen des § 6 Abs. 3 und 5 EStG stehen nach dem Gesetzeswortlaut gleichberechtigt nebeneinander. Ein Rangverhältnis ist weder gesetzlich ausdrücklich geregelt noch lässt es sich durch Auslegung ermitteln. Sind – wie hier – die Tatbestandsvoraussetzungen des § 6 Abs. 3 und 5 EStG gleichzeitig erfüllt, sind die Vorschriften prinzipiell nebeneinander anzuwenden. Es sind also gleichzeitige Buchwerttransfers gem. § 6 Abs. 3 und 5 EStG möglich. S muss den Buchwert des Kommanditanteils von V i. S. des § 6 Abs. 3 Satz 1 EStG unverändert fortführen; zu einer Aufdeckung der stillen Reserven kommt es nicht.

HINWEIS

Für die Buchwertfortführung gem. § 6 Abs. 3 EStG ist jeweils zeitpunktbezogen zu prüfen, ob eine funktionsfähige betriebliche Einheit i. S. des § 6 Abs. 3 EStG auch nach der Auslagerung gem. § 6 Abs. 5 EStG noch übertragen werden kann. Stellt das nach der Auslagerung gem. § 6 Abs. 5 EStG verbleibende „Restbetriebsvermögen" keine funktionsfähige betriebliche Einheit mehr dar, liegt hinsichtlich des verbleibenden „Restbetriebsvermögens" eine Betriebszerschlagung und damit grds. eine nicht i. S. der §§ 16 und 34 EStG steuerbegünstigte Betriebsaufgabe vor. Die Tarifvergünstigung gem. § 34 EStG greift nicht, weil aufgrund der Übertragung oder Überführung zu Buchwerten i. S. des § 6 Abs. 5 EStG nicht sämtliche stille Reserven im Mitunternehmeranteil realisiert worden sind (BMF, Schreiben v. 20.11.2019, BStBl 2019 I S. 1291, Rz. 12 und 16).

FALL 219A

Unentgeltliche Übertragung eines Gesellschaftsanteils bei vorgelagerter Veräußerung von Sonderbetriebsvermögen

Sachverhalt: Vater V war Kommanditist bei der X-KG, an die er ein Grundstück (wesentliche Betriebsgrundlage) vermietet hatte. Er übertrug Ende Dezember 01 seinen Kommanditanteil, der stille Reserven i. H. von 200.000 € enthielt, unentgeltlich auf seinen Sohn S. Bereits im November 01 hat V sein zum (funktional notwendigen) Sonderbetriebsvermögen gehörendes Grundstück zu fremdüblichen Bedingungen an seine Ehefrau veräußert und insoweit die stillen Reserven realisiert.

AUFGABE

Muss S die Buchwerte des Kommanditanteils fortführen?

LÖSUNG

Wird aufgrund einer einheitlichen Planung und im zeitlichen Zusammenhang mit der unentgeltlichen Übertragung eines Gesellschaftsanteils Sonderbetriebsvermögen unter Aufdeckung der stillen Reserven zum Verkehrswert veräußert, schließt dies eine Buchwertübertragung des Gesellschaftsanteils gem. § 6 Abs. 3 EStG nicht aus. Der Gesellschaftsanteil kann gleichwohl gem. § 6 Abs. 3 EStG zum Buchwert übertragen werden, sofern es sich bei dem verbleibenden „Restbetriebsvermögen" weiterhin um eine funktionsfähige betriebliche Einheit handelt (BFH, Urteil v. 9.12.2014 - IV R 29/14, BStBl 2019 II S. 723). S muss daher den Buchwert des Kommanditanteils fortführen.

HINWEIS

Zeitgleiche Veräußerungen oder Entnahmen sind dagegen – mit Ausnahme von Überführungen und Übertragungen gem. § 6 Abs. 5 EStG – für eine Buchwertfortführung i. S. des § 6 Abs. 3 EStG schädlich (BFH, Urteile v. 29.11.2017 - I R 7/16, BStBl 2019 II S. 738, und v. 10.9.2020 - IV R 14/18, BStBl 2021 II S. 367; BMF, Schreiben v. 5.5.2021, BStBl 2021 I S. 696, Rz. 13). Es ist also eine zeitpunktbezogene, keine zeitraumbezogene und damit auch keine tageweise Prüfung vorzunehmen. Für die Buchwertübertragung des Gesellschaftsanteils gem. § 6 Abs. 3 EStG ist es erforderlich, dass alle in der (juristischen) Sekunde des wirtschaftlichen Übergangs des Gesellschaftsanteils zu ihm gehörenden wesentlichen Betriebsgrundlagen auf denselben Empfänger übertragen werden. Eine zeitgleiche (d. h. in derselben juristischen Sekunde erfolgte) Veräußerung oder Entnahme des funktional wesentlichen Sonderbetriebsvermögens ist also schädlich für die Buchwertübertragung (BMF, Schreiben v. 5.5.2021, BStBl 2021 I S. 696, Rz. 9a). Voraussetzung für die Anwendung des § 6 Abs. 3 EStG ist aber stets, dass es sich bei dem verbleibenden „Restbetriebsvermögen" auch weiterhin um eine funktionsfähige betriebliche Einheit handelt.

FALL 220

Unentgeltliche Übertragung eines Teils eines Mitunternehmeranteils und quotale Übertragung des Sonderbetriebsvermögens

Sachverhalt: V ist alleiniger Kommanditist der X-GmbH & Co. KG. Die X-GmbH ist als Komplementärin nicht am Vermögen der KG beteiligt. Die Personengesellschaft betreibt in einem im Alleineigentum von V stehenden Fabrikationsgebäude, das eine wesentliche Betriebsgrundlage der KG darstellt, eine Zimmerei. Das Grundstück gehört zum notwendigen Sonderbetriebsvermögen von V. Es hat einen Buchwert i. H. von 300.000 € (Grund und Boden 60.000 € und Gebäude 240.000 €) und enthält stille Reserven i. H. von 100.000 € (Grund und Boden 20.000 € und Gebäude 80.000 €).

Zum 1.1.01 überträgt V einen 50 %igen KG-Anteil unentgeltlich auf seinen Sohn S, ist also anschließend selbst nur noch zu 50 % an der KG beteiligt. Das Kapitalkonto von V beträgt zum Zeitpunkt der Übertragung des hälftigen KG-Anteils insgesamt 100.000 €. Das Gesellschaftsvermögen der KG enthält stille Reserven i. H. von 1 Mio. €.

Das Fabrikationsgebäude wird zu 50 % mitübertragen.

AUFGABE

Liegt eine unentgeltliche Anteilsübertragung i. S. des § 6 Abs. 3 EStG vor?

LÖSUNG

Aus § 6 Abs. 3 Satz 2 EStG ergibt sich, dass das Sonderbetriebsvermögen nicht mitübertragen werden muss, allerdings dann die Folge eintritt, dass die Behaltefrist für den Übertragungsempfänger läuft (BFH, Urteil v. 2.8.2012 - IV R 41/11, BStBl 2019 II S. 715). In diesem Urteil hat der BFH auch geklärt, wie viel Sonderbetriebsvermögen mitübertragen werden muss, um die Behaltefrist zu vermeiden: Nämlich prozentual so viel, wie Anteile der Beteiligung am Gesellschaftsvermögen übertragen werden (BMF, Schreiben v. 20.11.2019, BStBl 2019 I S. 1291, Rz. 22). Dabei ist es nach der Meinung des BFH nicht erforderlich, bei mehreren Wirtschaftsgütern des Sonderbetriebsvermögens jeweils einen entsprechenden Anteil zu übertragen; es reicht eine wertmäßig anteilige Übertragung. Der Wortlaut des § 6 Abs. 3 Satz 2 EStG ist i. S. einer wertbezogenen, nicht einer gegenständlichen (wirtschaftsgutbezogenen) Betrachtung auszulegen (BMF, Schreiben v. 20.11.2019, BStBl 2019 I S. 1291, Rz. 24 und 29).

Hier liegt eine quotale (d. h. 50 %ige) Übertragung des Sonderbetriebsvermögens vor. Die Behaltefrist gem. § 6 Abs. 3 Satz 2 EStG kommt nicht zur Anwendung, da V (wertmäßig) einen Anteil am Sonderbetriebsvermögen übertragen hat (nämlich 50 %), der dem übertragenen Teil des Anteils am steuerlichen Gesamthandsvermögen des Übertragenden entspricht.

FALL 220A

Unentgeltliche Übertragung eines Teils eines Mitunternehmeranteils und unterquotale Übertragung des Sonderbetriebsvermögens

Sachverhalt: V ist alleiniger Kommanditist der X-GmbH & Co. KG. Die Komplementär-GmbH ist nicht am Vermögen der KG beteiligt. Die Personengesellschaft betreibt in einem im Alleineigentum von V stehenden Fabrikationsgebäude, das eine wesentliche Betriebsgrundlage der KG darstellt, einen Einzelhandel. Das Grundstück gehört zum notwendigen Sonderbetriebsvermögen von V. Es hat einen Buchwert i. H. von 300.000 € (Grund und Boden 60.000 € und Gebäude 240.000 €) und enthält stille Reserven i. H. von 100.000 € (Grund und Boden 20.000 € und Gebäude 80.000 €).

Zum 1.1.01 überträgt V einen 50 %igen KG-Anteil unentgeltlich auf seinen Sohn S, ist also anschließend selbst nur noch zu 50 % an der KG beteiligt. Das Kapitalkonto von V beträgt zum

Zeitpunkt der Übertragung des hälftigen KG-Anteils insgesamt 100.000 €. Das Gesellschaftsvermögen der KG enthält stille Reserven i. H. von 1 Mio. €.

Das Fabrikationsgebäude wird von V zu 10 % mitübertragen.

AUFGABE

Liegt eine unentgeltliche Anteilsübertragung i. S. des § 6 Abs. 3 EStG vor?

LÖSUNG

Wird zum Zeitpunkt der unentgeltlichen Übertragung eines Teils des Anteils am Gesamthandsvermögen das funktional wesentliche Sonderbetriebsvermögen nicht oder in geringerem Umfang (unterquotal) übertragen, als es dem übertragenen Teil des Einzelunternehmens oder des Anteils am Gesamthandsvermögen entspricht, liegt insgesamt eine Übertragung gem. § 6 Abs. 3 Satz 2 EStG vor (BMF, Schreiben v. 20.11.2019, BStBl 2019 I S. 1291, Rz. 25). Voraussetzung für die Buchwertübertragung ist dann, dass der Übernehmer den übernommenen Mitunternehmeranteil über einen Zeitraum i. H. von mindestens fünf Jahren nicht veräußert oder aufgibt (Behaltefrist). Bei Verstoß gegen die Behaltefrist sind für die gesamte Übertragung die Teilwerte rückwirkend auf den ursprünglichen Übertragungsstichtag anzusetzen.

Der Veräußerung des Mitunternehmeranteils steht die Veräußerung nur des Anteils am steuerlichen Gesamthandsvermögen oder eines Teils davon und/oder des mit dem Mitunternehmeranteil übernommenen funktional wesentlichen Sonderbetriebsvermögens oder eines Teils davon innerhalb der Fünf-Jahres-Frist gleich (BMF, Schreiben v. 20.11.2019, BStBl 2019 I S. 1291, Rz. 22 und 25 f.).

Gemäß § 6 Abs. 3 Satz 2 EStG kann also bei einer unterquotalen Übertragung sowohl der Buchwert des Gesellschaftsteilanteils als auch des Sonderbetriebsvermögens fortgeführt werden. S muss den Buchwert des übernommenen Gesellschaftsteilanteils i. H. von $1/2$ von 100.000 € = 50.000 € sowie den Buchwert des Betriebsgrundstücks i. H. von $1/10$ von 300.000 € = 30.000 € (Grund und Boden 6.000 € und Gebäude 24.000 €) fortführen. Allerdings wird die Behaltefrist des § 6 Abs. 3 Satz 2 EStG in Lauf gesetzt.

FALL 220B

Unentgeltliche Übertragung eines Teils eines Mitunternehmeranteils und überquotale Übertragung des Sonderbetriebsvermögens

Sachverhalt: V ist alleiniger Kommanditist der X-GmbH & Co. KG. Die Komplementär-GmbH ist nicht am Vermögen der KG beteiligt. Zum Sonderbetriebsvermögen I von V gehört ein Gebäudegrundstück, das V der KG vermietet hat. Das Grundstück hat einen Buchwert i. H. von 300.000 € (Grund und Boden 60.000 € und Gebäude 240.000 €) und enthält stille Reserven i. H. von 100.000 € (Grund und Boden 20.000 € und Gebäude 80.000 €).

Zum 1.1.01 überträgt V einen 50 %igen KG-Anteil unentgeltlich auf seinen Sohn S, ist also anschließend selbst nur noch zu 50 % an der KG beteiligt. Das Kapitalkonto von V beträgt zum

Zeitpunkt der Übertragung des hälftigen KG-Anteils insgesamt 100.000 €. Das Gesellschaftsvermögen der KG enthält stille Reserven i. H. von 1 Mio. €.

Das Fabrikationsgebäude wird von V zu 100 % auf S mitübertragen.

AUFGABE

Liegt eine unentgeltliche Anteilsübertragung i. S. des § 6 Abs. 3 EStG vor?

LÖSUNG

Wird zum Zeitpunkt der unentgeltlichen Übertragung eines Teils des Anteils am Gesamthandsvermögen das funktional wesentliche Sonderbetriebsvermögen in größerem Umfang (überquotal) übertragen, als es dem übertragenen Teil des Anteils am Gesamthandsvermögen entspricht, ist der Vorgang nicht in eine Übertragung gem. § 6 Abs. 3 Satz 1 EStG für den quotalen Teil des Sonderbetriebsvermögens (ohne Lauf einer Sperrfrist) und eine Übertragung gem. § 6 Abs. 5 EStG für den überquotalen Teil des Sonderbetriebsvermögens (mit Lauf einer Sperrfrist) aufzuteilen.

In diesem Fall handelt es sich nämlich ausschließlich (und einheitlich) um eine unentgeltliche Übertragung eines Mitunternehmerteilanteils gem. § 6 Abs. 3 Satz 1 Halbsatz 2 EStG ohne Lauf einer Behaltefrist, auch in Bezug auf das überquotal übertragene Sonderbetriebsvermögen (BMF, Schreiben v. 20.11.2019, BStBl 2019 I S. 1291, Rz. 32).

FALL 221

Ermittlung des begünstigten Gewinns bei Einbringung eines Einzelunternehmens in eine Personengesellschaft zum gemeinen Wert

Sachverhalt: A und B gründen eine OHG. Jeder verpflichtet sich, eine Einlage i. H. von 300.000 € zu erbringen. A erfüllt seine Einlageverpflichtung, indem er seinen Gewerbebetrieb – mit Ausnahme seines Pkws – im Wert von 300.000 € (Buchwert 100.000 €) in das steuerliche Gesamthandsvermögen einbringt. B zahlt 300.000 € in bar ein.

Die aufnehmende Personengesellschaft setzt das eingebrachte Betriebsvermögen mit dem Teilwert = gemeiner Wert an, so dass die Eröffnungsbilanz wie folgt aussieht:

Aktiva	Eröffnungsbilanz OHG		Passiva
Von A eingebrachtes Betriebsvermögen	300.000 €	Kapitalkonto A	300.000 €
Bareinlage B	300.000 €	Kapitalkonto B	300.000 €
	600.000 €		**600.000 €**

Seinen bisher zum Betriebsvermögen gehörenden Pkw, der einen Buchwert i. H. von 1 € hat, bringt A mit dem Teilwert i. H. von 10.000 € in sein Sonderbetriebsvermögen ein. Der Pkw wird in einer Sonderbilanz mit dem Teilwert = gemeiner Wert i. H. von 10.000 € aktiviert.

AUFGABE

In welcher Höhe ist der A entstehende Veräußerungsgewinn steuerbegünstigt?

LÖSUNG

Für die Höhe des Veräußerungsgewinns des Einbringenden ist maßgebend, mit welchem Wert das eingebrachte Betriebsvermögen „in der Bilanz" der Personengesellschaft und in den Ergänzungsbilanzen der Gesellschafter angesetzt wird (§ 24 Abs. 3 Satz 1 UmwStG). Zu einer Gewinnrealisierung kommt es, wenn die aufnehmende Personengesellschaft – wie vorliegend – das eingebrachte Betriebsvermögen mit dem gemeinen Wert ansetzt. Der Ansatz zum gemeinen Wert erfordert, dass sämtliche stille Reserven, auch der selbst geschaffene (originäre) Geschäfts- oder Praxiswert, aufgedeckt werden (BFH, Urteil v. 29.7.1981 - I R 2/78, BStBl 1982 II S. 62). In den Ansatz der Sacheinlage sind auch die Wirtschaftsgüter einzubeziehen, die bei der aufnehmenden Personengesellschaft Sonderbetriebsvermögen werden. Ein Ansatz zum gemeinen Wert liegt nur vor, wenn auch diese Wirtschaftsgüter mit dem gemeinen Wert angesetzt werden (BFH, Urteil v. 25.11.1980 - VIII R 32/77, BStBl 1981 II S. 419). Der Einbringungsgewinn muss auf der Grundlage einer Einbringungs- und einer Eröffnungsbilanz ermittelt werden (BFH, Urteile v. 5.4.1984 - IV R 88/80, BStBl 1984 II S. 518, und v. 13.9.2001 - IV R 13/01, BStBl 2002 II S. 287).

Ein durch Ansatz des gemeinen Werts entstehender Gewinn gilt als laufender Gewinn, soweit der Einbringende selbst an der Personengesellschaft beteiligt ist (§ 24 Abs. 3 Satz 3 UmwStG und § 16 Abs. 2 Satz 3 EStG); im Übrigen ist der Einbringungsgewinn steuerbegünstigt (§§ 16 und 34 EStG). Im Beispielsfall gilt der Einbringungsgewinn i. H. von 200.000 €, der A bei der Einbringung des Betriebsvermögens in das steuerliche Gesamthandsvermögen der OHG entsteht, i. H. von $^1/_2$ von 200.000 € = 100.000 € als laufender Gewinn und i. H. von 100.000 € als begünstigter Gewinn.

Ein bei der Einbringung zum gemeinen Wert im Sonderbetriebsvermögen des Einbringenden entstehender Gewinn ist gem. § 24 Abs. 3 Satz 3 UmwStG nicht tarifbegünstigt (BFH, Urteil v. 21.9.2000 - IV R 54/99, BStBl 2001 II S. 178). Der Einbringungsgewinn i. H. von 9.999 €, der A durch die Einbringung seines Pkws in das Sonderbetriebsvermögen bei der aufnehmenden Personengesellschaft entsteht, gilt also in vollem Umfang als laufender Gewinn (§ 24 Abs. 3 Satz 3 UmwStG), da das hierdurch geschaffene zusätzliche Abschreibungsvolumen in vollem Umfang dem Einbringenden zugutekommt.

Anzumerken ist, dass der als „laufender Gewinn" geltende Teil des Einbringungsgewinns der Gewerbesteuer unterliegt (BFH, Urteile v. 15.6.2004 - VIII R 7/01, BStBl 2004 II S. 754, v. 15.4.2010 - IV R 5/08, BStBl 2010 II S. 912, Rz. 27, und v. 18.12.2014 - IV R 59/11, BFH/NV 2015 S. 520, Rz. 13, DAAAE-85674).

FALL 222

Auflösung von steuerfreien Rücklagen anlässlich einer Betriebsveräußerung

Sachverhalt: Der 60 Jahre alte A veräußert am 31.12.01 seinen Gewerbebetrieb an B und erzielt hierbei einen Veräußerungsgewinn i. H. von 140.200 €. Zum Zeitpunkt der Betriebsveräußerung löst A eine im Vorjahr gebildete Rücklage für Ersatzbeschaffung i. H. von 30.000 € gewinnerhöhend auf.

AUFGABE

Erhöht die Auflösung der steuerfreien Rücklage den laufenden Gewinn oder den steuerbegünstigten Veräußerungsgewinn von A?

LÖSUNG

Steuerfreie Rücklagen (z. B. die Rücklage für Ersatzbeschaffung oder die Rücklage gem. § 6b EStG), die zum Zeitpunkt der Betriebsveräußerung aufgelöst werden, erhöhen den steuerbegünstigten Veräußerungsgewinn und nicht etwa den laufenden Gewinn (BFH, Urteile v. 25.6.1975 - I R 201/73, BStBl 1975 II S. 848, und v. 17.10.1991 - IV R 97/89, BStBl 1992 II S. 392). Sie wirken sich demnach auch auf die Höhe des Freibetrags gem. § 16 Abs. 4 EStG aus. Da der Veräußerungsgewinn von A demnach (140.200 € + 30.000 € =) 170.200 € beträgt, errechnet sich für A folgender Freibetrag gem. § 16 Abs. 4 EStG:

Uneingeschränkter Freibetrag	45.000 €
Ermäßigung um den Betrag, um den der Veräußerungsgewinn die Freibetragsgrenze i. H. von 136.000 € übersteigt: 170.200 € - 136.000 € =	- 34.200 €
Zu gewährender Freibetrag	10.800 €

Der nach Abzug des Freibetrags verbleibende Veräußerungsgewinn i. H. von (170.200 € - 10.800 € =) 159.400 € ist nach der Fünftel-Regelung oder auf Antrag mit dem ermäßigten Steuersatz zu versteuern (§ 34 Abs. 1 oder 3 EStG).

FALL 223

Bildung einer Rücklage gem. § 6b EStG anlässlich einer Betriebsveräußerung

Sachverhalt: Ein 58 Jahre alter Gewerbetreibender erzielt aus der Veräußerung seines Betriebs einen Gewinn i. H. von 160.000 €. Er bildet i. H. von 90.000 € zulässigerweise eine Rücklage gem. § 6b EStG, so dass sich ein Restveräußerungsgewinn i. H. von 70.000 € ergibt.

AUFGABE

Ist der Veräußerungsgewinn – ggf. in welcher Höhe – i. S. der §§ 16 und 34 EStG steuerbegünstigt?

LÖSUNG

Bildet ein Steuerpflichtiger anlässlich der Betriebsveräußerung eine Rücklage gem. § 6b EStG, kann er die Rücklage unter bestimmten Voraussetzungen noch für die Zeit weiterführen, in der sie ohne Veräußerung des Betriebs zulässig gewesen wäre (R 6b Abs. 10 Satz 1 EStR). Die Fünftel-Regelung oder der ermäßigte Steuersatz können aber in einem solchen Fall für den (verbleibenden) Veräußerungsgewinn nicht gewährt werden (§ 34 Abs. 1 Satz 4 und Abs. 3 Satz 6 EStG). Der Freibetrag gem. § 16 Abs. 4 EStG steht dem Steuerpflichtigen jedoch zu. Zu beachten ist, dass im Hinblick auf die Grenze i. H. von 136.000 € auch der Teil des Freibetrags berücksichtigt werden muss, für den § 6b EStG in Anspruch genommen worden ist (BMF, Schreiben v. 2.8.1972, StEK EStG § 6b Nr. 29).

Da der von A erzielte Veräußerungsgewinn i. H. von 160.000 € die Grenze i. H. von 136.000 € um 24.000 € überschritten hat, kann A nur ein Freibetrag gem. § 16 Abs. 4 EStG i. H. von (45.000 € - 24.000 € =) 21.000 € gewährt werden. Der Restveräußerungsgewinn i. H. von 70.000 € bleibt daher auf Antrag i. H. von 21.000 € steuerfrei. Der steuerpflichtige Teil des Veräußerungsgewinns i. H. von 49.000 € unterliegt der Einkommensteuer zum Normaltarif.

FALL 224

Veräußerung eines Teilbetriebs unter Zurückbehaltung des Betriebsgrundstücks

Sachverhalt: V ist Inhaber eines Gewerbebetriebs, der aus zwei Teilbetrieben besteht. Das Unternehmen wird in einem eigenen Gebäude von V betrieben. V verkauft den im Erdgeschoss befindlichen Teilbetrieb 1 einschließlich des Inventars und erzielt dabei einen Gewinn i. H. von 200.000 €. Er belässt jedoch das beiden Teilbetrieben als gemeinsame Grundlage dienende Grundstück in vollem Umfang im Betriebsvermögen, also im Betriebsvermögen des bisherigen Teilbetriebs 2. Das Erdgeschoss wird an den neuen Betreiber des Teilbetriebs 1 nur verpachtet.

AUFGABE

Ist der Gewinn aus der Veräußerung des Teilbetriebs 1 i. S. der §§ 16 und 34 EStG steuerbegünstigt?

LÖSUNG

Steuerbegünstigt ist auch der Gewinn, der bei der Veräußerung eines Teilbetriebs erzielt wird (§ 16 Abs. 1 Satz 1 Nr. 1 EStG). Unter einem Teilbetrieb ist ein organisch geschlossener, mit einer gewissen Selbständigkeit ausgestatteter Teil eines Gesamtbetriebs zu verstehen, der – für sich betrachtet – alle Merkmale eines Betriebs aufweist und als solcher lebensfähig ist. Es muss eine Untereinheit des Gesamtbetriebs, d. h. ein selbständiger Zweigbetrieb im Rahmen eines Gesamtunternehmens, vorliegen.

Es liegt auch bei der Erfüllung der Voraussetzungen für einen Teilbetrieb keine steuerbegünstigte Veräußerung bzw. Aufgabe vor, wenn erhebliche stille Reserven nicht aufgelöst werden. Das ist der Fall, wenn Wirtschaftsgüter mit erheblichen stillen Reserven nach der Einstellung des Teilbetriebs im Betriebsvermögen des verbleibenden Restbetriebs zurückbehalten werden. Keine steuerbegünstigte Teilbetriebsveräußerung liegt also vor, wenn ein Gewerbetreibender – wie hier V – einen von mehreren auf demselben Betriebsgrundstück unterhaltenen Teilbetrieben veräußert, dabei aber das allen Teilbetrieben dienende Betriebsgrundstück in vollem Umfang im Betriebsvermögen belässt (BFH, Urteil v. 13.2.1996 - VIII R 39/92, BStBl 1996 II S. 409; BFH, Beschluss v. 20.10.2011 - IV B 146/10, BFH/NV 2012 S. 410, GAAAD-99563).

Eine steuerlich begünstigte Teilbetriebsveräußerung liegt hier nicht vor, da keine Mitveräußerung des Grundstücksanteils erfolgt und demgemäß die im Grundstück enthaltenen stillen Reserven nicht anteilig aufgedeckt wurden (BFH, Urteil v. 30.10.1974 - I R 40/72, BStBl 1975 II S. 232; BFH, Beschluss v. 19.4.2004 - X B 123/03, Rz. 12, AAAAB-23504). Selbst wenn V aus rechtlichen oder sonstigen Gründen eine Mitveräußerung des Grundstücksanteils nicht möglich oder für ihn nicht sinnvoll ist, rechtfertigt dies keine andere Beurteilung. Wird auch nur eine wesentliche Betriebsgrundlage des veräußerten Teilbetriebs im Restbetrieb zurückbehalten, liegt keine steuerlich begünstigte Teilbetriebsveräußerung vor. Der Veräußerungsgewinn i. H. von 200.000 € unterliegt dem regulären Steuersatz.

FALL 225

Verkauf eines gewerblichen Einzelunternehmens an eine GmbH

Sachverhalt: A betreibt ein Modehaus als Einzelunternehmer. Durch den notariellen Vertrag v. 22.12.01 gründet er zusammen mit seiner Ehefrau die X-GmbH. Die GmbH-Anteile gehören zum Privatvermögen. Mit einem weiteren Vertrag v. 22.12.01 verkauft A seinen Gewerbebetrieb zum 1.1.02 an die X-GmbH mit allen Aktiva und Passiva. Als Kaufpreis wird der Saldo zwischen den Buchwerten der Aktiva (400.000 €) und Passiva (340.000 €) vereinbart, also das Kapitalkonto i. H. von 60.000 €, erhöht um 50.000 € als Entgelt für die im Anlagevermögen enthaltenen stillen Reserven. Der Kaufpreis i. H. von 110.000 € wird A auf einem Darlehenskonto gutgeschrieben und verzinst. Für den im Betriebsvermögen des Einzelunternehmens enthaltenen selbst geschaffenen Geschäftswert i. H. von 80.000 € wird kein Kaufpreis vereinbart.

A ist zum Zeitpunkt der Betriebsveräußerung 56 Jahre alt.

AUFGABE

Welche einkommensteuerlichen Folgen hat die Betriebsveräußerung für A?

LÖSUNG

Wird ein Betrieb an eine Kapitalgesellschaft veräußert und erhält der veräußernde Gesellschafter von der Kapitalgesellschaft keine Vergütung für den übergehenden Geschäftswert, ist von einer Betriebsveräußerung auszugehen, bei der das Wirtschaftsgut „Geschäfts-/Firmenwert" nicht an die Kapitalgesellschaft veräußert, sondern aus dem bisherigen Betriebsvermögen entnommen und sogleich verdeckt in die Kapitalgesellschaft eingelegt wird (§ 6 Abs. 6 Satz 2 EStG; BFH, Urteile v. 18.12.1990 - VIII R 17/85, BStBl 1991 II S. 512, und v. 14.1.1993 - IV R 121/91, BFH/NV 1993 S. 525, TAAAB-33851).

Eine **verdeckte Einlage** liegt vor, wenn ein Gesellschafter oder eine ihm nahestehende Person der Kapitalgesellschaft einen einlagefähigen Vermögensvorteil gegenleistungslos oder verbilligt zuwendet und dies durch das Gesellschaftsverhältnis veranlasst ist, d. h., wenn ein Nichtgesellschafter bei Anwendung der Sorgfalt eines ordentlichen Kaufmanns der Gesellschaft den Vermögensvorteil nicht eingeräumt hätte (BFH, Urteile v. 11.4.2017 - IX R 4/16, BFH/NV 2017 S. 1309, Rz. 29, TAAAG-53814, und v. 15.3.2023 - I R 24/20, BStBl 2023 II S. 845, Rz. 13). Dabei gehört es wie erwähnt zum Wesen der verdeckten Einlage, dass ihr keine oder eine zu niedrige Gegenleistung gegenübersteht. Die verdeckte Einlage ist im Unterschied zur offenen, gegen die Gewährung von Gesellschaftsrechten erfolgenden Einlage (= Tausch) als unentgeltlicher Vorgang zu qualifizieren (BFH, Urteile v. 24.3.1987 - I R 202/83, BStBl 1987 II S. 705, und v. 20.7.2005 - X R 22/02, BStBl 2006 II S. 457). Gegenstand der verdeckten Einlage können materielle und immaterielle Wirtschaftsgüter sein, die bei der empfangenden GmbH bilanzierungsfähig sind. Der verdeckten Einlage von einzelnen Wirtschaftsgütern aus dem Betriebsvermögen des einlegenden Gesellschafters geht grds. die vorherige Entnahme der nämlichen Wirtschaftsgüter aus dem Betriebsvermögen des Einlegenden voraus (BFH, Urteil v. 20.7.2005 - X R 22/02, BStBl 2006 II S. 457, Rz. 23).

Die Folge dieser Betrachtungsweise ist, dass der eingelegte Geschäftswert i. H. von 80.000 € aufzudecken und von A gem. § 16 Abs. 3 Satz 1 EStG zu versteuern ist. Der Annahme der Veräußerung des ganzen Gewerbebetriebs steht nicht entgegen, wenn einzelne Wirtschaftsgüter im zeitlichen Zusammenhang mit der Veräußerung in das Privatvermögen überführt oder – wie im vorliegenden Fall – anderen betriebsfremden Zwecken zugeführt werden. Die Vorschrift über die Betriebsaufgabe ergänzt insoweit den Veräußerungstatbestand des § 16 Abs. 1 EStG. Der von A realisierte Gewinn beläuft sich daher auf (50.000 € + 80.000 € =) 130.000 €. In Höhe von 45.000 € bleibt er auf Antrag steuerfrei (§ 16 Abs. 4 EStG); der steuerpflichtige Teil i. H. von 85.000 € ist entweder nach der Fünftel-Regelung oder auf Antrag mit dem ermäßigten Steuersatz zu versteuern (§ 34 Abs. 1 oder 3 EStG).

Anmerkung: Gemäß § 6 Abs. 6 Satz 2 EStG erhöhen sich die bei A zu erfassenden Anschaffungskosten der Beteiligung an der Kapitalgesellschaft (hier der X-GmbH) im Fall der Übertragung eines Wirtschaftsguts im Wege der verdeckten Einlage in die Beteiligungsgesellschaft um den Teilwert des eingelegten Wirtschaftsguts (BFH, Urteil v. 15.3.2023 - I R 24/20, BStBl 2023 II S. 845, Rz. 13).

FALL 226

Behandlung des Firmenwerts bei Aufgabe eines verpachteten Betriebs

Sachverhalt: A betreibt einen Gewerbebetrieb. Ab dem 1.1.02 verpachtet er sein Unternehmen an B. A teilt dem Finanzamt mit, dass er die Verpachtung als Betriebsaufgabe (§ 16 Abs. 3 EStG) behandelt sehen will (§ 16 Abs. 3b EStG). Zum Zeitpunkt der Betriebsaufgabe sind im Betriebsvermögen von A folgende stillen Reserven enthalten:

Abnutzbares Anlagevermögen	50.000 €
Betriebsgrundstück	+ 200.000 €
	250.000 €

Der originäre Firmenwert beträgt 150.000 €.

A ist zum Zeitpunkt der Betriebsaufgabe 54 Jahre alt.

AUFGABE

Wie hoch ist der Betriebsaufgabegewinn von A?

LÖSUNG

Ein Betriebsverpächter kann wählen, ob er die Verpachtung als Betriebsaufgabe i. S. des § 16 Abs. 3 EStG oder ob er den Betrieb als fortbestehend behandelt sehen will (§ 16 Abs. 3b EStG). Da A eine Betriebsaufgabeerklärung abgegeben hat, sind die Wirtschaftsgüter – soweit privatisierbar – in das Privatvermögen überführt. Vorliegend entsteht ein i. S. der §§ 16 und 34 EStG begünstigter Aufgabegewinn. Bei der Ermittlung des Aufgabegewinns ist jedoch nach der Rechtsprechung des BFH der selbst geschaffene Firmenwert nicht anzusetzen, auch wenn dieser mitverpachtet wird (BFH, Urteile v. 14.2.1978 - VIII R 158/73, BStBl 1979 II S. 99, v. 4.4.1989 - X R 49/87, BStBl 1989 II S. 606, v. 30.1.2002 - X R 56/99, BStBl 2002 II S. 387, und v. 20.8.1997 - X R 58/93, BFH/NV 1998 S. 314, YAAAB-39645; BMF, Schreiben v. 15.8.1984, BStBl 1984 I S. 461). Der Geschäftswert ist nicht privatisierbar. Er kann durch die Erklärung des Steuerpflichtigen nicht in das Privatvermögen überführt werden, weil er nur im Rahmen eines gewerblichen Betriebs denkbar ist. Der von A erzielte Betriebsaufgabegewinn beläuft sich daher auf 250.000 €; er ist begünstigt zu versteuern (§ 34 Abs. 1 oder 3 EStG).

HINWEIS

Veräußert ein Steuerpflichtiger einen zunächst verpachteten Gewerbebetrieb, für den zum Zeitpunkt der Verpachtung die Betriebsaufgabe erklärt worden ist, ist der auf den Geschäftswert entfallende Veräußerungspreis im Jahr der Veräußerung als laufender nachträglicher Gewinn aus Gewerbebetrieb (§ 24 Nr. 2 und § 15 EStG) zu versteuern (BMF, Schreiben v. 15.8.1984, BStBl 1984 I S. 461; BFH, Urteil v. 30.1.2002 - X R 56/99, BStBl 2002 II S. 387).

FALL 226A

Verpächterwahlrecht bei einem Gebäudegrundstück im Sonderbetriebsvermögen

Sachverhalt: An der X-KG sind zu je ½ die 75 Jahre alte Frau M als Komplementärin und ihr 48 Jahre alter Sohn S als Kommanditist beteiligt. Die X-KG betreibt ihr Juweliergeschäft in einem S allein gehörenden Gebäude. Das Gebäude ist in einer Sonderbilanz von S ausgewiesen. Die X-KG gab ihren Betrieb am 31.12.2023 auf. Sie wurde aufgelöst und die Einrichtungsgegenstände und der Warenbestand wurden veräußert. Dabei wurde ein Veräußerungsgewinn i. H. von 40.000 € erzielt, der je zur Hälfte auf M und S entfällt.

Das Betriebsgebäude, in dem stille Reserven i. H. von 300.000 € ruhen, wird von S ab dem 1.1.2024 an die Y-GmbH vermietet, die darin ein Textileinzelhandelsgeschäft betreibt. Die Anteile an der Y-GmbH halten S und seine Ehefrau zur Hälfte. S will die stillen Reserven des Betriebsgebäudes zunächst nicht versteuern, sondern das verpachtete Unternehmen als „ruhender" verpachteter Betrieb fortführen.

AUFGABE

Welche Rechtsfolgen ergeben sich für A im Hinblick auf die Umgestaltung der Betriebsräume?

LÖSUNG

In einer Grundsatzentscheidung vertritt der BFH (Urteil v. 18.8.2009 - X R 20/06, BStBl 2010 II S. 222) die Auffassung, dass im Falle der Liquidation einer Personengesellschaft ein Grundstück im Sonderbetriebsvermögen, das alleinige wesentliche Betriebsgrundlage war, Gegenstand einer Betriebsverpachtung sein kann. Danach müssen sich die wesentlichen Grundlagen eines Betriebs nicht im Gesellschafts- bzw. steuerlichen Gesamthandsvermögen befinden. Einem Betriebsgebäude, das die alleinige wesentliche Betriebsgrundlage des Betriebs einer Mitunternehmerschaft ist, kann diese Eigenschaft nicht deshalb abgesprochen werden, weil es sich im Sonderbetriebsvermögen eines Mitunternehmers befindet.

Maßgebend für die Bejahung einer gewerblichen Betriebsverpachtung ist, ob der Verpächter den Betrieb der vormaligen Gesellschaft mit dem überlassenen Betriebsvermögen hätte fortführen können. Ist diese Frage zu bejahen, liegt eine gewerbliche Betriebsverpachtung auch dann vor, wenn das überlassene Betriebsvermögen ausschließlich ehemaliges Sonderbetriebsvermögen darstellte. Nach Meinung des BFH besteht kein sachlicher Grund, die Einräumung des Verpächterwahlrechts davon abhängig zu machen, ob es sich bei der überlassenen wesentlichen Betriebsgrundlage um ehemaliges Gesamthands- oder Sonderbetriebsvermögen handelt.

Konsequenz dieser Betrachtung ist, dass es sich bei dem Gewinn, den die X-KG aus der Veräußerung der Einrichtungsgegenstände und des Warenbestandes im Jahr 2023 erzielt hat, um einen laufenden Gewinn handelt, für den die Tarifprivilegien der §§ 16 und 34 EStG nicht gewährt werden können. Die im Gebäudegrundstück enthaltenen stillen Reserven sind jedoch nicht aufzudecken. Aus dieser Rechtsprechung folgt, dass es zur Verpachtung eines von einer Personengesellschaft aktiv geführten Betriebs kommen kann, wenn die einzige wesentliche Betriebsgrundlage im Eigentum eines Mitunternehmers steht und deshalb Sonderbetriebsvermögen ist. Den verpachteten (ruhenden) Betrieb führt dann ohne zivilrechtlichen Rechtsträgerwechsel der Eigentümer der verpachteten Betriebsgrundlage. Die Vollbeendigung der Mitunternehmerschaft steht der Fortsetzung der Betriebsverpachtung durch den Mitunternehmer nicht entgegen. Nach allem steht S das Verpächterwahlrecht des § 16 Abs. 3b EStG zu.

FALL 226B

Verpächterwahlrecht bei Beendigung einer Betriebsaufspaltung

Sachverhalt: V und sein Sohn S sind zu je $^{1}/_{2}$ Gesellschafter der X-GbR, die ein Gebäudegrundstück zur betrieblichen Nutzung an die Y-GmbH vermietet hat. An der Y-GmbH, die ein Großhandelsunternehmen betreibt, sind V und S ebenfalls zu je 50 % beteiligt. Am 1.7.2023 übertrug V seinen Anteil an der Y-GmbH unentgeltlich auf seinen Sohn S.

Fall 226B

Nach Durchführung einer Außenprüfung bei der X-GbR vertritt das Finanzamt die Auffassung, die Betriebsaufspaltung zwischen der X-GbR und der Y-GmbH habe zum 1.7.2023 aufgrund des Wegfalls der personellen Verflechtung geendet. Dadurch sei es zu einer Betriebsaufgabe für die X-GbR gekommen, die zu einem Aufgabegewinn i. H. der stillen Reserven in den Anteilen an der Y-GmbH und der des Grundstücks geführt habe.

AUFGABE

Kommt es bei der X-GbR zum 1.7.2023 zu einer Zwangsbetriebsaufgabe oder ist der X-GbR das Verpächterwahlrecht i. S. des § 16 Abs. 3b EStG zu gewähren?

LÖSUNG

Eine Betriebsaufspaltung liegt vor, wenn einem Betriebsunternehmen wesentliche Grundlagen für seinen Betrieb von einem Besitzunternehmen überlassen werden und die hinter dem Betriebs- und dem Besitzunternehmen stehenden Personen einen einheitlichen geschäftlichen Betätigungswillen haben; dieser ist anzunehmen, wenn die Person oder Personengruppe, die das Besitzunternehmen beherrscht, auch in der Betriebsgesellschaft ihren Willen durchsetzen kann (sog. „personelle und sachliche Verflechtung"). Rechtsfolge einer Betriebsaufspaltung ist, dass die Vermietungs- oder Verpachtungstätigkeit des Besitzunternehmens als gewerblich i. S. des § 15 Abs. 1 Satz 1 Nr. 1 und Abs. 2 EStG qualifiziert wird.

Zwischen der X-GbR und der Y-GmbH bestand bis zum 1.7.2023 eine personelle Verflechtung, da V und S sowohl die X-GbR als auch die Y-GmbH beherrschten. Eine sachliche Verflechtung liegt aufgrund der Überlassung des Gebäudegrundstücks ebenfalls vor. Für eine sachliche Verflechtung i. S. einer Betriebsaufspaltung reicht es aus, wenn das Besitzunternehmen dem Betriebsunternehmen wenigstens eine wesentliche Betriebsgrundlage zur Nutzung überlässt (BFH, Urteil v. 24.9.2015 - IV R 9/13, BStBl 2016 II S. 154).

Die personelle Verflechtung zwischen der X-GbR und der Y-GmbH bestand jedoch nur bis zur Übertragung der Gesellschaftsanteile an der Y-GmbH von V auf S am 1.7.2023, denn nach der Übertragung der GmbH-Anteile konnte nur S allein in der Y-GmbH seinen Willen durchsetzen. Wird eine Betriebsaufspaltung beendet, bewirkt dies grds. die Betriebsaufgabe des Besitzunternehmens (§ 16 Abs. 3 EStG).

Eine Ausnahme hiervon und von der dadurch ausgelösten Zwangsprivatisierung des bisherigen Betriebsvermögens des Besitzunternehmens ist jedoch aufgrund einer zweckgerecht einschränkenden Auslegung des in § 16 Abs. 3 EStG normierten Betriebsaufgabetatbestands u. a. dann geboten, wenn zum Zeitpunkt der Beendigung der Betriebsaufspaltung die Voraussetzungen einer Betriebsverpachtung im Ganzen vorgelegen haben. Handelt es sich um eine Betriebsverpachtung im Ganzen i. S. des § 16 Abs. 3b EStG, muss eine ausdrückliche Betriebsaufgabeerklärung des Steuerpflichtigen hinzukommen.

Wird lediglich ein Betriebsgrundstück, ggf. i. V. mit Betriebsvorrichtungen, verpachtet, so liegt nur dann eine Betriebsverpachtung vor, wenn das Grundstück die alleinige wesentliche Betriebsgrundlage darstellt. Für Groß- und Einzelhandelsunternehmen sowie bei Hotel- und Gaststättenbetrieben wird nach der BFH-Rechtsprechung angenommen, dass die gewerblich genutzten Räume regelmäßig den wesentlichen Betriebsgegenstand bilden und dem Gewerbe das Gepräge geben – anders als etwa bei dem produzierenden Gewerbe (BFH, Urteile v. 11.10.2007 - X R 30/04, BStBl 2008 II S. 220, Rz. 15, und v. 18.8.2009 - X R 20/06, BStBl 2010 II S. 222, Rz. 22). Danach erfüllt die Tätigkeit der X-GbR nach Ende der Betriebsaufspaltung die Voraussetzungen einer Betriebsverpachtung, denn die X-GbR vermietete ihre einzige wesentliche Betriebsgrundlage – das Betriebsgrundstück – weiterhin an die Y-GmbH, ohne eine Betriebsaufgabeerklärung abzugeben.

Dem steht nach einer neueren Entscheidung des BFH (Urteil v. 17.4.2019 - IV R 12/16, BStBl 2019 II S. 745) nicht entgegen, dass die zuvor bestehende Betriebsaufspaltung eine sog. „unechte“ Betriebsaufspaltung war. Während bei einer „echten“ Betriebsaufspaltung ein ursprünglich einheitlicher Betrieb des Steuerpflichtigen in ein operativ tätiges Betriebsunternehmen und ein Besitzunternehmen, das dem Betriebsunternehmen wesentliche Teile des Anlagevermögens zur Nutzung überlässt, aufgespalten wird, sind im Fall der „unechten“ Betriebsaufspaltung Besitz- und Betriebsunternehmen nicht aus einem einheitlichen Betrieb hervorgegangen.

Beide Arten der Betriebsaufspaltung werden steuerrechtlich gleichbehandelt. Das gilt auch für die Anwendung der Grundsätze zur Betriebsverpachtung und dem daraus folgenden Recht, den Betrieb ungeachtet der Einstellung der gewerblichen Tätigkeit fortzuführen und es nur bei ausdrücklicher Erklärung zu einer Betriebsaufgabe kommen zu lassen. Nach der Meinung des BFH ist es vor dem Gleichheitssatz nicht zu rechtfertigen, das sog. „Verpächterwahlrecht“ bei Wegfall der Voraussetzungen der „echten“ Betriebsaufspaltung zu gewähren, es dagegen nur deshalb zu versagen, weil die Voraussetzungen einer „unechten“ („qualifizierten“) Betriebsaufspaltung entfallen sind (so bereits BFH, Urteil v. 17.4.2002 - X R 8/00, BStBl 2002 II S. 527).

Die Annahme einer Betriebsverpachtung durch das Besitzunternehmen nach der Beendigung einer „unechten“ Betriebsaufspaltung scheidet auch nicht deshalb aus, weil das Besitzunternehmen keinen Betrieb unterhalten hat, den es verpachten könnte. Denn die Betriebsaufspaltung hat zur Folge, dass die Tätigkeit des Besitzunternehmens, die über das Betriebsunternehmen auf Ausübung einer gewerblichen Tätigkeit gerichtet ist, ihrerseits als eigenständige gewerbliche Tätigkeit beurteilt wird (BFH, Urteil v. 20.8.2015 - IV R 26/13, BStBl 2016 II S. 408). Folglich kommt es zu keiner Zwangsbetriebsaufgabe bei der X-GbR. Auch die Übertragung der zum Sonderbetriebsvermögen von V gehörenden GmbH-Anteile führt nicht zu einem Gewinn, weil die Übertragung unentgeltlich und daher gem. § 6 Abs. 5 Satz 3 Nr. 3 EStG zum Buchwert stattgefunden hat. Die Grundsätze über das Verpächterwahlrecht gelten nicht nur bei Beendigung einer „echten“ Betriebsaufspaltung, sondern auch dann, wenn eine „unechte“ Betriebsaufspaltung beendet wird.

FALL 227

Umgestaltung der Betriebsräume bei Betriebsverpachtung

Sachverhalt: Kaufmann A hat seinen Bäckerei- und Konditoreibetrieb seit Jahren verpachtet, aber keine Betriebsaufgabe erklärt. Der Betrieb wurde als sog. „ruhender Gewerbebetrieb“ fortgeführt. Nach einem Pächterwechsel im Jahr 2023 gestaltet der neue Pächter die Betriebsräume durch Umbaumaßnahmen in einer Weise um, dass sie nicht mehr für den Einzelhandel von A genutzt werden können. Der Pächter betreibt in dem gepachteten Gebäude eine Diskothek. Diese Tatsachen werden dem Finanzamt im Jahr 2024 nach Abgabe der Einkommensteuererklärung 2023 bekannt. Im Betriebsvermögen des verpachteten Betriebs sind zum Zeitpunkt der Umgestaltung der Betriebsräume stille Reserven i. H. von 100.000 € enthalten, deren Höhe sich bis zum Zeitpunkt der Abgabe der Steuererklärung 2023 im Jahr 2024 nicht verändert hat.

AUFGABE

Welche Rechtsfolgen ergeben sich für A im Hinblick auf die Umgestaltung der Betriebsräume?

LÖSUNG

Der Verpächter eines Gewerbebetriebs hat steuerlich ein außerordentlich interessantes Wahlrecht. Er kann bei Beginn der Verpachtung oder später erklären, dass er den Betrieb verpachtet habe, weil er ihn aufgeben wolle. Dann ist die Verpachtung eine Betriebsaufgabe und die Wirtschaftsgüter des Betriebs werden mit der Aufgabeerklärung prinzipiell Privatvermögen. Die hierbei aufgedeckten stillen Reserven werden als Betriebsaufgabegewinn erfasst und auf Antrag begünstigt versteuert (§§ 16 und 34 EStG).

Gibt der Verpächter anlässlich der Verpachtung keine Betriebsaufgabeerklärung ab oder erklärt er ausdrücklich, dass er den Betrieb nicht aufgeben wolle, gilt der bisherige Betrieb einkommensteuerrechtlich als fortbestehend; er wird nur in anderer Form als bisher genutzt (§ 16 Abs. 3b EStG). Es wird dann unterstellt, dass er sich für die Betriebsfortführung entschieden hat. In diesem Fall bleiben die verpachteten Wirtschaftsgüter auch nach der Einstellung der gewerblichen Betätigung gewerbliches Betriebsvermögen des bisherigen Betriebsinhabers (sog. „gewerbliche Betriebsverpachtung"; zu diesem Begriff vgl. BFH, Urteil v. 17.4.2019 - IV R 12/16, BStBl 2019 II S. 745, Rz. 41). Der Verpächter bezieht weiterhin gewerbliche Einkünfte (§ 15 EStG), die allerdings nicht mehr der Gewerbesteuer unterliegen, da die Gewerbesteuer nur „werbende" Betriebe erfasst und mit der Betriebsverpachtung die „werbende" Tätigkeit des bisherigen Betriebsinhabers beendet ist. Die im verpachteten Betriebsvermögen enthaltenen stillen Reserven unterliegen erst der Einkommensteuer, wenn der Betrieb veräußert oder aufgegeben wird.

Die Betriebsfortführung als sog. „ruhender Gewerbebetrieb" setzt in sachlicher Hinsicht voraus, dass der Steuerpflichtige seinen Betrieb im Ganzen oder zumindest die wesentlichen Betriebsgrundlagen einem anderen zur Nutzung überlässt. Auch muss er oder sein unentgeltlicher Rechtsnachfolger in der Lage sein, diesen Betrieb im Wesentlichen identitätswahrend fortzuführen. Eine Verpachtung wesentlicher Wirtschaftsgüter kann nur dann einer Betriebsverpachtung im Ganzen gleichstehen, wenn der Verpächter bei Beendigung des Pachtverhältnisses den Betrieb wieder in bisheriger Weise fortsetzen könnte (BFH, Urteil v. 17.4.2019 - IV R 12/16, BStBl 2019 II S. 745, Rz. 41).

Wesentliche Betriebsgrundlagen sind in diesem Zusammenhang diejenigen Wirtschaftsgüter, die zur Erreichung des Betriebszwecks erforderlich und bei wertender Betrachtungsweise auch von Gewicht sind. Welchen Wirtschaftsgütern diese Bedeutung zukommt, hängt nach der höchstrichterlichen Rechtsprechung von der jeweiligen Branche, der Eigenart des Betriebs und den besonderen Umständen des Einzelfalls ab (BFH, Urteile v. 20.2.2008 - X R 13/05, BFH/NV 2008 S. 1306, YAAAC-81402, und v. 29.11.2017 - X R 34/15, BFH/NV 2018 S. 623, Rz. 70, UAAAG-80013). Der Begriff der wesentlichen Betriebsgrundlagen ist bei der Betriebsverpachtung ausschließlich funktional zu verstehen (BFH, Urteil v. 6.11.2008 - IV R 51/07, BStBl 2009 II

S. 303). Bei einem – wie hier in Rede stehenden – Einzelhandelsbetrieb bildet regelmäßig das Betriebsgrundstück die alleinige wesentliche Betriebsgrundlage, wenn ihm durch seine Lage, dem hierdurch bedingten örtlichen Wirkungskreis und dem dadurch wiederum bestimmten Kundenkreis im Verhältnis zu den übrigen Wirtschaftsgütern besondere Bedeutung zukommt (BFH, Urteile v. 29.10.1992 - III R 5/92, BFH/NV 1993 S. 233, BAAAB-32940, und v. 19.3.2009 - IV R 45/06, BStBl 2009 II S. 902).

Ein freies Wahlrecht auf Fortführung „ewigen Betriebsvermögens" besteht allerdings nicht (BFH, Urteil v. 18.7.2018 - X R 36/17, BFH/NV 2019 S. 195, DAAAH-05594). Ohne zeitliche Begrenzung ist grds. nur so lange von einer Fortführung des Betriebs auszugehen, wie eine Betriebsaufgabe nicht erklärt worden ist und objektiv die Möglichkeit besteht, den „vorübergehend" eingestellten Betrieb als solchen wieder aufzunehmen und fortzuführen (BFH, Urteile v. 19.3.2009 - IV R 45/06, BStBl 2009 II S. 902, und v. 3.4.2014 - X R 16/10, BFH/NV 2014 S. 1038, Rz. 22, LAAAE-65757). Eine – die Annahme einer Zwangsbetriebsaufgabe vermeidende – Betriebsunterbrechung liegt also nur vor, solange die Fortsetzung der gewerblichen Tätigkeit objektiv möglich ist, der Steuerpflichtige keine Aufgabeerklärung abgibt und die wesentlichen Betriebsgrundlagen zurückbehalten und nicht wesentlich umgestaltet werden (BFH, Urteil v. 18.7.2018 - X R 36/17, BFH/NV 2019 S. 195, DAAAH-05594).

Die Annahme einer Betriebsverpachtung im Fall der Verpachtung nur des Betriebsgebäudes scheitert nicht bereits daran, dass das mietende Unternehmen einer anderen Branche angehört; eine branchenfremde Nutzung des Betriebsgebäudes ist also unschädlich (BFH, Urteile v. 28.8.2003 - IV R 20/02, BStBl 2004 II S. 10, und v. 19.2.2004 - III R 1/03, BFH/NV 2004 S. 1231, BAAAB-23158). Das gilt jedenfalls bei Groß- und Einzelhandelsunternehmen sowie bei Hotel- und/oder Gaststättenbetrieben – im Gegensatz zum produzierenden Gewerbe –, weil bei diesen Unternehmen das Betriebsgrundstück die alleinige Betriebsgrundlage darstellt (BFH, Urteil v. 11.2.1999 - III R 112/96, BFH/NV 1999 S. 1198, MAAAA-63187, betreffend den Großhandel; BFH, Urteil v. 20.12.2000 - XI R 26/00, BFH/NV 2001 S. 1106, OAAAA-66591, betreffend die Hotels und Gaststätten; BFH, Urteil v. 25.10.1995 - IV B 9/95, BFH/NV 1996 S. 213, KAAAA-98431; BFH, Urteil v. 22.9.2004 - III R 9/03, BStBl 2005 II S. 160, betreffend die Gaststätten; BFH, Urteil v. 3.4.2014 - X R 16/10, BFH/NV 2014 S. 1038, LAAAE-65757). Auch bei einer handwerklich betriebenen Bäckerei kann das bebaute Grundstück die alleinige wesentliche Betriebsgrundlage darstellen (BFH, Urteil v. 20.2.2008 - X R 13/05, BFH/NV 2008 S. 1306, YAAAC-81402). Wird also in diesen Fällen das Betriebsgrundstück – ohne wesentliche Umgestaltung – an ein branchenfremdes Unternehmen vermietet, steht dem Steuerpflichtigen das Verpächterwahlrecht zu. Auch an der Dauer der Verpachtung scheitert das Verpächterwahlrecht nicht. Dass zwischenzeitlich die Generationennachfolge eingetreten ist, steht der Betriebsverpachtung nicht entgegen. Es reicht aus, wenn ein Rechtsnachfolger den Betrieb objektiv wieder aufnehmen kann (BFH, Urteil v. 19.3.2009 - IV R 45/06, BStBl 2009 II S. 902). Es ist nicht erforderlich, dass das identische Unternehmen fortgeführt wird (BFH, Urteil v. 7.11.2013 - X R 21/11, BFH/NV 2014 S. 676, Rz. 25, GAAAE-57209; FG Hamburg, Urteil v. 26.3.2019 - 6 K 9/18, EFG 2019 S. 1172, NAAAH-19537).

Eine Wiederaufnahmemöglichkeit soll nach bisheriger Rechtsprechung fehlen oder entfallen, wenn der Betrieb als Ganzes oder hinsichtlich seiner wesentlichen Betriebsgrundlagen in tatsächlicher Hinsicht derart umgestaltet wird, dass eine Nutzung durch den Verpächter in der bisherigen Form nicht mehr möglich ist (BFH, Urteile v. 26.6.2001 - IX R 22/98, BFH/NV 2002 S. 16,

AAAAA-67666, und v. 20.1.2005 - IV R 35/03, BFH/NV 2005 S. 1046, TAAAB-52805). Werden also bei Pachtbeginn oder während der Pachtzeit die wesentlichen Betriebsgrundlagen des verpachteten Gewerbebetriebs so umgestaltet, dass sie nicht mehr in der bisherigen Form genutzt werden können, ist eine Aufgabe des Gewerbebetriebs anzunehmen (BFH, Urteile v. 19.1.1983 - I R 84/79, BStBl 1983 II S. 412, und v. 19.3.2009 - IV R 45/06, BStBl 2009 II S. 902, Rz. 20). Die Umgestaltung ist als Betriebsaufgabehandlung anzusehen. Die Fortführung des Betriebs ist an den Fortbestand verpachteter wesentlicher Betriebsgrundlagen gebunden. Werden diese so umgestaltet, dass sie nicht mehr in der bisherigen oder ähnlichen Form genutzt werden können, entfällt die Möglichkeit der Betriebsfortführung; der Verpächter stellt die unternehmerische Tätigkeit endgültig ein und der Pächter eröffnet dann einen neuen Betrieb (BFH, Urteile v. 26.2.1997 - X R 31/95, BStBl 1997 II S. 561, und v. 28.8.2003 - IV R 20/02, BStBl 2004 II S. 10). Ohne Bedeutung ist es, ob die Umgestaltung durch den Pächter oder durch den Verpächter im Interesse des Pächters vorgenommen wird.

Vorliegend hat die Umgestaltung der Betriebsräume (d. h. die Umgestaltung des Bäckerei- und Konditoreibetriebs zur Diskothek) steuerlich zur Folge, dass es zur Betriebsaufgabe i. S. des § 16 Abs. 3 i.V. mit Abs. 3b EStG kommt (BFH, Urteil v. 19.1.1983 - I R 84/79, BStBl 1983 II S. 412). Erfolgt die schädliche Umgestaltung der wesentlichen Betriebsgrundlagen – wie vorliegend – nach dem 4.1.2011, setzt die Annahme einer Zwangsbetriebsaufgabe in den Fällen der Betriebsunterbrechung und der Betriebsverpachtung voraus, dass dem Finanzamt Tatsachen bekannt werden, aus denen sich ergibt, dass die Voraussetzungen einer Betriebsaufgabe i. S. des § 16 Abs. 3 Satz 1 EStG erfüllt sind (§ 16 Abs. 3b Satz 1 Nr. 2 EStG). Das Gesetz fingiert den Betriebsfortbestand bis zu dem Zeitpunkt, zu dem das Finanzamt Kenntnis davon erhält, dass die Möglichkeit der Betriebsfortführung entfallen ist, weil die wesentlichen Betriebsgrundlagen in schädlicher Weise umgestaltet worden sind. Es gelten die zu § 173 Abs. 1 Nr. 1 AO entwickelten Grundsätze. Hiermit soll insbesondere verhindert werden, dass ursprünglich betrieblich verstrickte stille Reserven dadurch der Besteuerung entzogen werden, dass das Finanzamt von einer Zwangsaufgabe erst Kenntnis erlangt, nachdem hinsichtlich des Steueranspruchs für das Aufgabejahr bereits Festsetzungsverjährung eingetreten ist (Manz, DStR 2013 S. 1512).

Bis zur Kenntniserlangung der Zwangsbetriebsaufgabe gilt der Betrieb als fiktiv fortbestehend. A entsteht daher (erst) im Jahr 2024 ein steuerbegünstigter Betriebsaufgabegewinn i. H. von 100.000 € (§ 16 Abs. 3b Satz 1 Nr. 2 und § 34 EStG), obwohl die schädliche Umgestaltung der Betriebsräume im Jahr 2023 erfolgt ist.

Anmerkung: Da ohne Vorliegen einer Aufgabeerklärung bis zur Kenntniserlangung von der Zwangsaufgabe der Betrieb nicht als aufgegeben, sondern als bis dahin fiktiv fortbestehend gilt, werden auch zwischenzeitlich eingetretene Wertänderungen hinsichtlich des Betriebsvermögens steuerlich erfasst (Manz, DStR 2013 S. 1512). Vorliegend haben sich die stillen Reserven aber nicht verändert.

HINWEIS

Nach einer Entscheidung des BFH erscheint es zweifelhaft, ob Umbau- bzw. Umgestaltungsmaßnahmen an verpachteten Betriebsgebäuden, die einer identitätswahrenden Betriebsfortführung entgegenstehen, stets zu einer Zwangsbetriebsaufgabe führen (BFH, Urteil v. 8.2.2007 - IV R 65/01, BStBl 2009 II S. 699), sobald diese Tatsachen dem Finanzamt bekannt werden. Aufgrund der „liberaleren" jüngeren BFH-Rechtsprechung wird häufig in Fällen der Grundstücksvermietung (u.U. auch bei branchenfremder Nutzung) oder Umgestaltung des Betriebs keine Zwangsbetriebsaufgabe mehr anzunehmen sein (Schmidt/Wacker, EStG, 43. Aufl. 2024, § 16 Rz. 188). Nur eindeutige Fälle baulicher Umgestaltung sind steuerschädlich (Stahl in Korn, EStG § 16 Rz. 394.2).

FALL 228

Verpächterwahlrecht bei teilentgeltlicher Betriebsübertragung

Sachverhalt: V (65 Jahre alt) hat seinen Einzelhandelsbetrieb an einen fremden Dritten verpachtet. Die Betriebsaufgabe gegenüber dem Finanzamt hat V bislang nicht erklärt. Daher werden die Pachteinkünfte als nicht gewerbesteuerbare Einkünfte aus Gewerbebetrieb versteuert. Am 1.8.2023 überträgt V seinen Betrieb auf seinen Sohn S, der an seine Schwester ein sog. „Gleichstellungsgeld" i. H. von 100.000 € zahlt. Das Kapitalkonto von V beträgt zum Zeitpunkt der Übertragung 50.000 €. Im Betriebsvermögen sind stille Reserven i. H. von 250.000 € enthalten, so dass der Betrieb einen wahren Wert i. H. von 300.000 € hat.

AUFGABE

Geht das Verpächterwahlrecht gem. § 16 Abs. 3b EStG auf S über?

LÖSUNG

Die Verpachtung eines ganzen Gewerbebetriebs führt zur Einstellung der werbenden betrieblichen Tätigkeit des bisherigen Betriebsinhabers. Das bedeutet aber nicht, dass hierin bereits notwendigerweise eine Betriebsaufgabe i. S. des § 16 Abs. 3 EStG zu sehen ist, so dass die im Betriebsvermögen enthaltenen stillen Reserven versteuert werden müssten. Bei einer Betriebsverpachtung im Ganzen besteht gem. § 16 Abs. 3b Satz 1 EStG das sog. „Verpächterwahlrecht". Der Betrieb gilt als nicht aufgegeben, bis der Steuerpflichtige die Aufgabe ausdrücklich gegenüber dem Finanzamt erklärt hat oder dem Finanzamt Tatsachen bekannt werden, aus denen sich ergibt, dass die Voraussetzungen für eine Betriebsaufgabe erfüllt sind.

Gegenstand einer Betriebsverpachtung kann nur ein vom Verpächter vor der Verpachtung selbst geführter Betrieb sein. Wer einen Betrieb vollentgeltlich erwirbt und im unmittelbaren Anschluss daran verpachtet, erzielt Einkünfte aus Vermietung und Verpachtung. Dasselbe gilt für den Erwerber eines bereits verpachteten Betriebs, der die Verpachtung fortsetzt. Auch ihm steht kein Verpächterwahlrecht zu.

Da der Kaufpreis vorliegend nicht dem wahren Wert des Betriebs entspricht, handelt es sich um eine teilentgeltliche Übertragung. V erzielt dennoch einen i. S. der §§ 16 und 34 EStG begünstigten Veräußerungsgewinn i. H. von 50.000 € (= Gleichstellungsgeld 100.000 € abzgl. Kapitalkonto 50.000 €). S hat Anschaffungskosten für den Betrieb i. H. von 100.000 €. Er muss das Kapitalkonto von V um 50.000 € aufstocken.

Geht ein bereits verpachteter, nicht aufgegebener Gewerbebetrieb unentgeltlich durch Erbfolge oder Schenkung unter Fortbestand des Pachtvertrags auf einen Dritten über, muss der neue Betriebsinhaber nicht nur die Buchwerte seines Rechtsvorgängers fortführen (§ 6 Abs. 3 EStG), sondern er tritt auch hinsichtlich des Verpächterwahlrechts in die Rechtsstellung des Erblassers oder Schenkers ein. Der Rechtsnachfolger kann also zwischen Betriebsaufgabe und Fortführung des Gewerbebetriebs, d. h. der gewerblichen Betriebsverpachtung ohne Gewerbesteuerpflicht, wählen (BFH, Urteil v. 17.10.1991 - IV R 97/80, BStBl 1992 II S. 392; BFH, Beschluss v. 26.7.2006 - X R 10/05, BFH/NV 2006 S. 2072, SAAAC-16030).

Bei einem teilentgeltlichen Erwerb tritt der Erwerber hinsichtlich des Wahlrechts in die Rechtsstellung des bisherigen Betriebsinhabers ein, wenn das Teilentgelt, z. B. Gleichstellungsgelder an Geschwister, nicht höher ist als der Buchwert des Kapitalkontos des Übertragenden. Steuerlich hat eine solche Übertragung im Hinblick auf die sog. „Einheitstheorie" insoweit die gleichen Rechtsfolgen wie eine voll unentgeltliche Übertragung (BFH, Urteil v. 22.9.1994 - IV R 61/93, BStBl 1995 II S. 367).

Umstritten war, ob der Käufer das Verpächterwahlrecht fortführen kann, wenn er – wie hier – einen verpachteten Betrieb teilentgeltlich erwirbt, bei dem das Teilentgelt das Kapitalkonto des Übertragenden übersteigt. Nach einer Entscheidung des BFH geht das Verpächterwahlrecht auch bei einem teilentgeltlichen Erwerb über, bei dem ein „Veräußerungserlös" vereinbart wird, der höher ist als der Buchwert des Kapitalkontos des Betriebs (BFH, Urteile v. 6.4.2016 - X R 52/13, BStBl 2016 II S. 710, und v. 18.7.2018 - X R 36/17, BFH/NV 2019 S. 195, Rz. 26, DAAAH-05594). Gibt S also keine Betriebsaufgabeerklärung gegenüber dem Finanzamt ab, erzielt er aus der Betriebsverpachtung – ebenso wie zuvor sein Vater V – nicht gewerbesteuerbare Einkünfte aus Gewerbebetrieb. Nur wenn er gem. § 16 Abs. 3b Satz 1 EStG die Betriebsaufgabe ausdrücklich gegenüber dem Finanzamt erklärt, kommt es zur Aufdeckung der noch verbliebenen – auf S übergegangenen stillen Reserven – i. H. von 200.000 €. Der Aufgabegewinn ist begünstigt zu versteuern. Die Pachteinkünfte unterliegen dann als Einkünfte aus Vermietung und Verpachtung der Einkommensteuer.

FALL 228A

Abgabe einer Betriebsaufgabeerklärung durch die Erben

Sachverhalt: A hat ab dem 1.7.01 seinen Gewerbebetrieb im Ganzen an den Handwerksmeister B verpachtet. Am 15.9.01 ist A im Alter von 70 Jahren plötzlich verstorben. Alleinerbin ist seine 40 Jahre alte Tochter T.

Mit Schreiben v. 1.10.01, das noch an diesem Tag bei dem für A zuständigen Finanzamt eingegangen ist, hat Steuerberater S im Auftrag von T die Betriebsaufgabe i. S. des § 16 Abs. 3 EStG gegenüber dem Finanzamt ausdrücklich erklärt und als Betriebsaufgabezeitpunkt den 1.7.01 genannt (§ 16 Abs. 3b EStG). Im verpachteten Betriebsvermögen waren zu diesem Zeitpunkt stille Reserven i. H. von 70.000 € enthalten. Bis zum 1.10.01 sind die stillen Reserven auf 80.000 € angestiegen.

AUFGABEN

1. Ist die von der Alleinerbin T abgegebene Aufgabeerklärung mit Rückwirkung auf den 1.7.01 steuerlich anzuerkennen?

2. Ist der Betriebsaufgabegewinn i. S. des § 16 Abs. 3 EStG dem verstorbenen A oder der Alleinerbin T steuerlich zuzurechnen und kann der Freibetrag gem. § 16 Abs. 4 EStG für den Aufgabegewinn gewährt werden?

LÖSUNG

Zu 1

In den Fällen der Betriebsverpachtung im Ganzen gilt ein Gewerbebetrieb nicht als aufgegeben, bis

- der Steuerpflichtige die Aufgabe i. S. des § 16 Abs. 3 Satz 1 EStG ausdrücklich gegenüber dem Finanzamt erklärt oder
- dem Finanzamt Tatsachen bekannt werden, aus denen sich ergibt, dass die Voraussetzungen für eine Aufgabe i. S. des § 16 Abs. 3 Satz 1 EStG erfüllt sind.

Das Wahlrecht kann zu Beginn des Pachtverhältnisses, aber jederzeit auch während seiner Laufzeit ausgeübt werden (BFH, Urteil v. 4.4.1989 - X R 49/87, BStBl 1989 II S. 606). Die Aufgabe des Gewerbebetriebs ist im Fall der Abgabe einer Betriebsaufgabeerklärung rückwirkend für den vom Steuerpflichtigen gewählten Zeitpunkt anzuerkennen, wenn die Aufgabeerklärung spätestens drei Monate nach diesem Zeitpunkt abgegeben wird (§ 16 Abs. 3b Satz 2 EStG). Zur Berechnung der Drei-Monatsfrist gelten die Vorschriften der §§ 187 und 188 BGB. Wird die Aufgabeerklärung nicht spätestens drei Monate nach dem vom Steuerpflichtigen gewählten Zeitpunkt abgegeben, gilt der Gewerbebetrieb erst zu dem Zeitpunkt als aufgegeben, zu dem die Aufgabeerklärung beim Finanzamt eingeht (§ 16 Abs. 3b Satz 3 EStG).

Im Fall der Abgabe einer Betriebsaufgabeerklärung bestimmt sich gem. § 16 Abs. 3b Satz 1 Nr. 1 EStG der Zeitpunkt ihres Wirksamwerdens also nach dem Zeitpunkt, der in der Aufgabeerklärung genannt ist. Dies ist dann auch der Zeitpunkt, zu dem die stillen Reserven aufzudecken sind. Ein rückwirkender Aufgabezeitpunkt wird nach dem Gesetz allerdings nur anerkannt, wenn der Zeitraum zwischen der Erklärungsabgabe und dem gewünschten Aufgabezeitpunkt nicht mehr als drei Monate beträgt (BFH, Urteil v. 21.12.2021 - IV R 13/19, BFH/NV 2022 S. 414, Rz. 41, VAAAI-05734). Ist dies der Fall, dann ist der Aufgabezeitpunkt auch dann anzuerkennen, wenn sich zwischenzeitlich die stillen Reserven geändert haben. Die Drei-Monatsfrist kann daher auch bei Wertänderungen steuerlich genutzt werden.

Im Normalfall wird die Betriebsaufgabeerklärung vom Betriebsinhaber abgegeben. Ist der Betriebsinhaber jedoch verstorben, kann die Aufgabeerklärung auch von seinen Erben mit Rückwirkung abgegeben werden. Wird die Aufgabe im Erbfall durch den oder die Rechtsnachfolger erklärt, ist innerhalb des Drei-Monats-Zeitraums eine Betriebsaufgabe auch für einen Zeitpunkt vor Eintritt des Erbfalls zulässig, frühestens jedoch mit der Einstellung der aktiven Tätigkeit durch den Erblasser. Bei mehreren Rechtsnachfolgern ist die rückwirkende Betriebsaufgabeerklärung einvernehmlich vorzunehmen.

Die zum 1.7.01 rückwirkende Betriebsaufgabeerklärung ist daher steuerlich anzuerkennen. Die Alleinerbin T hat mit Schreiben v. 1.10.01 (Eingang beim Finanzamt: 1.10.01) die Betriebsaufgabe ausdrücklich gegenüber dem für A zuständigen Finanzamt erklärt. Der gewählte Rückwirkungszeitpunkt (1.7.01) liegt drei Monate zurück und damit innerhalb des zulässigen Rückwirkungszeitraums.

Zu 2

Ist der Erblasser – wie hier A – zwischen dem Beginn der Verpachtung und Abgabe der Betriebsaufgabeerklärung mit zulässiger Rückwirkung verstorben, ist ihm der Aufgabegewinn steuerlich zuzurechnen und bei seiner Veranlagung zu erfassen, obwohl die Aufgabeerklärung durch den Rechtsnachfolger abgegeben wurde. Daraus folgt zwangsläufig, dass bei der Veranlagung 01 von A auf Antrag der Freibetrag gem. § 16 Abs. 4 EStG i. H. von 45.000 € zu gewähren ist, denn A hatte zum Zeitpunkt der Betriebsaufgabe das 55. Lebensjahr vollendet. Der steuerpflichtige Teil des Aufgabegewinns i. H. von 25.000 € (= 70.000 € - Freibetrag 45.000 €) ist nach der Fünftel-Regelung des § 34 Abs. 1 EStG oder auf Antrag mit dem ermäßigten Steuersatz des § 34 Abs. 3 EStG zu versteuern (BMF, Schreiben v. 22.11.2016, BStBl 2016 I S. 1326, Rz. 2 Buchst. a).

FALL 229

Freibetrag bei einer sich über zwei Veranlagungszeiträume erstreckenden Betriebsaufgabe

Sachverhalt: Der im Juni 1967 geborene A betreibt einen Handwerksbetrieb. Am 31.5.2023 stellte er seinen Betrieb ein. Zum Betriebsvermögen gehörten zwei bebaute Grundstücke, die als wesentliche Betriebsgrundlagen anzusehen sind. A veräußerte das Grundstück 1 im Dezember 2023 an den Gewerbetreibenden B und das Grundstück 2 im Januar 2024 an den Kaufmann C. A erzielt anlässlich der Betriebsaufgabe, vor allem aber aus dem Verkauf der beiden Grundstücke, einen Gewinn i. H. von insgesamt 120.000 €, der i. H. von 40.000 € auf das Jahr 2023 und i. H. von 80.000 € auf das Jahr 2024 entfällt.

AUFGABE

Steht A ein Freibetrag gem. § 16 Abs. 4 EStG zu?

LÖSUNG

Eine Betriebsaufgabe (§ 16 Abs. 3 EStG) kann sich – prinzipiell anders als die punktuelle Veräußerung eines Gewerbebetriebs (§ 16 Abs. 1 EStG) – auch über einen Zeitraum erstrecken, so dass die Gewinne aus einer Betriebsaufgabe in mehreren Veranlagungszeiträumen anfallen können (BFH, Urteil v. 17.10.1991 - IV R 97/89, BStBl 1992 II S. 392). Es darf sich jedoch nur um einen „kurzen" Zeitraum handeln, wenn noch eine steuerbegünstigte Betriebsaufgabe angenommen werden soll. Fraglich ist, zu welchem Zeitpunkt bei einer sich auf mehrere Monate erstreckenden Betriebsaufgabe das 55. Lebensjahr vollendet sein muss.

Der BFH hat stets anerkannt, dass die Betriebsaufgabe einer gewissen Zeit bedarf und daher der anzuerkennende Zeitraum nicht zu eng bemessen werden darf (BFH, Urteil v. 16.9.1966 - VI 118-199/65, BStBl 1967 III S. 70 und 72). Welcher Zeitraum noch „kurz" ist, lässt sich nicht schematisch bestimmen, sondern hängt von den Umständen des Einzelfalls ab. Eine Frist i. H. von sechs Monaten ist auf jeden Fall unschädlich (BFH, Urteil v. 25.11.1993 - IV R 19/92, BFH/NV 1994 S. 540, XAAAB-33854).

Verwaltungsseitig wird eine Betriebsaufgabe anerkannt, wenn die Betriebsaufgabe innerhalb eines Zeitraums i. H. von bis zu 18 Monaten erfolgt (BMF, Schreiben v. 20.11.2019, BStBl 2019 I S. 1291, Rz. 15). Der gesetzte Zeitrahmen i. H. von 18 Monaten bringt Rechts- und Planungssicherheit. Dennoch sind stets die Umstände des Einzelfalls, insbesondere Struktur und Umfang des betrieblichen Vermögens, zu berücksichtigen und im Ausnahmefall kürzere oder längere Zeitspannen denkbar (so Viskorf/Wegener, ZEV 2020 S. 85 unter 3.1.2).

Bei einer Betriebsaufgabe muss der Steuerpflichtige zum Zeitpunkt der Beendigung der Betriebsaufgabe das 55. Lebensjahr vollendet haben (so m. E. zutreffend Kanzler, FR 1995 S. 851, und Wendt, FR 2000 S. 1199 und 1201). Die Betriebsaufgabe ist zu dem Zeitpunkt beendet, zu dem das letzte Wirtschaftsgut, das zu den wesentlichen Betriebsgrundlagen gehört, veräußert oder in das Privatvermögen überführt wird (BFH, Urteile v. 21.5.1992 - X R 77-79/90, BFH/NV 1992 S. 659, LAAAB-33618, und v. 19.5.2005 - IV R 17/02, BStBl 2005 II S. 637). Da A zum Zeitpunkt der Veräußerung der letzten wesentlichen Betriebsgrundlage, d. h. des Grundstücks 2, das 55. Lebensjahr vollendet hat, kann ihm auf Antrag ein Freibetrag i. H. von 45.000 € gewährt werden. Der Freibetrag ist insgesamt nur einmal zu gewähren (BFH, Beschluss v. 19.7.1993 - GrS 2/92, BStBl 1993 II S. 897 und 902).

Fraglich ist, in welchem Veranlagungszeitraum der Freibetrag zu berücksichtigen ist. In der Literatur wird hierzu die Ansicht vertreten, dass im Fall einer jahresübergreifenden Betriebsaufgabe der Freibetrag zunächst von dem im ersten Veranlagungszeitraum angefallenen Veräußerungs- oder Aufgabegewinn und – soweit noch nicht verbraucht – im folgenden Veranlagungszeitraum abzuziehen sei (Schmidt/Wacker, EStG, 43. Aufl. 2024, § 16 Rz. 577). Nach anderer Auffassung ist der Freibetrag nach dem Verhältnis der in den einzelnen Veranlagungszeiträumen erzielten Teile des Gesamtgewinns oder antragsgemäß aufzuteilen (Kanzler, FR 1995 S. 851 f.). Höchstrichterlich ist diese Frage – soweit ersichtlich – noch nicht entschieden. Die Finanzverwaltung stellt sich auf den Standpunkt, dass der Freibetrag anteilig aufzuteilen ist (BMF, Schreiben v. 20.12.2005, BStBl 2006 I S. 7, zu I.). Diese Lösung hat den Vorteil, Progressionsspitzen abzubauen. Der Freibetrag ist danach wie folgt auf die Jahre 2023 und 2024 aufzuteilen:

Freibetrag 2023: $^1/_3$ von 45.000 € =	15.000 €
Freibetrag 2024: $^2/_3$ von 45.000 € =	+ 30.000 €
Freibetrag insgesamt	45.000 €

FALL 230

Einmalige Gewährung des Freibetrags

Sachverhalt: Der 60 Jahre alte Einzelgewerbetreibende A hat im Jahr 2023

- einen gewerblichen Teilbetrieb (Veräußerungsgewinn 40.000 €) und
- einen Mitunternehmeranteil an der X-KG (Veräußerungsgewinn 30.000 €)

veräußert.

Er beantragt, den Gewinn aus der Veräußerung des Teilbetriebs i. H. von 40.000 € sowie 5.000 € des Gewinns aus der Veräußerung des Mitunternehmeranteils steuerfrei zu lassen.

AUFGABE

In welcher Höhe steht A der Freibetrag gem. § 16 Abs. 4 EStG zu?

LÖSUNG

Der Freibetrag gem. § 16 Abs. 4 EStG ist dem Steuerpflichtigen nur einmal zu gewähren (§ 16 Abs. 4 Satz 2 EStG). „Einmal" bedeutet in diesem Zusammenhang: Nur einmal im Leben für ein „Objekt", auch wenn der Steuerpflichtige mehrere Betriebe oder Teilbetriebe hat (BFH, Urteile v. 27.10.2015 - X R 44/13, BStBl 2016 II S. 278, Rz. 30, und v. 3.5.2017 - X R 12/14, BFH/NV 2017 S. 1485, Rz. 72, XAAAG-57378; OFD Saarbrücken, Vfg. 4.6.1997 - S 2242 - 27 - St 221, DStR 1997 S. 1165) oder an mehreren Personengesellschaften als Mitunternehmer beteiligt ist. Ein Verbrauch des Freibetrags tritt auch ein, wenn der Freibetrag in einem früheren Veranlagungszeitraum zu Unrecht gewährt wurde (BFH, Urteil v. 21.7.2009 - X R 2/09, BStBl 2009 II S. 963; BFH, Beschluss v. 1.12.2015 - X B 111/15, BFH/NV 2016 S. 199, PAAAF-19016).

Der Freibetrag kann nur einmal im Leben gewährt werden, dafür aber in voller Höhe, auch wenn „nur" ein Teilbetrieb oder Mitunternehmeranteil veräußert wird. Veräußerungs- und Aufgabefreibeträge, die für Veräußerungen oder Aufgaben vor dem 1.1.1996 in Anspruch genommen wurden, werden nicht angerechnet (§ 52 Abs. 34 Satz 5 EStG). Hat der Steuerpflichtige in einem Veranlagungszeitraum mehrere selbständige Betriebe oder einen Teilbetrieb und einen Mitunternehmeranteil veräußert, kann er dennoch den Freibetrag nur einmal beanspruchen. Er hat jedoch ein Wahlrecht, bei welchem Objekt er den Freibetrag abziehen will (R 16 Abs. 13 Satz 7 EStR). Nicht verbrauchte Teile des Freibetrags können nicht bei einer anderen Veräußerung in Anspruch genommen werden (R 16 Abs. 13 Satz 4 EStR). A kann daher nur ein Freibetrag i. H. von maximal 40.000 € gewährt werden; der Gewinn aus der Teilbetriebsveräußerung bleibt bei einem entsprechenden Antrag von A komplett steuerfrei.

Bei mehreren – zeitlich zusammenhängenden – privilegierten Veräußerungsvorgängen kann also der Teil des Freibetrags, der bei einer Veräußerung noch nicht ausgeschöpft worden ist, bei dem anderen Veräußerungsvorgang nicht berücksichtigt werden. Der BFH ist der Verwaltungsauffassung gefolgt (BFH, Urteil v. 3.5.2017 - X R 12/14, BFH/NV 2017 S. 1485, XAAAG-57378). Eine erweiternde Auslegung des § 16 Abs. 4 EStG dahingehend, dass der Höchstbetrag bei mehreren Veräußerungen auf die einzelnen Veräußerungen aufgeteilt wird bzw. dass wirtschaftlich (oder zeitlich) zusammenhängende Veräußerungen als lediglich eine Veräußerung angesehen werden, kommt nicht in Betracht.

FALL 230A

Geänderte Ausübung des Wahlrechts auf Gewährung des Freibetrags

Sachverhalt: Der 65 Jahre alte A erzielte im Jahr 2023 sowohl als Einzelunternehmer als auch durch eine Kommanditbeteiligung an der X-KG Einkünfte aus Gewerbebetrieb. Am 30.6.2023 gab A den Betrieb seines Einzelunternehmens auf. Zum 31.12.2023 schied er aus der X-KG aus.

Er beantragte in seiner Einkommensteuererklärung 2023 zunächst den Freibetrag für den Aufgabegewinn aus seinem Einzelunternehmen i. H. von 5.000 €. Nach Rechtskraft des Einkommensteuerbescheids 2023 änderte das Finanzamt diesen gem. § 175 Abs. 1 Satz 1 AO, weil das für die X-KG zuständige Betriebsstättenfinanzamt dem Wohnsitzfinanzamt von A im Feststellungsverfahren mitgeteilt hat, dass dieser aufgrund seines Ausscheidens zum 31.12.2023 aus der X-KG einen Veräußerungsgewinn i. H. von 40.000 € erzielt habe.

A legt gegen den geänderten Einkommensteuerbescheid 2023 fristgerecht Einspruch ein und beantragt, den Freibetrag „auszuwechseln", d. h., ihm für den Gewinn aus der Veräußerung des Kommanditanteils den Freibetrag gem. § 16 Abs. 4 EStG i. H. von 40.000 € zu gewähren.

AUFGABE

Kann A ein Freibetrag i. H. von 40.000 € gewährt werden?

LÖSUNG

Der Freibetrag gem. § 16 Abs. 4 EStG wird personenbezogen und nur auf Antrag gewährt. Er ist dem Steuerpflichtigen für alle Gewinneinkunftsarten (Gewerbebetrieb, Betrieb eines selbständig Tätigen sowie land- und forstwirtschaftlicher Betrieb) nur einmal im Leben zu gewähren (BFH, Urteil v. 21.7.2009 - X R 2/09, BStBl 2009 II S. 963). Hat der Steuerpflichtige in einem Veranlagungszeitraum mehrere selbständige Betriebe oder einen Teilbetrieb und einen Mitunternehmeranteil veräußert, kann er dennoch den Freibetrag nur einmal beanspruchen. Er kann jedoch wählen, bei welchem Objekt er den Freibetrag abziehen will (R 16 Abs. 13 Satz 7 EStR). Der Freibetrag ist auch dann voll verbraucht, wenn der Veräußerungs- oder Aufgabegewinn niedriger ist als der Freibetrag, dieser also nicht voll ausgeschöpft wurde. Nicht verbrauchte Teile des Freibetrags können nicht bei einer anderen Veräußerung oder Aufgabe in Anspruch genommen werden (R 16 Abs. 13 Satz 4 EStR).

Fraglich und praxisrelevant ist, ob ein Steuerpflichtiger, der in einem Kalenderjahr mehrere Veräußerungsgewinne erzielt hat, den Antrag auf Gewährung des Freibetrags nach bereits ausgeübtem Wahlrecht und Bestandskraft dieses Bescheids noch ändern kann, wenn im Rahmen einer Änderungsveranlagung ein weiterer – höherer – Veräußerungsgewinn berücksichtigt wird.

Nach der Rechtsprechung des BFH (Urteil v. 27.10.2015 - X R 44/13, BStBl 2016 II S. 278) kann A sein durch § 16 Abs. 4 EStG eröffnetes Antragsrecht im Einspruchsverfahren gegen den Änderungsbescheid 2023 anderweitig ausüben. Damit steht ihm der Freibetrag nunmehr für den Gewinn aus der Veräußerung der KG-Beteiligung (= 40.000 €) zu.

Im hier vorliegenden Fall wird die zeitliche Grenze für die Möglichkeit der erstmaligen oder geänderten Ausübung eines Antrags- oder Wahlrechts nach Auffassung des BFH nicht durch die formelle Bestandskraft des Erstbescheids, sondern erst durch die formelle Bestandskraft des steuererhöhenden Änderungsbescheids gezogen, sofern die steuerlichen Auswirkungen der Ausübung des Antrags- oder Wahlrechts nicht über den durch § 351 Abs. 1 AO gezogenen Rahmen hinausgehen. Danach ist die Anfechtbarkeit des geänderten Einkommensteuerbescheids auf den Umfang der Änderung beschränkt, d. h., die unter Berücksichtigung der geänderten Wahlrechtsausübung festzusetzende Steuer darf nicht die im ursprünglichen Steuerbescheid festgesetzte Steuer unterschreiten (Korn, KÖSDI 2017 S. 20128 f.).

A steht daher für den Gewinn aus der Veräußerung seiner KG-Beteiligung ein Freibetrag gem. § 16 Abs. 4 EStG i. H. von 40.000 € zu. Der bisher für den Gewinn aus der Aufgabe des Einzelunternehmens i. H. von 5.000 € gewährte Freibetrag muss jedoch gegengerechnet werden. Genau genommen muss m. E. der Freibetrag i. H. von 5.000 € rückgängig gemacht und der Freibetrag i. H. von 40.000 € neu gewährt werden.

FALL 231

Veräußerung eines Einzelunternehmens mitsamt GmbH-Beteiligung bei Betriebsaufspaltung

Sachverhalt: Zwischen dem 65 Jahre alten Einzelunternehmer A (Besitzunternehmen) und der X-GmbH (Betriebsunternehmen) besteht eine Betriebsaufspaltung. A hat der X-GmbH, deren Anteile er allein hält, ein Gebäudegrundstück vermietet. Zum notwendigen Betriebsvermögen des Besitzunternehmens gehören das Gebäudegrundstück und die GmbH-Beteiligung.

A veräußerte am 1.10.2023 sein Einzelunternehmen mitsamt der GmbH-Beteiligung. Der gesamte Veräußerungsgewinn beträgt 160.000 €; davon entfallen auf die GmbH-Beteiligung 100.000 € und auf das übrige Betriebsvermögen (Betriebsgrundstück) 60.000 €:

Veräußerungsgewinn GmbH-Anteile	100.000 €
davon steuerfrei gem. § 3 Nr. 40 und § 3c Abs. 2 EStG (40 %)	- 40.000 €
Steuerpflichtiger Teil des Veräußerungsgewinns	60.000 €
Veräußerungsgewinn des Gebäudegrundstücks	+ 60.000 €
Steuerpflichtiger Veräußerungsgewinn insgesamt	120.000 €

AUFGABE

In welcher Höhe steht A der Freibetrag gem. § 16 Abs. 4 EStG zu?

LÖSUNG

Gewinne aus der Veräußerung von Anteilen an einer Kapitalgesellschaft unterliegen vorrangig dem Teileinkünfteverfahren und sind daher insoweit von einer tarifermäßigten Besteuerung ausdrücklich ausgenommen (§ 3 Nr. 40 Satz 1 Buchst. b i.V. mit § 34 Abs. 2 Nr. 1 EStG). Für Gewinne aus der Veräußerung von Anteilen an Kapitalgesellschaften, die dem Teileinkünfteverfahren unterliegen, werden weder die Fünftel-Regelung gem. § 34 Abs. 1 EStG noch der begünstigte Steuersatz gem. § 34 Abs. 3 EStG gewährt. Bei Vorliegen der entsprechenden Voraussetzungen kann jedoch der Freibetrag gem. § 16 Abs. 4 EStG beantragt werden.

Vorliegend beträgt der Gesamtgewinn aus der Betriebsveräußerung 160.000 €, wovon 100.000 € auf die GmbH-Beteiligung entfallen. Der Gewinn aus der Veräußerung der GmbH-Anteile bleibt i. H. von 40 % (= 40.000 €) steuerfrei und ist daher auch bei der Frage, ob die 136.000 €-Grenze des § 16 Abs. 4 Satz 3 EStG überschritten ist, nicht einzubeziehen (R 16 Abs. 13 Satz 10 EStR). A steht daher der volle Freibetrag i. H. von 45.000 € zu.

Umfasst der Veräußerungsgewinn auch dem Teileinkünfteverfahren unterliegende Gewinne, ist nach früherer Meinung der Finanzverwaltung der Freibetrag gem. § 16 Abs. 4 EStG entsprechend den Anteilen der Gewinne, die dem ermäßigten Steuersatz i. S. des § 34 EStG unterliegen, und der Gewinne, die im Halb- bzw. jetzt Teileinkünfteverfahren zu versteuern sind, am Gesamtgewinn aufzuteilen (so BMF, Schreiben v. 20.12.2005, BStBl 2006 I S. 7, zu II.).

Der BFH hat der Auffassung der Finanzverwaltung eine Absage erteilt (BFH, Urteil v. 14.7.2010 - X R 61/08, BStBl 2010 II S. 1011). Mit dem Freibetrag und der Tarifermäßigung soll nach der Meinung des BFH eine Meistbegünstigung der Steuerpflichtigen erreicht werden. Der Grundsatz der Meistbegünstigung gebietet, dass der Freibetrag vorrangig mit nicht tarifbegünstigten Veräußerungsgewinnen verrechnet wird. Der Freibetrag i. H. von 45.000 € muss also hier vorrangig mit dem steuerpflichtigen Teil des Veräußerungsgewinns i. H. von 60.000 € verrechnet werden, der dem Teileinkünfteverfahren unterliegt:

Steuerpflichtiger Veräußerungsgewinn (Teileinkünfteverfahren)	60.000 €
Voller Freibetrag	- 45.000 €
Mit dem regulären Steuersatz zu versteuern	15.000 €

Veräußerungsgewinn des übrigen Betriebsvermögens	60.000 €
Freibetrag	- 0 €
Gemäß § 34 Abs. 3 EStG auf Antrag tarifbegünstigt zu versteuern	60.000 €

FALL 232

Freibetrag bei Veräußerung des ganzen Gewerbebetriebs einer Personengesellschaft

Sachverhalt: Die X-OHG, an der A und B zu je 50 % beteiligt sind, veräußert am 31.12.01 ihren Gewerbebetrieb und erzielt hierbei einen Veräußerungsgewinn i. H. von 160.000 €, der je zur Hälfte auf A und B entfällt. Zum Zeitpunkt der Betriebsveräußerung hat nur B das 55. Lebensjahr vollendet.

AUFGABEN

1. Wie hoch sind die A und B zu gewährenden Freibeträge gem. § 16 Abs. 4 EStG?
2. Ist im Rahmen der gesonderten und einheitlichen Gewinnfeststellung der X-OHG oder im Rahmen der Einkommensteuerveranlagungen der Gesellschafter über die Höhe des Freibetrags zu entscheiden?

LÖSUNG

Zu 1

Bei der Veräußerung des ganzen Gewerbebetriebs einer Personengesellschaft steht den einzelnen Mitunternehmern für ihren Anteil am Veräußerungsgewinn ein Freibetrag nur zu, wenn sie in ihrer Person die Voraussetzungen für die Gewährung des Freibetrags erfüllen (§ 16 Abs. 4 EStG). Erfüllt – wie hier – nur einer der Mitunternehmer die Voraussetzungen für den Freibetrag, kann der Freibetrag auch nur diesem Mitunternehmer gewährt werden:

Freibetrag A 0 €

Der Veräußerungsgewinnanteil von A i. H. von 80.000 € wird nach der Fünftel-Regelung besteuert (§ 34 Abs. 1 EStG).

Freibetrag B 45.000 €

Vom Veräußerungsgewinnanteil von B i. H. von 80.000 € bleiben auf Antrag 45.000 € steuerfrei. Der steuerpflichtige Teil i. H. von 80.000 € - 45.000 € = 35.000 € wird nach der Fünftel-Regelung oder auf Antrag mit dem ermäßigten Steuersatz besteuert (§ 34 Abs. 1 oder 3 EStG).

Zu 2

In der Praxis der Finanzämter wird im Rahmen der gesonderten und einheitlichen Gewinnfeststellung nur die Höhe des auf den Gesellschafter entfallenden Veräußerungsgewinns festgestellt. Der steuerfrei bleibende Teil des Veräußerungsgewinns wird dann bei der Einkommensteuerveranlagung des Gesellschafters nach Maßgabe seiner persönlichen Verhältnisse berücksichtigt (R 16 Abs. 13 Satz 1 und 2 EStR). Dieses Verfahren ist von der Rechtsprechung ausdrücklich gebilligt worden (BFH, Urteil v. 10.7.1986 - IV R 12/81, BStBl 1986 II S. 811).

HINWEIS

Die Entscheidung, ob mit Blick auf den Charakter eines festgestellten Veräußerungsgewinns ein Freibetrag gem. § 16 Abs. 4 EStG zu gewähren ist – d. h. ob die festgestellten Einkünfte den Ansatz eines Freibetrags in sachlicher Hinsicht rechtfertigen – zählt zu einer für die Einkommensteuerveranlagung bindenden Entscheidung des Feststellungsfinanzamts. Das Veranlagungsfinanzamt darf nur über die persönlichen Voraussetzungen des Freibetrags (Alter, Berufsunfähigkeit und Objektbeschränkung) eigenständig entscheiden (BFH, Urteil v. 9.6.2015 - X R 6/13, BStBl 2016 II S. 216, Rz. 16; FG Köln, Urteil v. 18.5.2016 - 11 K 441/14, EFG 2016 S. 1148, Rz. 33, PAAAF-78808).

FALL 233

Freibetrag bei dauernder Berufsunfähigkeit

Sachverhalt: A ist die Alleinerbin ihres am 31.1.02 im Alter von 56 Jahren verstorbenen Ehemannes. Dieser war als Steuerberater selbständig tätig gewesen. Im Januar 02 hatte er einen Herzinfarkt erlitten, an dessen Folgen er verstarb. Die 50 Jahre alte A, die selbst nicht über die berufsrechtlichen Voraussetzungen zur Fortführung der Steuerberaterpraxis verfügt, veräußerte diese Praxis mit Wirkung vom 1.5.02 an einen anderen Steuerberater; sie erzielte einen Veräußerungsgewinn i. H. von 130.000 €.

AUFGABE

Steht A der Freibetrag gem. § 16 Abs. 4 EStG für den Veräußerungsgewinn zu?

LÖSUNG

Der Freibetrag wird – unabhängig vom Lebensalter des Steuerpflichtigen – auch gewährt, wenn der Steuerpflichtige zum Zeitpunkt der Veräußerung oder Aufgabe „im sozialversicherungsrechtlichen Sinne" dauernd berufsunfähig ist (§ 16 Abs. 4 Satz 1 EStG). Der Gesetzgeber will mit dem Freibetrag wegen dauernder Berufsunfähigkeit bei solchen Steuerpflichtigen Härten mildern, die infolge dauernder Berufsunfähigkeit ihren Betrieb, Teilbetrieb oder Mitunternehmeranteil veräußern. Die Gewährung des Freibetrags setzt voraus, dass der veräußernde Steuerpflichtige (Unternehmer oder Freiberufler) zum Zeitpunkt der Veräußerung dauernd berufsunfähig im sozialversicherungsrechtlichen Sinne ist. Eine dauernde Berufsunfähigkeit im sozialversicherungsrechtlichen Sinne ist gegeben, wenn zum einen die Voraussetzungen des § 240 Abs. 2 SGB VI erfüllt sind und dieser Zustand zum anderen nicht nur in einem geringeren Ausmaß zeitlich befristet ist (BFH, Urteil v. 14.12.2022 - X R 10/21, BStBl 2023 II S. 807, Rz. 23 f.).

Das Ableben eines Freiberuflers führt weder zu einer Betriebsaufgabe (§ 16 Abs. 3 und § 18 Abs. 3 EStG) noch geht das der freiberuflichen Tätigkeit dienende Betriebsvermögen durch Erbfall in das Privatvermögen der Erben über (BFH, Urteile v. 12.3.1992 - IV R 29/91, BStBl 1993 II S. 36, und v. 2.3.2011 - II R 5/09, BFH/NV 2011 S. 1147, Rz. 30, HAAAD-83671). Vorliegend hat A die Praxis veräußert, daher ist ihr auch der Veräußerungsgewinn zuzurechnen. Die Entstehung des Freibetrags knüpft an das dingliche Erfüllungsgeschäft an (BFH, Urteil v. 9.6.2015 - X R 6/13, BStBl 2016 II S. 216, Rz. 17; offen gelassen BFH, Urteil v. 14.12.2022 - X R 10/21, BStBl 2023 II S. 807, Rz. 26). A steht kein Freibetrag zu, weil weder die Altersvoraussetzung noch die Voraussetzung der dauernden Berufsunfähigkeit in ihrer Person vorliegen; rechtlich unerheblich ist, dass A aus rechtlichen oder tatsächlichen Gründen nicht in der Lage ist, die freiberufliche Praxis selbst weiterzuführen (BFH, Urteil v. 3.7.1991 - X R 26/90, BFH/NV 1991 S. 813, WAAAB-32758).

FALL 234

Ausfall der aufgrund einer Betriebsveräußerung entstandenen Kaufpreisforderung

Sachverhalt: Der 62 Jahre alte Einzelgewerbetreibende A veräußert am 31.12.01 seinen Gewerbebetrieb für 320.000 € an B. Das steuerliche Kapitalkonto von A beträgt zum Zeitpunkt der Veräußerung 100.000 €. Käufer und Verkäufer vereinbaren, dass der Kaufpreis i. H. von

320.000 € in zwei Jahresraten i. H. von je 160.000 € entrichtet werden kann: Die erste Rate wird am 31.12.01 fällig und die zweite Rate am 31.12.02. Auf eine Verzinsung der zweiten Rate wird verzichtet.

Das Finanzamt setzt bei der Einkommensteuerveranlagung 01 den Veräußerungsgewinn auf Antrag von A wie folgt an:

Veräußerungspreis	320.000 €
abzgl. Kapitalkonto	- 100.000 €
Gemäß § 34 Abs. 3 EStG tarifermäßigt zu besteuernder Veräußerungsgewinn	220.000 €

Ende des Jahres 02 beantragt der Käufer des Betriebs die Eröffnung des Insolvenzverfahrens. A fällt mit der am 31.12.02 fälligen Restkaufpreisforderung i. H. von 160.000 € aus.

AUFGABE

Wie wirkt sich der Ausfall der Restkaufpreisforderung bei A steuerlich aus?

LÖSUNG

Der nachträgliche Ausfall der aufgrund einer Betriebsveräußerung entstandenen Kaufpreisforderung führt nach dem Beschluss des Großen Senats des BFH (Beschluss v. 19.7.1993 - GrS 2/92, BStBl 1993 II S. 897) zu einer rückwirkenden Änderung des Veräußerungsgewinns. Der Große Senat ist der Ansicht, dass in den Fällen, in denen die gestundete Kaufpreisforderung für die Veräußerung eines Gewerbebetriebs in einem späteren Veranlagungszeitraum ganz oder teilweise uneinbringlich wird, ein Ereignis mit steuerlicher Rückwirkung auf den Zeitpunkt der Veräußerung darstellt (§ 175 Abs. 1 Satz 1 Nr. 2 AO). Der Vorgang ist danach noch dem betrieblichen Bereich zuzuordnen.

Diese Betrachtung hat hier zur Folge, dass die Einkommensteuerveranlagung 01 von A nach der genannten Vorschrift zu ändern ist. Bei der geänderten Veranlagung ist der Veräußerungsgewinn – ausgehend von einem Veräußerungserlös i. H. von nur 160.000 € – wie folgt anzusetzen:

Berichtigter Veräußerungspreis	160.000 €
abzgl. Kapitalkonto	- 100.000 €
Berichtigter Veräußerungsgewinn	60.000 €
abzgl. Freibetrag (§ 16 Abs. 4 EStG)	- 45.000 €
Gemäß § 34 Abs. 3 EStG tarifermäßigt zu besteuernder Veräußerungsgewinn	15.000 €

10.5 Veräußerung von Anteilen an Kapitalgesellschaften (§ 17 EStG)

FALL 235

Veräußerung einer GmbH-Beteiligung nach unentgeltlichem Erwerb

Sachverhalt: A ist an der X-GmbH (Stammkapital 100.000 €), deren Wirtschaftsjahr mit dem Kalenderjahr übereinstimmt, seit deren Gründung im Jahr 2010 zu 50 % beteiligt. Die Anschaffungskosten der GmbH-Anteile von A haben 50.000 € betragen. Im Jahr 2022 übertrug A einen 0,5 %igen Anteil mit Anschaffungskosten i. H. von (50.000 € / 100 =) 500 € unentgeltlich auf seinen Sohn B. A ist danach noch zu 49,5 % an der X-GmbH beteiligt. B veräußerte den – zu seinem Privatvermögen gehörenden – 0,5 %igen Anteil im Jahr 2023 für 10.000 € an C. Die B entstandenen Veräußerungskosten betragen 1.000 €.

AUFGABE

Welche einkommensteuerlichen Folgen ergeben sich für B aufgrund der Anteilsveräußerung?

LÖSUNG

Zu den Einkünften aus Gewerbebetrieb gehört auch der Gewinn aus der Veräußerung von Anteilen an einer Kapitalgesellschaft, wenn

- die Anteile zum Privatvermögen gehören und
- der Veräußerer in den letzten fünf Jahren am Kapital der Gesellschaft unmittelbar oder mittelbar zu mindestens 1 % beteiligt war (§ 17 Abs. 1 Satz 1 EStG).

Hat der Veräußerer den veräußerten Anteil innerhalb der letzten fünf Jahre vor der Veräußerung – wie hier B – unentgeltlich erworben, genügt es für die Anwendung des § 17 Abs. 1 Satz 1 EStG, wenn der Veräußerer zwar nicht selbst, aber sein Rechtsvorgänger innerhalb der letzten fünf Jahre an der Kapitalgesellschaft zu mindestens 1 % beteiligt war (§ 17 Abs. 1 Satz 4 EStG).

Gewinne aus der Veräußerung von Anteilen an einer inländischen Kapitalgesellschaft unterliegen dem Teileinkünfte- bzw. Teilabzugsverfahren (§ 3 Nr. 40 Satz 1 Buchst. c i.V. mit § 3c Abs. 2 EStG), wenn die Anteile einer natürlichen Person zuzurechnen sind. Für Veräußerungsgewinne, die dem Teileinkünfte- bzw. Teilabzugsverfahren unterliegen, gibt es zwar den Steuerfreibetrag gem. § 17 Abs. 3 EStG, aber nicht die Tarifbegünstigung gem. § 34 Abs. 1 oder 3 EStG (§ 34 Abs. 2 Nr. 1 EStG). Der Freibetrag bezieht sich auf den steuerpflichtigen Gewinn (R 17 Abs. 9 EStR).

B entsteht aufgrund der Veräußerung des 0,5 %igen Anteils im Jahr 2023 folgender Veräußerungsgewinn:

Veräußerungspreis	10.000 €	
Steuerfrei gem. § 3 Nr. 40 Satz 1 Buchst. c EStG (40 %)	- 4.000 €	
Steuerpflichtig	6.000 €	6.000 €

Veräußerungskosten	1.000 €	
Nicht abziehbar (40 %)	- 400 €	
Abziehbar gem. § 3c Abs. 2 EStG (60 %)	600 €	- 600 €
		5.400 €
Anschaffungskosten der 0,5 %-GmbH-Beteiligung	500 €	
Nicht abziehbar (40 %)	- 200 €	
Abziehbar gem. § 3c Abs. 2 EStG (60 %)	300 €	- 300 €
Steuerpflichtiger Veräußerungsgewinn von B gem. § 17 Abs. 2 Satz 1 EStG		5.100 €

Der steuerpflichtige Veräußerungsgewinn wird zur Einkommensteuer nur herangezogen, soweit er den Teil i. H. von 9.060 € übersteigt, der dem veräußerten Anteil an der Kapitalgesellschaft entspricht (§ 17 Abs. 3 Satz 1 EStG). Der Freibetrag ermäßigt sich um den Betrag, um den der Veräußerungsgewinn den Teil i. H. von 36.100 € übersteigt, der dem veräußerten Anteil an der Kapitalgesellschaft entspricht (§ 17 Abs. 3 Satz 2 EStG). Da B nur eine 0,5 %ige Beteiligung veräußert hat, beläuft sich der Freibetrag auf 0,5 % von 9.060 € = rund 46 €. Eine Kürzung des Freibetrags gem. § 17 Abs. 3 Satz 2 EStG i. H. von 46 € ist erforderlich, weil der steuerpflichtige Veräußerungsgewinn i. H. von 5.100 € die Freibetragsgrenze i. H. von 0,5 % von 36.100 € = 181 € um 4.919 € übersteigt. Der Freibetrag beträgt somit 0 €. Der Veräußerungsgewinn ist i. H. von 5.100 € als Einkünfte aus Gewerbebetrieb zu versteuern.

FALL 236

Relevante Beteiligung bei eigenen Anteilen der Kapitalgesellschaft

Sachverhalt: A ist mit 5.000 € am Stammkapital der X-GmbH i. H. von 1 Mio. € beteiligt. Einen Geschäftsanteil i. H. von 500.000 € besitzt die X-GmbH als eigenen Anteil. Der von A gehaltene Anteil, dessen Anschaffungskosten 5.000 € betragen haben, gehört zum Privatvermögen. A veräußerte im Jahr 2023 seinen GmbH-Anteil für 8.000 €.

AUFGABE

Führt die Veräußerung des Gesellschaftsanteils bei A zu Einkünften aus Gewerbebetrieb?

LÖSUNG

Werden von einer Kapitalgesellschaft eigene Anteile gehalten, ist bei der Entscheidung, ob ein Steuerpflichtiger zu mindestens 1 % beteiligt ist, von dem um die eigenen Anteile der Kapitalgesellschaft verminderten Nennkapital auszugehen, weil die eigenen Anteile die Rechtsstellung der übrigen Anteilsinhaber nicht schmälern (BFH, Urteile v. 24.9.1970 - IV R 138/69, BStBl 1971 II S. 89, und v. 25.11.1997 - VIII R 36/96, BFH/NV 1998 S. 691, UAAAB-39321; H 17 Abs. 2 Eigene Anteile EStH 2023). An dem um die eigenen Anteile der X-GmbH verminderten Nennkapital i. H. von (1 Mio. € - 500.000 € =) 500.000 € ist A zu 1 % beteiligt. Der von ihm erzielte Veräußerungsgewinn unterliegt deshalb als Einkünfte aus Gewerbebetrieb der Einkommensteuer. Der steuerpflichtige Veräußerungsgewinn, der dem Teileinkünfteverfahren unterliegt, errechnet sich wie folgt:

Veräußerungspreis	8.000 €	
Steuerfrei gem. § 3 Nr. 40 Satz 1 Buchst. c EStG (40 %)	- 3.200 €	
Steuerpflichtig (60 %)	4.800 €	4.800 €
Anschaffungskosten der GmbH-Beteiligung	5.000 €	
Nicht abziehbar (40 %)	- 2.000 €	
Abziehbar gem. § 3c Abs. 2 EStG (60 %)	3.000 €	- 3.000 €
Steuerpflichtiger Veräußerungsgewinn von A gem. § 17 Abs. 2 Satz 1 EStG		1.800 €

HINWEIS

Von den dispositiven Vorschriften des GmbHG abweichende Vereinbarungen der Gesellschafter über das Stimmrecht, das Gewinnbezugsrecht oder die Beteiligung am Liquidationserlös beeinflussen die Höhe der Beteiligung nicht. Dies führt zu einer kapitalmäßigen Bestimmung des Begriffs der „wesentlichen Beteiligung". Für die Beteiligung am Kapital der Gesellschaft ist danach grds. der nominelle Anteil an deren Stammkapital maßgebend (BFH, Urteil v. 14.3.2006 - VIII R 49/04, BStBl 2006 II S. 746).

FALL 237

Zeitpunkt der Entstehung eines Veräußerungsgewinns gem. § 17 EStG

Sachverhalt: A ist an der X-GmbH, deren Stammkapital 100.000 € beträgt, zu 30 % beteiligt. Das Wirtschaftsjahr der X-GmbH ist mit dem Kalenderjahr identisch. Die Anschaffungskosten des Gesellschaftsanteils, der zum Privatvermögen von A gehört, haben 30.000 € betragen. A hat den GmbH-Anteil am 1.7.2017 erworben.

Mit notariellem Vertrag v. 28.12.2023 verkaufte und übertrug A seinen Anteil an der X-GmbH auf B. Als Kaufpreis wurden 60.000 € vereinbart, die der Erwerber am 22.1.2024 an A ausgezahlt hat.

AUFGABE

In welchem Kalenderjahr muss A den Veräußerungsgewinn versteuern?

LÖSUNG

Gemäß § 17 Abs. 1 EStG gehört zu den Einkünften aus Gewerbebetrieb auch der Gewinn aus der Veräußerung von Anteilen an Kapitalgesellschaften, wenn der Gesellschafter innerhalb der letzten fünf Jahre am Kapital der Gesellschaft qualifiziert beteiligt war und er die Beteiligung in seinem Privatvermögen gehalten hat. Veräußerungsgewinn i. S. des § 17 Abs. 1 EStG ist gem. § 17 Abs. 2 Satz 1 EStG der Betrag, um den der Veräußerungspreis nach Abzug der Veräußerungskosten die Anschaffungskosten übersteigt.

Nach der ständigen Rechtsprechung des BFH ist die Gewinnermittlung gem. § 17 Abs. 2 EStG nicht nach dem Zuflussprinzip des § 11 EStG vorzunehmen. Es handelt sich um eine Gewinnermittlung eigener Art (BFH, Urteil v. 12.2.1980 - VIII R 114/77, BStBl 1980 II S. 494 und 497). Da Gewinne gem. § 17 EStG gewerbliche Einkünfte darstellen, gelten hinsichtlich der Gewinnrealisierung die allgemeinen Gewinnermittlungsvorschriften. Maßgebender Zeitpunkt der Gewinn- oder Verlustrealisierung ist derjenige, zu dem bei einer Gewinnermittlung durch Betriebsvermögensvergleich gem. § 4 Abs. 1 und § 5 EStG nach handelsrechtlichen Grundsätzen ordnungsmäßiger Buchführung der Gewinn oder Verlust realisiert wäre (BFH, Urteil v. 13.10.2015 - IX R 43/14, BStBl 2016 II S. 212). Daher ist ausgeschlossen, bei der Besteuerung eines Veräußerungsgewinns i. S. des § 17 EStG auf den Zeitpunkt der Zahlung des Kaufpreises abzustellen, also auf den Zeitpunkt, der bei den Überschusseinkünften und bei der Gewinnermittlung durch Gegenüberstellung der Betriebseinnahmen und Betriebsausgaben gem. § 4 Abs. 3 EStG prinzipiell maßgeblich ist.

Maßgebender Zeitpunkt der Gewinn- oder Verlustrealisierung ist derjenige, zu dem bei einer Gewinnermittlung durch Betriebsvermögensvergleich nach handelsrechtlichen Grundsätzen ordnungsmäßiger Buchführung der Gewinn oder Verlust realisiert wäre. Der Gewinn aus der Veräußerung von Anteilen an einer Kapitalgesellschaft i. S. des § 17 Abs. 1 EStG ist grds. für den Zeitpunkt zu ermitteln, zu dem er entstanden ist. Dies ist regelmäßig der Zeitpunkt der Veräußerung, d. h. der Zeitpunkt, zu dem das rechtliche oder zumindest das wirtschaftliche Eigentum an den veräußerten Anteilen auf den Erwerber übergegangen ist (BFH, Urteile v. 20.7.2010 - IX R 45/09, BStBl 2010 II S. 969, v. 23.5.2012 - IX R 32/11, BStBl 2012 II S. 675, und v. 13.3.2018 - IX R 35/16, BFH/NV 2018 S. 936, IAAAG-89748). A muss daher den Veräußerungsgewinn bereits im Jahr 2023 versteuern. Auf den Veräußerungsgewinn ist das Teileinkünfteverfahren anzuwenden:

Veräußerungspreis	60.000 €	
Steuerfrei gem. § 3 Nr. 40 Satz 1 Buchst. c EStG (40 %)	- 24.000 €	
Steuerpflichtig (60 %)	36.000 €	36.000 €
Anschaffungskosten der GmbH-Beteiligung	30.000 €	
Nicht abziehbar (40 %)	- 12.000 €	
Abziehbar gem. § 3c Abs. 2 EStG (60 %)	18.000 €	- 18.000 €
Steuerpflichtiger Veräußerungsgewinn von A gem. § 17 Abs. 2 Satz 1 EStG		18.000 €

FALL 238

Kauf und Verkauf einer GmbH-Beteiligung in Fremdwährung

Sachverhalt: A hat am 1.7.01 eine 100 %ige Beteiligung an der X-GmbH für 100.000 Schweizer Franken (SFR) erworben. Der Kurs des SFR betrug zum Zeitpunkt der Anschaffung 0,6312 €. Der Kaufpreis wurde über das Fremdwährungskonto von A bezahlt.

Am 1.7.02 hat A die GmbH-Beteiligung für 100.000 SFR verkauft, also zum gleichen Preis wie er die Beteiligung einst gekauft hat. Der Kurs des SFR betrug zum Zeitpunkt der Veräußerung

0,9324 €. Veräußerungskosten sind A keine entstanden. Der Erlös ist dem Fremdwährungskonto von A gutgeschrieben worden.

AUFGABE

Ist A ein i. S. des § 17 EStG zu erfassender Veräußerungsgewinn entstanden?

LÖSUNG

Bei einer in Fremdwährung angeschafften „oder" veräußerten Beteiligung i. S. des § 17 Abs. 1 Satz 1 EStG sind die für die Ermittlung des Veräußerungsgewinns maßgeblichen Bemessungsgrundlagen (Anschaffungskosten, Veräußerungspreis und Veräußerungskosten) zum Zeitpunkt ihrer jeweiligen Entstehung aus der Fremdwährung in € umzurechnen (R 17 Abs. 7 Satz 1 EStR; ebenso BFH, Urteile v. 2.4.2008 - IX R 73/04, BFH/NV 2008 S. 1658, RAAAC-87372, und v. 18.11.2014 - IX R 30/13, BFH/NV 2015 S. 489, IAAAE-85681). Nicht zulässig ist es, lediglich den Saldo des in ausländischer Währung errechneten Veräußerungsgewinns/Veräußerungsverlustes zum Zeitpunkt der Veräußerung in € umzurechnen (BFH, Urteil v. 24.1.2012 - IX R 62/10, BStBl 2012 II S. 564; BFH, Beschluss v. 6.11.2015 - IX B 54/15, BFH/NV 2016 S. 194, JAAAF-18422).

Das bedeutet: Hat der Verkäufer der wesentlichen Beteiligung seine Anschaffungskosten in einer Fremdwährung bezahlt, sind diese im Rahmen der Ermittlung des Veräußerungsgewinns mit dem betreffenden Kurs zum Zeitpunkt der Anschaffung in € umzurechnen. Maßgeblich ist grds. der amtliche Umrechnungskurs zum Bewertungszeitpunkt (BFH, Urteil v. 24.1.2012 - IX R 62/10, BStBl 2012 II S. 564). Fließt dem Verkäufer beim Verkauf ein Fremdwährungsbetrag zu, ist auch dieser unter Zugrundelegung des Kurses am Tag der Übertragung des wirtschaftlichen Eigentums in € umzurechnen. Verwaltungsseitig nicht ausdrücklich geregelt ist der Fall, dass die wesentliche Beteiligung in Fremdwährung angeschafft „und" veräußert wurde. Ob auch in diesem Fall die für die Ermittlung des Veräußerungsgewinns maßgebenden Bemessungsgrundlagen (Anschaffungskosten, Veräußerungspreis und Veräußerungskosten) zum Zeitpunkt ihrer jeweiligen Entstehung nach dem amtlichen Umrechnungskurs in € umzurechnen sind, ist in der Literatur umstritten. Der BFH hat Klarheit geschaffen (BFH, Urteile v. 24.1.2012 - IX R 62/10, BStBl 2012 II S. 564, und v. 18.11.2014 - IX R 30/13, BFH/NV 2015 S. 489, Rz. 20, IAAAE-85681; BFH, Beschluss v. 6.11.2015 - IX B 54/15, BFH/NV 2016 S. 194, Rz. 6, JAAAF-18422). Danach sind zur Berechnung des Gewinns aus einer in ausländischer Währung angeschafften und veräußerten Beteiligung an einer Kapitalgesellschaft sowohl die Anschaffungskosten als auch der Veräußerungspreis zum Zeitpunkt ihres jeweiligen Entstehens in € umzurechnen und nicht lediglich der Saldo des in ausländischer Währung errechneten Veräußerungsgewinns/Veräußerungsverlustes zum Zeitpunkt der Veräußerung. Der Veräußerungsgewinn errechnet sich wie folgt:

Veräußerungserlös:	100.000 SFR x 0,9324 =	93.240 €
Anschaffungskosten:	100.000 SFR x 0,6312 =	- 63.120 €
Veräußerungsgewinn		30.120 €
Im Teileinkünfteverfahren anzusetzen	60 % von 30.120 € =	18.072 €

FALL 238A

Veräußerung eines Teils von zu verschiedenen Preisen erworbenen GmbH-Anteilen

Sachverhalt: A und B sind zu je 50 % an der X-GmbH beteiligt, die im Jahr 2010 mit einem Stammkapital i. H. von 100.000 € gegründet wurde. Die Anschaffungskosten der zum Privatvermögen gehörenden Anteile von A und B haben je 50.000 € betragen. Im Dezember 2023 hat A den Anteil von B für 150.000 € erworben, so dass er zum alleinigen Gesellschafter der X-GmbH wurde. Im Oktober 2024 veräußert A einen 50 %igen GmbH-Anteil für 150.000 € an C, der danach – ebenso wie A – zu 50 % an der X-GmbH beteiligt ist. Im Kaufvertrag ist festgelegt, dass es sich bei dem an C veräußerten GmbH-Anteil um den von A im Jahr 2023 erworbenen 50 %igen GmbH-Anteil handelt, der früher B zuzurechnen war.

AUFGABEN

1. Ist A ein i. S. des § 17 EStG zu erfassender Veräußerungsgewinn entstanden?
2. Ist A ein i. S. des § 17 EStG zu erfassender Veräußerungsgewinn entstanden, wenn im Kaufvertrag nicht bestimmt worden ist, dass es sich bei dem an C veräußerten GmbH-Anteil um den von A im Jahr 2023 erworbenen 50 %igen GmbH-Anteil handelt?

LÖSUNG

Zu 1

Zu den Einkünften aus Gewerbebetrieb gehört auch der Gewinn aus der Veräußerung von Anteilen an einer Kapitalgesellschaft, wenn der Veräußerer innerhalb der letzten fünf Jahre am Kapital der Gesellschaft unmittelbar oder mittelbar zu mindestens 1 % beteiligt war (§ 17 Abs. 1 Satz 1 EStG). Der Veräußerungsgewinn ist der Betrag, um den der Veräußerungspreis nach Abzug der Veräußerungskosten die Anschaffungskosten übersteigt (§ 17 Abs. 2 Satz 1 EStG).

Wird ein **Bruchteil eines Mitunternehmeranteils** (Mitunternehmerteilanteil) veräußert, ist zur Ermittlung des Veräußerungsgewinns ein gleichartiger Bruchteil des Kapitalkontos auch abzuziehen, wenn der Verkäufer den Mitunternehmeranteil nach und nach zu unterschiedlichen Anschaffungskosten erworben hat (BFH, Urteile v. 13.2.1997 - IV R 15/96, BStBl 1997 II S. 535, Rz. 25, und v. 20.8.2015 - IV R 34/12, BFH/NV 2016 S. 41, Rz. 19, JAAAF-08284). Da ein Anteil an einer Personengesellschaft grds. unteilbar ist, muss nach der Rechtsprechung des BFH der Buchwert eines veräußerten Teilgesellschaftsanteils im Wege einer Durchschnittsbewertung ermittelt werden. Bei Veräußerung eines Teilanteils an einer Personengesellschaft ist die Berücksichtigung der konkreten Anschaffungskosten für diesen Anteil also auch dann zu versagen, wenn er kurz zuvor erworben wurde.

Anders als bei Personengesellschaften behalten die Geschäftsanteile, die ein GmbH-Gesellschafter zu seinem ursprünglichen Anteil hinzuerwirbt, gem. § 15 Abs. 2 GmbHG ihre Selbständigkeit. Besitzt ein Steuerpflichtiger mehrere Anteile an einer unter die Bestimmungen des § 17 Abs. 1 EStG fallenden **GmbH-Anteile**, die er zu verschiedenen Zeiten und/oder zu unterschiedlichen Anschaffungskosten erworben hat, kann er im „Veräußerungsfall“ bestimmen, welche Anteile er „veräußert“. Für die Ermittlung eines Veräußerungsgewinns oder -verlusts i. S. des § 17 EStG sind dann die Anschaffungskosten des jeweils veräußerten Anteils maßgebend (BFH, Urteile v. 10.10.1978 - VIII R 126/75, BStBl 1979 II S. 77, v. 17.7.1980 - IV R 15/76, BStBl 1981 II S. 11, und v. 14.1.2020 - IX R 5/18, BStBl 2021 II S. 335, Rz. 29).

Die Identifizierung geschieht in einem solchen Fall durch die Bezugnahme auf den notariellen Erwerbsakt. Wird gem. § 15 Abs. 2 GmbHG nur ein Teil eines Anteils abgetreten, so muss angegeben werden, von welchem Anteil die Absplitterung erfolgt. Da im Kaufvertrag mit C auf den notariellen Erwerbsakt des GmbH-Anteils Bezug genommen worden ist, den A von B für 150.000 € erworben hat, entsteht kein Veräußerungsgewinn. Denn dem Veräußerungserlös i. H. von 150.000 € stehen dann Anschaffungskosten i. H. von 150.000 € gegenüber.

Zu 2

Da A bei der Veräußerung, z. B. durch die Bezugnahme auf den Erwerbsakt, nicht bestimmt hat, welche Anteile er veräußert, und damit diese Anteile nicht identifiziert hat, ist nach einer neueren Entscheidung des BFH von den durchschnittlichen Anschaffungskosten des Veräußerers auszugehen (BFH, Urteil v. 4.2.2020 - IX R 18/19, BFH/NV 2020 S. 867, XAAAH-52401). Zur Ermittlung des Veräußerungsgewinns ist wie folgt zu rechnen:

Anschaffungskosten von A:	50 %-Anteil aus dem Jahr 2010 (bei Gründung)	50.000 €
	50 %-Anteil aus dem Jahr 2023 (Erwerb von B)	+ 150.000 €
Anschaffungskosten von A insgesamt		200.000 €
Durchschnittliche Anschaffungskosten eines 50 %-Anteils: $^{1}/_{2}$ von 200.000 € =		100.000 €
Veräußerungserlös im Jahr 2024 für 50 %-Anteil (Verkauf an C)		150.000 €
Anschaffungskosten		- 100.000 €
Veräußerungsgewinn		50.000 €

Der Veräußerungsgewinn unterliegt dem Teileinkünfteverfahren (§ 3 Nr. 40 Satz 1 Buchst. c i.V. mit § 3c Abs. 2 EStG), ist also nur zu 60 % = 30.000 € steuerpflichtig. Ein anteiliger Freibetrag gem. § 17 Abs. 3 EStG ist nicht zu gewähren, da der steuerpflichtige Veräußerungsgewinn i. H. von 30.000 € die anteilige Freibetragsgrenze i. H. von 50 % von 36.100 € = 18.050 € um mehr als 4.530 € (= 50 % des Freibetrags i. H. von 9.060 €) übersteigt.

FALL 239

Höhe des Freibetrags bei Gewinnen aus der Veräußerung von Anteilen an Kapitalgesellschaften

Sachverhalt: A ist seit dem Jahr 2019 zu 50 % an der X-GmbH beteiligt. Die Anschaffungskosten des zum Privatvermögen gehörenden Gesellschaftsanteils haben 50.000 € betragen. Das Stammkapital der X-GmbH beläuft sich auf 100.000 €. Im Jahr 2023 veräußerte A seinen Gesellschaftsanteil

a) für 80.000 € an C,

b) für 85.000 € an C,

c) für 90.000 € an C (die X-GmbH besitzt in diesem Fall einen Geschäftsanteil i. H. von 20.000 € als eigenen Anteil).

AUFGABE

Wie hoch ist der Freibetrag gem. § 17 Abs. 3 EStG bzw. der zu versteuernde Veräußerungsgewinn?

LÖSUNG

Ein Veräußerungsgewinn gem. § 17 EStG ist grds. steuerpflichtig. Er ist jedoch insofern begünstigt, als für ihn ein Freibetrag i. H. von maximal 9.060 € gewährt werden kann (§ 17 Abs. 3 EStG).

Ob und in welcher Höhe ein Freibetrag gewährt werden kann, hängt davon ab, in welchem Verhältnis die veräußerten Anteile zum gesamten Kapital der Gesellschaft stehen. Der Freibetrag beträgt bei der Veräußerung einer 100 %igen Beteiligung prinzipiell 9.060 €. Wird – wie im vorliegenden Fall – nur ein Teil der Anteile an der Kapitalgesellschaft veräußert, beläuft sich der Freibetrag auf den Teil von 9.060 €, der dem veräußerten Anteil an der Kapitalgesellschaft entspricht (§ 17 Abs. 3 Satz 1 EStG).

Der Freibetrag i. H. von 9.060 € bzw. des entsprechenden Teils von 9.060 € ermäßigt sich bei höheren Veräußerungsgewinnen um den Betrag, um den der Veräußerungsgewinn 36.100 € bzw. den Teil von 36.100 € übersteigt, der dem veräußerten Anteil an der Kapitalgesellschaft entspricht (§ 17 Abs. 3 Satz 2 EStG). Der Freibetrag bezieht sich bei dem Teileinkünfteverfahren unterliegenden Veräußerungsgewinnen auf den steuerpflichtigen Teil des Veräußerungsgewinns (R 17 Abs. 9 EStR). Der Freibetrag ist – anders als der Freibetrag des § 16 Abs. 4 EStG – unabhängig vom Lebensalter oder der Berufsunfähigkeit des Veräußerers von Amts wegen zu gewähren.

Wendet man diese Grundsätze hier an, so ergibt sich im Fall a) folgender Freibetrag bzw. folgender steuerpflichtiger Veräußerungsgewinn:

Veräußerungspreis	80.000 €	
Steuerfrei gem. § 3 Nr. 40 Satz 1 Buchst. c EStG (40 %)	- 32.000 €	
Steuerpflichtig (60 %)	48.000 €	48.000 €
Anschaffungskosten der GmbH-Beteiligung	50.000 €	
Nicht abziehbar (40 %)	- 20.000 €	
Abziehbar gem. § 3c Abs. 2 EStG (60 %)	30.000 €	- 30.000 €
Steuerpflichtiger Veräußerungsgewinn gem. § 17 Abs. 2 Satz 1 EStG		18.000 €
Anteiliger Freibetrag: 50 % von 9.060 € =		- 4.530 €
Zu versteuern		13.470 €

Im Fall b) ist wie folgt zu rechnen:

Veräußerungspreis	85.000 €	
Steuerfrei gem. § 3 Nr. 40 Satz 1 Buchst. c EStG (40 %)	- 34.000 €	
Steuerpflichtig (60 %)	51.000 €	51.000 €
Anschaffungskosten der GmbH-Beteiligung	50.000 €	
Nicht abziehbar (40 %)	- 20.000 €	
Abziehbar gem. § 3c Abs. 2 EStG (50 %)	30.000 €	- 30.000 €
Steuerpflichtiger Veräußerungsgewinn gem. § 17 Abs. 2 Satz 1 EStG		21.000 €
Anteiliger Freibetrag: 50 % von 9.060 € =	4.530 €	
Zu kürzen um den Betrag, um den der steuerpflichtige Veräußerungsgewinn i. H. von 21.000 € die anteilige Freibetragsgrenze i. H. von 50 % von 36.100 € = 18.050 € übersteigt, also um (21.000 € - 18.050 € =)	- 2.950 €	- 1.580 €
Zu versteuern		19.420 €

Der Fall c) weist die Besonderheit auf, dass die X-GmbH eigene Anteile i. H. von 20.000 € besitzt. In diesem Fall müssen die von der X-GmbH gehaltenen eigenen Anteile bei der gem. § 17 Abs. 3 Satz 1 und 2 EStG gebotenen Verhältnisrechnung vom gezeichneten Kapital abgezogen werden (BFH, Urteile v. 24.9.1970 - IV R 138/69, BStBl 1971 II S. 89, und v. 25.11.1997 - VIII R 36/96, BFH/NV 1998 S. 691, Rz. 34, UAAAB-3932):

Stammkapital	100.000 €
abzgl. eigene Anteile	- 20.000 €
Maßgebliches Stammkapital	80.000 €

Der von A veräußerte Anteil im Nennwert i. H. von 50.000 € macht $^5/_8$ des maßgeblichen Kapitals aus, so dass sich folgende Berechnung ergibt:

Veräußerungspreis	90.000 €	
Steuerfrei gem. § 3 Nr. 40 Satz 1 Buchst. c EStG (40 %)	- 36.000 €	
Steuerpflichtig (60 %)	54.000 €	54.000 €
Anschaffungskosten der GmbH-Beteiligung	50.000 €	
Nicht abziehbar (40 %)	- 20.000 €	
Abziehbar gem. § 3c Abs. 2 EStG (60 %)	30.000 €	- 30.000 €
Steuerpflichtiger Veräußerungsgewinn gem. § 17 Abs. 2 Satz 1 EStG		24.000 €
Anteiliger Freibetrag: $^5/_8$ von 9.060 € =	5.662,50 €	
Zu kürzen um den Betrag, um den der steuerpflichtige Veräußerungsgewinn i. H. von 24.000 € die anteilige Freibetragsgrenze i. H. von $^5/_8$ von 36.100 € = 22.562,50 € übersteigt, also	- 1.437,50 €	- 4.225 €
Zu versteuern		19.775 €

FALL 240

Verdeckte Einlage einer GmbH-Beteiligung in eine Kapitalgesellschaft

Sachverhalt: A ist seit dem Jahr 2008 zu 40 % an der X-GmbH beteiligt, deren Stammkapital 100.000 € beträgt. Die Anschaffungskosten des Gesellschaftsanteils, der zum Privatvermögen von A gehört, entsprechen ihrem Nennwert i. H. von 40.000 €. Die X-GmbH hat ein mit dem Kalenderjahr übereinstimmendes Wirtschaftsjahr.

A ist zugleich Alleingesellschafter der im Jahr 2010 gegründeten Y-GmbH. Am 30.6.2023 übertrug A seinen 40 %-Geschäftsanteil an der X-GmbH, dessen Verkehrswert zu diesem Zeitpunkt 240.000 € beträgt, auf die Y-GmbH. A erhält von der Y-GmbH keinerlei Vergütung (reine verdeckte Einlage).

AUFGABE

Führt die Übertragung der wesentlichen Beteiligung im Wege der verdeckten Einlage bei A zu einem Veräußerungsgewinn i. S. des § 17 EStG?

LÖSUNG

Werden Anteile auf eine andere Kapitalgesellschaft übertragen, an der der Steuerpflichtige (oder eine nahe stehende Person) bereits beteiligt ist, und erhält der Steuerpflichtige – wie vorliegend – keine neuen Gesellschaftsanteile und auch keine nach dem Wert der übertragenen Anteile bemessene Bar- oder Sachvergütung, ist dies eine verdeckte Einlage. Die verdeckte Einlage von Anteilen an einer Kapitalgesellschaft auf eine andere Kapitalgesellschaft ist für die Anwendung des § 17 EStG einer entgeltlichen Veräußerung unter Ansatz des gemeinen Werts der eingebrachten Anteile als Veräußerungspreis ausdrücklich gleichgestellt (§ 17 Abs. 1 Satz 2 und Abs. 2 Satz 2 EStG). Der dem Teileinkünfteverfahren unterliegende Gewinn errechnet sich wie folgt:

Gemeiner Wert des 40 %-Anteils an der X-GmbH	240.000 €	
Steuerfrei gem. § 3 Nr. 40 Satz 1 Buchst. c EStG (40 %)	- 96.000 €	
Steuerpflichtig (60 %)	144.000 €	144.000 €
Anschaffungskosten der GmbH-Beteiligung	40.000 €	
Nicht abziehbar (40 %)	- 16.000 €	
Abziehbar gem. § 3c Abs. 2 EStG (60 %)	24.000 €	- 24.000 €
Steuerpflichtiger Veräußerungsgewinn gem. § 17 Abs. 2 Satz 1 und 2 EStG		120.000 €

FALL 241

Unmittelbare und mittelbare Beteiligung an einer Kapitalgesellschaft

Sachverhalt: A ist zu 0,5 % an der X-GmbH beteiligt, deren Wirtschaftsjahr mit dem Kalenderjahr übereinstimmt. Das Stammkapital der X-GmbH beträgt 1 Mio. €. Die Anschaffungskosten von A für die Beteiligung an der X-GmbH betragen 5.000 €. A ist außerdem zu 5 % an der Y-GmbH beteiligt, die ihrerseits zu 50 % an der X-GmbH beteiligt ist.

A veräußert im Jahr 04 seine 0,5 %-Beteiligung an der X-GmbH für 10.000 €.

AUFGABE

Fällt die Veräußerung des 0,5 %-Anteils an der X-GmbH unter § 17 EStG?

LÖSUNG

Zu den Einkünften aus Gewerbebetrieb gehört auch der Gewinn aus der Veräußerung von Anteilen an einer Kapitalgesellschaft, wenn der Veräußerer innerhalb der letzten fünf Jahre am Kapital der Gesellschaft „unmittelbar" oder „mittelbar" zu mindestens 1 % beteiligt war (§ 17 Abs. 1 Satz 1 EStG). „Mittelbar" beteiligt ist der Veräußerer, soweit eine andere Kapitalgesellschaft, an der der Veräußerer seinerseits unmittelbar beteiligt ist, Anteilseigner ist. Für die Frage, ob der Veräußerer an der Kapitalgesellschaft, deren Anteile veräußert werden, zu mindestens 1 % beteiligt ist, sind die unmittelbare und die mittelbare Beteiligung zusammenzurechnen (BFH, Urteile v. 12.6.1980 - IV R 128/77, BStBl 1980 II S. 646, und v. 9.5.2000 - VIII R 41/99, BStBl 2000 II S. 686). Vorliegend ist A zu 0,5 % unmittelbar und zu 5 % von 50 % = 2,5 %, insgesamt also zu 3 %, an der X-GmbH beteiligt. Deshalb ist die Veräußerung der 0,5 %-Beteiligung an der X-GmbH gem. § 17 EStG steuerpflichtig. Der Veräußerungsgewinn errechnet sich wie folgt:

Veräußerungspreis	10.000 €	
Steuerfrei gem. § 3 Nr. 40 Satz 1 Buchst. c EStG (40 %)	- 4.000 €	
Steuerpflichtig (60 %)	6.000 €	6.000 €
Anschaffungskosten der GmbH-Beteiligung	5.000 €	
Nicht abziehbar (40 %)	- 2.000 €	
Abziehbar gem. § 3c Abs. 2 EStG (60 %)	3.000 €	- 3.000 €
Steuerpflichtiger Veräußerungsgewinn gem. § 17 Abs. 2 Satz 1 EStG		3.000 €

FALL 241A

Veräußerung von GmbH-Anteilen an die „eigene" GmbH

Sachverhalt: Am Stammkapital der A-GmbH i. H. von 200.000 € ist A zu 100 % beteiligt. Die Anschaffungskosten für die Anteile haben 200.000 € betragen.

Fall 241A

Im Jahr 2023 gliederte die A-GmbH einen Betrag i. H. von 300.000 € aus ihren freien Rücklagen in eine zweckgebundene Rücklage zum Erwerb eigener Anteile um. Am 30.11.2023 veräußert A seine 100 %ige Beteiligung zur Hälfte an die A-GmbH zum Kaufpreis i. H. von 300.000 €, dem ein Wertgutachten zugrunde liegt.

AUFGABE

Stellt der entgeltliche Erwerb eigener Anteile durch die A-GmbH auf der Ebene des Gesellschafters A ein Veräußerungsgeschäft i. S. des § 17 Abs. 1 EStG dar?

LÖSUNG

Bis zum Inkrafttreten des Gesetzes zur Modernisierung des Bilanzrechts (BilMoG) v. 25.9.2009, BGBl 2009 I S. 1102, wurden der Erwerb und die Veräußerung eigener Anteile sowohl bei der Gesellschaft als auch beim Anteilseigner handels- und steuerrechtlich grds. als Anschaffungs- bzw. Veräußerungsgeschäft behandelt. Auf der Ebene der Gesellschaft wurde der Erwerb der Anteile als Anschaffungsvorgang behandelt, mit der Folge, dass die Anteile als Vermögensgegenstand bzw. Wirtschaftsgut zu aktivieren waren. Seit dem Inkrafttreten des BilMoG werden der Erwerb und die Veräußerung eigener Anteile rechtsformunabhängig auf der Ebene der Gesellschaft einheitlich als Kapitalmaßnahmen behandelt. Ein Ansatz von eigenen Anteilen als Vermögensgegenstand bzw. Wirtschaftsgut ist nicht mehr zulässig. Bei dem Erwerb eigener Anteile handelt es sich „wirtschaftlich betrachtet" nicht um einen Anschaffungsvorgang, sondern um eine Kapitalherabsetzung.

Nach Inkrafttreten des BilMoG folgt nach Ansicht der Finanzverwaltung auf der Ebene der Gesellschaft die steuerrechtliche Behandlung des Erwerbs eigener Anteile nunmehr der wirtschaftlichen Betrachtungsweise des Handelsrechts. Danach sind der Erwerb und die Veräußerung eigener Anteile auch in der Steuerbilanz der Gesellschaft nicht als Anschaffungs- oder Veräußerungsvorgang, sondern wie eine Kapitalherabsetzung oder Kapitalerhöhung zu behandeln. Der Erwerb eigener Anteile stellt bei der Gesellschaft keinen Anschaffungsvorgang dar, sondern ist wie eine Herabsetzung des Nennkapitals zu behandeln (BMF, Schreiben v. 27.11.2013, BStBl 2013 I S. 1615, Rz. 8 f.).

Nach Inkrafttreten des BilMoG ist beim Erwerb eigener Anteile seitens der Kapitalgesellschaft auf der Passivseite zwingend eine Kürzung vom Eigenkapital vorzunehmen. Der Nennbetrag der erworbenen eigenen Anteile ist in einer Vorspalte offen von dem Posten „Gezeichnetes Kapital" abzusetzen und der Unterschiedsbetrag zwischen dem Nennbetrag und den Anschaffungskosten der eigenen Anteile ist mit den frei verfügbaren Rücklagen zu verrechnen (§ 272 Abs. 1a Satz 1 und 2 HGB). Aufwendungen, die Anschaffungsnebenkosten sind, sind Aufwand des Geschäftsjahrs (§ 272 Abs. 1a Satz 3 HGB). Diese Bilanzierung knüpft an die Beurteilung an, dass der Erwerb eigener Anteile zwar nicht rechtlich, aber sehr wohl wirtschaftlich einer Kapitalherabsetzung gleichkommt, auch wenn die eigenen Anteile ohne formale Einziehung bestehen bleiben.

Ob der Erwerb eigener Anteile durch eine GmbH auch nach der Änderung der Bilanzierungsregelungen durch das BilMoG (§ 272 Abs. 1a und 1b HGB) Auswirkungen auf der Ebene des Gesellschafters bewirkt, war nicht klar. Die Finanzverwaltung vertritt die Auffassung, dass der Erwerb eigener Anteile durch die Gesellschaft ein Veräußerungsgeschäft beim Anteilseigner darstellt, das nach den allgemeinen Grundsätzen der Besteuerung unterliegt (BMF, Schreiben v. 27.11.2013, BStBl 2013 I S. 1615, Rz. 20 Satz 1).

Der BFH hat diese Frage dahingehend beantwortet, dass auf der Ebene des veräußernden Gesellschafters der entgeltliche Erwerb eigener Anteile durch die GmbH ein Veräußerungsgeschäft i. S. des § 17 Abs. 1 EStG darstellt (BFH, Urteil v. 6.12.2017 - IX R 7/17, BStBl 2019 II S. 213, unter Bestätigung des BMF-Schreibens v. 27.11.2013, BStBl 2013 I S. 1615, Rz. 20 Satz 1). Die durch das BilMoG auf der Ebene der Kapitalgesellschaft geänderte Behandlung eigener Anteile hat danach keine Auswirkung auf der Ebene der Anteilseigner bewirkt. Insoweit stellt der entgeltliche Erwerb eigener Anteile durch die GmbH auf der Ebene des veräußernden Gesellschafters nach den allgemeinen Regeln auch nach dem Inkrafttreten des BilMoG weiterhin ein Veräußerungsgeschäft i. S. des § 17 Abs. 1 EStG dar. Der an den veräußernden A bezahlte Kaufpreis stellt einen Veräußerungspreis i. S. des § 17 Abs. 2 Satz 1 EStG dar, der gem. § 3 Nr. 40 Satz 1 Buchst. c EStG zu 40 % steuerfrei ist. Andererseits dürfen die von A für die Anteile aufgewendeten Anschaffungskosten gem. § 3c Abs. 2 Satz 1 EStG nur zu 60 % abgezogen werden (Glaser, DStRK 2018 S. 126):

Veräußerungspreis	300.000 €	
Steuerfrei gem. § 3 Nr. 40 Satz 1 Buchst. c EStG (40 %)	- 120.000 €	180.000 €
Anschaffungskosten veräußerte Anteile: 50 % von 200.000 € =	100.000 €	
Abzugsfähig (60 %)		- 60.000 €
Veräußerungsgewinn		120.000 €

Der Veräußerungsgewinn kann nicht begünstigt besteuert werden (§ 34 Abs. 2 Nr. 1 EStG).

Anmerkung: Beschließen die Gesellschafter der GmbH, die u. a. für Ausschüttungen zur Verfügung stehende freie Gewinnrücklage (teilweise) in eine zweckgebundene Rücklage für die Anschaffung eigener Anteile umzuwandeln, erhöhen sich dadurch nicht die Anschaffungskosten des Gesellschafters für die (später) an die Gesellschaft veräußerten (eigenen) Anteile. Voraussetzung dafür wäre eine Einlage oder einlageähnliche Zuführung in das Gesellschaftsvermögen (BFH, Urteil v. 6.12.2017 - IX R 7/17, BStBl 2019 II S. 213; zur Anwendung vgl. BMF, Schreiben v. 5.4.2019, BStBl 2019 I S. 257).

10.6 Einkünfte aus nichtselbständiger Arbeit (§ 19 EStG)

Vorbemerkungen

Einnahmen aus nichtselbständiger Arbeit bezieht, wer **Arbeitnehmer** ist. „Arbeitnehmer" ist gem. § 1 LStDV eine natürliche Person, die im öffentlichen oder privaten Dienst angestellt oder beschäftigt ist oder war und **Arbeitslohn** erhält aus einem

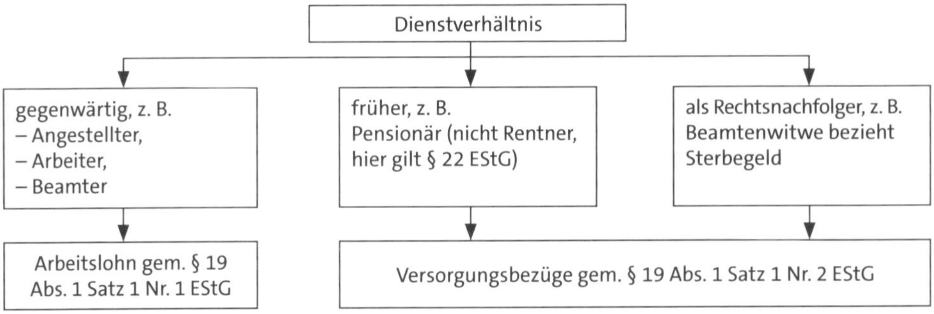

Abgrenzungsmerkmale sind:

- Der Arbeitnehmer schuldet seine Arbeitskraft, nicht den Erfolg,
- kein Unternehmerrisiko,
- weisungsgebunden und in den Betrieb des Arbeitgebers eingegliedert,
- feste Bezahlung (nach Arbeitszeit, Umsatz etc.),
- Urlaubsregelung,
- feste Arbeitszeit und
- fester Arbeitsplatz sowie
- Lohnfortzahlung im Krankheitsfall.

Maßgebend dafür, ob eine Person selbständig oder nichtselbständig tätig ist, ist das Gesamtbild der Verhältnisse.

Die vorgenannten Merkmale sind zu prüfen und gegeneinander abzuwägen.

Die Einkommensteuer wird bei Einnahmen aus nichtselbständiger Arbeit durch Abzug der Lohnsteuer vom Arbeitslohn erhoben. Hierbei handelt es sich lediglich um eine besondere Erhebungsform der Einkommensteuer. Die Pflicht zum Einbehalten der Lohnsteuer, zur Anmeldung und Abführung an das Finanzamt hat gem. § 38 Abs. 3 und § 41a EStG der Arbeitgeber zu erfüllen. Die Einkommensteuer ist durch den Lohnsteuerabzug abgegolten (§ 46 Abs. 4 EStG). Unter bestimmten Voraussetzungen ist eine Veranlagung gem. § 46 Abs. 2 EStG durchzuführen. Auf Antrag kann in anderen Fällen eine Veranlagung gem. § 46 Abs. 2 Nr. 8 EStG durchgeführt werden.

„Arbeitslohn" sind alle Einnahmen in Geld oder Geldeswert (§ 2 Abs. 1 LStDV), die der Arbeitnehmer im weitesten Sinne als Gegenleistung für die Zurverfügungstellung seiner Arbeitskraft erhält. Dazu gehören einmalige oder laufende Zuflüsse und auch Sachbezüge. Nicht zum Arbeitslohn rechnen Annehmlichkeiten; dagegen sind Gelegenheitsgeschenke grds. steuerpflichtig (H 19.6 Gelegenheitsgeschenke LStH 2024). Im Übrigen enthält § 3 EStG Befreiungsvorschriften für bestimmte Leistungen.

Ermittlungsschema:

Einnahmen aus nichtselbständiger Arbeit gem. § 2 Abs. 1 Satz 1 Nr. 4 i.V. mit § 19 Abs. 1 Satz 1 Nr. 1 i.V. mit § 8 EStG

\+ Versorgungsbezüge (§ 19 Abs. 1 Satz 1 Nr. 2 EStG)

= Summe

\- Versorgungsfreibetrag gem. § 19 Abs. 2 EStG (in Abhängigkeit vom Jahr des Versorgungsbeginns)

\- Zuschlag zum Versorgungsfreibetrag gem. § 19 Abs. 2 EStG (in Abhängigkeit vom Jahr des Versorgungsbeginns)

\- Werbungskosten, mindestens Arbeitnehmer-Pauschbetrag (§ 9a Satz 1 Nr. 1 Buchst. a EStG) bei gegenwärtigen Dienstverhältnissen bzw. Werbungskosten-Pauschbetrag bei Versorgungsbezügen gem. § 9a Satz 1 Nr. 1 Buchst. b EStG

→ Einkünfte aus nichtselbständiger Arbeit

FALL 242

Leistungen des Arbeitgebers

Sachverhalt: Der Arbeitnehmer erhält im Jahr 01 folgende Leistungen:

- Monatliches Bruttogehalt 3.000 € (inklusive Lohnsteuer, Kirchensteuer und Solidaritätszuschlag sowie Arbeitnehmeranteil am Gesamtsozialversicherungsbeitrag),
- Tantiemen 3.500 €,
- Weihnachtsgeld als 13. Monatsgehalt 2.000 €,
- Urlaubsgeld im Juli 01 1.300 €,
- vermögenswirksame Leistungen 480 €,
- Arbeitgeberanteil am Gesamtsozialversicherungsbeitrag 6.100 € sowie
- unentgeltliches Mittagessen an 210 Tagen.

AUFGABE

Wie hoch sind der steuerpflichtige Arbeitslohn des Arbeitnehmers und die abzugsfähigen Betriebsausgaben des Arbeitgebers?

LÖSUNG

Steuerliche Behandlung beim	**Arbeitnehmer (Arbeitslohn)**	**Arbeitgeber (Betriebsausgabe)**
Laufendes Bruttogehalt (inklusive Lohnsteuer, Kirchensteuer, Solidaritätszuschlag gem. § 12 Nr. 3 EStG (beim Arbeitnehmer) und Arbeitnehmeranteil am Gesamtsozialversicherungsbeitrag gem. § 12 Nr. 1 EStG (beim Arbeitnehmer)): 12 x 3.000 € =	36.000 €	36.000 €

Steuerliche Behandlung beim	Arbeitnehmer (Arbeitslohn)	Arbeitgeber (Betriebsausgabe)
Einmalige Bezüge Tantiemen	3.500 €	3.500 €
Weihnachtsgeld	2.000 €	2.000 €
Urlaubsgeld	1.300 €	1.300 €
Vermögenswirksame Leistungen	480 €	480 €
Arbeitgeberanteil am Gesamtsozialversicherungsbeitrag, steuerfrei für den Arbeitnehmer gem. § 3 Nr. 62 EStG	0 €	6.100 €
Das unentgeltliche Mittagessen ist ein geldwerter Vorteil und damit steuerpflichtig. Die Bewertung erfolgt mit dem Sachbezugswert der Mahlzeit gem. § 8 Abs. 2 EStG, z. B. 4,13 € (ab dem Jahr 2024) x 210 Tage = zugunsten des Steuerpflichtigen gerundet (siehe Sachbezugsverordnung; R 8.1 Abs. 4 LStR)	867 €	tatsächliche Kosten
Steuerpflichtiger Arbeitslohn	**44.147 €**	
Betriebsausgabe		**49.380 €** zzgl. tatsächliche Kosten für das Mittagessen

FALL 243

Werbungskosten/Einkunftsermittlung

Sachverhalt: Der ledige Arbeitnehmer Egon Freund wohnt in Neustadt. Er ist bei einem Tierarzt in Speyer beschäftigt und erhält einen Arbeitslohn i. H. von 21.000 € brutto. Ihm sind folgende Kosten entstanden:

- Fahrten zwischen Wohnung und Arbeitsstätte in Speyer mit dem eigenen Pkw an 210 Tagen, einfache Entfernung 25 km.
- Auf der Heimfahrt von Speyer entstanden ihm Unfallkosten; Egon Freund kollidierte aus bloßer Unachtsamkeit mit der Leitplanke der Fahrbahn.
- Reparaturkosten des Pkws = 500 € (Selbstbeteiligung zur Vollkaskoversicherung).
- Abschleppkosten = 114 € (wurden nicht von Egon Freunds Vollkaskoversicherung übernommen).
- Minderung des Schadenfreiheitsrabatts der Vollkaskoversicherung aufgrund der Versicherungsleistung durch den Unfall = 100 €.
- Zwei Arbeitskittel, um die Kleidung bei der Behandlung der Tiere zu schonen = 55 €.

Die Kosten wurden im Einzelnen belegt.

AUFGABE

Ermitteln Sie die Einkünfte von Egon Freund (für den Veranlagungszeitraum 2024).

LÖSUNG

Egon Freund erzielt Einkünfte gem. § 2 Abs. 1 Satz 1 Nr. 4 i.V. mit § 19 Abs. 1 Satz 1 Nr. 1 EStG. Diese gehören zu den Überschusseinkünften gem. § 2 Abs. 2 Satz 1 Nr. 2 EStG und ermitteln sich mit der Differenz der Einnahmen gem. § 8 EStG über die Werbungskosten gem. § 9 EStG.

Brutto-Arbeitslohn (§ 8 Abs. 1 EStG)		21.000 €
Werbungskosten gem. § 9 EStG:		
► Entfernungspauschale gem. § 9 Abs. 1 Satz 3 Nr. 4 Satz 1, 2 und 8 EStG:		
20 km x 210 Tage x 0,30 € =	1.260 €	
ab dem 21. km = 0,38 € x 5 km x 210 Tage =	+ 399 €	
→ Summe	1.659 €	
► Unfallkosten (H 9.10 Unfallschäden LStH 2024): 500 € + 114 € =	+ 614 €	
Die unmittelbaren Unfallkosten sind – soweit sie wie vorliegend nicht durch Versicherungsleistungen erstattet wurden – als außergewöhnliche Kosten zusätzlich zur Entfernungspauschale zu berücksichtigen.		
Die Erhöhung der Versicherungsprämie ist dagegen als nur indirekte Kostenfolge des Unfalls nicht als Werbungskosten abzugsfähig.		
Arbeitskittel (§ 9 Abs. 1 Satz 3 Nr. 6 EStG)	+ 55 €	
Summe der Werbungskosten	2.328 €	
Der Werbungskosten-Pauschbetrag gem. § 9a Satz 1 Nr. 1 Buchst. a EStG i. H. von 1.230 € wird überschritten, so dass die tatsächlichen Kosten abzugsfähig sind.		- 2.328 €
Einkünfte aus nichtselbständiger Arbeit		**18.672 €**

FALL 244

Einkünfte/Werbungskosten (insbesondere Reisekosten)

Sachverhalt: Albert wohnt in Landau und ist Angestellter in einer Modeboutique in Neustadt. Er erhielt ein Bruttogehalt i. H. von insgesamt 21.800 €. Das Weihnachtsgeld i. H. von 500 € wurde ihm irrtümlich erst am 12.1. des folgenden Jahres überwiesen. Als vermögenswirksame Leistung erhielt er zusätzlich 480 €.

Albert macht folgende Aufwendungen geltend:

- Kraftfahrzeugkosten inklusive Abschreibungen 6.690 €. Die Gesamtfahrleistung beträgt 18.600 km; davon entfallen auf die täglichen Fahrten zu seiner Arbeitsstätte 15 km an 230 Tagen.

- Kosten für Kleidung 1.385 €. Als Angestellter in einer Boutique ist es unbedingt notwendig, sich nach der neuesten Mode zu kleiden, um den Kunden eine Vorstellung über die Tragbarkeit der Modelle geben zu können. In seiner Freizeit kleidet Albert sich aber lieber bequem (Jeans, Jogginganzüge etc.).
- In der Zeit vom 15.10. bis zum 19.10. war Albert auf einer Modemesse in München. Er fuhr mit seinem eigenen Pkw; einfache Entfernung 375 km:
  - Abfahrt: 15.10. um 20:00 Uhr von Neustadt.
  - Rückkehr: 19.10. um 10:00 Uhr in Neustadt.
  - Verpflegungskosten lt. Belegen insgesamt: 141,40 €.
  - Hotelkosten: 230 € für vier Übernachtungen inklusive Frühstück.
  - Parkgebühren: 10,40 €.

AUFGABE

Ermitteln Sie die Einkünfte von Albert (im Veranlagungszeitraum 2024).

LÖSUNG

Als Angestellter erzielt Albert Einkünfte aus nichtselbständiger Arbeit gem. § 2 Abs. 1 Satz 1 Nr. 4 i.V. mit § 19 Abs. 1 Satz 1 Nr. 1 EStG; hierbei handelt es sich um Überschusseinkünfte gem. § 2 Abs. 2 Satz 1 Nr. 2 EStG, die sich aus der Differenz der Einnahmen gem. § 8 EStG über die Werbungskosten gem. § 9 EStG ergeben.

Zum Arbeitslohn gehören:

Brutto-Arbeitslohn (§ 8 Abs. 1 EStG)	21.800 €
zzgl. vermögenswirksame Leistungen	+ 480 €
Das am 12.1. des Folgejahres überwiesene Weihnachtsgeld ist als sonstiger Bezug gem. § 11 Abs. 1 Satz 4 i.V. mit § 38a Abs. 1 Satz 3 EStG erst zum Zeitpunkt des Zuflusses und somit im Folgejahr zu erfassen.	
Einnahmen	22.280 €
Werbungskosten (§ 9 EStG):	
Entfernungspauschale gem. § 9 Abs. 1 Satz 3 Nr. 4 Satz 1, 2 und 8 EStG = 230 Tage x 15 km x 0,30 € =	- 1.035 €
Die übrigen Kfz-Kosten sind nicht zu berücksichtigen (§ 9 Abs. 2 Satz 1 EStG).	
Kleidung kann, wenn es sich um typische Berufskleidung handelt, gem. § 9 Abs. 1 Satz 3 Nr. 6 EStG abgezogen werden. Die bürgerliche Kleidung ist üblicherweise gem. § 12 Nr. 1 EStG vom Abzug ausgeschlossen. Das gilt auch dann, wenn sie nur am Arbeitsplatz getragen wird. Insoweit greift das Aufteilungsverbot des § 12 Nr. 1 Satz 2 EStG (H 12.1 Kleidung EStH 2023).	

Dienstreise vom 15.10. bis zum 19.10.:

Bei der Reise zur Modemesse handelt es sich um eine Auswärtstätigkeit gem. § 9 Abs. 4a Satz 2 EStG, da Albert außerhalb seiner Wohnung (Landau) und seiner ersten Tätigkeitsstätte (Neustadt, § 9 Abs. 4 Satz 1 EStG) beruflich tätig wird. Albert kann hierzu folgende Reisekosten als Werbungskosten geltend machen:

- **Fahrtkosten gem. § 9 Abs. 1 Satz 3 Nr. 4a Satz 1 und 2 EStG i.V. mit R 9.5 Abs. 1 Satz 1, 4 und 5 LStR und H 9.5 LStH 2024:**

  750 km x 0,30 € = 225 € (H 9.5 Pauschale Kilometersätze LStH 2024)

  oder besser die tatsächlichen Kosten:

  6.690 € / 18.600 km = 0,36 € pro km (aus Vereinfachung zugunsten des Steuerpflichtigen gerundet)

  750 km x 0,36 € = 270 € (H 9.5 Einzelnachweis LStH 2024) — - 270 €

- **Parkgebühren gem. R 9.8 Abs. 1 LStR** — - 10,40 €

- **Übernachtungskosten (aber ohne Frühstück) gem. § 9 Abs. 1 Satz 3 Nr. 5a Satz 1 und 2 EStG:**

  Minderung um 20 % des für den Unterkunftsort maßgebenden Verpflegungspauschbetrags für eine Abwesenheit i. H. von 24 Stunden (unabhängig von der tatsächlichen Abwesenheitsdauer):

Kosten des Hotels	230,00 €	
abzgl. 20 % von 28 € = 5,60 € x 4 (Anzahl Frühstück) =	- 22,40 €	
Verbleiben für die reine Übernachtung insgesamt	207,60 €	- 207,60 €

- **Verpflegungsmehraufwand gem. § 9 Abs. 4a Satz 2 EStG:**

  Abzugsfähig sind die Kosten nur durch den Ansatz der Pauschbeträge (§ 9 Abs. 4a Satz 1 EStG).

  Pauschbeträge:

– 15.10.: Anreisetag (§ 9 Abs. 4a Satz 3 Nr. 2 EStG)	14 €	
– 16.10.: 24 Stunden (§ 9 Abs. 4a Satz 3 Nr. 1 EStG)	+ 28 €	
– 17.10.: 24 Stunden (§ 9 Abs. 4a Satz 3 Nr. 1 EStG)	+ 28 €	
– 18.10.: 24 Stunden (§ 9 Abs. 4a Satz 3 Nr. 1 EStG)	+ 28 €	
– 19.10.: Abreisetag (§ 9 Abs. 4a Satz 3 Nr. 2 EStG)	+ 14 €	
Summe der Pauschbeträge	112 €	
Es sind für den Verpflegungsmehraufwand anlässlich der Auswärtstätigkeit abzugsfähig		- 112 €

Die Werbungskosten i. H. von insgesamt 1.635 € übersteigen den Pauschbetrag gem. § 9a Satz 1 Nr. 1 Buchst. a EStG i. H. von 1.230 €.

Einkünfte aus nichtselbständiger Arbeit: 22.280 € - 1.635 € = **20.645 €**

FALL 245

Einkünfte/Sachbezug/Arbeitszimmer

Sachverhalt: Harald ist Gesellschafter und Geschäftsführer der Wohnungsbau-GmbH. Er ist mit 60 % an der Wohnungsbau-GmbH beteiligt. Er erhält im Veranlagungszeitraum 2024 zu Beginn eines jeden Monats ein Bruttogehalt i. H. von 3.500 € für seine Geschäftsführertätigkeit; außerdem erhält er am 15.5.2024 eine gewinnabhängige Tantieme i. H. von 14.800 €. Laut Arbeitsvertrag steht ihm ein Firmenwagen zur Verfügung, den er wie folgt nutzte (lt. **Fahrtenbuch, Kosten pro km i. H. von 0,30 €**):

- Für Dienstreisen und Geschäftsfahrten: 11.300 km,
- für Fahrten zwischen Wohnung und erster Tätigkeitsstätte (Entfernung 10 km): 2.800 km,
- für Privatfahrten: 4.100 km.

Am 25.3.2024 erhielt Harald einen Schreibtisch für 420 € inklusive Umsatzsteuer und einen Aktenschrank für 1.955 € inklusive Umsatzsteuer geliefert (Nutzungsdauer i. H. von zehn Jahren). Die Beträge überwies er zehn Tage später. Die Möbel nutzt er in seinem häuslichen Arbeitszimmer, das ihm neben seinem Büro im Unternehmen zur Verfügung steht. Harald hat im Veranlagungszeitraum 2024 an 60 Tagen von zu Hause aus gearbeitet, ohne sein Büro aufzusuchen.

AUFGABE

Wie hoch sind die Einkünfte aus nichtselbständiger Arbeit von Harald im Veranlagungszeitraum 2024?

LÖSUNG

Als Geschäftsführer der Wohnungsbau-GmbH erzielt Harald Einkünfte i. S. des § 2 Abs. 1 Satz 1 Nr. 4 i.V. mit § 19 Abs. 1 Satz 1 Nr. 1 EStG. Hierbei handelt es sich um Überschusseinkünfte gem. § 2 Abs. 2 Satz 1 Nr. 2 EStG, die sich aus dem Überschuss der Einnahmen gem. § 8 EStG über die Werbungskosten gem. § 9 EStG ermitteln:

Als Einnahme i. S. des § 8 Abs. 1 EStG ist zunächst der steuerpflichtige Brutto-Arbeitslohn zu erfassen: 3.500 € x 12 =	42.000 €
Die Tantieme ist kein laufender Bezug und stellt deshalb gem. § 11 Abs. 1 Satz 4 i.V. mit § 38a Abs. 1 Satz 3 EStG bei Zufluss im Veranlagungszeitraum 2024 ebenfalls eine Einnahme gem. § 8 Abs. 1 EStG dar.	+ 14.800 €
Die Pkw-Gestellung für die Privatfahrten und für die Fahrten zwischen Wohnung und erster Tätigkeitsstätte ist ein Sachbezug und gem. § 8 Abs. 2 EStG zu bewerten (R 8.1 Abs. 9 LStR). Grundsätzlich ist dieser Sachbezug gem. § 8 Abs. 2 Satz 2 und 3 i.V. mit § 6 Abs. 1 Nr. 4 Satz 2 EStG anzusetzen. Im vorliegenden Fall wurden jedoch sowohl die Fahrten als auch die tatsächlichen Kosten des Pkws durch ein ordnungsgemäßes Fahrtenbuch nachgewiesen (§ 8 Abs. 2 Satz 4 EStG).	

Laut den Aufzeichnungen des Fahrtenbuchs sind die tatsächlichen Kosten mit 0,30 € je km (siehe Sachverhalt) anzusetzen (R 8.1 Abs. 9 Nr. 2 LStR); folglich ergibt sich für die Privatfahrten und für die Fahrten zwischen Wohnung und erster Tätigkeitsstätte folgender Sachbezug: 2.800 km + 4.100 km x Preis pro km lt. Einzelnachweis, hier 0,30 € =	+ 2.070 €
Hinsichtlich der dienstlichen Fahrten ist kein geldwerter Vorteil anzusetzen.	
Gemäß § 40 Abs. 2 Satz 2 EStG könnte der Arbeitgeber den Betrag bis zur Höhe des Werbungskostenabzugs pauschal mit 15 % versteuern (hier aber keine Anzeichen im Sachverhalt).	
Brutto-Arbeitslohn	**58.870 €**
abzgl. Werbungskosten:	
Die Entfernungspauschale für die Fahrten zwischen der Wohnung und der ersten Tätigkeitsstätte gem. § 9 Abs. 1 Satz 3 Nr. 4 Satz 1, 2 und 8 EStG ist berücksichtigungsfähig, da Harald durch die Pkw-Gestellung steuerpflichtige Sachbezüge entstanden sind.	
2.800 km, davon 1/2, da nur Entfernungs-km x 0,30 € =	- 420 €
Da das häusliche Arbeitszimmer nicht den Mittelpunkt der gesamten betrieblichen und beruflichen Tätigkeit von Harald darstellt, kommt die Regelung des § 9 Abs. 5 i.V. mit § 4 Abs. 5 Satz 1 Nr. 6b EStG nicht in Betracht. Stattdessen kann er jedoch für 60 Tage eine Tagespauschale i. H. von 6 € gem. § 9 Abs. 5 i.V. mit § 4 Abs. 5 Satz 1 Nr. 6c EStG geltend machen, da er an diesen Tagen seiner beruflichen Betätigung überwiegend in der häuslichen Wohnung nachgegangen ist und sein Büro im Unternehmen nicht aufgesucht hat.	- 360 €
Die Arbeitsmittel und die Einrichtungsgegenstände, die ausschließlich beruflich genutzt werden, sind separat gem. § 9 Abs. 1 Satz 3 Nr. 6 EStG zu berücksichtigen und unabhängig von der Behandlung des Arbeitszimmers als solches zu beurteilen. Gemäß § 9 Abs. 1 Satz 3 Nr. 7 Satz 2 i.V. mit § 6 Abs. 2 Satz 1 EStG sind abnutzbare, bewegliche Wirtschaftsgüter, die einer selbständigen Nutzung fähig sind und deren Anschaffungskosten 800 € netto nicht übersteigen, als sofort abzugsfähige Werbungskosten zu berücksichtigen. Übersteigen die Anschaffungskosten solcher Wirtschaftsgüter den Betrag i. H. von 800 € ohne Umsatzsteuer, kann eine Berücksichtigung nur über die AfA gem. § 9 Abs. 1 Satz 3 Nr. 7 Satz 1 i.V. mit § 7 Abs. 1 Satz 1 und 2 EStG erfolgen (R 9.12 Satz 1 LStR).	
Da der Schreibtisch schon mit dem Bruttobetrag unter 800 € liegt und auch alle weiteren Voraussetzungen erfüllt sind, sind die Aufwendungen für den Schreibtisch i. H. von 420 € (§ 9b Abs. 1 EStG im Umkehrschluss) als sofort abzugsfähige Werbungskosten zum Zeitpunkt der Anschaffung des Wirtschaftsguts zu behandeln (§ 9a EStDV).	- 420 €

Der Aktenschrank übersteigt mit den Netto-Anschaffungskosten i. H. von 1.642,86 € die Grenze i. H. von 800 €, so dass die Bruttoaufwendungen des Aktenschranks i. H. von 1.955 € (§ 9b Abs. 1 EStG im Umkehrschluss) auf die Nutzungsdauer i. H. von zehn Jahren zu verteilen sind. Die AfA ist dabei zeitanteilig zu gewähren (§ 7 Abs. 1 Satz 4 EStG):

10 % von 1.955 €, da im März 2024 angeschafft 10/12 (aus Vereinfachungsgründen zugunsten des Steuerpflichtigen gerundet) =	- 163 €
Die Arbeitnehmerpauschale i. H. von 1.230 € gem. § 9a Satz 1 Nr. 1 Buchst. a EStG wird überschritten, deshalb sind die tatsächlichen Kosten (insgesamt 1.363 €) abzugsfähig.	
Einkünfte aus nichtselbständiger Arbeit somit	**57.507 €**

FALL 246

Doppelte Haushaltsführung

Sachverhalt: Ein verheirateter Arbeitnehmer wird ab dem 1.11.2024 nach Stuttgart versetzt, wo sich fortan auch seine erste Tätigkeitsstätte befindet. Er hat weiterhin seinen Familienwohnsitz und somit einen eigenen Hausstand in Bingen. Die Entfernung nach Stuttgart beträgt 250 km. Die monatliche Miete für ein möbliertes Zimmer in Stuttgart beträgt lt. Nachweis 280 €. Er ist an 37 Tagen für 24 Stunden in Stuttgart anwesend. An sieben Wochenenden fährt er jeweils nach Hause und wieder zurück nach Stuttgart; die letzte Heimfahrt im Veranlagungszeitraum 2024 tätigt er kurz vor Weihnachten. Anschließend hat er über die Weihnachtsfeiertage bis zum 31.12.2024 Urlaub und fährt erst im Veranlagungszeitraum 2025 wieder zurück nach Stuttgart. Verpflegungsmehraufwendungen werden nicht nachgewiesen. Vom Arbeitgeber erhielt er keinen Ersatz. Alle Fahrten werden mit dem privaten Pkw unternommen (ein Fahrtenbuch oder sonstige Aufzeichnungen zur Fahrleistung und zu den tatsächlichen Kosten liegen nicht vor).

AUFGABE

In welcher Höhe sind die vorliegenden Aufwendungen als Werbungskosten zu den Einkünften aus nichtselbständiger Arbeit im Veranlagungszeitraum 2024 abzugsfähig?

LÖSUNG

Im vorliegenden Fall ist ab November 2024 eine beruflich veranlasste doppelte Haushaltsführung gegeben, da der Arbeitnehmer außerhalb des Ortes seiner ersten Tätigkeitsstätte (Stuttgart) einen eigenen Hausstand unterhält (Bingen) und auch am Ort der ersten Tätigkeitsstätte wohnt (Zimmer in Stuttgart, § 9 Abs. 1 Satz 3 Nr. 5 Satz 1 und 2 EStG). Gemäß § 9 Abs. 1 Satz 3 Nr. 5 EStG und R 9.11 LStR können folgende Werbungskosten zur doppelten Haushaltsführung geltend gemacht werden:

Fahrtkosten für die erste Fahrt zum Beschäftigungsort (wie Dienstreise, R 9.11 Abs. 5 Satz 1 Nr. 1 LStR):

250 km x 0,30 € (R 9.11 Abs. 6 Nr. 1 Satz 2 LStR i. V. mit § 9 Abs. 1 Satz 3 Nr. 4a Satz 2 EStG) =	75 €
Fahrtkosten für Familienheimfahrten, soweit diese tatsächlich durchgeführt werden; maximal einmal pro Woche (§ 9 Abs. 1 Satz 3 Nr. 5 Satz 5 EStG). Insoweit gilt die Entfernungspauschale gem. § 9 Abs. 1 Satz 3 Nr. 5 Satz 6, 7 und 9 EStG:	
7 x 20 km x 0,30 € + 7 x 230 km x 0,38 € = (aus Vereinfachungsgründen zugunsten des Steuerpflichtigen gerundet)	+ 654 €
1 x 20 km x 0,15 € + 1 x 230 km x 0,19 € = (aus Vereinfachungsgründen zugunsten des Steuerpflichtigen gerundet)	+ 47 €
Die letzte Familienheimfahrt findet im Veranlagungszeitraum 2024 statt. Da er anschließend Urlaub hat, fährt er erst wieder im Veranlagungszeitraum 2025 zurück.	
Verpflegungsaufwendungen sind pauschal abzugsfähig (§ 9 Abs. 4a Satz 2, 3 und 12 EStG): November und Dezember 2024:	
37 Tage x 28 € (§ 9 Abs. 4a Satz 3 Nr. 1 EStG) =	+ 1.036 €
16 An- bzw. Abreisetage (erster Tag zzgl. Hin- und Rückfahrtstage bei Familienheimfahrten) x 14 € (§ 9 Abs. 4a Satz 3 Nr. 2 EStG) =	+ 224 €
Übernachtungskosten in nachgewiesener Höhe, da unter 1.000 € pro Monat (§ 9 Abs. 1 Satz 3 Nr. 5 Satz 4 EStG):	
2 Monate x 280 € =	+ 560 €
Summe der Werbungskosten	**2.596 €**

10.7 Einkünfte aus Kapitalvermögen (§ 20 EStG)

FALL 247

Besteuerung von Dividenden

Sachverhalt: Einzelgewerbetreibender A hat in seinem Depot bei der Deutschen Bank AG 100 Aktien der X-AG. Die X-AG schüttete im April 2023 eine Brutto-Dividende i. H. von 1.000 € an A aus. Die Auszahlung erfolgt über die Depotbank. A hat seinen Freistellungsauftrag einer anderen Bank erteilt. Er gehört keiner Konfession an.

AUFGABEN

1. Wie hoch ist die von der Deutschen Bank AG einzubehaltende sog. „Abgeltungsteuer"?
2. Muss A die Dividenden in seiner Einkommensteuererklärung 2023 angeben?
3. Kann A die Dividenden in seiner Einkommensteuererklärung 2023 angeben, um eine niedrigere Besteuerung zu erreichen, da sein persönlicher Steuersatz unter 25 % liegt?

LÖSUNG

Zu 1

Ab dem Jahr 2009 gibt es eine neuartige Regelung zur Besteuerung von Kapitalerträgen und bestimmten Spekulationsgewinnen: Die sog. „Abgeltungsteuer". Diese betrifft Sparer und Kapitalanleger, die in Deutschland ihren Wohnsitz haben, also unbeschränkt einkommensteuerpflichtig sind. Bei beschränkter Steuerpflicht wird dagegen von den in Deutschland erzielten Kapitalerträgen nur ausnahmsweise Abgeltungsteuer einbehalten, nämlich bei Erträgen i. S. des § 49 Abs. 1 Nr. 5 EStG.

Die Abgeltungsteuer führte zu einem Systemwechsel bei der Besteuerung von Kapitalerträgen. Statt die Einkünfte progressiv zu besteuern, werden ab dem 1.1.2009 Zinsen, Dividenden und realisierte Kursgewinne bei inländischen Konten und Depots linear mit einem Steuersatz i. H. von 25 % besteuert. Hinzu kommen noch der Solidaritätszuschlag i. H. von 5,5 % und ggf. die Kirchensteuer. Der Steuersatz i. H. von 25 % sieht auf den ersten Blick moderat aus. Es darf jedoch nicht übersehen werden, dass die Abgeltungsteuer mit dem Wegfall des damaligen Halbeinkünfteverfahrens, der Streichung der einjährigen Spekulationsfrist und dem Verbot des Werbungskostenabzugs verbunden ist.

Da A keiner Konfession angehört, muss die Bank von den im Jahr 2023 zugeflossenen Dividenden folgende „Abgeltungsteuer" einbehalten:

Kapitalertragsteuer als Abgeltungsteuer:	
25 % von 1.000 € =	250,00 €
Solidaritätszuschlag 5,5 % von 250 € =	+ 13,75 €
Summe	263,75 €

A erhält von seiner Bank eine Netto-Dividende i. H. von 1.000 € - 263,75 € = 736,25 € ausgezahlt.

Zu 2

Mit dem unterjährigen Abzug der Kapitalertragsteuer i. H. von 25 % ist die Einkommensteuer prinzipiell abgegolten (§ 43 Abs. 5 Satz 1 EStG). Da mit dem Abzug der Kapitalertragsteuer an der Quelle die Einkommensteuer auf die Kapitalerträge abgegolten ist, müssen diese nicht mehr in der Steuererklärung angegeben werden. Die Kapitaleinkünfte bleiben daher bei der Berechnung des zu versteuernden Einkommens außer Betracht (§ 2 Abs. 5b Satz 1 EStG). Das führt meist zu einem Steuerentlastungseffekt, da aufgrund des gesunkenen zu versteuernden Einkommens die übrigen Einkünfte des Steuerpflichtigen, z. B. Einkünfte aus Gewerbebetrieb, nicht mehr in dem Maße der Steuerprogression unterliegen wie bisher.

Zu 3

Liegt der persönliche Steuersatz des Steuerpflichtigen unter 25 %, führt die Abgeltungsteuer für ihn zu einer höheren steuerlichen Belastung. Dann darf der Steuerpflichtige die Kapitalerträge in der Steuererklärung angeben, um vom Finanzamt eine Günstigerprüfung vornehmen zu lassen (§ 32d Abs. 6 Satz 1 EStG).

Bei der Einkommensteuerveranlagung werden dann die Kapitalerträge in das zu versteuernde Einkommen einbezogen und dieses wird nach der Grund- oder Splittingtabelle versteuert. Die bereits einbehaltene Kapitalertragsteuer wird dann auf die tarifliche Einkommensteuer angerechnet. Gleiches gilt für den von der Bank abgezogenen Solidaritätszuschlag. Die Option zur Günstigerprüfung im Rahmen der Einkommensteuererklärung ist nur einheitlich für sämtliche Kapitalerträge des Kalenderjahres möglich, kann also nicht auf einzelne Kapitalerträge beschränkt werden. Bei zusammenveranlagten Ehegatten müssen sämtliche Kapitalerträge beider Ehegatten in die Prüfung einbezogen werden, insoweit gibt es nur ein einheitliches Ehegattenwahlrecht (§ 32d Abs. 6 Satz 3 EStG). Ein Werbungskostenabzug von den Kapitalerträgen ist nicht möglich (§ 20 Abs. 9 Satz 1 Halbsatz 2 EStG). Der Sparer-Pauschbetrag gem. § 20 Abs. 9 EStG (ab dem Jahr 2023) i. H. von 1.000 € (Alleinstehende) bzw. 2.000 € (Verheiratete) findet dagegen Anwendung. Der BFH hat bestätigt, dass auch bei der Günstigerprüfung gem. § 32d Abs. 6 Satz 1 EStG die Vorschrift des § 20 Abs. 9 EStG Anwendung findet; ein Abzug der tatsächlich entstandenen Aufwendungen ist ausgeschlossen (BFH, Urteil v. 28.1.2015 - VIII R 13/13, BStBl 2015 II S. 393).

HINWEIS

Ab dem Jahr 2021 ist für die meisten Steuerpflichtigen der Solidaritätszuschlag weggefallen. Die Banken führen allerdings den Solidaritätszuschlag weiterhin automatisch ab, sobald ein Anleger seinen Sparer-Pauschbetrag (ab dem Jahr 2023 1.000 € pro Person) ausgeschöpft hat. Doch es gibt für Anleger mit vergleichsweise geringem Einkommen einen Ausweg. Sie können über die Steuererklärung die sog. „Günstigerprüfung" gem. § 32d Abs. 6 EStG beantragen, so dass die Kapitaleinkünfte (Einnahmen oberhalb des Sparer-Pauschbetrags) mit dem niedrigeren individuellen Einkommensteuersatz besteuert werden. Werden durch die Günstigerprüfung die Kapitaleinkünfte mit dem niedrigeren individuellen Einkommensteuersatz besteuert, wird neben der zu viel einbehaltenen Kapitalertragsteuer dann auch der entsprechende Solidaritätszuschlag erstattet (Antwort der Bundesregierung, BT-Drucks. 19/14585 S. 4).

FALL 248

Option zur tarifären Besteuerung bei Beteiligung an einer Kapitalgesellschaft

Sachverhalt: Kaufmann A hat Anfang des Jahres 2023 eine 50 %ige Beteiligung an der X-GmbH für 500.000 € erworben. Die Anschaffungskosten hat er i. H. eines Teilbetrags von 300.000 € mittels eines Bankkredits finanziert. Die im Jahr 2023 angefallenen Schuldzinsen betragen 15.000 €. Die X-GmbH hat im Jahr 2023 keine Gewinnausschüttungen vorgenommen. A stellt im Rahmen seiner Einkommensteuererklärung 2023 den Antrag, seine Dividenden aus der X-GmbH der tarifären Besteuerung zu unterwerfen.

AUFGABE

Muss das Finanzamt dem Antrag von A entsprechen?

LÖSUNG

Mit der Einführung der Abgeltungsteuer ab dem Jahr 2009 wird der Steueranspruch bei den Einkünften aus Kapitalvermögen prinzipiell durch Erhebung der Abgeltungsteuer abgegolten. Das gilt auch für Dividenden, die eine Kapitalgesellschaft ihrem Anteilseigner zahlt, der seine Gesellschaftsanteile im Privatvermögen hält. Auch dafür kommt der besondere Steuersatz i. H. von 25 % gem. § 32d Abs. 1 Satz 1 EStG zzgl. Solidaritätszuschlag, mithin 26,375 %, zur Anwendung – hinzu tritt ggf. noch die Kirchensteuer.

Im Einzelfall kann durchaus ein Interesse bestehen, dass die Dividende der tarifären Besteuerung unterworfen wird. Das Gesetz enthält eine Möglichkeit, zur tarifären Besteuerung bei einer Beteiligung an einer Kapitalgesellschaft zu optieren. Der Abgeltungsteuersatz gilt gem. § 32d Abs. 2 Nr. 3 EStG auf Antrag nicht für Kapitalerträge i. S. des § 20 Abs. 1 Nr. 1 und 2 EStG aus einer Beteiligung an einer Kapitalgesellschaft, wenn der Steuerpflichtige im Veranlagungszeitraum, für den der Antrag erstmals gestellt wird, unmittelbar oder mittelbar

- zu mindestens 25 % an der Kapitalgesellschaft beteiligt ist oder
- zu mindestens 1 % an der Kapitalgesellschaft beteiligt ist und durch eine berufliche Tätigkeit für diese maßgeblichen unternehmerischen Einfluss auf deren wirtschaftliche Tätigkeit nehmen kann.

Die Vorteilhaftigkeit dieser Optionsmöglichkeit besteht darin, dass die Verlustbeschränkungsmöglichkeit gem. § 20 Abs. 6 EStG sowie das Werbungskostenabzugsverbot des § 20 Abs. 9 EStG keine Anwendung finden (§ 32d Abs. 3 Satz 2 EStG). Andererseits hat diese Option den Nachteil, dass der Abgeltungsteuersatz keine Anwendung findet, sondern die Dividenden nach Maßgabe des Teileinkünfteverfahrens dem individuellen Steuersatz unterliegen (Schmidt/Levedag, EStG, 43. Aufl. 2024, § 32d Rz. 20).

Es ist ausreichend, dass die notwendige Beteiligungsquote (mindestens 25 %) zu irgendeinem Zeitpunkt in dem Veranlagungszeitraum, für den der Antrag erstmals gestellt wird, vorliegt (BMF, Schreiben v. 19.5.2022, BStBl 2022 I S. 742, Rz. 139). Der Antrag ist spätestens zusammen mit der Abgabe der erstmaligen Einkommensteuererklärung für den jeweiligen Veranlagungszeitraum zu stellen. Hierbei handelt es sich um eine Ausschlussfrist, wobei es auf die erstmalige Abgabe der Steuererklärung für das jeweilige Jahr ankommt (BMF, Schreiben v. 19.5.2022, BStBl 2022 I S. 742, Rz. 141).

Die Finanzverwaltung vertritt erfreulicherweise und zutreffend die Auffassung, für die Option sei nicht erforderlich, dass in dem betreffenden Kalenderjahr tatsächlich Kapitalerträge realisiert werden. Die Option kann auch nur dazu dienen, die tatsächlich entstandenen Werbungskosten zu 60 % im Rahmen der Veranlagung zu berücksichtigen (BMF, Schreiben v. 19.5.2022, BStBl 2022 I S. 742, Rz. 143; ebenso BFH, Urteil v. 27.3.2018 - VIII R 1/15, BStBl 2019 II S. 56, Rz. 27). Das bedeutet, dass die Option auch bei – zunächst ertraglosen – Beteiligungen mit der alleinigen Zielsetzung ausgesprochen werden kann, den Werbungskostenabzug der Schuldzinsen für einen Kredit, dessen Valuta zum Erwerb der Beteiligung verwendet wird, zu eröffnen (BFH, Urteil v. 8.10.1985 - VIII R 234/84, BStBl 1986 II S. 596). Konsequenz: A kann seine Schuldzinsen i. H. von 60 % von 15.000 € = 9.000 € als Werbungskosten bei den Einkünften aus Kapitalvermögen abziehen (BFH, Urteil v. 27.3.2018 - VIII R 1/15, BStBl 2019 II S. 56, Rz. 27; Schmidt/

Levedag, EStG, 43. Aufl. 2024, § 32d Rz. 20). Der dadurch entstehende Verlust ist von der Verlustverrechnungsbeschränkung des § 20 Abs. 6 EStG ausgenommen.

FALL 249

Gewinn- und Verlustbeteiligung eines stillen Gesellschafters

Sachverhalt: A ist als stiller Gesellschafter am gewerblichen Unternehmen von B mit einer Einlage i. H. von 300.000 € beteiligt. Laut Gesellschaftsvertrag ist er mit 20 % am Gewinn und Verlust beteiligt. A hält die stille Beteiligung in seinem Privatvermögen.

a) Der Gewinn des Unternehmens für das Jahr 2022 betrug 200.000 €. Bei der Bilanzerstellung im Jahr 2023 wurde der Gewinnanteil von A dessen Verrechnungskonto wie folgt gutgeschrieben:

Gewinnanteil 2022: 20 % von 200.000 € =	40.000 €
abzgl. einbehaltener Kapitalertragsteuer (§ 43 Abs. 1 Satz 1 Nr. 3 und § 43a Abs. 1 Satz 1 Nr. 1 EStG): 25 % von 40.000 € =	- 10.000 €
abzgl. einbehaltener Solidaritätszuschlag 5,5 % von 10.000 € =	- 550 €
Gutschrift auf dem Verrechnungskonto	29.450 €

b) Der Verlust des Unternehmens für das Jahr 2023 betrug 150.000 €. Bei der Bilanzerstellung im Jahr 2024 wurde der Verlustanteil von A von dessen Einlagekonto i. H. von 300.000 € abgebucht, so dass dieses nur noch 270.000 € betrug:

Einlagekonto A	300.000 €
abzgl. Verlustanteil 2023: 20 % von 150.000 € =	- 30.000 €
Einlagekonto A nach Verrechnung	270.000 €

AUFGABE

Wie ist die Gewinn- bzw. Verlustbeteiligung von A einkommensteuerrechtlich zu behandeln?

LÖSUNG

Zu a)

Zu den Einkünften aus Kapitalvermögen zählen auch die Einnahmen aus einer zum Privatvermögen gehörenden stillen Beteiligung (§ 20 Abs. 1 Nr. 4 EStG). Daran hat sich durch die Einführung der Abgeltungsteuer nichts geändert. Der Gewinnanteil des stillen Gesellschafters aus der Beteiligung ist zum Zeitpunkt des Zuflusses bei ihm zu erfassen (§ 11 Abs. 1 Satz 1 EStG). Zugeflossen und damit zu versteuern ist der Gewinnanteil grds. bei Zahlung oder Gutschrift (z. B. auf ein Verrechnungskonto).

Der Gewinnanteil 2022 i. H. von 40.000 € ist daher von A im Jahr 2023 als Einnahme aus Kapitalvermögen zu versteuern. Die Erträge unterliegen grds. mit 25 % der Abgeltungsteuer (§ 32d Abs. 1 Satz 1 EStG). Der Schuldner der Kapitalerträge (hier B) ist zum Abzug der 25 %igen Kapitalertragsteuer verpflichtet (§ 43 Abs. 1 Satz 1 Nr. 3 i.V. mit § 43a Abs. 1 Satz 1 Nr. 1 und § 44 Abs. 1 Satz 3 EStG; für Zwecke der Entrichtung der Kapitalertragsteuer zum Zuflusszeitpunkt vgl. § 44 Abs. 3 KStG). Mit dem Steuerabzug ist die Einkommensteuer 2023 für A abgegolten (§ 43 Abs. 5 EStG).

HINWEIS

Der besondere Abgeltungsteuersatz gilt nicht für Kapitalerträge aus typisch stillen Beteiligungen i. S. des § 20 Abs. 1 Nr. 4 EStG, wenn Gläubiger und Schuldner einander nahe stehende Personen sind (§ 32d Abs. 2 Nr. 1 Satz 1 Buchst. a EStG). Entsprechendes gilt, wenn die Voraussetzungen des § 32d Abs. 2 Nr. 1 Satz 1 Buchst. b EStG vorliegen. Solche Kapitalerträge werden mit dem regulären Steuersatz versteuert, unterliegen also dem progressiven Einkommensteuertarif. Es gelten dann die allgemeinen einkommensteuerlichen Verlustverrechnungs- und Verlustausgleichsregeln. Der Sparer-Pauschbetrag gem. § 20 Abs. 9 EStG ist nicht anzuwenden (§ 32d Abs. 2 Nr. 1 Satz 2 EStG), der Abzug der tatsächlichen Werbungskosten ist jedoch zulässig.

Zu b)

Negative Einkünfte aus Kapitalvermögen aus einer Beteiligung an einem Handelsgewerbe als stiller Gesellschafter sind nach der Rechtsprechung bis zur Höhe der Einlage als Werbungskosten gem. § 9 EStG berücksichtigungsfähig (BFH, Urteil v. 16.10.2007 - VIII R 21/06, BStBl 2008 II S. 126). Der Verlustanteil des stillen Gesellschafters ist in dem Jahr als Werbungskosten abzugsfähig, in dem er geleistet wird (§ 11 Abs. 2 EStG). Dies setzt i. d. R. die Feststellung der Höhe des Verlusts, also die Feststellung der Bilanz des Unternehmens voraus (BFH, Urteile v. 23.7.2002 - VIII R 36/01, BStBl 2002 II S. 858, und v. 28.1.2014 - VIII R 5/11, BFH/NV 2014 S. 1193, QAAAE-67841). Das bedeutet, dass die Verrechnung des Verlusts mit anderen Einkünften grds. erst nach der Bilanzaufstellung und im Jahr der Abbuchung von der Einlage vorgenommen werden kann.

Seit der Einführung der Abgeltungsteuer gibt es jedoch ein Werbungskostenabzugsverbot. Danach ist der Abzug der tatsächlichen Werbungskosten ausgeschlossen (§ 20 Abs. 9 Satz 1 Halbsatz 2 EStG). Bei der Ermittlung der Einkünfte aus Kapitalvermögen ist ab dem Jahr 2009 ausschließlich der Sparer-Pauschbetrag (ab dem Jahr 2023) i. H. von 1.000 € (für Alleinstehende) bzw. 2.000 € (zusammenveranlagte Ehegatten) abzuziehen. Damit wäre eigentlich auch der Abzug der früher als Werbungskosten abziehbaren Verlustanteile des stillen Gesellschafters nicht mehr möglich.

Die Finanzverwaltung vertritt indes die Ansicht, dass im Anwendungsbereich der Abgeltungsteuer die Verlustanteile des typisch stillen Gesellschafters – unabhängig davon, ob der stille Gesellschafter eine nahe stehende Person i. S. des § 32d Abs. 2 Nr. 1 EStG ist – als Verlust i. S. des § 20 Abs. 1 Nr. 4 EStG zu berücksichtigen sind (BMF, Schreiben v. 19.5.2022, BStBl 2022 I S. 742, Rz. 4). Vonseiten der Verwaltung wird also nicht mehr daran festgehalten, dass Verluste eines typisch stillen Gesellschafters Werbungskosten darstellen. Damit unterliegen diese Verluste ab dem Jahr 2009 nicht dem Abzugsverbot des § 20 Abs. 9 EStG.

Der Verlustanteil für das Jahr 2023 von A i. H. von 30.000 € ist daher im Jahr 2024, d. h. zum Zeitpunkt der Abbuchung von der Einlage, als negative Einnahme aus Kapitalvermögen berücksichtigungsfähig. Der Verlust ist mit positiven Einnahmen aus Kapitalvermögen im Jahr 2024 von A zu verrechnen (Czisz/Krane, DStR 2010 S. 2226 und 2229). Ausgeschlossen ist eine Verrechnung mit Einkünften aus anderen Einkunftsarten sowie ein Verlustabzug gem. § 10d EStG (§ 20 Abs. 6 Satz 2 EStG). Ein vorzutragender Verlustanteil mindert in den Folgejahren erzielte Einkünfte aus Kapitalvermögen (§ 20 Abs. 6 Satz 3 EStG).

HINWEIS

Diese Verlustbeschränkungsmöglichkeiten gelten u. a. jedoch nicht in den Fällen, in denen Gläubiger und Schuldner einander nahe stehende Personen i. S. des § 32d Abs. 2 Nr. 1 Satz 1 Buchst. a EStG sind (§ 32d Abs. 2 Nr. 1 Satz 2 EStG).

Im Rahmen des JStG 2024 soll die Verlustausgleichsbeschränkung auf 20.000 € mit Wirkung für sämtliche offenen Steuerfälle durch Aufhebung von § 20 Abs. 6 Satz 5 und 6 EStG beseitigt werden.

FALL 250

Verdeckte Gewinnausschüttung wegen Vorteilsgewährung an nahe stehende Person

Sachverhalt: A ist zu 80 % am Stammkapital der X-GmbH beteiligt. Die X-GmbH hat im Jahr 2023 eine in ihrem Betriebsgebäude gelegene Wohnung an die Tochter von A für einen monatlichen Mietzins i. H. von 500 € vermietet. Der übliche Mietzins für eine vergleichbare Wohnung beträgt monatlich 1.500 €.

AUFGABE

Welche einkommensteuerlichen Folgen ergeben sich für A im Hinblick auf den zu niedrigen Mietzins?

LÖSUNG

Zu den Einkünften aus Kapitalvermögen gehören auch verdeckte Gewinnausschüttungen (§ 20 Abs. 1 Nr. 1 Satz 2 EStG). Unter einer verdeckten Gewinnausschüttung sind alle Vorgänge zu verstehen, durch die eine Kapitalgesellschaft einem Gesellschafter bzw. einer diesem nahe stehenden Person geldwerte Güter in einer Form zuführt, in der sie nicht als Ausschüttung erscheinen, sondern eine solche verdecken. Das Näheverhältnis kann familien-, gesellschafts- oder schuldrechtlicher oder auch rein tatsächlicher Art sein. Im Allgemeinen ist eine verdeckte Gewinnausschüttung i. S. des § 20 Abs. 1 Nr. 1 Satz 2 EStG gegeben, wenn eine Kapitalgesellschaft ihrem Gesellschafter außerhalb der gesellschaftsrechtlichen Gewinnverteilung einen Vermögensvorteil zuwendet, diese Zuwendung ihren Anlass im Gesellschaftsverhältnis hat und der Vermögensvorteil dem Gesellschafter zugeflossen ist (BFH, Urteile v. 1.2.1989 - I R 73/85, BStBl 1989 II S. 522, und v. 29.6.1994 - I R 137/93, BStBl 2002 II S. 366).

Wird eine Wohnung – wie im vorliegenden Fall – an eine dem beherrschenden Gesellschafter nahe stehende Person zu einem unangemessen niedrigen Mietzins vermietet, ist demgemäß davon auszugehen, dass die Vorteilsgewährung im Gesellschaftsverhältnis begründet ist. Es liegt eine verdeckte Gewinnausschüttung vor, die nicht der nahe stehenden Person (also der Tochter), sondern dem Gesellschafter A zuzurechnen ist. Einkommensteuerrechtlich können Kapitaleinkünfte i. S. des § 20 Abs. 1 Nr. 1 EStG gem. § 20 Abs. 5 EStG nicht einer Person zugerechnet werden, die an der Kapitalgesellschaft nicht beteiligt ist (BFH, Urteile v. 18.12.1996 - I R 139/94, BStBl 1997 II S. 301, v. 22.2.2005 - VIII R 24/03, BFH/NV 2005 S. 1266, MAAAB-53707, und v. 19.6.2007 - VIII R 54/05, BStBl 2007 II S. 830; BFH, Beschluss v. 13.7.2021 - I R 16/18, BStBl 2022 II S. 119, Rz. 34; BMF, Schreiben v. 20.5.1999, BStBl 1999 I S. 514). Grundlage für die Bewertung der verdeckten Gewinnausschüttung ist § 8 EStG. Das bedeutet, dass A i. H. des Unterschiedsbetrags zwischen der angemessenen Miete und der berechneten Miete Einnahmen i. S. des § 20 Abs. 1 Nr. 1 Satz 2 EStG erzielt hat. Für verdeckte Gewinnausschüttungen gilt das Teileinkünfteverfahren. A muss daher folgenden Betrag im Jahr 2023 bei seinen Einkünften aus Kapitalvermögen versteuern:

Angemessene Miete: 12 x 1.500 € =	18.000 €
abzgl. berechnete Miete: 12 x 500 € =	- 6.000 €
Differenz = verdeckte Gewinnausschüttung	12.000 €
Steuerfrei gem. § 3 Nr. 40 Satz 1 Buchst. d EStG (40 %)	- 4.800 €
Steuerpflichtig	7.200 €

HINWEIS

Verdeckte Gewinnausschüttungen sind ab dem Jahr 2009 prinzipiell unter Anwendung des Teileinkünfteverfahrens mit dem pauschalen Abgeltungsteuersatz i. H. von 25 % zu versteuern (§ 43 Abs. 1 Satz 1 Nr. 1 Satz 1 i. V. mit § 20 Abs. 1 Nr. 1 Satz 2 und § 32d Abs. 1 EStG). Wenn der Anteilseigner der zum Privatvermögen gehörenden Beteiligung einen Antrag auf Suspendierung des Abgeltungsverfahrens gem. § 32d Abs. 2 Nr. 3 EStG stellt, unterliegen die verdeckten Gewinnausschüttungen im Rahmen eines Veranlagungsverfahrens der tariflichen Einkommensteuer (Fuhrmann, KÖSDI 2009 S. 16614 und 16616). Eine tarifäre Besteuerung ist auch geboten, soweit die verdeckte Gewinnausschüttung das Einkommen der leistenden GmbH – entgegen § 8 Abs. 3 Satz 2 KStG – gemindert hat (§ 32d Abs. 2 Nr. 4 EStG). Eine tarifäre Besteuerung kommt darüber hinaus in Betracht, wenn der persönliche Steuersatz des Gesellschafters unter 25 % liegt und die Günstigerprüfung (sog. „Veranlagungsoption") gem. § 32d Abs. 6 EStG beantragt wird (Binz, DStR 2008 S. 1820). Die für „normale" Ausschüttungen geltende Vorschrift des § 32d Abs. 2 Nr. 1 Satz 1 Buchst. b EStG ist auf verdeckte Gewinnausschüttungen nicht anwendbar. Steuerpflichtige Kapitalerträge, die aus rechtlichen oder tatsächlichen Gründen nicht dem Kapitalertragsteuerabzug unterlegen haben (z. B. verdeckte Gewinnausschüttungen), hat der Steuerpflichtige gem. § 32d Abs. 3 Satz 1 EStG in seiner Einkommensteuererklärung anzugeben (BMF, Schreiben v. 19.5.2022, BStBl 2022 I S. 742, Rz. 144).

FALL 251

Gewährung eines zinslosen Darlehens durch eine GmbH als verdeckte Gewinnausschüttung

Sachverhalt: A ist Alleingesellschafter der X-GmbH und zugleich deren Geschäftsführer. Das Wirtschaftsjahr der X-GmbH stimmt mit dem Kalenderjahr überein. Die Geschäftsanteile gehören zum Privatvermögen von A. Bei einer Außenprüfung der X-GmbH wird festgestellt, dass die X-GmbH dem Gesellschafter-Geschäftsführer im Jahr 2023 ein unverzinsliches Darlehen gewährt hat, das A zur Finanzierung eines vermieteten Mietwohnhauses verwendet hat. Die angemessenen Zinsen für die Kapitalüberlassung belaufen sich auf 6.000 € im Jahr.

AUFGABE

Handelt es sich bei dem Zinsvorteil, den die X-GmbH A gewährt hat, um eine verdeckte Gewinnausschüttung und wie wirkt sich der Zinsvorteil auf das Einkommen von A aus?

LÖSUNG

Gemäß § 20 Abs. 1 Nr. 1 Satz 2 EStG gehören zu den Einkünften aus Kapitalvermögen auch sonstige Bezüge in Form von verdeckten Gewinnausschüttungen, wenn die Beteiligung zum Privatvermögen gehört. Sie sind bei Zufluss (§ 11 Abs. 1 Satz 1 EStG) zu versteuern. Eine verdeckte Gewinnausschüttung i. S. des § 20 Abs. 1 Nr. 1 Satz 2 EStG ist anzunehmen, wenn die Kapitalgesellschaft ihren Gesellschaftern außerhalb eines gesellschaftsrechtlich wirksamen Gewinnverteilungsbeschlusses einen Vermögensvorteil zuwendet und diese Zuwendung ihre Ursache im Gesellschaftsverhältnis hat. Das ist der Fall, wenn ein ordentlicher und gewissenhafter Geschäftsführer den Vorteil einem Nichtgesellschafter nicht zugewendet hätte.

Gewährt die Kapitalgesellschaft ihrem beherrschenden Gesellschafter Nutzungsvorteile ohne Entgelt oder gegen ein unangemessen niedriges Entgelt, besteht die Vorteilszuwendung für den Gesellschafter darin, dass er Aufwendungen erspart hat. Das Vermögen der GmbH wird in diesem Fall gemindert und das des Gesellschafters erhöht (BFH, Urteil v. 13.9.2000 - I R 10/00, BFH/NV 2001 S. 584, DAAAA-66709).

Bei der Gewährung eines zinslosen Darlehens wird eine verdeckte Gewinnausschüttung i. H. der angemessenen Zinsen angenommen (BFH, Urteil v. 28.2.1990 - I R 83/87, BStBl 1990 II S. 649; BFH, Beschluss v. 3.2.2003 - I B 43/02, BFH/NV 2003 S. 1027, IAAAA-69963; BFH, Urteil v. 22.2.2023 - I R 27/20, BStBl 2023 II S. 840). Der Verzicht auf eine angemessene Verzinsung der Darlehensforderung führt dann zu einer verdeckten Gewinnausschüttungen. Sind keine anderen Anhaltspunkte für die regelmäßig gebotene Schätzung der fremdüblichen Zinsen erkennbar, ist es nicht zu beanstanden, wenn von dem Erfahrungssatz ausgegangen wird, dass sich private Darlehensgeber und -nehmer die bankübliche Marge zwischen Soll- und Habenzinsen teilen (sog. „Margenteilung“; BFH, Urteil v. 22.2.2023 - I R 27/20, BStBl 2023 II S. 840).

Liegt danach eine verdeckte Gewinnausschüttung vor, muss beim Gesellschafter untersucht werden, wie sich die fiktiven Zinsen einkommensteuerlich auswirken (sog. „Fiktionstheorie“).

Danach wird die Besteuerung nach allgemein anerkannter Auffassung so vorgenommen, als wenn der Gesellschafter an die Kapitalgesellschaft angemessene Zinsen gezahlt und diese dann im Wege der verdeckten Gewinnausschüttung zurückerhalten hätte (BFH, Urteile v. 25.9.1970 - VI R 122/67, BStBl 1971 II S. 53, v. 19.3.1975 - I R 137/73, BStBl 1975 II S. 722, und v. 22.9.1994 - IX R 47/89, BFH/NV 1995 S. 294, UAAAA-97285; BFH, Beschluss v. 27.11.2001 - XI B 123/01, BFH/NV 2002 S. 542, KAAAA-67923). Es wird also so verfahren, als ob ein steuerlich anerkannter Leistungsaustausch stattgefunden hätte und die ersparten Zinsen dem Gesellschafter tatsächlich entstanden wären (BFH, Urteile v. 14.8.1975 - IV R 30/71, BStBl 1976 II S. 88, v. 16.12.1987 - X R 7/82, BStBl 1988 II S. 384, und v. 9.11.1988 - I R 335/83, BStBl 1989 II S. 510).

Vorliegend sind die Zinsen i. H. von 6.000 € im Jahr der verdeckten Gewinnausschüttung (2023) als Werbungskosten bei den Einkünften aus Vermietung und Verpachtung von A abziehbar. Andererseits sind die Zinsen bei den Einkünften aus Kapitalvermögen von A zu erfassen. Sie unterliegen nicht der Abgeltungsteuer, sondern der tarifären Besteuerung, weil A zu mindestens 10 % an der X-GmbH beteiligt ist (§ 32d Abs. 2 Nr. 1 Satz 1 Buchst. b EStG).

HINWEIS

Ist davon auszugehen, dass der Steuerpflichtige nicht betrieblich, sondern privat veranlasste Darlehenszinsen durch die zinslose Darlehensgewährung der GmbH erspart hat, scheidet ein (fiktiver) steuerlich anzuerkennender Zinsaufwand aus (BFH, Beschluss v. 27.11.2001 - XI B 123/01, BFH/NV 2002 S. 542, Rz. 9, KAAAA-67923).

FALL 252

Behandlung von Schuldzinsen bei kreditfinanziertem Wertpapierkauf

Sachverhalt: Die Eheleute M erhalten im Jahr 2023 Zinserträge aus Bundesanleihen i. H. von 2.400 € (= 2 % von 120.000 €) brutto ausgezahlt. Weitere Kapitalerträge haben die Eheleute nicht. Für die mittels eines Kredits angeschafften Anleihen fallen im Jahr 2023 noch Schuldzinsen i. H. von 1.000 € an. Der Depotbank wurde für das Jahr 2022 ein Freistellungsauftrag über 2.000 € erteilt.

AUFGABE

Sind die Schuldzinsen als Werbungskosten bei den Einkünften aus Kapitalvermögen im Jahr 2023 absetzbar?

LÖSUNG

Gemäß § 20 Abs. 9 Satz 1 EStG können Werbungskosten, also auch Kreditzinsen, bei den Einkünften aus Kapitalvermögen ab dem Veranlagungszeitraum 2009 grds. nicht mehr abgezogen werden. Abziehbar ist lediglich ein Sparer-Pauschbetrag i. H. von 1.000 € (ab dem Jahr 2023), der bei Ehegatten, die zusammen veranlagt werden, auf 2.000 € verdoppelt wird (BFH, Urteil v. 9.6.2015 - VIII R 12/14, BStBl 2016 II S. 199). Das gilt auch, wenn die Wertpapiere vor dem 1.1.2009 erworben wurden. Es ist daher für das Jahr 2023 wie folgt zu rechnen:

Zinsen	2.400 €
abzgl. Sparer-Pauschbetrag	- 2.000 €
Einkünfte aus Kapitalvermögen	400 €

Die Kapitaleinkünfte i. H. von 400 € unterliegen der Abgeltungsteuer. Hinzu kommen noch der Solidaritätszuschlag und ggf. die Kirchensteuer.

HINWEIS

Das Werbungskostenabzugsverbot des § 20 Abs. 9 Satz 1 EStG gilt auch bei einer Besteuerung der Kapitaleinkünfte zum Regeltarif aufgrund der Günstigerprüfung gem. § 32d Abs. 6 EStG (BFH, Urteil v. 2.12.2014 - VIII R 34/13, BStBl 2015 II S. 387).

FALL 252A

Insolvenzbedingter Ausfall einer privaten Darlehensforderung

Sachverhalt: A gewährte einem Dritten am 11.8.2021 ein mit 5 % verzinsliches Darlehen i. H. von 40.000 €. Seit dem 1.8.2022 stellte der Darlehensschuldner die vereinbarten Darlehensrückzahlungen ein, weil er in eine finanzielle Schieflage geriet. Über das Vermögen des Darlehensnehmers wurde im Jahr 2023 das Insolvenzverfahren eröffnet. A meldete die noch offene private Darlehensforderung i. H. von 30.000 € zur Insolvenztabelle an. Die Eröffnung des Insolvenzverfahrens über das Vermögen des Darlehensschuldners wurde noch im Jahr 2023 mangels Masse abgelehnt. Die noch offene Darlehensforderung i. H. von 30.000 € wurde nicht an A zurückgezahlt.

AUFGABE

Führt der Ausfall der verbliebenen privaten Darlehensforderung i. H. von 30.000 € bei A zu einem steuerlich relevanten Verlust in Form von negativen Einkünften aus Kapitalvermögen i. S. des § 20 Abs. 2 Satz 1 Nr. 7 und Satz 2 sowie Abs. 4 EStG?

LÖSUNG

Zu den Einkünften aus Kapitalvermögen gehören gem. § 20 Abs. 2 Satz 1 Nr. 7 EStG auch der Gewinn aus der Veräußerung von sonstigen Kapitalforderungen jeder Art i. S. des § 20 Abs. 1 Nr. 7 EStG. Die Vorschrift enthält einen Auffangtatbestand für die Besteuerung von Wertzuwächsen aus der Veräußerung, Abtretung oder Endeinlösung von Finanzanlagen, deren volle oder teilweise Rückzahlung zugesagt oder nicht zugesagt ist. Eine private Darlehensforderung ist eine Kapitalforderung i. S. des § 20 Abs. 2 Satz 1 Nr. 7 EStG (BMF, Schreiben v. 19.5.2022, BStBl 2022 I S. 742, Rz. 58).

Der BFH hat in einem Grundsatzurteil (Urteil v. 24.10.2017 - VIII R 13/15, BStBl 2020 II S. 831; bestätigt durch BFH, Urteil v. 17.11.2020 - VIII R 20/18, BStBl 2021 II S. 378, Rz. 34 f.) entschieden, dass der endgültige Ausfall einer Kapitalforderung i. S. des § 20 Abs. 1 Nr. 7 EStG in der privaten Vermögenssphäre (sog. „Rückzahlungsverlust") zu einem steuerlich anzuerkennenden Verlust i. S. des § 20 Abs. 2 Satz 1 Nr. 7 i. V. mit Satz 2 und Abs. 4 EStG führen kann. Ab der Einführung der Abgeltungsteuer zum 1.1.2009 werden alle – positiven wie negativen – Wertveränderungen im Zusammenhang mit Kapitalanlagen steuerrechtlich erfasst. Dafür wurde die traditionelle quellentheoretische Trennung von Vermögens- und Ertragsebene für Einkünfte aus Kapitalvermögen aufgegeben. Die Abgeltungsteuer bezweckt die parallele Steuerbarkeit laufender Erträge und realisierter Wertänderungen, so dass insoweit für nach dem Jahr 2008 erworbene Kapitalforderungen eine „steuerlich unbeachtliche Vermögensebene" nicht mehr vorliegt, erst recht nicht nur im Verlustfall. Nach Auffassung des BFH ist Folge dieses Paradigmenwechsels, dass nach Einführung der Abgeltungsteuer der endgültige Ausfall einer Kapitalforderung i. S. des § 20 Abs. 1 Nr. 7 EStG zu einem gem. § 20 Abs. 2 Satz 1 Nr. 7 und Satz 2 sowie Abs. 4 EStG steuerlich zu berücksichtigenden Verlust führt. Unterliegen Wertsteigerungen ausnahmslos der Besteuerung, sind Wertverluste ebenso steuerlich zu berücksichtigen.

Ein Verlust i. S. des § 20 Abs. 4 EStG liegt vor, wenn die Rückzahlung der Kapitalforderung abzgl. aller in diesem Zusammenhang entstandenen Aufwendungen unter dem Nennwert des hingegebenen Darlehens bleibt. Nicht zu berücksichtigen sind dabei die gem. § 20 Abs. 1 Nr. 7 EStG gesondert erfassten Zinszahlungen. Zwar fehlt es bei einem Forderungsausfall an dem für eine Veräußerung in diesem Sinne notwendigen Rechtsträgerwechsel. Aus der Gleichstellung der Rückzahlung mit dem Tatbestand der Veräußerung einer Kapitalforderung in § 20 Abs. 2 Satz 2 EStG folgt jedoch, dass auch eine endgültig ausbleibende Rückzahlung zu einem Verlust i. S. des § 20 Abs. 4 Satz 1 EStG führt, wenn endgültig feststeht, dass keine (weiteren) Rückzahlungen mehr erfolgen werden.

Es muss feststehen, dass (über bereits gezahlte Beträge hinaus) keine (weiteren) Rückzahlungen mehr erfolgen werden. Die Eröffnung eines Insolvenzverfahrens über das Vermögen des Schuldners reicht zwar hierfür i. d. R. nicht aus. Etwas anderes gilt jedoch, wenn – wie hier – die Eröffnung des Insolvenzverfahrens mangels Masse abgelehnt wird oder aus anderen Gründen feststeht, dass eine Rückzahlung nicht mehr zu erwarten ist (BFH, Urteil v. 1.7.2021 - VIII R 28/18, BStBl 2021 II S. 911). Der BFH verweist auf die Vergleichbarkeit des Forderungsausfalls mit der Konstellation, dass der Steuerpflichtige die wertlos gewordene Forderung zu einem Kaufpreis weit unter dem Nominalwert oder i. H. von 0 € veräußert. Für A stellt daher die entsprechende Vermögensminderung aufgrund des Forderungsausfalls im Jahr 2023 einen steuerbaren Verlust i. S. des § 20 Abs. 2 Satz 1 Nr. 7 i. V. mit Satz 2 und Abs. 4 EStG i. H. von 30.000 € dar. Denn zum Zeitpunkt der Tatbestandsverwirklichung errechnet sich die Höhe des Rückzahlungsverlusts gem. § 20 Abs. 4 EStG als Unterschied zwischen den Einnahmen aus den Rückzahlungen nach Abzug der Aufwendungen, die im unmittelbaren Zusammenhang mit dem Ausfall der Forderung stehen, und den Anschaffungskosten.

Die steuerliche Berücksichtigung von Forderungsausfällen wird allerdings durch die Verlustverrechnungsbeschränkung gem. § 20 Abs. 6 EStG begrenzt.

Danach dürfen Verluste aus Kapitalvermögen

- nicht mit Einkünften aus anderen Einkunftsarten ausgeglichen werden; sie dürfen auch nicht i. S. des § 10d EStG abgezogen werden (§ 20 Abs. 6 Satz 1 EStG);
- sie mindern jedoch die Einkünfte, die der Steuerpflichtige in den folgenden Veranlagungszeiträumen aus Kapitalvermögen erzielt (§ 20 Abs. 6 Satz 2 EStG);
- § 20 Abs. 6 Satz 3 EStG erklärt § 10d Abs. 4 EStG sinngemäß für anwendbar.

Gemäß § 20 Abs. 6 Satz 6 EStG dürfen Verluste aus Kapitalvermögen aus der ganzen oder teilweisen Uneinbringlichkeit einer Kapitalforderung nur i. H. von 20.000 € mit Einkünften aus Kapitalvermögen ausgeglichen werden; die Sätze 2 und 3 des § 20 Abs. 6 EStG gelten sinngemäß mit der Maßgabe, dass nicht verrechnete Verluste je Folgejahr nur bis zur Höhe von 20.000 € mit Einkünften aus Kapitalvermögen verrechnet werden dürfen. Die Regelung des § 20 Abs. 6 Satz 6 EStG ist auf Verluste anzuwenden, die nach dem 31.12.2020 entstehen (§ 52 Abs. 28 Satz 26 EStG i. d. F. des JStG 2020 v. 21.12.2020, BGBl 2020 I S. 3096).

Anmerkung: Im Rahmen des JStG 2024 soll die Verlustausgleichsbeschränkung auf 20.000 € mit Wirkung für sämtliche offenen Steuerfälle durch Aufhebung von § 20 Abs. 6 Satz 5 und 6 EStG beseitigt werden.

FALL 253

Verkauf von nach dem 31.12.2008 erworbenen Aktien

Sachverhalt: A hat bei einer Direktbank außerbörslich folgende Wertpapiergeschäfte getätigt:

Ordertag	Kauf von Aktien der X-AG	Anschaffungskosten	Verkauf von Aktien der X-AG	Gewinn
4.9.2023	100 Stück x 50 € =	5.000 €		
11.9.2023	200 Stück x 40 € =	8.000 €		
8.10.2023			150 Stück x 60 € =	9.000 €

AUFGABE

Ist der Gewinn aus dem Verkauf der Aktien steuerpflichtig?

LÖSUNG

Zu den Einkünften aus Kapitalvermögen gehört ab dem Jahr 2009 auch der Gewinn aus der Veräußerung von Aktien (§ 20 Abs. 2 Satz 1 Nr. 1 EStG). Der „Gewinn" ist der Unterschiedsbetrag zwischen den Einnahmen aus der Veräußerung nach Abzug der Aufwendungen, die im unmittelbaren sachlichen Zusammenhang mit dem Veräußerungsgeschäft stehen (§ 20 Abs. 4 Satz 1 EStG). Die Neuregelung bedeutet einen Systemwechsel. Unabhängig von der Haltedauer, also zeitlich unbegrenzt, werden Gewinne aus Wertpapiergeschäften als Kapitalerträge erfasst. Die Gewinne unterliegen der Abgeltungsteuer gem. § 32d Abs. 1 EStG.

Diese Regelung ist erstmals auf Gewinne aus der Veräußerung von Aktien anzuwenden, die nach dem 31.12.2008 erworben und veräußert wurden (§ 52a Abs. 10 Satz 1 EStG). Zur Ermittlung des unter § 20 Abs. 2 Satz 1 Nr. 1 EStG fallenden Veräußerungsgewinns ist bei Aktien des gleichen Unternehmens, die einem Verwahrer zur Sammelverwahrung anvertraut worden sind, gem. § 20 Abs. 4 Satz 7 EStG zu unterstellen, dass die zuerst angeschafften Wertpapiere zuerst veräußert wurden (FiFo – „First in, First out"). Der Gewinn, der gem. § 20 Abs. 2 Satz 1 Nr. 1 EStG steuerpflichtig ist, ist wie folgt zu ermitteln:

Veräußerungserlös für 150 Aktien – Verkauf am 8.10.2023	9.000 €
Hiervon sind abzuziehen:	
Die Anschaffungskosten der am 4.9.2023 angeschafften 100 Aktien	- 5.000 €
sowie die Anschaffungskosten von 50 der am 11.9.2023 angeschafften Aktien:	
50 x 40 € =	- 2.000 €
Steuerpflichtiger Gewinn gem. § 20 Abs. 2 Satz 1 Nr. 1 EStG	2.000 €

FALL 254

Steuerliche Behandlung einer Depotwechselprämie

Sachverhalt: A hat ein Depot bei der X-Bank. Außerdem hat er ein Depot bei der Y-Bank. Die X-Bank macht ihren (potenziellen) Kunden das Angebot, ihnen für den Übertrag von Depotvolumen i. H. von mindestens 5.000 € auf ein Depot bei der X-Bank eine Vergütung i. H. von 0,5 % des Volumens zu zahlen.

A überträgt im Jahr 2023 seinen Wertpapierbestand bei der Y-Bank mit einem Depotvolumen i. H. von 300.000 € in sein Depot bei der X-Bank. Das Depot bei der Y-Bank wird geschlossen. A erhielt im Oktober 2023 von der X-Bank eine Depotwechselprämie i. H. von 0,5 % von 300.000 € = 1.500 €.

AUFGABE

Ist die Depotwechselprämie steuerbar?

LÖSUNG

Zu den Einkünften aus Kapitalvermögen gehören auch besondere Entgelte oder Vorteile, die neben den in § 20 Abs. 1 und 2 EStG bezeichneten Einnahmen oder an deren Stelle gewährt werden (§ 20 Abs. 3 EStG). Die Vorschrift statuiert keinen eigenen Besteuerungstatbestand, sondern stellt nur klar, dass der Umfang der steuerbaren Entgelte von zivilrechtlichen Begriffen unabhängig ist. Werden besondere Entgelte und Vorteile neben oder anstelle von Einnahmen i. S. des § 20 Abs. 1 oder 2 EStG gewährt, so sind diese den betreffenden Tatbeständen zuzuordnen, nach welchen sich die Rechtsfolgen bestimmen.

Verwaltungsseitig wird § 20 Abs. 3 EStG weit ausgelegt. Danach sollen selbst „Entschädigungszahlungen für Verluste, die aufgrund von Beratungsfehlern im Zusammenhang mit einer Wertpapier-Kapitalanlage geleistet werden“ von § 20 Abs. 3 i.V. mit Abs. 1 und 2 EStG erfasst werden, und zwar auch dann, wenn die Zahlung ohne rechtliche Verpflichtung erfolgt (BMF, Schreiben v. 19.5.2022, BStBl 2022 I S. 742, Rz. 83).

Ob auch eine Depotwechselprämie unter § 20 Abs. 3 i.V. mit Abs. 1 und 2 EStG fällt, ist – soweit ersichtlich – bislang noch nicht Gegenstand einer gerichtlichen Entscheidung. In der Praxis verhält es sich so, dass die Banken von der Depotwechselprämie Abgeltungsteuer i. H. von 25 % (zzgl. 5,5 % Solidaritätszuschlag und ggf. Kirchensteuer) einbehalten, wenn der Sparer-Pauschbetrag ausgeschöpft ist. Wer damit nicht einverstanden ist, muss den Rechtsweg beschreiten.

FALL 255

Zinsanteil in Veräußerungszeitrente bei teilentgeltlicher Grundstücksveräußerung

Sachverhalt: V hat im Wege der vorweggenommenen Erbfolge mit Wirkung v. 1.1.2023 ein im Jahr 2000 angeschafftes und seitdem vermietetes Wohngebäude mit einem Verkehrswert i. H. von 480.000 € an seinen Sohn S übertragen. Als Gegenleistung für die Übertragung des Grundstücks wurde eine monatliche Rate (sog. „Zeitrente") i. H. von 1.000 € für die Dauer von 20 Jahren (insgesamt 240.000 €) vereinbart. Für den Fall des Versterbens von V vor Ablauf der Laufzeit der Zahlungen soll der Anspruch auf die Erben von V übergehen.

AUFGABE

Ist in den Zahlungen ein Zinsanteil enthalten, den V bei seinen Einkünften aus Kapitalvermögen versteuern muss?

LÖSUNG

Jede Kapitalforderung, die über eine längere Zeit als ein Jahr gestundet ist, enthält nach der Rechtsprechung des BFH einen Zinsanteil. Bei wirtschaftlicher Betrachtungsweise ist in den Fällen langfristig gestundeter Zahlungsansprüche davon auszugehen, dass der Schuldner bei alsbaldiger Zahlung einen geringeren Betrag hätte entrichten müssen als bei späterer Zahlung, so dass der erst später gezahlte Betrag einen Zinsanteil enthält.

Dass Kaufpreisraten aus der Veräußerung eines im Privatvermögen gehaltenen Grundstücks auch bei Ausschluss einer Verzinsung durch den Verkäufer und den Käufer in einen als Einnahmen aus Kapitalvermögen steuerbaren Zinsanteil und in einen Tilgungsanteil aufzuteilen sind, wenn eine Immobilie vollentgeltlich gegen „unverzinsliche" Kaufpreisraten übertragen wird, entspricht gefestigter höchstrichterlicher Rechtsprechung (BFH, Beschluss v. 8.10.2014 - VIII B 115/13, BFH/NV 2015 S. 200, FAAAE-81155). Diese Rechtsprechung, wonach der gestundete Anteil einer Kaufpreisforderung in einen Barwert und einen Zinsanteil umzurechnen ist, unabhängig davon, ob die Kaufvertragsparteien eine Verzinsung ausgeschlossen haben, ist unter verfassungsrechtlichen Gesichtspunkten nicht zu beanstanden (BVerfG, Kammerbeschluss v. 7.6.1993 - 2 BvR 335/93, HFR 1993 S. 542). Dieser Zinsanteil führt, weil der Gläubiger seinen Anspruch nicht sofort realisieren kann, sondern sein Geld erst durch in die Zukunft verlagerte Teilzahlungen erhält und dadurch dem Schuldner Kapital überlässt, zu Einnahmen aus Kapitalvermögen gem. § 20 Abs. 1 Nr. 7 EStG.

Ob eine Abzinsung auch bei teilentgeltlichen Grundstücksübertragungen zwischen Angehörigen in Betracht kommt, war umstritten. Übertragen Eltern einem Kind einen Vermögensgegenstand (hier ein Grundstück samt aufstehendem Gebäude) gegen auf festbestimmte Zeit zu zahlende wiederkehrende Leistungen (sog. „Zeitrente"), handelt es sich nach der Auffassung des BFH um ein entgeltliches Veräußerungs- und Anschaffungsgeschäft. Dies gilt auch, wenn der Barwert der wiederkehrenden Leistungen zum Übertragungszeitpunkt unterhalb des Verkehrswerts des übertragenen Vermögensgegenstands liegt, sog. „teilentgeltliche Übertragung" (BFH, Urteil

v. 31.8.1994 - X R 44/93, BStBl 1996 II S. 676, Rz. 28, 29 und 33). Vorliegend handelt sich um eine solche teilentgeltliche Übertragung; denn der Barwert der geschuldeten Rentenzahlungen zum Übertragungszeitpunkt erreicht nicht den Verkehrswert der Immobilie i. H. von 480.000 €.

Bei teilentgeltlicher Übertragung einer Immobilie gegen eine Veräußerungszeitrente sind die empfangenen Rentenzahlungen beim Berechtigten (hier V) vom Beginn des Bezugs an in einen (hier gem. § 23 Abs. 1 Satz 1 Nr. 1 EStG nicht steuerbaren) Tilgungsanteil und in einen gem. § 20 Abs. 1 Nr. 7 EStG steuerpflichtigen Zinsanteil aufzuteilen (BFH, Urteile v. 26.11.1992 - X R 187/87, BStBl 1993 II S. 298, Rz. 27, v. 31.8.1994 - X R 58/92, BStBl 1996 II S. 672, und v. 31.8.1994 - X R 44/93, BStBl 1996 II S. 676, Rz. 33). Dass ein steuerbarer Zinsanteil in den laufenden Rentenzahlungen einer Veräußerungszeitrente ab der ersten Rate enthalten ist, folgt nach der Ansicht des BFH aus der wirtschaftlichen Vergleichbarkeit und der damit gebotenen Gleichbehandlung mit der Übertragung von Vermögen gegen Kaufpreisraten.

Wirtschaftlich gesehen sei in jedem Rentenbetrag, gleichgültig wie sein Tilgungsanteil steuerlich zu behandeln sei, daher stets auch ein Zinsanteil enthalten, der sich nach der Höhe des jeweiligen, allmählich geringer werdenden Barwerts der Rentenforderung bemisst. Dieser in den Rentenbeträgen wirtschaftlich enthaltene Zinsanteil sei vom Beginn der Bezüge an einkommensteuerlich zu erfassen, und zwar auch dann, wenn die gleichzeitig zufließenden Tilgungsbeträge nicht einkommensteuerbar sind. Auch bei der teilentgeltlichen Übertragung eines Grundstücks und Gebäudes des Privatvermögens gegen eine Veräußerungszeitrente fließen dem Veräußerer von Beginn an steuerpflichtige Zinseinkünfte gem. § 20 Abs. 1 Nr. 7 EStG zu, soweit die Rentenzahlungen nicht auf den Unterschiedsbetrag zwischen dem Barwert der Rentenforderung zu Beginn und zum Ende des betreffenden Jahres (sog. „Tilgungsanteil") entfallen (BFH, Urteil v. 14.7.2020 - VIII R 3/17, BStBl 2020 II S. 813).

Bei einer „Veräußerungszeitrente" ist – im Gegensatz zu einer „Veräußerungsleibrente" (BFH, Urteil v. 18.5.2010 - X R 32-33/01, BStBl 2011 II S. 675, Rz. 45; BMF, Schreiben v. 11.3.2010, BStBl 2010 I S. 227, Rz. 71, 75 und 78) – der steuerbare Zinsanteil nicht als Ertragsanteil i. S. des § 22 Nr. 1 Satz 3 Buchst. a Doppelbuchst. bb EStG, sondern als Kapitalertrag gem. § 20 Abs. 1 Nr. 7 EStG einzuordnen, da es sich bei den Rentenbezügen mangels einer Wagniskomponente (der fehlenden Anknüpfung des Rentenbezugs an die Lebenszeit der Bezugsperson) nicht um „Einkünfte aus wiederkehrenden Leistungen" i. S. der Vorschrift handelt.

Der Zins- und Tilgungsanteil des Jahres 2023 errechnet sich wie folgt (Gleich lautende Erlasse der oberste Finanzbehörden der Länder v. 7.12.2001, BStBl 2001 I S. 1041, MAAAB-42814, Tabelle 7 = Anlage 9a zu § 13 Abs. 1 BewG; BMF, Schreiben v. 11.3.2010, BStBl 2010 I S. 227, Rz. 79; BFH, Urteil v. 19.5.1992 - VIII R 37/90, BFH/NV 1993 S. 87, Rz. 41, NAAAB-33318):

Barwert zum 1.1.2023:	Vervielfältiger für 20 Jahre: 12,279	
	12.000 € x 12,279 =	147.348 €
Barwert zum 1.1.2024:	Vervielfältiger für 19 Jahre: 11,927	
	12.000 € x 11,927 =	- 143.124 €
Differenz = Barwertminderung = Tilgungsanteil 2023		4.224 €
Rentenzahlung im Jahr 2023		12.000 €
Differenz = Zinsanteil 2023 gem. § 20 Abs. 1 Nr. 7 EStG		7.776 €

Anmerkung: Diese Rechtsprechung hat nicht nur Bedeutung für die Frage, ob der übertragende V einen in der Veräußerungszeitrente enthaltenen Zinsanteil gem. § 20 Abs. 1 Nr. 7 EStG zu versteuern hat, sondern auch, in welcher Höhe S Anschaffungskosten für die Immobilie entstehen. Bei gestundeten Forderungen ist nicht der Nennwert, sondern lediglich der abgezinste Barwert maßgeblich. Nur in dieser Höhe können S auch Anschaffungskosten entstehen (BFH, Urteil v. 26.6.1991 - XI R 3/89, BFH/NV 1991 S. 682, MAAAB-32731, für einen Grundstückserwerb gegen Kaufpreisraten).

10.8 Einkünfte aus Vermietung und Verpachtung (§ 21 EStG)

Vorbemerkungen

Einkünfte aus Vermietung und Verpachtung gem. § 2 Abs. 1 Satz 1 Nr. 6 i. V. mit § 21 EStG liegen vor bei:

- Vermietung und Verpachtung von unbeweglichem Vermögen, insbesondere von Grundstücken, Gebäuden, Gebäudeteilen etc.,
- Vermietung von Sachinbegriffen, insbesondere von beweglichem Betriebsvermögen,
- Einkünften aus zeitlich begrenzter Überlassung von Rechten, insbesondere von schriftstellerischen, künstlerischen und gewerblichen Urheberrechten, sowie
- Veräußerung von Miet- und Pachtzinsforderungen.

§ 21 EStG ist gem. seinem Abs. 3 subsidiär zu den §§ 13, 15, 18 und 19 EStG, d. h., dass in den Fällen, in denen die Voraussetzungen des § 21 EStG und die einer anderen Einkunftsart bei einer Vermietung und Verpachtung gegeben sind, die andere Einkunftsart grds. vorgeht; dies gilt aber nicht im Verhältnis zu § 20 und § 22 EStG. Bei den Einkünften aus Vermietung und Verpachtung handelt es sich um Überschusseinkünfte i. S. des § 2 Abs. 2 Satz 1 Nr. 2 EStG, die sich aus dem Überschuss der Einnahmen gem. § 8 EStG über die Werbungskosten gem. § 9 EStG ergeben.

FALL 256

Veräußerung von Miet- und Pachtzinsforderungen

Sachverhalt: A verkauft am 10.6.01 sein vermietetes Grundstück, das er vor 20 Jahren erworben hatte, für 400.000 €; im Verkaufspreis ist auch ein Betrag über 10.000 € enthalten, der auf rückständige Mieten entfällt. A vereinbart mit dem Erwerber Z, dass dieser die Mieten einziehen soll.

AUFGABE

Nehmen Sie für A und Z Stellung zu dem Veräußerungsvorgang.

LÖSUNG

Einkünfte von A

Die Veräußerung des vermieteten Grundstücks ist aufgrund der bei den Überschusseinkünften geltenden Quellentheorie nicht im Rahmen von § 21 EStG zu erfassen und auch ansonsten einkommensteuerlich nicht relevant; insbesondere liegt gem. § 23 Abs. 1 Satz 1 Nr. 1 Satz 1 EStG kein steuerbarer Veräußerungstatbestand vor (so wird im vorliegenden Fall die Spekulationsfrist i. H. von zehn Jahren zwischen Anschaffung und Veräußerung lt. Sachverhalt deutlich überschritten). A erzielt aber dennoch Einkünfte aus Vermietung und Verpachtung i. S. des § 2 Abs. 1 Satz 1 Nr. 6 i.V. mit § 21 Abs. 1 Satz 1 Nr. 4 EStG. Es handelt sich hierbei um Überschusseinkünfte i. S. des § 2 Abs. 2 Satz 1 Nr. 2 EStG, die sich über die Differenz zwischen den Einnahmen gem. § 8 EStG einerseits und den Werbungskosten gem. § 9 EStG andererseits ergeben. Als Einnahme gem. § 8 Abs. 1 EStG ist hier der anteilige Veräußerungserlös für die rückständigen Mieten i. H. von 10.000 € anzusehen Diese rückständigen Mieten betreffen einen Zeitraum, in dem A noch Eigentümer war, sie stehen ihm also zu. A erhält diesen offenen Betrag vorweg von Z vergütet. Hätte A, wie es ihm zustand, die Mieten selbst eingetrieben, so hätte er Mieteinnahmen i. S. des § 21 Abs. 1 Satz 1 Nr. 1 EStG i. H. von 10.000 € zu versteuern.

Erwerber Z

Für das Grundstück wendet Z lediglich 390.000 € auf. Dieser Betrag stellt für ihn – nach Abzug des Grund und Bodens – die AfA-Bemessungsgrundlage für das Gebäude dar.

Die Zahlung i. H. von 10.000 € an A ist eine Vorauszahlung von Beträgen, die bereits fällig waren; diese zieht er dann von den Mietern ein. Die Einziehung der Mieten löst bei ihm keine Einnahme i. S. des § 8 Abs. 1 EStG aus; die Mieteinnahmen hat er erst für den Zeitraum ab der Eigentumsübertragung im Rahmen seiner Einkünfte i. S. des § 2 Abs. 1 Satz 1 Nr. 6 i.V. mit § 21 Abs. 1 Satz 1 Nr. 1 EStG zu versteuern.

Kann Z die Mieten nur teilweise einziehen, hat er i. H. des ausgefallenen Betrags einen privaten Vermögensverlust erlitten, der steuerlich nicht berücksichtigungsfähig ist.

FALL 257

Herstellungskosten

Sachverhalt: A erwirbt im Februar 01 einen Bauplatz und lässt darauf ein Mietwohnhaus errichten. Der Antrag auf Baugenehmigung wurde im März 02 gestellt und mit den Bauarbeiten wurde im August 02 begonnen. Die Wohnungen wurden nach der Fertigstellung ab dem 1.10.03 vermietet. In den jeweiligen Jahren entstanden folgende Kosten:

1.	Jahr 01: Kaufpreis des Bauplatzes	85.000 €
2.	Jahr 01: Grunderwerbsteuer	2.975 €
3.	Jahr 01: Notar- und Grundbuchkosten	1.200 €
4.	Jahr 01: Restliche Erschließungskosten	21.000 €
5.	Jahr 02: Aushub der Baugrube	4.800 €

6.	Jahr 02: Architektenleistungen	15.000 €
7.	Jahr 02: Gebühr der Baugenehmigung	480 €
8.	Jahr 02/03: Rechnungen der Bauhandwerker insgesamt	250.000 €
9.	Jahr 02: Kosten für das Richtfest	600 €
10.	Jahr 02: Zahlungen an Schwarzarbeiter ohne Belege	8.000 €
11.	Jahr 02: Eigenleistungen geschätzt	4.000 €
12.	Jahr 02: Getränke für die Bauarbeiter	300 €
13.	Jahr 03: Strom- und Wasseranschluss	12.000 €
14.	Jahr 03: Hausanschlusskosten	4.500 €
15.	Jahr 03: Spüle für jede der drei Wohnungen zu einem Preis i. H. von je 800 €	2.400 €
16.	Jahr 03: Sanitäre Anlagen und Malerarbeiten	45.000 €
17.	Jahr 03: Teppichboden auf Estrich verlegt	12.000 €
18.	Jahr 03: Reparatur der Wasserleitung	900 €
19.	Jahr 03: Kosten für Hypothekenbestellung	3.400 €
20.	Jahr 03: Zinsen für Hypotheken	15.300 €
	Jahr 04: Zinsen für Hypotheken	16.400 €
21.	Jahr 03: Fahrtkosten von A zur Baubetreuung lt. Nachweis	360 €
22.	Jahr 04: Grundstücksumzäunung	4.800 €
23.	Jahr 04: Außenputz	12.000 €
24.	Jahr 02: Grundsteuer	280 €
	Jahr 03: Grundsteuer	280 €
	Jahr 04: Grundsteuer	560 €

AUFGABE

Teilen Sie die entstandenen Aufwendungen in Herstellungskosten, sofort abzugsfähige Werbungskosten und grds. nicht abzugsfähige Anschaffungskosten des Grund und Bodens ein.

LÖSUNG

Da A das Gebäude insgesamt vermietet, erzielt er Einkünfte aus Vermietung und Verpachtung i. S. des § 2 Abs. 1 Satz 1 Nr. 6 i.V. mit § 21 Abs. 1 Satz 1 Nr. 1 EStG. Es handelt sich hierbei um Überschusseinkünfte i. S. des § 2 Abs. 2 Satz 1 Nr. 2 EStG, die sich aus dem Überschuss der Einnahmen gem. § 8 EStG über die Werbungskosten gem. § 9 EStG ergeben.

Die o. g. Kosten sind wie folgt zu behandeln:

- Zu 1–4: Anschaffungskosten des Grund und Bodens.
- Zu 5–9: Herstellungskosten des Gebäudes.
- Zu 10: Die nicht belegten Kosten für die Schwarzarbeiter können gem. § 160 AO nicht berücksichtigt werden.

- Zu 11: Die Eigenleistungen sind keine Herstellungskosten, da kein tatsächlicher Abfluss erfolgte.
- Zu 12 und 13: Herstellungskosten des Gebäudes.
- Zu 14: Herstellungskosten des Gebäudes (H 6.4 Hausanschlusskosten EStH 2023).
- Zu 15: Die Kosten für die Spüle gehören zu den Herstellungskosten des Gebäudes (H 6.4 Einbauküche EStH 2023).
- Zu 16 und 17: Herstellungskosten des Gebäudes.
- Zu 18–20: Sofort abzugsfähige Werbungskosten (§ 9 Abs. 1 Satz 1 und 3 Nr. 1 EStG).
- Zu 21: Herstellungskosten des Gebäudes mit den tatsächlichen Fahrtkosten.
- Zu 22: Nachträgliche Herstellungskosten des Gebäudes (H 6.4 Umzäunung EStH 2023).
- Zu 23: Nachträgliche Herstellungskosten des Gebäudes.
- Zu 24: Sofort abzugsfähige Werbungskosten (§ 9 Abs. 1 Satz 3 Nr. 2 EStG)

Die sofort abzugsfähigen Werbungskosten sind zum Zeitpunkt der Zahlung gem. § 11 Abs. 2 EStG zu berücksichtigen. Die Herstellungskosten des Gebäudes sind nicht sofort abzugsfähig, sondern nach Fertigstellung des Gebäudes im Wege der AfA gem. § 9 Abs. 1 Satz 3 Nr. 7 i.V. mit § 7 Abs. 4 EStG zu berücksichtigen. Die nachträglichen Herstellungskosten erhöhen zum Zeitpunkt ihrer Entstehung die AfA-Bemessungsgrundlage. Sie sind so zu berücksichtigen, als wären sie zu Beginn des Kalenderjahres aufgewendet worden (R 7.4 Abs. 9 EStR). Die Kosten für die Anschaffung des Grund und Bodens sind nur im Falle eines steuerbaren Veräußerungsvorgangs gem. § 23 Abs. 1 Satz 1 Nr. 1 EStG zu berücksichtigen.

FALL 258

Einkünfteermittlung

Sachverhalt: Am 1.2.05 erwarb Frau B ein unbebautes Grundstück für 35.000 €. Die Kosten des notariellen Kaufvertrags i. H. von 520 € brutto bezahlte sie am 20.2.05. Nachdem sie die Baugenehmigung beantragt hatte (im Jahr 05), wofür ihr Kosten i. H. von 230 € entstanden, errichtete sie auf diesem ein Zweifamilienhaus.

Baukosten des Kellergeschosses	60.000 €
zzgl. Umsatzsteuer	11.400 €
Fertighaus	230.000 €
zzgl. Umsatzsteuer	43.700 €
Erschließungsbeiträge	12.000 €
Kosten des Hausanschlusses inklusive Umsatzsteuer	4.500 €
Jägerzaun um das Grundstück herum inklusive Umsatzsteuer	2.500 €

Zur Finanzierung des Bauvorhabens hat Frau B ein Darlehen i. H. von 100.000 € aufgenommen, für das sie im Jahr 06 6.000 € Zinsen und 1.000 € Tilgung bezahlte. Die restlichen Baukosten beglich sie aus Mitteln einer Erbschaft.

Das Haus wurde am 15.4.06 bezugsfertig. Eine Wohnung bezog das Ehepaar B selbst sofort. Die zweite Wohnung wurde ab dem 1.5.06 für monatlich 500 € vermietet. Beide Wohnungen sind gleich groß. Die restlichen Werbungskosten für das gesamte Gebäude belaufen sich auf 3.600 €.

AUFGABE

Ermitteln Sie die Höhe der Einkünfte von Frau B im Jahr 06 (entspricht dem tatsächlichen Veranlagungszeitraum 2024).

LÖSUNG

Frau B erzielt bzgl. der vermieteten Wohnung Einkünfte aus Vermietung und Verpachtung gem. § 2 Abs. 1 Satz 1 Nr. 6 i.V. mit § 21 Abs. 1 Satz 1 Nr. 1 EStG. Es handelt sich hierbei um Überschusseinkünfte i. S. des § 2 Abs. 2 Satz 1 Nr. 2 EStG, die sich aus der Differenz der Einnahmen gem. § 8 EStG über die Werbungskosten gem. § 9 EStG ergeben. Bezüglich der eigengenutzten Wohnung liegt kein Einkunftstatbestand vor. Deshalb sind die auf diese Wohnung entfallenden Kosten (= $\frac{1}{2}$) nicht als Werbungskosten abzugsfähig, sondern stellen Kosten der Lebensführung i. S. des § 12 Nr. 1 EStG dar.

Einnahmen (§ 8 Abs. 1 EStG): 500 € x 8 Monate =		4.000 €
Werbungskosten (§ 9 EStG):		
► Schuldzinsen (§ 9 Abs. 1 Satz 3 Nr. 1 EStG) zu $\frac{1}{2}$		- 3.000 €
► Tilgungsbeträge sind nicht abzugsfähig (H 4.5 Abs. 2 Darlehen EStH 2023)		
► Allgemeine Kosten (§ 9 Abs. 1 Satz 1 EStG) zu $\frac{1}{2}$		- 1.800 €
► AfA gem. § 9 Abs. 1 Satz 3 Nr. 7 EStG: Frau B kann die AfA gem. § 7 Abs. 4 Satz 1 Nr. 2 Buchst. a EStG mit 3 % geltend machen.		
► Herstellungskosten:		
Baugenehmigung	230 €	
Keller (brutto)	+ 71.400 €	
Fertighaus (brutto)	+ 273.700 €	
Hausanschlusskosten (brutto)	+ 4.500 €	
Einzäunung (brutto; H 6.4 Umzäunung EStH 2023)	+ 2.500 €	
Summe	352.330 €	
Herstellungskosten zu $\frac{1}{2}$ = 176.165 €		
davon 3 % Jahres-AfA = 5.284,95 €, davon $\frac{9}{12}$ (zugunsten gerundet) =		- 3.964 €
Die lineare AfA i. H. von 3 % ist gem. § 7 Abs. 4 Satz 1 i.V. mit Abs. 1 Satz 4 EStG zeitanteilig für neun Monate zu gewähren.		
Falls die Voraussetzungen vorliegen, kann eine Sonderabschreibung gem. § 7b EStG mit bis zu 5 % der Herstellungskosten neben der linearen AfA beantragt werden (hierfür sind die Angaben im Sachverhalt nicht ausreichend).		
Verlust aus Vermietung und Verpachtung		- 4.764 €

FALL 259

Einkunftsermittlung/Unentgeltlicher Erwerb/Werbungskosten

Sachverhalt: Anne erbte von ihrer Tante zu Beginn des Jahres 2024 ein Mietwohnhaus in Neustadt, das diese im Jahr 2022 angeschafft hatte. Das Gebäude war im Jahr 1958 aus solidem Sandstein errichtet worden. Die ursprünglichen Anschaffungskosten für das Gebäude betrugen 300.000 € und die Kosten für den Grund und Boden 50.000 €. Noch im Jahr 2022 hatte die Tante das Objekt mit einem Kostenaufwand i. H. von umgerechnet 60.000 € (inklusive Umsatzsteuer) erweitert; es handelt sich hierbei unstreitig um Herstellungskosten des Gebäudes. Direkt nach der Erbschaft begann Anne mit einer umfassenden Renovierung des Restgebäudes. Ihr entstanden hierbei folgende Kosten (inklusive etwaiger Umsatzsteuer):

Erneuerung und Säuberung der Fassade	18.000 €
Einbau von schallgedämmten Fenstern	26.000 €
Neue Rollläden	13.400 €
Neue Teppichböden	14.800 €
Malerarbeiten in den Wohnungen	4.300 €

Außerdem wendete sie für die Grundsteuer, Versicherungen und sonstige allgemeine Kosten einen Betrag i. H. von 5.800 € auf. Sie erzielte folgende Mieteinnahmen:

Erdgeschoss:	140 qm, ab dem 1.3.2024 monatlich	500 €.
	Im Januar und Februar 2024 stand die Wohnung leer.	
1. Obergeschoss:	Zwei Wohnungen à 70 qm, jeweils monatlich für Januar–März 2024	400 €.
	Ab dem 1.4.2024 beide Wohnungen neu vermietet für je	450 €.
2. Obergeschoss:	Zwei Wohnungen à 70 qm, davon wurde eine ab Januar 2024 vermietet für	450 €.
	Die zweite Wohnung wurde dem Bruder von Anne unentgeltlich überlassen.	

AUFGABE

Ermitteln Sie die Einkünfte aus Vermietung und Verpachtung von Anne im Veranlagungszeitraum 2024.

LÖSUNG

Anne erzielt aus ihrem Mietwohnhaus Einkünfte aus Vermietung und Verpachtung i. S. des § 2 Abs. 1 Satz 1 Nr. 6 i.V. mit § 21 Abs. 1 Satz 1 Nr. 1 EStG. Es handelt sich hierbei um Überschusseinkünfte i. S. des § 2 Abs. 2 Satz 1 Nr. 2 EStG, die sich aus der Differenz der Einnahmen gem. § 8 EStG über die Werbungskosten gem. § 9 EStG ergeben.

Einnahmen (§ 8 Abs. 1 EStG):

Erdgeschoss ab dem 1.3.2024:	500 € x 10 Monate =	5.000 €
1. Obergeschoss:	Zwei Wohnungen:	
	2 x 400 € x 3 Monate =	+ 2.400 €
	2 x 450 € x 9 Monate =	+ 8.100 €
2. Obergeschoss:	12 x 450 € =	+ 5.400 €

Bei der Überlassung der Wohnung im 2. Obergeschoss an den Bruder handelt es sich um eine unentgeltliche Überlassung. Ein Nutzungswert ist hierfür nicht zu versteuern.

Einnahmen insgesamt	20.900 €

Werbungskosten

Soweit die nachfolgenden Kosten auf die unentgeltlich überlassene Wohnung entfallen, sind sie nicht abzugsfähig, da der Tatbestand der Einkunftserzielung nicht vorliegt; insoweit handelt es sich um Kosten der Lebensführung i. S. des § 12 Nr. 1 EStG. Auf die Wohnung des Bruders entfällt $^1/_6$ der Nutzfläche des gesamten Gebäudes. Die angefallenen Kosten sind deshalb nur zu $^5/_6$ abzugsfähig.

Erhaltungsaufwand

Bei den durchgeführten Renovierungsmaßnahmen mit einem Kostenaufwand i. H. von insgesamt 76.500 € handelt es sich um sofort abzugsfähigen Erhaltungsaufwand i. S. des § 9 Abs. 1 Satz 1 EStG, da lediglich bereits vorhandene Teile ersetzt werden (R 21.1 Abs. 1 EStR). Es liegen keine anschaffungsnahen Aufwendungen i. S. des § 255 Abs. 2 HGB vor, da im vorliegenden Fall ein unentgeltlicher Erwerb und keine Anschaffung gegeben ist (§ 9 Abs. 5 Satz 2 i.V. mit § 6 Abs. 1 Nr. 1a EStG ist dementsprechend nicht einschlägig). Ein Antrag gem. § 82b EStDV zur Verteilung dieser Erhaltungsaufwendungen auf zwei bis fünf Jahre geht aus dem Sachverhalt nicht hervor.

Kosten =	76.500 €

AfA gem. § 9 Abs. 1 Satz 3 Nr. 7 EStG

Da Anne das Gebäude unentgeltlich erworben hat, muss sie die AfA-Bemessungsgrundlage und den AfA-Satz der Rechtsvorgängerin übernehmen (§ 11d Abs. 1 EStDV):

Anschaffungskosten des Gebäudes (ohne Grund und Boden, § 255 Abs. 1 HGB)	300.000 €	
zzgl. nachträgliche Herstellungskosten (§ 255 Abs. 2 HGB)	+ 60.000 €	
Maßgebende AfA-Basis der Rechtsvorgängerin ab dem Jahr 2022	360.000 €	
Die AfA bemisst sich gem. § 7 Abs. 4 Satz 1 Nr. 2 Buchst. b EStG mit 2 %, das sind		+ 7.200 €

Dabei ist zu beachten, dass das AfA-Volumen der Rechtsvorgängerin maßgebend ist, d. h., das absetzbare Volumen ist um die Beträge zu mindern, die von der Rechtsvorgängerin bereits seit der Anschaffung abgesetzt worden sind. Da die Anschaffung des Mietwohnhauses durch die Tante erst im Jahr 2022 erfolgt ist, steht für Anne im Jahr 2024 ganz augenscheinlich noch ein ausreichend hohes AfA-Volumen zu Verfügung.

Allgemeine Werbungskosten (§ 9 Abs. 1 Satz 1 EStG)	+ 5.800 €
Die gesamten Werbungskosten betragen damit	89.500 €
davon sind nur 5/6 abzugsfähig (aus Vereinfachung zugunsten gerundet) =	74.584 €

Einkünfte gem. § 21 Abs. 1 Satz 1 Nr. 1 EStG:

Einnahmen	20.900 €
abzgl. Werbungskosten	- 74.584 €
Einkünfte	- 53.684 €

FALL 260

Einkunftsermittlung/Werbungskosten

Sachverhalt: Im Januar 2024 erwarb Herbert ein Mehrfamilienhaus in Neustadt (Baujahr 1968). Verkäufer ist die Stadt Neustadt. Der notarielle Kaufvertrag wurde am 10.1.2024 geschlossen und die Grundbucheintragung erfolgte am 25.3.2024. Nutzen und Lasten gehen vereinbarungsgemäß zum 1.3.2024 über.

Der Kaufpreis belief sich auf 210.000 € (darin enthalten sind 20 % für den Grund und Boden) und wurde am 20.2.2024 bezahlt.

Das Gebäude enthält insgesamt drei Mietwohnungen; die Wohnung im Erdgeschoss stand bereits seit Monaten leer. Die Wohnungen im ersten Stock und im Dachgeschoss waren vermietet. Herbert übernahm vereinbarungsgemäß die bestehenden Mietverträge.

Mieteinnahmen 2024:

Wohnung 1. Stock: Monatliche Miete	400 €
zzgl. Unkostenpauschale (Heizung, Warmwasser, allgemeine Beleuchtung) monatlich	100 €
Wohnung Dachgeschoss: Monatliche Miete	300 €
zzgl. Unkostenpauschale monatlich	80 €

Wohnung Erdgeschoss: Die Wohnung wurde nach dem Erwerb renoviert und umgestaltet. Folgende Arbeiten wurden durchgeführt:

- Abreißen von zwei Trennwänden (nicht tragend), um größere Räume zu erhalten, durchgeführt in Eigenarbeit.

Geschätzter Arbeitslohn	5.000 €
Notwendiges Werkzeug: HILTI-Bohrmaschine (Kauf im Januar 2024 (brutto), Nutzungsdauer vier Jahre)	1.400 €

►	Erneuerung der Fußbodenbeläge (brutto)	12.000 €
►	Neue doppelverglaste Fenster (brutto)	8.000 €
►	Tapezierarbeiten, selbst ausgeführt, geschätzter Arbeitslohn	3.000 €
	Material (brutto)	2.000 €
►	Neues Bad (brutto); bisher war kein Bad in der Wohnung vorhanden	13.000 €

Die vorgenannten Beträge wurden alle im Jahr 2024 bezahlt. Die Wohnung im Erdgeschoss stand bis zum Abschluss der Renovierungsarbeiten leer und wurde ab dem 1.10.2024 für monatlich	600 €
zzgl. einer Unkostenpauschale i. H. von	100 €

vermietet.

Übrige im Jahr 2024 angefallene Kosten (inklusive etwaiger Umsatzsteuer):

Beiträge zur Gebäudehaftpflicht- und Brandversicherung, bezahlt im April 2024, für die Zeit vom 1.4.2024 bis zum 31.3.2025	300 €
Grundsteuer	250 €
Grunderwerbsteuer, bezahlt am 10.3.2024	10.500 €
Notargebühren den Kaufvertrag betreffend, bezahlt im Mai 2024	600 €
Notargebühren die Hypothekenbestellung betreffend, bezahlt im Juni 2024	120 €
Auf dem Grundstück lastet zur Finanzierung des Hauserwerbs eine Hypothek i. H. von 100.000 €. Die Zinsen betragen ab dem 1.3.2024 monatlich	540 €
Die Abbuchung erfolgt pünktlich vom Konto.	
Kosten für die Grundbucheintragung des Eigentumsübergangs	200 €
Kosten für die Hypothek	60 €
Zahlungen an die Stadtwerke für Heizung und Strom insgesamt	1.700 €

AUFGABE

Ermitteln Sie die Einkünfte von Herbert für den Veranlagungszeitraum 2024.

LÖSUNG

Herbert erzielt Einkünfte aus Vermietung und Verpachtung i. S. des § 2 Abs. 1 Satz 1 Nr. 6 i. V. mit § 21 Abs. 1 Satz 1 Nr. 1 EStG. Hierbei handelt es sich um Überschusseinkünfte i. S. des § 2 Abs. 2 Satz 1 Nr. 2 EStG, die sich aus der Differenz der Einnahmen gem. § 8 EStG über die Werbungskosten gem. § 9 EStG ergeben.

Mieteinnahmen

Herbert hat die Mieten ab dem Zeitpunkt des Übergangs von Nutzen und Lasten (1.3.2024) erhalten und zu versteuern.

Wohnung 1. Stock:	
400 € x 10 Monate =	4.000 €
zzgl. Kostenpauschale 100 € x 10 Monate =	+ 1.000 €
Wohnung Dachgeschoss:	
300 € x 10 Monate =	+ 3.000 €
zzgl. Kostenpauschale 80 € x 10 Monate =	+ 800 €
Wohnung Erdgeschoss:	
Für die Zeit des Leerstands ist keine Miete anzusetzen.	
600 € x 3 Monate =	+ 1.800 €
zzgl. Unkostenpauschale 100 € x 3 Monate =	+ 300 €
Einnahmen insgesamt (§ 8 Abs. 1 EStG)	10.900 €

Werbungskosten

Die Werbungskosten sind gem. § 9 Abs. 1 Satz 1 EStG abzugsfähig; das gilt auch für die Kosten, die auf die zeitweise leerstehende Erdgeschosswohnung entfallen, da beabsichtigt ist, die Wohnung nach der Renovierung zu vermieten. Insoweit stellen die angefallenen Kosten vorweggenommene Werbungskosten dar.

Die Renovierungskosten für die Erdgeschosswohnung stellen sofort abzugsfähigen Erhaltungsaufwand dar (§ 9 Abs. 1 Satz 1 EStG, R 21.1 Abs. 1 EStR). Ein Antrag gem. § 82b EStDV zur Verteilung des Erhaltungsaufwands auf zwei bis fünf Jahre geht aus dem Sachverhalt nicht hervor.

Die eigene Arbeitsleistung i. H. von 5.000 € und 3.000 € ist dabei nicht zu berücksichtigen, da es sich hier nicht um einen tatsächlichen Abfluss von Gütern handelt, sondern um ersparte Aufwendungen.

Kosten für Fußböden	12.000 €
Kosten für Fenster	+ 8.000 €
Tapezierarbeiten, nur Material	+ 2.000 €
Summe	22.000 €
Die Kosten für die HILTI-Bohrmaschine sind ebenfalls zu berücksichtigen (§ 9 Abs. 1 Satz 3 Nr. 6 EStG). Da die Nutzungsdauer länger als ein Jahr beträgt und es sich nicht um ein geringwertiges Wirtschaftsgut i. S. des § 9 Abs. 1 Satz 3 Nr. 7 Satz 2 i.V. mit § 6 Abs. 2 Satz 1 EStG handelt (Netto-Anschaffungskosten liegen mit 1.176,47 € über der Grenze i. H. von 800 €), ist lediglich die AfA abzugsfähig (§ 9 Abs. 1 Satz 3 Nr. 7 Satz 1 i.V. mit § 7 Abs. 1 Satz 1 und 2 EStG): 1.400 € / 4 Jahre =	+ 350 €

Bei den o. g. Erhaltungsaufwendungen handelt es sich nicht um anschaffungsnahe Aufwendungen, die zu den Herstellungskosten zu rechnen sind. Gemäß § 9 Abs. 5 Satz 2 i.V. mit § 6 Abs. 1 Nr. 1a EStG betragen die o. g. Kosten schon brutto augenscheinlich weniger als 15 % der maßgeblichen Anschaffungskosten des Gebäudes (s. u.).

Durch den Einbau des neuen Bades wird aber etwas Neues, bisher nicht Vorhandenes geschaffen (R 21.1 Abs. 2 EStR). Es handelt sich deshalb um nachträgliche Herstellungskosten (§ 255 Abs. 2 HGB, s. u.).

Als Werbungskosten sind außerdem abzugsfähig:

► Versicherungsbeiträge bei Zahlung (§ 9 Abs. 1 Satz 3 Nr. 2 i.V. mit § 11 Abs. 2 Satz 1 EStG)	+ 300 €
► Grundsteuer (§ 9 Abs. 1 Satz 3 Nr. 2 EStG)	+ 250 €
► Finanzierungskosten: Notargebühren (§ 9 Abs. 1 Satz 3 Nr. 1 EStG)	+ 120 €
► Grundbucheintragung der Hypothek (§ 9 Abs. 1 Satz 3 Nr. 1 EStG)	+ 60 €
► Zinsen für die Hypothek (§ 9 Abs. 1 Satz 3 Nr. 1 EStG): 10 x 540 € =	+ 5.400 €
► Zahlungen an die Stadtwerke (§ 9 Abs. 1 Satz 1 EStG)	+ 1.700 €

Absetzung für Abnutzung (§ 9 Abs. 1 Satz 3 Nr. 7 i. V. mit § 7 Abs. 4 Satz 1 Nr. 2 Buchst. b EStG):

Anschaffungskosten: Kaufpreis	210.000 €	
zzgl. Grunderwerbsteuer	+ 10.500 €	
zzgl. Notargebühren für den Kaufvertrag	+ 600 €	
zzgl. Grundbucheintragung	+ 200 €	
Summe	221.300 €	
abzgl. 20 % Grund und Boden	- 44.260 €	
	177.040 €	
zzgl. Herstellungskosten des Bads	+ 13.000 €	
AfA-Bemessungsgrundlage	190.040 €	
davon 2 % (zugunsten gerundet) =	3.801 €	
zeitanteilig ab dem 1.3.2024 (§ 7 Abs. 4 Satz 1 i.V. mit § 7 Abs. 1 Satz 4 EStG): $^{10}/_{12}$ (gerundet)		+ 3.168 €
Summe der Werbungskosten		33.348 €

Einkünfte gem. § 21 Abs. 1 Satz 1 Nr. 1 EStG:

Einnahmen	10.900 €
abzgl. Werbungskosten	- 33.348 €
Einkünfte aus Vermietung und Verpachtung	- 22.448 €

FALL 261

Zuwendungsnießbrauch/Werbungskosten

Sachverhalt: Im Mai 01 hatten EK und sein Bruder MK ein Zweifamilienhaus in Neustadt zu je $^{1}/_{2}$ von den verstorbenen Eltern geerbt (die verstorbenen Eltern hatten bisher lediglich die lineare AfA in Anspruch genommen). Dieses Grundstück und ein Geldbetrag i. H. von 60.000 €, den der Enkel Franz – der Sohn von EK – erbte, waren der einzige Nachlass.

Das Zweifamilienhaus war vor 15 Jahren mit einem Kostenaufwand i. H. von umgerechnet 150.000 € brutto errichtet worden. Die Eltern von EK und MK hatten seither eine Wohnung selbst genutzt und die zweite Wohnung vermietet. Seit der Erbschaft war eine Wohnung fremdvermietet und die Obergeschosswohnung von EK und seiner Familie selbst genutzt worden. Die beiden Wohnungen haben eine Fläche von je 100 qm und sind in Art und Ausstattung vergleichbar.

Mit Vertrag v. 13.12.03 hatte EK mit Wirkung v. 1.1.04 den hälftigen Anteil seines Bruders MK gegen Zahlung eines Betrags i. H. von 120.000 € aus eigenen Mitteln hinzuerworben (in diesem Betrag sind 20.000 € für den Grund und Boden enthalten). Kurz danach, noch im Jahr 03, hatte EK das gesamte Gebäude für 80.000 € brutto durchgreifend renoviert und den bisher sehr einfachen Standard gehoben. Dabei handelt es sich um folgende Aufwendungen:

- Dach-Neueindeckung (20.000 € brutto),
- Außenputz (15.000 € brutto),
- neue Fenster (15.000 € brutto) sowie
- eine neue Heizungsanlage (30.000 € brutto).

Eine Nutzungsänderung ist nicht eingetreten. Die Kosten sind nach den bestehenden Regelungen insoweit als anschaffungsnahe Aufwendungen zu behandeln, als sie auf den entgeltlichen Erwerb entfallen (§ 9 Abs. 5 Satz 2 i. V. mit § 6 Abs. 1 Nr. 1a EStG).

Mit notariellem Vertrag v. 20.12.05 vereinbaren EK und sein Sohn Franz ab Januar 06 ein lebenslängliches Nießbrauchsrecht für die Erdgeschosswohnung zugunsten von Franz. Das Nießbrauchsrecht wurde am 15.2.06 ins Grundbuch eingetragen. Die Nutzung der Wohnung verändert sich nicht. Die umsatzsteuerfreie Miete für die Erdgeschosswohnung i. H. von monatlich 500 € erhält nunmehr Franz auf sein Konto in Brüssel überwiesen. Franz ist 24 Jahre alt, studiert in Brüssel Medizin und hat dort seit vier Jahren eine eigene Wohnung. Die zweite, unbelastete Wohnung wird weiterhin von den Eheleuten EK genutzt.

Als Gegenleistung zahlt Franz seinem Vater 73.000 € für zehn Jahre im Voraus, die zum Teil aus der Erbschaft seiner Großeltern stammen. Der Marktwert des Grundstücks beläuft sich im Jahr 06 auf 350.000 € (inklusive 20 % für den Grund und Boden). Die Aufwendungen (z. B. Grundsteuer, Reparaturen, Versicherungen etc.) belaufen sich für das Jahr 06 für das gesamte Objekt auf insgesamt 7.000 € inklusive etwaiger Umsatzsteuer. Die Aufwendungen werden vereinbarungsgemäß von EK getragen.

AUFGABE

Ermitteln Sie die (niedrigste) Höhe der Einkünfte aus Vermietung und Verpachtung von EK für den Veranlagungszeitraum 06 (der dabei dem Kalenderjahr 2024 entsprechen soll). Die Notar- und Grundbuchgebühren sowie die Grunderwerbsteuer wurden aus Vereinfachungsgründen außer Acht gelassen.

LÖSUNG

Das Zweifamilienhaus in Neustadt ging im Jahr 01 im Wege der Erbfolge unentgeltlich auf die Erbengemeinschaft EK und MK über. Bis zur Auseinandersetzung im Jahr 03 waren die Einkünfte aus dem Zweifamilienhaus einheitlich und gesondert festzustellen und auf die beiden Beteiligten zu verteilen. Im Rahmen der Erbauseinandersetzung erwarb EK den Anteil von MK entgeltlich. Es liegen insoweit Anschaffungskosten i. H. von 120.000 € vor (siehe auch BMF, Schreiben v. 14.3.2006, BStBl 2006 I S. 253 ff.).

Im Veranlagungszeitraum 06 erzielt EK aus dem Gebäude in Neustadt Einkünfte aus Vermietung und Verpachtung i. S. des § 2 Abs. 1 Satz 1 Nr. 6 i.V. mit § 21 Abs. 1 Satz 1 Nr. 1 EStG. Diese zählen zu den Überschusseinkünften i. S. des § 2 Abs. 2 Satz 1 Nr. 2 EStG und ermitteln sich aus der Differenz der Einnahmen gem. § 8 EStG und der Werbungskosten gem. § 9 EStG. An dem Zweifamilienhaus hat EK seinem Sohn Franz ab dem 1.1.06 einen Zuwendungsnießbrauch bestellt. Da das Nießbrauchsrecht notariell beurkundet und ins Grundbuch eingetragen wurde, ist es zivilrechtlich wirksam entstanden. Da Franz die Mieteinnahmen in Brüssel tatsächlich erhält, ist das Nießbrauchsrecht auch tatsächlich durchgeführt und ernsthaft gewollt. Es ist somit steuerlich anzuerkennen. Franz erbringt eine Gegenleistung i. H. von 73.000 €, weshalb ein teilentgeltlich bestellter Zuwendungsnießbrauch vorliegt (BMF, Schreiben v. 30.9.2013, BStBl 2013 I S. 1184 ff.: Nießbrauchserlass).

Kapitalwert des Nießbrauchrechts: Jahreswert 500 € (Erdgeschossmiete) x 12 = 6.000 €.

Kapitalisierungsfaktor lt. § 14 BewG (Franz ist 24 Jahre alt), aktuelle Sterbetafeln zu § 14 BewG, ab dem Jahr 2024; BMF, Schreiben v. 1.12.2023, BStBl 2023 I S. 2044: Faktor = 17,692).

6.000 € x 17,692 =	106.152 €
Gegenleistung	73.000 €

Der Zuwendungsnießbrauch ist zu 68,7 % entgeltlich und zu 31,3 % unentgeltlich bestellt. Da Franz vereinbarungsgemäß keine Aufwendungen zu tragen hat, ist das Nießbrauchsrecht als Brutto-Nießbrauch ausgestaltet (BMF, Schreiben v. 30.9.2013, a. a. O., Rz. 26–31).

Einkunftsermittlung EK – Erdgeschosswohnung

Es wurde zu 31,3 % ein unentgeltlicher Zuwendungsnießbrauch an der Erdgeschosswohnung bestellt. Eine Aufteilung der Werbungskosten auf den entgeltlichen und auf den unentgeltlichen Teil unterbleibt aber gem. § 21 Abs. 2 EStG; lt. § 21 Abs. 2 Satz 2 EStG gilt die Vermietung bei einem Entgelt i. H. von mindestens 66 % als entgeltlich.

Soweit die Kosten auf die Erdgeschosswohnung entfallen, sind sie voll abzugsfähig. Die jeweiligen Umsatzsteuerbeträge zählen zu den nachfolgenden Werbungskosten gem. § 9b Abs. 1 EStG im Umkehrschluss.

Einnahmen i. S. des § 8 Abs. 1 i.V. mit § 11 Abs. 1 Satz 1 EStG erzielt EK grds. im Jahr des Zuflusses der Gegenleistung i. H. von 73.000 €. Bei Vorausleistung für mehr als fünf Jahre kann hier auf zehn Jahre verteilt werden (BMF, Schreiben v. 30.9.2013, a. a. O., Rz. 28; § 11 Abs. 1 Satz 3 EStG); da die geringstmöglichen Einkünfte aus Vermietung und Verpachtung gewünscht sind, ist von dieser Verfahrensweise auszugehen.

Im Jahr 06 zu versteuern ($^{1}/_{10}$)	7.300 €

Werbungskosten (§ 9 Abs. 1 EStG)

Aufwendungen i. H. von 7.000 €, davon entfällt auf die Erdgeschosswohnung die Hälfte = 3.500 €.

Diese sind voll abzugsfähig	- 3.500 €

Absetzung für Abnutzung (§ 9 Abs. 1 Satz 3 Nr. 7 i.V. mit § 7 Abs. 4 Satz 1 Nr. 2 Buchst. b EStG)

EK hatte den hälftigen Anteil des Zweifamilienhauses unentgeltlich durch Erbfall erworben. Den Anteil seines Bruders MK hatte er entgeltlich im Rahmen der Erbauseinandersetzung erworben; die Anschaffungskosten für diesen Gebäudeteil betragen 100.000 €.

Berechnung der AfA-Bemessungsgrundlage:

Bezüglich des unentgeltlich erworbenen Anteils sind die AfA-Bemessungsgrundlage und der AfA-Satz der verstorbenen Eltern gem. § 11d EStDV zu übernehmen.

Herstellungskosten = 150.000 €

davon $^1/_2$ für den unentgeltlich erworbenen Teil = 75.000 €

AfA gem. § 9 Abs. 1 Satz 3 Nr. 7 i.V. mit § 7 Abs. 4 Satz 1 Nr. 2 Buchst. b EStG 2 % = 1.500 €

davon für die Erdgeschosswohnung abzugsfähig ($^1/_2$)	- 750 €

Anschaffungskosten für den von MK entgeltlich erworbenen Teil = 100.000 € (soweit auf das Gebäude entfallend)

zzgl. anschaffungsnahe Aufwendungen = 40.000 €

Bei den im Jahr 03 getätigten Aufwendungen i. H. von 80.000 € handelt es sich grds. um sofort abzugsfähigen Erhaltungsaufwand i. S. der R 21.1 Abs. 1 EStR.

Die Aufwendungen wurden aber im Anschluss an eine teilweise Anschaffung getätigt (H 21.1 Anschaffungsnaher Aufwand EStH 2023 und § 9 Abs. 5 Satz 2 i.V. mit § 6 Abs. 1 Nr. 1a EStG).

Insofern war im Jahr 03 für die Hälfte der Aufwendungen (40.000 € = Anteil der Kosten, soweit sie auf den entgeltlich erworbenen Teil entfallen) zu prüfen, ob Herstellungskosten vorlagen, die zu einer über den bisherigen Zustand hinausgehenden wesentlichen Verbesserung führen (BMF, Schreiben v. 30.9.2013, a. a. O., Rz. 9–14 und 25). Da die 15 %-Grenze (15 % von 100.000 € = 15.000 €) gem. § 9 Abs. 5 Satz 2 i.V. mit § 6 Abs. 1 Nr. 1a EStG durch den Nettowert jener Aufwendungen offensichtlich überschritten wurde und lt. Sachverhalt die auf den entgeltlichen Teil entfallenden Aufwendungen als anschaffungsnah behandelt wurden, sind diese 40.000 € den Anschaffungskosten des Gebäudes als nachträgliche Herstellungskosten zuzurechnen. Die restlichen 40.000 € waren im Jahr 03 als Erhaltungsaufwand sofort abzugsfähig.

AfA-Bemessungsgrundlage für den entgeltlichen Teil = 140.000 €

Die AfA für den entgeltlichen Teil beginnt neu (§ 7 Abs. 4 Satz 1 Nr. 2 Buchst. b EStG).

2 % von 140.000 € = 2.800 €

davon $^1/_2$ für die Erdgeschosswohnung =	- 1.400 €
Einkünfte aus der Erdgeschosswohnung	+ 1.650 €

Obergeschosswohnung

Diese Wohnung wird von den Eheleuten EK seit der Erbschaft im Jahr 01 selbst genutzt. Es liegt insoweit kein Einkunftstatbestand vor.

FALL 262

Entgeltlicher Erwerb/Vorbehaltswohnrecht

Sachverhalt: Antonia Lustig erzielt Einkünfte aus einem gemischt genutzten Grundstück (Baujahr 1950) in Speyer. Sie hatte das Grundstück (Größe 2,76 Ar) im Juni 04 von Frau Anna Reich (Alter 66 Jahre) erworben, zu der sie keinerlei persönliche Beziehungen hat (Nutzfläche insgesamt 535 qm).

Sie bezahlte:

In bar	180.000 €
Rentenzahlung an Anna Reich ab dem 1.7.04 monatlich (auf Lebenszeit)	800 €

Wohnrecht auf Lebenszeit zugunsten von Anna Reich an einer 70 qm großen Wohnung im Hinterhaus. Das Wohnrecht wurde im Grundbuch eingetragen. Die anfallenden Kosten trägt Anna Reich selbst. Kapitalwert des Wohnrechts = 43.226 €.

Die Notar- und Gerichtskosten betragen 9.441 € inklusive etwaiger Umsatzsteuer. Die Grunderwerbsteuer beträgt 5 % des Kaufpreises.

Der Verkehrswert beträgt 350.000 €. Davon beträgt der Wert des Grund und Bodens 150 €/qm.

Mieteinnahmen:

Erdgeschoss Vorderhaus	12.960 €
1. Obergeschoss, Vorderhaus	8.260 €
2. Obergeschoss, Vorderhaus	5.810 €
Umlagen, Vorderhaus	2.618 €
Hinterhaus	Wohnrecht
Aufwendungen:	
Schuldzinsen	72 €
Erhaltungsaufwand (brutto)	3.158 €
Grundsteuer, Müll, Heizung etc. inklusive etwaiger Umsatzsteuer	7.595 €

AUFGABE

Ermitteln Sie die Höhe der Einkünfte aus Vermietung und Verpachtung für das Jahr 04, insbesondere die AfA und die abzugsfähigen Renten (der Veranlagungszeitraum 04 entspricht dabei dem Kalenderjahr 2024).

LÖSUNG

Antonia Lustig hat im Jahr 04 ein gemischt genutztes Grundstück gegen Zahlung eines festen Kaufpreises, gegen Einräumung einer lebenslänglichen Rente und gegen Einräumung eines lebenslänglichen Wohnrechts an einer Wohnung im Hinterhaus erworben. Es handelt sich bzgl. des Wohnrechts um ein Vorbehaltswohnrecht. Das Wohnrecht ist keine Gegenleistung für die Grundstücksübertragung. Anna Reich hat insoweit einen Teil ihres Eigentumsrechts zurückbehalten. Das gilt auch, wenn der Wert des Wohnrechts auf den Kaufpreis angerechnet wird. Da Antonia Lustig insoweit keine Einnahmen erzielt, kann sie auch keine Werbungskosten geltend machen. Die geltend gemachten Aufwendungen sind gem. § 9 EStG abzugsfähig, da sie nur die vermieteten Teile des Gebäudes betreffen (BMF, Schreiben v. 30.9.2013, BStBl 2013 I S. 1184 ff., Rz. 39–44, Nießbrauchserlass). Antonia Lustig erzielt mit dem Grundstück Einkünfte aus Vermietung und Verpachtung i. S. des § 2 Abs. 1 Satz 1 Nr. 6 i.V. mit § 21 Abs. 1 Satz 1 Nr. 1 EStG. Hierbei handelt es sich um Überschusseinkünfte i. S. des § 2 Abs. 2 Satz 1 Nr. 2 EStG, die sich aus der Differenz der Einnahmen gem. § 8 EStG über die Werbungskosten gem. § 9 EStG ergeben. Im vorliegenden Fall sind alle anzusetzenden Werbungskosten inklusive Umsatzsteuer zu berücksichtigen (§ 9b Abs. 1 EStG im Umkehrschluss).

Werbungskosten: Ermittlung der AfA-Bemessungsgrundlage

Das Grundstück wurde im Jahr 04 für einen Kaufpreis i. H. von 180.000 € erworben. Bestandteil des Kaufpreises ist auch die Rentenvereinbarung i. H. von 800 € monatlich.

Es handelt sich hier um eine Kaufpreisrente, da der Vertrag zwischen fremden Personen geschlossen wurde. Es ist davon auszugehen, dass sich Leistung und Gegenleistung entsprechen (die Rente zzgl. 180.000 € entspricht etwa dem Verkehrswert abzgl. dem Wohnrecht). Das Grundstück wurde demnach entgeltlich übertragen (BMF, Schreiben v. 11.3.2010, BStBl 2010 I S. 227, Rz. 5 und 6, Rentenerlass). Bei der Rente handelt es sich um eine Leibrente, da ihre Dauer von der Lebenszeit einer Person abhängt. Der Kapitalwert der Rente ergibt sich nach den Grundsätzen des Bewertungsrechts (§ 14 Abs. 1 BewG).

Jahreswert 800 € x 12 = 9.600 €

9.600 € x 12,303 (66 Jahre, lt. Sterbetafel für Bewertungsstichtage ab dem 1.1.2024 (BMF, Schreiben v. 1.12.2023, BStBl 2023 I S. 2044)) = (aus Vereinfachung zugunsten gerundet)	118.109 €
zzgl. Kaufpreis	+ 180.000 €
zzgl. Notar- und Gerichtskosten	+ 9.441 €
zzgl. Grunderwerbsteuer 5 % von 298.109 € = (aus Vereinfachung zugunsten gerundet)	+ 14.906 €
Summe	322.456 €
abzgl. Wert des Grund und Bodens: 2,76 Ar x 150 €/qm =	- 41.400 €
zzgl. anteilige Kosten: 9.441 € + 14.906 € = 24.347 €, davon 11,83 % (= 41.400 € / 350.000 €) (zugunsten gerundet) =	- 2.880 €
Gebäudewert	278.176 €

Es ist davon auszugehen, dass Antonia Lustig für den belasteten Teil weniger bezahlt hat als für den unbelasteten Teil, da sie insoweit noch keine Nutzungsmöglichkeit hat (BMF, Schreiben v. 30.9.2013, a. a. O., Rz. 50, Nießbrauchserlass).

Aufteilung des Verkehrswerts i. H. von 350.000 €:

- Auf den Grund und Boden 41.400 € und
- auf das Gebäude 308.600 € abzgl. Wohnrecht 43.226 € = Netto-Gebäudewert = 265.374 €.

Aufteilung der Anschaffungskosten des Gebäudes i. H. von 278.176 € auf den belasteten und den unbelasteten Teil:

- Gesamte Fläche 535 qm,
- belastete Fläche 70 qm –> 13 % vom Verkehrswert des Gebäudes 308.600 € = 40.118 € abzgl. Wohnrecht 43.226 € = 0 €,
- unbelastete Fläche: 87 % von 308.600 € = 268.482 €.

Der Kaufpreis für das Gebäude entfällt damit voll auf den unbelasteten Teil.

AfA gem. § 9 Abs. 1 Satz 3 Nr. 7 i.V. mit § 7 Abs. 4 Satz 1 Nr. 2 Buchst. b EStG 2 % von 278.176 € = 5.564 € (zugunsten gerundet). Diese entfällt voll auf den unbelasteten Teil.

Die Rentenzahlungen sind, da es sich um eine private Veräußerungsleibrente handelt (BMF, Schreiben v. 11.3.2010, a. a. O., Rz. 71 f., Rentenerlass), gem. § 9 Abs. 1 Satz 3 Nr. 1 Satz 2 EStG nur mit dem Ertragsanteil abzugsfähig, der sich aus der Tabelle in § 22 Nr. 1 Satz 3 Buchst. a Doppelbuchst. bb EStG ergibt.

Der Ertragsanteil beträgt 18 % von 6 x 800 € = 864 € (§ 11 Abs. 2 Satz 1 EStG).

Einnahmen (§ 8 Abs. 1 EStG)	29.648 €
abzgl. Werbungskosten:	
► AfA; zeitanteilig ab Juni 04 (§ 7 Abs. 4 Satz 1 i.V. mit Abs. 1 Satz 4 EStG) zu 7/12 von 5.564 € = (zugunsten gerundet)	- 3.246 €
► Ertragsanteil der Rente	- 864 €
► übrige Werbungskosten (§ 9 Abs. 1 EStG)	- 10.825 €
Einkünfte	14.713 €

FALL 263

Nießbrauch

Sachverhalt: Der Vater V (60 Jahre alt) besitzt ein im Jahr 01 selbst erstelltes Zweifamilienhaus (Bauantrag im Jahr 00). Die Erdgeschosswohnung wird von der Familie eigengenutzt. Die Obergeschosswohnung ist fremdvermietet. Die Herstellungs-/Anschaffungskosten belaufen sich auf 360.000 € inklusive etwaiger Umsatzsteuer (hierin sind 20 % für den Grund und Boden enthalten).

Mit notariellem Vertrag v. 15.12.05 bestellt V seinem inzwischen 35 Jahre alten Sohn S mit Wirkung v. 1.1.06 ein lebenslängliches Nutzungsrecht an der Obergeschosswohnung. Diese wird auch von S ab dem 1.1.06 selbst genutzt. Die zivilrechtlichen Voraussetzungen sind erfüllt.

Die jährlichen Kosten für die Erdgeschosswohnung betragen 4.000 € brutto und werden von V getragen; die für die Obergeschosswohnung (2.000 € brutto) werden von S getragen (z. B. Grundsteuer, Reparaturen, Müll etc.).

Die üblichen Mieten betragen:

- Erdgeschoss 800 € monatlich und
- Obergeschoss 600 € monatlich.

Die Nutzflächen betragen:

- Erdgeschoss 156 qm und
- Obergeschoss 104 qm.

AUFGABE

Ermitteln Sie die steuerlich relevanten Tatbestände für S und V für den Veranlagungszeitraum 06 (der dabei dem Kalenderjahr 2024 entspricht). Hierbei sind jeweils die geringstmöglichen Einkünfte zu berechnen.

- **Variante 1:** Die Bestellung des Nutzungsrechts erfolgt ohne Gegenleistung.
- **Variante 2:** S zahlt als Gegenleistung für die Bestellung des Nutzungsrechts 35.000 € aus eigenem Vermögen im Voraus (zehn Jahre).

LÖSUNG

Zu Variante 1

Es handelt sich um einen unentgeltlichen Zuwendungsnießbrauch an einem Teil des Zweifamilienhauses (BMF, Schreiben v. 30.9.2013, BStBl 2013 I S. 1184 ff., Rz. 10–25, Nießbrauchserlass).

Einkunftsermittlung V

Der Vater gibt für die Dauer der Nießbrauchsbestellung seine Einnahmeerzielungsabsicht auf. Er erzielt insoweit keine Einnahmen und kann demnach auch keine Werbungskosten abziehen. Das gilt auch bzgl. der Abschreibungen (BMF, Schreiben v. 30.9.2013, a. a. O., Rz. 23 und 24, Nießbrauchserlass). Bis zur Nießbrauchsbestellung Ende des Jahres 05 lag durch die Vermietung ein Einkunftstatbestand gem. § 2 Abs. 1 Satz 1 Nr. 6 i. V. mit § 21 Abs. 1 Satz 1 Nr. 1 EStG vor (Überschusseinkünfte i. S. des § 2 Abs. 2 Satz 1 Nr. 2 EStG).

Auch die Erdgeschosswohnung betreffend erzielt er keine Einnahmen, da die Wohnung selbstgenutzt wird. Die Aufwendungen sind demnach als Kosten der Lebensführung nicht abzugsfähig (§ 12 Nr. 1 EStG).

Einkunftsermittlung S

Da der Nießbraucher die Obergeschosswohnung selbst nutzt, liegt kein Einkunftstatbestand vor. Die diesbezüglichen Aufwendungen sind nicht abzugsfähig und stellen insoweit ebenfalls Kosten der privaten Lebensführung gem. § 12 Nr. 1 EStG dar.

Zu Variante 2

Der Kapitalwert des Nießbrauchsrechts beträgt:

Jahreswert: 12 x 600 € =	7.200 €
abzgl. Kosten	- 2.000 €
	5.200 €

Faktor gem. BMF zu § 14 Abs. 1 BewG = 16,925 (ab dem Jahr 2024; BMF, Schreiben v. 1.12.2023, BStBl 2023 I S. 2044).

5.200 € x 16,925 =	88.010 €
Gegenleistung des Sohnes = das sind 39,7 %, gerundet 40 %	35.000 €

Es handelt sich demnach um einen teilweise entgeltlich bestellten Zuwendungsnießbrauch. Es erfolgt gem. § 21 Abs. 2 Satz 1 EStG eine Aufteilung in einen entgeltlichen Teil und in einen unentgeltlichen Teil (BMF, Schreiben v. 30.9.2013, a. a. O., Rz. 31, Nießbrauchserlass), da das Entgelt weniger als 50 % beträgt.

Einkunftsermittlung V – Obergeschoss

Soweit der Nießbrauch unentgeltlich bestellt wurde, liegen keine Einnahmen vor. Deshalb sind auch keine Werbungskosten abzugsfähig.

Soweit der Nießbrauch entgeltlich bestellt wurde, handelt es sich um einen Einkunftstatbestand gem. § 2 Abs. 1 Satz 1 Nr. 6 i.V. mit § 21 Abs. 1 Satz 1 Nr. 1 EStG (BMF, Schreiben v. 30.9.2013, a. a. O., Rz. 28, Nießbrauchserlass). Es handelt sich hierbei um Überschusseinkünfte i. S. des § 2 Abs. 2 Satz 1 Nr. 2 EStG, die sich aus der Differenz der Einnahmen gem. § 8 EStG und der Werbungskosten gem. § 9 EStG ergeben.

Verteilung des Entgelts i. H. von 35.000 € auf zehn Jahre (BMF, Schreiben v. 30.9.2013, a. a. O., Rz. 30, Nießbrauchserlass; § 11 Abs. 1 Satz 3 EStG)	3.500 €
abzgl. von S getragene Kosten	- 0 €
abzgl. Abschreibung gem. § 9 Abs. 1 Satz 3 Nr. 7 i.V. mit § 7 Abs. 4 Satz 1 Nr. 2 Buchst. b EStG auf die Anschaffungskosten i. H. von 288.000 € (= 360.000 € brutto gem. § 9b Abs. 1 EStG im Umkehrschluss abzgl. 20 % Grund und Boden), davon 40 % für die Obergeschosswohnung nach dem Nutzflächenverhältnis = 115.200 €	
davon 2 % AfA = 2.304 €, davon 40 %, soweit entgeltlich (zugunsten gerundet) =	- 922 €
Einkünfte aus Obergeschoss	2.578 €

Einkunftsermittlung V – Erdgeschoss

Da die Wohnung eigengenutzt wird, liegt kein Einkunftstatbestand vor. Es sind demnach auch keine Werbungskosten abzugsfähig; vielmehr stellen die Aufwendungen gem. § 12 Nr. 1 EStG Kosten der Lebensführung dar.

Einkunftsermittlung S

Bezüglich des entgeltlichen Teils hat er die Rechtsposition eines Mieters. Er erzielt keine Einnahmen und kann keine Werbungskosten abziehen (§ 12 Nr. 1 EStG).

Bezüglich des unentgeltlichen Teils sind keine Einnahmen zu versteuern und keine Werbungskosten abzugsfähig (§ 12 Nr. 1 EStG).

FALL 264

Vorbehaltsnießbrauch

Sachverhalt: A ist Eigentümer eines Zweifamilienhauses. Das Gebäude hat A im Jahr 00 fertiggestellt (Herstellungskosten = 450.000 € inklusive Umsatzsteuer). Seitdem bewohnt er die Wohnung im Erdgeschoss selbst. Die zweite Wohnung im Obergeschoss stand leer, da A bisher keinen geeigneten Mieter gefunden hatte. Die Wohnungen sind gleich groß und gleichwertig. Die übliche Miete beträgt je Wohnung 600 € monatlich.

Mit Vertrag v. 20.12.03 verkauft A das Grundstück mit Wirkung v. 1.1.04 an B, der die Obergeschosswohnung ab dem 31.3.04 vermietet. A wurde ein lebenslängliches dingliches Wohnrecht an der Erdgeschosswohnung eingeräumt. Der Kaufpreis betrug 400.000 €. Er resultiert daraus, dass der Wert des unbelasteten Grundstücks 500.000 € betragen hätte und der Kapitalwert des Wohnrechts 100.000 €. Der Wert des Grund und Bodens beträgt 100.000 €. B zahlte in der Zeit vom 1.1.04 bis zum 31.12.04 Schuldzinsen zur Finanzierung i. H. von monatlich 2.000 €.

AUFGABE

Nehmen Sie für A und B für den Veranlagungszeitraum 04 Stellung (dieser entspricht dabei dem Kalenderjahr 2024). Gehen Sie auf alle steuerlich relevanten Tatbestände ein.

LÖSUNG

Das Gebäude ist zum 1.1.04 (Übergang von Nutzen und Lasten) im Wege eines entgeltlichen Erwerbs von A auf B übergegangen. A hat sich ein dinglich gesichertes Wohnrecht an der Erdgeschosswohnung vorbehalten. Es handelt sich um ein Vorbehaltswohnrecht, das wie der Vorbehaltsnießbrauch zu behandeln ist. Beim Vorbehaltsnießbrauch wird, wirtschaftlich gesehen, ein mit dem Nießbrauch belastetes Grundstück übertragen. Das Nutzungsrecht verbleibt insoweit beim bisherigen Eigentümer (BMF, Schreiben v. 30.9.2013, BStBl 2013 I S. 1184 ff., Rz. 39, Nießbrauchserlass).

Einkunftsermittlung Wohnrechtsbegünstigter A

A nutzt die Erdgeschosswohnung – wie bisher als Eigentümer – aufgrund eines eigenen Nutzungsrechts ununterbrochen weiter. Der Ansatz eines Nutzungswerts unterbleibt. Da A keine Einnahmen erzielt, sind auch keine Werbungskosten abzugsfähig; insofern stellen alle laufenden Aufwendungen Kosten der Lebensführung gem. § 12 Nr. 1 EStG dar. Da der Wohnrechtsbegünstigte aber das Gebäude – wie zuvor als Eigentümer – nutzt, wird der Zusammenhang zwischen der Herstellung als Eigentümer und nun als Wohnrechtsbegünstigter nicht unterbrochen; folglich ist A in gleichem Umfang – wie bisher als Eigentümer – abschreibungsberechtigt, falls ein Einkunftstatbestand vorliegen würde (BMF, Schreiben v. 30.9.2013, a. a. O., Rz. 42, Nießbrauchserlass).

Einkunftsermittlung Eigentümer B

Bezüglich der mit dem Wohnrecht belasteten Wohnung erzielt B, solange das Nutzungsrecht besteht, keine Einnahmen und kann demnach auch keine Werbungskosten abziehen; das gilt insbesondere für die AfA (BMF, Schreiben v. 30.9.2013, a. a. O., Rz. 45 und 47, Nießbrauchserlass).

Bezüglich der vermieteten Wohnung liegen Einkünfte aus Vermietung und Verpachtung i. S. des § 2 Abs. 1 Satz 1 Nr. 6 i. V. mit § 21 Abs. 1 Satz 1 Nr. 1 EStG vor. Diese stellen Überschusseinkünfte i. S. des § 2 Abs. 2 Satz 1 Nr. 2 EStG dar, die sich aus der Differenz der Einnahmen gem. § 8 EStG über die Werbungskosten gem. § 9 EStG ergeben. Da die tatsächlichen Einnahmen gem. § 8 Abs. 1 EStG im Sachverhalt nicht angegeben sind, liegt der Fokus der nachstehenden Ausführungen auf der Ermittlung der Werbungskosten, insbesondere der AfA.

Anschaffungskosten	400.000 €

Der Wert des Wohnrechts bleibt unberücksichtigt, da dieser kein Entgelt des Erwerbers darstellt; auch dann nicht, wenn der Wert des Wohnrechts auf den Kaufpreis angerechnet wird. Begünstigt sind nur die Anschaffungskosten, die auf den unbelasteten Grundstücksteil entfallen. Dabei kann nicht von einer Aufteilung nach dem Nutzflächenverhältnis ausgegangen werden, da B für den mit dem Wohnrecht belasteten Teil weniger gezahlt hat als für den unbelasteten Teil.

Grundstück = Verkehrswert	500.000 €
abzgl. Grund und Boden	- 100.000 €
Verkehrswert des Gebäudes	400.000 €
abzgl. Wohnrecht	- 100.000 €
Verkehrswert – belastetes Gebäude	300.000 €
Gesamtwert des Grundstücks:	
Kaufpreis	400.000 €
zzgl. Wohnrecht	+ 100.000 €
	500.000 €
davon 1/2 für den unbelasteten Teil =	250.000 €

Alternative:

Unbelastete Wohnung 50 % von 400.000 € =		200.000 €
Belastete Wohnung	200.000 €	
Wohnrecht	- 100.000 €	+ 100.000 €
Kaufpreisanteil (für das Gebäude) i. H. von		300.000 €
Die unbelastete Wohnung betreffend		200.000 €
Kaufpreisrate belastete Wohnung (1/3)		100.000 €
Grund und Boden je 1/2		50.000 €

Von den gesamten Anschaffungskosten i. H. von 400.000 € entfallen damit auf den unbelasteten Teil 250.000 € und auf den belasteten Teil 150.000 € (BMF, Schreiben v. 30.9.2013, a. a. O., Rz. 50, Nießbrauchserlass).

Anteilige Anschaffungskosten für die Obergeschosswohnung	250.000 €
Bemessungsgrundlage ohne Grund und Boden	200.000 €
davon AfA gem. § 9 Abs. 1 Satz 3 Nr. 7 i.V. mit § 7 Abs. 4 Satz 1 Nr. 2 Buchst. b EStG 2 % =	4.000 €

FALL 265

Obligatorische Nutzungsrechte

Sachverhalt: A ist Eigentümer eines im Jahr 01 erworbenen Zweifamilienhauses (Baujahr 00). Die Erdgeschosswohnung wird selbst genutzt und die Obergeschosswohnung wird vermietet. A räumt seinem volljährigen Sohn B lt. schriftlichem Vertrag ein Nutzungsrecht an der Obergeschosswohnung ab dem 1.1.06 ein. Die Vereinbarungen werden tatsächlich durchgeführt. B nutzt die Obergeschosswohnung selbst. Die Wohnung im Erdgeschoss wird weiterhin von A selbst genutzt.

Die ortsübliche Miete beträgt für die beiden vergleichbaren Wohnungen 600 € monatlich.

Die Anschaffungskosten des Gebäudes betrugen 300.000 € und die des Grund und Bodens 100.000 €. Die Schuldzinsen i. H. von 6.000 € trägt A allein. Die laufenden Kosten haben A und B hälftig mit jeweils 2.500 € brutto jährlich zu tragen.

AUFGABE

Nehmen Sie für A und B für den Veranlagungszeitraum 06 Stellung (dieser entspricht dabei dem Kalenderjahr 2024). Gehen Sie davon aus, dass B für das Nutzungsrecht die folgenden monatlichen Beträge zahlt:

- **Variante 1:** 0 € (Festlegung für mindestens ein Jahr).
- **Variante 2:** 200 €.
- **Variante 3:** 400 €.

LÖSUNG

Es handelt sich hier um ein steuerlich wirksam bestelltes obligatorisches Nutzungsrecht, da der Vertrag schriftlich abgeschlossen und tatsächlich durchgeführt wurde (BMF, Schreiben v. 30.9.2013, BStBl 2013 I S. 1184 ff., Rz. 3, Nießbrauchserlass).

Variante 1

Es handelt sich um eine unentgeltliche Nutzungsüberlassung durch Abschluss eines steuerlich anzuerkennenden Leihvertrags. Das Nutzungsrecht soll nach den Voraussetzungen der Rz. 7 des BMF-Schreibens v. 30.9.2013 (a. a. O., Nießbrauchserlass) für einen festgelegten Zeitraum vereinbart worden sein.

- **B:** B **erzielt** hieraus keine Einnahmen und kann demnach auch keine Werbungskosten abziehen.
- **A:** A erzielt **weder** bzgl. der selbstgenutzten Wohnung noch bzgl. der mit dem Nutzungsrecht belasteten Wohnung Einnahmen und kann demnach keine Werbungskosten abziehen.

Die Schuldzinsen und sonstigen Werbungskosten sind nicht zu berücksichtigen.

Variante 2

Es liegt eine teilweise unentgeltliche Nutzungsüberlassung vor. Da weniger als 50 % der ortsüblichen Miete gezahlt wird, erfolgt eine Aufteilung gem. § 21 Abs. 2 Satz 1 EStG.

B: Wie bei Variante 1: Keine Einnahmen und keine Werbungskosten.

A:	A erzielt Einkünfte i. S. des § 2 Abs. 1 Satz 1 Nr. 6 i.V. mit § 21 Abs. 1 Satz 1 Nr. 1 EStG. Diese stellen Überschusseinkünfte i. S. des § 2 Abs. 2 Satz 1 Nr. 2 EStG dar, die sich aus der Differenz der Einnahmen gem. § 8 EStG und der Werbungskosten gem. § 9 EStG ergeben. Mieteinnahmen gem. § 8 Abs. 1 EStG: 200 € x 12 =	2.400 €
	Die Aufwendungen von A für die Wohnung im Obergeschoss sind anteilig abzugsfähig zu 1/3 (= 200 €:600 €).	
	Schuldzinsen (§ 9 Abs. 1 Satz 3 Nr. 1 EStG): 1/2 das Obergeschoss betreffend = 3.000 €, davon 1/3 =	- 1.000 €
	Die laufenden Kosten gem. § 9 Abs. 1 EStG sind bei A für das Obergeschoss nicht abzugsfähig, da diese von B getragen werden.	
	AfA gem. § 9 Abs. 1 Satz 3 Nr. 7 i.V. mit § 7 Abs. 4 Satz 1 Nr. 2 Buchst. b EStG: Anschaffungskosten des Gebäudes zu 1/2 für das Obergeschoss = 150.000 €, 2 % von 150.000 € = 3.000 €, davon 1/3 =	- 1.000 €
Einkünfte aus Vermietung und Verpachtung		+ 400 €

Variante 3

Da hier mindestens 66 % der ortsüblichen Miete gezahlt werden, kommt gem. § 21 Abs. 2 Satz 2 EStG eine Aufteilung in eine entgeltliche und eine unentgeltliche Überlassung nicht in Betracht.

B: Wie oben.

A:	A erzielt Einkünfte i. S. des § 2 Abs. 1 Satz 1 Nr. 6 i.V. mit § 21 Abs. 1 Satz 1 Nr. 1 EStG. Diese stellen Überschusseinkünfte i. S. des § 2 Abs. 2 Satz 1 Nr. 2 EStG dar, die sich aus der Differenz der Einnahmen gem. § 8 EStG und der Werbungskosten gem. § 9 EStG ergeben. Mieteinnahmen gem. § 8 Abs. 1 EStG: 400 € x 12 =	4.800 €
	abzgl. Werbungskosten für das Obergeschoss komplett:	
	Schuldzinsen (§ 9 Abs. 1 Satz 3 Nr. 1 EStG): 1/2 das Obergeschoss betreffend = 3.000 €	- 3.000 €
	Die laufenden Kosten für das Obergeschoss werden von B getragen.	- 0 €
	AfA gem. § 9 Abs. 1 Satz 3 Nr. 7 i.V mit § 7 Abs. 4 Satz 1 Nr. 2 Buchst. b EStG: Anschaffungskosten des Gebäudes zu 1/2 für das Obergeschoss = 150.000 €, 2 % von 150.000 € = 3.000 €	- 3.000 €
Einkünfte aus Vermietung und Verpachtung		- 1.200 €

FALL 266

Erbauseinandersetzung

Sachverhalt: Der Vater V verstirbt im Februar 02, seine beiden Söhne A und B beerben ihn zu je $^1/_2$. Zum Nachlass gehören ein bebautes Grundstück 1 (Baujahr 1990) mit einem Verkehrswert i. H. von 1,2 Mio. € (Anschaffungskosten des Rechtsvorgängers = 600.000 €) und ein bebautes Grundstück 2 (Baujahr 1980) mit einem Verkehrswert i. H. von 800.000 € (Anschaffungskosten des Rechtsvorgängers = 300.000 €). Der Grund- und Bodenanteil beträgt jeweils 20 %. Beide Gebäude sind insgesamt vermietet. Der Erblasser hat bisher nur die lineare AfA in Anspruch genommen.

Im Rahmen der Erbauseinandersetzung erhalten

Sohn A	Sohn B
Haus 1 mit 1,2 Mio. €	Haus 2 mit 800.000 €
Zahlung an B = 200.000 €	Ausgleichszahlung = 200.000 €

Für die Ausgleichszahlung nimmt A einen Kredit bei der Bank auf.

- **Variante 1:** Die **Erbauseinandersetzung** erfolgt im Mai 02.
- **Variante 2:** Die **Erbauseinandersetzung** erfolgt im Mai 03.

AUFGABE

Wie sind die Einkünfte aus den vermieteten Gebäuden zu ermitteln (wenden Sie jeweils die Rechtslage für den Veranlagungszeitraum 2024 an)?

LÖSUNG

Erbfall und Erbauseinandersetzung sind getrennte Vorgänge. Mit dem Tod von V tritt, wenn kein Testament besteht, die gesetzliche Erbfolge ein. Gemäß § 1924 Abs. 1 und 4 BGB erben A und B zu gleichen Teilen. Das Nachlassvermögen geht gem. § 1922 Abs. 1 BGB auf die aus den beiden Miterben bestehende Erbengemeinschaft A/B über (§ 2032 BGB).

Allgemein zu Variante 1

Wird innerhalb von sechs Monaten ab dem Erbfall eine klare und rechtlich verbindliche Vereinbarung über die Auseinandersetzung getroffen, so wird diese so behandelt, als wenn sie unmittelbar nach dem Erbfall erfolgt wäre – Rückwirkung der Erbauseinandersetzung auf den Erbfall (BMF, Schreiben v. 14.3.2006, BStBl 2006 I S. 253 ff., Rz. 7–9).

Die laufenden Einkünfte sind dem die Einkunftsquelle übernehmenden Miterben direkt zuzurechnen. A sind also ab Februar 02 die Einkünfte aus der Vermietung des Hauses 1 und B diejenigen aus Haus 2 zuzurechnen (§ 2 Abs. 1 Satz 1 Nr. 6 i.V. mit § 21 Abs. 1 Satz 1 Nr. 1 EStG); hierbei handelt es sich um Überschusseinkünfte i. S. des § 2 Abs. 2 Satz 1 Nr. 2 EStG, die sich aus der Differenz von Einnahmen gem. § 8 EStG und Werbungskosten gem. § 9 EStG ergeben. Zur Berechnung siehe u. a. „Variante 1“ (da im Sachverhalt keine Einnahmen vorgegeben sind, konzentriert sich die jeweilige Ermittlung dabei auf die Werbungskosten, insbesondere auf die AfA).

Variante 2

Die Einkünfte sind von Februar 02–Mai 03 im Rahmen einer einheitlichen und gesonderten Feststellung gem. § 179 Abs. 2 i.V. mit § 180 Abs. 1 Satz 1 Nr. 2 Buchst. a AO zu ermitteln und auf A und B zu je $^1/_2$ zu verteilen. Im Mai 03 erwirbt A von der Erbengemeinschaft nach den Regeln die Rechtsgeschäfte unter Lebenden betreffend. Sobald einer der Miterben im Rahmen der Auseinandersetzung Ausgleichszahlungen leisten muss, weil er über seine Erbquote hinaus Nachlassgegenstände erhält, handelt es sich insoweit um ein Anschaffungsgeschäft und für den weichenden Erben ggf. um ein Veräußerungsgeschäft. Hierauf hat es keinen Einfluss, ob die Leistung aus dem erlangten Nachlassvermögen erbracht wird oder aus eigenen Mitteln. Die Schuldzinsen für Ausgleichszahlungen sind als Werbungskosten abzugsfähig (BMF, Schreiben v. 14.3.2006, a. a. O., Rz. 26).

A hat Anschaffungskosten i. H. von 200.000 € für das Haus 1. Hiervon kann A die AfA für den darin enthaltenen Gebäudeanteil erhalten, und zwar die lineare AfA gem. § 9 Abs. 1 Satz 3 Nr. 7 i.V. mit § 7 Abs. 4 Satz 1 Nr. 2 Buchst. b EStG.

Gebäudeanteil 160.000 €, davon 2 % =	3.200 €
davon zeitanteilig ab Mai 03 ($^8/_{12}$) =	2.134 €

Den restlichen Anteil i. H. von $^5/_6$ (= 1 Mio. € zu 1,2 Mio. €) erwirbt A unentgeltlich und hat insoweit die AfA-Bemessungsgrundlage und die AfA des Rechtsvorgängers gem. § 11d EStDV fortzuführen.

$^5/_6$ von 600.000 € =	500.000 €
abzgl. Grund und Boden 20 %	- 100.000 €
Bemessungsgrundlage des Rechtsvorgängers	400.000 €
davon 2 % des Rechtsvorgängers =	8.000 €
davon $^8/_{12}$ =	5.334 €

Die restlichen $^4/_{12}$ = 2.666 € sind bei der Einkunftsermittlung der Erbengemeinschaft für das Jahr 03 zu berücksichtigen.

Außerdem kann A die Schuldzinsen für den Kredit i. H. von 200.000 € in vollem Umfang als Werbungskosten abziehen (§ 9 Abs. 1 Satz 3 Nr. 1 EStG).

B erwirbt insgesamt unentgeltlich und hat die AfA und AfA-Bemessungsgrundlage der Erbengemeinschaft = Rechtsvorgänger fortzuführen.

Bemessungsgrundlage	300.000 €
abzgl. Grund und Boden	- 60.000 €
	240.000 €
davon 2 % =	4.800 €
davon ab Mai 03 ($^8/_{12}$) =	3.200 €

Die restliche AfA i. H. von 1.600 € ist bei der Einkunftsermittlung der Erbengemeinschaft für das Jahr 03 zu berücksichtigen.

Für den Veranlagungszeitraum 02 erfolgt die Einkunftsermittlung für die Erbengemeinschaft unter Fortführung der AfA-Beträge des Erblassers ab Februar 02, denn es handelt sich hierbei insgesamt um einen unentgeltlichen Erwerb.

Variante 1

Wie oben, die entsprechende Ermittlung erfolgt aber bereits ab Februar 02. Eine Zurechnung auf die Erbengemeinschaft unterbleibt.

- **A:** Haus 1: AfA für den entgeltlichen Teil i. H. von 3.200 €, davon $^{11}/_{12}$ = 2.934 €, und für den unentgeltlichen Teil i. H. von 8.000 €, davon $^{11}/_{12}$ = 7.334 €, und die Schuldzinsen für den Kredit als Werbungskosten.
- **B:** AfA für das unentgeltlich erworbene Haus 2 i. H. von 4.800 €, davon $^{11}/_{12}$ = 4.400 €.

FALL 267

Vorweggenommene Erbfolge

Sachverhalt: Durch notariellen Vertrag v. 11.11.01 überträgt der Vater V (59 Jahre alt) sein vermietetes Einfamilienhaus (Baujahr 1980) mit Wirkung v. 1.12.01 (Übergang von Nutzen und Lasten) auf seine Tochter T. Diese zahlt für das Einfamilienhaus (Verkehrswert i. H. von 450.000 €, Gebäudeanteil 80 %) vereinbarungsgemäß eine lebenslängliche Rente i. H. von monatlich 500 € (Mietwert der Wohnung 1.000 €) an V, beginnend ab dem 1.12.01. Außerdem muss T ihrem Bruder S einen Betrag i. H. von 114.700 € zahlen, der am 31.10.02 fällig ist. Die Beträge werden pünktlich entrichtet. Die monatliche Miete beträgt 1.000 €.

AUFGABE

Welche steuerlichen Folgen ergeben sich in den Jahren 01 und 02 für T? Wenden Sie dabei jeweils die Rechtslage für den Veranlagungszeitraum 2024 an.

LÖSUNG

T hat das Einfamilienhaus durch den obligatorischen Vertrag v. 11.11.01 von V erworben. Ab dem 1.12.01 erzielt sie Einkünfte aus Vermietung und Verpachtung i. S. des § 2 Abs. 1 Satz 1 Nr. 6 i.V. mit § 21 Abs. 1 Satz 1 Nr. 1 EStG. Diese zählen zu den Überschusseinkünften i. S. des § 2 Abs. 2 Satz 1 Nr. 2 EStG und ermitteln sich durch die Differenz der Einnahmen gem. § 8 EStG (monatliche Miete) über die Werbungskosten gem. § 9 EStG.

T hat das Einfamilienhaus nicht voll entgeltlich erworben, da sich Leistung und Gegenleistung offensichtlich – und von V auch gewollt – nicht kaufmännisch abgewogen gegenüberstehen (vgl. BMF, Schreiben v. 13.1.1993, BStBl 1993 I S. 80, Rz. 1 und 2, Erlass zur vorweggenommenen Erbfolge).

Verkehrswert des Hauses	450.000 €
Gegenleistung:	
Das Gleichstellungsgeld an S ist nicht abzuzinsen, da die Schuld zwar unverzinslich, die Fälligkeit aber weniger als zwölf Monate später ist (BMF, Schreiben v. 13.1.1993, a. a. O., Rz. 11)	114.700 €
Kapitalwert der wiederkehrenden Leistung:	
12 x 500 € x 13,012 =	+ 78.072 €
(Anlage lt. BMF, Schreiben v. 1.12.2023, BStBl 2023 I S. 2044, Stand 1.1.2024 zu § 14 Abs. 1 BewG: Männer, 59 Jahre, Faktor 2024 = 13,012)	
Leistungen von T zusammen	192.772 €

Es handelt sich hierbei um eine Vermögensübertragung unter vorweggenommener Erbfolge. Daher führt das Gleichstellungsgeld an S zu Anschaffungskosten (BMF, Schreiben v. 13.1.1993, a. a. O., Rz. 7), hingegen ist bei der Rente zu prüfen, ob es sich um eine sog. „Versorgungsrente" handelt, die keine Anschaffungskosten darstellen würde (BMF, Schreiben v. 13.1.1993, a. a. O., Rz. 4–6). Die Anschaffungskosten i. H. des Gleichstellungsgeldes führen aber auf jeden Fall zu einem entgeltlichen bzw. teilentgeltlichen Erwerb i. H. von 114.700 € / 450.000 € = 0,2548, ca. 26 %.

Rechtslage bei Vermögensübertragungen nach dem 31.12.2007

Als Sonderausgaben abzugsfähige Versorgungsleistungen gem. § 10 Abs. 1a Nr. 2 EStG liegen nur bei Vermögensübertragungen im Zusammenhang mit der Übertragung eines Mitunternehmeranteils, Betriebs, Teilbetriebs oder eines mindestens 50 %igen Anteils an einer GmbH vor, wenn der Übergeber Geschäftsführer war und der Übernehmer diese Tätigkeit übernimmt. Diese Regelung gilt für Vermögensübertragungen nach dem 31.12.2007 (§ 52 Abs. 18 EStG). Wird anderes Vermögen übertragen – z. B. die Übertragung eines Grundstücks – liegt keine begünstigte Vermögensübertragung im Zusammenhang mit Versorgungsleistungen vor. Es gelten dann die Grundsätze über wiederkehrende Leistungen im Zusammenhang mit einer Gegenleistung (BMF, Schreiben v. 13.1.1993, a. a. O., Rz. 21 und 65 ff.).

Damit handelt es sich im vorliegenden Fall, auch die Rentenvereinbarung betreffend, um eine teilentgeltliche Übertragung. Das heißt, das Grundstück wird zu 192.772 €:450.000 € = 42,8 % entgeltlich übertragen und zu 57,2 % unentgeltlich; insoweit ist die AfA-Bemessungsgrundlage des Rechtsvorgängers fortzuführen. Die 192.772 € stellen originäre Anschaffungskosten von T dar und sind mit 2 % von 154.218 € (= 80 % Gebäudeanteil) = 3.085 € (zugunsten gerundet) ab dem Jahr 02 abschreibungsfähig, im Jahr 01 zu $^{1}/_{12}$ = 258 € (zugunsten gerundet). Der in der Rentenzahlung enthaltene Zinsanteil ist als Werbungskosten abzugsfähig (§ 9 Abs. 1 Satz 3 Nr. 1 Satz 2 EStG). Er bemisst sich nach der Tabelle in § 22 Nr. 1 Satz 3 Buchst. a Doppelbuchst. bb EStG mit 23 % von 500 € (Monat Dezember 01) = 115 € und mit 23 % von 6.000 € = 1.380 € für das Jahr 02.

10.9 Sonstige Einkünfte (§ 22 EStG)

FALL 268

Veräußerung eines Wohnhauses gegen Leibrente

Sachverhalt: Frau A ist Eigentümerin mehrerer Wohngrundstücke. Mit notariellem Vertrag v. 21.11.2022 veräußerte sie ein bis dahin vermietetes, vor 15 Jahren hergestelltes Wohnhaus an B. Besitz, Nutzen und Lasten des Hauses gingen am 1.1.2023 auf B über, der das Haus ab diesem Zeitpunkt vermietet.

Als Gegenleistung für die Übertragung des Hauses hat B ab Januar 2023 eine nach kaufmännischen Gesichtspunkten ermittelte monatliche Zahlung i. H. von 5.000 € bis zum Lebensende von A zu erbringen. A ist bei Beginn der Rente 60 Jahre alt. Vom Kaufpreis entfallen 20 % auf den Grund und Boden.

AUFGABEN

1. Wie ist die A zufließende Rente i. H. von 60.000 € jährlich einkommensteuerlich zu behandeln?
2. Ist die von B geleistete Rente einkommensteuerlich berücksichtigungsfähig?
3. Wie hoch ist die Bemessungsgrundlage für die von B vorzunehmende Gebäude-AfA?

LÖSUNG

Zu 1

A muss die ihr zufließende Rente i. H. von (12 x 5.000 € =) 60.000 € im Jahr des Zuflusses als wiederkehrende Bezüge i. S. des § 22 Nr. 1 Satz 3 Buchst. a EStG versteuern, und zwar i. H. ihres Ertragsanteils. Da A zu Beginn der Rente das 60. Lebensjahr vollendet hat, beträgt der Ertragsanteil 22 % (§ 22 Nr. 1 Satz 3 Buchst. a Doppelbuchst. bb EStG), so dass sich folgende sonstige Einkünfte ergeben:

22 % von 60.000 € =	13.200 €
abzgl. Werbungskosten-Pauschbetrag (§ 9a Satz 1 Nr. 3 EStG)	- 102 €
Sonstige Einkünfte	13.098 €

Zu 2

B kann den Ertragsanteil seiner Rentenzahlungen im Jahr der Zahlung als Werbungskosten bei seinen Einkünften aus Vermietung und Verpachtung abziehen (§ 9 Abs. 1 Satz 3 Nr. 1 EStG). Der Ertragsanteil, der sich aus der Ertragsanteilstabelle (§ 22 Nr. 1 Satz 3 Buchst. a Doppelbuchst. bb EStG) ergibt, beträgt – wie dargelegt – 22 % von 60.000 € = 13.200 €.

Zu 3

Der Kapitalwert der Rente stellt für B die Anschaffungskosten für das erworbene Grundstück dar. Diese Anschaffungskosten müssen auf das Gebäude einerseits und den Grund und Boden andererseits aufgeteilt werden. Da das Gebäude bei einer Vermietung abgeschrieben wird, bilden die auf das Gebäude entfallenden Anschaffungskosten die Bemessungsgrundlage für die AfA. Der Kapitalwert (Barwert) der Rente errechnet sich nach den Vorschriften des BewG wie folgt (§ 14 Abs. 1 BewG):

Jahresbetrag der Rente: 12 x 5.000 € =	60.000 €
Vervielfältiger nach dem Lebensalter von Frau A lt. Tabelle 9 zu § 14 Abs. 1 BewG = 13,879 (BMF, Schreiben v. 14.11.2022, BStBl 2022 I S. 1629, für Stichtage ab dem 1.1.2023):	
Barwert somit: 60.000 € x 13,879 =	832.740 €
abzgl. Wert des Grund und Bodens: 20 % von 832.740 € =	- 166.548 €
Gebäude-Anschaffungskosten = AfA-Bemessungsgrundlage	666.192 €

HINWEIS

Der Vervielfältiger für die Ermittlung des Kapitalwerts einer Leibrente wurde in den letzten Jahren an die gestiegene Lebenserwartung angepasst:

- BMF, Schreiben v. 26.10.2012, BStBl 2012 I S. 950 – für Stichtage ab dem 1.1.2013;
- BMF, Schreiben v. 13.12.2013, BStBl 2013 I S. 1609 – Weitergeltung für Stichtage ab dem 1.1.2014;
- BMF, Schreiben v. 21.10.2014, BStBl 2014 I S. 1576 – Weitergeltung für Stichtage ab dem 1.1.2015;
- BMF, Schreiben v. 2.12.2015, BStBl 2015 I S. 954 – für Stichtage ab dem 1.1.2016;
- BMF, Schreiben v. 4.11.2016, BStBl 2016 I S. 1166 – für Stichtage ab dem 1.1.2017;
- BMF, Schreiben v. 28.11.2017, BStBl 2017 I S. 1526 – Weitergeltung für Stichtage ab dem 1.1.2018;
- BMF, Schreiben v. 22.11.2018, BStBl 2018 I S. 1306 – für Stichtage ab dem 1.1.2019;
- BMF, Schreiben v. 2.12.2019, BStBl 2019 I S. 1288 – für Stichtage ab dem 1.1.2020;
- BMF, Schreiben v. 28.10.2020, BStBl 2020 I S. 1048 – für Stichtage ab dem 1.1.2021;
- BMF, Schreiben v. 4.10.2021, BStBl 2021 I S. 1821 – für Stichtage ab dem 1.1.2022;
- BMF, Schreiben v. 14.11.2022, BStBl 2022 I S. 1629 – für Stichtage ab dem 1.1.2023;
- BMF, Schreiben v. 1.12.2023, BStBl 2023 I S. 2044 – für Stichtage ab dem 1.1.2024.

FALL 269

Veräußerung eines Mietwohngrundstücks gegen Leibrente mit Wertsicherungsklausel

Sachverhalt: Herr A veräußert mit Wirkung v. 1.1.01 ein Mietwohngrundstück an B gegen eine auf Lebenszeit von A zu erbringende monatliche Zahlung i. H. von 3.000 € (= jährlich 36.000 €). Der Kapitalwert der Rente entspricht dem Wert des Grundstücks. Der Vertrag enthält eine am Lebenshaltungskostenindex orientierte Wertsicherungsklausel. Aufgrund der Wertsicherungsklausel erhöhen sich die Rentenzahlungen ab dem 1.1.03 auf 3.300 € monatlich. A ist zu Beginn der Rente 64 Jahre alt. Vom Grundstückskaufpreis entfallen 20 % auf den Grund und Boden.

B nutzt das erworbene Grundstück durch Vermietung.

AUFGABEN

1. In welcher Höhe unterliegen die Rentenzahlungen der Jahre 01–03 beim Rentenberechtigten der Einkommensteuer?
2. In welcher Höhe sind die Rentenzahlungen der Jahre 01–03 beim Rentenverpflichteten einkommensteuerlich berücksichtigungsfähig?
3. Wie hoch ist die Bemessungsgrundlage für die von B vorzunehmende Gebäude-AfA?

LÖSUNG

Zu 1

Im vorliegenden Fall handelt es sich um eine (private) Veräußerungsleibrente, da die Beteiligten von der Gleichwertigkeit von Leistung und Gegenleistung ausgegangen sind (BFH, Urteil v. 12.11.1985 - VIII R 286/81, BStBl 1986 II S. 55). Veräußerungsleibrenten unterliegen beim Berechtigten als sonstige Einkünfte lediglich i. H. des Ertragsanteils der Einkommensteuer (§ 22 Nr. 1 Satz 3 Buchst. a Doppelbuchst. bb EStG).

Erhöht sich eine Veräußerungsleibrente aufgrund einer Wertsicherungsklausel, so ist auch der Mehrbetrag nur i. H. des Ertragsanteils zu versteuern, d. h., der ursprünglich ermittelte Hundertsatz bleibt auch für den Erhöhungsbetrag maßgebend (Gleich lautende Erlasse der obersten Finanzbehörden der Länder, BB 1972 S. 1258).

Die Rentenzahlungen sind daher bei A mit folgenden Beträgen als sonstige Einkünfte einkommensteuerlich zu erfassen:

	01	02	03
Jahresbetrag der Rente	36.000 €	36.000 €	39.600 €
Ertragsanteil 19 % =	6.840 €	6.840 €	7.524 €
abzgl. Werbungskosten-Pauschbetrag (§ 9a Satz 1 Nr. 3 EStG)	- 102 €	- 102 €	- 102 €
Sonstige Einkünfte	6.738 €	6.738 €	7.422 €

Zu 2

Da B das erworbene Grundstück zur Erzielung von Einkünften aus Vermietung und Verpachtung nutzt, kann er den Ertragsanteil der Rente als Werbungskosten bei den Einkünften aus Vermietung und Verpachtung abziehen (§ 9 Abs. 1 Satz 3 Nr. 1 EStG). Das gilt auch für den Ertragsanteil, der auf den Erhöhungsbetrag der Rente entfällt.

	01	02	03
Jahresbetrag der Rente	36.000 €	36.000 €	39.600 €
Als Werbungskosten abzugsfähig:			
19 % von 36.000 € bzw. von 39.600 € =	6.840 €	6.840 €	7.524 €

Zu 3

Der Kapitalwert der Rente stellt für B die Anschaffungskosten für das erworbene Grundstück dar. Er bildet die Bemessungsgrundlage für die AfA, soweit er auf das Gebäude entfällt. Der Kapitalwert der Rente ist grds. nach den Vorschriften des BewG zu ermitteln (§ 14 Abs. 1 BewG). Die Erhöhung der Rente aufgrund der Wertsicherungsklausel bewirkt keine Änderung der so ermittelten Anschaffungskosten. Die Anschaffungskosten von B errechnen sich wie folgt:

Jahresbetrag der ursprünglichen Rente: 12 x 3.000 € =	36.000 €
Vervielfältiger nach dem Lebensalter von A lt. Tabelle 9 zu § 14 Abs. 1 BewG = 11,770 für Bewertungsstichtage ab dem 1.1.2023 (BMF, Schreiben v. 14.11.2022, BStBl 2022 I S. 1629).	
Kapitalwert somit: 36.000 € x 11,770 =	423.720 €
abzgl. Wert des Grund und Bodens: 20 % von 423.720 € =	- 84.744 €
Gebäude-Anschaffungskosten = AfA-Bemessungsgrundlage	338.976 €

HINWEIS

Der Vervielfältiger für die Ermittlung des Kapitalwerts einer Leibrente wurde in den letzten Jahren an die gestiegene Lebenserwartung angepasst:

- BMF, Schreiben v. 26.10.2012, BStBl 2012 I S. 950 – für Stichtage ab dem 1.1.2013;
- BMF, Schreiben v. 13.12.2013, BStBl 2013 I S. 1609 – Weitergeltung für Stichtage ab dem 1.1.2014;
- BMF, Schreiben v. 21.10.2014, BStBl 2014 I S. 1576 – Weitergeltung für Stichtage ab dem 1.1.2015;
- BMF, Schreiben v. 2.12.2015, BStBl 2015 I S. 954 – für Stichtage ab dem 1.1.2016;
- BMF, Schreiben v. 4.11.2016, BStBl 2016 I S. 1166 – für Stichtage ab dem 1.1.2017;
- BMF, Schreiben v. 28.11.2017, BStBl 2017 I S. 1526 – Weitergeltung für Stichtage ab dem 1.1.2018;
- BMF, Schreiben v. 22.11.2018, BStBl 2018 I S. 1306 – für Stichtage ab dem 1.1.2019;
- BMF, Schreiben v. 2.12.2019, BStBl 2019 I S. 1288 – für Stichtage ab dem 1.1.2020;
- BMF, Schreiben v. 28.10.2020, BStBl 2020 I S. 1048 – für Stichtage ab dem 1.1.2021;

- BMF, Schreiben v. 4.10.2021, BStBl 2021 I S. 1821 – für Stichtage ab dem 1.1.2022;
- BMF, Schreiben v. 14.11.2022, BStBl 2022 I S. 1629 – für Stichtage ab dem 1.1.2023;
- BMF, Schreiben v. 1.12.2023, BStBl 2023 I S. 2044 – für Stichtage ab dem 1.1.2024.

FALL 270

Veräußerung eines Mietwohngrundstücks gegen dauernde Last

Sachverhalt: Der 54 Jahre alte A veräußerte Anfang des Jahres 2023 ein Mietwohngrundstück, dessen Verkehrswert rund 340.000 € beträgt, an B gegen eine auf Lebenszeit von A zu erbringende monatliche Zahlung i. H. von 2.500 €. Die Beteiligten vereinbaren, dass die Zahlungen gem. § 323 ZPO jederzeit an veränderte wirtschaftliche Verhältnisse des Berechtigten oder des Verpflichteten angepasst werden können.

Nach den Vorstellungen der Vertragsparteien stehen sich Leistung und Gegenleistung gleichwertig gegenüber. Vom Kaufpreis entfallen 20 % auf den Grund und Boden. B nutzt das erworbene Grundstück durch Vermietung.

AUFGABEN

1. Ab wann und in welcher Höhe unterliegen die A zufließenden Zahlungen der Einkommensteuer?
2. Sind die von B zu leistenden Zahlungen – ggf. in welcher Höhe – einkommensteuerlich berücksichtigungsfähig?
3. Wie hoch ist die Bemessungsgrundlage für die von B vorzunehmende Gebäude-AfA?

LÖSUNG

Zu 1

Haben die Vertragsparteien in einem Grundstückskaufvertrag ausdrücklich eine Abänderbarkeit der Zahlungen entsprechend dem Rechtsgedanken des § 323 ZPO vereinbart, der eine jederzeitige Anpassung an veränderte individuelle Bedürftigkeit des Berechtigten oder die veränderte wirtschaftliche Leistungsfähigkeit des Verpflichteten vorsieht, entfällt die Gleichmäßigkeit der Leistungen. In einem solchen Fall sind die wiederkehrenden Leistungen nicht als Rente, sondern als dauernde Last zu beurteilen (BFH, Urteile v. 15.7.1991 - GrS 1/90, BStBl 1992 II S. 78, und v. 17.6.1998 - X R 104/94, BStBl 2002 II S. 646).

Bei der entgeltlichen Veräußerung eines Grundstücks gegen eine dauernde Last sind die wiederkehrenden Leistungen von Beginn an in einen Vermögensumschichtungs- und einen Zinsanteil zu zerlegen (BFH, Urteile v. 9.2.1994 - IX R 110/90, BStBl 1995 II S. 47, und v. 18.10.1994 - IX R 46/88, BStBl 1995 II S. 169; vgl. auch die Urteilsanmerkung von Ebling, DStR 1995 S. 13). Der Zinsanteil führt beim Veräußerer A zu Einnahmen aus Kapitalvermögen (§ 20 Abs. 1 Nr. 7 EStG). Was die Ermittlung des Zinsanteils betrifft, hat der BFH entschieden, dass dieser in entsprechender Anwendung der Ertragsanteilstabelle (§ 22 Nr. 1 Satz 3 Buchst. a Doppelbuchst. bb EStG) zu ermitteln ist (BFH, Urteil v. 18.10.1994 - IX R 46/88, BStBl 1995 II S. 169; offengelassen BFH, Urteil v. 14.12.1994 - X R 1-2/90, BStBl 1996 II S. 680).

Jährlicher Zinsanteil somit:

27 % von (12 x 2.500 € =) 30.000 € =	8.100 €

Zu 2

Da B das erworbene Grundstück zur Erzielung von Einkünften aus Vermietung und Verpachtung nutzt, kann er den in seinen Zahlungen enthaltenen Zinsanteil i. H. von 8.100 € jährlich ab dem Jahr 2023 als Werbungskosten bei seinen Einkünften aus Vermietung und Verpachtung abziehen (§ 9 Abs. 1 Satz 3 Nr. 1 EStG).

Zu 3

Der nach den Vorschriften des BewG ermittelte Kapitalwert der dauernden Last bildet, soweit er auf das Gebäude entfällt, die Bemessungsgrundlage für die AfA:

Jahreswert der dauernden Last: 12 x 2.500 € =	30.000 €
Vervielfältiger nach dem Lebensalter von A lt. Tabelle 9 zu § 14 Abs. 1 BewG = 14,207 (BMF, Schreiben v. 14.11.2022, BStBl 2022 I S. 1629, für Stichtage ab dem 1.1.2023).	
Kapitalwert somit: 30.000 € x 14,207 =	426.210 €
abzgl. Wert des Grund und Bodens: 20 % von 426.210 € =	- 85.242 €
Anschaffungskosten Gebäude = AfA-Bemessungsgrundlage	340.968 €

HINWEIS

Der Vervielfältiger für die Ermittlung des Kapitalwerts einer Leibrente wurde in den letzten Jahren an die gestiegene Lebenserwartung angepasst:

- BMF, Schreiben v. 26.10.2012, BStBl 2012 I S. 950 – für Stichtage ab dem 1.1.2013;
- BMF, Schreiben v. 13.12.2013, BStBl 2013 I S. 1609 – Weitergeltung für Stichtage ab dem 1.1.2014;
- BMF, Schreiben v. 21.10.2014, BStBl 2014 I S. 1576 – Weitergeltung für Stichtage ab dem 1.1.2015;
- BMF, Schreiben v. 2.12.2015, BStBl 2015 I S. 954 – für Stichtage ab dem 1.1.2016;
- BMF, Schreiben v. 4.11.2016, BStBl 2016 I S. 1166 – für Stichtage ab dem 1.1.2017;
- BMF, Schreiben v. 28.11.2017, BStBl 2017 I S. 1526 – Weitergeltung für Stichtage ab dem 1.1.2018;
- BMF, Schreiben v. 22.11.2018, BStBl 2018 I S. 1306 – für Stichtage ab dem 1.1.2019;
- BMF, Schreiben v. 2.12.2019, BStBl 2019 I S. 1288 – für Stichtage ab dem 1.1.2020;
- BMF, Schreiben v. 28.10.2020, BStBl 2020 I S. 1048 – für Stichtage ab dem 1.1.2021;
- BMF, Schreiben v. 4.10.2021, BStBl 2021 I S. 1821 – für Stichtage ab dem 1.1.2022;
- BMF, Schreiben v. 14.11.2022, BStBl 2022 I S. 1629 – für Stichtage ab dem 1.1.2023;
- BMF, Schreiben v. 1.12.2023, BStBl 2023 I S. 2044 – für Stichtage ab dem 1.1.2024.

FALL 271

Betriebsübertragung gegen private Versorgungsleibrente

Sachverhalt: Der 60 Jahre alte A übertrug mit notariellem Vertrag v. 27.12.2022 seinen Gewerbebetrieb zum 1.1.2023 auf seinen Sohn B gegen eine – ab dem 1.1.2023 zahlbare – lebenslängliche Rente i. H. von 2.000 € monatlich. Die Höhe der Rente ist nicht nach dem Verkehrswert des Betriebs, sondern nach den Versorgungsbedürfnissen von A ausgerichtet worden. Das steuerliche Kapitalkonto von A beläuft sich am 31.12.2022 auf 150.000 €. Im übertragenen Betriebsvermögen sind stille Reserven i. H. von 400.000 € enthalten. Der Kapitalwert der Rente beträgt rund 305.000 €. Das übertragene Unternehmen wirft ausreichend Erträge ab, aus denen die Versorgungsleistungen an den Übergeber gezahlt werden können.

AUFGABEN

1. Welche einkommensteuerlichen Auswirkungen ergeben sich für A im Zusammenhang mit der Betriebsübertragung gegen Rente?
2. Welche einkommensteuerlichen Auswirkungen ergeben sich für B im Zusammenhang mit dem Betriebserwerb gegen Rente?

LÖSUNG

Zu 1

In der Praxis kommt es häufig vor, dass Steuerpflichtige ihren Betrieb im Wege der vorweggenommenen Erbfolge gegen Zusage einer Rente auf die nachfolgende Generation übertragen. Die Rentenzahlungen orientieren sich – anders als bei Betriebsübertragungen zwischen fremden Dritten – i. d. R. nicht am Verkehrswert des Betriebs, sondern mehr an den Versorgungsbedürfnissen des Übertragenden, an der finanziellen Situation des Erwerbers oder an erbrechtlichen Überlegungen.

Die anlässlich einer Betriebsübergabe vereinbarten wiederkehrenden Leistungen, die der Versorgung des Empfängers dienen und dem Übernehmer das Nachrücken in eine die Existenz wenigstens teilweise sichernde Wirtschaftseinheit ermöglichen, stellen – der widerlegbaren Vermutung nach – sog. „private Versorgungsleistungen" dar. Der Unternehmensübergeber behält sich oder anderen in Gestalt der Versorgungsleistungen typischerweise Erträge seines Vermögens vor, die nunmehr allerdings vom Betriebsübernehmer erwirtschaftet werden müssen.

Steuerrechtlich handelt es sich prinzipiell um kein entgeltliches Rechtsgeschäft, sondern um eine unentgeltliche Betriebsübertragung mit der Folge, dass der Betriebsübernehmer die Buchwerte des Betriebsübergebers unverändert fortführen muss (§ 6 Abs. 3 EStG). Die Versorgungsleistungen werden beim Verpflichteten den Sonderausgaben (§ 10 Abs. 1a Nr. 2 EStG) und beim Empfänger den wiederkehrenden Bezügen (§ 22 Nr. 1a EStG) zugerechnet. Die Rechtsprechung bezeichnet diese Gestaltungen als „steuerrechtlich privilegierte Vermögensübertragung gegen Versorgungsleistungen" (BFH, Urteil v. 27.8.1997 - X R 54/94, BStBl 1997 II S. 813; vgl. auch die

Beschlüsse des Großen Senats v. 12.5.2003 - GrS 1/00, BStBl 2004 II S. 95, und GrS 2/00, BStBl 2004 II S. 100, sowie BMF, Schreiben v. 16.9.2004, BStBl 2004 I S. 922, und v. 11.3.2010, BStBl 2010 I S. 227).

Das Rechtsinstitut der Vermögensübertragung gegen Versorgungsleistungen (jetzt: § 10 Abs. 1a Nr. 2 Satz 2 Buchst. a–c EStG) ist durch das JStG 2008 v. 20.12.2007 (BGBl 2007 I S. 3150 = BStBl 2008 I S. 218) eingeschränkt worden. Begünstigt sind nur noch Versorgungsleistungen im Zusammenhang mit der Übertragung eines

- Mitunternehmeranteils an einer Personengesellschaft, die eine Tätigkeit i. S. des § 13, § 15 Abs. 1 Satz 1 Nr. 1 oder des § 18 Abs. 1 EStG ausübt (§ 10 Abs. 1a Nr. 2 Satz 2 Buchst. a EStG) – Anteile an gewerblich geprägten Gesellschaften sind nicht begünstigt,
- Betriebs oder Teilbetriebs (§ 10 Abs. 1a Nr. 2 Satz 2 Buchst. b EStG) sowie
- mindestens 50 % betragenden Anteils an einer GmbH, wenn der Übergeber als Geschäftsführer tätig war und der Übernehmer diese Tätigkeit nach der Übertragung übernimmt (§ 10 Abs. 1a Nr. 2 Satz 2 Buchst. c EStG).

Begünstigtes Vermögen war nach früherer Rechtslage jede ertragbringende Vermögenseinheit, z. B. ein Betrieb oder ein privates Mietwohnhaus, soweit dieses hinreichende Erträge abwarf, um die zu leistenden Zahlungen zu erwirtschaften (BMF, Schreiben v. 16.9.2004, BStBl 2004 I S. 922, Rz. 10). Diese Rechtslage ist zum Teil obsolet. Die Neuregelung gilt für Versorgungsleistungen, die auf nach dem 31.12.2007 vereinbarten Vermögensübertragungen beruhen (§ 52 Abs. 23e EStG). Für zuvor vereinbarte Versorgungsleistungen gilt das bisherige Recht prinzipiell weiter.

Nach früher geltendem Recht hatte der Steuerpflichtige de facto ein Wahlrecht, ob lebenslänglich wiederkehrende Leistungen zugunsten des Betriebsübergebers als dauernde Last einzustufen waren oder eine Leibrente darstellen sollten (BFH, Urteil v. 31.3.2004 - X R 66/98, BStBl 2004 II S. 830; BMF, Schreiben v. 16.9.2004, BStBl 2004 I S. 922, Rz. 47 f.). Handelt es sich bei den Versorgungsleistungen um eine Leibrente, konnte der Übernehmer nach bisherigem Recht diese mit ihrem Ertragsanteil als Sonderausgaben abziehen. Bei Vorliegen einer dauernden Last konnten die Leistungen in voller Höhe als Sonderausgaben abgezogen werden.

Das neue Recht hat diese Unterscheidung zwischen Renten und dauernden Lasten „aus Vereinfachungsgründen" aufgegeben (so der Regierungsentwurf zum JStG 2008 S. 86). Künftig sind daher die vollständigen Zahlungen beim Erwerber abzugsfähig und korrespondierend dazu in voller Höhe beim Übertragenden steuerbar. Eine Beschränkung des Sonderausgabenabzugs auf den Ertragsanteil ist nicht mehr möglich. A muss daher die ihm im Jahr 2023 zufließenden Zahlungen i. H. von 24.000 € als sonstige Einkünfte versteuern (§ 22 Nr. 1a EStG), ein Veräußerungsgewinn gem. § 16 EStG entsteht ihm nicht:

Jährliche Rente: 12 x 2.000 € =	24.000 €
abzgl. Werbungskosten-Pauschbetrag (§ 9a Satz 1 Nr. 3 EStG)	- 102 €
Sonstige Einkünfte i. S. des § 22 Nr. 1a EStG	23.898 €

HINWEIS

Die Finanzverwaltung hat mit einem umfangreichen BMF-Schreiben v. 11.3.2010 (BStBl 2010 I S. 227; Rz. 85 neu gefasst durch BMF, Schreiben v. 6.5.2016, BStBl 2016 I S. 476) ihre Verwaltungsanweisungen zur einkommensteuerrechtlichen Behandlung von wiederkehrenden Leistungen im Zusammenhang mit einer Vermögensübertragung neu gefasst und an die aktuelle Rechtslage angepasst.

Zu 2

B kann die Rentenzahlungen in der vollen Höhe von 24.000 € als Sonderausgaben abziehen (§ 10 Abs. 1a Nr. 2 Satz 2 Buchst. b EStG). Da von einer unentgeltlichen Betriebsübertragung auszugehen ist, muss er gem. § 6 Abs. 3 EStG die Buchwerte des Rentenberechtigten fortführen (BFH, Beschluss v. 5.7.1990 - GrS 4-6/89, BStBl 1990 II S. 847; BFH, Urteile v. 25.1.2017 - X R 59/14, BStBl 2019 II S. 730, Rz. 59 ff., und v. 8.8.2024 - IV R 1/20, BFH/NV 2024 S. 1456, Rz. 43, RAAAJ-77696).

FALL 272

Kauf eines teils selbst genutzten und teils zum Vermieten bestimmten Hauses auf Rentenbasis

Sachverhalt: A hat mit Kaufvertrag v. 2.12.2022 ein Mietwohnhaus mit sechs gleich großen Wohnungen von der 60 Jahre alten Frau B erworben, von denen er fünf Wohnungen vermietet hat und eine selbst bewohnt. Als Gegenleistung übernahm A die Verpflichtung, ab dem 1.1.2023 eine Rente an Frau B i. H. von 5.000 € monatlich bis zu deren Tod zu leisten. Der Kaufvertrag enthält eine am Lebenshaltungskostenindex orientierte Wertsicherungsklausel, der zufolge sich die Rentenzahlungen ab dem 1.1.2025 auf monatlich 5.200 € erhöhen. Der Wert des erworbenen Grund und Bodens beträgt 20 % des Kaufpreises.

AUFGABEN

1. Von welcher Bemessungsgrundlage kann A seine Gebäude-AfA vornehmen?
2. Kann A die Rentenzahlungen – ggf. in welcher Höhe – bei seinen Einkünften aus Vermietung und Verpachtung abziehen?
3. Kann A die auf die eigen genutzte Wohnung entfallenden Rentenzahlungen steuerlich geltend machen?
4. In welcher Höhe sind die Rentenzahlungen bei Frau B in den Jahren 2023–2025 steuerlich zu erfassen?

LÖSUNG

Zu 1

Der Kapitalwert/Barwert der Rente zum Zeitpunkt der Anschaffung stellt für den Käufer A die Anschaffungskosten für das erworbene Mietwohngrundstück dar. Diese Anschaffungskosten müssen auf das Gebäude einerseits und den Grund und Boden andererseits aufgeteilt werden. Soweit die Gebäude-Anschaffungskosten auf die vermieteten Wohnungen entfallen, bilden sie die Bemessungsgrundlage für die bei den Einkünften aus Vermietung und Verpachtung abzugsfähige AfA.

Was die Ermittlung des Rentenbarwerts betrifft, ist zu beachten, dass im betrieblichen Bereich der Barwert üblicherweise nach versicherungsmathematischen Grundsätzen ermittelt wird (BFH, Urteile v. 31.1.1980 - IV R 126/76, BStBl 1980 II S. 491, und v. 21.1.1986 - VIII R 238/81, BFH/NV 1986 S. 597, TAAAB-29059). Für den Bereich der Überschusseinkünfte, vor allem der Einkünfte aus Vermietung und Verpachtung, ergibt sich aus § 1 BewG, dass der Barwert nach den Vorschriften des BewG zu ermitteln ist (BFH, Urteile v. 11.10.1963 - VI 162/61 S, BStBl 1964 III S. 8, und v. 29.11.1983 - VIII R 231/80, BStBl 1984 II S. 109). Ob der Barwert wiederkehrender Leistungen auch im Rahmen der Überschusseinkünfte versicherungsmathematisch ermittelt werden kann, wenn der Steuerpflichtige selbst diese Art der Berechnung den getroffenen Vereinbarungen zugrunde gelegt hat oder wenn er darauf besteht, diese Schätzungsmethode als die exaktere anzuwenden, hat der BFH offengelassen (BFH, Urteil v. 9.2.1994 - IX R 110/90, BStBl 1995 II S. 47). Die Finanzverwaltung gewährt insoweit ein Wahlrecht (R 6.2 EStR).

Frau B war zu Beginn der Rentenzahlungen 60 Jahre alt. Der Barwert errechnet sich nach den Vorschriften des BewG wie folgt (§ 14 Abs. 1 BewG):

Jahresbetrag ursprüngliche Rente: 12 x 5.000 € =	60.000 €
Vervielfältiger nach dem Lebensalter von Frau B lt. Tabelle 9 zu § 14 Abs. 1 BewG = 13,879 (BMF, Schreiben v. 14.11.2022, BStBl 2022 I S. 1629, für Stichtage ab dem 1.1.2023).	
Kapitalwert somit: 60.000 € x 13,879 =	832.740 €
abzgl. Wert des Grund und Bodens: 20 % von 832.740 € =	- 166.548 €
Gebäude-Anschaffungskosten	666.192 €
davon entfallen auf die vermieteten Wohnungen = AfA-Bemessungsgrundlage:	
5/6 von 666.192 € =	555.160 €

Zu beachten ist, dass sich die so ermittelten Anschaffungskosten nicht ändern, obwohl sich die Rente aufgrund der Wertsicherungsklausel ab dem 1.1.2025 erhöht (BFH, Urteil v. 29.11.1983 - VIII R 231/80, BStBl 1984 II S. 109).

HINWEIS

Der Vervielfältiger für die Ermittlung des Kapitalwerts einer Leibrente wurde in den letzten Jahren an die gestiegene Lebenserwartung angepasst:

- BMF, Schreiben v. 26.10.2012, BStBl 2012 I S. 950 – für Stichtage ab dem 1.1.2013;
- BMF, Schreiben v. 13.12.2013, BStBl 2013 I S. 1609 – Weitergeltung für Stichtage ab dem 1.1.2014;
- BMF, Schreiben v. 21.10.2014, BStBl 2014 I S. 1576 – Weitergeltung für Stichtage ab dem 1.1.2015;
- BMF, Schreiben v. 2.12.2015, BStBl 2015 I S. 954 – für Stichtage ab dem 1.1.2016;
- BMF, Schreiben v. 4.11.2016, BStBl 2016 I S. 1166 – für Stichtage ab dem 1.1.2017;
- BMF, Schreiben v. 28.11.2017, BStBl 2017 I S. 1526 – Weitergeltung für Stichtage ab dem 1.1.2018;
- BMF, Schreiben v. 22.11.2018, BStBl 2018 I S. 1306 – für Stichtage ab dem 1.1.2019;
- BMF, Schreiben v. 2.12.2019, BStBl 2019 I S. 1288 – für Stichtage ab dem 1.1.2020;
- BMF, Schreiben v. 28.10.2020, BStBl 2020 I S. 1048 – für Stichtage ab dem 1.1.2021;
- BMF, Schreiben v. 4.10.2021, BStBl 2021 I S. 1821 – für Stichtage ab dem 1.1.2022;
- BMF, Schreiben v. 14.11.2022, BStBl 2022 I S. 1629 – für Stichtage ab dem 1.1.2023;
- BMF, Schreiben v. 1.12.2023, BStBl 2023 I S. 2044 – für Stichtage ab dem 1.1.2024.

Zu 2

Nutzt der Käufer – wie vorliegend A – das erworbene Grundstück teilweise zur Erzielung von Einkünften aus Vermietung und Verpachtung, kann er den Ertragsanteil der Veräußerungsleibrente als Werbungskosten bei seinen Einkünften aus Vermietung und Verpachtung abziehen, soweit er auf die vermieteten Wohnungen entfällt (§ 9 Abs. 1 Satz 3 Nr. 1 EStG). Der Ertragsanteil hängt vom Lebensalter des Rentenberechtigten zu Beginn der Rente ab. Er braucht nicht individuell berechnet zu werden, sondern kann aus der gesetzlichen Ertragsanteilstabelle als Prozentsatz abgelesen werden (§ 22 Nr. 1 Satz 3 Buchst. a Doppelbuchst. bb EStG). Dieser Prozentsatz ist auf die zugeflossenen Rentenzahlungen anzuwenden. Die Höhe des Ertragsanteils wird nur einmal zu Beginn der Rente ermittelt und bleibt dann für den einzelnen Rentenfall unverändert (BFH, Urteil v. 9.2.1994 - IX R 110/90, BStBl 1995 II S. 47 und 53), es sei denn, der Gesetzgeber beschließt eine neue Ertragsanteilstabelle.

Maßgebend für die Höhe des Ertragsanteils ist das vollendete Lebensjahr der Frau B zu Beginn der Rente (§ 22 Nr. 1 Satz 3 Buchst. a Doppelbuchst. bb EStG). Der Ertragsanteil beträgt somit 22 % der Rentenzahlungen, wobei zu beachten ist, dass die aufgrund der Wertsicherungsklausel eingetretenen Rentenerhöhungen ebenfalls nur mit dem Ertragsanteil i. H. von 22 % berücksichtigt werden dürfen. Der Mehrbetrag, der auf der Wertsicherungsklausel beruht, ist weder eine zusätzliche selbständige Rente (BFH, Urteil v. 10.10.1969 - VI R 267/66, BStBl 1970 II S. 9) noch handelt es sich um Schuldzinsen (BFH, Urteil v. 10.7.1990 - IX R 138/86, BFH/NV 1991 S. 227, NAAAB-31695, unter Nr. 1). Er ist vielmehr Teil der Rente, der die Kontinuität deren inneren Wertes sicherstellt. Der auf der Wertsicherungsklausel beruhende Mehrbetrag der Rente kann daher einkommensteuerrechtlich nicht anders behandelt werden als der ursprünglich vereinbarte Betrag (BFH, Urteile v. 10.7.1990 - IX R 138/86, BFH/NV 1991 S. 227, NAAAB-31695, und v. 16.12.1997 - VIII R 38/94, BStBl 1998 II S. 339). Es ist daher wie folgt zu rechnen:

	2023	2024	2025
2023: 22 % von 60.000 € =	13.200 €		
2024: 22 % von 60.000 € =		13.200 €	
2025: 22 % von 62.400 € =			13.728 €
Auf die vermieteten Wohnungen entfallender, als Werbungskosten abzugsfähiger Ertragsanteil: 5/6	11.000 €	11.000 €	11.440 €

Zu 3

Soweit der Nutzungswert der eigenen Wohnung nicht mehr besteuert wird, können mangels steuerlich zu erfassender Einnahmen keine Werbungskosten abgezogen werden. Der Erwerber einer eigengenutzten Wohnung kann daher den Ertragsanteil einer Leibrente nicht als Werbungskosten abziehen (BFH, Urteil v. 18.5.2010 - X R 32-33/01, BStBl 2011 II S. 675).

Zu 4

Die Leibrentenzahlungen setzen sich hier aus zwei Komponenten zusammen:

- Dem Kapitalanteil, der dem Verkehrswert des veräußerten Grundstücks entspricht, und
- dem Zinsanteil, sog. „Ertragsanteil“, der die Verzinsung des eingesetzten „Kapitals“ widerspiegelt.

Der Kapitalanteil der Rente wird steuerlich nicht erfasst, da kein privates Veräußerungsgeschäft vorliegt (§ 23 EStG). Der Ertragsanteil ist bei der Veräußerin B als sonstige Einkünfte steuerbar (§ 22 Nr. 1 Satz 3 Buchst. a Doppelbuchst. bb EStG), obwohl der Erwerber ihn nicht als Sonderausgaben abziehen kann, soweit er auf die eigengenutzte Wohnung entfällt (BFH, Urteil v. 18.5.2010 - X R 32-33/01, BStBl 2011 II S. 675):

	2023	2024	2025
2023: 22 % von 60.000 € =	13.200 €		
2024: 22 % von 60.000 € =		13.200 €	
2025: 22 % von 62.400 € =			13.728 €
abzgl. Werbungskosten-Pauschbetrag (§ 9a Satz 1 Nr. 3 EStG)	- 102 €	- 102 €	- 102 €
Sonstige Einkünfte	13.098 €	13.098 €	13.626 €

FALL 273

Veräußerungsleibrente bei mehreren Rentenberechtigten

Sachverhalt: A veräußert eine in seinem Alleineigentum stehende Eigentumswohnung an C gegen Zahlung einer lebenslänglichen Rente i. H. von 3.000 € monatlich. Die Rente steht A und seiner Ehefrau B gemeinsam mit der Maßgabe zu, dass sie beim Ableben des zuletzt Sterbenden erlöschen soll. Der Ehemann A ist zu Beginn des Rentenbezugs 60 Jahre und seine Ehefrau B 55 Jahre alt.

AUFGABE

In welcher Höhe unterliegen die jährlichen Rentenzahlungen bei A und B der Einkommensteuer?

LÖSUNG

Die steuerliche Behandlung der Rentenzahlungen als Veräußerungsleibrente wird nicht dadurch ausgeschlossen, dass die Ehefrau B nicht Eigentümerin bzw. Miteigentümerin der veräußerten Eigentumswohnung gewesen ist. Da die Rente den Eheleuten gemeinsam zusteht, ist der Ertragsanteil A und B je zur Hälfte zuzurechnen. Für die Ermittlung des Ertragsanteils ist das Lebensjahr der jüngsten Person maßgebend (§ 55 Abs. 1 Nr. 3 EStDV). Der Ertragsanteil beträgt somit 26 % (§ 22 Nr. 1 Satz 3 Buchst. a Doppelbuchst. bb EStG). Die sonstigen Einkünfte errechnen sich wie folgt:

Jahresrente: 12 x 3.000 € =	36.000 €
Ertragsanteil: 26 % von 36.000 € =	9.360 €

	A	B
Anteilige Einnahmen: $1/2$ von 9.360 € =	4.680 €	4.680 €
abzgl. Werbungskosten-Pauschbetrag (§ 9a Satz 1 Nr. 3 EStG)	- 102 €	- 102 €
Sonstige Einkünfte	4.578 €	4.578 €

FALL 274

Herabsetzung einer gemeinsamen Rente nach dem Tod eines Berechtigten

Sachverhalt: Die Eheleute A und B beziehen aufgrund einer Grundstücksveräußerung eine gemeinsame lebenslängliche Rente i. H. von 36.000 € jährlich. Die Rente soll beim Ableben des zuerst Sterbenden auf 30.000 € herabgesetzt werden. A ist zu Beginn des Rentenbezugs 60 Jahre und seine Ehefrau B 55 Jahre alt.

AUFGABE

Wie hoch ist der Ertragsanteil der Rente?

LÖSUNG

Wird eine gemeinsame Rente nach dem Tod eines Berechtigten herabgesetzt, so ist der Ertragsanteil gem. § 55 Abs. 1 Nr. 3 EStDV zu ermitteln. In diesem Fall ist bei der Ermittlung des Grundbetrags der Rente, d. h. des Betrags, auf den sie später herabgesetzt wird, das Lebensjahr der jüngsten Person zugrunde zu legen. Für den über den Grundbetrag hinausgehenden Rentenbetrag ist das Lebensjahr der ältesten Person maßgebend (H 22.4 Ertragsanteil einer Leibrente EStH 2023).

Ertragsanteil des Grundbetrags

Grundbetrag	30.000 €	
Ertragsanteil (maßgebend ist das Lebensalter der Ehefrau B): 26 % von 30.000 € =		7.800 €

Ertragsanteil des übersteigenden Rententeils

Über den Grundbetrag hinausgehender Rentenbetrag	6.000 €	
Ertragsanteil (maßgebend ist das Lebensalter des Ehemanns A): 22 % von 6.000 € =		+ 1.320 €
Insgesamt		9.120 €

Der Ertragsanteil ist auf die Eheleute wie folgt aufzuteilen:

	A	B
Anteiliger Ertragsanteil je $^1/_2$ von 9.120 € =	4.560 €	4.560 €
abzgl. Werbungskosten-Pauschbetrag (§ 9a Satz 1 Nr. 3 EStG)	- 102 €	- 102 €
Sonstige Einkünfte	4.458 €	4.458 €

FALL 275

Ertragsanteil einer Ehegatten nacheinander zustehenden Rente

Sachverhalt: A erhält im Zusammenhang mit einer Grundstücksveräußerung eine lebenslängliche Rente i. H. von 30.000 € jährlich. Die Beteiligten haben vereinbart, dass im Falle des Todes von A seine Ehefrau B eine lebenslängliche Rente i. H. von 24.000 € jährlich erhalten soll. A ist zu Beginn des Rentenbezugs 60 Jahre und seine Ehefrau B 50 Jahre alt.

AUFGABE

Wie hoch ist der Ertragsanteil der Rente?

LÖSUNG

Im vorliegenden Fall steht die Rente nur dem Ehemann A zu; seine Ehefrau B erhält eine Rente nur in dem Fall, dass sie A überlebt. Es liegen zwei Renten vor, von denen Letztere aufschiebend bedingt ist. Der Ertragsanteil für diese Rente ist erst von dem Zeitpunkt an zu versteuern, in dem die Bedingung (d. h. der Tod von A) eintritt.

Der Ertragsanteil der A zustehenden Rente beträgt (22 % von 30.000 € =) 6.600 € (§ 22 Nr. 1 Satz 3 Buchst. a Doppelbuchst. bb EStG).

FALL 276

Ertragsanteil einer abgekürzten Leibrente

Sachverhalt: A erhält im Zusammenhang mit einem Grundstücksverkauf eine lebenslängliche Rente i. H. von 30.000 € jährlich, längstens jedoch für einen Zeitraum i. H. von 15 Jahren.

- **Variante a):** A ist zu Beginn der Rente 62 Jahre alt.
- **Variante b):** A ist zu Beginn der Rente 75 Jahre alt.

AUFGABE

Wie hoch ist der Ertragsanteil der Rente?

LÖSUNG

Es handelt sich um eine abgekürzte Leibrente (Höchstzeitrente):

Stirbt A innerhalb des Zeitraums i. H. von 15 Jahren, so erlischt die Rente mit seinem Tod; überlebt A diesen Zeitraum, so endet die Rente mit Ablauf i. H. von 15 Jahren.

Der Ertragsanteil einer abgekürzten Leibrente ist nach der Lebenserwartung unter Berücksichtigung der zeitlichen Begrenzung zu ermitteln (§ 55 Abs. 2 EStDV). Das geschieht in der Weise, dass der Ertragsanteil gem. § 22 Nr. 1 Satz 3 Buchst. a Doppelbuchst. bb EStG (das ist der Ertragsanteil nach der Lebenserwartung) mit dem Ertragsanteil der Tabelle gem. § 55 Abs. 2 EStDV (das ist der Ertragsanteil unter Berücksichtigung der zeitlichen Begrenzung) verglichen wird; der jeweils niedrigere Ertragsanteil ist maßgebend:

	Variante a)	Variante b)
Ertragsanteil gem. § 22 Nr. 1 Satz 3 Buchst. a Doppelbuchst. bb EStG	21 %	11 %
Ertragsanteil gem. § 55 Abs. 2 EStDV	16 %	16 %
Maßgebender Ertragsanteil	16 %	11 %

FALL 277

Ertragsanteil einer verlängerten Leibrente

Sachverhalt: A erhält von B aufgrund des Verkaufs eines zur Vermietung bestimmten Grundstücks eine Rente i. H. von 30.000 € jährlich. Die Vertragsparteien haben vereinbart, dass die Rente bis zum Lebensende von A, mindestens aber für die Dauer i. H. von 15 Jahren gezahlt werden soll.

- **Variante a):** A ist zu Beginn der Rente 50 Jahre alt.
- **Variante b):** A ist zu Beginn der Rente 70 Jahre alt.
- **Variante c):** A ist zu Beginn der Rente 80 Jahre alt.

AUFGABEN

1. Wie hoch ist der Ertragsanteil der Rente in den Varianten a) und b)?
2. Wie sind die „Rentenzahlungen" in der Varianten c) steuerlich zu behandeln?

LÖSUNG

Zu 1

Es handelt sich um eine verlängerte Leibrente (Mindestzeitrente):

Überlebt A die Mindestlaufzeit i. H. von 15 Jahren, so erlischt die Rente mit seinem Tod; stirbt A innerhalb der Mindestlaufzeit, steht die Rente bis zum Ablauf i. H. von 15 Jahren seinen Erben zu.

Da die Ermittlung des Ertragsanteils einer verlängerten Leibrente gesetzlich nicht geregelt ist, sind die Grundsätze zur Ermittlung des Ertragsanteils einer abgekürzten Leibrente sinngemäß anzuwenden. Das bedeutet, dass vorliegend die Ertragsanteile gem. § 22 Nr. 1 Satz 3 Buchst. a Doppelbuchst. bb EStG mit ebensolchen nach der Tabelle des § 55 Abs. 2 EStDV verglichen werden müssen; der höhere Ertragsanteil ist maßgebend:

	Variante a)	**Variante b)**
Ertragsanteil gem. § 22 Nr. 1 Satz 3 Buchst. a Doppelbuchst. bb EStG	30 %	15 %
Ertragsanteil gem. § 55 Abs. 2 EStDV	16 %	16 %
Maßgebender Ertragsanteil	30 %	16 %

In der **Varianten a)** ist davon auszugehen, dass die Lebenserwartung länger ist als die vereinbarte Mindestlaufzeit; deswegen ist der Ertragsanteil gem. § 22 Nr. 1 Satz 3 Buchst. a Doppelbuchst. bb EStG zugrunde zu legen. Diese Betrachtung entspricht einer neuen Entscheidung des BFH, in der ausgeführt wird: Muss der Steuerpflichtige als Kaufpreis für ein vermietetes Grundstück eine Rente auf Lebenszeit des Verkäufers leisten, so kann er gem. § 9 Abs. 1 Satz 3 Nr. 1 Satz 2 i.V. mit § 22 Nr. 1 Satz 3 Buchst. a Doppelbuchst. bb EStG auch dann nur den Ertragsanteil als Werbungskosten absetzen, wenn die Vertragsparteien eine Mindestlaufzeit der Rente vereinbart haben, diese aber kürzer ist als die durchschnittliche Lebensdauer des Bezugsberechtigten (BFH, Urteil v. 19.8.2008 - IX R 56/07, BStBl 2010 II S. 24).

In der **Varianten b)** ist die Mindestlaufzeit i. H. von 15 Jahren länger als die durchschnittliche Lebenserwartung von A; deswegen ist der Ertragsanteil der Tabelle des § 55 Abs. 2 EStDV zu entnehmen. Der Ertragsanteil nach dieser Tabelle beträgt 16 %.

Zu 2

In der **Varianten c)** kommt eine sinngemäße Anwendung der Grundsätze zur Ermittlung des Ertragsanteils einer abgekürzten Leibrente nicht in Betracht, denn die Mindestlaufzeit i. H. von 15 Jahren ist wesentlich länger als die voraussichtliche Lebenserwartung von A; in einem solchen Fall ist die verlängerte Leibrente wie Kaufpreisraten zu behandeln (BFH, Urteile v. 29.10.1974 - VIII R 131/70, BStBl 1975 II S. 173, v. 9.9.1988 - III R 191/84, BStBl 1989 II S. 9, und v. 19.8.2008 - IX R 56/07, BStBl 2010 II S. 24; vgl. hierzu auch die Urteilsanmerkung von Schellenberger, DStZ 1975 S. 152). Dies beruht darauf, dass die Rente nicht mehr von der Lebenserwartung bestimmt wird, sondern von der Wahrscheinlichkeit, dass sie über den Tod des Verkäufers hinaus bis zur vereinbarten Mindestlaufzeit gezahlt werden muss. Damit erfüllt sie nicht mehr die Merkmale einer Leibrente. Sind die Rentenzahlungen als Kaufpreisraten zu behandeln, müssen sie in einen Zins- und Tilgungsanteil zerlegt werden.

B hat Anschaffungskosten i. H. des Barwerts der verlängerten Leibrente i. H. von 30.000 € x 10,314 = 309.420 € (vgl. die Tabelle 7 zu § 13 Abs. 1 BewG in den Gleich lautenden Erlassen der obersten Finanzbehörden der Länder v. 7.12.2001, BStBl 2001 I S. 1041 und 1057, MAAAB-42814), die auf den Grund und Boden einerseits und das Gebäude andererseits aufzuteilen sind. Die auf das Gebäude entfallenden Anschaffungskosten bilden die Bemessungsgrundlage für die AfA in Bezug auf den entgeltlich erworbenen Teil. Der Zinsanteil, der sich aus der Differenz zwischen den jährlichen Barwertminderungen und der Summe der jährlichen Zahlungen ergibt, ist als Werbungskosten bei den Einkünften aus Vermietung und Verpachtung abziehbar. Bei A gehört der Zinsanteil zu den Einnahmen aus Kapitalvermögen. Aus Vereinfachungsgründen kann der Zinsanteil auch nach der Ertragsanteilstabelle des § 55 Abs. 2 EStDV bestimmt werden (BMF, Schreiben v. 16.9.2004, BStBl 2004 I S. 922, Rz. 61).

FALL 278

Besteuerung einer Mehrbedarfsrente

Sachverhalt: A ist infolge eines ärztlichen Kunstfehlers im Jahr 01 arbeitsunfähig geworden. Ein Gericht verpflichtet den behandelnden Arzt im Jahr 05 dazu, A neben einem Schmerzensgeld (§ 847 BGB) auch eine Mehrbedarfsrente (§ 843 Abs. 1 Alternative 2 BGB) i. H. von 1.000 € monatlich rückwirkend ab dem 1.1.02 bis an dessen Lebensende zu bezahlen.

Die Haftpflichtversicherung des Arztes leistet im Jahr 05 folgende Zahlungen:

- Das Schmerzensgeld,
- die rückständige Mehrbedarfsrente für die Jahre 02–04 i. H. von 3 x 12.000 € = 36.000 € sowie
- die laufende Mehrbedarfsrente für das Jahr 05 i. H. von 12.000 €.

Das Gericht berechnete die Mehrbedarfsrente wie folgt:

- 600 € für Hilfs- und Begleitpersonen,
- 300 € für das Halten eines Pkws,
- 100 € für sonstige Bedürfnisse wie erhöhte Körperpflege, Diät und Elektro-Rollstuhl.

AUFGABE

Unterliegt die im Jahr 05 zugeflossene Mehrbedarfsrente i. H. von 48.000 € als wiederkehrende Bezüge (§ 22 Nr. 1 Satz 1 EStG) der Einkommensteuer?

LÖSUNG

Einem Verletzten ist, wenn u. a. infolge einer Verletzung des Körpers oder der Gesundheit eine Vermehrung seiner Bedürfnisse eintritt, Schadensersatz durch Entrichtung einer Geldrente (sog. „Mehrbedarfsrente") zu leisten (§ 843 Abs. 1 BGB). Ein Mehrbedarf kann dem Verletzten bspw. durch laufend benötigte Medikamente, Kosten für die Wartung und Instandhaltung medizinischer und orthopädischer Hilfsmittel (künstliche Gliedmaßen, Brillen, Hörgeräte, Stützkorsett) oder – wie hier – für Hilfs- und Begleitpersonen, für das Halten eines Pkws sowie für sonstige Bedürfnisse wie erhöhte Körperpflege, Diät und einen Elektro-Rollstuhl entstehen.

Früher wurden Mehrbedarfsrenten von der Finanzverwaltung einkommensteuerrechtlich wie Unterhaltsrenten (§ 844 Abs. 2 BGB) als in voller Höhe wiederkehrende Bezüge (§ 22 Nr. 1 Satz 1 EStG) erfasst. Für Unterhaltsrenten hat der BFH entschieden, dass diese in voller Höhe steuerbare sonstige Bezüge darstellen (BFH, Urteil v. 19.10.1978 - VIII R 9/77, BStBl 1979 II S. 133).

In späteren Entscheidungen (BFH, Urteile v. 25.10.1994 - VIII R 79/91, BStBl 1995 II S. 121, und v. 14.12.1994 - X R 106/92, BStBl 1995 II S. 410; vgl. auch die Urteilsanmerkung in HFR 1995 S. 196) schränkt der BFH seine zur Steuerbarkeit von Schadensersatzrenten vertretene Rechtsprechung auf die Fälle ein, in denen Ersatz für andere bereits steuerbare Einkünfte geleistet wird, z. B. Geldrenten aufgrund der Minderung der Erwerbsfähigkeit (§ 843 Abs. 1 Alternative 1 BGB und § 24 Nr. 1 Buchst. a EStG). Ersatzleistungen in Form von Schadensersatz-Mehrbedarfsrenten i. S. des § 843 Abs. 1 Alternative 2 BGB sind nach der gewandelten Rechtsauffassung des BFH nicht einkommensteuerbar (BFH, Beschluss v. 12.4.2011 - X B 132/10, BFH/NV 2011 S. 1136, MAAAD-83665). Daraus folgt, dass A die im Jahr 05 zugeflossenen Rentenzahlungen i. H. von 48.000 € als echten Schadensersatz – ebenso wie das Schmerzensgeld – nicht zu versteuern braucht, obwohl die Rentenzahlungen ihrer äußeren Form nach wiederkehrende Leistungen sind (ebenso BMF, Schreiben v. 15.7.2009, BStBl 2009 I S. 836).

FALL 279

Besteuerung von Schadensersatzrenten

Sachverhalte:

1. Der 50 Jahre alte Rechtsanwalt A erhält ab dem 1.1.01 aufgrund eines auf einer privaten Fahrt von einem Dritten verschuldeten Verkehrsunfalls von dessen Versicherung eine monatliche Geldrente i. H. von 1.500 €, die den Verdienstausfall von A aufgrund seiner verminderten Erwerbsfähigkeit ersetzen soll (§ 843 Abs. 1 Alternative 1 BGB). Außerdem erhielt er im Jahr 01 ein Schmerzensgeld i. H. von 100.000 €.

2. Der Ehemann von Frau C ist aufgrund eines Fehlers des ihn behandelnden Arztes des Kreiskrankenhauses G verstorben. C hat gegenüber dem Kreiskrankenhaus G mit Erfolg Schadensersatz geltend gemacht. Die V-Versicherungs-AG zahlte C im Jahr 01 eine Schadensersatzrente gem. § 844 Abs. 2 BGB i. H. von 1.022 € monatlich. Die monatliche Zahlung entfällt i. H. von 664 € auf den materiellen Unterhaltsschaden und i. H. von 358 € auf den Haushaltsführungsschaden.

AUFGABE

Sind die Versicherungsleistungen einkommensteuerbar?

LÖSUNG

Zu Sachverhalt 1

Kommt ein Mensch durch einen Unfall oder eine ärztliche Fehlbehandlung zu Schaden oder wird er getötet, werden oft Schadensersatzrenten i. S. der §§ 842 ff. BGB gewährt. Wird infolge einer Verletzung des Körpers oder der Gesundheit die Erwerbsfähigkeit des Verletzten aufgehoben oder gemindert, so ist dem Verletzten durch Entrichtung einer Geldrente Schadensersatz zu leisten (§ 843 Abs. 1 Alternative 1 BGB).

Die steuerliche Behandlung hängt davon ab, wofür eine solche Rente gezahlt wird. Bei Entschädigungen wegen Körperverletzung wird unterschieden zwischen Beträgen, die

- den Verdienstausfall ersetzen und
- solchen, die als Ersatz für Arzt- und Heilungskosten und die Mehraufwendungen während der Krankheit, sowie
- als Ausgleich für immaterielle Einbußen in Form eines Schmerzensgeldes

gewährt werden (BFH, Urteil v. 21.1.2004 - XI R 40/02, BStBl 2004 II S. 726).

Die laufenden Rentenzahlungen, die den Verdienstausfall ganz oder teilweise ersetzen, sind gem. § 24 Nr. 1 Buchst. a EStG steuerpflichtig. Nach dieser Vorschrift gehören zu den Einkünften i. S. des § 2 Abs. 1 EStG auch Entschädigungen, die als Ersatz für entgangene oder entgehende Einnahmen gewährt werden. Die Beträge, die den Verdienstausfall ersetzen, sind als Einkünfte der Einkunftsart anzusehen, für die sie einen Ersatz bilden. Es kann sich dabei um Einkünfte aus Land- und Forstwirtschaft, aus Gewerbebetrieb, aus freiberuflicher Tätigkeit oder um Einkünfte aus nichtselbständiger Arbeit handeln.

Vorliegend wird die Rente i. H. von 1.500 € monatlich für den unfallbedingten Gewinnentgang gezahlt. Es handelt sich um den Ersatz des infolge des Unfalls entgangenen freiberuflichen Gewinns. Die Rentenzahlungen gehören daher zu den Betriebseinnahmen von A und erhöhen auf diese Weise seine Einkünfte aus selbständiger Arbeit i. S. des § 18 Abs. 1 Nr. 1 EStG (BFH, Urteile v. 21.2.1957 - IV 630/55 U, BStBl 1957 III S. 164, und v. 16.12.1960 - IV 143/58 U, BStBl 1961 III S. 101).

Beträge, die als Ersatz für Arzt- und Heilungskosten und die Mehraufwendungen während der Krankheit sowie als Ausgleich für immaterielle Einbußen in Form eines Schmerzensgeldes gewährt werden, sind nicht einkommensteuerbar (BFH, Urteil v. 21.1.2004 - XI R 40/02, BStBl 2004 II S. 726).

Zu Sachverhalt 2

Der BFH hat sich in einer älteren Entscheidung auf den Standpunkt gestellt, dass Schadensersatzrenten, die aufgrund von § 844 Abs. 2 BGB für den Verlust von Unterhaltsansprüchen gewährt werden, wiederkehrende Bezüge i. S. des § 22 Nr. 1 Satz 1 EStG und als solche in vollem Umfang steuerpflichtig sind (BFH, Urteil v. 19.10.1978 - VIII R 9/77, BStBl 1979 II S. 133). Die Finanzverwaltung hatte sich dieser – in der Literatur umstrittenen – Rechtsprechung angeschlossen und angeordnet, dass Schadensersatzrenten, die auf der Rechtsgrundlage des § 844 Abs. 2 und § 845 BGB für den Verlust von Unterhaltsansprüchen oder von gesetzlich geschuldeten Diensten gezahlt werden, mit ihrem vollen Betrag gem. § 22 Nr. 1 Satz 1 EStG zu besteuern sind (BMF, Schreiben v. 8.11.1995, BStBl 1995 I S. 705).

Der BFH hat dagegen entschieden, dass eine Schadensersatzrente gem. § 844 Abs. 2 BGB, die zum Ausgleich des durch den Tod des Unterhaltsverpflichteten eingetretenen materiellen Unterhaltsschadens und des Haushaltsführungsschadens gezahlt wird, weder als Leibrente noch als sonstiger wiederkehrender Bezug einkommensteuerbar ist (BFH, Urteile v. 26.11.2008 - X R 31/07, BStBl 2009 II S. 651, und v. 20.1.2016 - VI R 14/13, BFH/NV 2016 S. 1142, Rz. 20, AAAAF-75524). Die Finanzverwaltung akzeptiert diese Rechtsprechung (BMF, Schreiben v. 15.7.2009, BStBl 2009 I S. 836).

HINWEIS

Der BFH will nach seiner jüngeren Rechtsprechung die Besteuerung von Schadensersatzrenten wohl auf die Fälle beschränkt wissen, in denen Schadensersatz für entgangene Einnahmen geleistet wird.

FALL 280

Besteuerung einer Altersrente aus der gesetzlichen Rentenversicherung mit Rentenbeginn vor dem Jahr 2005

Sachverhalt: A bezieht ab dem 1.7.2004 eine Regelaltersrente i. H. von 1.000 € monatlich aus der gesetzlichen Rentenversicherung, weil er im Juni 2004 das 65. Lebensjahr vollendet hat. Die im Jahr 2023 zugeflossenen Rentenzahlungen betragen 12 x 1.400 € = 16.800 €.

AUFGABE

Wie hoch sind die sonstigen Einkünfte von A im Jahr 2023?

LÖSUNG

Die Besteuerung der Renten aus der gesetzlichen Rentenversicherung wurde durch das Alterseinkünftegesetz v. 5.7.2004 (BGBl 2004 I S. 1427) ab dem Jahr 2005 neu geregelt. Von der Neuregelung betroffen sind alle Rentenbezieher, gleichgültig, ob sie bereits jetzt eine Rente beziehen oder z. B. erst in 20 oder 30 Jahren. Grund für die Neuregelung war eine Entscheidung des BVerfG v. 6.3.2002 (2 BvL 17/99, BStBl 2002 II S. 618), wonach die unterschiedliche Besteuerung von Beamtenpensionen und Renten aus der gesetzlichen Rentenversicherung mit dem Gleichheitssatz des GG unvereinbar ist.

Renten aus der gesetzlichen Rentenversicherung unterliegen als „sonstige Einkünfte" gem. § 22 EStG der Einkommensbesteuerung. Aber im Gegensatz zu den anderen Einkunftsarten gibt es bei den Renten einen großen Vorteil: Renten aus den gesetzlichen Rentenversicherungen wurden bis zum Jahr 2004 nur mit dem günstigen Ertragsanteil (einem pauschalierten Zinsanteil) besteuert, danach sollten sie im Rahmen einer Übergangsregelung bis zum Jahr 2040 schrittweise nachgelagert besteuert werden. § 22 Nr. 1 Satz 3 Buchst. a Doppelbuchst. aa Satz 3 EStG wurde durch das Wachstumschancengesetz v. 27.3.2024 (BGBl 2024 I Nr. 108) geändert. Mit der Änderung wurde beginnend **ab dem Jahr 2023** der Anstieg des Besteuerungsanteils für jeden neuen Renteneintrittsjahrgang auf einen halben Prozentpunkt jährlich reduziert. Für die Kohorte 2023 beträgt demnach der maßgebliche Besteuerungsanteil anstatt 83 % nur noch 82,5 % und erreicht nach seinem kontinuierlichen jährlichen Aufwuchs erstmals für die Kohorte 2058 100 %. Der im Jahr 2005 begonnene Übergangszeitraum zur vollständigen nachgelagerten Besteuerung von Renten aus der Basisversorgung wird somit bis zum Jahr 2058 verlängert (vgl. Hörster, NWB 38/2023 S. 2588).

Die Besteuerung mit dem Ertragsanteil bzw. der schrittweise Übergang zur nachgelagerten Besteuerung in der Übergangszeit hat den Vorteil, dass nicht die volle Rente, sondern nur ein Teil davon der Einkommensteuer unterliegt. Erst Renten aus den gesetzlichen Rentenversicherungen, die ab dem Jahr 2058 beginnen, müssen voll versteuert werden. Vom steuerpflichtigen Teil der Rente wird mindestens der Werbungskosten-Pauschbetrag i. H. von 102 € abgezogen. Nach Meinung des BFH ist die Umstellung der Besteuerung der Alterseinkünfte auf die nachgelagerte Besteuerung verfassungsmäßig (BFH, Urteil v. 26.11.2008 - X R 15/07, BStBl 2009 II S. 710).

Betroffen vom schrittweisen Übergang zur nachgelagerten Besteuerung sind alle Rentenzahlungen aus der gesetzlichen Rentenversicherung ab dem Jahr 2005, also auch Renten, die vor dem 1.1.2005 begonnen haben (sog. „Bestandsrenten"). Ab dem Jahr 2005 unterliegen alle Bestandsrenten sowie die im Jahr 2005 erstmals gezahlten Renten zu 50 % der Besteuerung. Alle Rentenarten aus der gesetzlichen Rentenversicherung werden ab dem Jahr 2005 gleichbehandelt. Es wird nicht mehr unterschieden, ob es sich um eine lebenslange Leibrente, z. B. Altersrente, oder um eine abgekürzte Leibrente, z. B. Erwerbsminderungsrente, handelt.

Der Besteuerungsanteil gilt einheitlich und damit auch für die Renten der selbständig tätigen und nicht pflichtversicherten Personen. Der Besteuerungsanteil ist nach dem Jahr des Rentenbeginns und dem in diesem Jahr maßgebenden Prozentsatz aus der Tabelle des § 22 Nr. 1 Satz 3 Buchst. a Doppelbuchst. aa EStG zu entnehmen.

Ab dem Jahr 2005 unterliegen – wie erwähnt – alle Bestandsrenten zu 50 % der Besteuerung. Dieser prozentuale Besteuerungsanteil teilt die Rente in zwei Teile auf:

- Den Besteuerungsanteil der Rente und
- den Teil der Jahresrente, der steuerfrei bleibt.

Der steuerfreie Betrag wird vom Finanzamt als Rentenfreibetrag festgeschrieben und gilt in dieser Höhe für die gesamte Laufzeit der Rente (§ 22 Nr. 1 Satz 3 Buchst. a Doppelbuchst. aa Satz 5 EStG).

A muss im Jahr 2023 versteuern:

Jahresrente 2023: 12 x 1.400 € =	16.800 €
abzgl. Rentenfreibetrag wie im Jahr 2005: 50 % von 12.000 € =	- 6.000 €
abzgl. Werbungskosten-Pauschbetrag (§ 9a Satz 1 Nr. 3 EStG)	- 102 €
Sonstige Einkünfte	10.698 €

FALL 281

Besteuerung einer Altersrente aus der gesetzlichen Rentenversicherung mit Rentenbeginn ab dem Jahr 2005

Sachverhalt: Arbeitnehmer A bezieht ab dem 1.7.2005 eine Regelaltersrente i. H. von 1.000 € monatlich, weil er im Juni 2005 das 65. Lebensjahr vollendet hatte. Die im Jahr 2006 zugeflossenen Rentenzahlungen betrugen 12.000 €. Die im Jahr 2023 zugeflossenen Rentenzahlungen belaufen sich auf 16.800 €.

AUFGABE

Wie hoch sind die sonstigen Einkünfte von A im Jahr 2023?

LÖSUNG

Bei Rentenbeginn ab dem Jahr 2005 beträgt der prozentuale Besteuerungsanteil – wie für (vor dem Jahr 2005 begonnene) Bestandsrenten – 50 %. Der Rentenfreibetrag wird bei ab dem Jahr 2005 beginnenden Renten aber erst ab dem Jahr ermittelt, das auf das Jahr des ersten Rentenbezugs folgt (hier das Jahr 2006). Da die meisten Rentner im ersten Jahr ihres Rentenbezugs ihre Rente nur für einen Teil des Jahres beziehen, wird der endgültige Rentenfreibetrag erst aus der vollen Jahresbruttorente des zweiten Rentenbezugsjahrs ermittelt. Der Rentenfreibetrag beträgt daher 50 % von 12.000 € = 6.000 €.

A muss im Jahr 2023 versteuern:

Jahresrente	16.800 €
abzgl. Rentenfreibetrag wie im Jahr 2006	- 6.000 €
abzgl. Werbungskosten-Pauschbetrag (§ 9a Satz 1 Nr. 3 EStG)	- 102 €
Sonstige Einkünfte	10.698 €

FALL 282

Besteuerung einer Witwenrente aus der gesetzlichen Rentenversicherung mit Rentenbeginn ab dem Jahr 2005

Sachverhalt: Die 50 Jahre alte Frau B erhält nach dem Tod ihres Ehemannes ab dem 1.7.2005 eine große Witwenrente i. H. von 750 € monatlich. Die im Jahr 2006 zugeflossenen Rentenzahlungen betrugen 9.000 €. Die im Jahr 2023 zugeflossenen Renteneinnahmen belaufen sich auf 12.400 €.

AUFGABE

Wie hoch sind die sonstigen Einkünfte von Frau B im Jahr 2023?

LÖSUNG

Auch für Witwenrenten hat sich die Besteuerung geändert, und zwar sowohl für am 1.1.2005 bereits bestehende als auch neu beginnende Renten. Steuerpflichtig ist auch hier der Teil der Rente, der über dem Rentenfreibetrag liegt. Der Rentenfreibetrag beträgt vorliegend ausgehend von der im Jahr 2006 zugeflossenen Rente 50 % von 9.000 € = 4.500 €, so dass wie folgt zu rechnen ist:

Jahresrente 2023	12.400 €
abzgl. Rentenfreibetrag wie im Jahr 2006: 50 % von 9.000 € =	- 4.500 €
abzgl. Werbungskosten-Pauschbetrag (§ 9a Satz 1 Nr. 3 EStG)	- 102 €
Sonstige Einkünfte	7.798 €

FALL 283

Besteuerung einer Witwenrente nach vorhergehender Versichertenrente

Sachverhalt: A ging am 1.7.2004 in Rente. Seine Altersrente betrug im Jahr 2005 12.000 €. Er starb Anfang 2006. Seine Ehefrau B erhält ab dem 1.2.2006 eine große Witwenrente i. H. von 600 € monatlich. Die Rente betrug im Jahr 2007 7.200 € und im Jahr 2023 10.400 €.

AUFGABE

Wie hoch sind die sonstigen Einkünfte von Frau B im Jahr 2023?

LÖSUNG

Für Folgerenten wird der niedrigere Besteuerungsanteil vorausgegangener Renten berücksichtigt, wenn ein ununterbrochener Rentenbezug vorliegt (§ 22 Nr. 1 Satz 3 Buchst. a Doppelbuchst. aa Satz 8 EStG). Hinterbliebenenrenten, die einer Versichertenrente folgen, werden also nach dem Rentenbeginn des Versicherten versteuert.

Obwohl die Witwenrente von Frau B im Jahr 2006 begann, beträgt der Besteuerungsanteil für diese Rente nicht 52 %, sondern 50 %, da die gesetzliche Rente von A vor dem Jahr 2005 begann.

Frau B muss im Jahr 2023 versteuern:

Jahresbetrag Witwenrente 2023	10.400 €
abzgl. Rentenfreibetrag wie im Jahr 2007: 50 % von 7.200 € =	- 3.600 €
abzgl. Werbungskosten-Pauschbetrag (§ 9a Satz 1 Nr. 3 EStG)	- 102 €
Sonstige Einkünfte	6.698 €

Der Rentenfreibetrag für die gesamte restliche Laufzeit der Witwenrente von Frau B beträgt 3.600 €.

FALL 284

Rente aus einer berufsständischen Versorgungseinrichtung

Sachverhalt: Frau Dr. Z war früher als selbständige Zahnärztin in eigener Praxis tätig. Sie ist am 20.5.1939 geboren. Seit dem 1.6.2004 ist sie im Ruhestand. Sie erhält von der Versorgungsanstalt der Landeszahnärztekammer Versorgungsbezüge (Altersruhegeld). Im Jahr 2023 hat sie Versorgungsbezüge i. H. von 30.200 € erhalten. Das Altersruhegeld im Jahr 2005 betrug 24.000 €.

Die Landeszahnärztekammer hat Frau Dr. Z eine Bescheinigung gem. § 22 Nr. 1 Satz 3 Buchst. a Doppelbuchst. bb Satz 2 EStG ausgestellt. Daraus ergibt sich, dass 20 % der Versorgungsbezüge auf Beiträgen beruhen, die oberhalb des Höchstbeitrags zur gesetzlichen Rentenversicherung entrichtet wurden. In 15 Jahren wurden Beiträge oberhalb des Höchstbeitrags zur gesetzlichen Rentenversicherung gezahlt.

AUFGABEN

1. Wie hoch sind die sonstigen Einkünfte von Frau Dr. Z im Jahr 2023?
2. Wie hoch sind die sonstigen Einkünfte von Frau Dr. Z im Jahr 2023, wenn sie die Anwendung der Öffnungsklausel beantragt?

LÖSUNG

Zu 1

Auch Renten aus berufsständischen Versorgungseinrichtungen werden prinzipiell nachgelagert besteuert (§ 22 Nr. 1 Satz 3 Buchst. a Doppelbuchst. aa Satz 1 EStG). Nachgelagerte Besteuerung bedeutet im Endergebnis, dass die Rentenbeiträge zur gesetzlichen Rentenversicherung und ihr gleichgestellten Versicherungen bzw. berufsständischen Versorgungswerken zum Zeitpunkt der Zahlung von der Einkommensteuer freigestellt werden und erst die darauf beruhenden Renten besteuert werden.

Kern der nachgelagerten Rentenbesteuerung ist in der Übergangsphase der Rentenfreibetrag. Das ist der Teil der Rente, der nicht versteuert werden muss. Der Rentenfreibetrag ergibt sich aus der Differenz zwischen dem Jahresbetrag der Rente und dem der Besteuerung unterliegenden Anteil der Rente (§ 22 Nr. 1 Satz 3 Buchst. a Doppelbuchst. aa Satz 4 EStG). Vorliegend ist wie folgt zu rechnen:

Jahresbetrag der Rente 2023	30.200 €
abzgl. Rentenfreibetrag 2023 (wie im Jahr 2005): 50 % von 24.000 € =	- 12.000 €
abzgl. Werbungskosten-Pauschbetrag (§ 9a Satz 1 Nr. 3 EStG)	- 102 €
Sonstige Einkünfte	18.098 €

Zu 2

Die nachgelagerte Besteuerung kann bei Selbständigen, die in der Vergangenheit hohe Beiträge in ein berufsständisches Versorgungswerk eingezahlt haben, zu einer ungerechten Überbesteuerung führen. Deshalb kann **auf Antrag** ein Teil der Leibrente nur der Ertragsanteilsbesteuerung unterworfen werden (§ 22 Nr. 1 Satz 3 Buchst. a Doppelbuchst. bb Satz 2 EStG). Es handelt sich um den Rententeil, der auf Beiträgen oberhalb des Höchstbeitrags zur gesetzlichen Rentenversicherung beruht, die bis zum 31.12.2004 für mindestens zehn Jahre geleistet wurden. Die Jahre müssen nicht unmittelbar aufeinanderfolgen (BMF, Schreiben v. 19.8.2013, BStBl 2013 I S. 1087, Rz. 240).

Bei Anwendung der Öffnungsklausel wird nur der Teil der Rente nachgelagert besteuert, der auf Beitragszahlungen bis zur Höhe des Höchstbeitrags zur gesetzlichen Rentenversicherung beruht. Der andere Teil der Rente wird dagegen mit dem wesentlich günstigeren Ertragsanteil besteuert.

Der Antrag auf anteilige Ertragsanteilsbesteuerung ist beim zuständigen Finanzamt i. d. R. im Rahmen der Einkommensteuererklärung formlos zu stellen (BMF, Schreiben v. 19.8.2013, BStBl 2013 I S. 1087, Rz. 239). Die Öffnungsklausel ist nicht von Amts wegen anzuwenden. Der Steuerpflichtige muss einmalig nachweisen, dass er in mindestens zehn Jahren vor dem 1.1.2005 Beiträge oberhalb des Höchstbeitrags gezahlt hat. Der Nachweis ist durch Bescheinigungen der einzelnen Versorgungsträger zu erbringen, die Angaben über die in den einzelnen Jahren geleisteten Beiträge enthalten müssen (BMF, Schreiben v. 19.8.2013, BStBl 2013 I S. 1087, Rz. 247).

20 % der Rente 2023 von 30.200 € = 6.040 € entfallen auf Beiträge oberhalb des Höchstbeitrags. Für diese Einnahmen ergibt sich abhängig vom Geburtsdatum von Frau Dr. Z (20.5.1939) und vom Beginn der Rente (1.6.2004) ein Ertragsanteil gem. § 22 Nr. 1 Satz 3 Buchst. a Doppelbuchst. bb Satz 4 EStG i. H. von 18 %.

Es ist wie folgt zu rechnen:

Jahresbetrag der Rente 2023	30.200 €
Einnahmen bei Anwendung der Öffnungsklausel: 20 % von 30.200 € =	- 6.040 €
Nachgelagert zu versteuern	24.160 €
Rentenfreibetrag 2005 ff.: 50 % von (24.000 € - 20 % =) 19.200 € =	- 9.600 €
	14.560 €
Unter die Öffnungsklausel fallende Einnahmen: 20 % von 30.200 € = 6.040 €	
davon steuerpflichtig mit Ertragsanteil i. H. von 18 % =	+ 1.087 €
	15.647 €
abzgl. Werbungskosten-Pauschbetrag (§ 9a Satz 1 Nr. 3 EStG)	- 102 €
Sonstige Einkünfte	15.545 €

FALL 284A

Sterbegeld aus einem berufsständischen Versorgungswerk

Sachverhalt: Frau B bezog im Jahr 2023 nach dem Tod ihres – bis zu seinem Tod im September 2023 als Arzt selbständig tätigen – Ehemannes neben einer laufenden Rente ein Sterbegeld i. H. von 4.000 € von der berufsständischen Versorgungseinrichtung ihres verstorbenen Ehemannes. Das Finanzamt will das Sterbegeld mit dem Besteuerungsanteil des § 22 Nr. 1 Satz 3 Buchst. a Doppelbuchst. aa EStG i. H. von 82,5 % der Einkommensteuer unterwerfen. Es beruft sich dabei auf eine Verwaltungsanweisung, wonach einmalige Leistungen, z. B. Kapitalauszahlungen, Sterbegelder, Abfindungen von Kleinbetragsrenten, ebenfalls der nachgelagerten Besteuerung gem. § 22 Nr. 1 Satz 3 Buchst. a Doppelbuchst. aa EStG unterliegen (BMF, Schreiben v. 19.8.2013, BStBl 2013 I S. 1087, Rz. 195, und v. 10.1.2014, BStBl 2014 I S. 70, Rz. 204).

AUFGABE

Unterliegt das Sterbegeld aus dem berufsständischen Versorgungswerk der nachgelagerten Besteuerung?

LÖSUNG

Renten aus berufsständischen Versorgungswerken erhalten vor allem Freiberufler kammerfähiger Berufe. Es handelt sich um die auf einer gesetzlichen Pflichtmitgliedschaft beruhende berufsständische Altersversorgung von z. B. Ärzten, Tierärzten, Zahnärzten, Apothekern, Architekten, Ingenieuren, Notaren, Rechtsanwälten, Steuerberatern und Wirtschaftsprüfern. Auch – von der gesetzlichen Rentenversicherung befreite – angestellt tätige Personen mit den genannten Berufen können Mitglieder der berufsständischen Versorgungseinrichtungen werden. Leistungen aus berufsständischen Versorgungswerken werden ab dem Jahr 2005 wie Renten aus der gesetzlichen Rentenversicherung nachgelagert besteuert. Fraglich war, ob das von einer berufsständischen Versorgungseinrichtung gezahlte Sterbegeld – ebenso wie die Rente selbst – nachgelagert zu besteuern ist.

Beim Tod eines Mitglieds einer berufsständigen Versorgungseinrichtung werden – je nach Satzung – die Kosten der Bestattung oft bis zur Höhe einer Monatsrente, auf die das Mitglied Anspruch gehabt hatte oder gehabt hätte, gezahlt (sog. „Sterbegeld“). Das Sterbegeld wird i. d. R. an diejenige Person bezahlt, die die Bestattung besorgt hat. Steuerlich ist umstritten, ob das Sterbegeld mit dem Besteuerungsanteil zu versteuern ist, der für die Rente des Verstorbenen bzw. seiner Witwe gilt oder in vollem Umfang steuerfrei ist. Verwaltungsseitig wird die Auffassung vertreten, dass das Sterbegeld, obwohl es nur einmalig gezahlt wird, der nachgelagerten Besteuerung unterliegt. Die Finanzverwaltung geht davon aus, dass es sich um eine „andere Leistung“ i. S. des § 22 Nr. 1 Satz 3 Buchst. a Doppelbuchst. aa EStG handelt.

Auch ein einmaliges Sterbegeld, das ein berufsständisches Versorgungswerk neben der laufenden Hinterbliebenenrente an den überlebenden Ehegatten des Mitglieds zahlt, unterliegt nach Auffassung des BFH als „andere Leistung“ (§ 22 Nr. 1 Satz 3 Buchst. a Doppelbuchst. aa EStG) mit dem Besteuerungsanteil der Einkommensteuer (BFH, Urteile v. 23.11.2016 - X R 13/14, BFH/

NV 2017 S. 445, VAAAG-38821, und v. 5.11.2019 - X R 38/18, BFH/NV 2020 S. 673, Rz. 22, VAAAH-47096). In Bezug auf das Sterbegeld ist der für „Vergütungen für mehrjährige Tätigkeiten" geltende ermäßigte Steuersatz i. S. des § 34 Abs. 1 EStG allerdings nicht zu gewähren. Bei Anwendung der Öffnungsklausel unterliegt das Sterbegeld insoweit nicht der nachgelagerten Besteuerung als die Öffnungsklausel Anwendung findet (BMF, Schreiben v. 19.8.2013, BStBl 2013 I S. 1087, Rz. 257). Insoweit findet dann eine Besteuerung mit dem Ertragsanteil statt.

FALL 285

Veräußerung eines geschenkten Grundstücks innerhalb von zehn Jahren seit der Anschaffung

Sachverhalt: A und B sind Eheleute, die zusammen zur Einkommensteuer veranlagt werden. Die Ehefrau B erwarb am 20.3.2015 ein unbebautes Grundstück für 90.000 €. Dieses Grundstück schenkte sie mit Vertrag v. 10.1.2023 ihrem Ehemann A, der es am 15.9.2023 für 290.000 € verkaufte.

AUFGABE

Liegen Einkünfte aus einem „privaten Veräußerungsgeschäft" i. S. des § 22 Nr. 2 und § 23 Abs. 1 Satz 1 Nr. 1 EStG vor?

LÖSUNG

Gemäß § 22 Nr. 2 i.V. mit § 23 Abs. 1 Satz 1 Nr. 1 EStG liegt bei Grundstücken prinzipiell ein privates Veräußerungsgeschäft (sog. „Spekulationsgeschäft") vor, wenn der Zeitraum zwischen Anschaffung und Veräußerung nicht mehr als zehn Jahre beträgt. Das Vorliegen eines „privaten Veräußerungsgeschäfts" setzt also voraus, dass der Steuerpflichtige das Grundstück anschafft und binnen zehn Jahren veräußert, wobei für die Berechnung des Zehn-Jahres-Zeitraums grds. auf den Abschluss des schuldrechtlichen (obligatorischen), nicht des dinglichen Rechtsgeschäfts abzustellen ist (BFH, Urteile v. 13.12.1983 - VIII R 16/83, BStBl 1984 II S. 311, und v. 10.2.2015 - IX R 23/13, BStBl 2015 II S. 487).

Bei einer Schenkung unter Lebenden muss sich der Beschenkte (hier A), der das unentgeltlich erworbene Grundstück veräußert, die Besitzzeit des Schenkers (hier B) zurechnen lassen (§ 23 Abs. 1 Satz 3 EStG). Die Anschaffung durch den Schenker wird also dem Beschenkten mit der Folge zugerechnet, dass der Beschenkte den Tatbestand des § 22 Nr. 2 i.V. mit § 23 Abs. 1 Satz 1 Nr. 1 EStG verwirklicht, wenn zwischen der Anschaffung durch den Schenker und der Veräußerung durch den Beschenkten nicht mehr als zehn Jahre liegen. Der beschenkte A erzielt daher im Jahr 2023 folgende Einkünfte aus privaten Veräußerungsgeschäften:

Veräußerungspreis	290.000 €
abzgl. Anschaffungskosten	- 90.000 €
Einkünfte aus privatem Veräußerungsgeschäft i. S. des § 23 EStG	200.000 €

FALL 286

Privates Veräußerungsgeschäft bei einem Grundstück, wenn dieses zwischenzeitlich im Betriebsvermögen gehalten wird

Sachverhalt: Einzelgewerbetreibender A hat am 10.5.2015 ein unbebautes Grundstück für 100.000 € erworben. Am 1.4.2021 hat er das Grundstück mit seinem Teilwert i. H. von 130.000 € in das Betriebsvermögen seines Einzelunternehmens eingelegt. Am 31.10.2022 hat er es aus seinem Betriebsvermögen mit dem Teilwert i. H. von 140.000 € entnommen. Am 10.11.2023 hat A das Grundstück für 160.000 € veräußert.

AUFGABE

Führt die Veräußerung des Grundstücks, das im Privatvermögen angeschafft, zwischenzeitlich in das Betriebsvermögen eingelegt und vor der Veräußerung wieder in das Privatvermögen überführt (entnommen) wurde, zu einem privaten Veräußerungsgeschäft i. S. des § 22 Nr. 2 i.V. mit § 23 Abs. 1 Satz 1 Nr. 1 EStG?

LÖSUNG

Der Zweck des § 23 EStG besteht darin, innerhalb der Veräußerungsfrist realisierte Werterhöhungen eines bestimmten im Privatvermögen des Steuerpflichtigen befindlichen Wirtschaftsguts der Einkommensteuer zu unterwerfen. Vorliegend liegt das gem. § 23 Abs. 1 Satz 1 Nr. 1 EStG steuerpflichtige, private Veräußerungsgeschäft – nach der Anschaffung im Jahr 2015 – im Jahr 2023.

Die Einlage des Grundstücks am 1.4.2021 in das Betriebsvermögen ist mangels Rechtsträgerwechsels keine Veräußerung (BMF, Schreiben v. 5.10.2000, BStBl 2000 I S. 1383). Auch die Entnahme aus dem Betriebsvermögen am 31.10.2022 ist mangels Rechtsträgerwechsels keine Veräußerung (BMF, Schreiben v. 5.10.2000, BStBl 2000 I S. 1383, Rz. 5). Zwar gilt gem. § 23 Abs. 1 Satz 2 EStG auch die Überführung eines Wirtschaftsguts in das Privatvermögen des Steuerpflichtigen durch Entnahme als Anschaffung. Diese Fiktion einer Anschaffung entfaltet aber nach der vom BFH vertretenen Auffassung keine Wirkung (BFH, Urteil v. 23.8.2011 - IX R 66/10, BStBl 2013 II S. 1002). Denn die ursprüngliche tatsächliche Anschaffung im Jahr 2015 wirkt fort, da die Voraussetzungen der Veräußerungsfiktion des § 23 Abs. 1 Satz 5 Nr. 1 EStG nicht erfüllt sind. Deshalb sind für die Ermittlung des sog. „Spekulationsgewinns" die ursprünglichen Anschaffungskosten zugrunde zu legen und der Gewinn aus dem privaten Veräußerungsgeschäft ist um den im Betriebsvermögen zu erfassenden Gewinn zu korrigieren. Der durch die Grundstücksveräußerung im Jahr 2023 erzielte Gewinn aus einem privaten Veräußerungsgeschäft ist nach Auffassung des BFH wie folgt zu berechnen:

Veräußerungserlös im Jahr 2023	160.000 €
abzgl. Anschaffungskosten im Jahr 2015	- 100.000 €
zzgl. Teilwert bei Einlage im Jahr 2021	+ 130.000 €
abzgl. Teilwert bei Entnahme im Jahr 2022	- 140.000 €
Einkünfte aus privatem Veräußerungsgeschäft im Jahr 2023	50.000 €

FALL 287

Einkünfte aus privaten Veräußerungsgeschäften bei Herstellung eines Gebäudes

Sachverhalt: A hat am 15.1.01 ein unbebautes Grundstück für 80.000 € erworben und dieses in den Jahren 02 und 03 mit einem zur Vermietung bestimmten Fertighaus bebaut. Das Gebäude, dessen Herstellungskosten 340.000 € betragen haben, wurde am 10.1.03 fertiggestellt und ab diesem Zeitpunkt vermietet. Am 20.12.04 hat A das bebaute Grundstück dem Mieter für 520.000 € veräußert. Vom Kaufpreis entfallen 120.000 € auf den Grund und Boden und 400.000 € auf das Gebäude.

A hat das Gebäude in den Jahren 03 und 04 wie folgt abgeschrieben:

- **Jahr 03:** Lineare AfA (§ 7 Abs. 4 Satz 1 Nr. 2 Buchst. b EStG):
  2 % von 340.000 € = 6.800 €
- **Jahr 04:** Lineare AfA (§ 7 Abs. 4 Satz 1 Nr. 2 Buchst. b EStG):
  2 % von 340.000 € = 6.800 €

AUFGABE

Hat A – ggf. in welcher Höhe – Einkünfte aus privaten Veräußerungsgeschäften i. S. des § 22 Nr. 2 i.V. mit § 23 EStG erzielt?

LÖSUNG

Gemäß dem Wortlaut sowie dem Sinn und Zweck des § 23 EStG sollen innerhalb der Veräußerungsfrist realisierte Wertänderungen eines bestimmten im Privatvermögen des Steuerpflichtigen befindlichen Wirtschaftsguts der Einkommensteuer unterworfen werden. Daraus ergibt sich das Erfordernis der Nämlichkeit von angeschafftem und innerhalb der Haltefristen veräußertem Wirtschaftsgut, wobei „Nämlichkeit" Identität im wirtschaftlichen Sinn bedeutet (BFH, Urteil v. 8.11.2017 - IX R 25/15, BStBl 2018 II S. 518). Das innerhalb der Veräußerungsfrist veräußerte Wirtschaftsgut muss mit dem angeschafften Wirtschaftsgut identisch sein.

Grund und Boden sowie Gebäude sind auch hier grds. selbständige Wirtschaftsgüter. Allerdings ist bei einem innerhalb der Veräußerungsfrist i. H. von zehn Jahren „fertiggestellten Gebäude" nicht nur die Wertsteigerung des Grund und Bodens, sondern auch die des Gebäudes einzubeziehen (§ 23 Abs. 1 Satz 1 Nr. 1 Satz 2 EStG). Vom Veräußerer bei den Einkünften aus Vermietung und Verpachtung in Anspruch genommene Abschreibungen sind von den ursprünglichen Herstellungskosten des Gebäudes abzuziehen (§ 23 Abs. 3 Satz 4 EStG), wenn die Anschaffung und die Veräußerung nach dem 31.7.1995 erfolgten. Es ist wie folgt zu rechnen:

a) **Grund und Boden:**

Veräußerungspreis des Grund und Bodens	120.000 €
abzgl. Anschaffungskosten des Grund und Bodens	- 80.000 €
Einkünfte i. S. des § 23 EStG	40.000 €

b) Gebäude:

Veräußerungspreis des Gebäudes		400.000 €
abzgl. Herstellungskosten	- 340.000 €	
AfA in den Jahren 03 und 04: 2 x 6.800 € =	13.600 €	- 326.400 €
Einkünfte i. S. des § 23 EStG		73.600 €

FALL 287A

Zeitpunkt der Berücksichtigung von Veräußerungskosten bei einem privaten Veräußerungsgeschäft

Sachverhalt: A veräußerte am 1.12.2023 für 300.000 € einen im Jahr 2021 für 240.000 € erworbenen Bauplatz, den er bis zum Verkauf an einen Gewerbetreibenden (fremden Dritten) als Parkplatz vermietet hatte. Der Kaufpreis floss A im Januar 2024 zu. Da A sich vertraglich zur lastenfreien Übertragung des Grundstücks verpflichtet hat, löste er ein noch bei seiner Bank bestehendes Restdarlehen i. H. von 180.000 € ab, das er zur Finanzierung der Anschaffungskosten des Grundstücks aufgenommen hatte. Hierfür berechnete ihm die kreditgebende Bank eine Vorfälligkeitsentschädigung i. H. von 10.000 €, die von A noch im Jahr 2023 entrichtet wurde.

AUFGABE

Hat A – ggf. in welchem Jahr und in welcher Höhe – Einkünfte aus einem privaten Veräußerungsgeschäft i. S. des § 22 Nr. 2 i.V. mit § 23 EStG erzielt?

LÖSUNG

Der Gewinn oder Verlust aus privaten Veräußerungsgeschäften ist der Unterschied zwischen dem Veräußerungspreis einerseits und den Anschaffungs- oder Herstellungskosten bzw. dem an deren Stelle tretenden Ersatzwert und den Werbungskosten andererseits (§ 23 Abs. 3 Satz 1–3 EStG). Zu den Werbungskosten, die neben den Anschaffungs- oder Herstellungskosten vom Veräußerungspreis abzuziehen sind, gehören die Aufwendungen, die der Veräußerer macht, um die Veräußerung herbeizuführen. Als Werbungskosten abziehbar sind alle Aufwendungen, die mit der Veräußerung wirtschaftlich zusammenhängen.

Ein Gewinn aus einem privaten Veräußerungsgeschäft ist gem. § 11 Abs. 1 EStG im Jahr des Zuflusses des Veräußerungserlöses zu versteuern (BFH, Urteil v. 6.12.2016 - IX R 18/16, BStBl 2017 II S. 676, Rz. 18). Die durch das private Veräußerungsgeschäft veranlassten Werbungskosten sind – abweichend vom Abflussprinzip (§ 11 Abs. 2 EStG) – in dem Jahr abzuziehen, in dem der Veräußerungserlös zufließt (BFH, Urteil v. 17.7.1991 - X R 6/91, BStBl 1991 II S. 916).

Zu den Werbungskosten gehört die Vorfälligkeitsentschädigung i. H. von 10.000 €. Beispielsweise wird bei der Leistung einer Vorfälligkeitsentschädigung im Zuge der Veräußerung von Immobilien der ggf. bestehende – durch die Aufnahme eines Darlehens zur Finanzierung der Anschaffungskosten einer der Vermietung dienenden Immobilie begründete – wirtschaftliche Zusammenhang mit der bisherigen Vermietungstätigkeit von einem neuen, durch die Veräußerung ausgelösten Veranlassungszusammenhang überlagert bzw. ersetzt. Ist dieser Veräußerungsvorgang – wie vorliegend gem. § 23 Abs. 1 Satz 1 Nr. 1 EStG – steuerbar, ist die Vorfälligkeitsentschädigung als Veräußerungskosten in die Ermittlung des Veräußerungsgewinns oder -verlusts einzustellen (BFH, Urteil v. 11.2.2014 - IX R 42/13, BStBl 2015 II S. 633, Rz. 12).

A muss daher im Jahr 2024 Einkünfte aus einem privaten Veräußerungsgeschäft i. H. von 50.000 € (= Erlös 300.000 € abzgl. Anschaffungskosten 240.000 € abzgl. Werbungskosten 10.000 €) versteuern.

FALL 288

Anschaffungsfiktion bei Überführung eines Wirtschaftsguts aus dem Betriebsvermögen in das Privatvermögen

Sachverhalt: Einzelgewerbetreibender A hat im Jahr 2014 anlässlich der Betriebsaufgabe ein unbebautes Grundstück, das 20 Jahre zu seinem Betriebsvermögen gehörte, mit einem Wert i. H. von 50.000 € aus dem Betriebsvermögen in das Privatvermögen überführt. Der gemeine Wert des Grundstücks betrug zum Zeitpunkt der Betriebsaufgabe tatsächlich 60.000 €. Im Jahr 2023 veräußerte A das Grundstück für 70.000 €.

AUFGABE

Hat A – ggf. in welcher Höhe – Einkünfte aus einem privaten Veräußerungsgeschäft i. S. des § 22 Nr. 2 i.V. mit § 23 EStG erzielt?

LÖSUNG

Ein privates Veräußerungsgeschäft liegt bei Grundstücken vor, wenn der Zeitraum zwischen der Anschaffung und der Veräußerung nicht mehr als zehn Jahre beträgt (§ 23 Abs. 1 Satz 1 Nr. 1 EStG). Als Anschaffung gilt auch die Überführung eines Wirtschaftsguts in das Privatvermögen des Steuerpflichtigen durch Entnahme oder Betriebsaufgabe (§ 23 Abs. 1 Satz 2 EStG). Ein privates Veräußerungsgeschäft wird in einem solchen Fall angenommen, wenn zwischen dem Tag der Entnahme und dem Tag der Veräußerung die Veräußerungsfrist nicht verstrichen ist. Der Gewinn errechnet sich vorliegend aus der Differenz zwischen dem Veräußerungspreis i. H. von 70.000 € und dem bei der Entnahme angesetzten Wert i. H. von 50.000 €. Dem Veräußerungspreis muss der tatsächlich angesetzte Teilwert/gemeine Wert auch dann gegenübergestellt werden, wenn der Entnahmewert – wie hier – fehlerhaft zu niedrig angesetzt worden ist. § 23 Abs. 3 Satz 3 EStG ordnet nämlich an, dass an die Stelle der Anschaffungskosten der „angesetzte" Wert tritt.

Nach alledem hat A im Jahr 2023 einen Gewinn aus einem privaten Veräußerungsgeschäft i. H. von (70.000 € - 50.0000 € =) 20.000 € erzielt.

FALL 289

Gewinn aus der Veräußerung einer zu eigenen Wohnzwecken genutzten Zweitimmobilie

Sachverhalt: A wohnt in Koblenz und hat dort auch seinen Erstwohnsitz. Er erzielt Einkünfte aus freiberuflicher Tätigkeit als Arzt. Im Jahr 2018 erwarb er in einer Ferienregion im Schwarzwald eine Eigentumswohnung für 350.000 €, die er als Ferienwohnung während seines Urlaubs mehrfach im Jahr selbst nutzte. In der übrigen Zeit stand die Wohnung leer. Die Gemeinde, in der die Ferienwohnung gelegen ist, ist als Zweitwohnsitz von A angemeldet. Im Jahr 2023 hat A die Eigentumswohnung für 500.000 € verkauft. Das Finanzamt will die Differenz i. H. von 150.000 € als Einkünfte aus einem privaten Veräußerungsgeschäft i. S. des § 22 Nr. 2 und § 23 Abs. 1 EStG versteuern.

AUFGABE

Unterliegt der Gewinn aus der Veräußerung der selbstgenutzten Ferienwohnung als Einkünfte aus einem privaten Veräußerungsgeschäft i. S. des § 22 Nr. 2 i.V. mit § 23 EStG der Einkommensteuer?

LÖSUNG

Private Veräußerungsgeschäfte i. S. des § 22 Nr. 2 i.V. mit § 23 Abs. 1 Satz 1 Nr. 1 EStG sind Veräußerungsgeschäfte, bei denen der Zeitraum zwischen der Anschaffung und der Veräußerung von Grundstücken oder ihnen gleichgestellten Rechten nicht mehr als zehn Jahre beträgt. Ausgenommen von der Besteuerung sind gem. § 23 Abs. 1 Satz 1 Nr. 1 Satz 3 EStG

- Wirtschaftsgüter, die im Zeitraum zwischen der Anschaffung oder der Fertigstellung und Veräußerung ausschließlich zu eigenen Wohnzwecken (Alternative 1) oder
- im Jahr der Veräußerung und in den beiden vorangegangenen Jahren zu eigenen Wohnzwecken genutzt wurden (Alternative 2).

Ein Gebäude dient Wohnzwecken, wenn es dazu bestimmt und geeignet ist, Menschen auf Dauer Aufenthalt und Unterkunft zu ermöglichen (R 7.2 Abs. 1 Satz 1 EStR). Gebäude dienen nicht Wohnzwecken, soweit sie zur vorübergehenden Beherbergung von Personen bestimmt sind, wie z. B. fremdvermietete Ferienwohnungen (R 7.2 Abs. 1 Satz 3 EStR). Der Steuerpflichtige nutzt ein Gebäude zu eigenen Wohnzwecken, wenn er es allein, zusammen mit seinen Familienangehörigen oder gemeinsam mit einem Dritten (z. B. nichtehelicher Lebenspartner) bewohnt. Ein Wirtschaftsgut wird nach der Verwaltungsauffassung auch dann zu eigenen Wohnzwecken genutzt, wenn es vom Steuerpflichtigen nur zeitweise bewohnt wird, in der übrigen Zeit ihm jedoch als Wohnung zur Verfügung steht, z. B. als Wohnung im Rahmen einer doppelten Haushaltsführung oder als nicht zur Vermietung bestimmte Ferienwohnung; auf die Belegenheit der Wohnung in einem Sondergebiet für Ferien- oder Wochenendhäuser kommt es nicht an (BMF, Schreiben v. 5.10.2000, BStBl 2000 I S. 1383, Rz. 22).

Die Finanzverwaltung will also auch die nicht zur Vermietung bestimmte Ferienwohnung begünstigen, und zwar unabhängig davon, ob sie in einem Sondergebiet für Ferien- und Wochenendhäuser gelegen ist oder nicht. Denn ein Wirtschaftsgut werde auch dann zu eigenen Wohnzwecken genutzt, wenn es vom Steuerpflichtigen nur zeitweise bewohnt wird, in der übrigen Zeit ihm jedoch als Wohnung zur Verfügung steht. Diese Sichtweise ist nach einer in der Literatur vertretenen Auffassung alles andere als zwingend (Seitz, DStR 2001 S. 277).

Der BFH hat jedoch klargestellt, dass ein Gebäude auch dann zu eigenen Wohnzwecken genutzt wird, wenn es der Steuerpflichtige nur zeitweilig bewohnt, sofern es ihm in der übrigen Zeit als Wohnung zur Verfügung steht. Unter § 23 Abs. 1 Satz 1 Nr. 1 Satz 3 EStG können deshalb auch Zweitwohnungen, nicht zur Vermietung bestimmte Ferienwohnungen und Wohnungen, die im Rahmen einer doppelten Haushaltsführung genutzt werden, fallen (BFH, Urteil v. 27.6.2017 - IX R 37/16, BStBl 2017 II S. 1192). Eine durchgehende eigene Nutzung i. S. der Hauptwohnung ist nach Meinung des BFH nicht erforderlich. A hat mit der Veräußerung der Eigentumswohnung kein steuerbares privates Veräußerungsgeschäft i. S. des § 23 Abs. 1 Satz 1 Nr. 1 Satz 1 EStG verwirklicht.

FALL 289A

Veräußerung eines Gebäudegrundstücks bei nur zeitweiser Nutzung zu eigenen Wohnzwecken im zweiten vorangegangenen Jahr

Sachverhalt: A erwarb mit Kaufvertrag v. 5.3.2013 ein Einfamilienhaus in M für 400.000 €. Das Gebäudegrundstück wurde von A bis zum 30.6.2021 vermietet und danach zu eigenen Wohnzwecken genutzt. Mit notariellem Kaufvertrag v. 30.1.2023 veräußerte A das Einfamilienhaus zu einem Kaufpreis i. H. von 600.000 €.

AUFGABE

Handelt es sich bei dem Verkauf des Einfamilienhauses um ein steuerbares privates Veräußerungsgeschäft?

LÖSUNG

Gemäß § 22 Nr. 2 EStG sind sonstige Einkünfte auch Einkünfte aus privaten Veräußerungsgeschäften i. S. des § 23 EStG. Dazu gehören gem. § 23 Abs. 1 Satz 1 Nr. 1 EStG u. a. Veräußerungsgeschäfte bei Grundstücken, bei denen der Zeitraum zwischen der Anschaffung und der Veräußerung nicht mehr als zehn Jahre beträgt. Ausgenommen sind gem. § 23 Abs. 1 Satz 1 Nr. 1 Satz 3 EStG Wirtschaftsgüter, die im Zeitraum zwischen der Anschaffung oder Fertigstellung und der Veräußerung ausschließlich zu eigenen Wohnzwecken (Alternative 1) oder im Jahr der Veräußerung und in den beiden vorangegangenen Jahren zu eigenen Wohnzwecken (Alternative 2) genutzt wurden.

Für die Berechnung der zehnjährigen Haltefrist des § 23 Abs. 1 Satz 1 Nr. 1 Satz 1 EStG kommt es grds. auf die Zeitpunkte an, in denen die obligatorischen Verträge (hier aus der Sicht von A: Einkaufsvertrag v. 5.3.2013 und Verkaufsvertrag v. 30.1.2023) geschlossen wurden (BFH, Urteile

v. 10.2.2015 - IX R 23/13, BStBl 2015 II S. 487, und v. 6.12.2016 - IX R 18/16, BStBl 2017 II S. 676, Rz. 23).

Der Ausnahmetatbestand des § 23 Abs. 1 Satz 1 Nr. 1 Satz 3 Alternative 1 EStG ist nicht erfüllt, da die Wohnung nach der Anschaffung und vor der Nutzung durch A an einen Dritten vermietet war. Daher kann von einem nicht steuerbaren privaten Veräußerungsgeschäft nur ausgegangen werden, wenn die zweite Alternative des Satzes 3 „im Jahr der Veräußerung und in den beiden vorangegangenen Jahren zu eigenen Wohnzwecken genutzt wurden" vorliegend in Betracht kommt.

Der BFH vertritt die Auffassung, dass eine Nutzung zu eigenen Wohnzwecken „im Jahr der Veräußerung und in den beiden vorangegangenen Jahren" (§ 23 Abs. 1 Satz 1 Nr. 1 Satz 3 Alternative 2 EStG) auch dann vorliegt, wenn das Gebäude in einem zusammenhängenden Zeitraum genutzt wird, der sich über drei Kalenderjahre erstreckt, ohne sie – mit Ausnahme des mittleren Kalenderjahrs – voll auszufüllen (BFH, Urteile v. 27.6.2017 - IX R 37/16, BStBl 2017 II S. 1192, und v. 3.9.2019 - IX R 10/19, BStBl 2020 II S. 310). Das bedeutet: Für die Anwendung der Ausnahmevorschrift ist eine zusammenhängende Nutzung von einem Jahr und zwei Tagen ausreichend. Hierbei muss sich die Nutzung zu eigenen Wohnzwecken auf das gesamte mittlere Kalenderjahr erstrecken, während die eigene Wohnnutzung im zweiten Jahr vor der Veräußerung und im Veräußerungsjahr nur jeweils einen Tag zu umfassen braucht. Vorliegend handelt es sich nicht um ein privates Veräußerungsgeschäft.

FALL 289B

Verkauf einer Immobilie nach einer mehrjährigen Eigennutzung zu Wohnzwecken und kurzfristiger Fremdvermietung im Veräußerungsjahr

Sachverhalt: A erwarb im Jahr 2015 für 300.000 € eine Eigentumswohnung, die er bis einschließlich April 2023 ununterbrochen zu eigenen Wohnzwecken nutzte und mit notariell beurkundetem Kaufvertrag v. 17.12.2023 für 400.000 € wieder veräußerte. Im Zeitraum von Mai 2023 bis zur Veräußerung im Dezember 2023 hat A die Wohnung an fremde Dritte vermietet.

AUFGABE

Handelt es sich bei dem Verkauf der Eigentumswohnung um ein steuerbares privates Veräußerungsgeschäft?

LÖSUNG

Zu den sonstigen Einkünften gehören i. S. des § 23 Abs. 1 Satz 1 Nr. 1 EStG u. a. Veräußerungsgeschäfte bei Grundstücken, bei denen der Zeitraum zwischen der Anschaffung und der Veräußerung nicht mehr als zehn Jahre beträgt. Ausgenommen sind hiervon gem. § 23 Abs. 1 Satz 1 Nr. 1 Satz 3 EStG Wirtschaftsgüter, die im Zeitraum zwischen der Anschaffung oder Fertigstellung und der Veräußerung ausschließlich zu eigenen Wohnzwecken (Alternative 1) oder im Jahr der Veräußerung und in den beiden vorangegangenen Jahren zu eigenen Wohnzwecken (Alternative 2) genutzt wurden.

Der Ausdruck „Nutzung zu eigenen Wohnzwecken" in § 23 Abs. 1 Satz 1 Nr. 1 Satz 3 EStG setzt in beiden Alternativen lediglich voraus, dass eine Immobilie zum Bewohnen geeignet ist und vom Steuerpflichtigen auch bewohnt wird. Der Steuerpflichtige muss das Gebäude zumindest auch selbst nutzen; unschädlich ist, wenn er es gemeinsam mit seinen Familienangehörigen oder einem Dritten bewohnt. Eine Nutzung zu „eigenen Wohnzwecken" liegt hingegen nicht vor, wenn der Steuerpflichtige die Wohnung entgeltlich oder unentgeltlich an einen Dritten überlässt, ohne sie zugleich selbst zu bewohnen (BFH, Urteil v. 27.6.2017 - IX R 37/16, BStBl 2017 II S. 1192, Rz. 12).

Fraglich war, ob es bei der Auslegung von § 23 Abs. 1 Satz 1 Nr. 1 Satz 3 Alternative 2 EStG schädlich ist, wenn ein Steuerpflichtiger – wie hier A – nach einer mehrjährigen Eigennutzung zu Wohnzwecken im Veräußerungsjahr auszieht, das Objekt aber noch für mehrere Monate bis zur Veräußerung kurzfristig fremdvermietet. Diese Frage hat der BFH beantwortet (BFH, Urteil v. 3.9.2019 - IX R 10/19, BStBl 2020 II S. 310). Die Ausnahmevorschrift des § 23 Abs. 1 Satz 1 Nr. 1 Satz 3 Alternative 2 EStG setzt nach dieser Entscheidung nur voraus, dass die Wohnung im Jahr der Veräußerung und in den beiden vorangegangenen Jahren zu eigenen Wohnzwecken genutzt wird. Dabei muss die Nutzung zu eigenen Wohnzwecken im Jahr der Veräußerung und im zweiten Jahr vor der Veräußerung nicht während des gesamten Kalenderjahrs vorgelegen haben; vielmehr genügt ein zusammenhängender Zeitraum der Nutzung zu eigenen Wohnzwecken, der sich über drei Kalenderjahre erstreckt, ohne sie – mit Ausnahme des ersten Jahres vor der Veräußerung („mittleres Kalenderjahr") – voll auszufüllen.

Vorliegend hat A hat seine Eigentumswohnung zwar innerhalb der in § 23 Abs. 1 Satz 1 Nr. 1 EStG genannten Veräußerungsfrist angeschafft und wieder veräußert. Das Veräußerungsgeschäft ist jedoch nicht steuerbar, da die Ausnahmevorschrift des § 23 Abs. 1 Satz 1 Nr. 1 Satz 3 Alternative 2 EStG greift. A hat seine im Dezember 2023 veräußerte Wohnung in den Jahren 2021 und 2022 sowie im Zeitraum von Januar 2023 bis einschließlich April 2023 durchgehend zu eigenen Wohnzwecken genutzt. Die Nutzung erstreckt sich, wie von der genannten Ausnahmevorschrift verlangt, demnach über drei Kalenderjahre. Die kurzzeitige „Zwischenvermietung" der Wohnung im Zeitraum von Mai–Dezember 2023 ist für die Anwendung der Ausnahmevorschrift des § 23 Abs. 1 Satz 1 Nr. 1 Satz 3 Alternative 2 EStG unschädlich.

FALL 289C

Enteignung als privates Veräußerungsgeschäft

Sachverhalt: A hat im Jahr 2017 das Alleineigentum an einem unbebauten Grundstück erworben, das er in seinem Privatvermögen hält. Im Jahr 2023 erfolgte eine Enteignung. Das Finanzamt ist der Ansicht, dass insoweit ein privates Veräußerungsgeschäft vorliegt und der hieraus entstandene Gewinn i. H. von 175.000 € (= Entschädigung abzgl. der Anschaffungskosten für das unbebaute Grundstück) zu versteuern ist. A vertritt dagegen die Auffassung, dass eine Enteignung kein privates Veräußerungsgeschäft i. S. des § 23 EStG auslösen kann.

AUFGABE

Führt die Enteignung zu einem privaten Veräußerungsgeschäft?

LÖSUNG

Gemäß § 2 Abs. 1 Satz 1 Nr. 7 i. V. mit § 22 Nr. 2 und § 23 Abs. 1 Satz 1 Nr. 1 EStG unterliegen private Veräußerungsgeschäfte bei Grundstücken als sonstige Einkünfte der Einkommensteuer, wenn der Zeitraum zwischen der Anschaffung und der Veräußerung nicht mehr als zehn Jahre beträgt. Der Zehn-Jahres-Zeitraum beginnt mit der Anschaffung und endet mit der Veräußerung.

„Anschaffung" i. S. des § 23 Abs. 1 Satz 1 Nr. 1 EStG ist der entgeltliche Erwerb eines bereits vorhandenen Wirtschaftsguts von einem Dritten und „Veräußerung" die entgeltliche Übertragung desselben Wirtschaftsguts auf einen Dritten (BFH, Urteil v. 10.11.2015 - IX R 3/15, BStBl 2016 II S. 351, Rz. 19). Für die Besteuerung eines privaten Veräußerungsgeschäfts ist allein entscheidend, dass der objektive Tatbestand des § 23 EStG erfüllt ist. Auf die sog. „Spekulationsabsicht" oder den sonstigen Grund des Verkaufs, z. B. Krankheit, drohende Enteignung, sonstiger Zwang wie z. B. ein arbeitsplatzbedingter Ortswechsel, Vermeidung wirtschaftlicher Nachteile usw., kommt es grds. nicht an (BFH, Urteil v. 8.4.2003 - IX R 1/01, BFH/NV 2003 S. 1171, Rz. 11, JAAAA-71531).

Ob die Veräußerung eines Grundstücks erfordert, dass der Eigentumsübergang auf dem Willen des Veräußernden beruht und daher bei einer Enteignung ausscheidet, da der Eigentumswechsel durch Hoheitsakt bewirkt wird, war bislang höchstrichterlich noch nicht entschieden worden und in der Literatur umstritten. Der BFH (Urteil v. 23.7.2019 - IX R 28/18, BStBl 2019 II S. 701) verneint das Vorliegen eines privaten Veräußerungsgeschäfts. Der entgeltliche Erwerb – die Anschaffung – und die entgeltliche Übertragung des nämlichen Wirtschaftsguts auf eine andere Person – die Veräußerung – müssen wesentlich vom Willen des Steuerpflichtigen abhängen und mithin Ausdruck einer „wirtschaftlichen Betätigung" sein. Am willentlichen Erwerb bzw. an einer willentlichen Übertragung auf eine andere Person fehlt es, wenn – wie im Falle einer Enteignung oder Umlegung – die Begründung oder der Verlust des Eigentums am Grundstück „ohne maßgeblichen Einfluss des Steuerpflichtigen stattfindet". In gleicher Weise kann es am willentlichen Erwerb bei Rechtsgeschäften zur Vermeidung einer Enteignung oder Umlegung fehlen.

Dieses Ergebnis folgt nach Auffassung des BFH bereits aus dem Wortlaut der maßgeblichen Norm in § 23 Abs. 1 Satz 1 Nr. 1 EStG, denn das Gesetz spricht von einem Veräußerungsgeschäft", d. h. von einem schuldrechtlichen, dem rechtsgeschäftlichen Willen des Steuerpflichtigen unterworfenen Vertrag. Ein solcher liegt im Falle einer Enteignung – d. h. der Entziehung von Eigentum an einem Wirtschaftsgut durch staatlichen Hoheitsakt – nicht vor; vielmehr führt die Enteignung zu einem Eigentumsübergang, der sich gegen oder ohne den Willen des Rechtsinhabers (Eigentümers) vollzieht. Eine zwangsweise vorgenommene „Anschaffung" und „Veräußerung" reicht nicht aus, um eine für die Tatbestandsverwirklichung des § 23 Abs. 1 Satz 1 Nr. 1 EStG zu fordernde wirtschaftliche Betätigung anzunehmen.

HINWEIS

Im Bereich der steuerlichen Erfassung betrieblicher Einkünfte kann die Übertragung oder Belastung des Eigentums von Wirtschaftsgütern des Betriebsvermögens aufgrund behördlichen oder gesetzlichen Zwangs – etwa durch Enteignung – zur Annahme einer Veräußerung und mithin zur steuerlichen Berücksichtigung einer Enteignungsentschädigung als Betriebseinnahme führen. Darauf weist der BFH ausdrücklich hin. In diesem Fall kann von § 6b EStG Gebrauch gemacht werden, wenn die Voraussetzungen der Vorschrift vorliegen.

FALL 290

Ermittlung und Besteuerungszeitpunkt eines Gewinns aus privaten Veräußerungsgeschäften

Sachverhalt: A erwarb am 5.1.02 ein Mietwohngrundstück. Von den Anschaffungskosten i. H. von 500.000 € entfallen 400.000 € auf das Gebäude und 100.000 € auf den Grund und Boden.

Im Jahr 02 fließen A Mieteinnahmen i. H. von 30.000 € zu. Die mit dem Grundstück zusammenhängenden Werbungskosten (einschließlich der AfA i. H. von 8.000 €) belaufen sich auf 25.000 €.

Mit Vertrag v. 28.12.02 verkauft A das Grundstück für 600.000 € an B. Im Zusammenhang mit der Veräußerung fallen Maklerkosten i. H. von 5.000 € an. Der Kaufpreis i. H. von 600.000 € geht im Januar 03 auf einem Bankkonto von A ein.

AUFGABEN

1. Wie hoch ist der von A erzielte Gewinn aus privaten Veräußerungsgeschäften?
2. In welchem Kalenderjahr muss A den Gewinn aus privaten Veräußerungsgeschäften versteuern?

LÖSUNG

Zu 1

Der Gewinn oder Verlust aus privaten Veräußerungsgeschäften ist der Unterschiedsbetrag zwischen dem Veräußerungspreis einerseits und den Anschaffungs- oder Herstellungskosten und den Werbungskosten andererseits (§ 23 Abs. 3 Satz 1 EStG). Die Anschaffungs- oder Herstellungskosten mindern sich um Absetzungen für Abnutzung, erhöhte Absetzungen und Sonderabschreibungen, soweit sie bei der Ermittlung der Einkünfte i. S. des § 2 Abs. 1 Satz 1 Nr. 4–6 EStG abgezogen worden sind (§ 23 Abs. 3 Satz 4 EStG). Zu den Werbungskosten i. S. des § 23 Abs. 3 EStG, die neben den Anschaffungs- oder Herstellungskosten vom Veräußerungspreis abzuziehen sind, gehören alle Aufwendungen, die der Steuerpflichtige tätigt, um die Veräußerung herbeizuführen (z. B. Makler-, Notar- und Grundbuchkosten). Aufwendungen, die mit der laufenden Nutzung im Zusammenhang stehen (z. B. Erhaltungsaufwand, Grundsteuer usw.), bleiben bei der Ermittlung des Spekulationsgewinns außer Ansatz.

Der von A erzielte Gewinn errechnet sich danach wie folgt:

Veräußerungspreis		600.000 €
abzgl. Anschaffungskosten	- 500.000 €	

abzgl. AfA	8.000 €	- 492.000 €
abzgl. Maklerkosten		- 5.000 €
Gewinn		103.000 €

Zu 2

§ 23 Abs. 3 EStG betrifft als Einkünfteermittlungsregel nur die Frage, wie der Gewinn oder Verlust aus dem privaten Veräußerungsgeschäft errechnet wird. Hierfür ist der tatsächliche Veräußerungspreis maßgebend, unabhängig davon, wann und auf welche Weise er zu entrichten ist. Für welches Kalenderjahr der Gewinn oder Verlust aus dem privaten Veräußerungsgeschäft erfasst wird, ist nach dem Zufluss (§ 11 Abs. 1 EStG) des Veräußerungserlöses zu beurteilen (BFH, Urteil v. 6.12.2016 - IX R 18/16, BStBl 2017 II S. 676, Rz. 18).

Gewinne aus privaten Veräußerungsgeschäften sind als Überschusseinkünfte zum Zeitpunkt des Zuflusses zu versteuern (§ 11 Abs. 1 Satz 1 EStG). Eine Steuerpflicht entsteht demnach erst in dem Kalenderjahr, in dem der Veräußerer mehr erhält, als er an Anschaffungs- oder Herstellungskosten sowie Werbungskosten i. S. des § 23 Abs. 3 EStG aufgewendet hat. Da der Veräußerungspreis A erst im Jahr 03 zugeflossen ist, ist der Besteuerungszeitpunkt des privaten Veräußerungsgeschäfts das Jahr 03. Der Veräußerungsgewinn i. H. von 103.000 € ist im Jahr 03 steuerlich zu erfassen.

Anzumerken ist, dass die durch ein privates Veräußerungsgeschäft veranlassten Werbungskosten – abweichend vom Abflussprinzip (§ 11 Abs. 2 EStG) – in dem Jahr abzuziehen sind, in dem der Veräußerungserlös zufließt (BFH, Urteil v. 17.7.1991 - X R 6/91, BStBl 1991 II S. 916).

HINWEIS

Vereinbaren die Vertragsparteien eines Grundstückskaufvertrags, dass der Kaufpreis auf ein Notaranderkonto gezahlt wird und der Notar diesen Kaufpreis erst an den Verkäufer auszahlen darf, wenn bestimmte Voraussetzungen erfüllt sind, erfolgt der Zufluss des Kaufpreises beim Verkäufer erst zum Zeitpunkt der Auszahlungsreife (FG Hamburg, Urteil v. 21.4.2009 - 2 K 231/08, EFG 2009 S. 1642, WAAAD-25047).

FALL 290A

Veräußerungsgewinn bei zeitlich gestreckter Ratenzahlung über mehrere Veranlagungszeiträume

Sachverhalt: A erwarb am 6.8.2014 ein unbebautes Grundstück (Bauplatz) für 100.000 €. Mit notariellem Vertrag v. 30.12.2022 veräußerte er das Grundstück gegen eine Zahlung i. H. von 180.000 €, zahlbar in 36 monatlichen Raten i. H. von je 5.000 € (Jahresbetrag der Raten = 60.000 €), beginnend ab dem 1.1.2023.

AUFGABE

Wie hoch sind die Einkünfte aus dem privaten Veräußerungsgeschäft und in welchem Jahr bzw. welchen Jahren muss A den Gewinn versteuern?

LÖSUNG

Gewinne aus privaten Veräußerungsgeschäften gehören als sonstige Einkünfte zu den Überschusseinkünften, für die das Zu- und Abflussprinzip (§ 11 Abs. 1 und 2 EStG) uneingeschränkt gilt. Eine Steuerpflicht entsteht demnach erst in dem Kalenderjahr, in dem der Steuerpflichtige mehr erhalten hat als ihm an Anschaffungs- und/oder Herstellungskosten sowie an Werbungskosten (§ 23 Abs. 3 Satz 1 EStG) entstanden ist. Diese Beurteilung hat insbesondere Bedeutung für den Fall, dass der Veräußerungspreis in Form von Rentenzahlungen oder Kaufpreisraten zufließt.

Wie der Gewinn oder Verlust aus dem privaten Veräußerungsgeschäft errechnet wird, ergibt sich aus § 23 Abs. 3 EStG. Hierfür ist der tatsächliche Veräußerungspreis maßgebend, unabhängig davon, wann und auf welche Weise er zu entrichten ist. Für welches Kalenderjahr der Gewinn oder Verlust aus dem privaten Veräußerungsgeschäft erfasst wird, ist nach dem Zufluss (§ 11 Abs. 1 EStG) des Veräußerungserlöses zu beurteilen (BFH, Urteile v. 2.4.1974 - VIII R 76/69, BStBl 1974 II S. 540, und v. 6.12.2016 - IX R 18/16, BStBl 2017 II S. 676, Rz. 18).

Fließen die Einnahmen aus einem privaten Veräußerungsgeschäft in Raten über mehrere Jahre hinweg zu, ist der Gewinn nicht im Jahr der Veräußerung voll zu versteuern, sondern erst in den Kalenderjahren zu berücksichtigen, in denen er tatsächlich erzielt wird. Bei zeitlicher Streckung der Einkünfte aus privaten Veräußerungsgeschäften wird der Veräußerungserlös in mehreren Veranlagungszeiträumen realisiert (BFH, Urteil v. 11.11.2009 - IX R 57/08, BStBl 2010 II S. 607, Rz. 14). Bei zeitlich gestreckter Ratenzahlung entsteht der Gewinn nicht bereits zum Zeitpunkt der Veräußerung, sondern sukzessive mit dem Zufluss jeder einzelnen Zahlung nach Überschreiten der Gewinnschwelle. Der die ggf. um die AfA, die erhöhten Absetzungen und Sonderabschreibungen geminderten Anschaffungs- oder Herstellungskosten sowie Werbungskosten übersteigende Betrag ist als Veräußerungsgewinn jeweils in denjenigen Veranlagungszeiträumen zu berücksichtigen, in denen er dem Steuerpflichtigen tatsächlich zugeflossen ist (BFH, Urteile v. 13.4.1962 - VI 194/61 U, BStBl 1962 III S. 306, und v. 11.11.2009 - IX R 57/08, BStBl 2010 II S. 607; BMF, Schreiben v. 11.3.2010, BStBl 2010 I S. 227, Rz. 74 und 77).

Kaufpreisraten i. H. von mehr als einem Jahr sind ab der ersten Rate in einen Zins- und Tilgungsanteil (den Kaufpreis) zu zerlegen, da bei wirtschaftlicher Betrachtungsweise davon auszugehen ist, dass der Schuldner bei alsbaldiger Zahlung einen geringeren Kaufpreis als bei späterer Zahlung hätte entrichten müssen (BFH, Beschluss v. 8.10.2014 - VIII B 115/13, BFH/NV 2015 S. 200, FAAAE-81155). Für die Berechnung des Zinsanteils ist grds. von einem Rechnungszinsfuß i. H. von 5,5 % auszugehen (BFH, Urteil v. 29.10.1974 - VIII R 131/70, BStBl 1975 II S. 173). Die jährlichen Zinsanteile, die sofort als Einnahmen aus Kapitalvermögen gem. § 20 Abs. 1 Nr. 7 EStG steuerbar und grds. mit dem Abgeltungsteuersatz i. S. des § 32d Abs. 1 Satz 1 EStG zu versteuern sind, errechnen sich anhand der Tabelle zu § 12 Abs. 1 BewG wie folgt (Gleich lautende Erlasse der obersten Finanzbehörden der Länder v. 7.12.2001, BStBl 2001 I S. 1041 und 1053, MAAAB-42814; BMF, Schreiben v. 26.5.2005, BStBl 2005 I S. 699, Rz. 2 und 10):

Stichtag/ Veranlagungs-zeitraum	Barwert	Ratenzahlung Jahresbetrag	Barwertminderung = Tilgungsanteil	Zinsanteil = Einnahme aus Kapitalvermögen
1.1.2023	166.320 €	–	–	–
2023	–	60.000 €	52.500 €	7.500 €
1.1.2024	113.820 €	–	–	–
2024	–	60.000 €	55.380 €	4.620 €
1.1.2025	58.440 €	–	–	–
2025	–	60.000 €	58.440 €	1.560 €
1.1.2026	–	–	–	–
		180.000 €	166.320 €	13.680 €

A entsteht i. H. der Differenz zwischen den Tilgungsbeträgen i. H. von 166.320 € und den Anschaffungskosten i. H. von 100.000 € (= 66.320 €) ein Gewinn aus einem privaten Veräußerungsgeschäft. Dieser Gewinn ist in folgenden Jahren zu versteuern:

- **2024:** Im Kalenderjahr 2024 übersteigen die bis dahin zugeflossenen Tilgungsbeträge i. H. von 107.880 € (= 52.500 € + 55.380 €) erstmals die Anschaffungskosten i. H. von 100.000 €. Im Jahr 2024 sind daher 7.880 € zu versteuern.
- **2025:** Im Jahr 2025 ist der restliche Tilgungsbetrag i. H. von 58.440 € zu versteuern.

Anmerkung: Der Zinsanteil ist auch dann steuerpflichtig, wenn die Veräußerung gem. § 23 EStG nicht steuerbar ist, weil z. B. die Zehn-Jahres-Frist überschritten ist.

FALL 290B

Veräußerungsverlust bei zeitlich gestreckter Ratenzahlung über mehrere Veranlagungszeiträume

Sachverhalt: Der 70 Jahre A hat im Jahr 2016 einen Bauplatz für 200.000 € erworben. Im Jahr 2022 erkrankte A und wurde pflegebedürftig. Um die Heimkosten aufzubringen, veräußerte er mit notariellem Vertrag v. 10.1.2023 den Bauplatz für 160.000 €. Vereinbarungsgemäß ist der Kaufpreis in zwei Raten zu entrichten:

- Die erste Rate i. H. von 100.000 € ist am Tag des Abschlusses des notariellen Kaufvertrags (10.1.2023) und
- die zweite Rate ist am 2.2.2024 i. H. von 60.000 € zu entrichten.

AUFGABE

In welchem Jahr bzw. welchen Jahren entsteht A ein Verlust aus einem privaten Veräußerungsgeschäft?

LÖSUNG

Bei Ratenzahlung entsteht in Gewinnfällen der Veräußerungsgewinn nicht bereits zum Zeitpunkt der Veräußerung, sondern sukzessive mit dem Zufluss jeder einzelnen Zahlung nach Überschreiten der Gewinnschwelle. Der die ggf. um die AfA, die erhöhten Absetzungen und Sonderabschreibungen geminderten Anschaffungs- oder Herstellungskosten sowie Werbungskosten übersteigende Betrag ist dann als Veräußerungsgewinn jeweils in denjenigen Veranlagungszeiträumen zu berücksichtigen, in denen er dem Steuerpflichtigen tatsächlich zugeflossen ist (BFH, Urteil v. 11.11.2009 - IX R 57/08, BStBl 2010 II S. 607, Rz. 14).

Anders ist es nach Auffassung des BFH in Verlustfällen. Nach Auffassung des BFH fällt bei zeitlich gestreckter Zahlung des Veräußerungserlöses der Veräußerungsverlust in verschiedenen Veranlagungszeiträumen anteilig nach dem Verhältnis der Teilzahlungsbeträge zu dem Gesamtveräußerungserlös in den jeweiligen Veranlagungszeiträumen der Zahlungszuflüsse an (BFH, Urteil v. 6.12.2016 - IX R 18/16, BStBl 2017 II S. 676). Im Verlustfall gilt für die zeitliche Erfassung der Einnahmen nichts anderes als im Gewinnfall. Sie werden im jeweiligen Jahr ihres Zuflusses erfasst. Ein Veräußerungsverlust entsteht bei Ratenzahlung aber bereits anteilig nach dem Verhältnis der Teilzahlungsbeträge zu dem Gesamtveräußerungserlös in den Veranlagungszeiträumen der jeweiligen Zuflüsse. A entsteht ein Verlust aus einem privaten Veräußerungsgeschäft i. H. von insgesamt 40.000 € (= 200.000 € - 160.000 €). Davon sind entsprechend dem Verhältnis der Teilzahlungsbeträge folgende Verlustanteile in den Jahren 2023 und 2024 zu berücksichtigen:

- **2023:** $^{100}/_{160}$ von 40.000 € = 25.000 €;
- **2024:** $^{60}/_{160}$ von 40.000 € = 15.000 €.

FALL 290C

Verkauf einer Immobilie gegen Veräußerungsleibrente innerhalb von zehn Jahren nach Anschaffung

Sachverhalt: A hat am 15.5.2015 ein unbebautes Grundstück für 297.600 € erworben, das er am 2.1.2023 gegen eine Veräußerungsleibrente i. H. von 2.000 € monatlich veräußert hat. Zu Beginn der Rente ist A 40 Jahre alt.

AUFGABE

In welchem Jahr bzw. welchen Jahren entsteht A ein Gewinn aus einem privaten Veräußerungsgeschäft?

LÖSUNG

Besteht der Veräußerungspreis in einer Veräußerungsleibrente, ist die dem Veräußerer zufließende Rente von Beginn an mit dem Ertragsanteil, der der Ertragsanteilstabelle (§ 22 Nr. 1 Satz 3 Buchst. a Doppelbuchst. bb EStG) zu entnehmen ist, als sonstige Einkünfte zu versteuern. Der Ertragsanteil wird gem. § 22 EStG und der Kapitalanteil gem. § 23 EStG besteuert (BMF, Schreiben v. 11.3.2010, BStBl 2010 I S. 227, Rz. 73 ff.). Die in den Rentenzahlungen enthaltenen Tilgungsanteile sind als Einkünfte aus einem privaten Veräußerungsgeschäft von dem Zeitpunkt an als Veräußerungsgewinn zu versteuern, zu dem sie die – ggf. um die AfA verminderten – Anschaffungs- oder Herstellungskosten sowie die Werbungskosten übersteigen.

A muss ab dem Beginn der Rente deren Ertragsanteil als sonstige Einkünfte i. S. des § 22 EStG versteuern. Der Ertragsanteil beträgt 38 % von 24.000 € = 9.120 € jährlich. Die in den Rentenzahlungen enthaltenen Tilgungsanteile i. H. von (24.000 € - 9.120 € =) 14.880 € sind zunächst mit den Anschaffungskosten i. H. von 297.600 € zu verrechnen. Der übersteigende Betrag ist – bis zur Höhe des Rentenbarwerts – als Gewinn aus einem privaten Veräußerungsgeschäft zu erfassen (BMF, Schreiben v. 11.3.2010, BStBl 2010 I S. 227, Rz. 74). Der Rentenbarwert kann nach den Vorschriften des BewG oder versicherungsmathematischen Grundsätzen ermittelt werden. Nach den Vorschriften des BewG ergibt sich ein Rentenbarwert i. H. von (24.000 € x 16,436 =) 394.464 € (§ 14 Abs. 1 BewG i.V. mit Anlage 9; zum Vervielfältiger vgl. BMF, Schreiben v. 14.11.2022, BStBl 2022 I S. 1629).

Ein Gewinn aus privaten Veräußerungsgeschäften entsteht erstmals in dem Veranlagungszeitraum, in dem der in der Summe der jährlichen Zahlungen enthaltene Veräußerungspreis (Tilgungsanteil) die ggf. um die AfA, die erhöhten Absetzungen und Sonderabschreibungen verminderten Anschaffungs- oder Herstellungskosten sowie die zugehörigen Werbungskosten übersteigt. Die Rentenzahlungen (Tilgungsanteile) der Jahre 2023 bis einschließlich 2042 i. H. von insgesamt 297.600 € (= 20 x 14.880 €) werden mit den Anschaffungskosten verrechnet. Ab dem Jahr 2043 entsteht erstmalig ein Gewinn aus einem privaten Veräußerungsgeschäft, und zwar i. H. von 14.880 €. In den Folgejahren sind jeweils Gewinne i. H. von 14.880 € zu versteuern, und zwar so lange, bis der Rentenbarwert erreicht ist.

FALL 290D

Erwerb einer Beteiligung an einer grundstücksbesitzenden Personengesellschaft und Veräußerung eines Grundstücks innerhalb der Veräußerungsfrist

Sachverhalt: V erwarb im Januar 2016 von H einen Gesellschaftsanteil i. H. von 50 % an der im Jahr 2008 gegründeten zweigliedrigen H-GbR, deren Zweck der Ankauf und die Modernisierung von Immobilien sowie deren Vermietung und Verwaltung ist. Vom Kaufpreis entfallen anteilig 50.000 € auf ein unbebautes Grundstück in X-Stadt, das von der H-GbR im Jahr 2008 erworben wurde und seitdem vermietet ist. Die H-GbR veräußerte das Grundstück im August 2023 für 150.000 €.

AUFGABE

Hat V aus der Veräußerung des Grundstücks Einkünfte aus einem privaten Veräußerungsgeschäft i. S. des § 22 Nr. 2 i.V. mit § 23 Abs. 1 Satz 1 Nr. 1 EStG erzielt und wenn ja, ist über die Frage, ob V den Einkünftetatbestand des § 22 Nr. 2 i.V. mit § 23 Abs. 1 Satz 1 Nr. 1 EStG verwirklicht hat, im Verfahren der gesonderten und einheitlichen Feststellung von Einkünften zu entscheiden?

LÖSUNG

Gemäß § 23 Abs. 1 Satz 4 EStG gilt die Anschaffung oder Veräußerung einer unmittelbaren oder mittelbaren Beteiligung an einer Personengesellschaft als Anschaffung oder Veräußerung der anteiligen Wirtschaftsgüter. Veräußert eine vermögensverwaltende Gesellschaft selbst angeschaffte Grundstücke, erfüllt sie bei deren Veräußerung – innerhalb der zehnjährigen Veräußerungsfrist – den Tatbestand des § 23 Abs. 1 Satz 1 EStG. Die vermögensverwaltende Personengesellschaft ist insoweit Steuerrechtssubjekt, als sie selbst Überschüsse oder Verluste aus einer Überschusseinkunftsart erzielt. Die steuerrechtliche Beurteilung folgt hier der sog. „Einheitsbetrachtung", indem sie die Verhältnisse der Gesellschafter als Vielheit zugunsten des Handelns der Gesellschaft als Einheit zurückstellt.

Dieser Einheitsbetrachtung steht die sog. „Bruchteilsbetrachtung" gegenüber, die vorgibt, dass dem Gesellschafter nach Maßgabe seiner Beteiligungsquote an der vermögensverwaltenden Personengesellschaft die zu ihrem Gesamthandsvermögen zählenden Wirtschaftsgüter gem. § 39 Abs. 2 Nr. 2 AO anteilig zuzurechnen sind. Die Frage, ob bei vermögensverwaltenden Personengesellschaften im Einzelfall die Einheits- oder die Bruchteilsbetrachtung maßgeblich ist, beantwortet sich unter Zugrundelegung der vorgenannten Rechtsgrundsätze danach, ob der jeweilige gesetzliche Tatbestand an Merkmale anknüpft, die höchstpersönlich beim einzelnen Gesellschafter vorliegen müssen oder die bereits durch das (gemeinsame) Tun auf der Ebene der Personengesellschaft verwirklicht sind.

Erwirbt ein Steuerpflichtiger – wie hier V – eine Beteiligung an einer grundstücksbesitzenden Personengesellschaft und veräußert diese eine Immobilie innerhalb der zehnjährigen Veräußerungsfrist **nach Beitritt**, ist über die Frage, ob er den Einkünftetatbestand des § 22 Nr. 2 i.V. mit § 23 Abs. 1 Satz 1 Nr. 1 EStG verwirklicht hat, nach einer Entscheidung des BFH nicht im Verfahren der gesonderten und einheitlichen Feststellung von Einkünften i. S. der §§ 179 und 180 AO zu entscheiden (BFH, Urteil v. 21.1.2014 - IX R 9/13, BStBl 2016 II S. 515). Einkünfte, an denen i. S. des § 180 Abs. 1 Satz 1 Nr. 2 Buchst. a AO mehrere Personen beteiligt sind, liegen nur dann vor, wenn mehrere Personen „gemeinsam" den Tatbestand der Einkunftserzielung verwirklichen. Gesellschafter einer vermögensverwaltenden Personengesellschaft erfüllen den Tatbestand des § 23 Abs. 1 Satz 1 Nr. 1 EStG nur dann „gemeinsam", wenn die den Tatbestand des „privaten Veräußerungsgeschäfts" konstituierenden Teilakte – die „Anschaffung" und die „Veräußerung" – jeweils in der „Einheit der Gesellschaft" verwirklicht werden (BFH, Urteil v. 19.11.2019 - IX R 24/18, BStBl 2020 II S. 225, Rz. 17). Daran fehlt es, wenn der oder die übrigen Gesellschafter – wie hier – aus dem Verkauf keine Einkünfte i. S. des § 22 Nr. 2 i.V. mit § 23 EStG erzielen, weil für sie die zehnjährige Veräußerungsfrist abgelaufen ist. V verwirklicht den Tatbestand des § 22 Nr. 2 i.V. mit § 23 Abs. 1 Satz 1 Nr. 1 EStG in eigener Person und nicht gemeinsam mit dem oder den anderen Gesellschaftern, so dass insoweit keine gesonderte und einheitliche Feststellung durchzuführen ist.

Der BFH hat in seiner genannten Entscheidung (Urteil v. 21.1.2014 - IX R 9/13, BStBl 2016 II S. 515) nicht abschließend entschieden, ob der neue Gesellschafter (hier V) einen Gewinn aus privaten Veräußerungsgeschäften gem. § 22 Nr. 2 i.V. mit § 23 Abs. 1 Satz 1 Nr. 1 EStG verwirklicht hat. Er hat sich jedoch in einem obiter dictum dazu geäußert. Nach Meinung des BFH liegt es nahe, dass V gem. § 23 Abs. 1 Satz 4 EStG die unmittelbare Beteiligung und damit zugleich das anteilige Grundstück entgeltlich erworben hat und dass die später erfolgte Veräußerung des Grundstücks durch die Personengesellschaft gem. § 39 Abs. 2 Nr. 2 AO (sog. „Bruchteilsbetrachtung“) V anteilig zuzurechnen ist.

Dem ist zuzustimmen und dies entspricht auch der Auffassung der Finanzverwaltung (OFD Frankfurt/Main, Vfg. v. 14.3.2019 - S 2256 A - 041 - St 517, StED 2021 S. 444, YAAAH-83448). Danach ist die entgeltliche Übertragung von Wirtschaftsgütern durch die Gesamthand ertragsteuerrechtlich als anteilige Veräußerung des Wirtschaftsguts durch die Gesellschafter der Personengesellschaft zu werten. Die Veräußerungsfrist ist für die einzelnen Gesellschafter unter Berücksichtigung des Anschaffungs- und Veräußerungszeitpunkts individuell zu berechnen.

Soweit dem Steuerpflichtigen gem. § 23 Abs. 1 Satz 4 EStG oder § 39 Abs. 2 Nr. 2 AO Anschaffungskosten an dem Grundstück zurechenbar sind, betrifft die Veräußerung dieses Grundstücks auch das nämliche – also das angeschaffte – Wirtschaftsgut. V erzielt nach alledem Einkünfte aus einem privaten Veräußerungsgeschäft i. H. von 25.000 € (= anteiliger Verkaufserlös 75.000 € abzgl. anteilige Anschaffungskosten 50.000 €).

Anmerkung: Findet bei einer Grundbesitz verwaltenden Personengesellschaft ein Gesellschafterwechsel statt und veräußert die Gesellschaft innerhalb von zehn Jahren nach dem Gesellschafterwechsel ein Grundstück, verwirklicht der nachträglich eingetretene Gesellschafter (anteilig) den Tatbestand eines privaten Veräußerungsgeschäfts, während bei den Gründungsgesellschaftern nach Ablauf der Haltefrist ein nicht steuerbarer Vorgang anzunehmen ist (vgl. Trossen, NWB 13/2014 S. 888).

FALL 290E

Erwerb des Anteils an einer Erbengemeinschaft und nachfolgende Veräußerung eines Grundstücks

Sachverhalt: Mit dem Tod von V am 1.3.2023 ging sein Nachlass, der im Wesentlichen aus einem – im Jahr 2010 von V für 300.000 € erworbenen – unbebauten (nicht vermieteten) Grundstück bestand, ungeteilt auf seine beiden Kinder S und T in Erbengemeinschaft zu je $^1/_2$ über (§ 2032 Abs. 1 BGB). S und T wurden im Grundbuch als Eigentümer in Erbengemeinschaft eingetragen. Durch notariellen Vertrag v. 18.10.2023 übertrug T ihren Erbteil entgeltlich für 500.000 € auf ihren Bruder S (§ 2033 Abs. 1 BGB), der danach als Alleineigentümer im Grundbuch eingetragen wurde. S hat das Grundstück mit notariellem Vertrag im Jahr 2024 an einen fremden Dritten zu fremdüblichen Konditionen für 1,2 Mio. € veräußert.

AUFGABEN

1. Hat S einen Gewinn aus einem privaten Veräußerungsgeschäft erzielt, weil er das Grundstück innerhalb der Veräußerungsfrist seit Erwerb des Erbteils veräußert hat?
2. Hat T einen Gewinn aus einem privaten Veräußerungsgeschäft erzielt, wenn V das Grundstück im Jahr 2015 erworben hat?

LÖSUNG

Zu 1

Sonstige Einkünfte aus privaten Veräußerungsgeschäften sind gem. § 22 Nr. 2 i.V. mit § 23 Abs. 1 Satz 1 Nr. 1 EStG Veräußerungsgeschäfte bei Grundstücken und Rechten, die den Vorschriften des bürgerlichen Rechts über Grundstücke unterliegen (z. B. Erbbaurecht oder Mineralgewinnungsrecht), bei denen der Zeitraum zwischen Anschaffung und Veräußerung nicht mehr als zehn Jahre beträgt.

In einer älteren Entscheidung hat der BFH den Standpunkt vertreten, dass die Veräußerung eines Grundstücks, das im Rahmen des entgeltlichen Erwerbs des **Erbteils** eines anderen Miterben erworben wurde und das innerhalb der Veräußerungsfrist seit Erwerb des Erbteils veräußert wird, zu Einkünften aus einem privaten Veräußerungsgeschäft führen kann (BFH, Urteil v. 20.4.2004 - IX R 5/02, BStBl 2004 II S. 987). Diese Beurteilung entspricht auch der Auffassung der Finanzverwaltung (BMF, Schreiben v. 14.3.2006, BStBl 2006 I S. 253, Rz. 43).

Nach dieser Betrachtung entstehen S aufgrund des Grundstücksverkaufs Einkünfte aus einem privaten Veräußerungsgeschäft i. S. des § 23 EStG. S hat danach das zur Hälfte (nämlich i. H. des Erbteils seiner Schwester T) im Jahr 2023 für 500.000 € entgeltlich erworbene Grundstück im Jahr 2024 wieder für 600.000 € (= $^1/_2$ von 1,2 Mio. €) veräußert und daraus einen Gewinn erzielt. Nach dieser Rechtsprechung führte der entgeltliche Erwerb eines Anteils an einer Erbengemeinschaft zur anteiligen Anschaffung eines zum Gesamthandsvermögen der Erbengemeinschaft gehörenden **Grundstücks**.

Unter **Änderung dieser Rechtsprechung** und entgegen der bisherigen Auffassung der Finanzverwaltung hat der BFH entschieden, dass der entgeltliche Erwerb eines Anteils an einer gesamthänderischen Beteiligung an einer Erbengemeinschaft nicht zur (anteiligen) Anschaffung der Wirtschaftsgüter des Gesamthandsvermögens führt (BFH, Urteil v. 26.9.2023 - IX R 13/22, BFH/NV 2024 S. 306, UAAAJ-56573). Der Erwerb eines Miterbenanteils ist bei zivilrechtlicher Betrachtung **kein anteiliger Erwerb eines Grundstücks**, auch wenn die Erbmasse nur aus einem Grundstück besteht. Daher fehlt es bei einer späteren Veräußerung des aus dem Nachlass stammenden Grundstücks innerhalb der Zehn-Jahres-Frist an der für § 23 Abs. 1 EStG notwendigen **Nämlichkeit** von angeschafftem und veräußertem Wirtschaftsgut. Eine gesamthänderische Beteiligung vermittelt keinen sachenrechtlich fassbaren Anteil und infolgedessen auch kein Verfügungsrecht des Einzelnen an den Gegenständen des Gesamthandsvermögens. Sie kann deshalb einem Grundstück oder einem grundstücksgleichen Recht nicht gleichgestellt werden.

Die Voraussetzungen eines privaten Veräußerungsgeschäfts i. S. des § 23 Abs. 1 Satz 1 Nr. 1 EStG liegen nicht vor. Es besteht **keine Nämlichkeit** zwischen dem angeschafften und dem veräußerten Wirtschaftsgut. S erwarb im Jahr 2023 den Erbanteil seiner Schwester T, mithin die quotenmäßig bestimmte Teilhaberschaft an der Erbengemeinschaft als Gesamthandsgemeinschaft. Im Jahr 2024 veräußerte er hingegen das aus dem Nachlass stammende Grundstück.

Auch aus § 23 Abs. 1 Satz 4 EStG ergibt sich lt. BFH nichts anderes. Nach dieser Vorschrift gilt die Anschaffung oder Veräußerung einer unmittelbaren oder mittelbaren Beteiligung an einer Personengesellschaft als Anschaffung oder Veräußerung der anteiligen Wirtschaftsgüter. Die Vorschrift erfasst nach ihrem klaren und eindeutigen Wortlaut nur Beteiligungen an Personengesellschaften. Dies schließt eine Anwendung der Regelung auf **Erbengemeinschaften** aus, da diese nicht zu den Personengesellschaften zählen (BFH, Urteil v. 26.9.2023 - IX R 13/22, BFH/NV 2024 S. 306, Rz. 24, UAAAJ-56573).

Zu 2

Die neue Rechtsprechung ist auch in dem Fall anwendbar, in dem – wie hier die Miterbin T – eine Immobilie in Erbengemeinschaft erbt, für die noch die Zehn-Jahres-Frist des § 23 Abs. 1 Satz 1 Nr. 1 EStG läuft und der Miterbenanteil dann innerhalb der noch laufenden Veräußerungsfrist an einen anderen Miterben (hier S) oder an einen Dritten veräußert wird (Trossen, DStR 2024 S. 22, in einer Urteilsanmerkung). Vorliegend hat T im Jahr 2023 ihren **Miterbenanteil** an S veräußert. Ein Miterbenanteil ist kein Grundstück. Auch in diesem Fall fehlt es an der Nämlichkeit zwischen dem angeschafften und veräußerten Wirtschaftsgut.

Anmerkung: Im Rahmen des JStG 2024 soll § 23 Abs. 1 Satz 4 EStG, der bisher nur die Anschaffung oder Veräußerung von Beteiligungen an Personengesellschaften betrifft, in verfahrensrechtlich noch offenen Fällen auf Beteiligungen an einer Gesamthandsgemeinschaft ausgedehnt werden. Das soll zur Nichtanwendung des genannten BFH-Urteils v. 26.9.2023 - IX R 13/22, BFH/NV 2024 S. 306, UAAAJ-56573, führen.

FALL 290F

Ermittlung des Gewinns aus einem privaten Veräußerungsgeschäft bei Verkauf eines zuvor aus dem Betriebsvermögen fälschlicherweise nur zum Buchwert entnommenen Grundstücks

Sachverhalt: Landwirt L hat im Jahr 2016 ein zu seinem landwirtschaftlichen Betriebsvermögen gehörendes Grundstück im Wege der vorweggenommenen Erbfolge auf seinen Sohn S übertragen. Steuerliche Folgerungen aus der Grundstücksübertragung wurden im Rahmen der Gewinnermittlung bei den Einkünften aus Land- und Forstwirtschaft von L nicht gezogen. Das Grundstück wurde mit dem Buchwert aus dem Betriebsvermögen entnommen. Einen Entnahmegewinn aus der Übertragung des Grundstücks erklärte L in seiner Einkommensteuererklärung nicht, obwohl der Teilwert des Grundstücks i. H. von 60.000 € erheblich über dem Buchwert i. H. von 5.000 € lag. Die Veranlagung von L im Jahr 2016 ist bestandskräftig und nach den Vorschriften der AO nicht mehr änderbar.

Nach dem Tod seines Vaters veräußerte S im Jahr 2023 – rund sieben Jahre nach der Grundstücksentnahme – das Grundstück für 100.000 €. Das Finanzamt stellt dem Veräußerungserlös i. H. von 100.000 € den Buchwert des im Jahr 2016 erfolgsneutral ausgebuchten Grundstücks i. H. von 5.000 € gegenüber und ermittelt einen Gewinn aus einem privaten Veräußerungsgeschäft i. H. von 95.000 €. S ist dagegen der Meinung, dass nicht der Buchwert, sondern der Teilwert zum Zeitpunkt der Entnahme i. H. von 60.000 € gegenzurechnen sei, so dass der Gewinn aus dem privaten Veräußerungsgeschäft nur 40.000 € betrage (= Veräußerungserlös 100.000 € abzgl. dem Teilwert i. H. von 60.000 €).

AUFGABE

Hat S einen Gewinn i. H. von 95.000 € oder nur i. H. von 40.000 € zu versteuern?

LÖSUNG

Gemäß § 22 Nr. 2 EStG zählen zu den sonstigen Einkünften (§ 2 Abs. 1 Satz 1 Nr. 7 EStG) auch Einkünfte aus privaten Veräußerungsgeschäften i. S. des § 23 EStG. Dazu gehören gem. § 23 Abs. 1 Satz 1 Nr. 1 EStG Veräußerungsgeschäfte bei Grundstücken, bei denen der Zeitraum zwischen Anschaffung und Veräußerung nicht mehr als zehn Jahre beträgt. Als Anschaffung gilt gem. § 23 Abs. 1 Satz 2 EStG auch die Überführung eines Wirtschaftsguts in das Privatvermögen des Steuerpflichtigen durch Entnahme oder Betriebsaufgabe. Bei unentgeltlichem Erwerb ist dem Einzelrechtsnachfolger für Zwecke dieser Vorschrift die Anschaffung oder die Überführung des Wirtschaftsguts in das Privatvermögen durch den Rechtsvorgänger zuzurechnen (§ 23 Abs. 1 Satz 3 EStG).

Gemäß § 23 Abs. 3 Satz 1 EStG ist der Gewinn oder Verlust aus Veräußerungsgeschäften i. S. des § 23 Abs. 1 EStG der Unterschied zwischen Veräußerungspreis einerseits und den Anschaffungs- oder Herstellungskosten und den Werbungskosten andererseits. In den Fällen des § 23 Abs. 1 Satz 2 EStG tritt an die Stelle der Anschaffungs- oder Herstellungskosten der gem. § 6 Abs. 1 Nr. 4 oder § 16 Abs. 3 EStG angesetzte Wert (§ 23 Abs. 3 Satz 3 EStG).

An die Stelle der Anschaffungs- oder Herstellungskosten tritt der Wert gem. § 6 Abs. 1 Nr. 4 EStG nur insoweit, als er der Steuerfestsetzung des Steuerpflichtigen, der das Wirtschaftsgut entnommen hat, zugrunde gelegen hat. Wird ein Wirtschaftsgut ohne die Aufdeckung der stillen Reserven (erfolgsneutral) aus dem Betriebsvermögen entnommen, ist der bis zum Zeitpunkt der Entnahme in der Bilanz (Vermögensübersicht) bzw. im Anlagenverzeichnis erfasste Buchwert der **„angesetzte“ (Entnahme-)Wert** i. S. des § 23 Abs. 3 Satz 3 EStG (BFH, Urteil v. 6.12.2021 - IX R 3/21, BStBl 2022 II S. 406). Ein Wert ist nur i. S. der Norm „angesetzt“, wenn er einer Steuerfestsetzung zugrunde gelegen hat. Wird ein Wirtschaftsgut erfolgsneutral entnommen, entspricht der angesetzte Wert dem Buchwert des Wirtschaftsguts zum Zeitpunkt der Entnahme. Denn bei der Gewinnermittlung durch Betriebsvermögensvergleich entsteht durch die Ausbuchung des Wirtschaftsguts i. H. des Buchwerts eine Vermögensminderung. Die Erfolgsneutralität dieser Buchung kann daher nur durch den Ansatz einer Entnahme in derselben Höhe erreicht worden sein. Nichts anderes gilt, soweit das Wirtschaftsgut bei der Gewinnermittlung durch EÜR gem. § 4 Abs. 3 EStG aus dem laufend zu führenden Verzeichnis (§ 4 Abs. 3 Satz 5 EStG) „entnommen“ worden ist.

Durch den Ansatz des Entnahmewerts, der der Steuerfestsetzung des Rechtsvorgängers zugrunde gelegen hat, wird sichergestellt, dass Wertsteigerungen (stille Reserven), die im Zeitraum zwischen Anschaffung oder Herstellung und Entnahme entstanden sind und der Entnahmebesteuerung unterlegen haben, bei der späteren Veräußerung nicht erneut steuerlich erfasst und damit doppelt besteuert werden.

Sind aber stille Reserven tatsächlich nicht erfasst worden, so kann es zu keiner Doppelbesteuerung kommen. Zudem soll nach Ansicht des BFH durch die Bezugnahme auf den angesetzten (Entnahme-)Wert sichergestellt werden, dass im Falle einer steuerbaren Veräußerung alle bis zur Veräußerung entstandenen stillen Reserven einmal der Besteuerung unterworfen werden. Daher ist von dem „angesetzten“ und nicht von dem anzusetzenden Entnahmewert auszugehen. Der angesetzte Entnahmewert tritt auch dann an die Stelle der Anschaffungs- oder Herstellungskosten, wenn er fehlerhaft zu hoch oder zu niedrig angesetzt worden ist. Der von S erzielte Gewinn aus dem privaten Veräußerungsgeschäft beträgt 95.000 €.

FALL 291

Freigrenze bei Gewinnen aus privaten Veräußerungsgeschäften

Sachverhalt: Die Eheleute A und B, die zusammen zur Einkommensteuer veranlagt werden, erzielten im Kalenderjahr 2023 folgende Einkünfte aus sog. „Spekulationsgeschäften“:

► Ehemann A: Spekulationsgewinn aus der Veräußerung eines Grundstücks	600 €
► Ehefrau B: Spekulationsgewinn aus der Veräußerung eines Grundstücks	+ 400 €
Insgesamt	1.000 €

AUFGABE

Ist der Gesamtgewinn aus den Spekulationsgeschäften i. H. von 1.000 € einkommensteuerpflichtig?

LÖSUNG

Gewinne aus privaten Veräußerungsgeschäften bleiben steuerfrei, wenn der Gesamtgewinn im Kalenderjahr weniger als 600 € beträgt (§ 23 Abs. 3 Satz 5 EStG). Zur Ermittlung des Gesamtgewinns sind die innerhalb eines Kalenderjahres erzielten Spekulationsgewinne und -verluste des einzelnen Steuerpflichtigen miteinander zu verrechnen. Beträgt der Spekulationsgewinn 600 € oder mehr, ist er in voller Höhe steuerpflichtig.

Haben bei zusammenveranlagten Ehegatten beide Ehegatten Spekulationsgewinne erzielt, so steht jedem Ehegatten die Freigrenze i. H. von 599,99 €, höchstens jedoch bis zu seinem Gesamtgewinn zu. Es ist aber nicht zulässig, die nicht ausgeschöpfte Freigrenze des einen Ehegatten auf den anderen Ehegatten zu übertragen.

Das bedeutet, dass der Gesamtgewinn von A i. H. von 600 € aufgrund der Überschreitung der Freigrenze steuerpflichtig ist. Der Spekulationsgewinn seiner Ehefrau B i. H. von 400 € bleibt dagegen steuerfrei, weil er die Freigrenze i. H. von 599,99 € nicht übersteigt.

HINWEIS

Die Freigrenze ist durch das Wachstumschancengesetz v. 27.3.2024 (BGBl 2024 I Nr. 108) auf 1.000 € erhöht worden (§ 23 Abs. 3 Satz 5 EStG n. F.). Die Änderung ist nach der allgemeinen Anwendungsregelung in § 52 Abs. 1 Satz 1 EStG in der am 1.1.2024 geltenden Fassung erstmals für den Veranlagungszeitraum 2024 anzuwenden.

FALL 292

Ausgleich von Verlusten aus privaten Veräußerungsgeschäften

Sachverhalt: Die Eheleute A und B, die zusammen zur Einkommensteuer veranlagt werden, erzielten im Kalenderjahr 2023 folgende Einkünfte:

► Ehemann A:	Einkünfte aus freiberuflicher Tätigkeit	210.000 €
	Veräußerungsverlust gem. § 23 EStG aus der Veräußerung eines Grundstücks	- 10.000 €
► Ehefrau B:	Veräußerungsgewinn gem. § 23 EStG aus der Veräußerung eines Grundstücks	5.000 €

AUFGABE

Inwieweit kann der Veräußerungsverlust von A i. H. von 10.000 € mit den übrigen Einkünften ausgeglichen werden?

LÖSUNG

Der Veräußerungsverlust von A i. H. von 10.000 € ist i. H. von 5.000 € mit dem steuerpflichtigen Gewinn der Ehefrau B aus privaten Veräußerungsgeschäften auszugleichen (so jedenfalls BMF, Schreiben v. 5.10.2000, BStBl 2000 I S. 1383, Rz. 41). Der im Entstehungsjahr 2023 nicht ausgeglichene Veräußerungsverlust ist nach Maßgabe des § 10d EStG in das Jahr 2022 rück- bzw. in die Folgejahre vortragsfähig. Er mindert die Einkünfte, die der Steuerpflichtige im unmittelbar vorangegangenen Veranlagungszeitraum 2022 bzw. in den folgenden Veranlagungszeiträumen aus privaten Veräußerungsgeschäften bezogen hat (§ 23 Abs. 3 Satz 8 EStG). § 23 Abs. 3 Satz 8 Halbsatz 1 EStG schließt damit einen vertikalen Verlustausgleich zwischen Veräußerungsverlusten und positiven Einkünften aus anderen Einkunftsarten und eine Auswirkung solcher Veräußerungsverluste auf die Höhe der festzusetzenden Steuer aus (BFH, Urteil v. 20.7.2018 - IX R 28/17, BStBl 2019 II S. 430, Rz. 25).

Bei der Zusammenveranlagung von Ehegatten ist der Verlustabzug gem. § 10d Abs. 1 und 2 EStG zunächst getrennt für jeden Ehegatten und anschließend zwischen den Ehegatten durchzuführen (BMF, Schreiben v. 5.10.2000, BStBl 2000 I S. 1383, Rz. 42). Der verbleibende Verlustvortrag wird durch einen gesonderten Bescheid festgestellt (§ 23 Abs. 3 Satz 8, § 10d Abs. 4 und § 52 Abs. 39 EStG). Die Beschränkung des Verlustausgleichs bei privaten Veräußerungsgeschäften durch § 23 Abs. 3 Satz 8 und 9 EStG ist verfassungsgemäß (BFH, Urteile v. 18.10.2006 - IX R 28/05, BStBl 2007 II S. 259, v. 12.7.2016 - IX R 11/14, BFH/NV 2016 S. 1691, EAAAF-83708, und v. 23.7.2019 - IX R 28/18, BStBl 2019 II S. 701, Rz. 29).

FALL 293

Berechnung der Spekulationsfrist

Sachverhalt: A hat am 20.11.01 einen Oldtimer-Pkw als Anlageobjekt für 40.000 € gekauft. Er hat diesen Pkw

- **Variante a):** am 20.11.02 (dieser Tag fällt auf einen Sonntag),
- **Variante b):** am 21.11.02

für 50.000 € verkauft.

AUFGABE

Ist der Veräußerungsgewinn als Einkünfte aus einem privaten Veräußerungsgeschäft steuerbar?

LÖSUNG

Private Veräußerungsgeschäfte liegen bei der Veräußerung von „anderen Wirtschaftsgütern" vor, bei denen der Zeitraum zwischen Anschaffung und Veräußerung nicht mehr als ein Jahr beträgt (§ 22 Nr. 2 EStG). Für die Ein-Jahres-Frist wird vom Datum des Kaufs bis zum Datum des Verkaufs gerechnet. Beträgt der Zeitraum zwischen Kauf und Verkauf mehr als ein Jahr, sind Veräußerungsgewinne nicht steuerbar. Das bedeutet allerdings auch, dass das Finanzamt sich in diesem Fall nicht für Veräußerungsverluste interessiert.

Maßgebend für die Ein-Jahres-Frist ist zwar das Datum des Verkaufs, für die Frage, wann ein Gewinn oder Verlust zu versteuern ist, gilt jedoch das Zuflussprinzip (§ 11 Abs. 1 EStG). Die Ein-Jahres-Frist beginnt vorliegend am 21.11.01 und endet mit Ablauf des 20.11.02. Da A den Oldtimer-Pkw in der **Varianten a)** innerhalb der Jahresfrist verkauft hat, ist der Veräußerungsgewinn i. H. von 10.000 € steuerbar. Dass der 20.11.02 ein Sonntag ist, führt nicht zur Verlängerung der Ein-Jahres-Frist, weil es sich bei den in § 23 Abs. 1 EStG normierten „Spekulationsfristen" um sog. „uneigentliche Fristen" handelt, auf die § 108 Abs. 3 AO und § 193 BGB keine Anwendung finden (FG Köln, Urteil v. 2.6.1997 - 12 K 3682/96, EFG 1997 S. 1187).

In der **Varianten b)** ist der Verkauf am 21.11.02, also außerhalb der Ein-Jahres-Frist erfolgt. Der Veräußerungsgewinn ist in diesem Fall nicht steuerbar.

HINWEIS

In Durchbrechung der Rechtsprechung (BFH, Urteil v. 22.4.2008 - IX R 29/06, BStBl 2009 II S. 296) hat der Gesetzgeber in § 23 Abs. 1 Satz 1 Nr. 2 Satz 2 EStG i. d. F. des JStG 2010 v. 8.12.2010 (BGBl 2010 I S. 1768) angeordnet, dass vom Tatbestand des privaten Veräußerungsgeschäfts die Veräußerungen von „Gegenständen des täglichen Gebrauchs" ausgenommen sind. Diese Vorschrift ist erstmals auf Veräußerungsgeschäfte anzuwenden, bei denen die Gegenstände des täglichen Gebrauchs aufgrund eines nach dem 13.12.2010 rechtskräftig abgeschlossenen Vertrags oder gleichstehenden Rechtsakts angeschafft wurden (§ 52a Abs. 11 Satz 3 EStG). Ein Oldtimer gehört nach der Meinung der Finanzverwaltung nicht zu den „Gegenständen des täglichen Gebrauchs" (OFD Chemnitz, Vfg. v. 18.12.2001 - S 2256, StEK EStG § 23 Nr. 55, WAAAA-84151).

Der Begriff „Gegenstände des täglichen Gebrauchs" ist gesetzlich nicht definiert. Im Schrifttum herrscht weitgehend Einigkeit, dass es sich bei den Gegenständen des täglichen Gebrauchs i. S. des § 23 Abs. 1 Satz 1 Nr. 2 Satz 2 EStG bei objektiver Betrachtung um Gebrauchsgegenstände handeln muss, die dem Wertverzehr unterliegen und/oder kein Wertsteigerungspotential aufweisen. Nach einer neueren Entscheidung des BFH zählen Champions League-Tickets zu den „anderen Wirtschaftsgütern", die Gegenstand eines privaten Veräußerungsgeschäfts i. S. des § 23 Abs. 1 Satz 1 Nr. 2 Satz 1 EStG sein können (BFH, Urteil v. 29.10.2019 - IX R 10/18, BStBl 2020 II S. 258).

10.10 Entschädigungen, nachträgliche Einkünfte, Nutzungsvergütungen (§ 24 EStG)

FALL 294

Entschädigung für die vorzeitige Auflösung eines Mietverhältnisses

Sachverhalt: A hat auf einem zu seinem Privatvermögen gehörenden Grundstück ein zweigeschossiges Gebäude errichtet, dessen Erdgeschoss mit einer Fläche von ca. 600 qm als Ladenlokal ausgebaut wurde. Die Räume wurden an die B-GmbH zum Betrieb eines Supermarktes vermietet. Das Mietverhältnis begann am 1.1.01 und wurde auf die Dauer von zehn Jahren, also bis zum 31.12.10, fest abgeschlossen. Nach Ablauf der Mietdauer sollte das Mietverhältnis auf unbestimmte Zeit fortgesetzt werden, sofern es nicht gekündigt wurde.

Die B-GmbH eröffnete jedoch den Supermarkt nicht, sondern trat Ende des Jahres 01 mit dem Ziel einer vorzeitigen Vertragsauflösung in Verhandlungen mit A ein. In deren Verlauf teilte die B-GmbH A mit, sie erwäge, die Mieträume zum 1.4.02 herauszugeben und ab diesem Zeitpunkt die Zahlungen einzustellen, wenn A nicht einer einvernehmlichen Lösung des Mietvertrags gegen Abfindung zustimme. Bei Nichtabschluss des Miet-Aufhebungsvertrags hätte A ein Einnahmeausfallrisiko gedroht, weil die B-GmbH sich in finanziellen Schwierigkeiten befindet. A und die B-GmbH erzielten schließlich eine Einigung, wonach das Mietverhältnis am 31.12.02 beendet wurde und die Mieterin sich verpflichtete, zur Abgeltung aller Ansprüche aus dem Mietverhältnis eine Abfindung i. H. von 120.000 € zu zahlen. Die Abfindung wurde noch im Jahr 02 an A ausgezahlt.

AUFGABE

Kann die Abfindung i. H. von 120.000 € als Entschädigung i. S. des § 24 Nr. 1 Buchst. a EStG nach der sog. „Fünftel-Regelung" (§ 34 EStG) progressionsbegünstigt versteuert werden?

LÖSUNG

Entschädigungen, die als Ersatz für entgangene oder entgehende Einnahmen gewährt worden sind, gehören zu den Einkünften i. S. des § 2 Abs. 1 EStG (§ 24 Nr. 1 Buchst. a EStG). Sie sind jedoch – ohne Antrag – als außerordentliche Einkünfte progressionsbegünstigt zu versteuern (§ 34 Abs. 2 Nr. 2 EStG). Entschädigungen i. S. des § 24 Nr. 1 Buchst. a EStG sind Zuwendungen, die einen Schaden ausgleichen, den der Steuerpflichtige durch den Wegfall von Einnahmen erlitten hat. § 24 Nr. 1 Buchst. a EStG – als Voraussetzung der Steuerermäßigung gem. § 34 EStG – ergänzt die gesetzlichen Einkünftetatbestände, schafft aber keinen neuen Besteuerungstatbestand. Der Begriff der Entschädigung setzt in diesem Zusammenhang voraus, dass die Leistung nicht in Erfüllung eines fortbestehenden Anspruchs erfolgt, sondern auf einer neuen Rechts- und Billigkeitsgrundlage beruht (BFH, Urteile v. 13.2.1987 - VI R 168/83, BFH/NV 1987 S. 574, TAAAB-30481, und v. 18.10.2011 - IX R 58/10, BStBl 2012 II S. 286). Demnach sind Zahlungen, die in Erfüllung der ursprünglichen vertraglichen Ansprüche des Empfängers geleistet werden, nicht begünstigt, auch wenn sich die Zahlungsmodalität geändert hat (BFH, Urteil v. 20.5.1980 - VIII R 64/78, BStBl 1981 II S. 6). Das Tatbestandsmerkmal des § 24 Nr. 1 Buchst. a EStG „als Ersatz für entgangene oder entgehende Einnahmen" setzt voraus, dass der Ersatz für Einnahmen geleistet wird, die ausgefallen sind, und dass diese Einnahmen unter eine der in § 2 Abs. 1 Satz 1 Nr. 1–7 EStG genannten Einkunftsarten gefallen wären. Nicht nur der Ersatz für „entgangene", sondern auch für (zukünftig) „entgehende" Einnahmen wird von § 24 Nr. 1 Buchst. a EStG erfasst (BFH, Urteil v. 20.7.2018 - IX R 25/17, BStBl 2020 II S. 186, Rz. 20).

Für die Annahme einer Entschädigung ist es unerheblich, ob das zur Entschädigung führende Ereignis ohne oder gegen den Willen des Steuerpflichtigen eingetreten ist (BFH, Urteil v. 30.3.1982 - III R 150/80, BStBl 1982 II S. 552). Die Mitwirkung des Steuerpflichtigen bei einer Vereinbarung zum Ausgleich des eingetretenen oder drohenden Schadens steht der Beurteilung einer Ersatzleistung als Entschädigung nicht entgegen, wenn der Steuerpflichtige unter erheblichem, rechtlichem, wirtschaftlichem oder tatsächlichem Druck handelte (BFH, Urteil v. 7.3.1995 - XI R 54/94, BFH/NV 1995 S. 961, OAAAA-98434). Eine Entschädigung ist danach selbst dann zu bejahen, wenn der Steuerpflichtige aus wirtschaftlichen Gründen einer gütlichen Einigung zur Vermeidung eines Rechtsstreits zustimmt (BFH, Urteil v. 25.8.2015 - VIII R 2/13, BStBl 2015 II S. 1015). Hinzukommen muss, dass das schadenstiftende Ereignis sich als ein nicht normaler und üblicher Geschäftsvorfall im Rahmen der jeweiligen Einkunftsart darstellt.

Bei Anwendung dieser Grundsätze ist die A zugeflossene Zahlung als steuerbegünstigte Entschädigung zu behandeln. A erhielt die Zahlung zum Ausgleich dafür, dass der Mietvertrag vorzeitig aufgelöst wurde. Durch die vorzeitige Auflösung ist A ein Schaden entstanden, da die künftigen Mieteinnahmen wegfallen. Die Zahlung beruht nicht auf dem Mietvertrag, sondern auf dem abgeschlossenen Vergleich. Die Vertragsaufhebung ist aufgrund des von der B-GmbH ausgeübten erheblichen Drucks zustande gekommen. Die vorzeitige Aufhebung des Mietverhältnisses ist auch kein normaler und üblicher Geschäftsvorfall im Rahmen der Einkünfte aus Vermietung und Verpachtung. Nach alledem ist die A zugeflossene Entschädigung i. H. von 120.000 € als Einkünfte aus Vermietung und Verpachtung auf Antrag von A progressionsbegünstigt zu versteuern (BFH, Urteil v. 16.9.2015 - III R 22/14, BFH/NV 2016 S. 26, PAAAF-08282).

FALL 295

Entschädigung für die Aufgabe einer Tätigkeit

Sachverhalt: Sowohl A als auch B betreiben einen Zeitungs- und Zeitschriftengroßhandel. Am 6.9.01 vereinbaren sie aus wirtschaftlichen und organisatorischen Gründen eine Gebietsbereinigung. Zu diesem Zweck überträgt A einen Teil seines Absatzgebietes auf B, der ihm dafür eine Abfindung i. H. von 100.000 € gewährt. Die Abfindung wird noch im Jahr 01 an A ausgezahlt.

AUFGABE

Wie ist die Abfindung bei A einkommensteuerlich zu behandeln?

LÖSUNG

Bei der A für die teilweise Aufgabe seines Absatzgebietes gewährten Abfindung handelt es sich um eine Entschädigung i. S. des § 24 Nr. 1 Buchst. b EStG (Entschädigung für die Aufgabe oder Nichtausübung einer Tätigkeit). Die Annahme einer Entschädigung i. S. des § 24 Nr. 1 Buchst. b EStG ist nicht schon deshalb ausgeschlossen, weil A die Vereinbarung v. 6.9.01 freiwillig abgeschlossen hat. Die Vorschrift des § 24 Nr. 1 Buchst. b EStG erfordert nämlich – anders als die des § 24 Nr. 1 Buchst. a EStG – nach ihrem Sinn und Zweck, dass die Tätigkeit gerade mit Wollen oder Zustimmung des Betroffenen aufgegeben wird (BFH, Urteil v. 14.2.1984 - VIII R 126/82, BStBl 1984 II S. 580 und 583).

Die Entschädigung i. H. von 100.000 € erhöht den laufenden Gewinn von A. Sie unterliegt daher auch der Gewerbesteuer. Für die Zwecke der Einkommensteuer ist der gewerbliche Gewinn von A in den Gewinn, der der normalen tariflichen Einkommensteuer unterliegt, und den Gewinn, der gem. § 34 Abs. 1 und 2 i.V. mit § 24 Nr. 1 Buchst. b EStG nach der sog. „Fünftel-Regelung" progressionsbegünstigt zu besteuern ist, aufzuteilen. Im Ergebnis ist die Abfindung i. H. von 100.000 € begünstigt zu versteuern, denn zur Ermittlung des steuerbegünstigten Entschädigungsbetrags ist die anteilige Gewerbesteuer nicht vom Entschädigungsbetrag abzuziehen (BFH, Urteile v. 29.1.1986 - III R 186/81, BFH/NV 1986 S. 400, LAAAB-28606, und v. 26.8.2004 - IV R 5/03, BStBl 2005 II S. 215). Die Gewerbesteuer ist ab dem Erhebungszeitraum 2008 ohnehin nicht mehr als Betriebsausgabe abziehbar (§ 4 Abs. 5b EStG).

FALL 296

Ausgleichszahlung an einen Versicherungsvertreter gem. § 89b HGB

Sachverhalt: Der 65 Jahre alte A ist seit Jahren als selbständiger Versicherungsvermittler für die X-Versicherungs-AG tätig. Er ermittelt seinen Gewinn durch Betriebsvermögensvergleich (§ 5 EStG). Zum 31.12.01 gibt A seine berufliche Tätigkeit auf. Im Betriebsvermögen (Anlagevermögen) der Versicherungsagentur sind zu diesem Zeitpunkt stille Reserven i. H. von 10.000 € enthalten.

Das Versicherungsunternehmen erkennt A einen Ausgleichsanspruch gem. § 89b HGB i. H. von 102.000 € zu. A sind im Zusammenhang mit dem Ausgleichsanspruch bereits im Jahr 00 Rechtsberatungskosten i. H. von 2.000 € entstanden, die im Jahr 00 als Betriebsausgaben abgezogen worden sind. Die Auszahlung der 102.000 € erfolgt im Jahr 02.

AUFGABE

Wie ist die A im Jahr 02 zugeflossene Ausgleichszahlung gem. § 89b HGB einkommensteuerlich zu behandeln?

LÖSUNG

Versicherungsvertreter können vom Versicherungsunternehmen nach Beendigung des Vertragsverhältnisses einen angemessenen Ausgleich verlangen (§ 89b HGB). Derartige Ausgleichszahlungen sind einkommensteuerrechtlich als Entschädigung zu behandeln (§ 24 Nr. 1 Buchst. c EStG). Sie sind daher begünstigt zu versteuern (§ 34 Abs. 1 und 2 Nr. 2 EStG).

Der Ausgleichsanspruch entsteht mit der Beendigung des Vertragsverhältnisses. Er ist somit als letzter laufender Geschäftsvorfall des Gewerbebetriebs des Versicherungsvertreters anzusehen (BFH, Urteil v. 14.10.1980 - VIII R 184/78, BStBl 1981 II S. 97). Bei dem Handelsvertreterausgleichsanspruch gem. § 89b HGB handelt es sich nicht um ein immaterielles (firmenwertähnliches) Wirtschaftsgut, sondern um eine Forderung, deren Entstehung dem laufenden Gewinn und nicht dem Aufgabe- oder Veräußerungsgewinn zuzuordnen ist (Niedersächsisches FG, Urteil v. 8.7.2020 - 9 K 258/17, EFG 2020 S. 1757, Rz. 111, RAAAH-59399). Diese Beurteilung hat zur Folge, dass der Ausgleichsanspruch i. H. von 102.000 € in der Schlussbilanz von A zum 31.12.01 zu aktivieren und der aufgrund der Aktivierung erhöhte Gewinn als Gewerbeertrag zu erfassen ist. Die Ausgleichszahlung gehört auch dann zum laufenden Gewinn und nicht zum Aufgabegewinn i. S. des § 16 Abs. 3 EStG des Versicherungsvertreters, wenn dieser seinen Gewerbebetrieb aufgibt (BFH, Urteile v. 24.11.1982 - I R 60/79, BStBl 1983 II S. 243, und v. 19.2.1987 - IV R 72/83, BStBl 1987 II S. 570; BFH, Beschlüsse v. 17.8.1995 - XI B 73/95, BFH/NV 1996 S. 169, DAAAB-37750, und v. 11.4.2012 - X B 56/11, BFH/NV 2012 S. 1331, VAAAE-12284).

Die Ausgleichszahlung i. H. von 102.000 € unterliegt demnach bei A bereits im Kalenderjahr 01 der Einkommen- und Gewerbesteuer. In dem Veranlagungszeitraum, in dem die Entschädigung nach allgemeinen Grundsätzen als Betriebseinnahme zu erfassen ist (d. h. im Jahr 01), sind zur Ermittlung der außerordentlichen Einkünfte die im gleichen Veranlagungszeitraum verausgabten Betriebsausgaben (Rechtsberatungskosten) von der Entschädigung abzuziehen. In früheren oder nachfolgenden Veranlagungszeiträumen anfallende Ausgaben sind im Jahr ihrer Entstehung abziehbar (BFH, Urteil v. 26.8.2004 - IV R 5/03, BStBl 2005 II S. 215). Die Rechtsberatungskosten i. H. von 2.000 € sind im Jahr 00 Betriebsausgaben bei der Ermittlung des laufenden Gewinns, der dem allgemeinen Steuersatz unterliegt.

Die steuerbegünstigten Einkünfte bestimmen sich jedoch nach dem Saldo zwischen der Entschädigungsleistung und den damit zusammenhängenden Ausgaben. In Höhe der Rechtsberatungskosten ist die Entschädigung i. H. von 102.000 € im Jahr 01 anteilig nicht tarifbegünstigt. Bei der Einkommensteuer 01 ist die Ausgleichszahlung i. H. von 102.000 € abzgl. 2.000 € = 100.000 € nach der sog. „Fünftel-Regelung" begünstigt zu versteuern (§ 34 Abs. 1 und 2 Nr. 2

EStG). Zur Ermittlung der begünstigten Einkünfte ist die Ausgleichszahlung nicht um die anteilige, darauf entfallende Gewerbesteuer zu mindern (BFH, Urteile v. 26.1.1984 - IV R 236/80, BStBl 1984 II S. 347, und v. 29.1.1986 - III R 186/81, BFH/NV 1986 S. 400, LAAAB-28606). Anzumerken ist, dass die Gewerbesteuer ab dem Erhebungszeitraum 2008 keine Betriebsausgabe mehr ist (§ 4 Abs. 5b EStG).

Der Betriebsaufgabegewinn von A i. H. von 10.000 € bleibt auf Antrag steuerfrei (§ 16 Abs. 4 EStG).

FALL 297

Nachträgliche Einkünfte als Rechtsnachfolger

Sachverhalt: Die 50 Jahre alte A ist die Witwe und Alleinerbin ihres am 30.12.01 im Alter von 56 Jahren verstorbenen Ehemannes. Dieser war als selbständiger Arzt tätig gewesen, der seinen Gewinn durch EÜR ermittelte (§ 4 Abs. 3 EStG).

A, die selbst nicht über die berufliche Qualifikation zur Fortführung der Arztpraxis verfügt, zieht in der Zeit von Januar–Juni 02 die noch ausstehenden Honorare i. H. von 80.000 € ein und veräußert schließlich das Praxisinventar und die Praxisgeräte am 30.6.02. Dabei erzielt sie einen Veräußerungsgewinn i. H. von 50.000 €.

Die nachträglichen – mit der früheren Arztpraxis zusammenhängenden – Ausgaben, die A im Jahr 02 angefallen sind, belaufen sich einschließlich der AfA auf 10.000 €.

AUFGABE

Welcher Einkunftsart sind die nachträglichen Einkünfte zuzuordnen und wem sind sie zuzurechnen?

LÖSUNG

Zu den Einkünften i. S. des § 2 Abs. 1 EStG gehören auch Einkünfte aus einer ehemaligen Tätigkeit i. S. des § 2 Abs. 1 Satz 1 Nr. 1–4 EStG, und zwar auch dann, wenn sie dem Steuerpflichtigen als Rechtsnachfolger zufließen (§ 24 Nr. 2 EStG). Dem Rechtsnachfolger zufließende nachträgliche Einkünfte sind ihm als eigene Einkünfte zuzurechnen. Die Verwirklichung des gesetzlichen Einkünfteerzielungstatbestands durch den Rechtsvorgänger wird dem Rechtsnachfolger zugerechnet (BFH, Urteile v. 30.3.1989 - IV R 45/87, BStBl 1989 II S. 509, und v. 14.12.1993 - VIII R 13/93, BStBl 1994 II S. 922).

Der Tod des Ehemannes von A führt nicht notwendigerweise zu einer Betriebsaufgabe (BFH, Beschluss v. 23.8.1991 - IV B 69/90, BFH/NV 1992 S. 512, XAAAB-32321; BFH, Urteil v. 29.4.1993 - IV R 16/92, BStBl 1993 II S. 716). Das Praxisvermögen wird zum Betriebsvermögen von A.

Da der Ehemann von A seinen Gewinn gem. § 4 Abs. 3 EStG ermittelt hat, darf A diese Gewinnermittlungsart beibehalten; denn nach den einkommensteuerlichen Vorschriften über die Gewinnermittlung darf ein Übergang zum Vermögensvergleich nicht schon bei der Betriebseinstellung, sondern erst bei der Veräußerung oder Aufgabe unterstellt werden (BFH, Urteil v. 10.7.1973 - VIII R 34/71, BStBl 1973 II S. 786). A muss daher im Jahr 02 folgenden Betrag als nachträgliche laufende Einkünfte aus der Arztpraxis zum vollen Tarif versteuern (§ 18 Abs. 1 Nr. 1 und § 24 Nr. 2 EStG):

Nach dem Tod des Ehemannes eingegangene Honorare	80.000 €
abzgl. nachträgliche Betriebsausgaben	- 10.000 €
Gewinn aus selbständiger Arbeit	70.000 €

Der Veräußerungsgewinn i. H. von 50.000 € ist als Einkünfte aus selbständiger Arbeit progressionsbegünstigt i. S. der Fünftel-Regelung zu versteuern (§ 18 Abs. 3 und § 34 Abs. 1 und 2 EStG); ein Freibetrag (§ 16 Abs. 4 EStG) kann nicht gewährt werden, weil die Voraussetzungen (z. B. die Altersvoraussetzung) dafür nicht vorliegen.

FALL 298

Gewinnermittlungsart bei nachträglichen Einkünften

Sachverhalt: Der bilanzierende Gewerbetreibende A hat seinen Gewerbebetrieb zum 31.12.2022 aufgegeben und einen Aufgabegewinn i. H. von 400.000 € versteuert. Im Kalenderjahr 2023 fand bei A eine Steuerfahndungsprüfung statt. Dabei wurde festgestellt, dass A für die Jahre 2018–2022 Umsatzsteuer i. H. von insgesamt 100.000 € hinterzogen hat, weil er zu 19 % steuerpflichtige Umsätze absichtlich und unzutreffend als steuerfrei behandelt hat. Die geänderten Umsatzsteuerbescheide für die Jahre 2018–2022 sind im Januar 2024 ergangen. Die Umsatzsteuernachforderungen sowie die Zinsen wurden von A im Kalenderjahr 2024 bezahlt.

AUFGABE

In welchem Kalenderjahr kann A die Umsatzsteuernachzahlungen und Nachzahlungszinsen als Betriebsausgaben abziehen?

LÖSUNG

Eine Rückstellung für hinterzogene Mehrsteuern kann erst zu dem Bilanzstichtag gebildet werden, zu dem der Steuerpflichtige mit der Aufdeckung der Steuerhinterziehung rechnen musste (BFH, Urteil v. 22.8.2012 - X R 23/10, BStBl 2013 II S. 76; BFH, Beschluss v. 12.5.2020 - XI B 59/19, BFH/NV 2020 S. 909, Rz. 10, ZAAAH-54029). Es ist erforderlich, dass der Steuerpflichtige am Bilanzstichtag aufgrund eines hinreichend konkreten Sachverhalts ernsthaft mit einer quantifizierbaren Steuernachforderung rechnen muss. Das ist frühestens mit der Beanstandung einer bestimmten Sachbehandlung durch den Prüfer anzunehmen. Eine Bilanzberichtigung für die Jahre 2018–2022 kommt daher hier nicht in Betracht. Eine Rückstellung zu diesen Bilanzstichtagen wird auch nicht nach der Aufdeckung der Tat möglich, denn die nach dem Bilanzstichtag gewonnene Kenntnis des Finanzamts ist nicht als wertaufhellender Umstand zu werten, der auf den Bilanzstichtag zurückwirkt. Vielmehr sind die Kenntnis des Finanzamts und die hierdurch entstandene Gefahr einer Inanspruchnahme erst in der Bilanz desjenigen Jahres zu berücksichtigen, in dem die Tat entdeckt wird, also frühestens in der Bilanz zum 31.12.2023. Zu diesem Zeitpunkt hat A aber bereits seinen Betrieb aufgegeben.

Die Umsatzsteuernachzahlungen und die entsprechenden Nachzahlungszinsen müssen aber als Betriebsausgaben berücksichtigt werden. Es handelt sich um nachträgliche Betriebsausgaben i. S. des § 24 Nr. 2 i.V. mit § 4 Abs. 4 EStG. Ob nachträgliche Einkünfte allgemein aufgrund einer Gewinnermittlung gem. § 4 Abs. 1 und § 5 EStG oder durch Anwendung des § 4 Abs. 3 EStG zu ermitteln sind, war früher nicht abschließend geklärt. Der BFH hat Klarheit geschaffen (BFH, Urteile v. 2.12.1997 - VIII R 42/96, BStBl 2008 II S. 177, Rz. 41, v. 23.2.2012 - IV R 31/09, BFH/NV 2012 S. 1448, AAAAE-14034, und v. 6.3.2014 - IV R 14/11, BStBl 2014 II S. 624, Rz. 30). Er stellt sich auf den Standpunkt, dass nachträgliche Einkünfte nach einer Betriebsaufgabe grds. nicht mehr durch Betriebsvermögensvergleich, sondern in sinngemäßer Anwendung des § 4 Abs. 3 EStG unter Berücksichtigung des Zu- und Abflussprinzips i. S. des § 11 EStG zu ermitteln sind. Konsequenz dieser Rechtsprechung ist hier, dass A die auf seiner ehemaligen gewerblichen Tätigkeit beruhenden Umsatzsteuernachforderungen und Nachzahlungszinsen erst im Jahr der Zahlung, d. h. im Jahr 2024, als nachträgliche Betriebsausgaben berücksichtigen darf.

Anmerkung: Eine Rückstellung für nicht hinterzogene Steuernachforderungen aufgrund einer Betriebsprüfung ist ebenfalls erst in dem Jahr zu bilden, in dem der Sachverhalt durch die Betriebsprüfung aufgegriffen wird (so FG Münster, Urteil v. 24.6.2021 - 10 K 2084/18 K,G, EFG 2021 S. 1744, Rz. 33, YAAAH-89449). Gegen das Urteil wurde die zugelassene Revision eingelegt (Az. des BFH: XI R 19/21). Die Revision wurde zurückgenommen (BFH-Einstellungsbeschluss v. 4.9.2024 - XI R 19/21, HAAAH-93113).

HINWEIS

Hinterziehungszinsen, die betriebliche Steuern betreffen, sind – ertragsteuerlich – nicht abzugsfähige Betriebsausgaben gem. § 4 Abs. 5 Satz 1 Nr. 8a EStG. Gehen die Hinterziehungszinsen indes in Steuerzinsen gem. § 233a AO auf, gilt dieses Abzugsverbot nicht.

FALL 299

Nachträgliche Schuldzinsen bei den Einkünften aus Vermietung und Verpachtung

Sachverhalt: A erwarb im Jahr 2018 ein Sechsfamilienhaus. Der Kaufpreis wurde zu einem großen Teil fremdfinanziert. Da sich das Mietwohngrundstück als unrentabel erwies, hat A die Immobilie Ende des Jahres 2023 mit hohem Verlust wieder veräußert. Der Verkaufserlös i. H. von 350.000 € reichte nicht aus, den noch vorhandenen Anschaffungskredit vollständig zu tilgen. Der restliche Anschaffungskredit beträgt am 31.12.2023 nach teilweiser Tilgung durch den Verkaufserlös noch 100.000 €. Für den Restkredit fallen im Jahr 2024 Schuldzinsen i. H. von 5.000 € an.

AUFGABE

Sind die im Jahr 2024 angefallenen Schuldzinsen als nachträgliche Werbungskosten bei den Einkünften aus Vermietung und Verpachtung abziehbar?

LÖSUNG

Gemäß § 9 Abs. 1 Satz 3 Nr. 1 EStG sind Schuldzinsen als Werbungskosten abziehbar, soweit sie mit einer bestimmten Einkunftsart in wirtschaftlichem Zusammenhang stehen. Ein solcher wirtschaftlicher Zusammenhang ist gegeben, wenn die Schuldzinsen für eine Verbindlichkeit geleistet werden, die durch die Einkünfteerzielung veranlasst ist. Schuldzinsen, die auf die Zeit nach der Aufgabe einer Vermietungstätigkeit entfallen, sind nach früherer Rechtsprechung keine nachträglichen Werbungskosten i. S. des § 9 Abs. 1 Satz 1 und 3 Nr. 1 i.V. mit § 24 Nr. 2 EStG bei den Einkünften aus Vermietung und Verpachtung. Dementsprechend hat der BFH in seiner älteren Rechtsprechung einen wirtschaftlichen Zusammenhang mit der früheren Einkunftserzielung für Schuldzinsen, die auf die Zeit nach der Veräußerung eines Gebäudes entfallen, im privaten Bereich verneint, auch wenn der Veräußerungserlös nicht zur Schuldendeckung ausgereicht hat (BFH, Urteile v. 12.11.1991 - IX R 15/90, BStBl 1991 II S. 289, und v. 25.4.1995 - IX R 114/92, BFH/NV 1995 S. 966, ZAAAB-37319).

Diese Rechtsprechung hat der BFH modifiziert (BFH, Urteile v. 20.6.2012 - IX R 67/10, BStBl 2013 II S. 275, und v. 6.12.2017 - IX R 4/17, BStBl 2018 II S. 268, Rz. 24 und 26). Er ist jetzt der Ansicht, dass Zinsen für ein Darlehen, das ursprünglich zur Finanzierung von Anschaffungskosten einer zur Vermietung bestimmten Immobilie aufgenommen wurde, auch dann noch als nachträgliche Werbungskosten bei den Einkünften aus Vermietung und Verpachtung abgezogen werden können, wenn das Gebäude veräußert wird, der Veräußerungserlös aber nicht ausreicht, um die Darlehensverbindlichkeit zu tilgen. Das gilt zum einen für Fälle, in denen – wie hier – ein Grundstück gem. § 23 EStG steuerpflichtig veräußert wird und nach der Verwendung des Veräußerungserlöses noch ein Restdarlehen verbleibt. Aufgrund der ab dem Jahr 1999 geltenden Verlängerung der Spekulationsfrist i. H. von zwei auf zehn Jahre durch das Steuerentlastungsgesetz 1999/2000/2002 v. 24.3.1999 (BGBl 1999 I S. 402) sei die Veräußerung von Vermietungsobjekten nicht mehr dem privaten, sondern dem steuerlich erheblichen Vermögensbereich zuzuordnen. A kann daher die Schuldzinsen i. H. von 5.000 € im Jahr 2024 als nachträgliche Werbungskosten bei seinen Einkünften aus Vermietung und Verpachtung abziehen.

HINWEIS

Ob ein Werbungskostenabzug der nachlaufenden Schuldzinsen auch bei einer Veräußerung nach Ablauf des zehnjährigen Spekulationszeitraums möglich ist, war sehr umstritten. Die Finanzverwaltung versagte früher in diesem Fall den Schuldzinsenabzug. Der BFH hat jedoch entschieden, dass der Abzug von Schuldzinsen als Werbungskosten bei den Einkünften aus Vermietung und Verpachtung nach der Veräußerung der bis dahin vermieteten Immobilie auch dann in Betracht kommt, wenn diese Veräußerung aufgrund der Überschreitung der in § 23 Abs. 1 Satz 1 Nr. 1 EStG vorgesehenen Haltefrist nicht einkommensteuerbar war (BFH, Urteil v. 8.4.2014 - IX R 45/13, BStBl 2015 II S. 635). Voraussetzung ist, dass die Verbindlichkeit durch den Veräußerungserlös nicht getilgt werden kann. Die Finanzverwaltung hat ihre Verwaltungsanweisung entsprechend modifiziert und wendet diese Rechtsprechung an (BMF, Schreiben v. 27.7.2015, BStBl 2015 I S. 581, Rz. 1.1).

Fazit: Wird kein neues Objekt und auch keine anderweitige Einkunftsquelle angeschafft, kommt es darauf an, ob der Verkaufserlös ausreicht, um das Darlehen abzulösen (BFH, Urteil v. 6.12.2017 - IX R 4/17, BStBl 2018 II S. 268). Reicht der Verkaufserlös nicht aus, um ein hierfür aufgenommenes Darlehen abzulösen, bleibt der nicht ablösbare Teil des (fortgeführten) Anschaffungsdarlehens im Zusammenhang mit den Einkünften aus Vermietung und Verpachtung. Ein Abzug ist dagegen zu verneinen, wenn die Schuldzinsen auf Verbindlichkeiten entfallen, die durch den Veräußerungspreis des Immobilienobjektes hätten getilgt werden können (sog. „Grundsatz des Vorrangs der Schuldentilgung").

10.11 Altersentlastungsbetrag (§ 24a EStG)

FALL 300

Altersentlastungsbetrag im Fall der Zusammenveranlagung von Ehegatten

Sachverhalt: Die Eheleute A und B werden zusammen zur Einkommensteuer veranlagt. A ist am 1.1.1959 und seine Ehefrau B am 2.1.1959 geboren. Im Kalenderjahr 2023 haben die Eheleute folgende Einkünfte erzielt:

	Ehemann A	Ehefrau B
Einkünfte aus nichtselbständiger Arbeit:		
a) Bruttoarbeitslohn aus einem gegenwärtigen Arbeitsverhältnis	6.000 €	0 €
b) Beamtenpension	24.000 €	0 €
Einkünfte aus Kapitalvermögen: Die Einnahmen unterlagen bisher nicht der Abgeltungsteuer, sie werden aber im Rahmen der Veranlagung der Abgeltungsteuer unterworfen.	3.000 €	2.000 €
Einkünfte aus Vermietung und Verpachtung	1.000 €	- 6.000 €
Sonstige Einkünfte: Rente aus der gesetzlichen Rentenversicherung	6.000 €	0 €

AUFGABE

Steht den Eheleuten – ggf. in welcher Höhe – für das Jahr 2023 ein Altersentlastungsbetrag zu?

LÖSUNG

Der Altersentlastungsbetrag ist gem. § 24a Satz 1 und 5 EStG bis zu einem Höchstbetrag im Kalenderjahr ein nach einem Prozentsatz ermittelter Betrag des Arbeitslohns und der positiven Summe der Einkünfte, die nicht solche aus nichtselbständiger Arbeit sind. Gemäß § 24a Satz 2 EStG bleiben Versorgungsbezüge und Leibrenten bei der Bemessung des Altersentlastungsbetrags außer Betracht. Im Fall der Zusammenveranlagung von Ehegatten zur Einkommensteuer ist die Regelung für jeden Ehegatten gesondert anzuwenden (§ 24a Satz 4 EStG). Der Altersentlastungsbetrag dient der Entlastung von im Alter bezogenen Einkünften, die – anders als z. B.

nur anteilig erfasste Renten – in voller Höhe der Einkommensteuer unterliegen (BFH, Urteil v. 27.10.2020 - VIII R 19/18, BStBl 2021 II S. 819, Rz. 50). Die durch den Altersentlastungsbetrag angestrebte Entlastung bestimmter Einkünfte wird technisch dadurch erreicht, dass der gem. § 24a EStG ermittelte Abzugsbetrag von der Summe der Einkünfte, nicht aber bei der Ermittlung der Einkünfte, abgezogen wird (§ 2 Abs. 3 EStG).

Voraussetzung für die Gewährung eines Altersentlastungsbetrags ist, dass der Steuerpflichtige vor dem Beginn des Veranlagungszeitraums das 64. Lebensjahr vollendet hat (§ 24a Satz 3 EStG). Für die Berechnung des zugrunde zu legenden Alters sind gem. der AO die §§ 187 und 188 BGB maßgeblich. Gemäß § 187 Abs. 2 Satz 2 BGB wird der Tag der Geburt bei der Berechnung des Lebensalters mitgerechnet. Das Ende richtet sich dann nach § 188 Abs. 2 BGB, mit der Folge, dass das jeweilige Lebensjahr mit dem Ablauf desjenigen Tags endet, der seiner Benennung nach dem Tag der Geburt vorangeht (BFH, Beschluss v. 18.4.2017 - V B 147/16, BFH/NV 2017 S. 1052, Rz. 6, QAAAG-47387).

Da A am 1.1.1959 geboren ist, vollendete er mit Ablauf des 31.12.2022 sein 64. Lebensjahr (§ 108 AO i.V. mit § 187 Abs. 2 und § 188 Abs. 2 BGB). A steht demnach für den Veranlagungszeitraum 2023 dem Grunde nach ein Altersentlastungsbetrag zu.

Der am 2.1.1959 geborenen B kann hingegen für das Jahr 2023 kein Altersentlastungsbetrag gewährt werden, weil sie erst mit Ablauf des 1.1.2023 ihr 64. Lebensjahr vollendet hat.

Im Fall der Zusammenveranlagung von Ehegatten ist der Altersentlastungsbetrag nur demjenigen Ehegatten zu gewähren, der die Voraussetzungen hierfür erfüllt, und zwar nur für die von ihm bezogenen Einkünfte (§ 24a Satz 4 EStG). Die Berechnung muss bei Ehegatten immer für beide getrennt erfolgen.

Wer vor dem 1.1.2005 64 Jahre alt wurde, erhält den Altersentlastungsbetrag noch in voller Höhe. Für diesen Personenkreis gelten bis zum Lebensende ein absetzbarer Anteil i. H. von 40 % der begünstigten Alterseinkünfte und ein Höchstbetrag i. H. von 1.900 €. Wer nach dem 1.1.1941 geboren ist, erhält nur noch einen gekürzten Altersentlastungsbetrag. Ab dem Jahr 2006 wird für alle neu hinzukommenden Jahrgänge der Altersentlastungsbetrag Jahrgang für Jahrgang schrittweise gekürzt, d. h. der maßgebliche Prozentsatz und der Höchstbetrag werden reduziert. Für nach dem 1.1.1975 geborene Steuerpflichtige gibt es keinen Altersentlastungsbetrag mehr.

A hat vor Beginn des Veranlagungszeitraums 2023 sein 64. Lebensjahr vollendet. Der Altersentlastungsbetrag beträgt für ihn 14,0 % der Alterseinkünfte außer Renten und Pensionen sowie der Abgeltungsteuer unterliegende Kapitaleinkünfte, höchstens aber 665 € (§ 24a Satz 5 EStG).

Die Bemessungsgrundlage für den Altersentlastungsbetrag besteht aus zwei Komponenten (BMF, Schreiben v. 23.5.2007, BStBl 2007 I S. 486):

- Zum einen aus dem Arbeitslohn (mit Ausnahme von Versorgungsbezügen i. S. des § 19 Abs. 2 EStG) und
- zum anderen aus der positiven Summe der übrigen Einkünfte (mit Ausnahme von Einkünften aus Leibrenten i. S. des § 22 Nr. 1 Satz 3 Buchst. a EStG, von Einkünften i. S. des § 22 Nr. 4 Satz 4 Buchst. b EStG, von Einkünften i. S. des § 22 Nr. 5 Satz 1 EStG, soweit § 52 Abs. 34c EStG anzuwenden ist, sowie von Einkünften i. S. des § 22 Nr. 5 Satz 2 Buchst. a EStG).

Kapitaleinkünfte, die der Abgeltungsteuer unterliegen, werden ebenfalls nicht berücksichtigt (FG Düsseldorf, Urteil v. 13.10.2010 - 15 K 2712/10 E, EFG 2011 S. 798, HAAAD-60446; FG Münster,

Urteil v. 28.3.2012 - 11 K 3383/11 E, EFG 2012 S. 1464, EAAAE-09346). Die Nichteinbeziehung von der Abgeltungsteuer unterliegenden Kapitalerträgen in die Bemessungsgrundlage des Altersentlastungsbetrags ist verfassungsgemäß (BFH, Beschluss v. 25.4.2017 - III B 51/16, BFH/NV 2017 S. 1163, XAAAG-49252).

Zur Ermittlung der zweiten Komponente, d. h. der positiven Summe der übrigen Einkünfte, werden die positiven mit den negativen Einkünften verrechnet. Eine positive Summe erhöht die erste Komponente, eine negative Summe bewirkt jedoch – wie sich aus der nachstehenden Übersicht ergibt – keine Minderung der Bemessungsgrundlage.

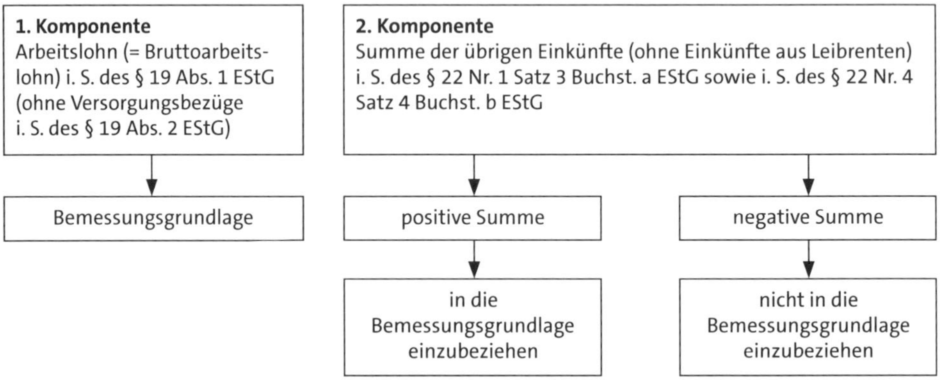

Wendet man die vorstehenden Grundsätze hier an, so errechnet sich der für A für das Jahr 2023 zu gewährende Altersentlastungsbetrag wie folgt:

1. Komponente

a) Bruttoarbeitslohn aus einem gegenwärtigen Arbeitsverhältnis		6.000 €
b) Die Beamtenpension bleibt als Versorgungsbezüge unberücksichtigt.		

2. Komponente

Die Einkünfte aus Kapitalvermögen i. H. von 3.000 € werden nicht berücksichtigt.		
Einkünfte aus Vermietung und Verpachtung	1.000 €	
Positive Einkünfte	1.000 €	+ 1.000 €
Sonstige Einkünfte: Die Rente aus der gesetzlichen Rentenversicherung wird nicht berücksichtigt.		
Bemessungsgrundlage		7.000 €
Altersentlastungsbetrag: 14,0 % von 7.000 € = 980 €, maximal		665 €

Die durch den Altersentlastungsbetrag angestrebte Entlastung bestimmter Einkünfte wird technisch dadurch erreicht, dass der gem. § 24a EStG ermittelte Abzugsbetrag von der Summe der Einkünfte, nicht aber bei der Ermittlung der Einkünfte, abgezogen wird (§ 2 Abs. 3 EStG).

HINWEIS

Der maßgebende Prozentsatz und die Höchstbeträge für den Altersentlastungsbetrag in § 24a Satz 5 EStG wurden durch das Wachstumschancengesetz v. 27.3.2024, BGBl 2024 I Nr. 108, ab dem Jahr 2023 zugunsten der Steuerpflichtigen modifiziert.

FALL 301

Altersentlastungsbetrag bei Einzelveranlagung

Sachverhalt: Herr A ist am 1.4.1958 geboren. Er bezieht in den Jahren 2023 und 2024 eine Beamtenpension i. H. von 24.000 €. Im Jahr 2023 hat A Einkünfte aus Vermietung und Verpachtung i. H. von 3.000 € und im Jahr 2024 i. H. von 7.000 €.

AUFGABE

Wie hoch ist der A für die Jahre 2023 und 2024 zustehende Altersentlastungsbetrag?

LÖSUNG

A vollendet sein 64. Lebensjahr mit Ablauf des 31.3.2022. Das auf die Vollendung des 64. Lebensjahres folgende Kalenderjahr ist das Jahr 2023. A erhält erstmals für das Jahr 2023 einen Altersentlastungsbetrag. Da 2023 das Jahr nach Vollendung des 64. Lebensjahres ist, gilt im Jahr 2023 für A ein Prozentsatz i. H. von 14,0 % und ein Höchstbetrag i. H. von 665 €. Für das Jahr 2024 gilt ein Prozentsatz i. H. von 13,6 % und ein Höchstbetrag von 646 €. Begünstigt sind nur die Einkünfte aus Vermietung und Verpachtung.

Der Altersentlastungsbetrag beträgt:

► Für das Jahr 2023:	14,0 % von 3.000 € =	420 €
► Für das Jahr 2024:	13,6 % von 7.000 € = 952 €, höchstens	646 €

Kapitel 11: Veranlagung von Ehegatten

Vorbemerkungen

Die Veranlagungsarten betreffen nur das Veranlagungsverfahren, nicht das Abzugsverfahren (z. B. Lohnsteuer).

Gesetzliche Grundlage jeder Veranlagung ist § 25 EStG. Als Grundsatz gilt die Einzelveranlagung als Ausfluss der Individualbesteuerung.

Nur für Ehegatten, die die Voraussetzungen des § 26 Abs. 1 Satz 1 Nr. 1–3 EStG erfüllen, gibt es Ausnahmen von diesem Grundsatz. Nach der ab dem Veranlagungszeitraum 2013 gültigen Rechtslage haben die Ehegatten ein Wahlrecht zwischen der

- Einzelveranlagung gem. § 26a EStG und der
- Zusammenveranlagung gem. § 26b EStG.

Liegen die Voraussetzungen des § 26 Abs. 1 Satz 1 Nr. 1–3 EStG nicht vor, so werden die Ehegatten auch nach der ab dem Veranlagungszeitraum 2013 gültigen Rechtslage wie Unverheiratete i. S. des § 25 EStG einzeln veranlagt. Somit kommt ab dem Veranlagungszeitraum 2013 eine Einzelveranlagung begrifflich sowohl für Ehegatten als auch für Unverheiratete und sonstige Personen in Frage, die die Voraussetzungen des § 26 Abs. 1 Satz 1 Nr. 1–3 EStG nicht erfüllen.

Die Zusammenveranlagung für eingetragene Lebenspartner mit der damit verbundenen Möglichkeit des Splittingtarifs wurde vom BFH lange Zeit abgelehnt (vgl. BFH, Urteile v. 20.7.2006 - III R 8/04, BStBl 2006 II S. 883, und v. 26.1.2006 - III R 51/05, BStBl 2006 II S. 515), mit der Begründung, das Rechtsinstitut der gleichgeschlechtlichen eingetragenen Lebenspartnerschaft sei zwar der Ehe nachempfunden (Art. 6 GG und §§ 1303 ff. BGB), entspreche dieser aber nicht. Dementgegen hat das BVerfG in seinem Beschluss v. 7.5.2013 die Ungleichbehandlung von eingetragenen Lebenspartnerschaften und Ehen beim Ehegattensplitting für verfassungswidrig erklärt. Die entsprechenden Vorschriften des EStG verstoßen nach Ansicht des Gerichts gegen den allgemeinen Gleichheitssatz des Art. 3 Abs. 1 GG, da es an hinreichend gewichtigen Sachgründen für die Ungleichbehandlung fehle. Folgerichtig hat das BVerfG den Gesetzgeber beauftragt, die Rechtslage rückwirkend ab der Einführung des LPartG zum 1.8.2001 zu ändern. Diesem Auftrag ist der Gesetzgeber mit dem Gesetz zur Änderung des EStG in Umsetzung der Entscheidung des BVerfG v. 7.5.2013 (EStGÄndG) v. 15.7.2023 (BGBl 2013 I S. 2397) umgehend nachgekommen. Gemäß § 2 Abs. 8 EStG gelten nunmehr alle Regelungen des EStG zu Ehen und Ehegatten entsprechend auch für eingetragene Lebenspartner und Lebenspartnerschaften. Somit kann für eingetragene Lebenspartner rückwirkend ab dem Veranlagungszeitraum 2001 grds. eine Zusammenveranlagung mit Splittingtarif durchgeführt werden. Dies gilt jedoch nur in den Fällen, in denen die Einkommensteuer noch nicht i. S. der AO bestandskräftig festgesetzt ist.

Da ab dem 1.10.2017 die bisherige Ehe zwischen zwei Personen verschiedenen Geschlechts mit der Ehe von zwei Personen gleichen Geschlechts gleichbehandelt wird und gleichzeitig eine eingetragene Lebenspartnerschaft nicht mehr begründet werden kann, sind die Regelungen zur Ehegattengemeinschaft anzuwenden. Die Vorschrift des § 2 Abs. 8 EStG ist ab dem 1.10.2017 insofern obsolet, als ab diesem Zeitpunkt keine Lebenspartnerschaften mehr begründet werden dürfen. Für bestehende Lebenspartnerschaften (Altfälle) ist die Vorschrift weiterhin von Bedeutung.

Voraussetzungen der Veranlagung von Ehegatten bzw. Lebenspartnern:

- Die Ehe muss rechtswirksam bestehen,
- die Ehegatten müssen beide unbeschränkt steuerpflichtig sein (gem. § 1 Abs. 1 oder 2 oder § 1a EStG; EU-/EWR-Staaten) und
- die Ehegatten dürfen nicht dauernd getrennt leben.

Diese Voraussetzungen müssen gleichzeitig zu Beginn des Veranlagungszeitraums vorgelegen haben oder im Laufe des Veranlagungszeitraums eingetreten sein.

Die Ehegatten können gem. § 26 Abs. 2 Satz 1 EStG zwischen der Einzelveranlagung (§ 26a EStG) und der Zusammenveranlagung (§ 26b EStG) wählen. Es erfolgt eine Zusammenveranlagung, wenn beide Ehegatten diese Veranlagungsart wählen (§ 26 Abs. 2 Satz 2 EStG). Dagegen werden Ehegatten einzeln veranlagt, wenn nur einer von ihnen die Einzelveranlagung wählt (§ 26 Abs. 2 Satz 1 EStG). Die Wahl wird für den betreffenden Veranlagungszeitraum durch Angabe in der Steuererklärung getroffen.

Wird von dem Wahlrecht gem. § 26 Abs. 2 EStG nicht oder nicht wirksam Gebrauch gemacht, so ist eine Zusammenveranlagung durchzuführen (§ 26 Abs. 3 EStG). Bei der Zusammenveranlagung (§ 26b EStG) haben die Ehegatten eine gemeinsame Steuererklärung abzugeben, die von beiden eigenhändig zu unterschreiben ist (§ 25 Abs. 3 Satz 2 EStG).

FALL 302

Voraussetzungen der Ehegattenveranlagung

Sachverhalt: A und B heiraten am 15.10.01. Sie begründen ihren Wohnsitz in Neustadt. A lebte bis zur Heirat in Straßburg, während B bereits seit Jahren in Neustadt lebte. Seit Februar 03 leben die Ehegatten in Neustadt dauernd getrennt. Die Ehe wird am 12.1.04 rechtskräftig geschieden. A zieht nach Speyer und heiratet am 20.5.04 den unbeschränkt steuerpflichtigen X. B bleibt weiter in Neustadt, heiratet aber nicht wieder.

AUFGABE

Welche Veranlagungsarten kommen für die Veranlagungszeiträume 01, 02, 03 und 04 in Betracht?

LÖSUNG

Die Eheleute A und B erfüllen im Veranlagungszeitraum 01 die Voraussetzungen des § 26 Abs. 1 Satz 1 Nr. 1–3 EStG. Sie haben im Laufe des Veranlagungszeitraums geheiratet und lebten nicht dauernd getrennt. B war bereits unbeschränkt steuerpflichtig, während A erst mit Begründung ihres Wohnsitzes in Neustadt unbeschränkt steuerpflichtig wurde. Sie haben demnach bis zum Veranlagungszeitraum 01 die Wahl zwischen der Zusammenveranlagung gem. § 26b EStG und der Einzelveranlagung gem. § 26a EStG.

Für A hat die Steuerpflicht gewechselt, wenn sie Inlandseinkünfte i. S. des § 49 EStG bezogen hatte. Es gilt für den Wechsel der Steuerpflicht § 2 Abs. 7 Satz 3 EStG. Die während der beschränkten Steuerpflicht bezogenen inländischen Einkünfte sind in die Veranlagung zur unbeschränkten Einkommensteuerpflicht einzubeziehen. Es ist nur eine Veranlagung durchzuführen.

Im Veranlagungszeitraum 02 liegen weiterhin die Voraussetzungen für eine Ehegattenveranlagung vor. Die Eheleute können hier zwischen der Zusammenveranlagung und der Einzelveranlagung für Ehegatten wählen.

Obwohl die Ehegatten ab Februar 03 dauernd getrennt leben, erfüllen sie zu Beginn des Veranlagungszeitraums 03 noch die Voraussetzungen des § 26 Abs. 1 Satz 1 Nr. 1–3 EStG und haben das Wahlrecht zwischen der Zusammenveranlagung gem. § 26b EStG und der Einzelveranlagung gem. § 26a EStG.

Im Veranlagungszeitraum 04 liegen die Voraussetzungen gem. § 26 Abs. 1 Satz 1 Nr. 1–3 EStG nicht mehr vor. Eine Ehegattenveranlagung kommt demnach zwischen A und B nicht mehr in Betracht. Da A den X geheiratet hat und mit dem neuen Ehegatten die Voraussetzungen des § 26 Abs. 1 EStG erfüllt, können diese zwischen der Zusammenveranlagung gem. § 26b EStG und der Einzelveranlagung gem. § 26a EStG wählen. B ist dagegen einzeln gem. § 25 EStG zu veranlagen. Für B kommt der Grundtarif zur Anwendung (kein Gnadensplitting, da § 32a Abs. 6 Satz 1 Nr. 2 EStG nicht erfüllt ist).

FALL 303

Veranlagungsarten bei Ehegatten

Sachverhalt: A und B sind seit vielen Jahren verheiratet und leben in Landau. Am 14.3.01 stirbt A. B heiratet am 10.11.01 den X (unbeschränkt steuerpflichtig). Die Wohnung in Landau behalten sie bei.

AUFGABE

Welche Veranlagungsarten kommen für das Jahr 01 in Betracht?

LÖSUNG

Die Eheleute A und B erfüllen im Jahr 01 die Voraussetzungen des § 26 Abs. 1 Satz 1 Nr. 1–3 EStG, d. h. sie haben das Wahlrecht für die Ehegattenveranlagung. Im selben Veranlagungszeitraum erfüllen aber auch B und X die Voraussetzungen für eine Ehegattenveranlagung. War der Steuerpflichtige im selben Veranlagungszeitraum mehr als einmal verheiratet und wurde die andere Ehe durch Tod, Scheidung oder Aufhebung aufgelöst, so gilt das Wahlrecht gem. § 26 Abs. 1 Satz 2 EStG nur für die letzte Ehe, wenn hierfür die Voraussetzungen des § 26 Abs. 1 EStG vorliegen. Ist das nicht der Fall, gilt das Wahlrecht für die aufgelöste vorangegangene Ehe. Es haben demnach B und X das Wahlrecht zwischen der Zusammenveranlagung und der Einzelveranlagung für Ehegatten. Für A ist für die Zeit vom 1.1.01 bis zum 14.3.01 eine Einzelveranlagung

i. S. des § 25 EStG durchzuführen. In diesem Fall wird aber nicht der Grundtarif angewendet, sondern der Splittingtarif gem. § 32a Abs. 6 Satz 1 Nr. 2 EStG (sog. „Gnadensplitting").

B und X haben das Wahlrecht zur Ehegattenveranlagung, i. d. R. die Zusammenveranlagung.

FALL 304

Zusammenveranlagung

Sachverhalt: A und B heiraten am 12.5.04. Sie sind beide unbeschränkt steuerpflichtig und haben ihren Wohnsitz in der Bundesrepublik Deutschland. A war bereits einmal verheiratet; ihr Ehemann verstarb im Jahr 03.

A erzielt Einkünfte aus Land- und Forstwirtschaft i. S. des § 13 Abs. 1 Nr. 1 EStG i. H. von 5.000 €, Einkünfte aus Gewerbebetrieb 1 (§ 15 Abs. 1 Satz 1 Nr. 1 EStG) i. H. von 80.000 € und einen Verlust aus Gewerbebetrieb 2 i. H. von - 20.000 € sowie einen Verlust aus Vermietung und Verpachtung gem. § 21 Abs. 1 Satz 1 Nr. 1 EStG i. H. von - 5.000 €. A hatte im Kalenderjahr 04 (2022) ihr 64. Lebensjahr vollendet.

B erzielt aus Gewerbebetrieb einen Verlust i. H. von - 40.000 €, aus selbständiger Tätigkeit einen Gewinn gem. § 18 Abs. 1 Nr. 1 EStG i. H. von 30.000 €, einen Überschuss aus der Vermietung des Hauses 1 (§ 21 Abs. 1 Satz 1 Nr. 1 EStG) i. H. von 15.000 € und einen Verlust aus der Vermietung des Hauses 2 i. H. von - 20.000 €. B hatte im Kalenderjahr 05 (2023) sein 64. Lebensjahr vollendet.

Die im Rahmen der Höchstbeträge des § 10 Abs. 3 und 4 EStG abzugsfähigen Sonderausgaben der Eheleute sollen 7.138 € betragen.

AUFGABE

Führen Sie die Veranlagung für den Veranlagungszeitraum 04 durch. Anzuwenden ist dabei die Gesetzeslage des Kalenderjahres 2024.

LÖSUNG

Die Eheleute A und B erfüllen die Voraussetzungen des § 26 Abs. 1 Satz 1 Nr. 1–3 EStG. Da sie keine Wahl bzgl. der Veranlagungsart getroffen haben, ist gem. § 26 Abs. 3 EStG die Zusammenveranlagung durchzuführen.

Die Einkünfte sind bei der Zusammenveranlagung wie bei der Einzelveranlagung zunächst für jeden Ehegatten bzw. Lebenspartner gesondert zu ermitteln (R 26b Abs. 1 EStR und H 26b Gesonderte Ermittlung der Einkünfte EStH 2023) und dem Steuerpflichtigen zuzurechnen, der sie bezogen hat.

Können Verluste eines Ehegatten nicht mit eigenen positiven Einkünften ausgeglichen werden, so werden sie im Rahmen der Zusammenveranlagung mit positiven Einkünften des anderen Ehegatten verrechnet.

Die gesondert ermittelten Einkünfte beider Ehegatten sind nach Abzug des jeweils getrennt zu ermittelnden Altersentlastungsbetrags (§ 24a EStG) und des Entlastungsbetrags für Alleinerziehende (§ 24b EStG) zu einem gemeinsamen Gesamtbetrag der Einkünfte zusammenzurechnen. Nach Abzug des Freibetrags gem. § 13 Abs. 3 EStG ergibt sich ein gemeinsamer Gesamtbetrag der Einkünfte. Durch den Abzug der für die Ehegatten gemeinsam festgestellten Sonderausgaben und außergewöhnlichen Belastungen ergibt sich für beide Steuerpflichtige ein einheitliches Einkommen und nach Abzug der Freibeträge für Kinder (§ 31 und § 32 Abs. 6 EStG) und des Härteausgleichs (§ 46 Abs. 3 EStG und § 70 EStDV) ein einheitliches zu versteuerndes Einkommen.

Gemäß § 32a Abs. 5 EStG wird die tarifliche Einkommensteuer im Fall der Zusammenveranlagung – vorbehaltlich der §§ 32b, 32d, 34, 34a, 34b und 34c EStG – nach dem Splittingtarif ermittelt.

Aufgrund der Zusammenveranlagung schulden die Ehegatten die gegen sie festgesetzte Einkommensteuer gem. § 44 AO als Gesamtschuldner. Wenn einer von beiden geringere Einkünfte als der andere hat, kann er zur Einschränkung oder Abwendung der Zwangsvollstreckung eine entsprechende Aufteilung der Einkommensteuerschuld gem. § 268 AO beantragen.

Einkünfte (Beträge in €)	**Ehefrau A (Beträge in €)**		**Ehemann B (Beträge in €)**
§ 13 Abs. 1 Nr. 1 EStG	5.000		–
§ 15 Abs. 1 Satz 1 Nr. 1 EStG			- 40.000
Gewerbe 1: 80.000	60.000	Horizontaler Verlustausgleich	–
Gewerbe 2: - 20.000			–
§ 18 Abs. 1 Nr. 1 EStG	–		30.000
§ 21 Abs. 1 Satz 1 Nr. 1 EStG	- 5.000		
Haus 1: 15.000 Haus 2: - 20.000		Horizontaler Verlustausgleich	- 5.000
Summe der Einkünfte (getrennt für jeden Ehegatten)	60.000	Vertikaler Verlustausgleich	- 15.000
abzgl. eventuell Altersentlastungsbetrag gem. § 24a EStG lt. Tabelle (für das Jahr 2023)	- 665	Ehefrau: Kein Altersentlastungsbetrag möglich, da kein Arbeitslohn und keine positive Summe der Einkünfte	–
Zwischensumme	59.335		- 15.000
Zusammenrechnung gem. § 26b EStG			**44.335**
Hier: Vertikaler Verlustausgleich zwischen den Ehegatten			
abzgl. Freibetrag gem. § 13 Abs. 3 EStG; die gemeinsame Summe der Einkünfte (vor Berücksichtigung des Altersentlastungsbetrags) ist nicht größer als 61.400 € (Zusammenveranlagung)			- 1.800
Gesamtbetrag der Einkünfte (§ 2 Abs. 3 EStG; R 26b Abs. 1 EStR; H 26b Gesonderte Ermittlung der Einkünfte EStH 2023)			**42.535**
abzgl. Sonderausgaben usw. (R 10.1 EStR):			
Sonderausgaben-Pauschbetrag gem. § 10c EStG			- 72
Sonderausgaben lt. Sachverhalt			- 7.138
Einkommen = zu versteuerndes Einkommen			35.325
Splittingtarif gem. § 32a Abs. 5 EStG. Die tarifliche Einkommensteuer 2024 beträgt			2.366

FALL 305

Einzelveranlagung gem. § 26a EStG

Sachverhalt: Wie vorheriger Fall, aber die Eheleute wählen die Einzelveranlagung gem. § 26a EStG. Abweichend zum vorherigen Fall betragen die Einkünfte von B aus § 15 Abs. 1 Satz 1 Nr. 1 EStG anstatt - 40.000 € hier - 10.000 €. Die im Rahmen der Höchstbeträge abzugsfähigen Sonderausgaben von A sollen 3.569 € und die von B ebenfalls 3.569 € betragen.

AUFGABE

Führen Sie die Veranlagung durch.

LÖSUNG

Die Eheleute erfüllen die Voraussetzungen des § 26 Abs. 1 Satz 1 EStG und können damit die Einzelveranlagung wählen. Die Besteuerungsgrundlagen sind für jeden Ehegatten selbständig zu ermitteln. Sie haben jeder eine Steuererklärung gem. § 25 Abs. 3 Satz 1 EStG abzugeben.

Einkünfte A:

Einkünfte gem. § 13 Abs. 1 Nr. 1 EStG		5.000 €
Einkünfte aus Gewerbebetrieb gem. § 15 Abs. 1 Satz 1 Nr. 1 EStG		60.000 €
Verlust aus § 21 Abs. 1 Satz 1 Nr. 1 EStG		- 5.000 €
=	Summe der Einkünfte	60.000 €
-	Altersentlastungsbetrag gem. § 24a EStG	665 €
-	Freibetrag für Land- und Forstwirte (§ 13 Abs. 3 EStG). Der Freibetrag wird nicht gewährt, da die Summe der Einkünfte 30.700 € übersteigt.	–
=	Gesamtbetrag der Einkünfte	59.335 €
-	Sonderausgaben-Pauschbetrag (§ 10c Satz 1 EStG)	36 €
-	Sonderausgaben im Rahmen der Höchstbeträge abzugsfähig insgesamt	3.569 €
=	Einkommen = zu versteuerndes Einkommen	55.730 €

Tarif: Der Splittingtarif des § 32a Abs. 6 Satz 1 Nr. 1 EStG (Witwensplitting) kommt nicht zur Anwendung, da A gem. § 26a EStG einzeln zur Einkommensteuer veranlagt wird (§ 32a Abs. 6 Satz 2 EStG).

Einkommensteuer nach dem Grundtarif (§ 32a Abs. 1 EStG) 2024	13.024 €

Einkünfte B:

Einkünfte gem. § 15 EStG	- 10.000 €
Einkünfte gem. § 18 EStG	30.000 €

Einkünfte gem. § 21 EStG		- 5.000 €
=	Summe der Einkünfte	15.000 €
-	Altersentlastungsbetrag gem. § 24a EStG lt. Tabelle (für das Jahr 2024)	646 €
=	Gesamtbetrag der Einkünfte	14.354 €
-	Sonderausgaben-Pauschbetrag (§ 10c Satz 1 EStG)	36 €
-	Sonderausgaben im Rahmen der Höchstbeträge abzugsfähig insgesamt	3.569 €
=	Einkommen = zu versteuerndes Einkommen	10.749 €
Einkommensteuer nach dem Grundtarif (§ 32a Abs. 1 EStG) 2024		0 €

FALL 306

Einzelveranlagung für Ehegatten

Sachverhalt: Die Eheleute A und B sind seit Jahren verheiratet und leben in einem gemeinsamen Haushalt in Neustadt. Sie beantragen für den Veranlagungszeitraum 05 die Einzelveranlagung für Ehegatten gem. § 26a EStG. Der Ehemann A ist als selbständiger Handelsvertreter tätig und erzielt für das Jahr 05 einen Gewinn aus Gewerbebetrieb i. H. von 48.300 €. Seine Ehefrau B ist als kaufmännische Angestellte beschäftigt und erhält im Jahr 05 einen Bruttoarbeitslohn i. H. von 40.600 €. Die Einkünfte aus Vermietung und Verpachtung von B betragen 2.699 €. A macht außerdem folgende Aufwendungen geltend:

Kirchensteuer	470 €
Sozialversicherungsbeiträge, abzugsfähig	6.600 €
Krankheitskosten nach Erstattung	6.230 €
Körperbehinderung, Grad der Behinderung	70
B macht geltend:	
Sozialversicherungsbeiträge, abzugsfähig	5.500 €

Die Eheleute haben einen gemeinsamen zehnjährigen Sohn, der zu 60 % körperbehindert ist. Es fallen keine Betreuungskosten an.

Einen Antrag gem. § 26a Abs. 2 Satz 2 EStG haben die Eheleute nicht gestellt.

AUFGABE

Ermitteln Sie das zu versteuernde Einkommen der Eheleute für den Veranlagungszeitraum 05.

LÖSUNG

Die Eheleute erfüllen die Voraussetzungen des § 26 Abs. 1 Satz 1 Nr. 1–3 EStG und können deshalb die Wahl zur Einzelveranlagung gem. § 26a EStG ausüben. Wie in allen anderen Veranlagungsarten, sind die Einkünfte der Eheleute getrennt zu ermitteln und entsprechend zuzurechnen. Die Ehegatten haben gem. § 25 Abs. 3 Satz 1 EStG jeder eine Steuererklärung abzugeben. Auf das jeweilige zu versteuernde Einkommen ist die Grundtabelle anzuwenden.

Schema:

	Ehemann		Ehefrau
	Einkünfte des Ehemanns		Einkünfte der Ehefrau
	↓		↓
=	Summe der Einkünfte	=	Summe der Einkünfte
=	Gesamtbetrag der Einkünfte	=	Gesamtbetrag der Einkünfte
–	eigene Sonderausgaben	–	eigene Sonderausgaben
–	eigene außergewöhnliche Belastungen	–	eigene außergewöhnliche Belastungen
–	Steuerermäßigung gem. § 35a EStG	–	Steuerermäßigung gem. § 35a EStG

Grundsätzlich jeder seine eigenen Kosten oder gemeinsamer Antrag auf Verteilung zu je $^1/_2$

Ehemann	Ehefrau
Einkommen	Einkommen
Zu versteuerndes Einkommen	Zu versteuerndes Einkommen
Einkommensteuer lt. Grundtabelle	Einkommensteuer lt. Grundtabelle

Ermittlung der Einkünfte des Ehemanns A:

Einkünfte gem. § 15 Abs. 1 Satz 1 Nr. 1 EStG	48.300 €
= Gesamtbetrag der Einkünfte von A	48.300 €

Ermittlung der Einkünfte der Ehefrau B:

Einkünfte gem. § 19 Abs. 1 Satz 1 Nr. 1 EStG:		
Einnahmen brutto	40.600 €	
Arbeitnehmer-Pauschbetrag (§ 9a Satz 1 Nr. 1 Buchst. a EStG)	- 1.230 €	
Einkünfte	39.370 €	39.370 €
Einkünfte gem. § 21 EStG		+ 2.699 €
Gesamtbetrag der Einkünfte von B		42.069 €

Ermittlung der außergewöhnlichen Belastung (Berücksichtigung nur bei A, da kein Antrag gem. § 26a Abs. 2 Satz 2 EStG gestellt wurde)

Krankheitskosten (§ 26a Abs. 2 EStG)		6.230 €
abzgl. zumutbare Belastung, berechnet vom Gesamtbetrag der Einkünfte des Ehemanns A (48.300 €)		
Stufe 1: 15.340 € x 2 % =	306,80 €	
Stufe 2: 48.300 € - 15.340 € = 32.960 € x 3 % =	+ 988,80 €	
Zumutbare Belastung insgesamt	1.295,60 €	- 1.295 €
Verbleiben als berücksichtigungsfähig		4.935 €

Beim Abzug außergewöhnlicher Belastungen gem. § 33 EStG wird die zumutbare Belastung nach dem Gesamtbetrag der Einkünfte eines jeden Ehegatten bzw. Lebenspartners bestimmt und nicht wie bei der bisherigen getrennten Veranlagung nach dem Gesamtbetrag der Einkünfte beider Ehegatten bzw. Lebenspartner. Dies entspricht dem Prinzip der Individualbesteuerung (vgl. Gesetzesbegründung in BT-Drucks. 17/5125 S. 40).

Ermittlung des zu versteuernden Einkommens des Ehemanns A:

Gesamtbetrag der Einkünfte	48.300 €
Sonderausgaben:	
Abzugsfähige Sonderausgaben lt. Sachverhalt	- 6.600 €
abzgl. Kirchensteuer (§ 10 Abs. 1 Nr. 4 EStG)	- 470 €
Der Sonderausgaben-Pauschbetrag gem. § 10c EStG wird überschritten.	
Außergewöhnliche Belastungen:	
Krankheitskosten von A 6.230 € - zumutbare Belastung 1.295 € =	- 4.935 €
Körperbehinderung des Ehemannes bei 70 % (§ 33b Abs. 3 EStG) = 1.780 € (§ 26a Abs. 2 Satz 1 EStG)	- 1.780 €
Durch das Gesetz zur Erhöhung der Behinderten-Pauschbeträge und zur Anpassung weiterer steuerlicher Regelungen (Behinderten-Pauschbetragsgesetz) v. 9.12.2020 (BGBl 2020 I S. 2770) wurden die einkommensteuerlichen Ermäßigungen für behinderte Steuerpflichtige erheblich verbessert. Durch das Gesetz ist zum 1.1.2021 die Verdoppelung einschließlich einer tiefergehenden Staffelung der Behinderten-Pauschbeträge in Kraft getreten.	
Bei einem Antrag gem. § 26a Abs. 2 Satz 2 EStG ist der einem Ehegatten zustehende Behinderten-Pauschbetrag bei der Einzelveranlagung der Ehegatten jeweils zur Hälfte abzuziehen (BFH, Urteil v. 20.12.2017 - III R 2/17, BStBl 2018 II S. 468). Einen diesbezüglichen Antrag haben die Eheleute lt. Sachverhalt aber nicht gestellt.	
Der Körperbehinderten-Pauschbetrag des Sohnes i. H. von 1.440 € (60 %) ist gem. § 33b Abs. 5 Satz 2 EStG auf die Eltern je zur Hälfte zu übertragen. Auf gemeinsamen Antrag der Eltern ist eine andere Aufteilung möglich (§ 33b Abs. 5 Satz 3 EStG). Ein diesbezüglicher Antrag wurde lt. Sachverhalt aber nicht gestellt.	- 720 €
Einkommen	33.795 €
abzgl. Kinderfreibetrag (§ 32 Abs. 6 Satz 1 EStG) nur, falls günstiger als Kindergeld.	
Zu versteuerndes Einkommen von A = Einkommen lt. Grundtabelle	33.795 €

Ermittlung des zu versteuernden Einkommens der Ehefrau B:

Gesamtbetrag der Einkünfte	42.069 €
Sonderausgaben	5.500 €
Sonderausgaben-Pauschbetrag gem. § 10c EStG	- 36 €

Außergewöhnliche Belastungen: ½ des Körperbehinderten-Pauschbetrags des Sohnes	- 720 €
Einkommen	46.813 €
abzgl. Kinderfreibetrag (§ 32 Abs. 6 Satz 1 EStG) nur, falls günstiger als Kindergeld.	
Zu versteuerndes Einkommen von B = Einkommen lt. Grundtabelle	46.813 €

FALL 307

Zurechnung der Einkünfte von Ehegatten

Sachverhalt: Die Eheleute Norbert und Anne N. werden zusammenveranlagt. Norbert hat eine Zahnarztpraxis und erzielt daraus für den Veranlagungszeitraum 04 einen Gewinn i. H. von 97.200 €. In der Praxis arbeitet seine Ehefrau Anne als Zahnmedizinische Fachangestellte. Norbert und Anne zahlen Altersvorsorgeaufwendungen i. S. des § 10 Abs. 1 Nr. 2 Buchst. b EStG i. H. von 4.000 € für Norbert und 2.250 € für Anne, Basisversicherungsaufwendungen i. H. von 6.000 € (abzugsfähiger Betrag), weitere Versicherungsbeiträge (z. B. Unfallversicherung, Haftpflichtversicherung und Kfz-Versicherung) i. H. von 1.500 € und Kirchensteuer i. H. von 1.646 €.

AUFGABEN

1. Wie hoch sind das zu versteuernde Einkommen und die Einkommensteuer für das Jahr 04, wenn Anne keinen Arbeitslohn erhält?

   In diesem Fall ist Anne privat kranken- und pflegeversichert. Die Basisaufwendungen betragen ebenfalls 6.000 € pro Jahr.

2. Wie hoch sind das zu versteuernde Einkommen und die Einkommensteuer für das Jahr 04, wenn Anne aufgrund eines schriftlichen Arbeitsvertrags ein angemessenes Gehalt i. H. von 21.400 € brutto erhält? Der Arbeitgeberanteil zur Sozialversicherung beträgt 4.146,25 €, die Arbeitnehmeranteile betragen

   - zur Basis-Krankenversicherung 1.754,80 € (Beitragssatz 14,6 % zzgl. Zusatzbeitrag für Arbeitnehmer 0,9 %);
   - zur Basis-Pflegeversicherung als Kinderloser 379,85 €;
   - zur Rentenversicherung 1.990,20 € und
   - zur Arbeitslosenversicherung 267,50 €.

   Steuerabzugsbeträge (Lohnsteuer, Kirchensteuer und Solidaritätszuschlag) fallen bei der Lohnsteuerklasse III keine an.

   Als Arbeitnehmerin ist Anne in der gesetzlichen Krankenversicherung pflichtversichert. Beiträge für eine private Kranken- und Pflegeversicherung wie im ersten Fall fallen keine an.

   Nehmen Sie Stellung zum Arbeitsverhältnis.

LÖSUNG

Bei allen Veranlagungen von Ehegatten sind die Einkünfte für jeden gesondert zu ermitteln. Deshalb ist zu entscheiden, welcher Ehegatte die Einkünfte bezogen hat.

Zu 1

Die Einkünfte aus selbständiger Arbeit sind Norbert allein zuzurechnen. Dadurch, dass der andere Ehegatte an der Erzielung der Einkünfte mitgewirkt hat, sind diesem keine anteiligen Einkünfte zuzurechnen (§ 26a Abs. 1 Satz 2 EStG).

Einkünfte gem. § 18 Abs. 1 Nr. 1 EStG			97.200 €
Es liegen keine Betriebsausgaben für Anne vor, da tatsächlich nichts gezahlt wurde = Gesamtbetrag der Einkünfte			
abzgl. Sonderausgaben:			
Kirchensteuer (§ 10 Abs. 1 Nr. 4 EStG)			- 1.646 €
Altersvorsorgeaufwendungen i. S. des § 10 Abs. 1 Nr. 2 Buchst. b EStG		6.250 €	
Der Höchstbetrag gem. § 10 Abs. 3 EStG ist nicht überschritten.			
Davon 100 % im Kalenderjahr 2024		6.250 €	- 6.250 €
Vorsorgeaufwendungen gem. § 10 Abs. 1 Nr. 3 und 3a EStG:			
Basisvorsorgeaufwendungen gem. § 10 Abs. 1 Nr. 3 Satz 1 Buchst. a und b EStG		12.000 €	
Gemeinsamer Höchstbetrag der Eheleute gem. § 10 Abs. 4 Satz 1 und 3 EStG:			
Ehemann	2.800 €		
Ehefrau	+ 2.800 €		
Gemeinsamer Höchstbetrag	5.600 €		
Die Basisvorsorgeaufwendungen sind zu berücksichtigen. Die weiteren Versicherungsbeiträge bleiben unberücksichtigt.			- 12.000 €
Einkommen = zu versteuerndes Einkommen =			77.304 €
Einkommensteuer lt. Splittingtabelle 2024 =			14.126 €

Zu 2

Bei Arbeitsverhältnissen zwischen Ehegatten und nahen Angehörigen ist zu prüfen, ob diese steuerlich anzuerkennen sind (R 4.8 Abs. 1 EStR; H 4.8 Arbeitsverhältnisse zwischen Ehegatten EStH 2023).

Das Arbeitsverhältnis ist nur anzuerkennen, wenn es ernsthaft vereinbart und tatsächlich durchgeführt wurde. Grundsätzlich sollte hierfür ein schriftlicher Arbeitsvertrag vorliegen, die Ehefrau muss tatsächlich mitarbeiten und eine fremde Arbeitskraft ersetzen. Es muss nachgewiesen werden, dass regelmäßig Gehalt gezahlt wurde, das in die Verfügungsmacht des Arbeitnehmer-Ehegatten gelangt ist. Außerdem müssen ein angemessenes Gehalt gezahlt und die entsprechenden Folgerungen aus dem Vertrag gezogen worden sein, d. h. Lohnsteuerabzug oder Pauschalierung der Lohnsteuer und Abführen der Sozialversicherungsbeiträge. Nach Prüfung dieser Voraussetzungen ist davon auszugehen, dass das Arbeitsverhältnis zwischen den Ehegatten steuerlich anzuerkennen ist.

Vorläufiger Gewinn			97.200 €	
Betriebsausgaben:				
Brutto-Arbeitslohn Anne			- 21.400 €	
Arbeitgeberanteil zur Sozialversicherung			- 4.146 €	
Gewinn gem. § 18 Abs. 1 Nr. 1 EStG			71.654 €	71.654 €
Einnahmen gem. § 19 Abs. 1 Satz 1 Nr. 1 EStG (der Arbeitgeberanteil zur Sozialversicherung ist steuerfrei, § 3 Nr. 62 EStG)			21.400 €	
abzgl. Arbeitnehmer-Pauschbetrag gem. § 9a Satz 1 Nr. 1 Buchst. a EStG			- 1.230 €	
Einkünfte aus nichtselbständiger Arbeit			20.170 €	+ 20.170 €
Gesamtbetrag der Einkünfte				91.824 €
Sonderausgaben:				
Altersvorsorgeaufwendungen Anne Arbeitnehmeranteil		1.990 €		
zzgl. Arbeitgeberanteil (§ 10 Abs. 1 Nr. 2 Satz 6 EStG)		+ 1.990 €		
Summe		3.980 €		
Altersvorsorgeaufwendungen i. S. des § 10 Abs. 1 Nr. 2 Buchst. b EStG		+ 6.250 €		
Insgesamt		10.230 €		
Der Höchstbetrag (§ 10 Abs. 3 EStG) ist nicht überschritten.				
Davon 100 % im Kalenderjahr 2024		10.230 €		
abzgl. Arbeitgeberanteil		- 1.990 €		
Als Sonderausgaben zu berücksichtigen		8.240 €	8.240 €	
Basisvorsorgeaufwendungen Norbert gem. § 10 Abs. 1 Nr. 3 Satz 1 Buchst. a und b EStG		6.000 €		
Krankenversicherung Anne	1.755 €			
Kürzung gem. § 10 Abs. 1 Nr. 3 Satz 1 Buchst. a Satz 4 EStG um 4 %	- 70 €			
verbleiben	1.685 €	+ 1.685 €		
Basispflegeversicherung Anne		+ 380 €		
Summe der Basisaufwendungen		8.065 €		
Gemeinsamer Höchstbetrag der Eheleute gem. § 10 Abs. 4 Satz 1 und 3 EStG:				
Ehemann		2.800 €		
Ehefrau		+ 1.900 €		
Gemeinsamer Höchstbetrag		4.700 €		
Die Basisvorsorgeaufwendungen sind zu berücksichtigen. Die weiteren Versicherungsbeiträge bleiben unberücksichtigt.			+ 8.065 €	
Summe der Vorsorgeaufwendungen			16.305 €	- 16.305 €
abzgl. Kirchensteuer				- 1.646 €
Einkommen = zu versteuerndes Einkommen				73.873 €
Einkommensteuer lt. Splittingtabelle 2024				13.044 €

Einkommensteuer im ersten Fall zum Vergleich	14.126 €
Steuerersparnis	- 1.082 €

HINWEIS

Der vollständige Abzug von Altersvorsorgeaufwendungen i. S. des § 10 Abs. 1 Nr. 2 EStG als Sonderausgaben erfolgt im Rahmen des Jahressteuergesetzes 2022 v. 16.12.2022 (BGBl 2022 I S. 2352) bereits ab dem Veranlagungszeitraum 2023 (statt erstmals im Veranlagungszeitraum 2025).

Die Änderung wurde vor dem Hintergrund der BFH-Urteile v. 19.5.2021 (X R 20/19, BFH/NV 2021 S. 980, NAAAH-80102, und X R 33/19, BFH/NV 2021 S. 992, XAAAH-80103) vorgenommen. Mit dieser Maßnahme soll in einem ersten Schritt dazu beigetragen werden, auf langfristige Sicht eine „doppelte Besteuerung" von Renten aus der Basisversorgung zu vermeiden.

FALL 308

Zurechnung der Einkünfte aus Land- und Forstwirtschaft bei Ehegatten

Sachverhalt: Erna hat den land- und forstwirtschaftlichen Betrieb ihrer verstorbenen Eltern geerbt. Sie ist damit Eigentümerin sämtlicher Grundstücke und aufstehenden Gebäude geworden. Noch im selben Jahr heiratet sie den mittellosen Landwirt Anton. Dieser führt den Betrieb seiner Ehefrau und tätigt alle Geschäfte, mit Ausnahme der Grundstücksgeschäfte, im eigenen Namen.

AUFGABE

Wem sind die Einkünfte aus Land- und Forstwirtschaft zuzurechnen?

LÖSUNG

Unternehmer eines land- und forstwirtschaftlichen Betriebs ist i. d. R. der Hofeigentümer. Ist im vorliegenden Fall die Ehefrau Hofeigentümerin, sind ihr die Einkünfte allein zuzurechnen. Der Ehemann wird nicht dadurch Unternehmer, dass er den Hof bewirtschaftet. Etwas anderes würde nur gelten, wenn die Ehefrau durch betriebliche Vereinbarungen, einen Pachtvertrag oder sonstigen Überlassungsvertrag dem Ehemann das Recht einräumt, die Nutzungen aus dem land- und forstwirtschaftlichen Vermögen selbst zu ziehen.

Die Einkünfte aus dem land- und forstwirtschaftlichen Betrieb sind den Ehegatten gemeinsam zuzurechnen, wenn

- der land- und forstwirtschaftliche Grundbesitz den Ehegatten gemeinsam gehört oder
- beide Ehegatten gemeinsam im Betrieb arbeiten.

Nur in diesen Fällen ist eine Mitunternehmerschaft der Ehegatten zu bejahen, ohne dass es eines Gesellschaftsvertrags bedarf (H 13.4 Mitunternehmerschaft EStH 2023).

FALL 309

Zurechnung der Einkünfte aus Gewerbebetrieb

Sachverhalt: Die Eheleute A und B leben in Gütergemeinschaft. A ist selbständiger Handelsvertreter. Der Betrieb befindet sich im Gesamtgut der Gütergemeinschaft. B erledigt die Buchführungsarbeiten, wofür sie ein angemessenes Gehalt erhält.

AUFGABE

Wem sind die Einkünfte aus Gewerbebetrieb zuzurechnen?

LÖSUNG

Zur Frage der einkommensteuerrechtlichen Wirkung des Güterstands der Gütergemeinschaft zwischen Ehegatten siehe BFH-Gutachten v. 18.2.1959 (BStBl 1959 III S. 263) und H 26a Gütergemeinschaft EStH 2023.

Der Gewinn aus dem Gewerbebetrieb „Handelsvertretung" ist A allein zuzurechnen. Das Gehalt, das er seiner Frau B zahlt, stellt für ihn eine abzugsfähige Betriebsausgabe dar, wenn die vertraglichen Gestaltungen zwischen den Ehegatten steuerlich anzuerkennen sind. B erzielt demnach Einkünfte aus nichtselbständiger Arbeit. Die Gütergemeinschaft führt hier nicht zu einer gemeinsamen Zurechnung der Einkünfte, da die persönliche Arbeitsleistung von A in den Vordergrund tritt und im Betrieb kein nennenswertes Kapital eingesetzt wird (H 26a Gütergemeinschaft EStH 2023; BFH, Urteil v. 20.3.1980 - IV R 53/76, BStBl 1980 II S. 634).

Der BFH stellt fest, dass bei einem selbständigen Handelsvertreter regelmäßig – ähnlich wie bei einem Arbeitnehmer – die Quelle aus der die Einkünfte fließen, nicht das dem Gewerbebetrieb dienende Kapital, sondern „das höchstpersönliche Gut der menschlichen Arbeitskraft" ist. Kennzeichnend für den Handelsvertreter ist, dass er ständig damit betraut ist, für einen anderen Unternehmer Geschäfte zu vermitteln oder in dessen Namen abzuschließen (§ 84 Abs. 1 Satz 1 HGB). Der Gewinn, den ein selbständiger Handelsvertreter erzielt, wird im Regelfall von der persönlichen Leistung des Handelsvertreters bestimmt. Der sich aus der Gütergemeinschaft – ebenso wie z. B. aus einer Vorausabtretung künftiger Provisionsansprüche – notwendig ergebende dingliche Anteil der Ehefrau am Ertrag der gewerblichen Tätigkeit lässt die Ehefrau noch nicht zur Mitunternehmerin des Gewerbebetriebs werden.

FALL 310

Zurechnung bei Baubetrieb

Sachverhalt: Wie vorheriger Fall, jedoch handelt es sich nicht um eine Handelsvertretung, sondern um einen Baubetrieb mit Grundstücken, Maschinen, Betriebsvorrichtungen und Kapital.

AUFGABE

Wem sind die Einkünfte zuzurechnen?

LÖSUNG

In diesem Fall sind die Einkünfte den Ehegatten gemeinsam zuzurechnen. Der Gewerbebetrieb gehört zum Gesamtgut der in Gütergemeinschaft lebenden Ehegatten. Es ist deshalb ein Gesellschaftsverhältnis, eine Mitunternehmerschaft i. S. des § 15 Abs. 1 Satz 1 Nr. 2 EStG, anzunehmen, obwohl zivilrechtlich zwischen den Ehegatten kein Gesellschaftsverhältnis vereinbart wurde. Die Ausnahmeregelung gem. H 26a EStH 2023 kommt nicht in Betracht, da im Betrieb erhebliches Vermögen eingesetzt wird.

Bei den Einkünften aus Gewerbebetrieb wird der Ertrag gewöhnlich durch den Einsatz von Betriebskapital und Unternehmertätigkeit erzielt. Da bei vereinbarter Gütergemeinschaft das Betriebskapital beiden Ehegatten je zur Hälfte gehört, steht zunächst jedem Ehegatten deswegen ein angemessener Gewinnanteil zu. Sind darüber hinaus beide Ehegatten im Betrieb tätig, wie es in Handwerks- und Einzelhandelsbetrieben die Regel ist, so ist eine gleichmäßige Gewinnteilung zwischen den Ehegatten angebracht.

Das Gehalt der Ehefrau ist, da sie Mitunternehmerin ist, keine Betriebsausgabe, sondern stellt eine Sondervergütung gem. § 15 Abs. 1 Satz 1 Nr. 2 EStG dar.

FALL 311

Zurechnung der Einkünfte von Eltern und Kindern

Sachverhalt: Die Eheleute haben auf den Namen ihres minderjährigen Sohnes ein Sparbuch mit einer Einlage i. H. von 30.000 € angelegt, die vom Sparkonto der Eltern umgebucht wurden. Die Zinsen werden darauf jährlich bei Vorlage des Sparbuchs gutgeschrieben.

AUFGABE

Wem sind die Zinsen zuzurechnen?

LÖSUNG

Richten Eltern durch Vertrag zugunsten ihrer Kinder ein Sparkonto ein, dann sind die darauf geleisteten Einlagen und die Erträge daraus den Kindern zuzurechnen, wenn die Eltern bei Abschluss des Vertrags über die Einrichtung des Sparkontos und bei der Einzahlung der Einlagen den Willen hatten, die Guthabenforderung den Kindern sofort zuzuwenden, und dieser Wille für die Bank erkennbar war (BFH, Urteil v. 3.1.1976 - VIII R 137/74, BStBl 1977 II S. 205). Die OFD Magdeburg äußert sich mit der Vfg. v. 26.1.2007 - S 2252 - 90 - St 214, DStR 2007 S. 672) zur Vermögensübertragung von Eltern auf die minderjährigen Kinder.

Das bedeutet, dass bei Kontoeröffnung im Antrag anzugeben ist, wer Kontoinhaber und wer Gläubiger ist. Die Eltern treten lediglich als gesetzliche Vertreter auf. Die Eltern müssen das Vermögen entsprechend den bürgerlich-rechtlichen Vorschriften über die elterliche Vermögenssorge verwalten (§ 1626 BGB) und dürfen es nicht wie eigenes Vermögen behandeln.

Bei der Übertragung des Guthabens auf den Sohn handelt es sich um eine Schenkung gem. § 518 BGB. Hierfür ist zwar grds. die notarielle Beurkundung erforderlich, doch kann dieser Formmangel durch die Bewirkung der Leistung geheilt werden (§ 518 Abs. 2 BGB). Da die Übertragung des Sparguthabens ausschließlich rechtliche Vorteile bringt, greift das Selbstkontrahierungsverbot des § 181 BGB nicht. Die Bestellung eines Ergänzungspflegers ist nicht erforderlich. Die Übertragung ist also wirksam erfolgt. Der Vorgang unterliegt grds. der Erbschaftsteuer, die Freibeträge sind aber im vorliegenden Fall nicht überschritten. Da dem Sohn das Guthaben nach den o. g. Kriterien des BFH zuzurechnen ist, sind bei ihm auch die Zinsen zu berücksichtigen. Der Sohn erzielt Einkünfte aus Kapitalvermögen (siehe auch BFH, Urteil v. 24.4.1990 - VIII R 170/83, BStBl 1990 II S. 539). Die Eltern müssen das Sparguthaben wie fremdes Vermögen verwalten; sie dürfen es nicht wie eigenes Vermögen behandeln.

Kapitel 12: Steuertarif

12.1 Außerordentliche Einkünfte (§ 34 EStG)

Vorbemerkungen

Bei bestimmten Einkünften ist gem. § 34 EStG ein geringerer Steuersatz als nach den Einkommensteuertabellen anzuwenden. Damit sollen Härten vermieden werden, die sich durch den progressiven Tarifverlauf ergeben können, wenn Einkünfte zwar über viele Kalenderjahre hinweg verursacht werden, aber in einem Veranlagungszeitraum kumuliert zu versteuern sind.

FALL 312

Veräußerungsgewinn

Sachverhalt: Peter Adler (A), 59 Jahre alt, verheiratet, hat im Jahr 2024 laufende Einkünfte aus Gewerbebetrieb i. H. von 90.000 €. Hinzu kommt aus der Veräußerung eines Teilbetriebs, der die Hälfte des gesamten Betriebsvermögens ausmacht, ein Veräußerungsgewinn i. S. des § 16 Abs. 1 Satz 1 Nr. 1 Satz 1 und Abs. 2 EStG i. H. von 50.000 €. Außerdem hat er noch einen Verlust aus Vermietung und Verpachtung i. H. von 20.000 € erklärt. Sonderausgaben werden i. H. von 10.000 € geltend gemacht. Die Eheleute werden im Veranlagungszeitraum 2024 antragsgemäß zusammenveranlagt. A hat die Ermäßigung gem. § 34 Abs. 3 EStG noch nie in Anspruch genommen und möchte eine möglichst niedrige Besteuerung; alle hierfür notwendigen Anträge wurden gestellt.

AUFGABE

Wie hoch ist die tarifliche Einkommensteuer für den Veranlagungszeitraum 2024 bei der Zusammenveranlagung?

LÖSUNG

Bei dem Gewinn aus der Veräußerung des Teilbetriebs handelt es sich um begünstigte außerordentliche Einkünfte i. S. des § 34 Abs. 2 Nr. 1 EStG. Hintergrund ist, dass im Veranlagungszeitraum 2024 über die Vorschrift des § 16 EStG alle stillen Reserven des Teilbetriebs kumuliert versteuert werden, die dieser über viele Kalenderjahre hinweg aufgebaut hat. A kann sowohl die niedrigere Besteuerung gem. § 34 Abs. 1 EStG (sog. „Fünftel-Regelung") als auch alternativ dazu die niedrigere Besteuerung gem. § 34 Abs. 3 EStG in Anspruch nehmen, da er zu letztgenannter Vorschrift alle diesbezüglichen Voraussetzungen erfüllt: So hat er das 55. Lebensjahr vollendet, noch niemals vorher eine Besteuerung gem. § 34 Abs. 3 EStG erfahren und auch den hierfür ggf. notwendigen Antrag gestellt. Zudem übersteigen die außerordentlichen Einkünfte den Betrag i. H. von 5 Mio. € nicht.

Berechnung nach der Fünftel-Regelung (§ 34 Abs. 1 Satz 1 EStG)

Zum „verbleibenden zu versteuernden Einkommen" (also dem zu versteuernden Einkommen ohne die außerordentlichen Einkünfte) wird $^{1}/_{5}$ der begünstigten Einkünfte dazugezählt; hierdurch entsteht ein erhöhtes „verbleibendes zu versteuerndes Einkommen“. Sowohl für das „verbleibende zu versteuernde Einkommen“ als auch für das erhöhte „verbleibende zu versteuernde Einkommen“ wird der entsprechende Steuerbetrag gem. § 32a EStG ermittelt. Die Differenz dieser Steuerbeträge wird mit fünf multipliziert und stellt dann den begünstigten Steuerbetrag für die außerordentlichen Einkünfte dar. Zusammen mit dem Steuerbetrag des „verbleibenden zu versteuernden Einkommens“ (welches die übrigen Besteuerungsgrundlagen beinhaltet) ergibt sich die gesamte tarifliche Einkommensteuer für den Sachverhalt. Die tarifliche Einkommensteuer für den Veranlagungszeitraum 2024 errechnet sich im vorliegenden Fall nach der Fünftel-Regelung somit wie folgt:

a) **Berechnung des zu versteuernden Einkommens:**

Einkünfte aus Gewerbebetrieb – laufender Gewinn (§ 2 Abs. 1 Satz 1 Nr. 2 i.V. mit § 15 Abs. 1 Satz 1 Nr. 1 EStG)	90.000 €
Veräußerungsgewinn (§ 16 Abs. 1 Satz 1 Nr. 1 Satz 1 und Abs. 2 EStG)	+ 50.000 €
Einkünfte aus Vermietung und Verpachtung (§ 2 Abs. 1 Satz 1 Nr. 6 i.V. mit § 21 Abs. 1 Satz 1 Nr. 1 EStG)	- 20.000 €
Summe der Einkünfte; hier auch Gesamtbetrag der Einkünfte (§ 2 Abs. 3 EStG)	120.000 €
Sonderausgaben (§§ 10 ff. EStG)	- 10.000 €
Einkommen; hier zugleich zu versteuerndes Einkommen (§ 2 Abs. 4 und 5 EStG)	110.000 €

b) **Berechnung der tariflichen Einkommensteuer:**

Zu versteuerndes Einkommen ohne außerordentliche Einkünfte (verbleibendes zu versteuerndes Einkommen (§ 34 Abs. 1 Satz 2 EStG)	60.000 €
Einkommensteuer hierauf lt. Splittingtabelle 2024 (§ 32a Abs. 5 i.V. mit Abs. 1 Satz 2 Nr. 3 EStG)	8.892 €
Verbleibendes zu versteuerndes Einkommen zzgl. $^1/_5$ der außerordentlichen Einkünfte (§ 34 Abs. 1 Satz 2 EStG)	70.000 €
Einkommensteuer hierauf lt. Splittingtabelle 2024 (§ 32a Abs. 5 i.V. mit Abs. 1 Satz 2 Nr. 3 EStG)	11.850 €
Differenz	2.958 €
Fünffaches der Differenz = tarifliche Einkommensteuer für die außerordentlichen Einkünfte (§ 34 Abs. 1 Satz 2 EStG)	14.790 €
zzgl. tarifliche Einkommensteuer für das verbleibende zu versteuernde Einkommen (und somit für die restlichen Besteuerungsgrundlagen)	+ 8.892 €
Gesamte tarifliche Einkommensteuer	23.682 €

c) **Berechnung des ermäßigten Steuersatzes i. S. des § 34 Abs. 3 Satz 1 EStG:**

Nach dieser Berechnungsmethode wird als ermäßigter Steuersatz für die außerordentlichen Einkünfte ein Satz i. H. von 56 % des durchschnittlichen Steuersatzes gem. § 32a EStG (auf das normale zu versteuernde Einkommen inklusive der außerordentlichen Einkünfte), mindestens aber ein Steuersatz i. H. von 14 % angesetzt. Zusammen mit der tariflichen Steuer auf das „verbleibende zu versteuernde Einkommen" ergibt sich dann die tarifliche Einkommensteuer für den gesamten Sachverhalt.

Zu versteuerndes Einkommen (§ 2 Abs. 5 EStG, s. o.)	110.000 €
Einkommensteuer hierauf lt. Splittingtabelle 2024 (§ 32a Abs. 5 i.V. mit Abs. 1 Satz 2 Nr. 3 EStG)	25.496 €
Der durchschnittliche Steuersatz (R 34.5 Abs. 1 Satz 2 EStR) beträgt (25.496 € / 110.000 € =)	23,1781 %
56 % des durchschnittlichen Steuersatzes (§ 34 Abs. 3 Satz 2 EStG) (23,1781 % x 56 % =)	12,9797 %
Mindestens aber (§ 34 Abs. 3 Satz 2 EStG)	14 %
Der ermäßigte Steuersatz wird auf den Veräußerungsgewinn i. H. von 50.000 € angewendet; daraus ergibt sich eine tarifliche Einkommensteuer auf den Veräußerungsgewinn i. H. von	7.000 €
zzgl. tarifliche Einkommensteuer für das verbleibende zu versteuernde Einkommen (und somit für die restlichen Besteuerungsgrundlagen, s. o.)	+ 8.892 €
Gesamte tarifliche Einkommensteuer	15.892 €

Die Anwendung von § 34 Abs. 3 EStG ist somit wesentlich günstiger als die Fünftel-Regelung gem. § 34 Abs. 1 EStG. Noch deutlicher wird der Unterschied, wenn der Grenzsteuersatz für die Veräußerungsgewinne sehr hoch liegt, da die Fünftel-Regelung dann kaum mehr greift und der ermäßigte Steuersatz nicht mehr durch den mindestens anzusetzenden Steuersatz überlagert wird.

FALL 313

Versteuerung einer Abfindung

Sachverhalt: Leo Burger (B), ledig, 40 Jahre alt, hat im Jahr 2024 neben seinen laufenden nichtselbständigen Einkünften i. H. von 40.000 € zum Ende des Jahres eine Entschädigung für die Vereinbarung eines Wettbewerbsverbots i. H. von 15.000 € erhalten, die die Voraussetzungen des § 24 Nr. 1 Buchst. b EStG erfüllt. Seine Sonderausgaben und außergewöhnlichen Belastungen betragen 5.000 €.

AUFGABE

Wie hoch ist die tarifliche Einkommensteuer im Veranlagungszeitraum 2024?

LÖSUNG

Bei der Entschädigung handelt es sich um außerordentliche Einkünfte i. S. des § 34 Abs. 2 Nr. 2 EStG. Für diese kommt nur eine begünstigte Besteuerung nach der Fünftel-Regelung des § 34 Abs. 1 EStG in Betracht; die Anwendung des ermäßigten Steuersatzes gem. § 34 Abs. 3 EStG ist hingegen nicht möglich (§ 34 Abs. 3 Satz 1 EStG).

Nach der Fünftel-Regelung des § 34 Abs. 1 Satz 1 EStG ergibt sich folgende Lösung:

a) **Berechnung des zu versteuernden Einkommens:**

Laufende Einkünfte aus nichtselbständiger Arbeit (§ 2 Abs. 1 Satz 1 Nr. 4 i.V. mit § 19 Abs. 1 Satz 1 Nr. 1 EStG)	40.000 €
Entschädigung (§ 24 Nr. 1 Buchst. b EStG)	+ 15.000 €
Summe der Einkünfte; hier auch Gesamtbetrag der Einkünfte (§ 2 Abs. 3 EStG)	55.000 €
Sonderausgaben/außergewöhnliche Belastungen i. S. der §§ 10 ff. und 33 ff. EStG	- 5.000 €
Einkommen; hier zugleich zu versteuerndes Einkommen (§ 2 Abs. 4 und 5 EStG)	50.000 €

b) **Berechnung der tariflichen Einkommensteuer:**

Zu versteuerndes Einkommen ohne außerordentliche Einkünfte (verbleibendes zu versteuerndes Einkommen, § 34 Abs. 1 Satz 2 EStG)	35.000 €
Einkommensteuer hierauf lt. Grundtabelle 2024 (§ 32a Abs. 1 Satz 2 Nr. 3 EStG)	5.925 €
Verbleibendes zu versteuerndes Einkommen zzgl. 1/5 der außerordentlichen Einkünfte (§ 34 Abs. 1 Satz 2 EStG)	38.000 €
Einkommensteuer hierauf lt. Grundtabelle 2024 (§ 32a Abs. 1 Satz 2 Nr. 3 EStG)	6.856 €
Differenz	931 €
Fünffaches der Differenz = tarifliche Einkommensteuer für die außerordentlichen Einkünfte (§ 34 Abs. 1 Satz 2 EStG)	4.655 €
zzgl. tarifliche Einkommensteuer für das verbleibende zu versteuernde Einkommen (und somit für die restlichen Besteuerungsgrundlagen)	+ 5.925 €
Gesamte tarifliche Einkommensteuer	10.580 €

12.2 Steuerermäßigung bei ausländischen Einkünften

Vorbemerkungen

Da ein unbeschränkt Steuerpflichtiger grds. mit seinem gesamten „Welteinkommen" zur Einkommensteuer herangezogen wird, die ausländischen Einkunftsteile hierbei aber meist schon der Besteuerung im Quellenstaat unterliegen, ergibt sich eine Doppelbesteuerung dieser Einkünfte. Zu deren Vermeidung wurden eine Vielzahl bilateraler Abkommen, sog. „Doppelbesteuerungsabkommen", abgeschlossen. Sollte ein derartiges Abkommen im Einzelfall nicht vorhanden sein oder nicht zur Anwendung gelangen, kommt als einseitige Maßnahme des deutschen Fiskus u. a. die Tarifermäßigung gem. § 34c EStG zur Entlastung des Steuerpflichtigen in Betracht.

FALL 314

Beschränkte Anrechenbarkeit ausländischer Steuern

Sachverhalt: Fred Caspari (C) betreibt in Stuttgart einen Schuhgroßhandel. Daraus erzielt er im Veranlagungszeitraum 2024 einen Gewinn i. H. von 50.000 €. Einen Teil der von ihm vertriebenen Schuhe bezieht er aus einer eigenen Fabrik im Sudan. Aus diesem Unternehmen erwirtschaftet er einen Gewinn i. H. von 60.000 €; hierauf hat er im Sudan im Laufe des Jahres 2024 umgerechnet 12.000 € an „business profits tax" bezahlt.

Im Januar 2025 werden noch 4.000 € „business profits tax" für das Jahr 2024 nachgefordert, die er im Februar 2025 entrichtet. Alle entrichteten „business profits tax"-Zahlungen wurden vom Sudan ordnungsgemäß festgesetzt und unterliegen dort keinem Ermäßigungsanspruch.

C ist 45 Jahre alt und verheiratet. Er lebt mit seiner Ehefrau in Stuttgart; die Eheleute werden im Veranlagungszeitraum 2024 antragsgemäß zusammenveranlagt. C erklärt noch einen Verlust aus Vermietung und Verpachtung i. H. von 10.000 €; an Sonderausgaben sind bei den Eheleuten 10.000 € anzusetzen.

AUFGABE

Wie hoch ist die festzusetzende Einkommensteuer 2024? Ein Antrag auf Anwendung des § 34c Abs. 2 EStG wird nicht gestellt.

LÖSUNG

C und seine Ehefrau sind unbeschränkt einkommensteuerpflichtig i. S. des § 1 Abs. 1 Satz 1 EStG, da sie als natürliche Personen ihren Wohnsitz gem. § 8 AO im Inland (Stuttgart) haben. Ihre gesamten Einkünfte – auch die im Sudan erzielten und dort bereits der Einkommensbesteuerung unterworfenen Einkünfte – unterliegen somit der deutschen Einkommensteuer. Da zwischen dem Sudan und der Bundesrepublik Deutschland kein Doppelbesteuerungsabkommen besteht, kann § 34c EStG angewandt werden (vgl. § 34c Abs. 6 Satz 1 EStG im Umkehrschluss). C bezieht Einkünfte aus Gewerbebetrieb aus dem Sudan. Diese wurden dort einer Steuer unterworfen, die gem. R 34c Abs. 1 und 2 EStR i.V. mit der Anlage 6 der EStR der deutschen Einkommensteuer entspricht; zudem wurden die Steuerbeträge lt. Sachverhalt ordnungsgemäß festgesetzt, gezahlt und unterliegen im Quellenstaat keinem Ermäßigungsanspruch (§ 34c Abs. 1 Satz 1 EStG). Der Nachweis über die Höhe der ausländischen Einkünfte und der bezahlten Steuer muss gem. § 68b Satz 1 EStDV durch die Vorlage geeigneter Urkunden erbracht werden. Es kommt für die Anrechnung nicht auf den Zeitpunkt der Zahlung, sondern gem. § 34c Abs. 1 Satz 5 EStG darauf an, für welchen Veranlagungszeitraum die Steuern bezahlt worden sind. Danach sind also auch die im Jahr 2025 für das Jahr 2024 bezahlten Steuern einzubeziehen.

Die ausländische Steuer ist aber nicht unbegrenzt abzugsfähig, sondern gem. § 34c Abs. 1 Satz 1 EStG nur bis zur Höhe der deutschen Steuer, die bei einer Veranlagung auf die Einkünfte aus dem Sudan entfällt. Gemäß § 34c Abs. 1 Satz 2 EStG ist für die Anrechnung der durchschnittliche Steuersatz zu ermitteln, der auf die gesamten inländischen und ausländischen Einkünfte entfällt; dieser Durchschnittssteuersatz ist auf die ausländischen Einkünfte anzuwenden und ergibt den maximal anrechenbaren Steuerbetrag.

Daraus ergibt sich folgender Lösungsweg:

a) **Ermittlung der tariflichen Einkommensteuer:**

Einkünfte aus Gewerbebetrieb (§ 2 Abs. 1 Satz 1 Nr. 2 i.V. mit § 15 Abs. 1 Satz 1 Nr. 1 EStG)	
► im Inland	50.000 €
► im Sudan	+ 60.000 €
Einkünfte aus Vermietung und Verpachtung (§ 2 Abs. 1 Satz 1 Nr. 6 i.V. mit § 21 Abs. 1 Satz 1 Nr. 1 EStG)	- 10.000 €
Summe der Einkünfte; hier zugleich Gesamtbetrag der Einkünfte (§ 2 Abs. 3 EStG)	100.000 €
Sonderausgaben (§§ 10 ff. EStG)	- 10.000 €
Einkommen; hier zugleich zu versteuerndes Einkommen (§ 2 Abs. 4 und 5 EStG)	90.000 €
Einkommensteuer hierauf lt. Splittingtabelle 2024 (§ 32a Abs. 5 i.V. mit Abs. 1 Satz 2 Nr. 3 EStG)	18.310 €

Dies entspricht einem Durchschnittssteuersatz i. H. von 20,3444 % (= 18.310 € / 90.000 €).

b) **Berechnung der anrechenbaren ausländischen Steuer – Höchstbetrag gem. § 34c Abs. 1 Satz 2 EStG i.V. mit § 68a EStDV:**

Anrechenbare Steuer	=	ausländische Einkünfte x Durchschnittssteuersatz	
Anrechenbare Steuer	=	60.000 € x 20,3444 %	= 12.207 €

c) Auf die deutsche Einkommensteuer i. H. von 18.310 € können also von den im Sudan bezahlten „business profits taxes" i. H. von insgesamt 16.000 € nur 12.207 € angerechnet werden (zur Vereinfachung zugunsten des Steuerpflichtigen gerundet). Die festzusetzende Einkommensteuer gem. § 2 Abs. 6 Satz 1 EStG beträgt somit 6.103 €.

FALL 315

Anrechenbarkeit bei ausländischen Einkünften aus mehreren Staaten

Sachverhalt: Wie Fall 314, mit dem Zusatz, dass C auch in Chile einen gewerblichen Betrieb unterhält. Aus diesem erzielt er im Jahr 2024 einen Gewinn i. H. von 40.000 €. Hierauf hat er im Jahr 2024 umgerechnet 15.000 € „impuesto a la renta" bezahlt; dieser Steuerbetrag wurde in Chile ordnungsgemäß festgesetzt und unterliegt dort auch keinem Ermäßigungsanspruch.

AUFGABE

Wie hoch ist die festzusetzende Einkommensteuer 2024? Ein Antrag auf Anwendung des § 34c Abs. 2 EStG wird nicht gestellt.

LÖSUNG

Auch mit Chile besteht kein Doppelbesteuerungsabkommen, so dass grds. genauso vorzugehen ist wie bei den Einkünften aus dem Sudan (auch die übrigen Voraussetzungen liegen offensichtlich vor, so dass diesbezüglich vollumfänglich auf die Ausführungen in Fall 314 verwiesen werden kann). Werden aus mehreren Staaten ausländische Einkünfte bezogen, so ist der Höchstbetrag der anrechenbaren ausländischen Steuern für jeden ausländischen Staat gesondert zu ermitteln (§ 68a Satz 2 EStDV; sog. „per country limitation").

a) **Ermittlung der tariflichen Einkommensteuer:**

Einkünfte aus Gewerbebetrieb (§ 2 Abs. 1 Satz 1 Nr. 2 i.V. mit § 15 Abs. 1 Satz 1 Nr. 1 EStG)	
► im Inland	50.000 €
► im Sudan	+ 60.000 €
► in Chile	+ 40.000 €
Einkünfte aus Vermietung und Verpachtung (§ 2 Abs. 1 Satz 1 Nr. 6 i.V. mit § 21 Abs. 1 Satz 1 Nr. 1 EStG)	- 10.000 €
Summe der Einkünfte; hier zugleich Gesamtbetrag der Einkünfte (§ 2 Abs. 3 EStG)	140.000 €
Sonderausgaben (§§ 10 ff. EStG)	- 10.000 €
Einkommen; hier zugleich zu versteuerndes Einkommen (§ 2 Abs. 4 und 5 EStG)	130.000 €
Einkommensteuer hierauf lt. Splittingtabelle 2024 (§ 32a Abs. 5 i.V. mit Abs. 1 Satz 2 Nr. 3 EStG)	33.406 €

Dies entspricht einem Durchschnittssteuersatz i. H. von 25,6969 % (= 33.406 € / 130.000 €).

b) **Berechnung des Höchstbetrags der anrechenbaren ausländischen Steuern gem. § 34c Abs. 1 Satz 2 EStG i.V. mit § 68a Satz 2 EStDV:**

Sudan:

Anrechenbare Steuer	=	60.000 € x 25,6969 % =	15.419 €

Chile:

Anrechenbare Steuer	=	40.000 € x 25,6969 % =	10.279 €

c) Auf die deutsche tarifliche Einkommensteuer i. H. von 33.406 € dürften also maximal 15.419 € der im Sudan bezahlten Steuern i. H. von 16.000 € angerechnet werden. Von den in Chile bezahlten Steuern i. H. von 15.000 € können nur 10.279 € angerechnet werden (die Anrechnungsbeträge sind hierbei zur Vereinfachung zugunsten des Steuerpflichtigen gerundet).

Die festzusetzende Einkommensteuer gem. § 2 Abs. 6 Satz 1 EStG beträgt somit 7.708 € (= 33.406 € - 15.419 € - 10.279 €).

FALL 316

Auslandstätigkeitserlass

Sachverhalt: Der EDV-Fachmann Peter Meyer (M) ist bei der Firma IBM in Böblingen beschäftigt. Im Auftrag seiner Firma reiste er im März 2024 nach Bahrain (Arabien), um dort die Installation einer von seiner Firma gelieferten EDV-Anlage bis zur Übergabe an die Auftraggeber zu überwachen. Insgesamt hielt er sich sechs Monate in Bahrain auf. Während dieser Zeit erhielt er von seinem Arbeitgeber weiterhin sein Gehalt i. H. von monatlich 6.000 €. Seine Familie blieb in Böblingen und reiste nur während seines Urlaubs zu ihm nach Bahrain. Nach Abschluss der Arbeiten erhielt er von den arabischen Auftraggebern als Erfolgsprämie noch eine Uhr im Wert von 20.000 €. M hat nachgewiesen, dass seine nach deutschem Recht ermittelten und in Bahrain erzielten Einkünfte aus nichtselbständiger Arbeit im Quellenstaat einer der deutschen Einkommensteuer entsprechenden Steuer in einer durchschnittlichen Höhe von mindestens 10 % unterlegen haben und dass die diesbezüglich festgesetzte Steuer in Bahrain auch entrichtet wurde.

AUFGABE

Sind die Gehaltszahlungen während der Zeit des Auslandsaufenthalts und der Wert der Uhr zu versteuern?

LÖSUNG

M ist weiterhin unbeschränkt steuerpflichtig, da er seinen Wohnsitz im Inland nicht aufgegeben hat (§ 1 Abs. 1 Satz 1 EStG). Für die Steuerpflicht ist der Ort der Tätigkeit unerheblich. Ein Doppelbesteuerungsabkommen greift nicht ein, da die Bundesrepublik Deutschland mit Bahrain keines abgeschlossen hat. Die Einnahmen bleiben jedoch aufgrund des Auslandstätigkeitserlasses (BMF, Schreiben v. 10.6.2022, BStBl 2022 I S. 997) i.V. mit § 34c Abs. 5 EStG steuerfrei. M übt eine begünstigte Tätigkeit i. S. der Ziffer I. Nr. 1 des vorgenannten Erlasses aus; die Dauer seiner Tätigkeit überschreitet die von Ziffer II. des Erlasses geforderte Mindestfrist i. H. von drei Monaten. Auch wenn er seinen Urlaub nicht in Bahrain verbracht hätte, sondern zu seiner Familie zurückgekehrt oder in ein Drittland gereist wäre, schadet die Urlaubsunterbrechung nicht; die Urlaubszeit würde jedoch in diesem Falle bei der Berechnung der Dreimonatsfrist nicht mitgerechnet. Zu den steuerfrei zu belassenden Einnahmen gehört auch der Wert der Uhr, da Ziffer III. Nr. 2 des Erlasses nur fordert, dass die Erfolgsprämie im Zusammenhang mit der begünstigten Auslandstätigkeit gezahlt wird. Nicht erforderlich ist, dass der Zahlende der Arbeitgeber ist. Ausschlussgründe, die gegen eine Anwendung des Auslandstätigkeitserlasses sprechen, liegen nicht vor; insbesondere die in Ziffer V. Nr. 3 des Erlasses angesprochene Mindestbesteuerung im Quellenstaat wurde lt. Sachverhalt vorgenommen.

12.3 Steuerermäßigung bei Einkünften aus Gewerbebetrieb

Vorbemerkungen

Im Rahmen des § 35 EStG wird die Einkommensteuer des Unternehmers durch eine pauschalierte Anrechnung der Gewerbesteuer gemindert; diese Tarifermäßigung beläuft sich grds. auf das Vierfache des Gewerbesteuermessbetrags.

Auf die tatsächliche Höhe der Gewerbesteuer kommt es bei der Ermittlung dieser Steuerermäßigung also nicht an; so ist insbesondere die Höhe des Hebesatzes (mindestens 200 % gem. § 16 Abs. 4 Satz 2 GewStG) nicht entscheidend, da die Ermäßigung nur an den Gewerbesteuermessbetrag und nicht an die festgesetzte Gewerbesteuer anknüpft.

Allerdings bildet die tatsächlich zu zahlende Gewerbesteuer einen Ermäßigungshöchstbetrag i. S. des § 35 Abs. 1 Satz 5 EStG. Zudem ist auch der Ermäßigungshöchstbetrag des § 35 Abs. 1 Satz 2 EStG zu beachten. Hiernach setzt die Steuerermäßigung voraus, dass im zu versteuernden Einkommen positive gewerbliche Einkünfte enthalten sind; denn nur die darauf entfallende anteilige Einkommensteuer kann ermäßigt werden. Liegen positive gewerbliche Einkünfte vor, wird aber die tarifliche Einkommensteuer mit 0 € ermittelt, z. B. aufgrund von Verlusten aus anderen Einkunftsarten, so kommt es gem. § 35 Abs. 1 Satz 2 EStG ebenfalls zu keiner Steuerermäßigung. Die Tarifermäßigung gem. § 35 EStG kann zudem auch nicht zu einer negativen Einkommensteuer führen (maximale Minderung bis auf 0 €); der Rück- oder Vortrag einer nicht ausgenutzten Steuerermäßigung ist ebenfalls nicht vorgesehen.

Sind die gewerblichen Einkünfte negativ, kann dennoch Gewerbesteuer anfallen (etwa aufgrund von gewerbesteuerlichen Hinzurechnungen). In diesen Fällen kommt es trotz Gewerbesteuerbelastung nicht zur Steuerermäßigung bei der Einkommensteuer (§ 35 Abs. 1 Satz 2 EStG – siehe vorstehende Ausführungen).

FALL 317

Ermäßigung bei einem Einzelunternehmen

Sachverhalt: Der ledige Malermeister M hatte im Jahr 2024 einen Gewinn aus Gewerbebetrieb i. H. von 140.000 €. Die Summe der Einkünfte beträgt mit positiven Vermietungseinkünften zusammen 210.000 € und das zu versteuernde Einkommen 200.000 €. Der Gewerbeertrag gem. § 7 Satz 1 GewStG beläuft sich für das Jahr 2024 aufgrund von Hinzurechnungen i. S. des § 8 GewStG auf 150.000 €; der Gewerbesteuerhebesatz gem. § 16 Abs. 4 Satz 1 GewStG beträgt 450 %.

AUFGABE

Wie hoch ist die für den Veranlagungszeitraum 2024 festzusetzende Einkommensteuer unter Berücksichtigung der Steuerermäßigung gem. § 35 EStG?

LÖSUNG

Bei einem Einzelunternehmer ermäßigt sich die tarifliche Einkommensteuer grds. um das Vierfache des für seinen Gewerbebetrieb festgesetzten Gewerbesteuermessbetrags (§ 35 Abs. 1 Satz 1 Nr. 1 EStG). Damit muss zunächst die Gewerbesteuerveranlagung durchgeführt werden, um auf den festgesetzten Gewerbesteuermessbetrag zugreifen zu können. Es ergibt sich folgende Ermittlung des Gewerbesteuermessbetrags und hieraus resultierend auch folgende Berechnung der festgesetzten Einkommensteuer unter Berücksichtigung des § 35 EStG:

Gewerbesteuerveranlagung:

Gewerbeertrag (§ 7 Satz 1 GewStG)	150.000 €
abzgl. Freibetrag (§ 11 Abs. 1 Satz 3 Nr. 1 GewStG)	- 24.500 €
Verbleibender Gewerbeertrag	125.500 €
x Steuermesszahl 3,5 % von 125.500 € (§ 11 Abs. 2 GewStG)	
= Gewerbesteuermessbetrag	4.392 €

Einkommensteuerveranlagung:

Gewerbliche Einkünfte (§ 2 Abs. 1 Satz 1 Nr. 2 i. V. mit § 15 Abs. 1 Satz 1 Nr. 1 EStG)	140.000 €
Summe der Einkünfte	210.000 €
Zu versteuerndes Einkommen (§ 2 Abs. 5 EStG)	200.000 €
Tarifliche Einkommensteuer lt. Grundtabelle 2024 (§ 32a Abs. 1 Satz 2 Nr. 4 EStG)	73.397 €

Die anteilige Einkommensteuer auf die gewerblichen Einkünfte beträgt:

$$\frac{\text{Tarifliche Einkommensteuer x gewerbliche Einkünfte}}{\text{Summe der positiven Einkünfte}} = \frac{73.397 € \times 140.000 €}{210.000 €} = 48.932 € \text{ (gerundet)}$$

Dies stellt den Höchstbetrag gem. § 35 Abs. 1 Satz 2 EStG dar.

Ein weiterer Höchstbetrag ergibt sich aus § 35 Abs. 1 Satz 5 EStG i. H. der tatsächlichen Gewerbesteuer (hier: 4.392 € x 450 % Hebesatz = 19.764 €). Die vorgesehene Tarifermäßigung i. S. des § 35 Abs. 1 Satz 1 Nr. 1 EStG liegt unter beiden Höchstbeträgen und kommt zum Ansatz:

4.392 € x 4 =	- 17.568 €
Festzusetzende Einkommensteuer (§ 2 Abs. 6 Satz 1 EStG)	55.829 €

FALL 318

Ermäßigung bei negativen gewerblichen Einkünften

Sachverhalt: Der ledige Malermeister M erwirtschaftete mit seinem Einzelunternehmen im Jahr 2024 einen Verlust i. H. von 10.000 €. Aufgrund von hohen Hinzurechnungen i. S. des § 8 GewStG beträgt der Gewerbeertrag gem. § 7 Satz 1 GewStG 200.000 €.

AUFGABE

Wie hoch ist die Steuerermäßigung gem. § 35 EStG?

LÖSUNG

M kann trotz der entstehenden Gewerbesteuerbelastung keine Steuerermäßigung erhalten, da er keine positiven gewerblichen Einkünfte erzielt (§ 35 Abs. 1 Satz 2 EStG). Dies gilt unabhängig davon, ob er andere positive Einkünfte hat oder nicht.

FALL 319

Ermäßigung bei Personengesellschaften

Vorbemerkungen: Bei Personengesellschaften ist die Besonderheit zu beachten, dass die Gewerbesteuer auf der Ebene der Gesellschaft und die Einkommensteuer gegenüber den Gesellschaftern festgesetzt wird. Hier erfolgt die Steuerermäßigung auf der Grundlage des anteiligen Gewerbesteuermessbetrags (§ 35 Abs. 1 Satz 1 Nr. 2 und Abs. 2 Satz 2 EStG). Der jedem Mitunternehmer zuzurechnende Anteil am Gewerbesteuermessbetrag bestimmt sich nach dem gesellschaftsvertraglich vereinbarten Gewinnverteilungsschlüssel. Vorabgewinne, Sondervergütungen sowie die Ergebnisse aus Sonder- und Ergänzungsbilanzen beeinflussen die Verteilung des Gewerbesteuermessbetrags nicht.

Ergibt sich bei einem Gesellschafter ein Gewinnanteil, bei einem anderen hingegen ein Verlustanteil (z. B. aufgrund von hohen Verlusten aus dem Sonderbetriebsvermögen oder aus einer Ergänzungsbilanz), ändert sich am Verteilungsschlüssel für den Gewerbesteuermessbetrag nichts, d. h. auch dem Gesellschafter mit Verlustanteil wird ein Anteil am Gewerbesteuermessbetrag nach dem allgemeinen Gewinnverteilungsschlüssel zugewiesen (§ 35 Abs. 2 Satz 2 EStG). Aufgrund des einkommensteuerlichen Verlustanteils läuft bei diesem Gesellschafter allerdings die Steuermäßigung gem. § 35 Abs. 1 Satz 2 EStG ins Leere, d. h. dadurch wird – rein wirtschaftlich betrachtet – Steuerermäßigungsvolumen bei den anderen Gesellschaftern vernichtet, weil diesen kein höherer Anteil am Gewerbesteuermessbetrag zugewiesen werden kann.

Sachverhalt: An der ABC-OHG sind A, B und C zu je $^1/_3$ beteiligt. Die ABC-OHG erzielt in ihrer Steuerbilanz einen Gesamthandsgewinn i. H. von 600.000 €. Daneben erhält A eine (als Aufwand bei der ABC-OHG behandelte) Tätigkeitsvergütung i. H. von 100.000 €. B hat der ABC-OHG ein Grundstück überlassen und erzielt dadurch einen Verlust i. H. von 40.000 €. C hat seinen Anteil erst vor kurzem erworben und erzielt aufgrund von höherer AfA einen Verlust in seiner Ergänzungsbilanz i. H. von 60.000 €. Der Gewerbesteuermessbetrag der ABC-OHG beträgt 27.000 €. Der Gewerbesteuermessbetrag und die Anteile der Gesellschafter (nach dem allgemeinen Gewinnverteilungsschlüssel jeweils $^1/_3$ = 9.000 €, § 35 Abs. 2 Satz 2 EStG) wurden gesondert und einheitlich festgestellt (§ 35 Abs. 2 Satz 1 EStG).

AUFGABE

Wie sieht die Gewinnverteilungstabelle der ABC-OHG aus und wie wird der Gewerbesteuermessbetrag aufgeteilt?

LÖSUNG

Die Gewinnverteilung bei der ABC-OHG mit Aufteilung des Gewerbesteuermessbetrags sieht nach den obigen Grundsätzen folgendermaßen aus:

Beteiligter	**Laufende Einkünfte**	**Hinzuzusetzen: Sondervergütung**	**Abzusetzen lt. Sonder- bzw. Ergänzungsbilanz**	**Zuzurechnende Einkünfte gesamt**	**Gewerbesteuermessbetrag**
A	+ 200.000 €	+ 100.000 €	–	+ 300.000 €	33,33 % = 9.000 €
B	+ 200.000 €	–	- 40.000 €	+ 160.000 €	33,33 % = 9.000 €
C	+ 200.000 €	–	- 60.000 €	+ 140.000 €	33,33 % = 9.000 €
Summe	+ 600.000 €	+ 100.000 €	- 100.000 €	+ 600.000 €	100 % = 27.000 €

Gemäß dieser in § 35 Abs. 2 Satz 2 EStG geforderten Aufteilung können A, B und C jeweils das Vierfache des anteiligen Gewerbesteuermessbetrags i. H. von 9.000 € = 36.000 € als Steuerermäßigung von ihrer jeweiligen Einkommensteuerschuld abziehen (unter Berücksichtigung der sich aus dem Sachverhalt nicht näher bestimmbaren Höchstbeträge gem. § 35 Abs. 1 Satz 2 und 5 EStG).

Dieses Ergebnis befremdet, denn A versteuert die Hälfte der gewerblichen Einkünfte, erhält aber nur $^1/_3$ der Entlastung durch die Gewerbesteueranrechnung gem. § 35 EStG. B und C sind dagegen im Vorteil, d. h. sie erhalten überproportional hohe Anrechnungsmöglichkeiten. Das Ergebnis entspricht aber dem Gesetzeswortlaut und somit wohl dem Willen des Gesetzgebers.

Kapitel 13: Besteuerung beschränkt Steuerpflichtiger

Vorbemerkungen

Ein beschränkt Steuerpflichtiger (§ 1 Abs. 4 EStG) wird nur mit den inländischen Einkünften, die in § 49 EStG abschließend aufgezählt sind, zur Einkommensteuer herangezogen. Hierzu gehören alle Einkunftsarten, die auch in § 2 EStG aufgezählt sind; an das Vorliegen der Steuerpflicht werden jedoch noch weitere, besondere Voraussetzungen geknüpft. Ob es sich um steuerpflichtige inländische Einkünfte handelt, ist für die einzelnen Einkunftsarten jeweils verschieden geregelt. Bei der Beurteilung der entsprechenden Voraussetzungen ist nur auf die im Inland vorliegenden Merkmale abzustellen; die Verhältnisse im Ausland sind gem. § 49 Abs. 2 EStG grds. außer Betracht zu lassen (sog. „isolierende Betrachtungsweise").

FALL 320

Einkünfte aus inländischem Gewerbebetrieb und aus Vermietung und Verpachtung

Sachverhalt: Der Sudanese Ali Demir (D) unterhält in Stuttgart ein Auslieferungslager für algerische Weine in einem Gebäude, das ihm selbst gehört. Das Lager verwaltet ein Angestellter. Die meisten Geschäftsabschlüsse werden vom Ausland aus getätigt, nach Stuttgart kommt D nur sehr selten. Die Auslieferung wird von dem Angestellten organisiert, der ab und zu auch kleinere Geschäfte selbst abschließt. Am 1.10.2024 gibt D dieses Lager auf und verpachtet das Gebäude fortan für monatlich 1.500 € an die Weingroßhandlung Eininger, die die bisher von D importierten Weine in ihr Sortiment aufnimmt. Außerdem pflegt der selbständige Handelsvertreter Flott die bisherigen Geschäftsverbindungen von D in Ergänzung seiner sonstigen Vertretertätigkeit. Handelsvertreter Flott bereitet aber nur Geschäftsabschlüsse vor, eine Vertretungsbefugnis für D hat er nicht.

Für die Zeit vom 1.1.2024 bis zum 30.9.2024 erklärt D einen Gewinn i. H. von 15.000 €. Zum 1.10.2024 erklärt D dem Finanzamt ausdrücklich die Aufgabe des Lagers (ein Aufgabegewinn entsteht nicht). Vom 1.10.2024 an hat D für das Gebäude noch monatliche Kosten i. H. von 500 €.

AUFGABE

Wie hoch sind die steuerpflichtigen Einkünfte von D im Veranlagungszeitraum 2024?

LÖSUNG

D ist in der Bundesrepublik Deutschland nicht i. S. des § 1 Abs. 1 Satz 1 EStG unbeschränkt steuerpflichtig, da er hier weder einen Wohnsitz noch seinen gewöhnlichen Aufenthalt hat. Er ist aber beschränkt steuerpflichtig, da er im Veranlagungszeitraum 2024 inländische Einkünfte i. S des § 49 EStG hat. Ein Doppelbesteuerungsabkommen mit dem Sudan, das beachtet werden müsste, besteht nicht. In der Zeit vom 1.1.2024 bis zum 30.9.2024 erzielt D Einkünfte aus Gewerbebetrieb (§ 49 Abs. 1 Nr. 2 Buchst. a, § 2 Abs. 1 Satz 1 Nr. 2 i.V. mit § 15 Abs. 1 Satz 1 Nr. 1 EStG). Die Unterhaltung eines Auslieferungslagers, verbunden mit gelegentlichen Verkäufen durch den Angestellten, stellt eine gewerbliche Tätigkeit i. S. des § 15 Abs. 2 EStG dar. Als zusätzliche Voraussetzung fordert § 49 Abs. 1 Nr. 2 Buchst. a EStG das Vorhandensein einer inländischen Betriebsstätte oder die Bestellung eines ständigen Vertreters. Gemäß § 12 Satz 2 Nr. 5 und 6 AO sind Warenlager und Ein- und Verkaufsstellen als Betriebsstätten anzusehen. Das Auslieferungslager, verbunden mit der Tätigkeit des weisungsgebundenen Angestellten, reicht für die Annahme einer Betriebsstätte aus. Die Betriebsstätte wird zum 1.10.2024 aufgegeben. Das Vermieten von vorher eigengewerblich genutzten Räumen stellt keine gewerbliche Tätigkeit mehr dar. Es wird durch die weitere Tätigkeit des Handelsvertreters Flott auch kein ständiger Vertreter bestellt. Ein Handelsvertreter könnte zwar diese Voraussetzung des § 49 Abs. 1 Nr. 2 Buchst. a EStG erfüllen, aber dazu müsste er eine allgemeine Vollmacht zu Vertragsabschlüssen haben oder über ein Warenlager verfügen können. Daran fehlt es lt. Sachverhalt. Eine Betriebsverpachtung im Ganzen liegt nicht vor, da D lt. Sachverhalt dem Finanzamt gegenüber die Betriebsaufgabe ausdrücklich erklärt hat (§ 16 Abs. 3b Satz 1 Nr. 1 EStG); diese bleibt jedoch der Höhe nach ohne Gewinnauswirkung. Als Einkünfte aus Gewerbebetrieb ist daher nur der laufende Gewinn i. H. von 15.000 € anzusetzen.

In der Zeit ab dem 1.10.2024 erzielt D Einkünfte aus Vermietung und Verpachtung i. S. des § 2 Abs. 1 Satz 1 Nr. 6 i.V. mit § 21 Abs. 1 Satz 1 Nr. 1 EStG. Das verpachtete Gebäude stellt im Inland belegenes unbewegliches Vermögen i. S. des § 49 Abs. 1 Nr. 6 EStG dar. Der Überschuss der Einnahmen über die Werbungskosten beträgt:

Pachteinnahmen:	3 x 1.500 € =	4.500 €
abzgl. Werbungskosten:	3 x 500 € =	- 1.500 €
Einkünfte		3.000 €

Sollte das Gebäude weiterhin zu einem ausländischen Betriebsvermögen von D gehören, so ändert sich an diesem Ergebnis nichts. Bei der Berücksichtigung der Betriebsvermögenszugehörigkeit lägen zwar weiterhin Einkünfte aus Gewerbebetrieb vor, im Ausland vorliegende Besteuerungsmerkmale müssen jedoch nach der isolierenden Betrachtungsweise für die Beurteilung im Inland gem. § 49 Abs. 2 EStG außer Betracht bleiben.

Die gesamten Einkünfte von D im Rahmen der beschränkten Steuerpflicht betragen im Veranlagungszeitraum 2024 somit 18.000 €.

FALL 321

Erweiterte beschränkte Steuerpflicht (§§ 2 und 6 AStG)

Sachverhalt: Der Fabrikant Karl Schaub (S), 70 Jahre alt, deutscher Staatsangehöriger, wohnte seit seiner Geburt in Esslingen und hat dort eine Maschinenfabrik. Der durch Bestandsvergleich ermittelte Gewinn des Jahres 2024 betrug 400.000 €. Er verteilte sich gleichmäßig auf das ganze Jahr. S hatte vor 40 Jahren Stammanteile an einer GmbH in Stuttgart im Nennwert i. H. von 500.000 € zu Anschaffungskosten i. H. von insgesamt 600.000 € erworben. Seine Beteiligung, die er zulässigerweise im Privatvermögen hält, umfasst das halbe Stammkapital der GmbH. Der

Wert dieser Beteiligung ist bis zur Mitte des Jahres 2024 auf 1 Mio. € gestiegen. Eine Ausschüttung erfolgte im Jahr 2024 nicht.

Im Jahr 2024 flossen S im Dezember noch 10.000 € Zinsen aus einer privaten Darlehenshingabe zu. Das Darlehen hatte S einem befreundeten Esslinger Nachbarn privat gegeben. Abgesichert war es lediglich durch eine wertvolle Briefmarkensammlung, die S als Pfand erhalten hatte. Mit Ablauf des 30.6.2024 gab S seinen Wohnsitz in Esslingen auf, um sich in der Schweiz, im Tessin, zur Ruhe zu setzen. Die Schweizer Staatsangehörigkeit erwarb S noch nicht. Seine Maschinenfabrik in Esslingen leitet ein Angestellter.

AUFGABE

Wie ist S im Veranlagungszeitraum 2024 zu veranlagen und welche Einkünfte sind anzusetzen?

LÖSUNG

Für den Veranlagungszeitraum 2024 sind zwei Veranlagungen durchzuführen. S wird für die Zeit vom 1.1.2024 bis zum 30.6.2024 mit den Einkünften, die ihm in dieser Zeit zuzurechnen sind, nach den Regeln der unbeschränkten Steuerpflicht und für das zweite Halbjahr 2024 nach den Regeln der beschränkten Steuerpflicht als erweitert beschränkt Steuerpflichtiger zur Einkommensteuer veranlagt.

a) Erstes Halbjahr 2024

S ist in der Zeit bis zum 30.6.2024 unbeschränkt steuerpflichtig i. S. des § 1 Abs. 1 Satz 1 EStG, da er einen Wohnsitz im Inland hat. Bei S sind in dieser Zeit anteilige Einkünfte aus Gewerbebetrieb i. S. des § 2 Abs. 1 Satz 1 Nr. 2 i.V. mit § 15 Abs. 1 Satz 1 Nr. 1 EStG i. H. von 200.000 € zu erfassen.

Außerdem fallen unter die §§ 15 und 17 EStG die Wertsteigerungen der Anteile an der GmbH. Die gem. § 6 AStG erforderlichen Voraussetzungen für eine Besteuerung des Vermögenszuwachses sind erfüllt. S war, bevor die unbeschränkte Steuerpflicht durch den Wohnsitzwechsel erlosch, mehr als sieben Jahre unbeschränkt steuerpflichtig. § 6 AStG verlangt nicht, dass der Steuerpflichtige in ein niedrig besteuerndes Land zieht. Die Rechtsfolgen des § 17 EStG sind, da die übrigen Voraussetzungen des § 6 AStG vorliegen, auch ohne eine Veräußerung der Anteile anzuwenden. S ist i. S. des § 17 Abs. 1 Satz 1 EStG relevant beteiligt und die GmbH-Beteiligung (§ 17 Abs. 1 Satz 3 EStG) gehört nicht zu seinem Betriebsvermögen. Sein Veräußerungsgewinn in Form des Vermögenszuwachses beträgt bei Anschaffungskosten i. H. von 600.000 € und einem gemeinen Wert zur Zeit des Wechsels von 1 Mio. € = 400.000 €. Dieser Gewinn fällt nach der gesetzlichen Fiktion des § 6 Abs. 1 Satz 2 Nr. 1 AStG noch in die Zeit der unbeschränkten Steuerpflicht. Ein Freibetrag gem. § 17 Abs. 3 EStG entfällt aufgrund der Höhe des Veräußerungsgewinns; gem. § 3 Nr. 40 Satz 1 Buchst. c und § 3c Abs. 2 Satz 1 EStG bleiben aber 40 % des Veräußerungsgewinns außer Ansatz. Es besteht allerdings die Möglichkeit der Stundung gem. § 6 Abs. 4 und 5 AStG.

b) Zweites Halbjahr 2024

Ab dem 1.7.2024 ist S gem. § 2 AStG erweitert beschränkt steuerpflichtig. Die erweiterte beschränkte Steuerpflicht erfasst über § 49 EStG hinaus alle Einkünfte, die keine ausländischen Einkünfte i. S. des § 34c EStG sind. S war vor seiner Auswanderung in den letzten zehn Jahren mindestens fünf Jahre lang unbeschränkt steuerpflichtig. Er ist in ein niedrig besteuerndes Land i. S. des § 2 Abs. 2 AStG gezogen (siehe dazu BMF, Schreiben v. 14.5.2004, BStBl 2004 I Sondernr. 1 S. 3, ersetzt BMF, Schreiben v. 11.7.1974, BStBl 1974 I S. 442, Anlage 1 – Belastungsvergleich Nr. 1 oder Vorzugsbesteuerung Nr. 2 prüfen). Wesentliche wirtschaftliche Interessen verbinden ihn weiterhin mit dem Inland, denn er unterhält in Esslingen einen Gewerbebetrieb (§ 2 Abs. 3 Nr. 1 AStG). Auch die Bagatellgrenze des § 2 Abs. 1 Satz 3 AStG ist überschritten.

Die erweiterte beschränkte Steuerpflicht bedeutet eine Einschränkung gegenüber den Regeln eines Doppelbesteuerungsabkommens. Sie ist daher nur anwendbar, soweit das Doppelbesteuerungsabkommen die Anwendung des AStG zulässt oder kein Doppelbesteuerungsabkommen besteht. Art. 4 Abs. 4 DBA-Schweiz schließt die erweiterte beschränkte Steuerpflicht für S nicht aus. Er hat die Schweizer Staatsangehörigkeit nicht angenommen. Er geht auch keiner nichtselbständigen Tätigkeit nach. Da für die Veranlagung der erweiterten beschränkten Steuerpflicht die Regeln der beschränkten Steuerpflicht gelten, findet § 50 EStG Anwendung. Als Einkünfte aus Gewerbebetrieb sind 200.000 € anzusetzen, die auf das zweite Halbjahr 2024 entfallen.

Die Zinseinkünfte sind gem. § 20 Abs. 1 Nr. 7 EStG mit 10.000 € zu erfassen. Gemäß § 49 Abs. 1 Nr. 5 Satz 1 Buchst. c EStG wären diese Zinsen nicht anzusetzen, da sie nicht durch inländischen Grundbesitz unmittelbar oder mittelbar gesichert sind. Aber gem. § 34c EStG, auf den das AStG abstellt, handelt es sich nicht um ausländische Einkünfte, da solche gem. § 34d Nr. 6 EStG nur vorliegen, wenn der Schuldner seinen Wohnsitz im Ausland hat oder das Kapitalvermögen durch ausländischen Grundbesitz gesichert ist. Beides ist hier nicht der Fall, so dass die Zinsen unter die erweiterte beschränkte Steuerpflicht i. S. des § 2 Abs. 1 AStG fallen.

STICHWORTVERZEICHNIS

(Die Zahlen verweisen auf die Fälle.)

A

Abfindung, Steuersatz 313

Abflusszeitpunkt, Ausgaben 82
- Banküberweisung 16
- Disagio 19
- Instandhaltungsrücklage 20
- kreditfinanzierte Aufwendungen 8, 16, 21
- regelmäßig wiederkehrende Ausgaben 23
- Scheckzahlung 17
- Vorauszahlung, von Sonderausgaben 18, 63 ff.
  - -- von Werbungskosten 18

Abgekürzte Leibrente 276

Abschreibung, anschaffungsnahe Herstellungskosten 156
- Praxiswert 186 f.
- Sammelposten 144
- siehe auch „Absetzung für Abnutzung"

Absetzung für Abnutzung 138 ff.
- abschnittsweise Fertigstellung 160
- Abschreibungsbeginn 138
- AfA-Fähigkeit 139
- anschaffungsnahe Herstellungskosten 156
- antike Möbel 139
- Bilanzberichtigung 143
- Computer 140A
- Ermittlung der Bemessungsgrundlage 146
- Gebäude-AfA, längerer AfA-Zeitraum möglich? 142B
  - -- nach Einlage 147A
  - -- nach Erwerb gegen Versorgungsleistungen 147B
- Kauf eines Wohnhauses auf Rentenbasis 272
- Kunstgegenstände 139
- kurzlebige Wirtschaftsgüter 140
- lineare Gebäude-AfA 146
- mittelbare Grundstücksschenkung 158
- Nachholung 141 ff.
- nachträgliche Gebäude-Herstellungskosten 147
- Praxiswert 186
  - -- einer Freiberufler-GmbH 187
  - -- Sozietät 186
- Preisausschreiben, Fertighaus 159
- Rückbehalt eines Wohnrechts durch den Übergeber bei Erwerb eines Wohnhauses 155
- Überführung eines Betriebsgrundstücks in das Privatvermögen 157
- unterlassene Bilanzierung 143
  - -- versehentlich 142 f.
  - -- willkürlich 141

Absetzung für außergewöhnliche Abnutzung, Betriebsausgaben 112

Abzug, Krankenversicherung 60 ff.
- Pflegeversicherung 60 ff.
- Vorauszahlungen 24
- Vorsorgeaufwendungen 59 ff.

Aktie, Verkauf einer nach dem 31.12.2008 erworbenen 253

Alleinerziehender 95

Alterseinkünftegesetz, Vorsorgeaufwendungen 58 ff.

Altersentlastungsbetrag 5, 7, 300 f.

Altersrente 280 f.

Altersvorsorge 71 ff.
- Kürzung der Zulage 71
- mittelbare Berechtigung 73
- Sonderausgabenabzug 72 f.
- steuerliche Förderung 71

Angehöriger, naher, Arbeitsverhältnisse 208

Anlagevermögen, Veräußerung 112

Anschaffungsfiktion 288

Anschaffungskosten, anschaffungsnahe Herstellungskosten 156
- Fremdwährung 123
- Pkw 31

Anteil an Kapitalgesellschaft, eigener 237
- Freibetrag bei Veräußerung 239
- mittelbare Beteiligung 241
- Übertragung stiller Reserven 132
- Veräußerung, innerhalb der Spekulationsfrist 233
  - -- nach unentgeltlichem Erwerb 235
- verdeckte Einlage in eine Kapitalgesellschaft 240
- Versorgungsleistungen 51 ff.
- Zeitpunkt der Gewinnrealisierung bei Veräußerung 237

Anwaltskosten 38 f.

Arbeitnehmer 242 ff.

Arbeitslohn, Zuflusszeitpunkt 14

Arbeitslosenversicherung, Sonderausgaben 62

Arbeitszimmer, Berechnung des Entnahmegewinns 122A
– häusliches, schriftstellerische Tätigkeit eines Beamten 121

Ausbildungsfreibetrag 102 ff.
– außergewöhnliche Belastungen 102

Ausfall der Kaufpreisforderung 234

Ausgabe, regelmäßig wiederkehrende 23

Ausgleichszahlung, Versicherungsvertreter 296

Ausgliederung, erfolgsneutrale, von Sonderbetriebsvermögen 219

Ausländische Einkünfte 314 ff.
– Auslandstätigkeitserlass 316
– beschränkte Anrechenbarkeit 314
– Einkünfte aus mehreren Staaten 315
– Steuerberechnung 314 f.

Auslandstätigkeitserlass 316

Außenprüfung, Einnahmenüberschussrechnung 118

Außensteuergesetz 321

Außergewöhnliche Belastung 96 ff.
– Abflusszeitpunkt 21
– Ausbildungsfreibetrag 102 ff.
– eigene Einkünfte 97 ff.
– Hinterbliebenen-Pauschbetrag 104
– Kinderbetreuungskosten 107
– Krankheitskosten 96
– Opfergrenze 101, 105
– Unterhaltsaufwendungen 96 ff.
– Unterhaltsleistungen 96 ff., 100

Außerordentliche Einkünfte 295, 312 ff.
– Abfindung 313
– Steuersatz 312 f.

B

Bauplatz, ertragloser 55

Bauten auf fremdem Grund und Boden 109

Beamter, häusliches Arbeitszimmer, schriftstellerische Tätigkeit 121

Beitrag an, Haftpflichtversicherung 59
– Krankenversicherung 59 ff.
– Lebensversicherung 59
– Rentenversicherung 59 f.
– Unfallversicherung 59

Berechnung der Spekulationsfrist 293

Berücksichtigung von Kindern 88 ff.

Berufsausbildungskosten, Sonderausgabenabzug 51

Berufsständische Versorgungseinrichtung 284

Beschäftigungsverhältnis, haushaltsnahes 105

Beschränkte Steuerpflicht, Unterhaltsleistungen 44

Besteuerung, nachgelagerte 284
– von Dividenden ab dem Jahr 2009 247

Beteiligung, 100 %ige 193 f.
– GmbH, Veräußerung 235
– Kapitalgesellschaft 193
– mittelbare 241
– unmittelbare 241

Betreuungsfreibetrag 88 ff., 94

Betrieb, Investitionsabzugsbetrag für kleine und mittlere 148

Betriebs-Pkw 33 f., 154

Betriebsaufgabe 190 ff.
– Aufgabeerklärung durch Erben 228A
– Freibetrag 229
– Praxisaufgabe 207

Betriebsaufspaltung 175
– Abfärbewirkung 184A
– Übertragung von GmbH-Anteilen 53

Betriebsausgabe 29
– Aufwendungen für Geschenke 114
– Bewirtungskosten 115 f.
– Geldbußen 38
– Geldstrafen 38
– Gewinnermittlung gem. § 4 Abs. 3 EStG 163
– Reisekosten 30
– Strafprozesskosten 39
– Tätigkeitsvergütungen 169

Betriebseröffnung, Investitionsabzugsbetrag 152

Betriebserwerb, auf Rentenbasis 110
– Kaufpreisraten mit Wertsicherungsklausel 134
– Leibrente mit Wertsicherungsklausel 133

Betriebsgrundlage, wesentliche 218

Betriebsübertragung, anschließende Umschichtung von Betriebsvermögen 56
– private Versorgungsleibrente 271
– Veräußerungsgewinn 190 f.
– Versorgungsleistungen 49
– vorweggenommene Erbfolge 201, 267

Betriebsveräußerung, an eine GmbH 225
– Auflösung von steuerfreien Rücklagen 222
– Ausfall der Kaufpreisforderung 234
– Bildung von steuerfreien Rücklagen 223
– dauernde Berufsunfähigkeit 233

- Freibetrag 160 ff., 202, 230 ff.
- gegen Einmalbetrag und Rente 191
- gegen Rente 190
- Geschäftswert 236
- Kaufpreisforderung 234
- Leibrente mit Wertsicherungsklausel 190
- Praxisveräußerung 206
- Rücklage 223
- Sofortversteuerung 190
- steuerfreie Rücklagen 222
- Teilbetrieb 193 f.
- teilentgeltliche 209
- verdeckte Einlage 225
- Zeitrente 192
- Zuflussbesteuerung 190

Betriebsveräußerungsgewinn, Progressionsvergünstigung 190 f.

Betriebsvermögen, notwendiges 112
- Nutzungsänderung 112
- Überführung aus dem gewerblichen in das landwirtschaftliche, Wirtschaftsgut 107A
- Übertragung gegen Versorgungsbestimmungen 53, 56

Betriebsvermögensvergleich 106 ff.
- Nutzungseinlagen 108
- Rentenverpflichtung 110
- Rentenzahlungen 110

Betriebsverpachtung 190 ff.
- Betriebsaufgabeerklärung 227
- Betriebsfortführung 227
- Firmenwert 227
- Umgestaltung der Betriebsräume 227

Bewirtungskosten, Aufzeichnungspflichten 115
- Bagatellfälle 117
- Betriebsausgabenabzug 115
- Fehlbuchungen 118
- handgeschriebene Gaststättenrechnung 118A
- Konto, Korrektur von Fehlbuchungen 118
- zeitnahe Verbuchung 116

Bilanzberichtigung, Absetzung für Abnutzung 142

Bilanzenzusammenhang, Durchbrechung 141
- formeller 128, 143

Buchwertprivileg, Spendenabzug 76

Bußgeld 50
- Übernahme für Arbeitnehmer 40

C

Computer, Abschreibung 140A

D

Damnum, Abflusszeitpunkt 19

Darlehen, zinsloses 251

Darlehensforderung, private 252A

Dauernde Last 47 ff., 54 ff., 270 f.

Degressive AfA, nachträgliche Gebäude-Herstellungskosten 147

Dienstreise, Werbungskosten 240

Disagio 19

Dividende, Einkünfte aus Kapitalvermögen 247
- Verkauf von Aktien 253

Doppelbesteuerungsabkommen 315

Drei-Objekt-Grenze 180

E

Ehegatte, Altersvorsorgeleistungen 73 f.
- Unterhaltsleistungen 57 ff.
- Veranlagungsarten 303 ff.
- Vorsorgeaufwendungen 59, 62
- Zurechnung der Einkünfte 307 ff.

Ehegattengrundstück 109

Ehegattenveranlagung 302 ff.
- einzeln 305 f.
- Voraussetzungen 302 f.
- zusammen 304

Einbringung, eines Betriebs 189, 221
- Freiberufler-Sozietät 189

Einfache Nachfolgeklausel 204

Einkommen, zu versteuerndes 7

Einkommensteuererklärung, Abgabe per Telefax 26
- Form 25
- Inhalt 25

Einkommensteuerpflicht, unbeschränkte 2 f.

Einkünfte, ausländische 314 ff.
- Ermittlung 5
  - -- des Gesamtbetrags 5
- Liebhaberei 5
- Lottogewinn 5
- nachträgliche 304

Einkünfte aus Gewerbebetrieb 165 ff.
- Abgrenzung und Gewinnermittlung 165
- Anteilsveräußerung 236
- Einnahmenüberschussrechnung 162
- Gewinnermittlungsmethoden 165 ff.
- Mitunternehmerschaft 167
- Tätigkeitsvergütungen 169 f.
- Unterbeteiligung 168

Einkünfte aus Kapitalvermögen 247 ff.
- Depotwechselprämie 254
- Dividenden 247
- Erstattungszinsen 255
- Nachzahlungszinsen 255
- Option zur tarifären Besteuerung 248
- Schuldzinsen 252
- stiller Gesellschafter 249
- verdeckte Gewinnausschüttung 250 f.
- Verkauf von Aktien 253

Einkünfte aus Land- und Forstwirtschaft 165 ff.
- Abgrenzung 161
- Gewinnermittlung 162
  - gem. § 13a EStG 162
  - nach Durchschnittssätzen 164

Einkünfte aus nichtselbständiger Arbeit 242 ff.
- Arbeitszimmer 245
- doppelte Haushaltsführung 246
- Leistungen des Arbeitgebers 242
- Reisekosten 244
- Sachbezug 245

Einkünfte aus selbständiger Arbeit 182 ff.
- Personengesellschaft 183
- Praxisaufgabe 185, 207
- Veräußerungsgewinn 190

Einkünfte aus Vermietung und Verpachtung 256 ff.
- Disagio 19
- Erbauseinandersetzung 266
- Erbfolge, vorweggenommene 267
- Erhaltungsaufwand 259
- obligatorische Nutzungsrechte 265
- Vorbehaltswohnrecht 262, 264
- vorweggenommene Erbfolge 267
- Werbungskosten 19, 259 ff.
- Zuwendungsnießbrauch 261, 263

Einkunftsart 5, 161 ff.

Einlage, Einlageminderung 177
- geringwertige Wirtschaftsgüter 117
- Grundstück 130
- Nutzungen 108
- verdeckte 240

Einnahme, regelmäßig wiederkehrende 22

Einnahmenüberschussrechnung 8, 37, 106 ff., 112 f.
- Absetzung für Abnutzung 112
- Ausscheiden eines Wirtschaftsguts infolge höherer Gewalt 128
- Außenprüfung 113
- Einlagen 112
- Geldverlust 112
- geringwertige Wirtschaftsgüter 112
- gewillkürtes Betriebsvermögen 112
- Gewinnabzug gem. § 6b EStG 129
- Kauf eines Betriebs gegen Leibrente 133
- Nachholung eines Betriebsausgabenabzugs 113A
- Rentenverpflichtung 110
- Rentenzahlungen 110
- Schadensersatz 128
- Schätzung 113
- Teilwertabschreibung 112
- Übergang zum Betriebsvermögensvergleich 135
- Unterschlagung 112
- Verkauf von Anlagevermögen 112

Einzelveranlagung 305 f.
- Altersentlastungsbetrag 301
- Kinderbetreuungskosten 69 f.
- Vorsorgeaufwendungen 68

Entfernungspauschale 33

Entlastungsbetrag für Alleinerziehende 95

Entschädigung, Abfindung 294 ff.
- Aufgabe einer Tätigkeit 295
- Ausgleichszahlung an Versicherungsvertreter 296
- Gewinnermittlungsart 298 f.
- nachträgliche Einkünfte 297
- vorzeitige Auflösung 295
  - eines Mietverhältnisses 294

Erbauseinandersetzung, Gewerbebetrieb 110
- Realteilung 199
- Vermietung und Verpachtung 266

Erbe 111

Erbengemeinschaft, Abfindung eines Erben 199
- Anteilserwerb 290E
- Besteuerung 111
- einfache Nachfolgeklausel 204
- Fortführung einer Arztpraxis 185
- Grundstücksveräußerung 290E
- qualifizierte Nachfolgeklausel 205
- Sachwertabfindung 203
- Veräußerung eines Erbteils 202, 290E

Erbfall, Mindestbesteuerung 87
- Unterhaltsleistungen 46
- Verlustvor- und -rücktrag 86

Erbfolge, vorweggenommene 48, 271

Erfolgsneutrale Ausgliederung, von Sonderbetriebsvermögen 219

Ergänzungsbilanz, Personengesellschaft 212

Erhaltungsrücklage 20

Ermäßigter Steuersatz 312 ff.
- bei Abfindungen 313
- bei ausländischen Einkünften 314 ff.
- bei Veräußerungsgewinnen 312

Ermittlungszeitraum, abgekürzter 27
– im Todesfall 27

Erstattung, Erstattungsüberhang 67
– Erstattungszinsen 255
– Kirchensteuer 66

Ertragloser Bauplatz 55

Ertragloses Vermögen 55

Ertragsanteil, abgekürzte Leibrente 276
– Ermittlung 260 ff., 275 ff.
– Mehrbedarfsrente 278
– verlängerte Leibrente 277

Erwerb eines Wohnhauses, Rückbehalt eines Wohnrechts durch den Übergeber 155

Existenzminimum, Freistellung 88 ff.

F

Fahrtenbuch 31

Familienleistungsausgleich 88 ff.

Familienpersonengesellschaft 171

Feststellung des Verlustvortrags 79

Firmenwert 226 f.
– Betriebsveräußerung 225
– Betriebsverpachtung 226 f.

Forderung, Abtretung 11

Freiberufler, Einkünfte aus selbständiger Arbeit 182
– Freiberufler-GmbH & Co. KG 183

Freibetrag, bei Betriebsaufgabe 229
– bei Betriebsveräußerung 230 f.
– bei dauernder Berufsunfähigkeit 233
– bei Veräußerung von Anteilen an Kapitalgesellschaften 239
– Kinder 88 ff.
– Übertragung 94

Fremdwährung, Kauf und Verkauf einer GmbH-Beteiligung 238

Fünftel-Methode, Steuersatzberechnung 312

G

Gästehaus 129

Geldstrafe 38

Geringwertiges Wirtschaftsgut 112
– Investitionsabzugsbetrag 149

Gesamtbetrag der Einkünfte 5 ff.

Geschenk, Betriebsausgabenabzug 114

Gesellschaft bürgerlichen Rechts, Einkünftequalifikation 184

Gesellschafter, beherrschender 10

Gesellschafterwechsel 212

Gesetzliche Rentenversicherung 280 ff.

Gewerbebetrieb, Erbauseinandersetzung 111

Gewerbliche Einkünfte, Steuerermäßigung 317 f.

Gewerblicher Grundstückshandel, Drei-Objekt-Grenze 180
– Fünfjahreszeitraum 180
– private Vermögensverwaltung 179

Gewillkürtes Betriebsvermögen 112

Gewinnausschüttung, Personengesellschaft 168

Gewinnermittlung 106 ff.
– gem. § 4 Abs. 3 EStG 166
– Übergang, zum Betriebsvermögensvergleich 137
– – zur Einnahmenüberschussrechnung 137
– Übergangsverlust 136
– Wechsel der Gewinnermittlungsart 135 f.

Gewöhnlicher Aufenthalt 1 ff.
– im Inland 3

GmbH & Co. KG 172 f.
– Gewinnermittlung 174
– Veräußerung von Anteilen 181

GmbH-Beteiligung, Einlage 240
– Kauf und Verkauf in Fremdwährung 240

Gründung einer Personengesellschaft 189

Günstigerprüfung, Altersvorsorgeaufwendungen 71
– Kindergeld/Kinderfreibetrag 88
– Vorsorgeaufwendungen 59 f., 62

H

Häusliches Arbeitszimmer 119
– Beamter, schriftstellerische Tätigkeit 121
– Nutzung durch mehrere Steuerpflichtige 122

Haftpflichtversicherung 59

Haftungsminderung 178

Halbeinkünfteverfahren 239

Hinterziehungszinsen 37

Höchstbetragsberechnung, bei Vorsorgeaufwendungen 59

Höchstzeitrente 276

Höhere Gewalt 128

I

Insolvenzbedingter Ausfall 252A

Instandhaltungsrücklage 20

Investitionsabzugsbetrag, bei Personengesellschaften 153A
- Betriebseröffnung 150
- Bildung und Auflösung 153
- geringwertige Wirtschaftsgüter 150
- Glaubhaftmachung 235
- kleine und mittlere Betriebe 148

Isolierende Betrachtungsweise 320

K

Kapitalgesellschaft, Anteilsveräußerung 235 ff., 239

Kapitalgesellschaftsanteil, Veräußerung 235 ff.
- Übertragung 51 ff.

Kapitallebensversicherung 59, 62
- Veräußerung von GmbH-Anteilen an die eigene GmbH 241A

Kauf, GmbH-Beteiligung in Fremdwährung 238

Kaufpreisrate, Betriebserwerb 134
- Glaubhaftmachung betrieblicher Nutzung 151
- Wertsicherungsklausel 134

Kfz, Anschaffungskosten 32
- Fahrtenbuch 31
- Gewinnermittlung gem. § 4 Abs. 3 EStG 166
- Privatnutzungsanteil 31 ff.
- Vorsteuerabzug 32
- zum Betrieb gehörendes 33 f.

Kind, Altersgrenze 89, 91
- Ausbildungszeitraum 90
- behindertes 91
- Berücksichtigung 88 ff.
- Betreuungsfreibetrag 88
- Freistellung des Existenzminimums 88
- Unterhaltsverpflichtung 92
- unverheiratet mit eigenem Kind 93
- volljähriges (Neuregelung) 90

Kinderbetreuungskosten 69 f.
- außergewöhnliche Belastungen 104
- Einzelveranlagung 69 f.

Kinderfreibetrag 88 ff.
- Übertragung 94

Kindergeld 88 ff.

Kirchensteuer, Ermittlung 7
- Erstattung 66
- Sonderausgaben 59, 66

Kleinerer Betrieb, Investitionsabzugsbetrag 145
- Sonderabschreibung 154

Kommanditanteil, Veräußerung 211

Kommanditist, Einlageminderung 177
- Haftungsminderung 178
- negatives Kapitalkonto 176

Konto, fälschliche Überweisung von Reparaturkosten 20A

Kosten der Lebensführung, Abzugsverbot 29
- Auslandsreise 30
- Berufsbekleidung 29
- Bewirtungskosten 29
- Frankfurter Allgemeine Zeitung 29
- Handelsblatt 29
- Mitgliedsbeiträge 29
- Studienreise 30

Kostendeckelung 34 f.

Krankenversicherung 59 ff.
- Beitragserstattungen 61
- Vorauszahlungen 63 ff.

Kreditfinanzierter Wertpapierkauf 252

Kreditzinsen 37

Kurzlebiges Wirtschaftsgut 140

L

Land- und Forstwirtschaft 161
- Abgrenzung zum Gewerbebetrieb 161
- Betriebsvermögen, Überführung aus dem gewerblichen in das landwirtschaftliche, Wirtschaftsgut 107A

Langfristige Nutzungsüberlassung, Vorauszahlung 24

Lebensführungskosten, siehe „Kosten der Lebensführung"

Leibrente 268 ff.
- abgekürzte 276 f.
- Erwerb gegen Leibrente 133
- verlängerte 277
- Wertsicherungsklausel 190, 269

M

Maßgeblichkeitsprinzip, Rückstellungen 125

Mehrbedarfsrente 278

Mietwohngrundstück, Übertragung 48, 56

Mindestbeitrag, mittelbar zulageberechtigte Person 73

Mindestbesteuerung, im Erbfall 87

Mindestzeitrente 277

Mitgliedsbeitrag, Partei 74
– Sportverein 74

Mittelbar zulageberechtigte Person, Mindestbeitrag 73

Mittlerer Betrieb, Investitionsabzugsbetrag 145
– Sonderabschreibung 154

Mitunternehmer 167 f.
– Tätigkeitsvergütungen 169

Mitunternehmeranteil, Ausscheiden bei negativem Kapitalkonto 214 f.
– einfache Nachfolgeklausel 204
– entgeltliche Veräußerung 210
– lästiger Gesellschafter 216
– qualifizierte Nachfolgeklausel 110A, 205
– Sonderbetriebsvermögen 170, 217
– Übertragung 50
– – unentgeltliche 218 f.
– Veräußerung 216
– – eines ganzen Anteils 210 f.
– – eines Teilanteils 213 f.
– Vererbung 204 f.

Mitunternehmerschaft, Anteilsübertragung 218
– Einkünfte aus Gewerbebetrieb 167
– Familienangehörige 171
– Realteilung 195 ff.
– Sondervergütung 170
– Vorbesitzzeit 130B

N

Nachfolgeklausel, einfache 204
– qualifizierte 205

Nachgelagerte Besteuerung 284

Nachträgliche Einkünfte 297

Nachträgliche Umschichtung 56

Nahestehende Person, verdeckte Gewinnausschüttung 250

Negatives Kapitalkonto 201

Nicht abzugsfähige Ausgabe 29 ff.

Nießbrauch, Einkünfte aus Vermietung und Verpachtung 263 ff.

Nießbrauchsrecht, Kapitalwert 263

Nießbrauchsvorbehalt, Übertragung eines Betriebsgrundstücks 110B

Novation, Zuflusszeitpunkt 13

Nutzung, Einlage 108

Nutzungsdauer, betriebsgewöhnliche 143

Nutzungsüberlassung, langfristige 24

Nutzungsvergütung 294 ff.

Nutzungsvorteil, Betriebsvermögensvergleich 108

O

Öffnungsklausel 284

Opfergrenze 105

P

PC, Abschreibung 140A

Pensionsrückstellung 125 ff.
– Altzusagen 125
– Arbeitnehmer-Ehegatte 127
– Gesellschafter-Geschäftsführer 126
– Neuzusagen 125
– Passivierung 125
– Personengesellschaften 126

Pensionszusage, Arbeitnehmer-Ehegatte 127
– Gesellschafter-Geschäftsführer 126

Personengesellschaft, Beteiligung berufsfremder Personen 182
– Einbringung 189
– – eines Betriebs 189, 221
– Erbteil 203
– Ergänzungsbilanz 210
– Freiberufler, GmbH & Co. KG 183
– Gesellschafter-Geschäftsführer 169
– Gesellschafterwechsel 210
– Gewinnermittlung 165 f.
– Gründung 189
– lästiger Gesellschafter 216
– Realteilung 196, 195
– Sonderbetriebsausgaben 167 f.
– Sonderbetriebsvermögen 167 f.
– Unterbeteiligung 168
– Vergütung an Gesellschafter 216

Pkw, Anschaffungskosten 32
– Fahrtenbuch 31
– Gewinnermittlung gem. § 4 Abs. 3 EStG 166
– Vorsteuerabzug 32
– zum Betrieb gehörender 33 f.

Praxiserwerb auf Rentenbasis 110

Praxisveräußerung 206

Praxiswert, einer Freiberufler-GmbH 187
– Sozietät 186

Private Kfz-Nutzung, 1 %-Regelung 32
– Fahrtenbuch 31
– Listenpreis 32
– Sonderabschreibung 31

Private Vermögensverwaltung 180

Privates Veräußerungsgeschäft 286 ff.
- Anschaffungsfiktion 287
- bei Veräußerung gegen Veräußerungsleibrente 292C
- bei vorheriger Entnahme aus dem Betriebsvermögen 292E
- Besteuerungszeitpunkt 289
- Ermittlung des Veräußerungsgewinns 288
- Freigrenze 291
- geschenktes Grundstück 285
- GmbH-Beteiligung 235
- Grundstück, zwischenzeitlich im Betriebsvermögen 286
- grundstücksbesitzende Personengesellschaft 292D
- Herstellung eines Gebäudes 287
- Veräußerungsgewinn bei Ratenzahlung 292A
- Veräußerungsverlust bei Ratenzahlung 292B
- Verlustausgleich 292

Q

Qualifizierte Nachfolgeklausel 110A, 205

R

Realsplitting 41 ff.
- bei beschränkter Steuerpflicht 44
- Erweiterung des Antrags 42
- Sachleistungen 45
- Widerruf der Zustimmung 43

Realteilung, Auseinandersetzungsanspruch 169
- Betriebsaufgabe 199
- Fortführung der Mitunternehmerschaft 196 ff.
- Kapitalkontenanpassungsmethode 196 f.
- Personengesellschaft 196 f.
- Spitzenausgleich 199

Regelmäßig wiederkehrende Ausgabe, Umsatzsteuer-Vorauszahlung 23A

Reinvestitionsfrist 130A

Reinvestitionszusage, Übertragung auf eingelegtes Wirtschaftsgut 130

Rente, abgekürzte Leibrente 274
- Ablösung 190
- Betriebsveräußerung 190
- dauernde Last 270
- Ehegatten nacheinander zustehende Rente 275
- Einmalbetrag und Rente 191
- Herabsetzung nach dem Tod eines Rentenberechtigten 274
- Kauf eines Betriebs 133
- Kauf eines gemischt genutzten Hauses 272
- Mehrbedarfsrente 278
- mehrere Rentenberechtigte 273
- Praxiserwerb 110
- und dauernde Lasten 47 ff.
- Veräußerung eines Wohnhauses 268 f.
- verlängerte Leibrente 277
- Versorgungsleibrente 271
- Wegfall durch Tod 110
- Wertsicherungsklausel 110, 133, 190, 269
- Zeitrente 192, 255

Rentenverpflichtung, Betriebsvermögensvergleich 110
- Einnahmenüberschussrechnung 110

Rentenversicherung 59 f.
- gesetzliche 280 ff.

Rentenzahlung, Wertsicherungsklausel 110

Reparaturkosten, Überweisung auf ein falsches Konto 20A

Rücklage, Auflösung bei Betriebsveräußerung 222
- Bildung bei Betriebsveräußerung 223
- Einlagen 130
- für Ersatzbeschaffung 222
- gem. § 6b EStG 131, 223
- Grundstück 118
- Reinvestitionsobjekt in EU-Mitgliedstaat 224
- Übertragung 118, 132 f.

Rückstellung, Pensionsverpflichtungen 125

S

Sachspende 76 f.

Sachwertabfindung 203
- Wirtschaftsgut 203

Säumniszuschlag 37

Sammeldepot 275

Sammelposten 144

Schadensersatzrente 279

Schätzung 177

Scheck 17

Schriftsteller, Beamter, häusliches Arbeitszimmer 121

Schulderlass, Zuflusszeitpunkt 12

Schuldzinsen, kreditfinanzierter Wertpapierkauf 258

Schulgeld, Sonderausgaben 59

Solidaritätszuschlag, Ermittlung 7

Sonderabschreibung, kleine und mittlere Betriebe 154, 154B

Sonderausgabe 41 ff.
- Altersvorsorgezulage 71 ff.
- beschränkt abzugsfähige 41 ff., 59 ff.
- Höchstbetragsberechnung 59, 74
- Kinderbetreuungskosten 69 f.
- Kirchensteuer 59, 66
- Krankenversicherung 60 ff.
- Lebensversicherungsbeiträge 59
- Mindestbeitrag mittelbar zulageberechtigter Person 73
- Renten und dauernde Lasten 47 ff.
- Schulgeld 59
- Spenden 74 ff.
- unbeschränkt abzugsfähige 47 ff.
- Unterhaltsleistungen 41 ff.
- Versicherungsbeiträge 59 f.
- Versorgungsausgleich 58
- Vorauszahlung 63 ff.
- Vorsorgeaufwendungen 59
- zusätzliche Altersvorsorge 71 ff.

Sonderbetriebsausgabe, Personengesellschaft 160 f.
- Mietzahlungen für Grundstücksteile von untergeordneter Bedeutung 188A

Sonderbetriebsvermögen 173
- erfolgsneutrale Ausgliederung 219
- Mitunternehmeranteil 218
- Mitunternehmerschaft 167 f., 220
- notwendiges 167 f.
- Personengesellschaft 167 f.

Sonderrechtsnachfolge, Mitunternehmeranteil 205

Sonstige Einkünfte 268 ff.
- Anschaffungsfiktion 288

Sonstiger Bezug 14

Spekulationsfrist 287 ff., 293
- Berechnung 293

Spekulationsgeschäft, siehe „Privates Veräußerungsgeschäft"

Spende 74 ff.
- Auslands- 78
- Buchwertprivileg 76
- Höchstbetragsberechnung 74
- Parteispenden 74
- Sachspenden 77
- Sonderausgaben 74 ff.
- Zuwendungen an Stiftungen 75

Spendenabzug, Buchwertprivileg 76

Sterbegeld, aus einem berufsständischen Versorgungswerk 284A

Steuer, Einkommensteuer 37
- Grundsteuer 37
- Hundesteuer 37
- Kfz-Steuer 37
- Kirchensteuer 37
- Schenkungsteuer 37

Steuererklärungspflicht, im Todesfall 27

Steuerermäßigung 312 ff.
- Abfindungen 313
- ausländische Einkünfte 314 ff.
- Einkünfte aus Gewerbebetrieb 317 f.
- Veräußerungsgewinne 312

Steuerpflicht, beschränkte 320 ff.
- Ende bei Tod 4
- erweiterte beschränkte 321
- unbeschränkte 1 f.

Steuersatz, bei Abfindungen 313
- bei ausländischen Einkünften 314 ff.
- bei Veräußerungsgewinnen 312
- ermäßigter 312 ff.

Stiftungszuwendung, Spendenabzug 75

Stille Beteiligung, Abfindung 248
- Veräußerung 247

Stille Reserve 131 ff.
- Anteil an Kapitalgesellschaft 132
- Gebäude 131
- Grund und Boden 130
- Übertragung 131 ff.
- Wirtschaftsgut 107

Stiller Gesellschafter, Einkünfte aus Kapitalvermögen 249
- negatives Einlagekonto 246

Strafprozesskosten 39

Studienreise 30

Stückzinsen 249

Stundungszinsen 37

T

Teilbetrieb 193 f.

Teilpraxisveräußerung 208

Teilwertabschreibung, Betriebsvermögen 112

Totalschaden 106

U

Übergangsgewinn, Übergang, zum Bestandsvergleich 135
- – – zur Einnahmenüberschussrechnung 137
- Übergangsverlust 136

Übertragung, GmbH-Anteile bei Betriebsaufspaltung 53
- Mietwohngrundstück 48, 56
- unentgeltliche, eines Mitunternehmeranteils 219

Überweisung, auf ein falsches Konto, Reparaturkosten 20A

Umlaufvermögen, Einnahmenüberschussrechnung 112

Umschichtung, ertragloses Vermögen 55
- nachträgliche 56

Unentgeltliche Übertragung, eines Betriebs 201, 130A
- eines Mitunternehmer-Teilanteils 220
- eines Mitunternehmeranteils 218 f.
- eines Wirtschaftsguts aus betrieblichen Gründen 124
- in ein anderes Betriebsvermögen 107

Unfallkosten 106
- 1%-Regelung 35

Unfallversicherung 59

Unterbeteiligung, Einkünfte aus Gewerbebetrieb 168

Unterhaltsleistung 41 ff.
- Antrag 42
- beschränkte Steuerpflicht 44
- Erblasser 46
- Sonderausgaben 41 ff.
- Widerruf der Zustimmung 43
- Wohnungsüberlassung 45
- Zustimmungserklärung 43

V

Veräußerung, von Miet- und Pachtzinsforderungen 256

Veräußerungsgeschäft, Aktien 292
- Besteuerungszeitpunkt 289
- eines Teils eines Mitunternehmeranteils 213 f.
- Freigrenze 291
- Gebäude 287
- Grundstück 285 ff., 290 ff.
- Kommanditanteil 211
- Kosten 287A
- privates 286 ff.
- Verlustausgleich 292

Veräußerungsgewinn, Anlagegut bei Einnahmenüberschussrechnung 23B
- außerordentliche Einkünfte 312
- Besteuerung 190 ff.
- Einbringung 222
- Einkünfte aus selbständiger Arbeit 207
- Entstehungszeitpunkt 227
- Freibetrag 239
- Fünftel-Methode 312
- Rücklage 131
- Steuersatz 312

Veräußerungsleibrente 268
- Rentenberechtigter 274

Veranlagung 25 ff.
- besondere 305
- Bezug von Einkünften aus nichtselbständiger Arbeit 28
- Ehegatten 302 ff.
- einzeln 306

Veranlagungsart, Ehegatten 303

Verausgabung, Zeitpunkt 8

Verdeckte Gewinnausschüttung 250 f.
- nahestehende Person 250

Vereinnahmung, Zeitpunkt 8

Verkauf, GmbH-Beteiligung in Fremdwährung 238
- einer nach dem 31.12.2008 erworbenen Aktie 253

Verlust, bei beschränkter Haftung 176 f.
- Einzelveranlagung 83
- Erbfall 86
- Rücktrag 81, 84 f.
- Vortrag 79 f., 82 ff.
- Zusammentreffen von Rück- und Vortrag 84

Verlustabzug 79 ff.

Verlustausgleich, Ermittlung des Gesamtbetrags der Einkünfte 6
- horizontaler 6
- private Veräußerungsgeschäfte 292
- vertikaler 6

Verlustrücktrag 81, 84 f.
- Thesaurierungsbegünstigung 85

Verlustverrechnung 6
- unbeschränkte 7

Verlustvortrag 79 f., 82 ff.
- fehlerhafter Feststellungsbescheid 80
- Feststellung 79

Verlustzuweisungsgesellschaft 6

Vermögen, ertragloses 55
- Umschichtung 55 f.

Vermögensübertragung, GmbH-Anteile 51 ff.
- Versorgungsleistungen 47 ff., 52

Verpächterwahlrecht 226A, 228

Verrechnungsscheck 17

Versorgungsausgleich, schuldrechtlicher 58

Versorgungseinrichtung, berufsständische 284

Versorgungsleibrente, Betriebsübertragung 49, 271

Versorgungsleistung 47 ff.
- ertragloses Vermögen 55
- Kapitalgesellschaftsanteile 51 ff.
- Mitunternehmeranteil 50
- Prognose 54
- Sonderbetriebsvermögen 50
- Umschichtung des Vermögens 55 f.
- unbeschränkt steuerpflichtiger Berechtigter 57
- Vorbehaltsnießbrauch 47
- vorweggenommene Erbfolge 48
- Wegzug des Versorgungsberechtigten 57

Vorauszahlung, langfristige Nutzungsüberlassung 24
- Krankenversicherungsbeiträge 63 ff.
- Sonderausgaben 18
- Werbungskosten 18

Vorbehaltsnießbrauch, Einkünfte aus Vermietung und Verpachtung 264 f.
- Vermögensübertragung 47

Vorbesitzzeit, siehe „Mitunternehmerschaft"

Vorsorgeaufwand 59 ff.
- Ehegatten 71
- Günstigerprüfung 59 f., 62
- Höchstbetragsberechnung 59
- Krankenversicherungsbeiträge 60 ff.

Vorsteuerabzug, Pkw 32

Vorweggenommene Erbfolge 48 f., 55 ff.
- Betriebsübertragung 49, 56
- Einkünfte aus Vermietung und Verpachtung 267
- Grundstücke 263
- negatives Kapitalkonto 201
- Umschichtung, von Betriebsvermögen 56
- – – von Privatvermögen 55
- Versorgungsleistungen 48 ff.

W

Wechsel, Zufluss 9

Weiterbildungskosten, im nicht ausgeübten Beruf 59

Werbungskosten, Absetzung für Abnutzung 259 f.
- Arbeitszimmer 245
- doppelte Haushaltsführung 246
- Einkünfte, aus nichtselbständiger Arbeit 243 f.
- – – aus Vermietung und Verpachtung 256 ff.
- Einkunftsermittlung 243
- Fahrtkosten 244
- Reisekosten 244
- Schuldzinsen 248 f.
- stiller Gesellschafter 249 f.
- Vorauszahlung 18

Wertpapierkauf, kreditfinanzierter 252

Wertsicherungsklausel 110, 190

Wiederkehrender Bezug, Vermögensübertragung gegen 47 ff.

Wirtschaftlicher Eigentümer 110

Wirtschaftseinheit, existenzsichernde 48

Wirtschaftsgut, Entschädigungsleistungen 132
- geringwertiges 149
- kurzlebiges 140
- notwendiges 130
- stille Reserven 107
- Überführung, aus dem gewerblichen in das landwirtschaftliche Betriebsvermögen 107A
- – – in das Betriebsvermögen 107
- unentgeltlicher Erwerb 124

Wirtschaftsjahr, abweichendes 4

Witwenrente 282 f.

Wohnrecht, Rückbehalt 155
- Erwerb eines Wohnhauses 155

Wohnsitz 1
- Auslandsaufenthalt 2
- Ehegatten 1
- Haupt- und Nebenwohnsitz 1
- Inlandsaufenthalt 2
- Studium 2

Wohnsitzfinanzamt 25

Wohnungsüberlassung 45

Z

Zahlung, durch Scheckhingabe 17

Zinsanteil, in Veräußerungszeitrente bei teilentgeltlicher Grundstücksveräußerung 255

Zinsverzicht 5

Zu versteuerndes Einkommen 7

Zuflusszeitpunkt, Abtretung von Forderungen 11
- Arbeitslohn 14
- Banküberweisung 16
- Einnahmen 8
- Forderungen eines beherrschenden Gesellschafters 10
- größerer Erhaltungsaufwand 15
- Novation 13
- privatärztliche Verrechnungsstelle 8
- regelmäßig wiederkehrende Einnahmen 22

– Scheck 17
– Schulderlass 12
– Wechsel 9

Zuordnung eines Kindes 94

Zurechnung von Einkünften 307 f.

Zusammenveranlagung 7, 28A, 304
– Altersentlastungsbetrag 300 ff.

Zuschuss, steuerfreier 67

Zuwendung, aufgrund freiwillig begründeter Rechtspflicht 36
– freiwillige 36
– politische Parteien 74
– Spendenabzug 74 ff.
– Stiftungen 75
– unterhaltsberechtigte Person 36
– Vermächtnis 36

Zwangsgeld 37